NOBILIAIRE

DU DIOCÈSE ET DE LA GÉNÉRALITÉ

DE LIMOGES

PAR L'ABBÉ JOSEPH NADAUD

CURÉ DE TEYJAC

PUBLIÉ

SOUS LES AUSPICES DE LA SOCIÉTÉ ARCHÉOLOGIQUE
ET HISTORIQUE DU LIMOUSIN

PAR

L'ABBÉ A. LECLER

Ne turbata volent rapidis ludibria ventis.
VIRGILE.

TOME IV

ET DERNIER

LIMOGES

Vᵉ H. DUCOURTIEUX, LIBRAIRE-ÉDITEUR
7, RUE DES ARÈNES, 7

1880

NOBILIAIRE

DU DIOCÈSE ET DE LA GÉNÉRALITÉ

DE LIMOGES

TOME IV

ET DERNIER

NOBILIAIRE

DU DIOCÈSE ET DE LA GÉNÉRALITÉ DE LIMOGES

TOME IV

Q.

QUADRUVIO (1).

LA QUEILLE (QUELLA). — Jean-Claude-Marie de La Queille, S^{gr} de Saint-Jal, épousa, vers 1773, Emilie Descail, de la ville de Paris.
[M. de Saint-Jal et major du régiment d'Aumont, cavalerie. (NADAUD, *Mém. mss.* antér. à 1773.)]

QUELEN. — V. T. II, l'article Esthuer.

SAINT-QUENTIN. — Louis de Saint-Quentin, chevalier, S^{gr} de Saranhac (peut-être de Sournac), en la sénéchaussée de la Marche, 1383, épousa Marguerite, fille de Roger de Sauvaignac, chevalier, S^{gr} dudit lieu, et de Alips du Doignon.

QUESROU. — Noble Joseph du Quesrou, sieur de Beyreis, paroisse de Blom (2), mourut le 20 août 1616, à Saint-Font-la-Rivière, en Périgord (3), chez son beau-frère, Gui Roux, écuier, sieur de Lusson (Registres de Saint-Front).

QUEUX. — René Le Queux était échevin à Saint-Jean-d'Angeli, Maurice Griffon fut reçu à sa mort, le 9 février 1605.

---

(1) Etait à la page 2451, qui est déchirée.
(2) Blond, canton et arrondissement de Bellac (Haute-Vienne).
(3) Saint-Front-la-Rivière, canton de Saint-Pardoux, arrondissement de Nontron (Dordogne).

[LE QUEYROIX, fief sur la paroisse de Peyrillac (1), appartenant à MM. Baillot, de Limoges.]

LA QUINTAINE (2).

R.

RABAINES, sieur de Mazerolles, paroisse de Saint-André-de-Lidon, élection de Saintes (3) et de Brianne, paroisse de Peyrefont, même élection, porte : *d'argent à une fasce de gueules à 6 coquilles de Saint-Michel de même, 3 en chef, 2 et 1.* Supports : *deux levrettes.*

I. — Thomas de Rabaines épousa, le 6 avril 1522, Antoinette de Marsanges.

II. — René de Rabaines rendit hommage, en qualité d'héritier et de fils ainé de Thomas, le 8 novembre 1547 ; il épousa, le 10 mars 1563, Françoise Arnoul ou Arnaud, dont : 1° Jean, qui suit ; 2° autre Jean, qui se maria.

III. — Jean de Rabaines épousa, le 8 septembre 1588, Renée de Guinonsan. En 1598, cette maison fit ses preuves de noblesse devant les commissaires du gouvernement, et elles furent trouvées bonnes.

IV. — Jean de Rabaines épousa, le 1er décembre 1618, Catherine de Gal.

V. — Pierre de Rabaines épousa, le 21 août 1660, Marie Filleul.

III *bis*. — Jean de Rabaines épousa, le 6 octobre 1618, Suzanne du Breuil.

IV. — Jean de Rabaines épousa, le 1er septembre 1644, Judith de Lezignat.

Branche de Briane.

Cette branche porte : *d'argent fascé de gueules à 6 coquilles de Saint-Michel de même, 3 en chef, 2 et 1.* Supports : *deux levrettes.*

I. — Jean de Rabaines épousa Aliette Fourestier.

II. — Jean de Rabaines partagea avec Chardon, son frère, le 26 janvier 1497, la succession de leurs père et mère. Il épousa Marie de Seusac. Ces deux époux firent un testament mutuel en faveur de leur fils, le 4 juillet 1519.

III. — Jacques de Rabaines épousa, par contrat sans filiation du 26 avril 1535, Perette de Beaumont.

IV. — René de Rabaines partagea, le dernier février 1578, avec Antoinette, sa sœur, la succession de leurs père et mère ; il épousa Marie Gombault.

V. — Paul de Rabaines partagea avec René, Françoise et ses autres frères, le 31 août 1602, la succession de leurs père et mère ; il épousa, par contrat sans filiation du 25 mars 1623, Louise de Beaumont.

VI. — Jean de Rabaines épousa, le 21 novembre 1650, Renée de Villedon, dont : 1° Paul, baptisé le 18 juin 1658 ; 2° Jacques, baptisé le 1er février 1664.

---

(1) Peyrilhac, canton de Nieul, arrondissement de Limoges (Haute-Vienne).

(2) Le fief de La Quintaine, que nous trouvons dans la famille de Bermondet avant 1513, est situé commune de Panazol, canton et arrondissement de Limoges (Haute-Vienne).

(3) Saint-André-de-Lidon, canton de Gémozac, arrondissement de Saintes (Charente-Inférieure).

Notes isolées.

Marie de Rabaines épousa Jean de Guinanson, sieur de Boisgaillard, paroisse d'Agudelle, élection de Saintes, qui vivait en 1720 et 1733 (1).

RABAYNE, porte : *d'azur à 3 coquilles d'or.*
Jean de Rabayne, chevalier, S^{gr} d'Usson, en Saintonge, épousa Jacquette de Sainte-More, dont : Jean, qui suit.

Jean de Rabayne, chevalier, S^{gr} d'Usson, La Touche, Brillac (2), chevalier de l'ordre du roi, épousa en 1573, Louise de Pons, dont : Esther, mariée en 1605, à René Lignaud.

Paul de Rabayne, chevalier de l'ordre du roi, gentilhomme ordinaire de sa chambre, baron d'Uxon, de Brilhac, où il demeurait en 1631, étant alors âgé de soixante ans, et où il mourut, le 7 septembre 1653; épousa Diane Esthuert, fille de Louis et de Diane des Cars, dont : Jeanne, mariée, le 27 décembre 1633, à Charles de Senneterre, gentilhomme de la chambre du roi, comte de Graulière, S^{gr} de Saint-Victour, de Brilhac, où il mourut le 24 février 1664, fils de Jacques IIe du nom et de Françoise d'Apchon.

Louise de Rabayne, bâtarde, épousa François Jourdaneau, greffier de Brilhac, où elle mourut le 17 mars 1660.

Françoise-Dorothée de Rabaine de Roche épousa, en septembre 1733, Jean Gruzaud, marchand du bourg de La Peruse.

Jean-Paul de Rabaine, sieur de La Roche, paroisse de Genouilhac, épousa le ..... novembre 1736, Jeanne-Marie du Queyroix, de la ville d'Angoulême.

Paul de Rabaine, chevalier, sieur de Perfon, épousa Antoinette Perry, dont : Marie, mariée en 1721, à François Pasquet.

RABELAIS. — Isaac de Rabelais, sieur de La Gervière, élection de Saint-Jean-d'Angeli, fut maintenu par M. Pellot, intendant, 1663.

RACAUD, sieur de La Croix, conseiller au présidial d'Angoulême, porte : *d'azur à 3 molettes d'éperon d'or, 2 et 1, et un croissant d'argent en pointe.*
I. — Antoine Racaud, maire d'Angoulême, est reçu échevin au décès d'Arnaud Horson, sieur de La Lunesse, le 24 mars 1645, fait déclaration de vouloir vivre noblement le 5 may suivant. Samuel Briand, sieur de La Goue, est reçu à la mort dudit Racaud, le 20 mars 1690.
II. — Jean Racaud épousa, le 26 février 1656, Marie de Villoutreix (3).

RAFFIN. — V. MALAUSE, T. III, p. 142.
Marguerite de Raffin épousa, vers 1553, Nicolas le Hardy, fils de Pierre, sieur de La Roche, paroisse de Pons, élection de Saintes.
François Raffin, S^{gr} de Meurs, fils de Philippe et de Quitterie de Groussolles, épousa ....., de la maison de Lignérac. (DUCHESNE, *Hist. mais. Chástaign.*, p. 312.)

---

(1) Nadaud avait d'autres notes aux pages 886 et 1137, qui sont arrachées de son manuscrit.
(2) Brilhac, canton et arrondissement de Confolens (Charente).
(3) Nadaud avait d'autres notes sur cette famille à la page 833, qui est déchirée.

RAGEAU. — Raymonde de Rageau, d'une ancienne maison du Bas-Limousin, épousa Raymond de Souillac, fils de Jacques de Souillac et de Bertrande, dite Hugone de Saint-Rabier ; il était chevalier, et se distingua dans les guerres de son temps, en 1764.

RAIMBAUD. — Louis Raimbaud, écuyer, Limosin, 1362, dont parle Froissart, tome III, ch. IX, eut la tête coupée en 1384.

[RAIX ou REIX (1), baronnie de l'Angoumois, mouvant du marquisat de Ruffec.

N..... Le Musnier, baron de Raix, mourut vers 1748, avait épousé N..... de Cherade, dame de Blanzac.

N..... Le Musnier était lieutenant-général civil au présidial d'Angoulême en 1765.]

RAIZIN. — Jacques Raizin est reçu conseiller à la maison de ville de Saint-Jean-d'Angeli, au décès de François Chevallier, le 28 octobre 1515.

RAMERU. — Isaac-Jacques de Rameru, écuyer, sieur de La Cour, contrôleur des fermes du roi, 1683, demeurait au village du Grand-Theil, paroisse de Beaune, près Limoges (2), où il mourut le 5 décembre 1730 ; il était natif de Greux, en Champagne, diocèse de Toul, épousa Jeanne Leyssene, le ....., may 1681, fille de Martial dit de Xaintes, marchand, et de feue Thive Charbay ; elle mourut le 9 septembre 1743, fut enterrée à Beaune (Registres de Saint-Maurice de Limoges). Dont : 1° Léonarde, mariée, le 20 juillet 1703, à Pierre Romanet, Sgr de Saint-Priest-Taurion ; elle était née le 13 juin 1682 ; 2° Magdeleine, née le 2 juillet 1683 ; son père est dit bourgeois et marchand ; elle mourut au berceau ; 3° Jacques-Gui, né le 20 juillet 1685 ; 4° Jean-Baptiste, né le 21 décembre 1686 ; 5° Jeanne, née le 19 juillet 1688 ; 6° Mathive, alias Antoinette-Thive, née le 27 décembre 1689, mariée à Joseph-Charles du Leris de Peyramont ; 7° Marie, née le 10 février 1691 ; 8° Pierre, né le 25 décembre 1694 ; son père est dit intendant de la duché de Noailles ; 9° autre Jeanne, née le 17 janvier 1696 ; 10° Maurelie, née le 21 janvier 1697 ; 11° Léonard, né le 3 may 1698, tonsuré en 1723, curé de Beaune, n'étant que diacre, puis de Chatelat, d'où il était parti en 1749 ; 12° Antoine, qui suit ; 13° Martial, mort à huit ans ; 14° Isaac, né le 15 février 1703.

Antoine de Rameru, écuyer, sieur du Chesnois, se fit prêtre, étant veuf, et mourut à Limoges le ....., fut enterré dans l'église de Saint-Christophe : il était né le 6 décembre 1699. Il épousa, dans l'église de Beaune, le 1er décembre 1723, Marguerite de La Loué, fille de Léonard et de Marguerite Choppi ; elle mourut le 19 avril 1738, et fut enterrée à Beaune. Dont : 1° Jeanne, née le 13 septembre 1724, mariée le 13 février 1754, avec Léonard La Chièze, bourgeois, veuf de Valerie Decoudier, de la paroisse des Billanges ; 2° Léonard, né le 3 décembre 1725 ; 3° Marie, née le 17 février 1729 ; 4° Joseph, né le 16 avril 1732 ; 5° Mathive, née le 1er août 1733 ;

(1) Raix, canton de Villefagnan, arrondissement de Ruffec (Charente).
(2) Beaune, canton d'Ambazac, arrondissement de Limoges (Haute-Vienne).

6° Jeanne, née le 27 janvier 1735, mariée le 13 février 1760, à François Cantillon, sergent roïal, veuf de Marie Daschez, de la paroisse de Razès ; 7° Martial, né le 28 septembre 1736 ; 8° autre Marie, née le 3 mars 1738 ; 9° autre Jeanne, née aussi le 3 mars 1738, mariée : 1°......., paroisse des Billanges; 2° en 1768, avec Jean-François Laborie, veuf, de la ville de Limoges; 10°, 11° et 12° Isaac-Jacques, Catherine et autre Léonard, morts en bas-âge.

RAMIÈRE (1).

Marguerite de La Ramière, fille de Jean, épousa, vers 1650, Annet de La Charlanie, écuïer, sieur de la maison noble de Reillac, dans le bourg de Grenor (2); elle se remaria à Pierre Chasaud, sieur du Bois-Bertrand, à Grenor, le 26 juin 1662.

Radegonde de La Ramière épousa, en 1755, Jean-Baptiste Guillot du Dousset, fils de Charles Guillot et de Henriette d'Anières de Maisonneix (3).

Louis-Gabriel de La Ramière épousa, en 1763, Magdeleine-Antoinctte du Lau, fille de Jean-Louis-Antoine, marquis d'Allemans et de Marie-Magdelaine Le Coigneux.

RAMNULPHI.

— Etienne Ramnulphi, chevalier, frère de Hugue Ladens, fut témoin dans un acte du monastère du Vigeois, sous l'abbé Gérard, entre 1073 et 1086. (*Cartular. Vosiense.*)

Bernard Ramnulphi, chevalier, S^{gr} de Javerlhac, où il veut être enterré avec ses parens, par son testament fait à Angoulême, le mercredi après l'octave de la Purification, 1291, vieux stile (Archives des ff. pp. de Limoges). Il lègue à l'évêque de Limoges 10 sols, pour faire commémoraison pour le salut de son âme en plein synode, au temple et à l'hôpital : à chaque couvent de Grosbos, Peirouse, Boschaud (monastères de Bernardins, diocèse d'Angoulême et de Périgueux), de *Bosco de Hu* (le Bourgdeix) une refection de pain et de vin; aux maisons aumônières de Saint-Gérald, de *Cros Vermenos*, au couvent des ff. mineurs de Nontron une refection entière ; à celui des moniales de Bobon, pleine refection de pain et de vin, en carême et à toujours; aux curés, *cappellanis* de Javerlhac, Varaigne *Varanea*, Lussas, Hautefaye *Altafagia*, Teyjac *Teygaco*, Saint-Martin-le-Peint et de *Burgo de Hu* (du Bourgdeix) (4); veut que la fête de Sainte-Catherine soit faite chaque année de ses biens, par ses héritiers, dans son hôtel *hospitio* de Javerlhac, ses funérailles honorablement *plene et honorifique*, ainsi qu'il est de coutume entre les chevaliers du château et châtellenie de Nontron, et encore plus honorablement s'il se peut; qu'on tienne toujours dans son hôtel de Javerlhac trois pauvres indigens, auxquels on donne du pain et du potage une fois le jour; qu'on donne, à la porte, l'aumône une fois le jour

---

(1) Les pages 1125, 1126, qui contenaient la généalogie de la maison de La Ramière, sont déchirées.

(2) Grenor, ancienne paroisse au sud-ouest de la ville de Chabanais (Charente).

(3) Maisonnais, canton de Saint-Mathieu, arrondissement de Rochechouart (Haute-Vienne).

(4) Boulon, commune de Cussac, canton d'Oradour-sur-Vayres, arrondissement de Rochechouart (Haute-Vienne). — Javerlhac, Lussas, Hautefaye, Teyjat, Saint-Martin-le-Peint, Bourgdeix, canton et arrondissement de Nontron (Dordogne). — Varagne, canton de Bussière-Badil, arrondissement de Nontron.

à tous pauvres venans, ainsi qu'il est de coutume. Ce testament fut exhibé à Angoulême, le samedi avant Sainte-Catherine, 1301, par l'exécuteur Gérald de Loberston, chanoine de la cathédrale, en présence de Guillaume, évêque, de Jean de Layo, doyen, et de Fulco de La Roche, archidiacre, du gardien des ff. mineurs de Nontron, de frère Gérald de Chiesa, de l'ordre des ff. mineurs, de frère Guillaume, prieur de la Chapelle-Saint-Robert, Jean Iterii, vicaire de Javerlhac, Adémar de Marnhas, et Itier de Lussas, damoiseaux, et Amaldus Barbari, clercs.

Bernard épousa : 1° Jordane, fille de Guillaume Robbert, chevalier, enterrée dans l'église de Feuillade, diocèse d'Angoulême; 2° Agnez, fille d'Audoin Bechade, damoiseau, dont : 1° Bernard Ramnulphi, institué héritier de son père, qui était mort en 1301, sans hoirs, et substitué à ses sœurs; 2° Agnez, femme, en 1301, de Radulphe Vigier, fils de Jean Vigier, chevalier de Marton en Angoumois, et héritière de son père; 3° Marsibilie, que son père veut être mariée, lui donne 15 livres de rente et 100 livres une fois payées; 4° Almodis, que son père veut être monachisée, et pour cela lui donne 100 sols de rente pendant sa vie, en sorte qu'après sa mort il en demeure 10 sols de rente à l'abbaïe ou au prieuré, où elle sera monachisée, pour faire son anniversaire et celui de son père et de ses parents; 5° Agnez-Suffrent, religieuse à Ligueuil. Il avait eu de Marie Audoyne une fille naturelle, nommée Marie.

Bertrand de Rampnulfi, damoiseau, 1390, épousa Huge de La Porcherie, fille de Pierre et de Agnez Marchesa.

[RAMPHERII. — On trouve dans les registres de Roherii, notaire à Limoges, p. 18, n° 18, *apud* D. Col. Guillaume Rampherii.]

RAMPNOUX (1).

RAMPNULFI. — V. RAMNULPHI.

RANCON. — Il ne faut pas confondre Rancon avec Rancogne en Angoumois, dont était S⁏ʳ Gaufridus, en 1147.

[Amelin de Rancon vivait entre 1124 et 1139.

Gui de Rancon, noble, écuyer, vivait en 1222.

Guillaume de Rancon, S⁏ʳ de Taillebourg, chevalier.

Barthelemi ou Guillaume de Rancon, écuyer, vivait en 1228 et 1234.

Barthelemi de Rancon, écuyer ou chevalier d'Ambazac, vivait, ainsi que sa femme, en 1233. (Voyez, sur tous ceux-là, mes *Mém. mss. abb. Lim.*, p. 499, 502, 514, 526*, 528*.)

Commotus de Ranconno vivait entre 1356 et 1485 (Registres de Roherii, notaire à Limoges, p. 35, n° 34, *apud* D. Col.).

Jordain de Ranconno vivait entre 1332 et 1388 (Registres de Borsandi, notaire à Limoges, p 158, n° 246, *apud* D. Col.).

Berthe de Rancon avait épousé Maingot III du nom, sire de Sugères. (*Tabl. Hist.*, vii° part., p. 17)] (2).

(1) Etait à la page 396, déchirée.
(2) La suite est déchirée avec la page 2270.

RANQUES, sieur des Granges et de Prin, paroisse de Boys, élection de Saint-Jean-d'Angeli, porte : *d'azur à un chevron d'or, accompagné de trois étoiles de même en chef et 3 larmes d'argent en pointe, 2 et 1.*

I. — André de Ranques fit un acquêts en 1504, testa le 16 juin 1522.

II. — Jean de Ranques épousa, le 15 février 1535, Catherine Molard.

III. — Antoine de Ranques épousa : 1°, le 24 février 1578, Anne de Conys ; 2°, le 30 mai 1591, Magdelaine Gentil, dont : 1° Pierre, qui suit ; 2° ....

IV. — Pierre de Ranques épousa, le 23 avril 1624, Elisabeth de La Grange, dont : 1° Pierre, qui suit ; 2° Henri, qui se maria.

V. — Pierre de Ranques, sieur des Granges, épousa, le 9 janvier 1658, Marguerite Aymer.

V bis. — Henri de Ranques, sieur de Prin, fut baptisé le 27 octobre 1660, il épousa Anne Chastaigner.

RANSANES, sieur de Charbonblanc et du Bois-de-l'Age, paroisse de Semonzat, élection de Saintes (1), porte : *de gueules à 3 mains d'argent, 2 et 1.*

I. — François de Ransanes rendit foi et hommage au Sr de Didonne, le 17 juin 1456 ; il épousa Marie de Gilloumel ; elle se remaria avec Pierre Guilhem, le 10 décembre 1493.

II. — François de Ransanes épousa, le 10 décembre 1493, Françoise Guilhem.

III. — Jean de Ransanes épousa : 1°, le 1er août 1535, Guillemette Raymond ; 2°, le 9 novembre 1545, Françoise de Catrix, elle testa le 5 mai, dont : 1° Joseph ; 2° Jacques, qui suit.

IV. — Jacques de Ransanes partagea avec son frère Joseph la succession de leurs père et mère, en juin 1582 ; il épousa, par contrat sans filiation, en présence de Joseph de Ransanes, le 19 janvier 1587, Jeanne Audebert, dont : 1° Charles, qui suit ; 2° Marc, qui se maria. Cette maison fit ses preuves devant les commissaires du gouvernement en 1598, et elles furent trouvées bonnes.

V. — Charles de Ransanes, sieur du Bois-de-Lage, épousa, le 19 décembre 1658, Françoise Gaillard.

V bis. — Marc de Ransanes épousa, le 2 janvier 1617, Esther de Beauchamps.

VI. — Jacques de Ransanes épousa, le 28 avril 1660, Silvie Audebert.

RAOUL, sieur des Couronnes, conseiller, et demeurant à Angoulême, porte : *d'azur à un chevron d'or, accompagné de 3 molettes d'éperon d'argent.*

I. — Charles Raoul, maire, est reçu conseiller à la maison de ville à la mort de François Le Meusnier, sieur de l'Artige, le 13 octobre 1605. Jean Thomas, sieur de La Moriange, est reçu au décès dudit Raoul, le 14 février 1627. Il épousa Marie Martin, dont : 1° Samuel ; 2° Antoine ; 3° Jean, qui suit ; ils partagèrent les successions de leurs père et mère, le 22 décembre 1654.

(1) Sémoussac, canton de Mirambeau, arrondissement de Jonzac (Charente-Inférieure).

II. — Jean Raoul fit son testament le 13 septembre 1664 ; il épousa ....., dont : Philippe (1).

RAOUL, sieur des Couronnes et de La Montaignes, demeurant à Angoulême, porte : *d'argent à un poisson de sable en fasce et 6 anneaux de même, 3 en chef, 2 et 1 ; écartelé de bandé d'azur et d'or à 7 pilles, à un lion issant de même.*

I. — Jean Raoul épousa Jeanne de La Barde.

II. — François Raoul épousa : 1° Liette de La Borie ; 2°, le 23 avril 1528, Jeanne du Tillet, dont Jean, qui suit.

III. — Jean Raoul épousa, le 1er janvier 1574, Jeanne Virsonneau.

IV. — Michel Raoul épousa, le 8 octobre 1616, Marie de Nogeret, dont : 1° Nicolas, qui, comme procureur de son père, fit une vente le 24 février 1655 ; 2° Jacques, qui suit.

V. — Jacques Raoul épousa, le 22 mai 1661, Catherine Cheny.

RAPIDIE (2).

[LA RATERIE. — Il est fait mention d'un hôtel noble de La Raterie, près la ville d'Aixe, en Limousin, dans un titre signé P. de Malavernhia jeune. notaire, du 4 février 1493, vieux stile (Chez M. Sanson, de Royère).]

RASTEAU, sieurs des Arnauxs, père et fils, paroisse d'Ars, élection de Saintes, et de Bort, élection d'Angoulême, portent : *d'azur à deux batons d'or en sautoir, accompagnés d'une étoile de sable en chef et deux d'argent aux côtés, et d'un croissant de même en pointe.*

I. — Mathurin Rasteau épousa Jeanne Horric ; étant veuve, elle fit un échange avec le sieur de Jarnac, le 15 mai 1557.

II. — Théodore Rasteau épousa, le 11 juillet 1558, Jeanne de Cerzay.

III. — Jean Rasteau épousa, le 14 février 1589, Jeanne de Ransanes.

IV. — Thomas Rasteau épousa, le 24 avril 1629, Anne de Belleville.

V. — Joachim Rasteau épousa, le 2 octobre 1658, Anne de Belleville.

DU RATON (3).

RAUSA. — Hugue Rausa, damoiseau, 1397, épousa Isabelle des Monts, dont : Blanchie et Catherine, dames des Monts.

RAVALET (4).

Louise de Ravalet épousa, en 15.., Jean de Gravier, sieur de La Barde, paroisse de Bois, élection de Saintes, fils d'autre Jean et de Jacquette Ambaud.

Gabrielle de Ravalet épousa, le 27 décembre 1570, Joseph Gérard, de La Valade, paroisse de Clerac, élection de Saintes (5), fils de Jean et de Catherine de Tustal.

(1) Nadaud indique aussi la page 838, qui est déchirée.
(2) Etait à la page 2276, déchirée.
(3) Etait à la page 2144, déchirée.
(4) Etait à la page 754, déchirée. Des renvois nous donnent les notes ci-dessus.
(5) Clérac, canton de Montguyon, arrondissement de Jonzac (Charente-Inférieure).

RAVARD, sieur de Saint-Amand, paroisse dudit lieu, élection d'Angoulême, porte : *pallé d'azur et d'or à 6 pilles.*

I. — Pierre Ravard, varlet, fit un arrentement le 9 janvier 1396, il épousa Marie du Marteau, dont : 1° Guillaume, qui suit ; 2° Pierre ; 3° Jeanne.

II. — Guillaume Ravard fit son testament le 23 août 1433, il épousa Catherine Prévost, dont : Hélie, qui suit.

III. — Hélie Ravard épousa, le 22 septembre 1443, Jeanne Goumard.

IV. — Jean Ravard fit un accord comme recherchant les droits d'Hélie, son père, avec Foucaud Goumard, le 22 août 1474, il épousa Gabrielle du Chastenet ; comme tutrice de Jean, son fils, elle rendit hommage le 4 août 1500.

V. — Jacques Ravard épousa : 1° Françoise de Trion, dont : 1° Antoine, à qui Seris, sa marâtre, fit payement, le 4 juin 1539 ; il épousa : 2°, le 23 novembre 1523, Catherine de Seris, dont : 2° René, qui suit ; 3° Amaury, ces deux frères firent un partage le 28 juin 1558.

VI. — René Ravard épousa Jacquette Dexmier.

VII. — Jean Ravard épousa, le 10 août 1582, Diane de Blois.

VIII. — Isaac de Ravard épousa, le 7 octobre 1613, Marie Gasnier.

IX. — Jacques Ravard épousa, le 19 novembre 1644, Françoise du Caroy (1).

RAYMOND, sieur du Breuil, Dignac, Saint-Germain, Peyrat, La Martonie, paroisses de Saint-Amand et de Saint-Cyr, élection d'Angoulême, porte : *lozangé d'azur et d'or.*

I. — Jean Raymond épousa Jeanne de Livenne, dont : 1° Pierre ; 2° François ; 3° Jean, qui suit ; 4° Nicolas, qui se maria en 1525 ; ces quatre frères partagèrent les successions de leurs père et mère, le 8 novembre 1520.

II. — Jean Raymond, écuïer, sieur du Breuil, paroisse de Dignac, épousa Jeanne de Mareuil, dont : 1° Gabriel, qui suit ; 2° François, sieur du Maine-Léonard ; 3° Gabrielle, mariée, par contrat du 23 novembre 1560, à François Desmier, écuyer, sieur du Maine-Arnaud, paroisse de Peyrignac.

III. — Gabriel Raymond, sieur du Maine, épousa, le 10 mars 1552, Jeanne de La Tour. — Les preuves de noblesse de cette maison furent trouvées bonnes en 1598.

IV. — Jean Raymond épousa, le 26 septembre 1599, Magdelaine du Laux.

V. — Henri Raymond épousa, le 15 juillet 1640, Anne de Lubersat.

VI. — Philippe Raymond épousa, le 11 février 1662, Marie du Sueur.

Notes isolées.

Noble Jean Raymond, damoiseau, épousa........ dont : 1° Jean, abbé de Solignac, 1427 ; 2° Hélide.

Jean Raymond, écuyer, sieur de Beausoleil, épousa Louise Pindrai, dont : Jean, qui suit.

Jean Raymond, écuïer, sieur de La Grange, né en 1618, épousa, dans l'église de Marthon, en Angoumois, le 31 janvier 1646, Marie de Heautmont,

(1) Voir CARROY, tome I.

âgée de dix-huit ans, fille de feu Geofroi, écuïer, sieur de Lavaud, et de Magdeleine de Montargis.

Antoine de La Romagère, écuïer, paroisse de Nexon, épousa, en secondes noces, en 1773, ... de Raymond de Beausoleil, paroisse de Saint-Pierre, à Saint-Irier.

[N..... de Raymond, sieur du Breuil, était S^{gr} de Dignac en 1698.]

Branche du Peyrat et de La Meschinie.

II. — Nicolas Raymond fit son testament le 28 octobre 1550, il épousa, le 17 mars 1525, Jeanne de Birat, dont : 1° Pierre ; 2° Nicolas ; 3° Jean, qui suit. Ces trois frères firent deux actes judiciaires au sujet de la succession de leur père, les 27 juin et 30 août 1567.

III. — Jean Raymond épousa Françoise de La Touche.

IV. — Gaston Raymond épousa, le 29 avril 1596, Christine de Vassougne, dont : 1° Mathieu, qui suit ; 2° Hélie, qui se maria en 1644 ; 3° Jean ; ils partagèrent la succession de leurs père et mère, le 9 mars 1633.

V. — Mathieu Raymond épousa, le 21 février 1629, Renée de Vassougne, dont : Jean, qui suit.

VI. — Jean Raymond, sieur de La Mechenie épousa, le 18 décembre 1647, ..., dont : Jean, qui suit.

VII. — Jean Raymond, sieur de Villognon, épousa, le 28 avril 1666, Anne Bouchier.

V *bis*. — Hélie Raymond, sieur du Peyrat, épousa, le 29 janvier 1641, Anne Gouin.

Notes isolées.

Gabriel Raymond, écuïer, sieur de La Gifardière et de Vignolles, épousa Marie (*alias* Elisabeth), Gellinard, fille de François, écuïer, sieur de Malleville et de Sainte-Hermine, en Angoumois, et de Anne de Livenne.

..... Raymond épousa, vers 1680, Marie-Thérèse de Ravaud, fille de Denis, écuïer, sieur de Bercenay, dont : Françoise-Andrée-Silenie, mariée avec Paul-Lorant Vollant, chevalier, sieur de Regibay et de Lesglantier, capitaine au régiment, colonel-général de dragons.

RAYMOND [ou RAYMUNDI. — Pierre Raymond, écuyer, vivait en 1237. (Voyez mes *Mém. mss. abb. de Lim.*, p. 528*).

On trouve dans les registres de Borsandi, notaire à Limoges, p. 149, n° 231, *apud* D. Col. Guillaume Raymundi.]

Jean Raymond, damoiseau, épousa ....., dont Hélis, veuve de noble Jean Bruni, 1425.

Joseph de Raymond, sieur des Brosses et de Prajons, en Basse-Marche, épousa, vers 1690, Marie Frotier, fille de Louis, sieur de La Messelière, et de Esther de Chissé. (Simplic., T. VIII, p. 484).

Pierre Raymond, écuyer, sieur de La Sigoudie, épousa Marguerite de Grenailles ; elle mourut à Uzerche, à 55 ans, le 6 may 1718, dont : Joseph, né à Uzerche le 20 mars 1702.

Jean Raymond, écuïer, sieur de La Garde, épousa Françoise de Lastic, de Montbrun ; elle mourut à Uzerche, le 21 septembre 1749.

RAZAT (1).

RAZES ou REZES (2).
Hélie de Razès épousa ....., dont : Almodie, veuve, vers 1280, de Bernard, S^{gr} de Saint-Pardoux.
Guillaume de Razès, damoiseau, frère de Bozon, curé de Fromental et neveu d'Hélie de Razès, vers 1280.
Gui de Razès, chevalier, 1309.
Guillaume de Razès mourut en 1321.
Marguerite de Monisme, *alias* de Razès, prieure de Montégut, paroisse de Compreignac, 1332.
Gui de Razès épousa Galiene de Maraval. Elle se remaria à Melhot de Montcocu ; elle testa en 1387, dont : Aymeric, damoiseau, qui, en 1365, fiance Louise, *alias* Blondie de Sainte-Fère ; mais comme il ne l'épousa pas, pour la dédommager, il lui donna 35 deniers d'or, appelés alors *nobles* (Borsandi, notar. Lemovic.).
Jeanne de Razès, dame des Vories, paroisse de Folles, femme de Pierre du Breuil, en 1366, écuyer, sieur dudit lieu, paroisse de Saint-Sulpice-Laurière.
Jean de Razès, chevalier, rendit aveu et dénombrement à l'évêque de Limoges pour la terre de Monime, le 15 mars 1446, vieux stile ; il épousa, vers 1440, Souveraine de Pompadour, fille de Goltier ou Golferin, chevalier, S^{gr} de Pompadour, et de Isabelle de Comborn. Elle était veuve en 1493.
Noble Jean de Razès, S^{gr} de Montcocu, paroisse d'Ambazac, 1520.

[Branche de Monismes (3).

Monismes, terre qui appartenait autrefois aux S^{grs} de Razès, mais elle a été démembrée depuis, et aujourd'hui elle appartient aux Barbou, de Limoges. Elle est dans la paroisse de Bessines, et le S^{gr} de Monismes emporte un tiers de ce qu'on appelle la grosse dixme de Bessines. Les deux autres tiers se partagent entre l'abbé de Grandmont et le curé de Bessines ; un tiers à l'abbé, et l'autre tiers divisible entre l'abbé et le curé.
Gui de Razès, S^{gr} de Monisme, vivait en 1356.
N..... de Razès fit bâtir ou reconstruire le château de Monismes après 1430.]
Antoine de Razès, S^{gr} de Monismes, paroisse de Bessines, 1523, 1539, rendit un aveu à l'évêque de Limoges, le 17 juillet 1542.
Léonard de Razès mourut vers 1555, S^{gr} de Monismes ; cette terre relève de l'évêque de Limoges. Depuis sa mort jusqu'en 1676, la terre de Monismes a toujours été entre les mains de fermiers, de femmes veuves et de mineurs. Elle fut adjugée en 1707 au sieur de Saint-Vallier ; celui-ci la

---

(1) Etait à la page 475, déchirée.
(2) Razès, canton de Bessines, arrondissement de Bellac (Haute-Vienne).
(3) Monismes : le château, situé dans la commune de Bessines, arrondissement de Bellac (Haute-Vienne), fut vendu, en 1789, à dame Dorat des Fougères, il devint, au commencement de ce siècle la propriété de M. de Rocard, dont la mère était une demoiselle Dorat, enfin M. Garsignies, qui a épousé une demoiselle de Rocard, a vendu cette propriété à des marchands qui la revendent en détail.

vendit à la dame Bethune, de qui le sieur Barbou l'acquit en 1734 (Mémoire imprimé).

..... de Razès épousa ....., dont : 1° Pierre, écuïer, Sgr de Monismes, qui suit ; 2° Léonarde, mariée à Jean de Saint-Georges ; 3° Jean, sieur d'Ablou, paroisse de Saint-Cyran, en Berri, ou de Saint-Giles ; 4° Louis, sieur du Pic; 5° Antoine, sieur d'Orsane ; 6° François, sieur du Pin (Branche de Pin-Bernard); 7° Charles.

Noble Pierre de Razès, écuïer, Sgr de Monisme et d'Ablou, retira, en 1583, par retrait lignager, de Jean Rougier, marchand de Limoges, la terre de Bessines. Il épousa, par contrat (signé Codet, à Saint-Junien), passé au château d'Oradour-sur-Glane, le 23 novembre 1563, Jeanne de Montrochier, fille de feu François; les frères de Pierre, Jean, François, Antoine, Louis et Charles, conjointement Sgrs de Monismes, assistèrent au contrat.

Noble Jean de Razès, Sgr dudit lieu, Monismes, Bessines et Ablou, 1579, frère de François, sieur du Pin-Bernard, épousa : 1° Renée du Douhaud, dont Jeanne, mariée à Jacques de Roffignac, fils de Christophe, écuïer, sieur de Sampnac, et de Valerie Faulcan. Il épousa : 2° Charlotte-Augustin, veuve de Louis de Chauvigny. Jacques fut assassiné, le 1er novembre 1581, par Charles de La Geli, écuïer, sieur de La Coste-sans-Chemin, et François Blereau, dit Château-Lamanée, écuïer, natif de la paroisse de Moulon.

[La terre de Monismes appartenait à la maison de Bethune, depuis quelque temps, lorsque N....., marquise de Bethune, la vendit au sieur Jean Barbou, libraire de Paris, originaire de Limoges, qui l'a transmise ou cédée à ses parents, résidant à Limoges. Voyez l'article Barbou], T. I.

La demoiselle de Razey fut destinée pour accompagner aux bains, en 1576, Marie Stuart, reine d'Ecosse. (LABOUR., T. III, p. 485).

Pierre de Razai, écuïer, sieur de Murat, de Gastesouris, en Berri, épousa Isabelle Gigaud, de Bellefond, dont Marie, mariée, le 21 août 1646, avec Louis de Maussabré, écuïer, sieur de Bordebure, fils de Gilbert, écuïer, sieur de La Sabardière et de Gilberte de Saint-Irier. (HOZIER, Arm. génér., 1re part., p. 373.)

Bonaventure de Razès, écuïer, Sgr de Monisme, Bessines et Ablou, frère de Jeanne, épousa, le 29 juin 1590, Jacqueline d'Aubusson, fille de François, Sgr de La Feuillade et de Louise Pot; elle était veuve en 1625, dont : 1° Jean, Sgr de Mounismes ; 2° Guillaume, écuïer, Sgr d'Ablou, qui fut chevalier.

Léonard de Razès, Sgr de Monismes, épousa Marguerite de La Marche ; elle était veuve en 1603.

Henri de Razès, paroisse de Saint-Pierre-le-Puellier, à Bourges, épousa, vers 1645, Louise Pot, de Rhodes.

Noble Fiacre de Razès, écuïer, sieur du château de Soulignac, paroisse de Crosmas, 1627, épousa Marie de Villelume.

Claude de Razès, chanoine du Dorat, 1635.

François de Razès, écuïer, Sgr de Monismes et de Bessines, fut blessé à la bataille de Castelnaudari, le 1er septembre 1632, revenant du siége de ..... Il fut enterré dans l'église de Bessines le 12 septembre 1656.

Henri de Razès, abbé du Palais, 1661, demeurait à Ablon.

[En 1685, la terre de Monismes était en décret.]

Guillaume de Razès, comte de Monismes, S^r d'Ablou, épousa Catherine-Hyacinthe d'Aubusson, fille de Charles, Sr de Chassingrimont, et de Anne Deaulx; elle épousa, en secondes noces, François de Verthamon; elle vivait en 1701. (Il est appelé, dans la généalogie de la maison d'Aubusson, Henri-Guillaume.)

Un Guillaume de Razès, Sr de Monismes, épousa Marguerite Pot, fille de Claude et de Louise de Lorraine; elle était veuve de François d'Aubusson, Sr de Chassingrimont.

Edme-Léonard de Razès, Sr de Monisme, colonel du régiment de Champagne, mourut à Utrecht de ses blessures. Il avait épousé Elisabeth Le Marchand, fille et héritière de Jacques, président en la Cour des aydes de Normandie, et de Suzanne de Vassy-Brecé; étant veuve, elle se remaria avec Louis de Bethune, cy-devant abbé de Beaulieu, puis mestre de camp d'un régiment de cavalerie; elle mourut le 7 décembre 1704 (SIMPLIC., T. IV, p. 223).

RAZÈS, sieur de Pinbernard, paroisse de Saint-Priest-le-Betoux (1), porte: *pallé d'argent et de gueules à 7 pilles, au chef d'or.* Ces armes sont dans une croisée du sanctuaire de l'église de Razès et d'Ambazac, au bas d'un pilier.

I. — François de Razès, écuïer, sieur du Pinbernard, paroisse de Saint-Priest-le-Betoux, fit des ventes en 1556, 1560, 1563; il épousa Françoise de La Ville, dont: 1° Claude, qui suit; 2° Pierre, sieur de Pinbernard; 3° François, tonsuré en 1572, chanoine du Dorat; 4° Catherine, mariée: 1° par contrat du 7 mai 1576 (reçu par Fraixe) à Louis de Fenieu, sieur de Bioussac, juge de Monismes et Bessines, qui mourut le 15 juin, et laissa quatre enfants; 2°, le 18 janvier 1590, à Jean Portier, écuïer, sieur de Planechaud, paroisse de Saint-Priest-le-Betoux; elle fit son testament (reçu La Buxière, insinué au Dorat), le 4 mars 1600, et mourut le même jour; 5° Marie, mariée, le 29 décembre 1588, à Léonard Dou Dordec ou Dordes, chevalier, sieur de Vieilleville, paroisse de Tilly, qui transigea le 9 juillet 1597, avec Claude de Razès, son beau-frère, pour la succession de François de Razès, leurs beau-père et père.

II. — Claude de Razès transigea avec Françoise de La Ville, sa mère, le 27 janvier 1612; il fit son testament le 12 juillet 1619, épousa Renée du Pont; elle fit donation à Pierre, son fils, le 6 juillet 1609; dont, Pierre, qui suit.

III. — Pierre de Razès mourut en 1652; il avait épousé, par contrat sans filiation du 13 novembre 1629, Charlotte de Savignac, fille de André, écuïer, sieur de Chabannes-Bertrand, près La Souterraine, et de Anne de Ribeyreix.

IV. — Gabriel de Razès épousa, le 24 août 1652, Marthe Hygonnin, dont: 1° François, qui suit; 2° Anne, née au château de Montaurand, paroisse de Nantiat, le 24 juin, et baptisée le 7 juillet 1664.

V. — François de Razès, demeurant au lieu de Pin-Bernard, paroisse de Saint-Priest-le-Betoux, épousa, le 23 juillet 1709, Marguerite Autor.

[LA REBEYRIE.]

(1) Saint-Priest-le-Betoux, canton de Châteauponsac, arrondissement de Bellac (Hte-Vienne).

REBUFFIE. — Noble François de La Rebuffie, tonsuré en 1560, fit profession à Saint-Augustin-lez-Limoges, en 1567, y fut pénitencier en 1568.

RECHINAVEZI [ou RECHIGNEVOISIN].

...... Rechinavezi épousa ....., dont : 1° Noble Pierre de Rechinavezi, chevalier ; 2° Gui de Rechinavezi, damoiseau, qui testa le mardi après l'Ascension, 1363.

[On trouve dans les registres de Borsandi, notaire à Limoges, p. 83, n° 132, *apud* D. COL., Pierre de Rechignevoisin (de Rechinhavezi),]

Jean de Rechignevoisin, écuïer, sieur de La Lande et de Riadour, paroisse de Bonnœil, épousa ....., dont Barbe de Rechignevoisin, qui épousa, par contrat du 4 février 1587, Jean du Rieu, écuïer, sieur de Villepreau, Fontbusseau, Saint-Martin, Pichat, qui se remaria, le 4 décembre 1595, à Louise Barbansois.

RECLUS (1).

François du Reclus, écuïer, sieur du Breuil et de Puyfeytaud, paroisse de Saint-Martial de Valette, épousa Bonne de Fardinas, dont : 1° François, qui suit ; 2° Charlotte-Bonne, baptisée à l'âge de six ans et sept mois, le 28 février 1650.

François du Reclus, écuïer, sieur du Breuil et de Puyfeytaud, baptisé le 28 may 1651, épousa : 1° Françoise Chambel, dont : 1° Anne, baptisée à Saint-Martial de Valette, le 9 février 1642. Il épousa : 2°, par contrat (signé Dufraigne) du 15 juin 1665, Jeanne du Lau, fille de feu François, écuïer, sieur du Breuil, paroisse de Marthon, en Angoumois, et de Jeanne Thomas, dont : 2° François, baptisé à Marthon, en Angoumois, le 24 avril 1666 ; 3° autre François, né le 5 juin 1667 ; 4° Catherine, baptisée à Nontronneau, le 27 octobre 1669 ; 3° Jean, né le 14 novembre 1678, baptisé à Minzat, en Angoumois, qui reçut les cérémonies à Nontronneau le 20 novembre 1679.

Alexandre du Reclus, écuïer, sieur de Poulignac, demeurant à Faye-Marteau, paroisse d'Hautefaye, en Nontron, épousa Françoise Quiliat, dont Léonard, né le 17 janvier 1685.

Gui du Reclus, sieur du Vignaud, paroisse d'Hautefaye, en Nontron, épousa Hippolitte Glatinon, dont un fils, né et mort le 13 may 1685. Ladite Hippolitte se remaria, le 24 février 1686, à Louis Borie, écuïer, sieur de Lesperlucie, fils d'autre Louis et de Marie Château, de la paroisse de Saint-Front d'Alonis, diocèse de Périgueux.

François du Reclus, sieur du Breuil, de la paroisse de Saint-Martial de Valette et Nontronneau, fut condamné à payer 3,000 livres et les 2 sols par livre d'amende, par arrêt du Conseil du 8 octobre 1697, pour avoir récidivé dans l'usurpation du titre de noblesse, suivant la condamnation contre lui prononcée par le sieur Pellot, intendant de Guyenne.

Pierre du Reclus, écuïer, sieur de Lespinasse, conseiller du roi, chevalier d'honneur au présidial de Périgueux, 1713, avait un moulin et quelques rentes à Nontron.

---

(1) Nadaud avait d'autres notes à la page 2440, qui est déchirée.

REFUGE, sieur de Ferchaud, paroisse de La Prade, élection d'Angoulême, porte : *d'argent à 2 fasces de gueules, accompagnées de 2 serpents d'azur brochant sur le tout.*

I. — François de Refuge passa deux contrats d'acquisition et de rachat, les 15 janvier 1545 et 10 mai 1550 ; il épousa Catherine de Verneuil, dont : 1° Gui, qui suit ; 2° Odet ; 3° Isabeau ; 4° Charles ; 5° Anne ; 6° Catherine ; 7° Françoise ; on leur nomma un tuteur pardevant le juge d'Aubeterre, le 27 avril 1567.

II. — Guy de Refuge épousa, par contrat sans filiation du 24 avril 1576, Claude Taleran de Grignols, dont : 1° Hélie, qui suit ; 2° Gabriel ; 3° Guy ; ces trois frères partagèrent les successions de leurs père et mère, le 3 juillet 1608.

III. — Hélie de Refuge épousa, par contrat sans filiation du 4 septembre 1611, Marie Bernier.

IV. — Henri de Refuge épousa, le 17 février 1647, Isabeau de Ruade.

Le 2 mai 1632, Diane de Refuge épousa Hélie Galliot, fils de Guy et de Marie de La Fillolie.

REGIS. — Pierre Regis, damoiseau de Pierrebuffierre, 1402, épousa Sebine Danielis, fille de Pierre Danielis *de Ponte Rubeo*, chevalier de Saint-Paul et de Vergie de La Roche, dont Jean Regis, damoiseau, donataire de sa mère, 1427.

REGNAUD (1).

Marie Regnaud épousa, par contrat passé à l'Age-Bertrand le 20 avril 1654, Jean de Rochechouart, chevalier, comte de Saint-Auvent, baron de Montmoreau, Sgr de Saint-Martin, Marval, Milliaguet ; veuve, le 8 janvier 1695, elle se remaria à Adrien Goulard, Sgr de Poulignat, de la maison de La Fée, en Saintonge, et mourut au mois d'août 1703.

REGNAUDIN. — Antoine Regnaudin, sieur de Puynège, trésorier en la généralité de Limoges, 1689, [épousa ....., dont une fille unique.

N .... Regnaudin de Puynège, mariée en 17.. avec N..... Limousin de Neuvic, dont une fille unique.

N..... Limousin de Neuvic, mariée en 17.. avec N..... du Garreau, écuyer, Sgr de La Seynie, etc.]

REGOUDIE (2).

REILHAC (3).

REIX. — Voir Raix.

RELHERII (4).

---

(1) Etait aux pages 425, 427, qui sont déchirées.
(2) Etait à la page 2291, déchirée.
(3) Etait aux pages 621 et 2291, déchirées.
(4) Etait à la page 2272, déchirée.

RELHIERA. — Hélène Relhiera épousa, en 1331, Gérald Ricos, Sʳ de Maysonis (1).

[SAINT-REMI]. — V. aussi HAURRAY ou AURRAI, de Saint-Remi.

RENAUDIE. — V. FELINES, sieur de La Renaudie.

[LES RENAUDIES, fief situé dans la paroisse de Saint-Hilaire-Lastours, et dans la mouvance de La Baronnie de Lastours. Il a eu autrefois ses seigneurs particuliers. Depuis il a appartenu à MM. David de Lavergne, Les Pousses, etc., qui l'ont vendu de nos jours à M. le comte des Cars.]

RENON. — V. LA COUTURE-RENON, T. III.

RENOUARD, sieur d'Armelles, de Cervoles et de Chemellières, paroisse de Lignières, élection de Coignac, porte : *d'argent à 3 fasces de gueules, frettées d'or.*

I. — Pierre Renouard accorda une quittance, au nom de ses enfants, le 14 août 1510, épousa Liette de Livennes.

II. — Bonaventure Renouard épousa, le 11 novembre 1530, Catherine de Villat.

III. — Annet Renouard, qui fit avec son frère Pierre un contrat le 26 février 1599, donna une quittance de la dot de sa femme, le 22 novembre 1563 ; il avait épousé Jeanne Gouvernault.

IV. — Jean Renouart épousa, le 14 avril 1610, Louise de La Maisonneuve, dont : 1° Paschal, qui suit; 2° Isaac, qui se maria; 3° Henri, qui se maria.

V. — Paschal Renouard, sieur d'Armelles, épousa, le 13 août 1634, Esther de La Saunière.

V *bis*. — Isaac Renouard, sieur de Cervoles, épousa, le 20 février 1643, Louise Le Cocq.

V *ter*. — Henri Renouard, sieur de Chemelières, épousa le 18 septembre 1650, Marie de Sens (2).

REPAIRE. — Jean du Repaire de Landeix, paroisse de Saint-Estienne de Noblac, épousa, dans l'église de Boubon, le 25 mars 1698, Marie de Lambertie, fille de feu Jean.

Jean du Repaire, écuier, sieur du lieu du Repaire de Moissanes et de Saint-Christophe, épousa Isabeau de La Martonie, dont Julie, mariée, dans l'église de Moissanes, le ... février 1686, à Pierre Guittard, sieur de Villejoubert, paroisse de Saint-Denis-des-Murs, fils de Pierre et de Jeanne Desmiers.

Pierre du Repaire, écuier, sieur de Beauclair, paroisse de Couzours, épousa Marie-Philippe de Jobert, de Nantiac, dont Jean, qui suit.

Jean du Repaire, sieur de Beauclair, épousa à Uzerche, le 29 janvier 1720, Anne du Faure, de Masmalet, fille de feu Guillaume et de Jeanne Bonnet, dont Anne, née à Uzerche le 15 septembre 1724.

---

(1) Maisonnais, canton de Saint-Mathieu, arrondissement de Rochechouart (Haute-Vienne)
(2) Nadaud indique encore la page 955, qui est déchirée.

RESTIER, sieur de La Traversière, paroisse de Brosse, élection de Saintes, porte : *d'azur à cinq bandes ondées d'or.*

I. — Jean Restier épousa Geoffroy de La Foucaudie. Le 2 septembre 1534, le juge de Saint-Yrieix prononça une sentence entre les époux, d'une part, et Guillaume de La Foucaudie, de l'autre. De ce mariage vinrent : 1° Rolland ; 2° Jean, qui se maria ; 3° autre Jean ; 4° Odet, 5° autre Jean dit Taillandier ; 6° Léonarde, qui partagèrent les successions de leurs père et mère, le 8 décembre 1570. Il y eut aussi une procédure du juge d'Obterre entre lesdits frères et sœurs, le 28 novembre 1580, pour la succession de Jean dit Taillandier.

II. — Jean Restier épousa, le 24 mai 1557, Marie Joubert.

III. — Rolland Restier, sieur de La Tallandie, 1617, épousa Marie Moreau.

IV. — Guillaume Restier épousa, le 12 mai 1642, Renée d'Aussigny ; elle passa un acte, le 4 juin 1667, comme mère et tutrice de ses deux enfants. De ce mariage naquirent : 1° David ; 2° Jacques.

REYGOUDIE (1).

REZÉS. — V. RAZÈS.

[LA REYMA ou LA REYNIA.

On trouve dans les registres de Roherii, notaire à Limoges, p. 38, n° 37, et p. 99, n° 84, *apud* D. COL., Guillaume de La Reyma ou La Reynia.

On trouve encore dans les registres de Borsandi, notaire à Limoges, p. 100, n° 160, et p. 112, n° 173, *apud* D. COL., Emillius (peut-être le même que Guillaume ci-dessus) de Reyma ou de La Reyma.]

REYNAUD, sieur de La Charloterie, paroisse du Vieux-Ruffec, élection d'Angoulême, porte : *d'azur à 3 pommes de pin d'argent, 2 et 1.*

I. — Jean Reynaud épousa, le 2 octobre 1513, Antoinette de Fontlebon ; elle se remaria à Pierre Moulinier, écuier.

II. — Pierre Reynaud, fils de Jean et de ladite Fontlebon, pour lequel ledit Moulinier fit un bail à rente le 22 avril 1547, épousa Françoise Moulinier ; étant veuve, elle passa une procuration, en son nom et à celui de ses enfants, le 14 mars 1549 ; dont : 1° Louise ; 2° Louise ; 3° René ; 4° Pierre ; 5° Nicolas, qui suit ; ces cinq frères partagèrent les successions de leurs père et mère le 1er juillet 1576.

III. — Nicolas Reynaud épousa, le 17 septembre 1576, Marguerite Oremberg.

IV. — Louis Reynaud épousa, le 29 septembre 1602, Anne d'Asnières.

V. — Isaac Reynaud épousa, le 27 janvier 1646, Françoise Ringuet.

REYNAUD, sieur des Villattes.

[On trouve dans les registres de Roherii, notaire à Limoges, p. 64, n° 53, et de Borsandi, p. 151, n° 237, *apud* D. COL., Audoyn Reynaudi.]

Noble Silvain Reynaud, sieur des Villattes, épousa Françoise La Grange, dont Melchior, né à Guéret le 3 juin 1676, prieur de Jarnage, 1713.

---

(1) Était à la page 2291, déchirée.

REYNIA. — V. REYMA.

REYNIER, sieur de Vaujompe, paroisse de Saint-Sulpice, élection de Coignac, porte : *écartelé d'argent à 4 lions de gueules armés et lampassés de même.*

[On trouve dans les registres de Borsandi, notaire à Limoges, p. 155, n° 240, *apud* D. COL., Philippe Reynier.]

I. — Hélie Reynier rendit des hommages à Sa Majesté le 18 mars 1555 et 23 août 1556 ; il épousa Jeanne de Terue, d'après une copie du 7 mars 1541.

II. — Louis Reynier obtint, le 4 juillet 1578, un arrêt de la chambre de l'édit de Paris, faisant voir qu'il est fils d'Hélie ; il épousa, par contrat sans filiation du 1er février 1574, Françoise Flament.

III. — Louis Reynier épousa, le 18 février 1611, Noemi Buor.

IV. — Louis Reynier épousa, le 28 juillet 1639, Jeanne Bertinaud ; étant veuve de Louis, elle fit deux actes comme tutrice d'autre Louis, son fils, les 15 juin 1657 et 1er mars 1663, dont Louis.

RYBEYREIX ou LA SALLE DE RYBEYREIX.

La maison de Rybeyreix, établie depuis longtemps au château de ce nom, sur la paroisse de Saint-Priest-les-Fougères, diocèse de Périgueux, entre Châlus et Thiviers (1), a produit plusieurs personnages distingués par leur mérite. (MORERI, 1759.)

André de Rybeyreix, Sgr de Saint-Priest-les-Fougères (2), Courbefi (3), exempt des gardes du corps du roi, dans la compagnie de M. de Nançay, épousa, en 1530, Louise de Saint-Martin de Puygueraud, dont il eut deux fils :
1° Jean, qui fut commandant de Montsegur, et mourut sans enfants ;
2° Georges, qui suit. (MORERI.)

Georges de Rybeyreix épousa, en 1562, Marguerite de Bart, de Cluzeau, et de La Romagère, dont deux fils : 1° Jean, qui suit ; 2° ....

Jean de Rybeyreix, baron de Courbefi, marquis de La Bastide, épousa, en 1598, Anne Pourten de La Barde, dont : 1° Pierre, qui suit ; et deux filles : 2° Marthe ; 3° Marguerite.

Pierre de Rybeyreix épousa, en 1623, Antoinette de La Tour et de La Faye de Goursac, dont : 1° Charles, Sgr de Rybeyreix, baron de Courbefi ; 2° Guillaume, qui suit.

Guillaume de Rybeyreix, sieur de La Salle et de Sainte-Marie, fut page, puis écuïer de Mademoiselle, commanda la noblesse du Périgord en 1674, sous M. d'Albret, épousa ...., dont quatre enfants : 1° ......, capitaine dans le régiment d'Orléans ; 2° ......, capitaine dans le régiment de La Fare ; 3° ......, prêtre ; 4° ......, prêtre de l'oratoire.

Jacques de La Salle de Rybeyreix, sieur de Saint Prieh, du Moulin-Basti, paroisse de Bussière-Galant, fut maintenu par M. Pelot, intendant de Limoges en 1663, épousa Anne de La Monnerie.

Charles-Guillaume de Ribeyreix ....., chevalier de Ribeyreix, baron de Courbefi, de la paroisse de Saint-Priest-les-Fougères, diocèse de Périgueux,

---

(1) Thiviers, arrondissement de Nontron.

(2) Saint-Priest-les-Fougères, canton de Jumillac-le-Grand, arrondissement de Nontron (Dordogne).

(3) Courbefy, aujourd'hui Saint-Nicolas-de-Courbefy et Bussière-Galant, canton de Châlus, arrondissement de Saint-Yrieix (Haute-Vienne).

mourut au château de La Vigne, paroisse de Saint-Brice, où il fut inhumé le 21 mai 1680. Il avait épousé Gilon de Carbonnières, dont Antoinette, mariée, en février 1680, à Pierre Donnet, veuf en premières noces de Catherine Liliaud, fils d'autre Pierre, écuyer, sieur de Laubertie et de Marie de Jay de Beaufort, elle mourut veuve le 17 septembre 1719.

Jean de La Salle, sieur dudit lieu, fut maintenu par M. Fortia, intendant.

Jean-Baptiste de Ribeyreis, écuyer, paroisse de Saint-Laurent-de-Gorre, épousa, en 1765, Louise-Marie de Saint-Abre, paroisse des Sales, veuve de ....

Charles de La Salle de Ribeyreix, écuyer, sieur du Boucheron, paroisse de Saint-Laurent-de-Gorre, épousa Jeanne des Pousses du château de Feuillade, dont : 1° Jean, en 1713 ; 2° autre Jean, tonsuré en 1725 ; 3° Marie-Anne, née à Saint-Junien, le 9 novembre 1708 ; 4° Pierre-Laurent, né à Saint-Junien, le 9 août 1711.

RIBIER [ou LA RIBYERA ou RIBYEIRA], sieur de Châteauneuf, paroisse de Verneuil, *alias* Verniolet, élection d'Angoulême, de La Ronde, paroisse de Cellefrouin, élection de Saint-Jean-d'Angely, porte : *d'azur à un croissant d'argent, au chef cousu de gueules, chargé de trois étoiles d'or.*

[On trouve dans les registres de Boherii, notaire à Limoges, p. 17, n° 17, *apud* D. Col., Guillaume La Ribyera, et à la page 38, n° 36, Itier La Ribyeira.]

I. — Bertrand Ribier obtint des lettres royaux le 8 mars 1457, il épousa Catherine de Crouzay ; elle partagea la succession de son mari avec ses enfants, le 16 avril 1480 ; dont : 1° Pierre, qui suit ; 2° Julien ; 3° Antoinette.

II. — Pierre Ribier épousa ......, dont : 1° Philippe, qui partagea avec Clément, son frère, la succession de leur père, le 6 décembre 1542 ; 2° Clément, qui suit.

III. — Clément Ribier épousa Jeanne de Puyrigaud, dont François, qui suit.

IV. — François Ribier épousa, le 11 septembre 1581, Marie Richard, dont Jean, qui suit.

V. — Jean Ribier épousa, le 10 novembre 1633, Louise Gallet, dont : 1° Antoine, qui suit ; 2° François, sieur de La Ronde, baptisé le 8 décembre 1635.

VI. — Antoine Ribier, écuyer, sieur de Châteauneuf, paroisse de Cellefrouin, diocèse d'Angoulême, épousa, le 11 juin 1662, dans l'église de Verniolet, Marguerite Gaubert, fille de Charles, écuyer, sieur du Poyrier, paroisse de Vergniolet, et de Jeanne de Croizant. De ce mariage vint Jacquette, baptisée à Verniolet, le 2 décembre 1668.

Notes isolées.

..... Ribier épousa ....., dont Marie, qui emprunta le nom de Singareau et se dit veuve de ...... Nadaliac, lorsqu'elle mourut dans une pauvreté extrême, âgée de soixante ans, sur la paroisse de Pluviers, le 5 janvier 1761.

Marie Ribier de Sibaudet, mourut à soixante-quinze ans, le 3 avril 1768, enterrée à Vidais.

Pierre Ribier, du village de Lardidie, paroisse de Vidais, où il mourut, à soixante-sept ans, le 1ᵉʳ novembre 1760. Il avait épousé : 1° Marie de Champelon, fille de Jean, écuïer, sieur de Longpré, et de Suzanne Fargeas, dame de Longpré ; elle mourut à Videis, à quarante-cinq ans, le 22 août 1735, dont : 1° Germain, qui suit ; 2° Anne, mariée : 1° à Antoine de La Faye ; 2°, dans l'église de Vidais, le 11 janvier 1767, à Louis Daguindaud, huissier royal à Chabanais. Pierre épousa : 2°, dans l'église de Vidais, le 13 août 1742, Marguerite de Couhé, veuve de René Barbarin, sieur de Chassac, du village du Grand-Portebeuf, paroisse de Massignac.

Germain Ribier, écuïer, sieur de Châteauneuf, né vers 1720, du village de Lardidie, épousa à Vidais, le 14 novembre 1765, Marguerite Renom, âgée de quarante ans, veuve de Martial Andrieu, laboureur.

[SAINT-RIBIER.

On trouve dans les registres de Borsandi, notaire à Limoges, p. 151, n° 234, *apud* D. Col., Hélie de Saint-Ribier.]

RICHARDIÈRE. — V. Griffon, sieur de La Richardière, t. II.

RICHART. — Jean Richart, écuïer, sieur de La Tour-aux-Pommeaux, paroisse de Moutier, près Lussac-les-Eglises (1), La Valade et Plaisance, épousa Jeanne de La Rivière, dont Jean, qui suit.

Jean Richard, écuïer, épousa, par contrat du 10 may 1579 (signé Faulconier), Magdelaine de Faugères, fille de feu Jean, écuïer, et de Charlotte de Chamborant, du lieu des Forges, paroisse de Chailhac, diocèse de Bourges, dont : 1° (peut-être) Claude, qui suit ; 2° Robert, écuïer, sieur de La Tour, paroisse de Moutier.

Noble Claude Richart, écuïer, sieur de La Valade, épousa, par contrat du 28 octobre (reçu de Laires), et le 7 novembre 1600, dans l'église du Dorat, Renée Brujas, fille de noble Jacques, sieur de l'Age-Malcouronné, juge-sénéchal du Dorat et de Renée Dunet ; elle était veuve de Balthazar de Baignac, écuïer, sieur de Ricoulx et de la justice de Tersanes, en partie.

RICOS. — Gérald Ricos, chevalier, d'auprès des Sales de La Vauguyou, épousa Florence de Compnach, dont : 1° Gérald, damoiseau et héritier de son père ; 2° Pierre, Sgr de Moyzonois (2) 1301, damoiseau ; 3° Hélie, damoiseau ; Pierre et Hélie transigèrent, en 1319, avec leur aîné, pour la succession de leur père ; 4° Gui (au château de Rochechouart).

Noble Pierre Ricos, Sgr de Mejones, fit un codicille le jeudi après Sainte-Quitterie, 1364, fait des légats aux églises de Maysonais et de Saint-Barthelemi ; il épousa Bardone, dont : 1° Gérald, qui suit ; 2° Penot ; 3° Agnez.

Gérald Ricos [Sgr de Mejones, *alias* Meyzoneis], épousa Hélène Relhiera ; elle porta 40 livres tournois, sur les biens que son père avait sur les paroisses de Peysac, Saint-Meymi et Saint-Sulpice : les mâles succèderont au manoir de Mejonas avec 80 livres de rente, l'aînée des filles sera mariée avec 20 livres de rente, les autres seront religieuses et auront 100 sols de rente leur vie durant, par contrat (signé Aymeric de Cabanisis, au château de La

(1) Aujourd'hui Verneuil-Moutier, canton du Dorat, arrondissement de Bellac (Hte-Vienne).
(2) Maisonnais, canton de Saint-Mathieu, arrondissement de Rochechouart (Haute-Vienne).

Vauguyon) du mardi après la fête de la Purification, 1331. Ce même jour, le mariage fut solemnisé en face d'église à Roussines.

RICOUX. — François de Ricoux, écuïer, épousa Halys de Villelume, veuve de Louis Bouchaud, dont : 1° Gabriel de Ricoulx, écuïer, sieur dudit lieu et de Soulignac, 1531; 2° Marie; 3° Catherine; 4° Guillaumine, femme de François de Chabannes, 1534; 5° Marguerite, mariée à Antoine Deaux, de la paroisse de Cromas.

Balthazar de Ricoux, sieur dudit lieu et du château de Solignac, fit comparoir à la réformation de la coutume du Poitou, en 1559.

LA RIE, sieur de Lauberge, paroisse du Pont-Saint-Martin (1), porte : *d'argent à une aigle de sable membrée et becquée d'or.*

I. — Jean de La Rie, damoiseau, en faveur de qui Aymeric Cocha fit un testament le 29 octobre 1326.

II. — Pierre de La Rie fit une constitution de rente, aïant charge de Jean, son frère, le 15 mars 1438.

III. — Jean de La Rie donna une investiture, le 6 août 1478, comme père de Christophe, 1498; il épousa, le 23 avril 1441, Jacquette Peytavaud, dont : 1° Christophe, qui suit; 2°.......

IV. — Christophe de La Rie fit son testament en faveur de Jean, son fils, le 3 avril 1520; il épousa Anne Guyot, elle accorda une quittance avec son mari, le 17 mars 1507, dont Jean, qui suit.

V. — Jean de La Rie épousa Léonarde Coustin; elle transigea avec ses enfants, le 21 juillet 1554, dont : 1° Jacques, qui se maria; 2° Marguerite; 3° Léonarde; 4° Isabeau; 5° Jean; 6° François, qui suit.

VI. — François de La Rie épousa Renée de l'Age, par contrat sans filiation du 22 juin 1575.

VII. — Maurice de La Rie épousa, le 25 juillet 1602, Jeanne d'Asnières.

VIII. — Jean de La Rie épousa, le 21 février 1635, Marie de La Tousche.

Jean de La Rie, chevalier, sieur de Loberges, paroisse du Pont-Saint-Martin, mourut en 1683.

VI bis. — Jacques de La Rie épousa, par contrat ratifié par Léonarde Coustin, sa mère, du 22 août 1557, ...

Jean de La Rie, écuïer, sieur de La Coste (2), épousa Jeanne de Joubert, dont Rolland, chanoine du Dorat, 1557.

Noble Gabriel de La Rye, sieur de La Coste-de-Mezieres, gouverneur (ou lieutenant du roi) de la Marche, fut tué près la ville de Saint-Irier, le 23 mars 1591, et inhumé au Dorat : homme fort adroit, mais fort haï des aillés, à cause de quelques mauvais traitements qu'il avait fait subir à plusieurs particuliers (THOU, liv. CI, *Hist.*). Il combattit vaillamment contre les protestants, en 1567 (FRÈRE, *Histoire des troubles*, liv. VII); était, en 1574, lieutenant de trente lances du roi, sous la charge de M. de Mortemart; fut envoyé en cour de la part du duc de Montpensier, en octobre 1574. (Manuscrit.) Il

---
(1) La paroisse du Pont-Saint-Martin n'existe plus, son territoire est partagé entre Saint-Bonnet-la-Marche, canton de Bellac, et Saint-Sornin la-Marche, canton du Dorat (Hte-Vienne).
(2) Le château de La Côte est commune de Mézières, arrondissement de Bellac (Hte-Vienne).

n'eut point d'enfants de Marie Cathus, veuve de Jean de La Haye, S^{gr} de Jarzé, lieutenant de Poitou (Duchesne, *Hist. Mais. Chasteig.*, p. 191).

N..... dit le chevalier de Larit, épousa Jeanne Merlanjon; elle mourut veuve, à soixante-onze ans, à La Domaise, paroisse de Pluviers, le 5 novembre 1713.

Jean de La Rye, chevalier, S^{gr} de Montagrié, épousa Antoinette Pigné, fille de Jean, président en l'élection de Limoges, et de Hélène Reymond, dont : 1° Jean de La Rye, chevalier, S^{gr} de La Côte-Mezière, 1740 ; 2° François de La Rye, chevalier, S^{gr} de Château-Tizon ; 3° Robert de La Rye.

RIEGE. — Joseph des Riege, écuyer, sieur de Villemonteis, paroisse de Saint-Pardoux-les-Cars, épousa Antoinette Le Grouin, dont Alexandre, tonsuré en 1716.

DU RIEU, sieur de Fontbusseau, paroisse de Saint-Léger-Magnazeix, porte : *d'azur à un sautoir d'or*.

I. — Estienne du Rieu.

II. — Antoine du Rieu, écuyer, sieur de Fontbusseau, paroisse de Saint-Léger-Magnazeix, Villepréaux, paroisse de Montégut-le-Blanc, et Saint-Martin, lieutenant pour le roi en la sénéchaussée de la Haute-Marche, à Guéret, 1577 (Servin, *Plaid.*, t. I, p. 1074), mourut au Dorat, le 4 mai 1594 ; il avait épousé, le 5 mars 1548, Antoinette de Boery, dont Jean, qui suit.

D^{lle} Marie du Rieu mourut au Dorat, le 17 mai 1598.

III. — Jean du Rieu, écuyer, sieur de Villepreau, Fontbusseau, Saint-Martin, Pichat, à qui son frère fit donation, eut des provisions de seneschal de la Basse-Marche, le 7 août 1593, fit son testament (reçu Masdot, insinué au Dorat), le 23 juillet 1609, par lequel il veut être inhumé au cimetière de Montaigut. Il épousa : 1°, par contrat du 4 février 1587, Barbe de Rechignevoisin, fille de Jean de Rechignevoisin, écuyer, sieur de La Lande et de Riodour, paroisse de Bonnœil, dont Françoise, mariée par contrat du 22 février 1610, à Léon de Barbansois, écuyer, sieur de Reville, puis de Sarzay, fils de feu Pierre, écuyer, sieur de Sarzay, Revilly, Limange, Le Monteil, lieutenant de la compagnie de M. le comte Bouchage, et de Françoise Lezé ; elle mourut au château de Lage-Bernard, paroisse de Lussac-les-Eglises, le 15 août 1661. Jean du Rieu épousa : 2°, le 4 décembre 1595, Louise de Barbansois, sœur de Léon, son gendre et son beau-frère ; elle mourut au château de Lussac-les-Eglises, le 7 septembre 1641, et fut portée inhumer à Montégut, dont : 1° Claude ; 2° Léon, marié à Lussac-les-Eglises, le 19 février 1651, à Marie Estourneau ; 3° Pierre ; 4° Gaspard, qui suit ; 5° Diane, mariée, en 1615, à Pierre de Villelume.

IV. — Gaspard du Rieu, écuyer, sieur de Fontbusseau, fut maintenu par arrêt du conseil du 21 avril 1671, épousa, le 23 may 1639, Anne d'Aulberoche, de la ville de Magnac, dont : 1° Antoine, baptisé à Magnac, le 5 octobre 1642 ; 2° Mathurin, baptisé le 15 mars 1645 ; 3° Joseph, baptisé le 19 avril 1655, qui suit ; 4° Silvine-Louise, baptisée le 1er janvier 1659, mariée à ......, lieutenant criminel au Dorat ; 5° Gabriel, baptisé le 5 septembre 1661.

V. — Joseph du Rieux, chevalier, S^{gr} de Fontbusseau, Saint-Martial,

Masclous, Las Croux, Les Combes, épousa, par contrat (reçu Martin, insinué au Dorat) du 13 juin 1684, Marie Tessereau, fille de feu Louis, chevalier des ordres du roi, Sgr de Pressigny, La Guichardière et des Planchettes, et de Barbe Poitevin du Plessis-Landry, du bourg de Milhet, près l'Ile-Jourdain, diocèse de Poitiers.

Pierre-Silvain du Rieu, écuïer, sieur de Villepreaux, épousa Marguerite de La Bastide, dont : 1° Jean-François, tonsuré en 1724; 2° autre Jean, capitaine au régiment de Laval, infanterie.

Jean du Rieu, chevalier, sieur de Villepreaux et du Doignon, mourut aux bains de ......, au mois de juin 1753, il avait épousé, le 6 février 1742, Marie-Renée des Marais, fille de Louis-Jean et de Marie-Françoise Deaulx.

.... du Rieu épousa Marguerite Crugniaud ; elle fit son testament à Montégut, le 2 juillet 1653, dont Jeanne, fille unique, mariée à Thomas de Liessy, sieur du Chesne.

LA RIGOUDIE (1).

Henri de La Rigoudie, Sgr de Bujaleuf, de la ville de Saint-Léonard, avait épousé Louise Luguet ; elle se remaria, le 19 septembre 1694, à Joseph David, écuïer, procureur du roi en la grande prévôté de Limoges, paroisse de Saint-Michel.

[RIGOULENE.]

RILHAC (2).

Hélène de Rilhac épousa par articles de mariage sans filiation du 28 avril 1572, Irier Gentil, sieur de La Jouchat, et de la prévôté de Saint-Irier, fils de noble Jacques et de Magdelaine de Salaignac.

Jean de Rilhac acheta, en 1649, la terre de Boussac (3).

Albert de Rilhac, chevalier, comte de Saint-Paul, baron de Boussac, lieutenant-colonel du régiment Roïal-Roussillon, cavalerie, fils de feu Jean, chevalier, exempt des gardes du corps de Sa Majesté, et de Jeanne-Armande d'Aubusson de La Rocheaymon, de la ville de Boussac, épousa, le 14 avril 1711, Antoinette-Charlotte Coustin, fille de François, chevalier, marquis du Masnadaud, comte d'Oradour, etc., et de Marie-Anne de Bermondet.

RILHAC-LASTOURS. — V. Lastour.

RIOL (4).

Jean Riol, écuïer, sieur de La Verrie de Grassac (5), mourut à soixante-dix ans, le 12 mars 1630 ; il avait épousé Françoise Ferret, dont : 1° Anne, baptisée le 26 juin 1611 ; 2° Jean, baptisé le 24 juin 1621.

Michel Riol, sieur de Pontillon et de Leyssar, paroisse de Grassac, épousa,

---

(1) Etait à la page 2291, déchirée.

(2) La page 2291 qui contenait la généalogie de la maison de Rilhac, et la page 622 où étaient d'autres notes sur cette maison, sont déchirées.

(3) La terre de Boussac est passée dans la famille de Carbonnières par le mariage de Louise-Françoise-Armande de Rilhac avec Jean-Baptiste de Carbonnières, en 1730.

(4) La généalogie de la maison Riol était à la page 428, qui est déchirée. Les notes isolées ci-dessus se trouvent à la page 2500.

(5) Grassac, canton de Montbron, arrondissement d'Angoulême (Charente).

en septembre 1636, Marie Dupuy; elle mourut le 14 mars 1651. De ce mariage naquirent : 1° Michel, baptisé le 16 novembre 1639 ; 2° François, baptisé le 2 février 1632; 3° Jean, baptisé le 12 janvier 1645.

François Riol, écuïer, sieur de Fontpalais, du lieu des Essarts, épousa, le 12 juin 1656, Marie Grenier (Registre de Grassac, en Angoumois).

Jeanne Riol épousa, à Grassac, en Angoumois, le 7 mars 1639, Gérard Sarode, écuïer, sieur de Saint-Cibar, paroisse de La Chapelle-Bourniquel, en Périgord.

Marguerite Riol épousa, le 26 juillet 1626, François Grenier, écuïer, sieur de La Prade, paroisse de Croupignac, en Saintonge, fils de Daniel et de Magdelaine de Golgeac (Registres de Grassat).

DE RIPPES, sieur de Sable, paroisse de Germignat, élection de Saintes, porte : *d'argent à une aigle éployée de sable et 3 serres d'aigle de même, 2 et 1.*

I. — Aymar de Rippes, échevin d'Angoulême à la démission de François Gélinard, sieur de Malaville, le 23 juin 1598. Guillaume Lambert est reçu échevin à la place vacante de Marc de Rippes, le 21 décembre 1625. Le 20 août 1667, on fit une enquête par devant le lieutenant-général, pour lui prouver qu'il n'y a eu qu'Aymar d'échevin et qu'il est mort en charge. Il épousa Marie de La Coste.

II. — François de Rippes épousa, le 4 janvier 1606, Françoise de Voyon.

III. — Cibard de Rippes épousa, le 2 janvier 1629, Marie Moyne.

IV. — Charles de Rippes épousa, le 3 août 1662, Marguerite Hommeau.

RIQUETI, marquis de Mirabeau, porte : *d'azur à une bande d'or, accompagnée en chef d'une demi-fleur de lys de Florence, défaillante à droite de même, et fleurie d'argent, en pointe de 3 roses aussi d'argent posées en bande.*

[On prétend (*Tabl. hist.*, v^e part., p. 340) que les Riquetty sortent d'une ancienne maison de Toscane, dont une branche s'établit en Provence, à la fin du xiiie siècle.]

I. — Victor de Riqueti [ou Riquetty], marquis de Mirabaud, [comte de Beaumont, vicomte de Saint-Mathieu], fils de Jean-Antoine et de Françoise de Castelane, capitaine dans le régiment de son père, chevalier de Saint-Louis, 1743, s'est fait une réputation par ses ouvrages : *L'Ami des hommes*, dont, en très peu de temps, on a fait plusieurs éditions; *Mémoires sur les états provinciaux*. Les Académies de Marseille et de Montauban l'ont admis dans leur compagnie (Moreri, 1759). Il épousa, le 11 mars 1743, Marie-Geneviève de Vassan, fille de Charles, marquis de Vassan, d'une très noble et très ancienne famille du Valais, et de Anne-Thérèse de Ferrières, marquise de Sauvebuff(1), baronne de Pierrebuffière, [elle était héritière du marquis de Sauvebœuf, grand sénéchal d'Auvergne, elle porta en dot, entre autres, la terre de Pierrebuffière, qu'elle retira ensuite quand elle se sépara de lui de corps et de biens, en 17..., et dont elle a joui jusqu'à sa mort, arrivée en 17.... (*Tabl. hist.*, ive part., p. 172; v^e part., p. 340; vi^e part., p. 143; viie part., p. 193, 194. — De Combles, *Tabl. de la Nobl.*, 1786,

---

(1) Le château de Sauvebœuf est situé sur les bords de la Vezère, près de Montignac (Dordogne).

IIe part., p. 254, 255.) Par arrêt du 18 mai 1781, cette dame obtint la jouissance de tous les biens qui lui appartenaient et pouvaient lui appartenir dans la suite; en conséquence, elle reprit possession de la terre de Pierrebuffière le 9 juillet suivant. (*Feuille hebdom. de Lim.*, du 18 juillet 1781, n° 28, p. 120, col. 1re et suiv.)]. De leur mariage vinrent : 1° Honoré-Gabriel de Riqueti [qui suit], né le 9 mars 1749 (*Dict. généal.*, 1757); 2° André-Boniface-Louis, né le 30 novembre 1754; [reçu chevalier de Malte, le 5 juillet 1755, mestre de camp en second du régiment de Touraine, dit le vicomte de Mirabeau, député aux états généraux de 1789, par la noblesse du Limousin, assemblée à Limoges, mort en 179...]; 3° Marie-Anne-Jeanne, née le 10 juillet 1745, [religieuse à Montargis]; 4° Anne-Gabrielle, née le 16 juillet 1746; 5° Caroline-Élisabeth, née le 5 septembre 1747, [alliée en novembre 1763 à Jean-Charles-Louis-Gaspard de Lasteyrie, grand sénéchal du haut et bas Limousin, marquis de Saillant et de Saint-Viance, etc.]; 6° Marie-Louise-[Élisabeth], née le 4 septembre 1752, [alliée en 1769 à Jean-Paul de Chapier, marquis de Cabris; 7° Marie-Françoise-Pauline.

II. — Gabriel-Honoré de Riqueti, ou Riquetti, dit le comte de Mirabeau, fils aîné du marquis, connu dans la république des lettres et dans la diplomatie; après plusieurs aventures, fut député aux états généraux de 1789; puis à l'Assemblée nationale de France, pour le tiers-état, n'ayant pu l'être pour la noblesse de la province de ....., mourut à Paris en 179... Il avait épousé, en 1772, Marguerite-Émilie de Covet de Marignane, fille de Louis-Anne-Emmanuel, marquis de Marignane, des Iles-d'Or, et d'Antoinette-Marie-Mobile de Maliverny, dont, Victor-Gabriel-Emmanuel de Riquety, né le 8 octobre 1773.

RITZ, — V. Riz.

[RIVALI.
On trouve dans les registres de Borsandi, notaire à Limoges, page 158, n° 246, *apud* D. Col. Guillaume de Riyali.]

RIVAUT. — Jeanne du Rivaut de La Chassagne-Barrat, mourut à Magnac-Ville, le 29 juin 1649.

RIVERON, sieur de Mizact, paroisse de Villars, élection de Saintes, porte : *d'azur à un lion rempant d'or, lampassé de même*.

I. — Hugue de Riveron, écuyer, épousa Catherine de Lousme, dont : 1° Pierre, qui suit; 2° Marguerite, mariée le 1er avril 1524 avec Philippe Laisné, bachelier en droit, fils de Jacques et de Anne Odeau.

II. — Pierre de Riveron épousa, le 6 mai 1536, Cécile d'Asnières.

III. — Pierre de Riveron épousa, le 9 mars 1593, Judith de Bresmond.
En 1598, cette famille fit ses preuves de noblesse devant les commissaires du gouvernement, qui les trouvèrent bonnes.

IV. — Misaach de Riveron épousa, le 1er juin 1624, Lia du Chastenet.

V. — François de Riveron épousa, le 20 avril 1664, Magdelaine d'Abillon.

RIVIERE ou RIVIÈRES. — V. Tranchecerf, sieur de La Rivière ou des Rivières, paroisse de Saint-Sulpice-Laurière.

RIVIERE. — M. de La Rivière mourut le 29 avril 1657 et fut inhumé à Rilhac-las-Tours; il avait épousé Marie de Sauvaniac.

Magdelaine Vaillant de La Rivière épousa, par contrat sans filiation du 2 février 1634, et le 6 dans l'église de Rilhac-las-Tours, noble Jean-François Bourgeois, sieur de Las Bourdarias, paroisse de Rilhac-las-Tours, fils de Jean et de Catherine Aymeric du Chataing, veuf de Anne Vigier.

[LE RIZ, baronnie située dans la sénéchaussée du Dorat, en Basse-Marche, appartenant, en 1698, à un gentilhomme du Limousin, dont le nom de famille était de Libersat.

N..... de Libersat, baron du Riz, Sgr du Verdier et capitaine de carabiniers, vivait en 1698.]

ROBA. — V. Laroba.

ROBERT (1).

I. — Robert de Murc, Sgr de Saint-Jal (2), qu'on appelle aussi Archambauld (*Tabl. hist.*, ve part., p. 435, 436, 437), se rendit célèbre par ses exploits; son fils Timaril ou Tirmard ou Timard, quitta le nom de Murc et prit celui de Robert, et d'un nom patronimique en fit celui de sa famille, sous lequel sa postérité a toujours été connue (*Dict. généal.*, 1757, au mot *Lignerac*). Il épousa Estiennette, dont : 1° Adémar, qui suit; 2° Hugue Robert; 3° Estienne, qui, vers l'an 1080, de chevalier, se fit moine à Uzerche; 4° Pierre ou Perrin; 5° Garsendis, mariée vers l'an 1060 à Jean de Chastras fils, à ce que pense Baluze, d'autre Jean de Chastras, mentionné dans le cartulaire de Tulle.

II. — Adémar, premier du nom, rendait la justice à Murc; ce n'était pas alors au-dessous des gentilshommes de juger les causes dans les bourgs que les vicomtes du canton leur commettaient. Adémar, appelé aussi chevalier, *miles*, de Bernard, vicomte de Comborn, était donc son juge dans plusieurs paroisses des environs de Saint-Jal; il prit le nom de son père en surnom et fut seigneur de Saint-Jal; il épousa .....

[Jean Robert (*vide infra*), maître des requêtes de l'hôtel du roi, était, en 1289, un des douze conseillers du Parlement, sous Philippe-le-Bel; on le croit père de : 1° Gui, premier évêque de Montauban, sous le pape Jean XXII; 2° Adémar Robert, protonotaire du pape, qui est témoin dans un acte du 11 septembre 1342. Il fut depuis évêque de Lisieux, puis archevêque de Sens, et cardinal en 1342; il mourut en 1384. Ils avaient pour neveu :

Pierre Robert, doyen de Saint-Germain de l'Auxerrois, chanoine de Paris, maître des requêtes et trésorier des finances sous Charles VI. (Baluze, *Hist. Mais. d'Auverg.*, T. II, p. 604).]

II bis. — Hugue, fils de Robert et d'Estiennette, épousa Pétronille, dont : 1° Adémar; 2° Pierre.

III. — Ademar étant malade vers l'an 1115, de la maladie dont il mourut, prit l'habit de moine à Tulle, sa femme, Mélisande, prit aussi l'habit de *moniale*, à Uzerche, du temps de l'abbé Bernard; ils laissèrent Robert, dit petit-fils de Hugue, dans le cartulaire d'Uzerche.

---

(1) Le commencement de cette généalogie a été déchiré à la page 2297.
(2) Saint-Jal, canton de Seilhac, arrondissement de Tulle (Corrèze).

IV. — Robert I, épousa .... dont il eut, à ce que conjecture Baluze : 1° Gérald Robert, moine à Uzerche en 1163; 2° W..... Robert, chevalier, qui suit.

V. — W..... Robert, chevalier, vivait en 1209.

VI. — Adémar Robert, épousa ......, dont . 1° Bernard, qui suit; 2° Guillaume, chanoine de Limoges et abbé de Sainte-Marie-la-Grande, à Poitiers, qui, en 1286, est dit oncle de Gérald; 3° Adémar, prévôt de l'église de Tulle, en 1291.

VII. — Bernard Robert, premier du nom, qu'on croit petit-fils de W...., épousa ......, dont : 1° Gérald Robert, chevalier; 2° Adémar, qui suit; 3° Dulcie, mariée à ..... de Chanac ; elle testa en 1265; 4° ......, religieuse à Blessac.

VIII. — Adémar Robert, chevalier, Sgr de Saint-Jal, épousa ......, dont : 1° Bertrand, chevalier, qui suit; 2° Adémar, cardinal [Voy. *supra*]; 3° Marguerite, mariée à Pierre de Curso, chevalier, Sgr de Chalopin ; 4° Fare, femme de Guillaume de Favars, chevalier; 5°......., religieuse à Bonnesaigne; 6°......., religieuse à Bonnesaigne.

IX. — Bernard ou Bertrand Robert, damoiseau de Saint-Jal, chevalier, épousa ......, dont : 1° Bernard, qui suit; 2° Adémar, archevêque de Sens (BALUZE, COL. 1424), mort en 1384 [Voy. *supra*]; 3° Pierre, chanoine de Paris et doyen de Saint-Germain-l'Auxerrois, dans la même ville, mort en 1397 [Voy. *supra*]; 4° Bertrand, à ce qu'on croit, et qui fut évêque de Montauban. Fut fait abbé de Moissac, étant prieur de Villeneuve-de-Rhodez, par bref du pape Grégoire XI, la première année de son pontificat, 1372, il y siégeait en 1378 (ESTIENNOT, *Antiq. Bénédict. Vascon.*, p. 440).

X. — Bernard Robert, chevalier, Sgr de Saint-Jal, 1356, 1360 (BALUZE), épousa Jeanne de Prulli ou Previlly, dame de Cingé, près La Rochepezay, fille de Marguerite Turpin et d'Eschivard de Previlly, dont : 1° Adémar, qui suit; 2° Jean, qui se maria aussi.

XI. — Adémar Robert, chevalier, Sgr de Saint-Jal, de Manhac et de Cingé, chambellan de Louis de France, duc d'Orléans. 1384, épousa Marguerite de La Porte, dame de Jumilhac et de Roffiac, dont une fille unique, Catherine ou Marguerite Robert, dame de Maignac, près Pierrebuffière, de Jumilhac, de Rofiac, Roussassilh, Valolays près Estampes, et de la troisième partie d'une terre, près Saint-Julien-de-Sault ; elle épousa Guillaume de Salaignac, chevalier, Sgr de *Capdolio* et de Maignac, étant veuve, elle mourut en Gascogne, et fut enterrée près de son mari.

XI bis. — Jean Robert, sieur de Linayrac, qui a continué la descendance, et qui épousa, en 1377, Bertrande de Cosnac.

Un Jean Robert, damoiseau d'Étagnac, 1375, eut une fille, Jeanne.

Robert de La Garde, Voy. p. 935 (1).

ROBERT DE LIGNERAC porte : *d'argent à 3 pals de gueules.*

[Lignerac, ancienne baronnie dans la Marche limousine (Voy. *infra*), qui est possédée depuis plus de quatre ou cinq cents ans par la maison du nom de Robert, qui portait auparavant celui de Murc.]

XI. — Jean Robert, Sgr de Lignerac, diocèse de Limoges (BALUZE,

---

(1) Cette page est déchirée.

Vit. Pap. aven., T. 1ᵉʳ, Col. 850), d'une ancienne noblesse du Limousin, épousa, en 1377, Bertrande de Cosnac, fille de Hugue, chevalier, Sgʳ dudit lieu, et de Alix ou Hélide de Moulseau de Bar; elle était veuve de Jean de Mascal. On met Lignerac dans la Marche limousine, ancienne baronnie, possédée depuis près de quatre cents ans par la maison du nom de Robert (*Dict. généal.*, 1757), mais elle est dans la vicomté de Turenne.

Guinot Robert, Sgʳ de Lignerac, épousa ......, dont Bertrande, mariée en 1440, à Guisbert de Cardaillac (Baluze, *Vit. Pap. aven.*, Col. 850).

Noble Raymond Robert, Sgʳ de Lignerac, 1440; Voy. Beaupoil de Saint-Aulaire.

Pierre Robert, baron de Lignerac et de Noailles, en partie, vivait sous Charles VII, écuïer, mourut peu après 1522; il épousa Marguerite de Cosnac, fille de noble Guillaume de Cosnac et de Marguerite de Las Tours, dont Charles, qui suit. (*Dict. généal.*, 1757.)

Charles Robert, écuïer, sieur de Linairac, et héritier universel de Pierre, son père, eut pour tuteur François Robert, prieur de Pleus, il épousa Philippe de Pellegruë, dame de Pui-Gensac [ou Puy-Genssac], dont François, qui suit (Maynard, *Quest. notab.*, liv. IV, ch. xxxiii).

François Robert, fils de Charles et de Philippe de Pellegruë, fut baron de Lignerac, Sgʳ de Fléaux et chevalier de l'ordre du roi en 1571, capitaine des gardes d'Isabeau d'Autriche, femme de Charles IX, lieutenant pour Sa Majesté de la Haute-Auvergne, gouverneur d'Aurillac, vendit la portion de la seigneurie de Noailles, à François de Noailles, évêque d'Acqs, et mourut en 1613. Il avait épousé : 1º .... . (*Dict. généal.*); 2º Catherine d'Hautefort, par contract du 1ᵉʳ avril 1575, fille de Gilbert d'Hautefort et de Brunette de Cornil, dont : Edme, qui suit (Simplic., T. VII, p. 334).

Edme Robert, baron de Lignerac, Sgʳ de Saint-Chamant (1), maréchal de camp, épousa, le 24 avril 1597, Gabrielle de Levis, fille de Claude, baron de Charlus, et de Jeanne de Maumont, dont : François, qui suit (*Dict. généal.*).

François Robert de Lignerac, Sgʳ de Lignerac, épousa Marie d'Espinchal, fille de François Gaspard, baron d'Espinchal, et de Anne de Montmorin, dont : ......, qui suit (Hozier, *Arm. génér.*, 1ʳᵉ part., p. 220).

...... Robert, comte de Lignerac, décédé en janvier 1704, épousa Jeanne de Reilhac, dont : Joseph, qui suit (*Dict. généal.*).

Joseph-Robert, marquis de Lignerac, lieutenant-général, et grand bailli d'épée d'Auvergne, brigadier des armées du roi en 1702, mourut le 13 may 1733. Il avait épousé Marie-Charlotte de Tubières de Grimoard de Levis, [sœur de l'évêque d'Auxerre], décédée le 7 mars 1741, dont Charles-Joseph, qui suit (*Dict. généal.* — [*Tabl. hist.*, vᵉ part., p. 437. — De Combles, *Tabl. de la Nobl.*, 1786, iiᵉ part., p. 153]. — Simplic., T. IX, p. 479).

Charles-Joseph Robert, marquis de Lignerac, lieutenant général et grand bailli d'épée d'Auvergne, brigadier des armées du roi, guidon de gendarmes de la garde, décéda le 15 décembre 1741, appelé le comte de Lignerac. Il avait épousé, le 18 août 1732, Marie-Françoise de Broglie, née le 5 octobre 1714, de Victor-Maurice, comte de Broglie, maréchal de France, et de Marie

---

(1) Saint-Chamant, canton d'Argentat, arrondissement de Tulle (Corrèze).

de Lamoignon, dont deux garçons [vivants en 1752]. (*Dict. généal. et alii, ut supra*).

Gilbert de Lineirac, chevalier, épousa ......, dont Jeanne et Marguerite, mariées en 1507, à Thomas et Martin de la Tour (BALUZE, *Vit. Pap. aven.*, COL. 850).

...... de la maison de Lignerac, épousa François Raffin, Sgr de Meurs, fils de Philippe et de Quitterie de Groussoles (DUCHESNE, *Hist. Mais. Chasteign.*, p. 312).

...... Robert, Sgr de Lignerac, épousa, le 28 octobre 1544, Françoise de Scoraille, fille de François, chevalier de l'ordre du roi, et de Anne de Montal (MORERI, 1759).

Gilbert Robert de Lignerac, chevalier de l'ordre du roi, épousa Claude d'Ussel, dame de Marsé, dont : 1° Jeanne, mariée : 1° à Gabriel de Dat, écuier, Sgr de Saint-Julien; 2° par contract du 26 juin 1607, à Thomas de La Tour, Sgr d'Alagnac, fils de Jean et de Marguerite de Murat, dont elle n'eut point d'enfants ; 2° Marguerite, mariée par contract du 26 juin, à Martin de La Tour, Sgr et baron de Murat, frère de Thomas (SIMPLIC., T. IV, p. 547).

Jacques Robert de Lineyrac, président des enquêtes au Parlement de Bordeaux, 1564, conseiller d'État et maître des requêtes (BALUZE, *Vit. Pap. aven.*, COL. 850), épousa Marie de Longueil, fille de Jean, conseiller d'État et de Marie Dormans, veuve de Nicolas Berruyer, maître des requêtes, conseiller d'État. Elle se remaria en troisièmes noces à Pierre de Selve, Sgr de Saillias, et mourut sans enfants en 1590 (MORERI, 1759).

Jacques Robert de Lignerac, Sgr de La Muse, épousa ......, dont Hélène, mariée le 11 février 1641, avec Guillaume de Bosredon, sieur de La Breuille, de Saint-Marc et des Sales, fils de Jean et de Magdelene de Calvimont (HOZIER, *Armor. génér.*, 1re part., p. 83).

Gilles Robert de Lignerac, sieur de Dunières, épousa Gasparde de La Roue, fille de haut et puissant Marc, chevalier de l'ordre du roi et de Suzanne de Rochebaron; étant veuve, elle se remaria le 14 février 1611, avec Jacques d'Espinchel, baron dudit lieu (HOZIER, *ibidem*).

ROBILLARD, sieur de Champagné, paroisse de Tarcé, élection de Saintes, et de Fontbarbeau, paroisse de Terrat, même élection, porte : *d'azur à un lézard d'argent en pal couronné d'or, cantonné de 4 étoiles de même*.

I. — Jean de Robillard.

II. — Jean de Robillard fit des acquisitions le 7 mars 1482, il épousa Julienne de Lhoume, dont il eut : 1° Jean; 2° Christophe ; 3° André, qui suit ; 4° Pierre, qui firent une transaction sur la succession de leur père, le 11 mai 1571; ladite Julienne de Lhoume, fit en faveur d'André, son fils, deux donations, les 21 avril et 23 juin 1528.

III. — André de Robillard épousa Marguerite Marchand, dont : Christophe, qui suit ; il partagea avec ses frères la succession de leurs père et mère, le 2 juin 1572.

IV. — Christophe de Robillard épousa Judith Boursicot, dont : 1° Daniel, qui suit ; 2° Josias, qui se maria ; 3° Jean. Ces trois enfants et leurs autres frères partagèrent, le 18 mai 1619, la succession de leurs père et mère.

V. — Daniel de Robillard épousa, le 19 avril 1625, Judith Poitevin.

VI. — Daniel de Robillard épousa, le 16 septembre 1653, Gabrielle Arnaud,

V bis. — Josias de Robillard épousa, le 7 août 1639, Marie de Mazières, dont : 1° Josias; 2° Marie, qui épousa Casimir Prevost, et partagea, le 23 mai 1662, avec Josias, son frère, la succession de leurs père et mère.

ROBIN, sieur des Ardillers et de Pressac, demeurant à Angoulême, porte : *de sable à deux tours d'argent, maçonnées de sable;* supports : *deux dragons aislés.*

I. — Jean Robin est reçu conseiller à la maison de ville d'Angoulême, le 24 may 1574, mourut le 2 janvier 1577. Il avait épousé Martiale de La Touche.

II. — Guillaume Robin est dit fils de Jean, dans une enquête du 18 août 1631, il épousa Jeanne Le Comte : elle testa, étant veuve, le 27 mai 1645. Dont : 1° Hélie, sieur de Plessac (sic); 2° François, qui suit.

III. — François Robin, sieur des Ardillers, épousa, le 14 juin 1655, Marie Chauvet.

ROBIN. — Guillaume Robin, du diocèse de Limoges, notaire apostolique de la métropole et cour primatiale de Bourges, reçut le don fait au roi Louis XI, par Marguerite, reine d'Angleterre, des droits qui lui appartenaient ez-duchés de Lorraine et de Bar et au comté de Provence, à Bourges, le 7 mars 1475, avant Pâques, c'est-à-dire en 1476 (*Hist. de Comines, preuv.*, édit. de 1706, T. III, p. 158).

Pierre Robin, capitaine de Grandmont en 1380, fit bâtir une tour près du moulin qu'on appelle du Capitaine.

Michel Robin, sieur de Forestvielles.

..... Robin épousa ......, dont : 1° Jean, qui suit ; 2° Pardoux, qui se maria ; 3° Charles, qui se maria aussi.

Narde Robin, mariée : 1° à Vincent Gamond, de Grandmont ; 2° à Bernardin Roc, maître orphene ; par son testament du 1er août 1612, elle veut être enterrée à Saint-Silvestre.

Jean Robin, écuïer, sieur en partie du Mazet, paroisse d'Ambazac, fit son testament le 24 août 1617, et nomma pour exécuteur noble Jacques de Forestvielles; il avait épousé Françoise Esmoing.

Noble Pardoux Robin, sieur du Mazet, épousa Jacquette Martin, fille de noble Jean, sieur de Puyvinaud, paroisse de Versilhat, et de Philippe Prevost; elle se remaria, en 1629, à noble Charles Baud, sieur dudit Mazet. De ce premier mariage naquit Mathelin, mort sans hoirs, en 1629.

Charles Robin, sieur du Mazet, fit son testament le 27 janvier 1611, fut enterré à Saint-Silvestre; il avait épousé Léobone de Puismaut.

Noble Jean Robin, de la paroisse de Brigueuil-l'Aîné, fut pourvu en 1641 de la charge de secrétaire ordinaire de la reine; en 1644, de celle de seul secrétaire ordinaire de la compagnie des cent gentilshommes ordinaires de la maison du roi; fut fait, en 1645, juge et sénéchal de la vicomté de Brigueil; en 1650, reçu avocat au parlement de Paris, mourut à soixante-dix ans, au château du Cros, paroisse de Cieulx, le 5 décembre 1680.

Louise Robin, femme de ......, sieur de Firbeix, mourut en couches au château de La Grange, à vingt-un ans, le 25 septembre 1671, fut enterrée dans la chapelle du cimetière de Chassenon ; ne laissa qu'une fille (1).

(1) Nadaud avait encore des notes sur une autre famille de ce nom à la page 840, qui est déchirée.

ROBINET, sieur de Champaignes, paroisse de Barret, élection de Saintes, porte : *parti : au 1er de gueules à la fasce en devise d'argent, accompagnée d'une pomme de pin en chef et l'autre en pointe ; au 2e aussi de gueules flanqué en sautoir d'azur, accompagné d'une pomme de pin en chef et d'un lion rampant de même en pointe.* (Dans le dessin de Descouture, la pomme de pin et le lion du 2e sont d'argent.)

I. — Louis de Robinet épousa, le 3 novembre 1506, Françoise Famard.
II. — Poncet de Robinet épousa, le 8 janvier 1549, Anne de La Coudre.
III. — Pierre de Robinet épousa, le 6 janvier 1594, Elisabet Giraud.

En 1598, cette famille fit ses preuves de noblesse devant les commissaires du gouvernement qui les trouvèrent bonnes.

IV. — David de Robinet épousa, le 18 juin 1635, Catherine de Mendosse, dont Marc-Antoine.

Note isolée.

Poncet de Robinet, sieur du Mayot, épousa en 1670 Marie Arnault, fille de François, sieur de Laborie, à Périgueux, et de Catherine de Saunier (MORERI, 1759).

ROBUSTE. — Jean Robuste, écuyer, sieur de Laubarrière, de la ville d'Angoulême, épousa Jeanne Martin, dont Jeanne, morte en nourrice sur la paroisse de Cers, le 7 mai 1726.

ROCARD ou ROCQUARD (1).

DE LA ROCHE. — V. DE NAUCHES, T. III.

ROCHE, dans la Marche, porte : *d'azur à 3 bandes d'or* (*Dict. généal.*, 1757).

[Amélius de La Roche vivait en 1175. — Voyez nos *Mém. mss. abb. Lim.*, p. 503.]

M. Guillaume de La Roche fut recommandé aux suffrages des morts du chapitre des ff. pp. tenu à Limoges en 1337.

[Gaucelin La Roche est cité dans les registres de Borsandi, notaire à Limoges, p. 33, n° 51 ; et dans ceux de Roherii, notaire *ibid.*, p. 6, n° 6, et p. 9, n° 10, *apud* D. COL.

On trouve encore dans les registres du même Borsandi, p. 62, n° 94, Jean La Roche, et p. 106, n° 166, et p. 114, n° 176, Gautier La Rocha.]

Antoine de La Roche, écuyer, sieur de Galemaux, paroisse de Malleret, épousa Marie-Silvine du Breuil, dont Hubert, tonsuré en 1721.

ROCHE, porte : *d'azur à 3 bandes d'or* (HOZIER, *Arm. génér.*, regist. I, p. 467).

I. — Puissant seigneur, Jean de La Roche, écuyer, sieur du Rouzet, l'an 1572, par son testament du 22 novembre 1588, voulut être enterré dans l'église de Giat, diocèse de Clermont, dans la chapelle des Sgrs du Rouzet, ses prédécesseurs. Il fut père de : 1° Antoine, écuyer, sieur du Rouzet, qualifié du titre de puissant seigneur l'an 1590 ; 2° Joseph, qui suit.

(1) Cette famille avait sa généalogie à la page 391, déchirée.

II. — Joseph de La Roche, premier du nom, écuïer, sieur du Rouzet et de Giat, en partie, épousa, le 8 février 1592, Charlotte de La Faye, veuve de noble Pierre de Montsernils, écuïer, sieur d'Hauteroche, et remariée depuis en troisièmes noces, avant l'an 1619, avec Gilbert de Chaslus, sieur de Courdes et d'Orsival.

III. — François de La Roche, écuïer, sieur du Rouzet, par son testament du 27 septembre 1626, voulut être enterré avec ses prédécesseurs, dans la chapelle qu'il avait au lieu de Giat, et nomma tutrice de ses enfants sa femme. Il avait épousé, le 28 janvier 1619, Marguerite de La Borde, fille de noble Gilbert, écuïer, sieur de Belline, et de Michele de Veini : elle épousa en secondes noces, le 12 février 1628, Guillaume d'Ossandon, sieur de La Forest, et fit son testament le 23 avril 1643. François fut père de : 1° Joseph, qui suit; 2° Gilbert, écuïer, sieur de Merville; 3° François, écuïer, sieur de Giat.

IV. — Joseph de La Roche, deuxième du nom, écuïer, sieur du Rouzet et de Giat, fut maintenu dans sa noblesse depuis l'an 1511, avec ses frères, par ordonnance de l'intendant de Riom du 1er février 1667. Il épousa, le 23 février 1648, Gabrielle de La Blanchisse, fille de Mathieu, sieur de Beauvezeis, Laudan, Grandval, et de Geneviève du Bois-de-Codignac, dont : 1° Jean ; 2° Antoine, qui suit ; 3° Catherine, mariée : 1° avec Magdelin de Bard ; 2°, le 10 décembre 1684, avec Hubert de Bostredon, écuïer, sieur de Chaslus.

V. — Antoine de La Roche, successivement capitaine de cavalerie dans le régiment du prince de Tarente, l'an 1704, major de cavalerie, l'an 1713, capitaine dans le régiment d'Urfé, chevalier de Saint-Louis, 1728, de la paroisse de Saint-Jean-de-Malleret (1) dans la Marche, diocèse de Limoges. Il épousa, le 1er février 1704, Marie-Silvie Du Breuil, fille d'Etienne, écuïer, sieur de Galamand, et de Gabrielle Du Breuil, dont : 1° Etienne ; 2° Marguerite, née le 19 mai 1719, reçue à Saint-Cir, le 22 juillet 1728.

ROCHE. — François de La Roche, sieur de Salignat, paroisse dudit lieu, élection de Saintes, fut trouvé gentilhomme en 1598.

François Ponthon et Artur de La Roche, sieurs de ......, paroisse de ....., élection de Saintes, furent trouvés gentilshommes en 1598.

[ROCHE-ANDRY. — Ancienne baronnie de l'Angoumois, qui valait, en 1698, environ 5,000 livres de revenu.

Jeanne de La Roche-Andry épousa Jean de Galard, de Bearn, avant 1600 (*Tabl. hist.*, IVe part., p. 368).

N..... de Lavedan, cadet de cette maison, était baron de La Roche-Andry en 1698.]

ROCHEAYMON, porte : *de sable à un lion d'or armé et lampassé de gueules, l'écu semé d'étoiles d'or.* Une branche porte : *semé de trèfles.*

Le nom d'Aimon, commun parmi les Sgrs de Bourbon, pourrait éclaircir une question qui a excité la curiosité : savoir pourquoi les armes de l'ancien Bourbon se trouvent au frontispice du vieux château de La Rocheaymon,

(1) Malleret, canton et arrondissement de Boussac (Creuse).

en Combraille. Quelques-uns opinant favorablement pour les S^{grs} de La Rocheaymon, qui en possèdent la seigneurie depuis plus de 400 ans, de père en fils, ont conjecturé qu'ils pourraient sortir d'une branche de l'ancienne maison de Bourbon. Il suffirait peut-être de conjecturer que ce château appartenait à quelqu'un des S^{grs} de Bourbon, avant qu'il appartînt à la maison de La Rocheaymon d'aujourd'hui (SIMPLICIEN, *Hist. généal.* de la maison de Fr. Paris, 1728, T. III. — *Mem. Trev.*, 1729, p. 1164).

La maison de La Rocheaymon a eu une très grande part à la première dotation de l'abbaïe de Bonlieu. Les premiers S^{grs} ne sont appellés que du seul nom de La Roche. Mais l'identité de ce nom avec celui de La Rocheaymon est prouvée par l'identité des biens et la suite des générations qui remontent avec la plus grande évidence jusqu'à la dotation de l'abbaïe de Bonlieu. La maison de La Rochefoucaud est dans le même cas, et n'en remonte pas avec moins de certitude jusqu'au commencement du siècle de 1100, époque où tout antiquaire judicieux et instruit doit s'arrêter en matière de généalogie, puisque c'est celle où les noms de famille commencent à devenir d'un usage général (*Mém. mss.*).

I. — Aymon, premier du nom, vivait avant l'époque de la fondation du monastère de Bonlieu, 1141, ordre de Citeaux, diocèse de Limoges; il épousa ....., dont : 1° Bernard, qui suit; 2° Aymon, qui posséda des rentes dans le lieu de La Vilette, qui, après sa mort, passèrent à son frère Bernard et à ses enfants; 3° Astorge ou Eustorge, qui se maria et a fait la branche des S^{grs} de Saint-Maixent.

II. — Bernard de La Roche, connu par cinq actes de donation à l'abbaïe de Bonlieu, peu après la fondation de ce monastère, était mort en 1180, tige des S^{grs} de Mainsac. Il épousa Agnez d'Aubusson, fille de Renaud, vicomte d'Aubusson, et de Matebrune de Ventadour; elle était sœur de Gui, connu par un don fait à Blessac en 1179, dont : 1° Aymon, nommé dans l'acte de 1179, qui suit; 2° Guillaume, nommé dans des actes de 1179 et 1205, mort sans postérité; 3° Bernard, ecclésiastique.

III. — Aymon, deuxième du nom, de La Roche, nommé en 1179 et 1206, épousa Ermengarde, dont : 1° Aymon, S^{gr} de La Roche, 1214, était mort sans enfants, en 1219; 2° Bernard, deuxième du nom, d'abord S^{gr} de Champagnac, puis de La Roche en 1249, avait épousé, vers l'an 1244, Agnez d'Aubusson, fille de Renaud, vicomte d'Aubusson, et de Marguerite ....; 3° Guillaume, qui suit.

IV. — Guillaume de La Rocheaymon, qualifié fils d'Aymon en 1212, et chevalier en 1226, vivait encore en août 1256; était mort en avril 1263. C'est le premier qui ait pris le surnom de La Rocheaymon, château sur la paroisse d'Evaux (1). Il épousa Alix, dont : 1° Aymon, qui suit; 2° Gauvin de La Rocheaymon, S^{gr} de La Chircade, auteur d'une branche éteinte en une fille avant 1348.

V. — Aymon, quatrième du nom, de La Rocheaymon, en 1263, était mort en 1278. Il avait épousé : 1° N..... de Beaulebois, de Chénerailles; 2° Mathilde de Pradeaux. Du premier lit vinrent : 1° Bernard, qui suit; 2° Aymon, mort sans postérité.

V. — Bernard de La Rocheaymon, troisième du nom, était mort en 1285.

---

(1) Evaux, chef-lieu de canton dans l'arrondissement d'Aubusson (Creuse).

Jean de La Rocheaymon, chevalier, promit à l'évêque du Puy, fidélité *sur l'âme de la reine* Jeanne, femme du roi Philippe-le-Bel, comme héritière de Thibaut, roi de Navarre, son père, pour le comté de Bigorre, le jeudi après la Saint-Marc de l'an 1293, en présence de plusieurs seigneurs (Vaissette, *Hist. Langued.*, T. IV, p. 78).

Guillaume de La Rocheaymon, Sgr de La Roche, épousa, le 24 janvier 1463, Louise d'Aubusson (Simplic., T. V, p. 331), dont Marguerite, mariée à Gilbert Motier, Sgr de La Fayette, tué à la bataille de Poitiers, 1356 (Moreri, 1759).

Louis, premier du nom, Sgr de La Rocheaymon, épousa ......, dont Genevre, mariée en 1349 (il y a faute) à Louis, premier du nom, Sgr de Scoraille (Moreri, 1759).

N....., Sgr de La Rocheaymon, en Auvergne, épousa Philippe du Puy, fille de Geofroy, chambellan du roi Charles V, etc., mort en 1431, et de Jeanne de Pierrebuffière (Simplic., T. VIII, p. 902).

Louis, Sgr de La Rocheaymon, chevalier, épousa Bauguine de La Queille-Châteaugay, dont Alexandre, *alias* Elisant, mariée, le 5 avril 1419, avec Louis de Saint-Quentin, damoiseau, Sgr de Saint-Quintin, de Blet et de Beaufort, fils de Aubert de Saint-Quintin, au diocèse de Clermont, chevalier, Sgr dudit lieu, de Blet et de Alix de Beaufort (Simplicien, *Hist. grands offic. addit.* à la tête du T. II).

N..... de La Rocheaymond, prévôt de l'hôtel du roi, 1518.

Un des vaisseaux de la religion de Saint-Jean de Jérusalem, commandé par La Rocheaymon, fut rencontré, en 1524, par quelques marchands rhodiens, qui naviguaient dans la Méditerranée : ils reconnurent le pavillon de l'ordre, et l'envie de pouvoir encore embrasser une fois leurs anciens maitres, les fit arriver à bord. Ils entrèrent dans le vaisseau du chevalier, qui les reçut avec une joie réciproque, et qui les régala magnifiquement. Dans la chaleur du repas et dans un lieu plein de liberté et de confiance, ces Rhodiens se répandirent en plaintes contre la tyrannie des Turcs, et regrettaient la juste domination des chevaliers. De ces regrets, ils passèrent à des vœux et à des souhaits pour le rétablissement de la religion dans leur isle ; comme ces marchands étaient les principaux citoyens de Rhodes, il examina avec eux les différents moyens dont on pourrait se servir pour chasser les Turcs. Il trouva tant de facilité, qu'il les engagea à venir avec lui en Italie ; et après être débarqués à Civita-Vecchia, il les emmena à Viterbe et il les présenta secrètement au grand-maitre, Philippe de Villiers, de l'Isle-Adam, mais ce projet n'eut aucun effet (Vertot., *Hist. de Malte*, T. III, p. 418) (1).

. . . . Cette épitaphe est dans la chapelle du village de Chabanne-Guergui, paroisse de Saint-Pierre-de-Fursac, près La Souterraine. Il paraît par les armes, que ce seigneur fit bâtir le château.

Ce Jean de La Rocheaymon, Sgr de Chabanne, bailli du Maçonnais, sénéchal de la Marche, lieutenant-général du duc de Bourbon et d'Auvergne, lieutenant du roi et gouverneur du Languedoc, était fils de .... (Moreri, 1759, *Louet*).

---

(1) Nadaud avait ici une page supplémentaire, qui a été déchirée, et qui entre autres choses contenait une inscription, comme l'indique la suite.

Pierre, duc de Bourbon, nomma, le 14 septembre 1488, Jean de La Rocheaymon, S^{gr} de Chabannes, pour son lieutenant au même gouvernement, aux gages accoutumés (Cabinet de M. Clairamb.—VAISSET, *Hist. Langued.*, T. V, p. 77). Il fut le principal commissaire du roi aux Etats du Languedoc assemblés dans la ville du Puy, le 14 septembre 1501 (*Archiv. des Etats*, p. 94); et aux Etats tenus dans la même ville, le 21 octobre 1502 (*Archives des Etats*, p. 95). Il fut premier commissaire aux Etats du Languedoc, tenus à Montpellier le 18 octobre 1488 : il eut 1,000 livres sur les épices (p. 79). Le 27 septembre 1489, le roi le nomma un des six pour travailler à la réformation de la justice dans cette province, ce qui fut exécuté (p. 79). Il fut aussi commissaire aux Etats du Languedoc, tenus à Annonay, en Vivarais, au mois de novembre 1490, et eut 400 livres sur les épices (p. 80). Les Estats tenus à Montpellier, au mois de novembre 1492, se plaignirent de lui : 1° de ce qu'il exerçait plusieurs actes d'autorité et de jurisdiction contraires aux priviléges du pays; 2° de ce qu'il deffendait la sortie des bleds de la province, quoiqu'il y en eut en abondance, donnant des permissions particulières de les tirer, à qui il lui plaisait. Nous ignorons la réponse du roi à ces articles (p. 84). Il commanda le ban et l'arrière-ban de la province au mois d'août 1495 (p. 86). En 1496, il ordonna de fortifier tous les châteaux situés sur la frontière, du côté de l'Espagne, parce que les Espagnols y avaient déjà fait des courses. Il se tenait à Narbonne et y avait une garnison de deux mille Suisses et de huit cents hommes d'armes pour empêcher leurs nouvelles courses (p. 88).

Il épousa Magdelaine de Montalembert, dame de Nucheze, fille de Christophe et de Perenelle Dercé, dont deux filles : 1° Marguerite, mariée à Louis de Pierrebuffière, chevalier, baron dudit lieu et de Peyrat-le-Château, S^{gr} de La Villeneuve-au-Comte, et de Chabannes-Guerguy, fils de Pierre et de Catherine de Combron; 2° Gabrielle de La Rocheaymon, mariée le 6 mars 1493, à Antoine de Louet, baron de Clavisson, en Beaujollais, etc., fils de Guillaume et de Geofrine de Tournon, dont elle laissa plusieurs enfants (DUCHESNE, *Hist. Mais. Chasteigners*, p. 130).

Jean de La Rocheaymon, chevalier, prévôt de l'hôtel du roi et son écuier tranchant, épousa Sébastienne de La Chapelle, veuve le 1er mars 1541 (1542) (Regist. du Parlement de Paris).

Gabrielle de La Rocheaymon, abbesse de l'Esclache, nomma au prieuré de Derces Anne de La Rocheaymon, et après la mort d'Anne, en 1558, Catherine de La Rocheaymon.

Antoine de La Rocheaymon, baron de Chin, épousa, le 7 juillet 1577, Isabeau de Rochefort, fille de Pierre, S^{gr} d'Ally, l'un des cent gentilshommes de la maison du roi, et de Gilberte de La Queille; elle se remaria avant 1594 à Raphaël de Gaillac, S^{gr} dudit lieu (MORERI, 1759).

François de La Rocheaymon, S^{gr} dudit lieu, paroisse d'Evaux, chevalier de l'ordre du roi, épousa Antoinette de Gras de Paing, dite de La Courtine. Elle reprit sur lui les baronnies du Crest et de Juillac, qu'elle porta en se remariant, l'an 1588, à Gabriel-Allire de Langheac, S^{gr} de Dalet, dont : 1° Antoine, bachelier en droit canon, tonsuré et archiprêtre d'Aubusson, 1602; 2° Claude, mariée, le 17 février 1608, à Jean Barton de Montbas, S^{gr} de La Rochenozil, et de Massenom, fils de Charles et de Rose de La Rocheaymon, de Saint-Maixent (*Dict. généal.*, 1757).

N....... de La Rocheaymon, épousa Françoise de La Marthonie, fille de Gaston et de Françoise de La Bastide, veuve 1627.

Annet de La Rocheaymon, abbé de Bonlieu, 1625.

Renaud de La Rocheaymon, abbé de Bonlieu, 1643.

Renaud de La Rocheaymon, épousa Antoinette de Brichanteau, fille d'Antoine, S^{gr} de Nangis, chevalier des ordres du roi et d'Antoinette de La Rochefoucaud, dont Antoine, qui suit (SIMPLIC., T. III, p. 91).

Antoine, marquis de La Rocheaymon, S^{gr} de Mainsac, Sanac de Hume et de Lavau, épousa, le 7 février 1652, Marie de Lesay, fille de Pierre de Lesay dit de Lusignem, S^{gr} de la Côte-aux-Chats, lieutenant des gardes du corps du roi, et de Louise Grangier de Liverdis, dont Claude, tonsuré en 1672, mort évêque du Puy, 1720.

Charles-Antoine de La Rocheaymon, né en 1687, grand aumônier de France [cardinal en ...... mort en .....]

Blanche-Henriette, mariée en 1723, à Philippe de Montgon, maréchal des camps et armées du roi et gouverneur des îles d'Oléron, fils de Jean-François et de Louise Sublet d'Hendicourt; il mourut en 1724, ne laissant qu'une fille.

Philippe-Paul de La Rocheaymon, marquis dudit lieu, épousa Charlotte-Françoise de Monseranni, fille de François, marquis de Paroi et de Catherine de Vassan, dont : 1° Antoine-Louis-François, né à Joui, diocèse d'Évreux, le 15 novembre 1714, tonsuré en 1724; 2° Antoine-Charles, tonsuré en 1729, du diocèse d'Évreux, abbé de Bonlieu en 1734; 3° Marie-Pierre, tonsuré en 1732.

Michel de La Rocheaymon, S^{gr} de Barmont et d'Uchier, épousa Henriette de La Rochebriant, dont Nicolas-Louis, qui suit.

Nicolas-Louis de La Rocheaymon, marquis de Barmond ou Balmont, Roussines, Lechey, Saint-Avit-de-Tarde, fils de Michel, fut tué en duel en 1721, au mois de juillet (SIMPLIC., T. IV, p. 548). Il avait épousé Jeanne de La Tour, née en 1696, fille de Godefroi-Maurice, baron de Murat et de Magdelene de Boschut, dont : Henriette-Françoise, mariée le 28 novembre 1736 (MORERI, 1759), à Juste-Henri du Bourg, de Saint-Polgue, chevalier, marquis du Bourg, fils d'Emmanuel Gaspard et de Mathie de Crocq de Saint-Polgue.

Théodore de La Rocheaymon, comte de Brioude, 1727.

[M^r de La Rocheaymon, brigadier, fut nommé lieutenant-commandant en second, de l'artillerie de l'armée du Rhin et de la Moselle, le 20 février 1734].

N...... de La Rocheaymond, nommée le ...... juin 1746, à l'abbaïe d'Andecies, ordre de Saint-Benoît, diocèse de Châlons-sur-Marne : elle était alors prieure de Saint-Jean *Andilegum* (*Gall. christ.*, T. IX, COL. 943).

La Rocheaymon de Saint-Maixent, seigneurie dans la Marche (1).

II. — Astorge ou Eustorge de La Roche *Eustorgius de Rupe*, épousa, vers 1460, Dalmacie, veuve d'Amiel, S^{gr} de Chambon, et fille d'un S^{gr} d'Auvergne, nommé Guillaume (BALUZE, *Mais. d'Auverg* , T. Ier, p. 78 et T. II,

(1) Nadaud renvoie à la page 209, qui est déchirée.

p. 83), dont : 1° Goon, nommé comme l'aîné en 1195, qui suit ; 2° Roger, vivant en 1195 ; 3° Guillaume, 1195 ; 4° Belhome, 1195 et 1206; 5° Bernard, nommé oncle du fils de son frère aîné, S^{gr} de La Rocheaymon en 1196 (BALUZE, *ibidem.*, p. 79) ; 6° Raoul, abbé de Clairvaux, mort archevêque de Lyon, 1236, appelé Raoul de Pins.

III. — Goon de La Roche, 1195, 1206, épousa N....., dont : Guillaume, nommé en un acte avec son père et son oncle Bernard. De lui et de l'un de ses oncles sont sorties les branches de Saint-Maixent et de La Ville-du-Bois.

Roger de La Rocheaymon, S^{gr} de Saint-Maixent, épousa Dauphine de Saint-Flour, dont Guillaume, qui suit.

Guillaume de La Rocheaymon, S^{gr} de Saint-Maixent, sénéschal du comté de la Marche, 1370 (*Dict. généal.*, 1757, art. Saint-Maixent).

Guillaume de La Rocheaymon, S^{gr} de Saint-Maixent, épousa, le 25 janvier 1463 (1464), Louise d'Aubusson, fille de Guillaume et de Marguerite-Helie de Gulfier.

Jean de La Rocheaymon, S^{gr} de Saint-Maixent, en Bourbonnais, épousa, le 13 janvier 1537, Renée de Gracay, veuve de Gui d'Aubusson; elle était fille de Jacques, S^{gr} de Champeroux et de Magdelaine Baraton.

Jean de La Roche-Aymon, écuier, sieur de Saint-Maixent, Bort, Joullac, lieutenant-général en Bourbonnais, conseiller du roi, son sénéschal de la Marche, épousa Renée de Grasset, dont Rose, mariée le 31 octobre 1570, à Charles Barton de Montbas, écuier, S^{gr} de La Roche-Nozil et de Massenon, près Ahun, fils de Jean et de Jeanne de Puychault.

N..... de La Rocheaymon, épousa N....., dont : 1° Jean, qui suit ; 2° noble Antoine, sieur de Previlhac, qui se maria.

Jean de La Rocheaymon, chevalier de l'ordre du roi, gouverneur et sénéschal de la Marche, S^{gr} de Saint-Maixent et de Vicq, près Pierrebuffière, épousa N....., dont : 1° N....., appelé M. de La Farge, homme valeureux aux armes, et redouté expressément de l'épée, fut tué, le 3 juillet 1595, par trahison, au pied de sa maison, en Marche, proche le bourg de Valière, par le cadet de Villeneuve. La Farge n'avait qu'une épée, Villeneuve une longue arquebuse avec laquelle il attendit le guet-à-pens. Il en fut dommage, non-seulement pour ses vassaux, mais pour tout le païs (Registr. de Pierrebuffière) ; 2° Annet, sieur de Lavau, qui suit :

Annet de La Rocheaymon, chevalier de l'ordre du roi, sénéschal de la Marche, 1578, S^{gr} de Saint-Maixent, de Lavau, du Breuil, baron de La Farge et de Vicq, près Pierrebuffière, fit ériger la seigneurie de Saint-Mai-Maixent en marquisat, par lettre du mois de janvier 1615 (*Dict. généal.*, 1757, art. Saint-Maixent). Il épousa Jeanne de Salaignac ; elle fut enterrée à Vicq le 9 octobre 1600. La Psallette (1), chanoines et prêtres de Saint-Germain, au nombre de dix-huit, ceux de Pierrebuffière, au nombre de six et ceux de Magnac y assistèrent. On donna à chaque prêtre 15 sols (somme honnête), le déjeuner et dîner à ceux de Pierrebuffière et de Saint-Germain seulement. Un récollet de Limoges fit l'oraison funèbre, scavoir la moitié à

---

(1) Psalette est un vieux mot dont la racine est le verbe grec *psalló;* il signifie la réunion des enfants de chœur. Son équivalent est *maîtrise.* Saint-Germain-de-Masseré, canton d'Uzerche, arrondissement de Tulle (Corrèze).

l'église, et l'autre moitié dans la salle du château de Vicq. Il n'y avait de noblesse que MM. de La Vernhe l'aîné, du Salien, La Valade du Chalard et d'Estivaux et La Blanchardie l'aîné : ces quatre portaient le *pali* ou drap mortuaire. Cette dame était grandement regrettée de ses vassaux, et principalement de son mari qui l'aimait toujours. Le récollet l'exalta et l'éleva grandement en toutes vertus (Registr. de Pierrebuffière). De ce mariage était né : Pierre Geofroi, qui suit, qu'on appelait La Farge. Il alla en Italie pour voir ce païs et en apprendre la langue, en 1600.

Isabeau de Coetlogon, bisayeule de la comtesse de La Rocheaymon (Simplic, T. VII, p. 730) (1).

LA ROCHEBEAUCOUR, sieur de La Vignollerie, paroisse de Reaux, élection de Saintes, porte : *de gueules lozangé d'argent de 4 pals de 4 pièces chacun.*

I. — Guillaume de La Roche fit des acquisitions les 10 septembre 1522, 10 février 1523, et 12 janvier 1524 ; il épousa Charlotte du Val.

II. — Jean de La Roche, connu par deux sentences rendues les 25 octobre 1526 et 15 juin 1556, par le présidial de Saintes, sur l'action intentée en retrait lignager par Jean de La Roche. Il épousa Jeanne de Villedon.

III. — Pregent de La Roche épousa Marguerite de la Fillolie, le 2 octobre 1598. En 1598, cette maison fit ses preuves de noblesse ; elles ne parurent pas suffisantes, et elle dut payer l'impôt jusqu'à ce qu'elle en eut présenté d'autres.

IV. — Jacques de La Rochebeaucour, testa le 16 avril 1666, instituant Jean, son fils ; il avait épousé, le 19 avril 1634, Louise de La Rochebeaucour, dont : Jean.

Jean de La Rochebeaucour testa le 30 décembre 1545, il épousa N....., dont : 1° François, qui suit ; 2° plusieurs filles.

François de La Rochebeaucour, testa le 16 août 1562, il épousa N....., dont : 1° René ; 2° Claude, qui suit ; 3° Jean ; René et Jean moururent avant leur père.

Claude de La Rochebeaucour, baron dudit lieu, frère de Jean, chevalier, sieur de Saint-Mesme, épousa Sidoine de Villebresme ; elle se remaria à Cibar Tizon, chevalier, sieur d'Argence de Fixat, dont : 1° Roch, mort sans hoirs ; 2° Marie, mariée avant 1609, à René de Galard de Béarn, baron de Brassac, [qui se disait descendu de Pierre de Gallard, maître des arbalétriers de France, sous Philippe-le-Bel, et qui mourut le 26 août 1609], 3° Françoise, mariée à François Tizon, chevalier, Sgr d'Argence et de Dirat.

[La Rochebeaucour (2), terre en Angoumois, où est situé le château de ce nom.

Jean, Sgr de Soubran, lieutenant de roi de la ville d'Angoulême, épousa Jeanne de Gallard de Béarn, dame de La Roche-Beaucour, dont : Catherine de La Rochebeaucourt, mariée en 1648, à Louis de Chabot, comte de Jarnac, Sgr de Saint-Gelais (Moreri, 1752, art. Chabot, Jarnac).]

---

(1) Les pages 2313 et 2314 sont déchirées. On y parlait de Philibert de La Rocheaymon, marquis de Saint-Maixent, qui épousa Jacqueline d'Aubusson, et aussi de Godefroy de La Rocheaymon, baron de La Farge, marquis de Vicq, qui épousa Françoise d'Aubusson, fille de François, seigneur de Beauregard, et de Françoise de Pompadour.

(2) La Rochebeaucour, canton de Mareuil, arrondissement de Nontron (Dordogne).

Daniel de La Rochebeaucour, chevalier, S*r* de Saint-Chomond, Le Mosnard, paroisse d'Oradour-Fanois, mourut à Brillac, le 1er mars 1668, et fut enterré à Oradour-Fanois ; il avait épousé, le 25 juin 1653, Marguerite Prevereaud, veuve de Jean Maigret, écuier, sieur de La Billetière, dont, Marie.

Marie de La Rochebeaucour, fut mariée le 24 avril 1651, à Pierre de Bervier, écuier, sieur de La Solaye et du Mas, fils de feu Antoine et de Charlotte de Balué, de la paroisse de Saint-Quentin, en Angoumois.

ROCHEBRIAND. — Ive-Amable de La Rochebrian, paroisse de Saint-Aignan, épousa, en 1771, Marie-Catherine Sarrazin, de la paroisse de Saint-Denis, près La Courtine, veuve.

ROCHEBRUNE. — Le capitaine Rochebrune, limosin, avait l'honneur d'accompagner Louis de Clermont d'Amboise, dit le brave Bussy, qui fut tué en 1579 (BRANTOSME, T. IX, p. 225).

ROCHECHOUART, porte : *d'argent et de gueules de 6 pièces enté l'un en l'autre, ou enté en fasce d'argent et de gueules de 6 pièces, ou fascé et enté d'argent et de gueules de 6 pièces, ou ondé d'argent et de gueules de 6 pièces en fasce* (LABBE, Blason royal, p. 115).

Nous n'avons point, selon le Laboureur, homme très versé dans les généalogies, de maison en France qui surpasse celle de Rochechouart en grandeur, d'origine et en antiquité, et il y en a peu qui l'égalent. La fortune n'a rien contribué à son progrès, et si elle a perdu les terres de ses premiers ayeux par l'extinction de ses branches aînées, elle s'est revêtue d'autres dépouilles de maisons illustres, qui ont tenu à gloire de perdre leur nom par un heureux échange de leur sang avec le sien.

M. Le Laboureur ajoute : J'avais préparé une ample histoire généalogique de cette maison avec toutes les preuves, tant par titres que par historiens ; mais, comme ce dessein a été si longtemps différé, qu'il y a lieu de douter qu'il s'exécute, je me suis résolu d'en donner ici un abrégé à l'occasion de l'alliance qu'elle a prise avec la maison de Castelnau. Son extraction se justifie également par les historiens et par titres, être celle même des anciens vicomtes de Limoges, et ces titres, pour la plupart, sont tirés de l'abbaïe d'Uzerche, dont ces vicomtes et ceux de Rochechouart ont été les principaux fondateurs et bienfaiteurs. Le docte André Du Chesne en avait fait plusieurs recueils, que le sieur du Bouchet a encore illustré de grand nombre de belles recherches pour les branches de Limoges, de Rochechouart et de Mortemar, et j'y ajoute ce que j'ai pu recouvrer d'autre part avec les soins du sieur de Challudet, qui m'a communiqué grande quantité de titres pour les autres branches.

Rochechouart, dit Thevet, est une des quatre vicomtés du Poitou, ou une des six vicomtés et des fiefs les plus considérables du comté de Poitou.

En France, il y a plusieurs lieux assis sur des monts et rochers, lesquels ensuite de leur nom d'assiette ont retenu aussi ceux de leurs fondateurs et des seigneurs les plus anciens qui les ont accrus et fortifiés. Ainsi Rochechouart ne signifie autre chose que la roche d'Echivard ou Choüard.

On a reproché à l'auteur des vies de plusieurs hommes illustres et grands capitaines de France imprimées à Paris en 1726, de n'avoir pas du moins indiqué de grands hommes que la maison de Rochechouart a fournis dans les temps les plus reculés.

I. — Aymeric de Limoges, surnommé Ostofrancus, cinquième fils de Giraud, vicomte de Limoges, et de Rothilde, sa femme, fut le premier vicomte de Rochechouart, dont il prit le nom et le transmit à sa postérité qui dure encore, et qui a ce bonheur que sa descendance ne se prouve pas seulement par titres, mais par historiens proches du temps.

Le plus ancien est Ademar, qui remarque, en traitant de la guerre d'Alduin, évêque de Limoges, frère d'Aymeric, contre Jordain, prince de Chabanais, qui fut tué en un combat, que Jordain, frère du défunt, prit Aymeric prisonnier et le retint jusqu'à ce que l'évêque eut ruiné le château de Beaujeu qu'il avait édifié par entreprise.

Geofroi, prieur de Vigeois, dit encore, en traitant de la maison de Limoges, que le vicomte Giraut eut plusieurs enfants, entre autres Aymeric de Rochechouard, surnommé Ostofrancus. Cela se justifie pareillement par un titre de l'abbaïe d'Uzerche, qui porte qu'après la mort d'Americ de Rochechouart, Aymeric, son fils, qui lui avait succédé, faisant réflexion sur la mort malheureuse de son père, et ne doutant point que son âme ne fut tourmentée pour avoir ôté à Dieu et à Saint-Pierre d'Uzerche, la moitié de l'église de Nieuil, qui leur avait été donnée par Aymeric, son ayeul, surnommé Ostofrancus, manda l'abbé Constantin et lui en rendit la jouissance, ainsi que Aymeric Ostofrancus et Guido, et Tisalga, Aldearde aussi, la Chauve, leur sœur, l'avaient donnée à Saint-Pierre pour l'âme de son père Giraud, vicomte, et de Rothilde, vicomtesse, leur mère. Cette donation de Nieuil fut faite par Aymeric Ostofrancus, au mois de mars 1018, du consentement d'Ave, sa femme, d'Aymeric, son fils, et de Geraud, son frère, et il y est qualifié prince Aquitanien, à cause de la grandeur de sa maison.

Il est malaisé de dire s'il fut Sgr de Rochechouart par succession de son père ; mais il y a plus d'apparence qu'elle lui ait été apportée en mariage par Ave, sa femme, laquelle pourrait bien avoir été fille de Guillaume, comte d'Angoulême. Ademar remarque qu'après la prise de Blaye, qu'il conquit pour Guillaume IV, duc de Guyenne, qui l'en investit, le même duc lui donna encore les vicomtés de Melle, d'Aunay et de Rochechouard, les seigneuries de Chabanais, Confolent, Ruffec, etc. On peut entendre cela de l'hommage et de la mouvance seulement. Mais, quoiqu'il en soit, Aymeric eut de cette dame : 1° Aymeric II, qui suit ; 2° Giraud, de Rochechouard, mentionné en un titre d'Aymeric son frère, de l'an 1037.

II. — Aymeric, deuxième du nom, vicomte de Rochechouard, donna à l'abbaïe d'Uzerche l'autre moitié de l'église de Nieuil pour l'âme d'Aymeric, son père, du consentement d'Ermensinde, sa femme, et de Giraud, son frère, l'an 1037 ; il y ajouta encore la forêt d'Espinatiosa. Mais ayant depuis changé d'inclination, il reprit tout ce que lui et son père avaient donné et en jouit jusqu'à sa mort. Elle arriva d'une manière tragique et étrange pour une personne de sa condition, aïant été assassiné de nuit par un sieur ennemi, selon un titre de l'abbaïe d'Uzerche ; et les moines profitèrent de cet exemple de la vengeance divine, pour disposer son fils à leur faire raison.

Il vivait encore l'an 1047, qu'il assista à la fondation de l'église de Notre-Dame, de Saintes. Il signa, l'an 1048, une charte pour le monastère de Toussaints, à Angers.

Erminsinde, sa femme, était fille de Foucaud, S^{gr} de Champagnac. Un autre manuscrit l'appelle Ermensendis. Voyez l'*Histoire du chapitre de Saint-Junien*. Il laissa : 1° Aymeric, qui suit ; 2° Hildegaire, S^{gr} de Champagnac, à cause de sa mère, se qualifie vicomte dans plusieurs titres, depuis l'an 1094, jusqu'en 1100. Il confirma à Giraud, abbé d'Uzerche, les donations d'Aymeric Ostofrancus, qu'il appelle son ayeul, et donna encore le bois de Fagià, du consentement d'Arsende, sa femme, et de Pierre et Aymeric, ses enfants ; 3° Rothberge, mariée à Archambauld, vicomte de Comborn, deuxième du nom, fils d'Eble et de Béatrix.

III. — Aymeric, troisième du nom, vicomte de Rochechouard, rendit enfin l'église de Nieuil aux moines d'Uzerche, ainsi qu'on l'a dit, et restitua également, l'an 1069, à l'abbé Gérard, du consentement et en présence d'Alpaïs, sa femme, d'Aymeric, d'Agnès et Valence, ses enfants, la forest d'Espinatieuse ou d'Espinasse (*Spinatiosa*).

Nous apprenons aussi des titres de l'église de Limoges que ledit Aymeric, qui est qualifié fils d'Ermessinde, eut guerre contre Ithier, évêque de Limoges, et Amélius, prévost du monastère de Saint-Junien, pour ce monastère. Elle fut enfin terminée par accord entre eux et la ville de Limoges. Il y fut convenu qu'il se contenterait de ce qui fut laissé à Aymeric, son aïeul, audit lieu de Saint-Junien, par l'évêque Alduin, son frère, quand le château de Beaujeu fut ruiné.

Cela justifie encore la descendance d'Aymeric des anciens vicomtes de Limoges ; et pour ce droit d'Aymeric, son ayeul, il fut dit qu'on s'en informerait par témoignage des plus anciens du lieu, où les parties se transporteraient paisiblement, et qu'en cas qu'on n'y voulût ajouter foi, qu'on s'en rapporterait à la preuve du combat, c'était la coutume du tems, entre deux champions, de part et d'autre, armés chacun d'un bâton et d'un écu ou bouclier, qui se ferait au choix de l'évêque, à Limoges, ou au bourg de Saint-Junien, ou bien au château de Nieuil.

Alpaïs, sa femme, était de la maison de Salagnac, apparemment près du Grand-Bourg, en Limosin, du moins les S^{grs} de Rochechouard y avaient des moulins dans le XIIIe siècle. De ce mariage naquirent : 1° Aymeric IV, qui suit ; 2° Audebert, de Rochechouard, qui se qualifie vicomte à la mode du temps, l'an 1110 et 1122, comme on voit par les donations qu'il fit à l'église de Saint-Barthélemi de Bénévent, tant pour l'âme d'Alpaïs, sa mère, que pour Asceline, comtesse de Salagnac, vraisemblablement son ayeule, et pour Hugue et Renaud, vicomtes d'Aubusson, ses parens, acte des nones d'avril 1121. Cet Audebert épousa Almodis, dont Aymeric qui, en 1190, donna quelque rente pour faire un moine à l'abbaïe de Beuil, ordre de Cîteaux, entre Limoges et Saint-Junien ; 3° Boson de Rochechouard, sieur de La Sale ; 4° Maurice de Rochechouard, mentionné en un titre de l'an 1105.

IV. — Aymeric, quatrième du nom, vicomte de Rochechouard en 1089, fit le voyage de la Terre-Sainte en 1096 et vivait en 1120. M. Le Laboureur cesse ici de rapporter toutes les preuves par titres qu'il avait de lui et de sa postérité, tant pour ne pas être trop diffus en la discussion de cette généalogie, que parce qu'il suffit d'avoir établi l'origine de sa branche et qu'il n'y reste plus de difficulté. Aymeric épousa ...., dont Aymeric, qui suit.

V. — Aymeric, cinquième du nom, vicomte de Rochechouard, vivant en 1141, épousa ......, dont Aymeric, qui suit.

VI. — Aymeric, sixième du nom, vicomte de Rochechouard dès l'an 1171, fonda, l'an 1205, avec son fils, le prieuré de Trezen, ordre de Grandmont, sur la paroisse des Billanges. Il était homme-lige du roi, en 1226, et tenait de lui la ville et le chastel de Rochechouard. Il épousa Luce, dame de Perusse, dont il eut Aymeric, qui suit.

VII. — Aymeric, septième du nom, vicomte de Rochechouard, dit le Jeune, fit hommage-lige au roi, en 1234, du château de Buissac. Il était marié, l'an 1205, avec Alix, héritière de Mortemar, fille de Guillaume, S^{gr} de Mortemar, d'Availles et de Saint-Germain ; elle testa en 1247 et vivait encore l'an 1255 ; elle était veuve. De ce mariage naquirent : 1° Aymeric VIIIe, qui suit ; 2° Foucaud de Rochechouard, S^{gr} de Saint-Germain, qui fut père, suivant un mémoire, de Guy de Rochechouard, lequel de Sibille de Vivonne eut Guillaume de Rochechouard ; 3° Simon de Rochechouard, S^{gr} d'Availles.

VIII. — Aymeric, huitième du nom, vicomte de Rochechouard, fut premier seigneur de Mortemar et de Perusse, du vivant de son père, et, en cette qualité, il rendit aveu de la terre de Perusse à Alphonse de France, comte de Poitiers, au camp devant Pons, au mois d'août 1242. L'original de ce titre est aux archives du roi, où l'on voit son sceau avec la figure d'un chevalier en habit de paix, tenant un oiseau sur le poing et les armes de Rochechouard bisées d'un lambel. En 1244, il transigea avec son beau-frère *sororium* Gui, vicomte de Limoges, pour la forêt de Tren, le mercredi après les octaves de la Pentecôte. Il testa le 25 août 1245 et mourut le même jour. On dit, mais à tort, qu'on voïait à Saint-Irier son épitaphe en ces termes : *Anno Domini 1245 in die S. Aredii, obiit Aymericus vicecomes de Rupecavardo, maritus Margaritæ filiæ Guidonis vicecomites Lemovicensis.*

Il avait pris alliance avec Marguerite de Limoges, dame de Saint-Laurent, fille de Gui, cinquième du nom, vicomte de Limoges et de Ermengarde, il laissa ses enfants sous sa garde.

Par sentence arbitrale rendue par Gui, vicomte de Limoges, entre Aymeric de Rochechouart, vicomte et Aymeric, son fils, avec Marguerite, femme dudit fils, pour la dot de ladite Marguerite (elle avait 3,000 sols de rente), le père leur céda les forteresses et villes de Guore, Oradour, Cussac, Cussares, Champnier, tous les droits qu'il avait dans la forêt de Tren et la moitié du domaine de Maraval, etc. (1), le 3 des nones d'avril 1242.

Marguerite de Limoges, comme tutrice de ses enfants, fit la foy et hommage au roi de la vicomté de Rochechouart, à Saint-Cloud, l'an 1245. En juillet 1252, elle fit un testament qui est pourri en partie ; elle veut être inhumée dans le prieuré du Châtenet, près Rochechouard, où est la sépulture de son mari et de plusieurs seigneurs et dames de cette maison.

Le Laboureur dit qu'elle épousa en secondes noces Archambaud, deuxième du nom, comte du Périgord, que son épitaphe était à Saint-Irier en ces termes : *Margarita bona, patriæ pretiosa, matrona felix, miseris dans plurima, una ad parvos humilis, ad magnos corde difficilis, prudens, dis-*

---

(1) Gorre, canton de Saint-Laurent-sur-Gorre. — Cussac, canton d'Oradour-sur-Vayres. — Maraval, canton de Saint-Mathieu, arrondissement de Rochechouart (Haute-Vienne). Champniers, canton de Bussière-Badil, arrondissement de Nontron (Dordogne).

creta, generosâ, prole repleta, det ei Deus requiem. Obiit 9 septembris 1259. Sa mort est marquée à ce jour dans le nécrologe du monastère de Brantôme, où on doit faire son anniversaire. Elle laissa : 1° Aymeric, vicomte de Rochechouard, qui suit ; 2° Guillaume, mieux Gui, qui a fait la branche de Mortemar ; 3° Gui de Rochechouard, archidiacre de Limoges, 1269, de Combraille, dans l'église de Limoges, 1257, 1272, qui eut les terres de Peyruse et Sallenhac et même celle de Saint-Laurent, suivant Le Laboureur. Il mourut le 16 juin et fut inhumé chez les frères mineurs de Saint-Junien, avec l'habit de leur ordre, l'an 1283 ; 4° Simon, mort archevêque de Bordeaux, le 29 octobre 1280 ; 5° Ademar ou Aymar de Rochechouard, Sgr de Châtelus, mort en 1280, sans enfants ; 6° Foucaud de Rochechouard, auquel sa mère donna 40 livres de rente sur les terres de Glandon, Cussac et Paysac, pour payer sa milice ; il eut la terre de Saint-Auvent en 1291 ; ne fut point chanoine de Limoges ; une dame de Lesparre était fille de Foucaud de Rochechouard et vivait en 1324 ; 7° Agnez, dont la mère assigna la dot sur les terres de Rochechouard et de Charemnhac (1) ; elle épousa Gui de Roche, sixième du nom, Sgr de La Rochefoucaud, mort le 6 janvier, dont sont issus les ducs de La Rochefoucaud ; 8° Marguerite, que sa mère, par son testament, voulut être monachisée, mais qui épousa Aymar, Sgr d'Archiac ; 9° Alienor ou Alix, femme, en 1291 et 1294, de Gaufridus de Mortagne, en Saintonge, damoiseau, peut-être Sgr de Lesparre, en Médoc, dans l'Agenois, nommé Guillaume de Madaillon.

IX. — Hemery ou Aymeric, neuvième du nom, vicomte de Rochechouard, *valet* ou damoiseau, Sgr de La Cossière, en Périgord, et de Brigueil-l'Aîné ; sa mère lui donna son Mas-de-Gegelar et tout ce qu'elle avait à Ségur ; Alphonse de France le reçut en 1242, du vivant de son père, à l'hommage du château de Perusse, moyennant 10 livres de rente, il est représenté à cheval, un oiseau sur le poing, et au contreseeau est l'écu de Rochechouard brisé d'un lambel. Il donna quelques biens, situés dans sa vicomté, au monastère de Peyrouse, ordre de Citeaux, diocèse de Périgueux, en 1258 (2).

Le vendredi avant le dimanche *Lœtare*, même année, vieux stile, Aymeric, évêque de Limoges, fit à Foylhade, diocèse d'Angoulême, un accord entre Gui, vicomte de Limoges, et Aymeric, vicomte de Rochechouard, pour les terres qui devaient appartenir à chacun. Il prit d'assaut Châlus-Chabrol, l'an 1264. Le mercredi après la fête des apôtres saint Pierre et saint Paul, de la même année, Alphonse, comte de Poitou, écrivit à son ami et féal Aymeric de Rochechouard : « Ayant appris qu'Helie, dit Flaments, chevalier, à l'intention et s'efforce de vous ôter le repaire de Chillas (mieux Chaillac), et faire en armes une chevauchée contre la noble et notre féale vicomtesse de Limoges ; nous vous prions de ne vouloir pas recevoir de ce chevalier à la nomination (ou adveu) de ce repaire, contre la justice, ni de faire cette chevauchée, surtout la vicomtesse étant prête, à ce qu'on assure, de rendre justice devant nous à tous les plaignans. » La même année,

---

(1) Chéronnac, canton et arrondissement de Rochechouart (Haute-Vienne).
(2) La Coussière est un château détruit sur la rive droite de la Dronne.
Peyrouse, un monastère aussi ruiné, dans la commune de Saint-Saud, canton de Saint-Pardoux-la-Rivière, arrondissement de Nontron (Dordogne).
Brigueil-l'Ainé, canton et arrondissement de Confolens (Charente).

vieux stile, il eut guerre avec Jean de Bourbon. Le même Alphonse, comte de Poitou, écrivait à ce seigneur de Bourbon, le samedi après la fête de saint Remi, 1264 (1265) : « Ayant appris que vous allez en armes contre noble et notre feal, le vicomte de Rochechouard et que vous vous proposez d'entrer dans sa terre; nous vous mandons que vous n'entriez par vous, ou par d'autres, en armes et en ennemi pour faire du mal dans la terre ou les fiefs que ce vicomte tient de nous, étant pret de rendre bonne justice dans ce qui nous appartient, à tous ceux qui se plaindront de lui. »

Il se trouva à l'est de Foix, au service de saint Louis, l'an 1271, avec cinq chevaliers de ses vassaux.

Un Aymeric de Rochechouard, mourut le 5 avril au Puy-Notre-Dame, en Velay. Un autre Aymeric, vicomte de Rochechouard, mourut le 17 octobre, et fut inhumé avec l'habit des frères mineurs; il légua à ceux de Saint-Junien treize tuniques et une réfection, pour la somme de 15 livres tournois annuellement, à prendre sur les fours et moulin de Briguel, et l'usage perpétuel du bois dans la forêt, l'an 1317.

Aymeric neuvième était marié, en 1251, à Jeanne de Tonnay de Vivonne, fille et héritière de Geofroi, S^{gr} de Tonnay-Charente, diocèse de Saintes; elle mourut des couches de Foucaud et fut inhumée au prieuré du Châtenet, par l'évêque de Limoges. Son épitaphe, qu'on n'y voit cependant pas, fait honneur à sa mémoire : *Nutrix pauperum, consolatrix viduarum, substentatrix afflictorum, Domina Joanna de Tonncio super Charantaunem, vice-commissa de Rupecavardi, cum angelis et sanctis recipiat portionem. Obiit anno Domini 1263 in crastina epiphaniæ* (vieux stile) (1).

Leurs enfants furent : 1º Aymeric dixième, qui suit ; 2º Gui, dont il sera parlé plus bas; 3º Simon, vicomte de Rochechouard après Aymeric, son neveu, et qui continua la postérité; 4º Foucaud, mort archevêque de Bourges, le 7 août 1343; 5º Guillaume, doyen de l'église Meun, diocèse de Bourges, 1314, chanoine de Limoges et de Bourges, 1315; 6º Jeanne, femme de Pons de Mortagne, vicomte d'Aunay; elle fit une donation de tous ses biens, le jeudi *emprès* Pasques, 1295, à Guiart ou Gui de Rochechouard, *valet*, son cousin, fils de Gui de Rochechouard, chevalier, S^{gr} de Tonnay-Charente; elle fit un partage avec Aymeric, son frère, l'an 1304 ; 7º Marguerite, mariée en 1273 à Arnaud Bochard, damoiseau; 8º Isabelle ; 9º Anelide, religieuse à La Règle, à Limoges, 1297; 10º Marquise, aussi religieuse à La Règle, à Limoges, 1297.

Aymeric IXe voulut épouser : 2º noble Mathilde ou Mahaut, veuve de noble Guillaume Fortis, et d'un autre mari. Pour l'accomplissement de ce mariage, Simon, de Rochechouard, alors doyen de l'église de Saint-Austrille, du château de Bourges, fit faire les conventions le lundi après la fête de Saint-Georges, 1264. Aymeric avait deux fils, savoir : Aymeric l'ainé, qui eut le château de Rochechouard, et Gui, le cadet, à qui il donna le château de

---

(1) Voici comment cette épitaphe est rapportée dans les *Additions aux Mémoires de Castelnau* :

Matrix pauperum; Consolatrix viduarum;
Sustentatrix afflictorum;
Dominæ Johannæ de Toneis super Charentam, vice-comitissa de Rupe-Cavardi
Cum angelis et sanctis recipiat portionem.
Obiit anno Domini : M. CC. LXIII, in octavia Epiphaniæ.

Mortemar. Mathilde avait deux filles, à l'aînée desquelles, nommée Jeanne, elle avait donné son manoir de Carlion. On s'engagea de marier réciproquement ces deux enfants lorsqu'ils seraient nubiles. Mathilde donna à Aymeric, son futur, 3,000 livres de biens meubles, et lui pour droit d'*oscle* son manoir, dit le Devez, près la forêt de Brigolhes, autrement Brigueuil. Le testament de Guillaume Fortis montait à six vingt livres tournoises et 40 livres sterlings. Il y a lieu de croire que les conventions de ce mariage eurent lieu, puisque Mathilde donne à l'acquit de son neveu, le vendredi après la fête de Saint-Philippe et Saint-Jacques ...... Le nécrologe des frères mineurs de Saint-Junien marque au 11 mars la mort de Mathilde *de Angliâ*, vicomtesse de Rochechouard.

X. — Aymeric, dixième du nom, vicomte de Rochechouard, Sgr de La Cossière, suivit son père à l'Ost de Foix, l'an 1271. Par acte du dimanche avant la fête de Saint-Georges, 1274, Marguerite, fille du duc de Bourgogne, vicomtesse de Limoges, reconnut, pour sa fille Marie, avoir reçu de son cher et féal Aymeric, vicomte de Rochechouard, 1,000 livres tournois, et ce pour final payement de 3,000 livres qu'il lui devait par certaine composition ; elle en tint quittes la comtesse de la Marche, le vicomte de Brosse, Ithier de Magnac et Aymeric Bechet, chevalier, cautions du vicomte de Rochechouard.

Un Aymeric, de Rochechouard, offrit, en 1274, le duel pour défendre les intérêts du roi d'Angleterre ; ce qui n'eut pas lieu.

Il était, en 1283, du nombre des chevaliers bannerets, que le roi retint pour aller en Arragon. Il fit, dit-on, son testament en 1286, légua aux frères mineurs de Saint-Junien 13 livres de rente, et fut inhumé chez eux avec leur habit, le 29 septembre 1288. Il avait épousé Jeanne, fille ainée de Mathilde de Vivonne et de Guy ou Guillaume de Vivonne, Sgr de Fors, dont : 1° Aymeric, qui suit ; 2° Jeanne, mariée à Pons de Châtillon, fils de Ponce de Châtillon. Par transaction du 24 avril 1309, dont Foucaud de Rochechouard, son oncle, alors doyen de Bourges, fut arbitre, elle eut de la succession de son frère Aymeric, la terre de La Cossière, et Simon, son oncle, celle de Rochechouard. Elle fit son testament le mardi après la fête de Sainte-Catherine, même année, par lequel elle fit un légat à l'église de Brigueuil, voulut être inhumée dans l'église des frères mineurs de Saintes, choisit pour exécuteur Gui, évêque de cette ville, institua héritier Simon, de Rochechouard, son oncle.

XI. — Aymeric, onzième du nom, vicomte de Rochechouard, damoiseau, eut les châteaux de Rochechouard, La Cossière, Brigueuil, Seriflan, par un partage fait avec ses oncles, à Mortemar, le samedi avant la fête de Sainte-Catherine, 1291. Le roi consentit, en 1292, à la donation qu'il fit à Foucaud de Rochechouard, son oncle, de 30 livres de rente sur la bourse du roi, à Poitiers. Il testa le mercredi après l'Ascension, 1305, fit héritière Jeanne, sa sœur, veut être inhumé dans la chapelle de Notre-Dame de Rochechouard, aujourd'hui démolie, et devant l'autel du Crucifix. Le nécrologe des frères mineurs de Saint-Junien met au 17 septembre Aymeric vicomte de Rochechouard, enterré avec l'habit des frères, qui donna des rentes sur la terre de Brigueuil l'an 1317, apparemment 1307.

Il avait épousé, par contrat (signé Robert Pomelli) passé dans le couvent des frères mineurs de Bergerac, le mardi avant la fête de l'exaltation de la Croix, 1298, Germasie, *alias* Dalmayse, fille de feu noble Hélie Rudelli, chevalier, Sgr de Bergerac, et sœur de René de Pons, Sgr dudit Bergerac : elle porta 300 livres de rente, monnaye de Périgord, et 2,000 livres. Elle était veuve en 1307 ; ils ne laissèrent point d'enfants.

X *bis*. — Simon, de Rochechouart, fils d'Aymeric IX et de Jeanne de Tonnay, prit, à l'âge de onze ans, du vivant de son père, l'habit des frères prêcheurs, et fit chez eux trois professions, à Toulouse, entre les mains de l'évêque, à Montauban ou à Albi et à Cahors ; il demeura trois ans et demi parmi ces religieux, mais les professions furent déclarées nulles par sentence des commissaires de l'évêque de Limoges, en 1293 ; il fut absout par le pape et en obtint permission de se marier.

Le 6 des nones de may de la même année, 1293, Foucaud, son frère, alors archidiacre de Bourges, lui donna la rente de 30 livres qu'il avait sur la bourse du roi, à Poitiers, et, en 1302, la terre de Saint-Auvent et 100 livres de rente. De son côté, Simon fit une donation de tous les acquets à ce frère, le 24 août, même année, 1302. Simon donna, l'an 1289, quittance de 234 livres 17 sols 4 deniers, à Guillaume de Montmort, clerc du roy, pour ses gages : elle est scellée en cire rouge d'un sceau chargé de 3 *fasces ondées, entre lesquelles sont semées des larmes en gouttes d'eau*.

Depuis, il eut les terres de Saint-Laurent-sur-Gorre, La Coussière, Brigueuil, Saint-Cyr, Compnhac, Saint-Victurnien, Gorre, Champagnac, Oradour. Il était chevalier, connétable de La Rochelle, en 1303, et Sgr de Tonnay-Charente. Il servit le roi à la guerre de Flandres, en 1304. Par son testament du 16 may 1316 (signé Espinasse, prêtre) il veut, ainsi qu'il l'avait demandé par un acte de 1314, être enterré dans la sacristie des frères prêcheurs de la ville de Saint-Junien, avec l'habit de l'ordre : que son neveu Perellus de Analhac se fasse chevalier, s'il lui plait, et aille au premier passage général, lui donne pour cet effet 60 livres, et, s'il ne veut pas y aller, il choisira à sa place Ithier, de Cognac, chevalier, ou Gui, de Châteauneuf, ou autre chevalier à leur place, pour obtenir l'indulgence plénière : institue héritier Jean, son fils, donne à l'évêque de Limoges un florin de Florence, afin qu'au premier synode, après sa mort, il fasse l'absoute, et le fasse absoudre par tous les curés, ainsi qu'il est généralement observé. Le Laboureur dit qu'il mourut la même année ; mais il fonda un anniversaire chez les frères prêcheurs de Limoges, le 9 des calendes d'octobre 1329, sur son four de Saint-Laurent. On devait faire pour lui un autre anniversaire à Saint-Martial, de Limoges.

Il avait épousé, avec dispense du pape, à cause de parenté, Lore de Chabanais, fille d'Aymeric, de la Roche ou de Rochechouard, et d'Adelaïde, qui porta les lieux de Baget, Saillac, autrement Chailhac, près Saint-Junien, par contrats passés, l'un le vendredi après la fête de Saint-Nicolas d'hyver, 1304, par lequel Lore, vicomtesse de Turenne, fait aux futurs époux une donation de tous ses biens ; l'autre contrat, passé en présence de Bernard de Cominges, vicomte de Turenne, Amelius David, chevalier, Raymond Maubernard, damoiseau, le vendredi après la quinzaine de la Chandeleur, 1304, vieux stile. Ainsi Lore n'était point fille et héritière de Jordain III, prince de Chabanais, ni veuve sans enfants de Raymond VI, vicomte de Turenne. Mais elle était petite-fille d'autre Lore, vicomtesse de Turenne et dame de Chabannais, sa tutrice : ladite Lore, aïeule, donna la terre de

Saint-Auvent et 100 livres de rente pour le mariage de sa petite-fille, avec Simon de Rochechouard. Lore donna, en 1330, à Jean, son fils, le fief de Saliac. La mort d'une Lore de Chabanois est marquée au 24 novembre.

Ils laissèrent : 1° Jean, qui suit; 2° Aymeric, prince de Chabanais; 3° Isabeau, que son père légua, mariée à Jean de Chauvigny, chevalier, S^{gr} de Leiroux, Neuvi-Pailloux; elle fit une donation de tous ses biens à Jean, son frère, en présence de l'évêque de Noyon, son oncle, le jeudi après l'octave de Pâques, 1328; 4° Jeanne, que son père, par son testament, voulut être monachisée à Poissi, ou ailleurs, lorsqu'elle aura dix ans; elle était religieuse à Poissi, en 1336, elle y mourut en 1346.

XI. — Jean, premier du nom, vicomte de Rochechouard, chevalier, S^{gr} de Brigueil, Tonnay-Charente, Saint-Auvent, par donation que Foucaud, son oncle, archevêque de Bourges, lui fit de ces terres et de tous ses biens en septembre 1334. Il fut aussi S^{gr} de Chailhac, conseiller et chambellan du roi.

Il fit un testament (signé Pouyeti), le 23 février 1335, par lequel il choisit sa sépulture dans l'église des frères prêcheurs de Saint-Junien, ez le tombeau de son père, fait un légat à la fabrique de la chasse *capsæ* de Saint-Adrien, qu'on doit faire dans l'église de Saint-Auvent. Il fit un autre testament le 2 may 1346. Il servit dans les guerres, en 1345. Son sceau, sur une quittance du 20 août 1347, est un homme à cheval, l'épée à la main, ayant un écu de ses armes et son cheval bardé de même. Il fut tué à la bataille de Poitiers, le 10 septembre 1356, et inhumé aux dominicains de cette ville, où l'on voit son écu le premier en rang dans le chœur de l'église, entre ceux des seigneurs qui périrent à la même bataille.

Il avait épousé, par contrat (signé Buxia) du jeudi après le dimanche *quasimodo*, 1336, Jeanne de Sully, dame de Maupas et de Brion, fille de Henri de Sully, grand bouteiller de France, et de Jeanne-Marguerite de Bourbon (Vendosme); elle porta la terre de Corbaflin et 300 livres de rente. Elle eut des lettres de sauvegarde, en 1356; testa (signé Ducis) le jeudi avant la Nativité de la Sainte-Vierge, 1376, veut être inhumée à Loroy, près de ses parens, et fonde une vicairie dans le collège de Sully. Son anniversaire est marqué au 16 may, dans le nécrologe des frères mineurs de Saint-Junien. De leur mariage vinrent : 1° Louis, qui suit; 2° Jean, mort archevêque d'Arles en 1400, qui rachetta du prince de Galles la seigneurie de Tonnay-Charente, qui lui avait été engagée par Louis de Rochechouard, son frère; le père Simplicien le dit cardinal; 3° Aymeric, lieutenant-royal en Guyenne, se rendit ennemi et rebelle au roi, en tenant le parti de ses ennemis; voici les faits : quand le prince de Galles alla, en 1367, secourir le roi Dom Pietro, à Pampelune, il avait à l'avant-garde Aymeric de Rochechouard. Jean Chandos, connétable d'Aquitaine, le fit chevalier devant la ville de la Victoire. Le 3 avril, même année, il se trouva à la bataille de Navarret, sous la bannière du duc de Lancastre. Il prit aussi le parti du roi d'Angleterre dans les guerres de 1369. En 1372, Aymeric de Rochechouard était dans la ville de Sainte-Severe; après la prise de Poitiers, il prit le chemin de Thouars. Il fut pris, le 20 mars 1373, à la bataille de Sireth, à quatre lieues de Niort. Il se tenait dans son château en 1388 (1).

(1) Nadaud fait observer que ces faits s'appliquent peut-être à quelqu'autre Aymeric, de Rochechouard.

XII. — Noble et puissant Louis, vicomte de Rochechouard, chevalier, Sgr de Saint-Auvent, Tonnay-Charente, Brion, en Berry, et non pas Biron, Sully, Fontaine-de-Burle, en Limosin, Maupas, Mosay, Jars ; n'est qualifié qu'écuyer dans une quittance qu'il donna, le 8 juillet 1355, au trésorier des guerres, de 24 livres, en prêt sur ses gages de lui et des gendarmes de sa compagnie. Son sceau est un *fascé en ondes*, cimier : *une tête de licorne*. Eu égard aux services rendus et aux dommages soufferts, le roi lui donna, le 30 août 1359, le gouvernement de la ville de Tonnay-Charente. Il fut chambellan du roi, capitaine de Limosin pour le roi et le régent du royaume de France, la même année, 1359.

En 1362, il établit son lieutenant en toutes ses terres Alain de Montendre, chevalier. La même année, Rochechouard fut donné au roi d'Angleterre. Il rendit hommage, le 13 septembre 1363, à Edouard, fils aîné du roi d'Angleterre. Le jeudi après la fête de tous les Saints, 1365, il vendit à sa mère la terre de La Coussière. Il était chevalier banneret en 1368 Il secoua le joug des Anglais et servit le roi, au recouvrement de la Guyenne, où le prince de Galles le fit prisonnier, 1368. Le roi Charles V lui donna et aux siens, en 1369, le château de Rochefort, sur la Charente, diocèse de Saintes : ce prince, par lettres du mois de juin, même année, le qualifie son cousin.

Il était *naguères* capitaine en Limosin pour recouvrer et mettre en l'obéissance du roi le prieuré du Châtenet (1), près de Limoges, lequel tenaient Isart de Roquefort, chevalier, le sire de Cubsat, et par ledit fort faisaient plusieurs dommages. Louis de Rochechouard s'engagea d'obtenir du pape leur absolution, en quoi il ne peut réussir à *peine* de mille florins d'or. Il s'obligea encore de onze cents livres à Pierre Amanion, Perrot Bebien, Niquebet Dosserran et plusieurs autres, pour la délivrance des forts du Pont-Saint-Junien, Saint-Brice et du Puy-de-Melet, en Limosin, que Amenio et les autres tenaient. Le roi confisqua cette somme et fit donner, à Louis de Rochechouard, ces mille florins au mois de novembre 1370. La même année, il lui donna la justice d'Antors, paroisse de Rossac.

En considération de ce qu'il avait mis son corps, sa femme et enfans, villes, châteaux et forteresses en l'obéissance et service du roi, et les grandes pertes et dommages qu'il avait soufferts, ce prince lui donna, la même année 1370, 200 livres de rente, que le père de Louis avait assignées à Aymeric de Rochechouard, lieutenant roïal en Guyenne, son fils. Ce seigneur s'acquit beaucoup de réputation, et vivait encore en 1398.

Il avait épousé : 1° Marie de Javerlhac, dame dudit lieu et de Haute-Corne, près Mareuil, en Périgord, par contract (signé Pierre Georges) du jour de Saint-Mathieu, 1355 ; elle mourut le 6 novembre 1360. Le Laboureur l'appelle mal de Trignac, dite de Javarcy, fille du sieur de Chambrillon.

Il épousa : 2° Marie Vigier ou Isabeau de Parthenay, dame d'Aspremont, fille de Gui, Larchevêque, Sgr de Soubise et de Guyonne de Laval-Loüe. Du premier lit il eut : 1° Jean, deuxième, qui suit ; 2° Foucaud, auquel son ayeule, Jeanne de Sully, donna la terre de Brion, qui était peut-être grand

---

(1) Prieuré de l'ordre de Grandmont, commune de Feytiat, canton et arrondissement de Limoges.

prieur de France en 1446 et abbé de Saint-Thierri (du Mon-d'Or) de Rheims, en 1423; 3° Ysabelle, dame de Brigueuil, qui aïant desir entrer en l'ordre et religion de sœurs ou dames de Moustier de Notre-Dame-des-Nonains, hors les murs de Xaintes, de l'ordre de saint Benoît, fit une donation à son frère sous la pension de cent écus d'or du coing du roi de France, pour 22 sols 6 deniers la pièce, par acte passé dans ledit monastère, en présence du R. P. en Dieu Foucaud de Rochechouard, abbé de Montmajour, le 6 mars 1401. On la fait cependant marier : 1° à Guillaume Aubert, chevalier, Sgr de Mourat et de Monteil-le-Dejelat; 2° à Jean, vicomte de Villemur; 3° à Guillaume Guerant, chevalier, sieur des Bordes; on ajoute qu'elle mourut vers l'an 1400.

Les enfants du second lit furent : 1° Louis de Rochechouard, dernièrement damoiseau et à présent chevalier, en 1412, qui, la même année, plaida contre Jean, son frère, pour la succession paternelle. Il fut seigneur d'Aspremont, Azay, Brion, etc. (et fit une branche qui finit à son fils), était chevalier banneret avec seize écuïers, au service du roi en 1419; 2° Jean de Rochechouard, Sgr de Galardon, de La Motte-Bigot et de Bauçay; il semble qu'il a épousé l'héritière de Bauçay. Dans un acte de 1420, il se qualifie Sgr de Galardon et de La Motte-Bigot, et on voit après lui Isabelle de Rochechouard, dame de Bauçay et de Galardon, laquelle, sous cette qualité et de veuve de Renaud Chabot, chevalier, Sgr de Jarnac, *advoüa*, le 3 août 1471, de Jean de Rochechouard, lors seigneur de Gaxognolles, depuis de Mortemar, la seigneurie de La Motte-Bigot. De cette alliance sont sortis l'admiral Chabot, etc.; 3° Jeanne de Rochechouard, prieure de Saint-Denis d'Oleron, morte abbesse de La Règle, à Limoges, en 1414.

XIII. — Jean, deuxième du nom, vicomte de Rochechouard, Sgr de Tonnai-Charente, Javerlhae (mal Janeilhac), Charroux (depuis Charrots), du Bourdet, en Saintonge, Pensols, en 1404; vint servir le roi au voyage de Flandres et au siége de Bourbourg, avec un chevalier et huit écuyers de sa compagnie, le 6 août 1383. Fut retenu, le 28 octobre de la même année, à cent hommes d'armes pour la garde des châteaux et forteresses qu'il tenait en Saintonge et Angoumois, et reçu le 20 novembre suivant comme banneret à Châteauneuf, avec deux chevaliers et huit écuyers. Donna quittance, le 6 août 1387, au trésorier des guerres, de 95 livres en prêt sur ses gages de lui, d'un autre chevalier, et de cinq écuyers de sa compagnie. Son sceau en cire rouge est un *fascé ondé*; cimier : *une tête de licorne*; supports : *deux jeunes figures humaines*. Il accompagna le roi au voïage d'Allemagne, avec un chevalier et six écuyers, en 1388. Il se trouva à la consécration de la Sainte-Chapelle, à Bourges, le 20 avril 1405. Il reçut une lettre du roi en 1411. Il était conseiller et chambellan du roi Charles VI, en 1416, et de Jean de France, duc de Berri. Il resta sur le champ de bataille, à la défaite des Français, à la journée des Harengs, 1428.

Jean deuxième, fut marié par son père avec Aenor ou Éléonore de Mathefélon, dame de Jars, Yvoy, en Berri, Marogue, Malvoisine, Breviandes, Maupas et La Chappellotte, seconde fille de Thibaud, seigneur Mathefélon et de Durestal, en Anjou, et de Béatrix de Dreux, princesse du sang royal de France, dont plusieurs enfants, qui partagèrent leurs biens, le 30 août 1449, en la ville de Saint-Jean-d'Angeli : 1° Geofroi, vicomte de Rochechouard, qui suit; 2° Jean de Rochechouard, Sgr de Jars, puis de Charroux, qui a fait les branches du Bourdet, éteinte en 1508, de Chandenier, éteinte en 1696, de Saint-Amand, éteinte en 1696, de Jars, éteinte en 1649, du Monceau, éteinte en 1744, de Châtillon-le-Roi, éteinte en 1621; il ne reste plus que celle de Clermont-Faudoas; 3° Simon de Rochechouard, chevalier, S¾ d'Ancourt-Morogues, Maupas, qui se maria et ne laissa que deux filles, une mariée à Jean Faulcon; 4° Louis de Rochechouard, chevalier, S¾ de Jars et de Breviandes, qui n'eut qu'un fils naturel nommé Jean, légitimé par le roi au mois de septembre 1452, et laissa ses biens à Geofroi de Rochechouard, son neveu, par donation du 10 juin 1446; 5° Marie de Rochechouard, qui, en 1422, était mariée à Louis de Pierrebuffière, fils de Jean et d'Ayde. Elle l'avait épousé par contrat du 19 novembre 1401, signé de La Cane. Elle lui porta 1,000 livres. Elle mourut le 29 may .... et fut enterrée avec son mari à Pierrebuffière.

XIV. — Geofroy ou Gaufridus de Rochechouard, vicomte dudit lieu, S¾ de Tonnay-Charente, Antraives, des Fontaines-de-Burle, Puyjarreau, était veuf en 1438, servit le roi en Guyenne, en qualité de chevalier-bachelier, avec un autre bachelier et neuf écuyers de sa compagnie; le 4 août 1405, il donna quittance de 87 livres au trésorier des guerres. Son sceau est pareil au précédent; légende : ....., oy de Rochechouart. Il portait la qualité de seigneur de Mauzé, en 1412. Du vivant de son père, fut reçu en qualité de banneret à Saint-Jean-d'Angely, le 12 août 1413, avec un chevalier-bachelier et huit écuyers de sa compagnie; fit partage à ses frères le penultième août 1419, et était veuf en 1436.

Il épousa Marguerite Chemine, veuve de Guillaume de Rochechouart, et fille de Jeanne d'Anglé, par contrat (signé de Troïes) passé à Montpipeau, dans l'Orléanais, le 24 janvier 1400. On la dit fille de Renaud Chemine, chevalier, seigneur de Mauzé. De ce mariage vinrent : 1° Foucaud, qui suit ; 2° Jeanne de Rochechouard, mariée par contrat du 5 juillet 1427, à Foucaud, S¾ de La Rochefoucaud, et mort en 1431, dont sont issus les ducs de ce nom; 3° Agnez, mariée, le 9 mars 1430, à Bernard de Maumont, chevalier, S¾ de Libouraud, fils ainé de Jean, S¾ de Tonnay-Voultone et de feue Marguerite de Condun, et par acte (signé Bertrand) passé en présence de Gui de Rochechouard, évêque de Saintes et de Louis Villars, abbé de Saint-Jean-d'Angely, le 4 février 1436. Elle porta la terre de Javerlhac, et 1,200 royaux du prix de 64 au marc; ils renoncèrent à toute la succession de la maison de Rochechouard. Le Laboureur appelle mal le mari Léonard de Saint-Christophle, sieur de Liborneau ; 4° autre Jeanne; 5° Louise ; 6° Jacques de Rochechouard, homme d'armes de la compagnie de Pierre de Rohan, S¾ de Gyé, chambellan du roi, était absent le 1ᵉʳ janvier 1473 (vieux stile).

XV. — Foucaud, vicomte de Rochechouard, S¾ de Tonnay-Charente et de Manze (mal Mauzé), Chinales (que je ne connais pas), chambellan du roi, fut reçu chevalier de l'ordre du Camail, ordre de chevalerie des ducs d'Orléans, le 23 octobre 1438. Il eut part aux négociations du temps du concile de Basle et du pape Eugène IV; on a même imprimé des mémoires de ce qu'il y fit; ils sont cités par le P. Daniel, en 1444. Il était gouverneur de La Rochelle en 1446, rendit hommage au roi pour le vicomté de Rochechouard, à Saintes, le 7 août 1461. Il servit le roi à la conquête de la Guyenne sur les Anglais, en 1451. Assista aux États tenus à Tours, le

6 avril 1467. Avait dix-sept hommes d'armes et quarante-huit archers à l'armée d'Ancenis, en août 1468. Il mourut maréchal de Guyenne, en 1472, à Tonnay-Charente, et fut, ainsi qu'il l'avait ordonné, porté inhumer au Châtenet, près Rochechouard, le chapitre de Saint-Junien assista, en corps, à ses funérailles, ainsi que les prêtres des environs.

Il avait épousé Isabeau de Surgières, fille de Jacques, S^{gr} de La Flocelière, chambellan du roi, et de Marie de Sillé, par contrat du 29 juillet 1439. Elle prit une seconde alliance, l'an 1473, à noble homme Guillaume de Pontville, écuier, S^{gr} de Saint-Germain et de La Plouzière, avec lequel elle vivait en 1493; elle transigea avec la fille du premier lit, le 29 octobre 1473, sur ses droits de doüaire sur la seigneurie de Manzé. Du premier lit vint Anne ou Agnez, qui épousa, au mois d'août 1470, Jean de Pontville, vicomte de Brouillais, à condition de porter le nom et les armes de Rochechouard. (Voir ci-après branche de Rochechouard-Pontville).

Branche des seigneurs, ducs de Mortemar.

Les seigneurs, ducs de Mortemar, portent : *ondé d'argent et de gueules de 6 pièces*, qu'ils ont *brisé à la première pièce d'argent d'une belette de sable au premier canton* (LABBE, *Blason royal*, p. 115). Les S^{grs} de Mortemart brisèrent les armes de Rochechouard, *d'une belette de sable sur la seconde fasce entée d'argent* (LE LABOUREUR, p. 252). L'aîné de la maison de Mortemar prit les armes de Rochechouard. On a imprimé à Poitiers, en 1622, une généalogie des maisons de Mortemar, de Saulx et leurs alliances, par le sieur Adam.

IX. — La branche de Rochechouard-Mortemar, qui subsiste depuis plus de quatre cents ans, a pour tige Guillaume de Rochechouard, second fils d'Aymeric, huitième du nom, vicomte de Rochechouard, et de Marguerite de Limoges. Il eut, par partage fait avec ses frères l'an 1256, les terres de Saint-Victurnien, Perusse, Salagnac et La Mortagne, et fut] encore S^{gr} de Mortemar. Le Laboureur dit qu'il omet exprès plusieurs choses qu'il aurait à dire de lui et de ses descendans, pour rendre la généalogie plus succincte.

Guillaume et sa femme Marguerite élurent leur sépulture dans l'église du prieuré de Grandmont, où il fut, dit-on, enterré, non l'an 1272, mais plus tard. Ils laissèrent trois fils : 1° Guillaume, S^{gr} de Mortemar, qui échangea avec Aymeric IX, vicomte de Rochechouard, son oncle, les seigneuries de Peyrusse, Salagnac, etc., pour 5,000 sols de rente. Guillaume, son père, lui donna ses châteaux de Mortemar et de Saint-Victurnien, l'an 1297; il mourut sans enfants; 2° Foucaud, S^{gr} de Mortemar, qui suit ; 3° Gui, de Rochechouard, chevalier, S^{gr} de Tonnay-Charente et de Cerciigné, l'an 1303, capitaine de Blavet, en Bretagne, mourut à la guerre de Flandres. Il se maria à Sibelle d'Archiac, dame de Vivonne, laquelle porta cette terre, dont deux fils morts sans postérité.

X. — Foucaud de Rochechouard, S^{gr} de Mortemar, est qualifié, comme son père, vicomte de Rochechouard en divers titres. L'an 1311, il régla les différends qu'il avait avec le prieur de Grandmont, pour la sépulture de son père, dont il fut obligé de faire porter les ossements à Grandmont à ses dépens. Etant veuf, il testa, le jeudi de la Fête-Dieu, 1338. Il avait épousé

Alix de Montrocher, sœur d'Abon, de Raton et d'Aymeric de Montrocher. En 1345, elle voulut être inhumée chez les frères mineurs de Saint-Junien. Ils laissèrent : 1° Aymeric, qui suit; 2° Foucaud, chevalier, mort sans lignée; 3° Simon, chanoine et prévôt de Lery, dans l'église de Saint-Martin de Tours, S^{gr} de Monneroux, 1337; un de ce nom était précepteur de Bourganeuf et de la maison de Mortesanhie, près Saint-Léonard, ordre de Saint-Jean de Jérusalem, en 1370 ; 4° Aymar ou Ademar, de Rochechouard, archidiacre de Dijon, dans l'église de Langres, prévôt dans celle de Valence, chanoine de Paris, qui fit un codicille, le 16 mars 1374, donne 100 florins au pape actuel Grégoire XI, qui lui avait permis de tester : institue héritier, pour ce qui lui appartenait à Chavenac, la Gaye-Neuve et Brigneuil-l'Aîné, son neveu, Aymeric de Rochechouard, chevalier; fonda son anniversaire à Saint-Junien, mourut le 20 septembre; 5° Catherine, femme de Gaillard, S^{gr} de La Motte; 6° Lore, mariée à Huguet de Montecauzio, Montausier, valet du diocèse d'Angoulême; elle porta 41 livres de rente et 560 de petits tournois, et 15 de rente dans la portion de sa mère, par contrat passé à Saint-Amand-de-Boisse, en Angoumois, le jeudi après Noël, 1329.

XI. — Aymeric ou Amouri de Rochechouard, chevalier, S^{gr} de Mortemar, fut fait prisonnier de guerre par les Anglais, en 1346, comme on l'apprend d'un compte de Jacques Lempereur, trésorier des guerres et qualifié capitaine en parties du Languedoc, par-deçà la Dordogne, et sénéchal de Toulouse et d'Albigeois, le 26 novembre 1351. Il fit son testament en 1353, étant capitaine souverain pour le roi en Poitou, Limousin, Saintonge, etc., où il servait la même année. On assure qu'il fut tué à l'assaut de Surgères, d'où son corps fut porté à l'abbaïe de Cluni, comme il l'avait ordonné. Cependant, le nécrologe des frères mineurs de Saint-Junien, porte qu'il mourut le 16 février 1353, vieux stile, qu'il fût inhumé dans leur couvent avec leur habit, et qu'il leur fit un légat pour son anniversaire. Il portait : *fascé, enté de 6 pièces d'argent et de gueules, sur la deuxième fasce une belette de sable, pour brisure;* supports : *2 griffons*; cimier : *une tête de licorne, issante du timbre couronné de fleurons,* suivant des sceaux de 1352 et 1353.

Il épousa Aydie de Pierrebuffierre, veuve de ..... Pommiers, sieur de l'Angle. Sa mort est marquée au 9 décembre dans le nécrologe des frères mineurs de Saint-Junien, auxquels elle donna 12 livres, du bois de la Sainte-Croix, et, dans ses châtaigneraies, de quoi faire une cloche. De ce mariage naquirent : 1° Foucaud, mort sans enfants, S^{gr} de Mortemar; il assigna 100 livres de rente à Marguerite, sa sœur, sur ses terres en Limousin, l'an 1365; 2° Aymeric, qui suit; 3° Marguerite, mariée : 1° à André de Prie, chevalier, S^{gr} de Audouville, qui donna quittance à Esmery, son beau-frère, de 1,000 florins, le mercredi avant la fête du Saint-Sépulchre, 1368; 2° à Hugue d'Amboise, chevalier, S^{gr} de La Maisonfort, dont les enfans étaient sous la tutelle d'Aymeric, leur oncle, le 27 avril 1388. Elle est enterrée dans l'église des Roches, ordre de Citeaux, diocèse d'Auxerre, avec cette épitaphe : *Cy-gist de bonne mémoire Madame Marguerite de Rochechouart, jadis femme de Monseigneur H..... d'Amboise, seigneur de la Maison-Fort, qui trépassa en l'an 13 et 85, et le 12e jor de décembre.*

XII. — Aymeric ou Esmery de Rochechouard, deuxième du nom, S^{gr} de Mortemar, Montpipeau, près Orléans, Saint-Victurnien, Saint-Germain, Cercigné; fut fait prisonnier par les Anglais à la bataille de Poitiers, le 19 septembre 1356 : Beraud de Faudoas, chevalier de l'illustre maison de ce nom, servit sous le roi Jean et les ordres d'Aymeric de Rochechouard, Sgr de Mortemar. L'an 1363, il fonda au sépulchre de Saint-Martial, de Limoges, une messe quotidienne, qui serait chantée solennellement, le dimanche, en l'honneur de la Trinité, le samedi de la Sainte-Vierge, comme on avait coutume d'observer au trépas d'un abbé. La fondation porte que lui, les siens et ses serviteurs pourront porter des éperons par tout le couvent, et que les Sgrs de Mortemar auront droit de mettre leur image à la porte dudit sépulchre avec telle inscription qu'il leur plaira.

Etant entré au service du roi contre les Anglais, il conduisit, en 1385, trente seigneurs contre un parti de ces ennemis de l'Etat, de près de cent hommes d'armes, qui furent presque tous tués ou pris prisonniers. En 1386, il était sénéchal du Limousin. Le 17 août, même année, il fit hommage au duc de Berri, comme comte de Poitou. Il fut fait conseiller et chambellan du roi, et le servit encore avec plus de cœur et de valeur, fut fait chevalier par le prince de Galles au voïage d'Espagne, où il l'accompagna : rentra ensuite au service du roi. Il aida à chasser les Anglais du Poitou et de la Guyenne, fut fait capitaine-général ez païs de Poitou et de Saintonge, par lettres du 19 décembre 1392. Il testa, le 22 février 1393, à *Metulo*, où n'est presque aucune mention de ses enfants du premier lit ; fit de grands légats et de riches fondations au chapitre de Saint-Junien, etc., élut sa sépulture chez les cordeliers de Poitiers, ordonna à Guillaume, son fils, de faire le voïage du Saint-Sépulchre et lui laissa à cette fin 320 écus d'or et 20 marcs d'argent. Il mourut le .... février 1397.

Jeanne d'Archiac, sa première femme, fille de Jean, Sgr de Saint-Germain et de Vivonne, lui donna sujet de se plaindre de sa conduite, il la tint en prison, dans le château de Verac, où elle mourut l'an 1378, après avoir confessé qu'elle avait conçu, d'un certain écuyer, une fille dont elle accoucha dans la prison, et qui mourut peu après. Il obtint du roi la rémission de l'emprisonnement de sa femme, au mois de mars 1379.

Il prit une seconde alliance, en 1381, avec Jeanne d'Angle, dame de Montpipeau, veuve de Renaud Chenin, chevalier, sire de Mause, fille de Guichard, chevalier, et de Jeanne Peane, laquelle eut d'Amauri Péan, chanoine de Chartres, son oncle, la seigneurie de Montpipeau. Ils achetèrent tous deux, le 10 may 1385, la ville de Vouillé et le fief Bechet, sis à Mette, et en payèrent 2,800 livres. Le 14 avril 1404, leurs enfants étaient sous la tutelle de Jean de Pomiers, leur oncle.

Le Sgr de Mortemar eut du premier lit : 1° Guillaume, qui devait épouser Marguerite Chenine, fille de feu Regnaut, chevalier et sire de Mause, et de feue Jeanne d'Angle, dès qu'ils seraient en âge de se marier, ou, si elle mourait, il devait prendre pour femme Jeanne, sœur de Marguerite, par convention faite à Poitiers, le 17 juin 1390 ; le roi y donna son agrément le 19 avril suivant. Marguerite épousa depuis Geofroi, vicomte de Rochechouard. Guillaume céda, le 20 août 1426, à ses frères, ses droits de la succession de ses père et mère, moyennant 35 livres de rente ez hebergemens de Marcoignan, Rigné, etc.; 2° Marguerite, mariée : 1° à Bertrand de Chanac, fils de Guy ; 2°, par contrat du 26 octobre 1394, à Giles de Brisay (1),

(1) D'autres l'appellent Jean de Brisay, fils de Halliot de Brisay.

chevalier, fils de Hallet de Brisay, et de Bertrande de La Jaille. Cette Marguerite de Rochechouard, dame de Saint-Germain et de Brisay, étant veuve, accompagna sainte Colette et l'introduisit auprès du pape Benoît XIII, qui siégea entre 1394 et 1423. Voyez mes *Mémoires sur les saints Limosins*. Par acte passé dans la ville de Saint-Junien, le 17 juin 1452, elle donna, au couvent des frères mineurs de cette ville, la somme de 100 livres pour faire prier Dieu pour elle et pour noble et puissant Jean de Brisay, chevalier, son fils, Sgr des dits lieux, et son seul héritier.

Du second lit sortirent : 1° Guichard, qui eut la tutelle de Jean et Guinot, ses frères, et mourut sans enfants ; 2° Jean, qui suit; 3° Gui, dit Guinos de Rochechouard, archidiacre d'Aunis, puis évêque de Saintes le 1er may 1426; il gouverna cette église jusqu'en 1460, qu'il donna sa démission; tuteur des enfants de Jean, son frère, 1441 ; fit hommage, le 26 avril, même année, de la terre de Saint-Victurnien, à Foucaud, vicomte de Rochechouard: se démit l'an 1460, et vivait en 1466 ; 4° Louis, chevalier, Sgr de Montpipeau, tué au combat de Patay, donné contre les Anglais, le 12 février 1428, sans laisser d'enfants de Jeanne de Mortreuil, nièce de Jean, doïen de Saintes, qu'il avait épousée le 7 août 1424 ; 5° Katerine, dame de Boissac, accordée en mariage le 14 avril 1404, avec Olivier de Saint-Georges, chevalier, seigneur de Verac (1).

XIII. — Jean de Rochechouard, premier du nom, chevalier, Sgr de Mortemart, Vivonne, Saint-Germain, Cercigné, Vouillé, fut pris à la bataille d'Azincourt, en 1415, et emprunta les 400 livres de sa rançon, de Jean Merichon, maire de La Rochelle. Il est qualifié chambellan du roi et de Mr le Dauphin, capitaine et garde du château du Dorat, dans une quittance qu'il donna à ce Jean Mérichon, receveur des finances, de 200 livres, le 26 septembre 1418. Son sceau est un *ondé et fascé;* cimier : *une tête de licorne;* supports : *deux griffons*. Il en donna une autre le 24 may 1431 au receveur des finances de Languedoc, de la somme de 300 livres tournois. Il est qualifié Jean de Rochechouard, Sgr de Mortemar, chevalier, conseiller et chambellan du roi. Il rendit honteusement, au duc de Bourgogne, le château de Tours, dont il était capitaine, n'aïant tenu bon qu'un jour seulement pour le roi, 1417, depuis il fut grandement blâmé. Chevalier banneret avec deux chevaliers et vingt écuyers, au service du roi, en 1419. Il fut fait prisonnier à la bataille de Verneuil, dans le Perche, 1424. Depuis, il fut chambellan du roi Charles VII, qui lui donna le gouvernement de La Rochelle, en 1426. Il se trouva à la journée de Baugé, 1438, y reçut la foy d'un écuier anglais, nommé Jean Marin; fut reçu chevalier du Camail, le 23 octobre, même année. Il reçut des gages, suivant l'état rendu à la chambre des comptes, le 27 août 1443. Il mourut avant 1449.

Il avait épousé : 1° Jeanne Turpin, fille de Lancelot, Sgr de Vihers et de Crissé, et de Denise de Montmorenci. Il épousa : 2° Jeanne de Torsay, veuve d'André de Beaumont, Sgr de Bressuire, fille de Jean, Sgr de Torsay, grand-maître des arbalestriers de France et de Marie d'Argenton ; elle se remaria en 1438 à Philippe de Melun, Sgr de La Borde, chambellan du roi, etc., et vivait encore l'an 1451. Son fils, Jean de Melun, est appelé à la terre de Saint-Victurnien, dans un acte du 14 février 1451 *hodie* 1452.

(1) Voir, T. II, l'article Saint-George.

Les enfants du premier lit furent : 1° Pierre, mort sans alliance ; 2° Aymeric, mort aussi sans alliance ; 3° Louise, mariée en 1444, à Jean de Sainte-Maure, chevalier, Sgr de Noelle (ou Neelle), et de Montgraugier, auquel elle porta 1,000 réaux d'or ; elle testa le 29 février 1489 ; 4° Jeanne, qui s'allia, par contract du 9 (ou 26) janvier 1451, avec Jacques de Beaumont, chevalier, Sgr de Bressuire, La Haye, en Touraine, et de La Motte-Sainte-Rerage, en Poitou, fils d'André, seigneur de Lezay, et de Jeanne de Torsay.

Ceux du second lit furent : 1° Jean deuxième, qui suit ; 2° Louis, évêque de Saintes, 1471, prélat docte et vertueux, qui fit son église héritière de ses biens ; mort en 1505 ; 3° Radegonde, promise en mariage, le 27 février 1458, à Louis de Montberon, chevalier, Sgr de Fontaines-Chalandray. Jean de Rochechouard s'obligea, en faveur de cette alliance, de retirer, pour eux, la terre de Chalandray, vendue par Jeanne de Torsay, leur mère. Celle-ci leur donna pareillement la terre d'Aigrefeuille, en Aulnis. Radegonde était morte en 1477 (ou 1479) ; 4° Marie, mariée le 14 février 1451 (1461), à Jean d'Estampes, chevalier, Sgr de La Ferté-Nahert (ou Imbert), fils de Robert et de Jacquette Rolland, veuve en 1484. Le bâtard de Rochechouart, sieur de Meru, emmena, en juillet 1472, au duc de Bourgogne, les soixante arbalestriers de Paris, avec artillerie et vivres, pour faire le siége d'Auxerre.

XIV. — Jean de Rochechouard, deuxième du nom, Sgr de Mortemar, Montpipeau, Vivonne, Gascognolles, Vouillé, dont il fit hommage, le 4 janvier 1476, était à la prise de Fronsac, en Guyenne, sur les Anglais, par le roi de France, où il fut fait chevalier en juin 1451 ; à celle du château de Montguyon, même année. Il fit un partage avec Louis, son frère, en 1454 ; était au service du duc de Bretagne, en 1457 ; assista aux États de Tours, le 6 avril 1467, et au siège de Rieux. Il était à l'armée d'Ancenis, en 1468, où il avait dix-sept hommes d'armes et quarante-huit archers ; et étaient sous Antoine de Tournemine, capitaine, cinq cent quatre-vingt-huit francs archers de Limosin et Périgord. Il mourut à Mortemar le 30 mars 1477.

Il avait épousé, par contrat du 10 octobre 1457, Marguerite d'Amboise, fille de Pierre, chevalier, Sgr de Chaumont, et d'Anne de Breuil, de Sancerre. Elle était veuve, sans enfants, de Jean Crespin, baron du Bec-Crespin, maréchal héréditaire de Normandie ; elle eut en douaire la terre de Montpipeau, fit son testament le 15 février 1495. L'anniversaire de Marguerite, dame de Mortemar, est marqué au 2 juin, au nécrologe des frères mineurs de Saint-Junien. Ils laissèrent : 1° Jean, destiné à l'Église, pour certaines considérations, qui, à cette condition, eut de sa mère 300 livres de rente ; mourut archidiacre d'Aunis ; 2° Aymeric troisième, qui suit ; 3° Charles, chevalier, Sgr de Montpipeau, Gascognolles, etc., bailli de Rouen, 1497, mort sans lignée ; 4° Pierre ou Perrot, Sgr de Vouillé, évêque de Saintes, 1493 ; il succéda à son oncle dans cet évêché et mourut en 1503 (Voir *Gall. christ. nov.*, T. II, col. 1080) ; 5° Louis, qui étudia en droit à Cahors, sous le célèbre Guillaume Benedicti, prieur de Saint-Eutrope, de Saintes, avant 1506 ; fut abbé de Moutier-Neuf, à Poitiers, dont il était profes, le 30 juillet 1500. Le chapitre général de Cluni de l'an 1504, pour remédier promptement à quantité d'affaires urgentes, commit R. P. et homme d'une grande religion Louis de Rochechouard, docteur en l'un et l'autre droit, prieur de Souvigni, diocèse de Clermont; on dit qu'il mourut archidiacre d'Aunis, en 1505. Un Louis de Rochechouard était vice-légat d'Avignon en 1513. Un Louis de Rochechouard, S^{gr} de Mortemar, était panetier du roi, de 1515 à 1546; 6° Jean, dit Le Jeune, archidiacre de Saintes, 1490, 1498; 7° Anne, mariée, par contract du 5 mars 1480, à Guillaume, sire de Vergy, de Saint-Disier, baron de Bourbon-Lanceis, chevalier de l'ordre de Savoye, maréchal et seneschal de Bourgogne, etc., dont Antoine, archevêque de Besançon; 8° Magdelaine, accordée, le 22 février 1498, avec Pons de Gontault, S^{gr} de Biron, fils de Gaston et de Catherine de Salignac (mariée le 22 février 1489), dont un fils, mort sans alliance; 9° Jeanne, alliée par traité du 16 septembre 1488, passé à Cercigny, à Jean de Chatillon, chevalier, baron de La Grève et de Montcontour, fils de Charles et de Marguerite Chabot, elle vivait en 1529; 10° N....., religieuse; 11° N....., religieuse. Un Achille de Rupecoardo assista au Parlement tenu à Montauban, en janvier 1442 (1443).

XV. — Aymeric de Rochechouard, troisième du nom, chevalier, S^{gr} de Mortemar, Tonnay-Charente, Chatelacher, Montpipeau, Vivonne, Saint-Victurnien, Cersigné près Charroux, Marsay, Bellefontaine, Clavieres, La Rufinière, Teniere, La Jousserandière, fut créé seneschal de Saintonge et fait gouverneur de Saint-Jean-d'Angeli par lettres de la reine Anne de Bretagne, du 23 août, l'an 1500; avait du roi 400 livres de pension dont il donna quittance au mois d'août 1505, scellée de son sceau aux armes de Rochechouard. Le 6 septembre 1506, il fut fait vigier de Toulouse, en considération des services qu'il avait rendus dans la guerre d'Italie contre les Vénitiens. Il vivait en 1516.

Il avait épousé, l'an 1497, Jeanne de Pontville dite de Rochechouard, dame de Manzé, terre qu'il céda depuis au vicomte de Rochechouard, pour partie de l'acquisition qu'il fit de lui, le 17 octobre 1511, de la terre de Tonnay-Charente. Elle était fille de Jean de Pontville et d'Anne, vicomtesse de Rochechouard (voir la branche de Rochechouard-Pontville), elle porta 20,000 livres avec la terre de Manzé. Ils eurent pour enfants : 1° François, qui suit; 2° Louis, S^{gr} de Montpipeau, chevalier de l'ordre du roi, gentilhomme ordinaire de sa chambre et panetier de Sa Majesté, gouverneur des enfants de France, né en 1510, testa à Fontainebleau le 1559, mourut le 22 juin 1566 et fut inhumé au couvent de Saint-François, à Amboise; 3° Aubin, né en 1513, évêque de Sisteron, 1535, 1543, inhumé chez les franciscains de Paris; ce prélat n'alla point dans son diocèse; 4° Aymeric, abbé de Saint-Savin, 1547, 1564, puis évêque de Sisteron après son frère, 1536, 1580, inhumé au même endroit; 5° Anne, née en 1506, mariée le 28 may 1519 à Baptiste, S^{gr} de Villequier et d'Estableau, vicomte de La Guerche, chevalier de l'ordre du roi, dont sont issus les autres S^{grs} de Villequier ; 6°, 7° et 8° Georges, Claude et Adrien, morts jeunes.

XVI. — François de Rochechouard, chevalier, S^{gr} de Mortemar, Tonnay-Charente, Vivonne, Noastre, Clavière, Sersigny, Chatelarcher, Lussac-le-Château, Landes, né le 25 décembre 1502, suivit le roi jusqu'à Salelles, dans le diocèse de Narbonne, en septembre 1541, pour soutenir le siége de Perpignan. Il conduisit l'arrière-ban du Poitou au siége de Perpignan, en 1542; accompagna le roi lorsqu'il fut, la même année, de Bezier en Languedoc à Salesse, petite ville tout près. Guillaume de Rochechouard, S^{gr} de

Jars, dans les *Mémoires* de sa vie qu'il a écrit lui-même, dit : « Je demandai un congé au roi à Coignac, en 1545 (ou 1546) et je fus voir la maison de Rochechouard, d'où j'étais sorti, et où je n'étais jamais allé, et aussi fus voir M. de Mortemar, mon parent de nom et armes, où je connus que ceux de nostre dite maison avaient 80,000 livres de rente. » Il rendit plusieurs services aux rois François I et Henri II ; fit comparoir à la réformation de la coutume du Poitou, en 1559.

Ce seigneur avait été accordé dès l'âge de sept ans, le 16 novembre 1509, à Renée Taveau, fille unique et héritière de Léon, baron de Mortemar, Sgr de Lussac, de Verrières, du Bouchet-en-Brenne, etc., et de Jeanne Frotier de la maison de Preuilly. On compte que cette dame, étant tombée en pamoison, fut cruë morte, et fut enterrée avec un diamant à son doigt ; qu'un de ses domestiques, voulant dérober ce bijou, ouvrit son cercueil la nuit, et la trouva vivante ; et que depuis elle eut encore des enfants ; ce qui a donné lieu à la fable qui court encore en Poitou, que François de Mortemar avait eu des enfants d'un démon succube, qui avait pris la forme d'une femme. Le démon, néanmoins, eut beaucoup de piété, et ce fut lui qui rentra, le 23 juin 1553, au droit ancien, que les Sgrs de Tonnay-Charente avaient de garder en armes le chef de Saint-Jean-d'Angeli, que l'abbé était obligé de leur remettre la nuit de la veille, ou le jour de la fête de ce saint, le 24 juin, avec droit de partager les oblations faites à la relique. Une dame de Mortemar, il y a environ quarante ans (BRANTOME écrivait ceci, en 1601, T. III, p. 139), l'une des plus riches dames du Poitou et des plus pécunieuses, venant à mourir, ne songeoit qu'à ses écus, qui étaient en son cabinet : tant qu'elle fut malade, elle se levait vingt fois le jour, et allait voir son trésor. Enfin, s'approchant de la mort, et le prêtre l'exhortant fort à la vie éternelle, elle ne disait autre chose, ou ne répondait que : « Donnez-moi ma cotte, donnez-moi ma cotte, les méchans me dérobent. » Ne songeant qu'à se lever pour aller voir son cabinet, comme elle faisait ses efforts, si elle eût pu, la bonne dame, ainsi elle mourut.

Les enfants de ce mariage furent : 1° René, qui suit ; 2° Gabrielle, née le 27 octobre 1530, demoiselle de la reine Catherine de Médicis, mariée : 1° par contract du 13 (27) février 1547, à François, Sgr de Goulaines, Martiguy-le-Blanc, Blaizon, etc.; 2° à René ou François de Volluire, baron de Ruffec, gouverneur d'Angoumois. On parla de la marier en troisièmes noces avec François Chasteigner, Sgr de de La Rochepozay, maître d'hôtel ordinaire du roi, et on en fit, le 14 avril 1564, les conventions qui n'eurent pas lieu. Elle épousa depuis : 3°, en 1565, par contract du 5 octobre, Louis de Saint-Gelais (de Luzignan), Sgr de Lansac et de Precy-sur-Oise, veuf de Jeanne de La Rocheandry ; 3° Magdelaine, promise, l'an 1554, à Baudoin de Goulaines, frère de François cy-dessus, et fils de Christophe et de Claude de Montejan. Elle mourut avant le mariage.

XVII. — René de Rochechouard, baron de Mortemart et de Montpipeau, Sgr de Tonnay-Charente, Vivonne, Chatelarcher, Cersigné, Verrières, Lussac-le-Château, né le 27 décembre 1528, a mérité d'être placé parmi les héros de son siècle pour ses grands exploits de guerre. Il avait de grands biens, mais il fut encore plus recommandable par sa valeur et par ses grands services. Dès l'âge de quinze ans, il suivit François de Rochechouard, baron de Mortemart, son père, au siège de Perpignan, où il conduisit la noblesse du

Poitou, et depuis il fut toujours armé, pour le service de l'État et de la religion, jusqu'au 17 avril 1587, qu'il mourut à l'âge de soixante-un ans, avec l'honneur d'être le seigneur de son temps qui s'était trouvé à plus de siéges et de batailles, et qui était plus capable des grandes charges de guerre. Mais les grands titres n'étaient pas alors la marque ni la récompense du plus grand mérite, parce que toutes les dignités étaient au pillage entre les favoris de Henri III, pour eux et pour leurs parents; et tant s'en faut qu'il y en eût assez, qu'il en fallut faire de nouvelles pour y suffire, comme c'est la coutume dans les États qui tombent en décadence.

Il fut chevalier de l'ordre du roi Charles IX, et Henri III aïant de nouveau institué celui du Saint-Esprit, il en fut des premiers honoré, en 1580, le 31 décembre. Pour comprendre toutes ses actions en peu de mots, c'est assez de citer le siége d'Épernay, la défense de Metz, 1552, Hedin, où il fut pris les armes à la main, l'attaque de Wulpian, où il commandait cent gentilshommes, et emporta d'assaut la basse ville, la prise de Calais, de Bourges, de Poitiers, en juillet 1569, où il se distingua par une défense vigoureuse, Blois, Rouen, Saint-Jean-d'Angeli, Luzignan, en décembre 1574, aux batailles de Saint-Denis, de Jarnac, de Moncontour, 1569. Dans la suite, il servit devant La Rochelle, devant Broüage et ailleurs, et soutint, à ses dépens, tous les frais d'une longue et continuelle guerre contre les Huguenots, qui l'obligea d'entretenir des forces considérables pour la garde de ses terres. En 1574, il avait une compagnie de trente lances des ordonnances du roi, dont la montre en armes fut faite au camp, devant Luzignan, le 19 octobre, j'en ai le rolle; elle était toute composée de gentilshommes, l'une des plus lestes et des plus choisies de toutes les armées du roi. Le 16 janvier 1595, il y eut un arrêt pour le juge et S^{gr} de Mortemart contre le sénéchal de Montmorillon, qui fut déclaré bien intimé en son nom; il voulait obliger le juge de Mortemart de subir l'examen, de prêter le serment par devant lui; mais il n'était obligé qu'à le prêter au seigneur qui l'avait établi et institué pour rendre la justice à ses sujets. Il mourut en 1587, voyez page 2456 (1).

Le maréchal de Tavannes, Gaspard de Saulx, charmé de la valeur du baron de Mortemart, qu'il vit combattre en plusieurs occasions, surtout à la bataille de Montcontour, voulut faire alliance avec lui, et lui fit épouser, le 1er janvier 1570, Jeanne de Saulx-Tavannes, sa fille, et de Françoise de La Baume-Mont-Revel. Cette dame, étant veuve, établit les religieux Pénitents-Réformés, du tiers ordre de saint François, plus connus sous le nom de Picpus, à Paris, l'an 1611. Elle mourut le 22 octobre 1626, au château de Montpipeau.

De ce mariage il eut dix enfants : 1° Gaspard, qui suit; 2° René, qui a fait la branche de Montpipeau, éteinte en 1741; 3° François, mort à Rome en 1592; 4° Aymé ou Aymeric, S^{gr} de Tonnay-Charente, qui a fait la branche des marquis de Bonnivet, tombée en quenouille en 1672 (Voyez Cochin. *Plaidoyers*, T. II, p. 93); 5° Jean, marquis de Mortemar et de Saint-Victurnien, conseiller du roi en ses conseils d'État et privé, gentilhomme ordinaire de sa chambre, qui épousa Marie de Nesmond. Étant veuve et

---

(1) Cette page, à laquelle Nadaud envoie pour la mort de René de Rochechouard, est déchirée.

sans enfants, attaquée depuis quatre mois de la fièvre quarto, elle fit son testament (reçu Mallet) au château de Saint-Victurnien, le 8 février 1667, veut être inhumée dans l'église dudit lieu, et le tombeau de son mari; institue héritière Marie d'Aydie, comtesse de Lambertie (1); 6° Isabelle, mariée, par contract du 11 mars 1592, à Pierre de Laval, chevalier, baron de Lezay et de Trèves, fils de Pierre, chevalier, et de Jacqueline de Clerembaut; elle porta 120,000 livres en dot; 7° Aymerie, alliée, par traité du 11 juin 1594, à Philippe de Vollvire, marquis de Ruffec, capitaine de cinquante hommes d'armes, tué en duel en 1604, fils de François; 8° Gabrielle, abbesse de Saint-Laurent-de-Bourges; elle n'est point dans le catalogue; 9° Eléonore, mariée en 1618, à Gui de Rieux, comte de Châteauneuf, vicomte de Douges, etc., fils d'autre Gui, gouverneur de Brest, chevalier de l'ordre du roi, et de Magdelaine d'Espinay; elle mourut en 1629; 10° Yolande, morte en bas-âge, en 1590.

XVIII. — Gaspard de Rochechouard, marquis de Mortemart, prince de Tonnay-Charente, Sgr de Vivonne, Lussac, Châteaularcher, continua, aux rois Henri III et Henri IV, les services de son père. Il servit d'ambassadeur extraordinaire du roi d'Angleterre au repas du mariage de Marie-Henriette de France, avec ce prince, en 1625, était d'un bal donné par le roi, en février 1626. Il mourut à Lussac-le-Château, le 9 avril 1634; le P. Simplicien, T. IV, p 680, dit qu'il mourut à Paris le 25 juillet 1643, âgé de soixante-huit ans, et fut enterré dans le chœur des religieux pénitents de Picpus.

Il avait contracté mariage le 5 mars 1600, avec Louise, comtesse de Maure, veuve d'Odet de Matignon, comte de Torigny, et fille de Charles, comte de Maure, et de Diane des Cars, princesse de Carenci. Elle mourut le 23 juillet 1643, fut enterrée au couvent des Picpus, du faubourg Saint-Antoine, à Paris, âgée de soixante-huit ans Ils eurent deux enfants : 1° Gabriel, duc de Mortemart, qui suit; 2° Louis, comte de Maure, grand sénéchal de Guyenne, mort le 9 novembre 1669, à soixante neuf ans, à Essay, près la ville d'Alençon, sans enfants d'Anne Doni d'Attichi, fille d'Octavien, baron d'Attichi, intendant de France et de Valence de Marillac. Il fit une fin digne de sa belle vie, en laquelle il avait donné des marques d'une singulière vertu, et notamment d'une piété des plus exemplaires.

XIX. — Gabriel de Rochechouard, Sgr de Lussac, Vivonne, prince de Tonnay-Charente, portait : *parti de trois, coupé d'un, qui font 8 quartiers; au 1er de gueules au croissant montant de vair*, qui est Maure; au 2° de Bourbon; au 3° de Rohan; au 4° de La Rochefoucaud, qui est : *burelé d'argent et d'azur à trois chevrons de gueules sur le tout*; au 5°, premier de la pointe, de Milan; au 6° de Navarre; au 7° *de gueules au pal de vair*, qui est des Cars; au 8° de Bretagne; et sur le tout *fascé, ondé d'argent et de gueules de 6 pièces*, qui est de Rochechouard. Il était duc de Mortemar, pair de France par l'érection du marquisat de Mortemar en duché-pairie, du mois de décembre 1650, enregistrée au Parlement le 15 décembre 1663, et fut reçu le même jour en ladite dignité, le roi y tenant son lit de justice,

---

(1) Marie d'Aydie était l'épouse de Jean-François de Lambertie, lequel avait pour père François de Lambertie, et pour mère Aymerie de Nesmond, sœur de la testatrice. C'est par ce testament que la terre de Saint-Victurnien passa dans la maison de Lambertie.

enregistrée à la Chambre des comptes le 27 octobre suivant. Dans les lettres d'érection de Mortemart en duché-pairie, il est dit que le marquisat de Mortemart consiste en un beau domaine et revenu, que d'icelui dépendent les paroisses de Morterol, Nouic, Blond, Vauri, Le Breuil-au-Fa, partie de la paroisse de Cieux, le fief du Fraisse, la paroisse de Javerdac, partie de celles de Bussière-Boffi, Montcrollet, Saint-Christophe, Mézières, le fief et justice de Rochelidoux, qu'on y a uni, la baronnie de Saint-Victurnien, de laquelle dépendent les châtellenies d'Oradour-sur-Glane, du Repaire, Puigaillard, La Favette, Sainte-Marie-de-Vaux, avec les fiefs de Rochebrune, Marassi, Razé et Bonnat, etc. Il fut créé chevalier de l'ordre du roi le 14 may 1633, premier gentilhomme de sa chambre, 1630, nommé gouverneur de Paris, le 18 janvier 1669, reçu au Parlement le 24. Fidèle et adroit courtisan, il s'attacha au cardinal Mazarin, lorsqu'il fut premier ministre. L'abandon qu'il fit de ses biens à ses créanciers contre ceux de la succession du comte de Maure, de leur consentement, fut reçu; et, par des considérations particulières, par arrêt du 11 juillet 1670, il fut étendu à toute sorte de personnes, même en faveur des mineurs, quoique faits par leurs tuteurs. Ayant eu quelques attaques d'apoplexie, il dit qu'on ne sait de quel genre de mort on doit mourir, et qu'il était sûr qu'il mourrait d'apoplexie; il ne se trompa pas. Il mourut à Paris le 26 décembre 1675, en sa 75° année. Le 31 du même mois, on fit pour lui un service solennel en l'église des religieux du tiers ordre de saint François, dit Picpus, au faubourg Saint-Antoine, où le corps avait été conduit par plus de quatre cents religieux, avec un grand cortége de carrosses.

Il avait épousé Diane de Grandsaigne. Elle mourut à Poitiers le 11 février 1666. Sur le soir, son corps fut porté en l'église des religieuses de Sainte-Catherine-de-Sienne, où elle avait choisi sa sépulture. Tous les ordres des religieux mendiants assistèrent au convoi, précédés de vingt-six pauvres femmes portant des flambeaux de cire blanche, et l'abbé de Notre-Dame, grand vicaire de l'évêque, précédait le corps, suivi de l'intendant de la province à la tête du présidial, dont quatre conseillers portaient les coins du poesle. Le 11 mars suivant, le duc de Mortemart fit faire un service magnifique pour elle, en l'église des religieux du tiers ordre de saint François de Picpus, à Paris, dont il était fondateur; et, après la cérémonie, la comtesse de Vivonne, sa belle-fille, accompagnée de quantité de personnes de qualité, entra dans le couvent, ayant été complimentée à la porte par le P. provincial, pour prendre possession du privilége de fondatrice, en la place de la défuncte.

Leurs enfants furent : 1° Louis-Victor de Rochechouart, duc de Vivonne, qui suit; 2° Gabrielle, mariée, en 1655, à Claude-Léonor Damas, marquis de Thiange, fils de Charles, chevalier des ordres du roi, et de Jeanne de La Chambre; elle mourut à Paris, le 12 septembre 1693, à soixante-deux ans, enterrée dans l'église de Picpus; 3° Marie-Christine, religieuse aux Filles de Sainte-Marie de Chaillot; 4° Françoise-Athanaïse, chef du conseil et surintendante de la maison de la reine Marie-Thérèse d'Autriche, mariée à vingt-deux ans, le 28 janvier 1663, à Henri de Gondrin de Pardaillan, marquis de Montespan, morte aux eaux de Bourbon, le 28 may 1707, âgée de soixante-six ans, d'où elle fut transportée dans le chœur de l'église des Cordeliers de

Poitiers. Voyez page 2467 (1) ; 5° Marie-Magdelaine-Gabrielle, illustre abbesse de Fontevraul, en 1670, morte le 15 août 1704, âgée de cinquante-neuf ans.

XX. — Louis-Victor de Rochechouard, né le 25 août 1636, duc de Mortemart et de Vivonne, marquis de Lussac, Saint-Victurnien, Everly, prince de Tonnay-Charente, baron de Bray-sur-Seine, maréchal et général des galères de France, en 1669, en prêta le serment en 1670, gouverneur de Champagne et de Brie, servit de maréchal de camp à la prise de Gigeri, en Afrique, en 1664, de Douai en Flandre, en 1667, et au siége de Lille. Il conduisit les galères du roi au secours de Candie, et y fut en qualité de général de la sainte Église, titre dont le pape Clément IX l'honora, lui permettant de porter dans l'écusson de ses armes, lui et sa postérité, le gonfanon de l'église, en reconnaissance des services qu'il lui avait rendus dans cette occasion. Il fut blessé pendant la guerre de Hollande, en 1672, et se trouva en diverses autres occasions, comme à Messine, dont il fut vice-roi, et ailleurs. Enfin, il fut fait maréchal de France, en 1675. Il mourut le 15 septembre 1688, à Chaillot, près de Paris, après une longue maladie. Son cœur fut déposé dans l'église des chanoinesses de Chaillot, et son corps fut porté dans le chœur de l'église des Cordeliers de Poitiers, auprès de sa mère. Voyez : AUBERY, *Hist. du card. Mazarin.* — LARREY, *Hist. de Louis XIV.* — *Diversités curieuses.* — L'ADVOCAT, *Dict.* — MORERI, 1759, au mot Vivonne. — *Dict. historique*, 1759.

Il avait épousé, au mois de septembre 1655, Antoinette-Louise de Mesme, morte le 10 mars 1709, âgée de soixante-huit ans, fille unique et héritière de Henri de Mesme, Sgr de Roissi, président à mortier au Parlement de Paris, et de Marie de La Vallée-Fossée, marquise d'Everly, sa seconde femme, dont il eut : 1° Louis, qui suit ; 2° Gabrielle, religieuse à Fontevrault, en 1673, puis abbesse de Beaumont-lez-Tours, en 1689, morte en son abbaïe, le 24 octobre 1733 ; 3° Charlotte, mariée, le 28 janvier 1677, à Henri de Lorraine, duc d'Elbœuf, pair de France, gouverneur de Picardie, morte le 28 avril 1729, dans la soixante-neuvième année de son âge, fut inhumée, le lendemain, à Saint-Nicolas-des-Champs, sa paroisse. Il était fils de Charles de Lorraine et d'Elisabeth de La Tour-d'Auvergne. Elle était séparée d'avec lui, depuis longtemps, d'habitation et de biens, lorsqu'elle mourut, sans laisser d'enfants ; 4° Marie-Elisabeth, dame d'atours de Mme la duchesse d'Orléans, mariée, le 20 may 1693, à Joseph-François de La Croix, marquis de Castries, en Languedoc, maréchal des camps et armées du roi, gouverneur de Montpellier, fils de René-Gaspard de La Croix, marquis de Castries, et d'Elisabeth de Bonzi ; elle mourut à cinquante-cinq ans, le 4 may 1718, à Paris ; 5° Louise-Françoise, abbesse de Fontevraut, morte dans son monastère qu'elle a gouverné plus de trente-sept ans, le 16 février 1742, âgée de soixante-dix-huit ans ; elle avait été nommée abbesse au lieu et place de Marie-Magdelaine-Gabrielle de Rochechouard de Mortemart, sa tante ; 6° Gabrielle-Victoire de Rochechouard, mariée, le 12 septembre 1702, à Alphonse de Crequy, marquis de Canaples, puis duc de Lesdiguières, pair de France, fils de Charles, sire de Crequy et de Canaples, et d'Anne de Beauvoir-du-Roure. Elle mourut sans enfants, le 24 mars 1740, âgée de soixante-neuf ans. Il mourut à quatre-vingt-cinq ans, le 5 août 1711.

---

(1) La page, à laquelle Nadaud envoie, est déchirée.

XXI. — Louis de Rochechouard, duc de Mortemart, pair de France, par la démission de son père, et général de galères en survivance, mourut le 3 avril 1688, dans sa 25° année, à Paris, et fut enterré dans l'église de Saint-Nicolas-des-Champs. Voyez *Vie de M. Colbert*.

Il avait épousé, à l'âge de seize ans, le 14 février 1679, Marie-Anne, fille de Jean-Baptiste Colbert, marquis de Seignelay, etc., grand trésorier des ordres du roi, secrétaire et ministre d'Etat, et de Marie Charron. Elle mourut, le 13 février 1750, au couvent des dames de Sainte-Marie, à Saint-Denis, en France.

Leurs enfants furent : 1° Louis, qui suit ; 2° Jean-Baptiste de Rochechouard, dont la postérité sera rapportée après celle de son frère aîné; 3° Marie-Anne, née le 22 novembre 1683, professe au couvent de Sainte-Marie, à Saint-Denis, où elle mourut avant sa mère; 4° Louise-Gabrielle, née le 21 décembre 1684, professe au couvent de Sainte-Marie, à Saint-Denis, en France, où elle mourut aussi avant sa mère; 5° Marie-Françoise de Rochechouard, née le 1er janvier 1686, dame du palais de la reine, mariée : 1°, le 12 janvier 1708, à Michel Chamillart, marquis de Cany, grand-maréchal-des-logis de la maison du roi, et colonel du régiment de la vielle-marine, fils d'autre Michel, ministre d'Etat, et mort, le 13 juillet 1716, ayant laissé quatre enfants vivants ; 2°, le 10 décembre 1722, à Jean-Charles Talleyrand, de Périgord, prince de Chalais, grand d'Espagne, gouverneur de Berri, fils de Jean de Talleyrand, prince de Chalais, et de Julie de Pompadour, mort au château de Chalais, le 24 février 1757. Il a laissé une fille unique.

XXII. — Louis de Rochechouard, deuxième du nom, duc de Mortemart, pair de France, prince de Tonnay-Charente, né le 3 octobre 1681, mort à sa maison de campagne de Soissy-sous-Etiolle, le 31 juillet 1746, ayant eu la douleur de voir mourir ses deux fils avant lui, l'un à vingt-cinq ans et l'autre à vingt-neuf, sans laisser de postérité. Il laissa son titre à son frère, ainsi qu'il sera dit plus bas. Voyez son éloge dans le *Mercure* de juillet 1746, p. 212. Il a été colonel du régiment de Mortemart, en 1702, nommé brigadier des armées du roi, en 1708, maréchal des camps, en 1710, après la reddition de la ville de Douay, à la défense de laquelle il s'était beaucoup signalé, y commandant l'infanterie. Le roi lui accorda la charge de premier gentilhomme de sa chambre, par lettres du mois de février de la même année. Il s'est trouvé au siége de Barcelonne, en 1714, dont il apporta la nouvelle de la prise au roi. Il fut reçu au Parlement en la dignité de pair de France, le 14 juin 1714, et fait lieutenant-général des armées du roi, en 1720. A été nommé chevalier de l'ordre du Saint-Esprit, le 3 juin 1724, par le roi Louis XV.

Il avait épousé, le 20 décembre 1703, en premières noces Marie-Henriette de Beauvilliers, fille de Paul, duc de Beauvilliers, pair de France, grand d'Espagne, etc., ministre d'Etat, etc., et de Henriette-Louise Colbert, morte, le 4 septembre 1718, aiant eu pour enfants : 1° Paul-Louis, qui suit ; 2° Charles-Auguste, dont il sera parlé après son frère; et quatre filles, dont deux mortes en bas-âge, et deux mortes religieuses au couvent des dames bénédictines de Montargis.

Il a été marié en secondes noces, le 3 mars 1732, avec Marie-Elisabeth de Nicolay, veuve de Jules-Malo de Coëtquen, comte de Combourg, et fille unique de Nicolas Nicolay, marquis d'Yvor, et de Marie de Brion, dont il n'a pas eu d'enfants.

XXIII. — Paul-Louis de Rochechouard, prince de Tonnay-Charente, puis duc de Mortemart, pair de France, appellé le duc de Rochechouard, né à Paris, le 29 avril 1710, et baptisé, le lendemain, à Saint-Sulpice. Il fut nommé premier gentilhomme de la chambre du roi, en survivance du duc son père, le 27 septembre 1718, prêta le serment le 27 novembre suivant et entra en exercice de cette charge le 1er janvier 1729. Il fut fait colonel d'un régiment d'infanterie, ci-devant Laval, et auparavant Mortemart, le 4 octobre 1729. Son père se démit en sa faveur de son duché et pairie, au mois d'avril 1730, mais il mourut de la petite vérole, à Paris, le 4 décembre 1731, sans laisser d'enfants de Marie-Anne-Elisabeth de Beauvau, qu'il avait épousé le 4 mai 1730, fille unique du marquis de Beauvau, chevalier des ordres du roi, etc., et de Marie-Thérèse de Beauvau.

XXIII bis. — Charles-Auguste de Rochechouard, duc de Mortemart, pair de France, grand d'Espagne de la première classe, comte de Buzançois, etc., appellé le duc de Rochechouard, ci-devant marquis de Mortemart, né à Paris, le 10 octobre 1714, baptisé le lendemain, à Saint-Sulpice, obtint, après la mort de son frère aîné, la charge de premier gentilhomme de la chambre du roi, à la survivance de laquelle il avait été nommé, en cas de mort de son frère, dès le 27 septembre 1718. Il fut fait aussi colonel du régiment d'infanterie de Mortemart, au lieu et place de son dit frère, le 15 décembre 1731, et brigadier des armées du roi en 1741. Il a été tué au combat d'Ettingen, le 27 juin 1743.

Il avait épousé Augustine Coëtquen, fille de Jules-Malo de Coëtquen, comte de Combourg, et de Marie-Elisabeth Nicolay, sa veuve, qui avait épousé, en secondes noces, M. le duc de Mortemart, son père, dont elle fut encore veuve sans avoir d'enfants.

Il avait eu Louis-François-Charles-Augustin de Rochechouard de Mortemart, duc de Rochechouard, pair de France, grand d'Espagne de la première classe, premier gentilhomme de la chambre du roi, mort, le 21 décembre 1743, dans la quatrième année de son âge. Augustine Coëtquen de Combourg s'est remariée, le 27 décembre 1744, à Louis-Charles de Lorraine, comte de Brionne, etc., et elle est morte, le 3 juin 1746, dans la vingt-quatrième année de son âge.

XXII bis. — Jean-Baptiste de Rochechouard, second fils de Louis de Rochechouard, premier du nom, duc de Mortemart, et de Marie-Anne Colbert, né le 25 novembre 1682, appellé d'abord le comte de Maure, puis comte de Rochechouard, marquis d'Everly, près Bray-sur-Seine, baron de Bray-sur-Seine, etc., enfin duc de Mortemart par le décès de Louis, deuxième du nom, duc de Mortemart, son frère aîné, sans avoir laissé d'enfants. Il a recueilli la substitution graduelle, perpétuelle et à l'infini de sa maison, qui consiste dans les terres composant le duché de Mortemart, dans celles d'Availles, Serres et Azat ou Abzac, en Poitou, dans celles du Bouchet, Migné et Dardé, en Berri, et dans la principauté de Tonnay-Charente et Châtellenies de Fontaines-de-Burlé, en Saintonge. (MORERI, IX, p. 257.) Il a été reçu au Parlement en la dignité de duc et pair de France, le 16 janvier 1747. Il a été d'abord capitaine dans le régiment de Champagne, ensuite colonel du régiment de Béarn, en 1702, puis de celui de Dauphin-Infanterie, en 1704. Il s'est trouvé au siége de Nice, en 1706, où il fut fait prisonnier de guerre. Étant allé à Bayeux, voir M. l'évêque, son parent (1), il y est mort, au palais épiscopal, le 16 janvier 1757, à l'âge de soixante-quinze ans, et a été inhumé dans la chapelle de la Vierge de la cathédrale dudit Bayeux.

Il avait épousé, le 26 may 1706, Marie-Magdelene Colbert de Blainville, sa cousine germaine, fille de feu Jules-Armand Colbert, marquis de Blainville, lieutenant-général, etc., et de Gabrielle de Rochechouard-Mortemart, dite Mlle de Tonnay-Charente. Elle mourut le 4 juin 1746.

Il en a eu plusieurs enfants morts jeunes, dont il ne reste que Jean-Victor, qui suit.

XXIII. — Jean-Victor de Rochechouard, né à Paris, le 30 octobre 1712, baptisé le lendemain, à Saint-Sulpice, appellé d'abord le chevalier de Rochechouard, ayant été chevalier de Malte dès le berceau, ensuite marquis de Blainville, après la mort de son frère aîné, en 1725. Appelé le comte de Mortemart, lors de son premier mariage, en 1733, puis duc de Rochechouard, par la nomination du roi, au mois de ..... 1753, et par la démission de son père du duché et pairie de Mortemart en sa faveur, en conséquence de quoi il a été reçu au Parlement en la dignité de duc et pair de France, le 17 avril 1755, et enfin duc de Mortemart par la mort de son père, en 1757, dont il a recueilli la substitution de sa maison, baron de Bray-sur-Seine, marquis d'Everly et S^{gr} de l'Isle-d'Yen (Ile-Dieu), en Poitou. Il a été d'abord capitaine de cavalerie, en 1730, dans le régiment de Saint-Simon ; fait colonel du régiment de Dauphiné, le 20 février 1734, de celui de Navarre, en 1740, brigadier des armées du roi, en 1743.

Il a été marié trois fois : 1°, le 10 février 1733, avec Éléonore-Gabrielle-Louise-Françoise de Crux, sa cousine du côté maternel du cinquième au quatrième, et du côté paternel au sixième degré, fille d'Armand-Gabriel de Crux, marquis de Montagu, etc., et d'Angelique-Damaris-Éléonore Turpin de Crissé, dont il a eu quatre garçons, tous morts en bas-âge, dont le dernier, appelé le comte Vihiers, est décédé, le 31 octobre 1755, dans sa quinzième année.

Il a épousé, en secondes noces, le 13 janvier 1749, Marie-Thérèse-Sophie de Rouvroy, marquise de Rouvroy, morte le 21 février 1750, sans enfants.

Le duc de Rochechouard a épousé en troisièmes noces, le 1er may 1751, au château de Manneville, près Dieppe, Charlotte-Nathalie de Manneville, née le 5 novembre 1728, fille de défunt Henri-Joseph, marquis de Manneville, gouverneur des ville et château de Dieppe, etc., et d'Amable-Françoise-Charlotte Asselin de Fresnel, marquise de Manneville, sa veuve (Moreri, T. IX, p. 258), dont il a eu quatre garçons.

Branche de Rochechouard-Pontville.

Thibaud de Pontville, dit l'*Esclarbour*, était marié, en 1314, avec Blanche, veuve de Renaud de Rouvroy, chevalier.

Louise de Pontville épousa, vers 1485, Laurent de Vivonne, S^{gr} de Bougoüin.

---

(1) Louis-Pierre-Jules-César de Rochechouart-Montigny.

Claude de Pontville épousa, vers 1540, Guillaume Le Roy, Sgr de La Grange.

Rochechouard-Pontville porte : *de gueules au pont d'or* (SIMPL., T. IV, p. 685).

I. — Anne, vicomtesse de Rochechouard et fille unique de Foucaud et d'Isabelle de Surgeres, fut mariée par autorité du roi Louis XI et du duc de Guyenne, son frère, par contract (collationné par Maisondieu et Javerlhac) passé à Manze, le 21 août 1470, à noble et puissant Sgr Jean de Pontville, écuïer, conseiller et chambellan du duc de Guyenne. Les témoins furent Jean de Beauvau, évêque d'Angers et chancelier de Guyenne, Jean de Montalembert, élu à l'évêché de Montauban, Jean de Rochechouard, Sgr de Mortemart, chevalier, et plusieurs autres seigneurs. Jean de Pontville était chevalier, Sgr de Montbason, Torcy, Saint-Léger-la-Montagne, Chabanes-Judau, paroisse de Fursac, en 1470. En faveur de ce mariage, le duc de Guyenne promit à Pontville de lui assigner à perpétuité 2,000 livres de cens ou rente ; il lui avait déjà fait acquérir le vicomté de Brouillais, diocèse de Condom, estimé alors 1,000 livres de rente : il lui donna encore 3,000 écus, et à son beau-père Foucaud, vicomte de Rochechouard, 4,000 livres de pension viagère. Par le contract, Pontville devait porter le nom et armes de Rochechouard, ainsi que ses descendants, à peine de 1,000 livres de rente, par lui payables, à celui du côté et *branchage* du vicomte de Rochechouard, son beau-père, qui devait lui succéder s'il mourait sans hoirs. Pontville remplit exactement cette clause; dès la datte du contract, on ne le trouve plus que sous le nom de Jean, vicomte de Rochechouard.

On ne sait rien de son origine, mais l'alliance qu'il fit avec l'héritière de la maison de Rochechouard, fait voir qu'elle était assortie. Il avait pour frères Jacques et Guillaume, et pour sœur Louise, dont on a conservé, au château de Rochechouard, des actes qui prouvent la noblesse de leur naissance.

Jacques de Pontville, protonotaire du pape donna, en 1478, à Rochechouard, une procuration pour requérir des bénéfices ; en 1483 il était chanoine de l'église de Limoges; la même année, il plaida la prévôté du chapitre de Saint-Junien contre Jean Barton ; vivait en 1499, était chantre et chanoine de Saintes, en 1509.

Guillaume de Pontville, écuïer, Sgr de Pontville, qualifié noble et puissant seigneur, eut de son frère Jean, à perpétuité, *la censse et la recepte* de la Pelouzière, tenuë par hommage de la baronnie de Chatelaillon, *la censse accoutumée recevoir au lieu de La Crapaudière*, et à cause *des bons et agréables services, amours, plaisirs, curiosités et courtoysies* de Guillaume envers son frère. Guillaume épousa, en 1473, la belle-mère de son frère, Isabeau de Surgères ; elle lui fit une donation, le 16 juin 1476, sur les terres de Saint-Symphorien, la Pelouzière, Crans et d'une rente en argent sur le sieur de La Flocelière. Le 19 juin 1482, par acte passé au château de Manze, Jean, son frère, et Anne de Rochechouard, sa belle-sœur, lui donnèrent procuration de vendre leur terre d'Entraives.

Louise de Pontville épousa Laurent de Vivonne, écuïer, Sgr de Bougonyn, fils de Marie de Vervonne ; son frère, le vicomte de Rochechouard, lui assigna en dot 2,000 écus d'or, du prix de 32 sols 1 denier la pièce, ou la somme de 150 livres de rente, qu'il établit sur la terre et seigneurie de Manze, par acte passé à Saint-Jean-d'Angely, le 25 mars 1478.

Jean, vicomte de Rochechouard, fut nommé par le roi, le 4 février 1481, à l'office de sénéchal de Saintonge et de capitaine du château de la ville de Saint-Jean-d'Angeli ; il ne put pas prêter le serment au Parlement de Bordeaux, ainsi qu'il était accoutumé, parce que, d'abord après son brevet, le roi l'envoia en ambassade à Rome. Il était chambellan du roi quand dame de Beaujeu, sœur du roi Charles VIII, le dépêcha, le 29 août 1485, pour venir annoncer au Parlement la réduction d'Orléans. Madame l'envoya vers le roi des Romains en qualité d'un de ses ambassadeurs et ministres plénipotentiaires. Quand Jean Standouch, l'un des hommes de son temps qui eut le plus à cœur le progrès des sciences et de la religion, voulut établir, au collége de Montaigu, une espèce d'hospice pour les pauvres étudiants, le vicomte de Rochechouard contribua à ses charitables vues par des libéralités immenses. Il lui donna, en 1494, 240 livres de rente pour nourrir vingt pauvres écoliers, à la charge que tous les jours il ferait dire une messe pour lui. Standouch, aïant depuis conçu le dessein d'instituer une congrégation en société, dont le principal objet serait d'aller dans toutes les parties du monde instruire la jeunesse et annoncer les vérités de la religion, telle à peu près que parut depuis la société de Jésus. Il communiqua son plan au vicomte de Rochechouard, et à tous les gens de bien avec lesquels il était lié et obtint l'approbation de Rome, par un bref du 5 avril 1500. On l'appelle Jean de La Rochecanard, ce qui ne peut convenir qu'à celui dont je parle, puisqu'on ajoute que son successeur et premier héritier, François de La Roche, fit réduire le nombre des écoliers à douze et convint, en 1512, qu'on ne dirait que deux messes par chaque semaine. Il fut un des seigneurs qui ratifièrent le traité d'Estaples, à Nantes, le 15 janvier 1498.

Anne de Rochechouard mourut en 1486 ; de leur mariage vinrent : 1° François, qui suit ; 2° Jeanne, mariée par contrat du 13 janvier 1497, vieux stile, à Americ de Rochechouard, troisième du nom, Sgr de Mortemart, etc. ; 3° une autre fille, peut-être Marguerite de Rochechouard, professe de Fontevraud, qui donna procuration, le 20 décembre 1546, pour prendre possession du prieuré de Saint-Pardoux-la-Rivière, ordre de Saint-Dominique, diocèse de Périgueux, à elle résigné en commende par Louise Chauvet. Elle y eut beaucoup de déboires pour se faire recevoir et y mettre le bon ordre. Elle est dite sœur de Vincent de Rochechouard, que je ne trouve point dans toute la généalogie des différentes branches ; aussi est-il douteux qu'elle soit fille de Jean. Elle mourut le 25 novembre 1597.

II. — François de Pontville, dit de Rochechouard, vicomte de Rochechouard, né en 1474, fut encore seigneur des Landes, Le Brouillais, baron de Manze, Tonnay-Charente, eut, par résignation de son père, l'office de sénéchal de Saintonge et de capitaine de Saint-Jean-d'Angeli, par lettres datées de Blois, le 26 mars 1498.

On a débité que François de Pontville, issu du mariage ci-dessus, aïant voulu prendre le nom de Rochechouard, dans quelques procès qu'il avait avec les seigneurs de Rochechouard de la branche de Mortemart, ces seigneurs le poursuivirent si vivement, qu'ils l'obligèrent de quitter le nom de Rochechouard et de garder celui de Pontville. Mais les auteurs de cette fable ne peuvent y donner cours contre la notoriété publique et le témoignage des plus célèbres historiens. Non-seulement on ne peut pas citer un arrêt qui ait condamné les Pontville à quitter le nom de Rochechouard, ni transaction par laquelle ils se soient soumis à le quitter, mais il est encore certain que les Pontville, les Bâtimens et les Montmoreau, qui viennent de Anne de Rochechouard, portent publiquement le nom et les armes de Rochechouard, en exécution du contrat de mariage du 21 août 1470.

François de Pontville de Rochechouard assassina, le 25 juin 1513, Pierre Bermondet, lieutenant-général à Limoges. L'arrêt de réparation de ce crime est, par extrait, dans les *Annales de Limoges*. L'année suivante, il fonda une messe, chaque semaine, dans l'église du prieuré de Sablerène, paroisse de Saint-Auvent. Il dissipa tout son bien, alla à Rome, on ne dit pas à quelle occasion, peut-être pour obtenir le pardon de ses *grands, exécrables et énormes excès, et de leur multitude*. Ils étaient montés à un tel point que, sur les charges et informations, à la requête du procureur-général, le roi commanda à Galiot de Las Tours, chevalier, gouverneur et sénéchal du Limosin, de le prendre au corps ; pour cet effet, de s'aider de la compagnie du roi de Navarre, qui était à trois lieues du château de Rochechouard. Le roi lui marqua que, s'il était besoin de plus grande force pour prendre la place, il lui enverrait deux canons. Le lieutenant de cette compagnie se transporta un jour de Fête-Dieu, peu avant l'an 1527, au château de Rochechouard, avec quatre cents hommes de cheval et quatre à cinq cents hommes de pied, mit le siège, brisa les portes, entra dedans, fouilla partout sans trouver sa proie. On prit les titres et on fit un dégât que les mineurs de Pontville estimaient 100,000 écus ; leur maison étant, disaient-ils, l'une de celles de France des mieux meublées de tous meubles précieux.

Il se maria deux fois : 1° le 25 janvier 1493, à Renée d'Anjou, fille de Louis, bâtard d'Anjou, Sgr de Mazières, et de Anne de La Trimouille. Elle lui porta la terre de Neuvi-le-Pailloux, en Berri, avec 15,000 livres. Elle était née à Mézières, le 9 mars 1478, et le contrat de mariage (collationné par Maisondieu et Javerlhac) est du 23 janvier 1493 ; elle mourut en 1510.

Il épousa 2° Jacquette de La Rochefoucaud, sa parente aux troisième et quatrième degré, dont il eut dispense du cardinal Louis, du titre de saint Marcel, grand pénitencier, fulminée par l'official, le 13 novembre 1511. Jacquette, dame d'honneur de la reine, était fille de François, baron de La Rochefoucaud, et de Louise de Crussol ; elle porta 23,000 livres, par contrat passé à Verteuil, le 27 février 1511, vieux stile. Elle se fit séparer de biens pour le mauvais ménage de son mari ; fut enterrée dans l'église du prieuré du Châtenet, près de Rochechouard, vers l'an 1521. Le chapitre de Saint-Junien, en corps, quantité de prêtres et de religieux assistèrent à ses funérailles ; le prévôt de ce chapitre, qui était aussi abbé de Saint-Jean-d'Angeli, fit la cérémonie.

Les enfants du premier lit furent : 1° Bonaventure, à qui son père fit une donation l'an 1511, à Rochechouard, de ses terres de Brouillais, Tonnay-Charente, pour la portion sans doute qu'il y avait, et de Fontaine-de-Burle. Depuis il eut en commende le prieuré de Saint-Martin, de Bournau, ordre de Saint-Benoît, diocèse de Poitiers, par la résignation de Gui, abbé de Saint-Maur-sur-Loire. Dans les provisions de Rome, du 8 des ides de may 1515, Bonaventure est dit clerc du diocèse de Limoges, et sorti d'une noble extraction, et dans la fulmination, on ajoute qu'il est jeune. Il fit son testament au château des Landes, près Saint-Jean-d'Angeli, le 15 août 1526, institua héritier son père, voulut être enterré dans l'église de Saint-Pierre-des-Landes. Il laissa un bâtard nommé Alexandre. On dit que Bonaventure fit une donation à son frère du second lit. Il mourut en 1525 ; 2° Françoise, née le 4 octobre 1494, mariée à Renaud de La Touche-Limousinière, évêché de Nantes, par contract passé au château de Verteuil, le 4 septembre 1544. Il était fils de François de La Tousche et de Jeanne de Penhoüet. En faveur de ce mariage, Bonaventure de Rochechouard donna à sa sœur la terre de Manze.

Les enfants du second lit furent : 1° Claude, qui suit ; 2° Louise, née posthume, mariée en 1546 à Guillaume de Dinteville, chevalier, sieur des Chenets, gentilhomme ordinaire de la chambre du roi, gouverneur de Bassigny et capitaine de Langres, mort en 1559, fils de Gaucher, chevalier de l'ordre du roi et d'Anne du Plessis-d'Ouschamps. Louise mourut le 15 décembre 1589, ne laissant que des filles. Elle fut enterrée à Polisy, près son mari. François de Rochechouard laissa une fille naturelle, mariée à Jérôme Maisondieu.

III. — Claude, vicomte de Rochechouard, baron d'Aixe, Sr de Maisonneix et de Brouillais, fit comparoir à la réformation de la coutume du Poitou, le 16 octobre 1559, par ses procureurs ; ils remontrèrent que, de temps immémorial, il était fondé d'empêcher que nul de ses vassaux eût droit de tenir assise dans sa vicomté, à moins qu'il ne l'eût par cession spéciale, convenance ou accord ; qu'on avait omis de remontrer ce droit et cette possession, lorsqu'on rédigea, par écrit, cette coutume, l'an 1514, parce que la vicomté de Rochechouard était pour lors saisie en la main du roi, et que les procureurs de ce seigneur-roi, assistans à la rédaction, n'étant pas avertis de ces droits, n'en avaient fait aucune remontrance ; que depuis la saisie, levée et ôtée par arrêt de la Cour de Parlement, le seigneur-vicomte et ses prédécesseurs, conservant leurs anciens droits et possessions, en ont toujours joui et empêché que les autres y fissent aucune entreprise préjudiciable à ses droits et possession, à cause de sa vicomté. On leur donna acte de leur remontrance.

Ils remontrèrent encore que par le moïen des exemptions par appel, mentionnées à l'article 413 de la *Coutume*, se commettaient de jour en jour plusieurs fraudes, par lesquelles la juridiction de ce vicomte était grandement énervée. Car le plus souvent au pourchas des praticiens, s'entendant avec les juges royaux, sont, disent-ils, dressées plusieurs appellations notoirement frivoles interjetées d'un seul défaut au delay, encore qu'il fut baillé à leur profit pour à ce moïen l'exempter de leur juridiction primitive et naturelle, pour l'exercice de laquelle il est tenu d'entretenir officiers à grand frais ; joint que les pauvres parties intimées souffrent grand intérêt pour être distraites de leur juridiction et contraintes d'aller loin poursuivre leurs droits à grands frais et dépens ; requerant MM. les commissaires qu'ils eussent à réformer cet article, et ordonnèrent que cy-après l'on n'aura aucun égard à telles exemptions d'appel, ainsi exquises et pratiquées, et qu'elles n'auront lieu, sinon pour les jugements définitifs ou interlocutoires non rapelables en définitive ; et, qu'en tout cas ne sera déféré à telles appellations frivoles, et que tels appelans frivolement soient tenus relever leurs appellations ou intimation en tel cas requis dedans quinzaine, pour tout delay, par devant le supérieur ; auquel jour sera tenu l'appelant comparoir, pour être fait droit promptement sur ledit appel, pour et au cas qu'il se trouvera avoir été frivolement interjeté être promptement sur ce donné jugement avec renvoy des parties par devant le juge *a quo ;* et de n'entreprendre cependant connaissance ez autres causes, dont ils se voudraient dire exempts, pendant ladite quinzaine que se videra l'appel ; quoi faisant sera conservé aux seigneurs justiciers leur ordre et degré de juridiction. Mais on renvoïa ces oppositions à la Cour de Parlement, et l'article de la *Coutume du Poitou* fut confirmé.

Barraud, sur le titre seizième de la *Coutume du Poitou*, n° 13, dit que par arrêt rendu en exécution, entre M. le procureur général et le S^{gr} de Rochechouard, l'exemption n'est pas pertinante, ni recevable, si l'appel n'est que d'appointements d'instruction par défaut, et autres déclarés par le dit arrêt.

Malgré la défense que le vicomte de Rochechouard avait fait publier, le 3 avril 1561, à tous les ministres et predicans de prescher ni dogmatiser en public ni en particulier, en la ville et terre de Rochechouard, s'ils n'avaient une permission de l'évêque de Limoges, ou de ses vicaires ; cependant, Jean de Lespinasse, pédagogue et conducteur d'enfants, s'avisa de semer la nuit et le jour les nouvelles opinions dans la maison de ville. Le vicomte le fit arrêter par Louis de Rochechouard, son fils, Louis Paulte, Jacques du Doulcay et René Brejau, écuïers. Il avait plus de trois cents auditeurs, était nanti de livres de la secte. Le vicomte le fit mettre dans ses prisons, le 7 avril, ce que le roi agréa. On le fit traduire à Poitiers pour lui faire son procès.

Un nommé Lacroix fit fort parler de lui par les voleries commises au lieu de Rochechouard.

Claude, vicomte de Rochechouard, avait épousé Blanche de Tournon, fille de feu Just, chevalier de l'ordre du roi, S^{gr} de Tournon, diocèse de Valence, et de Jeanne de Rissac, par contract (reçu par Broe et de Rivière) passé à Valence, le 5 may 1538 (1), en présence de Jean de La Rochefoucaud, évêque de Mende et oncle de Claude, de François, cardinal de Tournon, de Charles et Jacques de Tournon, évêque de Viviers, de Valence et de Die, oncles et frères de Blanche. Elle porta 24,000 livres. Depuis, par acte du 30 may 1550, le vicomte lui assigna, pour rente de douaire, 600 livres sur la terre d'Aixe, en Limousin, à lui naguère transportée. De ce mariage vinrent : 1° Louis, qui suit ; 2° Marie, que le P. Simplicien, T. IV, p. 686, appelle Anne, mariée à Claude de Châteauvieux (2), baron de Fromental, de Cusance, par contract du 29 juin 1562.

IV. — Louis, vicomte de Rochechouard, baron de Manzé et de Montmoreau, chevalier de l'ordre du roi, capitaine de cinquante hommes d'armes de ses ordonnances, rendit des services importants à la couronne. Henri III lui écrivait de Paris, le 22 septembre 1575, en ces termes : « Aïant à présent plus grand besoin que jamais d'estre assisté et secouru de tous les bons et loyaulx sujets et serviteurs de cette couronne, pour résister aux desseings et perturbateurs du repos public, j'ay recours à vous comme à celui qui

---

(1) L'histoire de la maison de Rochechouart dit le 5 may 1535.
(2) Nous trouvons dans l'histoire de la maison de Rochechouart : Châteauneuf.

s'est toujours démontré ferme en l'affection et fidélité que ung subjet doit à son prince, pour vous pryer de me vouloir ayder à sortir de ces affaires, comme je scay que vous en avez bon moyen, et à ceste fin, ayant assemblé vos amys et serviteurs, vous joindre à mon cousin, le duc de Montpensier, ou bien me venir trouver le plus tost que vous pourrez, et vous me ferez service très à propos, lequel je recougnoistray à jamais envers vous et les vostres. Priant Dieu qu'il vous ayt, Mons' de La Rochechouart, en sa sainte garde. » L'adresse est : « A Mons' de La Rochechouart, ch'' de mon ordre. »

Par autre lettre de Paris, le 27 mars 1576, le roi lui manda de venir incontinent le trouver, pour l'employer en affaire qui touschait grandement au bien de son service.

Le même prince manda de Blois, le 20 mars 1577, à tous les lieutenants-généraux, etc., de laisser librement passer, séjourner et retourner son amé et feal gentilhomme ordinaire de sa chambre, le sieur vicomte de Rochechouard, avec ses gens et serviteurs, portans armes, harquebuzes et pistolles, pour la tution et défense de sa personne, lequel s'en allait en sa maison, en Bretagne, et autres lieux pour ses affaires. Il lui écrivit encore de Paris, le 6 avril 1585, et lui marqua : « Ayant plus besoin que jamais de l'assistance de mes bons sujets, sur les remuements qui sont en mon royaume, je vous prie de vous tenir prest et advertir vos amys de faire le semblable pour monter à cheval pour mon service, et vous joindre à mon cousin, le duc de Montpensier, sitost qu'il sera ez quartiers de delà où il va assembler des forces. J'ay tousjours tant faict d'estat de votre fidélité et affection que j'ay pensé que vous seriez bien ayse d'embrasser cette occasion pour m'en rendre preuve comme je vous en prie et croire que je recongnaistray à l'endroict de vous et des vostres le bon service que j'espère recevoir de vous en cest endroit. »

Il se retira à Rennes, en Bretagne, au mois de mars 1589.

Henri IV lui écrivit de Saint-Quentin, le 9 décembre 1590, en ces termes : « Mons' le vicomte s'en retournant par delà le sieur de Noailles, présent pasteur, je ne l'ay voulu laisser partir sans l'accompagner de la présente, pour vous témoigner la bonne souvenance que je tiens de vous et la continuation de ma bonne volonté en vostre endroict, que je vous feray paroistre plus amplement par les effets et occasions qui s'en offriront : vous entendrez du sieur de Noailles le bon estat auquel Dieu mercy mes affaires sont réduits, et comme j'ay faict serrer la fille au duc de Parme, avec son armée, au retour qu'il a fait en Flandre, l'ayant poursuivi huict jours durant et jusques à la frontière de mon royaume, non sans beaucoup de perte de ses gens et bagages, selon que le dit sieur de Noailles vous racontera plus particulièrement, auquel me remettant, je prie Dieu, M' le vicomte, etc. »

François d'Alençon le pria du camp de Pontlevois, le 20 octobre 1575, la présente reçue, de s'acheminer avec ses troupes là part où seront celles du sieur de Bucy, où, lui dit-il, vous entendrez bien au long de mes nouvelles.

Le même, par lettre de Bar-sur-Seine, le dernier jour de may 1576 ou 1578, lui dit : « Ayant entendu que vous estes retirés de ma suytte à cause que l'on vous avait rapporté que je voulais ou consentais que vous fussiez du nombre des oustages que l'on devait bailler aux Restres, étant chose à quoi je n'ay seulement pensé, je vous ay bien voulu faire ce mot, pour vous assurer que tant s'en fault que j'aye jamais voulu consentir que aucun de ceux qui ont tenu mon party, comme vous, que au contraire j'ay résisté lorsqui m'en a été parlé au contraire. Parquoy je vous prie de perdre ceste opinion et vous assure que j'ai telle estime de l'affection que m'avez faict cognoistre que vous avez en mon endroict et de vostre valeur que vous pouvez faire estat qu'en tout ce qui se présentera et je pourray pour vous, je m'emplouray de meilleur cueur que ne sauriez désirer, et que je prie Dieu qu'il vous ait, etc. »

Le 9 octobre suivant, 1576, il lui écrivit du Plessis-lez-Tours : « Je vous ay cy-devant escrit et prié pour vous trouver à la convocation et assemblée des estats que le roi, monseigneur et frère, avait mandé faire pour eslire et depputer personnage digne pour assister aux estats généraux qu'il a assignés au 15 novembre. Toutefois, à ce que j'ai pu entendre, à faute de vous estre trouvé à la convocation qui en esté cy-devant faicte, elle aurait été remise au 15 du présent, à quoy je vous prie, surtout que désirer faire chose qui me soit agréable, ne faillir à vous trouver à la dicte assemblée, qui se doit faire à Poictiers, et croyre comme moymesme le sieur du Vigen de ce qu'il vous dira de ma part. »

Le 6 may 1578, il lui marque de Bourgueuil : « Le sieur de Pompadour m'a fait entendre le malcontentement que vous aviez de ce qu'on vous avait rapporté que ne vous avais fait mectre sur l'éstat que j'oy dernièrement faict de ma maison, dont j'ay esté fort estonné de telle nouvelle, d'autant que je n'ai jamais pensé vous mectre hors, et serois très marry que ceste opinion vous demeurast, et que cela vous empeschat de me venir trouver quand vostre commodité le pourra permettre, laquelle je vous prie de prendre le plustost que pourrez, vous assurant que serez le très bien venu, et que vous feray paroistre que ceux qui vous ont rapporté telle nouvelle se sont fort mescontes, qui me gardera vous en dire autre chose, priant Dieu, etc. » Dans toutes ces lettres, le duc d'Alençon écrit de sa main : « Votre bon amy, François. »

Louis de Bourbon lui écrivit de Champigny, le 1er juin 1580 : « Mon cher cousin, le bruict est déjà si commun partant de ce qui se passe entre moi et le sieur de Nevers, que je ne fais aucun doubte il ne soit parvenu à vous, mais bien que vous en puissiez savoir la vérité, qui est que s'estant advancé de donner un desmenty sur certains propos que j'ay à monseigneur frère du roy au mois de février dernier, à Angers, il se prouve clairement par lettres escriptes et signées de sa main, qu'il est desmenty lui-mesme, parce que les propos que j'ay dicts audit seigneur sont ceux-là mesmes qui sont contenus par ladite lettre, et tels ont été recognus et approuvez par mondit seigneur, tant en substance qu'en explication, et d'aultant que l'offense n'est néantmoins purgée et que je ne voudrais laisser en l'oppinion de personne que je voye pour permettre la moindre chose du monde qui puisse touscher à mon honneur, ni faire tort au nom ni à la maison dont il a plu à Dieu de me faire naistre, j'ay résolu, moyennant son aide, d'en avoir la raison et réparation telle que sa témérité et présumption, le mérite avec l'assistance et secours de mes bons alliés et amys. Pourquoi, vous tenant de ce nombre, je n'ay voulu obmettre à vous prier de me vouloir accompagner en ceste entreprise avec ce que vous pouvez assembler de vos amis et serviteurs, et pour cet effet me venir trouver, en ce lieu, ou sur le chemin d'ici à Orléans, espérant être le douzième jour de ce mois à

Clery, pour attendre ceux que j'ai conviés comme vous, et m'assurant que vous me voudrez bien assister en une si bonne et si juste occasion, je vous diray que là où j'auray moyen de m'en revancher, vous m'en trouverez toujours aussi prest que vous le sauriez désirer. En ceste intention, je vais prier Dieu vous donner, mon cousin ce que désirer. » La suite est écrite de la main du prince. « Vostre plus affectionné cousin et meilleur amy, Loys de Bourbon. »

Henri de Bourbon lui écrivait de Saint-Jean-d'Angeli, le 18 juillet 1582 : « J'ay eu tant agréable votre beau présent que je ne puis assez affectueusement vous en remercier, ni de l'asseurance que vous me donnez de votre amytié, à laquelle vous trouverez toujours la mienne si conforme, que partout où vous voudrez en rechercher, les offices, je les y employeray de fort bonne vollonté, vous me ferez donc ce plaisir de le croire, mais je le recevrais encore plus grand, si pour en tirer preuve plus certaine, vous preniez la peine avec votre commodité de me venir voir et prendre vostre part du passetemps où vos lances tant belles et bonnes qu'il n'est possible de plus, nous donnent assez d'occasion de nous exercer, et crois que d'ailleurs que m'essayerai de vous y faire toute la bonne chere dont je pourray m'adviser. Cependant en l'esperance de ce contentement m'estant d'affection recommandé en votre bonne grâce, je prierai Dieu qu'il vous donne monseigneur le vicomte en bonne santé longue vie. » Le reste est écrit de la main du prince : « V^{re} plus affectionné et meilleur amy à jamais, Henri de Bourbon. »

Louis de Rochechouard étant extrêmement vieux, fit un partage entre ses enfants, le 22 septembre 1603. Il mourut en 1604.

Il épousa : 1° Louise de Clerembault, dame de La Touche-Gelée et de La Membrolle, fille de feu Jacques, S^{gr} de La Plesse, comte du Grand-Montreveau et de Jeanne-Claude d'Avaugour; elle porta 60,000 livres, par contract (signé Doille et Guillot) passé à Plessis-Clerembault, le 9 may 1562; elle mourut en couches le 22 octobre 1575.

Il épousa : 2° Magdeleine de Bouille, sœur de René, chevalier de l'ordre du roy, comte de Creance, par contract (signé de Rippier, Guy et Poumier) du 19 août 1579; elle était fille de René, sieur de Bouille et de Jacqueline d'Estouteville, comtesse de Creance.

Il eut de la première : 1° Jean, qui suit; de la seconde : 2° Jean de Rochechouard-Pontville, qui a fait la branche des barons du Batiment; 3° René, qui a fait celle des comtes de Saint-Auvent et de Montmoreau; 4° Joachim, tonsuré en 1594, mort sans alliance; 5° Isabeau, mariée, en 1603, à Gabriel de Lambertie; 6° Anne, religieuse à Saint-Pardoux-la-Rivière, en 1699.

V. — Jean, vicomte de Rochechouard, né le 18 octobre 1575, de Louis et de Louise de Clerembault, fut chevalier, S^{gr} du Vignaud, Saint-Cyr, La Plesse, La Roche-Clerembault, chevalier de l'ordre du roi, conseiller en ses conseils d'état et privé, capitaine de cinquante hommes d'armes de ses ordres, rendit à Henri IV et à Louis XIII de bons, fidèles et recommandables services en plusieurs charges et commissions importantes, où il s'acquit avec réputation une grande suffisance, capacité et expérience pour bien et dignement servir aux affaires d'Etat et du public. Ces considérations portèrent le roi, de l'advis de la royne regente, à le retenir pour un de ses conseiller en son conseil d'Etat, par brevet du 12 janvier 1613; il en prêta le serment le 22. Ce prince voulant lui témoigner, par quelque marque d'honneur, la satisfaction qui lui demeurait des bons et agréables services que le vicomte de Rochechouard lui avait rendus avec affection et fidélité, le créa chef et capitaine d'une compagnie de trente lances, au titre de cinquante hommes d'armes de ses ordonnances, par brevet donné à Bordeaux, le 7 novembre 1615. Le roi et Gaston de France, son frère, lui écrivirent, en 1629 et en 1630, pour assister le sieur du Breuil, prieur du prieuré de Saint-Martin-de-Pressignac, au diocèse de Limoges, dont aucuns profitaient du revenu par violence et voye indues. Marie de Médicis, reine douairière, lui écrivit de Paris, le 18 août 1629, en ces termes : « Le comte de Maure (Louis de Rochechouard) recherchant, il y a quelque temps, la dam^{lle} d'Attichy, l'une de mes filles d'honneur, et sçachant que le marquis de Mortemart, son père (Gaspard de Rochechouard, marquis de Mortemart), ne se porte pas comme il doit en une occasion en laquelle il peut remarquer toute sorte d'avantages pour luy; je vous escris la présente pour vous prier de l'aller trouver exprès et d'apporter ce que vous pourrez pour l'y disposer, en telle sorte que cette recherche ne traisne pas davantage, et que l'ayant permise je la puisse voir bientôt suivre de la conclusion d'un mariage duquel il ne peut recevoir que contentement ; après vous avoir assuré que je seray très aise que vous mettiez la bonne main à cette affaire. »

Il tomba d'apoplexie, le 21 octobre 1647, sur les onze heures du matin, et mourut à quatre heures du soir, fort regretté de tout le peuple ; on l'enterra au Châtenet.

Il épousa : 1° Françoise d'Estuard, fille de Louis, S^{gr} de Maigrin, et de Diane des Cars, comtesse de Lavauguyon. Elle porta 3,333 écus un tiers, revenants à la somme de 100,000 livres et en déduction de la somme les fiefs de Cramaud, Puyjoyeulx et Ville-France, par contrat (reçu Pinguet et Pénichon) passé au château de La Vauguyon, le 12 décembre 1595. Elle eut, le 14 décembre 1606, la terre de Saint-Germain-sur-Vienne pour final paiement de dot et d'intérêts. Cette dame, que les registres de Rochechouard appellent *très pieuse et très vertueuse*, mourut dans le château, le 18 février 1636, et fut enterrée au Châtenet, où elle et son mari avaient fait établir, en 1630, les religieux de l'ordre des frères prêcheurs, pour travailler à la conversion des Huguenots.

Il épousa, en secondes noces, Marie Eschallard, dame de Genouille et de Chabrignac, par contrat (reçu Desbordes) fait au château de Mezières, près Montheron, en Angoumois, le 17 mai 1637, et acte en face de l'église, le 2 juin suivant. Elle fut convertie en apparence, l'an 1638, par les prédications du P. Hugon, cordelier; mais, par son testament du 13 mars 1658, passé à Geneville, paroisse de Saint-Martin-du-Clersier, en Angoumois, elle veut être enterrée devant la porte de son hôtel, et fait un légat à l'église prétendue réformée ou presche de Villefaignan.

Il eut de son premier mariage : 1° une fille nommée Marie, très bonne catholique, mariée, le 3 octobre 1640, à Jean de Pompadour, troisième du nom, fils de Léonard-Philibert et de Marie Fabri ; 2° une autre fille, nommée Diane, née le 6 janvier 1607, baptisée à Rochechouard, suivant le rit de l'église romaine.

Branche des seigneurs de Saint-Auvent et de Montmoreau.

V *bis*. — René de Rochechouard, fils de Louis et de Magdelaine de Bouille, sa seconde femme, tonsuré en 1594, fut S^{gr} de Saint-Auvent, Montmoreau, Marval, Milhaguet, mourut audit Montmoreau, le 26 décembre 1632.

Il épousa Antoinette de Malinguehen, fille de feu Jean, écuyer, S^{gr} d'Ypre, conseiller du roi, lieutenant particulier au présidial de Beauvais, maître des requêtes ordinaire de la reine, et de Anne Loisel, par contract passé à Paris, le 22 août 1625. Elle se remaria à Henri de Lamet ou Lanes, sieur de Saint-Michel, dont : 1° Jean, comte de Saint-Auvent, qui suit; 2° Jacques, tonsuré en 1649, mort abbé de Bournet, le 17 août 1682, mourut de la goutte en allant prendre possession; 3° Anne, qui testa le 6 juin 1650, voulut être inhumée à Saint-Denis de Montmoreau, fit ses frères héritiers.

VI. — Jean de Rochechouard, chevalier, comte de Saint-Auvent, baron de Montmoreau, S^{gr} de Saint-Martin, Marval, Milhaguet, mourut à Montmoreau, le 8 janvier 1695, et y fut enterré.

Il avait épousé, par contract passé à Lage-Bertrand, le 20 avril 1654, Marie Regnaud ; elle se remaria à Adrien Goulard, S^{gr} de Poulignat, de la maison de la Fée, en Saintonge, et mourut au mois d'août 1703, dont : 1° Jean, qui suit; 2° autre Jean, mort à huit ans ; 3° autre Jean, ecclésiastique ; 4° Pierre, dit le chevalier de Rochechouard, mort à onze ans ; 5° Anne, mariée à Isaac Peri ; 6° et 7° Gabrielle et Marie, mortes en bas-âge ; 8° et 9° Jeanne et autre Marie, religieuses à Fontevrault ; 10° Jeanne, religieuse de Fontevrault, au couvent de Fontaines.

VII. — Jean de Rochechouard, chevalier, marquis de Montmoreau, S^{gr} de Saint-Auvent, où il fut baptisé le 8 janvier 1656, d'abord page du roi dans la grande écurie, mousquetaire dans la première compagnie, reçu chevalier de l'ordre de Saint-Michel, en 1707, mourut sans postérité, en 1709.

Il épousa : 1° Marie-Antoinette Testu de Balincourt, fille de feu Gabriel, S^{gr} d'Hedouville et de Hodene, et de Jeanne Grangier, par contract passé à Paris, le 3 juin 1683. Elle mourut le 11 septembre 1690, fut enterrée à Saint-Paul, à Paris.

Il épousa : 2°, le 24 may 1695, Thérèse-Magdelaine de Masparaut, veuve d'Augustin d'Amours, sieur de La Bouvière. Il avait eu un fils nommé Jean, comte de Montmoreau, mort sans hoirs. (MORERI, T. IX, p. 260.)

Branche des barons du Bâtiment, devenus vicomtes de Rochechouard.

V *ter*. — Jean de Rochechouard, second fils de Louis, vicomte de Rochechouard, et de Magdelaine de Bouille, sa seconde femme, fut baron du Bâtiment, sur la paroisse de Biennac, S^{gr} de Saint-Cyr, Chailhac, chevalier de l'ordre du roi ; il mourut le 31 août 1623.

Il avait épousé Anne de Tiercelin, fille de Charles de Tiercelin, S^{gr} de La Chapelle-Baslou ou Lodunois, et de Françoise Rence. Elle se fit religieuse au couvent de Sainte-Claire des Recollectes de Tulle, le 26 mai 1626; elle y testa, le 8 avril 1627, sous le nom de sœur Claire de Saint-François. Ayant eu pour enfants : 1° Jean, né le 24 septembre 1617, mort sans hoirs ; 2° autre Jean, qui suit ; 3° Marie, alliée, par contrat du 27 septembre 1652, à Jacques du Pin; 4° autre Marie, qui se fit religieuse avec sa mère; 5° Françoise, religieuse à La Règle.

VI. — Jean de Rochechouard, deuxième du nom de cette branche, chevalier, baron du Bâtiment, Chaliat, Saint-Cyr, fit son testament le 15 juillet 1644, il mourut d'apoplexie, à l'âge de vingt-sept ans, le 21 octobre 1647, et fut fort regretté. Il est inhumé au Châtenet.

Il épousa, en 1635, Marie de Mars, qui demeurait sur la paroisse de Colombiers, en Poitou, où elle mourut le 6 septembre 1677; elle était fille de Bertrand de Mars, Sgr du Moulin-Blocq, et d'Alphonsine de Marconnay, dont : 1° Jean-Charles, vicomte des Bâtimens, Saint-Cyr, Chaliat, tonsuré en 1651, marié, par contract du 11 juin 1663, à Catherine des Cars, fille de François et de Françoise de Veyrières, mort sans hoirs, le 12 juillet 1664; 2° Joseph-Victor-Louis, qui suit; 3° Marie, née le 23 juillet 1637, à laquelle on suppléa les cérémonies du baptême, à Saint-Maurice de Limoges, et qui eut pour parrain Monseigneur l'évêque de Limoges; 4° et 5° Louise et Marie, religieuses à Puyberland.

VII. — Joseph-Victor-Louis de Rochechouard, baptisé le 12 décembre 1646, tonsuré en 1657, comte des Bâtimens, Saint-Cyr, Chaliat, est, dans toutes les généalogies imprimées, dit lieutenant de la première compagnie des gardes du corps du roi, ce qui ne convient qu'à Jacques de Villelume, sieur du Bâtiment. Il mourut le 2 décembre 1696, fut enterré au Châtenet ;. était appelé le comte de Rochechouard.

Il fut marié : 1°, le 8 janvier 1674, dans l'église de Lussas, avec Jeanne-Marie des Cars; elle porta 150,000 livres, testa à Saint-Junien, le 18 juin 1684, et voulut être enterrée dans l'église de Saint-Cyr-sur-Gorre; elle le fut dans celle du chapitre de Saint-Junien, le 23 des mêmes mois et an.

Etant âgé d'environ quarante ans, il se remaria dans l'église de Saint-Sulpice de Paris, le 20 juin 1689, avec Magdelaine de Bermondet, âgée de trente-cinq ans, veuve de Louis de Bourbon-Busset. Ce mariage fut depuis déclaré nul par sentence de l'official de Paris, du 25 janvier 1690, à cause de la compaternité qui était entre les parties, la comtesse de Busset ayant tenu sous les fonts de baptême, le 8 avril 1680, un fils du vicomte de Rochechouard; outre qu'ayant réciproquement des affaires, ils étaient convenus entre eux de ne point consommer le mariage qu'elles ne fussent terminées. Cependant, par l'irrévérence par eux commise envers l'église, condamnés en chacun 50 livres d'aumône, dépens compensés. Elle mourut au château de Châlus, en Limosin, le 30 juillet 1724, âgée de soixante-dix ans.

Joseph-Victor-Louis de Rochechouard laissa de Marie des Cars : 1° François de Rochechouard, qui suit après son frère; 2° Jacques, né au Bâtiment, le 14 août 1677, baptisé le 22 à Biannac, dit le chevalier, capitaine au régiment des cuirassiers, tué au siége de Turin en avril 1706; 3° Bertrand de Rochechouard, qui suit; 4° François, né le 8 avril 1681, baptisé à Biannac, le 20 décembre suivant; 5° Marie, baptisée, le 3 novembre 1678, à Biannac, comtesse des Bâtimans et Chailhac, dame en partie de la terre de Rochechouard, morte sans alliance, le 22 octobre 1746, enterrée au Châtenet; 6° Jeanne, née le 22 août 1676, au château de Saint-Ibard, morte en bas-âge.

VIII. — Bertrand de Rochechouard, né le 8 mars, baptisé à Notre-Dame du Moutier, de la ville de Saint-Junien, 1680, le 8 avril, appelé le vicomte de Rochechouard, fils de Joseph-Victor-Louis et de Jeanne-Marie Descars, était encore, en 1703, dans l'état ecclésiastique, qu'il quitta depuis, n'étant pas encore dans les ordres, mourut au château du Bâtiment, le 14 août 1742, fut enterré au Châtenet.

Il fut marié, le 3 août 1728, avec Sophie-Julie de Rochechouard, fille d'Alexandre de Rochechouard, appelé le marquis de Jars, capitaine-colonel des gardes du corps et majordome de Louise-Elisabeth d'Orléans, reine douairière d'Espagne, et d'Anne-Marie Angier de Lobeac de Crapado. Il en eut : 1° François de Rochechouard, né le ... octobre 1731, sous-lieutenant dans le régiment des gardes françaises ; on le dit ecclésiastique ; 2° Louise-Alexandrine-Julie de Rochechouard, née le 10 janvier 1730, mariée, en 1749, à Armand-Jacques Dupin de Chenonceaux, l'un des secrétaires ordinaires de la chambre du cabinet du roi, fils de N....., fermier général.

VIII bis. — François [ou Bertrand] de Rochechouard, né au Bâtiment, le 11 novembre 1674, auquel on suppléa les cérémonies du baptême à Saint-Ibard, le 28 juillet 1676, fut vicomte de Rochechouard, baron du Bâtiment, appelé le marquis de Rochechouard. Eut un brevet de cornette dans le régiment du Mayne cavalerie, le 19 décembre 1693, y fut fait capitaine, en 1703, mourut à soixante-dix ans, le 18 juin 1742, enterré au Châtenet.

Il fut marié : 1°, le 26 novembre 1715, dans la chapelle du château de Rochechouard, avec Marie-Anne-Henriette d'Espinay de Saint-Luc, dame de Pompadour, vicomtesse de Rochechouard, sa parente au quatrième degré de consanguinité, fille unique et héritière de feu François, chevalier, marquis de Saint-Luc, et de Marie de Pompadour, vicomtesse de Rochechouart et de Saint-Germain-sur-Vienne. Elle fit son mari héritier et mourut sans hoirs à Paris, à cinquante-huit ans, le 24 février 1731. [On ignore depuis à qui a passé la vicomté de Comborn, etc.] Il fut marié : 2°, le .... février 1732, avec Xainte-Hélène, fille de Gervais Geslin, sieur de Tremerguat, président aux requêtes du Parlement de Bretagne. Il a eu de ce mariage : 1° Louis-François-Marie-Honorine, qui suit ; 2° Gabriel, mort à trois ans, le 14 septembre 1735, enterré au Châtenet ; 3° Marie-Anne Charlotte-Françoise, née le 3 may 1736, morte à douze ans.

IX. — Louis-François-Marie-Honorine de Rochechouard, vicomte de Rochechouard-Pontville, baron du Bâtiment, né le 27 février 1734, eut un brevet de cornette dans le régiment des Cars, 1747, y fut fait capitaine en 1748, colonel du régiment de Bourgogne cavalerie, 1759. Il fit travailler à une histoire généalogique de la maison de Pontville.

Il épousa, à Saint-Sulpice de Paris, le 23 juin 1757, Marie-Victoire Boucher, fille de feu Jean-Baptiste-Jacques Boucher, écuyer, trésorier général des colonies françaises de l'Amérique, et de Marguerite-Henriette de La Roche, dame de la vicomté de Bridier, de la baronnie des Cros et de Rhodes. Le roi signa le contrat de leur mariage. Voyez le *Mercure* de septembre 1757.

SOURCES : LABBE, *Blason royal*, p. 115. *Mellang. eur.*, p. 662. — LABOUREUR, *Add. à Casteln.*, édit. de 1731. T. II, p. 710; III, 110, 214, 223, 224, 225, 226, 227, 228, 230, 252, 253, 255, 256; V, 243; VIII, 71. — TILLET.— DUPLEIX, *Hist. de France*. — DANIEL, *Hist. de France*. — GARNIER, *Hist. de France*, T. XX, p. 156. — MORICE, *Hist. de Bretagne*, I. preuv., col. 1489.

II. preuv., col. 827. III. preuv., col. 193, 491, 1699, 2266. — THEVET, *Cosmogr.*, II, 523. — MORERI, 1757; art. Denteville; *Suppl.* au T. X°, p. 43 et 44. — DU CHESNE, *Hist. Mortemar*, liv. I, ch. II; liv. II, II° part., chap. III; liv. VII, chap. III° et preuv. — *Hist. Chastill.*, p. 508, 518. — *Hist. Mais. Chateign.*, p. 202, 207. — BOUCHET, *Mais. Constenay*, p. 312.— *Annal. d'Aquit.*, IV° part., p. 294. — *Mém. Trev.*, 1727, p. 1586; 1725, p. 1395. — *Gaufrid. vosiens*, p. 300. — GODEFROY, *Hist. de Charles VI*, p. 434. — CHARTIER, *Hist. de Charles VII*, — *Gall. christ. vet.*, IV, 600, 698; VII, 1065.—*Gall. christ. Nov.*, II, 1080, 1271, — ESTIENNOT, *Frag. hist.*, T. XIV, p. 351, 353, 372; XVII, 306. — SIMPLICIEN, II, p. 235, 858; III, 86; IV, 650, 651, 652, 653, 654, 675, 676, 677, 678, 680, 685, 686, 687, 688, 723, 724, 645; V, 11, 322; VI, 635, 772; VII, 23, 522, 125, 38, 303, 477, 585, 612; VIII, 113, 720, 762; IX, 66, 69, 75, 172, 667, 278, 449. — *Acta sanctorum*, T. I, mart., p. 601, etc. — *Necrolog. f.f. min. sancti Juniani.* — *Necrolog. Brantolm.* — *Calend. ff. minor. sancti Juniani.* — BALUZE, *Biblioth.*, p. 100. — FROISSART, I, chap. CLXII, CLXIV, CCXXXVII, CCXXXVIII, CCXLI, CCLIV, CCCVIII, CCCIX, CCCXII.— *Hist. du maréchal Boucicaut*, liv. I. — *Chronique apud* MONTRELET. — FLEURI, *Hist. ecclésiast.*, XXV, p. 660. — BRANTOME, I, III, p. 364; XV, 13. — VAISSETTE, *Hist. du Languedoc*, T. V, p. 151; IV, preuv., p. 43. — BOUCHEUIL, *Coutume du Poitou*, p. 10, 21; titre I, art. 7, n° 18; titre XX, art. 433, n° 10; titre XVI, art. 413, n° 12. — *Dict. généal.*, 1757. — *Hist. des Troubles*, liv. XIII.— *Mercure*, T. II, p. 363. — LOBINEAU, *Hist. de la ville de Paris*, II, p. 1497. — BONAVENTURE, T. III, p. 586, 589, 730, 748. — *Mém. Acad. bell. Lettr.*, T. VIII, p. 727.—BREUIL, *Antiquités de Paris*, p. 678. — MALINGRE, *Antiquités de Paris*, p. 316. — *Hist. de l'Église réformée*, II, p. 819. — DE COMBES, II° part., ch. v. — [*Tabl. hist.*, II° part., p. 283.] — *Mss. du château de Rochechouard.* — *Mss. Monaster. Buliensis.* — *Mss. f.f. p.p. Lemovic.* — *Factum* de 1710, T. I, p. 662. — *Statuta Cluniacens*, 1676. — *Registres du Consistoire de Rochechouard*.

ROCHE-CHOUVEL. — V. ROCHESOUVEL.

ROCHE DE NAUCHE. — V. NAUCHE.

ROCHEFORT. — Constantin de Rochefort, damoiseau, épousa ....., dont : 1° Pierre; 2° Joyeuse, femme, en 1345, de Jean de Prunh, chevalier, sieur de Puyjoyeux, qui fit un codicille le vendredi après la fête de saint Martin d'hiver, 1348, dans lequel il fait des dons aux enfants masles de sa femme, dans le cas que les siens mourraient, en ce qu'ils porteraient le nom de Prunh ou de Puyjoyeux.

Gaufridus de Rochefort, chevalier, S^{gr} de Saint-Angel (1), épousa Souberane de Confolent, dont : 1° Isabelle, mariée par contrat (signé Alpays, à Maimac) du 10 janvier 1435, passé à Châlus, paroisse de Combalice, diocèse de Clermont, à noble Gerald Barast, fils de noble Jean, sieur de La Grange, et de Juliene de Châlus ; elle porta 40 livres de rente en fondalité et direc-

---

(1) Saint-Angel, canton et arrondissement d'Ussel (Corrèze), qu'il ne faut pas confondre avec Saint-Angel, canton de Champagnac, arrondissement de Nontron (Dordogne).

tité, 100 écus en reaulx d'or, chacun de trois deniers, le marc d'or évalué pour 64 de ces écus ; 2° Marguerite, mariée par contract (signé Alpays) du 4 may 1447, à noble Jacques de Lanet, sieur dudit lieu, paroisse de Souge, diocèse de Poitiers ; elle porta 400 écus d'or, 64 faisant un marc d'or.

Guillaume de Rochefort, chevalier, S^{gr} de Saint-Martial, épousa, par contract (signé Andrien), noble Jeanne de La Chassagne, veuve en 1480, dont : 1° Gilbert ; 2° Marguerite, prieure de Derces ; 3° Agnez, femme de Huguet de Viersac, chevalier, sieur du Chastel ; 4° Marguerite, femme du sieur de Gianch ; 5° Sobeyrene.

Michel de Rochefort, S^{gr} de Saint-Angel, rendit hommage, en 1507, à Godefroy de Cluys, abbé de Charroux (*Gall. christ. nov.*, T. II, col. 1283).

Pierre de Rochefort, baron de Saint-Angel, en Limosin, épousa N....., dont Charles, qui suit.

Charles de Rochefort, baron de Saint-Angel, Chambon, Vallemont, Bellegarde, Mapistour, Chabannes-Guerguy, épousa, en 1553, Moreilhe de Pierrebuffierre, de Châteauneuf, fille de Louis de Pierrebuffierre ; elle était veuve en 1606, dont : N....., qui suit.

N..... de Rochefort, baron de Saint-Angel, peut-être le brave gentilhomme français qui fut tué au siége de Bern, en 1606 (*Mercure* de 1606). Il épousa, vers l'an 1583, Isabeau de La Queille, fille de Jean, deuxième du nom, S^{gr} de La Queille et de Fleurat, en Auvergne, et de Anne des Cars, dont Jean, qui suit.

Jean de Rochefort, baron de Saint-Angel, Margeride, petit-fils de Moreilhe de Pierrebuffierre, épousa Gabrielle de Bourzole, fille de François, S^{gr} dudit lieu, vicomte de Carlus, baron de Berbignière, S^{gr} de La Cassagne, conseiller du roi en ses conseils d'État et privé, gentilhomme ordinaire de sa chambre et lieutenant de cent hommes d'armes en la compagnie du duc de Bouillon, et de Françoise de Caumont. Elle porta 30,000 livres par contract du 5 novembre 1606. Etant veuve, elle se remaria, en 1630, à Gratien de Beaumont, fils de Laurent de Beaumont-Verneuil, sieur de Pompignan, et de Marguerite de Palegry-du-Vigan. (MORERI, 1759.)

Pierre de Rochefort, baron de Saint-Angel, épousa, le 20 avril 1622, Françoise du Chambon.

Jacques de Baloufeau, qui se disait baron de Saint-Angel, était fils d'un avocat du Parlement de Bordeaux, et naquit à Saint-Jean-d'Angeli. Il dissipa tout son bien par ses débauches, et fut contraint par ses créanciers de prendre le bonnet vert. Il fit ensuite les fonctions de délateur en crime d'usure dans le département du comté d'Auvergne, et, après y avoir commis plusieurs concussions, il se retira en Champagne, à Montpellier, où il changea la qualité de baron de Saint-Angel en celle de baron de Sainte-Foi. Ses fourberies ayant été reconnues, il fut pendu à Paris, en 1626. (MORERI, 1759.)

N..... de Rochefort, S^{gr} de Châteauneuf, épousa N..... de Saint-Nectaire, fille d'Antoine, chevalier, 1472, et de Antoinette de Montmorin (SIMPLIC., T. IV, p. 889).

N..... de Rochefort de Saint-Angel, marquis de Theobon, épousa N....., dont Lidie de Rochefort de Theobon, mariée avec Charles de Harcourt, chevalier de Malte, abbé de Coulomb, puis nommé le comte de Beuvron, capitaine du duc d'Orléans, dont elle ne laissa point d'enfants, morte à soixante-dix ans, le 23 octobre 1708.

ROCHEFOUCAUD (1).

François-Victorin de La Rochefoucaud de Magnac, écuyer, épousa Françoise de Virolau, dont Jean François, né le 21 juillet 1733.

Jean de La Rochefoucaud, chevalier, sieur de Magnac, Le Vivier, épousa Marie de Sescault, dont Louise-Anne, mariée à Saint-Martial d'Angoulême, le 15 février 1763, avec Gui Borie, chevalier, sieur du Repaire, fils de feu Louis et de Anne-Marie de La Roussie, de la ville de Brantôme, en Périgord. Ladite Louise mourut à vingt-six ans, le 3 octobre 1764. (Registres de Saint-Martial d'Angoulême.)

ROCHEFOUCAUD. — Gui de La Rochefoucaud, testa, le 7 janvier 1427 (1428), choisit sa sépulture dans l'église des Carmes de La Rochefoucaud, auprès de son père. Il épousa Marguerite de Craon, dont Foucaud, qui suit.

Foucaud de La Rochefoucaud, S^{gr} de La Rochefoucaud, Cellefroin, Bayet, était mort en 1434. Il avait épousé Jeanne de Rochechouart, dont : 1° Jean; 2° Aymar.

Dans la sacristie de l'église de Saint-Pierre, de la basse ville de La Rochefoucaud, on trouve les inscriptions suivantes :

« Cy-gist le cœur de très haute et très illustre dame, Andrée de Vivonne, duchesse de La Rochefoucaud, qui mourut à Verteuil, le XIX d'avril mille six cēs soixante et dix. Priez Dieu pour son âme.

» D. O. M. »

« Cy-gist le cœur de très haut et très illustre monseigneur François, sixième du nom, duc de La Rochefoucaud, pair de France, prince de Marcilhac, chevalier des ordres du roi, décédé à Paris en son hotel, le 17 mars 1680, âgé d'environ 67 ans, et dont le corps gist dans l'église des Cordeliers de Verteuil. Priez Dieu pour son âme. »

ROCHEFOUCAUD DE COUSAGES.

XX. — Henri de La Rochefoucaud, septième fils de Jacques, baron de Chaumont-sur-Loire, et de Françoise de Langheac, fut baron d'Arlet, épousa Claude-Françoise de Polignac, fille de François, S^{gr} d'Auzon, et d'Anne de Chazeron, dont il eut : 1° François, qui suit (SIMPLIC., T. IV, p. 442).

XXI. — François de La Rochefoucaud de Cousage épousa Louise de Saint-Martial, fille d'Hercule, comte de Drugeac, dont : 1° Henri, qui suit; 2° Louis; 3° Annet; 4° Jeanne-Gabrielle, femme, en 1679, de Guillaume de Joyet, sieur de La Chassagne, de la ville d'Uzerche (MORERI, 1759).

XXII. — Henri de La Rochefoucaud de Coutzages, né en 1659, épousa Marie de Saint-Martial de Conras, dont : 1° Henri-François, qui suit; 2° Catherine, nommée à l'abbaye de Montmartre, 1735.

XXIII. — Henri-François de La Rochefoucaud de Couzages, épousa

---

(1) Nadaud indique, au commencement de ces notes, les pages 695 et 696, qui sont déchirées. — La Rochefoucaud, arrondissement d'Angoulême (Charente).

Marie-Anne-Henriette Plaisant de Bouchiac du Bigeardel, dont : Marie-Anne-Claudine, religieuse de Saint-Marc, ordre de Saint-Jean de Jérusalem, diocèse de Cahors, nommée à l'abbaïe de Saint-Sauveur d'Évreux, ordre de Saint-Benoît, le 8 septembre 1743, en prit possession par procureur, le 11 février 1744, et par elle-même, le 11 may suivant (*Gall. christ.*, T. II, col. 659).

Marie-Anne de La Rochefoucaud-Cousages, veuve de Henri de La Rochefoucaud, marquis de Chavagnac, ancien exempt des gardes du corps et chevalier de Saint-Louis, mourut au château de Cousages, âgée de soixante ans, en décembre 1769, ou janvier 1770.

Henri-François de La Rochefoucaud, comte de Couzages, sieur de Chavaignac; épousa, en 1766, Louise-Françoise de Rochechouard, veuve.

[LA ROCHE-L'ABEILLE].

ROCHEPOT. — V. ROCHESOUVEL.

[ROCHERIUS.
On trouve Rocherius dans les registres de Roberii, notaire à Limoges, page 39, n° 54, et page 53, n° 48, *apud* D. COL.]

DES ROCHES, sieur de Douzat, paroisse dudit lieu, élection d'Angoulême.
I. — André des Roches, acquit certains héritages le 2 novembre 1474. Il épousa Denise Gastonne.
II. — François des Roches épousa, le 9 juin 1519, Françoise Archambaud, dont : 1° Antoine, qui suit ; 2° Charlotte.
III. — Antoine des Roches épousa, par contract sans filiation, du 9 juin 1559, Guyonne de La Porte, étant veuve dudit Antoine, frère de ladite Charlotte, fille de François ; il y eut entre elles sentence du juge de Jarnac, le 19 août 1563, dont : Jonatham, qui suit.
IV. — Jonatham des Roches épousa, le 26 avril 1590, Marguerite du Sault.
V. — Jean des Roches épousa, le 14 mai 1623, Jeanne Pastoureau.
VI. — Samuel des Roches fut maintenu, par arrêt du Conseil, du 17 février 1667. Il épousa, le 3 mars 1656, Marie Amblard.

ROCHESOUVEL ou ROCHE-CHOUVET, sieur de Saint-Germain et de Vert, paroisses de Saint-Germain et de Saint-Viance, élection de Brive, portent : *d'azur à un casque d'argent, au chef cousu de gueules, chargé de trois étoiles d'or*; supports : *deux griffons aislés*.
I. — François de La Rochepot ; il y eut un exécutoire contre lui pour l'abolition du quart et demi de sel, du 22 février 1553 ; il épousa Jeanne Chauvel.
II. — Guillaume de La Rochepot épousa, le 7 janvier 1535, Françoise de Luc, dont : 1° Hieronne, qui suit ; 2° Jean, marié en 1622.
III. — Hieronne de La Rochesouvel, fit son testament le 25 mai 1611 ; il épousa Gasparde de Bar, dont : 1° Jean, sieur de Saint-Germain ; 2° Guy ; 3° Françoise, qui transigea avec Jean, son frère, sur le légat de ladite de Bar, leur mère, le 19 février 1654.

III bis. — Jean de La Rochesouvel, transigea pour le légat que Guillaume, son père, lui avait fait avec Hierosme, son frère, le 15 mai 1607. Il épousa, par contrat sans filiation, du 29 janvier 1622, Jeanne de Coustin; elle fit son testament le 28 juillet 1643. De ce mariage naquirent : 1° Charles, qui suit ; 2° Henri.

IV. — Charles Chauvel, sieur de Vert, épousa, par contrat sans filiation, du 26 septembre 1658, Eléonore de Solutte.

Cette famille fit ses preuves de noblesse devant les commissaires du gouvernement en 1598, et elles furent trouvées bonnes.

ROCHIER, sieur de La Fontaine, paroisse de Néré, élection de Saint-Jean-d'Angely, porte : *d'argent à un rocher de sable, au milieu d'un lion rampant de gueules à dextre, et d'un sauvage à senestre.*

I. — Jacques Rochier épousa Jeanne de Lusignan.

II. — Jacques Rochier fils, rendit l'hommage et un dénombrement à l'abbé de Saint-Jean-d'Angeli, le 12 décembre 1549. Il épousa, le 3 août 1536, Jeanne Richardeau, dont : 1° Jacques, qui suit ; 2° Anastasie, mariée à Pierre de Castella ; ils partagèrent la succession de leurs père et mère, le 24 novembre 1579.

III. — Jacques Rochier épousa Michele de Cumont.

IV. — Hélie Rochier épousa, le 9 janvier 1609, Marie de Voulon.

V. — Jacques Rochier épousa, le 11 mai 1634, Elisabeth Moysan.

ROCHON. — Pierre Rochon, écuyer, ancien capitaine de dragons, chevau-leger, chevalier de Saint-Louis, mourut à Lostolarit, paroisse de Montgibaud, le 1er novembre 1749.

François Rochon, écuyer, ancien brigadier des deux cents chevau-léger de la garde du roi, chevalier de Saint-Louis, sieur de Lostolari, paroisse de Montgibaud, où il mourut le 10 février 1755; il était né à Magnac, près Pierrebuffière. Il épousa Louise-Henriette-Gabrielle Le Vasseur, dont : 1° Marie-Anne, née le 25 juin 1724, mariée, le 5 septembre 1741, à Claude Pasquet, écuier, sieur du Repaire et de La Roche-Mansoux, paroisse de Saint-Julien-le-Vendonneix, fils de Pierre et de Françoise du Roy ; 2° François-Pierre-Henri, né le 10 octobre 1725 ; 3° François-Daniel, né le 30 novembre 1726 ; 4° Joseph-Raymond, né le 7 janvier 1729, chevalier de la garde ordinaire du roi, mort le 26 janvier 1759. Il avait épousé Louise Geouffre de Chabriniac; elle mourut à vingt-trois ans, le 4 février 1759, ainsi que son enfant; 5° Pierre, né le 17 juin 1732 ; 6° Estienne, né le 30 septembre 1734 ; 7° Michele, baptisée le 31 octobre 1735, épousa, à Montgibaud, le 9 janvier 1762, Vincent Grain de Saint-Marsaut, fils de Charles et de Marie Autier; 8° Pierre, né le 11 avril 1737, qui suit; 9° Catherine, née le 8 avril 1741, mariée, le 20 avril 1762, à Jean-Baptiste Seguy, bourgeois du lieu de Pompadour ; 10° Marie-Anne, baptisée le 6 août 1744; Guillaume, Geneviève, trois Pierre et François, morts en bas-âge.

Pierre Rochon, sieur de Lostolari, de La Borderie, fils de François et de Louise-Henriette-Gabrielle Le Vasseur, épousa, le 21 avril 1761, Catherine Allouvaud de Montréal, fille de feu Pierre, conseiller du roi, et de feue Catherine Daniel, de la paroisse de Saint-Germain, près Magnac (Registr. de Saint-Maurice de Limoges). De ce mariage naquirent : 1° Pierre-Etienne-

Henri, né le 19 août 1762; 2° Louise-Gabrielle-Henriette, née le 2 octobre 1763; 3° Jeanne, née le 30 décembre 1764.

ROCQUARD. — V. Rocard.

ROCQUET ou ROQUET. — V. Destresses, T. II.

RODAREL, sieur de Gourdon, La Brousse, La Pradelle, paroisse de Chamboulive, élection de Brive et de Troche, élection de Limoges (1), porte : *d'argent à un rocher de sable*.

I. — Pierre de Rodarel épousa : 1° N.....; 2°, par copie du 5 février 1544, Françoise de Leige.

II. — Gabriel de Rodarel épousa, le 22 octobre 1553, Antoinette de Cheyla; étant veuve, elle fit son testament le 23 janvier 1598, dont Pierre, qui suit.

III. — Pierre de Rodarel épousa, le 29 novembre 1593, Charlotte de Cassaignes, dont : 1° Charles; 2° Annet, qui suit; 3° Antoine; ces trois frères transigèrent sur le partage des biens de Pierre, leur père, le 7 juillet 1627.

IV. — Annet de Rodarel, sieur de Gourdon, épousa, le 22 novembre 1629, Jeanne de La Gorse, dont : 1° Charles, sieur de La Brousse; 2° Antoine, qui suit.

V. — Antoine de Rodarel, sieur de La Pradelle, épousa, en présence de Charles, son frère, le 4 février 1663, Magdelaine de Bessé.

RODE. — V. Garon de La Rode.

ROFFIGNAC ou ROUFFIGNAC, ou ROUFINHAC, ou ROFINIA, ou RUFFIGNAC, sieur de Sannac, paroisse de Saint-Junien-les-Combes, et de Belleville, paroisse de Feuillade, diocèse d'Angoulême, porte : *d'or à un lion rampant de gueules, armé et lampassé de même*, ou *d'azur au lion rampant d'or*.

[Roffignac, maison qui se prétend la plus ancienne du Limousin, et qui a produit plusieurs prélats et chevaliers de l'ordre de Saint-Michel. On trouve, dans les *Annales du Limousin*, que saint Martial ayant été maltraité à Tulle (ou plutôt à Toul, petite ville de la Marche qui ne subsiste plus), se réfugia chez le S^{gr} de Roffignac. On dit que le cardinal de Monstruc était de cette maison.]

Dans un bréviaire de Limoges, de 1550 ou 1556, on lit que saint Martial, passant par le château de Roffiniac, fut reçu du seigneur avec bonté, le baptisa avec toute sa famille au grand avantage de l'église naissante, et qu'il en reste des lettres dans cette ancienne maison, qui, jusqu'à présent, ajoute-t-on, a toujours pris le parti de la véritable religion, et a fourni plusieurs illustres personnages au clergé et à l'État. Mais, dans un siècle aussi délicat que le nôtre, on veut toute autre preuve que l'autorité des bréviaires de ce temps là, quand même ils seraient renforcés du suffrage

---

(1) Chamboulive, canton de Sellhac, arrondissement de Tulle.
Troche, canton de Vigeois, arrondissement de Brive (Corrèze).

du P. Bonaventure. Des maisons illustres préfèrent une origine inconnue à la fabuleuse.

Renald ou Raynald de Rofiniac était vieux lorsqu'il fut élu abbé de Vigeois, avant 1111 ; il mourut en 1124 ; il est dit oncle de Pierre de Noailles, de Raynaud et Ugue de Rofiniac.

I. — Gérald de Rofiniac, Aalais, sa femme, avec leur fils (BALUZE, *Hist. Tutel.*, col. 411), 1° Bernard, qui est peut-être le même que le prieur de Tulle, 1092 et 1097; donnèrent, vers l'an 1060, au monastère de Tulle, le Mas de La Cassanieta, paroisse de Saint-Maixent, en Bas-Limousin, la borderie de Vevila, sur la rivière de Corrèze, et du côté de Puy-Saint-Clair, près la ville de Tulle, en présence de leurs autres fils, dont je vais parler, et d'Ademar, vicarii, second frère dudit Gerald (*Gall. christ. nov.*, T. II, col. 677); 2° Ugue, peut-être le moine de ce nom, qui fut témoin dans un acte d'environ l'an 1070 avec le vicomte de Comborn et le Sgr de Malemort; serait-ce le même qui fut témoin dans un acte de l'an 1103? (BALUZE, *Hist. Tutel.*, col. 420, 448); 3° Guillaume; 4° Pierre, témoin dans l'acte cy-dessus de l'an 1070, qui peut avoir continué la descendance ; 5° Rainard; qui se fit moine à Vigeois. (*Cartular. Vosiense, apud* CANGE, *Gloss. Chella.*)

II. — Pierre de Rofiniac et Bernarde, sa femme, donnèrent, aux moines de Tulle, le Mas du Monteil de Melet, lorsque leur fils Ugue embrassa le monachisme, l'an 1119. Leurs enfants furent : 1° Ugue, qui se fit moine en 1119; 2° Robert de Roffignac, qui peu après 1119 disputa la donation faite aux moines de Tulle ; mais voulant aller à Jérusalem, il vint à Tulle avec Estienne, son fils, et Robert, son neveu; le jour de la Pentecôte, lorsque les moines dînaient, il entra tout à coup dans le réfectoire, avec Bernard, vicomte de Comborn, qui voulait faire le même voïage. Robert leur rendit, en présence de l'abbé Ebalus, et devant sa table, tout ce qu'il leur avait disputé et les embrassa tous. M. Baluze (p. 124) appelle ce Robert : homme d'une grande noblesse; 3° Estienne de Rofiniac, témoin dans un acte d'environ l'an 1060 et dans celui d'environ l'an 1070 (col. 412); vers cette dernière époque, il céda aux moines de Tulle ce qu'il avait à La Chapelle-Geneste, unie à présent à la chartreuse de Glandiers (col. 416). Il est dit frère de Robert de Rofiniac, qui n'était pas encore chevalier, ce qui suppose qu'il le fut depuis (col. 417, 418); 4° Petronille, femme d'Estienne d'Anede (1), homme d'une maison très noble, près la ville d'Aimoutier (p. 139). Un Bernard de Rofiniac était moine de Tulle vers 1113 (col. 464).

● III. — Robert de Rofiniac, chevalier, dont je viens de parler; eut pour fils : 1° Estienne, qui suit ; 2° peut-être Gerald, qui, en 1143, assista, le 21 décembre, avec les autres gentilshommes des environs, à la sépulture de Boson, vicomte de Turenne, faite à Tulle (col. 476).

IV. — Estienne de Rofiniac fit un don avec Robert, son père, aux moines de Vigeois, l'an 1116 (*Cartular. Vosiense*). Il épousa N....., dont Aimeric, qui fut tué dans la guerre de Helie, vicomte de Comborn, vers 1153 ; par reconnaissance, ce vicomte donna aux moines de Tulle, pour le repos de l'âme d'Aimeric, qui fut inhumé chez eux, la moitié de la borderie de La Chenal (p. 147 et col. 487).

---

(1) Anede, aujourd'hui Nodde, canton d'Eymoutiers, arrondissement de Limoges.

Hugue de Roffignac contribua à doter la chartreuse de Glandiers, fondée en 1219 (ESTIENNOT, *Fragm. hist.*, T. II, p. 44).

[Raymond de Roffignac, prieur de Magontières transigea, le 1er juillet 1275, avec Guillaume de Loisse, deuxième du nom. (NADAUD, *Mell. msc.*)].

Bertrand de Roffiniac, damoiseau, Sgr par moitié de Saint-Germain-les-Vergnes (Archiv. du château de Belleville, paroisse de Feuillade, diocèse d'Angoulême), homme de la première noblesse du Limousin (BALUZE, *Vit. pap. Aven.*, T. I, col. 919), épousa, par contract passé à Perpezac, en 1307 (mieux 1337), Valerie Alberti, veuve de Joubert de Leychat, fils d'Imbert et fille de noble Gui Albert du Mont, damoiseau de la paroisse de Beissac, lequel devait être frère du pape Innocent VI, dont : 1° Gui de Roffiniac, damoiseau ; 2° Raymonde.

Raynald de Roffinhac, valet en 1326, frère d'Ebolus, prêtre, et de Helie, prieur de Champagne, diocèse de Poitiers, chevalier du lieu de Saint-Germain-les-Vergnes, *miles Sancti Germani* (1), fils de feu Hugue de Roffinhac, damoiseau, acheta de noble Jean de Corson, du lieu de Treynhac, un muid de vin que celui-ci avait sur les vignes dudit Raynald de Roffinhac, à Allassac, par acte passé, le 24 septembre 1308, à Tulle, sous le scel de l'official dudit lieu. Il épousa N....., dont Mathe, mariée, en 1326, avec Pierre de Bouteville, valet de La Faye, paroisse de Moutier, diocèse d'Angoulême.

Guillaume de Roffignac, prévost d'Aimoutier, 1369 (BONAV, T. III, p. 201).

Bertrande de Roffignac, autrement Messignac, fut pourvue de l'abbaïe du Luix-les-Aurilhac, en Auvergne, l'an 1364. Elle vivait en 1394 (*Gall. christ.* T. II, col. 456).

Guy de Rouffignac ; à sa requête et à celle de sa femme, arrêt prononcé à Paris, en 1396, contre Archambauld, comte de Périgord, qui fut banni du royaume de France et son bien confisqué. Il épousa Catherine de La Motte.

I. — N..... de Roffignac épousa ....., dont : 1° Regnault, qui suit ; 2° Hugue, évêque de Limoges, puis de Rieux. Voyez mes *Mémoires*, T. I, p. 87 ; 3° Jean, dit frère de cet évêque et chevalier, dans un acte passé à Gimel, en 1425, dans le château de Maumont ; 4° peut-être Guy, abbé de La Grasse, mort en 1416 (archives du château de Belleville).

II. Noble homme Monseigneur Regnault de Roffignac *alias* Ruffignac, chevalier, coseigneur de Saint-Germain-les-Vergnes, épousa : 1° N..... de Cramaud, dont : 1° Jean, qui suit ; 2° Guillaume, surnommé de Malessec, que le cardinal Gui de Mallessec fit son héritier par son testament de 1407 ; 3° Guinot, sieur de Chavaignac-le-Blanc, diocèse de Sarlat. Il épousa : 2°, par contrat (signé de Borda) du 18 avril 1396, Catherine de Monteruc, *alias* de Montruc, fille d'Estienne, chevalier, et de Marguerite de Meaulce, diocèse de Nevers, et veuve de Raymond Aubert, chevalier, Sgr de Thoro, diocèse de Cavaillon. Elle porta la terre de Meaulce. Le 21 février 1404, vieux stile, elle ratifia le mariage de sa sœur Loyse de Monteruc avec Jean de Roffignac, qui suit, étant ancienne. N'aïant point d'hoirs, et voïant que sa sœur Loyse était chargée de plusieurs enfants, elle lui fit une donation de tous ses droits sur cette terre de Meaulce.

III. — Jean, *alias* Jehannot de Roffignac, chevalier, est dit, en 1396, neveu de Monseigneur de Poitiers, c'est-à-dire Simon de Cramaud, évêque

---

(1) Saint-Germain-les-Vergnes, canton et arrondissement de Tulle (Corrèze).

de Poitiers. Il fut chevalier, S^{gr} de Richemont, paroisse de Blom, La Motte, Saint-Germain-les-Vergnes, et en partie de la ville d'Allassac, en Bas-Limousin. Il fut témoin dans un hommage que le vicomte de Turenne fit à l'église de Saint-Martial de Limoges, le 26 novembre 1440, où il est dit *miles* chevalier, et non pas soldat. Il le fut encore dans le contract de mariage de Anne de La Tour, avec Antoinette de Beaufort, vicomtesse de Turenne, passé entre Gimel et Tulle, le 21 octobre 1443, où il est dit noble et chevalier. Il fit son testament le 22 mai 1452, par lequel il veut être inhumé à Saint-Germain ou à Allassac, s'il meurt en Limousin, ou à Meausse, s'il meurt en Nivernais (Bonav. — Baluze. *Mais. d'Auverg.*, T. II, p. 736).

Il épousa, par le même contract que son père, en 1396, Loyse de Monteruc, sœur de Catherine, cy-dessus, dont : 1° Guinot, qui suit; 2° Regnaut, qui continua la descendance; 3° Bertrand, prevôt de la cathédrale de Rieux, 1455, élu évêque de Sarlat, au moins dès 1461, quoiqu'on ne mette que 1464 ou 1465 (*Gall. christ. nov.*, T. II, col. 1521). Il assista, avec Hugue, évêque de Rieux, à Périgueux, à l'élévation du corps de saint Front, le 25 ou le 27 mai 1463 (Dupuy, *Hist. de Périg.*). Pendant la famine qui affligea son diocèse, vers l'an 1482, il donnait, deux fois par jour, l'aumône à tous les pauvres; il les fit travailler à rétablir l'ancien palais épiscopal, qu'il agrandit d'une tour, d'un degré et de chambres. La maison du prieuré de Domme, où il demeurait, se brûla avec les archives qu'il y avait fait porter. Il mourut le 4 décembre 1485, dans le prieuré de Domme, d'où l'on transporta son corps dans la cathédrale, où il fut inhumé dans la chapelle des Saints-Apôtres (*Gall christ. nov.*, T. III, p. 992); 4° Denis, moine bénédictin, prieur de Valha, 1452, abbé de Terrasson, 1477, dont il répara le monastère et l'église; 5° Jean, prieur du prieuré rural de Gresis; 6° Louise, femme de Ricou, mieux Raten de Montrocher, chevalier, 1452, S^{gr} dudit lieu et de Nieul; 7° Marguerite, femme du sieur de La Palheyre; 8° Marguerite, mariée à Jean de Souillac de Turenne, deuxième du nom, S^{gr} de de Montmège, fils de Bertrand; une de ces Marguerite épousa, en 1430, François, S^{gr} de Noailles, veuf de Jeanne de Claviers, fils de Jean, premier du nom, et de Marguerite de Lasteyrie du Saillant; 9° Catherine, mariée à N......; 10° Jehanne, peut-être mariée avec Antoine Chapt, S^{gr} de Rastignac; une de ces filles était surnommée Barbariet. Un bâtard appelé Olinon, épousa, avant 1457, Jeanne de Lavaud.

IV. — Gui, *alias* Guinot ou Guïot de Roffignac, damoiseau, héritier universel de son père, fut S^{gr} de Richemont, Saint-Germain-les-Vergnes et coseigneur de la ville d'Allassac. Sa mère lui donna une procuration pour aller prendre possession du château de Meausse, passée en présence de noble François de Noailhies, S^{gr} de Noailhies et d'Estienne Lascure, de la ville de Donzenac, où (acte (signé Ganolhe) fut passé le 2 février 1431, vieux stile. Il fit son testament en 1469, le 24 janvier, vieux stile, signé de Janolhaco et mourut peu après. Du vivant de son père et de sa mère, il épousa, par contract (signé Tarnelli) du 6 janvier 1449, passé à Allassac, Marguerite, fille de feu noble Guillaume de Salaignac, chevalier, S^{gr} de Captdevil (*alias* Chapdeville), et de feue Marguerite Robberte, dame de Maignac et de Jumilhac; noble et puissant seigneur Antoine de Salaignac, damoiseau, S^{gr} desdites terres, constitua, à Marguerite, sa sœur, 2,000 écus d'or. De ce mariage naquirent : 1° Jean, qui continua la branche aînée; 2° Charles, que son père veut être religieux ou chevalier de Rhodes; 3° Eyssando; 4° Gui, qu'on dit avoir fait la branche de Sampnac; 5° Marguerite, mariée avec noble Jean de Solhac, fils aîné de Bertrand, chevalier, Sgr de Montmoyen, diocèse de Sarlat; 6° Marie; 7° Louise; 8° Catherine.

V. — Jean de Rofügnac, Sgr de Jarzai, épousa Mathurine de Linières, fille d'Amouri et de Marie de Chausseroye, dame d'Ervault; elle se remaria, vers 1440, à Jean Gouffier, fils d'autre Jean, Sgr de Bonnivet, et de Jeanne Fretard (SIMPLIC., T. V, p. 606). Jean de Roffinhac, chevalier, témoin du contrat de mariage, le 21 octobre 1445, d'Annet de La Tour d'Oliergue avec Anneté de Beaufort, vicomtesse de Turenne (BALUZE, *Mais. d'Auv.*, T. II, p. 756).

Loys de Roffignac, homme d'armes sous la charge de Grassay, Sgr de Champeroux, était à la revue faite à Fougères, le 8 mars 1489 (1490) (MORICE, *Hist. de Bretagne*, preuv., T. III, col. 635).

Gilbert de Roffignac, chevalier de l'ordre du roi, sieur de Roffinhac, testa le 27 novembre 1574 (reçu du Mas); il avait épousé N......, dont : 1° Jean, mort sans hoirs; 2° Helie, qui suit; 3° Marie; 4° Magdelaine; 5° Audeberte; 6° Hélène, dame de La Tour; 7° Marguerite; 8° Catherine; 9° Anne.

[*Branche d'Allassac* (NADAUD, *Mém. mss. Lim.*, T. III, p. 298).]

Helie de Roffinhac, écuyer, sieur dudit lieu et de La Motte, paroisse d'Allassac, est fils de Gilbert; il testa le 27 janvier 1592. Il épousa par contrat (reçu Viailles), le 17 juin 1578, Marguerite de Miramont, dont : 1° Louis, qui épousa deux femmes, en 1610 et en 1618; 2° Henri; [3° Jean-Philibert, tonsuré en 1617]; 4° Hélène, promise en mariage, en 1583, à François de Brie, fils aîné de François, écuyer, sieur du Bosfran, et de Louise du Mosnac; 5° Magdeleine; 6° Charles; 7° Catherine.

N..... de Roffignac, Sgr de Marsac, épousa, vers 1625, Anne de Chapt de Rastignac, fille de Peyrot, chevalier de l'ordre du roi, et de Marguerite Chapt de Laxion.

Louis de Roffignac, chevalier, Sgr de La Motte, Saint-Germain-les-Vergnes et en partie d'Allassac, testa le 25 octobre (signé Cheymalle). Il épousa : 1°, par contrat du 19 mars 1610 (reçu Durieu), Suzanne de Meyrignac, 2°, par contrat du 1er mai 1618 (reçu Du Mas), Marguerite de Roffignac, fille du sieur de Marsat. Ses enfants furent : 1° Jacques, héritier; 2° Henri; 3° François, qui se maria en 1670; 4° Isabeau; 5° Magdeleine; 6° Marie.

Helie de Rofiniac, écuyer, paroisse d'Allassac, épousa N......., dont Jean Philibert, tonsuré en 1617.

Noble François de Routiniac, sieur dudit lieu, épousa Catherine Hugon, dont : 1° Renée; 2° Louise; 3° Jeanne; ces trois filles donnèrent, le 28 mai 1622, procuration à leur mère pour poursuivre leurs droits sur l'hérédité de leur père.

Jacques de Roffignac, Sgr de La Motte et d'Allassac, vers 1640 épousa Judith-Marie de Durfort, fille de Jacques, baron de Boissières, et de Jacqueline de Gimel.

Branche de Meaulce.

IV. — Regnault *alias* Ravault de Roffignac, frère de Gui et fils de Jean et de Loyse de Monteruc, chevalier, sieur de Meaulce et de Boy, paroisse de Saint-Ouen, et pendant un temps de la terre et *chevance* de Vigoas et de Perpezac, qui venaient de leur mère, vivait en 1478. Le 12 février 1471, Jean, duc de Brabant, comte de Nevers, le nomma son chambellan. Ce Ravault et Gui, son frère, cy-dessus, exposèrent au pape Pie II que leurs père et mère, dont ils étaient héritiers, avaient fondé une lampe ardente continuellement et perpétuellement devant le Saint-Sacrement, dans les églises de Saint-Jean d'Allassac et de Meausse, mais que, comme ils étaient souvent absents, et que leurs domestiques, par oubli ou par négligence n'exécutaient pas les intentions des fondateurs, ils suppliaient Sa Sainteté de changer cette fondation en d'autres œuvres de piété. Le pape commit à cet effet les évêques de Limoges et de Nevers par bref du 11 des calendes de mars 1471. Il fit son testament le 23 juillet 1491.

Il épousa : 1°, par le même contrat que son frère, Helide ou Alix de Salaignac, sœur de Marguerite, cy-dessus, dont : 1° Antoine, qui suit; 2° maître André, licencié ez-droits, sieur de Paulnat, prêtre, prieur de Baille 1482, chanoine de Nevers 1480, archiprêtre de Desise 1516; 3° Jacques, archiprêtre de Bouihaginis ; 4° Herard, qui continua la descendance; 5° Catherine; 6° Marie; 7° Marguerite, femme, en 1501, de noble François de La Cropte, S^{gr} de Bourçais ou Lanquais (1), diocèse de Sarlat, et d'Abzac; il donna quittance de la dot de sa femme, du 12 septembre 1497, à sa belle-sœur, Marie d'Aubezy.

Il épousa : 2° Antonie de Filzin, ou Filzinie, ou Fellezins, dite de Montmirat (2), fille de noble et sage Jean de Filzinhio, coseigneur de Montmirat, Filzin et Livinhac, diocèse de Saint-Flour, Rhodez et Cahors, et de noble Catherine de La Rogue, par contrat (signé de Cabrespiné) du 13 octobre 1469. Dans un acte de 1505, elle est dite veuve de noble Guinot Fouchier, dont : 8° autre Antoine de Roffignac; 9° maître Bertrand, bachelier en décrets; 10° Hugue.

V. — Antoine de Roffignac, écuyer, sieur de Meaulce et de Boys, échanson de Jean, duc de Brabant et comte de Nevers, qui, en 1482, lui donna le droit de retenue et de retrait. On fit l'inventaire des meubles du château de Meaulce le 10 décembre 1485. Il épousa, par contrat (reçu par Duclos et Peurot) passé au château de Cuffi, en présence de Marie d'Albret, comtesse de Nevers, le 30 octobre 1482, Marie Danlezy, fille de feu noble Philibert Danlezy, écuyer, sieur de Dinflen ou Durflin, et de Marguerite Pinpardin. De ce mariage naquirent : 1° Pierre, curé de Meaulce ; 2° Marie, mariée à noble Jean de Marafin, écuyer, sieur de Garchi, Narni et du Puisat, par contrat (signé Fauchier) du 21 décembre 1507; 3° Catherine, mariée à Emond de Vohet, écuyer, sieur de Villeneuve; par contrat (signé France et Baud) du lundi 21 juillet 1516; 4° Françoise, mariée à Christophe du Mesnil-Simon, écuyer, sieur du Maulpas et de Marogue, par contrat (signé

---

(1) Lanquais, château et paroisse, canton de Lalinde, arrondissement de Bergerac (Dordogne).
(2) On trouve écrit ailleurs de Montmurat.

Macon) du 1ᵉʳ juin 1541. Elle vivait en 1544 ; 5° autre Catherine, prieure de l'abbaye de Saint-Menoulx, diocèse de Bourges, 1546, 1589 ; 6° Erard.

V bis. — Erard ou César de Roffignac, fils de Regnault et de Hélide de Salaignac, écuyer, sieur de Meaulce, Boy, Saint-Caise, surintendant de la maison de Marie d'Albret, duchesse de Nevers, laquelle, en 1550, lui donna 300 livres de gratification. Il avait fait son testament olographe le 6 novembre 1529, par lequel il veut être inhumé dans l'église de Meausse ez les tombeaux de ses feus père et mère. Il épousa Françoise de La Rivière, fille de François, écuyer, sieur de Champlanis, Corne, Dampbernard, Sallenay, vicomte de Quinsy, et de Magdelaine de Savary, par contrat du 7 décembre 1519 (reçu par Rabbe) passé à Nevers. De ce mariage vinrent : 1° Pierre, qui suit ; 2° Claude, mariée à Jean de Bertrand, écuyer, fils de feu Pierre, sieur de La Coste, en Berri, et de Pouzieulx, en Bourbonnais, paroisse de Saint-Georges, et de Catherine de Gruyon, par contrat (signé Buret, du 14 mars 1551 et du 17 mai 1552 (signé de Taches et Bellard).

.VI. — Pierre de Roffignac, écuyer, sieur de Meaulce, Boys et Saint-Caize, fut page de François de Cleves, duc de Nemours, servit contre l'empereur Charles-Quint au camp de Picardie, en qualité d'homme d'armes du duc de Nivernais. Il était mort en 1597. Il avait épousé, avec dispense du pape, du 1ᵉʳ juillet 1544, et par contrat (signé Fregaire) passé au château de Baulgi le 26 avril précédent, Charlotte Damas, fille de Jean Damas, écuyer, baron Danlezy, Sᵍʳ de Saint-Parise-le-Châtel, et de Jeanne de Bar, fille du baron de La Guierche et de Beaulgi. Ils firent un testament mutuel olographe, digne de leur piété, le 17 mai 1589, par lequel ils veulent être inhumés dans leur chapelle de l'église de Meaulce, et dans les tombeaux de leurs père et mère. Ils laissèrent : 1° Gui, qui suit ; 2ᵉ François, qui a formé la branche d'Aspremont ; 3° Jean, prieur de Saint-Saulge et doyen de la cathédrale de Saint-Cyr de Nevers, 1588, 1610 ; il étudiait en l'Université de Paris en 1566, fit son testament le 29 septembre 1614, où il ne se qualifie que chanoine, veut être inhumé à Meausse, mourut après s'être démis, en 1614 (Gall. christ., T. XII, col. 664) ; 4° Charles dit Meaux, né au château de Maupas, baptisé dans l'église de Morogues, diocèse de Bourges, fit, en 1568, ses preuves pour être reçu frère-chevalier de l'ordre de Saint-Jean de Jérusalem, dans la langue d'Auvergne, il avait alors de seize à dix-sept ans ; le grand-maître, Jean Levêque de La Cossière, le nomma, le 20 janvier 1576, pour dix ans à la commanderie de Laureuil, et à celle de Carlat le 22 novembre suivant ; il lui permit, en 1579, de permutter la première commanderie ; 5° Anne, mariée, par contrat (signé Grossel) du 3 février 1569, à noble Jean de Bertellon, sieur de La Cave, paroisse de Beaumont-sur-Sardelles, en Nivernais, fils de Jacques, écuyer, sieur de La Cave, et de Jeanne de La Forest : les père et mère de Anne, à cause de la mort de plusieurs de ses frères et sœurs, lui donnèrent, en 1584, la somme de 1,000 livres, outre celle de 5,000 qu'ils lui avaient promise en mariage ; 6° Ermée, veuve, en 1613, de Christophe de La Chassagne, écuyer, sieur de Rouzemont.

VII. — Gui de Roffignac, écuyer, sieur de Meaulce, Saint-Caise et Barges, fut assigné à contribuer au ban et arrière-ban à raison des fiefs de Malignant et Villacerveau ou pays de Vendomois, appartenant à sa femme, mais il en fut déchargé, le 9 décembre 1597, à cause du service par lui fait au siège d'Amiens. Il était mort le 29 janvier 1610. Il avait épousé, par contrat (reçu par Guillerant) du 3 juin 1585, Françoise du Plessis, fille de Charles, chevalier, Sgr de Perrigny, Malicorne et Hautefeuilhe, conseiller et maître d'hôtel ordinaire du roi et de feue Claude Destempes. Elle se rendit tutrice de ses enfants, qui furent : 1° Charles, qui suit ; 2° Esme, écuyer, sieur de Gigny et de Saint-Caise, qui épousa Henriette de Pergues, fille d'Alexandre, écuyer, sieur de Nion et de Migny, paroisse de Saint-Pierre de Varzy, et de Louise de Jouilhard, par contrat passé au château de Villemenon, paroisse de Guérigny, le 17 juin 1630 ; 3° Pierre, sieur de Barges, prieur de Saulge ; 4° Esmée, femme de N..... Marcelange, écuyer, sieur de La Grange, en 1625 ; 5° Françoise, mariée par contrat (signé Chevalier) du 17 février 1613, à Jacques d'Aubrun, écuyer, sieur de Boucheron, paroisse d'Aultrya, en Bourbonnais, et de Beauregard, fils de feu Antoine et de Jacqueline d'Aulbigny ; elle mourut sans hoirs ; 6° Arnaude, mariée, par contrat (reçu par Vaillant) du 24 février 1620, à Jean d'Aubrun, écuyer, sieur du Boucheron, fils de feu Antoine et de Jeanne du Buisson ; 7° Anne, qui se fit religieuse à l'abbaye de Notre-Dame de Nevers, 1607, où elle fit profession, 1612.

VIII. — Charles de Roffignac, écuyer, sieur de Meaulce, Tremigny, La Forest-des-Chaumes, épousa, par contrat (signé Tulon) du 29 septembre 1614, Edme de Gentil, fille de Jacques, écuyer, sieur du Mas-la-Breulhe et de Drye en partie, un des cent gentilshommes de la maison du roi, et de Claude de Regnier. Ils ignoraient la parenté qui était entre eux et en obtinrent dispense de l'évêque de Nevers, en 1636. Ils firent un testament mutuel le 4 janvier 1638.

Branche d'Aspremont.

VII. — François de Roffignac, écuyer, fils de Pierre et de Charlotte Damas, enseigne de la compagnie des gendarmes de Nancé, 1637, eut la terre de Boy et devint Sgr d'Aspremont. Il épousa, par contrat (signé Pergnan) du dernier février 1588, Anne du Plessis, fille de Charles et sœur de Françoise, cy-dessus. Dont : 1° François, qui suit ; 2° Charles, prieur de Saulge et de Valigny ; doyen, en 1653, de Nevers, dont il se démit (*Gall. christ.*, T. XII, col. 664) ; 3° Marie ; 4° Magdelaine.

VIII. — François de Roffignac, chevalier, Sgr d'Aspremont et de Bouy, fit son testament le 3 mai 1661. Il épousa Claude-Philippe de Morogues, dame de Remiremont, fille de feu François, baron de Choit, sieur de La Tour-du-Bos, et de feue Jeanne de La Coulonge, par contrat (signé Camusat) du 1er août 1639. Dont : 1° Charles ; 2° Romaric, qui suit ; 3° Anne-Claude, reçue au chapitre de Remiremont le 20 mars 1654.

IX. — Romaric, ou François-Romaric de Roffignac, chevalier, sieur d'Aumery, Les Reaux, Selligny, Laubois, comte d'Aspremont, commandant l'escadron des gentilshommes du Nivernais, 1689, 1693, 1696. Il épousa, par contrat (reçu par Jolivet) du 20 mars 1687, Marie-Anne de Morogue, fille de Henri-Louis, chevalier, sieur de Sauvage, Guichy, et de feue Magdelaine de Vanterolle. Dont : 1° Louis-Claude, né le 12 janvier 1688, reçu page chez le roi en 1708, mort sans hoirs ; 2° François-Gui, baptisé le 2 janvier 1690, mort sans hoirs ; 3° François, baptisé le 19 janvier 1691, mort sans hoirs: 4° Magdelaine-Suzanne, née le 31 décembre 1688, qui, en 1717, fournit, pour être reçue dans l'église collégiale séculière de Sainte-Marie de Metz, des preuves qui furent admises ; elle épousa Louis de Torcy, chevalier, sieur de Poinchy, et mourut sans hoirs.

Branche de Sampnac, paroisse de Saint-Junien-les-Combes.

I. — V. — Gui de Rouffignac, sieur de Richemont, Saint-Germain-les-Vergnes et coseigneur d'Allassac, rendit hommage à Anno de France, comtesse de la Marche, le 17 juillet 1506. Il épousa Françoise Chauvette, fille de noble et puissant Sgr Pierre Chauvet, écuyer, sieur de Sampnac, paroisse de Saint-Junien-les-Combes, près la ville de Bellac, et de Catherine de Pierrebuffierre, dont : 1° Gillibert, écuyer, sieur de Saint-Germain-les-Vergnes et en partie d'Allassac, qui partagea avec Christophe, son frère, les successions de leurs père et mère, le 4 décembre 1528 ; 2° Christophe, qui suit ; 3° Jean ; 4° Charles ; 5° Albert ; 6° Anne ; 7° Peirounelle, mariée à Guillaume du Saillant, écuyer, sieur dudit lieu ; 8° Gui ; 9° Barbe ; 10° Catherine, mariée à Jean de La Rie, écuyer, sieur de La Coste ; elle fit donation à Christophe, son frère, en 1530 ; 11° et 12° autre Albert et Pierre, morts en bas-âge.

II. — VI. — Christophe de Rouffignac, écuyer, sieur de Sampnac et Nantiac en partie, rendit hommage, en 1539, 1544, 1562 ; fit son testament le 19 février 1575. Il épousa, par contrat sans filiation du 20 février 1530, Valerie Faulcon, fille de noble Albert Faulcon, Sgr de Thouron et de Puymenier, paroisse de Compreignac, et de Saint-Georges, et de Charlotte de Linards ; elle fit son testament (reçu par Fauvet) le 1er novembre 1585, dont : 1° Jean, sieur de Gravelat, tué par Philippe de Saint-Georges, écuyer, sieur du Fraisse, vers 1576 ; 2° Jacques, marié à Jeanne de Razès, fille de noble Jean, Sgr de Monismes, Bessines et Ablou, et de feue Renée de Douhaud. Il fut assassiné, le 1er novembre 1581, par Charles de La Gelie, écuyer, sieur de La Coste-sans-Chemin, et François Blereau, dit Château-Lamanée, écuyer, natif de la paroisse de Moulon. Ce Jacques de Roffignac fit une donation de tous ses biens à son frère Martial, le 3 avril 1581 ; 3° Martial, qui suit ; 4° Gilbert ; 5° Magdelaine, femme, en 1573, de Jean de Sanneterre (Saint-Nectaire), Sgr de Fromental, chevalier de l'ordre du roi, fils d'autre Jean, sénéchal de Beaucaire, et de Renée de La Platière ; il vendit la terre de Fromental en 1573 (Moreri, 1759. — Simplic., T. IX, p. 115) ; 6° Marie ; 7° Brunissen, veuve du sieur Masmeau. — Léonard, qui a fait la branche légitimée de Grimodie.

III. — VII. — Martial de Rouffignac, écuyer, sieur de Sampnac, Puymenier et du Cros de Balledent, fit son testament (reçu par de Bersac) le 4 février 1597, en faveur de Gabriel, son fils aîné ; il veut être inhumé dans l'église de Saint-Junien-les-Combes. Etant porteur de procuration de Christophe, son père, il avait fait un échange le 14 novembre 1570. Il épousa, par contrat sans filiation du 26 janvier 1583, Mathurine ou Marthe de Ceris, fille de noble Alain de Ceris, Sgr de La Motte-Saint-Claud, en Angoumois, et de Château-Renaud, et de Jeanne Bounichaud, dame de Mortemer. Dont :

1° Gabriel, qui suit; 2° Gaspard, qui a fait la branche de Belleville (1); 3° François, reçu chevalier de Malte à l'âge de dix-sept ans, en 1603; 4° Jacques, sieur de Saint-Hilaire; 5° Marie; 6° Claude ou Claudine.

IV. — VIII. — Gabriel de Rouffignac, chevalier, gentilhomme ordinaire de la chambre, S^{gr} de Samnac, épousa : 1°, par contract du 16 août 1611, Renée Levesque, fille de François Levesque, chevalier de l'ordre du roi, lieutenant de sa venerie, gentilhomme ordinaire de sa chambre, S^{gr} de Marconnay et de Rimbault, et de Jacqueline Gillier, dont : 1° François, qui suit; 2° Gaspard, sieur de Quinsac, tonsuré en 1630, marié, par contrat du 23 juin 1641, à Marthe de Saint-George, veuve de Gaspard du Feniou, chevalier, sieur de Biossac, paroisse de Châteauponsac, et fille de feu François de Saint-George, chevalier, S^{gr} de Fraisse, et de Isabeau de Jumilhac, dont ne vinrent point d'enfants; il épousa : 2° Jacquette Frotier ; elle mourut au Châtenet, paroisse de Montberon, en Angoumois, le 7 octobre 1643, et fut portée inhumer à Saint-Junien-les-Combes.

V. — IX. — François de Roffignac, chevalier, S^{gr} de Sampnac, du Cros de Balledent [de Bord, etc.], fit son testament le 26 août 1673. Il épousa, par contrat du 7 août 1644, Marie de Brettes, fille de Gédéon de Brettes, chevalier, seigneur, baron du Cros de Cieux, et de feue Magdelaine de Douhet. Elle mourut le ..... avril 1669. Par arrêt du 14 juillet 1668, du Parlement de Bordeaux, la renonciation par elle faite à la succession échue de sa mère, fut cassée, nonobstant et sans avoir égard aux obligations de Gabriel et François de Rouffignac, son beau-père et son mari, de faire subsister cette renonciation (BOUCHEUL, Cout. Poit., titre III, art. 320, n° 46, et Traité des successions, ch. XXI, n° 43). Leurs enfants furent : 1° Gédéon, qui suit; 2° François, marié à N..... Gentil de Crognac, en Périgord, dont ne vinrent point d'enfants ; 3° Suzanne, mariée : 1°, par contrat du 24 février 1664, à Jean de Pontcharraud, sieur de La Salle [conseiller au siège royal de Bellac], fils de noble Jean, conseiller, avocat et procureur du roi à Bellac, et de feue Marguerite Papon; 2° à Jacques de Douhet, S^{gr} du Puymoulinier, lieutenant criminel à Limoges; elle mourut veuve, âgée de quatre-vingt-neuf ans, le 4 avril 1737, et fut enterrée à Saint-Martial de Limoges; 4° Catherine, morte *ab intestat*.

VI. — X. — Gédéon de Roffignac, chevalier, sieur de Saint-Junien-les-Combes, lieutenant des maréchaux de France, sieur de Sannat, du Cros de Balledent, [etc., vivait le 4 août 1680. Il y a apparence que c'est lui qui, vers 1698, était S^{gr} en partie de la terre d'Allassac, en Bas-Limousin. Voyez Allassac.] T. I. Il épousa, par contrat (reçu par Boutinon) du 23 février 1672, et le lendemain, dans l'église de Feuillade, diocèse d'Angoulême, Charlotte d'Allogny, fille de Claude, chevalier, sieur du Puy-Saint-Astier (2), La Raphie et La Forest, paroisse dudit Feuillade, et de Marie Ariot. De ce mariage naquirent : 1° Claude-François, qui suit; 2° Marie, mariée, par contrat du 5 décembre 1688, à Martial de Vertbamont, fils d'autre Martial, chevalier, sieur de Lavau, Bussière-Boffi, Mons, Lachenau, La Robinière, et

---

(1) Belleville, commune de Feuillade, qui était en Périgord, se trouve actuellement dans le département de la Charente, canton de Montbron, arrondissement d'Angoulême.

(2) Le Puy-Saint-Astier, château sur les bords de l'Isle, près de la ville de Saint-Astier (Dordogne).

d'Elisabeth de Lambertie ; 3° N....., marié à N..... du Leris, sieur de Sauviac; 4°, 5° et 6° ...., religieuses à Saint-Junien.

VI. — XI. — Claude-François de Roffignac, chevalier, Sgr du Cros de Balledent, Bord, La Foret, Sannac-les-Combes, page en la grande écurie en 1693, lieutenant des maréchaux de France, épousa, par contrat du 20 février 1700, Catherine de La Borie, fille de Pierre, écuïer, sieur de Boucheron, trésorier de France en la Généralité de Limoges, et de feue Marguerite Pigné, dont : 1° Gédéon ; 2° François ; 3° Gédéon-Joseph ; 4° autre François, tonsuré en 1729, prêtre ; 5° Jean, tonsuré en 1729 ; 6° Charlotte, mariée à N..... Joviond, écuïer, sieur de La Chassagne ; 7° N....., religieuse à la Visitation de Limoges ; 8° et 9° N....., religieuses à Saint-Junien.

Branche de Belleville [Nadaud, *Mém. mss. Lim.*, T. III, p. 265 et suiv.].

VIII *bis.* — Gaspard de Roffignac, écuïer [ou chevalier], sieur de Quinsac, de l'Age, paroisse de Champaignac, en Périgord, de La Brousse et de La Cote-de-Bourzac, fils de Martial [écuïer, sieur de Sannac, du Cros et de Balledent, près la ville de Bellac] et de Marthe de Ceris, fut baptisé à Saint-Junien-les-Combes, le 21 juin 1587; fit un testament olographe le 26 ..... 1645, par lequel il veut être inhumé dans la chapelle de Sainte-Geneviève, du bourg de la La Feuillade, diocèse d'Angoulême; il le fut le 26 octobre 1646.

Il épousa : 1° par contrat (signé Robert) du 20 novembre 1614, Jeanne Seguin, dame de La Brousse [du château de Belleville, dans le bourg dudit Feuillade, en Périgord], fille de feu Jean, écuïer, sieur de La Brousse et de feue Jacquette de Morel, du lieu de Bourzac, paroisse de Nanteuil, en Périgord. Elle fit un testament mutuel avec son mari (signé Bouhounier), le 23 juin 1615, au lieu de Bourzac. De ce mariage naquirent deux filles : 1° Suzanne, mariée : 1° à Jean Urtelle, écuïer, sieur de La Pouge ; 2° à Henri de Beynac, baron de Vilhac et de La Valade, paroisse de Romain, diocèse de Périgueux, fils de feu Michel de Beynac, chevalier, et de Jeanne d'Aubusson, et veuf de Marie-Magdelaine Faure de La Roderie, par contrat (signé Dayres, not. roy.) du 6 mars 1641. [Elle fit son testament (signé Robert) le 3 avril 1629, et mourut le 4 août 1630] (1) ; 2° Jacquette, mariée dans l'église de Feuillade, le 19 avril 1633, à François Rousseau, sieur du Mas, fils de feu autre François, écuïer, sieur de Sainte-Catherine, et de Jeanne Devezeau.

Il épousa : 2° par contrat (signé Lavergnat et Cotheron) du 12 août 1628, Louise de Marconnay, fille de feu René, chevalier, sieur de La Cheze et de Curzey, et de Marie Ratault, née au château de Landivière, baptisée le 26 décembre 1599, veuve de Jean Blanquet, écuïer, sieur de Ferrière, du bourg de Curzay, en Poitou ; elle fit son testament (signé Robert) le 3 avril 1629, mourut le ..... août 1630. Dont : 3° Isabeau, morte sans hoirs.

Il épousa : 3° par contrat (signé du Rousseau) du 14 mars 1631, Favienne Morin, fille de feu Jean, écuïer, sieur de Signac, et de Marguerite Helie de Colonges, du lieu du Mas, paroisse de Vouthon, en Angoumois ; elle vivait

(1) Ce que Legros dit ici est rapporté par Nadaud à l'alinéa suivant.

en 1679, dont : 1° Jean-[Baptiste], qui suit ; 2° René, sieur du Roc, capitaine au régiment de Cursol, en 1687, [sans doute celui qui demeurait à La Rochefoucaud, en 1666]; 3° Charles, sieur de La Tour, mort capitaine du régiment de Cursol, à Toul, le 29 octobre 1687; 4° Isabeau [ou Élisabeth, ou Ysabelle], à qui, à l'âge de trois ans et quatre mois, on suppléa les cérémonies du baptême dans l'église de Feuillade, le 19 février 1645, mariée par contrat (reçu par Gillibert) du 24 octobre 1674, et le 13 novembre dans l'église de Feuillade, à François [ou Jean] de Curtal [ou Cultar], fils de feu Jean, sieur de Lascoux, paroisse de Maraval, en Poitou, et de feue Françoise des Roberts. Elle fit une donation à son neveu, Jean de Roffignac, qui suit, le 19 octobre 1700. Elle fut inhumée à Feuillade, à cinquante-six ans, le 3 novembre 1712 ; 5° Marthe, baptisée le 29 novembre 1645.

IX. — Jean-Baptiste de Roffignac, écuïer, sieur de Belleville, dans le bourg de Feuillade, où il fut baptisé le 29 octobre 1632, épousa : 1° Marie, fille de feu Claude de Sauzet, écuïer, sieur de La Douhe et de Langlardie, paroisse de Soudac [en Périgord], et de Marie d'Escravayet, de Bellac, par contrat (signé La Jamme) du 22 février 1653; elle mourut le 2 décembre suivant et fut inhumée à Soudac. Il épousa : 2° par contrat (signé du Basset) du 10 juin, et le 20 dans l'église de Nontron, 1655, Jeanne [ou Marie] d'Eyriaud, fille de feu François, sieur de La Tarière, *alias* de La Férière, et de feue Françoise Robin de ladite ville. Dont : 1° Jean, inhumé dans l'église des Cordeliers dudit Nontron, le 11 juin 1694; 2° Jean-Baptiste, baptisé audit Nontron, à l'âge de trente mois, le 5 septembre 1662, mort le 20 janvier 1720, à l'âge de soixante ans, inhumé à Feuillade, dit M. de Belleville [le même que celui qui suit]; 3° Nicolas, baptisé audit Nontron, à l'âge de trois semaines, le 24 février 1664; 4° Jean-[Baptiste], qui suit; 5° Fabienne, morte en âge nubile, le 11 mai 1677, inhumée dans la chapelle de Notre-Dame de la ville de Nontron, avec deux de ses sœurs; 6° N......, morte le 31 janvier 1677, [sans doute celle qui est nommée ailleurs Julie ; 7° une autre fille].

X. — Jean-[Baptiste] de Roffignac, [Voyez ci-dessus 2° et 4°], chevalier, sieur de Belleville et de La Motte, mourut [en 1706 ou seulement le 20 janvier 1720, à l'âge de soixante ans, sous le nom de Mr de Belleville, et fut enterré à Feuillade]. Il épousa, par contrat (signé Fougières) du 18 avril et le 20 dans l'église de Nontron, en 1679, Antoinette-Renée d'Aydie de Saint-Laurent, fille de feu Blaise, chevalier, sieur de Vaugoubert, Champaignac, et de Antoinette de La Brousse, du lieu de Francherie; elle mourut le 14 mai 1735. Dont : 1° René, qui suit; 2° Jeanne, née à Nontron le 4 mars 1683, religieuse à Saint-Pardoux-la-Rivière, 1714 ; 3° Catherine, baptisée à Feuillade le 24 février 1687; 4° Marie, baptisée le 21 février 1688, morte à quinze ans; 5° Thérèse, née le 20 décembre 1691, morte à quatre ans; 6° Julie, baptisée le 9 octobre 1694, accordée le 17 novembre 1733 (signé Bourrinet) avec Léonard Chataigner de La Rochepozay, chevalier, sieur de La Courière, Sauvaignac, fils de feu Charles et de Suzanne de Lambertie; ce qui n'eut pas lieu. Depuis elle épousa Jean-Joseph Sonnier, écuïer, sieur de Puycervier, paroisse de Quantilhac [près la ville de Brantosme], diocèse de Périgueux, dont elle n'eut point d'enfants ; 7° Antoinette, baptisée le 12 janvier 1696; 8° Françoise, baptisée le 27 février 1697;

9°, 10°, 11°, 12° et 13° Marie, autre Marie, Armand, autre Marie, autre Julienne, morts en bas-âge.

XI. — René de Roffignac, chevalier, sieur de Belleville, Les Brousses, paroisse d'Oradour-sur-Vayres, Saint Angel, La Francherie, mourut à soixante-cinq ans, le 29 juin 1745, et fut inhumé à Feuillade. Il épousa, par contrat (signé de Jalanihac, not. roy.) du 27 janvier 1709, Anne de La Pisse, fille de Gabriel, écuïer, sieur de Langlardie [paroisse de Soudac], et de Magdelaine Chataigner de La Rochepozay. Elle mourut à l'âge de cinquante ans, le 30 septembre 1740, fut inhumée à Feuillade (il y a faute pour sa mort). De ce mariage naquirent : 1° Jean, qui suit ; 2° Magdelaine-Jeanne [morte à l'âge de cinq ans, en 1714] ; 3° Françoise, [morte à l'âge de dix-huit mois, en 1712].

XII. — Jean de Roffignac, né le 23 novembre 1712, [ondoyé le 26, à qui on suppléa les cérémonies du baptême le 12 mai 1714], sieur de Belleville, Les Brosses, La Francherie [paroisse de Nontron], appelé le comte de Roffignac, nommé lieutenant des maréchaux de France le 25 juin 1742, mourut le 7 [ou le 1ᵉʳ] novembre 1751. Il avait épousé, le 27 mars 1735, Louise du Faux de Verrière, paroisse de Saint-Sulpice de Mareuil, diocèse de Périgueux, dont : 1° René, né le 24 décembre 1740, capitaine au régiment de Chartres, 1761, qui suit; 2° Gabrielle, née le 17 juillet 1748, mariée en 1766, à Angoulême, à François Texier de Javerlhac; 3°, 4°, 5° et 6° Pierre-Louis, Henriette, Marguerite et une autre fille, morts en bas-âge.

XIII. — René-Annibal, comte de Roffignac, chevalier, sieur de Belleville, La Chapelle Saint-Robert, Souffrignac, Les Brosses, premier capitaine au régiment de Chartres, épousa Marie-Magdelene de Ventongeres *alias* Vantongerin, dont Louise-Elisabeth, née le 19 novembre 1768.

Branche de Coutzages.

Jean de Rouffignac, Sᵍʳ de Couzages et de Chavagnac, acheta, en 1427, de Bertrand de Saillac, tout le droit que celui-ci avait dans la châtellenie de Couzages. [Jean de Roffignac s'obligea de lui donner pour cela ce qui serait réglé par l'évêque de Sarlat]. Il épousa Jeanne de Compniliac, dont : 1° noble et puissant Sᵍʳ Guy, écuïer, Sᵍʳ de Chavaignac, Cosaiges, Peyres ; 2° Liene [ou Lionne], ou Hélène, mariée, le 27 décembre 1504, à noble Pierre de Maumont, sieur du Chadaud, etc., fils de Jean, damoiseau, Sᵍʳ de Milbaguet (MORERI, 1759, art. Souillac).

François de Roffignac, Sᵍʳ de Coutzages, épousa Gabrielle de Lausières, fille de Louis, Sᵍʳ de Lauzières, Themines, vivant en 1558, et de Marguerite de Roquefeuille (SIMPLIC., T. VIII, p. 416).

N....... Roffignac, gentilhomme, président, sieur de Coutzages épousa N....., dont N......, mariée avec N....., sieur de Pennacor, très belle et très honnête demoiselle (BRANTOME, T. XIII, p. 138).

Branche de Dupont [NADAUD, *Mém. mss. Lim.*, T. III, p. 297].

Antoine de Rouffiniac, écuïer, sieur du Pont, paroisse d'Excideuil, près Chabanais, 1633, mourut à l'âge de soixante-dix ans, à Saint-Eloi, paroisse dudit Excideuil, le 23 novembre 1639. Il épousa Marie Trenchard, dont :

1° Léonarde, née le 7 février 1616; 2° Antoine, né le 10 octobre 1621; 3° Estienne, né le 26 juillet 1625. (Regist. d'Excideuil.)

François de Roffignac, sieur de Montreuil, en Périgord, fils de Louis, épousa Suzanne d'Angennes, fille de Jacques (mieux de feu François), marquis de Montlouet, et de Elisabeth de Nettancourt-Vaubecourt (mieux de feue Marie Caussa), le 12 septembre 1670, à Paris, par contrat reçu par Mounier et Upin (SIMPLIC., *Hist. des grands offic.*, T. II, p. 429).

ROUFFIGNAC ou ROFFIGNAC, sieur de Grimodie, paroisse de Roussac, Puy-Ribereix et de Fursac, porte : *d'or à un lion rampant de gueules, armé et lampassé de même avec la barre.*

I. — Léonard [de Roffignac ou] Rouffignac [écuïer, sieur de Grimodie (NADAUD, *Mém. mss. Lim.*, T. III, p. 297), paroisse de Roussac], bâtard de Christophe, sieur de Sannac, fit diverses acquisitions en 1552, 1556, 1559, et son testament (reçu par Fauvet) en faveur d'Estienne, son fils, le 15 décembre 1589; transigea avec Martial de Rouffignac, son frère, le 1er mars 1591; eut des lettres de légitimation et d'annoblissement, le 16 février 1606, vérifiées à la cour des aydes de Montferrand, le 16 juin 1607; épousa : 1° Marguerite Teulier; 2° Marie de Belabre, dont : 1° Estienne, qui suit; 2° peut-être autre Estienne, tonsuré en 1572, prieur de La Mongie.

II. — Estienne de Rouffignac fit son testament le 30 novembre 1613, épousa Françoise de Douhet, dont : 1° Louis, qui suit; 2° apparemment Marguerite de Rouffignac, mariée à Jacques Le Borlhe, sieur des Hommeaux, morte à l'âge de soixante-sept ans, à Châteauponsac, le 6 mars 1677.

III. — Louis de Rouffignac fit son testament le 16 octobre 1637, épousa, par contrat du 15 février 1627, Anne du Mosnard, dont : 1° Claude, qui suit ; 2° Jacques, sieur du Puy-Ribeyreix ; 3° Guillaume, sieur de Fursac.

IV. — Claude de Rouffignac, sieur de Grimodie, épousa, le 30 septembre 1658, Gabrielle Duclou.

Guillaume de Rouffiniac, écuïer, sieur de Grimodie, épousa, le ..... 1685, avec la bénédiction de Jean Barni, abbé du Dorat, Anne Mondain de Montostre; elle mourut en 1729, dont Claude, écuïer, sieur de Grimodie, 1743.

Claude de Roffignac de Grimodie, écuïer, paroisse de Saint-Pardoux-près-Razès, était mort le 30 juillet 1759, il avait épousé Marie-Anne Coustin, dont Anne, mariée dans l'église de Saint-Jean de Limoges, à l'âge de vingt-six ans, le 30 juillet 1759, à Thomas Bouchaud, écuïer, sieur du Mazobrun.

Branche de La Gagnerie.

Antoine de Rouffignac, écuïer, sieur de La Gagnerie (1) et des Cicandies, paroisse de Saint-Léger-Magnazeix, épousa Françoise de Blom, dont Marie, mariée, le 10 septembre 1683, à Roland Pot ; elle mourut veuve, âgée de quatre-vingts ans, le 28 septembre 1736.

ROGER ou ROGIER, porte : *d'argent à la bande d'azur accompagnée (ou cottoyée) de 6 roses de gueules, 3 en chef, et 3 en pointe.*

---

(1) La Gagnerie, commune de Saint-Symphorien, canton de Nantiat ; — Roussac, canton de Nantiat; — Saint-Pardoux, canton de Bessines, arrondissement de Bellac (Haute-Vienne).

La généalogie de cette maison a été fort embrouillée par ceux qui en ont traité, faute de titres et de bons mémoires. Il est assuré que la maison des Rogers, de laquelle sont issus les papes limousins, Clément VI et Grégoire XI, était une ancienne maison noble du Bas-Limousin, avant que ce grand lustre lui arrivât. On en trouve de bonnes preuves dans les anciens Cartulaires des abbayes de ces quartiers. Mais on n'a pas assez de titres pour en faire la suite généalogique, si ce n'est depuis l'ayeul du pape Clément VI. Le P. Simplicien a donné cette généalogie, T. VI, page 313.

[Suivant Justel, d'après une ancienne généalogie latine et manuscrite de la maison de Beaufort, en Anjou, dont il cite un fragment, le premier qu'il ait pu trouver de cette maison est]

I. — Pierre [Roger ou] Rogier, S^{gr} de Rosiers [dans la terre de Maumont] en Limousin, vers l'an 1300. Il épousa N....., dont : 1° Guillaume I, qui suit; 2° Nicolas Rogier, archevêque de Rouen [l'an 1342], mort en 1347, [mal nommé neveu du pape Clément VI, par Jean Chenu, car au contraire il était son oncle]; 3° Peirone Rogier, femme de Pierre, S^{gr} de La Vigerie.

II. — Guillaume Rogier [ou Roger], premier du nom, S^{gr} de Rosiers, [qui rendit hommage, le 12 mai (le 13), à Marie de Flandre, comtesse d'Auvergne et de Bologne, veuve de Robert, pour le château et châtellenie de Margeride, qu'il avait acquis de ladite comtesse, il témoigna avec Bernard, vicomte de Ventadour, le 23 juin 1338; il n'était donc pas] mort avant 1313 (1). Il avait épousé Guillemette de La Monstre, de laquelle il eut : 1° Guillaume II, qui suit; 2° Pierre Rogier, [d'abord moine de l'ordre de Saint-Benoît, à La Chaize-Dieu; puis évêque d'Arras, archevêque de Sens et ensuite de Rouen; créé cardinal du titre des SS. Nérée et Achillée par le pape Benoit XII°, l'an 1337, ou le 18 décembre 1338, et depuis pape sous le nom de Clément VI, le 7 mai de l'an 1342. C'est lui qui acheta la ville d'Avignon et le Comtat-Venaissin de Jeanne, reine de Sicile, l'an 1348, et fut le premier des papes qui prit dans ses bulles les armes de sa famille; il mourut en décembre 1352]; 3° Hugue Rogier, [moine de Tulle, puis évêque de Rhodez et ensuite de Tulle, enfin créé] cardinal [du titre de Saint-Laurent *in Damaso*, par le pape Clément VI, son frère, l'an 1342, mourut l'an 1363. Il fonda le chapitre de Saint-Germain de Masseré (mal Mazuré), en Limousin, où son corps fut transporté de la ville d'Avignon]; 4° Guillemette Rogier, mariée en 1313 avec Jacques de La Jugie [ou de Juge, père de Guillaume et de Pierre de Juge ou de La Jugie, cardinaux]; 5° Almodie [ou Dauphine, suivant Justel] Rogier, femme de Jacques de Besse, [père de Nicolas de Besse, évêque de Limoges, créé cardinal par le pape Clément VI, son oncle, en 1344]; 6° Bertrande, mariée à Nicolas de Besse.

[Un Bertrand Rogier est cité dans les registres de Borsandi, notaire à Limoges, page 142, n° 220, *apud* D. Col. — Jean Roger, suivant Justel, archevêque d'Auch, l'an 1361, et depuis de Narbonne, l'an 1363. Jean Chenu écrit qu'il fut créé cardinal par le pape Grégoire XI, son neveu, à la seconde création de cardinaux, l'an 1375; ce qui est douteux, ne s'en trouvant aucune preuve, ailleurs il est dit frère de ce pape et archevêque de Rouen et de Narbonne; voyez *infrà*.]

---

(1) Ce que Legros dit ici de Guillaume I avait été placé par Nadaud à l'article de Guillaume II.

DU LIMOUSIN.

III. — Noble et puissant Guillaume Rogier, deuxième du nom, chevalier, Sgr de Rosiers, de Chambon, de Saint-Exupéri [ou Superi, comte] de Beaufort en Vallée ou païs d'Anjou, [vicomte] de Margeride, fut en grand crédit auprès du roi et du duc de Normandie, après l'élévation de son frère au souverain pontificat, acquit plusieurs terres considérables. Acheta de Humbert, dauphin de Viennois, le 25 septembre 1343, les châteaux, villes et lieux de Pont-de-Château, de Vayres, de Monton, de Saint-Martial, de Las-Martras, de Lengeac, de Brecolhia, d'Aubusson et généralement de tout ce qu'il avait en Auvergne, à condition que Roger ferait ratifier la vente dans deux mois par le roi, parce que ces terres relevaient de la couronne. Le contrat portait 50,000 florins, mais Humbert n'en retira que 40,000 en considération de ce que Guillaume Roger était frère du pape Clément VI. L'acte fut fait à Villeneuve, près d'Avignon, en présence d'Estienne Aubert, cardinal des SS. Jean et Paul, Hugue Roger, cardinal de Saint-Laurent *in Damaso*, frère de l'acquéreur, Guillaume de La Jugie, cardinal de Sainte-Marie *en Cosmedin*, Guillaume d'Aigrefeuille, prieur de Saint-Pierre d'Abbeville, diocèse d'Amiens. La Dauphine donna son consentement à cette vente le 12 novembre suivant. Ce ne fut pas sans peine qu'on obtint du roi son consentement, son conseil s'y étant fort opposé et ne croiant pas que le Dauphin put faire cette aliénation.

[La Châtellenie et prévôté de Beaufort, en Anjou, fut érigée en sa faveur, d'abord en vicomté, il prenait cette qualité en 1340, puis en comté l'an 1346.] Le duc de Normandie lui donna, le 5 juin 1344, 2,000 livres de rente sur son château, ville et châtellenie de Beaufort, dans son comté d'Anjou, pour l'honneur et révérence et amitié de Notre-Saint-Père le Pape et pour les services dudit chevalier. Le roi confirma ce don et érigea la baronnie de Beaufort en vicomté. Il acquit d'autres terres du Dauphin de Viennois, dans le Languedoc, pour 62,000 florins d'or; fit ériger par le roi la seigneurie d'Alais en comté. [Il testa le 27 août 1379]. Ne vivait plus le 24 juillet 1383.

Il avait épousé : 1° Marie de Chambon, morte en 1344 ou 1345, à Avignon, et enterrée dans la chapelle de Beaufort de Notre-Dame-de-Domps. Il épousa : 2°, en 1345, Guerine de Canilhac, fille unique de Marquis, Sgr de Canillac, et d'Aixent de Poitiers, [morte en 1345], des papiers domestiques l'appellent Ganne, dont il eut Marquis, Sgr de Canillac, et Jeanne, filleule du roi Jean. Il épousa : 3°, en 1360, Catherine [de La Garde, de la maison des Sgrs d'] Ademar de Monteil, sœur de Hugue de La Garde, Sgr de Monteil, et de Paule de Jugé; elle lui survécut.

Du premier mariage, suivant des titres domestiques, vinrent : 1° Guillaume III, qui suit; 2° Pierre [créé cardinal, n'ayant pas encore dix-huit ans, l'an 1348, par le pape Clément VI, son oncle, et depuis pape sous le nom de Grégoire XI; il transporta le Saint-Siége d'Avignon à Rome, l'an 1376, et mourut le 27 mars 1378]; 3° Roger, comte de Beaufort, Sgr de Chambon, Rosiers, La Bastide et Margeride, mort en 1389, sans postérité, après avoir servi le roi. [Froissart parle de lui en son histoire]; 4° Nicolas, qui fit la branche d'Hermenc et de Limeuil, en Périgord, [de Miramont et de Clarens, qui fut d'abord d'église. Le 19 juin, son frère lui donna les châteaux et châtellenies de Chambon, de Roziers et de Camalens au diocèse de Limoges, les lieux de Saint-Hilaire-le-Luc, Saint-Sigismond, de Scamellis, son *affarium* de Maumont, avec les dixmes de Roziers, Saint-Hippolitte, La Chapelle-Espinasse, Saint-Hilaire-Foissat, Sardan; les hommages de Salon, Saint-Germain, La Croisille. Il épousa : 1° Marguerite de Gallard, fille unique et héritière de Jean de Gallard, S^{gr} de Limeuil, en Périgord, et de Philippie de Lautrec, par laquelle il devint S^{gr} de Limeuil, Caumont, Clarens, Miremont et autres terres; et, après sa mort, il épousa : 2° Marthe de Montaut, appellée Marthe d'Autefort de Mussidan, fille de Raymond de Montaut, S^{gr} de Mussidan et de Blaye, et de Marguerite d'Albret ou de Le Bret, dame de Mussidan. Voyez le bulletin ci-joint] (1); 5° Jean, mort archevêque de Narbonne en 1391, [après l'avoir été de Rouen, selon Baluze]; 6° Raymond, fait prisonnier en une rencontre près l'Isle en Flandre, 1339, qui depuis *fut occis par la convoitise de ses belles armes;* 7° Eleps [ou Helis] mariée : 1°, le 11 septembre 1342 [ou 1352], à Villeneuve-lez-Avignon, en présence du pape Clément VI, et d'Etienne Aubert, lors évêque de Clairmont, et depuis pape sous le nom d'Innocent VI, de Pierre Andrieu, évêque de Noyon, d'Aymar Robert, protonotaire du pape, qui fut fait cardinal huit jours après, de Guillaume Lamy, évêque d'Apt (et non alors de Chartre), de Guillaume d'Albussac, chantre de Rouen, qui fut fait depuis évêque de Fréjus, etc.], à Guillaume de La Tour, deuxième du nom, S^{gr} de La Tour, fils aîné de Bertrand [deuxième ou] quatrième de La Tour, S^{gr} de La Tour d'Auvergne, et d'Isabeau de Levis. Guillaume de La Tour mourut l'année suivante, en Italie, sans enfants; le pape Clément écrivit des lettres de consolation à son père et à sa veuve. Elle épousa : 2°, par contrat du 13 décembre 1344, Aimar de Poitiers, cinquième du nom, comte de Valentinois, fils de Louis de Poitiers; il mourut, en 1373, sans enfants. Helis, appelée communément la comtesse Majour, demeura désormais veuve; elle testa le 17 juin 1403; 8° Dauphin, allié à Hugue, S^{gr} de La Roche, mareschal de la cour de Rome et gouverneur du Comtat-Venaissin; 9° Marthe ou Mathe, qui épousa, n'ayant pas encore l'âge de puberté, le 17 juillet 1353, Gui, deuxième du nom, S^{gr} de La Tour, frère de Guillaume; elle vivait encore très âgée, en 1438, et fut enterrée aux Cordeliers de Clermont; 10° Marguerite, femme de Geraud de Ventadour, deuxième du nom, S^{gr} de Donzenac, fils d'autre Geraud, premier du nom, et de Souveralne; 11° Marie de Roger, dite de Beaufort, alliée : 1° à Guerin de Châteauneuf, S^{gr} d'Apchier, dont : A.—Guerin d'Apchier III, qui épousa Blanche Dauphine, fille du comte de Clairmont; B.—Raimond d'Apchier; 2°, le 10 avril 1377, à Raymond de Nogaret, S^{gr}, comte de Calvisson ou Camisson [petit-fils du fameux Guillaume de Nogaret, maréchal de France, dont elle n'eut point d'enfants].

Du second mariage sortirent : 1° Marquis de Beaufort, qui a fait la branche des S^{grs} de Canillac; 2° Jeanne de Beaufort, qui fut tenue sur les fonts par le roi Jean, en 1351, qui, avec dispense du pape Clément VI, fut accordée, en 1361, à Louis, comte de Forez, qui mourut à la bataille de Brignais, étant encore sous la tutelle de son oncle. Ce mariage ne fut pas accompli, et elle épousa : 1° Raymond, S^{gr} de Baux, en Provence, et comte d'Avelin au royaume de Naples; 2°, le 30 janvier 1374 (vieux stile), Gui de Chauvigny, S^{gr} de Châteauroux, en Berri, et vicomte de Brosse, duquel elle n'eut point d'enfants. Alix de Baux, sa fille de son premier mariage, prit la qua-

(1) Le bulletin indiqué ici par Legros n'est plus dans le manuscrit.—V. le degré IV *bis* ci-après.

lité de comtesse de Beaufort et vicomtesse de Turenne, après la mort d'Antoinette de Beaufort, sa nièce, et d'Eléonor de Beaufort, dame de Beaujeu, sa tante, prétendant que cette succession lui appartenait ; cependant elle fut adjugée à Pierre de Beaufort, comme je le dirai. Jeanne de Beaufort fut mariée à Guerin d'Apchier.

Du troisième mariage vint Raymond de Beaufort, vicomte de Valerne, qui prétendit aussi le comté de Beaufort, après la mort, sans enfants, d'Antoinette de Beaufort, sa nièce. Il en prit la qualité, et mourut sans postérité le 12 mai 1420. Froissart, parlant de lui, dit : « Remon, écuïer, jeune et frisque, neveu du pape Clément VI, fut pris et retenu de force en combattant pour le roi d'Angleterre, par ceux de l'Isle en Flandre : depuis qu'il se fut rendu prisonnier, il fut tué pour la convoitise de ses belles armes. »

Une de ces demoiselles, sœur du vicomte de Turenne, trompa Taraudet de Flassans, poëte provençal, qui vivait en 1355.

Guillaume II eut aussi un bâtard, nommé Tristan de Beaufort.

IV. — Magnifique et puissant S^{gr} Guillaume Roger, troisième du nom, comte de Beaufort et d'Alets, vicomte de [Turenne de] La Motte et S^{gr} de Pertuis, fut émancipé par son père, à Avignon, le 17 novembre 1348 ; acheta de Cécile de Cominges, sœur aînée de sa femme, le 26 avril 1350, la vicomté de Turenne, moïennant la somme de 145,000 florins d'or ; le 5 may suivant il acheta aussi, de Renaud de Pons, tout le droit qu'il avait sur cette vicomté, pour le prix de 1,350 livres parisis. Au mois de décembre 1350, le roi Jean, étant à Avignon, lui accorda, et à sa postérité, les premières appellations dans la vicomté de Turenne, en considération des services de Guillaume de Beaufort, son père, frère du pape Clément VI. Le 8 février, même année, mais vieux stile, le roi Jean lui confirma les priviléges et libertés de cette vicomté, et de faire battre monnaye, ainsi que les vicomtes de Turenne, ses prédécesseurs. C'est encore cette même année que le roi Jean lui donna la terre de Roqueservière, diocèse de Mende. On lit dans le compte de Jean de La Fontaine, commençant au 28 août 1350, dans les registres de la chambre des comptes, pour la chevalerie du Dauphin et de ceux qui furent chevaliers en sa compagnie : « C'est assavoir..... le viscomte de Thouraine, neveu du pape, etc., trois cottes et trois manteaux pour le viscomte de Thouraine....., pour quatre pièces de cendeaux noirs de larges, pour faire contrepointe pour ledit viscomte de Thouraine, nepveu du pape, pour son estat d'escuierie et pour faire une chambre garnie de grant contrepointe, de trois courtines pour l'estat de chevalerie dudit viscomte, etc. » Le 15 novembre 1351, Louis, roi de Jérusalem et de Sicile, le fit son chambellan. Le 11 août 1352, le roi de France voulant épargner la fatigue et la dépense au vicomte de Turenne, commit le cardinal Gui de Boulogne pour recevoir en son nom l'hommage des châteaux et châtellenies, etc., acquis par le vicomte dans les fiefs de Sa Majesté. En 1352, il acheta, pour 20,000 florins d'or, la baronnie de Bagnols, diocèse d'Uzès, avec la seigneurie de Venajan. Par le traité de paix fait à Bretigny, le roi de France s'était obligé de bailler au roi d'Angleterre les païs de Limosin, Querci et Périgord, dans lesquels le vicomté de Turenne est enclavé : en exécution de ce traité, le roi, par lettre du 12 août 1361, pria et requit le vicomte, et lui enjoignait expressément d'entrer en la foi et hommage du roi d'Angleterre, ainsi qu'il faisait auparavant à la couronne de France ;

dont par ces lettres il le déchargea. Pour satisfaire à la volonté du roi, il fit, le 18 mars, même année, vieux stile, hommage de sa vicomté au roi d'Angleterre, lequel, par le même acte et par autre du 19 août 1368, promit de maintenir et garder les villes, châteaux, etc., en toutes leurs franchises. Par lettres du 17 novembre 1363, ce prince déclare que le serment de féauté, à lui fait par les nobles de la vicomté de Turenne, vassaux et sujets de Guillaume de Beaufort, vicomte de Turenne, qu'ils n'avaient accoutumé de faire auparavant, ne pourrait tourner aucunement à préjudice à ce vicomte, ni aux siens. Il alla à la Terre-Sainte. Les Croisés étaient à peine en possession d'Alexandrie, qu'ils venaient de perdre, le 10 octobre 1365, qu'il s'éleva une dispute entre eux. Les Anglais, qui paraissaient être les plus forts, se retirèrent avec un prince dont l'historien, Philippe de Maizieres, dit qu'il doit taire le nom. Mais on lit à la marge, d'une main du même siècle, que c'était le vicomte de Turenne. Il était, pour une partie des terres qu'il possédait en France, vassal du roi d'Angleterre, à cause du duché de Guyenne. Ce fut ce prince qui porta le plus grand nombre des Croisés à abandonner la partie, quelques remontrances que fissent les Français, les Allemans et les Italiens. Sa mémoire en fut diffamée dans son païs, parce qu'il avait empêché les troupes de poursuivre la croisade. Le roi d'Angleterre le ménageait. Par lettres du 4 janvier 1368, vieux stile, il lui confirma le droit de franciefs et d'amortissemens dont les vicomtes de Turenne ont toujours joui. Le 24 mars 1369, par lettres données à Turenne, ce vicomte amortit la dixmes de la paroisse de Chameyrac, pour l'établissement de certaines vicairies. Le jeudi avant Noël, il fit hommage, pour la vicomté de Brassac, à l'évêque de Tulle; les témoins furent Bernard de Curamonté, prévôt de Vallette, les prieurs Gerald de Patrilhia de Mainsac, Bernard de Saint-Hilaire de Meyrinhac et Guinot Malefayda, chevaliers; Roymond de Turenne, fils du vicomte; Estienne Combarelli, officier; Jacques Dal Biars vicaire, et Gui La Chapolie, juge de l'évêque; Pierre Donarelli et Raymond de Felet, damoiseau : acte passé devant le grand autel de l'église de Tulle. L'an 1370, la Guyenne aïant été réunie à la couronne de France, ce vicomte en prit le parti, fit de nouveau hommage, en janvier 1372, vieux stile, au roi Charles V, avec la réserve de ses franchises et libertés. Le 10 février 1371 (1372), le roi envoya en Guyenne Jean Le Mercier, chevalier et grand-maître de France, pour traiter avec le captal de Buch (1) de la délivrance de Roger de Beaufort, qu'il tenait prisonnier. Dans un acte passé près de Villeneuve-lez-Avignon, le 13 mars 1375, vieux stile, il se dit chevalier, comte de Cluse et sire de Pertus. Il fit son testament à Paris, le 26 mars 1394, par lequel il veut être enterré dans la cathédrale de Notre-Dame, en la chapelle fondée par le pape Clément VI. Il mourut le 28 mars, mais non la même année, puisqu'en 1396 il fit saisir sur les biens de son père, pour la somme de 25,000 livres, les châteaux de Chambon, Rosiers, Saint-Estienne de Maumont, La Bastide-Graulier, paroisse de Laval, Saint-Sigismond, même paroisse, Camalans, de celle de Ventadour, La Croisille et Saint-Germain, sénéchaussée de Limoges.

(1) On sait que captal était un titre équivalant, dans quelques provinces du Midi, au titre de comte. — Buch était une subdivision du Bordelais, qui avait pour ville principale La Teste-de-Buch, aujourd'hui chef-lieu de canton de la Gironde.

— Il avait épousé : par contrat du 15 décembre 1349, Aliénor de Cominges, fille de Bernard, cinquième du nom, comte de Cominges, et de Mathe de l'Isle-Jourdain, qui lui porta en dot 30,000 florins d'or. Mais ce ne fut pas par cette alliance qu'il devint vicomte de Turenne, quoique quelques-uns l'aient avancé, puisqu'il en avait fait l'acquisition, ainsi qu'on l'a dit. Elle vivait en 1397. Dont : 1° Raymond, vicomte de Turenne, qui suit; 2° Eléonor, dont il sera parlé après son frère; 3° Marguerite, née en 1366, mariée : 1°, en 1379, à Armand, vicomte de Polignac, cinquième du nom, mort en 1385; 2°, vers la fête de Noël, 1391, à Jean Le Vayer, S^{gr} de La Clarté, Plesseyes et Coesmes, en Bretagne, avec lequel elle vivait en 1407; 4° Cécile de Beaufort, mariée à Louis de Poitiers, deuxième du nom, comte de Valentinois et de Diois; elle mourut en 1410; 5° Jeanne, mariée : 1° à Raymond, S^{gr} de Baux, en Provence, et comte d'Avelin au royaume de Naples; 2° à Gui de Chauvigny, S^{gr} de Châteauroux, en Berri, et vicomte de Brosse; elle mourut en 1404.

V. — Raymond-Louis Rogier prit, ainsi que ses sœurs, le nom de Beaufort, fut chevalier, comte dudit lieu et vicomte de Turenne, en vertu de la donation que son père lui en fit, de son vivant, en faveur de son mariage; personnage fort fameux en son temps. Il assista au Parlement le 21 mai 1375. Le 2 décembre 1376, Jordain, comte de l'Isle, lui donna ce comté, et depuis il céda le droit qu'il y avait, en vertu de cette donation, à Charles, duc d'Orléans, frère du roi, par son testament du 5 juillet. Il assista, en 1380, à l'enterrement de Bertrand Duguesclin, connétable de France, et y offrit la première épée, si c'est Mr de Touraine. C'est apparemment lui qui assista le roi à la levée du siège d'Ypres sur les Anglais, en 1383. Il fut accusé, par commune renommée, d'avoir fait empoisonner son beau-frère Jean, deuxième du nom, comte d'Auvergne et de Boulogne, en un dîner que le cardinal de Saint-Martial leur donna à Avignon, en 1384, un jeudi environ la fête de tous les Saints. A cause de ses insultes, Jean, abbé de Saint-Tiers de Saou, ordre de Saint-Augustin, diocèse de Valence, demeura renfermé et caché, pendant sept ans, avec ses religieux dans le fort de La Roche de Saou. Raymond donna des lettres de grâce et de rémission, le 9 novembre 1387, à un habitant de Martel. Gaston Phœlus, comte de Foix, l'invita à manger, à Toulouse, en 1389. Après l'an 1386, il fit la guerre à Louis II, duc d'Anjou, roi de Naples et de Sicile, et comte de Provence, et à Charles, prince de Tarente. Leur mère, reine douairière de Naples, duchesse d'Anjou et comtesse de Provence, ne pouvant digérer l'affront que le vicomte lui avait fait, préférant le maréchal de Boucicaut au prince de Tarente, son fils puîné, pour le mariage d'Antoinette de Turenne, faisait à ce seigneur une espèce de guerre, qui troublait entièrement la tranquillité de la Provence, parce que le vicomte était puissant et qu'il avait des amis. Le roi Charles VI ordonna au maréchal de Boucicaut de se rendre en Provence pour terminer ces différents. Il y a plusieurs traités de paix faits entre ce vicomte, le 15 février 1291, vieux stile, et Marie, reine de Sicile, et avec le pape, le 5 mai 1392, l'évêque de Valence et le comte de Valentinois, par l'entremise du roi Charles VI. Mais il ne tint pas ce traité fait avec le pape Clément VII, antipape; il lui demanda les biens meubles de feu pape Grégoire XI, son oncle, et plusieurs sommes de deniers qui lui étaient dues, et ce différent l'a rendu célèbre dans l'histoire. Quoique ce pape l'eût excommunié, en 1394, il faisait encore la guerre, comme le dit un auteur contemporain, qui le fait mal à propos frère du pape Urbain V, l'an 1399, à Benoît XIII, son successeur dans le schisme. Mais celui-ci l'absout en 1408. En 1396, il assigna un marc d'argent à Notre-Dame de Rocamadour. Il fit son testament au château de Bousols, le 5 juillet 1399. En 1397, ses gens firent une ligue avec ceux du voisinage de Marseille. Dans un arrêt du Parlement du 15 juin 1403, il est fait mention que ce vicomte de Turenne avait droit de faire monnaye blanche, indire taille et bailler sauve-garde, et que le roi, sans son consentement et de ses sujets, ne pouvait faire tailler en cette vicomté, et que ses sujets étaient taillables à sa volonté. A ce titre, il affranchit de toutes tailles les terres de noble Girald de Comerts, par acte du 21 août 1404. Il est enterré dans la chapelle de l'église basse du collége de Saint-Martial, à Avignon, avec cette inscription : *Hic jacet magnificus vir ac potens dominus Raymundus quondam comes Bellifortis ac vicecomes Caniliaci, qui anno Dni 1400 diem clausit extremum, scilicet 30 a die Martii, cujus anima requiescat in pace.* Voyez Nostradam., *Hist. de Provence*, v^e part., p. 500; Juvenal des Ursins, *Hist. de Charles VI.*

Nostradamus, *Hist. de Provence*, v^e partie, p. 476, sous l'an 1384, parle de son mariage avec la sœur du prince d'Orange, et Froissart, T. IV, ch. xxv, sous l'an 1334; mais il ne s'en trouve rien ailleurs, et ce mariage ne fut point accompli.

Par contrat passé à Avignon, le 22 octobre 1375, il épousa Marie d'Auvergne, dite de Bologne, fille de Jean, premier du nom, comte d'Auvergne et de Boulogne, et de Jeanne de Clairmont, qui lui porta en dot la baronnie de Saint-Just, en Champagne. Le comte d'Auvergne et Godefroi de Montgascon, son frère, devaient vendre, pour le prix de 30,000 francs, toute la terre qu'ils avaient en Combraille, scavoir : Chambon, etc., audit vicomte de Turenne. Raymond eut la vicomté de Turenne et le Château de Châlus (1). Marie mourut le 2 may 1388, ainsi qu'il est marqué dans l'obituaire de la Sainte-Chapelle de Vic-le-Comte. C'était une femme de cœur, ainsi qu'elle le fit voir dans les différends qu'elle eut avec la reine de Sicile, comtesse de Provence. Il ne laissa qu'une fille unique, Antoinette, qui suit, et un bâtard.

VI. — Antoinette de Turenne était la plus charmante personne qui fut alors dans le roïaume; sa naissance égalait ses belles qualités. On a vu que Charles d'Anjou, prince de Tarente, l'avait recherchée en mariage; Marie de Châtillon, dite de Bretagne, reine de Naples, en avait fait porter la parole au vicomte par le pape Clément VII, qui ne fut pas écouté. Jean Le Meingre, si célèbre dans l'histoire de France, sous le nom de maréchal de Boucicaut, lui donna toutes les marques d'amour usitées en ce temps-là ; c'est-à-dire qu'il combattit dans les tournois, et qu'il courut dans les lices pour prouver qu'elle était tout aimable. Ce fut cette belle passion qui lui fit composer des rondeaux, des virelais et des balades, et plusieurs autres ouvrages en vers, qui méritèrent l'estime des gens de bon goût. Il portait le bâton de maréchal de France, depuis deux ans, et était tout couvert de gloire et dans une très haute estime ; aussi il eut le bonheur d'être aimé. Le Meingre-Boucicaut, porte : *d'argent à l'aigle éployée de gueules à deux*

---

(1) Châlus, canton de Saint-Germain-Lembron, arrondissement d'Issoire (Puy-de-Dôme).

têtes, becquée et membrée d'azur. Il épousa Antoinette de Turenne, par conventions passées au château et dans la chapelle des Baux, le 23 décembre 1393. Il est dit dans le contrat que Raymond, viscomte de Turenne, lui a donné sa fille « à la requête du roy et de nos seigneurs les ducs de Berry et de Bourgogne, et pour leur faire plaisir. » Elle eut en dot le comté d'Alest, et l'année suivante, 1394, le 28 septembre, Guillaume de Beaufort, son ayeul, qui vivait encore, lui donna le comté de Beaufort, en Vallée, duquel Boucicaut fit hommage.

Ayant appris, en 1385, que Sicard de La Barde, gentilhomme gascon, et un des plus renommés qui fût dans le parti des Anglais, parlait de lui d'une manière désavantageuse, et publiait partout qu'il ne le croyait pas si brave qu'on le disait, Boucicaut, curieux de connaître ce médisant, lui manda qu'ayant appris beaucoup de bien de lui, il se tiendrait honoré de faire quelques coups de lance avec lui, et qu'il le priait de lui marquer le lieu, le jour, les armes et le nombre de coups. La Barde reçut parfaitement bien le cartel de Boucicaut, et lui marqua le champ de bataille sous les murs du château de Chálucet, et lui promit de faire avec lui vingt coups de lance de fer aigu. Ils s'y trouvèrent l'un et l'autre suivis d'un bon nombre de leurs amis, se saluèrent, firent toutes les cérémonies pratiquées en ces sortes d'occasions, et coururent l'un sur l'autre. La première course fut désavantageuse à Boucicaut, son cheval ayant bronché l'empêcha de frapper son adversaire, qui lui porta un si furieux coup, que peu s'en fallut qu'il ne lui fît perdre les étriers. La seconde lui fut plus avantageuse, il atteignit La Barde dans la visière avec tant de force, qu'il lui fit sauter le bacinet et l'étendit, de manière qu'il allait tomber s'il n'eût été soutenu. La troisième lui fut toute glorieuse, car, bien qu'il eût reçu un coup qui le fit ployer, il usa de tant de force et d'adresse qu'il perça la cuirassse de son adversaire, lui enfonça le fer de sa lance dans le côté et le renversa demi-mort sur la carrière. Cet avantage termina le combat.

Ce maréchal passa en Limousin, l'an 1393, allant en Auvergne faire la guerre aux Anglais.

Les Génois l'obtinrent du roi Charles VI pour leur gouverneur; il y fit venir sa femme en 1403, et on lui fit une entrée magnifique. Elle mourut en son château d'Alest, à la fin du mois de mai ou au commencement du mois de juin 1416, après avoir eu un fils, nommé Jean, qui mourut jeune et avant elle. Se voyant sans enfants, elle donna, par donation entre vifs et par disposition testamentaire, du 10 avril 1413, la jouissance de tous ses biens, soit ez comtés de Beaufort, le vicomté de Turenne, avec Saint-Alery, Chameyrac et autres terres de Limosin, après son décès, au maréchal, son mari, à la charge néantmoins de reversion à ses proches, après la mort du maréchal. Il fut enterré à Saint-Martin de Tours, avec cet épitaphe : « Cy gist noble chevalier, messire Jean Le Meingre, dit Boucicaut, le fils, maréchal de France, grand connétable de l'empereur et de l'empire de Constantinople, gouverneur de Gennes pour le roy, comte de Beaufort, de Clux, d'Alest et vicomte de Turenne, lequel trépassa en Angleterre illec étant prisonnier, le vingt-septième jour de .... M CCCC XXI. » Le P. Martène prétend cependant qu'il est enterré dans l'abbaye de Beaugeroy, ordre de Citeaux ; peut-être est-ce le maréchal de Boucicaut, qui mourut à Dijon en 1367.

V. — Alienor ou Eléonor de Beaufort, fille de Guillaume Rogier, troisième du nom, et d'Alienor de Cominges, fut accordée, le 7 août 1335, à Renaud de Pons; mais ce mariage ne s'accomplit pas. Le 14 novembre 1370, elle fut mariée à Édoüard de Beaujeu, Sgr de Perreux, et depuis de Beaujeu et de Dombes. Beaujeu porte : *d'or au lion de sable, armé et lampassé de gueules, au lambel de gueules de trois pièces.* De ce mariage vint un fils, mort presque aussitôt qu'il fut né. Le vicomte Raymond de Beaufort, son frère, par son testament de 1399, la fit son héritière universelle, en cas qu'Antoinette de Beaufort, sa fille unique, mourut sans enfants. Ce qui étant arrivé, Éléonor devint comtesse de Beaufort et vicomtesse de Turenne, dont elle fit hommage au roi Charles VII, le 5 juillet 1417. N'aïant point d'enfants, elle institua son héritier, à la vicomté de Turenne et en ses terres d'Auvergne et de Provence, Aménion de Beaufort, son cousin, et lui substitua Pierre de Beaufort, son frère ; donna à Louis de Canillac, son cousin, le comté d'Alest et les terres et baronnies de Bagneux et d'Anduze, et lui substitua Bertrand de Canillac, son frère, par son testament du 16 août 1420, passé à Pouilly-le-Château, en Beaujolois, où elle mourut le 18, et fut enterrée à Belleville, en Beaujolois, à deux lieues de Villefranche, en tirant vers Mascon.

IV *bis*. — Nicolas de Beaufort, quatrième fils de Guillaume, deuxième du nom, comte de Beaufort et de Marie de Chambon, fut seigneur d'Hermenc, par la donation que lui en fit son père lors de son mariage, et posséda depuis la terre de Saint-Superi et plusieurs autres, de Limeuil, Miramont. Il fut d'abord d'église : depuis, Louis, duc d'Anjou et de Touraine, lui donna, au mois d'août 1370, la ville de la Linde, dans la sénéchaussée du Périgord, s'il pouvait la faire revenir dans l'obéissance du roi. Charles, roi de Navarre et comte d'Évreux, lui donna les château et ville de Rode, dans la Navarre, en août 1375. Guillaume, comte de Beaufort et vicomte de Turenne, son frère, lui donna, le 19 juin 1390, les châtellenies de Chambon, Rosiers et Chamalanes, les lieux de Saint-Hilaire-le-Luc, Saint-Sigismond, de *Scamellis*, son *affarium* de Maumont, avec les dixmes de Rosiers, Saint-Hippolitte, La Chapelle-Espinasse, Saint-Hilaire-Foyssat, Sarden, les hommages de Salon, Saint-Germain, La Croisille. Il fit son testament le 29 avril 1415, et choisit pour exécuteurs, Bertrand Botinaud, évêque de Tulle, Bertrand de La Tour, chevalier, et Louis de Pierrebuffière. Il ne vivait plus en 1420.

Il épousa : 1° Marguerite de Gallard, fille unique et héritière de Jean de Gallard, Sgr de Limeuil, en Périgord, et de Philippe de Lautrec; et, à cause d'elle, il devint Sgr de Limeuil de Caumont, Clerens et de Miramont. Gallard de Limeuil porte : *d'or à une croix de sable et 4 corneilles de même.* Le mariage de Marguerite avait été arrêté dans un traité fait par le prince de Galles avec Pierre de Gallard, pour l'attirer dans son parti contre le roi de France, avec Bernard d'Ery, sire d'Albret, en 1358. Marguerite était morte avant 1370. De ce premier mariage vinrent : 1° Jean de Beaufort, dit de Limeuil, vicomte de Lautrec, qui prit la qualité de vicomte de Turenne et de comte de Beaufort, après la mort d'Antoinette de Beaufort, veuve du maréchal de Boucicaut, sa cousine. Son père le déshérita par son testament, pour cause d'ingratitude, outrages, qu'il lui avait faits, et parce qu'il suivait le parti des Anglais. Il fut tué en la ville de Limeuil, l'an 1426, sans enfants de Marguerite de Montaut, fille aînée de Raymond, S^{gr} de Mucidan. Elle eut le bonheur de plaire à son beau-père, qui lui fit des gratifications; ce qui donne lieu de croire qu'il rendit ses bonnes grâces à son fils. Marguerite de Montaut vivait en 1449; 2° Pierre de Beaufort, qui mourut en bas-âge; 3° Marguerite, à qui son père donna 6,000 livres d'or; elle mourut aussi en bas-âge.

Nicolas épousa : 2° le 5 février 1396, vieux stile, Mathe ou Marthe de Montaut, appelée Mathe d'Autefort ou de Mussidan, fille de Raymond de Montaut, S^{gr} de Mucidan et de Blaye, et de Marguerite d'Albret, dame de Mussidan. Montaut-Mucidan porte : *d'argent au chef émanché d'azur de 6 pièces*. De ce second mariage sortirent : 1° Aménion ou Amanjon de Beaufort, qui fut institué héritier de la vicomté de Turenne et autres terres, situées en Auvergne et en Provence, par Eléonor de Beaufort, sa cousine, dame de Beaujeu. Il mourut au mois d'août 1420, sans lignée, fut enterré aux Cordeliers de Villefranche, à deux lieues de Macon; 2° Pierre, vicomte de Turenne, qui suit; 3° Marguerite, alliée par contrat du 20 juin 1423, à Bertrand de La Tour, deuxième du nom, S^{gr} d'Oliergues, fils d'Agne, deuxième du nom, et de Béatrix de Chalençon. Elle vivait en 1449. Le P. Simplicien, T. VI, p. 321, dit qu'elle était morte en 1439; 4° Cécile de Beaufort, mariée en 1427 à Pierre de Rastelane, S^{gr} de Chambon, lequel transigea le 7 décembre 1435, avec le vicomte de Turenne, son beau-frère, touchant les tailles de la terre de Chambon qui lui furent laissées.

V. — Pierre de Beaufort, S^{gr} de Limeuil, de Charlus, devint comte de Beaufort et d'Alest, vicomte de Turenne et de Valence, en vertu de la disposition faite en sa faveur et des siens, par Eléonor de Beaufort, qui l'institua son héritier en ces seigneuries, au défaut de son frère aîné. Il fut troublé dans cette possession par Alix de Beaux, fille de Raymond de Beaux, comte d'Avelin, et de Jeanne de Beaufort, sœur puînée d'Eléonor, prétendant qu'elle lui appartenait comme plus proche. C'est pourquoi, en quelques titres, elle prend la qualité de vicomtesse de Turenne et de comtesse de Beaufort; mais il y fut maintenu à cause de la disposition ci-dessus. Le roi lui donna un ample pouvoir, le 3 juin 1439, pour remettre en son obéissance, de quelque manière que ce fût, toutes les places de sa province, occupées par les ennemis, pour en jouir sa vie durant, excepté ce qui serait du domaine. Il donna quittance à Jean Beaupoil, receveur des aydes au païs du Limousin. Il testa le 9 juillet 1444 et mourut peu de jours après.

Il devint si éperduement amoureux de Blanche de Gimel, fille de Jean de Gimel, S^{gr} du château bas de Gimel, et un des vassaux de sa vicomté que, « sans délibération de ses parens et sans le sceau de son conseil, il l'épousa, combien qu'il trouvât en mariage la sœur du comte d'Armagnac et la sœur du comte de Pontièvre, dont pouvait avoir grands biens et alliances. » Le contrat de leur mariage, passé à Gimel, est du 8 juillet 1437. Guillaume, S^{gr} de Gimel, son frère, lui constitua en dot 2,000 écus d'or, somme très excessive, par rapport aux biens de la maison de Gimel; car il est marqué dans le contrat de mariage de sa sœur Marguerite, laquelle était son aînée, qu'il ne lui fût constitué que 1,300 francs, à cause du grand nombre de filles qui étaient alors dans la maison de Gimel, et aussi à cause que les guerres l'avaient ruinée. Ce qui pourrait, avec beaucoup de raison, donner à penser que Pierre de Beaufort, qui aimait passionnément cette demoiselle, et qui lui fit de très grands avantages lorsqu'il l'épousa, la voulut aussi gratifier au sujet de sa dot, et qu'elle fut beaucoup moindre que le contrat ne porta. Blanche était d'une très noble et très bonne maison du Bas-Limousin, mais parce qu'elle n'était pas d'une noblesse distinguée ni titrée, et qu'elle n'avait pas beaucoup de biens, les parents et le conseil du vicomte trouvèrent à redire à ce mariage, prétendant que c'était une mésalliance. Ils étaient néanmoins proches parents, en sorte qu'ils eurent besoin d'obtenir une dispense du Saint-Siége, quelque temps après leur mariage. Car l'inégalité était si grande entre eux que, quoiqu'ils fussent proches parents, ils ne se reconnaissaient pas pour tels, et ignoraient qu'ils le fussent lorsqu'ils se marièrent. En ayant été avertis ensuite, la chose était néanmoins si obscure qu'ils ne purent pas savoir, précisément, s'ils étaient parents au quatrième degré, comme quelques-uns le leur avaient donné à entendre, ou bien du trois au quatre, comme d'autres le prétendaient. Ils furent obligés d'obtenir deux différents rescrits de la pénitencerie, en l'année 1433, dans l'un desquels ils se disent parents au quatrième degré, et, dans l'autre, du trois au quatre. L'évêque de Limoges, auquel ces rescrits étaient adressés, ne débrouilla pas cette difficulté lorsqu'il les fulmina; il se contenta de dire qu'ils contenaient vérité, et permit aux mariés de demeurer dans le mariage ainsi contracté, déclarant les enfants légitimes, selon le pouvoir que lui en attribuaient les rescrits. Pour moi, dit Baluze, je suis persuadé qu'ils étaient parents au quatrième degré; car Blanche était fille de Jeanne de Cros, sœur, comme je l'estime, de Jean et Pierre de Cros, cardinaux, lesquels étaient cousins, au troisième degré, du pape Grégoire XI, et de Nicolas de Beaufort, père de Pierre, mari de Blanche de Gimel. A la vérité, si l'on remontait jusqu'à l'origine de l'alliance de la maison de Gimel avec celle de Roger, de laquelle descendait le vicomte de Turenne, qu'on prétendait s'être mésallié en épousant Blanche de Gimel, il se trouverait qu'il n'y avait pas d'inégalité de condition, ces deux maisons étant toutes deux d'une ancienne noblesse. Car l'alliance de la maison de Cros, de laquelle descendait Jeanne, mère de Blanche de Gimel, avait été faite avant qu'il y eut des papes dans la maison des Roger. Ainsi, ils étaient d'égale condition. Mais les Roger ayant eu depuis l'honneur d'avoir deux papes dans leur maison, et ayant contracté de grandes alliances et acquis de grands titres, il y avait assurément, pour lors, une très grande disproportion entre eux et les seigneurs de Gimel, et, par conséquent, entre Pierre de Beaufort et Blanche de Gimel. Elle vivait en 1445.

De ce mariage ne vinrent que deux filles : 1° Anne de Beaufort, vicomtesse de Turenne, mariée à Agne de La Tour, son cousin-germain, elle était dame de Saint-Exuperi, Margeride, Rosier, Savene, Chavanon, etc. Voyez la suite, article La Tour, Srs de Turenne; 2° Catherine de Beaufort, mariée, par contrat du 23 septembre 1445, à Louis, comte de Ventadour, fils de Charles et de Marie de Pierrebuffière. Catherine de Beaufort était dame des Granges et de Charlus. Elle mourut au château de Peyroult, le 7 novembre 1506, et fut enterrée chez les Cordeliers de Saint-Projet sur la Dordogne.

Branche des seigneurs de Canillac.

Armes : *Écartelé aux 1er et 4e d'argent à la bande d'azur accompagnée de 6 roses de gueules en orle*, qui est de Roger de Beaufort, *aux 2e et 3e d'azur au lévrier d'argent accolé de gueules, à la bordure componnée d'argent*, qui est de Canillac.

IV bis. — Marquisius ou Marquis de Beaufort, Sgr de Canillac, quatrième fils de Guillaume Roger, deuxième du nom, [comte de Beaufort], vicomte de La Motte, et de Guerine de Canillac, sa première ou sa seconde femme, [et non de Catherine de La Garde, comme porte la généalogie latine, manuscrite, de la maison de Beaufort], fut émancipé par son père, à l'âge de dix-huit ans, à Rochemaure, diocèse d'Avignon, le 21 juillet 1366, en présence d'Estienne de Batut, camérier du cardinal de Beaufort, de nobles Roger de Beaufort, Sgr de Beaufort, et Pierre Besserie, damoiseau du diocèse de Limoges. Le père donna à Marquisius la vicomté de La Motte et les châtellenies d'Aubusson, de Langeac, diocèse de Saint-Flour, etc.; il fut appelé le Sgr de Canillac. En 1390, il prétendit succéder au comté de Beaufort, après la mort sans enfants de Roger de Beaufort, son frère. Et encore, en 1416, après celle d'Antoinette de Beaufort, femme du maréchal Boucicaut. Il fut fait chambellan du roi Charles VI, en 1395. Il devait épouser Catherine, dame du Monteil et de La Garde.

Il épousa, en 1369, le 23 août [suivant Justel, ou même en 1366, suivant Baluze], Catherine Dauphine, fille de Béraud, premier du nom, dauphin d'Auvergne, comte de Clermont, et de Marie de La Vie de Villemur [et à qui le dauphin, son frère, constitua un dot de 7,000 florins d'or, et les rentes qu'il avait en Auvergne dans les châtellenies de Langheac, de La Motte et d'Aubusson]. Dauphin d'Auvergne porte : *d'or au dauphin pasmé d'azur*. De ce mariage il eut : 1° Marquis de Beaufort, qui laissa d'Eléonore d'Anduze, ou d'Helie de La Voulte, trois enfants morts sans lignée : Louis, Marquis et Jean ; 2° Louis, qui suit ; 3° Beraud, vicomte de Valerne, en Provence, mort sans postérité de Louise de Polignac [fille de Louis, dit Arnaud, vicomte de Polignac, Sgr de Chalençon et d'Isabeau de La Tour d'Auvergne] ; 4° Marquise, alliée à Germain Guerin, Sgr de Tornouelle [ou Tournoelle] ; 5° Guerine, mariée à Guillaume, vicomte de Narbonne, prince et juge d'Arborée, en l'Isle de Sardaigne, fils d'Aymerie : il testa le 15 août 1394 ; 6° Catherine de Beaufort, qui épousa Jean de Vienne, Sgr de Pymont ; 7° Antoinette de Beaufort, dite de Canillac, mariée à Sébastien de Marillac [chevalier, Sgr de Marillac et de La Wastire, fils de Bertrand de Marillac, Sgr desdits lieux, et de Suzanne de Lastic. Voyez Marillac].

V. — Louis de Beaufort, marquis de Canillac, comte d'Alais [ou Alest], vicomte de La Motte et de Valerne, succéda à son père au marquisat de Canillac ; fit demande, en 1455, de la vicomté de Turenne et des autres terres qui avaient appartenu à Antoinette de Beaufort, femme du maréchal Boucicaud. Il vivait en 1442. Il épousa : 1° Jeanne, fille d'Etienne, Sgr de Norri, et de Jeanne, dame de Passac. Norri porte : *de gueules à la fasce d'argent*. Louis épousa : 2° Jeanne, fille de Jean, baron de Montboissier, et de Catherine de Chalençon, de laquelle il n'eut point d'enfants. Ceux de son premier mariage furent : 1° Marquis, mort avant son père, sans enfants de Jeanne de Chabannes [ou de Chabanois]; 2° Robert, chevalier, Sgr de Saint-Valeri, en 1464, mort sans lignée ; 3° Charles, mort sans postérité ; 4° Jean, qui fut d'église et chamarrier de l'abbaïe de La Chaize-Dieu, l'an 1464 ; 5° Jacques, qui suit; [6° Raymond de Beaufort, évêque de Preneste, cardinal de Canillac, en 1435]; 7° Isabeau, mariée à Jean III, Sgr de Montboissier; 8° Anne, alliée, en 1460, à Godefroi de La Tour, Sgr de Montgascon : elle fit son testament, le 8 octobre 1511, en son château de Joze; [Godefroi mourut à Lyon le 4 juillet 1469]; 9° Marguerite, religieuse ; 10° Agnez, religieuse; 11° Jeanne, religieuse ; 12° Catherine, mariée à Jean de Vienne, Sgr de Pymont, etc., fils de Jacques, Sgr de Ruffei, et de Marie de Beaufremont (1).

VI. — Jacques de Beaufort, marquis de Canillac. comte d'Alest ou Alez, vicomte de La Motte et de Valerne, succéda à Louis, son père, et renouvela le procès pour la vicomté de Turenne et le comté de Beaufort, en 1505 et en 1509. Il assista, le 2 janvier 1494, vieux stile, au mariage de Jean, comte d'Auvergne, avec Jeanne de Bourbon de Vendosme. Il assista aussi au contrat de mariage de Jean Stuart, duc d'Albanie, avec Anne de Boulogne, le 13 juillet 1505.

Il épousa, l'an 1425, Jacqueline, fille de Jean, cinquième du nom, sire de Crequi. et de Louise de La Tour. Créqui porte : *d'or au crequier de gueules*. N'aïant point eu d'enfants [et étant resté seul mâle de la maison de Beaufort], il donna, par contrat du dernier avril 1511, le marquisat de Canillac et ses autres terres et seigneuries [comme les vicomtés de La Motte et de Valerne, etc.], à Jacques de Montboissier, son filleul et son neveu [fils de Jean III, Sgr de Montboissier, d'Aubusson, Boisonnelle et Monteils, et d'Isabeau de Beaufort, sa sœur. Cette donation est du 30 avril 1511]; il le confirma en le mariant, le 20 avril 1513, à Françoise de Chabannes [fille de Jacques de Chabannes, conseiller et chambellan du roi, et grand-maître de France, et de feue dame Marie de Montberon. Jacques de Beaufort intervint au contrat, et même en faveur d'icelui, il institua son dit neveu héritier en tous ses biens, à la charge de porter, lui et sa postérité, le nom et les armes de Beaufort, et de quitter celles de Montboissier; ce qui fut accepté par ledit Jacques, son neveu et filleul].

Sources : Baluze, *Hist. de la maison d'Auvergne*, T. I, préf., p. 22, 143, 144, 145, 196, 253, 315, 316, 317, 349, 361, 396, 398, 399, 400, 401, 402, 403; T. II, p. 179, 202, 214, 219, 221, 222, 224, 343, 344, 345, 346, 348, 349, 602, 604, 614. — *Historia Tutelensis*, p. 204, 721. — Justel, *Hist. de Turenne*, p. 59, 63, 71, 74, 91, 92, 93, 97, 143, 153. — Registres de Borsandi, not. à Lim., p. 142, n° 220. *Apud*, D. Col. — Simplicien, T. II, p. 195, 197; IV, 528; VI, 300, 315, 316, 317, 321, 734, 754; VIII, 342. — Vabonaye, *Mém. hist. Dauphiné*, p. 177, 510. — Vaissette, *Hist. Langued.*, T. IV, p. 190, 250, 251, 256, 571. — Froissart, l. chap. xlvii; II, chap. xlvii. — Duverd. Vaupriv., *Bibl. franç.*, p. 1224. — *Dict. généal.*, 1757, T. III, p. 353. — Lebœuf, *Mém. Acad. belles-lettr.*, T. XVII, p. 500; XVI, 235. — Du Cange, *Glos. lat.*, art. *Miles Heriotum, Ligna.* — Villar,

(1) Nadaud fait probablement double emploi en mettant Catherine au nombre des enfants de Marquis et de Louis.

Hist. de France. T. IX, p. 4.—Olhagar, *Hist. de Foix*, p. 330.— Tillet.— *Hist. du maréchal Boucicaut*, liv. I. — Moreri, 1759. — Estiennot, *Antiq. benedict. Avenion*, p. 57. — *Gall. christ. vet.*, T. IV, p. 863. — Mart., *Voyage litt.*, T. I, p. 5. — Catel, *Mém. hist. Languedoc*, p. 617. — Manuscrit du château de Turenne.

ROGIER. — Jean-Martial Rogier, écuïer, sieur de Nexon, épousa, en 1761, Barbe de Maledent de Feytiac, sa parente [dont : 1° N....., qui suit ; 2° N....., mariée à N....., Ducoux de Treignac ; 3° N....., mariée avec N..... Cruveilher, bourgeois du Petit-Magnac, et d'autres enfants.
N..... Rogier de Nexon, écuyer.]

ROHAN-SOUBISE. — Voir Levi-Ventadour, troisième race des seigneurs de Ventadour.

ROLIN. — Claude Rolin, écuïer, sieur du Bouchaut, paroisse de Bussière-Dunoise, épousa Anne de Beaurepaire, dont : 1° Louise, baptisée le 17 mai 1644 ; 2° Silvine, baptisée le 3 juin 1646 ; 3° Silvain, né le 4 novembre 1653 ; 4° Marie, née le 15 mars 1655 ; 5° Nicolas, né le 27 mars 1658 ; 6° Jacques, né le 9 juin 1659 ; 7° Léonarde, née le 2 octobre 1660.
François Rolin, Sgr de Beauchamp, épousa Jeanne de Lalain, fille d'Antoine, Sgr de Robersat, et de Jeanne de Habert (Labbe, *Tabl. généal. Mais. de Fr.*, p. 304).

ROLLAND, sieur de Montmouton et de Bousselières, père et fils, paroisse d'Archignay, élection de Saint-Jean-d'Angeli, porte : *d'argent à la croix de gueules.*

I. — Mathieu Roland, maire de Saint-Jean-d'Angeli, 1544, épousa Jeanne Giboul, dont Arnaud, qui suit.

II. — Arnaud Rolland est dit fils de Mathieu, dans un certificat de Louis de Bourbon, prince de Condé, du 24 juin 1563. Il épousa Catherine Blanc, dont : 1° Antoine, qui suit ; 2° d'autres enfants avec lesquels Antoine partagea les successions de leurs père et mère, le 18 avril 1600.

III. — Antoine Rolland est reçu échevin à Saint-Jean-d'Angeli, par le décès de Charles Cardel, le 4 may 1601. Bonaventure de La Combe est reçu par le décès dudit Rolland, le 5 may 1617. Il épousa Françoise Landeau.

IV. — Jacques Rolland épousa, le 26 février 1623, Magdelaine d'Abillon.

V. — Arnaud Rolland épousa, le 23 may 1656, Marthe Rolland.

ROMANET. — Albert Romanet, écuïer, sieur du Cousrieu, paroisse de Saint-Denis-les-Murs, 1589.
Jean de Romanet, baron de Baudiné, épousa Catherine de Grandjon, dont Françoise, mariée, le 6 janvier 1646, à Balthasar de Monteil, sieur de La Font, fils de Jean, sieur du Port, gouverneur de la ville et château de Saint-Agreve, et de Diane de La Gruteric (Moreri).
Pierre-Jean Romanet, conseiller au Parlement de Paris, puis président au grand conseil, épousa, le 23 décembre 1717, Marie-Charlotte d'Estrades, née le 4 janvier 1696 de Godefroy-Louis, comte d'Estrade, et de Charlotte Le Normand (Moreri et *Tabl. hist.*, ive part., p. 261, 362, ve part., p. 413, 414).

Charlotte-Rosalie de Romanet, dame de compagnie de feue Madame [Henriette de France], morte sans hoirs en 1753, d'une famille sortie de Limoges, épousa [le 25 avril 1751] François-Martial [dit le comte] de Choiseul-Beaupré, fils d'Antoine, marquis de Beaupré, et de Anne-Charlotte de Marcheville [né le 8 octobre 1717, brigadier des armées du roi, colonel du régiment de Flandre, puis officier dans les grenadiers de France et menin (1) de Monsieur le Dauphin]. De ce mariage, naquit une fille, morte en bas-âge. (*Idem.*)

Noble D...... Romanet, épousa Marguerite Gignet. Le P. Paul du Saint-Sacrement, carme déchaussé, publia sa vie sous ce titre : *Idée de la véritable piété dans la vie, les vertus et les écrits de Marguerite Gignet*, à Lyon, 1669, in-4° (*Biblioth. carmelit. excalceat,* p. 313.)

Pierre de Romanet, sieur de Saint-Priest-Taurion, lieutenant particulier au présidial de Limoges, épousa Marguerite Chapelle de Jumilhac (Voyez T. I). Elle mourut à cinquante-deux ans, le 21 août 1673.

Noble Pierre Romanet, sieur de Beaune, épousa Marie Tenezand, dont Marie, baptisée à Aimoutier le 9 novembre 1646.

Noble Léonard Romanet, sieur du Chaslard, paroisse de Saint-Denis-des-Murs, épousa Marie de Courbier; elle mourut à vingt-six ans, le 11 février 1658, dont François, mort au berceau.

Noble Léonard Romanet, sieur du Chaslard, paroisse de Saint-Denis-des-Murs, épousa Marguerite d'Eychizadour; elle mourut à quarante ans, le 22 octobre 1652, dont Pierre, baptisé le 21 décembre 1638.

Jean-Baptiste Romanet, de la paroisse de Saint-Maurice, dans la cité, bourgeois, sieur de La Salesse, depuis substitut des procureurs et avocat du roi, au bureau des Finances de Limoges, fils de feu Jean et de Petronille Goudin, épousa, le 14 février 1697, Catherine-Marie de Petiot, fille de Pierre, écuier, sieur du Masboucher, trésorier de France et de Jeanne Poillevé, dont : 1° Jeanne, née en 1698, morte au berceau ; 2° Jean-Michel, baptisé à Saint-Jean le 21 avril 1699 ; 3° Marie-Valerie, née le 20 may 1700, mariée le 16 février 1724, avec Léonard Sargueil, sieur de Delmas, fils de feu Pierre et de feue Catherine de La Majorie de Soursac, du bourg de Saint-Hilaire-Foissat ; 4° Valerie-Antoinette, née le 11 juin 1701 ; 5° Marie-Thérèse, née le 23 octobre 1702, morte à quarante ans, le 14 mars 1746 ; 6° Catherine-Marie, baptisée le 30 may 1705, mariée, le 30 octobre 1746, avec François Michel, marchand commissionnaire, veuf de Catherine Grammaignac ; 7° Jean-Baptiste, mort à douze ans, en 1718 ; 8° Antoine, mort à vingt-trois ans, en 1732.

Pierre Romanet, écuier, sieur de Saint-Priest-Taurion, mourut le 13 février 1728, au château du Mazeau, près dudit Saint-Priest, et fut enterré à Saint-Maurice de Limoges ; il était âgé de cinquante ans.

Julie de Romanet de Saint-Priest-Taurion, veuve de François de Cumain, chevalier, sieur du Magnieu, mourut audit château du Mazeau, à soixante-quatre ans, fut portée, le 22 janvier 1744, enterrer chez les f.f. p.p. de Limoges.

---

(1) Menin s'est dit primitivement en Espagne des jeunes nobles attachés aux enfants de la famille royale pour partager leurs jeux et les accompagner. En France, on s'en servait autrefois pour désigner les six gentilshommes attachés au Dauphin.

Jacques Romanet, S^{gr} de Saint-Priest-Taurion, épousa Henriette-Rose de La Marthonie; elle mourut à soixante-quinze ans, le 25 avril 1728, et fut enterrée aux Carmes déchaussés de Limoges. De ce mariage naquit Pierre, baptisé à Saint-Jean de Limoges, le 25 avril 1680 (Registr. de Saint-Maurice de Limoges).

Mathieu Romanet, écuïer, sieur du Cailleau, de Limoges, épousa : 1° .....; 2° en 1761, Jeanne Martin, sa parente.

Geneviève Romanet, de Beaune, épousa Pierre Esmoing, écuïer, sieur de La Grelière, paroisse de Saint-Junien-la-Bruyère; dont le fils Paul, naquit le 4 mars 1748.

ROQUEMOREL. — Jean de Roquemorel, écuïer, sieur d'Espinassol, paroisse de Champagnac-la-Noaille, épousa Marie-Catherine de Cardaillac, dont Jean, tonsuré en 1737.

ROQUET. — V. DESTRESSE, T. II.

[RORE ou ROURE.
On trouve dans les registres de Roherii, notaire à Limoges, p. 49, n° 44, *apud* D. COL., Etienne des Rore, *alias* de Campis.]

DES ROZIERS, sieur de La Cour d'Etaignac, paroisse de Grenor, élection d'Angoulême, porte : *d'argent à 3 roses de gueules tigées et feuillées de sinople, 2 et 1.*

Maître Jean de Rosiers, juriste, de Saint-Brice, épousa N....., dont P....., clerc, 1338.

Jacques de Rosiers, épousa N....., dont Jean, qui suit.

Jean de Rosier, damoiseau, était marié à Agnez de Mazières, en 1397, 1405.

Jacques de Rosiers, damoiseau, 1450 [reçut une reconnaissance au nom de dame Catherine Nespoul, veuve de noble Jean de Rosier (*infra*), le 2 novembre 1449 (Regist. de Fagia, not. chez Ardent, not. à Limoges, f° 60 verso)]. Il épousa Catherine Balanges, fille et héritière de Jean, damoiseau.

Junien de Rosiers, damoiseau, était marié avec Guillaumine Robberte, en 1427.

Jean de Rosiers, damoiseau, du bourg de Saint-Brice, était marié, en 1425, avec Catherine deu Nespol [ou de Nespoul], il était mort en 1435. Dont Pierre.

Pierre de Rosiers, damoiseau, du bourg de Saint-Brice, épousa peut-être Marguerite du Ris, dont Jean, qui suit.

Jean de Rosiers, damoiseau, 1409, épousa, par contrat (signé Jean Marchand) du 14 novembre 1429, Jeanne de Copnhac, fille de feu Jean de Copnbac, damoiseau, et de Catherine du Ris, *alias* de Vouris. Le préambule du contrat est écrit en latin et les articles en *Romance* ou français; le terme *domicellus* est traduit par celui d'*écuïer*. Elle vivait en 1440. De ce mariage naquit Junien, qui suit.

Junien de Rosiers, *alias* de Mazeriis, épousa Anne Faulcone, dont Jean, écuïer, sieur de La Bachellerie, 1473.

[Noble Rogier de Rosiers vivait avant 1432 (Regist. de Fagia, *ut supra* f° 65 verso et 66 recto)].

Noble Jean de Rosiers, damoiseau, du bourg de Saint-Brice, épousa N..., dont Jean, damoiseau, 1477.

Jean de Rosiers, damoiseau de Saint-Brice, sieur de La Rochette, épousa, par contrat (reçu par Gay) du 6 janvier 1491, Isabeau de Soudac ou Solac, sœur d'Antoine de Saint-Orsse, diocèse de Périgueux, fille d'Helie Bertrande; elle était veuve en 1496. Dont François, qui suit.

François de Rosiers, damoiseau, sieur de Saint-Brice, 1501, épousa Agnez de Montfraybeuf.

[Noble François de Rosiers est témoin dans un acte du 3 novembre 1539 (Papiers domest. de M. Samson de Royère)].

Noble Junien de Rosiers épousa N....., dont Jauffre de Rosiers, écuïer, sieur de Chambary, paroisse de Saint-Brice, 1502.

Jeanne de Rosiers, femme, en 1503, de noble Michel Arnault.

Jacques de Rosiers, écuïer, épousa N..... Helie Guyne, fille de noble Jean Guy, écuïer, sieur de La Guyonnie, paroisse de Royère, près La Rochel'Abeille, et de Marie de Libersac; elle était veuve en 1495, dont Antoinette, femme de Pierre de Villebrune, 1482.

Noble N..... de Rosiers épousa Catherine Faulcon de Sales, paroisse de Chassenon, dont : 1° Jean, sieur du Puy-de-Malet, paroisse de Saint-Brice; 2° Foucaud, qui suit.

Noble Foucaud de Rosiers, écuïer, sieur de Chéronnac, 1479, 1497, épousa Catherine David, dont : 1° Jean; 2° Jeanne.

Pierre de Rosiers, damoiseau, épousa N....., dont : 1° Jean, damoiseau, sieur de La Juddie, qui suit; 2° Léonard.

Jean de Rosiers, damoiseau, sieur de La Judie, paroisse de Saint-Brice, 1493, épousa Catherine Laurence.

Noble Gaufridus de Rosiers, damoiseau, sieur de Chambary, paroisse de Saint-Brice, épousa Louise Tresselvise ou Troussebais, dont : 1° Marie-Marguerite, mariée, peu avant 1493 (1482), à Pierre de l'Age-au-Chat, damoiseau, qui fut Sgr de Chambari; 2° Catherine, mariée à N.....

Noble Mathurin de Rosiers, damoiseau, 1496, était marié à Marguerite de Bouchiac.

François de Rosiers, écuïer, sieur de La Pillanderie, paroisse de la ville de Magnac, épousa N ...., dont : 1° Marc, sieur de La Pellanderie, baptisé le 29 janvier 1595, qui fut trouvé gentilhomme en 1598; 2° Pierre, baptisé le 28 mars 1597.

Noble Jean de Rosiers, sieur de La Morte-Fontaine, paroisse de Saint-Hilaire-la-Treille, épousa Antoine de La Fauveille, dont René, qui suit.

René de Rousiers, chevalier de l'ordre du roi, sieur de La Gourdinière, Les Essards, Les Loges, bailli d'Allenezon, paroisse de Saint-Laurent, en Anjou, 1586, épousa : 1° Magdelaine de La Chapelle; 2° N.....

François de Rouziers, écuïer, sieur du Petit-Pressac, et de La Court, paroisse d'Etagnac, épousa : 1°, par contrat (reçu Bouneau) du 29 novembre 1579, Antoinette Paulté, fille de N.... et de Louise Pastoureau, du Petit-Pressac, paroisse de Lezignac-sur-Goire; dont : 1° Jean, sieur de Pressac-sur-Gorre, demeurant à Cheronnac, était mort en 1606; 2° Louis, sieur de Boussignac-sur-Gorre, demeurant à Chéronnac, était mort en 1606;

3° Louise, mariée à noble Annet de Saint-Fief, sieur de La Laurencie ; 4° Catherine, baptisée à Etagnac le 6 janvier 1597 ; 5° Anne, mariée, par contrat du 18 août 1609 (le 29 novembre), à Claude de Croizant, fils de feu François ; 6° Favienne, mariée, par contrat du 23 janvier 1611, à Mathieu Guyot, écuïer, sieur de La Lande, du village de La Grange-d'Aurillac, paroisse de Lesterps, fils de Martial, sieur de La Vergne, et de Charlotte Pastoureau. François épousa : 2° Hester Dassier, qui était veuve en 1600, dont : 1° Claude ; 2° Jeanne.

Léonard de Rousiers, écuïer, sieur de La Tour, habitant Saint-Brice, épousa Françoise Coustin ; elle était veuve en 1604. Dont : 1° Jean, qui suit ; 2° Louis, sieur de Boussignac.

Jean de Rosiers, écuïer, sieur de La Tour de Saint-Brice, fils de Léonard, fit une donation à sa femme, le 9 juillet 1607, il fut trouvé gentilhomme en 1595. Il épousa Magdelaine Papon.

Jean de Rousiers, écuïer, sieur dudit lieu, au bourg de Saint-Brice, frère de Louis, sieur de Boussignac, épousa, par contrat (reçu Montjeon) du 20 janvier 1610, Anne de Meilhars, veuve de Simon Croizant, écuïer, sieur du Genest.

Louis de Rouziers, sieur de Boussignac, paroisse d'Etaignac et du Bux, du lieu des Granges, paroisse de Lesterp, fut trouvé gentilhomme en 1598. Il épousa Françoise Plument, dont : 1° Marie, baptisée à Etagnac le 8 octobre 1617 ; 2° autre Marie, baptisée à Lesterp, le 19 janvier 1629.

Désirée de Rousiers, femme de François de Livron, écuïer, sieur du Breuil, mourut, âgée de soixante-cinq ans, le 12 septembre 1710, fut inhumée à Etagnac.

François de Rouziers, écuïer, sieur du Rut, épousa : 1° Magdelaine de La Breuille, paroisse de Lezignac-sur-Goire ; 2° dans l'église d'Etagnac, le 12 septembre 1695, Françoise de Rocquard, veuve de Joachim Chauveron de Magnac.

Noble Pierre de Rouziers, écuïer, sieur de La Bounetye et de Bourdicaud, mourut au bourg d'Etagnac et y fut inhumé le 20 décembre 1636.

Noble Jean de Roziers, écuïer, sieur de Bourdicaud, fut inhumé à Etagnac, le 3 janvier 1636. Il avait épousé Antoinette d'Abzac, elle fut inhumée à Etagnac, le 18 juillet 1633, dont : 1° Jeanne, baptisée le 11 août 1597 ; 2° Pierre, baptisé le 22 août 1598 ; 3° Souveraine, inhumée le 1er février 1633 ; 4° Anne, inhumée le 4 janvier 1633.

I. — Helie des Rosiers épousa, le 23 janvier 1457, N....; étant veuve, elle transigea, le 25 décembre 1507, avec ses enfants et Jean Pinot. De ce mariage vinrent : 1° Pierre ; 2° Guillaume, qui suit ; 3° Marie, 1493.

II. — Guillaume des Rosiers, écuïer, sieur de La Court, paroisse d'Etagnac, fit son testament où il institua Jean, son fils, le 1er décembre 1522 ; il avait épousé Jeanne de Salagnac.

III. — Jean des Rosiers épousa, le 31 mai 1552, Marguerite Bonnin.

IV. — François des Rosiers, écuïer, sieur de La Cour d'Etagnac. Serait-ce le Rozier, gentilhomme de M. de La Vauguyon, qui prit prisonnier Louis de Bourbon, prince de Condé, le 13 mars 1569. (LABOUREUR, T. II, p. 610). Il épousa, le 24 novembre 1577, Louise Paulte, dont : 1° Louis, qui suit ; 2° Désirée ; 3° Marie ; 4° Marguerite ; 5° Catherine ; ils firent tous cinq un partage des biens de leurs père et mère (signé de La Quintinie), le 6 juillet 1620.

V. — Louis des Roziers, écuïer, sieur de La Court (et de Chaleix), où il fut inhumé le 21 mai 1633. Il épousa, le 28 février 1623, Anne de La Croix; elle fut inhumée à Etagnac le 21 août 1633. Dont : 1° Désirée, baptisée le 8 novembre 1624 ; 2° Michel, qui suit; 3° Anne, baptisée le 1er mars 1631 ; 4° François, baptisé le 20 août 1633, mort le 9 octobre suivant.

VI. — Michel des Rosiers, baptisé le 6 janvier 1630, écuïer, sieur de La Court, paroisse d'Étagnac, où il mourut à soixante-trois ans, le 6 juillet 1693, avait épousé, par articles du 28 août 1650, Anne Taschard, dont : 1° et 2° Jacques et Jean, morts à l'âge de quatorze et quinze ans, en 1670 et 1671 ; 3° Marie, née le 2 juin 1659 ; 4° Raymond, né le 3 avril 1661.

François de Roziers, écuïer, sieur de Lezignac, 1683, épousa Anne de La Breuille.

Henri de Roziers, écuïer, paroisse de Mouhé, diocèse de Bourges, épousa Geneviève Perrot, dont Pierre, qui suit.

Pierre de Roziers, écuïer, sieur de Chassincour, épousa, dans l'église de Saint-Sulpice-les-Feuilles, le 16 mai 1747, Marie-Anne de Puyferrat, fille de feu Jean et de Marguerite Peuchaud, du lieu de Lavaud.

[LA ROSSE.
Baronnie, située dans la sénéchaussée de Tulle, qui appartenait, en 1698, au marquis de Canillac, en Auvergne. Voyez le Petit-Magnac].

ROSSIGNOL. — Noble Martial Rossignol, coseigneur de l'Age-au-Seigneur, paroisse du bourg de Salanhac, demeurant dans celui de Paulhac, épousa Anne de Mars, dont Jean, qui suit.

Noble Jean Rossignol, sieur de La Cour, épousa, par contrat (signé Volundac) du 14 septembre 1628, Jeanne Sigaud, fille de feu Abraham et de Anne Boutaud, du Grand-Bourg de Salanhac.

Pierre Rossignol de La Combe, écuïer, mourut à soixante-seize ans, le 15 juin 1713, et fut enterré chez les Carmes de La Rochefoucaud.

ROUARD. — Jean-Joseph Rouard, sieur de La Boissarde; de la paroisse de Saint-Michel-des-Lions, à Limoges, épousa Jeanne Nesmond, dont Jeanne-Rose Rouard, qui épousa dans l'église d'Ambazac, le 17 mars 1739, François Gentil, écuïer, sieur de Brutine, fils de Silvain et d'Élisabeth Igonin de Montaurant. Elle mourut en 1750, ainsi que son mari.

[ROUFFIAC, seigneurie en Angoumois, érigée en comté, par lettres du 23 janvier 1654, registrées au Parlement de Paris, le 23 décembre 1666.
Des Ruaux de Rouffiac.]

ROUFFIGNAC. — V. Roffignac.

[ROUGIER. — Noble Jean Rougier, sieur de Beaumont en Marche, vivait le 16 octobre 1628 (*Invent. tit. celest. des Tern.*, p. 465).

Noble N..... Rougier, sieur de Beaumont, avait épousé demoiselle Silvaine Roussaton, qui était veuve et tutrice de ses enfants, le 30 mai 1682.]

ROUGNAT, sieur du Gazon et de La Papalière, paroisse de Cherves et de Mazières, élection d'Angoulême, porte : *d'azur au sautoir d'or accompagné de 4 étoiles de même.*

I. — François de Rougnat épousa Anne de Neufville.

II. — Pierre de Rougnat épousa, le 2 février 1520, Philippe de Mascureau, dont : 1° Jean ; 2° Pierre, qui suit ; 3° Claude ; ces trois frères firent un partage noble, des successions de leurs père et mère, le 13 mars 1558.

III. — Pierre de Rougnat épousa, le 3 février 1571, Paulette de Cherves.

IV. — Pierre de Rougnat épousa : 1° le 14 juin 1605, Marguerite Chaillou ; 2° le 19 juillet 1609, Françoise de Nourigier, dont Jacques, qui suit. On passa un bail de tutelle aux enfants de l'un et l'autre mariage, le 30 octobre 1620.

V. — Jacques de Rougnat épousa, le 10 décembre 1630, Louise Gourgaud.

VI. — Charles de Rougnat épousa, le 13 mai 1658, Suzanne Dauphin.

ROULHAC.

Pierre de Manent, fils de Jean et de Paule Rogier des Essards, épousa, en 1646, demoiselle Anne-Grégoire de Roulhac.

I. — Guillaume de Roulhac, avocat, sieur de Thias, paroisse d'Isle, épousa Marie-Marcelle de Maleden, dont Joseph-Grégoire, qui suit.

II. — Joseph-Grégoire de Roulhac, avocat, fût lieutenant-général au sénéchal de Limoges, trésorier de France au bureau de la même ville. Il épousa, à Saint-Maurice, le 20 may 1750, Marie-Anne Dumas, veuve de N..... Donat, avocat, fille de feu Charles, sieur de La Vialle, et de Marie-Jeanne du Menet [dont : 1° François, qui suit ; 2° N.....; 3° N.....; 4° N.....; 5° N.....; 6° N....., mariée avec N..... Guibert de La Beausserie, négociant de Limoges ; 7° N....., mariée avec N....., des environs d'Uzerche ; 8° N....; 9° N.....

III. — François-Grégoire de Roulhac, écuyer, S^{gr} de Laborie, de Bort, etc., lieutenant-général au présidial et sénéchal de Limoges, épousa N..... de Roulhac, sa parente, fille de N..... de Roulhac et de N..... Martin, dont : 1° N.....; 2° d'autres enfants.]

ROULIN, sieur de Sainte-Mesme, paroisse dudit lieu, élection de Saint-Jean-d'Angeli, porte : *d'azur à 3 chevrons d'or, accompagnés de 3 molettes d'éperon de même, 2 et 1.*

Les commissaires du gouvernement trouvèrent bonnes les preuves de noblesse présentées par cette famille en 1598.

I. — Fouques Roulin, épousa Perette Mesnard.

II. — François Roulin épousa, le 28 février 1491, Marie Cotard.

III. — Jean Roulin épousa, le 11 avril 1549, Marguerite Horric.

IV. — Alexandre Roulin épousa, le 13 novembre 1584, Renée de La Faye.

V. — Frédéric Roulin, fils et principal héritier d'Alexandre, rendit un adveu et dénombrement le 2 novembre 1614 ; il épousa Françoise Laurens.

VI. — Jean Roulin épousa, le 21 décembre 1660, Marie du Breuil.

ROUMAGIÈRE. — François de La Roumagière, écuyer, sieur de Lobertie, paroisse de La Chapelle-Montbrandeix, épousa Marie N....., dont, Jean, baptisé à Maraval le 9 mai 1660.

Honorable Jean de La Roumagière, ou Roismasière, écuyer, sieur de Lobertie, paroisse de Saint-Auvent, mourut à soixante-dix ans, à Saint-Junien, le 27 octobre 1728. Il avait épousé, dans l'église d'Etagnac, le 5 mars 1707, Catherine Plument.

Jean de La Roumazière, écuyer, sieur de Laubertie, demeurant à La Brégière, paroisse de Tiviers, en Périgord, fut fiancé le 12 janvier 1665, dans l'église de Busserolles, à Anne de Fornel, fille de Jean de Fornel, sieur de Ferrand et de Marie de Villars.

Antoine de La Romagière, écuyer, paroisse de Nexon, épousa : 1° N.....; 2° en 1773, N..... de Raymond de Beausoleil, paroisse de Saint-Pierre, à Saint-Irier.

Françoise de La Roumagière épousa, le 8 janvier 1594, René Gaudin, fils de Guillaume, sieur de Puygibaud, paroisse de Marton, élection d'Angoulême, et d'Isabeau Nourigier.

Magdelaine de La Romagière, épousa Jacques de Conan, fils de François, chevalier, sieur d'Hautcorn et de Marguerite Alberte; elle était veuve en 1713.

Haut et puissant Pierre-François de La Romagère, chevalier, comte de Roncessy, baron de Fontaine, La Filolie, près Tivier, en Périgord, La Beraudière, épousa Marie-Françoise-Élisabeth du Bourg, dont, Marie-Hélène, qui épousa, par contrat (signé Sudric) du 4 février 1768, haut et puissant Louis-Thomas de Conan, baron de Montbrun, fils d'Alexis et de Marie de Campniac.

ROUSSEAU, sieur du Puy-la-Vesse, élection de Tulle, porte : *d'argent à une bande vairée de gueules et d'argent* (1), *accompagnée de deux croissants d'azur en chef et d'un en pointe*.

I. — Bernard du Rousseau, sieur du Puy-la-Vaisse, fut anobli au mois d'octobre 1655, il épousa Catherine de Beaumont, fille de Laurent, sieur de Nabirac, et de Françoise de Chaunac-de-Lanzac, dont : François, qui suit.

II. — François du Rousseau, obtint un brevet de retenue, le 13 décembre 1666.

François Rousseau, écuyer, épousa Anne Meyrot du bourg d'Ahun; elle mourut veuve et fut inhumée à Ambazac, le 6 mars 1710, à l'âge de quarante-huit ans.

ROUSSEAU, sieur de Fresneau, paroisse d'Ains, élection de Saint-Jean-d'Angeli, porte : *d'azur à une tour d'argent, maçonnée de sable, soutenue par deux lions rampants d'or, armés et lampassés de gueules, 2 étoiles d'argent en chef et une en pointe*.

I. — Guillaume Rousseau, épousa Louise de Legivalet.

II. — Bernard Rousseau épousa, le 16 février 1549, Magdelaine de La Vaure.

III. — Jacques Rousseau fit un testament avec sa femme, le 14 décembre 1617; il avait épousé, par contrat du 21 novembre 1583, Elix d'Angoulême, dont, Pierre, qui suit.

IV. — Pierre Rousseau, écuyer, sieur de Fraigneau. Il épousa : 1° le

(1) LAINE (*Nobiliaire du Limousin*) dit *vairée de gueules et d'or*.

13 janvier 1619, Eléonore de Beaumont, dont, Françoise, mariée le 13 juillet 1644, avec Pierre Jourdain, écuyer, sieur de Boistillé (Hozier, *Arm. génér.*, 1re part., p. 310). Pierre épousa : 2° par contrat sans filiation, le 9 novembre 1632, Catherine Gentil; il fit un testament avec elle le 9 octobre 1661. De leur mariage vinrent : 1° Louis-Martial; 2° Judith, mariée à Jacques de Ponthieu. Louis-Martial et Judith transigèrent sur la succession de leurs père et mère, le 24 décembre 1661.

DU ROUSSEAU (1).

Thérèse du Rousseau épousa, le 17 juillet 1763, dans l'église de Montberon, Salomon Chapiteau, fils de Pierre-Jean, chevalier, sieur de Resmondis, et de Marie Hastelet.

DU ROUSSEAU DE FERRIERE (2).

Marie du Rousseau de Ferriere de Seycheres épousa Pierre du Dousset, écuyer, sieur du Puy, La Guyonnie, Grafeuille, fils de François-Guillot et de Louise de Lavaud.

ROUSSIE (3).

Léonard de La Roussie, écuyer, sieur des Chenauds et des Deffens, paroisse de Bunzac, en Angoumois, mourut le 23 mars 1653. Il avait épousé Rachel de Crut de La Garde, dont : 1° Marie, baptisée le 18 septembre 1639; 2° Claudine, baptisée le 18 septembre 1639; 3° Jean, baptisé le 4 août 1641 ; 4° Pierre, baptisé en 1642 ; 5° Hélène, baptisée le 12 août 1646; 6° Anne, baptisée le 23 février 1648.

Hélène de La Roussie épousa, à Bunzac, le 14 février 1684, Joachim de La Chambre, écuyer, sieur de Tenot, en Saintonge, qui mourut le 19 janvier 1722. Elle eut pour enfants : 1° Marguerite, née le 20 septembre 1685 ; 2° Marie, née le 11 janvier 1687, morte sans alliance le 28 octobre 1721.

ROUSSILE, seigneurie en Limousin, paroisse de....., que Louis de Scoraille eut en partage, et dont sa postérité a pris le nom ; éteinte dans Isarn de Valady (*Dict. généal.*, 1757, et *errata*).

    Voir : Scoraille, comte de Roussine.
          Taillefer de Roussile.
          Cornu ou Corn de Roussile.

ROUSSINES (seigneurs de).

Jacques d'Escravayat, écuyer, épousa Marguerite Dorazeau, dont Marie, mariée à Rancogne, le 20 may 1737, avec Pierre de Souchet, avocat, fils d'autre Pierre, aussi avocat, et de Françoise Martin, paroisse du Petit-Saint-Cibar, à Angoulême.

Jacques de Reix, sieur des Rivières, acheta la terre des Roussines, il mourut le .... à Feuillade. Il avait épousé Jeanne Blanchard ; elle mourut au

---

(1) La généalogie de cette maison était aux pages 746, 747, qui sont déchirées.
(2) Nadaud indique une autre généalogie aux pages 394, 396, qui sont déchirées.
(3) Roussie était à la page 2141, qui est déchirée, il ne reste plus que la note ci-dessus à la page 2503.

Pontrouchaud, paroisse de Roussines, le 30 septembre 1761, et fut inhumée à Feuillade.

LA ROUTE. — Nicolas de La Route, damoiseau, de la ville de Saint-Léonard, 1411.

ROUX ou RUFFI.

Alain Roux et Pierre, son frère, dont il est parlé dans Froissart aux années 1388 et 1390, ch. cxxxvi et xi, étaient des chefs de brigands, qui furent écartelés à Paris.

Arnaud Ruffi épousa Isabelle de Chabrouilla (1), dont noble Agnez Roffa, de Maraval, mariée : 1° à N..... de La Charnay, dont vint Marguerite : 2° à noble Philippe Bruni, damoiseau, S^{gr} de Champniers-aux-Boux, diocèse de Limoges. Elle fit son testament le 11 septembre 1418.

Noble Ademar Ruphi, 1455, épousa noble Petronille de La Vergne, dame de Montcheuil, près Saint-Martial de Valette.

Noble Noël Roux de Coussat, paroisse de Saint-Vite, épousa, le 30 juin 1588, Hélène de La Place, fille de Antoine de La Place, des Brousses, et de Antoinette des Pousses.

Noble Léonard Roux, sieur de Lusson, mourut le 15 septembre 1608, fut enterré à Saint-Front-la-Rivière, diocèse de Périgueux. Il avait épousé N....., dont : 1° Gui, qui suit ; 2° Louise, mariée à Gabriel Nicolas, du village de La Varesne, morte le 1er juin 1609 ; 3° Henri, mort sans alliance ; 4° Guichard, mort aussi sans alliance.

Noble Gui Roux, écuyer, sieur de Lusson, et La Salle de Maumont-lez-Saint-Front-la-Rivière, où il mourut le 30 avril 1609 ; il avait épousé, au mois de juillet 1608, Jeanne Lambertie, dont Jean, qui suit, baptisé le 19 mai 1609.

Jean Roux, écuyer, sieur de Lusson, du bourg de Saint-Front-la-Rivière, 1630, épousa Jacquete de Pressac, dont : 1° Gabriel, baptisé le 28 février 1633 ; 2° Jean, baptisé le 2 juillet 1634.

Noble Gabriel Roux, écuyer, sieur des Combes, de Lusson, de La Salle de Maumont, paroisse dudit Saint-Front, mourut le 24 mars 1646, épousa Jeanne de Talerand, fille de Marguerite Constantin de Grignot ; elle mourut à soixante-dix ans au Genest, paroisse de La Chapelle-Gonaguet, fut enterrée à Saint-Front-la-Rivière, le 19 janvier 1666, dont : 1° Daniel, qui suit ; 2° Marguerite, baptisée le 31 janvier 1619 ; 3° Anne, baptisée le 21 mai 1620 ; 4° Sicaire, baptisé le 13 août 1621 ; 5° Charles, baptisé le 29 mai 1623 ; 6° Suzanne, née le 21 septembre 1627 ; 7° Marie, baptisée le 20 octobre 1630 ; 8° Jean, né en mars 1634 ; 9° Gasparde, baptisée chez les religieuses de Saint-Pardoux-la-Rivière, le 31 décembre 1645.

Noble Daniel Roux, baptisé le 6 juin 1617, écuyer, sieur du Genest, du village de Pombos, paroisse de Saint-Front-la-Rivière, épousa Jeanne de La Monnerie (Aumonerie), née à Roussines, le 30 novembre 1632, fille de

---

(1) La Chabrouillie est un village de la commune de Champniers, canton de Bussière-Badil. — Lusson, commune de Saint-Front-la-Rivière, canton de Saint-Pardoux-la-Rivière, arrondissement de Nontron (Dordogne). — Maraval ou Marval, canton de Saint-Mathieu, arrondissement de Rochechouart (Haute-Vienne).

Jean, écuïer, sieur de La Beneychie, du lieu des Champs, paroisse de Cussac, et de Marie d'Escravayat; elle mourut à Pombos, en Périgord, le 21 octobre 1666. De ce mariage naquirent : 1° Jean, qui suit; 2° Louise, baptisée le 30 décembre 1655; 3° autre Jean, né le 9 novembre 1656; 4° Suzanne, née le 6 juin 1659: 5° Marie, née le 2 octobre 1660; 6° Martial, né le 11 novembre 1661; 7° autre Louise, baptisée le 18 mars 1663; 8° autre Suzanne, née le 2 juin 1664; 9° autre Marie, née le 10 août 1665; 10° Nicolas, baptisé le 11 octobre 1666.

Jean Roux, sieur de Pombaux, en Périgord, mourut à soixante-cinq ans, le 30 avril 1717, inhumé à Dournazac. Il avait épousé Marie Daisse, dont Jean, mort le 26 février 1710, inhumé à Dournazac.

François Roux, écuïer, sieur de Pombaux, Aixe, Vignieras, épousa, le 13 juin 1702, Marie Lambertie, veuve de François de Maumont, sieur de Lasteric; elle fit son testament à Pombos, le 20 octobre 1710, mourut le 30 novembre 1720, et fut inhumée à Dournazac. De ce mariage vint Nicolas, mort le 10 avril 1711.

Noble Nicolas Roux, écuïer, sieur de Vignieras, paroisse de Dournazac, mourut en 1764. Il avait épousé Marie de Coignac, dont : 1° Marie, née le 24 juin 1719, mariée, le 10 mars 1742, à Jean Rolle, sieur de Goursolas, fils de Pierre, sieur du Repaire et de Léonarde Boulhen, paroisse de Firbeix, diocèse de Périgueux; 2° Nicolas, né le 10 octobre 1726; 3° autre Marie, née le 25 avril 1730; 4° autre Marie, née le 2 mars 1732; 5°, 6°, 7°, 8°, autre Marie, Jean-François, Pierre et autre Pierre, morts au berceau.

Noble Gabriel Roux, écuïer, sieur de La Salle, paroisse de Saint-Front-la-Rivière, et La Forêt, paroisse de Saint-Gervais, mourut le 30 avril 1716. Il avait épousé Magdelaine de Londeis, dont : 1° Jean, baptisé le 9 février 1660; 2° autre Jean, né le 28 août 1662, baptisé le 22 mars 1667; 3° Joseph, baptisé à Saint-Junien, le 24 mars 1666; 4° Françoise, baptisée le 21 mars 1671, mariée à Boubon, le 30 août 1701, à Jacques de La Rocheaymon, écuïer, sieur de Savignac, paroisse de Corniac, en Périgord; 5° Léonard, baptisé le 3 août 1674; 6° Denis, mort au berceau.

Noble Jean Roux, écuïer, sieur de La Foret, paroisse de Genouilhac, épousa Antoinette de La Goretie; elle mourut le 5 janvier 1679, fut inhumée à Verniolet; dont : 1° Jean, baptisé le 3 octobre 1660; 2° Anne, née le 11 novembre 1661, baptisée le 8 janvier 1662: 3° Renée, baptisée le 21 septembre 1666; 4° François, mort en bas-âge; 5° Jacques, né le 20 août 1674.

Martial Roux, écuïer, sieur de La Garde, mourut à trente-deux ans, le 26 novembre 1707, enterré à Vidais ou à Chassenon, épousa : 1° Françoise Laurent, dont Antoinette, née le 5 septembre 1697; 2° dans l'église de Biannac, le 29 janvier 1704, Marie-Olympe d'Asnières, fille de Jacob et d'Élisabeth de La Tour, veuve de N..... de La Garde, écuïer.

François Roux, écuïer, sieur de Combes, paroisse de Vidais, 1692, épousa Suzanne Fargeas.

Jacques Roux, écuïer, sieur de La Besso, demeurant à Farges, paroisse de Saint-Jean-Ligoure, 1688, épousa Françoise Chapelon, veuve de Jacques Hugon, écuïer, sieur de Farge, paroisse de Saint-Priest-Ligoure, fils de Philippe et de Jeanne de Bosviger.

Jacques Roux de Lucon, écuïer, sieur de La Besse, épousa Jeanne Hugon;

elle mourut veuve, à soixante ans, le 26 décembre 1715, et fut enterrée à Saint-Maurice de Limoges.

Léonard Roux, écuïer, sieur de Puissenac, mourut à soixante-quinze ans, à Videix, le 1er octobre 1750. Il avait épousé, dans l'église de Saint-Gervais, le 6 octobre 1710, Antoinette Roux de La Garde, sa cousine, du deuxième au troisième degré, dont : 1° Germain, né le 8 février 1714 ; 2° Marguerite, née le 16 décembre 1716; 3° Joseph, né le 23 janvier 1718, qui se maria en 1760 ; 4° Françoise, née le 24 mars 1720 ; 5° Jacques, né le 30 décembre 1721 ; 6° Marthe, née le 17 février 1723, mariée le 9 décembre 1761, à Maxime de Pressac, écuïer, sieur de La Tonderie et du Repaire, paroisse de Saint-Maurice-les-Brousses, fils de Joseph (mieux François) de Pressac, sieur du Repaire, paroisse de Saint-Gervais, et de Françoise Barbarin ; 7° et 8° Antoinette et autre Marguerite, mortes en bas-âge.

Joseph Roux de Poissenais, paroisse de Saint-Gervais, épousa, en 1760, Louise-Marie-Françoise de La Cropte, paroisse de Surun, diocèse de Poitiers.

Jean-Louis Roux de Lusson, écuïer, paroisse de Boissenac, épousa, en 1772, Jeanne de La Sarre, de la ville de Brive.

Charles Roux, écuïer, sieur de La Motte de Lusson et de Reilhac, n'aïant point d'enfants, fit un testament mutuel avec sa femme (signé Gandois), le 9 juin 1685. Il avait épousé Louise Angeli.

Gabriel Roux, écuïer, sieur de Reilhac, en Périgord, n'aïant point d'enfants, il fit un testament mutuel avec sa femme (signé Gandois), le 21 avril 1689; il avait épousé Jeanne Jourdain.

Charles Roux, sieur de La Motte, de Reilhiac, épousa Marguerite de Maillard, morte à soixante-quatre ans, le 26 mars 1719. (Elle était peut-être femme de Gabriel.) De ce mariage vinrent : 1° Gabriel, qui suit ; 2° Michel, qui se maria ; 3° Élisabeth, morte sans alliance. Charles voulut épouser, en secondes noces, Marie Beler, simple artisane de la ville de Nontron, Gabriel Roux, son fils, fit signifier, au curé de Nontron, une opposition (signée de La Pousge), le 21 octobre 1710.

Gabriel Roux de Lusson, chevalier, Sgr de Reilhac, mourut le 9 mai 1740; il avait épousé Marguerite Morelon, dont : 1° Elisabeth, mariée le 18 septembre 1714, à François de Lecanie, paroisse de Maisonneix ; puis à Jean de Puybareau ; elle mourut le 15 novembre 1736; 2° Marie, mariée le 9 février 1750, à Jean Morelon, sieur des Razès, fils de feu Jean, sieur de Beaulieu, et de feue Marie Brun, du bourg d'Oradour-sur-Vayres.

Michel Roux, chevalier, du village du Fraisse, paroisse de Reilhac, sieur de La Jartre, mourut à quatre-vingt-dix ans, le 26 avril 1752. Il avait épousé : 1° à Reilhac, le 3 novembre 1711, Jeanneton Deschamps, du village du Fresse, dont il n'eut point d'enfants ; 2° dans l'église de Pluviers, le 7 février 1713, Catherine Beausoleil, fille de Jean, sieur des Dories, et de feue Jeanne Fontaneau, du bourg dudit Pluviers; elle mourut à soixante-trois ans, le 5 mai 1748, dont : 1° Antoine, qui suit; 2° Jean, né le 19 avril 1731, 3° et 4° Marien et autre Antoine, morts en bas-âge.

Antoine Roux de Lusson, écuïer, sieur de La Jarthe, né le 20 octobre 1724, épousa, en 1760, dans l'église de Reilhac, Léonarde-Ursule de Fornel, fille de Jacques, écuïer, sieur de La Grelière, et de Marie Viroulau. De ce mariage naquirent : 1° Armand-François, né le 15 mars 1761, mort au berceau; 2° Marie-Catherine, née le 17 mai 1762.

Charles Roux de Lusson, Sgr de Reilhac, mourut à quarante-cinq ans, le 27 février 1742; il avait épousé Suzanne du Lau, dont : 1° Armand, qui suit; 2° Elisabeth, née le 9 novembre 1725; 3° Marie, née le 21 juillet 1730; 4° François, né le 20 décembre 1733; 5° et 6° Gabriel et Louise, morts sans alliance.

Armand-François Roux de Lusson, Sgr de Reilhac, né le 2 novembre 1724, fils de Charles et de Suzanne du Lau, épousa Louise Dauphin de La Forie, dont : 1° Pierre, mort au berceau; 2° Marie, née le 30 avril 1754, 3° Antoine, né le 4 juillet 1757; 4° Léonard, né le 2 septembre 1758.

ROY. — Noble Bertrand du Roy, écuier, sieur de Chaumareix, paroisse de Vars, épousa Jeanne de Calvimont de Saint-Martial, dont François-Joseph, né le 14 juillet 1701, tonsuré en 1715.

N..... Roy épousa Ester de Clermont; elle se remaria à Jacques de Verlene, écuier, sieur du Cluzeau (1), dont Aaron, qui suit.

Aaron Roy, écuier, sieur du Bois, paroisse de Vitrat, en Angoumois, épousa, le 24 avril 1615, René Barbarin.

Voyez Roze dit Le Roy.

LE ROY, sieur du Maine-Léonard, paroisse de Dignac, élection d'Angoulême, porte : *d'argent à une bande de gueules, écartelé d'or à l'un lion rampant d'azur armé, lampassé et couronné de gueules.*

I. — N..... Le Roy épousa Jeanne de La Vigne, dont : 1° Guillaume; 2° Fiacre; 3° Megrin; 4° Jean, qui suit; ils partagèrent la succession échue de leur père, et à échoir de leur mère, le 30 mai 1533.

II. — Jean Le Roy transigea avec sa femme et Philippe de Rivaudet, le 19 octobre 1555; il avait épousé Catherine Vigier.

III. — Guyon Le Roy fit son testament le 3 juin 1593; il épousa : 1° le 20 décembre 1563, Marguerite Guichard; 2° le 18 juillet 1575, Jeanne Raymond, dont Poncet, qui suit.

IV. — Poncet Le Roy épousa : 1° par contrat sans filiation du 10 janvier 1620, Marguerite Saunier; 2° par contrat de même, du 21 mars 1626, Marguerite de Sens, dont François, qui suit.

V. — François Le Roy épousa, le 6 février 1654, Magdelaine Normand.

ROYERE, sieur de Brignac, mieux Burgnhac, paroisse de Royère, près Saint-Léonard [Royère-la-Montagne, paroisse du nom. Cette généalogie est fort embrouillée], porte : *de gueules à trois fasces vairées.* Cette maison fit ses preuves de noblesse en 1598, et les commissaires du gouvernement les trouvèrent bonnes (2).

Helie de Royère, dont la mort est marquée au 23 novembre, dans la nécrologie de Solignac.

Fulco de Royère, chevalier, dans la nécrologie de Solignac.

P..... de Roeria, damoiseau, 1245 (*Cartul. eccles. Lem.*).

---

(1) Nadaud l'a dit ailleurs (p. 639), veuve de Jacques Verlene, lorsqu'elle épousa N..... Roy.
(2) Elle a prouvé neuf générations en remontant au delà de 1429 (LAINÉ, *Nobiliaire du Limousin*).

Gui de Royère, chevalier, épousa N....., dont : 1° Gui, damoiseau, 1289; 2° Agnez, religieuse aux Allois.

Bozon de Royère, épousa Agnes de La Combe; elle se remaria à Guillaume de Boisse, deuxième du nom, qui testa en 1298.

Olivier de Roeria, paroisse d'Eybouleu, épousa N....., dont Jean de Roheria, damoiseau, 1299.

N..... de Royère, épousa N....., dont : 1° Jean Royère dit Biacre, damoiseau, 1304; 2° Marguerite, religieuse aux Allois; 3° Audoyne, religieuse aux Allois; 4° Auzaune, religieuse aux Allois.

Agnez de Royère épousa Jean Chat de Rastignac, le premier de cette branche (MORERI, 1759).

Marie de Royère, femme de Jean de Luziers, vers 1460.

Jean de Royère, damoiseau, S^{gr} dudit lieu *de Roheria*, y veut être enterré dans les bustes de ses auteurs, par son testament du 22 décembre 1472 (signé Coynaudi), déposé dans les archives du chapitre de Saint-Yrieix. Il épousa N....., dont : 1° Agnez, mariée avec noble Mondon de Jure; elle laissa Louis et Catherine, était morte en 1472; 2° Helide, mariée à noble Bernard de Beaupuy, en Périgord; 3° Arzente, mariée à noble Guichard de Vaucoucour, paroisse de Thiviers, en Périgord; 4° Marie, mariée : 1° avec noble Gerald de Luzieux, en Périgord; 2° avec noble Guillaume Senzillon de Saint-Yrieix; elle était veuve en 1466; 5° Marguerite, mariée à N..... Estienne; 6° Jean, que son père fit son héritier pour remettre à Pierre, son petit-fils. Jean de Royère veut que Pierre, autre Pierre et Marguerite, ses enfants bâtards, qu'il a eu de Catherine, sa servante, soient entretenus et établis.

I. — Audoin de Royère, chevalier, épousa N....., dont Jean, marié en 1361.

II. — Noble Pierre de Royère, sieur dudit lieu, près la ville de Saint-Léonard, 1433, fit son testament, le 6 mai 1450, en faveur d'Alain, son fils, et légua à Janicot, son autre fils. Il épousa Helix de La Jarrousse; étant veuve, elle fit son testament en faveur de Janicot, son fils, le 12 juillet 1482. De ce mariage étaient nés : 1° Alain, qui suit; 2° Janicot ou Jean, qui a fait la branche de Peyraud; [3° Louise, mariée à Foucaud, ou François de La Lande.]

III. — Noble et puissant Alan ou Alain de Royère *Rugeria*, chevalier, S^{gr} de Burgnhac ou Brignac, Beaudeduit, Bosc et del Verdier, 1462, épousa : 1° Jeanne de Coassays, qui était sa femme en 1435; 2° Catherine de Pompadour, fille de Golfier ou Golferin, chevalier, S^{gr} de Pompadour et de Isabelle de Comborn; elle était morte en 1493. Leurs enfants furent : 1° Jeanne, mariée, par contrat du 15 décembre 1485, à Sauvage du Plessis, écuyer, S^{gr} du Plessis, etc., gouverneur du château de Ha, en la ville de Bordeaux ; il devint veuf et avait des enfants (DUCHESNE, *Hist. mais. Richelieu*, p. 98); 2° Leonet, qui suit; 3° François, bachelier ez-loix, 1489.

IV. — Leonet de Royère, damoiseau, sieur de Beaudeduit, de Burgnhac, 1489, 1508, épousa N....., dont : 1° Jacques, qui suit; 2° Peyronne, mariée le ... décembre 1536.

V. — Jacques de Royère épousa, le 11 mars 1527, Catherine de Grasseix.

VI. — Noble Nicolas de Royère, sieur dudit lieu, Burgnhac et Beaudeduit, mourut à la bataille de Dreux, 1562. Il avait épousé Isabeau de La

Saigne; étant veuve, elle fit son testament le 4 février 1562, et mourut avant de savoir la mort de son mari (1). De ce mariage vinrent : 1° François, qui suit ; 2° Guischard; 3° Antoine; 4° autre Antoine.

VII. — François de Royère, écuyer, sieur de Burgnhac et de Beaudeduit, naquit le 13 octobre 1554, et eut pour parrain noble François de La Saigne, abbé de Souillac, et pour marraine Jeanne de Montal, dame du Doignon et de La Borne. Il fit plusieurs voyages dans la Terre-Sainte. Dans son contrat de mariage, il est dit chevalier, Sgr de Combriaye, Saint-Nicolas, Le Repaire, Eybouleuf, en partie du château du Pont-de-Noblac et Montrocher. Il épousa Françoise de Montrud, dame de Saint-Sornin, en Pontie, par contrat (signé Landier et Meilhet) du 11 novembre 1591, dont Gabriel-Gui, qui suit.

VIII. — Gabriel-Gui de Royère, écuïer, sieur de Beaudeduit, baron de Burgnhac, Sgr de Saint-Priest-Taurion, où il fit établir des foires en 1623. Il commandait deux cents hommes lorsque le roi Louis XIII fit venir d'Espagne, en 1615, Anne d'Autriche, qu'il épousa. Il donna toute sa vie des preuves de sa valeur dans les guerres contre les Huguenots. Il épousa, le 11 février 1610, Antoinette de Salagnac; par contrat (reçu par de Menoire) passé au château de Neufville. Elle était fille de feu Jean de Salaignac, Sgr de La Motte-Fénelon, et de Anne de Pellegrue, elle porta 27,000 livres. De ce mariage naquit Antoine, qui suit.

IX. — Antoine de Royère, baron de Brignac, Beaudeduit, paroisse de Royère, près Saint-Léonard, chevalier, fit son testament (reçu par Coussedière) le 9 juin 1696. Il épousa : 1°, le 30 septembre 1649, Marguerite de Guitard, dont : 1° N....., religieuse à Saint-Léonard ; 2° N....., religieuse à Saint-Léonard ; 3° Jeanne, religieuse au Châtenet ; 4° Marguerite ou Jeanne, qui épousa, par contrat du 3 mars 1680, Marc-Antoine de Guitard, écuïer, Sgr de Saint-Denis-les-Murs, sieur de Montjoffre, fils de Pierre et de Jeanne Desmier; 5° autre Marguerite ; 6° Joseph. Il épousa : 2° N..... Il épousa : 3° Françoise Vidaud, fille de Jean, écuïer, comte du Doignon, dont : 7° Antoine de Royère, sieur de Beaudeduit (peut-être), mort à Paris, après avoir épousé, par contrat du 25 octobre 1681, Leonarde de Benoist.

Branche de Peyroux ou Peyraud, paroisse d'Ayen.

III bis. — Janicot de Royère, fils de Pierre et de Helix de La Jarrousse, appelé ailleurs Jean, chevalier, sieur de Lolin, 1463, et qualifié noble et puissant homme monseigneur, chevalier, Sgr de Lom, paroisse de Perpezac-le-Blanc; épousa Antoinette Helias ou Helie, fille de N..., dame de Vilhac, et de Charlhac, paroisse de Vigeois, dont Catherine, mariée, par contrat du 28 septembre 1462, avec Arnaud de Hautefort; elle vivait encore en 1488 (SIMPL., T. VII, p. 330). Dans le nécrologe de Glandiers, au 15 février, est marqué l'anniversaire des nobles hommes Jean de Royera et de Pierre, son fils.

IV. — Pierre de Royère épousa, le 9 juin 1490, Souveraine de Las Tours.

---

(1) La bataille de Dreux (Eure-et-Loir) fut livrée le 19 décembre 1562. La date du testament est le 4 février suivant, d'après la chronologie actuelle, 1563; mais à cette époque, l'année commençant à Pâques, le mois de février était encore en 1562.

V. — François de Royère fit son testament en faveur d'Estienne, son fils, le 16 juin 1514; il épousa, le 25 avril 1522, Antoinette de Cornilh.

VI. — Estienne de Royère fit son testament en faveur de François, son fils, le 16 mars 1531; il épousa Françoise de Grignol; elle fit son testament en faveur de François, son fils, le 17 juin 1563, dont : 1° François, qui suit ; 2° N......, dit le Cadet de Lons, qui fut fait prisonnier au passage de la rivière de Tarn, le 19 juillet 1586 (BOUCHET, *Preuv. mais. Coligny*, p. 679).

VII. — François de Royère, Sgr de Lons, épousa, le 20 mars 1571, Blanche d'Aubusson de Castelnouvel, fille de Jean et de Antoinette de Lomagne. Mrs de Peyroux tinrent en commende l'abbaye de Chastre, diocèse de Périgueux (*Gall. christ, nov.*, T. II, col. 1505).

VIII. — Philibert ou Philippe de Royère, sieur de Lons, brave et vaillant chevalier, ami fidèle de la maison de Pompadour (GUYON, *Miroir de beauté*, T. I), épousa, le 21 avril 1608, Marguerite de Badefol, dont : 1° François, qui suit ; 2° Diane, mariée, le 2 février 1631, à Jacques d'Aubusson, Sgr de Villac, Miremont et Fumel, fils de Jean et d'Anne de Losse.

IX. — François de Royère fit son testament le 28 mai 1639; il épousa, par articles de mariage du 31 août 1635, Marguerite de Soulhac, dont : 1° Philibert ; 2° Jean ; 3° autre Jean.

X. — Jean de Royère épousa, par contrat sans filiation du 10 juin 1663, Anne Coustin du Mas-Nadaud, fille de François et de Marie-Anne de Bermoudet.

Notes isolées.

Amiel de Royère, chevalier, est mentionné, avec Geraud de La Rivière, dans une charte de l'abbaye d'Uzerche, du temps de l'abbé Gausbert, au xie siècle (*Cartul.*, f° 415; 185, f° 55).

Jean-Marc de Royère, chevalier, comte de Peyraux, du château du Lou, paroisse de Loignac, frère de Dominique, épousa Catherine-Elisabeth de Salagnac de La Motte-Fénelon, dont Gabriel-Jacques, qui suit.

Gabriel-Jacques de Royère, chevalier, vicomte de Peyraux, paroisse de Loignac, épousa, dans la chapelle du Châtenet, paroisse de Lubersac, le 23 février 1762, Leonarde de Coux, fille de François, Sgr du Châtenet, et de Marguerite Moulinier de Puymaud.

Annet de Royère de Peyraut épousa N...... Bertin ; elle se remaria à François de Hautefort, Sgr de La Motte et de Buse, en 1729, d'une branche bâtarde de Antoine, Sgr de Hautefort (SIMPLIC., T. VII, p. 346).

ROYERE, sieur dudit lieu, du Masvieux, La Vergnade, paroisse de La Roche-l'Abeille, porte : *d'azur à 3 demi-vols d'or*. Supports : *deux sauvages*. Cette famille a fait ses preuves de noblesse en 1598.

I. — François de Royère fit des ventes en 1542, 1544, 1550. Il épousa Françoise de Monneix, elle fit mettre un bail judiciaire à La Roche-l'Abeille sur les fruits de Pierre, son fils, en 1559; fit deux actes, comme sa mère et en 1553 et 1557 ; rendit son compte en 1559.

II. — Pierre de Royère, écuyer, sieur dudit lieu, Montlieu et Saint-Denis, épousa, par contrat sans filiation du 2 janvier 1575, Jacquette de Salagnac, dont Isaac, qui suit.

III. — Isaac de Royère mourut le 14 novembre 1647. Il avait épousé, par contrat (reçu Guignier) passé à Saint-Surin, en Angoumois, le 18 mai 1611, Hardouine de Sainte-Hermine, fille de feu Joachim de Saint-Hermine, chevalier, et de Barbe Goumard; elle fit, avec son mari, une donation à Pierre, leur fils aîné, le 22 mai 1643; elle fut enterrée le 9 janvier 1660. De ce mariage naquirent : 1° Pierre; 2° Achille, sieur de Masvieux; 3° François, sieur de La Vergnade; 4° Aymée, baptisée à Royère, hors La Roche-l'Abeille, le 9 août 1622; 5° Olympe, née le 22 janvier 1624 (Regist. de La Roche-l'Abeille).

IV. — Achille de Royère, chevalier, sieur du Masvieux, demeurant à La Verniade, paroisse de Royère, hors La Roche-l'Abeille, y fut enterré dans l'église. Il avait épousé Jeanne de Barbaron; elle fit son testament (signé Piedemay) le 19 avril 1692; mourut en 1694, voulut être enterrée dans le tombeau de son mari. Ils eurent plusieurs enfants, morts en bas-âge.

IV bis. — François de Royère, sieur de La Verniade, épousa, à Fressinet, le ..... juillet 1674, Marie Audevard de Seveze, dont : 1° Jeanne; 2° Marie (Registres de La Roche-l'Abeille).

Noble Pierre de Royère, Sgr dudit lieu, de Trelassac, mourut à soixante-six ans, le 4 janvier 1676; il avait épousé Adrienne de La Porte, dont : 1° Isaac, sieur du Buis, baptisé le 26 février 1645; 2° Ardoyne, baptisée le 26 février 1645; 3° Jeanne-Adrienne, née le 25 août, baptisée le 1er octobre 1651, demoiselle des Brousses, mariée à Royère, le 27 mai 1677, à Pierre de Banes, écuyer, sieur des Fayes, paroisse du Change, diocèse de Périgueux.

Isaac de Royère, écuyer, paroisse de Royère et de La Roche-l'Abeille, épousa Charlotte de Royère, dont Alexandre, tonsuré en 1716 (Registres de La Roche-l'Abeille).

Notes isolées.

Noble Louise de Royère donna procuration au curé de Royère, près La Roche-l'Abeille, et à deux de ses parents, pour percevoir une somme de 800 livres, due par Jean Helie de Colonges, abbé de Dalon, en 1479.

Pierre de *Roheria*, *bafficus legitimatus*, sieur de La Rochoulie, habitant dudit Royère, hors La Roche-l'Abeille, fils de Catherine et frère de autre Pierre, aussi bâtard, et de autre Pierre, aussi *bafficus*, testa le 27 février 1511, vieux stile; il avait pour enfants : 1° Pierre; 2° Marguerite; 3° autre Marguerite.

Jean de Royère, Sgr dudit lieu, fit son testament (reçu par de Fayolles) au lieu noble de Jaureilhas, près le bourg du pont de Colaurat, juridiction d'Excideuil, en Périgord, le 19 octobre 1535, veut être enterré dans l'église de Royère, hors La Roche-l'Abeille. Il avait épousé Françoise de La Romagière, dont : 1° Charles; 2° Catherine, mariée à Pierre de Bannelle, sieur de Maloufle; 3° Françoise, mariée à Jean N....., sieur de Bonnat; 4° Anne, mariée à noble Pierre de Bruchard, sieur de Puymouri; 5° Isabeau; 6° François, protonotaire du Saint-Siége, curé de Saint-Jory-lez-Blamet; 7° autre François, sieur de Vert.

Noble Isaac de Royère, sieur du Buis, du château de Royère, près La Roche-l'Abeille, épousa Charlotte de Joussineau de Fayac, dont : 1° François, mort à douze ans, le 2 mars 1674; 2° Achille, né le 26 juillet 1664 baptisé le 8 août ; 3° Pétronille-Marie, nommée pour les cérémonies du baptême, le 9 mars 1670 (Registres de La Roche-l'Abeille).

N..... de Royère (peut-être Achille cy-dessus) épousa Jeanne Vialle, dont Ardoyne, baptisée le 2 avril 1657.

Jean de Royère, écuyer, sieur dudit lieu, épousa Anne de Meillards, séparée de biens en 1649.

Elie de Royère, écuyer, sieur de Champvert, paroisse de La Porcherie, épousa Marie-Anne de David, dont Pierre-Annet, tonsuré en 1755.

ROZE. — Iriéix et Estienne Roze dit Le Roy, frères, sieurs de Romegoux, obtinrent des lettres de noblesse que M^{rs} de la chambre des comptes renvoièrent au lieutenant-général de Limoges, l'an 1588, pour procéder à l'enquête et information des moyens, vie et mœurs.

RUAUX. — V. ROUFFIAC.

RUBEN. — Noble Antoine Ruben, écuïer, gentilhomme ordinaire de Son Altesse Monseigneur le duc d'Orléans, de la ville d'Aimoutiers, épousa Louise de Montchaud de Rignac, dont Jean-Joseph Ruben de Lombre, baptisé le 10 février 1699.

Pierre Ruben de Lombre, avocat en Parlement, épousa Léonarde Allouvaud, dont Jean, qui suit.

Jean Ruben, sieur du Mas, épousa, par contrat (signé Pasquelot) du 11 février 1678, Marie de La Pommélie, fille de Jean, sieur de La Garde et du Pré-Halanaud, écuïer, paroisse de Saint-Pierre-Château, et de Marie Bourdicaud.

RUBYS. — Noble Pierre de Rubys, sieur de La Valette, paroisse de Nieuil, épousa Isabeau de Phélines, dont : 1° Simon, qui suit ; 2° Marguerite, mariée à Jacques Bouyer, sieur de Saint-Sulpice-le-Donzel.

Noble Simon de Rubys, sieur de La Valette, épousa, en 1610, par contrat du 7 février (signé Noalhier), Gabrielle d'Andelay ; elle porta 4,000 livres, une robe de tafetas et un cotillon de damas. De ce mariage naquirent : 1° Albert de Rubys, écuyer, sieur de La Valette ; 2° Isabeau, mariée par contrat (signé Laplagne) du 14 novembre 1647, à Joseph Geoffre, fils de Gabriel, notaire du lieu de Las-Ganas, de Fregefont, paroisse de Nieuil, et de Marguerite Collin.

DE RUCHAUD, sieur de Bullon, paroisse de Coussac, élection de Saintes, porte : *d'azur à 3 ruches de miel d'or*.

I. — Armand de Ruchaux épousa Jeanne Seguin ; ils firent leur testament le 28 septembre 1525.

II. — Georges de Ruchaux épousa, le 15 janvier 1549, Jeanne Blanc.

III. — François de Ruchaux épousa, le 13 octobre 1598, Marie Adjousté.

IV. — Georges de Ruchoux épousa, le 9 mai 1624, Claude de Boyer (1), dont René ; en 1660, Georges et René, son fils, eurent de M. le comte de Jonsac un certificat de service.

(1) Des Coutures l'appelle Claude de Boy..

RUDEL. — V. Arche, T. I.

RUFFI. — V. Roux.

[RUGAT, fief mouvant de la vicomté de Turenne, et relevant de la sénéchaussée de Tulle.]

RUSPIDE, sieur de La Bussière, paroisse de Rocheandry, élection d'Angoulême, porte : *d'azur à deux épées d'argent en chevron, accompagnées de 3 têtes de lion d'or lampassées de gueules, 2 et 1.*
I. — Georges Ruspide fit deux contrats d'acquisition et d'échange, le 19 avril 1543 et le 12 avril 1545.
II. — Pierre Ruspide épousa, le 17 avril 1572, Romaine Peliot.
III. — Jean-Gerbin de Ruspide épousa, le 10 janvier 1599, Marie de Villoutreix.
IV. — Henri de Ruspide épousa, le 8 décembre 1653, Claude Chesnel.

[RUTANT. — Pierre de Rutant, qui vivait avant 1756, avait épousé Marie-Françoise de Gentil de La Jouchapt (Des Combles, *Tabl. de la nobl.*, 1786, IIe part., p. 145).]

RYBEYREIX. — V. Ribeyreix.

RYE. — V. Rie.

S.

SABOURAUD. — Noble Pierre Sabouraud, sieur de Laige-Pariolle, paroisse de Vaulri, mourut au Dorat, le 20 juillet 1590.
Pantaléon Sabouraud, écuïer, mourut à trente ans, le 27 avril 1683, et fut enterré à Cieulx.
Éléonore Sabouraud épousa Pierre Guyot, écuïer, sieur de Bret, paroisse de ......, lieutenant de cavalerie dans le régiment de Vienne, fut tué à la bataille de Luzera, le 15 août 1702, dont une fille unique, Éléonore, dame de Lage-Pariolle, mariée à Jean du Chalard, sieur de La Chassagne, etc., lieutenant particulier au siége royal du Dorat.

LA SAIGNE (1). — Gabrielle de La Saigne épousa, par contrat (reçu Des Coutures et de La Roche) du 12 février 1584, Léonet de Trenchecerf, écuïer, sieur de La Rivière, paroisse de Saint-Sulpice-Laurière, qui fut trouvé gentilhomme en 1598.

SAHUGUET (2), sieur de La Rouye et des Termes, paroisse de Saint-Mesmin, élection de Brive, porte : *de gueules à un croissant d'argent en pointe, surmonté d'une coquille de Saint-Jacques de même accostée de deux épées d'or en pal la pointe en bas.* Supports : *deux lions.*

---

(1) La généalogie de la maison de La Saigne était à la page 607, qui est déchirée.
(2) Voyez *Sahuguet-d'Armazit*, T. Ier.

I. — Denis de Sahuguet épousa, le 8 janvier 1543, Marguerite Joyet.

II. — Charles de Sahuguet épousa, le 30 janvier 1585, Catherine de Regis.

III. — Jean de Sahuguet, écuïer, épousa, le 29 juin 1624, Marthe des Halles, dont : 1° Antoine, qui suit ; 2° Daniel, sieur des Termes, lieutenant du roi, à Sedan, qui se maria.

IV. — Antoine de Sahuguet, sieur de La Rouye, épousa, le 29 septembre ...... Antoinette de La Grange.

IV. — Daniel de Sahuguet, sieur des Termes, lieutenant du roi, à Sedan, épousa Gabrielle de Pouilly, fille d'Aubertin (*Dict. généal.*, 1757, T. II, p. 64, et T. III, p. 227), dont : 1° Anne, mariée, par contrat du 2 février 1680, à Jules-César de Joyeuse, marquis de Saint-Lambert, fils de Robert, lieutenant du roi au gouvernement de Champagne, et de Nicole de Villier (MORERI, 1759. — SIMPLIC., T. III, p. 842) ; 2° Innocente, mariée, par contrat du 8 décembre 1687, à Guillaume-Henri de Montfort, vicomte de La Villette, dont elle fut la première femme ; 3° Abraham-Louis, qui suit.

V. — Abraham-Louis de Sahuguet, sieur des Termes, grand bailli de Mouzon, en Champagne, mourut à Dunkerque ; il épousa Catherine-Elisabeth d'Arnolet-Lochefontaine, morte à trente-neuf ans, ou soixante-dix-neuf ans, le 9 juin 1739, dont Jean-Baptiste, qui suit.

VI. — Jean-Baptiste de Sahuguet, dit le marquis de Termes, épousa : 1° sa cousine-germaine, Elisabeth-Renée Berryer, dame de Vareville, fille de Nicolas-René, procureur général au grand conseil, et d'Élisabeth-Nicole-Ursule d'Arnolet de Lochefontaine, dont un fils et une fille (SIMPLIC., T. I, p. 239).

DU SAILLENT DE LASTERIE, sieur de Comborn et du Saillant, paroisse d'Orgnac, élection de Brive, porte : *de sable à une aigle d'or, écartelé d'argent au lambel de gueules en fasce.*

[Le Saillant, terre considérable du Bas-Limousin, qui porte aujourd'hui le titre de marquisat, et dont les seigneurs ont prétendu anciennement le droit de regale sur les terres d'Allassac et de Boutizac, qui, depuis longtemps, font partie du temporel de l'évêché de Limoges. Ils prétendaient aussi avoir le droit de faire exercer la justice en leur nom, dans lesdites terres, lors de la vacance du siége épiscopal de Limoges. Ces droits leur ont esté contestés, de nos jours, par nos derniers évêques. Voyez, sur cette question, un mémoire imprimé chez d'Houry, à Paris, 1768, in-folio, à la suite de mon exemplaire des *Annales du Limousin*.]

I. — Gerard Lasteyrie épousa Marguerite de Peyrefumade, dont : 1° Guy, qui suit ; 2° Pierre, abbé de Saint-Psalmodi, ordre de Saint-Benoît, diocèse de Nismes, 1375 (*Gall. christ.*, T. VI, col. 478).

II. — Guy de Laisterie, ou Lestaire, ou Lestayrie, chevalier, S^{gr} du Saillant (Voyez BALUZE, *Hist. Tutel.*, col. 729, 205), conseiller du roi, sénéchal et capitaine de Rouergue [pour M^r d'Anjou, 1376, vivait le 5 juillet 1377] (BALUZE, *Hist. Maison d'Auverg.*, T. II, p. 215) ; il eut une commission de Louis, fils de France, duc d'Anjou, pour recevoir les hommages dus au roi dans la Guyenne, le 31 (ou le 1er) juillet 1372. Il fit un testament, le 20 janvier 1370, en faveur d'Amanion, son fils. Le roi l'envoya, au mois d'octobre 1379, dans le Languedoc, afin d'engager les peuples à consentir à la levée d'un nouveau subside (VAISSETTE, *Hist. Langued.*, T. IV, p. 368). Les habitants de Montpellier le massacrèrent, le 21 de ce mois, avec les autres commissaires, jetèrent leurs corps dans des puits, après les avoir traînés par les rues et les avoir exposés à être dévorés par les chiens. Ils mirent en même temps tous leurs meubles et effets au pillage (LA FAILLE, *Annal. de Toulouse*). Le 10 février de l'an 1382, les consuls de Montpellier passèrent une transaction, par l'arbitrage de Guillaume, cardinal du titre de Saint-Vital. C'était Guillaume de Chanac, avec Renaud de Lastayrie, frère de Gui, sénéschal de Rouergue, qui avait esté tué dans l'émeute. Ils donnèrent 8,000 francs d'or à Renaud, tuteur d'Amanion de Lastayrie, petit-fils de Guy et aux autres héritiers de ce dernier pour les dommages (*Hist. de la ville de Montpellier*).

Guy avait épousé Jeanne d'Orgnac [ou d'Ornhac], dont : 1° Amanion, qui suit ; 2° Marguerite, mariée, le 14 avril 1386, à Jean de Noailles, premier du nom, chevalier, S^{gr} de Noailles, Noaillac, Montclar et de Chambre, fils de Helic, deuxième du nom, et de Marguerite de Maumont. Elle eut en dot 2,000 florins d'or.

[Raynald de Lastayrie était lieutenant du vicomte de Turenne, et signa un acte pour lui le 15 novembre 1389 (JUSTEL, *Hist. de Turenne*, preuv., p. 122).]

III. — Amanion de Lasterie, S^{gr} du Saillant, fit son testament le .... Il épousa, le 30 janvier 1395, N..... Valerie de Gimel, dont Bertrand, qui suit.

[Aymoin de Lasteric, sieur du Saillant, se dit coseigneur d'Allassac ; il vivait en 1403 (*Mém. pour les évêques de Lim., sur le droit de regal, prétendu par le marquis du Saillant*, 1768, p. 26).]

IV. — Bertrand de Lasterie eut le brevet de chevalier de l'ordre du roi, le 8 janvier 1448. Il épousa, le 4 mars 1415, Souveraine de Flamond.

[Bertrand du Saillant, écuyer, auquel François Ier de La Tour, vicomte de Turenne, dont il était serviteur, donna une partie de tous les chevaux qu'il pouvait avoir aux lieu et ville de Donzi ; et ce, en récompense de ses services, et par son testament du dernier février 1492 (JUSTEL, *Hist. Mais. d'Auverg.*, preuv., p. 231, et BALUZE, *Hist. Mais. d'Auverg.*, T. II, p. 743).]

V. — Jean de Lasterie, S^{gr} du Saillant, fit son testament le 27 octobre 1502 ; il épousa, par contrat du 12 janvier 1459, Jeanne de Bonneval, fille de Bernard et de Marguerite de Pierrebuffière, dont Guillaume, qui suit.

Noble Jean Leysteyrie, S^{gr} de Florimond, etc., fut témoin, le 21 octobre 1445, dans le contrat de mariage d'Agnet de La Tour d'Oliergues, avec Annette de Beaufort, vicomtesse de Turenne (BALUZE, *Mais. d'Auverg.*, T. II, p. 736).

Noble François del Salhen, S^{gr} de Flaumont, témoin du testament d'Agnet de La Tour d'Oliergues et d'Annette de Beaufort, vicomtesse de Turenne, le 4 mars 1479, vieux stile, ainsi que du codicille de ce vicomte, le 4 janvier 1488, vieux style (BALUZE, *Ibid.*, p. 740, 742). C'est peut-être lui qui épousa, en 1478, Antoinette de Beaupoil, fille de Jean, S^{gr} de Castel-Nouvel, et de Marie Prevost.

VI. — Noble Guillaume de Lasterie du Saillent, paroisse de Boutezac, fit son testament le 30 janvier 1534. Il épousa N......, dont : 1° François ; 2° Godefroi, auquel François était substitué, qui suit ; 3° Charles, tonsuré en 1530, licencié ez droits; 4° Jean, tonsuré en 1538, prieur de La Saulière, 1583, d'Ussac, 1591.

VII. — Gaudefroi ou Godefroi de Lasterie eut un brevet de chevalier de l'ordre du roi, du dernier février 1576, fit son testament le 22 août 1595; il épousa N....., dont : 1° Jean, qui suit.

VIII. — Jean du Saillant, écuyer, S^{gr} dudit lieu, Ussac, Le Vergier, paroisse de Boutezac [chevalier, gentilhomme ordinaire de la chambre du roi, coseigneur de la ville et pariage d'Allassac, est nommé dans un acte du 10 février 1624 (*Mém. pour les évêques de Limoges, sur le droit de régale, etc.*, p. 13)]. Il épousa Marie de Prouet, dame d'Ardayne, dont : 1° Raymond, qui suit; 2° Antoine, tonsuré en 1605; 3° Gabriel, tonsuré en 1611.

IX. — Noble Raymond du Saillant, paroisse de Boutezac [acheta, peu avant le 3 janvier 1649, le droit en partie qu'avait Henri de Pierrebuffierre, sur la vicomté de Comborn (*Mém. pour les évêques de Limoges, etc.* p. 20)]. Il épousa Élisabeth des Cars, fille de Léonard des Cars, deuxième du nom, et d'Adrienne de Bourdeille. De ce mariage naquirent : 1° Antoine, qui suit; 2° Godefroi, tonsuré en 1653; 3° Jean, tonsuré en 1658.

[X. — Antoine de Lasterie, marquis du Saillant, baron de Blanchefort, etc., était, en 1698, sénéchal du Haut et Bas-Limousin, vivait en 1676. Il épousa N.....; elle était veuve et tutrice de ses enfants mineurs, en 1695, 1696 (*Mém. pour les évêques de Limoges, etc.*, p. 8). Il a continué la branche aînée.]

Jean-Baptiste-Claude de Lasterie, chevalier, comte du Saillant, vicomte de Comborn, marquis de Saint-Viance, baron (ou vicomte) d'Objat, S^{gr} de La Morelie, La Bastide, Montbrun et La Couture, coseigneur de la ville et pariage d'Allassac, coseigneur de Boutezac, grand sénéchal du Haut et Bas-Limousin, chevalier de Saint-Louis [vivait en 1706]. Il épousa Marguerite-Charlotte de Lastic de Saint-Jal, dont Marie-Jeanne-Claude-Victoire, mariée à Jean-Baptiste-Claude de Lestrado, chevalier, S^{gr} de La Cousse, Coulaure, Verière, La Roche, fils de feu Gabriel, chevalier, et de feue Catherine de Lasterie du Saillant, du château de La Cousse, paroisse de Coulaures, diocèse de Périgueux, sa parente.

[Charles-Noël de Lastery, marquis du Saillant, vivait en 1729; il renouvela la prétention déjà ancienne de sa famille du droit de régale sur l'évêché de Limoges. Il épousa N....., dont : N..... de Lasteyrie, qualifié comte du Saillant, qui vivait en 1740. (Peut-être le même que Jean-Baptiste-Claude, cy-dessus), épousa N....., dont Charles-Louis-Jean-Gaspard, qui suit (*Mém. pour les évêques de Limoges, etc.*).

Charles-Louis-Jean-Gaspard ou Jean-Charles-Louis-Gaspard de Lasteyrie, plaidait, en 1768, pour le droit de régale sur l'évêché de Limoges; on dit que ce droit lui avait été confirmé et adjugé sous le règne de Louis XV. Il eut, par contrat de mariage, la terre de Comborn. Il est qualifié marquis de Saillant et de Saint-Viames (mieux Saint-Viance), vicomte de Comborn, grand sénéchal du Haut et Bas-Limousin, ancien officier de cavalerie. Il épousa, en novembre 1763, Elisabeth-Charlotte (ou Caroline-Elisabeth) de Riquety, fille de Victor de Riqueti, marquis de Mirabeau, comte de Beaumont, vicomte de Saint-Mathieu, et de Marie-Geneviève de Vassan, dont : 1° Charlotte-Françoise-Annette, née le 28 mars 1765; 2° Jeanne-Charlotte-Françoise-

Annette-Victoire, née le 27 juin 1766, chanoinesse de Maubeuge, en 1779; 3° Jean-Charles-Annet-Victorin de Lasteyrie du Saillant, né le 23 mars 1768; 4° Marie-Geneviève-Jeanne, née le 9 mars 1770, chanoinesse de Maubeuge en 1779; 5° Marie-Catherine-Joséphine, née le 25 novembre 1776; 6° Annette-Caroline, née le 22 mars 1780 (*Mém. pour les évêques de Lim.*, etc., p. 3. — Des Combles, *Tabl. de la Nobl.* 1786, 11° part., p. 254, 255).]

Jeanne de Lastairie du Saillant, épousa Pierre-Jean-Louis de Saugniac, sieur de La Motte-Verdon, lieutenant des gardes du prince de Condé, et gentilhomme de sa chambre.

Marie-Jeanne-Claudine-Victoire de Lasteyrie du Saillant, épousa, en 1762, Claude de Lestrade, écuier, paroisse de Coulaures, en Périgord.

DU SAILLENT, sieur du Luc, paroisse de Meyssac, élection de Brive : mêmes armes que Saillant de Lasteyrie.

I. — Janicot du Saillant, *alias* de Flomond, sieur du Luc, épousa Catherine du Luc, dont Arnaud, qui suit.

II. — Arnaud du Saillant de Flomont, chevalier de l'ordre du roi, fit un testament mutuel avec sa femme, le 7 juin 1593. Il avait épousé, le 23 mai 1535, Catherine de Carbonnières, dont Helie, qui suit.

III. — Helie du Saillant rendit hommage au roi, comme fils et porteur de procuration d'Arnaud, son père, le 3 février 1583, fit son testament le 12 septembre 1626. Il avait épousé, le 4 juin 1595, Jeanne des Cars, dont : 1° Jean, qui suit; 2° et 3° Jacques et autre Jacques, qui transigèrent avec Jean, leur frère, le 18 mai 1638; 4° Catherine, mariée, par contrat du 7 novembre 1629, à Charles Bruchard, fils de Pierre et de Françoise Texier de Javerlhac; elle était veuve en 1667.

IV. — Jean du Saillant épousa, par contrat sans filiation du 11 juillet 1635, Bouquette de Choumond, dont : 1° Mars, qui suit.

V. — Mars du Saillant est dit fils de Jean et de ladite Choumond, dans une transaction qu'il passa, le 3 mai 1667, avec ladite Catherine du Saillant, veuve de Charles Bruchard.

Notes isolées.

Godefroi du Saillant, sieur de La Vergne et de Valence, paroisse de Benayes, fut enterré dans l'église de Benayes; il avait épousé Marie de Saint-Viance. Etant veuve, elle fit son testament (signé de Verdellet) le 19 avril 1682, au château de La Vergne, paroisse de Benayes; veut y être ensevelie près de son mari; elle était sœur d'Antoinette de Saint-Viance, demoiselle de La Garde. Ils laissèrent : 1° Jean; 2° Antoine; 3° Charles.

Noble Jean du Saillant, paroisse de Benayes, épousa Catherine de Mirandol, dont Charles, tonsuré en 1722.

Jacques du Saillant de Pompadour, S^{gr} de Sarazac et de la Marche, épousa Marguerite de Souillac, dont Marguerite, mariée, par contrat du 25 novembre 1634, avec Paul d'Hautefort, chevalier, sieur de Gabilon (Simplic., T. VII, p. 248).

SAINT-ADEMAR. — W..... Ademar et le S^{gr} de Saint-Ademar, son arrière-petit-fils, chevaliers de Solon, moururent le 16 juillet (*Nécrolog.* Glanderii).

SAINT-AIGNAN. — V. GASTINE.

SAINT-AMAND, peut-être SAINT-CHAMAND.
[Raymond V, vicomte de Turenne, mort en 1247, ordonna, par son testament, à Raymond VI, son fils, de faire chevalier (ou d'ennoblir) Hugues de Saint-Amant (JUSTEL, *Hist. de Turenne*, p. 44).]
Le chapitre provincial des frères prêcheurs, tenu à Limoges en 1327, dans les suffrages pour les morts, ordonna une messe pour Raymond de Saint-Amand, écuïer.
Guillaume de Saint-Amand, chevalier, épousa Marguerite Paute, qui était veuve en 1420.
Bertrand de Saint-Amand, chevalier, 14 avril .... (*Nécrolog.* Solemniac), épousa Pétronille de Saint-Amand, enterrée à Solignac, dont : 1° N.....; 2° Archambaud, abbé de Solignac en 1160.
Gui, Sgr de Saint-Amand, au diocèse de Tulle, et coseigneur de Scoraille, en Auvergne, 1444 (MORERI, 1759, *Scoraille*).

[SAINT-ANGEL. — N....., dit le chevalier de Saint-Angel, major du régiment de la reine, cavalerie, avec rang de mestre de camp, était chevalier de Saint-Louis en 1779 (*Fast. milit.*, T. I, p. 86)] (1).

SAINT-AULAIRE. — V. BEAUPOIL DE SAINT-AULAIRE, T. I.

[SAINT-AULAYE, seigneurie en Angoumois (Voyez MORERI, 1759, T. III, art. Chabot, Jarnac, et p. 762, col. 1).
Aenri Chabot, Sgr de Saint-Aulaye, épousa, le 6 juin 1645, Marguerite, fille unique et héritière de la maison de Rohan.
N..... Chabot, princesse douairière d'Epinay, avait eu en dot la terre de Saint-Aulaye, qu'elle possédait en 1698.

SAINT-AUVENT.]

SAINT-AVIT. — Roger de Saint-Avit, abbé de Bonlieu, 1422, peut-être abbé de La Colombe, 1398.
Pierre de Saint-Avit, abbé de Bonlieu vers 1430.
Noble Bertrand de Saint-Avit, chevalier, Sgr dudit lieu, sénéschal du comte de la Marche, 1452.
Guillaume de Saint-Avit, abbé de Bonlieu, mort en 1495.
Gui de Saint-Avit, abbé de Bonlieu, mort en 1540.
Noble Jean de Saint-Avit l'ancien, licencié ez droit, procureur de Chambon, 1554, demeurait au Mazeau, paroisse de Peyrat-Lanonier.
Noble Gilbert de Saint-Avit, paroisse de Peyrat-Lanonier, épousa N....., dont Gilbert, tonsuré en 1560, moine à Chambon-Sainte-Valerie, 1561.
Jean de Saint-Avit, abbé de Bonlieu, 1560-1570.
Claude de Saint-Avit, sieur dudit lieu et de Saint-Domet, comparut à Guéret, le 27 avril 1521, à la réformation de la coutume de la Marche.
Jean de Saint-Avit, frère de Gui, abbé de Bonlieu, épousa N.....; elle

(1) M. de Clary, baron de Saint-Angel, émigra en 1791. Voir l'article Clary.

mourut l'an 1542, la veille de Saint-Barnabé, dont : Guillaume, qui suit. (*Mss.* 5296, *C. Bibl. roy.*).

Guillaume de Saint-Avit naquit à Bonlieu le mardi 2 avril 1538, eut pour parrain l'abbé de Cercanceau, Sgr de Saint-Domet, et pour marraine demoiselle de Saint-Georges. Il mourut l'an 1540, et fut inhumé dans le tombeau de Saint-Avit, à Bonlieu (*Mss.* 5296, *C. Bibl. roy.*).

Claude de Saint-Avit, en la Marche, 1530, épousa Jacquette Le Groing, fille de Guerin, chevalier, et d'Isabeau Taveau de Mortemer (SIMPLIC., T. VIII, p. 142).

Gaspard de Saint-Avit, noble, fut dispensé, en 1493, du quatrième degré de consanguinité, pour se marier avec Antonie de Saint-Julien.

Bertrand, Sgr de Saint-Avit, chevalier, épousa, avant 1416, Jeanne d'Aubusson, fille de Jean, chevalier, Sgr de La Borne, du Monteil-au-Vicomte et de La Feuillade, et de Guyonnette de Monteruc ; elle mourut en 1452, laissant des enfants.

SAINT-BARBAN. — V. DUPIN, Sgr de Saint-Barban, T. II.

[SAINT-BOLIL, fief mouvant de la vicomté de Turenne, sénéchaussée de Tulle.]

SAINT-BONNET-LA-RIVIÈRE.
Audoin de Peyrusse, Sgr de Saint-Bonnet, chevalier, est témoin dans un acte du 25 novembre 1456 (BALUZE, *Hist. mais. d'Auvergne*, T. II, p. 658). Voir PERUSSE, T. I.

[SAINT-BONNET-LE-PEILLEROUX.]

SAINT-BRICE (1).

SAINT-CHAMAND (2).
Edme de Saint-Chamans, Sgr du Peschier, épousa Marguerite de Badefol, dont Catherine, qui épousa, le 22 novembre 1635, Jean-Georges d'Aubusson, Sgr de Savignac, second fils de Jean, Sgr de Villac, et d'Anne de Losse.

[SAINT-CLAUDE, fief mouvant du duché, et appartenant, dès 1698, au duc de La Rochefoucaud, en Angoumois.]

SAINTE-FERE. — V. FERE, T. II.

SAINTE-HERMINE. — V. HERMINE.

SAINTE-MARIE. — V. MARIE.

SAINTE-MAURE. — Françoise de Sainte-Maure épousa (vers 1560) Jean

---

(1) La page 1058, où Nadaud indique cette famille, est déchirée. V. aussi Carbonnières, sieur de Saint-Brice, T. I.

(2) Saint-Chamant était aux pages 1082, 1083, 1084 et 1085, qui sont déchirées. Voir aussi Longueval-Saint-Chamand et Saint-Amand.

Grain de Saint-Marceaut, Sgr de Maillancy. Parcoul, gentilhomme ordinaire de la chambre du roi, gouverneur des ville et château de Dijon.

Renaud de Sainte-Maure, Sgr de Jonzac, épousa Françoise Chabot, dont Isabelle. Elle épousa noble Audebert de Barri, damoiseau, Sgr de Coux et de Gorre, en Limousin, dont Jean, 1507. Elle se remaria à Pierre du Châtenet, sieur de Villars, paroisse de Montrol-Sénard, neveu de sa belle-mère (Simplic., T. V, p. 16).

SAINT-EXUPERI (1), terre située en Limousin (Moreri, 1759, T. IX, p. 653), sur les confins de cette province et de celle d'Auvergne, a donné son nom à une très ancienne maison, établie aujourd'hui en Périgord. Les registres de la ville de Mauriac, en Auvergne, font mention, dès le ixe siècle, de Charles de Saint-Exupéri, qui prit possession, l'an 871, du doyenné de Saint-Pierre de Mauriac. Ils remarquent qu'on fit de très grandes réjouissances à son entrée, « pour la rendre la plus honorable qu'il se pût, à cause de la noble extraction de sa personne ». Selon les mêmes registres, Charles eut pour successeur un de ses frères, nommé Guichard de Saint-Exupery, lequel prit possession du doyenné en 890. Dans le xve siècle, on trouve Guillaume de Saint-Exupéri, qui prit possession du doyenné de Mauriac, en 1438, et Estienne de Saint-Exupery, qui en prit possession en 1467. Originaires de la même province, tous portaient le même nom et les mêmes armes que MM. de Saint-Exupery d'aujourd'hui. Leur filiation suivie et constatée par titres remonte à

I. — Raymond de Saint-Exupery, Sgr de Saint-Germain-les-Vergnes, qui épousa, vers l'an 1231, Marie de Carbonnières, dont est issu Robert, qui suit.

II. — Robert de Saint-Exuperi, Sgr de Saint-Germain-les-Vergnes, épousa N..... de Guerre, dont, entre autres enfants, Helie, qui suit.

III. — Helie, Sgr de Saint-Exuperi, épousa Mathe, dame de Miremont et du Donjon, dont est issu Helie, qui suit.

IV. — Helie, Sgr de Miremont et de Saint-Exuperi, épousa Raymonde, dont est issu Helie, qui suit.

V. — Helie de Saint-Exuperi, chevalier, Sgr de Miremont, épousa Raymonde de Veyrat, dont il eut : 1° Gaubert, qui suit ; 2° Pierre, abbé d'Aurillac, en 1407, dont le Limousin était la patrie ; 3° Hilbet de Saint-Exuperi, qui a formé la branche de Saint-Exupery de Fraisse ; 4° Marie, mariée, en 1362 ou 1367, à Helie de Livron, damoiseau, Sgr d'Ambiac.

VI. — Gaubert de Saint-Exuperi, Sgr de Miremont, épousa, en 1353, Aigline de Roffignac, demoiselle de Saint-Germain, dont sont issus : 1° Helie, qui suit ; 2° Pierre ; 3° Marguerite, qui épousa : 1° Pierre de Vayrat ; 2° Raymond de Giscardi.

VII. — Helie, Sgr de Saint-Exuperi, Miremont et Saint-Germain-les-Vergnes, épousa, en 1401, Jeanne Vayssière, dame en partie du Donpnion, dont sont issus : 1° Guillaume, qui suit ; 2° Françoise, qui épousa Gedouin Philippes, Sgr de Saint-Chamant.

VIII. — Guillaume, etc., p. 1153 (2).

(1) Nadaud avait d'autres notes sur cette maison à la page 1153, qui est déchirée.
(2) Cette page est déchirée.

IX. — Guillaume de Saint-Exupery, Sgr de Miremont, épousa, en 1463, Catherine de Favard, dont il eut : 1° Gui, qui suit ; 2° François de Saint-Exupery, mort sans enfants de Françoise de Pestel ; 3° Antoine, mort sans postérité ; 4° Louis, grand archidiacre de Rhodes ; 5° Marguerite, qui épousa, le 6 novembre 1505, Pierre de Valon ; 6° Antoinette, qui épousa, le 2 septembre 1527, noble Foucauld du Saillant ; 7° Françoise de Saint-Exuperi et de Miremont, qui épousa Henri de Bourbon, vicomte de Lavedan, baron de Malauze.

X. — Gui de Saint-Exuperi, Sgr de Miremont, mourut avant sa femme, sans enfants, et en lui finit la branche aînée de Saint-Eupery de Miremont. Il avait épousé, le 29 mai 1548, Magdelaine de Senneterre, fille de Nectaire et de Marguerite d'Étampes, et sœur de Jacques ; elle s'est rendue recommandable dans l'histoire par sa vertu et par son courage trop mal employé pour la religion prétendue réformée. Cette dame (MEZERAY, *Hist. de France*) avait toujours auprès d'elle soixante jeunes gentilshommes en bon équipage, avec lesquels elle courait jusque dans la Basse-Auvergne. Vers l'an 1575, sous le règne de Henri III, Montal, lieutenant du roi en cette province, irrité de ce que cette vaillante femme lui avait défait deux compagnies, alla avec quinze cents hommes de pied, et deux cents chevaux, assiéger le château de Miremont. Cette amazone, voyant cinquante cavaliers qui venaient faire le dégât jusqu'aux portes de son château, fit une sortie, et les tailla en pièces ; mais au retour elle trouva l'entrée de son château saisie par les ennemis. Aussitôt elle courut à Turenne et amena quatre compagnies d'arquebuziers à cheval. Montal se porta entre deux montagnes pour leur fermer le passage ; mais il y reçut le coup mortel. Sa troupe découragée par la blessure de son chef, décampa le soir même, et l'emporta dans un château proche de là, où il mourut quatre jours après.

Branche de Saint-Exuperi ou Saint-Superi du Fraisse.

VI bis. — Hiblet de Saint-Exuperi (MORERI, 1759), troisième fils de Helie de Saint-Exuperi et de Raymonde de Vayrat, épousa N..... du Vigier, dont Geraud, qui suit.

VII. — Geraud de Saint-Exuperi épousa, en 1400, Marie, demoiselle du Fraisse, dont est issu Philippe, qui suit.

VIII. — Philippe de Saint-Exuperi, Sgr du Fraisse et de La Monpellerye, épousa, en 1432, noble Valerie d'Aymeric, dont sont issus : 1° Antoine, qui suit ; 2° Annete, mariée à noble Helie de Cornil, en 1454 ; 3° Jean, qui a formé la branche de Saint-Exuperi de Saint-Amand, établie en Querci, dont est sortie celle de Fleurac.

IX. — Antoine de Saint-Exuperi, Sgr du Fraisse et de La Monpellerye, épousa, en 1469, noble Antoinete de Foucaud, dont Jean, qui suit.

X. — Jean de Saint-Exupery, Sgr du Fraisse et de La Monpellerye, se maria, en 1502, à noble Jeanne de Petit, dont : 1° Martin, qui suit ; 2° Helie, mariée à Gabriel de Carbonnières, mort à Naples de ses blessures.

XI. — Martin de Saint-Exupery ou Superi, écuier, sieur du Fraisse, paroisse de Saint-Cyprien, en Limousin, et de La Montpellerye, épousa noble Antoinete Bertin, dont il eut : 1° Gabriel, qui s'établit en Périgord ;

2°, 3° et 4° Dominique, Françoise et François, morts sans enfants ; 5° Arnaud, tonsuré en 1560 (*Insinuat. ecclésiastiq. de Limoges*), grand archidiacre de Sarlat (Moreri).

SAINT-FIEL. — V. T. II, Fief, qu'il faut lire Fiel.

SAINT-GELAIS. — V. Gelais.

SAINT-GEORGE. — V. George.

SAINTE-HERMINE. — V. Hermine.

SAINT-HILAIRE. — V. Hilaire.

SAINT-IRIER. — V. Yrieix.

SAINT-JAL. — V. Lastic, sieur de Saint-Jal.
La Queille, Sgr de Saint-Jal.

SAINT-JEAN (1). — V. aussi Jehan.
Claude de Saint-Jean épousa, vers 1571, Françoise de Pierrebuffierre, fille de François, chevalier, Sgr, marquis de Chamberet et de Beaumont, et de Jeanne de Pierrebuffierre.

SAINT-JULIEN. — V. Julien.

SAINT-LAURENT. — V. Laurent.

SAINT-LEGER (2).

[SAINT-LEGER-LA-MONTAGNE.]

SAINT-MARC. — V. Marc.

SAINT-MARCEAU ou MARSAUT. — V. Grain de Saint-Marsaut.

SAINT-MARTIAL. — V. Martial.

SAINT-MARTIN. — V. Martin.

SAINT-MATHIEU. — V. Mathieu.

SAINT-MAUR. — V. Maur.

[SAINT-MAURICE-LES-BROUSSES.]

SAINT-MICHEL. — V. Michel.

SAINT-NECTAIRE. — V. Nectaire.

---

(1) Cette maison était à la page 1127, qui est déchirée
(2) La page 977, où était la famille de Saint-Leger, est déchirée.

[SAINT-NICOLAS.]

SAINT-ORENS. — V. Orens.

SAINT-PRIEST-LIGOURE. — V. Priest-Ligoure.

[SAINT-PRIEST-TAURION.

SAINT-PARDOUX.

SAINT-QUENTI, fief de l'Angoumois, élection d'Angoulême, généralité de Limoges, qui appartenait, au milieu du dernier siècle, à M^{rs} d'Abzat de La Douze, en Périgord.]

SAINT-QUENTIN. — V. Quentin.

SAINT-RIBIER. — V. Ribier.

[SAINT-REMY]. — V. Hauvray de Saint-Remy.

SAINT-SALVADOUR. — V. Freyssinges de Saint-Salvadour.

SAINT-SATURNIN. — V. Maillon.

SAINT-SAVIN. — Noble Philippe de Saint-Savin, écuïer, du diocèse de Limoges, épousa N....., dont François, tonsuré en 1543.

[SAINT-SEURIN, châtellenie en Angoumois qui, en 1698, valait environ 5,000 livres de rente.

N....., comtesse de Tallerand, possédait la châtellenie de Saint-Savin, en 1698; son mari était un cadet de la maison de Chalais.

SAINT-SILVESTRE.
I. — N..... de Saint-Silvestre épousa N....., dont : 1° Gaucelin, qui suit ; 2° Guillaume de Saint-Silvestre, qui, avec Gaucelin, vivait en 1234; 3° Raymond de Saint-Silvestre, damoiseau ; 4° Helie de Saint-Silvestre ; 5° Peronnelle de Saint-Silvestre ; 6° Himbert ou Imbert de Saint-Silvestre, qui alla en voyage à Jérusalem, le 3 des ides de décembre 1255; 7° Cécile de Saint-Silvestre ; 8° quelqu'autre fille.
II. — Gaucelin ou Jaucelin de Saint-Silvestre, porte-étendard ou chevavalier (Voyez mes *Mém. mss. abb. Lim.*, p. 500, 523*, etc.).]

SAINT-SULPICE. — V. Sulpice.

SAINT-SUPERI. — V. Saint-Exuperi.

SAINT-VAULRY. — V. Bertrand, sieur de Saint-Vaulry, T. I.

SAINT-VIANCE. — V. Phelip de Saint-Viance.

SAINT-VICT (1).

---

(1) Nadaud envoie à l'article Maumont de Saint-Vict, à la page 218, qui est déchirée.

SAINT-YRIEX. — V. Yrieix.

SALAGNAT, ou SALAIGNAC, ou SALAGNAT, ou SALIGNAT (1), sieur du Desseys et du Vignaud, paroisses d'Esdon et d'Étaignac, élection d'Angoulême, porte : *d'argent à 3 fusées de gueules en fasce.*

I. — François de Salignac épousa, le 10 juin 1527, Louise de Coignac, dont : 1° François, qui suit ; 2° Françoise qui, par son testament du 22 mai 1588, élit sa sépulture ez tombeaux de Louise de Coignac, sa mère, et fait exécuteur François, son frère.

II. — François de Salignac épousa, par contrat sans filiation du 30 août 1578, Anne Estourneau.

III. — Pierre de Salignat épousa : 1° le 18 avril 1616, Anne de Maignat, dont Simon, qui suit ; 2° le 14 juillet 1634, Léonarde de Couhé, dont Raymond, qui se maria en 1658.

IV. — Simon de Salignac, écuïer, sieur du Vignaud, paroisse d'Exideuil, épousa, le 14 juillet 1634, Françoise Rivaud, dont : 1° Raymond, qui suit ; 2° Pierre, né le 20 mai 1640.

V. — Raymond de Salaignac (mieux Salignac), écuïer, sieur des Vignauds, paroisse d'Étaignac, mourut à cinquante-deux ans, le 22 décembre 1669. Il avait épousé Catherine Rivaud ; elle mourut à l'âge de vingt-huit ans, le 18 octobre 1649, dont : 1° Jacques, baptisé le 2 novembre 1646 ; 2° Valerie, baptisée le 16 février 1648 ; 3° Léonarde, baptisée le 20 mars 1649 ; 4° peut-être Pierre de Salignac, qui mourut à soixante-cinq ans, au château des Brosses, paroisse d'Etaignac, le 3 décembre 1710.

IV *bis*. — Raymond de Salignac, écuïer, sieur du Devey, épousa, le 18 juin 1658, Suzanne de Lescaut, dont : 1° Magdelaine, née à Saint-Junien, le 16 octobre 1670 ; 2° Antoine, né le 22 août 1672.

Notes isolées.

Pierre de Salignac, mourut à soixante-cinq ans, au château des Brosses, paroisse d'Étaignac, le 3 décembre 1710.

Estienne de Salignac, écuïer, sieur des Brosses, paroisse d'Étaignac, épousa Ursule de Bridier, dont : 1° Pierre, né le 7 septembre 1677 ; 2° Barbe, baptisée le 1er mars 1679.

Demoiselle Marguerite Gaillard, mourut à cinquante ans, au château des Brosses, paroisse d'Étaignac, le 9 septembre 1652.

Raymond de Salignac, écuïer, sieur de Beneyteis, paroisse d'Étagnac, épousa, dans l'église de Saugon, le 22 septembre 1670, Marie Mercier, dont : 1° Jeanne, née le 21 mars 1681 ; 2° François, né le 7 novembre 1682 ; 3° Valerie, baptisée à Étagnac, le 16 octobre 1683, mariée le 19 novembre 1718, à Jean de Limagne, sieur de La Ripaudie, avocat, fils de feu Jean, sieur de La Loubicherie, et de Suzanne Rempnoulx, de la paroisse de Saint-Sébastien, de la ville de Chabanais ; 4° autre Valerie, morte en bas-âge.

Estienne de Salignac, écuïer, sieur de Bourdicaud, Le Vignaud, Les Brosses, paroisse d'Etagnac, mourut au château du Fraisse, le 17 novembre 1734, fut inhumé dans l'église de Nouïc. Il avait épousé Anne Dreux, dont :

(1) Voyez aussi Magnac.

1° Pierre, né le 9 décembre 1696 ; 2° François, né le 19 janvier 1710, tonsuré en 1725, chanoine de Luçon en 1762 ; 3° Marie, mariée, le 27 juillet 1717, à Jean Barbarin, sieur du Monteil, paroisse de Saint-Pierre de la ville de Saint-Junien, née à Saint-Junien, le 4 février 1701 ; 4° Valerie, née le 21 février 1711 ; 5° et 6° autre Valerie et Claude, morts en bas-âge.

Elisabeth de Salignac, de la ville de Saint-Junien, épousa, en 1769, Jean-Paul Vergniaud-Descalie, de Lesterp.

Pierre de Salignac, écuïer, sieur des Brosses et de Bourdicaud, paroisse d'Etagnac, épousa Anne-Catherine du Carret, dont Jean-Baptiste-Marius, né le 8 juillet 1735.

Pierre de Salignac, écuïer, sieur de Fontenille, du bourg d'Exideuil, près Chabanais, épousa Lamberte Choué, dont : 1° Raymond, né le 13 juin 1635 ; 2° Isabeau, né le 27 septembre 1637.

Estienne de Sallignac, écuïer, sieur de Beneyteis, paroisse de Saugon, épousa, le 28 octobre 1722, Marie de Trion ; elle se remaria à Saint-Maurice de Limoges, le 7 décembre 1735, à Antoine Dupin de Saint-Estienne, paroisse de Saugon.

François de Salignac, S^{gr} de La Rochebellusson, épousa N..., dont Marguerite, mariée, par traité du 27 janvier 1548, avec René d'Aloigny, sieur de Rochefort, fils de René et de Gabrielle-de-La Tremouille-Fontmorand.

Noble Jean de Sallignac, paroisse de Noziers, épousa N..., dont Nicolas, tonsuré en 1530.

Jacqueline de Salagnac, femme, en 1675, de François du Reclus, sieur de Vibion.

Aimeric de Salanhac, chevalier, épousa Amélie, dont Raymond, chanoine de Saint-Junien, où il fonda son anniversaire en 1302.

Merigot de Sallehnac, damoiseau, sieur de Coux, paroisse de Saint-Priest-Taurion, épousa N..., dont Andrieu, qui suit.

Andrieu de Sallegnac, chevalier, sieur de Fornamielh, épousa N..., dont Huguet, qui suit.

Huguet de Sallahnac, 1355.

Antoine de Salaignac, S^{gr} de Magnac en 1500, épousa Marguerite de Genouillac, fille de Jacques, grand-maître de l'artillerie de France, et de Catherine Flament, dont le premier mariage avec Pierre de Durfort, baron de Boissières, avait été cassé en 1498 (SIMPLIC., T. V, p. 748).

Ponce de Salaignac, damoiseau, sieur de Cinge et de Genouilhac, en 1479.

Raymond de Salagnac, porte : *bandé d'or et de sinople de 6 pièces ;* il épousa l'héritière de Rochefort, près Séreilhac et Aixe, dont Géraud, qui suit.

Geraud de Salagnac, S^{gr} de Rochefort, près Aixe, que quelques-uns écrivent Salignac, gouverneur du roi Henri IV en sa jeunesse, fut baron de Fontenay ; il épousa Isabeau de Pierrebuffierre, peut-être fille de Jean Geoffroy et de Marguerite de Bourbon-Busset, qui épousa, en deuxièmes noces, en 1588, Gui de Badefou ; elle était veuve en 1574, dont Claude, mariée à René Chasteigner, par contrat (signé Brissaud) du 28 décembre 1563 (DU CHESNE, *Hist. Mais. Châteig.*, p. 467 et 449).

N..... de Salagnac, épousa N....., dont : 1° François, qui suit ; 2° Françoise ou Anne, dame de Bouschiat, Puymalier, La Roque, Benayes; demeurant au château de La Seyne, lez la ville de Saint-Irier, 1607. Elle épousa, par contrat (reçu Picaud) du 30 octobre 1597, Jacques Plaisant de Bouschiat, écuier ou chevalier, fils de François et de Marguerite d'Aubusson; elle est dite demoiselle des Étangs.

François de Salignac fit son testament le 19 novembre 1585, il était S^{gr} de Rochefort, en Limousin. Il épousa, par contrat du 29 juin 1567, Louise de Sainte-Maure et des Étangs, fille de Gui de Sainte-Maure et de Marguerite de Lanes; elle mourut en septembre 1619, fut ensevelie dans l'église de Séreilhac, dont : 1° Isaac, S^{gr} de Rochefort, qui suit; 2° Jeanne, mariée à Cibar de Brettes; 3° Anne; 4° Samuël de Séreilhac, qui était mort en 1600 (Simplic., T. V, p. 18.—Registres de la cathédrale de Limoges).

Isaac de Salagnac, S^{gr} de Rochefort et des Étangs, vicomte de Rochemeaux, paroisse de Séreilhac, fut trouvé gentilhomme en 1598. Il épousa Olympe Grain de Saint-Marsaut; elle fit son testament le 2 ou le 10 décembre 1633, et mourut à Paris en 1634; elle s'était remariée avec François, comte des Cars, puis avec Georges d'Aubusson, comte de La Feuillade. De ce mariage naquirent : 1° Achille, qui suit; 2° Pierre, capitaine de cavalerie, qui se fit beaucoup d'honneur à la bataille de Rocroy, en 1643; il fut dangereusement blessé à celle de Lens; mené prisonnier à Cambrai où il fut détenu pendant six mois; s'étant démis de sa compagnie, il se tua en tombant de cheval, à la chasse, à Bayer, en Angoumois, en 1658; 3° N....., qui servit en Allemagne aux siéges de Philisbourg et de Fribourg, 1644, il reçut à la bataille de Nortlingue, en 1646, douze blessures, dont il mourut; 4° Julie, mariée, par contrat du 11 mai 1621, à Philippe de Meilhars, marquis dudit lieu, conseiller d'État, S^{gr} de Cruzac, Brie, La Croisille, maréchal de camp, fils de Jean et de Jeanne de Pierrebuffierre; elle porta 40,000 livres. On vante la bonté de son esprit, la beauté de son corps, ses nobles et grandes qualités; elle était huguenote, mais ayant été instruite à Limoges, par le P. Leau, de la compagnie de Jésus, elle fut si ferme dans la foi catholique, qu'elle protesta à son mari de consentir à être réduite à ne vivre que de pain de blé noir, le mendiant de porte en porte, pourvu qu'elle eût la liberté de vivre catholique; elle fit son testament à Limoges, le 27 septembre 1691, veut être inhumée à Meilhars, dans le tombeau de son mari (Leau, Oraison funèbre).

Achille de Salagnac, chevalier, baron, S^{gr} d'Aixe, comte de Rochefort, vicomte de Rochemaux, lieutenant de la compagnie des chevau-légers du comte de Brassac, 1635, mourut en 1649; il avait épousé, par contrat du 11 mai 1623, Catherine de Meilhars, dont : 1° Charles, S^{gr} de Séreilhac, près Aixe; 2° Jean-Marie, héritier de son père, et mort sans hoirs en 1660; 3° Catherine, dame de Rochefort, mariée à Jean de Cropte, chevalier, marquis de Saint-Abre, lieutenant-général des camps et armées du roi, gouverneur de Salces; elle mourut à Aixe le 21 février 1671.

N..... de Salaignac épousa N....., dont : 1° Jacques, qui suit; 2° Jean, protonotaire du Saint-Siége, prieur de Cercles et de Talmont, en Saintonge, curé de Treignac et de Neuvic, S^{gr} de Vic, chanoine de Périgueux, fit son testament (signé Albin), le 9 octobre 1528, par lequel il institue Pierre son neveu; un codicille du 30 juillet 1532 substitue à Pierre, Jean, frère dudit Pierre, à celui-ci, un autre Jean de Salaignac, chevalier, S^{gr} du Gourdon et de Verteilhac, aussi neveu du testateur ; il veut que, dans trois semaines après sa mort, pour accomplir le vœu qu'il avait fait d'aller à Saint-Jacques, son héritier fasse, ou du moins fasse faire ce voïage.

Noble Jacques de Salaignac, chevalier, sieur de Cumbas, épousa N......, dont 1° Pierre ; 2° Jean, prieur de Cogulet ; 3° Jeanne, bâtarde, mariée, par contrat (signé Albin) du 29 juin 1534, à Guillaume Chastaignol, habitant de Maignac, près Pierrebuffierre.

Jeanne et Claudine de Salignac obtinrent, contre François de Salignac, un arrêt du 21 juillet 1551, rapporté par Chopin sur la *Coutume d'Anjou*, p. 78.

Bertrand de Salignac, S^{gr} de La Mothe-Fénelon, baron de Loubert, chevalier de l'ordre du Saint-Esprit, 1579, ne se maria pas (Simplic., T. IX, p. 68).

Noble François de Salignac, S^{gr} de Maignac, baron de La Mothe-Fénelon, Masseuil, Montaigut, Saint-Julien, de Loubert, gentilhomme ordinaire de la chambre du roi, fils de Jean, chevalier, gentilhomme ordinaire de la chambre du roi, etc., et d'Anne de Pellegrué de Cassanal, épousa, par contrat du 12 mars 1599 (ou par articles passés au château de Blanchefort, reçus par Des Agoux), Marie de Bonneval, fille de Horace, dont les autres seigneurs et marquis de Salagnac, de Magnac et de La Mothe-Fénelon, dont : 1° Pons ; 2° Antoine, qui suit, marquis de Maignac, 3° François, tonsuré vers 1630.

Nicolas de Sallaignac, écuïer, sieur du Puyjoli, paroisse de La Fa, épousa N......, dont Françoise qui, à dix-sept ans, fit profession, à La Drouille-Blanche, le 15 mars 1555 (1556).

Antoine de Salaignac ou Salignac, marquis de Maignac et de La Motte-Fénelon, premier baron de la Marche, conseiller d'État, lieutenant-général pour le roi dans la Haute et Basse-Marche, fils de François et de Marie de Bonneval, eut en partage la baronnie de Magnac, qui fut érigée en sa faveur en marquisat, par lettres du mois de mai 1650, enregistrées au Parlement et à la chambre des comptes, les 8 avril et 30 juillet 1653 ; fonda, en 1664, un séminaire à Magnac, et mourut en octobre 1683. Il avait épousé Catherine de Montberon, dame de Fontaine-Chalandrai, née le 6 décembre 1622, fille de Jean et de Louise de Laubespine (Simplic., T. VII, p. 25). Dont : 1° N......, fils unique, mort au siège de Candie ; 2° Marie-Françoise, comtesse de Fontaine, 1675, et marquise de Magnac ; elle épousa, en 1681, Pierre de Laval, troisième du nom (V. l'art. Laval) ; elle se remaria à l'âge de quarante-deux ans, le 23 février 1694, avec Henri-Joseph de Salignac de Fénelon, dont il est parlé ci-après ; elle mourut en 1726.

Henri-Joseph de Salagnac, chevalier, comte de Fénelon, marquis de Magnac, S^{gr} de Beauséjour et de Saint-Arbre, exempt des gardes du corps, frère de l'archevêque de Cambrai, épousa, le 23 février 1694, sa cousine, Marie-Thérèse-Françoise de Salaignac, fille de Antoine et de Catherine de Montberon, ci-dessus. Il mourut, en 1735, sans postérité.

Jean de Salaignac, chevalier, S^{gr} de La Motte-Fénelon, Neufville, Argentat, Albussac, Saint-Hilaire-Taurion, baron de Magnac, vicomte de Saint-Julien, capitaine de cinquante hommes d'armes des ordonnances du roi, épousa Anne de Pellegrué, dont : 1° François, qui suit ; 2° Marguerite, mariée, le 30 juillet 1595, à Laurent de Beaumont, sieur de Nabirac, fils de Charles et de Antoinette du Pouget ; n'en ayant point eu d'enfants, et étant morte, il se remaria en 1605 ; 3° Antoinette, mariée, le 11 février 1610, à

Gabriel-Gui de Royère, écuïer, Sgr de Burgnhac, Saint-Priest-Taurion, etc., fils de François et de Françoise de Montrud.

Dans l'église de Manoc, on lit l'inscription suivante :

> Cy-gist Anne du Lac de Fénelon; elle mourut le 2 août 1660, quoiqu'elle n'eût que 52 ans accomplis; elle a donné dans ce lieu un rare exemple de piété; elle méprisait les maximes du monde et en vouloit fort éloigner ses enfans, on ne peut icy expliquer sa justice contre ses propres interets, ni sa grande modestie qui paroissoit ds ttes ses actions, principalement lorsqu'elle étoit ds l'église, elle a été fort assiduë ds cellecy à tous les divins offices. — *Requiescat in pace.*

François de Salagnac, comte de La Motte-Fénelon, du château de Manoc, épousa Elisabeth de Sainte-Aulaire, dont : 1º N....; 2º François-Barthelemi de Salignac de Fénelon, né au château de Manoc, tonsuré en 1707, évêque de Pamiers, mort en 1741 ; 3º Catherine-Elisabeth, mariée, le 2 juillet 1731, à Jean-Marc de Royère, comte de Peyreau, fils de feu Annet et de Catherine de Brachet, paroisse de Loignac ; 4º Marie-Anne, mariée à Melchior Philip, comte de Saint-Viance, chevalier, Sgr de Puymege, gouverneur pour le roi de la vicomté de Turenne, fils de Jean, par contrat passé à Sarlat le 2 octobre, et le 10 du même mois 1731, dans l'église de Loignac ; elle mourut au château de Manoc, lieu de sa naissance, le 17 août 1733, à l'âge de vingt-six ans, après avoir donné les plus grandes marques de piété et d'édification ; 5º François-Barthelemi, abbé de Pontoise et doïen de Carennac, 1733 ; 6º Anne, marquise de Bonneguise.

Antoine, sieur de Salignac, et Jean de Salignac servaient, en 1461, sous Ponton de Saintrailles, maréchal de France ; ils ne sont dits qu'écuïers parce qu'ils étaient jeunes et qu'ils vouloient commencer le métier des armes sous ce grand capitaine. Antoine, Sgr de Salagnac, 1479, fut aussi témoin au contrat de mariage d'Antoine de Pompadour et de Catherine de La Tour, le 9 juillet 1489. (LABOUR., *Add. à Castein.*, T. III, p. 91. — BALUZE, *Mais. d'Auverg.*, T. I, p. 407).

Foucaud de Salagnac, Sgr de Magnac ou de Salagnac, épousa, le 21 mars 1491, reconnu le 26 mars 1492, Anne de Ricard de Conouillau dite de Gourdon, fille aînée de Jacques dit Galiot, Sgr de Ansat, Saint-Projet, etc., chambellan du roi, maître, visiteur et général réformateur de l'artillerie de France, etc., et de Catherine Flamenc, dame de Brusac ; elle eut en dot les terres de Brussac et de Puybernard, en la sénéchaussée de Périgord, dont une fille unique, Pérone de Salagnac, dame de Magnac, mariée : 1º avec François de Crussol, vicomte d'Arques, fils de Louis, grand panetier de France, etc., et de Jeanne de Levis de Florensac ; étant restée veuve dès 1512, elle se remaria : 2º, le 25 août 1525, avec Antoine Soreau, Sgr de Saint-Geran, neveu de la belle Agnez Sorel, maîtresse du roi Charles VII ; Péronne se remaria : 3º avec René de Volvire, vicomte du Bois-de-la-Roche ; elle testa le 13 juin 1559 (SIMPLIC., T. III, p. 766. — T. VII, p. 444. — T. VIII, p. 163, 702).

Antoine de Salignac ou Salagnac, Sgr de Vertillac, frère puîné de Foucaud, Sgr de Magnac, épousa, par contrat du 13 novembre 1496, Marguerite

Ricard de Gourdon de Genouillac, fille cadette de Jacques cy-dessus : elle avait été mariée avec Pierre de Durfort, S^{gr} et baron de Boissières, qui s'était fait séparer d'elle sous prétexte de consanguinité au quatrième degré (Simplic., T. VIII, p. 163).

Voyez page 2267 (1). — Guillaume de Salaignac, chevalier, S^{gr} de *Copdolio* et de Maignac, eut, ainsi que sa femme, du chapitre de Saint-Germain la permission de se faire enterrer dans le chœur de leur église, près du tombeau du cardinal ; il fit son testament (signé Tarnelli) le 25 janvier 1445, vieux stile. Il épousa Marguerite Robberte, fille d'Ademar, chevalier, dame de Maignac, près Perrebuffierre, de Jumilhac, de Rofiac, Roussassilh, Valonays, près Estampes, Mouret, en Gascogne, et de la troisième partie d'une terre, près Saint-Julien de Sault ; elle devint veuve et fut enterrée près de son mari, elle était morte en 1449. De leur mariage naquirent : 1° Antoine, héritier ; 2° Jean, qui (laissa deux bâtards, dont un nommé Raymond), continua la descendance ; 3° Raymond, qui fit donation à Jean, son frère, en 1482 ; 4° autre Jean ; 5° Louis, que son père veut être d'église, fut licencié en décrets, protonotaire du pape ; 6° Marguerite ; 7° Helide, mariée à Guy de Roffignac, S^{gr} de Richemont, Saint-Germain-les-Vergnes, coseigneur d'Allassac, fils de Jean et de Catherine de Monteruc, par contrat (signé Tarnelli) du 6 janvier 1449, passé à Allassac ; 8° Marguerite, mariée par le même contrat que sa sœur du 6 janvier 1449, à Reginald, ou Ravault de Roffignac, frère de Gui, et fils de Jean et de Louise de Monteruc, chevalier, sieur de Meaulce et de Boy (2); 9° Jeanne, mariée, par contrat (signé Tarnelli) du 20 août 1464, à Antoine d'Aubusson, chevalier, S^{gr} de La Villeneuve, troisième fils de Jean, S^{gr} de La Borne, et de Marguerite Chauveron ; 10° Catherine.

Jean de Salaignac, chevalier, S^{gr} de Chapdeuil, Boursac, Jumilhac, Rofliac, Roussessilh, Conquoroys, Magnac près Pierrebuffierre, épousa, par contrat des 24 avril 1463 et 10 juin 1465, Louise de Pierrebuffierre, fille de Louis de Pierrebuffierre, chevalier, S^{gr} de Châteauneuf, et de Louise d'Aubusson.

François de Salignac épousa, vers 1455, Marguerite d'Aloigny, fille de Guillaume, sieur de La Millandière, et de Marguerite de La Touche (Simplic., T. VII, p. 616).

Pierre de Salagnac, écuyer, S^{gr} de Vic, de Combas et de Jumilhac en partie, en 1545, Françoise de Pompadour.

SALAMOND. — Penelle Salamond épousa, le 25 février 1618, François de Griffoules, fils de Jean et de Françoise de Prouhet.

Voyez aussi Salomon.

SALAMONIE. — Noble Pierre de La Salamonie (3), damoiseau, était mort en 1442, il avait épousé N..., dont noble Milhot, damoiseau, demeurant à La Salamonie, paroisse de Saint-Barthelemi, 1449, 1465.

---

(1) Cette page est déchirée.
(2) A l'article Roffignac, Nadaud dit que Marguerite épousa Gui, et Helide Regnault ; ici il dit l'inverse.
(3) Salamonie, paroisse de Saint-Barthélemy, canton de Bussière-Badil, arrondissement de Nontron (Dordogne).

Jean de La Salamonie épousa apparemment Helide de La Grelière, fille de Helie, damoiseau, S⠀ʳ de La Grelière, paroisse de Pluviers; elle se remaria, par contrat du 11 septembre 1506, à Jean de Beaulieu (1), damoiseau, sieur dudit lieu.

Marie de La Salmonie avait épousé, avant 1700, Pierre-Isaac Dupont, docteur en médecine, lieutenant du maire de Chabannais.

SALBERT, sieur de Forges, paroisse de Tonnay-Charente, élection de Saint-Jean-d'Angeli, porte : *d'argent à 3 hures de sanglier de sable,* 2 et 1, *et un croissant d'azur en abîme.*

I. — Jean Salbert est élu maire de La Rochelle en 1564, 1569 (Des Coutures dit 1664 et 1669, mais c'est évidemment une erreur de copiste), épousa Perette Boileau.

II. — Jean Salbert est élu échevin de Saint-Jean-d'Angeli à la mort de son père, les 10 et 13 décembre 1597; il épousa, le 9 août 1596, Marie Gendraud.

III. — Louis Salbert épousa, le 2 avril 1619, Marie Berné.

IV. — René Salbert épousa, le 22 may 1655, Françoise Gay.

SALIGNAC. — V. Salagnat.

SALIS. — Antoine de Salis, sieur de La Serre, paroisse de Donzenac, fut maintenu par M. Pellot, intendant, 1663.

LA SALLE. — V. Caillebot de La Salle, T. I.

LA SALLE DE RIBEYREIX. — V. Ribeyreix.

SALOMON. — François Salomon, écuïer, sieur de Charlonie, de la paroisse de Saint-Martial d'Angoulême, épousa Magdelène de La Touche, dont Jean, baptisé le 18 avril 1650.

[SALON.]

SALVER ou SALVERT. — Louis de Salver, écuïer, sieur de Noizat et du Ribeyreix, paroisse de Poussanges, épousa Elisabeth Brachet, dont Léonard, tonsuré en 1721.

Jean Joussineau de La Tourdonnet épousa en secondes noces, en 1772, avec dispense de parenté, Catherine-Claire de Salvert de Montrognon, veuve, de la ville d'Ussel.

SAMSON.

[Il existait autrefois, aux archives du secrétariat de l'évêché de Limoges, un procès-verbal, fait par le lieutenant du sénéchal du Limousin, pour la délivrance d'Aimeric Sanson, prisonnier à Crozant, contre M. Jean Piedieu, du 13 novembre 1469].

---

(1) Beaulieu, paroisse de Saint-Barthélemy; ce village possède encore une maison du xiii⠀ᵉ siècle qui peut être considérée comme l'habitation de cette famille.

DU LIMOUSIN.

I. — Jean Samson, sieur du Masboyer, fils de Léonard, bourgeois de Limoges, et de N....., Béchameil, né le 17 mars 1697, fut reçu trésorier au bureau des finances de Limoges en 1743. [Acheta la terre de Royère, près La Roche-l'Abeille, avec le fief de La Guyonnie. Il épousa, le 4 juillet 1713, Isabeau Vigenaud, dont : 1° Guillaume, né le 29 juillet 1715; 2° Marcelle, née le 21 avril 1718, morte sans enfants; 3° Marc-Antoine, né le 20 juin 1720, mort sans enfants; 4° Jean-Baptiste, né le 12 juillet 1721, mort sans enfants; 5° autre Guillaume, né le 22 mars 1724, mort sans enfants; 6° Pierre, né le 4 octobre 1727, mort sans enfants; 7° autre Marc-Antoine, né le 13 mars 1729, mort aussi sans enfants (Registr. de Rilhac-Rancon).

II. — Guillaume Sanson de Royere, écuïer [reçu trésorier de France, à Limoges, vivait en mars 1793], épousa, en 1767, Marguerite Colomb, de Limoges [morte à Royère, où mourut aussi son mari. De ce mariage naquirent : 1° Siméon, qui suit; 2° N....., dite mademoiselle de Royère, mariée avec N..... de Lignac, sieur de Lavaud, paroisse de Saint-Hilaire-Lastour, dont les enfants vivaient en 1793; 3° N....., dite mademoiselle de La Guyonnie, qui vivait en mars 1793; 4° N....., dite mademoiselle de Charneuve ou Charencuve, vivant au mois de mars 1793; 5° quelques autres enfants.

III. — Siméon Sanson, écuïer, fut reçu gendarme ou mousquetaire, marié en 178... avec N..... Léonard, fille de N.... Léonard, écuïer, Sgr de Fressanges, de Neuil, etc., et de N..... Texandier de l'Aumônerie, dame de Nieuil, qui vivait en mars 1793, dont deux garçons, vivant aussi en mars 1793].

SANZILHON. — V. FOUCAUDIE.

SARALHAC. — Aymeric de Saralhac, damoiseau, épousa Guillemete Paute, veuve en 1346, dont Aymeric.

SARDAING. — Pierre Sardaing, écuïer, sieur du Repaire, paroisse de Mouton, en Angoumois, du lieu de La Soutière, paroisse de Grenor, épousa, le 5 février 1698, Marie Rempnoulx, sa cousine au quatrième degré, paroisse de Saint-Sébastien de Chabanais (Registres de Chabanais), dont : 1° Catherine, baptisée le 15 mars 1700, mariée le 12 avril 1723, à Louis Taraud, fils de feu autre Louis, sieur de l'Isle, et de Françoise Le Preou, du bourg de Beaulieu, en Angoumois; 2° François, baptisé le 6 mars 1702; 3° Joseph, né le 24 octobre 1704; 4° Françoise, née le 7 septembre 1706, mariée, le 18 février 1727, à François Reynaud, docteur en médecine, fils de Pierre, conseiller du roi, et de Marie Maublanc, de la ville de Saint-Junien; 5° Pierre-Joseph, baptisé le 30 juin 1714; 6° Marguerite, mariée, le 15 janvier 1719, à François Dupont, procureur fiscal de Chabanais, fils de Pierre-Isaac, docteur en médecine, lieutenant du maire dudit Chabanais, et de Marie de La Salmonie; 7° Françoise, née en novembre 1720; autre Marguerite, mariée, en 1736, à Jean de Chevreuse.

Joseph Sardain, sieur de La Soutière, paroisse de Grenor, écuïer, épousa, Renée-Catherine Nolin, dont : 1° Pierre-Victor, né le 6 mars 1736; 2° Pierre-Joseph, ecclésiastique.

Olivier Sardaing, écuïer, sieur de Saint-Michel, du bourg de Mouton, en Angoumois, épousa Marie Valeteau, dont Pierre, qui suit.

Pierre Sardaing, écuyer, sieur de Beauregard, épousa, à Chabanais, le 31 janvier 1717, Françoise Rempnoulx, fille de Jean, sieur de Villepaneix, conseiller du roi, juge-sénéchal de Chabanais et maire perpétuel de la même ville, et de Marguerite de La Quintinie, dont : 1° Olivier, né le 24 février 1718; 2° Marie, née le 2 août 1719; 3° autre Marie, née le 2 mai 1723; 4° Jean, né le 24 février 1724; 5° Marc, né le 18 octobre 1725; 6° autre Jean, né le 2 novembre 1727, à La Soutière, paroisse de Grenor.

Aubin Sardin, écuyer, paroisse de Grenor, épousa, en 1767, Adélaïde-Marie-Alexandrine Vignon, paroisse de Saint-Médard, diocèse de Beauvais.

SARDENE. — Aymeric Sardene, damoiseau, de Solignac, 1320, épousa Agnez Mathieu, fille de maître Pierre, de la ville de Rochechouart.

SARDIN. — V. Sardaing.

SARODE. — Gerard Sarode, écuyer, sieur de Saint-Cibar, paroisse de la Chapelle-Bourignet, en Périgord, épousa, à Grassac, en Angoumois, le 7 mars 1639, Jeanne Riol, dont : 1° Marie, baptisée à dix-huit mois, le 1er novembre 1643; 2° Jeanne, baptisée à dix-huit mois, le 3 septembre 1645; 3° Jean, né le 5 décembre 1645; 4° Catherine, baptisée à six semaines, le 1er décembre 1648.

SARRAZIN, sieur du Mazet, paroisse d'Ambazac, porte : *de gueules à 3 fleurs de lys d'argent mal ordonnées.*

Cette famille a fait ses preuves de noblesse en 1598, devant les commissaires du gouvernement, qui les ont trouvées bonnes.

Jean Sarrazin, écuyer, de la ville de Saint-Junien, 1388, sa femme était Sibille Boudoyette.

I. — Léonard Sarrazin, fit une sommation en 1524; il épousa N..., dont Louis, qui suit.

II. — Noble Louis Sarrazin, sieur du Mazet, paroisse d'Ambazac, fit son testament le 13 septembre 1583, épousa, par contrat du 8 février 1539, Catherine Bidon, dont : 1° Jean, qui suit; 2° Jacquette, mariée, par contrat du 20 août 1576, à Pierre Mignot, fils de feu Guillaume, notaire et procureur du bourg d'Ambazac; 3° Leone, mariée, par le même contrat, à Jean Mignot, frère dudit Pierre; 4° Marguerite, qui fit une donation (signée Lafont) de tous ses biens, à Albert Sarrazin, son neveu, le 2 janvier 1611.

III. — Jean Sarrazin épousa, par contrat du 22 septembre 1578, Marguerite des Pousses, dont Albert, qui suit.

IV. — Albert Sarrazin, écuyer, sieur en partie du Mazet, Chez-Pouzol, et Montprezet, produisit ses preuves, dont procès-verbal du 1er mars 1599, en sa faveur, lors de la recherche de cette année; il fit son testament le 7 décembre 1660. Il épousa Narde de Peret, fille d'Estienne, notaire d'Ambazac; elle était veuve, en 1642, de Laurent de Ventenat. Elle mourut le 7 décembre 1660 et fut inhumée à Ambazac. De ce mariage naquirent : 1° Jean, baptisé le 21 janvier 1624; 2° Pierre, baptisé le 18 août 1629; 3° Léonard, qui suit, baptisé le 28 février 1632; 4° Léonarde, mariée, par contrat (signé Maslièvre) du 18 juillet 1648, à Jean Villette, fils d'Estienne, notaire et greffier de la châtellenie de Montpocu, et de Judith Chaussade.

V. — Léonard Sarrazin, écuïer, sieur du Mazet, mourut le 15 septembre 1675, fut inhumé à Ambazac, dans les tombeaux de sa famille. Il avait épousé, par contrat (signé Mazaudon) du 13 février 1656, Gabrielle de Jumilhac, du lieu de Brutine, paroisse du Châtenet, fille de feu noble Antoine et de Marie de La Cosse; elle mourut le 20 janvier 1677, fut inhumée avec son mari. D'eux vinrent : 1° Jean, sieur du Mazet; 2° Marie, mariée, le 22 novembre 1678, à François Decoudier, du bourg de Saint-Etienne de Fursac; elle eut le fief du Mazet, et mourut le 17 février 1690.

SARRAZIN, sieur de La Fosse, paroisse de Saint-Denis, près La Courtine, élection de Tulle, porte : *parti au 1er d'azur semé de besants d'or; au 2e d'argent à une bande de gueules chargée de deux coquilles d'or.*

[La Fosse, terre du Bas-Limousin, élection de Tulle, paroisse de ......, dont le seigneur, qui la possédait sur la fin du dernier siècle, portait le nom de Sarrazin. Sa famille est assez ancienne.]

Estiennette Sarrazin était femme, en 1430, de noble Jordain de Faye, damoiseau, de Montberon en Angoumois.

I. — Noble Guillaume Sarrazi *alias* de La Fosse, épousa la fille de noble Jeanne de Saint-Iricir, dame de Fayebrunet et de Saint-Dionis, près La Courtine, 1430.

II. — Jacques Sarrazin, 1490.

III. — Hugue Sarrazin, écuïer, sieur de Saint-Denis, près La Courtine, *alias* Saint-Dionis, La Fosse, 1510.

I. — Antoine [Sarrazin, sieur de La Fosse, vendit une partie de ses biens, il épousa N....., dont Antoine, qui suit].

II. — Antoine Sarrazin; on lui revendit les biens vendus par Antoine, son père [le 11 juillet 1546; il était écuïer, sieur de Saint-Denis et de La Fosse. Il épousa, en 1535, Jeanne de Villelume [dont Guillaume, qui suit].

III. — Guillaume Sarrazin épousa, par contrat du 15 juillet 1556, Magdelaine de Lestrange [dont Louis, qui suit].

IV. — Louis Sarrazin, écuïer, sieur de Saint-Denis et de La Fosse, épousa, par contrat du 19 février 1591, Marguerite Valette, dont : 1° Jean, qui suit; 2° Jacques, qui se maria, le 24 juillet 1645, avec Jeanne de Lestang; 3° François; 4° Marien; 5° Belin ou Blaise; 6° Philippe ou Philippine; 7° Legere. [D'autres les placent ainsi : 1° François; 2° Jacques; 3° Marin; 4° Jean, qui suit; 5° Beletin; 6° Philippe; 7° Léger, auxquels François Valette, leur tuteur, rendit compte de la succession de leur père.]

V. — Jean [quatrième fils de Louis, devenu chef de la maison de] Sarrazin, écuïer, sieur de Saint-Denis et La Fosse, épousa, par contrat sans filiation du 14 juillet 1624, Marie de Boisredon [ou Boiredon], dont 1° François, qui suit; 2° Charles, enseigne des gardes du corps du roi, qui fit son testament à Tournay, le 12 octobre 1691 [d'autres le font père de Jacques, qui épousa, le 24 juillet 1645, Jeanne de Lestang].

VI. — François Sarrazin, écuïer, sieur de Saint-Denis et de La Fosse, épousa : 1° Anne de Miramont; elle fut inhumée dans l'église de Saint-Denis, près La Courtine, le 16 avril 1659, dont : 1° Jean, né le 22 janvier 1657; 2° et 3° Léonarde et Jeanne, nées le 31 mars 1659. Il épousa : 2°, le 22 juillet 1663, Jeanne Merigot de Sainte-Fere, dont : 1° Léonard, qui suit; 2° Antoine, marié à Catherine de Boisredon; 3° Claude, prêtre de l'oratoire;

4° François, marié à Felletin ; 5° Louise, mariée à Nicolas de Monamy, Sgr de La Courtine ; 6° Gabrielle.

VII. — Léonard Sarrazin, écuïer, sieur de Saint-Denis et La Fosse, fut inhumé, à l'âge de soixante-dix ans, dans l'église de Saint-Denis, le 27 janvier 1735. Il avait épousé Louise de Gaing de Montaignac ; elle fut inhumée, avec son mari, le 3 janvier 1749, à l'âge de quatre-vingts ans. Leurs enfants furent : 1° Henri, qui suit ; 2° Marien, tué par son frère, Jean-Louis ; 3° Jean-Louis, qui se maria, sieur de Bassiniac, était né le 11 août 1710 ; 4° Augustin, sieur de Laval, inhumé à Saint-Georges de Nigremont, le 24 décembre 1754 ; 5° Catherine, mariée à noble Pierre du Plantadis de la ville d'Ussel ; 6° Guillaume, tonsuré en 1718 ; 7° Gabrielle, mariée, le 4 octobre 1739, à noble François du Peyroux, sieur de Besus ; 8° Anne, religieuse à Saint-Genez, en Auvergne ; 9° Claire, mariée à N..... Chardon, en Auvergne ; 10° Marie, mariée dans l'église de La Courtine, le 7 janvier 1747, à noble Antoine de Jo de Villemontel, sieur de Maussac, La Besse et Siboulet, fils de Helie et de feue Marie de Bonneval, paroisse de Liginhac ; 11° Françoise, mariée, le 4 février 1739, à noble Charles de Tournemire de Culines, paroisse de Chirac ; 12° Thérèse, née le 14 mars 1714 ; et plusieurs autres enfants, morts d'abord après leur baptême.

VIII. — Henri Sarrazin, écuïer, sieur de Saint-Denis et de La Fosse, épousa Catherine de La Saigne des Portes, dont : 1° Claude, sieur des Portes ; 2° Marie ; 3° Marie-Anne.

VII bis. — Antoine Sarrazin, fils de François et de Jeanne Merigot, épousa Catherine de Boisredon, dont François, qui suit.

VIII. — François Sarrazin épousa N..., dont Léonard.

VIII bis. — Jean-Louis Sarrazin, écuïer, fils de Léonard et de Louise de Gaing, demeurant à Chalucet, paroisse d'Heume, en Auvergne, épousa Antoinette d'Aubusson de Bansson, dont : 1° Augustin ; 2° Catherine ; 3° Marie.

V bis. — Jacques de Sarrazin fit son testament le 17 août 1656 [en faveur de ses enfants] ; il épousa, par contrat sans filiation du 24 juillet 1645, Jeanne de Lestang, dont : 1° Jean-Louis ; 2° Jacques ; 3° Barthelemi ; 4° Gui ; 5° Marien ; 6° Jules-Alexandre. [D'autres mettent : 1° Jean ; 2° Louis ; 3° Jacques ; 4° Barthelemi ; 5° Gui ; 6° Marin ; 7° Jules-Alexandre.]

Notes isolées.

Claude-Louis de Sarrazin, comte de Laval, Sgr des Portes, épousa, en 1760, Françoise-Petronille-Marie Pierre de Pagnac, paroisse de Mons, diocèse de Clermont.

Jean-Louis de Sarrazin, écuïer, paroisse de La Chapelle-Espinasse, épousa, en 1771, Jacquette de Gaing de Montagnac, de la ville de Maimac.

Jean Sarrazin, écuïer, sieur du Breuil, de Courliac ou Croissat, paroisse de Maimac, épousa Catherine de Mari, dont : 1° François, qui suit ; 2° Jean, tonsuré en 1723.

François Sarrazin épousa, par contrat (signé Breuil, à Vicq) du 28 août 1719, Anne de Joussineau, fille de Charles, chevalier, marquis de Tourdonnet, paroisse de Château-Chervix, et de Therèse-Louise Chastaignac.

Pierre Sarrazin, sieur de La Chapelle, paroisse de Libersat, épousa Peyronne Villanefve, dont Peyronne, née le 3 octobre 1677.

SAUCY. — V. SAUSSY.

SAULIERE. — Annet de Sauliere, écuïer, sieur du Mas de Lester, paroisse de Cieulx, épousa, le ... février 1660, N..... de La Bastide, paroisse de Coignac.

SAULNIER, sieur de Francilhac, advocat à Angoulême, porte : *d'azur à un chevron d'or accompagné d'une ancre d'argent en pointe, au chef d'argent chargé de trois hermines de sable.*

I. — Guilhem Saulnier est reçu pair à la maison de ville d'Angoulême à la mort de Pierre du Souchet, le 9 octobre 1647 ; fait déclaration de vouloir vivre noblement le 24 mars 1649. Léonard de Montargis est reçu à la mort dudit Saulnier, le 21 mai 1649. Il épousa N.....

II. — François Saulnier épousa, le 3 août 1658, N..... (1).

DU SAULT, sieur de Vilhonneur, paroisse de ....., élection d'Angoulême, porte : *d'azur à 3 poissons mis en pal, 2 et 1.* (Des Coutures blasonne de même, et son dessin représente les poissons *d'argent.*)

I. — Helie du Sault fit son testament le 4 mai 1529 ; il épousa N....., dont Gerald, qui suit.

II. — Gerald du Sault épousa N...., dont : 1° Jacques, qui suit ; 2° Pierre, qui continua la descendance.

III. — Jacques du Sault et Gerald, son père, assistèrent, le 29 novembre 1579, à la dation de tutelle aux enfants de Didier Massée ; fit son testament en faveur de Pierre, son frère, le 25 octobre 1598.

III. — Pierre du Sault épousa Christine de Jambes, dont : 1° Geoffroy-Antoine ; 2° Anne, qui partagèrent les successions de leurs père et mère, le 4 décembre 1632.

Jean Dussault, écuïer, sieur de Vilhonneur, en Angoumois, épousa Marie de Saint-Laurent, dont François, baptisé à Marthon le 11 mars 1674.

Charles Dussoxt, écuïer, sieur de Vilhonneur, paroisse de Rouzede, épousa, dans l'église de Montberon, le 16 février 1718, Charlotte de La Croix.

DU SAULT, sieur de La Mirande, paroisse d'Arthenat, élection de Saintes, porte : *de sable à une aigle éployée d'argent.*

I. — Pierre du Sault, épousa Catherine de Pantat.

II. — François du Sault, épousa Esther de Pressat.

LA SAUMAIGNE. — V. LA SOUMAIGNE.

SAUNIER, ou SAULNIER, ou SONNIER. — Benoît Sonnier épousa Jeanne de La Grelière, née en 1563, fille de Jean, écuïer, qui se remaria à Charles Jacques, écuïer, Sgr du Fermiger, paroisse de Pansols. Dont Laurent, qui suit.

(1) Voir aussi les articles Saunier, Sonnier.

Laurent Sonnier, écuïer, sieur de La Maninie et de La Grelière, paroisse de Pluviers, fit son testament (signé Dugier) le 6 janvier 1637 et mourut le 8, âgé de cinquante ans. Il avait épousé, dans l'église de Pluviers, le 11 juillet 1609, Marion de Masfran, fille de feu Guillemin et de Narde Lidonne, dont : 1° Jeanne, baptisée le 23 mai 1612, mariée à François de Masfran, sieur de Peyrazeau ; elle mourut le 26 février 1667 ; 2° Barbe, baptisée le 8 novembre 1614, mariée, par contrat (reçu Chalard) du 8 juillet et du 22, dans l'église de Pluviers, 1640, à Jean d'Olezon, sieur de Verlene, fils de feu autre Jean et de Jeanne de La Combe, de la paroisse de Romain, diocèse de Périgueux ; étant veuve, elle testa le 7 juillet 1653 et voulut être inhumée à Pluviers ; 3° autre Jeanne, mariée : 1° par contrat (signé La Jamme) du 9 mai 1651, et le 25 dans l'église de Pluviers, à Pierre de Millet, sieur du Peyrouteau, habitant du moulin de La Forge de Champniers ; 2° par contrat (signé de Chevreuse) du 9 juillet 1675, et le 20 du même mois, dans l'église de Pluviers, Jacques de Fornel, sieur de Malegue et de Limeyrac, paroisse de Marthon, fils de François et de Françoise de Croiset ; il était veuf en secondes noces et âgé de cinquante ans, et elle de quarante-cinq ans ; elle testa le 12 avril 1683, et le 29 octobre 1699 ; et mourut à soixante-dix-huit ans, le 30 octobre 1699. — Jean, Gabriel, Anne, Charles, Pierre, Narde et deux Françoises, dont on ne sait rien.

Martial Sonnier, écuïer, sieur de Goutarias, du bourg de Saint-Crespin, diocèse de Périgueux, épousa Isabeau Martin, dont Jeanne, mariée : 1° à Pierre du Laus, écuïer, sieur du Bos-Laurent ; 2° le ... février 1646, à Jean Basset, sieur de Moreliéras, de la ville de Nontron ; 3° par contrat (signé Piquet) du 1er novembre 1652, et le 14 dans l'église de Nontron, à Jean Autier, lieutenant criminel en l'élection de Saint-Jean-d'Angeli.

Claude Sonnier, écuïer, sieur de Fonteneille, épousa Marguerite Basset, dont Jeanne, baptisée à Nontron le 7 mars 1652.

Germain Saunier, sieur de Champagnac, épousa, après 1669, Jeanne de Froment, veuve en troisièmes noces.

Sicaire Sonnier, chevalier, sieur de Laborie-Sonnier, paroisse de Champagnac, près Brantôme, en Périgord, Saint-Camprasi, épousa Adrienne de La Porte, dont Jean, qui suit.

Jean Sonnier, chevalier, S^{gr} de Saint-Camprasi, habitant au château de Laborie-Sonnier, épousa, par contrat (signé Gauthier, à Puyrazeau, paroisse de Pluviers) du 7 may 1670, Blaise de Jay, veuve de François de Chabans, chevalier, sieur de Richemont, paroisse de Saint-Crespin.

SAUNIER, sieur du Petit-Mas, paroisse de Saint-Quentin, élection de Saintes, porte : *d'azur à un chardon tigé et feuillé d'or sur lequel sont deux chardonnets pattés et becqués de même.*

I. — Jean Saunier, épousa N......, dont il eut : 1° François, qui se maria le 9 septembre 1560 ; 2° Benoit ; 3° Gabriel.

II. — Benoit Saunier, qui partagea la succession de son père le 5 avril 1555 avec ses frères ; il épousa, le 9 septembre 1560, Anne de Viderau.

III. — François Saunier épousa, le 23 novembre 1609, Debora de La Porte ; il partagea, le 15 juillet 1638, la succession de sa mère avec Moïse Saunier et ses autres enfants, dont Moyse.

SAUNIER. — Louis Saünier, sieur de Coignac, demeurant à Coignac, y fut élu maire pour l'année 1667.

Pierre Saunier, sieur de Razes, paroisse de Saint-Georges-des-Coteaux, élection de Saintes, fut trouvé gentilhomme en 1598 (1).

SAUSSY ou SAUCY (2). — Guillaume Sancy, sieur de Benechieres, était échevin de la maison de ville d'Angoulême, Jean Pervereaud fut reçu à sa mort, le 6 novembre 1657.

SAUTIER ou SOTIER. — Aubert Sautier, de Nantiac, damoiseau, paroisse de Saint-Pardoux, près Razès, fit hommage à l'évêque de Limoges, en 1298; il épousa Amorose, fille d'Amélius Normandi.

Guillaume Sauterii, de la maison noble des Lezes, paroisse de Nantiat, abbé de Saint-Martin-lez-Limoges, 1432, 1455.

Poncet Sotier, damoiseau, S^{gr} des Lezes et de l'Age avant 1477.

[SAUVAGNAC. — Chatard de Sauvagnac, chevalier, est nommé dans un titre de l'an 1256 (JUSTEL, *Hist. de Tur.*, preuv., p. 54, 55).]

Marie de Sauvaniac, épousa M^r de La Rivière (probablement Bourgeois Vaillant de La Rivière); elle mourut le 27 août 1657, et fut inhumée à Rilhac-Las-Tours.

SAUVEBEUF. — V. FERRIÈRE DE SAUVEBEUF.

SAUVO. — François Sauvo, sieur de Marsat, avocat au Parlement, de la ville de Montberon, en Angoumois, conseiller secrétaire en la Cour des aydes de Guyenne, épousa, le ... août 1644, Anne Deyriaud, fille de Léonard Eyriaud, sieur des Loges, bourgeois de Nontron; et de Antoinete de Vigier, dont Marie, baptisée à Nontron, le 10 octobre 1664.

SAUZET, sieur de Saulière, paroisse de Saint-Martial, près Saint-Barbant, porte : *parti : au 1er de gueules à 5 fusées d'argent 3 et 2, au 2e d'argent à 5 merlettes de sable posées de même, ni pattées, ni becquées 3 et 2.*

Imbert de Sauzet, damoiseau, sieur de La Ribieyra-Paley, paroisse de Saint-Sulpice-Laurière, reçut des exécuteurs testamentaires de Pierre de Selve, cardinal dit de Pampelune, 8 florins d'or, qu'ils lui paîerent le 3 juin 1386 (Bermondeti, notaire à Limoges). Il épousa Marguerite La Chieze, dont : 1° Estienne, 2° Barthelemi, damoiseau, qui suit; 3° N......, mariée à Pierre de Gainh, damoiseau, S^{gr} de Linars, 1377.

Barthelemi de Sauzet, damoiseau, changea, le 1er septembre 1408, La Rebieyra-Paley, pour le fief de La Perrine, diocèse de Bourges, avec Pierre Trencheserf, par acte signé Bordas; il épousa Ahelide de Tenieyras, fille de noble Louis, chevalier.

I. — Noble Louis de Sauzet, écuïer, sieur de Sauzet, rendit un dénombrement le 10 avril 1391; les mêmes jour et an fit un acquest; il épousa Peyronne Lhermite.

---

(1) Voir aussi les articles Saulnier et Sonnier.
(2) La généalogie de cette famille était à la page 828, qui est déchirée.

II. — François de Sauzet, écuïer, sieur du Sauzet épousa, par contrat du 3 août 1395, Marguerite Blanchard.

III. — Nicolas du Sauzet, écuïer, sieur de Besserot ou Baysseret, paroisse de La Souterraine, épousa, par contrat (reçu par La Cour) du 2 avril 1444, Anne de La Celle, fille de Robert de La Celle, écuïer, sieur de Souvolle. Un Mathurin du Sauzet, damoiseau, en 1493.

IV. — Jacques de Sauzet, écuïer, sieur de Besseret épousa, par contrat (reçu par J. Bonnet) du 18 janvier 1482, Françoise de Savignac, fille d'Antoine de Savignac, écuïer, sieur de Beauregard.

V. — Jean de Sauzet, écuïer, sieur de Besseret, épousa, par contrat (reçu par Grollet) du 17 avril 1522, Catherine Bertrand, fille de Jean Bertrand, écuïer, sieur de Puymalhons.

VI. — François de Sauzet, écuïer, sieur de La Douhe, fit son testament le 23 novembre 1593, portant institution de Louis, son fils. Il épousa : par contrat (reçu par Nias) du 8 avril 1569, Mauricette de Rouziers, fille de Christophe, écuïer, sieur de l'Age, de Bussière-Poitevine, dont René, qui a fait la branche de Langlardie, dont je vais parler ; François épousa : 2° Marguerite Frottier, dont Louis, qui continua la descendance, et dont il est parlé ci-après.

Branche de Langlardie, paroisse de Soudac.

Armes : *de gueules à 5 fusées d'argent 3 et 2.*

VII. — René de Sauzet demeurait au château de La Vauguyon ; le seigneur et dame lui donnèrent le lieu de Langlardie, en considération du mariage qu'il fit par contrat (signé de Puiffe et Rambaud) du 13 mars 1594, avec Louise Vigier, fille de feu Claude, écuïer, sieur de Chambouraud, paroisse de Samathie (Saint-Mathieu), et de Charlotte de Magnac ; elle porta 666 écus et deux tiers, revenant à 2,000 livres ; elle fit son testament (signé Thomas), le 25 septembre 1613 ; il échangea, avec Louis, son frère, le 9 novembre 1597, des héritages à eux délaissés par François, leur père. Il laissa : 1° Claude, qui suit ; 2° Anne, religieuse à Saint-Pardoux-la-Rivière ; 3° Jean, qui fit une donation à son frère, le 25 avril 1645 ; 4° Louis, sieur des Granges, qui épousa, dans l'église de Bussière-Badil, le 11 mai 1635, Françoise Mersigué, fille de Jean, marchand, dont Claude, baptisé dans la même église, le 31 décembre 1636 ; 5° Magdelon, mariée, par contrat (signé La Jamme) du 22 novembre 1621, à Jean Deschamps, écuïer, sieur de La Besse, du lieu de Cheyrou, paroisse de Lageyrac, fils de Jean et de Gabrielle de Barbières ; 6° Diane, baptisée le 26 octobre 1603, mariée, après la mort de son père, par contrat (signé La Jamme) du 24 août 1628, à Jean de Julien, écuïer, sieur de La Chevalorie, fils de feu Joseph et de Marie de Saint-Laurent, du lieu de Chabrou, paroisse de Saint-Estori (mieux de Saint-Adjutori), près Montberon en Angoumois ; 7° Paule, baptisée le 29 septembre 1605, morte avant sa mère.

VIII. — Claude de Sauzet, écuïer, sieur de La Douhe et de Langlardie, baptisé le 25 février 1607, fit deux testaments mutuels (signés La Jamme) avec sa femme, des 12 octobre 1649 et 21 décembre 1650, par lesquels ils veulent être inhumés dans l'église de Soudac. Il mourut le 31, âgé de soixante-cinq ans, et fut inhumé dans le chœur de ladite église. Il avait épousé, par contrat (reçu par Beyneau) du 3 novembre 1630, Marie d'Escravayac, fille de Jean, écuïer, sieur de Barrierre et de Bellac, et de Marguerite de Croiset, paroisse de Roussine ; elle porta 8,000 livres, et fit son testament (signé La Jamme) le 19 avril 1658. Leurs enfants furent : 1° Henri, mentionné dans les testaments de ses père et mère ; 2° Jean, qui suit ; 3° Marie, mariée, par contrat du 22 février 1653, à Jean-Baptiste de Roffignac, écuïer, sieur de Belleville ; elle mourut le 2 décembre de la même année et fut enterrée à Soudac ; 4° Anne ; 5° Marguerite, qui mourut avant sa mère.

IX. — Jean de Sauzet, baptisé à Bussière-Badil, le 1er février 1637, écuïer, appelé d'abord sieur de Puymourier, ensuite de La Douhe et de Langlardie, fit son testament (signé Allafort) le 2 décembre 1691, par lequel il veut être inhumé dans l'église des Cordeliers de Nontron. Il épousa, par contrat (signé La Jamme) du 13 avril 1650, Anne Sauve, fille de feu Pierre, avocat, et de Catherine Thomas, dont ne resta qu'une fille, Anne, mariée à René de La Pisse, écuïer, sieur des Brousse.

VII. — Louis de Sauzet épousa, par contrat sans filiation du 19 janvier 1598, Marie de Raoul.

VIII. — Balthazar de Sauzet, paroisse de Saint-Martial, près Saint-Barbant, écuïer, fit son testament le 15 octobre 1668 ; il épousa, par contrat du 19 février 1639, Charlotte Dupin ; elle se remaria à Jacques Boisson, sieur de Petit-Pré, de la paroisse de Saint-Barban, elle fit son testament (signé Texier) le 24 septembre 1678, dont : 1° Gilbert, sieur de Dizant, qui suit ; 2° Jacques, sieur de Champeris, lieutenant d'infanterie au régiment de Piedmont ; 3° Balthazar ; 4° Marie, mariée à N..... André, sieur de La Gorse ; 6° Isabelle, demoiselle du Soulié ; 7° autre Gilbert, sieur de Cordoux.

IX. — Gilbert de Sauzet, écuïer, sieur de Dizant et de Sauzet, paroisse de Saint-Martial, près Saint-Barban, épousa Jeanne Dupin ; elle mourut en 1726, dont Gilbert, sieur de Villene, qui suit.

X. — Gilbert de Sauzet, écuïer, sieur de Villene, épousa Marie de Mannac, dont : 1° Jeanne, mariée à François Gourdin, écuïer, sieur du Breuil et de La Robinière, fils de Nicolas, écuïer, sieur du Breuil, paroisse de Marthon, et de Elisabeth de Verthamon ; 2° Françoise, mariée à Jean Dupont du Vivier, écuïer, sieur de Mezillac, paroisse de Saint-Martial, près Saint-Barban.

SAUZET, sieur dudit lieu et de Chabanne, paroisse du bourg de Salanhac et de Marsac, porte : *de gueules à 5 fusées d'argent accolées en fasce, au chef chargé de 5 merlettes de sable ni pattées ni becquées.*

Cette famille fit ses preuves de noblesse en 1598, et elles furent trouvées bonnes par les commissaires du gouvernement.

Ymbert de Sauzet, écuïer, sieur dudit lieu, paroisse du bourg de Salanhac, en Limousin, 1366, 1383.

I. — Estienne du Sauzet, damoiseau.

II. — Louis du Sauzet fit son testament le 16 mars 1470 ; il épousa, par contrat du 20 juin 1430, Jacquette de Vieux.

III. — François du Sauzet fit son testament le 24 avril 1534, épousa Catherine Richard, dont : 1° Gabriel, qui suit ; 2° Marc ; 3° Claude.

IV. — Gabriel de Sauzet épousa Charlotte de Maumont, dont : 1° François; 2° Florent, qui suit.

V. — Florent de Sauzet épousa, par contrat sans filiation du 15 mars 1592, Marguerite de Bostlinard, elle fit une donation à Léonard, son petit-fils, le 7 août 1602.

VI. — Jacques de Sauzet, écuïer, sieur dudit lieu, paroisse de Bénévent, épousa Françoise Pot, par contrat du 7 mars 1566, dont : 1° Léonard, qui suit; 2° Martial, tonsuré en 1614, sous-diacre en 1617, chanoine régulier à Bénévent; 3° Hélène, qui transigea, le 29 août 1629, avec Léonard, son frère, sur la succession desdits Jacques et de ladite Pot, ensemble de ladite Bostlinard, leurs père, mère et aïeule.

[Messire Louis de Sauzet, grand prieur d'Auvergne, fonda une messe basse, chaque semaine, au profit du monastère des Ternes, moyennant 300 livres, en l'an 1633 (*Inv. tit. Celest. Tern.*, p. 2).]

VII. — Leonard de Sauzet (1).

SAVARY. — Jean Savary, chevalier, Sgr des Chezeaux, capitaine de chevau-légers, épousa Marie Le Clerc, dont Silvain, né le 8 septembre 1649.

Renée Savary, demeurant au château de Flets, paroisse de Brigueuil-le-Chantre, se maria, le 14 avril 1641, à Charles de Brossard, écuïer, sieur de La Fontaine.

[SAVEILLES, fief de l'Angoumois, mouvant du marquisat de Ruffec.]

SAVIGNAC, sieur de Chabannes-Bertrand, La Maison-Rouge, Vaux, porte : *d'azur, coupé d'argent, à deux étoiles du second en chef et une rose de gueules en pointe.*

Vincent de Savignac, de la ville de La Souterraine, épousa N....., dont Guillaume, mariée à Aymeric Verela, bourgeois de la même ville, qui se firent une donation mutuelle en 1425.

Vincent de Savignac, conseiller et serviteur de Jean de Brosse, comte de Penthièvre et vicomte de Bridiers, Sgr de Sainte-Sévère et de Boussac, lui rendit hommage, à cause de sa vicomté de Bridiers, le 27 avril 1472.

Vincent de Savignac, Sgr de Saint-Priest-la-Feuille, rendit hommage à Jean de Brosse, comte de Penthièvre, le 15 mai 1553.

Georges de Savignac, écuïer, sieur de Beauregard, comparut à la réformation de la *Coutume du Poitou*, en 1559.

André de Savignac, écuïer, sieur de Saint-Priest, fut tué au siége d'Ahun en 1588 ; on voit dans la sacristie de Guéret son portrait, ses armes et cette épitaphe :

> Tumulus nobilis viri Andreæ de Savignac magni equitis et capitanei Guaractorum hic legitur secreta fides virtutis imago semprerius, ducens nobile stemma atavis. Insignis linguâ, prœstanti corpore et armis, cognita Guaractis et pudor et probitas. Qui dum contra hostes mediis certaret in agris pro aris atque focis vulnere diro obiit. Proh dolor ! in tenebris bellorum nunc jacet iste Guaracti custos qui vigil usque fuit.
> Die 13 julii 1588.

(1) La page 295, qui est déchirée, contenait la suite; un renvoi nous apprend qu'il y était parlé de Jeanne-Marie de Sauzet, qui, en 1742, épousa François-Louis Des Marais, mousquetaire du roi, sieur du Chambon, etc.

Noble Aimeric de Savignac, paroisse de Saint-Priest-la-Feuille, épousa N...., dont Georges, tonsuré en 1550, fit profession à La Souterraine, 1558, y eut l'office de sacristain, 1565.

I. — André de Savignac, écuïer, sieur de Chabannes-Bertrand, près La Souterraine, rendit aveu à Jean de La Barre, vicomte de Bridiers, les 19 mai et 25 juillet 1526, de la paroisse de Saint-Priest, il épousa Anne de Ribeyreix, dont : 1° Anne, surnommé Agnez, écuïer, sieur de Chabanne-Bertrand, qui rendit hommage à Paul de Couhé, vicomte de Bridiers, le 29 juillet 1596, et mourut sans hoirs; 2° Gabriel, qui devint héritier d'Agnez, son frère, fut seigneur de La Maison-Rouge, paroisse de Saint-Maurice, près La Souterraine, et de Chabanne-Bertrand, rendit hommage au vicomte de Bridiers, le 12 septembre 1623, et mourut le 11 juillet 1652. Il avait épousé Anne de Saint-Irier, fille de feu Pierre, écuïer, sieur de Monnie, et de Carlotte de Ceré; elle mourut en 1652, dont ne vinrent que des filles : A. — Catherine, mariée à François Mondain de Montostre, écuïer, sieur du Claussat, lequel mourut en 1652, et Catherine en 1667; B. — Charlotte, mariée, par contrat sans filiation du 13 novembre 1629, à Pierre de Razes, sieur de Pin-Bernard, fils de Claude et de Renée Dupont; C. — Gabrielle, mariée, par contrat du 16 juillet 1634, à Louis de La Gastine, écuïer, sieur de Lizière, demeurant sur la paroisse de Saint-Maurice, près de La Souterraine, fils de Mathurin et de Anne Martin; 3° René de Savignac, sieur de Bois-Bertrand, mort en 1649; 4° Jean, qui suit; 5° Georges, tonsuré en 1550, qui fit profession à Solignac, en 1558, fait sacristain de La Souterraine en 1564.

II. — Jean de Savignac, écuïer, sieur de La Maison-Rouge et Chabannes-Bertrand, se présenta, le 25 avril 1755, pour faire le service du ban et arrière-ban à la place de son père, qui était malade; il fit son testament, le 16 octobre 1587, étant malade à cause d'un coup d'arquebuse dont il avait été blessé par des voleurs qui passaient près de sa maison. Il épousa, par contrat du 23 novembre 1566, Catherine Esmoing, fille de feu Jean Esmoing, Sgr de Lavaublanche, en Marche; elle fit son testament le 19 décembre 1602. De ce mariage naquirent : 1° Agnez ou Annet, mort sans hoirs; 2° Gabriel, qui fut Sgr de La Maison-Rouge; 3° Jean, qui suit; 4° André; 5° Jeanne.

III. — Jean de Savignac, écuïer, Sgr en partie de La Maison-Rouge. Pour s'exempter du ban et arrière-ban, il représenta, le 27 août 1635, que deux de ses fils étaient au service du roi, l'aîné dans la compagnie des chevau-légers du baron de Lauriere, et l'autre dans l'armée du roi en Allemagne. Il rendit hommage, le 2 septembre 1609, à l'évêque de Limoges. Il épousa, par contrat du 7 février 1607, Anne de Bosdeduit, fille de feu Pierre de Bosdeduit, écuïer, sieur de Vaux, paroisse de La Jonchère, et de Jeanne de Trenchecerf, dont : 1° Léonet, qui suit, 2° Jeanne, mariée, le ..... février 1624, à Jacques Penigot, sieur de La Saubvaigne, paroisse de Rancon, fils de feu autre Jacques.

IV. — Leonnet de Savignac, écuïer, sieur de Vaux et de La Maison-Rouge, servait en qualité d'enseigne au régiment de Limousin, en 1639; fit son testament le 17 mai 1659. Il épousa, par contrat du 3 février 1647, Marie Descoutures, fille de Jean Descoutures, dont : 1° Jean; 2° Charles; 3° Isabeau, baptisée à La Jonchère, le 16 janvier 1650, mariée à Rigald

Decoudier; 4° Léonard, mort à Limoges, le 12 septembre 1699, enterré à Saint-Michel de Pistorie.

V. — Jean de Savignac, écuier, sieur de Vaux, tomba malade à Joinville, en 1674, après avoir servi le roi bien et fidèlement ; il était né le 18 mars 1648, et épousa, le 5 mars 1680, dans l'église de Saint-Silvestre, Jeanne Mosneron, du lieu de Grandmont, fille de Leonard, dont : 1° Mathurin, qui suit; 2° Jean, mort à Châteauponsac, à l'âge de dix-huit ans, le 22 juin 1710; 3° Marie-Andrée, reçue sœur converse à Sainte-Ursule de Limoges, le 19 mars 1720; 4° N....., sœur converse à La Drouille-Blanche.

VI. — Mathurin de Savignac épousa : 1° Françoise-Agathe de Chardebeuf, fille de Louis, écuier, sieur de La Grandroche, près la ville de Magnac, et de Marie de Verrine, dont : 1° Charles, qui suit ; 2° Françoise-Agathe, née le 27 janvier 1720, mariée dans l'église de Saint-Julien et Sainte-Afre, près Limoges, le ... février 1746, à Léonard Decoudier, notaire royal, son cousin au troisième degré de consanguinité, fils de Mathurin, juge et fermier de Saint-Leger-la-Montagne, et de Marguerite Mosneron ; 3° N..... Il épousa : 2° Jeanne de La Tuille, veuve de Mathieu de La Loué du Mazilier, écuier, dont il n'eut pas d'enfants. Elle mourut en 1753.

VII. — Charles de Savignac, écuyer, sieur de Vaux, servit dans les gendarmes de la reine; il épousa, dans la chapelle de Soumagnac, le 2 avril 1756, Françoise de Brie.

Dame Marguerite de Savignac, de la ville de Marthon, en Angoumois, y épousa, le 7 juin 1695, Pierre Robert, sieur des Bouches, de la paroisse de Montignac-Charente.

SAYNES porte : *de..... à une fleur de lys de ....., entourée de 3 roses à cinq feuilles*.

Raymond Saynes, damoiseau de Brigueuil-l'Aîné, 1356, épousa Almodie Chastanha.

[SCHOMBERG. — Henri de Schomberg ou Chombur, maréchal de France, gouverneur du pays de Languedoc, comte de Nanteuil et de Duretal, épousa : 1° Françoise d'Epinay, fille de Claude, laquelle devint, en 1609, héritière d'Espinay et de Duretal, par son frère sans enfants de ce nom Marles, marquis d'Epinay. De ce premier mariage vinrent : 1° Charles, qui suit ; 2° Jeanne, qui suit (DE COMBLES, *Tabl. de la nobl.*, 1786, II° partie, p. 160). Il épousa : 2° Anne de La Guiche, qualifiée haute et puissante dame ; elle avait la propriété du Mas de Maslamoge, paroisse de Saint-Germain de Masseré, en Limousin, le 29 décembre 1646. Elle vivait encore le 9 février 1647 et demeurait à Paris, faubourg et paroisse Saint-Jacques (Titres signés : Johaud, not. roy.; Courtier et Quané, not. au Châtelet de Paris). Il ne paraît pas qu'il y ait eu d'enfants de ce second mariage.

Charles de Schomberg, pair et maréchal de France, étant mort sans enfants, le 6 juin 1656, sa sœur, qui suit, fut son héritière (DE COMBLES, *ibid*).

Jeanne de Schomberg, sœur de Charles, épousa Roger du Plessis de Liancourt, duc de La Roche-Guyon, et devint héritière du marquisat d'Espinay et du comté de Duretal, passés par alliance dans la maison de La Rochefoucaud.]

SCLAFER. — Gabriel Sclafer, écuyer, sieur de La Rode, paroisse de Turenne, épousa Anne de Bruncrie, dont Pierre, tonsuré en 1722.

Jacques Sclafer, écuyer, sieur de Jugeal, épousa Elisabeth de La Bachelerie, dont : 1° Jacques-François, ecclésiastique, 1703, né en 1739, tonsuré en 1761 ; 2° Pierre, ecclésiastique en 1760.

Daniel-Joseph Sclafer de Chaunac, paroisse de Turenne, épousa, en 1772, Louise-Julie de Gain de Montagnac, paroisse de Saint-Hippolitte.

SCORAILLE ou ESCOURAILLES porte : *d'azur à 3 bandes d'or ;* tire son nom d'un ancien château, dans la Haute-Auvergne, à cinq lieues d'Aurillac.

Marquis d'Escourailles, Sgr de Malemort, fut témoin dans le contrat de mariage de Bertrand de La Tour-d'Auvergne, avec Louise de La Trémouille, le 30 janvier 1454, vieux stile (BALUZE, *Mais. d'Auverg.*, T. II, p. 662).

XV. — Louis de Scoraille, second fils de Marquis, Sgr de Scoraille et d'Hélène de Salagnac, eut en partage les seigneuries de Roussille, en Limousin, et de Montpensier, en Auvergne ; il fut capitaine-lieutenant de la compagnie de gendarmes de Charlus, et testa le 14 mai 1560. Il avait épousé, avant le 15 septembre 1534, Marie de Royère, fille de Jean, Sgr de Royère, et de Jeanne-Holie de Villac ; l'aîné de ses enfants, et le seul qui laissa postérité, fut Antoine, qui suit (MORERI, 1759).

XVI. — Antoine de Scorailles, Sgr de Roussille et de Montpensier, testa en 1587 et institua son héritière universelle Anne de Sedières, sa femme, à condition de rendre sa succession à celui de ses quatre fils qu'elle voudrait choisir ; et elle céda, le 14 décembre 1597, cette succession à Rigaud, qui suit ; 2° Dominique, qui était l'aîné, étant mort depuis le testament de leur père ; 3° Martial, qui fit une branche ; 4° Catherine (ou Charlotte), mariée en 1578, à Armand de Turenne.

XVII. — Rigal d'Escoraille, paroisse de La Mazière, fut trouvé gentilhomme en 1598 ; il était Sgr de Roussille, paroisse de La Mazière, chevalier de l'ordre du roi, sieur de Philippie, en Limosin (SIMPLIC., T. V, p. 345), épousa, le 12 novembre 1580, Anne d'Aubusson, fille de François, Sgr de La Feuillade, et de Louise Pot, veuve de François Foulcon, Sgr de Saint-Pardoux. Elle testa le 18 octobre 1631, eut pour fils unique Louis, qui suit.

XVII bis. — Martial de Scoraille, fils d'Antoine et d'Anne de Sedière, fut Sgr de Tonnens et de Philippie, mourut en 1628. Il avait épousé, le 8 novembre 1596, Jeanne Laval, dont N....., qui suit.

XVIII. — N..... de Scoraille épousa N....., dont Marie-Angélique de Scoraille, la dernière de cette branche, qui épousa, le 23 juin 1661, Antoine de Fontanges.

XVIII. — Noble Louis de Scorailles ou Escourailles, deuxième du nom, Sgr de Roussille, La Mazière, Montjou, Saint-Jouery, Cropière et de Fontanges, capitaine-lieutenant de la compagnie du comte de Charlus, son parent, la commandait au siège de La Rochelle. Il testa le 27 août 1639. Il épousa, par contrat du 3 août 1616, Guillelmine de Fontanges, fille unique de Pierre-Jean, Sgr de Fontanges et de La Roue de Pierrefort, dont : 1° Jean-Rigaud, qui suit ; 2° Jean-Marc-François de Scoraille, Sgr de La Mazière, qui fut élevé page du roi, et qui, après avoir été enseigne de vaisseau, s'est retiré à faute de santé ; il épousa Jeanne de Giou, fille de N....., Sgr de Salle de Bezac, et de Catherine de Carlat, dont : A. — Louis de Scoraille; B. — Angelique; C. — Marguerite; 3° Gaspard, qui se maria; 4° Joseph-Gaspard, chevalier de Malte, où il mourut en 1700.

XIX. — Gaspard de Scorailles, Sgr de La Mazière, fils de Louis et de Guillelmine de Fontanges, fut tonsuré en 1649, se maria en 1662 à Claude de Fontanges, fille de Geraud, Sgr de Velzic et de Marie d'Auzolle, dont il laissa Louis-Geraud de Scoraille, docteur de Sorbonne, comte de l'église de Brioude, doyen, en 1708, de la cathédrale de Verdun.

XIX. — Jean-Rigaud de Scoraille, comte de Roussille, Sgr de Montjou, de Cropiere et de Saint-Jouery, servit en plusieurs occasions durant la minorité de Louis XIV, et commandait en qualité de lieutenant, mestre de camp du régiment d'Espinchal, au siége de Montrond. Il épousa, le 27 janvier 1640, Aimée-Eléonore de Plas. De cette alliance naquirent : 1° Annet-Joseph, qui suit; 2° Henri, mort au siége de Condé en 1676; 3° Louis-Leger, abbé de Valloire, quitta le clergé en 1692; 4° Jeanne, religieuse de Saint-Benoît à l'abbaïe de Faremoutier, abbesse de Chelles, bénite le 25 août 1680, morte en 1688; 5° Catherine-Gasparde, mariée : 1° à Sebastien de Rosmadoc, marquis de Molac, etc.; 2° à Henri de Chabannes; 6° Marie-Angelique, demoiselle de Fontange, née en 1660, fille d'honneur de Madame, depuis duchesse de Fontange, morte à l'abbaïe de Port-Royal de Paris, de suites de couches, après une longue maladie, à l'âge de vingt-deux ans, le 5 juillet 1681 (*Gazette*); elle y fut enterrée, et son cœur porté à Chelles, dont sa sœur était abbesse ; ce fut elle qui la première porta, lorsqu'elle commença à paraître à la Cour, en 1679, ce nœud qu'on appelle de son nom *Fontange*, c'est un nœud de rubans que les femmes, qui se mettent proprement, portent sur le devant de leur coiffure, et un peu au-dessus du front, et qui lie la coiffure (*Dict. hist. des mœurs des Franç.*); 7° Anne, religieuse à Chelles, depuis abbesse de Notre-Dame-des-Prés, à Paris.

XX. — Annet-Joseph de Scoraille, marquis de Roussille, mourut en 1701 ; il avait épousé, le 7 janvier 1677, Charlotte de Pestels; elle mourut le .... novembre 1719, laissant : 1° Louis-Théodore, qui suit ; 2° Louis-Leger, chanoine et comte de la noble église de Brioude ; 3° Jeanne-Marie-Élisabeth, née le 13 juillet 1678, mariée à N..... de Valadi, comte de Fraixinet, en Languedoc; 4° Marie-Charlotte.

XXI. — Louis-Théodore de Scoraille, né le 12 août 1680, marquis de Roussille, mestre de camp d'un régiment d'infanterie, aujourd'hui réformé à la suite de celui de Normandie, chevalier de l'ordre de Saint-Louis, lieutenant du roi dans la Haute-Auvergne, brigadier d'infanterie, créé le 1er février 1719, épousa, en 1719, N..... de Ribeyre, fille de Charles, premier président de la Cour des aydes de Clermont-Ferrand, et de Magdelene de Berulle.

SECHA. — V. Sescha.

SECHANGA. — V. Seschanga.

SECHANGE. — V. Seschanga.

SECHONIE ou SICHONIE. — Hugues de Sechonia ou Sichonia, chevalier. Voyez mes *Mémoires mss. sur les Abbayes du Limousin*, p. 513.]

SEDIERE, sieur dudit lieu, paroisse de ....., porte : *d'azur à un chevron d'or accompagné de trois palmes de même.*

[Sedieres, terre et seigneurie du Bas-Limousin, qui a eu autrefois des seigneurs particuliers, et qui appartient maintenant à MM. de Lentilhac, gentilshommes de distinction.]

Noble Raymond de Sedicyra, damoiseau, dont la mort est marquée au nécrologe de Bonnesaigne, épousa Marguerite de La Jomont, fille de Gocelin et de Marguerite de La Roche; elle était veuve de Gui de Chatelus, chevalier de La Jonchère, dont : 1° Jordain de Sedieyre, mort sans hoirs; 2° Marguerite, religieuse à Bonnesaigne.

Guillaume de Sediere, Sgr de Champagnac, en Limousin, épousa N......, dont Catherine, mariée, le 11 août 1467, avec Thomas d'Hautefort, écuyer, sieur de La Rasoire Gabillon et Vandre, fils de Helie, écuyer, et de Souveraine Bertin du Burg (SIMPL., T. VII, p. 347).

N......, vicomte de Sedières au bas païs de Limousin, épousa Gabrielle de La Forest, fille de Jean, baron de Griffe, chevalier des ordres du roi, et de Françoise Coeffier d'Effiat, veuve de Jean de Saillent, baron de Cournon (DUCHESNE, *Hist. Mais. Châtaign.*, p. 212).

Christophe de Sedières, vicomte de Sedières, en Limousin, épousa Magdelene de La Forest, sœur de Gabrielle, cy-dessus (*Idem*).

I. — N..... de Sedière épousa N......, dont : 1° Dominique, qui suit; 2° frère Pierre, qui permuta, en 1532, la cure de Mazieres, près Ventadour, diocèse de Limoges, pour le prieuré-cure de Saint-Augin-de-Neyrat, diocèse de Poitiers, étant abbé de Tourtoyrac; il l'était encore en 1535.

II. — Dominique de Sedières, chevalier, Sgr de Sedière, Puyagut et Collonges, donna deux investitures le 28 août 1535; demeurait à Puyagut, paroisse de Pluviers, en 1560. Il épousa Anne de Pierrebuffierre, dont : 1° Pierre, qui suit; 2° Anne, mariée à Antoine de Scoraille, Sgr de Roussille et de Montpensier, fils de Louis et de Marie de Royère.

III. — Pierre de Sedieres, chevalier de l'ordre du roi, fit son testament le 18 juin 1613, épousa, par contrat du 17 mai 1571, passé en présence du roi, Marthe de Noailles, fille d'Antoine et de Jeanne de Gontault; elle testa le 24 février 1599, dont Giles (SIMPLIC., T. IV, p. 789).

IV. — Giles de Sedières, Sgr de Montamar, épousa, le 22 juin 1621, Bonne de Souilhac, fille de Jacob, Sgr d'Aserac, gentilhomme ordinaire de la chambre du roi, qui se fit catholique, et de Marguerite de Bourzoles; elle fit son testament le 15 avril 1664. Dont, Jacques, qui suit.

V. — Jacques de Sedieres épousa, le 20 février 1650, Antoinette de Lentillat.

François de Sedières, en Limosin, épousa Marguerite de Montmege, dont Anne, mariée avec Marc-Antoine de Durfort, écuyer, sieur de Goujonnac; lequel testa en 1599 (SIMPLIC., T. V, p. 758).

SEGLIERE. — Noble Antoine Seigliere, paroisse de Guéret, épousa N..., dont François, tonsuré en 1618.

Noble Estienne Segliere, paroisse de Guéret, épousa Magdelaine du Plantadis, dont : 1° François, tonsuré en 1656; 2° Jean, tonsuré en 1656.

Gilbert-Thimoléon de Seglieres, écuyer, sieur de Jouhet et du Plantadis, paroisse de Guéret, conseiller du roi, vice-sénéchal de la Marche, Montégut et Combraille, épousa : 1° Catherine de Jouhet; 2° dans l'église de Châteauponsac, le 19 décembre 1719, Marie-Anne de Fénieu de Vaugondre, fille de feu Jean, sieur de La Merroniere et de feue Marie de Leffe; 3° Françoise Bonnet, dont Estienne-François, tonsuré en 1762.

Dame Marguerite de Segliere de Cressac, mourut en 1714 et laissa, pour unique héritière, N..... de Canillat du Pont-de-Château, son petit-fils (Coutur., *Cout. de la Marche*, p. 11).

Louis-Armand de Segliere, écuïer, sieur de Sales, paroisse de Sainte-Fere, épousa, en 1769, Marie-Silvie Mondain de la Maison-Rouge du Couret, paroisse de Fromental.

Estienne de Seigliere, écuïer, sieur du Breuil, épousa, en 1774, Anne-Raby, de la ville de Guéret.

Éléonor de Segliere, paroisse de La Celle-Dunoise, épousa, en 1767, François-Silvain de La Celle, écuïer, vicomte de Châteauclau, sieur de Neuville, paroisse du Bourg-d'Ham.

V. Ajain, T. I.

SEGONZAC. — Noble Annet de Segonzac, paroisse de Malleret, épousa Jeanne Dumond, dont Jean-François, tonsuré en 1638.

François Duron de Segonzat, écuïer, sieur du Bazaneis, paroisse d'Eygurande, épousa Isabeau de Loubrerie de Gomboix, dont Gospard, né le 27 septembre 1678.

Catherine de Segonzat de La Grange mourut à soixante ans, au village du Fraisse, paroisse d'Eygurande, le 18 mars 1729.

Louise de Seconzat, veuve de Jacques Tourpinet, sieur de La Roche, mourut à soixante-huit ans, le 30 septembre 1729, fut enterrée à Eygurande.

Gaspard Segonzat, prêtre au lieu de Gombad, mourut le 17 juillet 1730.

SEGUIN (1).

SEGUR.

[Vicomté qui appartenait autrefois aux vicomtes de Limoges. Elle a pris son nom d'une petite ville du Bas-Limousin, où les vicomtes de Limoges ont fait longtemps leur résidence. Elle était possédée, vers 1698, par la maison d'Hautefort, dans laquelle elle avait passé depuis longtemps. Voyez Hautefort.]

I. — Ademar, vicomte de Segur, entre les années 945 et 980, fils de Fulcherius, vicomte de Limoges, épousa N....., dont N....., qui suit.

II. — N....., vicomte de Segur, épousa N....., dont : 1° Ademar, qui suit; 2° N.....

III. — Ademar ou Abderamus, vicomte de Segur, épousa Rothilde, dont : 1° Gerald; 2° N..... (Baluze, *Hist. Turr.*, p. 58, 61, 62).

Assaillit de Segur, bienfaiteur de la chartreuse de Glandier.

[Mr le chevalier de Segur, était colonel des miliciens de la généralité de Bordeaux, en 1733.

Mr le marquis de Segur, était lieutenant-général au gouvernement de la Brie-Champenoise, en 1734; il fut nommé maréchal-de-camp, et maréchal-

---

(1) Était à la page 2445, déchirée.

général-des-logis de la cavalerie pour l'armée d'Italie, le 20 février 1734] (1).

SEGUR, sieur de Minsat, paroisse de Saint-Martin-d'Arry, élection de Saintes, porte : *d'azur à un lion rampant contourné d'or, lampassé de gueules; écartelé d'argent a plain, à l'orle d'azur chargé de 9 besans d'or, 4 en chef, 2, 2 et 1.*
    I. — Bernard de Segur.
    II. — Bertrand de Segur épousa, le 9 février 1535, Huguette de Prieur.
    III. — François de Prieur de Segur épousa, le 26 décembre 1555, Françoise de Bailly.
    IV. — Gabriel de Segur épousa, le 28 juillet 1598, Éléonor Juliot.
    V. — Pierre de Segur épousa, le 21 février 1621, Louise de Beaupoil.
    VI. — Jean de Segur épousa, le 13 novembre 1647, Françoise du Breuil.

SEIGLIERE. — V. Seglière.

SEILLAC, sieur de Marsac, La Boudie, Ruffignac, paroisse de Lenteuil, élection de Brive, vicomté de Turenne, porte : *une croix d'or cantonnée aux 2e et 3e de gueules à 3 rochers d'argent, aux 1er et 4e d'azur à un lion rampant d'or, armé de sable.*
    I. — Poncet de Marsat, sieur de Seillac, épousa N..... Jouffre; étant veuve, elle fit son testament le 2 octobre 1548, dont Olivier, qui suit.
    II. — Olivier de Seillac reçut une reconnaissance le 24 janvier 1544, fit un codicille le 14 août 1548, épousa, par contrat sans filiation du 15 novembre 1532, Françoise de Comer; étant veuve, elle fit donation à Guillaume, son fils, le 10 octobre 1564, dont Guillaume, qui suit.
    III. — Guillaume de Seillac épousa, par contrat sans filiation du 13 mai 1565, Marguerite de Vaux.
    IV. — Jacques de Seillac fit son testament le 29 janvier 1621, épousa, le 18 juin 1580, Jeanne de Guillardon, dont Gédéon, qui suit.
    V. — Gédéon de Seillac, sieur de La Boudie, épousa, le 17 avril 1626, Françoise de Martret.
    VI. — Henri de Seillac, sieur de Ruffignac, épousa, le 28 juin 1660, Jeanne d'Angeard.

SELVE (2).

SENNETERRE. — V. Saint-Nectaire

SENZILLON. — V. Foucaudie, T. II.

[SERALHACO.
On trouve dans les registres de Roherii, not. à Limoges, p. 81, n° 67, *apud* D. Col., Pierre de Seralhaco.]

SERIS.

(1) La suite est déchirée avec la page 2359.
(2) La généalogie de cette famille était à la page 2359, qui est déchirée.

SERRE. — La page 2360, où cette famille est indiquée, a été enlevée; voyez BREGERE, T. I.

[SERVIENTIS. — Pierre Servientis, Ser du Pui, écuïer, vivait en 1341. Voyez mes *Mém. mss. sur les abbayes du Limousin*, p. 502.]

SERVIERES. — V. YZARN DE SERVIÈRES.

SESCAUD, sieur de Saint-Just et de Chaumond, paroisses d'Esdon et Saint-Cybar, Airacs, élection d'Angoulême, porte : *d'argent à 3 chevrons d'azur, accompagnés de 3 étoiles de gueules, 2 et 1.*

I. — Louis de Sescaud, damoiseau du lieu de Charras, diocèse d'Angoulême, écuyer, sieur de Puyrigault, épousa Magdelene de Tury (*alias* Catherine-Laurence de La Laurencie), dont : 1° Pierre, demeurant à Charras; 2° Thomas, qui suit; 3° Léonard, demeurant à Charras; ces trois frères partagèrent les biens de leur père, par contrat du 29 may (mars) 1523, signé de La Fontaine; 4° Louis, mort sans hoirs; 5° Marie; 6° Louise.

II. — Thomas de Sescaud, écuyer, sieur de Puyrigault, demeurant à Esdon, près La Rochebeaucourt en Périgord, épousa, par contrat sans filiation du 25 février 1520, Marguerite Seguin, dont : 1° Jean, qui suit; 2° Léonnet; 3° Louis, qui se maria en 1590; ces trois frères partagèrent les successions de leurs père et mère, le 18 septembre 1565; 4° Lucie, mariée, par contrat du 14 janvier (ou février) 1556, à Pierre Hastelet, écuïer, sieur de Jomelicres, en partie de La Forge, fils de autre Pierre et de Paulhe de Chevreuse.

III. — Jean de Sescaud, écuïer, sieur de Puyrigault, du Logis d'Aydon, châtellenie de La Rochebeaucour, en Angoumois, épousa Gabrielle des Altes, dont : 1° François, qui suit; 2° Jeanne, mariée, par contrat passé au château de La Rochebeaucour (reçu Martin) le 16 mars 1579, à François Hastelet, écuïer, sieur de Jomelières et de Puymartin, fils de Vincent et de Jeanne de Rez.

IV. — François de Sescaud épousa, le 23 février 1587, Marguerite de Sens.

V. — Estienne de Sescaud épousa, le 26 novembre 1630, Jacquette de Mannat.

VI. — François de Sescaud, sieur de Saint-Just, épousa, le 18 novembre 1648, Angelique de Pressac.

III *bis*. — Louis de Sescaud épousa, le 12 novembre 1590, Judith Joubert.

IV. — Jean de Sescaud épousa, le 20 octobre 1626, Huberte Raymond.

V. — Pierre de Sescaud, sieur de Chaumont, épousa, le 22 juin 1660, Catherine Castain.

SESCHA. — Gaucelin La Sescha, damoiseau, donna à La Drouille-Blanche, l'an 1251, une rente sur la paroisse de Saint-Julien-les-Combes.

SESCHANGA. — Louise Sechanga, damoiselle, veuve d'Arnaud Pestavi, damoiseau, 1334.

SESCHAUD ou SEYCHAUD.

Pierre Seschaud ou Seychaud, chevalier de Rochechouard, sieur du Bost, paroisse de Saint-Martin-de-Jussac, était frère d'Arnaud, prêtre; Arnaud fit son testament le 10 des calendes de décembre 1316; il veut être enterré dans le cimetière de Biennac. Pierre épousa N....., dont : 1° Arnaud, qui suit; 2° Ademar, clerc; 3° Arbert ou Aubert, clerc; ces trois frères firent un partage en 1307; 4° Agnez, femme, en 1314, de Pierre Charroteau, d'Aixe.

Arnaud Sescaud, héritier de son père, damoiseau de Rochechouart, épousa Agnez Boffi, fille de Foulquet Boffi, damoiseau, par contrat du samedi après la Purification, 1288; elle porta 16 livres de rente, 170 livres une fois payées, un lit garni de couverte, coitte, linceuils, une raube de philippine, etc., dont Pierre, vivant en 1316 (Archives du château de Rochechouard).

SEYCHIÈRE (1).

Léonard de La Seychiere, écuïer, sieur de La Besse, paroisse de Samathie, fut enterré dans l'église de Boubon, le 2 novembre 1616; il avait épousé Marie du Rousseau.

SEYSSET ou SEYSSES, sieur de Sirac, paroisse de Saint-Quentin, élection d'Angoulême, porte : *d'argent à 3 arbres de sinople, au chef d'azur, chargé de 3 molettes d'éperon d'or.*

I. — François de Seysses épousa, le 30 avril 1542, Dominga de Patras.

II. — Fabien de Seysses épousa, le 1er janvier 1575, Louise de Parbes.

III. — Jacques-François de Seysses donna procuration à Léon, son fils, le 27 décembre 1666; il épousa, le 11 janvier 1632, Anne de Berthelot.

IV. — Léon de Seysses.

SEYSSES, sieur de Rentin, paroisse de Lonzac, élection de Saintes, porte : *parti, au 1er écartelé d'argent et de gueules, au 2e d'azur, chargé de 3 larmes d'argent renversées, 2 et 1.*

I. — Bernard de Seysses testa le 25 octobre 1566, il épousa, le 11 février 1552, Bernarde de Marthes, dont il eut : 1° Jean, qui suit; 2° Marc-Antoine.

II. — Jean de Seysses épousa Jeanne de Bouchouneau.

III. — Jean de Seysses épousa, le 10 janvier 1642, Claude George.

SICHONIE. — V. Séchonie.

SIEUX. — V. Dussieux, T. II.

SILHOUETTE porte : *de sinople à un vaisseau d'argent sur une mer de même, mouvante de la pointe de l'écu, et un chef, parti au 1er de gueules, à une croix d'or ancrée, et au 2e d'or à un lion de gueules.* (Dict. génér., 1757).

N..... de Silhouette épousa N....., dont Marie-Gratie, mariée à N..... Pichon, receveur des tailles de l'élection de Brive; elle mourut à soixante-quinze ans, le 2 avril 1759, fut enterrée à Saint-Michel de Pistorie, à Limoges.

---

(1) Seychere, ancienne forge de la paroisse de Saint-Mathieu (Samathie), arrondissement de Rochechouart (Haute-Vienne).

SIMON. — Joseph Simon, sieur de La Barde, de la ville de Rochechouard, écuyer, secrétaire du roi, épousa Anne Thamin de Cressat, dont : 1° Marguerite, née le 14 décembre 1763; 2° Sicaire, mort au berceau; 3° Marguerite-Suzanne, baptisée le 17 septembre 1765; 4° Raymond, né le 24 mars 1767.

SIMONE. — François de Simone, écuyer, sieur de Chastillon, président au présidial de Périgueux, épousa Jeanne Martin, dont Bertrande, née à Nontron le 11 août 1652.

SIMONNET ou SIMONNOT.

Noble maître André Simonnot, sieur de Montlebeau, paroisse de Vareilles, avocat au Parlement de Paris, 1598, épousa Magdelaine André, fille de noble Pierre André, de la ville de La Souterraine.

Anne Simonnot, demoiselle du village de Marchat, paroisse de Versilhac, fut enterrée, à quarante-huit ans, dans l'église de Vareilles, le 2 juillet 1674.

René Simonnot, écuyer, sieur du Marchat, fut enterré à quarante-cinq ans, à Vareilles, le 6 juillet 1674.

François Simonnot, écuyer, sieur du Mas, du château de Montlebeau, fut tué au siège de Bordeaux, le 4 mai 1652; étant cornette, il avait épousé Marie du Bourg, dont Marie, baptisée à Vareilles, le 28 février 1652.

Gui Simonnot, écuyer, sieur de Montlebeau, épousa Claudine Baron; elle se remaria à Vareilles, le 29 novembre 1637, à André Sornin, du bourg de Morterol, élu à l'élection du Blanc.

Rolland Simonnot, écuyer, sieur de Montlebeau, mourut au Peuch, paroisse de Mouhé, en Berri, le ... août 1688. Il avait épousé, à Vareilles, le 3 novembre 1665, Jeanne de La Celle, fille de Gabriel, écuyer, sieur de Souvolle, et de Gabrielle du Breuil. Ils légitimèrent, lors de leur mariage, leur fille Anne, âgée de treize ans, qui était née d'un prétendu mariage précédent; elle fut mariée à Joseph Souffrain, écuyer, sieur de La Vergne. Ils eurent une seconde fille, nommée aussi Anne.

François Simmonot, écuyer, sieur de Marteis, paroisse de Vareilles, épousa Marguerite Queneau, du village de Marchat, paroisse de Saint-Anian de Versilhac, dont : 1° Anne, baptisée le 29 juillet 1668; 2° Jean, né le 14 février 1672; 3° Silvain, né le 20 novembre 1673.

Roux Simonnot, écuyer, sieur de La Lande, frère de Roland, sieur de Montlebeau, mourut à trente ans, le 28 novembre 1668.

SINGAREAU (1).

DE SIRAN, sieur du Port-Limousin, paroisse de Saint-Thomas de Cosnac, élection de Saintes, porte : *d'azur à un lion rampant d'or, armé et lampassé de gueules.*

I. — Jean de Siran, épousa Diane du Bois; ces époux accordèrent, le 15 mai 1558, quittance d'une partie de la dot de ladite Du Bois.

II. — David de Siran épousa, le 7 juillet 1607, Bonaventure Vidaud.

III. — David de Siran épousa, le 12 janvier 1649, Marie de Merleau.

(1) Cette famille était à la page 608, qui est déchirée.

SOC (1).

[SOLHAC.
On trouve dans les registres de Borsandi, notaire à Limoges, page 115, n° 170, *apud*, D. Col., Marie de Solhac].

SOLIER ou SOULIER. — Du Solier du Vivarais, porte : *d'azur à une bande d'argent, chargée de 3 roses de gueules, et accompagnée de deux étoiles d'or, l'une posée en chef et l'autre en pointe et un chef d'argent.* (*Dict. généal.*, 1757.)

Regnaut du Solier, gentilhomme limousin, dont Froissart parle à l'an 1385.

La famille de Du Solier tire son origine de la terre du Solier, dans la Marche, près de Magnac, que la tradition du pays dit avoir eu anciennement le titre de baronnie, mais qui n'est à présent qu'une petite terre seigneuriale avec haute et basse justice (*Dict. généal*, 1677).

Des mémoires anciens et l'histoire même font mention de plusieurs Du Solier, sortis de cette maison. On trouve dans un ancien mémoire, le mariage de Bertrand du Solier qui, en 1272, épousa Aude de Roquelaure, à qui son frère Bertrand avait promis 500 écus philippis.

On trouve aussi, dans divers historiens, et, entre autres, dans Froissart et dans Monstrelet, des Du Solier, avec titre de chevalier, dont un tué en Espagne, dans le xiv° siècle, et un gouverneur de Roye en Picardie, tué dans sa place dans le xv° siècle.

Antoine Du Solier, sorti d'une branche cadette de cette maison qui s'était établie dans le Languedoc, fit hommage, en 1527, de plusieurs fiefs et biens nobles qu'il possédait dans les sénéchaussées de Beaucaire et de Nîmes, et c'est à lui que se réunissent toutes les branches de cette famille qui subsistent à présent. (*Idem.*)

Noble Antoine Du Solier, sieur du Theil, paroisse de Seilhac, épousa Jeanne de Seilhac, dont : 1° Charles, né le 8 janvier 1640, baptisé à Meissac le 5 février ; 2° Jacques, né le 4 avril 1641, qui reçut les cérémonies du baptême, à Meissac, le 5 octobre 1642 ; le père n'est pas dit noble ; 3° Pierre, né le 30 avril 1642, baptisé à Meissac, le 10 octobre suivant ; le père n'est pas dit noble.

N..... Du Solier, épousa N..... de La Châtre, fille de Baptiste, sieur de Bruillebaut, et de Gabrielle Lamy (Simpl., T. VII, p. 374). Voyez p. 676 (2).

Simon Du Solier, écuyer, sieur de Marcilhac, paroisse de Saint-Laurent-sur-Gorre, épousa Marguerite Simon, dont Charles-Léonard, tonsuré en 1730.

Charles-François Du Solier, écuyer, paroisse de Saint-Laurent-de-Gorre, épousa, en 1759, Françoise-Élisabeth-Claudie Izoret-d'Imbertin, de la ville de Boulogne.

Marie-Louise Du Solier, fille de Léonard, écuyer, sieur de Lezes et de feue Gabrielle Du Solier, du bourg de Saint-Laurent-sur-Gorre, épousa, audit Saint-Laurent, le ... juin 1750, Jean de Grandsaigne, écuyer, sieur des Joberties, de la paroisse de Saint-Pierre, à Saint-Junien.

(1) Était à la page 2465, déchirée.
(2) Cette page est déchirée.

SOMAYE. — Laurent Somaye, écuïer, sieur de La Grelière, paroisse de Pluviers, 1525.

SOMBREUIL. — V. Virau Sombreuil.

SONNIER. — Helie Sonnier, écuïer, sieur de La Barde, paroisse de Creyssac, près Bourdeille en Périgord, fut inhumé dans l'église dudit Creissac, en 1524 ou 1522 ; il avait épousé Sibille de Broulhac, qui fut inhumée avec son mari ; elle mourut au château de La Coste, paroisse de Broas ou Biras, en 1534 ou 1532. Dont : 1° Raymond, inhumé audit Creyssac ; 2° Helie, qui suit.

Helie Sonnier, écuïer, sieur de La Barde, épousa : 1° Catherine de La Vaure, mourut le vendredi avant le 24 août 1551, fut inhumée dans l'église de Creyssac ; le seigneur de Bourdeille la fit désenterrer, prétendant qu'elle n'avait pas droit de sépulture : de là un procès. Il épousa : 2° Lucrece de Marquessac, sœur de Pierre, écuïer, lieutenant-général de Périgord, dont une fille unique, 1567 (1).

SORNIN. — André Sornin, du bourg de Morterol, élu à l'élection du Blanc, épousa, à Vareillas, le 29 novembre 1637, Claudine Baron, veuve de Guy Simonnot, écuïer, sieur de Montlcheau.

Jacques Sornin, écuïer, sieur de La Jarrige, paroisse de Saint-Maurice, près La Souterraine, mourut en 1652.

Guillaume Sornin, sieur de Milhat, épousa Suzanne du Vignaud, dont Marie, qui épousa : 1° René de Moras, écuïer, sieur de Chamborant ; 2° par contrat du 19 décembre 1684, Pierre La Fleur, sieur du Bouchaud, avocat et procureur du roi au siége de Bellac.

SOTIER. — V. Sautier.

SOUC (2).

SOUCHET, sieur de Villars, des Gentils, de La Plante et de l'Isle, paroisse d'Espaignac, élection d'Angoulême, porte : *d'or à une souche de sinople, d'où sortent 3 rameaux de même, à 3 étoiles d'azur en chef.*

I. — François du Souchet est reçu conseiller à la maison de ville d'Angoulême, à la promotion de Helie Dexmier, à l'échevinage, le 22 juin 1569. Jean Le Comte est reçu au décès dudit Souchet, le 21 janvier 1570 ; fit son testament, avec sa femme, le 28 juillet 1569. Il avait épousé Catherine Friquant, dont : 1° Alexandre, qui suit ; 2° Pierre, qui se maria ; 3° Simon ; 4° Jean.

II. — Alexandre du Souchet, épousa peut-être N..... Avril, fille unique de Jean Avril, sieur de La Brousse (Vigier, *Cout. d'Angoum.*, p. 392), dont : 1° François, qui suit ; 2° Jean ; 3° Letice.

III. — François du Souchet, épousa Isabeau Bouteiller, dont : 1° Alexandre, qui suit ; 2° Simon, qui se maria.

(1) Voyez aussi les articles Saunier, Saulnier.
(2) Était à la page 2465, déchirée.

IV. — Alexandre du Souchet, sieur des Gentils, écuïer, paroisse de Mornac, épousa : 1° le 7 février 1619, Colette Berruyer ; 2° le 20 juin 1618, Jeanne Guy, dont Marie, mariée le 17 juin 1684, à Jacques Laisné, écuïer, sieur du Portal, lieutenant au régiment d'Anguyen, fils de Louis et de Anne Mares.

IV bis. — Simon du Souchet, sieur de La Plante, épousa, le 12 février 1641, Marie Guy, dont Alexandre.

II bis. — Pierre du Souchet, épousa, le 30 mars 1564, Christine du Rousseau.

III. — Jacques du Souchet épousa, le 24 janvier 1590, Marguerite de Lage, dont : 1° Pierre, qui suit ; 2° autre Pierre ; ces deux frères partagèrent les successions de leurs père et mère le 6 juin 1631 ; 3° Denis, qui se maria.

IV. — Pierre du Souchet, sieur de Villars épousa, le 6 janvier 1635, Anne Lesmerie.

IV. — Denis du Souchet, épousa, le 10 septembre 1617, Jacquette Bareau.

IV. — Jacques du Souchet, sieur de l'Isle, épousa, le 8 juin 1646, Marie Mousnier.

SOUCHET, sieur des Doucets, lieutenant-criminel à Angoulême, porte : *d'azur à un levrier d'argent accolé de gueules.*

I. — Jean Souchet est reçu pair à la maison de ville d'Angoulême, à la place d'André Balue, le 12 octobre 1625, élu maire le 2 avril 1634, échevin au décès de Jean Thomas, sieur de Saint-Simon, le 22 mars 1652, fait déclaration de vouloir vivre noblement. Pierre Briand est reçu à la mort dudit Souchet. Il épousa Gabrielle Levequot, dont : 1° Jean, qui suit ; 2° Michel, qui se maria.

II. — Jean Souchet, sieur des Doucets, épousa, le 16 avril 1651, Marie Moulin.

II bis. — Michel Souchet, sieur de La Dourville, épousa, le 16 octobre 1656, Marguerite du Breuil.

SOUDEILLES, sieur dudit lieu, élection de Tulle [sénéchaussée de Tulle, aujourd'hui marquisat ; sieur de Liouterez et de Saint-Yrieix, aussi sénéchaussée de Tulle], porte : *échiqueté d'azur* (alias *d'or*) *et d'argent à cinq pilles.*

Cette famille fit ses preuves de noblesse, en 1598, devant les commissaires du gouvernement, qui les trouvèrent bonnes.

N..... de Soudelhes épousa N....., dont : 1° Louis, qui suit ; 2° Genevieve, veuve de Jean de Teyssonnieras et tante de noble Lucertus de Sodelhas, 1445.

Noble Louis, Sgr de Soudelhes, épousa, par contrat (signé Maureti, à Magnac) du 19 octobre 1412, Marguerite, fille de Gui de Montclair, damoiseau, sieur de Montbrun, et de Alayde Jassinelha, *alias* de Peyruse ; elle porta 7 écus 50 livres 1 denier d'or, appelé *scut.*

I. — Luc de Soudeilles, damoiseau, fit son testament le 17 décembre 1444 ; il épousa N....., dont Antoine, qui suit ; peut-être Jean de Sodeilhas, curé de La Tronche, qui donna procuration, le 9 décembre 1473, pour avoir les bulles de l'abbaye de La Nouvelle, *alias* Gourdon, diocèse de Cahors, ordre de Citeaux.

II. — Antoine de Soudeilles épousa, par contrat sans filiation du 21 juillet 1450, Antoinette de Gratujean ou Gramjean.

III. — Jean de Soudeilles, auquel Antoine, son père, fit donation le 28 janvier 1487, épousa, par contrat sans filiation du 3 février 1507, Genevieve de Marciges, dont : 1° Jean, qui suit ; 2° Marguerite, mariée à Antoine Luzou de La Garenne, lequel transigea avec Jean, son beau-frère, fils d'autre Jean de Soudeilles, le 20 septembre 1541.

IV. — Jean de Soudeilles épousa, par contrat sans filiation du 13 janvier 1543, Jeanne de Saint-Georges.

V. — Gabriel de Soudeilles, S^{gr} de Lieutrec, Fessac, Senales, Lespinasse, épousa, le 25 janvier 1587, Magdelene d'Aubusson, fille de François d'Aubusson, S^{gr} de La Feuillade, et de Louise Pot ; étant veuve, elle fit son testament le 7 mai 1620, légua son fils Annet, qui suit.

VI. — Annet de Soudeilles, chevalier, S^{gr} de Lieutrac, paroisse de Darnet, gentilhomme limousin, domestique, confident et capitaine des gardes du duc de Montmorenci ; lui représenta souvent (en 1632) la témérité de son entreprise, de prendre les armes contre son roi, ce qu'il ne faisait néanmoins que par pure affection pour le service de son maître (*Mémoires*, depuis 1608 jusqu'en 1636, imprimés en 1685). Ce seigneur l'envoya à la cour ; le cardinal de Richelieu l'envoya en Languedoc, pour détourner son maître de prendre les intérêts de la reine-mère et du duc d'Orléans ; Soudeilles l'ayant rencontré, fit tout son possible pour remplir sa commission, mais le duc s'obstina dans sa résolution, en juin 1632 ; le 2 août, s'étant rendu à Beaucaire, à la tête d'un détachement, il entra dans le château. (VAISSETTE, *Hist. du Languedoc*, T. V, p. 581, 585). Il épousa, par contrat sans filiation du 20 avril 1627, Antoinette de Farges de Luzancon, dont : 1° N....; 2° Louise-Henriette, qui fit profession chez les religieuses de la Visitation de Moulins, le 1er avril 1646, et y mourut à quatre-vingt-quatre ans et demi, le 24 avril 1714 ; les religieuses firent imprimer le recueil de ses vertus, qui est fort édifiant ; 3° N....., qui eut pour marraine la duchesse de Montmorenci ; 4° Annet, tonsuré en 1640.

VII. — Annet de Soudeilles, chevalier, S^{gr} dudit lieu, Le Lieutret, La Ganne, donna, le 15 février 1666, la somme de 10,000 livres aux Jésuites de Tulle, pour faire une mission à perpétuité, chaque année, durant cinq semaines entières, dans les paroisses où ses biens sont situés, à l'entour de huit lieues de la ville de Tulle, par trois de ces pères ; dans le cas qu'on ne puisse pas la faire une année, le revenu sera distribué aux pauvres de la paroisse où se devait faire la mission. Il épousa, par articles du 29 novembre 1662, Marie-Philippe de Sedieres.

Louis-Marie de Soudeilles, chevalier, marquis dudit lieu, de Leoterec, La Ganne, Foyssac, Saint-Irier, Roussillon, Le Bazanes, lieutenant-général pour le roi dans la province du Bas-Limousin, dont il prêta le serment de fidélité en mars 1693. M. Mondon, médecin d'Ussel, lui dédiant, en 1701, ses *Réflexions sur les causes de la brieveté de la vie de l'homme*, lui dit : « Parlerai-je de cet extérieur si accompli, de cet air obligeant et plein de douceur pour tous ceux qui vous approchent ? de cette affabilité singulière ? Je vois d'un autre côté une grandeur d'âme qui accompagne tous ces dehors engageans, une probité sincère, une intégrité sans corruption, une piété libre et exemplaire, une rare modération dans le pouvoir de votre charge ».

Il épousa, avant 1698, Marie de Robert de Lignerac, dont : 1° Joseph, né le 16 mai 1702; 2° Jean, né le 17 juin 1703, tonsuré en 1710; 3° Louis-Marie, tonsuré en 1728.

N..... de Soudeilles est nommé à l'abbaïe de Saint-Menou, diocèse de Bourges, le 16 septembre 1747.

N....., marquis de Soudeilles ou Soudeil, épousa N....., le président de Champeron ou Champerand, donna à sa fille, en faveur de ce mariage, le comté de Drui, en Nivernais (*Dict. généal.*, 1757, T. II, p. 32, et *Tabl. hist.*, VIe partie, p. 62, 144).

[Louis-Paul de Soudeille, marquis de Soudeille, baron de Druy, S[gr] de Saint-Yrieix, et lieutenant du roi, de la province du Limousin, mort à Nevers, le 1er janvier 1778, dans sa 73e année. Quoique marié, il avait obtenu la permission de l'ordre de Malte, d'en porter la croix; il épousa N....., dont N..... de Soudeille, qui suit.

N..... de Soudeille, d'abord officier au régiment des hussards de Bercheny, et puis au service des colonies-unies de l'Amérique contre l'Angleterre.

N..... de Soudeilles, chevalier de Malte, commandeur de Montferrand, depuis 1771, vivait en 1778 (*Fast. milit.*, 1779, T. II, p. 618).]

SOUILLAC porte : *d'or à trois épées de gueules, mises en pal, la pointe en bas.*

[Fief considérable dans la mouvance de la vicomté de Turenne. Il a donné son nom à une petite ville auprès de laquelle il y a une abbaïe de Bénédictins, et à une maison que M. Bayle (*Dict.*, lettre R, p. 844. — *Dict. Amst. ou Trev.*, vol. V, f° 1734. — *Hist. litt. de France*, T. V, p. 322) prétend avoir continué la race des vicomtes de Turenne, desquels était issu le B. Rodulphe ou Raoul, archevêque de Bourges.]

La ville de Souillac (MORERI, 1759) sur la Dordogne, en Querci, a donné le nom à la maison de Souillac, qui en a possédé autrefois une partie à titre de seigneurie; comme on le voit par la disposition de la ville séparée en deux parties, qui ont chacune leurs murailles, et comme on le voyait encore à la fin du XVIIe siècle par les restes du château, où les armes de la maison de Souillac étaient sculptées en plusieurs endroits.

I. — Aymar Ier, fils de Bernard, comte de Turenne et de Dedane, eut en partage Souillac et plusieurs autres terres, dont partie avait été donnée au comte Bernard par Geraud, cinquième abbé d'Aurillac, ainsi qu'il paraît, et par la chronique d'Aurillac, et par l'acte de donation que Frotard, vicomte de Querci, avait faite auparavant de Souillac et d'autres lieux à cette abbaye. Aymar eut pour fils Aymar, qui suit.

II. — Aymar, S[gr] de Souillac, qui, le premier de cette maison, est surnommé de Souillac dans plusieurs chartes de l'abbaïe d'Uzerche, à laquelle il fit des donations, fut attaché quelque temps au parti de Charles, duc de la Basse-Lorraine, et de ses enfants, contre le roi Robert, comme tous les seigneurs de cette partie du Bas-Limousin, ainsi qu'il paraît entre autres par une charte rapportée par D. Mabillon, *Annal.*, T. IV, liv. 49, p. 41, pour une donation faite à un Aymar, de quelques vignes à Issoudun, *regnante Roberto. et Ludovico, et Karloino.* Ce qui est d'autant plus remarquable, que le roi Robert était reconnu par le duc d'Aquitaine et par le vicomte du Bas-Limousin. Il permit à quelques-uns de ses vassaux de donner à l'abbaïe d'Uzerche des biens qu'ils tenaient de lui. Il laissa Ebrard, qui suit.

III. — Ebrard, premier du nom, S^{gr} de Souillac, fut présent à la donation faite à l'abbaye d'Uzerche, par Boson Ier, vicomte de Turenne, et à celle que Raymond, vicomte de Turenne, successeur de Boson, fit à la même abbaïe, à laquelle Ebrard de Souillac fit aussi des donations. Archambaud, vicomte de Comborn, petit-fils d'Archambaud, vicomte de Comborn, et de Sulpice, héritière de Turenne, et Bernard, son fils, ayant donné à l'abbaye d'Uzerche des biens qui venaient de la maison de Turenne; Ebrard de Souillac les réclama, prétendant qu'ils lui appartenaient. Quoique les vicomtes de Comborn fussent puissants, l'abbé et les religieux d'Uzerche ne crurent pas pouvoir se maintenir dans la possession de ces biens, si Ebrard de Souillac ne leur cédait les droits qu'il prétendait avoir. C'est pourquoi ils firent agir auprès de lui, sa femme et ses amis, avec tant de succès qu'ils le gagnèrent, comme il est dit dans leur Cartulaire, et le firent renoncer à ses droits qu'il céda entièrement à l'abbaïe, à laquelle il fit encore quelques autres donations. Il fut père d'Aymar IIe, qui suit.

IV. — Aymar de Souillac, deuxième du nom, sa femme, et Gausbert, leur fils, firent une donation à l'abbaïe de Vigeois. Il est encore fait mention de lui dans d'autres chartes du même Cartulaire, et dans une charte de l'abbaïe d'Uzerche, au sujet de quelques dixmes tenues par le doyen d'Agumont du temps de Raymond, vicomte de Turenne, et d'Eustorge, évêque de Limoges, vers l'an 1121. Il laissa : 1° Ebles de Souillac, qui, avec Eble et Guillaume Gausbert, son frère et ses fils, donna à l'abbaïe d'Uzerche, le 19 décembre 1144, la moitié des dixmes d'Agumont. Ebles est nommé le premier entre les garants d'une donation que Guy d'Ayen, Estienne de Terrasson et Guillaume, frères, firent, vers 1160, d'un mas à Issandon, à l'abbaye de Vigeois; 2° Gausbert, qui suit.

V. — Gausbert de Souillac fit avec Ebles, son frère, la donation dont il vient d'être parlé, passée à Montmege, qui était dans la maison de Souillac, avec ce qu'elle a possédé dans la châtellenie et comtorie de Terrasson. Gausbert souscrivit le premier la donation que fit, à l'abbaïe d'Uzerche, Eustorge, veuve de Boson IIe, vicomte de Turenne, du conseil de ses barons. Il fut père d'Aymar IIIe, qui suit, et de Bertrand.

VI. — Aymar de Souillac, IIIe du nom, est nommé, avec son père, dans la charte de donation qu'ils firent à l'abbaye d'Uzerche, en 1144, souscrivit la donation faite, en 1179, par Elie de Noailles, fils de Guillaume de Noailles, à l'abbaye de Dalon. Il laissa : 1° Ebles, qui suit; 2° Gausbert, abbé de Solignac; 3° Joscelin, qui vivait en 1189 (inconnu aux éditeurs de Moreri), et qui est dit noble (Martène, *Ampliss.*, coll., T. VI, col. 1104).

VII. — Ebles de Souillac, IIIe du nom, fut présent, en 1197, à la confirmation de la donation que Raymond II, vicomte de Turenne, avait faite à l'abbaye de Beaulieu, en 1190, lorsqu'il partit pour la Terre-Sainte. Il jura les conventions du traité du mariage de Raymond IVe, vicomte de Turenne, avec Helis d'Auvergne, fille de Gui IIe, comte d'Auvergne, vers l'année 1206. Il fut père d'Ebles IVe, qui suit.

VIII. — Ebles de Souillac, quatrième du nom, fut présent à l'hommage fait à Raymond IV°, vicomte de Turenne, en 1221, par Malfre, Sr de Castelneau. Il fut père d'Hugues, qui suit.

IX. — Hugue de Souillac, premier du nom, S^gr de Montmege et d'Aserac, coseigneur de Terrasson, chevalier, transigea, en 1269, avec Renaud de Pons, vicomte en partie de Turenne. Il fut enterré dans l'abbaye de Terrasson. Il fut père de : 1° Belhomme, qui suit; 2° Gaillard, qui ordonna, par son testament, d'être enterré dans le monastère de Terrasson, auprès de son père; 3° Geraud, qui vivait en 1292 et fut père de Bertrand de Souillac et de Ebles, qui vivaient en 1300, et duquel était descendu Geraud de Souillac.

X. — Belhomme de Souillac, premier du nom, S^gr de Montange et chevalier, était mort en juin 1273, laissa de son mariage avec Alasie : 1° Ebles, qui suit; 2° Gausbert, chevalier, qui vivait en 1308 et 1314; 3° Bertrand, clerc, nommé entre ceux que Pierre de Malemort, de la ville de Brive, chevalier, pria d'être témoin du testament qu'il fit en 1283, voulant partir pour aller en Aragon ; 4° Jaubert, chevalier, qui vivait en 1314 ; 5° Hugues, qui fit donation à Ebles, son frère, au mois d'avril 1275; entre les témoins qui ont souscrit à cet acte, on trouve Boson de Salagnac, archidiacre de Médoc, Matfroi de Salagnac, prieur de Santa-Terre, Aymeric de Salagnac, chevalier, et Helie de Salagnac, damoiseau.

XI. — Ebles de Souillac, cinquième du nom, S^gr de Montmège, etc., chevalier, vivait l'an 1284, fut père de : 1° Hugues II°, qui suit; 2° Ebles, chevalier, vivant l'an 1302, et qui fit, la même année, échange avec Mafre, S^gr de Salagnac, et ce qu'il en eut fut porté dans la maison de Salagnac par le mariage de Marie avec Helie, S^gr de Salagnac. Il maria aussi, en 1303, Munde de Cazals, sa nièce, fille de Ramnulphe de Cazals, damoiseau, avec Raimond de Milleville, damoiseau, fils de Jean, S^gr en partie de Milleville, dans le diocèse de Rhodez, chevalier; 3° Gui, clerc, vivant en 1314 ; 4° Belhomme de Souillac, chevalier, qui fut, en 1312, une des cautions du traité de Geraud, S^gr de La Roche, avec Arnaud, abbé de Tulle, et qui d'Alais de Saint-Rabier, eut pour enfants : A. — Marie, alliée à Raymond du Fraisse, damoiseau ; B. — Raymonde, mariée à Pierre de Mirabel, damoiseau ; C. — Jacques de Souillac, qui épousa, en 1322, Bertrande, dite Hugone de Saint-Rabier, fille et héritière de Guillaume de Saint-Rabier, dont il eut Raymond, chevalier, qui se distingua dans les guerres de son temps, et était employé, en 1364, pour le service du roi, avec Guillaume, comte de Beaufort, vicomte de Turenne, et qui épousa Raymonde de Rageau, d'une ancienne maison du Bas-Limousin.

XII. — Hugues de Souillac, deuxième du nom, S^gr de Montmege, etc., chevalier, succéda à son père avant le mois de décembre 1292, comme il paraît par des titres de cette année et de l'année 1300, et mourut avant l'année 1309. Il laissa : 1° Huges III°, qui suit; 2° Ebles de Souillac, prieur d'Espagnac et chambrier de Tulle en 1322. La maison de Souillac écartelait alors *les trois léopards d'Angleterre*, à cause qu'elle possédait des terres relevantes du duché de Guyenne.

XIII. — Hugues de Souillac, troisième du nom, S^gr de Montmege. Le roi Charles-le-Bel, par ses lettres de 1323, le prit sous sa protection et sauvegarde, comme ses prédécesseurs rois y avaient pris ses prédécesseurs. Un compte de Jean Le Mire, trésorier des guerres, apprend qu'en 1337 il servait avec vingt-quatre écuyers et soixante sergens dans l'armée du roi, que commandait en Gascogne, contre les Anglais, le comte d'Eu, connetable de France. Sous le même règne il vendit de ses biens, pour en employer le prix au service du roi, comme il paraît par des lettres qui lui furent accordées, en 1341, pour y rentrer. Il laissa : 1° Ebles, qui suit ; 2° Hugues dit Hugonet de Souillac, sous le sceau de qui Guillaume de Flamens, Sgr de Vilhac, donna une quittance, à Toulouse, le 6 mars 1369, les armes y sont *écartelées de trois léopards et de trois épées.*

XIV. — Ebles de Souillac, quatrième du nom, Sgr de Montmège, chevalier, servit dans les guerres contre les Anglais ; il vivait l'an 1361, laissa : 1° Jean, Sgr de Montmege, qui vivait l'an 1376 et 1390 ; 2° Pierre, qui vivait l'an 1375 ; 3° Marquis, qui suit ; 4° Robert, dont il est fait mention dans un registre des chartes de France des années 1395 et 1396, pour des lettres de rémission qui lui furent accordées.

XV. — Marquis de Souillac, Sgr de Montmege, vivait l'an 1405, laissa : 1° Louis, qui suit ; 2° Jean, prêtre, qui vivait l'an 1416.

XVI. — Louis de Souillac, Sgr de Montmège et d'Aserac, coseigneur de Terrasson et de Saint-Rabier, fut maintenu dans l'indépendance de sa terre d'Aserac par le sénéchal de Périgord, qui déclara, l'an 1405, que les habitans d'Aserac n'étaient tenus à aucun devoir qu'envers leur seigneur, et qu'il possédait cette terre en toute justice. Elle était dans la mouvance immédiate du roi ; et quoique enclavée dans le Périgord, elle ne relevait ni du comte de Périgord, ni du vicomte de Limoges. Il épousa Jeanne de Sulli, dont Bertrand, qui suit.

XVII. — Bertrand de Souillac, Sgr de Montmege et d'Aserac, coseigneur de Terrasson, etc., chevalier, servit en la guerre contre les Anglais, et traita, l'an 1447, avec Jean de Bretagne, comte de Penthievre et de Périgord, vicomte de Limoges, sur leur different pour la justice de quelques dépendances de Montmege. Il céda, l'an 1457, à Jean de Rouffignac, Sgr de Couzages, tout le droit qu'il avait dans la châtellenie de Couzages. Jean s'était obligé de donner pour cela ce qui en serait réglé par l'évêque de Sarlat. Il laissa : 1° Jean IIe, qui suit ; 2° Poncet, Sgr d'Aserac, mort sans alliance ; 3° Jean, mort sans alliance ; 4° Jeanne de Souillac, mariée à Philippe de Rouffigniac, Sgr de la Marche, de Saint-Rabier, laquelle testa en 1504.

XVIII. — Jean de Souillac, deuxième du nom, Sgr de Montmège, épousa Marguerite de Rouffignac, fille de Jean et de Loyse de Monteruc, dont il eut : 1° Jean IIIe, qui suit ; 2° Gui, protonotaire apostolique ; 3° Anne.

XVIX. — Jean de Souillac, troisième du nom, Sgr de Montmège et d'Aserac, etc., chevalier de l'ordre du roi, servit dans les armées des rois Louis XII et François Ier, et fit l'hommage de sa terre d'Aserac au premier, entre les mains du chancelier, l'an 1515. Il commandait dans la province du Périgord en l'absence du lieutenant du roi ; mourut en 1528.

Il avait épousé, en 1506, Catherine de Livron, fille de Bertrand, Sgr de Bourdonne et de Françoise de Baufremont. Il laissa de son mariage : 1° François, Sgr de Montmege, qui réunit à cette terre la portion dite de Saint-Chamant, par échange fait, le 14 octobre 1542, avec Hugue, Sgr de Saint-Chamant-lez-Montmege, fils d'Eble-Antoine, et de Jean de Loin, auquel il donna ce qu'il avait à Pazayat, et mourut sans postérité ; 2° Nicolas, qui suit; 3° Bertrand, qui a fait la branche d'Asarac, éteinte, mais qui a laissé celle du Bourg en Querci ; 4° Gabrielle de Souillac, religieuse.

XX. — Nicolas de Souillac, S^{gr} de Montmege, épousa, en 1550, Gabrielle de Meillars, fille de Jean et de Marguerite du Saillant, dont il eut : 1° Jean IV°, qui suit; 2° Helie, reçu chevalier de Malte l'an 1586 ; 3° Pierre, archidiacre de Marçais, en l'église de Sarlat ; 4° François, S^{gr} de La Barde, qui, de Marie Alardin, sa femme, eut Gabriel, S^{gr} de La Barde, marié à Noelle de Ville, dont il laissa des enfants morts sans alliance; 5° Souveraine, mariée à Jean de Calvimont, S^{gr} du Chelar ; 6° N....., mariée à N..... de Pompadour, S^{gr} de Colonges ; 7° Catherine, morte fort âgée, sans alliance.

XXI. — Jean de Souillac, quatrième du nom, S^{gr} de Montmege, chevalier de l'ordre du roi, gentilhomme ordinaire de sa chambre, quoique catholique, fut très attaché à la personne du roi Henri IV, dans le temps que ce prince était encore engagé dans la religion prétendue réformée, et se distingua dans les guerres de la Ligue et contre les Espagnols. Il épousa, en 1593, Jeanne de Pompadour, fille de Louis, vicomte de Pompadour, et de Peyronne de La Guiche, dont il laissa : 1° Jean V°, qui suit ; 2° Louise, mariée à Jean de Reillac, S^{gr} de Palvezi, que son frère institua après son mariage, héritière par son testament du 8 mai 1655, à la charge du nom et armes de Souillac pour ses enfants, qui furent : A. — Jean, mort sans alliance ; B. — Autre Jean, abbé de Terrasson ; C. — François de Reillac de Souillac, comte de Montmege, S^{gr} de Salagnac, qui épousa, en 1681, Thérèse-Gabrielle d'Aubusson, fille de Charles-Louis et de Anne Deaulx, dont deux fils, l'ainé colonel d'infanterie, tué en une embuscade en Piémont, l'an 1704 ; l'autre mort en 1705, tous deux sans alliance ; D. — Marguerite de Reillac, mariée, l'an 1680, à Jean du Bernat, S^{gr} de Palvezi et de La Chapelle-Albarels ; 3° Jeanne, religieuse de l'ordre de Saint-Dominique ; 4° Marguerite, alliée à Jean de Royère, S^{gr} de Peyreaux, de Badefol et de Lons ; 5° autre Marguerite, mariée à Jean de Beaulieu, S^{gr} de La Filolie.

XXII. — Jean de Souillac, cinquième du nom, S^{gr} de Montmège, de Salagnac et de Gausbert, etc., capitaine-colonel des cent Suisses de la garde ordinaire du roi, lieutenant-général de ses armées, conseiller en ses conseils d'Etat et privé, mestre de camp d'un régiment d'infanterie, nommé à l'ordre du Saint-Esprit, le 15 janvier 1652, mourut sans alliance l'an 1655, et fut inhumé dans l'abbaye de Terrasson. Les Suisses l'avaient surnommé *le bon capitaine.*

SOULIER. — V. SOLIER.

SOULLIERE. — Noble Gaspard de Soullière, écuïer, sieur de Bretiniolle et du Mas-de-Lester, fit son testament (reçu de Minars, vicaire) audit Bretiniolle, paroisse de Vaulri, le 28 novembre 1605, veut être enterré dans l'église de Vaulri ez tombeau de ses prédécesseurs, mourut peu après. Il avait épousé Françoise Père, dont un fils unique, nommé Jean.

Jean Souliere, écuïer, sieur de Bretiniolle, épousa N....., dont Annet, qui suit.

Annet de Souliere, écuïer, sieur du Mas-de-Lester, épousa, par contrat (reçu Dussebis) du 27 août 1646, Françoise de Lescours ; elle fit son testament (signé Montazeau) le 1er octobre 1647, et mourut sans hoirs.

SOULNIER. — V. SAULNIER.

[LA SOUMAIGNE. — Voyez mes *Mém. mss. Abb. Lim.*, p. 499, 513, 514, 527*.

Mathieu de La Soumaigne, écuier, marié avec N....., vivait en 1194.
Robert de La Soumaigne, porte-étendard, vivait en 1222, il avait plusieurs frères.
Aymeric de La Soumaigne, prit l'habit religieux, à Grandmont, en 1223.
Raymond de La Soumaigne ou Sormaigne, chevalier, vivait en 1223.
N..... de La Soumagne, marié avec N....., fut père de : 1° Aimeric, qui suit; 2° Boson ou Boso de La Soumagne, chevalier.
Aimeric de La Soumagne ou La Sormaigne, chevalier, marié avec dame Blanche Flore ou Flour, vivait avec elle en 1215 et 1238.
Geoffroi de La Sormaigne, prêtre, et plusieurs autres de cette maison.
Boson de La Sourmaigne, chevalier, et ses frères, vivaient en 1233.]

SOURIES, sieur de Lavaud, paroisse de Sainte-Fortunade, diocèse et élection de Tulle, porte : *d'azur à un roc d'échiquier d'or a dextre et un lion rampant de même à senestre lampassé de gueules, soutenu par un rocher aussi d'or.*

[Sainte-Fortunade, terre de la sénéchaussée de Tulle, qui avait son seigneur particulier en 1698 (Voyez Saint-Aulaire), qui se qualifiait Souries, sieur de Lavaud et de Sainte-Fortunade.

N..... de Sainte-Fortunade, qualifié gentilhomme, épousa, après 1450, Jeanne de Beaupoil, fille de Julien, premier écuyer du roi Charles VII, chevalier de son ordre, Sgr de Saint-Aulaire, et de Galiene Helie de Pompadour.]

Cette maison fit ses preuves de noblesse en 1598, et les commissaires du gouvernement les trouvèrent bonnes.

I. — Jean de Souries, sieur de Lavaud, fit son testament le 29 novembre 1492, épousa, le 17 mars 1462, Mathée [ou Mathie] de Roza [ou Rosa], dont : 1° Jean [en faveur duquel le père avait testé]; 2° Denis, qui suit.

II. — Denis [de] Souries [deuxième fils de Jean], fit son testament le 5 février 1536, épousa, par contrat du ...., et ratification, à laquelle furent présents Jean [son père et autre Jean], son frère, le 7 février 1522, Jeanne de La Rochette, dont Bonaventure, qui suit.

III. — Bonaventure de Lavaud fit son testament le 4 février 1587 [où il fait mention de ses fils, qui suivent]; il épousa, par contrat sans filiation du 8 décembre 1560, Catherine de Sainte-Fortunade, dont : 1° Mercure; 2° François, qui suit; 3° Pierre; [4° Antoine; 5° Bertrand; 6° Jean; 7° Louis].

IV. — François de Lavaud [second fils de Bonaventure], épousa, le 29 mars 1612, Marguerite du Faure de Mirandel.

V. — Mercure de Lavaud épousa, le 7 septembre 1644, Françoise de Corn de Queyssac.

[N..... Souries, sieur de Lavaud et de Sainte-Fortunade, vivait en 1698].

SOURIES, sieur de La Praderie, paroisse de Lonzac, porte : *d'or à 3 triangles de gueules en pointe, surmontées de 3 souries de sable en fasce, et au-dessus de trois étoiles de gueules, soutenant un croissant d'or en chef*(1).

[La Praderie, fief du Bas-Limousin, dans la paroisse d'Alonzat, et dans l'élection de Tulle, appartenait, dans le siècle dernier, à un seigneur du nom de Souries.]

Cette maison a fait ses preuves de noblesse en 1598, et les commissaires du gouvernement les ont trouvées bonnes.

I. — Antoine de Souries, passa un bail à rente le 14 septembre 1536.

II. — Guillaume de Souries, céda, comme fils d'Antoine, des droits seigneuriaux le 14 janvier 1561, épousa, par contrat sans filiation du 8 novembre 1562, Jeanne de Boucheron.

III. — Raymond de Souries épousa, le 1er février 1606, Marguerite de La Bussière.

IV. — Jean de Souries épousa, le 29 septembre 1637, Marguerite de La Noaille [ou Nouaille].

[SOURSAR, fief, mouvant de la vicomté de Turenne, sénéchaussée de Tulle.]

SOUSMOULIN. — Robert de Sousmoulin, écuïer, sieur d'Allas, en Saintonge, épousa Marguerite de Saint-Gelais, dont : 1° N.....; 2° Isabeau, mariée en 1507, à André Des Montiers.

Jean de Sousmoulin, paroisse d'Ollus, élection de Saintes, fut trouvé gentilhomme en 1598.

SOUTIERE. — V. Sardaing, sieur de La Soutière.

STUER. — V. Estuer, T. II.

LE SUDERIE ou SUDRIE (2). — Magdelaine de La Sudrie épousa, par contrat du 6 septembre 1663, Jean Gourdin, fils de Estienne et de Marguerite Prevereaud.

Jeanne de La Sudrie épousa Léonard Thamoyneau, dont la fille Marie épousa, le 10 février 1597, Philippe de Douhet, sieur du Chambon, Puymoulinier, et puis de Saint-Pardoux.

[SUDUYRAUD, de la ville et paroisse de Saint-Germain-de-Masseré.

N..... de Suduyrault, conseiller au Parlement de Bordeaux, vivait le 7 mai 1644, et le 10 mai 1646 (titres signés Dumont, not. roy. — Guerin, not.); il était mort le 12 mai 1658.

Gabriel de Suduiraud, doyen du chapitre de Saint-Germain, etc., vivait le 2 mai 1648.

Mre Blaise de Suduyraud, chevalier, conseiller du roi, président en la Cour des aydes de Guyenne, vivait le 12 février 1667 (acte signé Brejac, not. roy.). Il est qualifié premier président de la Cour des aides et finances de Guienne, dans un titre (signé Couroyer, not. roy.), du 9 juin 1677.

---

(1) Dans sa *Table*, Des Coutures dit aussi ce croissant *d'or*, mais il le peint *d'azur* et avec raison, puisque le fond est d'or.
(2) Cette famille était à la page 2688, qui est déchirée.

Avait un domaine au Repaire, village de la paroisse de Saint-Germain-de-Masseré; était au château de La Rivière, paroisse dudit Saint-Germain, le 12 mai 1677 (acte signé Dumont, not. royal), y est qualifié haut et puissant seigneur.]

SUIROT, sieur de La Barberie, paroisse de Saint-Georges, élection de Saint-Jean-d'Angeli, porte : *gironné de gueules et d'argent.*

I. — Jacques Suirot épousa, le 13 octobre 1460, Jeanne Aymeret, dont : 1° Pierre, qui suit; 2° Catherine, qui partagèrent la succession de leur père, le 30 mars 1515.

II. — Pierre Suirot, épousa Catherine Jarrousseau, dont : 1° Louis, qui suit; 2° Magdelaine; 3° Jacquette et trois autres enfants qui partagèrent, tous ensemble, les successions de leurs père et mère, le 23 octobre 1546.

III. — Louis Suirot, épousa Anne Marsay, dont : 1° François; 2° Renée; 3° Christophe, qui suit, et trois autres enfants qui partagèrent, tous ensemble, les successions de leurs père et mère, le 27 avril 1592.

IV. — Christophe Suirot, épousa Perrine Chastaigner, dont : 1° Claude, qui suit; 2° Jacques, qui partagèrent les successions de leurs père et mère, le 16 juin 1617.

V. — Claude Suirot, épousa Perrette Bourguignon.

Marie Suirot épousa, le 19 avril 1645, Sébastien Gadouin, sieur de Maransaignes, fils de Robert et de Magdelaine des Marans.

VI. — François Suirot épousa, le 13 avril 1644, Marie de Châteauneuf.

Pierre Suirot, écuïer, sieur d'Angle, épousa Gabrielle Louveau, dont Geneviève, mariée, le 7 décembre 1705, avec Charles Gourjaut, écuïer. (Hozier, *Arm. gén.*, 1ʳᵉ part., p. 270.)

SULHEI. — Helie Sulhei, chevalier, 1285, voyez Baluze, T. IV, *Miscell.*, p. 299.

SULLY (1).

SAINT-SULPICE. — Jean de Saint-Sulpice, pour lequel le chapitre provincial des f.f. p.p., tenu à Limoges en 1337, ordonna une messe aux suffrages pour les morts.

SULPITIUS. — N..... Sulpitius épousa N....., dont : 1° Gui, qui suit; 2° Pierre Sulpitius, curé de Chabrinhac; 3° Gaucelin, moine de Solignac (Arch. du château de Montbrun).

Gui Sulpitius, damoiseau, était homme de condition, et ses héritiers en firent la preuve l'an 1313. Par son testament (reçu par P. Audoyni), où son nom est effacé et où on ne voit que celui de *serviens*, du 6 des calendes de juillet 1297, veut être enterré dans l'église de Fraissinet, sa paroisse. Il épousa Himbergie, dont : 1° Gaucelin Sulpitius, damoiseau, clerc, paroisse de Pageas; 2° Dulcia, veuve de Guillaume de Brussia, damoiseau, et femme de Gaucelin de Lur, damoiseau de la paroisse de Samathie, qui l'épousa, par contrat du samedi avant la fête de saint Luc, 1326, passé au château de

---

(1) Était à la page 1081, déchirée

Montbrun et signé Arqusagon; elle est dite sœur de Joubert Sulpitius, damoiseau, de Chaluz-Chabrol; 3º Aymeric, le plus jeune des enfants et héritier de son père; 4º Gui, chanoine du Chaslar; 5º Guillaume, moine de Chambon; 6º Joubert, moine de Solignac; 7º Pierre, moine de Bussière-Badil; 8º Peytavine, moniale de Saint-Pardoux.

N..... Sulpitius, épousa N....., dont : 1º Jaubert Sulpitius, damoiseau; 2º Imbergia Sulpitie, veuve de Jean Jorda, damoiseau, *alias* du Garreau, fils de Guillaume Jorda, damoiseau, 1344.

T.

TACQUENET. — Mᵉ Jean Tacquenet, élu au païs de la Marche, épousa Perette Allard, dont, Perette, mariée, par contrat (signé Goubert, à Saint-Augustin-lez-Limoges) du 31 mars 1486, avec Mᵉ Philippe Billon, aussi élu.

Noble Jean Taquenet, écuïer, sieur de La Motte, élu en la ville de Guéret, épousa N....., dont : 1º René, tonsuré en 1569, prieur de Guéret, 1570; 2º Antoine, tonsuré en 1572, chanoine de La Chapelle-Taillefer, 1584; 3º Jean, tonsuré en 1572; 4º Gaspard, tonsuré en 1594, chanoine de La Chapelle-Taillefer; 5º Louis, tonsuré en 1598, chanoine de ladite chapelle.

Noble Gilbert Tacquenet, Sᵍʳ de Saint-Laurent, près Guéret, épousa Marie d'Aubusson, dont Gilbert, qui, à l'âge de dix-huit ans, prit l'habit de chanoine régulier, à l'abbaye de Chancelade en Périgord, le 30 juillet 1637, y fit profession le 30 juin 1638.

Noble Louis Taquenet, paroisse de Guéret, épousa N....., dont Antoine, tonsuré et chanoine de La Chapelle-Taillefer, en 1513.

Antoine Taquenet, écuïer, sieur de Neuville, paroisse de Bussière-Dunoise, épousa Agnez de Baslou, dont Claude, baptisé le 10 juin 1646.

[Jean Taquenet, écuyer, sieur du Cros, vendit, par contrat (reçu Thibord, notaire) du 5 avril 1644, à Pierre Guillon, écuïer, gendarme de la compagnie de Mᵍʳ le prince, sa métairie de Fot, paroisse de Pionnat, moyennant 2,450 livres, à la charge par ledit Guillon de payer les droits et devoirs seigneuriaux, féodaux et fonciers, aux seigneurs à qui ils se trouveraient appartenir. Il vivait encore le 27 février 1643 (*Invent. titul. celest. des Tern.*, p. 612, 740.)]

Gilbert Tacquenet, prêtre, doyen de La Chapelle-Taillefer et official de Guéret, 1665.

Gabriel Taquenet, écuyer, sieur dudit Neuville, épousa Léonarde de La Celle, dont : 1º Anne, née le 9 septembre 1659; 2º Gabriel, né le 13 avril 1661.

[Austrille Taquenet, écuyer, sieur du Cros, est nommé comme vivant, dans un contrat (reçu Southon, not. ap., *Inv. tit. celest. des Tern.*, p. 622) du dernier février 1690.

Silvain Taquenet, écuyer, sieur du Cros, donna une procuration (reçue Southon, not., *Ibid.*, p. 611) le 15 février 1693.]

Noble Antoine Tacquenet, sieur de La Tronchette, curé de Saint-Dizier-les-Domaines, mourut à soixante-treize ans, le 23 janvier 1714.

Jacques Tacquenet, chevalier, sieur de Rilly et Chanon, épousa Marguerite de Bize, dont Françoise, mariée, en 1749, à Jean-Baptiste de Montaignac.

TAILLEFER DE ROUSSILLE, dans la Marche, porte : *de gueules à 3 fasces d'or* (*Dict. généal.*, 1757).

[Henri de Taillefer, chevalier, S^{gr}, comte de Roussille, sieur des Renaudies, etc., épousa, en 16..., Marie d'Abzac. Ils vivaient le 28 mai 1689.

Magdeleine de Taillefer, demoiselle de Barrière, vivait le 13 février 1707 (Registr. de Saint-Hilaire-Lastours).

Marie-Anne d'Absac de La Douze, dame, comtesse de Roussille, vivait le 29 janvier 1710 (*Ibid.*).

Louis-Jean-François de Taillefer, vivait le 24 août 1720.

Marie-Thérèse de Taillefer, vivait le 24 août 1720.

Anthoinette Duchesne de Barrière-Taillefer, vivait le 24 août 1720 (*Ibid.*).] (1).

TALLERAN DE GRIGNOLS, sieur du Puy-de-Vesse, paroisse de Champnier, élection d'Angoulême, porte : *de gueules à 3 lions rampants d'or, armés, lampassés et couronnés d'argent, 2 affrontés et un en pointe.*

I. — François Talleran de Grignols, passa deux contrats de cession en 1560 et 1562; il épousa Catherine de Montaigne (les Coutures dit Montaigut).

II. — Antoine Talleran de Grignolx, épousa, le 28 février 1580, Sidoine Guy.

III. — Jean Talleran de Grignolx épousa, le 5 octobre 1616, Marie Baron.

IV. — Pierre Talleran de Grignolx épousa, le 25 décembre 1644, Marie Baréau.

Charles de Talleran, marquis d'Exideuil, prince de Chalais, S^{gr} de Mareuil, mourut à Bordeaux au mois d'août 1644. Il avait épousé, le 22 février 1637, avec la bénédiction de monseigneur l'évêque de Limoges, Charlotte de Pompadour, fille de Léonard-Philippe, comte de Pompadour, et de Marie Fabri; elle mourut aussi à Bordeaux en mai 1644, dont Adrien de Talleran-Beauville, prince de Chalais, marquis d'Exideuil-Beauville et Mareuil, né au château de Chalais, le 26 avril 1638, baptisé dans le château de Pompadour le 30 mars 1645 (Registr. d'Arnac-Pompadour).

Jean de Taleyrand de Périgord de Bosville, prince de Chalais, marquis d'Exideuil et de Mareuil, épousa, 1676, Julie de Pompadour, sa parente au troisième degré de consanguinité; elle était appelée mademoiselle de Laurière, et était fille de Philibert et de Catherine de Saint-Maure, dont :
1° Philibert, né le 13 novembre 1676, baptisé au Bourgdeix le 13 juin 1677,
2° Jean-Charles, né le 30 mars 1678, baptisé à Nontron le 28 décembre 1679.

Jean-Charles Tallayrand de Périgord, prince de Chalais, grand d'Espagne, gouverneur de Berri, épousa, le 10 décembre 1722, Marie-Françoise

---

(1) Voir aussi La Chapelle-Taillefer.

de Rochechouard, fille de Louis de Rochechouard, duc de Mortemart, pair de France, et de Marie-Anne Colbert, veuve de Michel Chamillart, marquis de Cany. Il mourut au château de Chalais le 24 février 1757, et laissa une fille unique.

TANDEAU. — Joseph Tandeau de Saint-Nicolas, trésorier de France, de la ville de Saint-Léonard, épousa Marthe Thevenin, dont Henri, ecclésiastique en 1764.

TAQUENET. — V. TACQUENET.

[TARNAC, terre qui a donné son nom à une ancienne famille du Limousin.]

TARRAVEAU. — Noble Jean Tarraveau, sieur de Pourcheyroux, lieutenant de la châtellenie d'Aubusson, épousa Catherine d'Arfeuille, dont Henri, né le 26 juin 1673.

[TAVEAU].

DU TEIL, sieur de Saint-Christophe-près-Lesterp, paroisse dudit lieu, élection d'Angoulême, et de La Triboissière, paroisse de Meissac, élection de Brive, porte : *d'or à un lion rampant de gueules, armé, lampassé et couronné d'argent, au chef d'azur.*

Noble Pascal du Tilh, damoiseau, épousa noble Marie de La Barde, laquelle n'ayant point d'enfants fit donation à son mari, le 4 janvier 1453, des biens qu'elle avait dans la paroisse d'Elisieres, près le bourg de Salanhac.

Baptiste du Teil, écuyer, sieur de Bonlieu, en Poitou, près Maraval (1), âgé de cinquante-cinq ans en 1612, eut pour fils N......, né en 1588.

Gui du Teil, écuyer, sieur du Repaire du Boze, près Peirat, 1424.

I. — François du Teil.

II. — Ithier du Teil épousa, le 27 juillet 1472, Marguerite de Pressac.

III. — Antoine du Teil épousa, le 11 août 1502, Françoise Choumette, dont : 1° François, qui suit; 2° Jacques, qui partagea, avec son frère, les successions de leurs père et mère, le 3 mai 1545.

IV. — François du Teil, écuyer, du lieu noble de Saint-Christophe, juridiction de Confolent, en Angoumois, épousa, par contrat sans filiation, du 27 juillet 1550, Marie de Livenne, dont : 1° Simon, qui suit; 2° Anne mariée en 1579, à Claude de Leyrisse, écuyer, sieur de La Motte de Saint-Cyr, près de Rochechouard, fils de Jean et de Bonaventure de Saint-Fiel.

V. — Simon du Teil épousa, le 27 janvier 1596, Anne Verinaud.

VI. — René du Teil, écuyer, sieur du Montet, paroisse de Saint-Christophe-près-Lesterp, épousa, le 2 juillet 1620, Catherine Dreux, dont il eut : 1° François, qui suit; 2° autre François de La Triboissière; ces deux enfants partagèrent, le 6 juillet 1666, la succession de René, leur père.

(1) Probablement Beaulieu, près le bourg de Marval, mais dans la commune de Pensol, canton de Saint-Mathieu (Haute-Vienne).

VII. — François du Teil, sieur de Saint-Christophe, épousa, par contrat du 17 septembre 1655, Catherine du Rousseau (1).

Notes isolées.

François du Teil épousa, en 1710, Jeanne Dupin, fille de Charles Dupin, écuyer, sieur de La Rivière, paroisse de Saugon, et de Marguerite Dupin.

Suzanne du Teil, paroisse d'Asnières, épousa, en 1762, Jean-Baptiste Blanchard, écuyer, sieur de Maffe, paroisse de Saint-Maurice, près La Souterraine.

TEILLET. — Noble Daniel de Theliet, écuyer, mourut à soixante-quinze ans, à Obasine, paroisse de Cornil, le 1er février 1690, fut enterré dans l'église du monastère.

Maître Albert du Teillet, ou Teillier, ou Tillet, sieur de Monceaux, écuyer, paroisse de Bonnac, Haute-Marche, épousa Magdelaine de Mornay, dont : 1° Thérèse, baptisée le 17 mai 1695 ; 2° Jean-Baptiste, né le 12 août 1696 ; 3° Magdelaine, née le 15 avril 1698 ; 4° Léonard, mort à trente ans, le 3 mars 1736.

Charles du Teullier, ou Tillier, écuyer, sieur de Rousier, y mourut le 7 février 1723, dans la Haute-Marche, et y fut enterré. Il avait épousé Françoise Noblet, dont : 1° Jeanne-Armande, née le 12 décembre 1719, baptisée à Boussac, le 3 janvier suivant ; 2° François, né le 20 juillet 1721 ; 3° Albert du Thelier, sieur de Rouzier, enterré, à huit ans, à Boussac, le 6 février 1727.

Joseph du Tillet, paroisse de Bonnac, en Haute-Marche, épousa Marie Mousnier, dont Magdelaine, née le 27 décembre 1717.

[On trouve dans les registres de Borsandi, notaire à Limoges, p. 61, nos 92, 93, p. 75, n° 122, p. 78, n° 126, *apud* D. Col., Gerald de Teulet ou de Teuleto.]

TELHFONDI ou TEYFOND.

Maison de condition, à Gorre, en 1311.

Jean de Telhfon vivait entre 1332 et 1388, comme on le voit dans les registres de Borsandi, notaire à Limoges, p. 84, n° 134, *apud* D. Col.]

[LE TEMPLE.

Noble Martial d'Etiveau, sieur du Temple, est témoin dans un acte du 3 octobre 16.. (Papiers domestiques de M. de Daignac).

George de La Personne, sieur du Temple, vivait en 1638 (*Idem.*).

Jacques de La Personne, sieur du Temple, vivait le 5 mars 1679, et le 10 juin 1682 (*Ibidem*, signé Laval, not.).

TENANT. — Jean Tenant, écuyer, sieur de Vernon, paroisse de Moissanes, 1688.

Gabrielle Tenant de Champs, demoiselle d'Estiveaux, mourut le 25 août 1678, fut inhumée au Chalard.

(1) La page 107, qui fait suite, est déchirée, ainsi que les pages 36, 308, 951 et 2701, où Nadaud indique cette famille.

François Tenant, écuyer, sieur de Bort, du lieu de La Tour, près le bourg du Chalard et du Tendeix, mourut le 7 mars 1694; il avait épousé Françoise Paignon; elle mourut le 24 septembre 1728, et fut enterrée au Chalard. De ce mariage naquirent : 1° Louise, née le 28 septembre 1680, mariée le 28 février 1696, à Aubin d'Abzac, sieur de La Betounie, paroisse de Sarlande en Périgord; 2° Paul, qui suit; 3° Françoise, baptisée le 19 juin 1687, mariée le 22 février 1729, à Jean Jarrie, sieur de La Roussaudie, veuf de Anne Tandeau; elle mourut le 14 avril 1761; 4° François, baptisé le 11 avril 1690; 5° Peyronne, baptisée le 11 août 1695.

Paul Tenant, né le 7 mai 1684, écuyer, sieur de La Tour du Chalard, mourut le 10 août 1748; il avait épousé, dans l'église du Chalard, le 7 février 1708, Gabrielle Jarrie du Teil, fille de feu Dauphin, juge dudit Chalard, et de feue Isabeau Jarrie, dont : 1° Françoise, baptisée le 14 octobre 1708, mariée, le 14 février 1729, à Jean de Sanzillon de Doulhat, écuyer, sieur de La Chabasserie, etc.; 2° Marie, baptisée le 30 janvier 1717; 3° Isabeau, née le 23 février 1725; 4° Mathieu, baptisé le 8 décembre 1728.

Claude Tenant fut mariée, par contrat du 20 novembre 1653, à Jacques Gentil, sieur du Clos, fils d'Irier et d'Isabeau de Journet.

DES TERMES, sieur de Pierretaillade et de La Vexière, paroisse de Meyssac, élection de Brive, vicomté de Turennne, porte : *d'or à 3 fasces ondées de gueules; au chef d'azur, chargé de 3 étoiles d'argent* (1). (HOZIER, *Arm. génér.*, 1er registre, p. 536). Le *Dictionnaire généalogique* de 1757 met cette maison en Querci.

Le 10 novembre 1301, le roi Philippe-le-Bel fit chevalier, à Château-Thierri, Gilbert *de Terminis*, du diocèse de Cahors (LE BEUF, *Mém. acad. bell. let.*, T. XX, p. 303).

I. — Jacques des Termes.

II. — Pierre des Termes, premier du nom, écuyer, sieur du Chassaing, acquit le 22 mars 1581 de Pierre Termes, son neveu, conseiller au Parlement de Bordeaux, plusieurs héritages situés au lieu de Maissac; il épousa, le 30 janvier 1550, Maure du Bois.

III. — Noble et honorable Pierre Termes, deuxième du nom, écuyer, sieur du Chassan, de La Vaissière et Peyretaillade, coseigneur de Meyssac, fit son testament le 1er (ou le 30) novembre 1624, mourut le 10 juillet 1626, fut enterré le jour suivant dans la chapelle qui lui appartenait en l'église de Saint-Vincent de Maissac. Il avait épousé, le 22 mai 1588, Marie de Felines de La Renaudie, fille de Jean et de Louise de Beaumont-de-Pierretaillade; elle transigea avec Paul et Jean, ses enfants, sur la succession de Jean, leur frère, le 3 décembre 1634; elle mourut le 6 août 1641. De ce mariage vinrent : 1° Paul, qui suit; 2° Guillaume, baptisé le 17 juin 1599; 3° Jacques, qui se maria en 1628; 4° Jean, sieur de La Foulhade, tué au service du roi, le 28 mai 1634; 5° Souveraine, baptisée le 1er août 1603; 6° Antoine, baptisé le 24 septembre 1606; 7° Antoinette, mariée, dans la chapelle du château de Pierretaillade, paroisse de Meyssac, le 18 octobre 1627, à noble Charles de Curson, écuyer, sieur d'Alvinhac, du lieu de Veyrac, diocèse de Cahors.

(1) Ces trois étoiles sont indiquées *d'or* par Lainé, *Nobil. du Lim.*

IV. — Noble Paul de Termes, sieur de Pierretaillade, coseigneur de Meyssac, fit son testament le 12 juin 1663. Il épousa, le 11 février 1625, Magdelaine Destresses, dont : 1º Guy, qui suit ; 2º Jean, né le 30 octobre 1634, baptisé le 23 janvier suivant, eut pour parrain Jean Destresses, évêque de Leytoure ; 3º Isabeau, née le 11 juin 1637 ; 4º Souveraine, née le 18 octobre 1638 ; 5º Gaspard, né le 19 septembre 1640 ; 6º Guy-Pierre.

V. — Guy des Termes, sieur de Pierretaillade, né le 28 août 1632, épousa, le 28 novembre 1658, Jeanne de La Serre.

IV. — Jacques de Termes, baptisé le 16 février 1602, écuïer, sieur de La Vaissière, capitaine d'une compagnie de cent hommes de guerre à pied, français, dans le régiment de Clermont-Vertillac, par commission du 10 février 1635, mourut, âgé de soixante-quinze ans, le 23 mars 1676, et fut enterré le lendemain, dans l'église des Cordeliers de Martel. Il avait épousé, le 17 septembre 1628, Louise du Noyer, fille de maître Antoine, coseigneur de Muret, avocat au Parlement, et de Marguerite de Ramade.

V. — Antoine des Termes, écuïer, sieur de La Vaissière, fut maintenu dans sa noblesse, depuis l'an 1550, par ordonnance de M. d'Aguesseau, intendant de Limoges, du 20 août 1667 ; il avait épousé, le 21 (ou le 28) juillet 1658, Gasparde d'Andrieu, fille de François, écuïer, sieur du Teil, et de Jacquette du Solier, dont : 1º Pierre, qui suit ; 2º Isabeau, mariée, le 1er mars 1693, avec Paul de Termes, son cousin, issu de germain, capitaine de dragons dans le régiment de Ranes.

VI. — Pierre de Termes, troisième du nom, écuïer, sieur de Termes, Lavaux, Saint-Martin et d'Azirac, lieutenant dans le régiment de Bigorre, en 1702, était né le 1er septembre 1677, demeurait à Creissensac, diocèse de Cahors. Il épousa, le 3 février 1711, Françoise de Castres, fille de noble Antoine, écuïer, sieur de Tersac, et de Marie du Batut de La Peirouze, dont Marie, née le 11 septembre 1726, reçue à Saint-Cir, le 6 décembre 1736 (1).

[TERRASSON. — C'est une des quatre anciennes châtellenies qui composent aujourd'hui le duché-pairie de Noailles. Elle est sur La Vezère, dans le Périgord, et n'appartient qu'en partie à Mrs de Noailles, selon un mémoire de 1698. Elle a eu anciennement son seigneur particulier. Son chef-lieu est une petite ville qui porte le même nom.]

TERRASSON, sieur de La Faye, demeurant à Angoulême, porte : *d'azur à un monde d'or et deux étoiles de même en pointe.*

I. — Pierre Terrasson est élu maire d'Angoulême, en 1580, reçu échevin au décès de Pierre N....., le 21 août 1580, meurt en charge le 11 juillet 1622.

II. — Pierre Terrasson, fit une acquisition de Pierre, son père, le 11 juillet 1616, meurt échevin le 15 novembre 1637. Il avait épousé Catherine Bussier.

III. — Jean Terrasson, écuïer, sieur de La Faye, élu à l'élection d'Angoulême, épousa, le 21 juin 1633, Louise Ferret, dont : 1º Anne, baptisée le 22 juillet 1635 ; 2º François, baptisé le 8 novembre 1635 ; 3º Marguerite,

(1) Voir aussi Sabuzuet, sieur des Termes.

baptisée le 19 août 1639; 4° Jean, baptisé le 31 mai 1641; 5° Jeanne, baptisée le 3 septembre 1642; 6° Helie, baptisé le 2 septembre 1643 (Registres de Saint-Martial d'Angoulême)

IV. — Jean Terrasson épousa, le 17 février 1667, Eleonor de Fayard.

Notes isolées.

Jean Terrasson, écuïer, sieur du Roc avant 1587 (Vigier, *Cout. d'Angoumois*, p. 248), épousa Marguerite Sanguin; elle se remaria avec Edouard Davisson, écuïer, sieur d'Andreville, dont Lucresse, mariée à Pierre Vigier, écuïer, sieur du Roc.

Achille Terrasson, écuïer, sieur de Verneuil, épousa, à Grassat, le 30 novembre 1709, Elisabeth de La Place de Torsac.

[TERRE.
On trouve dans les registres de Borsandi, notaire à Limoges, page 105, n° 166, *apud* D. Col., Bozo de Terre; et page 115, n° 178, Etienne de Terre.]

TERRION, sieur de La Chassaigne, paroisse de Vitrat, élection de Tulle, porte : *d'azur à 2 épées d'or en sautoir, accostées de 2 palmes de même, surmontées d'un croissant d'argent et soutenues d'un rocher de même en pointe.*

I. — Léonard de Terrion, écuïer, sieur de Chalais, eut des lettres d'anoblissement au mois de février 1646; il épousa Gilberte de Bar; elle mourut au château de La Chapoulie, le 30 décembre 1678, et fut inhumée dans l'église de Cornil. De ce mariage vinrent : 1° Jean-Martial; 2° Arnaud, qui, avec leurs autres frères et sœurs, obtinrent arrêt du conseil du 9 juillet 1668, portant confirmation desdites lettres, et des lettres-patentes expédiées en conséquence dudit arrêt; 3° Charlotte, mariée, en 1678, à Jacques de Bar, écuïer; sieur de La Tour, coseigneur de Cornil, fils de Guy et de Jeanne Hautier; elle mourut à quatre-vingts ans, le 18 mars 1730, fut inhumée dans l'église de Cornil.

II. — Jean-Martial de Terrion, sieur de Chales, paroisse de Vitrac, épousa, le 23 mars 1680, dans l'église de Nonars, Renée de Ferriere, de Sauvebeuf, fille d'Annet et de Louise de Tournemire.

TESSENAT (1).

TESSEROT. — Cette famille a fait ses preuves de noblesse devant d'Aguesseau.

Guillaume Tesserot épousa, par contrat du 15 août 1593, Françoise David, fille de noble François David, sieur de Ventoux, paroisse de Solignac, et de Gabrielle du Breuil.

TESSIER. — V. Teyssier.

TESSIERE (2).

---

(1) Tessenat était à la page 695, déchirée.
(2) Cette famille était aux pages 299 et 300, qui sont déchirées.

Jean de Tessière épousa, en 1618, Marguerite de La Faye, fille de noble Jean, sieur de La Falère et coseigneur de Genis, et de Gabrielle Mathaud.

TEULÉ. — V. Teillet.

TEULLIER. — V. Teillet.

TEXANDIER (1).

TEXIER (2).

N..... Texier de Javerlhac épousa, à Angoulême, en 1766, Gabrielle de Roffignac, fille de Jean, sieur de Belleville, etc., et de Louise du Faux de Verrine.

Jean Texier est reçu échevin à Saint-Jean-d'Angeli, à la mort d'Isaac Ligoure, le 14 février 1618.

TEXIERES. — V. Tessiere.

TEYFOND. — V. Telhfondi.

[TEYJAC, châtellenie mouvante de la baronnie de Nontron, au diocèse de Limoges.]

TEYSSAUNAUD. — Louis Teyssaunaud de Dupuy, écuyer, épousa Marie-Catherine Justamond de l'Isle, dont Françoise, baptisée à Saint-Jean de Limoges, le 22 avril 1753.

TEYSSIER. — Jean Teyssier des Farges épousa Marie Jarrige de La Morelie, de la ville de Saint-Irier; elle se remaria, à Uzerche, le 22 janvier 1749, à Pierre Pontier, avocat et juge de la ville.

[TEYSSONIERAS.]

THAMOYNEAU. — Léonard Thamoyneau épousa Jeanne de La Sudrie, dont Marie, mariée par contrat (signé Simon) du 10 février 1597, à Philippe de Douhet, écuyer, sieur du Chambon, Puymoulinier et puis de Saint-Pardoux.

THAURY. — V. Loubens, sieur de Thaury.

THEOLET (3).

THEVENIN, sieur de La Valade et de La Pouyade, paroisse de Roufiac, élection d'Angoulême, porte : *de gueules à un chevron d'argent, accompagné de 3 lions rampants d'or.*

I. — Samuel Thevenin eut des lettres d'anoblissement en may 1652,

---

(1) Nadaud indique cette famille aux pages 840 et 2372, qui sont déchirées.
(2) Cette famille était aux pages 2374 et 2375, qui sont déchirées.
(3) Était à la page 2376, déchirée.

vérifiées à la chambre des aydes, à la poursuite de ses fils, le 19 mai 1664. Ils obtinrent des lettres de confirmation en septembre 1665, vérifiées au Parlement de Paris, le 3 février 1666, et à la Cour des aydes, le 17 mars suivant. Il épousa Judith Goursaud, dont : 1° Pierre; 2° Abraham ; 3° Philippe.

THEVENOT. — François Thevenot, écuïer, sieur de La Rente, gentilhomme de la garde écossaise du roi, épousa Catherine Blanchet, dont Guillaume, né à Saint-Martial d'Angoulême, le 3 décembre 1723.

THEVENY.

I. — Noble Léonard Theveny, sieur du Puy-de-Chenours, transigea avec Marguerite de Beauvais, le 7 juin 1571, vivait en 1585 ; il épousa Marguerite de Beauvais, veuve de François Chaussade, de la ville de Saint-Léonard, dont Guillaume, qui suit.

II. — Guillaume Theveny, qualifié écuïer, sieur du Puy, dans un acte (signé Deyrignac, à Saint-Léonard) du 3 décembre 1601. On s'inscrivit en faux contre son prétendu testament du 17 novembre 1549. Il épousa, par contrat du 8 mars 1580, Anne de La Pomelie; étant veuve, elle fit son testament (signé Chenaud) le 11 octobre 1626, par lequel elle veut être inhumée dans le tombeau de son mari, ez l'église de La Chapelle-près-Saint-Léonard. De ce mariage vinrent : 1° François, qui suit; 2° autre François, écuïer, sieur du Puy, du village de Chenour, paroisse de Royère, qui fit son testament le 12 septembre 1621, au camp du roi, devant Montauban; 3° Françoise, mariée à Léonard Daniel, bourgeois de la ville de Saint-Léonard ; 4° Catherine.

III. — Noble François Theveny, écuïer, sieur du Puy-de-Chenours, paroisse de Glanges, fit son testament le 12 septembre 1621, épousa, par contrat du 18 avril 1622, Jeanne d'Echizadour, demoiselle de Bettes, fille de feu noble Jean et de feue Suzanne de Beauvais, dont : 1° Josias, qui suit; 2° David.

IV. — Josias Theveny, écuïer, sieur de Glanchetas, du village de Chenou, paroisse de Royère, fut déclaré roturier, et pour s'être indûment attribué la qualité d'écuïer, condamné à l'amende de 200 livres et aux deux sols par livre d'icelle, le timbre de ses armes rompu et brisé, etc., par sentence de M d'Aguesseau, intendant de Limoges, le 26 mars 1668. Il épousa, par contrat du 6 mai 1655, Léonarde Chenaud. Il était marié en 1684, avec Éléonor Barton de Montbas (1).

THEVOULDE (2).

THIBAUD, sieur du Belay, paroisse de Saint-Denis, élection de Saint-Jean-d'Angeli, porte : *de gueules à 3 têtes de loup d'argent, 2 et 1.*

[N..... Theobaudi, épousa dame Eustache, dont Helie, qui suit.

Helie Theobaudi vivait en 1228, ainsi que sa mère et ses enfants; il

---

(1) La page 975, qui fait suite, est déchirée.
(2) Était à la page 2376, déchirée.

épousa N......, dont : 1° Helie Theobandi; 2° Luce. Voyez mes *Mém. mss. Abb. Lim.*, p. 503.]

I. — Jacques Thibaud est élu maire à Saint-Jean-d'Angeli, le 3 février 1521. Maurice Miraud est reçu échevin à la mort dudit Jacques, le 26 décembre 1551. Il épousa Jeanne Payen

II. — Jean Thibaud épousa Marguerite Guichard; étant veuve elle fit donation à François, son fils, le 9 septembre 1640.

III. — François Thibaud est dit fils de Jean et petit-fils de Jacques, dans un partage entre Alexandre et Marguerite Marchand, enfants de Françoise Thibaud, du 15 octobre 1593; il épousa Elisabeth de Juif.

IV. — Charles Thibaud épousa, le 18 juillet 1638, Marie Rigaldi.

Claude Thibaud, écuïer, sieur de La Cadoua, était mort en 1687; il avait épousé Marie du Souchet; elle mourut à cinquante-cinq ans, le 4 may 1687, et fut enterrée chez les Carmes de Rochechouard.

TIBAUD, sieur de Méré, paroisse d'Olus, élection de Saintes, porte : *de gueules à 3 tours d'or, crénelées et maçonnées de sable, 2 et 1*. Il y a une famille du même nom et armes dans la paroisse de Saint-Martin-de-Guerchi, en Nivernais, diocèse d'Auxerre, élection de la Charité-sur-Loire, et généralité de Bourges, en 1694. (HOZIER, *Arm. gén.*, Ier registre, p. 546.)

I. — Coustin Thibaud, épousa Philippe de Marzat, dont : 1° Jacques, 2° François, qui partagèrent la succession de leurs père et mère, le 28 décembre 1544.

II. — Jacques Thibaud épousa, le 1er mai 1527, Jeanne Vasselot.

III. — René Thibaud épousa, le 2 juillet 1562, Jacquette Pelloquin.

IV. — Pierre Thibaud épousa, le 26 décembre 1593, Elisabeth Banché.

V. — René Thibaud épousa, le 3 septembre 1621, Anne Vigier.

VI. — Pierre Thibaud épousa, le 15 août 1651, Suzanne Tizon.

Pierre Thibaud, écuïer, sieur des Joubertières et de Lidrat, paroisse de d'Huirac, en Angoumois, épousa Charlotte Lambert, dont : 1° François Thibaud, écuïer, sieur de Létang, paroisse d'Iurac, en Angoumois, lequel épousa, par contrat du 23 octobre (signé Goursaud), et le 11 novembre 1709, à Grenor, Anne Mingaud, de la paroisse de Chassenon.

Raymond Thibaud, écuïer, sieur de Lascoux, exposa qu'il était d'extraction noble, ses ancêtres et lui ayant toujours vécu noblement; son fils faisant actuellement profession des armes, en qualité de garde-servant près Sa Majesté, ne s'étant passé aucune campagne des dernières guerres, où il était en personne, où il donna des marques de son zèle et de son courage. Néanmoins, au préjudice de cette noblesse dans la province du Limousin, soutenue par de longs services et déclarée par un arrêt contradictoire du conseil du 25 juin 1669, rendu au profit du suppliant et autres de sa famille, le soustraitant des francfiefs, supposant que Thibaut possédait un bien noble, appelé le fief de la Cour, le fit taxer dans un rôle; il dénia posséder ce fief et fut déchargé, par arrêt du conseil d'État, du 30 septembre 1679.

Geraud Thibaud, écuïer, sieur de ..... Pellas, du lieu de Germanez, paroisse d'Eycuras, baronnie de Montberon, en Angoumois, épousa Anne Chievres, fille de Pierre, écuïer, sieur de La Valade, et de Jeanne Audebert. Ils firent un testament mutuel; elle était morte en 1606. De leur mariage vinrent : 1° Jean, écuyer, sieur de Lascoux et de Germanas, 2° Marie ; 3° Suzanne; 4° Anne ; 5° Jehanne, mariée, le 24 septembre 1606, avec Léonard Aultier, juge assesseur de Charras, par contrat reçu Gabhis ; elle mourut en 1612; 6° Magdelene, mariée avec Jean Laud, de la juridiction des Combes, de la ville de Nontron ; 7° Catherine ; 8° Esther, morte sans alliance ; 9° Judith, morte sans alliance.

[THOARTIO.
On trouve dans les registres de Roberii, notaire à Limoges, p. 77, n° 63, *apud* D. Col., Milon de Thoartio.

THOMAS. — Noble Daniel Thomas, paroisse de La Pesne, à Angoulême, épousa, à Saint-Martial-d'Angoulême, le 23 novembre 1627, Françoise de Sieure.

Jean Thomas, sieur de La Moriange, est reçu conseiller à la maison de ville d'Angoulême au décès de Charles Raoul, le 4 février 1627 (1).

Paul Thomas, sieur de Maisonnette, est reçu conseiller à l'échevinage de la maison de ville d'Angoulême, à la mort de Philippe Falignon, le 29 mars 1633.

Paul Thomas, écuïer, sieur de Girac et de Meisonnesses, paroisse de La Pesne, à Angoulême, épousa, le 3 novembre 1635, à Saint-Martial-d'Angoulême, Marie des Forges.

Louis Thomas de Bardine, écuïer, épousa Marie-Françoise Preveraud, dont Marie-Jeanne, morte au berceau en 1748, enterrée à Saint-Martial-d'Angoulême.

Jean Thomas, écuïer, sieur de Montgoumar, paroisse de Bunzac, épousa Gabrielle de Gorret, dont Suzanne, née le 10 mars 1703.

THOMASSON. — V. Tomasson.

THOUE. — Gabriel, Claude, Joseph et Arnaud de La Thouc, sieurs de Touchelongue, paroisse de Saint-Pierre-de-Salles en Marennes, élection de Saintes, furent trouvés gentilshommes en 1598.

THOUMAS, sieur de Lezignac, des Bretonnieres et de Saint-Simon, conseiller au présidial d'Angoulême, porte : *d'or à un cœur de gueules, une étoile d'azur en chef et une croix raccourcie de même en pointe.*

I. — Jean Thoumas, conseiller à la maison de ville d'Agoulême en 1620, est reçu échevin à la mort de Charles Raoul, le 14 janvier 1627, fait déclaration de vouloir vivre noblement le 3 octobre 1634; Jean Souchet, sieur de La Dourville, est reçu à la mort dudit Thoumas, le 19 décembre 1637. Il épousa Marguerite Clément, dont : 1° Paul, qui suit ; 2° Jean, qui se maria.

II. — Paul Thoumas est élu maire d'Angoulême le 31 mars 1632, continué en 1633, reçu échevin à la mort de N..... Falignon, le 4 août 1635. Pierre Marougne est reçu échevin à la mort dudit Thomas, le 22 avril 1652. Il avait épousé, le 28 décembre 1628, Marie Geraud.

(1) Voyez Thoumas ci-après.

III. — Pierre Thoumas, sieur de Saint-Simon, épousa, le 15 février 1643, Marie du Sueur.

II bis. — Jean Thoumas épousa, le 9 août 1626, Louise Ferrand, dont : 1° Antoine, qui suit; 2° Jean, qui se maria.

III. — Antoine Thoumas, sieur de Lezignac, épousa, le 30 juillet 1645, Anne Martin.

III. — Jean Thoumas, sieur des Bretonnieres, écuïer, conseiller, garde des sceaux au présidial d'Angoulême, épousa, le 22 juin 1650, Marie Grelon, dont Anne, mariée, en 1685, avec François-Joseph de La Rochefoucaud, sieur de Momont, capitaine au régiment de Navarre, fils de François, sieur de Momont, et de Marie-Eléonore Chesnel (Simplic., T. IX, p. 437).

THURY (1).

TIBARDERIE. — V. Moreau, sieur de La Tibarderie.

TIERS, sieur de La Rochette, porte : *de gueules à un chevron d'or accompagné de 3 triangles de même, 2 et 1.* (Cela est conforme à la description écrite de Des Coutures; mais, dans le dessin, au lieu d'un chevron, on a mis un cœur.)

Jean du Tiers, sieur de La Rochette, vice-sénéchal d'Angoumois; étant maire, est reçu conseiller à la maison de ville, au décès de François de La Charlonie, le 8 juin 1662; échevin à la mort d'Abraham de La Farge, sieur de Poumaret, le 3 septembre 1663, fait déclaration de vouloir vivre noblement le 22 août 1662.

TIEUX (2).

TILLET et TILLIER. —. V. Teillet.

TIMON (3).

TIRAC. — V. Martin de Tirac.

[TIROU ou TITOU. — Jordain Titou ou Tirou, damoiseau, fit une donation à Grandmont, en 1270. Voyez mes *Mém. mss. Abb. Lim.*, p. 495.]

TISSEUIL (4).

TISSIERES. — Renée des Tissieres, mariée à Gabriel du Monteil, sieur de Lestrade; étant veuve, elle mourut à quatre-vingts ans, à Châteauponsac, le 4 juillet 1678.

Jean de Tissières, écuïer, sieur du Sirieix, paroisse des Eglises-le-Doignon, où il demeurait en 1715, et de La Borderie, paroisse de Fresselines,

---

(1) Était à la page 821, déchirée.
(2) Etait à la page 2454, déchirée.
(3) Etait à la page 833, déchirée.
(4) Tisseuil était à la page 301, qui est déchirée.

épousa Marguerite de Meiré ou des Maines, dont Silvain, né le 28 décembre 1698.

TITOU. — V. Tirou.

TIZON (1).

TOLET. — Gerald de Tolet, *alias* lo Barlhe de Flavignac, chevalier, 1386.

TOMASSON ou THOMASSON (2).
Jean-Baptiste Tomasson de Pouzac, écuïer, sieur de Plamont, paroisse de Chirac, épousa Jeanne Rampnaulx, dont : 1° Marianne; née le 6 janvier 1739; 2° Catherine, née le 29 avril 1742 ; 3° Gabriel, mort en bas-âge.
[N..... Thomasson était contrôleur au bureau de Nontron, en 1766.]

TORONDEL. — V. Fenis, sieur du Torondel.

[TORSAC, fief mouvant du duché de La Valette, en Angoumois.]
Voyez aussi Laplace, sieur de Torsac.

TOSCANE, sieur de La Perette, paroisse de Montberon, élection et diocèse d'Angoulême, porte : *d'azur à 3 éperviers d'or, 2 et 1, et un croissant d'argent en abîme.*
I. — Claude de Toscane.
II. — François de Toscane épousa, le 3 mai 1524, Françoise Jusdaville.
III. — Helie de Toscane épousa, le 10 mai 1560, Françoise Paulte.
IV. — Lionnet de Toscane épousa Marie Guy.
V. — Bertrand de Toscane épousa, le 2 mai 1605, Jeanne Couraudin ; étant veuve, elle fit son testament le 1er (ou le 31) mai 1641, dont Henri.

LA TOUCHE, sieur de Chillac, paroisse de Nonat, élection d'Angoulême, porte : *d'or à un lion rampant contourné de sable, armé, lampassé et couronné de gueules.*
I. — Jean de La Touche épousa, le 28 avril 1464, Philippe du Puy de Bresmond.
II. — François de La Touche épousa, le 5 juin 1496, Jeanne de La Magdelaine ; elle fit son testament le 4 mai 1529. De ce mariage naquirent : 1° Jean ; 2° Main, qui suit.
III. — Main de La Touche épousa Marguerite de Cossé.
IV. — Antoine de La Touche épousa, le 14 avril 1556, Anne Goulard, dont : 1° Julien, qui suit ; 2° François ; 3° Jeanne, contre lesquels et contre Bertrand de La Touche, leur curateur, Elisabeth de La Touche fit action devant le juge de Barbezieux, le 2 octobre 1570, et le 2 septembre 1578.
V. — Julien de La Touche.
VI. — François de La Touche épousa, le 14 mai 1603, Françoise Tournemine, dont : 1° Jacques, qui suit ; 2° François, qui partagèrent les suc-

(1) Tizon était à la page 799, qui est déchirée. Voyez aussi Martin des Tizons.
(2) Nadaud envoie à l'article Toumasson, à la page 2440, qui est déchirée.
Chirac ou mieux Chirat est canton de Chabanais, arrondissement de Confolens (Charente).

cessions de leurs père et mère, le 30 octobre 1662 ; 3° Elisabeth, mariée à Henri Pasquet.

VII. — Jacques de La Touche épousa, le 14 mai 1651, Marguerite Chillac.

Branche de Grassat, paroisse dudit lieu, élection de Saintes.

Cette branche porte : *d'or à un lion rampant de sable, armé, lampassé et couronné de même.* Supports : *deux sauvages.*

I. — Helie de La Touche fit un échange de la terrre de Rioux-Martin avec une autre, le 12 février 1541 ; il fit son testament le 6 octobre 1574, épousa Anne de Talleran ; ces époux, avec dame Gabrielle de Rochemaux, obtinrent fulmination de Bulles en leur faveur, le 13 mai 1541.

II. — Janot de La Touche fit une transaction avec Odet, son frère, le 4 mai 1592, sur la succession de leur père ; il testa le 18 août 1611, laissant l'usufruit de son bien à sa femme, instituant Gabriel, et faisant légat à Jean et à ses autres enfants. Il avait épousé Huberte Raymond.

III. — Jean de La Touche épousa, le 14 février 1636, Françoise de Raymond.

IV. — Gaston de La Touche épousa, le 29 septembre 1657, Eléonore de Callières.

Branche de Rochefort, paroisse de Saint-Pierre de Royan, élection de Saintes.

Cette branche porte : *d'or à un lion rampant de sable, armé de même, couronné et lampassé de gueules.*

I. — Jean de La Touche, écuïer, sieur de Rochefort, reçut, en février 1597, des lettres de légitimation comme fils naturel de Gaston et de Jeanne de Bonnevin ; en décembre, il reçut, ainsi qu'Antoine, son frère, des lettres de noblesse, vérifiées à la Cour des aydes de Paris, le 5 juin 1600. Il épousa, le 8 janvier 1590, Marie Desmier, fille de François, écuïer, sieur du Maine-Arnaud, paroisse de Peyrignac, et de Gabrielle Raymond.

II. — Janot de La Touche épousa, le 24 février 1615, Philippe de Laigle, dont Charles, qui se maria le 9 mai 1648.

Notes isolées.

François de La Touche épousa, par contrat du 17 septembre 1556, Anne Estourneau.

Demoiselle Anne de La Tousche mourut au château de La Maisonneuve, paroisse de Saint-Estèphe, le 9 juillet 1653.

Léonarde de La Tousche épousa Isaac de Pindrat, sieur de Beaupuy ; il mourut à quatre-vingt-dix ans au château de Ventenat, paroisse de Châteauponsac, le 2 juin 1709.

TOUMASSON. — V. Tomasson.

LA TOUR, Srs de Turenne, portent : *écartelé au 1er et au 4e d'azur semé* de France, à la tour d'argent, au bâton de gueules ; aux 2e et 3e colicé d'or et de gueules de 12 pièces.

X. — Anne ou Annette de Beaufort, vicomtesse de Turenne, épousa son cousin-germain, Agne de La Tour, S^{gr} de Limeuil, en Périgord, fils et héritier de Bertrand de La Tour, S^{gr} d'Oliergues, et de Marguerite de Beaufort. Les premières conventions de ce mariage furent faites à Beaulieu, le 24 mars 1443, vieux stile, en présence de Jean, évêque de Tulle, nobles Guillaume, S^{gr} de Gimel, Lois, son fils, etc. La dispense du pape Eugène VI, dont ils avaient besoin, est du 7 mars 1444 ; le contrat de mariage ne fut néanmoins passé que le 21 octobre 1445, à Fromagat, sur le chemin de Gimel à Tulle, pardevant Jean Viger, damoiseau, lieutenant de Jean du Mesnil-Symon, S^{gr} de Maupas, sénéchal du Limosin, aux baillages de Brive et d'Uzerche, en présence de Guillaume et Louis de Gimel, oncles de la mariée, noble Jean de Roffinhac, chevalier, Jean de Maumont, licencié ez-lois, Jean Leysteyrie, S^{gr} de Florimon, etc., Hugue de Cluzel. Ce mariage termina le procès qui était entre les maisons de La Tour et de Beaufort.

En 1451, le vicomte de Turenne, se disposant sans doute à aller servir le roi en son armée de Guyenne, fit son testament le 8 mai ; s'étant rendu à l'armée, il se trouva à la prise du château de Fronsac, après laquelle, le 24 juin, il y eut une promotion de cinquante chevaliers, entre lesquels sont nommés les premiers le comte de Vendosme, le vicomte de Turenne. En 1453, il était de l'armée du comte de Clermont, lieutenant-général au païs de Guyenne et de Bourdelais, où il se gouverne grandement et honorablement ; il se trouva au siége de Castillon. Le 4 décembre 1467, Louis XI lui donna la conduite de la noblesse, tant en sa vicomté de Turenne que de ses autres terres et seigneuries étant en Périgord, Querci et Limosin. Le 12 janvier suivant, ce prince le fit son chambellan, étant homme de bon sens, vaillance et bonne loyauté. Le 29 juin 1469, le même roi étant à Uzerche, en Limosin, y reçut les foy et hommage que ce vicomte était tenu de lui faire, pour raison de ses seigneuries d'Oliergues et autres en Auvergne. En mars 1483, vieux stile, il fit hommage au roi Charles VII pour la vicomté de Turenne ; ce prince lui en confirma les priviléges en juillet 1484. L'année 1484 ou 1485, il se trouva avec le vicomte de Combret (mieux de Comborn) aux états généraux du royaume tenus à Tours. Les états y furent partagés en six divisions ; la sixième, appelée *la langue d'oil*, renfermait le Limosin. Le 4 mars 1479, aujourd'hui 1480, lui et sa femme firent leur testament, dans leur château de Montvalent, en Querci, dans lequel ils déclarent qu'ils ont treize enfants vivants, et que, outre cela, il y en a quatre en paradis. Ils prennent les qualités de seigneurs des baronnies, terres et juridictions de Saint-Exuperie, Margharide et Roziers, en Limosin. Ils veulent quantité de messes, et que pour chacune soit payé 3 sols 8 deniers tournois. Témoins : nobles Raymond de Comerc, bachelier en l'un et l'autre droit, curé de Sarazac et chancelier desdits seigneur et dame, François del Salhen, S^{gr} de Floumont, Annet Maschat, S^{gr} de La Meschauschaussie, maître d'hôtel desdits seigneur et dame, Hugue de Cluzel, S^{gr} de La Trayne, et Estienne Vielaschieses, S^{gr} del Bastit, discretes personnes Antoine de La Croix, recteur de Varest, et maître Pierre de Pardirac, bachelier en médecine, habitant Tulle.

Anne de Beaufort étant morte, il fit un codicille, le 4 janvier 1482, dans le château de Turenne, où il était malade, en présence des susdits del Salhen, Comerc, Cluzel, Jean de Beaumont, S^{gr} du Repaire de Peyrathalade, paroisse de Mayssac, vénérable et scientifique Antoine de Roris, licencié en décrets et bachelier ez-lois, juge ordinaire du vicomte de Turenne, discrete personne Pierre de Asserio, recteur de Turenne.

Le vicomte ne survécut pas longtemps à cette dernière disposition ; il mourut le 28 du même mois de janvier et fut enterré avec sa femme aux Cordeliers de Brive, au sepulchre de leurs prédécesseurs. Il s'y était fait transporter neuf jours auparavant. Ses honneurs funèbres furent ordonnés au premier mardi de carême, dixième jour du mois de mars. Il s'y trouva beaucoup de gens d'église, gentilshommes et autres, qui furent tous défrayés aux dépens du vicomte de Turenne, son fils, accompagné de Bertrand de Polignac, évêque de Rhodez, son cousin, et de Jean de Taleyran, S^{gr} de Grignaux, son beau-frère. Le service du bout de l'an fut fait au même endroit, le 26 janvier de l'année suivante ; les évêques de Tulle et de Sarlat s'y trouvèrent avec quantité de noblesse, et quoique la compagnie fût très nombreuse, elle fut néantmoins entièrement défrayée aux dépens du vicomte de Turenne.

Ils laissèrent : 1° François, qui aura son article ; 2° Giles, abbé de Vigeois ; 3° Pentaléon de La Tour, S^{gr} de Limeuil, conseiller et chambellan de René II, roi de Sicile. C'est un des quatre que ses père et mère disent être en paradis ; il mourut en Beaujolais avant 1479, et, longtemps après, son corps fut porté aux Cordeliers de Clermont ; 4° Annet de La Tour, dit de Turenne, qui était d'une complexion fort délicate, mangeant très peu, principalement de la chair et autres aliments nourrissants ; il fut seigneur de Servieres, paroisse de Glenie, diocèse de Tulle, Saint-Exupéri et de La Merlière. Son père ordonna qu'il serait d'église, et se fairait promouvoir aux ordres sacrés ; il lui assigna pour cet effet 400 livres de pension annuelle et viagère. Par son testament du 19 mai 1497, il institua héritier Antoine de La Tour, son frère, et voulut être enterré chez les Cordeliers de Brive, dans le tombeau de ses père et mère ; 5° Antoine de La Tour, mort l'an 1482, enterré chez les Cordeliers de Brive. Les évêques de Limoges, Périgueux, Sarlat et Tulle, les abbés d'Uzerche et de Terrasson et autres prélats, Mrs de Pompadour, Chateauneuf, Saillant, Saint-Aulaire et plusieurs autres grands seigneurs, assistèrent à ses obsèques ; 6° autre Antoine de La Tour, dit le Vieil, qui continua la lignée ; 7° autre Antoine de La Tour, dit Le Jeune, qui a fait la branche de Murat, appelé aussi Raymond, né en 1471, destiné à l'église par le testament de ses père et mère, tonsuré le 20 novembre 1484, par l'évêque de Tulle, en vertu de lettres démissoires de l'évêque de Limoges. Le pape Innocent VIII lui permit de tenir plusieurs bénéfices ; 8° Anne de La Tour, mariée, en 1469, à Jacques de Loumagne, S^{gr} de Montagnac, fils aîné d'Odet, vicomte de Conserans et S^{gr} de Fimarcon et de Donzenac, et de Marthe Royère de Cominges ; 9° Marguerite de La Tour, mariée, le 22 septembre 1478, à Jean de Taleyran, S^{gr} de Grignoux, prince de Chalais, etc.; 10° Catherine de La Tour, mariée, le 9 juillet 1489, à Antoine Pompadour, fils de Jean et de Marguerite Chauveron ; 11° Françoise de La Tour, mariée, le 31 janvier 1499, avec Jacques Castelnau, S^{gr} de Jaloignes, fils de Jean, S^{gr} de Castelnau de Bretenoux, et de Marie de Culant. Françoise fit son testament le 25 mars 1529, et fut enterrée au lieu de Félines. N'ayant point d'enfants, elle institua héritier François II, vicomte de Turenne, son neveu et son filleul, âgé d'environ cinquante-trois ans; 12° Marie de La Tour, mariée : 1°, le 1er août 1499, à Jean, Sgr d'Autefort, gouverneur du Périgord et du Limosin, dont Jean d'Autefort, qui succéda à la charge de son père; 2° à Gabriel de Perusse, fils de Jean de Perusse des Cars, de la branche de Saint-Bonnet, et de Catherine de Levis. M. Baluze n'a pas parlé de ce second mariage. C'était à cette alliance qu'il devait appliquer ce qu'il dit des heures en miniature. Selon lui, elles ont appartenu à quelque vicomtesse de Turenne qui faisait sa résidence dans le diocèse de Saintes, ainsi que le calendrier de ces heures le justifie, l'écu est mi-partie de La Tour Turenne, l'autre des Cars, qui porte : *de gueules au pal de vair;* il y a pour brisure un *chef d'or;* 13° et 14° Isabeau et Louise de La Tour, religieuses, en 1470, à Prouille en Languedoc, ordre de Saint-Dominique, 15° Gabrielle de La Tour que ses père et mère, par leur testament, voulaient aussi faire religieuse à Prouille; elle l'était à Ficux en Qercy, ordre de Saint-Jean de Jérusalem, l'an 1485.

XI. — François de La Tour, premier du nom, fils aîné d'Agne, vicomte de Turenne et d'Anne de Beaufort, fut leur héritier en la vicomté de Turenne, Saint-Exuperi, Margharide, Roziers en Limosin, etc. Son père l'émancipa, le 14 janvier 1489, à Turenne. Le 25 septembre 1489, il rendit hommage au roi pour ses terres du païs d'Auvergne. Il mourut sans alliance à Donzy en Nivernais, où il fit son testament, le dernier jour de février 1493, par lequel il élit sa sépulture en l'église des Cordeliers de Brive-la-Gaillarde, en laquelle ses prédécesseurs sont inhumés; donne tous ses chevaux à Bertrand de Saillant et à Antoine de Vertheleys, escuiers, ses serviteurs; nomme ses exécuteurs testamentaires le comte de Ventadour, qu'il appelle son oncle, le seigneur de Grignaux, son beau-frère, et le seigneur de Pompadour; ordonne le pélerinage de Notre-Dame-d'Hautefaye, peut-être diocèse de Tulle.

XI. — Antoine de La Tour, vicomte de Turenne [Sgr d'Oliergues], etc., fut destiné à l'église; mais, après la mort de son frère aîné, François, il recueillit la succession et les biens de la maison de La Tour-Turenne. Le roi lui donna respit le 22 février 1493, vieux stile, pour l'hommage de la seigneurie de Saint-Superi et vicomté de Turenne en Limosin. Par lettres du 7 février 1496, il le fit son chambellan. En 1498, il donna, par donation entre vifs, à sa femme [Antoinette de Pons] la seigneurie de Servière, en la sénéchaussée de Limosin, paroisse de Glenic, diocèse de Tulle, pour en disposer elle et les siens à la vie et à la mort, à leur volonté. En 1523, il était avec ses bandes dans la ville de Péronne, assiégée. Il mourut en son château de Montvalent en Quercy, le 14 février 1527, vieux stile, et fut enterré aux Cordeliers de Brive, ainsi qu'il l'avait ordonné par son testament, ez tombes de ses père et mère. Il avait épousé, par contrat du 17 avril 1494, Antoinette de Pons, fille de Gui, Sgr de Pons et vicomte dudit Turenne, en sa partie de la vicomté, et de Jeanne de Châteauneuf. On sait qu'Antoinette était morte le 23 décembre 1511 ; car on n'en trouve pas autre chose. Ils eurent pour enfants légitimes : 1° François, qui suit; 2° Giles de La Tour, protonotaire du Saint-Siége, Sgr de Limeuil en Périgord, par la donation que lui en fit son père le 18 avril 1527. Il testa en 1566. Il épousa Marguerite de La Cropte, dame de Lanquais, fille unique et héritière de Bertrand et de Jeanne d'Abzac de La Douee; elle fut empoisonnée aux bains de Béarn; elle testa en 1571; 3° Marguerite, mariée en 1514, à Pierre de Clairmont, baron de Clairmont de Lodève et de La Malière, fils de Tristan de Castelnau et de Catherine d'Amboise; 4° Anne, reçue en 1505, religieuse de l'ordre de Saint-Jean de Jérusalem, au monastère de Fieux en Querci, d'où elle sortit par dispense du pape du 9 avril 1563; elle est enterrée chez les Cordeliers de Brive. Baluze énumère encore : Marguerite, mariée, en 1575, à Jean d'Aubusson, S^{gr} de La Valade en Périgord; et Magdelaine, mariée, en 1563, à Jean de Fayole, Sr de Neuvic, Saint-Pardoux et Saint-Martial, son parent au quatrième degré, morte sans lignée. Le testament d'Antoine de La Tour, du 22 mars 1522, vieux stile, est une preuve trop marquée de sa vie dissolue; il s'y dit S^{gr} de Servières, fait des légats à ses bâtards qu'il avait eu de ses servantes, du moins en partie, et d'une nommée La Gaillarde de Lochas; il les nomme tous : noble Rigad de Turenne, écuïer, puis abbé d'Uzerche; noble Pierre de Turenne; noble Jean de Turenne; noble Bertrand de Turenne; noble Jean de Turenne, écuïer; noble François de Turenne; noble Pierre; noble Agnet; noble Gabrielle; noble Jacquette; noble Antoinette; noble Anne; autre noble Antoinette.

XII. — François de La Tour, deuxième du nom, vicomte de Turenne, chevalier de l'ordre du roi, etc., né à Limeuil, en Périgord, le 5 juillet 1491, eut pour parrain Louis de Levis, comte de Ventadour, fut émancipé par son père, qui lui fit en même temps don de la vicomté de Turenne et de plusieurs autres seigneuries. Je ne parle que des seigneurs de Turenne; ainsi on peut voir ses belles actions dans MM. Justel et Baluze. Le 27 janvier 1528, vieux stile, le roi lui écrivit d'Argenteuil et lui marqua : « J'ai reçu, par Noailles, présent porteur de votre lettre et entendu bien amplement par lui, tout ce qu'il m'a dit et exposé de votre part, suivant le contenu aux instructions que lui avez baillées, etc. » Il prétendit le droit de lods et ventes à cause des acquisitions faites au dedans de la vicomté; les gentilshommes se roidirent au contraire, et, par arrêt du Parlement de Bordeaux, donné avec le sieur de Lignerac, du 24 décembre 1529, rapporté par Boere, conseiller au même Parlement, qui fut commis et député pour l'exécution de l'arrêt, en sa décision 263, par Chopin, Maynard, il a été ordonné qu'il serait informé par turbes; et, depuis ce règlement, j'ai appris, dit M. Mercier, que les officiers du sieur de Bouillon avaient fait une transaction avec un des héritiers du sieur de Lignerac, le 17 septembre 1599, par laquelle il se soumet au payement des lods et ventes, nonobstant l'arrêt; et ensuite de ce qu'il avait introduit une instance au grand conseil contre le sieur de La Méchaussée, qu'on dit être serviteur particulier dudit sieur de Bouillon, et, avec lui, obtenu arrêt portant condamnation des lods et ventes, contre lequel il y a requête civile.

Il épousa : 1° en avril 1516, Catherine d'Amboise, fille et héritière de Gui, Sr de Ravel, et de Françoise Dauphine de Combronde, dont il n'eut point d'enfants. Amboise porte : *pallé d'or et de gueules de 6 pièces*.

Il épousa : 2° en juin 1518, Anne de La Tour dite de Boulogne, dame de Montgascon, fille de Godefroi de La Tour, deuxième du nom, Sr de Montgascon et d'Antoinette de Polignac, sa parente, et veuve de Charles de Bourbon, comte de Roussillon, puis de Jean de Montmorenci, S^{gr} d'Econën. La Tour-Montgascon, porte : *écartelé aux 1er et 4e de La Tour; aux 2e et 3e*

d'Auvergne qui est d'or au gonfanon de gueules, frangé de sinople. Elle fit son testament à Paris, le mercredi 8 mars 1530, vieux stile, année de sa mort, et voulut y être enterrée chez les Cordeliers; elle y fait deux légats à la demoiselle de Thouzet, gouvernante de ses filles et à la fille de ladite demoiselle.

Il assista, le 20 décembre 1530, à l'entrée du cardinal Duprat, légat *a latere* dans la ville de Paris. Le roi François Ier, étant allé en Bretagne, l'an 1532, pour y recevoir M^r le Dauphin, en qualité de duc de Bretagne, le vicomte de Turenne l'y suivit et mourut à Villocher, à deux ou trois lieues de Châteaubriant, où le roi se tenait, le 12 juillet, ayant fait son testament trois jours auparavant. La relation de ses obsèques est curieuse, mais je ne m'arrêterai qu'à ce qui concerne le Limousin. Tous les gentilshommes, parmi lesquels sont nommés MM. de La Borde, Le Maistre, le baron de Gimel, de Martigny, de Miramont, Mathieu de Faye, S^{gr} de Marion, et tous les serviteurs, furent habillés de deuil, à Villocher; tous étaient en grand nombre, tant de gentilshommes que autres, et après partirent de là accompagnés des Cordeliers; et s'en vinrent jusqu'à la ville d'Uzerche, en Limosin, où le corps reposa pendant quinze jours. Le 20e jour de juillet, maître François des Cars, S^{gr} de La Vauguyon, l'un des exécuteurs testamentaires et tuteur des enfants, vint à Pompadour et envoya quérir Mre Rigaud de La Tour, abbé d'Uzerche, frère du défunt, Mr de Bar, S^{gr} du Cluzeau et de La Bertrandie, MM. de Pompadour et des Cars, pour aviser au fait de l'enterrement et honneurs funèbres. De Bar leur montra ce qui avait été fait à l'enterrement du père du défunt, ce qui ayant été approuvé par ces messieurs, ils en envoyèrent un double à M^r le duc d'Albanie et à Mre Antoine de La Rochefoucaud, S^{gr} de Barbezieux, tuteurs des enfants du vicomte, avec les cardinaux de Tournon et de Grammont, et à Antoinette de Polignac, dame douairière de Montgascon, tutrice. Ce projet ayant été agréé par ces messieurs et cette dame, ils dépêchèrent de Bar à Brive pour faire accoustrer l'église des Cordeliers et avoir les provisions nécessaires pour l'enterrement et les honneurs funèbres. Ils écrivirent aux évêques de Cahors, Tulle, Périgueux, Sarlat et Bazas, pour les inviter de se trouver à cette cérémonie; ils y invitèrent également les abbés de Souillac, Figeac, Saint-Martial, La Valette, Grandmont, Marsillac, Terrasson, Beaulieu, La Couronne et Chastres, et les doyen et chapitre de Saint-Germain-de-Masseré. Ils y firent aussi appeler MM. de Murat, Limeuil, Pompadour, Autefort, Pons, Mirambeau, Ribeyrac, Guistinieres, Curton, Montal, Biron, le grand écuyer Jacques Gaillot, de Genouillac, Gimel, des Cars, Saint-Bonnet, Saint-Aulaire, de La Fieulx, Gramot, Montmurat et Aubeterre, tous les gentilshommes accoutumés à être appelés aux états du vicomte, tous les consuls et syndics des villes et châtellenies de la vicomté. Le sieur de Bar fit tenir les lettres partout, par cinq serviteurs habillés de deuil (1) . . . .

. . . .

XIII. — François de La Tour, mort en 1557. . . . .

XIV. — Henri de La Tour, mort en 1623. . . . .

. . . .

---

(1) Les pages 2381 et 2382 sont déchirées. Elles contenaient la fin de cet article, celui de François, et le commencement de celui d'Henri. Les notes A et B, qui se rapportent à ce dernier, se trouvent à la page 2411. Nous donnons la suite, qui est à la page 2383.

A. — Le vicomte de Turenne ayant appris, par Saint-Heran, gouverneur d'Auvergne, qu'on devait l'arrêter dans cette province, vint à Turenne, d'où il fut encore obligé de sortir vers 1574. Il engagea le comte de Ventadour, qui était son oncle et gouverneur de Limosin, à prendre le parti des mécontents. Le vicomte s'attacha, en 1575, au duc d'Alençon, et eut le crédit de lever trois mille hommes de pied, tous gens d'élite, et de se faire suivre par quatre cents gentilshommes des meilleures maisons de Limosin, de la Marche, etc. Il rompit avec ce duc et se retira à Turenne ; la magnificence avec laquelle il y reçut, lui attacha de nouveau la noblesse ; il avait, d'ordinaire, vingt-cinq gentilshommes entretenus à ses dépens, vingt-quatre pages et le reste à proportion.

B. — Après la paix de 1580, il alla chercher de la gloire aux Pays-Bas, y menant, comme volontaires, au duc d'Anjou, cinquante gentilshommes des meilleures maisons d'Auvergne et du Limousin, qui voulurent bien, non-seulement marcher sous ses ordres, mais encore prendre ses livrées.

. . . .
. . . .

En 1585, il avait assemblé de la cavalerie et de l'infanterie dans le Limosin, le Périgord et le Querey. Le prince de Condé espérait, en octobre, qu'il lui emmenerait à Brouage quatre ou cinq mille hommes dans peu de jours, et qu'il prendrait le commandement du siége de cette ville en son absence. Le vicomte y conduisit en effet quelques troupes ; mais, dès qu'il vit arriver le maréchal de Matignon, il les congédia. V. VAISSETTE, p. 419. Le lendemain de la bataille de Coutras, 1587, Mr de Turenne, croïant que la réputation de son gain aurait tellement effrayé les provinces de Périgord et de Limosin, que tout se réduirait sous sa puissance, débaucha le tiers de l'armée du roi de Navarre, qui fut depuis Henri IV, pour la mener en ces provinces, sous des espérances qu'il donnait et promesses qu'il faisait de les faire tous riches de butin, et de chasser la religion catholique de ces provinces. Néantmoins, il n'y fit rien qui vaille, il ne prit pas une bicoque et fut bien battu à Sarlat. Le 13 décembre, le siége de Turenne fut levé. En 1588, voyez VAISSETTE, p. 424, 425. En 1591, il leva des troupes en Limosin pour les protestants. Sa Majesté le fit solliciter de venir au siége d'Amiens, en 1597. Mais le duc de Bouillon, alleguant les plus beaux prétextes, ne quitta l'assemblée des calvinistes, tenue à Chatelleraud, que pour aller à Turenne, ce qui augmenta les soupçons du roi. Le duc se rendit auprès de lui, à Blois, et s'en retourna dans la ville de Turenne. En 1601, le roi Henri IV s'était résolu à porter sa personne vers le Limosin où s'épandaient de nouvelles semences contre Sa Majesté, ce qui fut suspendu. L'année suivante, ce prince reçut quantité de lettres et d'avis par messagers exprès de la part de ses serviteurs particuliers et bien affidés, qu'il entretenait toujours en Limosin, la Marche, etc., pour le tenir toujours averti de ce qui se passerait en ces provinces. On lui faisait savoir qu'il courait et trottait par ces provinces grande quantité de gens, tant d'une que d'autre religion, qui faisaient tout ce qu'ils pouvaient pour décrier et rendre odieuse son administration, et même tâcher de le mettre en haine universelle de ses peuples. Pour 1602, voyez VAISSETTE. p. 496. Le roi y pourvut en établissant absolument en Limosin le sol pour livre. Sa prudence et sa réputation admirable contint les plus étourdis et malins, et ramena à la raison les plus dociles et débonnaires. Il usa d'un trait de grande prudence et générosité; car, aiant vu une obéissance si entière et sans contraste à l'établissement de cette imposition, que l'on avait pris pour prétexte de toutes les rumeurs fomentées par les conspirateurs, il en fit la révocation fondée sur la seule prompte obéissance que les peuples avaient témoignée de vouloir rendre à tous ses commandements; cette mesme imposition, qui paraissait si onéreuse, fut convertie en une double subvention, et, quelque temps après, entièrement éteinte. La mêsme année, 1602, après que le maréchal de Biron fut décapité, le 29 juillet, le maréchal de Bouillon ne se trouva pas sans accusateurs; il était alors en sa vicomté de Turenne, le roi lui manda qu'il vint se justifier. Au lieu de se rendre, il envoya au roi une lettre de remonstrances fort éloquente, par laquelle il lui représenta qu'ayant appris que ses accusateurs étaient très méchants et très artificieux, il le suppliait de le dispenser d'aller à la Cour. Pour réponse, le roi lui commanda de venir, mais il passa à Genève, puis à Heidelberg, chez le prince Palatin, disant, en sage politique, comme il était, qu'il ne fallait ni capituler avec son roi, ni s'approcher de lui tant qu'il était en colère. En 1603, un nommé Calvairac fit avertir Sa Majesté, par tierce personne, qu'il se faisait plusieurs brigues et menées en Limosin, etc., avec des intelligences en Espagne, et qu'il y avait des personnes de qualité fort relevées qui s'en mêlaient, tant catholiques que de la religion prétendue réformée, à quoi il serait bon que le roi prit garde. Le duc de Bouillon écrivit une lettre, datée de Turenne, le 18 juin, à M* de Rosny, surintendant des finances, pour sonder ce que le roi croyait de lui dans cette occurrence. Sur la réponse de M* de Rosny, il envoya le sieur de Rignac vers le roi, pour se justifier. Le sieur de Vassignac alla aussi en cour pour le même sujet. M* de Ventadour, et surtout M** de Verneuil, implorèrent la clémence du roi pour le comte d'Auvergne, coupable de la même conspiration, et l'obtinrent. Ces assemblées continuaient toujours en Limosin et en Périgord, le sieur de La Chapelle-Biron et plus d'une trentaine de gentilshommes de sa cabale, qui étaient la plupart chez lui, voulaient venir trouver le roi, l'informer de tout ce qu'ils savaient et lui demander pardon, pourvu qu'ils espérassent l'obtenir. Mais ils avaient plus de peur que d'espérance. Au mois d'août, ceux de Turenne, compris dans les places de sûreté accordées à ceux de la religion prétendue réformée, se fortifièrent et se munirent de tout ce qui leur était nécessaire; tant qu'ils purent, ils logèrent leur artillerie sur des plates-formes, faisant contenance de vouloir défendre la place, parce qu'ils apprirent que le roi voulait venir. Le vice-sénéchal de Brive, député par Baumovielles, en informa Sa Majesté et lui apprit que Rignac était dans Turenne avec Vassignac, mais fort étonnés. Quand ils apprirent que le roi était parti de Paris, ils lui envoyèrent au Hallier, près d'Orléans, deux gentilshommes du Querci, nommés Caussa et Brigantin, tous deux frères. Ceux-ci avouèrent ouvertement tout ce qui avait été fait par Rignac et Bassignac; ils demandèrent pardon pour six vingts gentilshommes qui avaient part à leur entreprise, qui était de prendre Villeneuve d'Agenois. Mais Bassignac et Rignac, ayant reçu des ordres du duc de Bouillon, se résolurent de tenir en défense Turenne et Saint-Céré. Le duc envoya des ordres contraires et manda à ceux qui gardaient ses maisons de les remettre entre les mains de ceux que Sa Majesté ordonnerait. Le roi donna commission à autant de gentilshommes de la religion qu'il y avait de places pour les aller recevoir, ce qui termina la guerre.

Durant l'été de 1605, le roi, étant à Paris, fut averti par le capitaine Belin qu'en Limosin, Périgord, Querci, et en quelques provinces des environs, plusieurs gentilshommes, appuyés par le duc de Bouillon, de concert avec l'Espagne, tramaient une conspiration et faisaient des assemblées pour relever les fondements de rébellion, que le feu maréchal de Biron et ceux qui étaient de sa conspiration y avaient jetés. Leur prétexte, ordinaire aux rebelles, était de décharger le peuple et faire que la justice fût mieux administrée à l'avenir par ceux qui l'exerçaient. Mais leur dessein n'était que de pescher en eau trouble, et sous l'apparence du bien public, s'engresser sur les ruines du pauvre peuple. Le duc de Bouillon, qui avait entendu dire que Sa Majesté révoquerait un jour les priviléges et franchise du vicomté de Turenne, avait des émissaires qui distribuaient de l'argent, prenaient le serment de ceux qui lui promettaient service, et ils avaient déjà formé des entreprises sur dix ou douze villes catholiques. Sa Majesté, ayant fait donner à Belin 1,200 francs pour la récompense de son zèle, partit de Paris le 15 ou le 16 septembre, s'achemina à Limoges. Il y manda la noblesse des provinces voisines de le venir trouver, et, suivant sa prévoyance accoutumée, vint accompagné de trois mille hommes, autant du régiment des gardes, et huit ou neuf cents chevaux de compagnies réglées. Aussitôt que La Chapelle-Biron, le baron de Calveyrac, Tayac, Giversac, Bassignac, etc., eurent avis de sa venue, ils se sauvèrent à Sedan et d'autres lieux de sûreté, en diverses provinces, ou se cachèrent chez leurs amis et quittèrent leurs châteaux. Le roi envoya se saisir de quelques places qu'il pensait que les rebelles devaient occuper, et entre autres de Turenne qui appartenait au duc de Bouillon, et assura le pays. Ayant demeuré quelques huit jours à Limoges, et trouvant ce séjour des plus ennuyeux, il s'en retourna en poste à Paris. Il établit à Limoges des commissaires, tant de son conseil que des Parlements de Paris et de Bordeaux, pour une chambre de ce qu'on appelle les *grands jours*, destinée à faire et parfaire le procès, tant aux rebelles qu'on attraperait, qu'aux absents. Le chef de cette chambre était Jean-Jacques de Mesmes, Sgr de Roissy, maître des requêtes, assisté de dix conseillers du présidial. Mr de Themines, gouverneur et sénéchal du Quercy, manda, suivant l'ordre du roi, aux sénéchaux des païs voisins, de se rendre près de lui avec leurs archers, pour y servir le roi; ce qu'ils firent. On courut alors les rebelles, partout où on eut avis qu'ils s'étaient retirés. Le baron de Calveyrac, quercinois, fut pris au château d'Acampare en Armagnac. Saint-Vraise et Malbec furent pris proche de Loubejac, près de Montauban, Ligongnac et Tajac ou Tayac s'étaient retirés dans le château de Picacos, appartenant au sieur de Montpezat, sachant qu'on les allait assiéger, en sortirent et se sauvèrent déguisés. Ainsi, plusieurs furent pris, et on mena à Limoges tous ceux qu'on put attraper dans le Querci. Cinq furent décapités en personne, savoir : le baron de Calveyrac et le capitaine Matbelin, son frère bâtard, les sieurs de Chassein et Pouygoudon, du païs de Périgord, et de Grispel, Limosin. Leurs têtes furent plantées sur les portes de la ville de Limoges, leurs corps brûlés et les cendres jetées au vent. Quant à La Chapelle-Biron, Tayac, Ligonnhac ou Layagnac, Reignac, Giversac, de la maison de Cugnac et Bassignac, leur procès fut fait par contumace; ils furent exécutés en effigie. Plusieurs eurent recours de bonne heure à la clémence du roi, et achetèrent leur grâce en découvrant toute la trame de la conspiration, les villes qu'ils voulaient surprendre, les lieux où se devaient faire leurs armements, ceux qui avaient promis de se déclarer pour eux, et plusieurs autres choses, qui, étant examinées de près, n'avaient guère de fondement que dans leur folle imagination. Aussi ne se prouvait-il rien par écrit contre le duc de Bouillon, mais seulement par des témoignages de gens qui portaient leurs reproches sur leur front. Plusieurs faits prisonniers, n'eurent d'autre punition que la prison, le roi voulant, selon sa bonté naturelle, que peu souffrissent la peine due à la témérité de plusieurs. Ainsi, toutes ces provinces, que ces cerveaux échauffés à la révolte allaient troubler, furent maintenues en paix par la justice que l'on fit de cinq personnes.

En 1606, M. de Bouillon continuait toujours dans sa rebellion; le roi voulait pour le punir, s'il persistait, joindre à la couronne le vicomté de Turenne, que le duc prétendait ne tenir de la couronne qu'en espèce d'hommage lige; mais il satisfit le roi. En 1611, Charles Andrieu, ministre de l'église de Turenne, lui dédia la *Défaite de Goliath et confusion des Philistins*, imprimée à Bergerac par Vernoy, in-16. En 1612, s'éleva un procès entre ce vicomte et le S^{gr} de Noailles, qui fit paraître des factums de part et d'autre. De la prétention et retenue féodale pour M. Henri de La Tour, duc de Bouillon, vicomte de Turenne, contre le sieur de Noailles, par M. Rigault. Factum pour M. Henri, S^{gr} de Noailles, contre M. Henri de La Tour, duc de Bouillon, vicomte de Turenne. Sommaire de l'instance pendante aux requêtes du palais entre ces deux seigneurs par M. Auguste Galland. Enfin, par arrêt du 3 août 1613, au profit de M. le vicomte de Turenne, pour des terres étant dans sa vicomté, pays de droit écrit, M. de Noailles fut condamné. Boucheul, en citant cet arrêt, dit : Il y a cette différence entre le droit de la retenue féodale et le droit de lots et ventes, que le premier est comme un retour favorable à son principe, et une dépendance tacite de l'inféodation, quoique non exprimé par la coutume, ou quoique non réservé par les concessions, telle est l'espèce de cet arrêt; au contraire, des lots et ventes, le droit n'en est pas dû au seigneur, s'il ne lui est accordé par la coutume ou par ses titres. En 1619, les Huguenots menaçaient Pontarion et Monteil-le-Vicomte; mais M. le duc de Schomberg y mit si bon ordre, que ni ville ni château ne se départit de l'obéissance du roi. Le Pascher Pasayat, avec sept cents hommes de pied et trois cents carabins rebelles, tâcha de traverser la vicomté de Turenne, mais M. de Schomberg, avec quarante gentilshommes et soixante carabins, le défit et le contreignit de se rendre à discrétion. En 1621, le duc de Bouillon était convenu avec le roi, que toutes les places qui étaient dans la vicomté de Turenne demeureraient dans le service de Sa Majesté, sans toutefois faire la guerre à ceux de la religion prétendue réformée, qui fut jusqu'à la mort celle du duc. L'assemblée des Huguenots à La Rochelle, l'an 1621, mit la ville de Turenne au nombre de celles de sûreté; mais les habitants envoyèrent à Bergerac, au mois de juillet de la même année, assurer le roi de leur fidélité.

Il fit son testament à Sedan, le 17 mai 1613, où il donne à son second fils les terres qu'il a dans la Marche. Il mourut audit Sedan, le 25 mars 1623, et y fut enterré.

Il épousa : 1°, le 15 octobre 1591, Charlotte de La Mark, née le 5 novembre 1574, duchesse de Bouillon, princesse souveraine de Sedan, etc., où elle mourut le 15 mai 1594, sans laisser de postérité.

Il épousa, 2°, l'an 1595, Elisâbeth de Nassau, fille de Guillaume, prince d'Orange, etc., et de Charlotte de Bourbon. Le ministre Dumoulin lui dédia, l'an 1631, un de ses livres ; elle était le refuge des calvinistes, et mourut à Sedan, le 3 septembre 1642. De ce mariage vinrent : 1° Frédéric-Maurice, qui suit ; 2° Henri de La Tour, vicomte de Turenne, né à Sedan, le 4 septembre 1611, maréchal de France, maréchal-général des camps et armées du roi. En 1653, le roi lui donna le gouvernement du haut et bas Limosin ; il fit abjuration de la religion protestante le 23 octobre 1668 ; il fut tué d'un coup de canon, le 27 juillet 1675, et enterré à Saint-Denis en France. Il avait épousé, en 1653, Charlotte de Caumont, fille d'Armand, duc de La Force, et de Jeanne de La Rochefaton ; elle mourut à Paris, sans laisser d'enfants, le 13 avril 1666, après une longue maladie, en sa quarante-troisième année, regrettée pour sa piété et ses grandes charités ; 3° Louise de La Tour, morte à Paris en 1606 ; 4° Marie, mariée, l'an 1619, à Henri de La Trémouille, duc de Thoüars, huguenot comme elle, morte en 1665 ; 5° Julienne-Catherine, mariée, en 1627, à François de La Roye de La Rochefoucaud, comte de Roussy, morte en 1638 ; 6° Elisabeth, mariée, en 1619, à Alphonse de Durfort, marquis de Duras, morte en 1685 ; 7° Henriette-Catherine, mariée, en 1629, à Amauri Gouyon, marquis de La Maussaye ; 8° Charlotte, fort connue par le nom de Mlle de Bouillon, morte à Paris, en 1662, sans alliance.

Joseph Asimont, ministre de l'église prétendue réformée de Bergerac, dédia, en 1665, la seconde partie, in-4°, de l'*Antichiron ou deffense de l'accord de la foy avec la raison, contre la refutation et les répliques de maistre Jean Chiron, prestre et bachelier en théologie* : il lui souhaite que Dieu veuille lui donner des enfants de son illustre mariage.

XV. — Frédéric-Maurice de La Tour, duc de Bouillon, prince souverain de Sedan et de Raucourt, vicomte de Turenne, etc., né à Sedan le 22 octobre 1605, eut pour précepteur le ministre Dumoulin, qui l'éleva dans la religion prétendue réformée. Etant mestre de camp au siége de La Mothe en Lorraine, l'an 1634, il s'y acquit beaucoup d'honneur, ainsi que Perpenchat, lieutenant dans le régiment de Turenne, La Chelle, sergent-major, et La Ferrière, enseigne du même régiment ; ces deux derniers furent blessés. Le ministre Dumoulin lui dédia un livre en 1631 ; mais il abjura la religion protestante, en 1637, et fit profession publique de la catholique.

Par contrat, passé au château de Boxmer le 1er février 1634, il avait épousé Eléonore-Catherine-Febronie de Bergh, fille de Frédéric, gouverneur de Heise, et de Françoise Ravenel. Bergh porte : *d'argent au lion de gueules, couronné, lampassé et armé d'or, à la bordure de sable, chargée de onze besants d'or*.

Il envoya, en 1641, ses instructions pour son accommodement avec le roi, par le sieur de Salignac. Par cet accommodement, fait le 5 août de cette année, Sa Majesté fera jouir les habitants de la vicomté de Turenne des priviléges qui leur ont été accordés par ses prédécesseurs. En octobre 1642, il se retira à Turenne, où la duchesse, sa femme, le fut trouver. Il fut là assez longtemps ; mais, les affaires ayant changé de face à la cour, il partit pour Paris. Ayant été averti qu'il avait été proposé, dans le conseil de la reine, alors régente, de le faire arrêter, il se retira en poste à Turenne sans prendre congé. Les mêmes raisons qui le portèrent à retourner si précipitamment à Turenne, le firent résoudre à sortir hors du royaume pour se mettre à couvert des mauvais traitements que ses ennemis lui pouvaient susciter. Il partit de Turenne au commencement de l'année 1644 et s'en alla en Italie, avec sa femme et ses enfants. Le sieur de Chaufour, lieutenant de ses gardes, qui était auprès de lui, écrivit la relation de ce qui se passa en son voyage de Rome et d'Italie; M. Baluze en a rapporté ce qu'il a cru de plus remarquable. En 1645, Justel lui dédia l'*Histoire des maisons de La Tour-d'Auvergne et de Turenne*. A la nouvelle de l'emprisonnement des princes de Condé et de Conti, et du duc de Longueville, en 1650, il se retira à Turenne, et témoigna d'abord un zèle égal pour M. le prince. Il fut un de ceux qui firent le projet de la guerre de Guyenne; pour faire croire qu'on prenait les armes pour la liberté de M. le prince, et pour la conservation de celle de son fils exposé à toutes les rigueurs de la cour, on concerta de conduire Mme la princesse douairière et Mme la princesse, sa belle-fille, à Turenne, où le duc de Bouillon se joindrait au duc de La Rochefoucaud pour les accompagner à Blaye, en attendant que lui et le duc de Saint-Simon eussent achevé de disposer le Parlement de Bordeaux à les recevoir. Ce projet fut suspendu, et le duc de La Rochefoucaud fut contraint de se retirer à Turenne. En y arrivant, le duc de Bouillon et lui eurent nouvelle que Mme la princesse venait à Turenne, pour être de là menée à Bordeaux, où ils avaient beaucoup d'amis disposés à la recevoir. Mais ces amis, qui jusque-là avaient paru les plus zélés pour les intérêts de M^r le prince, se refroidirent tout à coup. Néantmoins Langlade, dont le duc de Bouillon s'était servi dans cette négociation, les ayant raffermis avec beaucoup de peine et d'adresse, il revint en donner avis au duc de Bouillon, qui assembla trois cents gentilshommes de ses amis pour aller recevoir Mme la princesse; et le duc de La Rochefoucaud manda les siens, qui arrivèrent à Turenne au nombre de trois cents, conduits par le marquis de Sillery. Outre ses amis, le duc de Bouillon leva mille deux cents hommes d'infanterie de ses terres, et, sans attendre le marquis de Sillery, ils marchèrent ainsi vers les montagnes d'Auvergne, par où devait passer Mme la princesse, conduite par Chavaignac. Les ducs de Bouillon et de La Rochefoucaud attendirent deux jours en un lieu nommé La Bonne (peut-être La Borne), où Mme la princesse et M^r son fils arrivèrent enfin. On les conduisit de là à Turenne, où s'étaient rendus en même temps les comtes de Meille, de Coligni, Guitault, le marquis de Cessau, Beauvais, Chantorni, Briole, le chevalier de Rivière, et beaucoup de personnes de qualité et d'officiers des troupes de M^r le prince. La princesse et le petit duc y demeurèrent huit jours, pendant lesquels on prit Brive-la-Gaillarde, et la compagnie des gendarmes du prince Thomas, qui était de deux cents maîtres. Ce séjour à Turenne, qui était nécessaire pour disposer les esprits de Bordeaux, chancelants, et, pour y pouvoir aller en sûreté, donna le loisir au général de La Valette, frère naturel du duc d'Epernon, qui commandait l'armée du roi, de se trouver sur le chemin de Mme la princesse pour lui empêcher le passage; mais étant demeurée à une maison du duc de Bouillon, nommée Rochefort, le duc de La Rochefoucaud et lui marchèrent au général de La

Valette avec toutes les troupes qu'ils avaient levées dans leurs terres et six cents gentilshommes de leurs amis. Ils le joignirent à Montolard en Périgord. Mais il lâcha le pied sans combattre, et Mme la princesse reprit son chemin de Bordeaux, sans trouver rien qui s'opposât à son passage. La Chapelle-Biron, maréchal de camps des troupes du duc de Bouillon, fut tué à une sortie, au siége de Bordeaux, le 17 septembre. On fit la paix, et le duc de Bouillon se retira à Turenne. Le prince de Condé, rebelle au roi, passa de la Guyenne par Turenne pour se rendre en Auvergne, où il arriva le samedi de Pâques, 1652. Les places qui suivaient la rebellion en Limousin n'étaient pas fort considérables, et leur résistance ne dura pas longtemps.

Il mourut à Pontoise, le 9 août 1652, sa femme à Paris, le 14 juillet 1657; elle fut enterrée avec le duc, son mari, dans l'église de l'abbaye de Saint-Taurin d'Evreux, et leurs cœurs dans celle des capucins de la même ville. Depuis, leurs corps furent transportés dans l'abbaye de Cluni et mis dans le beau mausolée que le cardinal de Bouillon, leur fils, y a fait faire pour sa famille. Leurs enfants furent : 1° Godefroi-Maurice, qui suit; 2° Frédéric-Maurice de La Tour-d'Auvergne, comte d'Auvergne, lieutenant-général des armées du roi, qui eut la survivance de gouverneur et lieutenant-général en Limosin, à la demande de son oncle, par provision du 25 août 1661; il mourut à Paris, le 23 novembre 1707, âgé de soixante-six ans; 3° Emmanuel-Théodore, cardinal, dit de Bouillon, né à Turenne, mort le 7 mars 1715. Les autres enfants ne sont pas de mon plan.

XVI. — Godefroi-Maurice de La Tour, deuxième du nom, duc de Bouillon, vicomte de Turenne, etc., vidame de Tulle, mourut à Paris, le 26 juillet 1721, en sa quatre-vingt-deuxième année. Il fit relever à ses dépens l'église de Turenne, qui avait été détruite ; elle fut finie en 1661. Il épousa, par contrat du 19 avril 1662, Marie-Anne Mancini, nièce du cardinal Mazarin, morte le 20 juin 1714, âgée de soixante-quatre ans. Il en eut : 1° Louis de La Tour, prince de Turenne, né à Paris en février 1664; il porta d'abord le nom de comte d'Evreux, qu'il changea depuis en celui de prince de Turenne, après la mort de son grand-oncle, qui l'avait rendu célèbre et respectable à toute l'Europe. Il mourut d'une blessure reçue à la bataille de Steinkerque le 3 août 1692. L'année précédente, il avait épousé Anne-Geneviève de Levis-Ventadour, dame de Donzenac, fille de Louis-Charles, duc de Ventadour, pair de France, et de Catherine-Eléonore-Magdelaine de La Mothe-Houdancourt; elle n'en eut point d'enfants, et se remaria, en 1694, avec Hercule-Meriadec de Rohan ; 2° Emmanuel-Théodose, qui suit.

XVII. — Emmanuel-Théodose de La Tour, duc de Bouillon, vicomte de Turenne, etc., né en 1668, avait été nommé, en 1677, à l'abbaye de Bonport, diocèse d'Evreux et, en 1681, à celle de Saint-Sauveur de Redon; mais, après la mort de son frère aîné, Louis, prince de Turenne, il quitta la cléricature. Il mourut à Paris, le 16 ou le 17 mai 1730. Il épousa : 1°, le 1er février 1696, Marie-Victoire-Armande de La Trimouille, fille de Charles, duc de La Trimouille, et de Magdelaine de Crequy, morte le 5 mars 1717 ; 2°, le 4 juillet 1718, Louise-Françoise-Angélique Le Tellier, de Barbezieux, morte en couches le 4 juillet 1719, fille de Louis-François-Marie, chancelier des ordres du roi, etc.; 3°, le 18 mars 1720, Anne-Marie-Christine de Simiane des Gordes, morte en couches le 8 août 1722 ; 4° Louise-Henriette-

Françoise de Lorraine. Du premier lit sont issus : 1° Frédéric-Maurice-Casimir de La Tour, dit le prince de Turenne, né le 24 octobre 1702, gouverneur du Limosin, colonel du régiment de Turenne, cavalerie, mort à Strasbourg, le 1er octobre 1723. Il avait épousé, le 20 septembre précédent, Marie-Charlotte Sobieska, fille de Jacques-Louis, prince royal de Pologne, etc., et petite-fille de Jean, roi de Pologne ; il fut enterré, avec épithaphe, devant le premier pilier sur la droite de la nef de la cathédrale de Strasbourg ; 2° Charles-Godefroi de La Tour, qui suit, etc.

En 1708, M. Baluze fit imprimer l'histoire généalogique de cette maison en deux volumes *in-folio*.

XVIII. — Charles-Godefroi de La Tour, duc de Bouillon, né le 11 juillet 1706, [gouverneur général d'Auvergne depuis 1730], colonel du régiment de Turenne, cavalerie, d'abord nommé prince de Bouillon, puis prince de Turenne après la mort de son frère aîné. Il vendit au roi, le 8 mai 1738, pour le prix de 4,200,000 livres la terre et vicomté de Turenne, s'en réservant le nom et à sa postérité, la terre et seigneurie de Cazillac, les coseigneuries de Brive et de Malemort, etc. Il épousa, avec dispense, le 1er avril 1724, Marie-Charlotte-Sobieska, veuve du prince de Turenne, son frère aîné, née le 25 novembre 1695, morte en Silésie, le 8 mai 1740, dont Godefroi-Charles-Henri, qui suit.

XIX. — Godefroi-Charles-Henri de La Tour, prince de Turenne, né le 3 juillet 1728, le dernier qui ait pris ce titre. Il fut décidé, le 10 novembre 1739, que les acquisitions faites par les gens de main-morte, dans la vicomté de Turenne, depuis quarante ans, à compter du 1er janvier 1739, ne seraient sujettes à l'amortissement qu'à raison du capital au denier 25 du revenu des fonds.

Branche des barons de Murat, Saint-Exupéri, etc.

X. — Antoine Raymond de La Tour, dit le Jeune, Sgr et baron de Murat, de Quaires, de Saint-Exupéri, etc., était sixième fils d'Agne de La Tour, quatrième du nom et Sgr d'Oliergues, et d'Anne de Beaufort, vicomtesse de Turenne, né l'an 1471 ; il fut d'abord destiné à l'église, comme il se l'apprend du testament de ses père et mère, du 4 mars 1479, par lequel ils le substituèrent à ses frères aînés en cas qu'ils mourussent sans enfants, et d'une bulle du pape Innocent VIII, de l'an 1485, par laquelle il lui fut permis de posséder plusieurs bénéfices. Mais depuis, ayant quitté l'état ecclésiastique, il fut Sgr et baron de Murat, de Quaires, de Saint-Exupéri, etc. ; transigea, le 22 novembre 1504, avec Antoine de La Tour, vicomte de Turenne, son frère aîné, qui lui céda les terres de Courteugeol et de Jonat, avec faculté de les retirer dans vingt ans, moyennant 4,000 livres. Ce qui arriva par transaction qu'il passa avec François de La Tour, baron de Montgascon, vicomte de Turenne, son neveu, le 20 mai 1524. Cet acte fut scellé de son sceau, qui est un écu sur lequel est *une tour et des fleurs de lys, et une bande sur le tout, chargé en chef d'un écusson.* Il est qualifié noble et puissant seigneur, monseigneur Raymond, dit Antoine de La Tour, Sgr de Murat, de Saint-Exupéri et Chavenon, dans le testament d'Antoine de La Tour, vicomte de Turenne, son frère aîné, du 22 mars 1521, dont il fut l'un des exécuteurs, avec Giles de La Tour, abbé de Vigeois, aussi son frère.

Il avait épousé, par contrat du 8 novembre 1517, Marie de La Fayette, fille aînée d'Antoine, S^{gr} de Pontgibaud, Monteil-de-Gelat, et de Rochedagoux, en partie, maître de l'artillerie de France, etc., et de Marguerite de Rouville. Il fut stipulé, dans ce contrat, que le premier fils qui naîtrait de ce mariage, porterait le nom et les armes des seigneurs de Murat et aurait pour préciput la seigneurie de Murat et la moitié de celle de Bains; et, au cas que le seigneur de Murat vint à succéder au vicomté de Turenne, le premier fils porterait le nom et les armes de Turenne, et aurait pour préciput la principale place de cette vicomté, et que le second porterait le nom et les armes de Murat et aurait la seigneurie de Murat. Elle était veuve le 4 mai 1578, époque à laquelle elle fit plusieurs fondations en l'église de Murat, pour le repos de l'âme de son mari. Leurs enfants furent : 1° Antoine de La Tour, deuxième du nom, qui suit; 2° Jean de La Tour, rapporté après son frère; 3° François de La Tour, S^{gr} de Savene, qui fit échange pour soi et pour Giles et Thomas, ses frères, avec Jean, S^{gr} de Chavenon, pour la seigneurie de Savene, et acquit de lui les domaines et chevances de Beautiern et Chazot d'Aubières, etc., moyennant 5,500 livres, le 6 juillet 1572. Il était mort sans enfants, avant le 12 avril 1593; 4° Giles de La Tour, protonotaire apostolique, décédé avant le 12 avril 1593; 5° Thomas de La Tour, chevalier de Saint-Jean-de-Jérusalem, commandeur de Chambereau et de Carlat, et lieutenant de la compagnie de trente lances des ordonnances, sous le seigneur de La Fayette, le 15 juin 1577, donna quittance en cette qualité, au payeur de la gendarmerie, de 262 livres 10 sols, 6 deniers; 6° Catherine de La Tour, mariée, par contrat passé à Saint-Exupéri, en Limosin, le 26 janvier 1538, à Arnaud de Grossoles, S^{gr} de La Chapelle, en Loumagne et de Mouroux, etc., sénéchal d'Armagnac, bailli de Nivernais, fils de Jean, baron de Flamarens, etc., et d'Antoinette de Lustrac; 7° Hélène de La Tour épousa, par contrat du 6 août 1563, Jean de Prouhet, baron d'Ardenne, S^{gr} de La Vergne, en Poitou; elle testa le 16 mars 1584 et avait renoncé à ses droits successifs avant l'an 1593; 8° Anne de La Tour.

XI. — Antoine de La Tour, S^{gr} de Murat, de Quaires et de Saint-Exupéri, épousa, par contrat du 9 mai 1578, Magdelaine de Pierrebuffierre, veuve de Jean de Las Tours, fille de François de Pierrebuffierre, vicomte de Combron, etc., et de Catherine-Jeanne Chabot. Elle était veuve de lui, et tutrice de Claude de La Tour, sa fille, lorsqu'elle transigea le 12 avril 1593, avec Jean de La Tour, frère de son mari, au sujet du partage de la succession d'Antoine de La Tour et de Marie de La Fayette, leurs père et mère, et de celle de François et Giles de La Tour, leurs frères. Ils eurent pour fille unique Claude de La Tour, dame de Murat, de Quaires, Bains, La Roche, Donzenac, La Planolle, Saint-Exupéri, etc., mariée à Jean de La Queille, S^{gr}, de Florat et de Chateaugay, tué à la chasse, en 1627, par des gentilshommes, ses vassaux; il n'avait point d'enfants. Elle eut pour héritiers de ses biens d'Auvergne et de Limosin, Martin et René de La Tour, ses cousins germains, au profit desquels elle avait testé le 11 avril de la même année 1627.

XI. — Jean de La Tour, S^{gr} d'Alagnac, Chavenon, etc., transigea le 12 avril 1593, avec Magdelaine de Pierrebuffierre, sa belle-sœur. Il épousa le 9 juillet 1572, Marguerite, fille de Guillaume de Murat, S^{gr} d'Alagnac et d'Anne de Saintan. Leurs enfants furent : 1° Martin de La Tour, Sgr et baron de Murat, qui continua la descendance en Auvergne ; 2° Thomas de La Tour, Sgr d'Alagnac, marié par ses père et mère, par contrat du 26 juin 1607, à Jeanne Robert de Lignerac, veuve de Gabriel de Dat, écuïer, Sgr de Saint-Julien, fille de Gilbert de Lignerac et de Claude d'Ussel ; 3° René de La Tour, qui suit, etc.

XII. — René de La Tour, Sgr de La Roche, Donzenac, Saint-Exupéri, etc., était mineur de vingt-cinq ans, le 26 juin 1607, lorsque ses frères s'obligèrent de lui donner 10,000 livres pour tous ses droits. Il est nommé dans le testament de Claude de La Tour, sa cousine germaine, dame de Chateaugay, du 11 août 1627, et partagea sa succession avec Martin de La Tour, son frère, le 26 août 1629. Il fut présent, le 1er mai 1634, au contrat de mariage de Françoise de La Tour, sa nièce, avec Pierre de Chaslus.

Il épousa, par contrat du 1er juin 1631, Gabrielle Obier, du lieu de La Queille. Leurs enfants furent : 1° Frédéric-Maurice de La Tour, Sgr de Planchas, qui suit ; 2° René de La Tour, marié après l'an 1677, à Marie-Michele des Veisset, du lieu de La Queille, dont il eut pour enfant : A. — N..... de La Tour, ecclésiastique ; B. — Marie de La Tour ; 3° Françoise de La Tour, morte à Riom, le 15 mars 1674, ayant été mariée, en 1658, avec Annet Beyon, trésorier de France, à Riom ; 4° Françoise de La Tour, la jeune, mariée, par contrat du 5 mai 1660, avec Henri de Rivoire, marquis du Palais.

XIII. — Frédéric-Maurice de La Tour, chevalier, Sgr de Planchas, de Saint-Exupéri et de la Basse-Serre de Murat, dit le comte de La Tour, épousa : 1° Marie de Valon, de la ville de Riom ; 2° Marie-Françoise d'Apchier, seconde fille de Philibert-Christophe, Sgr de La Garde, de La Margeride et de Thouras, et de Marguerite de La Rochefoucaud. Les enfants du premier lit furent : 1° René de La Tour, mort au service, en Italie ; 2° Jean de La Tour, moine de Cluni, sacristain du prieuré de Nantua, et prieur de Touger.

Sources : — Baluze. *Maison d'Auvergne*, T. I, pages 404, 405. 406, 407, 408, 411, 412, 413, 414. 415, 416. 420. 441, 446, 447, 450 ; T. II, pages 731, 734, 736, 737, 740, 741, 742, 743, 744, 746, 750, 756, 806, 810. — Simplicien, T. I, p. 413 ; T. IV, p. 472, 536, 540 ; T. VII, p. 169 ; T. IX, p. 212, 388. — Lobineau, *Histoire de la ville de Paris*, T. II, p. 990 ; T. V, p. 336. — Chartier, *Hist. de Charles VII*. — Varill.., *Hist. de Henri III*, liv. VIII et IX. — Perefixe, *Hist. de Henri IV*, liv. III. — Monstrelet, *Vie des Bourbons*, p. 262. — Garnier, *Hist. de France*. T. XIX, p. 169. — De Serre, *Hist. de France*. — Mézeray, *Hist. de France*. — Daniel, *Hist. de France*. — Mercier. *Parl. prat. franç.*, p. 615. — Henant, *Hist. de France*. — Maynard, *Notabl. quest.*, liv. IV, chap. xxxiii et xxxiv ; liv. VIII, chap. xlviii. — Chopin, *Cout. d'Anjou*, p. 48. — Thou, liv. CVIII. Mercure, 1605. — Bethune, *Mémoir.*, T. II, p. 53 ; IIe part., T. III, chap. vii, x, xv ; T. IV, chap. xliv, lii ; IIIe part., T. V, p. 444, chap. II. — *Mém. pour l'Hist. de l'Europe*, 1731. — *Mém. Maréch. Bassomp.* — Choisy, *Mém.*, T. III, p. 114. — Vaissette, p. 522. — Mercure, Fr., T. XX, p. 164, 169. — Moreri. *Dict. hist. des mœurs des Franç.* — *Prop. breviar. Sarlat*, an. 1677. — *Gall. christ.*, T. II, col. 671. — *Agence du clergé*, 1740, p. 329 et DCXVII.

LA TOUR, sieur de Leymarie, paroisse d'Yesse, élection d'Angoulême, porte : *d'argent à une aigle éployée de sable, becquée et pattée d'or, à la bordure d'azur, chargée de 6 besants d'or, 3 en chef, puis 2 et 1*. Supports : *deux griffons.*

I. — Pierre de La Tour épousa Antoinette Turpin, dont : 1º Antoine ; 2º Georges, qui suit ; 3º Pierre ; 4º Jeanne ; 5º Luce ; 6º Jacquette ; ils partagèrent les successions de leurs père et mère le 16 juin 1546.

II. — Georges de La Tour, écuyer, sieur de La Volernie, paroisse de Notre-Dame de Boschage, diocèse de Poitiers, épousa, par contrat sans filiation du 2 juillet 1542, Françoise Des Montiers.

III. — Jean de La Tour épousa, le 31 janvier 1576, Françoise de Volluire.

IV. — Gabriel de La Tour épousa, le 30 octobre 1630, Fleurance de Leymarie.

V. — Pierre de La Tour épousa, le 31 décembre 1654, Louise du Puy.

Jean de La Tour, sieur de N....., paroisse de N....., élection de Saintes, fut trouvé gentilhomme en 1598.

LA TOUR, sieur de La Vergnolle, paroisse de Saint-Bonnet-l'Enfantier, élection de Brive, porte : *de gueules à une tour d'argent maçonnée de sable.*

I. — Jacques de La Tour eut diverses procédures au sénéchal d'Uzerche, des 2 et 3 août 1555, 9 février 1557, 11 et 25 février 1558, 10, 18, 27 juin et 8 juillet 1559. Pierre de La Tour, son frère, archiprêtre de Lonzac, fit son testament le 5 janvier 1576, et ledit Jacques, le sien, le 30 (ou le 1ᵉʳ) novembre 1570. Il épousa Jeanne de Guytard, dont : 1º Jean, qui suit ; 2º autre Jean.

II. — Jean de La Tour épousa Anne Maze.

III. — Abel de La Tour épousa, le 13 février 1607, Françoise de Dardicon.

IV. — Daniel de La Tour transigea avec Abel, son père, le 10 janvier 1648, fit son testament le 22 juillet 1667, épousa, le 29 avril 1644, Catherine d'André, dont Abel, qui suit.

V. — Abel de La Tour.

Jacques de La Tour, sieur du Murat, élection de Tulle, fut maintenu par M. Fortia, intendant.

LA TOUR, sieur de Neufvillars, Vernajoux, Condat, Peyssieras, Las-Noualhias, paroisse de Saint-Bonnet-la-Rivière, Condat-près-Uzerche, etc., porte : *d'azur à une tour d'argent maçonnée de sable.* Cette maison fit ses preuves de noblesse en 1598, et les commissaires du gouvernement les trouvèrent bonnes.

Raynaud de La Tor de Allassac, chevalier, épousa N....., dont : 1º Pierre de La Tor, damoiseau ; 2º Marguerite, mariée à Guillaume de Prunh, damoiseau, fils de Jean de Prunh de Rochechouart ; ledit Guillaume fit une donation à sa femme en 1363.

Noble Bernard de La Tour, de Solignac, damoiseau, épousa N....., dont : 1º N..... ; 2º Dulcie, marié à Gérald de La Roche, damoiseau, dont Mariote, impubère en 1426 ; 3º Marguerite, mariée, le 10 août 1428, à noble Pierre de Laboleriis, damoiseau de Masseré.

Bernard de La Tour, écuyer, S^{gr} de Claravaux, épousa Jacquelte du Puy, dont Antoine, qui suit.

Antoine de La Tour, écuyer, S^{gr} de Claravaux, maître d'hôtel du roi, épousa Françoise de La Roche; elle fit, avec son mari, une fondation à Claravaux, le 28 juillet 1494.

Abraham de La Tour, écuyer, du bourg de Mortemar, épousa Anne de Verdillac, dont : 1° Gui, écuyer, sieur des Villars; 2° Anne, mariée à Pansol, le 1er mars 1688, à Jean Bonniton, sieur de La Creyte, fils de feu Jean et de Charlotte Belliguet, paroisse d'Estoüars.

I. — Noble Boson de La Tour [ou La Tor, vendit quelques rentes à Masserée et à Salon, en 1336 (Regist. de Roherii, notaire à Limoges, p. 34, n°s 32 et 33, *apud* D. Col., et papiers domestiques de M. de Daignac)].

II. — Noble Pierre de La Tour [sieur de Vergnajoulx], fit des acquêts en 1362, 1367, un échange où il est dit fils de Boson, le 9 septembre 1336; il vivait en 1362.

[On trouve dans les registres de Roherii, notaire à Limoges, p. 87, n° 77, *apud* D. Col., Guinot de La Tour, *alias* de Combornaira.]

III. — Noble Bernard de La Tour, damoiseau, paroisse de Saint-Georges-de-Rosiers, fit des acquêts en 1403, vivait en 1430. Il épousa Catherine de Las-Molieyras, dont Marguerite, mariée, par contrat du 6 août 1386, à Guiot Marcoti, damoiseau, de Laurière, veuf; elle porta 200 deniers d'or appelés francs.

IV. — Aymeric de La Tour, auquel et à Bernard, son père, Jean de Bretagne accorda de fortifier leur château de Vernajoux, le 10 mai 1451, épousa : 1° N.....; 2°, par contrat du 19 août 1481, N..... Il eut de sa première femme : 1° Fiacre, qui suit ; 2° François, qui a fait la branche de La Pommélie; il transigea avec Fiacre, son frère, sur la succession d'Aymeric, leur père, le 15 octobre 1503.

V. — Fiacre de La Tour épousa, par contrat du 19 août 1481, Isabeau Guichard, dont Aimeric. [Noble Merigot de La Tour vivait en 1500.]

Ademar de La Tour, sieur de Vernenges, 1538, était frère de vénérable M. Jean de La Tour, prévôt de Saint-Salvador [ils étaient cousins d'Aymeric].

VI. — Noble Aimard ou Aymard, fils de Fiacre et petit-fils d'Aimeric transigea avec Fiacre, fils de François et petit-fils dudit Aimeric, pour les biens de leur aïeul, le 11 février 1532; il vivait en 1540. Il épousa N....., dont : 1° Pierre, qui suit; 2° Catherine, mariée, en 1572, à Jean de La Bonnetie.

VII. — Pierre de La Tour, écuyer, sieur de Vernejoux, paroisse de Condat, près Uzerche, épousa, par contrat du 7 septembre 1568, Gabrielle Bouchard, dont : 1° Godefroi, tonsuré en 1588; 2° Foucaud, tonsuré en 1588, qui suit; 3° apparemment François, tonsuré en 1600; 4° Catherine, mariée, par contrat (reçu Besse) du 2 janvier 1594, à Antoine de Comborn, écuyer, sieur du Mas, puis d'Enval; étant veuve, elle fut inhumée, le 10 août 1651, dans l'église collégiale d'Aimoutiers, ez tombeaux de la maison d'Enval, devant l'autel de la Sainte-Vierge (Registre d'Aimoutiers).

VIII. — Foucaud de La Tour épousa, par contrat du 31 août 1608, Renée de Blois; [elle était veuve le 14 novembre 1621 (papiers domestiques de M. de Daignac)], dont : 1° Louis, sieur de Vernejoux, qui transigea avec

François, son frère, sur la succession de Foucaud et de ladite Blois, leurs père et mère, le 23 août 1661; 2° François, sieur de Condat, qui suit.

IX. — François de La Tour, sieur de Condat, épousa : 1° Léonarde de Saint-Marsaud; 2°, par contrat du 19 mai 1661, Hélène du Verger.

Branche de Neufvillars.

V. — François de La Tour.

VI. — Fiacre de La Tour, fils de François et petit-fils d'Aymeric, transigea, le 11 février, avec Aymard, fils d'autre Fiacre et aussi petit-fils dudit Aymeric, pour les biens de leur aïeul; il épousa, par contrat du 2 juin 1521, Marguerite de Geoffre, dont : 1° Pierre, qui suit; 2° Jean, qui a fait la branche de Noualhas.

VII. — Pierre de La Tour, écuyer, sieur de La Pommeille et de Neuvillars, mourut le 12 novembre 1600, grandement regretté, non-seulement de ceux de sa maison, mais des gentilshommes de sa connaissance et autres, car il était homme de bon jugement, quoiqu'il n'eût de lettres; il était aimé du commun populaire, le parti duquel il tenait, charitable et familier tant au petit qu'au grand; sa bourse n'était liée, ni close, ni son grenier fermé aux indigents; il était respecté des gens dignes d'honneur; mourut en la religion prétendue réformée (Registres de Pierrebuffierre). Il avait épousé, par contrat du 13 février 1556, Anne de Bouches, dont : 1° Jean, qui suit; 2° Pierre, à qui ses père et mère firent une donation (reçue La Gorce), le 28 mai 1583.

VIII. — Jean de La Tour, écuyer, sieur de Neufvillars, fit une rente annuelle aux anciens de l'église prétendue réformée de Limoges, en 1614; il épousa, par contrat du 15 août 1594, Suzanne de La Pommelie, fille de noble Jean, sieur dudit lieu, et de Catherine de Saint-Marsaud. Le P. du Sault, jésuite, M. Collin et le P. Bonaventure ont donné sa vie; elle mourut en odeur de sainteté le 7 avril 1616. Dont : 1° Charles; 2° Jeanne, qui fit une donation à Charles, son frère, en 1624.

N......, sieur de Luchat, qui, dès son enfance, fut élevé dans la religion calviniste, servit dans les armées avec réputation; pressé par les exhortations de sa demi-sœur, Suzanne de La Pommelie, et touché de la sainteté des p. p. récollets, il renonça à l'hérésie et aux armes, fit profession chez ces religieux sous le nom de frère Paulin, au couvent de Sainte-Valérie, à Limoges, le 1er novembre 1602. Dans la suite, il étudia avec tant d'ardeur et de succès qu'il devint très habile; il ne se couchait jamais après matines, le reste de la nuit était pour l'étude et l'oraison. Il était très dévôt à la Sainte-Vierge. Son zèle pour la réforme des récollets fut cause qu'on l'envoya deux fois à Rome. Il mourut au couvent de Tulle le 21 février 1614. Sept ans après, son corps fut trouvé aussi entier et sa langue aussi vermeille que s'il eût été vivant (*Mém. mss. des Récollets*).

IX. — Charles de La Tour, fils de Jean, eut un tuteur le 21 septembre 1616; il épousa, par contrat sans filiation du 16 avril 1625, Hélène de La Joumont, dont Philippe, qui suit.

X. — Philippe de La Tour, sieur de Neufvillars, épousa, le 9 juin 1654, Françoise Belliat.

DU LIMOUSIN.

Branche de Las Noaillas (1).

VII. — Jean de La Tour, fils de Fiacre et de Marguerite de Geoffre, épousa, par contrat du 20 novembre 1565, Gabrielle de Corbiers.

VIII. — Daniel de La Tour épousa, par contrat du 20 octobre 1596, Isabeau de La Vergne, dont Melchior, qui suit.

IX. — Noble Melchior de La Tour, sieur de Noaillas, paroisse de La Croisille, nommé gouverneur de Portelongone, le 15 décembre 1665, maréchal de camp, 1643, mestre d'un régiment d'infanterie, en 1649, épousa, par contrat (insinué à Limoges) du 2 septembre 1618, Judith du Bousquet, fille de feu Estienne, sieur de Saint-Pardoux.

Melchior de La Tour, écuyer, sieur de Noualhas, paroisse de Linars, épousa : 1º Judith du Bousquet, *ut supra*; 2º Renée de Signac, dont Anne-Catherine, mariée, au mois de février 1677, avec Psalmet Ruaud, sieur de La Fayolle, bourgeois de la cité de Limoges.

Notes isolées.

N..... de La Tour, sieur de Brutine, paroisse du Châtenet, était mort en 1660; il avait épousé Marie de La Cousse.

Hélène de La Tour, dame de Mouroulx et Lhomaigue, veuve de noble Jean de Prouhet, baron d'Ardenne, fit son testament (reçu Dumas), le 6 mars 1584.

Charles de La Tour, écuïer, sieur de La Vialle, paroisse de La Croisille, 1688.

Claude-Marie de La Tour, supérieure des Ursulines d'Aimoutiers, y mourut le 9 juin 1658 (Registre d'Aimoutiers).

Noble Jean de La Tour, près Vicq, épousa Louise de Belisle, veuve, 1611, dont Marguerite, mariée à noble Jean de Guilhaguet, sieur de Beausoleil, demeurant au lieu de Las-Gabias, paroisse de Saint-Maurice-les-Brousses.

TOURNEMINE. — Pierre de Tournemine, baron de Campzillon, épousa Renée de Rieux, dont Paul, qui suit.

Paul de Tournemine épousa, en 1595, Jeanne de Pierrebuffierre, fille de Jean-Geoffroi et de Marguerite de Bourbon-Busset.

Augustin de Tournemine, écuïer, sieur de La Grange, paroisse d'Ussel, épousa, en 1767, Marie-Anne Bonnet de Bay.

TOURNEMIRE. — Noble Léonard ou Charles de Tournemire de Culines, paroisse de Chirac, épousa, le 4 février 1739, Françoise Sarrazin, fille de Léonard, écuïer, sieur de Saint-Denis, et de Louise de Gaing de Montaignac, dont : 1º Louis, mort au berceau; 2º Guillaume, né le 11 février 1742 (Registres de La Courtine).

TOURNIOL ou TOURNYOL.

---

(1) Noaillas, commune de La Croisille, canton de Châteauneuf (Haute-Vienne).

[Noble Philippe de Tournyol (dans la Marche), sieur de Bournazeau, se trouve dans l'*Inv. tit. Celest. des Tern.*, p. 452.]

Olivier Tournyol, S^r de La Faye, dans la Marche, 1693.

Guillaume Tourniol, écuïer, sieur de Rateau, avocat du roi au présidial de Guéret, épousa N....., dont Henri, ecclésiastique, 1766.

TOURS. — V. LAS TOURS, T. III.

[TOUVRAT, baronnie mouvant du duché de Montauzier en Angoumois.]

TOUZAC.

I. — Léonard Touzac, écuïer, secrétaire du roi, receveur des tailles à l'élection de Limoges, épousa Marie Cavalier, dont : 1° N.....; 2° Antoine, qui suit ; 3° Marie-Léonarde, mariée à Michel Arbonnaud.

II. — Antoine-Estienne Touzac, sieur de Saint-Estienne, écuyer, receveur des tailles à Limoges, dont : 1° Marie, mariée dans la chapelle de l'évêché, avec la bénédiction du prélat, le 18 may 1762, avec François du Burguet de Chaufaille, écuyer, fils de Jean et de Jeanne Breton, dont postérité ; [2° N..... dit M. Touzac, 3° N..... dit M. de Chalez, officier de dragons ; 4° N..... dit M. de Saint-Etienne, officier de cavalerie ; 5° Marguerite, mariée avec Charles de David, baron des Etangs, du bourg de Nexon, dont postérité].

TOYERON. — Aymar Toyeron était pair à la maison de ville d'Angoulême, il résigna le 24 juillet 1623, et eut pour successeur Pierre des Brandes.

TOYON, sieur de La Vallée des Essards, paroisse de Peyrefond, élection de Saintes, porte : *d'azur à une fasce d'argent, accompagnée de trois têtes d'hommes d'or 2 et 1.*

I. — Noble homme Pierre de Toyon, écuyer, sieur de La Tuillonière, fit, le 21 août 1531, un contrat d'échange de certains héritages avec noble homme Louis Mérimest ; il épousa Jacquette Guillot, qui fit, le 4 novembre 1561, une donation à son fils, qui suit.

II. — François de Toyon épousa Renée de Barbezières.

III. — André de Toyon épousa, le 7 avril 1608, Jeanne Massacré.

IV. — Gedéon de Toyon épousa, le 19 août 1629, Julienne Maria.

V. — André de Toyon épousa, le 19 novembre 1662, Françoise Goulard.

[TRAFOREST.]

TRANCHELION ou TRENCHELION, porte : *d'azur à un lion d'argent percé d'une épée de même en bande, la garde et la poignée d'or.* (*Dict. général.*, 1757.)

[Etienne de Trenchaleo, chevalier, Bernard de Trenchaleo, chevalier, G. de Trenchaleo, écuyer, vivaient sous le treizième prieur de Grandmont. Voyez mes *Mém. mss. Abb. Lim.*, p. 503, 513.]

Aymeric de Trenchaleo, autrement Aymeric de Jaunhac, chevalier, enseveli à Solignac, où il a un anniversaire (*Nécrolog.* Solemniac).

Pierre de Trenchelion, chevalier, 1307.

Bernard Trenchaleo, chevalier de Pierrebuflierre (le château de Trenchelion est au bas de cette ville), épousa N....., dont : 1° noble Guillaume Trenchaleo, chevalier, 1359 [est cité dans les registres de Borsandi, notaire à Limoges, p. 111, n° 172, *apud* D. Col.]; 2° Marguerite, mariée, par deux contrats, un (signé Pierre de Liourno) du mercredi avant la fête de la Nativité de Saint-Jean, 1339; l'autre (signé La Brossa) du 19 août 1359, à Pierre de Casali (du Chapdau), paroisse de Dournazat, *alias* dit Pelegrin, de Montbrun, damoiseau.

Charles de Tranchelfon, S^{gr} de Paluau, de Moutguiaut et de Villars, épousa Françoise de Silly, fille de Jacques, maître de l'artillerie de France, et de Anne des Prez-en-Pail, dont Charlotte, fille unique, mariée par traité de 1524, célébré depuis à Longpré, près d'Alençon, avec Claude de Beauvilliers, chevalier, premier comte de Saint-Aignan, etc.; elle testa le 24 octobre 1536, et mourut peu de jours après; fut enterrée dans l'église de Paluau et ne laissa point d'enfants. (Simplic., T. IV, p. 714, et T. VIII, p. 170).

Pierre de Tranchelion, homme d'armes de François de Pontbriant, ayant charge de cent lances fournies en 1482 (*Hist de Bretagne*, T. III, preuv. col. 412). Etant sous la charge de Gilbert de Grassay, S^{gr} de Champeroux; il se trouva à la revue faite à Fougères, le 8 mars 1489 (1490). (*Ibidem*, col. 635.)

Antoine de Trenchelion, chevalier, S^{gr} de Senevières, fait foi au chapitre de Tours pour La Tour d'Yzoré, en 1542 et 1545 (Estiennet, *Fragm. histor.*, T. XV, p. 23).

Gabriel de Tranchelion, baron de Senevières en Touraine, 1587 (Hozier, *Arm. gén.*, 1re part., p. 275).

Ayméric Trenchaleo, damoiseau, 1296, épousa Agnez, dont Bernard.

Giles de Trenchelion, S^{gr} de Palluau, épousa Blanche de Montberon, fille d'Eustache et de Marguerite d'Estuer, veuve de Jacques de La Rochefoucaud, S^{gr} de Mallerand; elle se remaria avec Jacques de La Haye, écuyer (Simplic., T. VII, p. 20).

Charles de Tranchelyon, S^{gr} de Boisward, vers 1593, épousa Marguerite de Culant, fille de Jean, chevalier de l'ordre du roi, et de Anne d'Agurande (Simplic., T. VII, p. 84) (1).

TRASLAIGE. — V. Nicolas de Traslaige.

[TRAVERS. — Geofroy Travers, écuyer ou chevalier, épousa dame Marie N....., dont Gerard Travers, damoiseau. Ils vivaient tous en 1237 et 1241. Voyez mes *Mém. mss. Abb. Lim.*, p. 501, 513, 528 *.]

TREIGNHAC. — V. Comborn, S^{gr} de Treignhac.

LA TREMOUILLE ou TREMOILLE, porte : *d'or au chevron de gueules, accompagné de trois aigles sur un écartelé au 1er de France, au 2e et 3e d'Arragon, de Naples, de Tarente; au 4e de Bourbon-Montpensier.*

Guillaume, sire de La Tremoille, de Lussac-les-Eglises, vers 1120. Guillebaud, S^{gr} de La Tremoille et de Châteauguillaume, son frère, 1120.

---

(1) Nadaud avait d'autres notes aux pages 79, 1060, qui sont déchirées. Voyez aux Montroux, sieur de Trenchelion, et La Garde-Tranchelion, T. II.

Audebert, Sgr de La Tremoille et de Châteauguillaume (Simplic., T. IV, p. 160, 161).

Amiel de La Tremoille, Sgr de Tellais, en partie de Lussac, 1229, épousa N....., dont Agathe, fille aînée, mariée avec Guillaume de Lezay, Sgr d'Angle (Simplic., T. III, p. 91, et T. IV, p. 161).

I. — Humbert, sire..... Voyez page 2484 (1).

IV. — Gui, deuxième du nom, Sgr de La Tremoille, Château-Guillaume, Lussac-les-Eglises et de Rochefort en Berri, qui est nommé dans un rôle des nobles relevant de la châtellenie de Montmorillon, avec le vicomte de Brosse et autres, vers l'an 1316; fut enterré avec sa femme, dont le nom n'est pas connu, dans l'abbaye de la Colombe, de l'ordre de Citeaux; laissa deux fils : 1° Guy, troisième du nom, Sgr de La Tremoille, qui suit; 2° Guillaume, Sgr de Rochefort, nommé dans le testament de son frère, qui rendit foi et hommage à Pierre de Naillac, chevalier, Sgr du Blanc en Berri, l'an 1341, pour la terre de Rochefort, et qui eut pour enfants : A. — Guillaume de La Tremoille, deuxième du nom, Sgr de Rochefort, mort sans postérité; B. — Aiglantine de La Tremoille, dame de Rochefort, mariée à Pierre d'Aloigni, deuxième du nom, Sgr de La Millandière, dont sont descendus les marquis de Rochefort; elle testa après les Rois, vers 1380, mourut environ l'an 1410 (Simplic., T. IV, p. 162).

V. — Gui, troisième du nom, chevalier, sire de Tremoille, de Château-Guillaume, Vouhec, Vazois, Pressac, Fontmorant et Lignac; rendit hommage de la terre de Château-Guillaume, en 1321, à l'évêque de Poitiers, à cause de la baronnie d'Angle, et paya un *besant* d'or pour le devoir ; donna en 1326, après l'octave de la Chandeleur, à l'abbé de La Colombe, 20 sols de rente et sept septiers de grain; fit un premier testament l'an 1327. Se trouva aux guerres de Gascogne avec neuf écuiers, en 1330. Il reçut, avec Guillaume de Saint-Julien, chevalier, de la main de Pierre Forget, trésorier du roi, la somme de 400 livres tournois, en prêt et payement sur ses gages, et de neuf écuiers, étant aux frontières de Gascogne, pour cause de la guerre, comme on le voit par la quittance scellée du sceau de ses armes en cire noire, à Pons en Saintonge, l'an 1330; et servit dans l'armée du roi en Angoumois, l'an 1345. Il fit son second testament l'an 1351, mourut le 14 octobre 1360, fut enterré dans l'abbaïe de La Colombe, où l'on voit son tombeau avec son épitaphe. Il avait épousé, l'an 1315, Alix, dame de Vouhac, de Fontmorant et de Vazois en la Marche, morte le 2 juillet 1361, enterrée avec son mari. De ce mariage sortirent : 1° Gui, quatrième du nom, sire de La Tremoille, qui suit; 2° Amiel ou Aimé, qui a fait la branche de Fontmorant; 3° Blanche, nommée dans le testament de son père, qui ordonne qu'elle soit mariée; 4° autres filles, destinées par le testament de leur père pour être religieuses.

VI. — Gui, quatrième du nom, Sgr de La Tremoille, Vazois et Lussac, mourut du vivant de son père, à Loudun, le lundi avant la Saint-Louis, au mois d'août 1350, et fut enterré dans l'abbaïe de La Colombe, où se voit sa sépulture avec son épitaphe; est qualifié grand panetier de France, dans un arrêt de 1353 et dans les *Histoires de Montmorency et de Bethune*. Il

---

(1) Cette page est déchirée, elle contenait probablement les trois premiers degrés de cette généalogie.

épousa Radegonde Guenaud, fille de Guillaume, deuxième du nom, chevalier, Sgr des Bordes et du Blanc en Berri, et de Brunisande de Thiéra; elle se remaria à Guillaume Pit, et mourut en décembre 1387, fut enterrée avec son mari.

VI. — Amiel ou Amé de La Tremoille fut Sgr de Fontmorant en Poitou, Signac, Pressac, Vouhec, etc. (porte de La Tremoille, *l'écu brisé d'une étoile d'argent, sur la pointe du chevron*). Son père, par son codicille de l'an 1327 le substitua à Gui, son frère aîné, avec lequel il partagea les biens de leur père, en 1377, et eut la seigneurie de Fontmorant; il est mentionné dans le testament de Gui VII, sire de La Tremoille, en 1393, qui l'appelle son oncle. Il épousa Jeanne de Pocquières, de la maison des seigneurs de Belarbre en Anjou, dont il eut : 1° Jacques, qui se trouva à la prise de la ville d'Oudenarde, l'an 1384; 2° Jean, qui suit; 3° Louis, évêque de Tournai, mort le 5 octobre 1410; 4° Persuye de La Tremoille, mariée : 1° à Jean de Brillac, Sgr de Mons en Loudunois; 2° à Hybles de La Roche, Sgr de La Roche-Bernard (SIMPLIC., T. IV, p. 183).

VII. — Jean de La Tremoille, Sgr de Fontmorant, fut nommé, en 1410, héritier de Louis, son frère, évêque de Tournay, et signa, en 1411, au contrat de mariage de Persuye, sa sœur. Il épousa Jacquette d'Oradour, fille d'André, chevalier, dont il eut Aimé, qui suit, estimé fils de Jean, qui vient d'être rapporté.

VIII. — Aimé de La Tremoille, chevalier, Sgr de Fontmorant, épousa Anne de Mortemar, dont il eut : 1° Antoine de La Tremoille, l'un des hommes d'armes sous le comte de Penthièvre; était, en 1455, Sgr de Sainte-Sévère, et obtint, en cette qualité, rémission de quelques excès qu'il avait commis au lieu de La Gorse en Poitou; 2° André, qui suit (SIMPLIC., T. IV, p. 184).

IX. — André de La Tremoille, Sgr de Fontmorant, vivait l'an 1480, suivant un titre où il est qualifié cousin de Louis de La Tremoilhe, le temps fait juger qu'il pouvait être fils d'Aimé. Il épousa N....., dont Philippe, qui suit.

X. — Philippe de La Tremoille, Sgr de Fontmorant, vivait en 1523. Il épousa Anor de Culant, fille d'Eudes, Sgr de Culant en Berri, et de Marguerite de Jonville; elle se remaria à Guichard Dauphin, grand-maître de France et gouverneur de Dauphiné (BALUZE, *Mais. d'Auverg.*, T. I, p. 245). Le P. Simplicien, T. VII, p. 616, lui donne pour femme Marguerite de Salignac, dont : 1° Claude, qui suit; 2° Gabrielle de La Tremoille, mariée, le 7 juillet 1523, à René d'Aloigni, Sgr de Rochefort en Poitou, fils de François, sieur de La Millandière, et de Catherine Guerin.

XI. — Claude de La Tremoille, Sgr de Fontmorant, mourut l'an 1539; il avait épousé, avant 1530, Magdelene d'Aubusson, fille de Jean, chevalier, Sgr de La Feuillade, et de Jeanne du Vouhet, dont François, qui suit.

XII. — François de La Tremoille, Sgr de Fontmorant, de Chatelet et de Chassingrimont, mourut le 4 février 1584. Il avait épousé Marguerite Pot, dame de Chassingrimont, fille de François, Sgr de Chassingrimont, et de Gabrielle de Rochechouard, dont il eut : 1° Marguerite de La Tremoille, dame de Fontmorant, mariée à Charles Pot, Sgr de Chemeaux et de Chambon, fils de Guyot et de Marie de Hangest; 2° Louise de La Tremoille, dame de Chatelet de Chassingrimont et de La Renousière, alliée à Guillaume d'Aubusson, qui a fait la branche de Chassingrimont.

Voir aussi La Tremouille, S⁎ʳ de Donzenac, Boussac et Malemort, à l'article Ventadour, branche de Donzenac.

TRENCHECERF.

Guillaume des Rivières, damoiseau, épousa Agnez de Verdale; elle était remariée, en 1374, à Jean Robi.

Noble Pierre Trencheserf, *alias* Persevant, damoiseau, changea, en 1408, sa seigneurie de La Perrine au diocèse de Bourges, pour celle de La Rebieyre-Paley, avec Barthelemi de Sauzet, damoiseau.

Guillaume Trenchecerf, homme d'armes de Maurice du Mené, chambellan du roi en 1482 (Morice, *Hist. de Bretagne*, T. III, preuv., col. 411)..

Noble Pierre Trenchecerf, écuïer, sieur de La Rivière-Palais, âgé de quarante-huit ans, en 1482.

Jacques de Trenchecerf, écuïer, sieur de La Valade, 1556.

François de Trenchecerf, 1537, épousa Leobone Curette, dont Julien.

N..... de Trenchecerf épousa N....., dont ; 1° Scipion, écuïer, sieur de la Valade, du Vignaud et de Chambourant en partie, servit pour la Ligue en 1589, fit son testament (signé Savin et Moysson) au bourg de Moulines, le 6 octobre 1597, et un autre (signé Léobardy) postérieur, les mêmes mois et an; 2° Anne, mariée à Charles du Mosnard ; 3° Marie, mariée, par contrat du 24 février 1582, à Charles du Fondant, écuïer, sieur du Monteil, paroisse de Bersac ; 4° Jeanne, mariée à Pierre de Beaudeduit.

Jacques de Trenchecerf, écuïer, sieur du Vignaud, paroisse de La Jonchère, et en partie du Chambon, paroisse de Bersac, 1573.

César de Trenchecerf épousa Suzanne Jouvion, dont : 1° Leonet, qui suit ; 2° François, écuïer, sieur de Baignoux, paroisse de Saint-Michel-Laurière ; 3° Antoine, 1628 ; 4° Jacques ; 5° Marguerite, mariée à Louis Bourdin, habitant de Limoges.

Leonet de Trenchecerf, écuïer, sieur de La Rivière, paroisse de Saint-Sulpice-Laurière, fut trouvé gentilhomme en 1598: il épousa, par contrat (reçu Des Coutures et de La Roche) du 12 février 1584, Gabrielle de La Saigne.

Marguerite de Trenchecerf, fille de N..... du Chatenier Marigne, première femme de N..... Trenchecerf, épousa, par contrat (signé Volundac) du 24 ..... (vers 1603), Martial de Coullomb, écuïer, sieur de Proximard, avocat à Limoges.

François de Trenchecerf, écuïer, sieur de Baignoux, paroisse de Saint-Michel-de-Laurière, épousa Jeanne Jouviond, veuve en 1609.

Charlotte de Trenchecerf épousa Antoine Planter.

Jacques de Trenchecerf, écuïer, sieur de La Rivière, paroisse de Saint-Sulpice-Laurière, et du Puytouraud, épousa Renée d'Allobrocq, veuve en 1619, dont : 1° René, à qui sa mère fit une donation, le 6 janvier 1622 ; 2° Marguerite ou Marthe, mariée, par contrat (signé Volundac) du 30 novembre 1621 ou 1623, à Charles Brun ou Briud, fils de Balthazar, écuïer, sieur du Vergier, et de Louise de Sauzet.

Renée de Trenchecerf épousa, par contrat sans filiation du 23 mai 1630, Jean de Fauveau, écuyer, sieur de Saint-Sébastien, fils de Louis et d'Isabeau de Sainte-Fere.

Marguerite de Trenchecerf, demoiselle de La Roche, femme, en 1644, de Léonard du Mets, habitant au château du Pied, paroisse de Rouziers.

Antoine de Trenchecerf, écuyer, sieur de Fursac, épousa N....., dont Pierre, tonsuré en 1601, curé de Saint-Pierre-de-Fursac en 1606.

Charlotte de Trenchecerf, demeurait à Hautefaye, paroisse de Banise, 1635.

Anne de Trenchecerf épousa, vers 1650, Charles de Massebeuf, écuyer, sieur de Baignoux, paroisse de Saint-Miche-Laurière, de Cazeré, de Selve.

N....., sieur de La Rivière-Trenchecerf, près Laurière, épousa, en 1585, Antoinette Chataigner, fille de René, sieur Dendonville, et de Françoise de Bousonval (Du Chesne, *Hist. Mais. Chasteign.*, p. 495).

TRENCHELION. — V. Tranchelion.

DES TRESSES. — V. Destresse, T. II.

TRIGEAU, sieur de La Brousse, demeurant à Angoulême, porte : *d'azur à un chevron d'or, accompagné de 3 coqs d'argent, crestés de gueules, membrés de sable, 2 et 1.*

I. — Jean Trigeau est reçu conseiller à la maison de ville d'Angoulême à la mort de N..... Aigron, le 19 février 1642. Pierre Arnaud est reçu à la mort dudit Trigeau, le 10 mai 1642. Il épousa N.....

II. — Antoine Trigeau épousa, le 22 novembre 1653, Françoise Chevrier.

TRION (1).

Françoise de Trion épousa Annet Leyrisse, écuyer, sieur de La Motte de Saint-Cyr et de La Côte, paroisse de Saint-Martin de Jussac, fils de Jean et de Bonaventure de Saint-Fiel ; étant veuve, elle fit son testament le 15 mars 1635, signé Barrier, vicaire de Saint-Martin-de-Jussac, et mourut deux jours après.

Raymond de Trion épousa, en 1619, Marguerite Dauphin, fille de Claude, écuyer, sieur de La Cadouhe.

Louise de Trion épousa, en 1728, Marc Guyot, sieur de La Faye, paroisse de Chirac.

Marie de Trion, veuve de N..... Salignac, épousa, à Saint-Maurice de Limoges, le 7 décembre 1735, Antoine Dupin de Saint-Etienne, paroisse de Saugon.

[Jean de Trion, chevalier, sieur de Salles, paroisse de Chassenon, était mort en 1758 ; il avait épousé Radegonde de La Ramière, dont Joseph-Marie, qui suit.]

Joseph-Marie de Trion épousa, en 1758, Charlotte Hastelet, fille d'Aimeric, écuyer, sieur de Puygombert, etc., et de Charlotte Chapiteau.

Louise de Trion épousa, en 1766, Jean Dubois, écuyer, paroisse de Saint-Maxime de Confolent.

TRIPPIER. — Jean Trippier, sieur de Monterud, fut fait chevalier de l'ordre, le 12 janvier 1562 (1563), lieutenant de Sa Majesté au gouverne-

---

(1) La famille de Trion avait sa généalogie aux pages 408 et 409, qui sont déchirées.

ment d'Orléans, écrivit de Bourges, le 11 janvier 1562 (1563), aux officiers de La Chapelle d'Angillon ; était catholique et ennemi juré des protestants. (*Mémoires Condé*, T. I, p. 113, et T. IV, p. 198, 189, 201.)

Demoiselle Jeanne Trippier mourut au Dorat, le 1er octobre 1669.

TRISTAN. — V. Laporte. — L'Hermite.

TRONPOUDON. — N..... Trompoudon est nommé dans un arrêt contre le grand-prieur d'Auvergne (Tournet, *Arrêts notabl.*, p. 1248).

Jean Trompoudon, écuïer, sieur de Landeix, à Saint-Léonard, 1654, épousa Antoinette Texier, fille de feu Antoine, sieur de Landeix, et de Jeanne Bony de La Vergne.

René Trompoudon, écuïer, sieur de Monfrebeuf, paroisse de Maraval, mourut à cinquante ans, au Puy-de-Cussac, le 14 mai 1665 ; fut enterré dans l'église de Cussac.

Pierre Trompoudon, maire de la ville de Bourganeuf, épousa Barbe de Lomenie, dont Marie, mariée à Saint-Domnolet de Limoges, le 27 septembre 1705, avec Gabriel Laboreis, fils de François, sieur de La Pigue, président de la ville d'Aubusson, et de feuë Anne de Garreau.

Gabrielle Trompoudon épousa, vers 1600, Pierre de Guitard, écuïer, sieur de Laborie, et de Villejoubert, fils de François et de Françoise de Caux, veuf de Marguerite de Monfrebeuf ; elle se remaria à Guillaume de Montfrebeuf.

Dieudonnée Trompoudon du Repaire épousa, vers 1693, Pierre de Glenest, écuïer, sieur de Montfrebeuf, paroisse de Maraval.

TROTTIN (1).

TRUCHON (2).

TUCHIMBERG. — V. Prevost, sieur de Tuchimberg.

TUFFEREAU. — Pierre Tuffereau, sieur de Baigne, paroisse de ......, élection de Saintes, fut trouvé gentilhomme en 1598.

TUGEAU. — Jean Tugeau est pourvu de la charge de conseiller de l'échevinage de la maison de ville d'Angoulême, à la mort d'Abraham Aigron, le 5 février 1642.

TUILLE. — Noble Philippe de La Tuille, écuïer, sieur de La Banxinière, épousa Jeanne de Saint-Clivier, dont Catherine, mariée, le 2 février 1513, avec Jean de Jarnage, écuïer, sieur des Cognées (Hozier, *Arm. génér.*, Ve partie, p. 306).

Henri de La Tuille, écuïer, sieur de Vernuse, épousa Paule de Bostlinard, dont Louis, qui suit.

Louis de La Tuille, écuïer, sieur de Clavière, paroisse d'Ardente-sur-

(1) Cette famille avait sa généalogie à la page 354, qui est déchirée.
(2) Etait à la page 947, déchirée.

Indre, près de Châteauroux, demeurait sur la paroisse de Lussac-les-Eglises. Il épousa Marie du Sauzet, dont François, né le 31 août 1661.

Louis de La Tuille, écuyer, sieur de Clavière, de La Feuge, mourut à Bénévent; il avait épousé Louise de Massebeuf, fille de Charles, écuyer, sieur de Baignoux, paroisse de Saint-Michel-Laurière, et de Anne de Trenchecerf; elle fut enterrée à Saint-Sulpice-Laurière. De ce mariage vinrent : 1° Philibert, mort le 21 décembre 1722, enterré audit Saint-Sulpice; 2° Jeanne, qui épousa : 1°, le 24 septembre 1727, Mathieu de La Loue, fils de Philippe et de Marie Roux ; il mourut sans enfants; 2° Mathurin de Savignac, veuf de Françoise-Agathe de Chardebeuf, fils de Jean, écuyer, sieur de Vaux, et de Jeanne Mosneron; ils moururent sans enfants.

TURLEAU. — Louis-Armand du Turleau, écuyer, épousa Antoinette de Cogniac, dont Louis-Emmanuel-Armand, né à Saint-Christophe-près-Lesterp, le 2 février 1688.

TURENNE.
La ville et le château de Turenne en Limosin, aujourd'hui du ressort de Brive-la-Gaillarde, ont donné leur nom à un païs situé dans les provinces de Limosin, de Querci et de Périgord, et sur les confins de celle d'Auvergne. Il a huit lieues de long et sept de large; ou, selon Justel, plus de trente lieues françaises de long et douze de large. Il est arrosé de dix rivières : la Dordogne, la Vezère, qui sont navigables, la Courreze, Bave, Louisse, Oustre, Sere et Tormente. Il renfermait les villes de Turenne, Beaulieu, Brive en partie et Maissac, sur le diocèse de Limoges; Argentat sur celui de Tulle, Saint-Céré, et Martel de celui de Cahors, avec environ cent paroisses, ou en total, ou en partie, dont plusieurs, qui n'étaient pas autrefois de la seigneurie de Turenne, y ont été unies en divers temps par les vicomtes, par acquisitions, alliances, donations, confiscation, etc. M. Justel en a produit les titres dans les preuves de l'*Histoire de la maison de Turenne*. Dans ces anciens titres, vers l'an 930, il est fait mention de *Torenna*, des vigneries ou juridictions qui étaient *in pago et comitatu Torinensi*, ou *Tornensi*, ou *Torennensi;* scavoir : *Vicaria Torinensis* qui devait être la première ; *Arnacensis*, autrement Le Puy d'Arnac; *Altiliacensis*, Altilhac, près de Beaulieu ; *Vici Argentadensis, loci Sereverii in vicaria Argentadensi*, qui sont Argentat, ville et Servieres, diocèse de Tulle; ainsi que *Barrensis, Brivensis, Cozatici*, apparemment Coutzages, *Santi Juliani,* Saint-Julien Ablois, *Spaniacensis, Caziliacensis.*

Les paroisses du diocèse de Limoges, qui relèvent de la vicomté de Turenne, sont : Astailhac, Saint-Basile, Beaumont, Beillac, Beynac, Branceilles, La Chapelle-aux-Saints, Chartrier, Chasteaux, Chauffour, Colonyes, Curemonte, Daignac, Estivals, Saint-Genez, Saint-Hilaire-de-Cornil, Jugeals, Lenteuil, Lineirac, Liourdre, Lissac, Lostanges, Malemort, Marcilhac, Maumont, Nespoux, Noailles, Noailhac, Nonars, Queyssac, Sailhac, Siounhac, Soursac, Tudeil, Végenez, Venarsal, Ussac. Dans le diocèse de Tulle sont les paroisses d'Arrazac, Bassinhac, Chamayrac, La Garde, Glenic, Haute-Brousse, Hautefaye, Mercuez, Saint-Merd, Saint-Privat, Saint-Verni, Vergy. Sur celui de Cahors, les paroisses d'Autoire, Alvinhac, Belmont, Blanzaguet, Boissac, Boursoles, Saint-Bonnet, Betaille, Cavagnac, Creyssenhac, Cusance,

Cleioux, Saint-Dionis, Freysinges, Saint-Félix, Floyrac, Gaignac, Ginhac, Gluges, Saint-Hilaire de Gourdourlez, Saint-Jean, Lentilhac, Saint-Laurent, Laval, Saint-Meard, Saint-Michel, Murel, Meyrac, Meyraguet, Montvalent, Saint-Palavi, Reyrevinches, Sarrazac, Saint-Losi, Valeyrac, Saint-Vincent. Au païs de Périgord, les châtellenies et paroisses de Saint-Andrieu, Carsac, La Cavede, Calviac, Candon, Grauleiac, Sainte-Magdelene, Perinhac, Proissans. A la convocation pour le ban et l'arrière-ban du Périgord, en 1525, le vicomte de Turenne fut nommé immédiatement après le comte de cette province.

Du temps de Saint-Louis, la vicomté de Turenne était composé de châtellenies dont je n'ai pas parlé ; telles sont celles de Betne, Casilhac, La Chassagne, Jayac, Merindol et de leurs dépendances, et de plusieurs fiefs qui en relevaient, depuis la ville de Martel, jusqu'à Cahors et Limoges, et jusqu'à Egleton, près de Ventadour ; et depuis Carlus et Salaignac en Périgord, jusqu'à Bordeaux. C'est ce qu'on voit par un partage fait l'an 1251, entre Raymond VI, vicomte de Turenne, et Elis de Turenne, et Helie Rudel, par lequel en furent démembrées les châtellenies de Riberac, Espeluchat, Carlus, Salaignac, Arche, Terrasson, Souillac, Montfort, Aillac et Croixe, lesquelles depuis y ont été réunies.

On trouve dans Corbin, *Traité des fiefs*, p. 853, un arrêt du Parlement de Bordeaux du 24 décembre 1529, pour qu'il soit informé par turbes de l'usage pour le droit de lods et ventes en la vicomté de Turenne.

Priviléges. *Priviléges, franchises et libertés du vicomté de Turenne*, Paris, 1640, in-4° ; et avant 1638, voyez dans la suite des vicomtes aux années 1529 et 1613.

La seigneurie de Turenne a été, au commencement, tenue par des princes, sous le titre de vicomté en toute souveraineté, sans reconnaître aucun seigneur, non pas même le roi. Ils ont joui de cette prérogative et se qualifiaient *par la grâce de Dieu vicomtes de Turenne*, et c'est de là que se tire l'origine de l'immunité des habitants de la vicomté, jusqu'à la vente. (Mais ces mots, *par la grâce de Dieu*, ont été employés par des abbés et même des curés. Voyez M. Bonamy, *Mém. acad. inscript.*, T. XXVI, p. 660). Les vicomtes avaient bien voulu relever de Saint-Martial, dont les reliques furent portées au château de Turenne, mais cette soumission n'est qu'un hommage de piété et de dévotion envers l'Eglise, qui n'emporte fief, juridiction, ni autre devoir. La reconnaissance que les vicomtes ont depuis faite à nos rois, de leur souveraineté et du ressort de leur justice, n'est qu'un hommage d'honneur, de respect et de protection, sous le simple serment de fidélité et non de subjection, comme de vassaux à leur seigneur de fief. Ils ont toujours joui de cette seigneurie en toute franchise et liberté, sans aucune charge de fief, ni autre quelconque.

Suivant cet ancien usage, les vicomtes de Turenne ne faisaient hommage au roi que du nom et dignité de leur terre, à la réserve de leurs franchises, libertés et immunités, dont eux, leurs vasseaux et habitants de la vicomté, jouissaient de tout temps. Elles étaient toujours expressément exceptées dans les hommages et dénombrements qu'ils en rendaient, conformément aux anciennes conventions sur ce faites avec le duc de Guyenne et confirmées par les rois. Car, quoique cette vicomté soit située dans le duché de Guyenne, cependant elle relevait nuement et immédiatement de la couronne de France, de laquelle, par privilége spécial, elle ne pouvait être aliénée, et non par moyen à cause du duché de Guyenne. Aussi est-il mis par les feudistes entre les grandes seigneuries qu'ils appellent dignités royales et fiefs royaux. REBUFFE, *In declar. feud.*, n°s 3 et 22, et LOYSEAU, *des Seigneuries,* chap. VII, n° 21, la mettent au même rang que le comté de Savoye et le duché de Milan. Voyez BOUQUET, *Droit public de la France,* 1756.

Il n'y a point de maison en France qui eut de semblables immunités, dans lesquels ils ont été maintenus à la faveur des guerres entre les rois de France et les rois d'Angleterre, ducs de Guyenne : 1° faire battre monnaye; dans une charte de 1308, il est dit : la monnaye au vicomte de Turenne qu'eust (c.-à-d. a cours pour) 15 deniers, pour 12 deniers tournois, dont les 16 ne valent que 12 tournois, Par convention expresse, nos rois étaient obligés de faire donner cours à cette monnoye dans les diocèses de Limoges, Périgueux et Cahors; mais il y a longtemps que les vicomtes de Turenne n'en usent plus; 2° accorder aux roturiers le droit de tenir des fiefs nobles et d'en tirer finance, et aux ecclésiastiques, celui de tenir des terres en main-morte, qui est droit de franchefiefs et d'amortissement; 3° donner des lettres de noblesse et des sauvegardes, et faire punir les infracteurs d'icelle; 4° octroyer le droit de consulat aux villes et communautés; 5° faire des lois et statuts ou règlements particuliers pour maintenir le bon ordre dans la seigneurie; 6° connaître en première instance de tous crimes et délits commis sur les chemins publics et sur les rivières navigables et autres, ce qui est le droit de vie et de mort; 7° connaître du port d'armes et de toutes causes civiles en première instance; 8° lever péage sur eau et sur mer; 9° contraindre leurs sujets, même par armes, de comparaître à leur cour, convoquer et faire tenir tous les ans les états de la vicomté tant en Limousin qu'en Querey, et de leur consentement ordonner et faire la levée de deniers en forme de taille sur les habitants pour la nécessité du païs; lesquels ne sont cotisables qu'envers le vicomte, étant d'ailleurs exempts de toutes impositions, subsides et charges réelles, personnelles ou mixtes, pour quelque cause que ce soit, même sous prétexte de la guerre; 10° faire des chevaliers; 11° lever des troupes. Les seneschaux du duché de Guyenne étaient obligés, à leur nouvelle création, de faire serment de garder ces libertés, tant qu'ils exerçaient leurs offices. Ils avaient plusieurs grands vassaux, qualifiés barons. Louis XIV confirma ces priviléges en 1656. Adrien de Valois fait connaître que les immunités de Turenne ont eu leur origine de l'établissement d'un grand nombre de Français qui remplacèrent les naturels du païs sous Pepin et Charlemagne. Le premier de ces deux rois prit Turenne en 767, et il établit, cette année-là des Français dans ses nouvelles conquêtes.

Un député d'Agrestius, évêque *Toronnicæ civitatis* souscrivit, au cinquième concile d'Orléans, l'an 549. On ne sait quelle est cette ville. Ce n'est certainement pas Tours, dont Beaudoin était alors évêque, à moins qu'on ne supposât qu'il avait deux noms. C'est peut-être Turenne qui aurait eu, pendant quelque temps, un évêque, comme l'Arsat, l'Islebonne quelques autres villes en ont eu pour un temps.

Comtes de Turenne. — Première lignée.

La maison de Turenne est une des plus illustres du Limousin. M. Justel a donné l'histoire des vicomtes de Turenne. M. Baluze avait et attendait, en 1708, quantité de titres que M. Justel n'avait pas vus, et promettait de donner une histoire de ces vicomtes. On ne connaît pas les comtes établis d'abord dans ces païs-là et l'on ne sait s'il y en eut un pour lors à Turenne.

I. — Rodulphe ou Raoul fut fait comte de Turenne par le roi Louis-le-Débonnaire ; il était aussi abbé laïque de Tulle, mais il ne fut que comte honoraire et sans administration de la province de Querci. Comme il était S^{gr} de Turenne, on l'appelle comte de Turenne et il se qualifiait tel l'an 824. Au mois de novembre de la dixième année du roi Louis, c'est-à-dire l'an 824 ; il donna à son fils Rodulphe, qu'il destinait à la cléricature, les lieux de Beaumont, autrement *Catinario* en Limosin, dans La Viguerie d'Arnac, l'église de Saint-Paul d'Estivals, aussi en Limosin, et d'autres en Querci. L'an 839, l'empereur Louis-le-Débonnaire fit marcher toute son armée contre les Aquitains, qui s'étaient révoltés ; il campa à trois milles de la ville de Clermont en Auvergne, où il rencontra les ennemis ; il les fit jurer d'être soumis à son fils Charles, et il envoïa celui-ci à Poitiers. Pour lui, il alla à un château appelé *Cartilotus*, où, à ce qu'on disait, quelques partisans de Pepin s'étaient retirés. Cette forteresse était telle que, par sa situation sur un rocher, elle était entourée de précipices, à l'exception d'une petite langue de terre, du côté du soleil levant. Il força les assiégés à se rendre, et, suivant sa clémence ordinaire, il leur laissa la vie, les membres et les biens. De là, il se tourna du côté de Turenne, *Torenna*, où des rebelles se tenaient cachés, et faisaient mine de vouloir résister ; mais ils se dispersèrent et s'enfuirent de tous côtés. L'armée n'en fut pas mieux, l'automne trop calme et les ardeurs du soleil causèrent beaucoup de fièvres ; une partie des soldats en mourut, l'autre ne s'en retourna qu'à grand'peine à Poitiers, où l'empereur fut contraint de faire passer l'hiver au reste de ses troupes. Après ces deux expéditions, Louis-le-Débonnaire donna, dans une espèce de promotion, le comté de Limoges à Ratier.

Raoul de Turenne fut enterré dans l'église de Genez de Sarazac en Querci, en 855 ou 856, selon Baluze, ou mieux en 843, selon les *Acta sanctorum Bened*. Il avait épousé Aygua ou Aygana. Elle et le comte, son mari, firent des dons à leur fils Rodolphe, alors clerc, et à leur fille Emmenane, en novembre l'an 824. Aygua donna aussi des biens à l'église de Sarazac pour le repos de l'âme de son mari, au mois de février, la troisième année du roi Lothaire, qui revient à 856 ; elle était fille d'Imon, comte de Périgord. Elle le rendit père de : 1° Gotafredus, comte de Turenne, qui suit ; 2° Rodulphe, mort archevêque de Bourges ; 3° Robert, qui continue la descendance ; 4° Landrie, que M. Justel confond avec un comte de Saintes du même nom, qui fut tué par Imon, l'an 866 ; 5° Jean, que le même M. Justel fait mal à propos abbé de Beaulieu ; 6° Immena, qui, étant consacrée à Dieu, vendit à son frère Rodulphe les droits qu'elle avait par la succession de son père sur Estivals, au mois de mai, la septième année de l'empereur Lothaire, 847 ; elle était abbesse de Sarazac en Querci, l'an 856. Ce monastère est ruiné. Tous ces enfants sont nommés dans un acte de l'an 856.

II. — Gotafredus ou Godofredus, fils de Rodulphe et d'Aygua, voulut obliger Saint-Gerauld, comte d'Aurillac, de se rendre son vassal, et lui fit la guerre, étant assisté d'Aimar et Adalesme, ses neveux, enfants de Robert. Adalbert, moine de Limoges, gardait alors, au château de Turenne, les reliques de Saint-Martial, où peu auparavant elles avaient été transportées, pour la crainte qu'on avait des infidèles, comme au lieu le plus fort et le plus assuré de tout le païs, du temps d'Anselme, évêque de Limoges. Gotafredus combattit contre les Normands à la bataille de Briaserache, avec Robert-le-Fort, qui y fut tué. Il est mentionné dans des actes des années 842, 846, 858, qualifié comte par Saint-Odon, et *comte par la grâce de Dieu*, dans une donation faite, l'an 866, au monastère de Beaulieu, de la seigneurie d'Igerac et de l'église de Sainte-Marie, ou de Saint-Martin, qui y est située. Il avait pour femme, l'an 866, Gerberge, dont : 1° Godofredus, dont on ne trouve point de descendants ; 2° Gaufridus, dont on ne trouve pas de descendants ; 3° Radulfus, ou Ranulfus, qui continua la postérité et fut chef de la branche puînée de Turenne, qui a pris le nom de Souillac, lorsque les surnoms sont devenus héréditaires, et qui subsiste et continue la postérité de ces princes, comtes, seigneurs de Turenne, sortis de la même tige que Wifroi, comte de Bourges.

II. — Ranulfus, fils de Gotafredus et de Gerberge, l'an 935, épousa Elisabeth, dont Robert, qui suit.

III. — Robert, fils de Ranulfus et d'Elisabeth. Un Robert se qualifie *ancien comte* dans une chartre de l'abbaïe de Beaulieu de l'an 935, par laquelle il donne à ce monastère le lieu de Daignac, au païs et viguerie de Turenne. Cet *ancien comte* vivait la cinquième année du roi Raoul, 921 ; mais il est constaté par deux chartes que Robert, comte de Turenne, mourut la cinquième année du roi Charles-le-Jeune, peut-être Le Simple, c'est-à-dire l'an 902. Il épousa : 1° Blitgarde ; 2° Ermensis ou Ermensinde ; de l'une d'elles il eut Bernard, qui suit.

IV. — Bernard, vicomte de Turenne, est qualifié *comte* dans un acte de la cinquième année du roi Louis d'Outremer, fils du roi Charles, l'an 941, par lequel les moines de Tulle le prirent pour deffenseur, ou abbé laïque, et lui donnèrent, pendant sa vie, leur château de *Mulsedonum*, apparemment Montcoeux, entre Tulle et Aurillac ; car c'était la coutume de donner à ces deffenseurs, qui étaient choisis par les moines, quelques terres en fief, comme pour récompense de la protection qu'ils devaient leur donner. Ceux de Tulle avaient élu ci-devant pour défenseur Donnereau, fils naturel d'Aymar, Sgr des Echelles, vicomte du Bas-Limousin, et lui avaient donné ce château de Moulseau. Mais ayant pris la fuite, ils s'adressèrent à Bernard de Turenne. Gérald de Saint-Céré, abbé d'Aurillac, voulant attirer à son monastère les bienfaits des seigneurs du voisinage, donna, à son départ pour Rome et Jérusalem, plusieurs mas précaires aux vicomtes de Turenne, vers l'an 964. Il s'en repentit après, parce que son monastère fut réduit à la dernière pauvreté. D'où il semble qu'on peut tirer l'origine de l'hommage que les vicomtes de Turenne faisaient aux abbés d'Aurillac, à cause de la châtellenie de Servières. On croit qu'il est enterré à Tulle, dans le cimetière. Deda, vicomtesse, sa femme, donna, l'an 984, à Saint-Martin de Tulle, le mas de La Roche, dans la *viguerie* de Turenne, pour le repos de l'âme de son mari et de celle de son fils Ademar. On croit qu'ils reposent tous à Tulle. Ses enfants furent : 1° Ademar, dont il vient d'être parlé et dont on ne connait pas la postérité ; 2° Sulpitie, mariée à Archambauld, vicomte de Comborn, qui, par cette alliance, devint vicomte de Turenne ; 3° une autre fille, mariée à Ramnulfe *Cabrideltus*, vicomte d'Aubusson, fils de Rainald, premier du nom, et d'Alsinde.

II. — Robert de Turenne, mais qui n'en fut point comte, ni de Cahors, l'an 933, est dit frère de Radulphe, archevêque de Bourges, dans un acte de l'an 844 ; ainsi il devait être fils de Rodulphe et d'Aigua ; ou peut-être mieux, neveu de Gotafredus comte de Turenne et fils de Ramnulfe et d'Élisabeth. Quoiqu'il en soit, on présume qu'après la mort de son frère Gotafredus et de ses enfants, il succéda au comté de Turenne et mourut l'an 898. Ces dates sont à éclaircir. Rotrude, épouse de Robert, comte de Turenne, femme très pieuse, se fit moniale à Beaulieu, après la mort de son mari, et y était enterrée suivant un acte de l'an 844. Cependant, en 859, la cinquième année de Charles-le-Jeune, on veut qu'elle ait donné à ce monastère l'église de Saint-Martin de Beilhac. Ils laissèrent : 1° Drogon ; 2° Robert, qui suit.

Ainsi Ademar, vicomte des Echelles près Tulle, ne peut avoir été vicomte de Turenne, et il faut l'effacer de la généalogie donnée par Justel, ainsi qu'Adalesme, Odolric, vicomte de Cahors, Boson et Gauzbert. Frotard qualifié vicomte de Turenne l'an 930, mari d'Alberge et père de Gerald, était plutôt vicomte de Cahors.

III. — Robert de Turenne, abbé laïque de Tulle, eut d'une femme dont on ignore le nom : 1° Gosbert ou Gauzbert, qui suit ; 2° Deda, abbesse de Limoges ; 3° Ademar, vicomte des Echelles qui se maria ; mais il faut se défier des preuves que Mr Baluze emploie pour établir que les seigneurs des Echelles étaient de la même maison que les comtes de Turenne. J'en parlerai, vaille que vaille ; 4° Boson, mentionné dans un acte d'environ l'an 940, mais qui n'épousa point une nommée Talasie ; 5° Favelde, femme d'Odolric, vicomte de Saint-Céré et Querci. Mais non pas un Adalesmus, frère d'Ademar, comte de Poitou.

IV. — Gosbert ou Gauzbert, vicomte, vers 924, 940, 944, avait été présent à un jugement rendu à Brive, l'an 898. Il épousa Ricburge, qui fit un don au monastère de Beaulieu vers l'an 940. On ignore leurs enfants.

IV. — Ademar, abbé laïque de Tulle par droit héréditaire, vicomte des Echelles, *scalarum*, c'est-à-dire seigneur du château des Echelles qui était voisin du monastère de Tulle, et vicomte dans le Bas-Limousin, n'était pas né en Angleterre. Il avait sous lui différents viguiers *vicarios*, scavoir à Naves, Bar, Uzerche, Espagnhac, Argentat, Brive, Turenne et autres. Ceux-ci, selon Baluze, à la place du comte de Limoges, rendaient la justice dans les bourgades, mais étaient subordonnés au vicomte, auquel, s'il l'exigeait, ils devaient rendre compte de ce qu'ils avaient fait. La vicomté n'était pas alors attachée au lieu, mais attribuée à la personne : ainsi, quoiqu'Ademar se qualifie *vicomte des Eschelles*, il ne se nommait ainsi que parce qu'il était seigneur des Eschelles et décoré de la dignité de *vicomte* dans ce canton de la province du Limousin ; ainsi, suivant l'usage du temps, il joignait la dignité à la seigneurie où il demeurait. De même Fulcherius, vicomte de Limoges, qui gouvernait le Haut-Limousin, se dit, l'an 948, vicomte de Segur, parce qu'il était seigneur du château de Segur.

Ademar fut présent, l'an 898, à un jugement rendu à Brive; il restaura le monastère de Tulle, où il fut enterré; il vivait en 941. Il avait épousé : 1° Fauciburge, dont il est fait mention comme morte, dans un acte de l'an 930; 2° Gauzla, dont il parle dans son testament d'environ l'an 930, où il dit n'avoir point d'enfants légitimes. Il ne laissa que deux bâtards : 1° Bernard, abbé de Tulle; 2° Donarellus que les moines de Tulle s'étaient élu abbé, mais qui devint fou.

Seconde lignée des vicomtes de Turenne.

I. — Archambauld de Comborn. — Voir T. I. art. Comborn.

II. — Ebles de Comborn.

III. — Guillaume de Comborn, fils d'Ebles, eut pour portion de l'héritage de son père, la seigneurie de Turenne, et prit son nom de famille de celui de cette seigneurie, comme c'était l'usage sur la fin du x° siècle et au commencement du xi°; il en prit aussi les armes, qui sont : *cotticé d'or et de gueules de 12 pièces* et non pas *de 16*. Il se trouve mentionné dans des actes de l'an 1001, et d'environ l'an 1025. On dit que, par de mauvaises raisons, il perdit une partie de sa terre. Il eut, pour fils unique, Boson, qui suit.

IV. — Boson, premier du nom, vicomte de Turenne, mentionné dans un acte de 1076; il mourut à Jérusalem l'an 1091. Il n'eut point deux femmes comme le dit Justel, mais seulement Gerberge ou Guirberge, surnommée Comtor, nom que prenaient alors les seigneurs et les dames de la première qualité. Etant veuve et attaquée d'une grande maladie, elle se fit moniale à Saint-Martin de Tulle, l'an 1103, où elle fut enterrée dans les tombeaux des vicomtes de Turenne, devant la principale porte de l'église, en présence de Guillaume, abbé, et de Raymond, vicomte. Leurs enfants furent : 1° Raymond, vicomte de Turenne, qui suit; 2° Archambauld, vicomte de Ribérac; 3° Ebolus, que son père et sa mère offrirent à Dieu l'an 1091, dans le monastère de Tulle dont il fut abbé; 4° Mathilde, femme de Hugue II, duc de Bourgogne, dit Le Pacifique, mort l'an 1141; 5° Alpaïz, mariée à Bernard III, comte d'Armagnac, laquelle, vers l'an 1113, donna aux moines de Tulle un mas dans la paroisse de Baissac; 6° Estienete, mariée à Hugue de Belcastel, laquelle donna, aux mêmes moines, deux mas sur la paroisse de Linairac, du temps que son frère Ebolus était abbé, c'est-à-dire, entre les années 1091 et 1152; 7° Guillaume, mort avant l'an 1105 et enterré à Tulle; on le fait tige des marquis d'Aynac.

V. — Raymond, premier du nom, vicomte de Turenne en 1091, fut bienfaiteur du monastère de Vigeois. Le pape Urbain II, étant à Limoges sur la fin de l'an 1095, y prêcha la croisade, et son exhortation fit partir l'année suivante quantité de seigneurs limousins pour la conquête de la Terre-Sainte, entre autre Raymond, vicomte de Turenne. Les historiens ont remarqué ses généreux exploits au siège de Jérusalem en 1098 et 1099. On l'appelle *de Taurinà*. Voyez page 1389 (1). Il fut lié d'une amitié particulière avec Raymond Pelet, d'une maison des plus illustres et des plus anciennes du Languedoc; il y a même lieu de croire qu'ils étaient ou parents, ou du moins

---

(1) Cette page est déchirée.

compagnons d'armes, car ces deux seigneurs ont toujours paru ensemble dans les occasions distinguées, ayant un égal empressement d'acquérir de la gloire par leurs belles actions. Cette grande union, et l'identité de nom a donné lieu au P. Maimbourg, de confondre Raimond Pelet, avec Raymond, vicomte de Turenne et d'attribuer à ce dernier tout ce que les historiens contemporains de la croisade disent avoir été fait par Raymond Pelet. Il est encore à remarquer que les vicomtes de Turenne du nom de Raimond se servaient quelquefois d'un iota *Raimond*, d'autrefois d'un ypsilon *Raymond*. Leur nom était écrit sur les deniers de la monnoye publique, ce qui confirmerait que ces vicomtes avaient, dès ce temps-là, le droit de faire battre monnoye; elle était appelée *Raymondoise*. Du temps de Mr Justel, il s'en voyait des deniers, des sols et des livres appelées *Raymondoises*, du nom de ce vicomte. Mais M^r Du Cange ne croit pas que Raymond 1 ait fait mettre ses armes sur la monnoye qu'il faisait battre, parce qu'on ne mettait pas alors celles des maisons qui n'étaient pas fixes. Gaufridus ne parle que du nom et non des armes. En 1349, 7 livres 5 sols de ces Raymondois valaient 116 sols tournois; 30 sols Raymondois valaient 28 sols tournois.

Revenons au vicomte. L'an 1103, il donna, aux moines de Tulle, trois mas dans la forêt de Roc. L'an 1116, un autre appelé de La Porte de Saliac. Ce dernier acte fut fait solennellement dans le chapitre de Tulle, en présence des chevaliers de ce vicomte, savoir Raynald de la Genebriera, Eustorge de Chalm, et Elie de Tulle. En 1135, le jour de Pâques, il se trouva à une assemblée de barons, tenue à La Sanvatat.

Il épousa Mathilde, sœur du comte du Perche; elle était fille de Rotrou, deuxième du nom, comte du Perche, et de Mahaut d'Angleterre; elle se remaria à Gui de Las Tours, surnommé le Gros, fils de Gerald et de Humberge. Perche porte : *écartelé d'or et d'azur*. Leurs enfants furent : 1° Boson II, qui suit; 2° Mangne, mariée à Aymeric de Gourdon; 3° Marguerite de Turenne, mariée : 1° à Ademar IV, vicomte de Limoges; 2° à Ebles, cinquième du nom, vicomte de Ventadour, fils de Ebles, quatrième du nom, et de Sybille de La Faye; elle en fut séparée pour cause de parenté, et épousa 3° Guillaume dit Taillefer, comte d'Angoulême, auquel elle donna une nombreuse postérité.

VI. — Boson, deuxième du nom, vicomte de Turenne. Ayant ramassé précipitamment des troupes, les conduisit à Adémar, vicomte de Limoges, son beau-frère, qui, avec Gui, son frère, avait mis le siège devant le château de Gui Flamenc, appelé La Roche-Saint-Paul en Périgord. Boson y fut blessé d'un coup de flèche, dont il mourut sur-le-champ, le 19 juin, 1143. Sa mort est marquée à ce jour dans le nécrologe de Saint-Georges du Puy en Velai. Le cartulaire de Tulle, dit qu'il fut tué d'un coup d'épée. Il avait visité les pauvres d'Obasine qui demeuraient diocèse de Cahors, et leur avait promis quelque portion de terre; dans le temps qu'il fut blessé, il mit son testament sur sa femme, c'est-à-dire qu'il lui dit son intention, en conséquence cette dame et ses conseillers leur donnèrent le mas de Tarsac. L'acte fut passé dans la salle de Turenne, entre les mains d'Estienne, prieur d'Obasine, dont la vicomtesse baisa les mains en signe de véritable offrande. Les témoins et conseillers furent : Gaubert Dalac, Gerald de Martanac, Guillaume Amonius, Amonius Cornil, Pierre Fulcoald, Pierre de Martenac et Pierre Faidit. On passa le corps par Vigeois, mais il ne fut enterré à Tulle, près de son père, que le 21 décembre suivant. La cérémonie fut pompeuse ; il y avait Ademar, vicomte de Limoges, et Aymeric de Gordon, beaux-frères du défunt; Ebalus, vicomte de Ventadour; Archambauld, vicomte de Comborn; les fils de ces vicomtes, plusieurs gentilshommes des environs : Gauzbert Daliac, Gerald de Martemniac, Bertrand de Curemonte, Ebalus de Soliac, Elie Lionesc, Pierre Cornils, Pierre Faidiz, Pierre Cochabon, Gerald de Rofinac, Pierre Ancolenus, et Bertrand Maschales. Parmi les gens d'église étaient Gerald, évêque de Limoges ; Ebalus, abbé de Tulle, oncle du défunt ; les abbés d'Uzerche, de Vigeois, Beaulieu et Dalon. On donna ce jour-là, pour le repos de l'âme de Boson, des rentes sur le mas de La Court, *curtis* de Sainte-Marie de Soliac, au monastère de Tulle.

Ce vicomte avait épousé Eustorgie d'Auduze, fille de Bernard, S^{gr} d'Anduze, d'Alais, *alias* Daudura de Lalest. Quatre mois après la mort de son mari, elle accoucha de Raimond, qui suit, le seul fils de Boson. Anduze porte : *de gueules à 3 étoiles d'or*.

VII. — Raymond, deuxième du nom, vicomte de Turenne. Renaud, vicomte de Gimel, lui donna le château, terre et seigneurie de Gimel, et ses dépendances, puis les reprit de lui en fief et lui en fit hommage par le même acte passé dans la salle de Turenne, le vendredi 26 janvier, 1163, mieux 1162, en présence d'Estienne d'Escoraille, Raymond de Cornil, Elie de Favars, Aimeric de Salainac et Manould son frère, Olivier de Curemonte, et Gui son frère, Ponce de Vairac, Corneille de Croisse et Gerald, son fils, Ugue d'Espinats, Ugo de Noailles, Gauzbert de Ventadour, Phaidit de Turenne, et Pierre, son fils. L'an 1173, ce Raymond, vicomte de Turenne, se joignit à Ademar, vicomte de Limoges, etc., pour faire la guerre à Richard, duc de Guyenne. En 1177, Henri II, roi d'Angleterre, prit son château de Turenne, qui était très bien muni. La même année, le mardi de Pâques, près de dix mille hommes et deux cents chevaux s'assemblèrent de toutes parts. Ce jour-là, un certain Lobar prit le bourg et le château de Segur et en détruisit tous les murs, à la persuasion de Raymond de Turenne. En 1178, il fut choisi entre autres par les rois de France et d'Angleterre, pour aller à Albi faire la guerre contre le seigneur des Albigeois, protecteur des hérétiques. Il s'y rendit et se chargea d'aller trouver Roger, vicomte de Béziers, qui tenait en prison l'évêque d'Albi, par la seule raison qu'il était zélé catholique, et il eut commission d'en user avec lui, comme le demanderait le bien de l'église. Raymond alla à Castres, séjour ordinaire du vicomte Roger ; là les deux plus célèbres Albigeois de cette ville s'adressèrent à lui, comme à leur ami, et demandèrent à se justifier. La même année 1178, il permit un duel solennel en l'isle de Beaulieu, dans la vicomté de Turenne, entre Hugue de Saint-Céré et Aimeric de Saint-Céré, auquel assistèrent Ademar, vicomte de Limoges; Archambauld, vicomte de Comborn et Helie son fils, le vicomte de Gimel, et Taleiran, le seigneur de Las Tours, etc. Il fut présent à la fondation de l'abbaïe de La Garde-Dieu en Querci, l'an 1181. L'an 1183, le samedi de l'Ascension, dans le voyage que Henri-le-Jeune, roi d'Angleterre, faisait pour se rendre à Martel en Querci, Raymond, vicomte de Turenne, pour gagner la faveur du peuple, vint faire la bravade, faisant caracoler les chevaux avec beaucoup de fracas. Cependant quand il sut le danger de mort où était ce prince, quoique son ami, il n'en eut aucun soin. Curbaran assiégea, par son ordre, la ville de Brive, le vendredi avant la Quinquagésime 1183, vieux stile. Au mois d'octobre de l'an 1184, Raymond, duc de Narbonne et comte de Toulouse, lui acorda tout le domaine que Bernard de Châteauneuf ou Castelnau, frère de sa femme, Helis, avait à Châteauneuf. L'an 1190, il fit hommage à l'évêque de Cahors, pour le fief de Brossac, qu'il avait acheté de Guillaume, vicomte de Calviniac; peut-être est-ce dans la visite qu'il alla rendre avec Boson, son fils, la même année, à ce prélat, au lieu de Rocamadour. La même année il fit le voyage de la Terre-Sainte avec le roi Philippe-Auguste, ainsi qu'il paraît par Raoul de Diceto, et par un titre de cette année, passé à Figeac, par lequel, du consentement d'Helis, sa femme, et de Boson, son fils, il octroya à Umbert, abbé de Beaulieu, que lorsqu'il ferait battre la monnoye en sa vicomté, ce serait dans la ville de Beaulieu, et qu'il prendrait la dixme du droit vicomtal, c'est-à-dire du droit de seigneuriage de cette monnoye. Outre le fief de Brossac, il acquit encore la principauté du château de Salagnac, de Raymond, vicomte de Toulouse. Il fit plusieurs guerres à ses vassaux. Il mourut d'une maladie contagieuse au siége d'Acre en 1191.

Il avait épousé Helis de Castelnau, veuve de N..... Gordon, et fille de Bernard, Sgr de Castelnau; elle passa le reste de ses jours en religion, à Obasine. Castelnau porte : *de gueules au château d'argent*. Leurs enfants furent : 1° Raymond, qui suit; 2° Boson, que le feu consuma lorsque les ennemis l'avaient en otage; 3° N....., femme en 1167, de Helie Talyran.

VIII. — Raymond, troisième du nom, vicomte de Turenne, fut blessé à la tête. Par le traité de paix fait entre Philippe, roi de France, et Richard, roi d'Angleterre et duc de Guyenne, l'an 1193, il est dit : *vicecomes Turennæ tenebit de rege Franciæ, id quod debet, et de nobis, id quod debet*; ce qui prouve que le vicomte de Turenne possédait très anciennement deux différents fiefs importants. Dès le XIIe siècle on avait commencé à prendre l'habitude, lorsqu'il se trouvait qu'un vicomte possédait d'ailleurs quelque seigneurie particulière, de l'appeler le plus souvent le vicomte de cette seigneurie. Mais quoiqu'en dise Mr Brussel, il ne paraît pas que les vicomtes de Turenne fussent les vicomtes de Limoges, Sgrs de Turenne. Adémar, cinquième du nom, était vicomte de Limoges en 1195. En 1197, il confirma, à l'abbaye de Beaulieu, la dixme du droit vicomtal de sa monnoye, que le vicomte Raymond II, son père, avait octroyé à l'abbé Umbert, et quelques autres droits.

Il épousa Helis de Saverac, fille unique et héritière de Gui, Sgr de Saverac. Saverac porte : *palé d'argent et de gueules de 6 pièces*. De ce mariage naquirent : 1° Boson III, qui suit; 2° Raymond, quatrième du nom, rapporté après son frère; 3° Raymond V, qui succéda à ses frères et continua la lignée; 4° Heliz, mariée à Bernard de Casnac, Sgr d'Allac, homme inhumain et hérétique albigeois. On prétend que lui et sa femme avaient fait pendre, par pure méchanceté, plus de cent cinquante personnes, tant hommes que femmes, qui s'étaient réfugiées dans l'abbaye de Sarlat, et qu'ils avaient faient couper les pieds ou les mains aux uns et arracher les yeux aux autres. Le comte Simon de Monfort fit raser, l'an 1214, son château de Monfort en Périgord; en prit plusieurs autres d'hérétiques et petits tyrans en Limosin, etc., et rétablit la paix dans cette province.

IX. — Boson, troisième du nom, vicomte de Turenne, était mort 1209. Il ne laissa que deux filles, qui ne succédèrent point à la vicomté de Turenne, mais Raymond IV, leur oncle, suivant une ancienne coutume et loi domestique de la maison de Turenne, par laquelle le frère succédait à son frère, à l'exclusion des filles : 1° Marguerite, mariée à Bernard, deuxième du nom, vicomte de Comborn, laquelle transigea avec sa sœur, en présence du roi Saint-Louis ; 2° Dauphine, épouse de Raymond d'Anduze, Sgr de Roquefeuil, diocèse de Nismes, qui vivait en 1219 ; elle mourut le 6 juin 1270.

Marguerite de Turenne épousa Guillaume Taillefer, quatrième du nom, comte d'Angoulême.

IX. — Raymond, quatrième du nom, vicomte de Turenne, succéda à Boson, son frère. En 1202, il confirma au monastère d'Obasine ce que son père et son ayeul y avaient donné. Au mois de décembre 1208, étant à Martel, il fut pris pour caution d'un accord fait entre Gui, comte d'Auvergne, et son frère, l'évêque de Clermont ; et il assista au contrat de mariage de Helis, fille dudit Gui, avec Raymond, fils d'autre Raymond, comte de Toulouse ; depuis, elle épousa Raymond, fils de ce vicomte de Turenne. En 1209, il donna à Obasine le mas de Vaure, pour le repos de l'âme de Boson, son frère ; et il se croisa contre les Albigeois. En décembre 1211, il fit hommage du château et seigneurie de Severac, à Pierre, roi d'Aragon, comme tuteur de son neveu Raymond, comte de Provence. En 1212, passa en Espagne contre les Sarrazins. Le 28 juin 1214, il reconnut pour son seigneur Simon de Montfort, comte de Leycestre, vicomte de Béziers et de Carcassonne, par acte passé pendant le siége de Casseneuil en Agenois, où il se trouva. Au mois de septembre suivant, par acte passé à Dome en Périgord, il fit un autre hommage au même seigneur des biens de Bernard de Casnac et de Heliz, sa femme, que ce comte avait confisqués et lui avait donnés. Dans un acte de la même année, il fait mention de Raymond, son père, d'Helis, sa mère, et de Bernard de Castelneau, son ayeul. La même année 1214, il accompagna le prince Louis, fils de Philippe-Auguste, lorsqu'il passa en Angleterre, où il avait été appelé par les barons de ce royaume contre le roi Jean-sans-Terre, *le vicomte y fut à 13 chevaliers*. Par acte donné *apud Mostaram*, l'an 1219, il fit chevalier, Rodulphe de Besse et ses descendants, et les enfants d'Aimar, son frère ; ces sortes de grâces étaient rares ; il affranchit leurs terres de toutes tailles et autres charges. Le 17 février même année 1219, il fit le voyage de la Terre-Sainte, confirma et augmenta les coutumes et statuts donnés par ses prédécesseurs aux habitants de la ville de Martel. Le 24 mars suivant, Maifre de Castelnau lui fit hommage du château et chatellenie de Castelnau, ainsi que son père l'avait fait à Raymond III°. En 1226, il donna à l'abbé et aux moines d'Obasine, les mas de Blenia et de La Coiratia, par acte passé au Puy-Sainte-Marie, au mois d'août. En septembre 1229, le roi Saint-Louis lui donna le privilége de ne pouvoir être mis hors la couronne de France. Le 23 février 1230, vieux stile, pendant la minorité de ce prince, après la guerre des Albigeois, qui avait laissé une telle licence, qu'il n'y avait aucune sûreté dans le comté de Toulouse et pays circonvoisins, ce vicomte fit à Rocamadour une alliance et confédération avec la plupart des seigneurs et communautés du pays de Querci, pour eux et leurs successeurs et ceux qui y voudraient entrer pendant huit ans, pour leur commune conservation, et pour garantir leur pays d'oppressions ; le vicomte était le chef de cette confédération. En septembre 1235, au colloque tenu à Saint-Denis, il souscrivit à la plainte des princes et barons du royaume portée au pape contre les entreprises des ecclésiastiques. En 1236, il fit hommage à l'évêque de Cahors du Châteauneuf appelé de Matfredus et de celui de Salignac. Il mourut vers l'an 1243.

Il avait épousé Helis ou Alix d'Auvergne, qui fut accordée, vers 1204, avec Guigue, quatrième du nom, comte de Forest, puis destinée au fils du comte de Toulouse, dès le mois de décembre 1208. Elle était fille de Gui, deuxième du nom, comte d'Auvergne, et de Pernelle de Chambon. Auvergne porte : *d'or au gonfalon de gueules*. Dans le contrat de mariage, qui est sans date, il fut stipulé que son beau-père lui donnerait 590 marcs d'argent, qui faisaient 20,000 sols. Les cautions furent, pour le vicomte de Turenne : G., vicomte de Limoges; J., évêque de Limoges; G., évêque de Cahors; les témoins : Ademar de Barmunt; W. Chaussacorta, Latiers deu Mon, Ugo de Riom, Aimeric Chat, et la vicomtesse de Turenne; ce qui fut juré par B. de Chastenou, W. de Ferreyras, P. Faidit, G. Austores, Ebles de Soliac, Uge de Cornil et Raymond, vicomte lui-même. Dans le sceau est la représentation du château de Turenne d'alors; au premier côté *sigillum* en caractères antérieurs à la moitié du XIII° siècle ; l'écriture est en gothique croissant, c'est-à-dire celui où l'on trouve un tiers ou un quart de lettres gothiques modernes. Etant veuve, elle fit son testament le lundi avant la fête de Saint-Mathieu, 1250, au château de l'Arche, et fit héritière sa fille Haelis, qui suit.

X. — Healis de Turenne épousa Helie Rudelli, sire de Bragerac, Genssac et Blaye, qui, du chef de sa femme, disputa la vicomté de Turenne à Raymond V, son oncle, et à Raymond VI, son cousin. Depuis, ayant compromis sur l'abbé de Sarlat et G. de Malemort, leur différend fut terminé au moyen du partage qu'ils firent entre eux de la vicomté de Turenne, confirmé et autorisé par la reine Blanche, régente du royaume pendant l'absence du roi Saint-Louis, son fils, par ses lettres de l'an 1251. Healis, vicomtesse de Turenne, mourut la même année et fut enterrée à Obasine. Elle laissa une fille unique, Marguerite de Turenne, dame de Bragerac et de Gensay, qui, dans son testament du 8 des calendes de février 1289, veut qu'il soit fait à Bragerac une abbaye de vingt-cinq filles ; fait des légats à l'abbaye d'Obasine, etc.; était mariée à Alexandre de La Pelleveya, dont elle avait Marguerite, Jeanne, Aude, Aelis, Isabelle, Geraude, femme d'Arnaud de Gironda, chevalier; institue héritiers Helie Rudelli, chevalier, son fils, Sgr du Pont, pour une partie, et Gaufridus de Ponté, pour ses châteaux de Charlus, de l'Arche, et de ce qu'elle a dans la vicomté de Turenne ; leur substitue Remond, son neveu, fils de la feue vicomtesse de Turenne, fille de la testatrice. Marguerite fut enterrée chez les frères prêcheurs de Bergerac, où est son épitaphe. On trouve un testament de l'an 1289 de Marguerite de Turenne, dame de Bregeras, par lequel elle donne à son mari Alexandre de La Pabreya une somme d'argent, lègue à Geraude, sa fille, femme d'Arnaud de Geronda, chevalier, quelques rentes, et institue son héritier universel Geoffroy de Pons en toutes ses terres et châteaux.

Jaufredus de Pons, Sgr de Ribayrac et vicomte de Turenne, épousa Isabelle, fille aînée de Henri, comte de Rhodez, et de Marquise de Baux, vers 1279.

IX. — Raymond, cinquième du nom, était qualifié Sgr de Servières et de Malemort, avant qu'il succéda à Raymond IV, son frère, ainsi qu'il paraît, par un acte du mois de septembre 1235, par lequel il engage à Gui de Malefayda, et au couvent de l'église de Brive, tout ce qu'il pouvait avoir de droits sur cette église de Brive. Il fit divers couplets de chansons avec Hugues de Saint-Cyr, Quercinois, qui s'appliquait à la *jonglerie*. Il est nommé avec Raymond IV, son frère, dans la chronique du monastère de Grandmont, l'an 1221. Le 11 août 1236, il fit hommage-lige à Raymond, comte de Toulouse, dans cette ville même, pour ce qu'il tenait de lui dans le Querci, en présence de plusieurs seigneurs.

Il épousa Alemande Malemort, fille de Pierre, Sgr de Malemort; elle lui porta une portion de la baronnie de Malemort. Etant malade à Paris, au mois de novembre 1245, il y fit son testament, par lequel il lègue 60 sols de rente pour son anniversaire dans l'église de Tulle, où il veut que son héritier fasse transporter ses ossements. On ne sait si cela fut exécuté, ni s'il mourut alors; on croit cependant qu'il mourut de cette maladie, parce que l'année suivante son fils rendit hommage au roi. Justel met sa mort en 1247. Il institue son héritier universel Raymond, son fils aîné, lui ordonnant de faire chevaliers à son honneur et à leur avantage Hugue de Saint-Amant ou Chamant, et Pierre de Jo, ses damoiseaux. Il donne à Boson, son second fils, Sgr de Servières, sa terre de Brive et ses dépendances, excepté Chameyrac et Cotsage, dont il ordonne que sa femme jouisse pendant sa vie. Lègue à Gui, son autre fils, 100 livres de rente; celui-ci fit son testament en 1264, et institua héritiers Raymond et Boson, ses frères. Ses autres enfants furent : 4° Alemande, mariée à Pons, premier du nom, Sgr de Gordon, après l'an 1252. Hugues de Saint-Cyr la nomme Alix de Montfort, et la fait femme de Guillaume de Gourdon; jeune et belle, elle prit pour son chevalier Raymond Jourdain, vicomte de Saint-Antonin en Rouergue, aussi habile *trobaire* que bon chevalier; elle l'engagea à reprendre sa gayeté naturelle et il recommença à faire des chansons; 5° Comtor, mariée à Bertrand de Cardaillac, deuxième du nom, dont elle fut séparée pour consanguinité, l'an 1287; elle mourut le 13 juillet et fut ensevelie dans l'église de Cahors, en la chapelle de Saint-Dominique; 6° Helis, mariée à Pierre de Cazillac; 7° Marguerite, qui vivait en 1262, et céda à Raymond VI, son frère, tous ses droits paternels et maternels; elle fut mariée après l'an 1252 à Durand de Montal, fils du Sgr d'Aurillac; 8° N......, qu'on fait mal à propos abbesse d'Obasine, puisqu'il n'y a point d'abbaye de filles de ce nom; elle peut avoir été prieure de Coyroux, près Obasine; quoiqu'il en soit, Raymond VI, son frère, donna par son testament 50 sols Raymondois et le lieu de La Serre, au monastère d'Obasine.

X. — Raymond, sixième du nom, vicomte de Turenne, confirma aux habitants de la ville de Martel, le privilége que son oncle et son père leur avait donné de pouvoir créer des consuls; l'acte est du mois d'avril 1247. Il fut troublé dans la jouissance de la vicomté de Turenne, par Helie Rudel, ainsi que je l'ai dit. Le 22 avril 1252, il fit hommage à l'abbé de Tulle, pour le vicomté de Brossac. Il alla joindre Saint-Louis dans la Terre-Sainte, ainsi qu'enseigne un titre du mois de juin 1253, daté du camp devant Sidon, et qu'il le témoigna lui-même dans son testament; il y entretint trente hommes d'armes à cheval, un an durant. Le roi ayant cédé, par traité de 1259, à Henri III, roi d'Angleterre, les trois diocèses de Limosin, de Périgord et de Querci, avec les terres et seigneuries qui y sont enclavées ; le vicomte de Turenne refusa longtemps de reconnaître le roi d'Angleterre: parce que, par privilège spécial octroyé, l'an 1229, à Raymond IV, vicomte de Turenne, et à ses successeurs, par le même roi Saint-Louis, la vicomté de Turenne ne pouvait être mise hors de la couronne ; mais parce qu'on ne pouvait satisfaire au traité de 1259, ce vicomte fut, à l'instante prière et au commandement de Saint-Louis, contraint de renoncer à ce privilège ; il reconnut et fit hommage au roi d'Angleterre de ce qu'il tenait auparavant de la couronne de France, par acte de l'an 1263. Le roi d'Angleterre lui sut si bon gré de la docilité avec laquelle il s'était mis sous sa main, que, par traité fait à Londres, la même année, il fut convenu de la forme de l'hommage que le vicomte et ses successeurs lui rendraient, et de quelques articles concernant les libertés et franchises de la vicomté de Turenne. Par lettres de la même année 1263, ce vicomte confirma un marché établi dans la ville d'Argentat, diocèse de Tulle. En 1276, il accompagna le roi Philippe-le-Hardi, et le servit en son armée de Navarre ; le roi déclara, la même année, au mois de novembre, qu'il n'entendait pas que ce service volontaire et gratuit, rendu dans cette guerre, par le vicomte de Turenne, l'obligeât à aucune sujétion, et lui fit aucun préjudice ou à ses successeurs. Le même roi lui confirma, au mois d'août 1280, les franchises, libertés et immunités de sa vicomté. Ce Raymond fit divers testaments, des années 1252, en avril, à Saint-Céré, 1267, 1276, le 28 août, le dernier fut fait à Toulouse en 1283 ; il donne 10 livres Raymondoises à un fils naturel nommé Bernard ; s'y qualifie, par la grâce de Dieu, vicomte de Turenne, ainsi que fit après lui Raymond VII, son fils. Il mourut l'an 1285, fut enterré dans l'église de l'hôpital de Jaffa, paroisse de Sarrazac, diocèse de Cahors.

Il fut marié deux fois : 1° avec Agathe de Pons, fille de Renaud, sire de Pons, et de Marguerite de Bragerac, par contrat de 1265, et de ce mariage sortit un fils unique, Raymond VII, qui suit. Pons porte : *d'argent à la fasce bandée d'or et de gueules, de 6 pièces* ; 2° Après la mort d'Agathe de Pons, il se remaria l'an 1284, à Laure de Chabanais, fille de Jordain III, Sgr de Chabanais et de Confolent, et d'Alix de Montfort. Chabanais porte : *d'or à deux lions de gueules*. Par le testament de son père Eschivat de Chabanais, comte de Bigorre, de l'an 1283, qui mourut la même année ; elle eut le comté de Bigorre, dont elle et son mari firent hommage, l'année suivante, à Edouard, premier du nom, roi d'Angleterre, et depuis, étant veuve, elle offrit, au mois de novembre 1293, de faire le même hommage à l'évêque du Puy : ce prélat, par arrêt de 1290, avait été réintégré dans cet hommage contre le roi Edouard. Mais elle fut troublée dans la jouissance de ce comté par Jeanne, reine de France et de Navarre, femme de Philippe-le-Bel, à laquelle ce comté fut adjugé. Louise de Chabanais mourut veuve et sans enfants. [Ailleurs il est dit qu'elle épousa, en secondes noces, Simon de Rochechouart, sieur de Tonnay-Charente, et qu'elle mourut en 1316. Laure fut, dans la suite, tutrice de Marguerite de Turenne, sa petite-fille, par Letice, qu'elle avait eu d'un premier mariage, ou peut-être mieux du second, qu'elle maria ensuite avec Raymond VII, qui suit, et qui est nommé dans les titres de 1284 et 1285.]

XI. — Raymond VII, vicomte de Turenne, succéda à son père, Raymond VI, l'an 1285. L'an 1290, après le traité de paix fait l'an 1286, entre le roi Philippe-le-Bel et Edouard Ier, roi d'Angleterre et duc de Guyenne, le vicomte fit hommage à l'Anglais de la vicomté de Turenne, et Edouard, par lettres du 30 mai 1291, confirma les conventions portées par le traité fait entre Henri, son père, roi d'Angleterre, et Raymond VI, père de Raymond VII. En 1292, il confirma les statuts et priviléges donnés par les vicomtes, ses prédécesseurs, aux habitants de la ville de Sainte-Sperie et châtellenie de Saint-Céré. En 1299, pour satisfaire aux fondations que ses prédécesseurs avaient faites aux frères mineurs de Brive, il leur donna 4,500 sols tournois; frère Barthelemi de Benevent était gardien. Il servit le roi Philippe-le-Bel, avec trente hommes d'armes, en la guerre de Flandre, où il mourut l'an 1304. Par son testament fait à Turenne, le 11 juin de la même année, il veut être enterré dans l'église dudit hôpital de Jaffa.

Il épousa : 1° Letice, fille de Laure de Chabanais, sa tante. Letice vivait en 1285, il en eut une fille unique : Marguerite, qui suit. Il épousa : 2° Jeanne d'Eu, fille de Jean de Brienne, comte d'Eu, et de Beatrix de Chastillon, dite de Saint-Paul. Eu porte : *d'azur au lion d'or, semé de billettes de même.* Après la mort de son mari, dont elle n'eut point d'enfants; elle se remaria à Renaud, vidame d'Amiens, Sgr de Pequigny.

XII. — Marguerite, fille unique et héritière de Raimond VII et de sa femme Letice, fut substituée, par son père, dans le cas où elle mourrait sans enfants, à ses cousins de Cazillac et de Gourdon; il lui donna pour tutrice Laure de Chabannais, son aycule maternelle. En elle finit cette branche des vicomtes de Turenne de la maison de Comborn.

Troisième lignée.

Marguerite porta cette vicomté dans la maison de Cominges. Cominges porte : *d'argent à la croix pattée de gueules.* Elle épousa Bernard IX, comte de Cominges, veuf de Capsuelle, sœur de Bernard IX, comte d'Armagnac, fils aîné de Bernard VIII, comte de Cominges et de Laure de Montfort; il se qualifiait, en 1309 et 1314, durant la vie de son père, pour se distinguer de lui : Bernard fils aîné du comte de Comminges et vicomte de Turenne. La même année, le samedi après la fête de Saint-Georges, il promit le serment au comte de Foix. Le mardi après la Pentecôte suivante, ce comte lui promit une sûreté. Il prit les mêmes armes que Jean, son fils, dont je parlerai.

De ce mariage de Marguerite, vicomtesse de Turenne, vint une fille qui fut baptisée par l'évêque de Carcassonne, et mourut, ainsi que sa mère, sept semaines après. La fille survécut, puisque la mère l'institua son héritière dans son testament de 1311, par lequel elle veut être enterrée dans l'église dudit hôpital de Jaffa; elle substitue en tous ses biens le comte de Cominges, son mari, qui, à ce titre, posséda la vicomté de Turenne et la transmit à ses enfants. Il fut troublé par Renaud, sire de Pons, fils de Geofroi, qui était fils de Renaud III et de Marguerite de Turenne, sœur de Raymond VI, vicomte de Turenne. Isabelle de Rodez se dit veuve de Gaufridus de Pons, chevalier, Sgr de Ribeyrac et en partie de la vicomté de Turenne, dans un acte de l'an 1325; elle était mère de Renaud. Or, Renaud soutenait que Marguerite, vicomtesse de Turenne, n'avait point eu d'enfants de Bernard, comte de Cominges, son mari, qui lui eut survécu, et que c'était une supposition faite par lui, ce qu'il offrait de prouver par gage de bataille qu'il bailla en la cour de Parlement, contre ledit Bernard, lequel il accusa aussi de leze-majesté. Sur quoi il y eut arrêt du 21 janvier 1328, par lequel il fut dit que Bernard, comte de Comminges, devrait répondre à l'accusation de crime de leze-majesté proposée par Renaud de Pons; et sur ce qui touchait la fausse supposition, ne serait reçu pour gage de combat, et quant à cela seulement la cour annulle ledit gage. Depuis, ayant compromis de leur différent touchant la vicomté de Turenne, premièrement sur Pierre Raymond de Cominges, frère de Bernard et Jean, comte d'Armagnac, et depuis sur Bertrand de l'Isle-Jourdain, Bertrand de Cardailhac, sieur de Bioule, et Pierre, abbé de Cluni, ils furent appointés par sentence arbitrale rendue par l'abbé de Cluni, le 2 avril 1332, moyennant certaines conditions. Bernard, comte de Cominges et vicomte de Turenne, fit hommage à l'abbé de Tulle, pour la vicomté de Brassac, l'an 1307, le jeudi avant la Toussaint, par acte passé à Rocamadour, en présence de Raymond, abbé de Saint-Amand; Raymond, abbé de Beaulieu; Gualbert de Châteauneuf ou Castelnau, prieur de Saint-Avit-le-Vieux; Bertrand de Gramat, chevalier; Guerin de Saint-Vincent et Ademar Faydit, chevaliers; Hugue Alquarii, damoiseau, et Gerald de La Majorie. Le lundi avant la fête de la nativité de la Sainte-Vierge, 1315, par acte passé à Brive, ses procureurs, maître Helie Folcoadi, juriste, et Guillaume de Cosnac, damoiseau, vendirent à l'abbé de Tulle 30 livres de rente monnoie Raymondoise à prendre sur Florac en Querci, pour le prix de 16,000 sols petits, monnoie de Tours. L'an 1326, le roi Charles-le-Bel confirma à ce vicomte de Turenne l'exemption du droit de francfiefs sur les roturiers de sa vicomté, à cause des acquisitions par eux faites de fiefs nobles. Le roi Philippe de Valois, dont il était conseiller, par ses lettres-patentes du 23 avril 1332, déchargea les habitants et sujets dudit vicomte de certain subside qui se levait, à cause de la guerre de Flandre, suivant leurs anciennes franchises. Ce vicomte avait commis et fait commettre plusieurs griefs, maléfices, homicides, guerres; le roi lui donna des lettres de rémission en novembre 1333. Il fit son testament le 26 mars 1335 et mourut la même année; fut enterré au monastère de Sainte-Claire, qu'il avait fondé.

Après la mort de Marguerite, vicomtesse de Turenne, sans enfants, le comte Bernard, son mari, se remaria à Mathe de l'Isle-Jourdain, fille de Bernard, quatrième du nom, et de Marguerite de Foix. L'Isle-Jourdain porte : *de gueules à la croix patée d'or*. Elle fit son testament au château d'Antiuhac, diocèse de Cominges, le 12 décembre 1352; il est au trésor des chartes de Toulouse. Ils laissèrent : 1° Jean, qui suit; 2° Cecile de Cominges, vicomtesse de Turenne, qui suivra après; 3° Aliénor, mariée à Guillaume Roger, comte de Beaufort, qui acheta la vicomté de Turenne.

Jean, comte de Cominges et vicomte de Turenne, succéda à Bernard, son père, l'an 1335, et était sous la tutelle de Mathe de Castelnau, sa mère, l'an 1336, comme l'enseigne un titre de cette année donné à Turenne, où elle prend la qualité de tutrice de Jean, *par la grâce de Dieu, comte de Cominges et vicomte de Turenne*. Il portait : *parti au 1er de gueules à la croix patée d'argent*, qui est de l'Isle-Jourdain, *au 2e cotticé d'or et de gueules de 12 pièces*, qui est de Turenne. Il est nommé dans les *Annales* d'Arragon de Surita, liv. VII, ch. LI, sous l'an 1340, et en un hommage rendu par Cecile de Cominges, sa sœur, au roi Philippe de Valois, en la même année, en laquelle il mourut, sans lignée; il fut enterré au monastère de Sainte-Claire, avec son père.

Cecile, comtesse d'Urgel et vicomtesse de Turenne, fille aînée de Beraud VI, comte de Cominges, et sœur de Jean, lui ayant été substituée par son père, lui succéda au comté de Cominges et vicomté de Turenne, dont elle fit hommage au roi Philippe de Valois, l'an 1340, ce qui fait connaître que les rois de France disputaient avec les rois d'Angleterre, alors ducs de Guyenne, les hommages de ces vicomtés. Par transaction de l'an 1350 sur dispute, elle céda à Pierre Raymond de Cominges tout le droit qu'elle pourrait prétendre sur la vicomté de Cominges, et Pierre Raymond renonça aussi à tout le droit qu'il pourrait prétendre à la vicomté de Turenne. Elle épousa, en 1336, Jacques d'Arragon, comte d'Urgel et vicomte d'Alger, qui mourut l'an 1347. Arragon-Urgel porte : *parti au 1er d'or à 4 pals de gueules*, qui est d'Arragon, *au 2e échiqueté d'or, d'argent et de sable*. Elle vendit la vicomté de Turenne, l'an 1350, à Guillaume Roger.

Jacques de Pons, vicomte de Turenne, donna procuration, le 1er juin 1442, pour vendre à M. de Penthievre le château et châtellenie de L'Arche. Jacques, sire de Pons, vicomte de Turenne, sur lequel la seigneurie de Pons fut confisquée pour plusieurs crimes et unie à la couronne en 1451.

Quatrième lignée des vicomtes de Turenne.

I. — Guillaume Roger, mort vers 1396. — V. son article, page 99.
II. — Raymond-Louis Rogier, mort vers 1408.
III. — Antoinette de Turenne, morte en 1416.
IV. — Eleonor de Beaufort, morte en 1420.
V. — Pierre de Beaufort, mort en 1444.
VI. — Anne de Beaufort, qui épousa Agne de La Tour.

Cinquième lignée des vicomtes de Turenne.

I. — Agne de La Tour, mort en 1489, page 191.
II. — Antoine de La Tour, mort en 1528.
III. — François de La Tour, mort en 1532.
IV. — François de La Tour, mort en 1557.
V. — Henri de La Tour, mort en 1623.
VI. — Frederic-Maurice de La Tour, en 1623, mort en 1652.
VII. — Godefroi-Maurice de La Tour, en 1652, mort en 1692.
VIII. — Emmanuel-Théodose de La Tour, en 1692, mort en 1730.
IX. — Charles-Godefroi de La Tour, en 1730, vendit la vicomté.

MARQUIS D'AYNAC, de la maison de Turenne, portent : *cotice d'or et de gueules de 12 pièces*.

V. — Guillaume de Turenne, fils puîné de Boson I, vicomte de Turenne, et de Gerberge, sa seconde femme (ou de son unique femme comme il est dit plus haut), et frère de Raymond I, vicomte de Turenne, était mort en 1105, lorsque son frère Raymond fit une fondation pour lui dans l'église de Saint-Martin de Tulle, ainsi qu'il est porté dans le Cartulaire de cette abbaye, rapporté par Justel. Il fut père de Phaidit, qui suit.

VI. — Phaidit de Turenne se trouva présent lorsque Renaud de Gimel rendit foi et hommage de son château de Gimel, à Raimond II, vicomte de Turenne, le 7 des calendes de février 1163. Il laissa Pierre, qui suit.

VII. — Pierre de Turenne, fut aussi présent quoique fort jeune, à l'hommage de Renaud de Gimel. Il fut père de : 1° Hugue de Turenne, qui suit; 2° de Pierre, religieux de l'abbaye de Vigeois.

VIII. — Hugue de Turenne, surnommé de Saint-Genest, à cause du château de ce nom, qu'il possédait en Querci, fut père de Pierre II, qui suit.

IX. — Pierre de Turenne, deuxième du nom, approuva l'an 1271, un anniversaire fondé par sa femme, Saure d'Aynac, dans l'église de Saint-Genez, pour son père, Archambauld, S^{gr} d'Aynac, en partie, damoiseau, et pour sa femme Aigline de Themines; on trouve dans cet acte le nom de Hugue, père de Pierre de Turenne. De celui-ci et de Saure, sa femme, naquirent : 1° Archambauld, qui suit ; 2° Guillaume, religieux de Carennac; 3° Aigline, l'une des premières religieuses de l'hôpital de Beaulieu, de l'ordre de Saint-Jean de Jérusalem, nommée dans la confirmation de l'établissement de ce monastère, fait l'an 1310, par Guillaume de Villaret, grand-maître de cet ordre.

X. — Archambauld de Turenne, confirma en 1305, les priviléges des vasseaux de ses terres de Querci, et se fit reconnaître un droit qu'on nomme *des quatre cas*, en présence de son cousin Raymond-Bernard, S^{gr} d'Aynac, en partie, et de sa femme, Galienne d'Araquis, fille de Flotard, chevalier, issu des S^{grs} de Saint-Céré, vicomtes de Cahors. Il eut d'elle : 1° Flotard de Turenne, qui continua la lignée; 2° Gramoard, damoiseau d'Aynac, ainsi nommé dans un acte de l'an 1337 ; 3° Archambauld, religieux.

XI. — Flotard de Turenne, S^{gr} de Saint-Genez, et d'Aynac, en partie, damoiseau, eut pour tuteurs, Guillaume de Themines, dit de Gourdon, chevalier, et Geraud de Saint-Clar, écuier. Il épousa, en présence de ses tuteurs, par contrat de l'an 1337, Raymonde Gase, veuve d'Aimeric de Gourdon, chevalier, de laquelle il eut Guillaume, qui continua la postérité.

XII. — Guillaume de Turenne, deuxième du nom, rendit hommage à Guillaume Roger, comte de Beaufort, et vicomte de Turenne, le 12 février 1374, de ses châteaux de Saint-Genez, vulgairement nommé, le Piératel, de Molière, et de la portion qu'il avait en celui d'Aynac, qui sont dans la mouvance du roi, à cause de son comté de Querci, et partie dans celle de la vicomté de Turenne, quoiqu'ils n'y soient pas enclavés. De sa femme, Peironne de Malefayde, fille de Geraud de Malefayde, chevalier, il eut : 1° Pierre de Turenne, troisième du nom, qui suit; 2° Flotard, religieux et archiprêtre de Molière, dans l'église de Saint-Sauveur de Figeac, dont il est fait mention, dans un acte d'accord de l'an 1399; 3° Jean, chapelain du roi de Sicile, et conseiller-clerc au parlement de Paris, vers l'an 1400 ; 4° Raymonde, religieuse à l'hôpital de Beaulieu.

XIII. — Pierre de Turenne, troisième du nom, chevalier, S^{gr} d'Aynac, laissa de Dordette de La Vergne-Valons : 1° Dieudonné, mort sans alliance; 2° Flotard, qui continua la branche aînée; 3° Armand, qui forma celle de Soursac; 4° Jeanne, mariée à Arnaud de Durfort, S^{gr} de Soursac et de Durfort en Limosin.

XIV. — Flotard de Turenne, deuxième du nom, chevalier, S^{gr} d'Aynac, se maria l'an 1431, avec Blanche d'Orgnhac, fille d'Astorg, S^{gr} de Bic-Palaret, et de Blanche de Themines. Il fut père de : 1° Pierre de Turenne, qui suit; 2° Gui, chanoine de Rhodes; 3° Jean, mort jeune; 4° Blanche, religieuse de l'ordre de Saint-Jean de Jérusalem, à l'hôpital de Beaulieu ; 5° Gabrielle, religieuse du même ordre, à Fieux.

XV. — Pierre de Turenne, quatrième du nom, chevalier, S^{gr} d'Aynac, eut pour femme, Anne de La Roche, fille héritière de Louis, S^{gr} de La Roche, au diocèse de Saint-Flour, et de Marie de La Gorce; elle était veuve de Begon, chevalier, S^{gr} de Roquemaurel, dont elle n'avait point eu d'enfants. Pierre de Turenne eut d'Anne de La Roche: 1° Annet, qui suit ; 2° Fronton ou Flotard, chevalier de Saint-Jean de Jérusalem, tué au siège de Rhodes, en 1522; 3° Victor, S^{gr} de Brosses, homme d'armes de la compagnie d'ordonnance du S^{gr} de Genouillac-Acier, tué l'an 1525, à la bataille de Pavie; 4° Gabrielle, commendatrice de Fieux, de l'ordre de Saint-Jean de Jérusalem, l'an 1516 ; 5° Antoinete, qui était veuve de Jean, S^{gr} d'Anglars et de La Roque, du Port en Querci, en 1536 ; 6° Fleurette ; 7° Blanche de Turenne.

XVI. — Annet de Turenne, S^{gr} d'Aynac, chevalier de l'ordre du roi, gentilhomme ordinaire de sa chambre, lieutenant de l'artillerie, fut compagnon d'armes du renommé Galliot, son beau-frère, aux exploits duquel il eut une très grande part, surtout à la bataille de Pavie, où il fut prisonnier avec lui. Pour satisfaire à sa rançon, sa femme et ses enfants vendirent l'an 1526, la châtellenie de Ble-Palaret, qui faisait alors partie de la baronnie d'Aynat. Il avait épousé, par contrat du 11 février 1495, Jacquette Ricard de Genouillac, fille de Jean, S^{gr} d'Acier, chevalier de l'ordre du roi, et de Catherine du Bosc. Il en eut pour enfants : 1° Louis, qui suit ; 2° Galliot, mort fort jeune en Italie où il faisait ses premières armes ; 3° Flotard, qui fut tuteur de ses neveux, mort sans alliance ; 4° Louis, que le pape Léon X mit au rang des protonotaires du Saint-Siége, par son bref du 4 des calendes de juin 1517, dans lequel il est fait mention de son illustre naissance ; 5° Fleurette, mariée le 13 août 1539, à Pons de Castelneau, S^{gr} de Reyrevigne en Querci, à laquelle son oncle, Jacques de Genouillac, dit Galliot, S^{gr} d'Acier, grand écuïer, et grand-maître de l'artillerie de France, constitua une partie de sa dot ; 6° Blanche, religieuse, de l'ordre de Saint-Jean de Jérusalem, à l'hôpital de Beaulieu ; 7° Catherine de Turenne.

XVII. — Louis de Turenne est nommé, dans quelques mémoires de son temps, le filleul du roi et de M. Le Grand. Il est à présumer que celui-ci, qui était son oncle, l'avait tenu sur les fonts au nom du roi Louis XII. Il mourut avant son père, ayant épousé, le 6 décembre 1513, Françoise de Vayrac, fille unique de Gillard, chevalier, capitaine des ville et château de Puymerol en Agenois, lieutenant de la compagnie d'ordonnance du seigneur d'Acier et de Florie de Bonnefons. Ses enfants furent : 1° Galliot de Turenne, qui suit ; 2° Antoine, mort jeune.

XVIII. — Galliot ou Maillard de Turenne, baron d'Aynac, chevalier de l'ordre du roi, capitaine des ville et château de Puymerol en Agenois, commissaire de l'artillerie, sous son grand-oncle, qui en était le grand-maitre, eut beaucoup de part à l'affection de ce seigneur, qui l'institua son héritier, à condition de porter son nom et ses armes, par son testament du 8 août 1523, renouvelé le 6 juillet 1544, en cas que François de Genouillac, baron d'Acier, ou Jeanne de Genouillac, vicomtesse d'Uzez, ses enfants, ne laissassent point de postérité. Il épousa, par contrat du 14 mars 1543, Marguerite de Lauzières, fille de Louis, baron de Themines, chevalier de l'ordre du roi, et de Magdelene de Roquefeuil. Ses enfants furent : 1° Verdun de Turenne, baron d'Aynac, gouverneur de Puymerol, mort en 1592, sans laisser de postérité de N..... de Castelnau, fille de Pons de Castelnau, S^{gr} de Reyrevignes, et d'Isabeau de Genouillac-Vaillac, sa première femme; 2° François, qui suit; 3° Pierre, prieur de Villeneuve de Rouergue, sur la résignation de Pierre de Lauzières-Themines, son oncle ; 4° Gabrielle, alliée à Gaspard de Montagut, S^{gr} de Granel; 5° Marguerite, religieuse de l'ordre de Saint-Jean de Jérusalem, à l'hôpital de Beaulieu; 6° Jeanne, religieuse, du même ordre, à Fieux.

XIX. — François de Turenne, baron de Molieres, puis d'Aynac après la mort de son frère aîné, épousa, l'an 1591, Antoinette de Pontanier, fille unique d'Antoine, S^{gr} de Sales en Rouergue, etc., et de Valentine de La Peze, dame en partie de Caydenac. Ses enfants furent : 1° Flotard, qui suit; 2° Valentine, alliée à Guillaume de Mural l'Arabe, S^{gr} de Loupiac en Rouergue; 3° Marguerite de Turenne, mariée à Jacques de Boisset, S^{gr} de La Salle-de-Vicq en Carladois.

XX. — Flotard de Turenne, troisième du nom, marquis d'Aynac, fut guidon de la compagnie des gendarmes du maréchal de Themines, son cousin, et servit sous ce général dans l'armée qu'il commandait en Guyenne contre les religionaires. Le roi Louis XIII l'envoya, pendant ces mêmes troubles, par une commission expresse de sa part, à Cardaillac, pour contenir ceux du Haut-Querci, qui tenaient leurs assemblées dans cette place.

Il épousa, en 1633, Claude de Gourdon de Genouillac, dame d'Aubepeyre, sœur du comte de Vaillac, chevalier des ordres du roi, etc., fille de Louis de Gourdon et de Genouillac, comte de Vaillac, et de Françoise d'Eychizadour, dame d'Aubepeyre. Dont : 1° Louis de Turenne, qui suit; 2° Jean Galliot, nommé comte d'Aynac, ci-devant capitaine dans le régiment du roi, qui n'a point eu d'enfants de Françoise-Antoinette des Armoises, son épouse, auparavant chanoinesse de Poussie en Lorraine, morte l'an 1709; elle était fille de François des Armoises, baron du Saint-Empire, comte d'Aunoi, et d'Antoinete Le Bouteiller-de-Senlis ; 3° Jean, qui a fait la branche des comtes d'Aubepeyre ; 4° Flotard-Galliot, chevalier de Malte, capitaine dans le régiment de feu Monsieur, duc d'Orléans, aide-de-camp de Son Altesse royale, qui fut tué, dans la fleur de l'âge, à la bataille de Cassel, l'an 1677; 5° Guyonne-Romaine, épouse de Barthelemi de Gontaut-Saint-Geniez, S^{gr} de Lansac, par contrat du 22 janvier 1664 ; 6° Claude, religieuse à l'hôpital de Beaulieu ; 7° Jeanne, aussi religieuse à l'hôpital de Beaulieu.

XXI. — Louis de Turenne, deuxième du nom, marquis d'Aynac, fut pendant quelques années capitaine dans le régiment du comte de Vaillac, son oncle, et mourut l'an 1697. Il avait épousé, l'an 1646, Marie-Hélène de Felzins, petite-fille de Marthe de Noailles, vicomtesse de Sedieres, et fille de Jean, baron de Felzins, marquis de Montmurat, premier baron du Querci, et de Jeanne de Lentillac, dont il eut : 1° Jean-Paul, qui suit; 2° Amable-Charles, docteur en Sorbonne, abbé de l'Isle-Chauvet, qui fut député à l'assemblée générale du clergé de France, l'an 1705 ; 3° Galliot-Emmanuel, dit le chevalier d'Aynac, capitaine de cavalerie, qui eut une jambe cassée à la bataille de Fleurus, l'an 1690, dans la treizième année de son âge, et qui, après s'être signalé dans plusieurs occasions qui lui avaient mérité de la bonté du roi une pension de 2,000 livres, fut tué en Souabe, près de Notre-Dame-des-Sapins, à la tête d'un détachement qu'il commandait, l'an 1704; 4° Catherine, dame de Molieres, alliée à Louis de La Garde, Sgr de Seignès; 5° Charlotte, religieuse à l'hôpital de Beaulieu; 6° Marie, aussi religieuse au même hôpital; 7° Marie-Cecile, religieuse de la Visitation, à Saint-Céré; 8° Marie-Hélène, religieuse à la Visitation de Saint-Céré; 9° Claude, aussi religieuse à la Visitation de Saint-Céré; 10° Suzanne de Turenne, mariée, l'an 1704, à Mercure de Corn, Sgr de Queyssac, dans la vicomté de Turenne.

XXII. — Jean-Paul de Turenne, marquis d'Aynac et de Montmurat, baron de Felzins et de Gramat, ci-devant capitaine de chevau-légers, servit depuis la campagne de 1675 jusqu'en 1696. Il épousa, l'an 1698, Marie-Victoire de Durfort, baronne de Gramat, sœur du comte de Boissières, sénéchal et gouverneur de Rouergue, etc., fille d'Armand de Durfort, comte de Boissières, et d'Anne de Touchebœuf, comtesse de Clermont-Vertillac, dont il eut : 1° Louis-Anne; 2° Marc-Galliot, chanoine de Figeac, sur la résignation de son oncle; 3° Amable-Charles.

Branche des seigneurs d'Aubepeyre.

XXI. — Jean de Turenne, comte d'Aubepeyre, troisième fils de Flotard de Turenne, marquis d'Aynac, et de Claude de Gourdon, suivit dans sa jeunesse l'état ecclésiastique et fut pourvu du prieuré de Bourqueirou, par Jean de Gourdon, évêque de Tulle, son oncle. Il fut depuis capitaine dans le régiment de Vaillac et colonel dans celui des milices d'Armagnac; il mourut l'an 1711. Il avait épousé, le 13 décembre 1671, Catherine de Felzins, sœur de la marquise d'Aynac, ci-dessus nommée, dont : 1° Jean-Galliot, qui suit; 2° Barthelemi, dit le chevalier d'Aubepeyre, capitaine d'infanterie; 3° François, Sgr de Saint-Irier, tué l'an 1703; 4° Jeanne-Felicie, mariée à Barthelemi Destresses, Sgr de Graulejac. Le P. Simplicien, T. IV, p. 441, et T. VII, p. 323, l'appelle Destrelles; 5° Thérèse, religieuse de l'ordre de Saint-Jean de Jérusalem, à l'hôpital de Beaulieu; 6° Catherine de Turenne, demoiselle d'Aubepeyre.

XXII. — Jean-Galliot de Turenne, comte d'Aubepeyre, épousa, le 1er septembre 1703, Anne de Calezede, fille unique et héritière de François de Calezede, chevalier, Sgr de Marcorinian, etc., et d'Antoinette Buisson-Boutteville. Dont : 1° Jean-Antoine; 2° Barthelemi ; 3° Barthelemi-Henri.

Branche des seigneurs de Soursac.

XIV. — Armand ou Hector de Turenne, fils puîné de Pierre, Sgr d'Aynac, et de Dordette de La Vergne, fut héritier d'Arnaud de Durfort, Sgr de Soursac et de Durfort en Limosin, son beau-frère. Il épousa Cecile de Rastelane du Chambon, dont : 1° Agnet, qui suit; 2° Pierre ; 3° Françoise, religieuse à Coyroux, qui, du consentement de l'abbé et du chapitre d'Obasine, fit, le 27 mai 1486, une donation à Agnet, son frère aîné.

XV. — Pierre de Turenne, Sgr de Soursac et de Durfort, épousa Françoise de Monceau de Bar, dont : 1° Pierre ; 2° Jean, chanoine de Rhodez.

XVI. — Pierre de Turenne, Sgr de Soursac, épousa Isabeau de Valens, dont : 1° Jean, qui continua la postérité; 2° Guillaume, chanoine de l'église de Brioude, l'an 1549.

XVII. — Jean de Turenne, Sgr de Soursac, épousa Suzanne de Reilhac, dont : 1° Armand, qui suit; 2° N.....

XVIII. — Armand de Turenne, Sgr de Soursac, s'allia, l'an 1578, à Charlotte, *alias* Catherine de Scorailles, fille d'Antoine, Sgr de Roussille et de Montpensier, et d'Anne de Sedières, dont Arnaud, qui suit.

XIX. — Arnaud de Turenne, baron de Soursac et de Durfort, épousa Jeanne de Montclar, de la maison de Montbrun, dont plusieurs fils, morts au service; et Anne de Turenne, dame de Soursac, de Durfort et de Courdes, héritière de ses frères et la dernière de sa branche, morte vers l'an 1680.

Notes isolées.

François de Turenne, écuïer, sieur du Fort, épousa Catherine de La Gastine; elle mourut à La Maison-Dieu, paroisse de Boussac-les-Eglises, le 29 mai 1674, fut enterrée le lendemain dans l'église de Boussac-le-Château.

Jacques de Turenne, écuïer, sieur d'Hauteforge, frère naturel de Gabrielle de Turenne, femme, en 1559, de Louis de Brie.

François de Turenne, sieur de Salgas, bâtard.

Jacqueline de Turenne épousa, le 29 juillet 1571, du consentement de noble homme Arnaud de Turenne, son frère, écuïer, sieur de Durfort, Leger de Sartiges de Lavandès; elle reçut de son frère, pour dot, la somme de 2,100 livres, outre quatre robes : l'une de satin, garnie de passements d'argent; l'autre de camelot, bandée de velours; la troisième de serge de Florence, bandée de passements de soie, et la quatrième de drap noir, bandée de velours. Ladite Jacqueline fut mariée, en secondes noces, le 20 octobre 1591, avec noble Antoine de Saint-Julien, sieur d'Escoux.

N..... de Turenne épousa N....., dont : 1° Anne, née en 1607, morte à Vigeois, à cinquante-cinq ans, le 29 juin 1662; 2° Catherine, née en 1619, morte à Vigeois, à soixante-dix ans, le 4 septembre 1689; 3° Pierre de Turenne, né en 1627, mort à soixante ans, le 28 mai 1687; 4° autre Catherine, demoiselle de Meyvialle, la jeune, née en 1630, morte à quarante-cinq ans, le 23 février 1675; 5° Daniel de Turenne, sieur de Meyvialle, mourut le 11 septembre 1684.

Henri de Turaine d'Hautefaye, paroisse de Vigeois, avait un frère nommé Antoine, qui est dit bourgeois et qui mourut à cinquante ans, le 26 septembre 1677. Il épousa N....., dont Jeanne d'Hautefaye, mariée le ..... juin 1633, à Isaac du Bois, sieur du Teulet, du bourg de Flavignac.

Leonard de Turenne, écuïer, sieur de Hautefaye, paroisse de Vigeois, mourut au village de Meyvialle, le 8 octobre 1661. Il avait épousé Catherine de Sahuguet de La Rouye; elle mourut le 3 avril 1662, dont : 1° Jean, qui suit; 2° autre Jean, baptisé le 28 août 1650; 3° François, né le 14 octobre 1630; 4° Jeanne, née le 31 juillet 1652, mariée, le 30 janvier 1679, à Pierre Albier, sieur de Lage, fils de feu Helie, receveur en l'élection de Brive, du bourg de La Graulière; 5° Isaac, né le 17 novembre 1653; 6° Catherine, née le 3 septembre 1655, mariée le 25 août 1684, à Jean des

Saignes, bourgeois de la paroisse d'Eyburie, fils de feu Estienne et de Françoise du Gros.

Jean de Turaine, baptisé le 28 août 1650, sieur de Coussac, du lieu de Meyvialle, mourut à soixante-quatre ans, le 4 août 1711. Il avait épousé, le 22 octobre 1685, Marie de Fontaine, fille de feu François, du lieu de Souzet, et de Anne de David, paroisse de Saint-Nicolas d'Uzerche ; elle mourut à soixante ans, le 19 août 1722. Leur enfants furent : 1º Catherine, née le 21 décembre 1686 ; 2º Marie-Léonarde, née le 26 septembre 1689, mariée à Vigeois, le 6 février 1720, à Julien Veyrieras ; 3º Gabriel, qui suit ; 4º Jean, né le 27 août 1695 ; 5º Marie, née le 18 mai 1701, mariée le 21 janvier 1727, à Jean Nauche, fils de François, lieutenant en la juridiction de Vigeois, et de Marie Reyrolle, du village de Commauiac ; elle mourut le 1er octobre suivant ; 6º et 7º autre Jean et autre Marie, morts sans alliance.

Gabriel de Turenne, sieur de Meyvialle, né le 11 avril 1691, épousa : 1º, le 4 août 1728, Magdelene Bonnel, fille de Pierre, greffier de Vigeois ; 2º, sans dispense, le 3 juillet 1740, Jeanne Chassaing du Reynault, sa cousine au quatrième degré de consanguinité, veuve de Leon Beaud ; ils réhabilitèrent leur mariage le 25 mai 1752.

SOURCES : BALUZE, *Hist. Tutel.*, col. 7, 8, 10 et suiv. jusqu'à 605, *Maison d'Auvergne*, T. I, pref., p. 25, 37, 81, 194, 300, 407; T. II, p. 85, 563, 564. *Biblioth.*, BALUZE, p. 362, 495. — BRANTOME, T. XV, p. 22. — THOU, liv. 85, *Hist.* — NICOLAS, *Introd. à l'hist. proph.*, ch. XII, art. 14. — REBUFFE, *In declar. feud.*, nos 3, 22. — LOYSEAU, *Des Seigneuries*, ch. VII, nº 21. — BONAMY, *Mém. acad. inscript.*, T. XXVI, p. 660. — DU CANGE, art. *Moneta, Raimundensis.* — VALAIS, *Franci.* — DUCHESNE, *Hist. de Bourg.*; *Hist. Chastill.*, preuv. 193 ; *Hist. Norman. script.*. p. 1054; *Hist. Franc. script.*, T. II, p. 27; T. III, p. 197; T. IV, p. 436, 790, 808, 809. — *Annal Metens.* — LONGUEV., *Hist. Eglis., Gallic.*, T. II, p. 508. — CHAMPIER, liv. II, *Des singular. des Gaul.* — DE FOY, *Notice des diplom.*, T. I, p. 459. — JUSTEL, *Hist. de Turenne*, p. 30, 40, 43, 49, 67 et suiv. — LA THAUMASSIÈRE, *Hist. de Berri.* — BAYLE, *Dict.* — MABILLON, *Annal.*, T. II, p, 240; III, 569 ; IV, 17. — *Diplom.*, liv. II, chap. 7, nº 40. — *Iter. Italic.*, T. I, 1re part., p. 173. — MORERI, 1759, *Tulles.* — TRIVET, *Spicileg.*, T. VIII, p. 476. — LANGLOIS, *Hist. des Albig.*, liv. I. — ROGER DE HOVED, *Hist. Anglic. script.*, T. I, p. 654, T. ......, p. 573. — GISSEY, *Hist. Rocamad.*, ch. XX. — RIGORD, apud VELLY, *Hist. fr.*, T. III, p. 343. — BRUSSEL, *Exam. des fiefs*, T. II, p. 687, 688. — VAISSETTE, *Hist. Langued.*, T. III, p. 226, 263, 327, T. IV, preuv., col. 137, 141, 143, 144, 180, 562, 563. — *Cartular. Belliloc.* — *Annal.*, Bertin, apud DUCHESNE. — *Acta sanctorum Benedict.*, IIe partie, p. 164, T. V; *Junii*, p. 653. — ODO, *Vita sancti Geraldi*, liv. I, ch. XXXVII. — *Gall. Christ. nov.*, T. I, instr. col. 173. — *Gaufred. Vosiens.*, p. 290, 306, 308. — *Cartular. Vosiens.* — FLEURY, *Hist. ecclésiast.*, liv. 77, nº 32. — *Pet. Vall.*, apud VAISSETTE, *Hist. Langued.*, T. III, p. 265. — SIMPLICIEN, T. II, p. 634; T. III, p. 382; T. IV, p. 142; T. V, p. 750; T. VI, p. 207; T. VII, p. 324, 416 ; T, VIII, p. 55, 165, 167, 596. — HONORÉ DE SAINTE-MARIE, *Dissert. sur la chevalerie*; *Réflex. sur la chevalerie*, p. 328. — *Mém. Trev.*, 1721, p. 471, 472, 1562. — TILLET, *Liberté église gallic*, ch. VII, nº 7. — *Novum*

Diplom., T. II, p. 670. — *Mss.*, 6010; *Biblioth. Reg.* — Joinville, *apud* Daniel, *Hist. Franc.* — *Tablette hist.*, IIIe part., p. 75. — *Stilus. parlam. paris.*, fol. 34, 35. — Gui, *Pape decis*, 639. — Hozier, *Arm. génér.*, 1er regist., p. 503. — Marsolier, *Hist. de Henri de La Tour-d'Auvergne*, Paris, 1719, in-4°. — Mercure, *Franc.*, T. VII, p. 332, 623. — Boucheul, *Cout. Poit.*, titre I, art. 21, n° 44. — *Mém. minor. Louis XIV*, T. II, p. 47, 48, 53, 54, 55, 56, 57, 73, 77, 249. — Aubay, *Hist. card. Mazar.*, liv. V, ch. III. — Larrey, *Hist. de Louis XIV*, T. II.

TURPIN (1).

TUSSEREAU. — V. Tuffereau.

TUSTAL, sieur de la prévôté de Saint-Sornin, paroisse de Guillonjard, élection de Saintes, porte : *d'azur à 3 coquilles de Saint-Michel, 2 et 1, surmontées d'un chevron d'or et d'une étoile de même, avec un lézard aussi d'or traversant le chevron.*

Cette famille fit ses preuves de noblesse en 1598, et les commissaires du gouvernement les trouvèrent bonnes.

I. — Bertrand Tustal, conseiller au Parlement de Bordeaux, fit, le 9 février 1598, son testament, par lequel il lègue l'usufruit de son bien à sa femme, et institue héritiers ses enfants, Bertrand et François. Il avait épousé Sirene de Pelisses.

II. — François de Tustal fit, le 13 juin 1644, son testament, par lequel il lègue l'usufruit de son bien à sa femme, et confirme la donation par lui faite à Pierre, son fils, en faveur de Bartholomée Joumard, femme dudit Pierre. Il avait épousé Catherine de Turenne.

III. — Pierre Tustal épousa, le 15 mai 1642, Bartholomée de Joumard.

IV. — Benoît de Tustal épousa, le 11 août ...., Elisabeth de La Touche, dont : 1° Pierre, qui suit; 2° Annet, qui se maria.

V. — Pierre de Tustal épousa Marie Baudouin.

VI. — René de Tustal épousa Jeanne Pascaud.

V bis. — Annet de Tustal épousa Marie Cadiot.

VI. — François de Tustal épousa Suzanne de Beaumont.

Notes isolées.

Vers 1534, Louise de Tustal épousa Pierre Helie de Colonges, chevalier, S^{gr} de Puyagut.

Catherine de Tustal épousa, le 19 novembre 1541, Jean Gerard de La Valade, paroisse de Clerac, élection de Saintes.

U.

[UNOY.

On trouve dans les registres de Roherii, notaire à Limoges, p. 14, n° 14, *apud* D. Col. Aymeric de Unoy.

USSAC.]

(1) Le manuscrit de Nadaud est lacéré à la page 307, où était cette famille.

USSEL (1).

[Jaucelin d'Ussel, était procureur fondé du comte de Valentinois, au traité de paix fait entre ce prince et le pape d'une part, et le vicomte de Turenne d'autre, le 5 mai 1392. Était-il de la maison d'Ussel? à examiner. (Justel, *Hist. de Tur.* p. 132.)

Leonarde-Gabrielle d'Ussel de Châteauvert, nommée abbesse des Allois, près Limoges, en 1741, puis transférée à l'abbaye de Bonnesaigne, à Brive, en 1758, où elle vivait en 1775, était de cette maison.

Marguerite d'Ussel de Châteauvert, religieuse aux Allois, à Limoges, vivait en 1778, était nièce de la précédente. A été nommée abbesse de la même maison en 1782.

N...... de Châteauvert, chevalier de Malte, commandeur de Saint-George, depuis 1762, vivait en 1778. (*Fast. milit.* 1779, T. II, p. 618.)

USSON. — Usson est mis en Auvergne, par Baluze lui-même (*Hist. Mais. d'Auv.* T. I, p. 87.), mais la Combraille est souvent regardée par les auteurs comme faisant partie de l'Auvergne, quoiqu'elle soit du diocèse de Limoges.

Guillaume VIII, comte d'Auvergne, père de Robert IV, qui suit, avait donné au pape Alexandre III, et au Saint-Siége, le château d'Usson. On ne dit pas quand et comment il le reprit (Baluze, *Hist. Maison d'Auverg.* T. I, p. 76), mais

Robert IV, comte d'Auvergne et Sgr d'Usson, épousa N....., sœur du duc de Bourgogne, dont : 1º Gui, ou mieux Guillaume, (selon du Tillet), qui suit; 2º Gui, qui fut aussi comte d'Auvergne ; 3º N....; 4º N.....

Guillaume IX, comte d'Auvergne, épousa N...., dont plusieurs enfants, entre autres, Guillaume, qui suit. (Baluze, *ibid.*)

Guillaume, Sgr de Chastel-Usson, épousa N...., dont vint au moins Robert, qui suit. (Baluze, *ibid.*)

Robert d'Auvergne, Sgr de Chastel-Usson, qui mourut probablement fort jeune et en même temps que son père. On a des lettres de lui du mois de novembre 1247, par lesquelles il s'oblige à payer aux Gardelle, bourgeois de Riom, la somme de 3,500 livres, monnaie de Clairmont, dont Guillaume, son père, leur était débiteur. On croit aussi qu'il est le même que

Robert V, comte d'Auvergne, qui était aussi Sgr d'Usson. (Baluze, *ibid.*, p. 74.)

Jean II, comte d'Auvergne, et de Boulogne, échangea l'an 1387, avec le duc de Berri, le château d'Usson, en Combraille, qui était de son ancien domaine, avec la baronnie de Lunel et le château de Gaillargues, en la sénéchaussée de Beaucaire, avec 50,000 livres (*idem, ibid.*, p. 144.), preuve qu'Usson était une terre de conséquence.]

V.

VAILLANT. — Germain Vaillant, écuier, sieur de La Rivière-Champroi, paroisse de Rilhac-Lastours, fut trouvé gentilhomme en 1598. Il épousa Peyronne de La Chassaigne, dont Germain, qui suit.

---

(1) Cette maison avait sa généalogie aux pages 2437, 2438, 2439, etc., qui sont déchirées. La note ci-dessus est à la page 2624.

Germain Vaillant, écuïer, sieur de La Rivière, épousa, par contrat (signé Jostbueraud), du 1ᵉʳ décembre 1614, Marie Jousselin, fille de feu Antoine, sieur de Sauvagnac, paroisse de Saint-Germain de Masseré, et de Jeanne de Bonneval.

Noble Jean Vaillant, sieur des Feses, mourut le 17 janvier 1634, (Registr. de Rilhac-Lastours.)

Voyez aussi Rivière. T, IV, p. 26.

DES VAL. — V. Desval, T. II.

VALADE (1). — V. Lavalade, T. III, p. 60.

VALANCE. — Voir Guillaume de Valence, fils de Hugue, dixième du nom, comte de la Marche, T. III.

VALENDES. — André de Valendes, sieur d'Ardennes, paroisse dudit lieu, élection de Saintes, fut trouvé gentilhomme en 1598.

VALENTIN, sieur de N....., paroisse de Mons, élection de Coignac, porte : *d'argent à une croix d'azur, chargée d'un croissant d'or sur le milieu, et de 4 étoiles de même à 6 rais, posées une à chaque extrémité de la croix.* Cimier : *une licorne.* (Hozier. *Arm. génér.* I. Registr. p. 593.)

I. — Antoine Valentin, écuïer, sieur de Germeville, épousa, le 14 novembre 1476, Nice de Barbezières, fille de Jean, écuïer, de Barbezières, en Saintonge, et d'Amice l'Hermite.

II. — Gui Valentin, écuïer, sieur de Villeneuve, fit son testament le 5 septembre 1542; il épousa Renée de Gardella, le 31 mars 1536.

III. — Jacques Valentin, écuïer, sieur de Villeneuve, épousa, le 2 juillet 1561, Jeanne de Lastre, dont : 1° Jean, qui continua la descendance; 2° François, qui se maria en 1599.

IV. — François Valentin, premier du nom, écuïer, sieur de Germeville, épousa Anne de Massonges, le 25 avril 1599, fille de François, écuïer, sieur de Montaigen et de Françoise de Livennes; dont Pierre, prieur de Saint-Marry. Voyez d'Hozier, *ibid.*, p. 594.

VALLÉE, sieur de Monsanson, paroisse dudit lieu, élection de Saintes, porte : *de sable à un lion rampant d'or, contourné, couronné de même, armé et lampassé de gueules.*

I. — Samuel de Vallée épousa, le 2 décembre 1524, Andrée de La Touche.

II. — Joachim de Vallée épousa : 1° le 14 septembre 1544, Françoise Arnaud; 2° le 12 mars 1572, Louise de Burlé.

III. — Daniel de Vallée épousa, le 8 août 1604, Noemi Chevaillaud.

IV. — Louis de Vallée épousa, le 12 avril 1629, Magdelaine de Saint-Mathieu.

V. — Louis de Vallée épousa, le 12 janvier 1664, Marie Comac.

VALLÉE, sieur de La Giraud et de Jonchaud, paroisse de Saint-Médard-

---

(1) La page 241%, indiquée par Nadaud pour Valade, a été déchirée.

d'Asnières, et de Saint-Laurent-de-la-Barrière, élection de Saint-Jean-d'Angeli, porte : *d'azur à un chevron d'argent, surmonté d'un rocher de même, et deux lions affrontés de gueules rampants contre le rocher, à une étoile d'or en pointe.*

I. — Michel de Vallée, président au parlement de Bordeaux, épousa Jeanne Loubat, dont : 1° Briand, qui suit; 2° Jean. Ces deux frères partagèrent les successions de leurs père et mère, le 28 mai 1518.

II. — Briand de Vallée, conseiller audit parlement épousa Marie de Blois.

III. — Nicolas de Vallée, fils dudit Briand, fit un acte pardevant le sénéchal de Saintes, au sujet de l'arrière-ban, le 28 mai 1544; il épousa, le 25 février 1539, Marie de Barbezières.

IV. — Paul de Vallée épousa, le 16 mars 1605, Jeanne Pallet, dont : 1° Benjamen, qui suit; 2° Isaac, qui se maria; 3° Louise, femme de Jean Bertonet; ces trois frères partagèrent la succession de leur mère, le 11 may 1658.

V. — Benjamin de Vallée, sieur de Lagiraud, épousa Rachel Gaillard.

VI. — Jean de Vallée épousa, le 2 mai 1663, Claude des Arnaux.

V. — Isaac de Vallée, sieur de Jonchaud épousa, le 16 juin 1634, Marie Ozeau.

VI. — Isaac de Vallée épousa, le 17 juillet 1663, Jeanne Jarousseau.

Notes isolées.

Esther de Vallée épousa, par contrat du 21 août 1591, Frédéric Guynot, fils de Charles, sieur de Rioux et Jeanne Guay.

Madelaine de Vallée épousa, vers 1660, Louis Guynot, fils de Nicolas, sieur de Rioux et de Claude d'Anglure.

Catherine de Vallée épousa, le 23 juin 1613, Louis Giraud, fils d'Aubin, sieur de La Grange, et de Marie Audouart.

[VALLIBUS.

On trouve dans les registres de Roherii, notaire à Limoges, p. 10, n° 9, *apud,* D. Col. Pierre de Vallibus.]

VALOIS (1).

VANTIERE. — Charles de Vantiere, écuïer, du bourg des Cars, épousa Anne de Botineau, dont Jeanne, qui, demeurant aux Bâtiments, paroisse de Bianac, y épousa, le 16 août 1678, Jean Decubes, sieur de La Laurencie, fils de feu Léonard, et de feue Anne de Chauveron.

Noble François de Vantière, sieur de Saint-Désir, du village de Fregefont, paroisse de Salon, épousa Claude Fregefont, dont : 1° Anne, née le 15 juillet 1701; 2° Jean, né le 22 novembre 1711; 3° Estienne, mort jeune.

VANTOUGERIN (2).

---

(1) Nadaud indique ce nom à la page 2442, qui est déchirée.
(2) Était à la page 876, déchirée.

[VARAGNE, châtellenie, d'où Soudac, Aimoutier, Buxeroles, et La Chapelle-Saint-Robert, ont été démembrés. Est mouvante de la baronnie de Nontron, au diocèse de Limoges.]

VARS. — Noble Jean de Vars, sieur de La Boissière, paroisse de Saint-Martin-Sept-Pers, épousa N....., dont : 1° Antoine, écuier, sieur de La Boissière ; 2° Hercule, chanoine de Saint-Germain, et curé de Saint-Martin-Sept-Pers, 1531.

Noble Miles de Vars, écuïer, Sgr de Saint-Jean-Ligoure, 1562, 1564, 1578, épousa, par contrat du 21 décembre 1551, dame de Saint-Jean-Ligoure et de Château-Chervix, dont ne vinrent que des filles, savoir : 1° Marguerite de Vars, de Saint-Jean, mariée à Antoine La Chapelle, veuf en premières noces de Catherine Baillot ; Jeanne de Coignac, sa mère, lui donna la terre de Saint-Jean-Ligoure, par acte du 31 janvier 1601. Les assemblées et les exercices de la religion prétendue réformée, se faisaient dans le château de Saint-Jean-Ligoure, en 1600. Cette Marguerite de Vars, demoiselle de Saint-Jean, Jumilhac et Courbefi, par son testament (reçu Jacob Cabas, insinué à Limoges) du 25 juin 1623, lègue au corps de l'église de Limoges, faisant profession de la religion prétendue réformée, la somme de 150 livres, ce qu'elle ratifia le 15 octobre suivant, et donna pareille somme à l'église prétendue réformée de la ville de Saint-Irier ; 2° N.....

N....., de Vars épousa N....., dont : 1° Jean, qui suit ; 2° François, protonotaire du Saint-Siége, curé de Saint-Laurent et prieur de Montgauffi, diocèse de Bazas, étant fort vieux, fit son testament (signé de Montaignac) le 19 avril 1603, veut être inhumé dans l'église de Saint-Martin-Sept-Pers ; 3° autre Jean, écuïer, gentilhomme ordinaire de la chambre du roi, Sgr de La Boissière, de La Verdie et de Vassaignac, qui fit son testament (signé de Montaignac) le 10 septembre 1612, mourut le 16 et fut enterré, suivant sa volonté, dans l'église (1).

DE VARS, sieur du Cluzeau, paroisse de Saint-Hilaire-des-Coux, élection de Saintes, porte : *d'azur à trois cœurs d'argent* 2 et 1.

I. — René de Vars, qui fit le 15 juillet 1554, son testament par lequel il institue ses enfants Geoffroy et Cibard, qui suit. Il avait épousé, Jeanne du Chemin.

II. — Cibard de Vars épousa, par contrat du 15 juin 1581, Esther Joubert.

III. — Gabriel de Vars épousa, par contrat du 3 mai 1612, Ozanne de Bourgneuf, dont : 1° Gabriel, qui suit ; 2° Arnaud, qui partagea avec son frère la succession paternelle, le 21 octobre 1663.

IV. — Gabriel de Vars épousa, le 10 février 1664, Philippe de Montegut.

Notes isolées.

Jean de Vars, écuïer, sieur de Vauzelle, écuyer ordinaire de la grande écurie du roi, de la paroisse de Nanteuil, châtellenie de Boursac, fit son testament (signé Goureau) le 30 juin 1635 ; il épousa Isabelle de Lambert,

(1) La suite à la page 2413, est déchirée.

dont : 1° Jean; 2° Gaston; 3° François; 4° Henri; 5° autre François; 6° Anne; 7° autre Henri; 8° Marguerite; 9° Pierre.

Catherine de Vars épousa, Pierre Oubrun, marchand ; elle était veuve et habitait le village de Chantegreu, paroisse de Javerlhac, vers 1570.

[VAUGOUBERT. — Châtellenie, paroisse de Quinsac, mouvante de la baronnie Nontron, au diocèse de Limoges.] Voir d'Aidie, T. I, et Thomasson, T. IV,

VASSAL, sieur de La Naudinière, paroisse de Saint-Sorlin, élection de Saintes, porte : *d'argent à un épervier d'azur, au vol abaissé, chaperonné, longé de gueules.*

Cette famille fit ses preuves de noblesse en 1598, mais elles ne furent pas trouvées suffisantes, et dût payer l'impôt, jusqu'à ce qu'elle en eût fourni de meilleures.

I. — Odet du Vassal.
II. — René du Vassal épousa, le 11 novembre 1551, Susanne Morin.
III. — Pierre du Vassal épousa, le 15 juillet 1590, Rébecca Mathe.
IV. — Pierre du Vassal épousa, le 4 juillet 1628, Jeanne Normand.
V. — François du Vassal épousa, le 2 août 1662, Louise Le Bureau (1).

VASSELOT, sieur de Grand-Maison, paroisse de Saint-Pierre-de-Royan, élection de Saintes, porte : *d'azur à 3 javelots d'or 2 et 1, et un guidon d'argent en abîme.*

I. — Pierre Vasselot donna, le 7 février 1548, quittance de partie de la dot de sa femme ; il avait épousé Marie de Villorier.
II. — Pierre Vasselot épousa, le 13 décembre 1580, Renée de Neuport.
III. — Gabriel Vasselot épousa, le 12 février 1623, Marie Durand.
IV. — Arnaud Vasselot épousa, le 27 mars 1662, Anne Joubert.

Joanne Vasselot épousa Clement Guiot, écuïer, sieur d'Asnières, vers 1530 (Hozier, *Arm génér.*, 1re part., p. 311).

[VASSIGNAC.
On trouve dans les registres de Roherii, notaire à Limoges, p. 7, n° 7, et p. 33, n° 28, *apud* D. Col., Gui de Vassignac.]

VASSOUGNE ou VASSOIGNE (2).

Philippe de Vassougne, écuïer, sieur de Chillac et de La Brechenie, épousa Magdelene Houlier; elle mourut le 2 avril 1671, dont : 1° François, né le 13 février 1657; 2° autre François, né le 10 février 1661; 3° Pierre, baptisé le 16 février 1662; 4° Luce, baptisée le 20 juin 1664; 5° Elisabeth, baptisée le 19 décembre 1666; 6° Marie, baptisée le 26 février 1668.

René de Vassougne, écuïer, sieur de La Brechenie, Beauchamp, mourut à soixante-douze ans, le 23 novembre 1751 ; il avait épousé Marie-Julie de Galard de Bearn, dont : 1° Marie-Julie, né le 6 octobre 1717 ; 2° Pierre, né

---

(1) Nadaud avait d'autres notes à la page 2413, qui est déchirée.
(2) La généalogie de cette maison était à la page 753, qui est déchirée ; les notes reproduites ici sont à la page 682.

le 9 décembre 1718; 3° Marie-Julie, ondoyée le 15 février 1720; 4° Marie-Suzanne, ondoyée le 18 mars 1721; 5° Marie, baptisée le 22 mars 1722; 6° Antoine, né le 26 février 1724; 7° Jean-Charles, né le 28 may 1725; 8° Helie-François, né le 19 septembre 1726.

Pierre de Vassoigne, chevalier, sieur de Brechenie, Beauchamp, Le Mas-Millaguet, épousa Marie-Claude Prévost de Touchembert. Dont : 1° René, né le 7 novembre 1761; 2° Auguste-Julie, né le 21 août 1765; 3° N....., né le 6 octobre 1767; 4° Thérèse, née le 26 may 1770; 5° Elie, né le 26 may 1770; 6° Marie-Julie-Bernardine, née le 5 avril 1772; 7° Auguste-Julie, morte au berceau; 8° Thérèse-Julie, morte au berceau.

LA VAU (1).

VAUCHAUSSADE — Claude de Vauchaussade, écuyer, sieur de Brousse et Chaumont, paroisse de Brousse, épousa Silvie de La Chapelle, dont Annet-Jean-Baptiste, tonsuré en 1767.

VAUCOURBEIX. — Pierre de Vaucourbeix, écuyer, sieur de Lage, lieutenant de robe-courte en la maréchaussée de la Basse-Marche, fit son testament le 4 mai 1690, veut être enterré dans l'église de Saint-Jouvent; il mourut le 30 avril 1691; il avait épousé Marie Guilhem, dont : 1° Jacques, qui suit; 2° Françoise, mariée à N.... Masdot.

Jacques de Vaucourbeix, sieur du Puybareau, licentié ez-lois, épousa Jeanne Roulhac.

Mathias de Vaucourbeix, écuyer, sieur de Bachelerie, paroisse de Saint-Jouvent, épousa, en 1763, Marie-Anne Devoyon.

VAUGUYON. — V. Des Cars, branche de La Vauguyon, T. I, et encore Lavauguyon, T. III, p. 62.

VAULOUSE. — Gui Vaulouse, chevalier, épousa Almodis de Beaumont. Par son testament de 1280, elle veut être enterrée chez les frères mineurs de Saint-Junien; elle fait un légat à l'église de Monismes.

[VAULX ou VAUX, ou VOLX.]

VAUPOT. — V. Lavaupot, T. III, p. 62.

VAYRES, sieur de La Foret, paroisse de Genis, porte : *de gueules à une aigle d'argent; au chef du second, chargé de 3 fleurs de lys d'azur.*

I. — Bertrand de Vayres épousa, le 25 juillet 1446, Jeanne de Lavau.

II. — Helie de Vayres épousa, le 15 mai 1509, Jeanne Foucaud, dont : 1° Jean, qui suit; 2° Bardin, qui, avec son frère Jean, eut un arrêt rendu entre eux et Marguerite d'Argence, le 28 mai 1565.

III. — Jean de Vayres accorda avec François, son fils, quittance de la dot de Françoise de La Cropt, le 21 octobre 1541.

IV. — François de Vayres épousa Françoise de La Cropt, dont : 1° Jean, qui suit; 2° autre Jean, 1584.

(1) Cette famille était à la page 241, qui est déchirée.

V. — Jean de Vayres passa une transaction avec Pierre de Ferrieres, le 18 mai 1596; il épousa Jeanne de Groullet.

VI. — Charles de Vayres répudia l'hérédité de Jean, son père, le 6 juillet 1655. Il épousa, par contrat sans filiation du 8 janvier 1645, Marie Au Maistre, dont François, né le 29 avril 1646.

VEILHANES. — Noble Guynot de Velhan, damoiseau, sieur de Penacors, paroisse de Neuvic, était âgé de quatre-vingts ans en 1511. Il avait épousé N....., dont François, qui suit.

Noble François de Velhan, dit de Penacors, épousa Anne de Miramont, diocèse de Clermont, sa parente au quatrième degré de consanguinité, par dispense fulminée le 23 novembre 1511. (Registres de la cathédrale de Limoges.)

Gabriel de Veilhanes, écuyer, sieur de Pennacors, paroisse de Neuvic, épousa N....., dont Rigald, tonsuré en 1601.

N..... de Pennacors épousa N..... de Maumont, fille de Jean de Maumont et de Anne de Bourdeille; elle vécut à la cour, dont N....., qui suit.

N..... de Pennacors épousa N..... de Roffignac, très belle et très honnête demoiselle, fille du sieur de Coutzages. Ils eurent trois enfants, braves et vaillants gentilshommes comme le père, le grand-père et les ayeux (BRANTOME, T. XIII, p. 138, 139).

VENASSIER. — Simon de Venassier, écuyer, sieur de Beauvais, paroisse de Paulhac, épousa Isabeau de Louche, dont Pierre, enterré dans l'église de Bussière-Dunoise, le 18 mai 1660.

Jacques de Vénassier, écuyer, sieur de Lage, paroisse du bourg de Salanhac, épousa Françoise de Vaucourbeix, dont André, baptisé le 15 juin 1661.

VENDENOSSE (1).

[VENOLIO. — Abonis ou Abon de Venolio, écuyer, vivait en 1231. — Voyez mes *Mém. mss. Abb. Lim.*, p. 499.]

VENTADOUR porte : *échiqueté d'or et de gueules.*

La maison des anciens vicomtes de Ventadour a eu le malheur, quoique très ancienne et très illustre, d'avoir été négligée par ceux qui se sont mêlés d'écrire les généalogies des grandes maisons. M. Baluze crut avec raison faire plaisir aux curieux de la déduire jusqu'au temps qu'elle tomba en quenouille et se fondit dans celle de Levis. Elle est différente dans le Moreri de 1759.

Vicomtes de Ventadour, sortis de ceux de Comborn, T. I.

IV. — Ebles, *Ebolus* de Comborn, premier du nom, second fils d'Archambaud, deuxième du nom, vicomte de Comborn, et de Rotberge de

---

(1) Était à la page 2002, déchirée.

Rochechouard, eut en partage le château de Ventadour, et fut le chef de la souche de la très noble famille de ce nom. Il donna un mas et la moitié de l'église de Marciliac au monastère de Tulle. Il mourut en 1096; et, dans sa dernière maladie, se fit moine à Tulle, où il est enterré dans le chapitre. Ses successeurs y choisirent, pendant longtemps, leur sépulture. Il avait épousé Almodis, sœur d'Alduin Borrel de Montberon, autrement Montrond, veuve de Gaucelin de Pierrebuftierre. Elle eut d'Ebles de Ventadour deux fils : 1° Archambauld, mentionné avec sa mère dans un acte de l'an 1095, mais dont on ne sait rien plus ; 2° Ebolus, qui continua la descendance. Ces deux frères donnèrent, au monastère de Tulle, un mas dans le village de Kadaliac, en la viguerie de Bar, vers l'an 1059. Il faut effacer des signataires : Gerald, évêque de Limoges ; il n'y en eut point de ce nom pendant tout le règne du roi Henri Ier, sous lequel on dit que cet acte fut passé.

Une Nassal, autrement Asselide, de Claustre de Ventadour, fut inhumée à Tulle, dans la chapelle du chapitre, où était la sépulture ordinaire des seigneurs de Ventadour ; on ne dit pas le temps, ni si elle était de cette famille. Une vicomtesse de Ventadour était fille de Guillaume de Chauvigni, deuxième du nom, S^{gr} du Bourgdieu et de Châteauroux.

V. — Ebles, deuxième du nom, vicomte de Ventadour, fut surnommé Le Chanteur, parce qu'il aima toute sa vie les chansons joyeuses, c'est-à-dire la poésie provençale, qui était alors si fort à la mode, que même le roi et les princes s'en mêlaient. Ce sera donc lui, vicomte de Ventadour, qui aimait beaucoup Bernard de Ventadour, fils d'un pauvre homme de ce lieu, poète provençal, et qui lui faisait grand honneur pour ses belles et riches inventions de poésie. Ce talent du vicomte pour les chansons agréables qu'il composait, lui donna un grand accès chez Guillaume, duc d'Aquitaine, fils de Gui. Il y avait entre eux de l'émulation à qui se pourrait faire quelque niche. Ebolus arriva une fois à Poitiers et trouva le duc à table ; on lui prépara plusieurs mets, mais non pas d'abord. Le duc ayant dîné, Ebolus dit : Il ne convient point à un si grand comte de faire servir de nouveau un si petit vicomte. Quelques jours après, lorsqu'Ebolus s'en retournait dans son pays, le duc le suivit à l'improviste. Ebolus dînait lorsque le duc entra dans la salle de Ventadour, avec cent chevaliers. Ebolus, voyant qu'on voulait le surprendre, *se philosophari*, leur fit laver au plus tôt la main. Les vassaux, qui demeuraient autour du château et qui faisaient entre eux une fête, portèrent vite leur dîner, composé de poules, oies, et autre volaille. On apporta de tout en si grande abondance, qu'on eût dit que c'était la noce de quelque seigneur. Sur le soir, et à l'insu d'Ebolus, un paysan conduisit une charrette, tirée par deux bœufs, et dit d'une voix de crieur public : que les pages du comte de Poitiers s'avancent pour voir comme on pèse la cire chez le S^{gr} de Ventadour. Il monta sur sa charrette, et, avec une doloire de charpentier, il en brisa sur-le-champ tout le tour. Dès lors tomba une quantité prodigieuse de bougies de cire très pure, qu'il laissa, comme n'en faisant aucun cas. Il remonta dans sa charrette et s'en retourna à reculons à son village de Maumont. Le comte, spectateur de cette scène, exalta partout la bonté et l'industrie d'Ebolus. Celui-ci tira le paysan de son état, lui donna et à ses enfants le mas de Maumont. Ils y reçurent depuis la ceinture de chevalerie, et du temps de Gaufredus, prieur de Vigeois en 1184; ils étaient neveux d'Archambauld, abbé de Solignac, et d'Alboenus, archidiacre de Limoges. Voyez p. 217 (1).

Ce vicomte fut intéressé dans quelques tracasseries monastiques, que raconte le chroniqueur de Saint-Pierre-le-Vif, de Sens. Arnaud, abbé de ce monastère, fit déposer au concile de Troyes, l'an 1105, un certain Gauzbert, moine de La Chaize-Dieu et doyen de Mauriac en Auvergne, qui ne voulait pas obéir à ses règlements. Il y envoya un doyen pris dans son monastère, nommé Pierre de Saint-Balderius. Celui-ci, en s'en retournant, fut pris par des soldats ennemis, appelés Robertins, et mis en prison dans le château de Ventadour, *Ventudurus*, en Limosin. Tout cela fut fait par les menées de Pierre Armari, gentilhomme, qui voulait faire observer, dans l'église de Mauriac, des coutumes contraires au bon ordre. L'abbé de Saint-Pierre-le-Vif, ayant été maltraité par les habitants de Mauriac, et ceux-ci craignant qu'il ne se retirât, à cause des affronts qu'ils lui avaient faits, lui promirent de le satisfaire, suivant ce qu'en déciderait le vicomte Ebolus, quelques autres gentilshommes et même ceux qu'il voudrait nommer. La décision ne leur étant pas favorable, l'abbé alla trouver la comtesse (apparemment d'Auvergne), mère du comte, lequel était à Rome; elle lui conseilla d'aller au château Evau (apparemment Evaux) en Limosin, trouver l'archevêque de Bourges, métropolitain de l'évêque de Clermont, cet évêque lui-même, l'archevêque de Bordeaux et Gerald d'Angoulême, légat de l'église romaine, de porter devant eux sa plainte contre l'évêque de Clermont, qui n'avait pas voulu permettre de rétablir le monastère de Mauriac, polluée par effusion de sang. L'abbé s'y rendit, et l'assemblée lui accorda ce qu'il demandait. Le vicomte Ebolus voulut lui faire rendre justice par les habitants de Mauriac, mais il n'en put venir à bout.

Ce vicomte donna un mas à Tulle, le jour des Rameaux, 1109. Il autorisa un acte l'an 1143. Il voulait grandement que le prieuré de Maimac fut érigé en abbaïe pour en avoir une dans sa terre, ce qui lui réussit. En 1147, il consentit, avec sa femme et trois de ses enfants, à l'accord que l'évêque de Limoges fit pour la dépendance de ce monastère de celui d'Uzerche. Ce vicomte, revenant de Jérusalem, mourut l'an 1170, au château de Cassin, que quelques-uns croient être le Mont-Cassin. Baluze conjecture que son corps fut porté à Tulle, sur ce que, dans un ancien nécrologe de ce monastère, il est dit que cinq vicomtes de Ventadour y ont été enterrés dans le chapitre. Celui-ci épousa Agnez de Montluçon, fille de Guillaume, Sgr de Montluçon, *de Montelucio*, en Bourbonnais ou en Auvergne. Bouchet lui donne pour femme, l'an 1130, Alix de Bourbon. Quoiqu'il en soit, il eut : 1° Archambauld; 2° Eblon, qui suit; 3° Aimoin, ou Aymon de Ventadour, dit oncle, *patruus*, d'Ebles, mari de Sibille de La Faye.

On met un Odo de Ventadour, moine d'Obasine, premier abbé de Gourdon, diocèse de Cahors, vers l'an 1159, mais on ne trouve nulle part son nom. Un fils de W. de Ventadour était mort fort jeune, en 1207, et fut enterré chez les hospitaliers de Clermont.

VI. — Ebles, troisième du nom, vicomte de Ventadour, fut marié deux fois : 1° avec Marguerite de Turenne, veuve d'Aimar IV, vicomte de Limoges, qu'il répudia depuis à cause qu'il était proche parent de son pre-

(1) Cette page, qui faisait suite à l'article Maumont, est déchirée.

mier mari. Il en avait eu une fille nommée Matebrune, mariée : 1° à Renaud-le-Lepreux, vicomte d'Aubusson, fils de Raimond, quatrième du nom, et de Helis; 2° à Eschivat, frère de Jordain, prince de Chabanais. Ebles fut marié : 2°, vers l'an 1156, avec Aix ou Alaïde de Montpellier, fille de Guillaume, premier du nom, S^{gr} de Montpellier, et de Sybille, sa femme. Leurs enfants furent : 1° Ebles, qui suit; 2° autre Eble, moine de Cluni, à qui G., son abbé, écrivit une lettre très verte sur ce qu'il avait envahi le doyenné de Moriac; il fut depuis abbé de Figeac, diocèse de Cahors, vers l'an 1180 ; 3° Bernard, moine, élu abbé de Tulle l'an 1210, mort en 1237; 4° Gui, chanoine et prévôt de Maguelonne en 1206, était prieur de Saint-Firmin en 1187; 5° Raymond, chanoine de Saint-Etienne de Limoges, apparemment le même que l'abbé de Tulle, que son frère appelle Aymond; 6° Helie, aussi chanoine de Saint-Etienne de Limoges; 7° autre Eble, qui, au baptême fut appelé Archambauld; ce sont tous les frères que reconnaisse l'abbé de Tulle dans l'acte cité ci-dessus.

Gaufredus de Vigeois met encore un autre Ebolus, qui se battit quelquefois avec son frère, et un Guillaume qu'il fait abbé de Tulle; mais ce Guillaume était de la maison de Charbonnières et longtemps avant les enfants d'Alix de Montpellier. Pierre de Ventadour, chanoine de l'église de Tours, 1229, archiprêtre de Sainte-Maure, dans la même église, où il fonda un anniversaire en 1237. Autre Pierre de Ventadour, chanoine de Tours, 1275. Nivelo de Ventadour, chevalier, céda, en 1239, quelques biens situés à Fontenoy, au chapitre de Tours. Archambaud de Ventadour, chanoine de l'église de Tours, lui céda, l'an 1229, la prévôté de Rochecorbon.

VII. — Eble, quatrième du nom, dit Archambauld, vicomte de Ventadour. Suivant son avis, les ennemis, dont le chef était un nommé Le Bar ou Lobar, prirent la ville de Saint-Angel, du temps du pape Pascal, l'an 1181. Le jour de Saint-Cléopas, 25 décembre, même année, le vicomte fut pris par Gerauld de Mirabel, et ne sortit de prison, après la fête de Saint-Vincent, qu'après avoir donné 17 sols. Il envoya prendre la tour de Roche ; mais, ayant appris que ses gens avaient été tués, il se retira tout confus. Peu après il se mit au lit et demeura malade pendant huit mois. L'an 1185, il écrivit à Odon, abbé de Saint-Pierre-le-Vif, pour le prier de donner son consentement à l'élection d'un doyen, faite par les moines de Mauriac. Les hospitaliers d'Auvergne, ayant enterré un jeune enfant de W. de Ventadour, au préjudice du prieur de Montferrand, le pape Innocent III donna, environ l'an 1207, une décision qui est dans les décrétales. Ce W. de Ventadour n'est point dit vicomte; il pouvait s'agir de quelque particulier. Le 4 des nones de juin 1214, dans le chapitre général des moines de Tulle, Ebolus, vicomte de Ventadour, en présence de Bernard, son frère, et leur abbé, leur donna tout ce qu'il avait à Montusclat, Faet et Roeiras; témoins, les abbés P. d'Uzerche et Hugue de Saint-Augustin-lez-Limoges; les compagnons du donateur *socii nostri* furent P. Fouchers, Hugue de Corse l'aîné, B. de Saint-Irier, Ebolus de Boussac, chevaliers; P. Baile *bajulus* de Tulle, Guillaume de Malmont, maître S. de Mauren, B. de Boecia, S. de Chavan, G. del Faet, B. de Roeira.

Cet Eble épousa, avant l'an 1174, Sybille, fille de Raoul de La Faye, seigneur de grande considération à la cour des rois d'Angleterre, ducs de Guyenne; elle était sœur de Guillaume de La Faye, mentionné dans un titre de l'évêché de Poitiers de l'an 1260. La mort de Sibille est marquée au 10 mai dans le nécrologe de Bonnesaigne. Leurs enfants furent : 1° Ébles, qui suit; 2° autre Eble, S⁂ʳ de Charlus ou Chalus; 3° Marie ou Marguerite, mariée à Jaubert de Saint-Flour.

Raoul de Ventadour, abbé de l'Etoile, ordre de Citeaux, diocèse de Poitiers, 1254, était mort en 1260; il avait une sœur, nommée Sibille, supérieure de La Puye, ordre de Fontevraud, même diocèse.

VIII. — Ebles, cinquième du nom, vicomte de Ventadour. Voyez l'*Histoire de Grandmont en* 1221. Il fit hommage à l'évêque de Clermont pour ce qu'il possédait dans la ville de Mauriac, en 1236. Il épousa : 1° Marie de Limoges, fille d'Ademar et de Sara, dont il n'eut point d'enfants; elle avait à sa cour Pons de Capdeuil, natif de Velai, jongleur ou troubadour. Il épousa : 2° Marguerite de Turenne, fille de Raimond, premier du nom, vicomte de Turenne, et de Mathilde du Perche. C'est par erreur que la chronique de Vigeois la nomme Marie, au lieu de Marguerite. Ils laissèrent : 1° Raymond, qui peut avoir été vicomte de Ventadour après son père, ainsi que l'a cru M. Justel; mais il ne fut pas mari de Dauphine de La Tour, puisqu'elle fut femme d'Ebles VI. Raymond mourut sans postérité; 2° Ebles, qui suit; 3° Bernard, évêque du Puy 1254; 4° autre Bernard, chapelain du pape en 1250, peut-être chanoine de Tours en 1260, chanoine et archidiacre de Nontron dans l'église de Limoges, où il fut chapelain de l'évêque, recteur du prieuré de la ville d'Argentat, 1263, 1269, fit un légat à l'église de Limoges en 1267; il est dit oncle de Pierre de Châteauneuf. Ce Bernard et autre Bernard, S⁂ʳ de La Tour, dressèrent une transaction entre Robert, comte de Clermont; et Faulcon de Montgascon, le lundi, veille de Saint-Simon et Saint-Jude, 1264; on y voit le sceau de cet archidiacre. Il est enterré chez les f.f. p.p. de Limoges, sous un arceau, près la porte du cloître, à l'église, avec cette épitaphe : (1); 5° Helie, 1262, prévôt de Tulle; 6° Alix ou Alasie, femme de Robert, premier du nom, dauphin d'Auvergne, 1262.

On dit que Marie, vicomtesse, femme d'Ebles V, Raymond et Ebolus, leur fils, soumirent à l'archevêque de Bourges et à l'évêque de Limoges, eux et toute leur terre, avant que lui, Ebolus père, prit l'habit de l'ordre de Grandmont, pour païer tout ce qu'il en coûterait au prieur de Grandmont, ou à son ordre. Ils donnèrent pour pleiges Raimond, vicomte de Turenne, et R., son frère, Guillaume, abbé de Maismac, Bertrand de Mulceo, Constantin de La Chassagne et Hugue, son frère, chevaliers. L'acte est dit passé à Grandmont dans l'octave de la Pentecôte, 1221, en présence de Bertrand et Guillaume, abbés de Tulle et de Maismac, Mᵉ Guillaume, official de Limoges, Guillaume de Malmon, chanoine de Limoges. Voyez l'*Histoire de Grandmont*.

IX. — Eble, sixième du nom, vicomte de Ventadour, en 1236, fut pris pour caution dans une transaction passée l'an 1241, entre Philippie, veuve de Guillaume, comte de Clermont, où il est dit simplement *Ebles del Ventadour*, chevalier, sans addition de vicomte. En 1249, il partit pour le voyage d'outre-mer, avec Alphonse, comte de Poitiers, frère du roi Saint-Louis. Il est mentionné dans un acte de l'an 1260.

(1) La page est restée en blanc.

Il épousa Dauphine de La Tour-d'Auvergne, fille de Bernard, Sgr de La Tour, et de Jeanne de Toulouse. Elle vivait en 1270 et 1299. M. Baluze dit qu'elle lui survécut vingt-neuf ans; à ce compte il serait mort au plus tôt l'an 1270. Mais son fils donna quittance, le 12 juin 1265, à Alphonse, comte de Poitou et de Toulouse, pour tous les dommages que Ebles, son père, *de bonne mémoire*, avait souffert en chevaux et équipages au service de ce seigneur, au voyage d'outre-mer, et ce pour le prix de 60 livres tournois. Bertrand de La Tour, chanoine de Clermont, substitua à son neveu Bertrand, Dauphine, sa sœur, vicomtesse de Ventadour, pour son château de Tinerya, et, après la mort de sa sœur, Eblon, son fils, vicomte de Ventadour, ou, après la mort de celui-ci, un de ses fils, qui serait vicomte de Ventadour. L'acte fut passé, le mercredi après la fête de Saint-Gerald, en octobre 1280.

Du mariage d'Ebles VI et de Dauphine de La Tour vinrent : 1º Eble VII, appelé, à cause de son bas-âge, Eblet dans le testament de Bernard, Sgr de La Tour, son ayeul; 2º Marie, accordée, en 1263, avec François de Montgascon, fils de Robert, Sgr de Montgascon, et de Beatrix de Beaujeu; son frère Eble lui donna la maison et forteresse de Mandage, sept vingt livres de rente et 1,000 livres une fois payées; son sceau est au bas de l'acte, mais ce mariage ne fut pas accompli, sans doute à cause de la mort de Marie; 3º Isabelle, dame du château de Marjaride, Noyviges, Montredon, mariée deux fois : 1º, après l'an 1263, à Faulcon de Montgasco, dont elle eut deux filles : A. — Beatrix, mariée à Robert VI, comte d'Auvergne, par contrat du vendredi après la Saint-Martin d'été, 1274; B. — la nommée Maurs ou Mahant, mariée d'abord à Eudes, Sgr de Tournon, ensuite à Guillaume de Bourbon, Sgr de Beçay; étant morte sans postérité, tout le bien de la maison de Montgascon fondit dans celle d'Auvergne. Isabelle fit ses deux filles héritières. Elle se maria : 2º, en 1276, avec Robert de Montberon *de Monte Berulphi*, qui lui assigna de droit d'oscle *osculi* 3,000 sols de rente sur le Repaire de Montaresse, paroisse de Montberon en Angoumois, pour 35 livres de rente. Elle fit son testament (signé P. de Ageduno, chez les f.f. p p. de Limoges), le 10 avril 1277, veut être ensevelie dans le cimetière des f.f. p p. de Limoges, à l'entrée du chœur, où est enseveli Bernard de Ventadour, son oncle (et non pas son frère, comme on a mis dans Moreri), et que sa tombe soit couverte de cuivre *supponatur de cupro*, pour ne pas embarrasser ceux qui voudront entrer et sortir. Elle fait un légat à l'église de Montberon, où il paraît qu'elle mourut; donne à son mari, Robert, son château de Marjaride. On a conservé, chez les f.f. p.p. de Limoges, une plaque de cuivre ronde, ci-devant à côté de la porte du cloître, à l'église, où, dans le fond, sont représentés les religieux qui, avec un évêque, revêtu pontificalement, apparemment celui de Limoges, font la cérémonie des funérailles, et où sont gravés ces mots :

† Dn̄a Ysabellis de Ventadoro, filia vicecomitis Ventodorensis, quæ habuit duos viros scilicet Dn̄um de Mongisco, pro 2º Dn̄um Robertum de Monterolsi. Jacet hic et obiit anno Dn̄i M CC L XX VIII, nonis octobris. Requiescat in pace. Amen.

Au-dessous était une autre plaque de cuivre, qu'on a enlevée, mais dont on a conservé la versification dans l'histoire manuscrite du couvent :

Clausa jacet tumulo generosa sub hoc Ysabellis
Virtutum titulo rutilans, vitiisque rebellis,
Labe carens nituit, duplici dum vixit honore :
Nam decorata fuit generis, mentisque decore.
Hæc fratrum manibus hic nostrorum tumulata
Illorum precibus ponatur in arce beatâ.

X. — Eble, septième du nom, vicomte de Ventadour, appelé aussi Helie, fut au voyage de Saint-Louis en Barbarie ; est dit noble et chevalier dans un acte passé à Lyon, entre l'archevêque de Cantorberi et Robert, comte de Bologne, le 4 des ides de juin 1274. Il fut fait chevalier devant Tunes, par Edouard Ier, roi d'Angleterre, au service duquel il était, et s'en revint étique en 1277. Il épousa, environ l'an 1263, Blanche de Châteauneuf, laquelle testa en sa faveur, le dimanche *Reminiscere* 1292. Leurs enfants furent : 1° Ebles, huitième du nom, qui suit ; 2° autre Eble, Sgr de Boussac et de Donzenac, qui, en 1320, avait plusieurs bâtards ; il a fait une branche ; 3° Helie, mort évêque de Tournai, 1326 ; 4° autre Helie ; 5° Eble, chanoine de Rheims ; 6° Guillaume, évêque de Tournai, 1333 ; 7° Marguerite, mariée, en 1290, à Louis de Beaufort, Sgr de Montferrand ; 8° Dauphine, mariée à Guillaume de Mercueur, Sgr de Gersac ; 9° Marie, femme de Jean Selin, Sgr de Châteauneuf, duquel elle était veuve, en 1298, le mercredi après la fête de Sainte-Catherine, qu'elle fit donation de ses biens à son frère Helie, vicomte de Ventadour ; ce qui prouve qu'elle mourut sans enfants.

XI. — Ebles, huitième du nom, vicomte de Ventadour, en 1304, donne une partie de Château-Meilhan à Henri, duc de Sully, l'an 1323. En 1328, il s'opposa, avec quantité de gentilshommes d'Auvergne, à quelques priviléges obtenus par les religieux de cette province. Il fit un testament à Brive, le vendredi après la fête de Sainte-Magdelaine, 1315. Aux suffrages pour les morts du chapitre provincial des f.f. p.p., tenu à Limoges en 1337, on ordonna une messe pour M. Helie, vicomte de Ventadour, M. Ebles, son fils, pour les dames vicomtesses de Ventadour et pour toute leur famille.

Il épousa, en 1290, Marguerite de Beaujeu, fille de Louis, Sgr de Montferrand, et de Marguerite de Romeo, en Berri, dont : 1° Ebles, Sgr d'Ussel, émancipé par son père, en janvier 1312, en présence de F. Gui de Ventadour, de l'ordre des f.f. p.p., accordé, le 20 novembre 1314, avec Mathe de Comborn, fille de Guichard de Comborn, deuxième du nom, et de Marie de Comborn. Ils vivaient ensemble en 1325. Après le décès d'Ebles, elle se remaria avec Brun, Sgr de Claviers. Comme il se disposait pour le pélerinage de Saint-Jacques de Galice, il fit son testament, par lequel il institue son fils posthume et lui substitue Elie de Ventadour, son frère ; 2° Bernard, qui fut vicomte de Ventadour ; 3° Helie, doyen de l'église du Puy et chanoine de celle de Rheims, un des exécuteurs du testament de Bernard de La Tour, septième du nom, son cousin, en 1317 ; 4° Gui, évêque de Vabres, mort en 1331 ; 5° Blanche, mariée à Guichard de Comborn ; 6° autre Blanche, abbesse de Bonnesaigne ; 7° Anne, mariée à Joubert de Malemort, fils de Pierre de Malemort, Sgr de Breviges ; il mourut au mois d'août 1361.

XII. — Bernard, premier du nom, succéda à son frère et fut vicomte de Ventadour, en 1329. Les seigneuries de Montpensier et d'Aigueperse lui furent adjugées, comme représentant Marguerite de Beaujeu, sa mère.

Montpensier fut peu après érigé en comté. M. Justel dit avoir vu un titre de l'an 1347, où il se qualifie comte de Ventadour. Cependant, ce fut le roi Philippe de Valois qui, en considération des services que Bernard, vicomte de Ventadour, et ses prédécesseurs avaient rendus à l'État, et encore en considération de la bonne et noble lignée dont il était issu, érigea les seigneuries de Ventadour et de Montpensier, appartenant audit Bernard, et chacune d'icelles en comté, par lettre du 2 avril 1350. Aussi, peu de temps après, Froissart, qui vivait alors, l'appelle comte de Ventadour, en décrivant la bataille de Poitiers du 19 septembre 1356, où il fut fait prisonnier avec son fils en la compagnie du roi, comme le roi lui-même l'atteste dans des lettres données en sa faveur, au mois de janvier 1360, vieux stile, où il est qualifié magnifique et puissant seigneur. Il fut délivré sans payer de rançon par le traité de Bretigni du 8 mai 1360. Il était à Montpellier du conseil de Jean, comte de Poitiers, lieutenant en Languedoc, le 25 avril 1359. Il vécut fort longtemps, ainsi que sa femme. Quand Geofroi Teste-Noire se rendit maître du château de Ventadour, l'an 1379, Froissart dit que ce comte « était ancien et simple prud'homme, qui plus ne s'armait, mais se tenait tout quoy en son chastel. » Il parle de lui aux années 1383, 1387, 88, 89, 90 ; il ajoute qu'après avoir été mis hors de son château, il se retira, avec sa femme et ses enfants, à Montpensier, terre que lui et son fils Robert vendirent ensuite à Jean, duc de Berri, en 1384 ou 1400, pour la somme de 40,000 livres. Sa mort est marquée au 2 mai dans le nécrologe de Bonnesaigne.

Il avait épousé, le 17 mai 1338, Marguerite de Beaumont, fille de Robert de Brienne, vicomte de Beaumont, et de Marie de Craon. Voyez *Histoire de Sablé*, p. 241, 414. De ce mariage naquirent : 1° Robert, qui fut comte de Ventadour ; 2° Guillaume, archidiacre de Rouen ; 3° Marguerite, veuve de Jean d'Antigny, mariée à Miles de Noyers, dixième du nom, comte de Joigny et fils de Miles IX, Sgr de Vendeuvre, et de Marguerite de Melun. Elle était veuve en 1376, vivait en 1404 ; 4° Marie, femme de Jean de Beuil ; 5° Aude, femme de Jaubert de Malemort, Sgr de Cornil ; 6° Jeanne, mariée à Godefroi d'Auvergne, dit de Boulogne, Sgr de Montgascon, par contrat du 3 août 1373 ; elle mourut le 19 septembre 1376 ; 7° Magdelaine, mariée à Jean Ier, Sgr de Pompadour, fils de Ramnulphus Helie, deuxième du nom, et de Galiene de Chanac ; 8° Agnez, femme de Jean d'Apchier, Sgr d'Arzance. Peut-être *infra*.

Bernard de Ventadour reçut ses provisions de chanoine de Paris, le 28 septembre 1355. Adelais de Ventadour, sœur d'Archambaud, doyen de Tours, et de Guillaume, abbesse de Fontevraud, 1372. Frère Jean de Ventadour, grand commandeur de l'ordre de Saint-Jean de Jérusalem, et frère Antoine de Saint-Chamans, maréchal de l'ordre, se trouvèrent, le 23 mai 1428, au chapitre tenu à Rhodes. Isabelle de Ventadour, abbesse du Ronceroy, à Angers, mourut en 1418.

XIII. — Robert, comte de Ventadour, 1389, épouse, en 1393, Isabelle de *Ventheto*, ou Vendot, fille d'Oudin et d'Alix du Breuil, de la maison de Courcelles ; elle était veuve en 1407, et rendit son compte de tutelle à ses enfants, le 21 août 1413. De ce mariage naquirent : 1° Jacques, comte de Ventadour, fait prisonnier à la bataille d'Azincourt, en 1415 ; avec le corps qu'il commandait et d'autres secours, il fit lever le siège d'Angers aux

Anglais, en 1421. Ayant tué Guichard Dupuy, huissier d'armes de M. le régent, il fut condamné à mort, mais il obtint des lettres de rémission au mois de juillet 1421, qu'il fit présenter au Parlement, le 14 décembre suivant, pour en avoir l'entérinement; la cour ordonna que la veuve et le procureur du roi verraient ces lettres. Le 27 avril 1422, le Parlement, pour certaines causes et considérations, prorogea en état jusqu'au 1er juin prochain le terme donné à ce comte pour venir en personne. Il vint apporter du secours devant la ville de Crevant pour le roi Charles VII, l'an 1423, y eut un œil crevé et fut aussi fait prisonnier par les Bourguignons. Au mois d'août suivant, 1424, il se remit de rechef en guerre et fut tué à la bataille de Verneuil, dans le Perche. Il avait épousé N.... de Torsay, fille de Jean, Sgr de Lezay, grand-maître des arbalestiers de France, et de Marie d'Argenton; elle mourut peu après, le 30 septembre 1422, sans enfants, selon le P. Simplicien, T. VIII, p. 71. Ce même auteur dit ailleurs (T. VI, p. 69, et T. VIII, p. 322), qu'ils laissèrent une fille, nommée Marguerite de Ventadour, mariée, avant l'an 1423, à Jean de Mello, troisième du nom, Sgr de Saint-Parise, etc.; 2º Charles, qui suit; 3º Marguerite.

Antoinette, fille du comte de Ventadour, épousa Charles, Sgr de Cuelhe en Auvergne, et mourut le 20 septembre 1468.

XIV. — Charles, comte de Ventadour, fut tenu sur les fonts de baptême par le roi et la reine. Le roi donna à la mère 600 livres. Le dauphin le fit connétable. Il fut chevalier, chambellan du roi. Il était témoin dans le contrat de mariage de Jeanne, dauphine d'Auvergne, avec Louis, duc de Bourbon, le 8 décembre 1426. Le roi Charles VII l'envoya, en 1455, pour aider à conquérir le comté d'Armagnac. Il eut pour page le célèbre Antoine de Chabannes, depuis comte de Dammartin. Mais on ne doit pas être étonné de rencontrer les noms des plus illustres maisons parmi les pages, les écuyers et même les domestiques inférieurs des chevaliers ou seigneurs, qui pouvaient ne valoir pas mieux, et peut-être valoir moins du côté de la naissance. Le mérite seul décidait du choix qu'on faisait de celui à qui on s'attachait. Comme sa maison était une école où l'on venait s'instruire, on ne considérait que la valeur, l'expérience et l'habileté dans l'art militaire du maître dont on voulait recevoir des leçons. Ce fut sans doute ce motif qui détermina Antoine de Chabanne à entrer page dans la maison du comte de Ventadour, et ensuite dans celle de La Hire. Charles, vicomte de Ventadour, mourut le 20 décembre 1486. Il avait épousé, en 1427, Marie de Pierrebuffière, fille de Louis, et de Jeanne de Levis; elle vivait en 1451. Dont : 1º Louis, qui suit; 2º Pierre; 3º Annette, mariée, le 1er novembre 1451, à Jean d'Apchier, Sgr d'Arzens; elle testa le 28 août 1473; 4º Antonie, mentionnée dans le testament de Louis de Pierrebuffierre, son aïeul, 1463.

Jean de Ventadour, abbé d'Obasine, 1484.

XV. — Louis, comte de Ventadour, assista, le 2 janvier 1494, vieux stile, au mariage de Jean, comte d'Auvergne, avec Jeanne de Bourbon-Vendosme. Il se trouva au traité d'Ancenis, le 18 septembre 1468. Il eut commission du roi Charles, datée de Maubuisson-lez-Pontoise du 8 décembre 1488, pour imposer sur les pays de Berri, Auvergne, Bourbonnais et Limosin, 25,000 livres, pour la solde de cent hommes d'armes et cinquante arbalestriers, et données pour assiéger le château de Ventadour, lors occupé par les ennemis du royaume. Il mourut le mardi 23 décembre 1500, à la pointe du jour.

Il avait épousé, par contrat du 23 septembre 1445, Catherine de Beaufort, fille de Pierre de Beaufort, S^{gr} de Limeuil, comte de Beaufort, vicomte de Turenne, et de Blanche de Gimel ; elle était dame des Granges et de Charlus ; elle mourut au château de Peyroult, le 7 novembre 1506, et fut enterrée chez les Cordeliers de Saint-Projet sur la Dordogne ; dont ne vint qu'une fille, nommée Blanche, mariée, en 1472, à Louis de Levis, qui a commencé la seconde race des S^{grs} de Ventadour.

Branche de Donzenac.

XI. — Eble de Ventadour, second fils d'Ebles VII et de Blanche de Châteauneuf, fut S^{gr} de Boussac, Donzenac et Ussel, chevalier, coseigneur de Malemort par sa femme. Le roi convoqua, pour la guerre de Flandre, le samedi avant la Nativité de Saint-Jean, 1304, la principale noblesse du royaume, entre autres dans la sénéchaussée de Périgord. Guichard de Comborn, chevalier, avec certain nombre de gens, écuyers, le vicomte de Ventadour, accompagné de vingt hommes d'armes, le vicomte de Turenne avec trente hommes d'armes, le seigneur de Donzenac, M. Gerard de Comborn avec chacun dix hommes d'armes. Il vendit, en 1320, des biens qu'il avait dans la terre de La Tour en Auvergne, à Bernard, S^{gr} de La Tour, huitième du nom, son cousin ; Eble était émancipé. Il épousa, en 1290, Galiene de Malemort, fille de Gerald de Malemort, deuxième du nom ; elle était veuve ; elle mourut avant 1310. Son mari rendit pour elle hommage à l'évêque de Limoges de tout ce qu'il tenait dans la baronnie de Malemort, le samedi après Noël, 1295 ; fournit son dénombrement en 1310. Dont : 1° Geraud, qui suit ; 2° Helie, évêque de Castres ; 3° Guillaume, mort abbé de Saint-Martial de Limoges, 1340 ; 4° Ebles, qui eut apparemment la seigneurie d'Ussel pour partage ; du moins un Ebles de Ventadour était S^{gr} d'Ussel au mois d'avril 1319 ; 5° Blanche, mariée à Guichard de Comborn, fille de Guichard de Comborn, deuxième du nom, S^{gr} de Treignhac, et de Marie de Comborn (ce qui parait être un double emploi).

XII. — Geraud de Ventadour, premier du nom, S^{gr} de Donzenac, épousa Souveraine, que M. Bouchet appelle Catherine, dont : 1° Geraud, qui suit ; 2° Bernard, tué, à ce qu'on croit, à la bataille de Poitiers, le 19 septembre 1356, appelé Bernard de Donzenac, enterré chez les frères mineurs, le jour de Saint-Valentin, dans leur grand cimetière ; 3° Marguerite, mariée, l'an 1332, à Gui d'Aubusson, S^{gr} de La Borne, fils de Renaud ; 4° Galiene, mariée, en 1338, à Helie de Chanac, chevalier, fils de Gui, et d'Isabelle de Montberon.

XIII. — Geraud de Ventadour, deuxième du nom, S^{gr} de Donzenac et de Boussac, 1350, vendit ces deux terres à Jean, duc de Berri, peu avant l'an 1389, avec celles de Bellemont, du Repaire et de Chamboulive en Limousin, qui les donna à Jeanne de Bologne, sa femme ; elle, pour agréables services, les donna à Jean, S^{gr} de Torsay, maître des arbalestriers de France ; ces terres ne valaient que 1,000 livres de rente. Georges de La Trimouille, S^{gr} de Donzenac, Boussac et Malemort, par sa femme Jeanne de Bologne, 1416, 1423. Georges de La Trimouille donna en dot, l'an 1445, les terres de Boussac, Corrèze et Donzenac, à Louise, sa fille, en la mariant avec Bertrand de La Tour, septième du nom, comte d'Auvergne. Le 31 janvier suivant, nouveau style, ces terres étaient estimées 1,200 livres de revenu. Bertrand de La Tour s'en disait Sgr en 1479; Jean, en 1498. Il assigna à Jeanne de Bourbon-Vendosme, sa future femme, les terres de Donzenac, Malemort, Boussac et Courrèze en Limousin, pour 4,000 livres de revenu, dans son contrat de mariage du 2 janvier 1494, vieux style. Les Sgrs de La Tour en ont joui jusqu'à ce que Catherine de Médicis, héritière de cette maison, les vendit, en 1572, à Gilbert de Levis, comte de Ventadour. Anne de La Tour, duchesse d'Albanie, par son testament du 16 juin 1524, confirma à Jean Stuard, duc d'Albanie, son mari, et lui légua les terres de Donzenac, Boussac et Courrèze en Limousin; elles lui furent laissées par un partage fait le 12 juin 1534. Par autre transaction, le roi les lui laissa en propriété, pour en disposer pendant son vivant, à la charge que s'il n'en disposait pas, elles reviendraient, après son décès, à Catherine de Médicis, duchesse d'Orléans, nièce de Anne de La Tour.

Geraud épousa : 1° Marguerite Roger, fille de noble et puissant Guillaume Rogier, deuxième du nom, chevalier, Sgr de Rosiers, etc., et de Marie de Chambon, dont Catherine, qui suit, fille unique. Il épousa : 2° Isabeau de Terride, fille de Bertrand et de Rambaude d'Arpajon, veuve de Gaston de Lomagne, dont Agnez, mariée à Jean de Murol, neveu du cardinal de ce nom.

XIV. — Catherine de Ventadour, dame de Donzenac et de Boussac, épousa Odet de Lomagne de Fimarcon; il fit son testament l'an 1378, dont entre autres enfants, Geraud, qui suit, et Beraud, qui donna 500 francs à sa mère.

Geraud de Lomagne, Sgr de Fimarcon, Donzenac, Boussac, testa le 8 octobre 1427, épousa, en 1405, Cecille de Perilles en Catalogne, dont : 1° Odet, qui suit, etc.; 2° Amanjou de Lomagne, Sgr de Boussac, évêque de Condom.

Odet de Lomagne, Sgr de Fimarcon et de Donzenac, sénéchal d'Agenois, etc., testa en 1478, retira en 1443, le 22 janvier, la terre de Montagnac (à deux lieues d'Agen), en donnant celle de Donzenac, dont jouissait le Sgr de La Tour, et pour laquelle il y avait procès, stipulant qu'au cas qu'elle lui fut adjugée, elle demeurerait au comte d'Armagnac, pour 12,000 écus, si non qu'il lui restituerait la terre des Angles en Bigorre. Il épousa, en 1427, Marthe Royere de Cominges, dont Jacques, qui suit, etc.

Jacques de Lomagne, Sgr de Fimarcon, eut pour femme Anne de La Tour, 1469, fille de Agne de La Tour, Sgr de Limeuil, vicomte de Turenne, et de Anne de Beaufort, dont une fille unique, Anne, qui suit.

Anne de Lomagne épousa Aimeric de Narbonne, baron de Talairan.

[Les seigneurs de La Trimouille ou Tremoille ont aussi tenu, après les comtes d'Auvergne, la terre de Boussac. Voyez JUSTEL, *Histoire de Turenne*, page 91.]

Louise de Tremoille, fille de Georges, comte de Bologne et d'Auvergne, et de Catherine de l'Isle-Bouchard, fut dame de Bomieres, Saint-Just, Boussac, Donzenac, et épousa, le 30 janvier 1444, Bertrand, deuxième du nom, sire de La Tour, comte d'Auvergne, fils aîné de Bertrand Ier et de Jacquette du Peschin; elle mourut en 1474, et fut enterrée dans l'abbaye du Bouchet, près de Vic-le-Comte, qu'elle avait fondée avec son mari.

Anne de La Tour, fille de Jean, comte d'Auvergne, et de Jeanne de

Bourbon-Vendôme, épousa, le 8 juillet 1505, Jean Stuart, duc d'Albanie, son cousin, et lui donna les seigneuries de Donzenac, Corrèze et Boussac. Elle mourut sans enfants l'an 1524.

René de La Tour, fils puîné de Jean, S^{gr} d'Alagnac, et de Marguerite de Murat, fut S^{gr} de Donzenac, Saint-Exupéri, 1631. Il épousa Gabrielle Obier, dont Frédéric-Maurice, S^{gr} de Saint-Exupéri.

Seconde race des seigneurs de Ventadour.

Levis-Ventadour porte : *d'or à 3 chevrons de sable* (*Dict. généal.*, 1757, T. III, p. 423. — LABBE, *Blason royal*, p. 91). SEGOING, *Thrésor héraldique*, p. 188, met les *chevrons de gueules.*

XI. — 1521. — Blanche de Ventadour, fille de Louis, comte de Ventadour, S^{gr} de Grange, et de Catherine de Beaufort, dame de Charlus, épousa, le 12 juillet 1492, par contrat passé au château de Ventadour (1), Louis de Levis, baron de La Voute en Vivarez (BALUZE, *Hist. mais. d'Auvergne*, T. I, p. 237, le met dans l'Orléanais), chambellan du roi Charles VIII, qu'il servit en son expédition du royaume de Naples. Comme il était très vaillant capitaine, le roi l'envoya, en 1513, pour recouvrer le royaume de Navarre, usurpé par l'espagnol. Il mourut l'an 1521.

Il comptait onze générations, et était fils de Bernard de Levis, S^{gr} de La Voute, chambellan du duc de Bourbon, et de Agnez de Châteaumorand. C'est une opinion fabuleuse de faire descendre la maison de Levis, de la tribu de Levi, d'où était aussi issue la Très-Sainte-Vierge, et que cette lignée pourrait s'étendre jusqu'à la millième branche; Gefrier l'avait dit, mais non peut-être seul.

De ce mariage vinrent : 1° Gilbert, qui suit; 2° Jean, qui a fait la branche des seigneurs de Charlus; 3° François, évêque de Tulle, mort l'an 1535, abbé d'Obasine; 4° Charles, abbé de La Valette et de Bonnaigue; 5° Catherine de Levis, mariée, par contrat du 9 décembre 1492 (faute), à Joachim de Brion, S^{gr} de Chaylard en Vivarez, après la mort duquel (en 1506) elle se rendit religieuse à Saint-Laurent d'Avignon, où elle était en 1521, lors du testament de son père.

XII. — 1529. — Gilbert de Levis, premier du nom, comte de Ventadour, baron de La Voute, S^{gr} de Vauvert, etc., fut élevé enfant d'honneur du roi, sous le nom de baron de La Voute, en 1491. Il serait donc né avant le mariage de son père. Le roi Charles VIII le fit panetier l'an 1496. Il passa les Alpes avec le roi en 1515. Se trouva à la bataille de Marignan, où il fut blessé, en septembre 1525. Ventadour fut érigé en duché en sa faveur et en celle de ses successeurs mâles, par lettres données à Paris, au mois de février 1518, enregistrées au Parlement le 13 mai, et en la Chambre des comptes le 3 juin suivant. Il prit le nom et les armes de Ventadour, suivant le testament de son aïeul maternel. Il mourut, l'an 1529, ayant fait son testament dès le 7 mai 1524, et choisi sa sépulture en l'abbaye de Saint-Ruf, auprès de ses prédécesseurs.

---

(1) Le P. Simplicien (T. IV, p. 30) met le mariage de Blanche de Ventadour avec Louis de Levis en 1492, et dit qu'elle mourut à Charlus le 19 novembre 1482, ce qui ferait dix ans avant son mariage. Il y a encore erreur pour la date du mariage de leur fille Catherine (T. IX, p. 126).

DU LIMOUSIN. 259

Il avait épousé, le 22 mars 1498, Jacqueline du Mas, morte, l'an 1566, âgée de quatre-vingt-six ans, fille de Jean, Sgr de l'Isle, grand-maître et général réformateur des eaux et forêts de France, et de Jacqueline de Carbonel, dont il eut : 1° Gilbert, deuxième du nom, qui suit; 2° Petronille, ou Pernelle, qui était mariée : 1°, en 1521, à André de Crussol, Sgr de Baudisner; 2° à Joachim de Chabannes, baron de Curton, comte de Rochefort et de Saigne; 3° Blanche, alliée, l'an 1527, à Louis d'Agoult, baron de Soult, fils d'Antoinette de Montauban; elle testa, le 25 décembre 1557; 4° Jacqueline de Levis, mariée, par contrat passé à La Voute le 28 juin 1541, à Jean de Damas, baron de Digoine; elle en fut séparée par arrêt du Parlement de Paris du 14 août 1550.

XIII. — 1547. — Gilbert de Levis, deuxième du nom, comte de Ventadour, baron de La Voûte, Sgr de Vauvert, fut élevé, en 1524, enfant d'honneur du roi François Ier, qui le fit son panetier l'an 1531. En 1542, il accompagnait M. le Dauphin lorsqu'il retira son camp de devant Perpignan. Il mourut l'an 1547, âgé de quarante-six ans. Il avait épousé, l'an 1538, Suzanne ou Jeanne de Leyre, dame de La Motte de Grigni, fille de Jacques, Sgr de Cornille-sur-Loire, et d'Antoinette de Tournon, sœur du cardinal, dont il eut : 1° Gilbert, troisième du nom, qui suit; 2° Martial, aumônier du roi, abbé commendataire d'Auberive, ordre de Citeaux, diocèse de Langres, en 1554, puis titulaire en 1563, qui mourut le 19 janvier 1572; 3° Jacqueline, mariée à François de Chalençon, Sgr de Rochebaron; 4° Françoise, alliée à François de La Baume, comte de Suze, lieutenant-général pour le roi en Provence, et général de l'église au comtat de Venaissin, chevalier des ordres du roi, fils de Guillaume, Sgr de Suze, et de Catherine d'Albaron, par contrat du 14 juin 1551; 5° Blanche de Levis, épouse de Louis d'Amboise, fils de Jacques et d'Hippolite de Chambes-Montsoreau, par contrat du 13 juin 1556.

XIV. — 1591. — Gilbert de Levis, troisième du nom, comte de Ventadour, baron de la Voute, Vauvert, Margeride, gentilhomme de la chambre du roi, capitaine de cinquante hommes d'armes, nommé chevalier de l'ordre du roi, en 1578, mais ne fut point reçu, brave et vaillant gentilhomme, conseiller au conseil privé, l'un des plus grands et des plus riches seigneurs de la Guyenne. Les historiens l'appellent brave et vaillant seigneur. Pour avoir part à l'honneur et réputation, il alla en 1555, de son plein gré, secourir la fortification de Saint-Joco, assiégée par le duc d'Albe. Il combattit au pont de Sture, en Piedmont, où il fut blessé à mort par les Espagnols en 1555. Ce fut lui qui reprit, l'an 1560, le procès qui avait été intenté, l'an 1525, par Gilbert I, son grand-père, touchant la substitution des terres d'Annonai et de La Roche-en-Venier, qui fut déclarée ouverte en sa faveur, par arrêt du 23 août 1582. En 1562, il combattait à Montignac-le-Comte, contre les Huguenots; au mois d'octobre, on lui amena quatre-vingts soldats huguenots, qui revenaient d'Erleaux; étant examinés, il les relâcha et les fit conduire sûrement hors du ressort du Limosin. Il était gouverneur du Limosin en 1571 et 1578. Il fut aussi gouverneur du Lyonnais, Forez et Beaujolais. En 1572, il acheta, de la reine Catherine de Médicis, les terres de Boussac, Corrèze et Donzenac. Pour les années 1574 et 1577, voyez VAISSETTE, *Hist. du Languedoc*, T. V, pages 335 et 357. Pour reconnaître ses services et ceux de ses ancêtres, la terre de Ventadour fut érigée en duché, par lettres patentes du mois de février 1578, enregistrées au Parlement de Paris le 13 mai suivant et en la Chambre des comptes le 3 juin suivant, en faveur de Gilbert de Levis et de ses successeurs masles, avec permission d'y établir un sénéschal, dont les appellations ressortiraient nuement au Parlement de Bordeaux ; il y est marqué qu'au défaut de masle, la dignité de duché demeurera éteinte. En 1581, le duc de Ventadour établit la justice à Egleton ; mais le Parlement fit défense, le 30 juin 1583, aux officiers d'exercer. Les habitants de Tulle s'opposèrent, pour l'érection du siége ducal dans leur ville, sur quoi la Cour, par arrêt du 23 juin 1580, crut devoir délibérer plus amplement. Ventadour fut, depuis, érigé en duché-pairie au mois de juin 1589, pour lui, ses hoirs et successeurs masles et *aïant cause d'eux*, ce qui ne doit s'entendre que des descendants de l'impétrant. Ces lettres furent vérifiées au Parlement, le 24 juin, et à la Chambre des comptes, le 27 janvier 1594, et confirmées en 1609. La clause insérée dans les lettres patentes de 1578 et 1589, par laquelle le duché de Ventadour est reversible au domaine de la couronne au défaut d'hoirs mâles, fut révoquée par une déclaration donnée à Fontainebleau, le 30 juin 1609. Ce duché-pairie est éteint. En 1581, Gilbert combattit sous le duc d'Anjou au siége de Cambrai, où il fut fait prisonnier ; mais il trouva le moyen de s'évader. Il tint le parti de la ligue, et était puissant en Limosin par ses richesses et par son autorité. Il mourut à La Voute en 1591.

Il avait épousé Catherine de Montmorenci, fille d'Anne, duc de Montmorenci, depuis connétable, et de Magdelaine de Savoie ; de quoi il y eut deux contrats passés, l'un sous le scel de la prévôté de Paris, le samedi 27ᵉ jour du mois de mai 1553, par procuration octroyée de Gilbert de Levis le père ; le second, fait le 25 juin suivant, à Saint-Germain-en-Laye, en présence du roi Henri II, auquel assista le même Gilbert de Levis père ; la dot fut de 50,000 livres tournois. De ce mariage naquirent deux fils : 1° Gilbert de Levis, comte de La Voute, mort l'an 1584, avant son père ; 2° Anne de Levis, qui suit.

XV. — 1622. — Anne de Levis, duc de Ventadour, pair de France, comte de Brion, baron de Cheylard en Vivarez, baron de Donzenac, Boussac, etc., portait : *écartelé, au 1ᵉʳ bandé d'or et de gueules de 6 pièces*, qui est Thoiré-Villars ; *au 2ᵉ d'or à 3 chevrons de sable*, qui est de Levis ; *au 3ᵉ de gueules à 3 étoiles d'or, 2 et 1*, qui est Anduze ; *au 4ᵉ d'argent, au lion de gueules*, qui est de Layre ; *sur le tout échiqueté d'or et de gueules*, qui est de Ventadour. Il fut fait chevalier des ordres du roi, le 2 janvier 1599 ; gouverneur et sénéchal du Haut et Bas-Limousin, après la mort de son père, en 1591. Etait lieutenant-général du Languedoc, en 1600, lorsque Christophe de Gamon, fit pour lui des stances dans son *Jardinet de la Poésie*. Il fit la guerre aux ligueurs en Languedoc en 1593, 1594, 1595, 1596, 1600, 1601. Il servit le roi dans différents siéges et combats contre les ligueurs en 1593. Il était brouillé avec le duc de Sully (Maximilien de Bethune), surintendant des finances ; ils se réconcilièrent en 1605. Il défit les troupes huguenotes du païs de Languedoc et Vivarets en 1621. Il fit son testament le 23 juin 1607, par lequel il veut être enterré à La Voute, où reposent ses père et mère ; donne 6,000 livres à la réédification de l'église du prieuré du Port-Dieu. Il siégea au parlement, où était le roi, le 12 mars 1619, et mourut à Beaucaire, le 3 décembre 1622. Le P. Monier, jésuite de Bordeaux, fit imprimer son oraison funèbre.

Il avait épousé, avec dispense, le 26 juin 1593, dans la ville d'Aleth, Marguerite de Montmorenci, sa cousine germaine, fille de Henri, duc de Montmorenci, pair et connétable de France, et d'Antoinette de La Mark, sa première femme; la constitution dotale fut de 150,000 écus; elle mourut à Paris, le 3 décembre 1660, dans sa 88e année. Timothée de Chillac, dans ses poésies imprimées en 1599, a un *bouquet* pour cette duchesse. Christophe de Gamon, autre poète, lui dédia, le 1er septembre 1608, *La Sepmaine ou Création du monde, contre celle du sieur du Bartas*. Mlle de Ventadour, était à l'audience du duc de Partrane, que la reine lui donna en 1612. Elle mourut à Paris, le 3 décembre 1660, âgée de 83 ou 88 ans.

De leur mariage vinrent : 1° Henri de Levis, comte de La Voute, puis duc de Ventadour, pair de France, baron de Donzenac, prince de Maubuisson, lieutenant-général en Languedoc, dont il avait la survivance. Voyez Vaissette, *Histoire du Languedoc*, T. V, pour ses exploits depuis l'an 1622 jusqu'au 23 octobre 1632, que le roi lui ordonna de se retirer dans ses terres; il était neveu du maréchal de Montmorenci. En 1633, le roi l'engagea à faire la démission de sa charge de lieutenant-général du Languedoc : pour le dédommager, il lui donna le gouvernement de Limosin. Il épousa, en 1623, Marie-Liesse de Luxembourg, fille de Henri, duc de Luxembourg et de Magdelaine de Montmorenci, dame de Thoré; elle n'avait que douze ans. En 1624, il fit à Toulouse, dans le temps du carnaval, un carrousel qui est détaillé au Xe tome du *Mercure Français*, p. 360 et seqq. En 1625, il offrit de mettre sur pied un régiment de mille cinq cents hommes à ses dépens pour repousser les Huguenots du Languedoc. Il avait, dans cette province, une compagnie de cent hommes d'armes. En juillet, il servit au siége de Saint-Paul, avec son régiment, où il eut deux enseignes tués, et un capitaine blessé. La même année 1625, à la prière des récollets, il envoya des jésuites dans la Nouvelle-France. En novembre 1627, lorsque M. de Montmorenci empêcha le duc de Rohan, chef des révoltés, de passer à Montauban, Mr de Ventadour y rendit divers témoignages de sa valeur et courage, ayant longtemps soutenu des efforts incroyables. Il accompagna à Toulouse Mr le prince de Condé, le 15 janvier 1628, d'où il fut envoyé en Vivarez, pour empêcher les progrès du duc de Rohan. Il défit sa cavalerie, ainsi qu'il est raconté au long dans le *Mercure Français*, T. XIV, p. 62 et seqq. Le sieur de Mabras y menait les gardes du duc de Ventadour, soutenu par Marcilhas, enseigne de la compagnie de gendarmes : le gros était commandé par le sieur de Caux, lieutenant, et le sieur baron de Dalon, guidon de la même compagnie; un seul gendarme, nommé Sosin, qui avait été nourri page dans la maison de Mr de Ventadour, y fut tué. Au mois de juillet suivant, il ravagea les environs de Nîmes. La compagnie de gendarmes et gardes ou cavaliers, commandée par le sieur de Marsilhas, enseigne de ladite compagnie avec le sieur de Lavaldens, maréchal-des-logis, défirent, le 9 décembre de la même année 1628, les troupes de Nismes. Le sieur de Vira, soutenu des sieurs de Malra et d'Aramenis frères, fils du sieur de Caux, lieutenant de ladite compagnie, s'y distinguèrent; le premier gendarme était le sieur d'Asilhanet ; le sieur de Labats y mourut. Anne de Levis, n'ayant point d'enfants, se sépara de sa femme en 1628, céda à son frère la dignité de duc, le 23 mai 1631, et se fit d'église. Étant encore marié, il demanda, par un sentiment de piété et d'humilité extraordinaire, d'être simple machicol à Notre-Dame de Paris. Le chapitre l'admit à y avoir rang et séance après le dernier chanoine sous-diacre et lui donna les draps de son église. sans pourtant lui conférer le titre de chanoine honoraire, parce qu'il n'y en a jamais eu de cette espèce à Notre-Dame. Quelque temps après, il fut pourvu d'un canonicat. Il emporta à Notre-Dame, le 18 mai 1643, les entrailles du feu roi Louis XIII. Fut directeur général des séminaires. Il mourut le 14 octobre 1630, âgé de 84 ans, fut enterré à Notre-Dame de Paris. Sa femme, Marie-Liesse de Luxembourg, s'était faite carmélite, en 1640, et mourut à Chambéry, le 18 janvier 1660, au couvent des carmélites qu'elle y avait fondé; 2° François, comte de Vauvert, abbé de Maimac, où il est enterré. Voyez l'*Histoire de l'abbaye de Maimac*; 3° Charles, qui suit; 4° François-Christophe, duc de Damville destiné pour Malte, premier écuyer de Gaston-Jean-Baptiste de France, duc d'Orléans, gouverneur du Limosin, capitaine de Fontainebleau et vice roi d'Amérique l'an 1633, mort le 19 septembre 1661, âgé de 58 ans, sans postérité d'Anne le Camus de Jambeville, veuve de Claude Pinart, vicomte de Comblisi, gentilhomme de la chambre du roi, premier baron de Valais, fille unique d'Antoine le Camus, Sr de Jambleville, président au Parlement, et de Marie Le Clerc de Lesseville, morte le 10 février 1631. Il obtint, en 1648, de nouvelles lettres de duché-pairie, pour la terre de Damville; mais elles n'ont point été enregistrées; 5° Anne de Levis, abbé de Meimac, mort archevêque de Bourges, 1662; 6° Louis-Hercule, jésuite, puis abbé de Saint-Martin-aux-Bois. Il donna son consentement pour l'union de cette commande au collège des jésuites, à Paris, et mourut évêque de Mirepoix, en janvier 1679; 7° Charlotte-Catherine, mariée à Just-Henri, comte de Tournon et de Roussillon, chevalier des ordres du roi, par contrat du 9 juin 1616. Dans la bibliothèque de Baluze, on trouvait: *Salvations de madame la duchesse de Ventadour, héritière de Tournon*. Paris, 1654; 8° Marie de Levis, abbesse d'Avenai, puis de Saint-Pierre de Lion, 1611, 1632, où elle mourut en 1649 ou 1650.

XVI. — 1649. — Charles de Levis, comte de Montbrun, marquis d'Annonai, puis duc de Ventadour, pair de France par la cession de son frère aîné; créé chevalier des ordres du roi le 14 mai 1633, gouverneur du Limosin, lieutenant-général de Languedoc, fut nommé, en 1604, par le roi Henri IV, à l'évêché de Lodeve, mais il ne fut pas sacré à défaut d'âge. Trois ans après sa nomination, c'est-à-dire en 1607, il se démit, et retourna au siècle. L'an 1617, François Morin, champenois, dédia à MM. de Ventadour, Charles de Levis, comte de Montbrun, qui venait d'être nommé à l'évêché de Lodeve, et à François de Levis, abbé de Maimac, tous deux frères, sa traduction de *Pindare*. L'auteur était attaché à cette maison, et avait été auprès des deux frères, en qualité de gouverneur ou d'instituteur de leurs études. Il siégea au Parlement, où était le roi, le 12 mars 1619. Au commencement de juin, 1629, il ravagea les environs de Castres. Le 5 juin 1631, il fut reçu à la dignité de duc et pair. Le 12 août 1631, il assista au Parlement, à la vérification d'une déclaration du roi. Le 5 septembre de la même année, il assista encore au Parlement, et accompagna le cardinal de Richelieu lorsqu'il y prêta le serment accoutumé, après l'érection de Richelieu en duché-pairie. Le gouvernement du Limosin lui fut donné, en 1632 ou 1633, à la charge qu'il se démettrait de la lieutenance du Languedoc. Le sieur Rayssiguier lui dédia l'*Aminthe du Tasse*, tragicomédie pastorale, accommodée au Théâtre français, imprimée à Paris, 1632. Le R. P. Claude Bernard, dit le Pauvre prêtre, par son testament du 19 mars 1641, veut qu'on mette entre les mains de M. le duc de Ventadour la somme de 600 livres, pour être employée à la fondation d'une lampe allumée, qui brûlera devant l'autel où repose le Saint-Sacrement, dans le Petit-Chatelet, à Paris. A l'enterrement du roi Louis XIII, en 1643, à Saint-Denis, en France, étaient M. le prince et le prince de Conti, son fils, les duc d'Uzez, Ventadour et de Luynes; il porta, dans le caveau, le sceptre du défunt roi, et mangea à la table de M. le duc d'Orléans. Il siégea au lit de justice, tenu le 15 janvier 1648, avant MM. de Schomberg, pair, d'Halluin; on a voulu dire qu'il y a erreur en cela du commis du greffe, mais c'est apparemment sans aucun fondement. En 1641, dans la rue de Tournon, à Paris, était l'hôtel de Ventadour, petit, mais fort commode pour le logement d'un grand seigneur, très bien composé de salles, chambres, galeries, cours, jardin et écuries. Il mourut à Brive, le 18 mai 1649, âgé de quarante-neuf ans. Le 30, son corps fut porté dans l'église d'Egleton, et le vendredi à Ussel, où il faisait d'ordinaire sa demeure. Le chapitre et paroisse d'Aimoutiers firent, le 30, un service solennel; celui de la cathédrale eut lieu le 11.

Il avait épousé : 1°, le 26 mars 1634, Suzanne de Laurières, marquise de de Themines, fille unique et héritière d'Antoine de Laurières, marquis de Themines, et de Suzanne de Montluc, morte sans enfants; 2°, le 8 janvier ou février 1645, Marie de La Guiche, fille de Jean-François de La Guiche, Sgr de Saint-Geran, maréchal de France, etc., et de Suzanne aux Opaules, sa seconde femme; elle n'avait que seize ans. Elle donna de grandes marques d'estime et d'amitié à Louise de Marillac, demoiselle Le Gras, fondatrice des filles de la Charité; ayant su l'extrémité où était cette servante de Dieu, elle vint coucher dans la maison de sa communauté, le 14 mars, pour l'assister jusqu'à la mort; elle passa une partie de la nuit auprès d'elle, ne l'abandonna point jusqu'au dernier soupir, arrivé le 15 mars 1660, et elle eut la charité de lui tenir le cierge béni. Elle se retira en son château de Sainte-Marie-du-Mont en Normandie, où elle mourut la nuit du 22 au 23 juillet 1701, âgée de soixante-dix-huit ans. Le P. Fulgence La Mothe, récollet, lui dédia, en 1662, *Conduite spirituelle*, etc., imprimée à Tulle, in-8°; pour marquer sa reconnaissance, il lui dit que l'origine des maisons de Levi-Ventadour et La Guiche-Saint-Geran, est plus éclatante et presque aussi ancienne que celle des astres, leurs alliances cimentées du plus auguste sang de l'Europe. Après quelques éloges communs, il ajoute que depuis peu on a vu cette dame catéchiser divinement la noblesse et le peuple de nos provinces, ce qu'elle n'avait laissé que pour faire paraître à la cour un cœur aussi recueilli et uni à Dieu, qu'on l'est dans le cloître ou tiers-ordre de Saint-François, à la vue et à l'édification des seigneurs, des dames et du peuple.

Leurs enfants furent : 1° Louis-Charles, qui suit; 2° Marie-Henriette de Levis religieuse de la Visitation, à Moulins, dont elle fut insigne-bienfaitrice, y fit profession le 9 mai 1667; 3° Marguerite-Félicité, mariée, par contrat du 15 avril 1668, à Jacque-Henri de Durfort, duc de Duras, depuis maréchal de France, fils de Gui-Aldonce et d'Elisabeth de La Tour de Bouillon; elle mourut le 10 septembre 1717.

XVII. — 1717. — Louis-Charles de Levis, duc de Ventadour, pair de

France, prince de Maubuisson, était tout contrefait, et on ne croit pas qu'il dut vivre, cependant il ne mourut que le 28 septembre 1717, à Paris. Comme il ne laissa point de mâle, le duché-pairie de Ventadour s'est éteint. Il avait épousé, le 14 mars 1672, Catherine-Eléonore-Magdelaine de La Mothe-Houdancourt, gouvernante du roi Louis XV, puis des enfants de France, fille de Philippe de La Mothe-Houdancourt, duc de Cardonne, maréchal de France, et de Louise de Prie. Elle mourut le 15 décembre 1744, à Glatigni, dans la quatre-vingt-treizième année de son âge.

De ce mariage est issue une fille unique, Anne-Geneviève de Levis, dame de Donzenac, née en février 1673, morte à Paris, la nuit du 20 au 21 mars 1727. Elle avait été mariée : 1°, le 16 février 1691, à Louis-Charles de La Tour de Bouillon, dit le prince de Turenne, qui fut tué au combat de Steinkerque, le 4 août 1692, ne laissant point d'enfants. Elle épousa : 2°, le 15 février 1694, Hercule-Mériadec de Rohan, duc de Rohan-Rohan, prince de Rohan, pair de France, gouverneur de Champagne et de Brie, capitaine-lieutenant des gendarmes de la garde du roi, S^{gr} de Donzenac, etc., né le 8 mai 1669; d'abord ecclésiastique, et qui, après la mort de sa femme, épousa, le 2 septembre 1732, Marie-Sophie de Courcillon. Il mourut en 1749. Dont, entre autres enfants, Louis-François-Jules, qui a commencé la troisième race des S^{grs} de Ventadour.

Branche des barons et comtes de Charlus.

XII. — 1519. — Jean de Levis, second fils de Louis, baron de La Voute, et de Blanche de Ventadour, fut baron de Charlus, S^{gr} de Champagne, des Granges et de Margerides, par donation que lui en fit Catherine de Beaufort, comtesse de Ventadour, son aïeule maternelle, et mourut avant son père, l'an 1519. Il avait épousé Françoise de Poitiers, fille d'Aymar de Poitiers, S^{gr} de Saint-Valliers, marquis de Cotron, etc., et de Jeanne de La Tour, le 1er octobre 1501; il vivait en 1546, et laissa : 1° Gilbert, baron de Charlus, mort sans alliance; 2° Charles, qui suit; 3° Louis, S^{gr} de Beauregard en Bourbonnais, mort sans alliance; 4° Jean, chevalier de Saint-Jean de Jérusalem, tué à la prise de la ville d'Alger, l'an 1541; plusieurs filles religieuses ou mariées, parmi lesquelles Catherine de Levis-Charlus, qui épousa, vers 1559, Esprit de Harville, S^{gr} de Paloiseau.

XIII. — Charles de Levis, baron de Charlus, vicomte de Lugni, S^{gr} de Poligni, etc., conseiller et chambellan du roi, était panetier du roi Henri II, l'an 1547, et gentilhomme ordinaire de sa chambre, l'an 1553. Il le fut aussi des rois François II et Charles IX jusqu'en 1564, capitaine de la grosse tour de Bourges l'an 1549, et pourvu de la charge de grand-maître et général réformateur des eaux et forêts de France l'an 1554 jusqu'en 1563. Fut substitué, par le testament de Louis de Lévis, S^{gr} de La Voute, son ayeul, fait en 1521, aux biens de sa maison, et par celui de Gilbert de Levis, comte de Ventadour, son oncle, de l'an 1524.

Il épousa : 1°, le 6 février 1534, Marguerite Brachet, dite de Montegut, fille de Mathelin Brachet, chevalier, chambellan du roi, S^{gr} de Montégut-le-Blanc, Salagnac et Fontbusseau; 2°, l'an 1554, Guillemette de Bigamets, dame de Maulde, etc., dont il n'eut point d'enfants. Du premier lit vinrent, entre autres, Claude, qui suit.

Le chevalier de Charlus, de très bonne et ancienne maison d'Auvergne, très bon, brave et vaillant homme de mer, et qui avait beaucoup vu et retenu, servit sous N...... de Lorraine, grand-prieur de France.

XIV. — Claude de Levis, baron de Charlus, grand et riche S^{gr} d'Auvergne, panetier du roi l'an 1559, puis gentilhomme de sa chambre l'an 1566, chevalier de l'ordre, chambellan du duc d'Alençon l'an 1577, et capitaine de la grosse tour de Bourges, fit son testament le 23 juin 1593. Il avait épousé, le 23 août 1559, Jeanne de Maumont, fille de Jean, S^{gr} de Maumont et de Châteaufort, et de Magdelene de Colonges; fut retenue l'une des dames d'honneur de la reine, le 16 mars 1586. Dont : 1° Jean-Louis, qui suit ; 2° Jeanne-Gabrielle de Levis, mariée, le 24 avril 1597, à Edme Robert, S^{gr} de Lignerac et de Saint-Chamant, maréchal des camps et armées du roi, et de Catherine d'Hautefort. Elle avait été demoiselle de la reine Catherine de Médicis. Elle mourut en 1630.

XV. — Jean-Louis de Levis, deuxième du nom, comte de Charlus, baron de Poligni, grand S^{gr} d'Auvergne, chevalier de l'ordre du roi, fut assassiné, l'an 1611, par le chevalier de Beauregard-Gadagne et ses complices. Il avait épousé, le 16 may 1590, Diane de Daillon du Lude, fille de Gui et de Jacqueline de La Fayette, dont, entre autres enfants, Charles, qui suit.

XVI. — Charles de Levis, comte de Charlus, deuxième du nom, S^{gr} de Maumont, capitaine des gardes du corps, 1631, fut nommé à l'ordre du Saint-Esprit, mais il mourut l'an 1662, sans avoir reçu le collier, et sans avoir fait ses preuves. Il avait épousé, le 21 juillet 1620, Antoinette de l'Hopital, fille de Louis, chevalier des ordres du roi, et de Françoise de Brichanteau. Il laissa Roger, qui suit.

XVII. — Roger de Levis, comte de Charlus, S^{gr} de Saignes, lieutenant-général des armées du roi, etc., au gouvernement de Bourbonnais, 1682. Il fut marié trois fois : 1°, l'an 1642, à Jeanne de Montjouvent, dont : 1° Charles-Antoine, qui suit ; 2° Gilbert, abbé (ou prieur) de Portdieu. Peut-être Henriette, religieuse du Paraclet, qui, en 1698, devint prieure de Champ-Benoît, prieuré de bénédictines, diocèse de Sens.

XVIII. — Charles-Antoine de Levis, comte de Charlus, mourut le 22 avril 1719. Il avait épousé Marie-Françoise de Paule de Bethisi; elle mourut le 30 janvier 1719. De leur mariage vinrent : 1° Charles-Eugène, qui suit ; 2° Catherine-Agnez, mariée, par contrat du 20 septembre 1720, à Alexandre-François de Montberon, dit le comté de Montberon ; 3° Marie-Charlotte, professe de Saint-Menou, nommée à l'abbaïe de Notre-Dame de Nevers, ordre de Saint-Benoît, le 1er novembre 1704; ayant reçu ses bulles, prit possession le 3 novembre 1709; mourut à Bourbon-l'Archambauld, le 10 février 1719, et fut enterrée à Saint-Menou ; 4° Marie-Henriette, professe du prieuré de Saint-Benoît de Provins, nommée à l'abbaye de Notre-Dame de Nevers, ordre de Saint-Benoît, le 16 février 1719. Elle eut ses bulles le 9 mars, prit possession le 25 mai, bénite par l'évêque de Nevers le 18, mourut à Paris, à quarante-quatre ans, le 4 mai 1731.

XIX. — Charles-Eugène de Levis, duc de Levis, pair de France, comte de Charlus et de Saignes, lieutenant-général des armées du roi, et au gouvernement de Bourbonnais, gouverneur des ville et citadelle de Mézières, commandant en chef dans le comté de Bourgogne, fait chevalier de l'ordre du Saint-Esprit le 2 février 1731, mort à Paris, le 9 mai 1734, à soixante-cinq ans. Sa branche s'est éteinte en lui. Il avait épousé Marie-Françoise d'Albert de Luynes, née le 15 avril 1678, mariée le 26 janvier 1698, dont Charles de Levis, comte de Charlus, mort à Paris, le 10 décembre 1724, dans sa vingt-sixième année, sans avoir été marié. Il était mestre de camp d'un régiment de cavalerie.

[La maison de Levy avait un régiment de cavalerie en 1689, qui s'appelait *Levy*, et dont M. le comte de Levy-Châteaumorant est mestre de camp, le 4 mars 1726.]

Troisième race des seigneurs de Ventadour.

Louis-François Jules, duc de Rohan, appelé le prince de Soubise, né le 16 janvier 1697, mourut de la petite vérole, le 6 mai 1724. Il avait épousé, le 16 septembre 1714, Anne-Julie-Adelaïde de Melun, fille de Louis, prince d'Epinoi, et d'Elisabeth de Lorraine-l'Islebonne, morte aussi de la petite vérole, le 18 mai 1724, dont, entre autres enfants : 1° Charles, qui suit; 2° Armand de Rohan, né le 1er décembre 1717, appelé l'abbé de Ventadour, mort cardinal, évêque de Strasbourg, le 28 juin 1756.

Charles de Rohan, duc de Rohan-Rohan, prince de Soubise, né le 16 juillet 1715, seigneur de beaucoup de terres par la succession des maisons de Levis-Ventadour, etc. Il épousa : 1°, le 30 décembre 1734, Anne-Marie-Louise de La Tour de Bouillon, née le 1er août 1722, morte le 19 septembre 1739, dont une fille unique, Charlotte-Godefroide-Elisabeth, née le 7 octobre 1737, mariée, le 3 mai 1753, à Joseph-Louis, duc de Bourbon, prince de Condé. Il épousa : 2°, le 5 novembre 1741, Thérèse, née princesse de Savoie, fille du prince de Carignan, morte le 5 avril 1743, dont une fille unique, Victoire-Armande-Josephe, née le 28 décembre 1743. Il épousa : 3°, le 20 décembre 1745, Anne-Victoire-Marie-Christine, princesse de Hesse-Rhinsfeld, née le 25 février 1728. [M. le duc de Levy était lieutenant-général au gouvernement de Bourbonnais, en 1734. Il fut nommé lieutenant-général, avec le duc de Noailles, des armées du Rhin et de la Moselle, le 20 février 1734.]

SOURCES : BALUZE, *Histoire de la maison d'Auvergne*, T. I, pages 65, 107, 153, 161, 169, 284, 285, 286, 287, 288, 289, 304, 336, 357, 390, 410; T. II, p. 74, 122, 154, 170, 172, 243, 244, 247, 248, 262, 270, 274, 286, 339, 417, 435, 498, 502, 503, 504, 513, 572, 573, 622, 624, 660, 672, 680. — *Historia Tutel.*, col. 437, 503, 513, 537; col. 105, 114, 124, 146, 154, 155, 435, 459, 475, 818, 888; *Miscell.*, T. VII, pages 454, 470; *Biblioth.* de Baluze, p. 99; *Specileg.*, T. II, p. 403, 751, 759. — *Gaufred. chron.*, p. 290, 291, 308, 322, 326, 327, 331. — LABBE, *Biblioth. nov.*, T. II, p. 329, 741, 763. — NOSTRAD., *Vie poét. Proven.*, n° 70. — BOUCHET, *Hist. maison Courtenay*, page 181. — *Gall. christ. vet.*, T. I, p. 455; T. II, p. 675; T. III, p. 893; T. IV, p. 695, 795. — *Gall. christ. nov.*, T. I, col. 174, 188; T. II, col. 1323; T. IV, col. 288, 837; T. VI, col. 572; T. XII, col. 194, 675. — VAISSETTE, *Hist. Languedoc*, T. II, p. 441; T. IV (preuv., col. 250), p. 301; T. V, p. 94, 95, 96, 97, 98, 99, 111, 468, 471, 474, 475, 477, 478, etc., 605. — ESTIENNOT, *Fragments hist.*, T. XV, p. 24, 26; *Antiquit. Benedict. Pictav.*, T. I, p. 358, 374. — *Nécrolog. Bonnesaigne.* — *Mss. biblioth. roy.*, n° 7225. — *Archives des f.f. p.p. de Limoges.* — Du Cange, art. *Reparium.* — Simplic., T. II, p. 205, 671, 672; T. III, p. 516, 605, 767, 818; T. IV, p. 1, 2, 7, 8, 9, 30, 31, 32, 33, 34, 165, 530, 531, 549; T. V, p. 234, 269, 869; T. VI, p. 69, 322, 406, 634; T. VII, p. 29, 128, 416, 439, 445, 450, 533, 813; T. VIII, p. 71, 191, 322, 331, 899, 939; T. IX, p. 71, 125, 160, 173, 291, 426, 830. — Froissart, vol. I, ch. clxii; vol. II, chap. xxxiv. — Tillet, *Registres du Parlement.* — Thou, liv. XV, et *Mss.* — Du Chesne, *Hist. Chastill.*, p. 329; *Hist. de Montmer,* liv. V, ch. iii, vi. — Vertot, *Hist. de Malte,* T. II, p. 406. — Villeret, *Hist. franç.,* T. XIV, p. 119. — Montrel, vol. II. — Chartier, *Hist. de Charles VII,* par M. Godefroi, p. 370, 483, 488. — Gaguin, liv. X. — Vanel, *Hist. d'Angleterre,* T. II, p. 409, 411. — Mezeray, *Abrégé hist. France.* — Argentré, *Hist. de Bretagne,* liv XII, ch. cccxx. — Boucher, *Annales d'Aquit.,* ive part., ch. iv. — Olhagaray, *Hist. de Foix,* n° 18; *Vie des Bourbons,* p. 303, 317. — Gefrier, *Remarques sur les Satyr. de Perse,* 1658, p. 80. — *Dict. généal.,* 1757, T. III, p. 423. — Brantôme, T. I, p. 109; T. VII, p. 153, 181, 334; T. XIII, p. 129, 137. — Laboureur, T. I, p. 319; T. II, p. 21, 141, 301, 476; T. III, p. 525. — *Registres d'Egleton, d'Aimoutiers.* — Moreri. — Malingre, *Antiq. de Paris,* p. 403. — *Hist. des Eglises réform.,* T. II, p. 792, 835. — *Factum de* 1710, T. I, p. 68, 130, 290. — Turquet, *Hist. d'Espagne,* liv. XXXI, n° 10. — Strada, *De Bell. Belg. decad.* 2, liv. IV. — Chopin, *De legib. And.,* p. 510. — *Mercure franç.,* 1612, p. 468, 469; T. II, p. 756, 758, 772; T. V, p. 153; T. VI, p. 11; T. XIV, p. 44, 63, 133; T. XV, p. 75, 76, 77, 490; T. XVII, p. 376, 705. — Goujet, *Biblioth. Franç.,* T. IV, p. 225; T. VIII, p. 440; T. XIII, p. 450; T. XIV, p. 137, 479. — Bethune, *Mémoires,* liv. II, ch. lxxi; liv. IV, ch. l. — *Biblioth. Soc. Jesus.,* p. 127. — *Mem. Trev.,* 1707, p. 713. — Felib., *Hist. de l'abbaye de Saint-Denis,* liv. VIII, n° 8. — Charlev., *Hist. de la nouvelle France.* — Aubery, *Vie du card. Richelieu,* liv. IV, ch. xix, xxxvii. — Ferrière, *Scienc. parf. de not.,* p. 526. — Millet, *Trésor sacré de Saint-Denis.* — *Causes célèbres,* T. I, p. 205. — Gobillon, *Vie de Mlle Le Gros,* liv. I, ch. v, p. 178. — Dubuisson, *Vie de M. de Turenne,* liv. V.

VENTAUX. — Voyez l'article Baillot du Queyroix, T. I. David de Ventaux et Foulte de Ventaux, T. II.

[VENTILLAC. — Pierre de Ventilhac vivait en 1282. — Voyez mes *Mém. mss. abb. du Lim.,* p. 503, *526.]

VENY. — V. Veyny.

VERAC. — V. Veyrac.

VERDALLE. — V. Loubens de Verdalle.

DU VERDIER (1).

VERDELIN, sieur de La Vaure, paroisse de Saint-Fort, élection de

---

(1) La généalogie de cette maison était à la page 347, qui a été déchirée. — Voyez aussi l'article Verger.

Coignac, porte : *d'or à une fasce d'azur, surmontée d'un verdelet de même*. (Hozier, *Arm. génér.*, 1er regist., p. 628.)

I. — Guillaume Verdelin fit des acquisitions les 6 novembre 1547 et 3 mars 1555 ; il testa le 12 septembre 1561, instituant Jean, son fils naturel.

II. — Jean Verdelin eut, en 1564, des lettres de légitimation duement vérifiées. Il épousa, par contrat sans filiation du 23 juillet 1564, Isabeau de Montbelon.

III. — Jacques Verdelin épousa : 1°, le 1er décembre 1608, Jeanne Vinsouneau ; 2°, le 24 novembre 1619, Antoinette Grain de Saint-Marsaud, dont Louis-Tristan, qui suit.

IV. — Louis-Tristan de Verdelin épousa, le 14 décembre 1662, Louise de Guttée (Des Coutures dit Gallet).

VERGER (1).

Noble Jean du Verdier était Sgr de Juvet le 8 janvier 1482, et le 24 avril 1483.

Noble Bertrand du Vergier, Sgr de Juvet, est témoin dans un testament du 18 mai 1500.

Antoinette du Verger, seule héritière de Juvet, paroisse de Royère, près La Roche-l'Abeille épousa, vers 1500, noble homme Bernard de La Guyonnie ou Guidonis de Royère.

VERGNAUD (2).

François Vergnaud, écuier, sieur de Saint-Hilaire, paroisse de Bianac, épousa, le 6 février 1700, dans l'église d'Etagnac, Louise de Beon, probablement veuve de Christophe de La Barde, sieur de La Borderie, paroisse de Blom.

VERGNE et VERGNHE. — V. La Vergne, T. III, p. 63.

VERINAUD, sieur de Champagnac et du Mosnard, paroisse de Bussière-Poitevine et d'Adrier, diocèse de Poitiers, élection de Limoges, porte : *de sable à 3 croissants d'argent, 2 et 1* (3).

I. — Perrin Verinaud, damoiseau, épousa Philippe Cadus, dont : 1° Bertrand, qui suit ; 2° Marguerite qui fit donation à Bertrand, son frère, de tout ce qui pouvait lui appartenir en la succession de Perrin, leur père, le 21 novembre 1424.

II. — Bertrand Verinaud épousa Isabeau de Lezignac ; étant veuve, elle fit avec Antoine, son fils, un bail le 14 juin 1452 ; dont Antoine, qui suit.

III. — Antoine Verinaud épousa Catherine de Marsonges.

IV. — Jean Verinaud fit son testament le 14 juin 1522 ; il épousa : 1° le 19 juin 1484, Catherine Daloüé ; 2° Anne de Barneuil, dont 1° Pierre, qui suit ; 2° Antoine qui, avec autres frères, fit un partage noble des successions desdits Jean et Barneuil, leurs père et mère.

---

(1) Verger, était à la page 2423, qui est déchirée. Les notes ci-dessus sont extraites de l'article Guyonnie.

(2) Vergnaud, est déchiré avec la page 2423, l'article Beon nous fournit, seul une note de Nadaud.

(3) La branche de Champagnac ajoutait une *bordure de gueules* (Lainé, *Nobiliaire du Limousin*).

DU LIMOUSIN.

V. — Pierre Verinaud fit une donation mutuelle avec sa femme, le 19 février 1561 ; il épousa Marguerite Rabaud, dont : 1° Frère-Louis, qui suit ; 2° François, qui se maria en 1586.

VI. — Frère-Louis Verinaud eut une sentence de l'officialité de Poitiers, en exécution d'un rescript apostolique contre Ithier Verinaud, tuteur de François, frère dudit Louis, par lequel ledit Louis est déclaré exempt de ses vœux et à lui permis de se marier, le 28 juin 1570. Il épousa Marguerite d'Aubigny.

VII. — Balthazar Verinaud épousa : 1° le 16 mai 1598, Marguerite de Blond ; 2° Renée Guyot. Étant veuve, elle fit son testament le 5 décembre 1631. Dont Jacques, qui suit.

VIII. — Jacques Verinaud épousa Eléonore de Feydeau ou Fodenie, *alias* Leonarde Fodenie. Il était mort en 1663, dont : 1° Florent, qui suit ; 2° Jeanne, mariée en 1663, à Annet Des Moutiers, chevalier, Sgr de Champeau, fils de Gabriel, baron d'Auby, et de Catherine Bonin.

IX. — Florent Verinaud, sieur de Champagnac, épousa, le 30 décembre 1664, Radegonde Lamirane.

VI *bis*. — François Verinaud épousa, le 7 janvier 1586, Anne du Teil.

VII. — Jean Verinaud épousa, le 16 janvier 1626, Leonarde de La Touche.

VIII. — Pierre Verinaud, sieur du Mosnard, épousa, le 21 septembre 1656, Marguerite de Clerc. (1)

VERINES. — Balthasar des Vérines, Sgr de Saint-Martin-le-Mault, y fut enterré le 20 avril 1644 ; il était mort à Lussac-les-Eglises.

Jean de Verines, chevalier, Sgr de Saint-Martin-le-Mault, épousa Marie-Anne Vételay, dont : 1° Antoine-Joseph ; 2° Jacques, ecclésiastique en 1768 ; avait été tonsuré en 1757.

VERLENE. — Foucaud de Verlene, écuier, sieur de Pontignac et du Buisson, paroisse de Baussac près Mareuil, en Périgord, épousa Marguerite de Lambert, dont : 1° Pierre, qui suit ; 2° N.....

Pierre de Verlene, écuier, sieur de Pontignac, paroisse de Baussac, fit avec sa femme un testament mutuel (signé Dubois), le 20 avril 1635. Il épousa : 1° Louise de Conan, fille de noble et puissant Sgr Joachim, et de Guyone Desmier ; elle testa le 26 janvier 1599 ; dont : 1° Jacques, écuier, sieur du Cluzeau, qui suit ; 2° Jeanne, mariée à Peyr Chambon, par contrat du 5 avril 1587. Il épousa : 2° Jacquette Pallier, fille de feu Jacques, écuier, sieur de Nitrac et de Magdelene de Pesnel, par contrat (signé Joly) du 6 juin 1590, dont : 3° Marguerite, mariée en 1629, à Annet de Pindray ; 4° Penelle, mariée : 1° à Arnaud de La Verriere, écuier, sieur de Ferrand ; 2° le 6 juillet 1656, à François de La Loubière, écuier sieur du Claud ; elle était de la religion prétendue réformée, reçut à sa mort, arrivée le 3 juillet 1671, les sacrements de l'église catholique romaine, fut enterrée dans l'église de Ronsenac ; 5° Françoise, femme de Jean Joussé, écuier, sieur de Maison-Neuve, du lieu de La Foret, paroisse de Villar : femme aussi de Bernard Fricaud, écuier, sieur de La Foret ; 6° Marthe, morte sans hoirs le 23 mars 1652 ; 7° autre Marguerite.

(1) Nadaud avait d'autres notes aux pages 325, 2201, 2452, qui sont déchirées.

Jacques de Verlene, écuïer, sieur du Cluzeau épousa, Ester de Clermont. Elle se remaria à N..... Roy, écuïer, sieur du Bois, paroisse de Vitrat, en Angoumois.

VERNAJOUX. — V. La Tour, sieur de Vernajoux.

VERNHAUD (1).

[**VERNEILH**. — Raymond de Verneilh, chevalier, vivait en 1235. Abon de Verneilh. Voyez mes *Mém.*, *mss. abb. Lim.*, page 527*.]

VERNIER.

VERRIER (2).

[**VERRUCHE.**
On trouve dans les registres de Borsandi, notaire à Limoges, page 123, n° 191, *apud*, D. Col., Perot de Verruchia ou Verruhia; et dans ceux de Roberii, notaire à Limoges, page 27, n° 26, *apud*, D. Col. Otho de La Verrucha.

VERTEUIL. — Petite ville du diocèse d'Angoulême, province d'Angoumois, généralité de Limoges. Son château appartenait au duc de La Rochefoucaud. Elle a le titre de baronnie, qui comprend douze paroisses ou justice, et vaut 5 ou 6,000 livres de revenu. Elle a plusieurs mouvances.]
Marguerite de Verteuil épousa Ithier Jay, fils de Jordain, lequel rendit hommage, en 1345, au seigneur de Vertheil.

VERTHAMON (3).
Judith de Verthamond épousa, le 6 février 1630, Bertrand de Martret, fils de Pierre, sieur de Betut, paroisse de Chenaillers, et de Marthe de Ventas. Elle fit son testament, en faveur de son mari, le 11 janvier 1659.
Elisabeth de Verthamon épousa noble Gourdin, écuïer, sieur du Breuil, paroisse de Marthon, fils de Jacques, sieur du Breuil et de Puygibaud; elle mourut le 15 août 1732, et fut enterrée à Vilhonneur.

VET (4).

VEYNY, sieur de Marsillac, paroisse de Saint-Mer-les-Oussines, [élection de Tulle], porte : *d'or à un pin de sinople, écartelé de gueules à une colombe d'argent fondant du haut en bas, et sur le tout d'azur à 3 molettes d'éperon d'or 2 et 1, un bâton de gueules, alaisé, posé en bande*. (Hozier, *Arm. génér.*, Ier registre, page 619.)

1. — Michel de Veyny (Simplic., T. VI, p. 555) ou Veiny, chevalier, sieur de Villemont, de Fernoil, etc., conseiller, maître d'hôtel ordinaire de Charles, duc d'Orléans, 1559, premier maître d'hôtel de François, duc

---

(1) Était à la page 2423, qui est déchirée.
(2) Était à la page 911, qui est déchirée.
(3) La généalogie de cette maison était à la page 2423, qui est déchirée.
(4) Était à la page 2428, déchirée.

d'Alençon, 1570, bailli du duché de Montpensier, capitaine et gouverneur de Thiern, obtint des lettres royaux, le 12 août 1549; on lui fit une donation le 15 août 1554; il fit son testament le 3 juin 1571. Il épousa : 2° Perronnelle de Marsillac, le 24 mai 1546, fille de noble Gilbert, sieur de Saint-Genest (oncle du garde des sceaux et du maréchal de France), et de Peronnelle Filhol, dont 1° Gilbert, qui continua la postérité en Auvergne [et fut institué héritier par son père]; 2° Benigne, qui suit.

II. — Benigne de Veiny, écuïer, sieur de Chaume et de Fernoil [légué par son père], fut fait gentilhomme, servant de François, duc d'Alençon, l'an 1571. Il épousa, par contrat sans filiation du 2 octobre 1572, Michelle de Veini, fille de Joseph, écuïer, sieur de Belime, et de Catherine de Saint-Julien; elle fit nommer un tuteur à ses enfants [qui leur fit donation à la requête de leur mère], le 14 mars 1589. Leurs enfants furent : 1° Claude; 2° Gilbert, qui suit; [3° quelques autres enfants].

III. — Gilbert de Veiny, écuïer, sieur de Fernoil, de Chaumes et de Barges, épousa, par contrat sans filiation du 7 juillet 1604, Isabeau des Brandons, fille de Symphorien des Brandons, écuïer, sieur de Chiron, et de Catherine de Chovigni-Blot. De ce mariage, il eut : 1° Guillaume, sieur de Fernoil, qui fut marié, le 14 juillet 1632, avec Anne Bertrand, fille de Guillaume, conseiller du roi en ses conseils d'État et privé, lieutenant-général en la sénéchaussée de Velai, et de Claude de La Roche ; 2° Claude, qui suit; 3° Jeanne, femme en premières noces de Claude du Plantis, écuïer, sieur de Leiris, et en secondes noces de Gilbert de Chovigni-Blot, sieur de Saint-Agoulin.

IV. — Claude de Veyny, sieur de Marsillac, capitaine au régiment de Lorraine, servant en cette qualité dans l'armée d'Italie, l'an 1640, fut maintenu dans sa noblesse, depuis l'an 1549, par ordonnance de l'intendant de Limoges, du 12 septembre 1667. Il épousa, le 6 août 1641, Françoise des Assis, lors veuve de François de Comborn, sieur d'Anval, fille d'Anet des Assis, écuïer, sieur des Aussines, et d'Anne de Lestrange, dont : 1° Guillaume, qui suit ; 2° Joseph, sieur de Chabanes, servant dans la compagnie des gendarmes-dauphins l'an 1671, puis capitaine de chevau-légers, dans le régiment de Tilladet, l'an 1688; 3° Léonard, lieutenant dans le régiment de Saint-Silvestre; 4° Gilbert, sieur de Marsis, lieutenant dans le même régiment; 5° autre Léonard, sieur de La Porte, aussi lieutenant dans ledit régiment; 6° Joseph, sieur de Lissat, capitaine d'infanterie dans le régiment de La Fere.

V. — Guillaume de Veini, écuïer, sieur des Aussines en Limousin, de Marcillac en Bourbonnais, et de Peirclevade, fut marié, le 7 avril 1679, avec Jeanne-Gabrielle de Chantelot, fille de Gilbert, sieur de Marcillac en partie, de Saint-Georges, etc., et d'Angelique du Deffend. De ce mariage, il eut trois fils et huit filles, parmi lesquels : Marie, demoiselle de Marcillac, née le 2 février 1687, reçue à Saint-Cir le 22 octobre 1698; et Suzanne, demoiselle des Aussines, née le 23 avril 1695, reçue à Saint-Cir le 28 novembre 1704.

Louis de Veny de Marcillat, chevalier, sieur de Chabannes, est inhumé dans l'église de Maimac, avec cette épitaphe, dans la nef :

> Cy-gist messire Louis de Veny de Marcillat, chevalier, sieur de Chabanes, décédé le 20 janvier 1710.

François de Veny, de Marcilhac, écuïer, épousa Marie-Henriette de Saint-Marsal de Conros, qui mourut veuve à soixante-six ans, et fut inhumée à Saint-Martin-Septpers, le 10 octobre 1735 ; dont Catherine, mariée, le 9 mai 1702, à François-Aimé Joussineau, écuïer, sieur de Fayac et de Saint-Martin-Septpers, fils de Philibert et de Claude de Gain ; elle mourut, âgée de soixante-quinze ans, le 18 avril 1755, et fut inhumée audit Saint-Martin.

N......, marquis de Fernoil, épousa Barbe des Maisons, dont François de Veny, comte de Fernoil, mort à Limoges, à dix ans et demi, le 6 septembre 1724.

VEYRAC (1).

VEYRIER (2).

VEYRIERAS. — François Veyrieras, écuïer, sieur de Lordonnat, l'un des deux cents chevau-légers de la garde ordinaire du roi, de la ville d'Uzerche, épousa Claude de Veyrat, dont : 1° Jacques, né le 5 juillet 1647 ; 2° Antoine, baptisé le 27 août 1648 ; 3° Victoire, née le 29 mars 1652 ; 4° Jean, baptisé le 10 février 1653 ; 5° Pierre, baptisé le 18 février 1655.

VEYRIERES, sieur dudit lieu et du Laurens, paroisse d'Altilhac, élection de Brive, vicomté de Turenne, porte : *d'argent à 2 verres de gueules et une branche de laurier de sinople en abîme posée en bande.*

I. — Amoury (Amalric) de Veyrières.

II. — Jean de Veyrières, sieur du Laurens, épousa, le 18 avril 1547, Anne de Villatte de Montroux ; étant veuve et tutrice de François, son fils, elle assigna sur certains fonds l'obit fondé par ledit feu Jean, son mari, en faveur des religieux de Saint-Pierre de Beaulieu, le 18 novembre 1555. Comme mère de François et ayeule de ses enfants, elle fit des actes les 20 décembre 1583, 23 février 1584 et 9 août 1592. Dont François, qui suit.

III. — François du Laurens épousa, par contrat sans filiation du 24 janvier 1582, Antoinette de Chauvepeyre.

IV. — Jean de Laurens épousa, par contrat du 2 septembre 1613, ratifié le lendemain par ladite Chauvepeyre, sa mère, Gabrielle de Saint-Chamant-de Longueval.

V. — Gabriel de Veyrieres épousa, le 25 janvier 1655, Marguerite de La Ribbe.

Jean-Baptiste de Verrieres, écuïer, paroisse de Beaulieu, épousa, en 1765, Jeanne Drolenvaux, diocèse de Strasbourg.

DE VEZEAU. — V. Devezeau, T. II.

[VÉZY du Pouget, etc.

I. — Jean Vezy, avocat en la cour, et juge de Colonges, mourut en 1647, il avait épousé N...., dont Jean, qui suit.

II. — Jean de Vezy, S^{gr} du Pouget, qui perdit son père dans sa première

---

(1) Veyrac était à la page 2428, qui est déchirée. — V. Saint-Georges, seigneur de Veyrac.
(2) Veyrier était à la page 2428, qui est déchirée.

jeunesse; son tuteur négligea extrêmement son éducation. Il mourut en 1712. Il avait épousé N....., dont Pierre, qui suit.

III. — Pierre Vézy, Sgr du Pouget, bachelier-avocat, mort en 1732, avait épousé N...., dont : 1° Jean-Louis, qui suit ; 2° peut-être Jean Vezy, prêtre, ancien curé de Saillac, qui vivait en 1771.

IV. — Jean-Louis Vézy, avocat en la cour et juge ordinaire de Colonges, mort en 1772 ; il avait épousé N....., morte au mois d'août 1786, dont : 1° Jacques-Christophe, qui suit ; 2° N....., prêtre, curé de Marigny, au diocèse de Soissons; 3° N....., prêtre, chanoine de Noailles, au diocèse de Limoges, puis curé de Lourdoue-Saint-Pierre ou Saint-Michel, au même diocèse ; 4° N....., prêtre, dit l'abbé Vézy, vicaire à Meyssac ; 5° N...... dite Mademoiselle de .....; 6° N......, dite Mademoiselle de La Martinie, résidente à Colonges en 1786.

V. — Jacques-Christophe de Vézy, Sgr du Pouget, avocat en la cour, nommé juge ordinaire de Colonges, par le duc de Noailles, en 1769, sur la démission de son père ; vivait en mars 1793. Il a épousé N.... de Maussac de Sauvagnac, sœur de l'abbé de Saint-Martial de Limoges, vivante en mars 1793.

Branche du Martray.

Cette branche est établie au château de Martray, près Colonges.

N..... Vézy, Sgr du Martray, épousa N....., dont : 1° N......, qui suit; 2° N....., dite Mademoiselle de ....., aveugle.

N..... Vézy, Sgr de Martray, épousa N...., dont : 1° N....., qui suit ; 2° N....., dite Mademoiselle de ....., mariée avec N.....; et peut-être d'autres enfants.

N..... Vézy-du-Martray, sieur de Beaufort, épousa N....., de la paroisse de Lignerac, dont postérité.

Source : *Mém.* impr. chez d'Alesme, à Limoges, pour M. Vezy du Pouget, page 16, en note, dans mes *Mell. impr.*, in-4°, T. III, p. 388.

VIALLEBOST.]

SAINT-VIANCE. — V. Phelip, sieur de Saint-Viance.

VIAUD. — Hardouin Viaud fit une transaction, le 12 février 1476, avec Bernon Geoffroy, Catherine de Jambes, sa femme, et Jean, leur fils aîné.

Bertrande Viau épousa Jean Geoffroy, ci-dessus, fils aîné de Bernon Geoffroy, sieur des Bouchaux, paroisse de Saint-Cibardeau, élection de Coignac.

Noble Gaston Viaud, écuyer, sieur d'Aigne, épousa Marguerite Le Comte, dont : 1° Jean, baptisé le 30 juillet 1607; 2° Louise, baptisée le 23 novembre 1609 ; 3° Jean, baptisé le 27 février 1612; 4° Marguerite, baptisée le 18 novembre 1623 (Registres de Saint-Martial d'Angoulême).

René Viault, écuyer, épousa Marie-Marguerite-Suzanne Chargé, dont Louis, qui suit.

Louis Viault, écuyer, sieur de La Clervandiere, du Bois-Robinet, paroisse de Saint-Jean de Marigny en Poitou, épousa, à Saint-Martial d'Angoulême, le 8 mars 1762, Marie Gui de Ponterin, fille de Jean, écuyer, paroisse de Champmilon, et de feue Françoise de Polignac....

VICLA. — V. LAVICLA.

VIDEAU ou VIDAUD, sieur du Chambeau et de Cheminade, paroisse de Lezignac, élection d'Angoulême, généralité de Limoges, porte : *d'azur triangle d'or à 3 fleurs de lys en chef et un lion passant de même en pointe* (1).

I. — Gaspard Videau épousa Marguerite de Tessouil ou Teissouil.

II. — Jacques Videaud épousa, le 15 janvier 1551, Jeanne de Croizant ou Croisant.

III. — Pierre Videaud épousa, le 28 avril 1593, Louise Compain, dont : 1° Pierre, qui suit ; 2° Anne, qui partagea avec Pierre, son frère, les successions de leurs père et mère, le 22 novembre 1645.

IV. — Pierre Videaud épousa, par contrat sans filiation du 30 novembre 1630, Jeanne Babaud ou Rabaud, dont : 1° Pierre, qui suit ; 2° François, qui fit un partage noble avec Pierre, son frère, de la succession de leurs père et mère, le 22 mai 1634.

V. — Pierre Videaud, écuyer, sieur de Chambeaud, épousa, le 23 janvier 1662, Jeanne d'Asnières.

[VIDAUD, sieur du Garreau.

Le Garreau est un petit fief dans la paroisse de Journiac, élection et à deux grandes lieues de Limoges.

N..... Vidaud épousa N..... Coignasse, dont : 1° N....., qui suit ; 2° N...., mort prêtre et vicaire de Samathie, ou Saint-Mathieu, en avril 1768, dit l'abbé du Garreau ; 3° N...., entré au service comme simple soldat ; 4° N...., religieuse de Saint-Alexis, de l'hôpital de Limoges, quitta cet état, vivait en 1778 ; 5° N...., mariée avec N.....; 6° N....; 7° N....., mariée, en 176.., avec N..... Ambal, qui depuis a été capitaine de la compagnie du guet à Limoges, dont plusieurs enfants. Tous les susdits ont vendu, ou fait cession de leurs droits respectifs en 177.., sur le fief du Garreau, paroisse de Journiac, à M. Joseph Petiniaud, écuyer, de Limoges. — Voyez Petiniaud, Journiac.]

VIDAUD, sieur d'Envaux.

Pierre Vidaud, sieur d'Envaux, paroisse d'Isle, garde du corps du roi, officier d'invalides, épousa Léonarde Veyrinaud, dont Jean-Baptiste, qui suit.

Jean-Baptiste Vidaud, écuyer, sieur d'Envaux, garde du corps du roi, capitaine de cavalerie, épousa, à Saint-Maurice de Limoges, le 27 février 1771, Marie-Catherine Allouvau de Montréal, fille de feue Pierre, conseiller à l'élection de Limoges, et de feue Anne-Marie Benoit.

Notes isolées.

Noble Jean Vidaud, conseiller-magistrat et garde des sceaux en la séné-

---

(1) M. Lainé (*Nobiliaire du Limousin*) donne ainsi ces armes : *d'azur à la fasce d'or, accompagnée en chef de trois fleurs de lys, et en pointe d'un lion léopardé, le tout de même.*

chaussée du Limousin et siége présidial de Limoges, épousa, en 1618, Françoise de Douhet, fille de Philippe, écuyer, sieur du Chambon, du Puymoulinier et puis de Saint-Pardoux, et de Marie Thamoyneau.

Françoise Vidaud, fille de Jean, écuyer, comte du Doignon, épousa, vers 1660, Antoine de Royère, baron de Brignac, Beaudeduit, paroisse de Royère, près Saint-Léonard, veuf en secondes noces.

Esther Vidaud épousa, le 21 septembre 1597, Gabriel du Gravier, fils de Jean, sieur de La Barde, paroisse de Bois, élection de Saintes, et de Louise de Ravalet.

VIELBIENS (1).

VIELLECHEZE. — Noble Estienne de Vielheschiezes, Sgr del Bastit, témoin du testament de Agnet de La Tour et de Annete de Beaufort, vicomte et vicomtesse de Turenne, le 4 mars 1179, vieux style (BALUZE, *Maison d'Auvergne*, T. II, p. 740).

VIELLEVILLE (2).

VIEUX (3).

[LE VIGEAN, terre située dans la sénéchaussée du Dorat, et qui appartenait, en 1692, aux Dufaure ou Dufau (DE COMBLES, *Tableau de la noblesse*, 1786, 1re partie, page 10).

VIGENOS.
On trouve dans les registres de Roherii, notaire à Limoges, page 14, n° 13, *apud* D. COL., Adcmar de Vigenos.]

VIGERII ou VIGIER (4).
Noble Pierre Vigier, damoiseau, sieur de La Motte, paroisse de Feuillade, diocèse d'Angoulême, épousa Jeanne Vigiere, dont Jean, qui suit.

Noble Jean Vigier épousa, le 28 novembre 1471, Marguerite de Lambertie, fille de noble Jean, Sgr de Lambertie, paroisse de Miallet, diocèse de Périgueux, par contrat signé de Agia, au château de Connezac, diocèse de Périgueux.

Aimeric Vigier, écuyer, sieur de La Motte de Feuillade, diocèse d'Angoulême, épousa Catherine Tizon, dont, entre autres enfants, Paul Vigier, écuyer, sieur de Remondias, marié, par contrat du 6 juillet 1609 (signé du Conget), à Catherine Fontlebon, fille de Salicque ou Sallique Fontlebon, écuyer, sieur du Puy (5), et de La Chapelle Saint-Robert, et de Marie de La Boissiere.

Anne Vigier épousa, par contrat (reçu du Raysseys, insinué à Limoges)

---

(1) Était à la page 2429, qui est déchirée.
(2) Était à la page 2429, qui est déchirée.
(3) Était à la page 2454, qui est déchirée.
(4) Cette famille était aux pages 2430 et 2431, qui sont déchirées. Les notes placées sous ce nom sont à la page 814.
(5) Le Puy, commune de Maisonnais, canton de Saint-Mathieu, arrondissement de Rochechouart (Haute-Vienne).

du 7 février 1622, noble Jean-François Bourgeois, sieur de Las-Bourdarias, paroisse de Rilhac-las-Tours et du Repaire, noble de Chatellerie, paroisse de Lageyrat ; il se remaria, en 1634, avec Magdelaine Vaillant de La Rivière.

François de Saint-Laurent, chevalier, Sgr de La Motte de Feuillade, diocèse d'Angoulême, épousa, le 27 octobre 1644, Marie-Jacquette Vigier.

Jeanne Vigier épousa Simon de Lavaud, sieur de Brusac.

Pierre Vigier, damoiseau, Sgr de Saint-Severin, au diocèse de Périgueux, épousa Guillelme d'Aubusson, dite de La Borne, fille de Gui, deuxième du nom, vicomte d'Aubusson ; elle vivait en 1275.

Hugon Vigier, damoiseau, épousa, vers 1430, Isabeau de Boisse, fille de Raymond et de Marguerite de La Porte, de Treignac.

Gerald Vigier épousa, en 1363, Jeanne de Arzo, veuve de Jean de Prunh.

Guillelmine Vigier, vivante en 1407, était femme de noble Audoin Chauveron, prévôt de Paris.

Aimeric Vigerii, chevalier, enseveli dans l'abbaye de Solignac.

Noble Jean Vigerie, damoiseau, lieutenant du sénéschal du Limousin dans les baillages de Brive et d'Uzerche, en 1445. (BALUZE, *Hist. maison d'Auvergne*, T. II, p. 734.)

Jean Vigier épousa N...., dont : 1° noble Jean Vigier, écuyer, Sgr de Samathie (Saint-Mathieu) ; 2° Jeanne Vigier, demoiselle, qui épousa, le 17 février 1481, Guillaume de Conan, écuyer, fils de Thibaud et de Agnez de Maumont.

Marie Vigiere était femme, avant 1500, de Jean Chambon, sieur de La Collerie, paroisse de Verneuil, conseiller et avocat du roi au Parlement de Bordeaux.

VIGIER, sieur de Treslobois et de La Rabaisnière, paroisse d'Arvert, élection de Saintes, et de Levigerie, paroisse de Clau, même élection, porte : *d'azur à une croix anchrée d'argent*.

I. — Pierre Vigier rendit un hommage et dénombrement le 7 août 1443 ; il épousa Marguerite de Longchamp.

II. — Guyot Vigier, avec sa mère, rendit trois hommages, les 15 avril 1470, 1er novembre 1464 et 21 août 1486.

III. — Louis Vigier passa un contrat, le 6 avril 1502 ; il épousa Magdelaine Vidalle, dont il eut : 1° Charles, qui suit ; 2° Isabeau ; 3° Jeanne ; 4° Marie ; pour lesquels Pierre Vigier, chanoine de Saintes, fit une transaction, le 30 novembre 1510, comme fondé de procuration de leur mère.

IV. — Charles Vigier épousa Françoise du Blois.

V. — Jacques Vigier. Le 12 juin 1537, sa mère et Grimon de Laussac firent un bail, comme étant ses tuteurs. Il épousa Bonaventure Brousset, dont il eut : 1° Théophile, qui suit ; 2° René, 3° Joseph, qui firent une transaction, le 20 juin 1596, sur la succession de leurs père et mère.

VI. — Theophile Vigier épousa Rachel Dubois.

VII. — Theophile Vigier épousa : 1° le 29 août 1622, Esther Audebert, dont : 1° Daniel, qui suit ; 2° Theophile ; 3° quelques autres enfants. Il épousa : 2° le 11 juin 1631, Jeanne Audebert, qui, étant veuve, fit le 8 août 1650, une transaction comme tutrice de Theophile et autres, ses enfants.

avec les enfants du premier lit. De ce second mariage naquirent : 1° Théophile ; 2° autre Theophile.

VIII. — Daniel Vigier épousa, le 18 mai 1650, Marguerite Isle.

VIGIER, sieur de La Cour, paroisse de Brossac, élection de Saintes, de Charderie, paroisse de Couzat même élection; de Coste, paroisse de Voulgezac, élection d'Angoulême, porte : *d'azur à trois fasces d'argent, à l'orle de gueules.*

I. — Jean Vigier épousa Marguerite de Saint-Gelays. Ces époux d'une part et Jean de Bresmond, firent un échange, le 6 décembre 1508.

II. — Michel Vigier épousa, le 21 mai 1537, Louise Chauvin, dont : 1° Pierre, qui suit; 2° Jacques qui se maria; 3° Marie, qui, lors de son mariage, le 3 novembre 1570, fit une renonciation en faveur de Pierre, son frère; 4° Guy, qui fit, le 10 janvier 1577, une transaction tant pour lui que pour Pierre et Jacques, ses frères, sur la succession de leurs père et mère.

III. — Pierre Vigier épousa Françoise Jalays.

IV. — Jacques Vigier fit, le 16 mars 1652, son testament par lequel il institue Jacques, et fait légat à Nicolas et à ses autres enfants. Il épousa, le 17 février 1626, Isabelle Joubert, dont : 1° Jacques, sieur de La Cour; 2° Nicolas, qui suit; 3° quelques autres enfants.

V. — Nicolas Vigier, sieur de La Charderie épousa, le 31 janvier 1663, Jeanne de Jambes.

III *bis*. — Jacques Vigier épousa, le 31 août 1603, Gasparde de Coignac.

IV. — Luc Vigier, sieur de La Coste épousa, le 1er novembre 1631, Marie de Ligoure.

François Vigier, écuyer, sieur de La Cour-Durefort, convaincu des crimes d'assassinat, rebellions à justice, vols, exactions, eut la tête tranchée, par arrêt du parlement de Bordeaux du 21 mars 1714.

DU VIGNAUD, sieur de Villefort et des Vories, paroisse de Folles, élection de Limoges, porte : *d'azur à un chevron d'argent, accompagné de deux étoiles d'or en chef et d'un croissant d'argent en pointe.*

Cette maison fit ses preuves de noblesse en 1598, et les commissaires du gouvernement les trouvèrent bonnes.

Noble Pierre Boudelli, damoiseau, natif de La Jonchère, du consentement de sa fille et de son gendre, fonda une vicairie dans la chapelle du cimetière à La Jonchère, par acte du 28 mai 1458, signé Bordas. Il épousa, Seguine Vincenta, dont une fille unique, Marguerite Boudela ou Boudella, mariée à Jean Joudrinaudi, damoiseau.

I. — Jean Joudrinaud ou Jodronaud, Jodrevault, damoiseau, 1470, sieur du Vinhaud et du Verger, paroisse de La Jonchère, fit son testament le 7 juin 1480. Il avait épousé : 1° Heliette Margotine; 2° Marguerite Bandelle. Il laissa : 1° Guillaume, qui suit; 2° Catherine, mariée à noble Louis Baille, sieur de La Cour; 3° Seguine, mariée à noble Leonet de Segondat; 4° Jeanne, mariée à Ithier Mathieu, sieur de Puylauraud; 5° N....., mariée à noble Jean de Mont, sieur de La Lande.

II. — Guillaume Joudrinaut ou Jourdanau, écuyer, sieur du Verger, 1483, et du Vignaud, 1513, épousa, Guillaumine-Augustine, dont : 1° Jacques, 1494, 1550, qui suit; 2° Pierre, sieur de Sarguery et du Vergier-Buisson, paroisse de Saint-Michel-Laurière, 1550, qui épousa Gabrielle des Gouttes de Carquerin, dont ne vinrent point d'enfants ; 3° Gabrielle, qui fit son testament le 6 mars 1556 ; 4° Jean, 1513.

III. — Jacques Joudrinaud, écuyer, sieur du Verger, 1514, épousa Anne Suselinne.

IV. — Gui du Vignaud, écuyer, Sgr des Esgaux, paroisse des Billanges, des Vories, paroisse de Folles, du Vignaud, fit son testament le 5 décembre 1558 ; il épousa, le 17 juin 1543, Jacquette Courraud de La Rochechevreux, paroisse d'Espissas, diocèse de Bourges, fille de Christophe, chevalier, et de Anne Cougnat, dont : 1° Fiacre, qui suit ; 2° Louis, mort sans hoirs ; 3° Jeanne, mariée le 4 mars 1564, à Gui Chastaigner, écuyer, sieur du Chambon ; 4° Marguerite.

V. — Fiacre du Vignaud, servit au siège de La Rochelle. Obtint des lettres de gentilhomme servant le 22 avril 1579, était écuyer, sieur des Esgaux et des Billanges, fit son testament (reçu Perière) le 8 février 1587. Il épousa : 1° le 18 février 1572, Anne de Magnat, fille de Jean et de Helie de Monestais, dont : 1° Jacques, qui suit. Il épousa : 2° Jeanne de Razes, fille de Jean, Sgr de Monisme, dont : 2° René ; 3° Jean, héritier de son père, 1597 ; 4° Jeanne, épouse, en 1588, de Balthazar Deaulx, écuyer, sieur du Chambon, Noailles et l'Age-Poulnet, paroisse de Bersac ; elle était veuve de noble Gui du Chastenier ; elle fit son testament le 23 novembre 1601.

VI. — Jacques Joudrinaut du Vignaud, maréchal-des-logis, de la compagnie des gendarmes du comte de Schomberg, Sgr des Esgaux, La Cour, Le Chatellard et Les Billanges, épousa, le 17 novembre 1599, Jeanne de Rochefort de Saint-Angel, dont : 1° Pierre, qui suit ; 2° Louis, né le 9 juillet 1604, reçu chevalier de l'ordre de Saint-Jean de Jérusalem, en 1622 ; 3° Charles, tonsuré le 13 mars 1629.

VII. — Pierre du Vignaud épousa Marie de Mallenée, dont une fille unique, Marie-Aimée, mariée le 1er octobre 1645, à Anne-Florent Bony, marquis de La Vergne, fils de Jean et de Isabeau de Montroux.

Branche des Vories.

I. — Jacques du Vignaud épousa Nicole ou Magdelaine du Breuil des Vories, fille de Charles, dont : 1° Charles, qui suit ; 2° Jean, prieur-curé d'Aresme, qui fit son testament, le 24 janvier 1553 ; 3° Pierre, sieur de Sargari, qui ne laissa point d'hoirs.

II. — Jacques du Vignaud, sieur dudit lieu des Vories et de Villefort, paroisse de Saint-Michel-Laurière, fit sa profession de foi, et abjura le calvinisme en 1588. Il épousa, le 17 août 1544, Marguerite de Bridiers, fille de feu noble Claude de Bridiers, Sgr de Gartempe et de Lestang ; elle donna son consentement (signé de Volundac) au mariage de Jean, son fils, le 2 février 1603, dont Jean, qui suit.

III. — Jean du Vignaud, écuyer, sieur des Vories et de Villefort épousa, le 7 décembre 1579, Marguerite de Leffe qui porta 6,000 livres ; elle était fille de noble Jacques de Leffe, écuier, sieur de La Grange-au-Gourru, Vault-le-Vicomte, Chairigny, Fontenay, et de Marthe Fourniers ou Fourmiers ou Fouoniaire, paroisse de Roussine en Poitou ; étant veuve, elle fit son testament à Saint-Benoit, le 25 juin 1612. Leurs enfants furent : 1° Jacques, qui suit; 2° Gaspard, marié le 15 avril 1623, à Elisabeth de La Primandaye, fille de Blanchard, chevalier, maître d'hôtel ordinaire du roi et de Elisabeth Helie ; 3° Marthe.

IV. — Jacques du Vignaud, écuier, sieur des Vories et de Villefort, mourut âgé de soixante-cinq ans, le 10 août 1645, fut inhumé dans l'église de Folles. Le P. Simplicien (T. IV, page 751) l'appelle mal du Vigneron, sieur de Vosrieres. Il épousa : 1° le 7 février 1605, Charlotte de La Loue, fille de Louis, écuyer, sieur de La Besse et de La Berlandière, paroisse d'Azat-le-Ferron, et de Magdelaine de Genest; elle fit son testament le 2 août 1610, dont Lucrèce, qui fit son testament, le 19 septembre 1623, et mourut sans alliance. Il épousa : 2° par contrat du 29 septembre 1612, Anne du Plessis, fille de feu Luculle du Plesseys, écuyer, sieur de Savonieres et de Anne du Griffon, paroisse d'Ourschamp en Blesois, dont : 1° Jacques, qui suit ; 2° Gaspard, sieur de Villefort, marié en 1682 à Hélène du Royer, fille de feu Jean, chevalier, sieur de Chesnay en Blesois, et de feue Hélène de Chamborant. Gaspard, mourut sans hoirs, dans la religion prétendue réformée qu'il avait professée pendant sa vie.

V. — Jacques du Vignaud, sieur des Vories et de Villefort, mourut à La Bruslée en Blesois, en 1661. Il avait épousé, le 26 janvier 1649, Charlotte du Plessis, fille de feu David du Plesseys, chevalier, sieur de La Perine et de Hélène de La Place, paroisse de Saint-Christophe, au païs Dunois. Le P. Simplicien (T. IV, page 751) a tort de dire qu'elle n'était pas mariée en 1663. A l'occasion de son mariage, ledit Jacques, prit l'engagement de payer le légat fait à son frère Gaspard. De ce mariage naquirent : 1° Jacques, qui suit; 2° Suzanne, qui abjura le calvinisme, 1649.

VI. — Jacques du Vignaud, sieur des Vories et de Villefort, à qui on donna un tuteur, le 13 janvier 1661, épousa : 1° le 9 novembre 1680, Anne Falaiseau, fille de Jacques, écuier, avocat au parlement de Paris, et de Anne de Jouard; 2° le 10 février 1685, Marie-Anne Bottereau, fille de feu Samuel, écuyer, sieur d'Aunières et de Marie Bazin, en Blesois.

VII. — Gaspard-François du Vignaud, écuyer, sieur des Vories et de Villefort, mourut au mois d'octobre 1747, et fut inhumé dans l'église de Folles. Il avait épousé, le 26 juin 1719, Marie-Anne Deaulx, fille de Pierre, écuyer, sieur du Chambon et du Noyer, paroisse de Bersac, et de Anne Renée d'Almany, dont : 1° Louis-François, né le 24 septembre 1722, qui suit; 2° Marc-Léonard-Jacques, né le 31 mars 1724; 3° Jeanne, née le 22 novembre 1725; 4° Jacques-Augustin, né le 25 février 1727; 5° Françoise, née le 30 décembre 1730; 6° Marie-Anne, née le 29 février 1732.

VIII. — Louis-Gaspard-François du Vignaud, écuyer, sieur des Vories, épousa en 1768, Marie-Louise de Maran, de la ville de Magnac-Laval (1).

VIGNERON (P. Simplicien, T. IV, page 751), il faut lire Vignaud.

VILAFORT. — Noble Aubert de Villafort, olias du Breuil, damoiseau, 1438.

---

(1) La page 319, qui faisait suite est déchirée, ainsi que la page 951, où il y avait quelques autres notes. Voir encore Periere, sieur du Vignaud.

[VILHAC ou VILLAC.

On trouve dans les registres de Roherii, notaire à Limoges, page 81, n° 69, *apud*, D. Col. Helie de Vilhaco.

VILLANI.

On trouve dans les registres de Roherii, notaire à Limoges, page 32, n° 30, *apud*, D. Col. Seguin Villani, de Axia (d'Aixe).]

VILLATTE (1).

VILLARS ou VILLARIBUS (2).

VILLEBON (3).

VILLEDON, sieur de Maisonnet, paroisse de Saint-Aignan, élection d'Angoulême, de Maleberche, paroisse de Saint-Romain, même élection, et de Magesi, paroisse de Saint-Vivien, élection de Saintes, porte : *d'argent fascé de gueules en onde à 7 piles*.

I. — Jean de Villedon, rendit hommage, le 5 juillet 1447; il épousa, Agnez de Montbreuil.

II. — Jacques de Villedon épousa : 1° le 12 décembre 1499, Françoise de Bouchet; 2° Clemence de Saint-Disant; elle donna procuration à son mari, le 29 novembre 1511. Du premier lit naquirent : 1° François, qui suit; 2° Pierre; 3° Hierosme, qui partagèrent les successions de leurs père et mère, le 17 septembre 1529.

III. — François de Villedon épousa Catherine Helie.

IV. — François de Villedon épousa, le 29 novembre 1573, Louise Bonnin.

V. — Jean de Villedon épousa, le 30 décembre 1599, Adrienne de Mauvillon.

VI. — Antoine de Villedon épousa, le 9 août 1628, Anne de La Rye, dont : 1° Jean, qui suit; 2° François, qui se maria en 1661.

VII. — Jean de Villedon épousa, le 29 mai 1636, Catherine Lamiraud.

VII *bis*. — François de Villedon, sieur de Maisonnet, épousa, le 6 juin 1661, Marie Le Mercier.

Marie de Villedon, demoiselle de Rouyère, mourut à quatre-vingts ans, dans la ville de Montberon, en Angoumois, le 4 mars 1711.

Branche de Maléberche.

I. — François de Villedon, fit un échange d'héritage, le 17 février 1524; il épousa Perette du Chesne, dont : 1° Magdelon, qui suit; 2° Magdelaine; 3° Jeanne; 4° Honeste; 5° Catherine; 6° Cyprienne; Jean David, écuyer, leur tuteur, passa un bail à rente, le 20 mai 1529.

II. — Madelon Villedon épousa Françoise David.

---

(1) Nadaud indique ce nom aux pages 69, et 2432, qui sont déchirées. Voir aussi Montroux de La Villatte.

(2) Était à la page 2432, qui est déchirée.

(3) Villebon était à la page 2199, déchirée.

DU LIMOUSIN.   281

III. — Jean de Villedon épousa, le 5 août 1586, Anne de La Roberterie.
IV. — Joseph de Villedon épousa, le 19 février 1609, Renée de Barbezieres.
V. — Jacques de Villedon épousa, le 4 mai 1640, Hippolyte de La Plasse.

Notes isolées.

Pierre de Villedon, écuïer, sieur de Jergnat, paroisse d'Oradour-Fanais, épousa Jeanne Dardillat, dont : Antoine, né le 20 septembre 1668.
Anne de Villedon épousa, à Oradour-Fanais, le 4 mai 1682, Clément de Lassat, écuyer, sieur du Gasou.
François de Villedon, écuyer, sieur de Malbercherie, paroisse de La Valette, épousa, à Saint-Martial d'Angoulème, le 24 mai 1724, Renée-Marguerite Panetier, demoiselle de Morte-Vigne.

VILLEDON, sieur de Magesi, paroisse de Saint-Vivien, élection de Saintes, porte : *d'argent à trois fasces de gueules en ondes.*
I. — Gilles de Villedon fit un bail à rente, le 3 mai 1469. Il épousa, Françoise de Chabanais; étant veuve et tutrice de Hugues et de ses autres enfants, elle fit un bail à rente, le 29 avril 1501. Leurs enfants furent :
1° Hugue, qui suit ; 2° François,
II. — Hugue de Villedon partagea avec François, son frère, le 26 avril 1513, la succession de leurs père et mère. Il épousa le 30 mars 1504, Catherine Danché, dont : 1° Pierre, qui suit, 2° Antoine.
III. — Pierre de Villedon partagea avec Antoine, son frère, le 28 juillet 1563, la succession de leurs père et mère ; il épousa Jacquette Chevalier, dont : Ruben, qui suit.
IV. — Ruben de Villedon épousa, le 1er mars 1595, Jeanne de Lestang.
V. — Charles de Villedon, sieur de Mazilles, épousa Marie de La Rochefoucaud, le 29 septembre 1637 ; elle était fille de Charles, sieur de La Renaudie et de Sarra de Veyrières (Simplic., T. IV, page 457).
Jean de Vildon, écuïer, sieur de Plibou, paroisse d'Asnières, épousa, par contrat (reçu Chaigneau) du 10 février 1600, Marguerite Courrivaud, fille de Simon et de Françoise Daju.

[VILLEGAST.
Fief de l'Angoumois, mouvant du marquisat de Ruffec.]

VILLELUME (1).

VILLEMONE et VILLEMOUNE (2).

VILLEMUR, sieur de Mauvezin, paroisse de Pons, élection de Saintes, porte : *de gueules à 4 pals d'or ; écartelé d'or à un lion rampant de gueules, lampassé de même, armé de sable.*
I. — Jacques de Villemur testa, le 23 mars 1548, substituant Blaise son

(1) Villelume était à la page 320 et suivantes, qui sont déchirées.
(2) Villemone était à la page 323, déchirée.

fils du deuxième lit, et faisant légat à François et Gaspard, nés de son premier lit. Il avait épousé : 1° Anne Hunaud de Mauleon ; 2° Juliene de Voisin.

II. — Gaspard de Villemur, épousa le 14 octobre 1565, Marie de La Roque, dont : 1° Menaud, qui suit ; 2° Georges.

III. — Menaud de Villemur, épousa Elisabeth de Gaillard, par contrat du 28 janvier 1627. Ayant procuration de son mari, elle fit une transaction avec Georges de Villemur, son beau-frère, sur la succession des père et mère de son mari, le 11 avril 1632.

IV. — Henri de Villemur épousa, le 24 avril 1657, Marie de Ferrieres.

VILLEPASSANT (1).

VILLEPREAUX. — V. Du Rieux, sieur de Fombusseau et Villepreaux, T. IV, page 22.

VILLEVALEIX (2).

VILLIERS. — Pierre des Villiers, était échevin à Saint-Jean-d'Angeli; Philippe Gogain, fut nommé, à son décès, le 27 juin 1631.

Marie de Villiers épousa, le 5 décembre 1561, Bertrand Jau, fils de Jacques, maire de Niort et conseiller à la maison de ville de Saint-Jean-d'Angeli, et de Jeanne Bourgoin.

VILLOGNON. — V. Fumée, sieur de Villognon, T. II.

VILLOUTREIX, sieur de La RocheCorail, paroisse de Troispallis, de La Deville et du Mas, paroisse de Fouquebrune, élection d'Angoulême, porte : *d'azur à un chevron d'or, accompagné d'un croissant d'argent, au milieu de deux étoiles d'or en chef et d'une rose de même en pointe.*

I. — Estienne de Villoutreix élu, reçu maire d'Angoulême, le 14 août 1588, y fut élu, le 17 mars suivant, qualifié noble homme, suivant le privilège de sa charge ; y est reçu conseiller à la mort de Pierre Boutin, le 10 septembre 1599. Il était conseiller en 1597 et 1599. Il épousa Jeanne Groleau (Sanson, *Maires et Échevins d'Angoulême*, page 64).

II. — Noble Jacques de Villoutreix, écuyer, sieur de La Diville, lieutenant criminel d'Angoumois, est reçu échevin sur la résignation dudit Estienne, le 20 janvier 1601, fut fait maire en 1603. François de Paris, sieur de Laspineul, fut reçu échevin à sa mort, le 11 novembre 1642. Il épousa Yolande Frothier, dont : 1° Elisabeth, baptisée le 22 juin 1607 ; 2° Marguerite, baptisée le 9 septembre 1608 ; 3° Gabriel, baptisé le 9 août 1610 ; 4° Roch, baptisé le 17 décembre 1611 ; 5° Anne, baptisée le 14 juillet 1613 ; 6° Léonarde, baptisée le 16 novembre 1614 (Registr. de Saint-Martial d'Angoulême).

Jacques de Villoutreix, écuyer, sieur de La Rochecoural, procureur du roi, reçu échevin d'Angoulême en 1626 (Sanson, *ibid.* page 90).

III. — Louis de Villoutreix, sieur de La Rochecoral, épousa Claire de Begoin.

(1) Était à la page 2461, déchirée.
(2) Était à la page 2469, déchirée.

Branche de Diville.

I. — François de Villoutreix, écuyer, sieur de La Diville, est reçu échevin d'Angoulême, à la place de Jean de Nesmond, le 25 mars 1614. Alexandre Paris est reçu à la mort dudit de Villoutreix, le 3 avril 1620. Il avait épousé Marguerite de Nesmond (Sanson, *ibid.*, page 81), dont : 1° Olive, baptisée le 31 octobre 1609; 2° Jean-Baptiste, baptisé le 11 janvier 1611; 3° Helie, baptisé le 13 mai 1612; 4° Eleonor, baptisée le 8 avril 1613 (Registres de Saint-Martial d'Angoulême).

Jacques de Villoutreix, écuier, procureur du roi en Angoumois, conseiller à la maison commune d'Angoulême, 1626 (Sanson, *Maires et Échevins d'Angoulême*, page 90).

II. — Raymond de Villoutreix, sieur de La Diville, écuyer, baptisé le 25 mai 1614, épousa, le 24 mars 1641, Marie Fily, dont : Anne, née le 25 janvier 1654 (Registres de Saint-Martial d'Angoulême).

III. — François de Villoutreix, sieur du Mas, épousa, le 14 février 1665, Jeanne Bareau.

Catherine de Villautreix épousa Pardoux de La Morelie, sieur de Biars, paroisse de Glandon.

VINCENT. — Guillaume Vincent est reçu conseiller à la maison de ville de Saint-Jean-d'Angeli, à la mort de Jean-Baptiste Juif, le 6 mars 1598.

VINSON. — Noble N... Vinson épousa Suzanne ; elle fut enterrée à Saint-Martial d'Angoulême, le 21 avril 1627.

Guillaume Vinson, écuïer, sieur de Fontorbière et de La Chapelle. Sa mère mourut le 7 août 1648. Il épousa, le 8 octobre 1653, Marguerite Tiers, dont : 1° Mathurin, baptisé le 20 septembre 1654; 2° N..... (Registres de Saint-Martial d'Angoulême).

[VIOYS.

On trouve dans les registres de Borsandi, notaire à Limoges, page 151, n° 234, *apud*, D. Col. Guillaume Vioys.]

VIRAU DE SOMBREUIL. — François-Charles Virau, écuyer, sieur de Sombreuil, épousa, en 1766, Marie-Magdelène des Flottes de Leychoisier.

VIROLAU (1).

[VIROLLE.]

VIROULEAU, sieur de Marillac-le-Franc, paroisse dudit lieu, élection d'Angoulême, porte : *coticé d'argent et de gueules à 11 piles, au lambel à 3 piles d'argent*.

I. — Maître Leonard Viroulaud, du lieu de La Hebiere, paroisse de Busserolles, épousa N...., dont : 1° Pierre, qui suit; 2° Marguerite, veuve, en

---

1) Virolau, était à la page 635, déchirée. Voyez aussi Viroulau.

1650, de Pierre des Moulins, marchand, du village de Tessat, paroisse de Javerlhac.

II. — Pierre Virouleau, écuyer, sieur de La Rebiere et de Marillac-le-Franc, en Angoumois, 1650, est reçu pair de la maison de ville d'Angoulême, sur la démission de Samuel Raoul, le 12 janvier 1660; puis conseiller à la démission de Guillaume Vinson, sieur de Fontorbiere, le 10 mars suivant, fait déclaration de vouloir vivre noblement le 19. Jacques Pichot, advocat est reçu à la mort du dit Virouleau, le 18 août 1661. Il avait fait son testament, le 18 août 1661, et mourut à soixante-quinze ans, le 25 août 1661. Il avait épousé Renée d'Escravayat, dont : 1° Jacques, qui suit ; 2° Jacquette, mariée en 1649, avec Raymond de Maunac; 3° Catherine, baptisée le 25 mars 1646.

III. — Jacques Virouleau, écuyer, sieur de Marillac-le-Franc, épousa, en 1661, Marie Lambertie; elle testa le 19 novembre 1712. Dont : 1° Jean-François, qui est à la page 695 (1); 2° Jean, sieur de La Bergerie, qui suit; 3° Jean-Raymond, né le 29 octobre 1665, sieur de La Rivière, enseigne de vaisseau; 4° Isabeau, née le 16 avril 1666; 5° Jean-François, né le 12 novembre 1667; 6° François, sieur de Marcelange, né le 8 novembre 1668; 7° Catherine, née le 21 juin 1671; 8° Louise, née le 8 septembre 1677, religieuse visitandine; 9° autre Catherine, morte au berceau.

IV. — Jean de Virouleau, écuyer, sieur de La Bergerie, Chabroux et Yvrac, paroisse de Marillac-le-Franc, capitaine dans le régiment de Limoges, était né le 2 avril 1664. Il épousa Hippolyte Pasquet, fille de feu Henri, par contrat (signé de Villemandy) du 28 décembre 1691 ; elle se remaria à Charles du Mosnard. Leurs enfants furent : 1° Marie, née le 13 juin 1698, mariée le 11 octobre 1716, à Jacques de Fornel, écuyer, sieur de La Grelière, capitaine au régiment de l'Isle de France, fils de Jean-François et de Catherine de La Bidurie ; 2° autre Marie, mariée par contrat (signé Robinaud) du 7 janvier 1722, à Marc Guyot, chevalier, sieur de La Faye ; elle testa (signé Simon) le 11 mars suivant, et voulut être inhumée dans l'église de Lezignac-sur-Goire; 3° quatre garçons morts au berceau.

VISTE. — V. Leviste, T. III.

VITET. — Benjamin Vitet, sieur de La Buhetrie, procureur du roi à Coignac, y fut élu maire pour l'année 1655.

[LE VIVIER, fief de l'Angoumois, généralité de Limoges, mouvant du duché de La Rochefoucaud. Voyez Aulnac, page 2611 (2).]

VOLLVIRE ou VOLLUIRE, sieur d'Aunat et du Vivier, paroisse d'Aunac, de Brassat, paroisse de Vaux, et de Saint-Vincent, paroisse dudit lieu, élection d'Angoulême, portent : *burelé d'or et de gueules à dix pièces*, 1439.

I. — Hervé de Vollvire, chevalier, épousa Éléonore de Ruffec.

II. — Nicolas de Vollvire, épousa Marie de Basoges.

III. — Joachim de Vollvire, épousa Marguerite de Vieilleville.

---

(1) Cette page est déchirée.
(2) Cette page est déchirée.

IV. — Jean de Vollvire, Sgr de Ruffec, fit, le 19 janvier 1439, avec Jacques du Couret, une transaction sur la succession de messire Irnoy, Sgr de Ruffec; il épousa Catherine de Combort, dont il eut : 1° Charles, qui suit; 2° François, sieur de Ruffec, qui a fait la branche de Brassat et de Saint-Vincent.

V. — Charles de Vollvire épousa, par contrat du 14 novembre 1491, Marguerite de La Rochefoucaud.

VI. — François de Vollvire épousa, par contrat du 5 septembre 1515, Françoise Parthenay.

VII. — René de Vollvire, chevalier de l'ordre du roi épousa : 1° par contrat du 27 janvier 1548, Jeanne Gourgaud; 2° par contrat du 10 mai 1555, Jeanne du Duret.

VIII. — Louis de Vollvire, né du second lit de René, épousa, par contrat du 28 mai 1582, Nicole de Lourduza, dont il eut : 1° Charles, qui suit; 2° Jean de Vollvire, sieur du Vivier, qui, le 17 avril 1627, partagea avec son frère la succession de leurs père et mère.

IX. — Charles de Vollvire épousa, par contrat du 11 mars 1618, Jeanne Bouchard.

X. — Jean de Vollvire, sieur d'Aunac, épousa, par contrat du 23 mars 1639, Marie d'Estivals.

Branche des sieurs de Brassat et de Saint-Vincent.

V bis. — François de Vollvire, Sgr de Ruffec, fils de Jean et de Catherine de Combort, et frère de Charles, marié à Marguerite de La Rochefoucaud, fit, le 20 avril 1541, son testament, dans lequel il est fait mention de René, son fils, qui suit.

VI. — René de Vollvire.

VII. — Philippe de Ruffec, auquel furent faites diverses reconnaissances de droits seigneuriaux en 1563. Il avait épousé Anne de Daillon, dont il eut : 1° Jean, qui suit; 2° Guillaume de Vollvire, sieur de Saint-Vincent, qui a fait une branche.

VIII. — Jean de Vollvire épousa, par contrat du 20 mars 1603, Marie de Leymarie (1).

IX. — Jean de Vollvire, sieur de Brossac, épousa, le 11 mai 1636, Fleurance Cam.

VIII ter. — Guillaume de Vollvire, sieur de Saint-Vincent, épousa, le dernier février 1639, Suzanne de La Greze, dont Philippe.

Notes isolées.

Jean de Vollvire, baron de Ruffec en Angoumois, était marié, en 1456, avec Catherine de Combornn, fille de Jean, premier du nom, vicomte de Combornn, Sgr de Treinhac, etc., et de Jeanne de Rochechouard.

---

(1) Les notes qui précèdent avaient été lacérées dans Nadaud, afin de compléter celles qui suivent, j'ai puisé dans la *Maintenue de noblesse de* 1666, par Des Coutures, où du reste Nadaud les avait copiées. Les deux notes suivantes qui terminent la généalogie de Des Coutures, se trouvent en tête de la page 749, et sont écrites à l'encre rouge, comme toutes celles que Nadaud a prises dans la même *Maintenue de noblesse.*

Jeanne de Voivire épousa, le 23 ou le 27 mai 1495, Antoine Guy, capitaine de Montberon, fils de Jeanot et de Marie de Roffignac.

Françoise de Volluire épousa, le 14 mars 1592, Hierosme de La Greze, veuf de Marie de Saint-Marsaud, fils de Gabriel et de Marguerite Bonnin.

Philippe de Volluire, marquis de Ruffec, fils de François, épousa par traité, du 11 juin 1594, Aymerie de Rochechouard, fille de René, baron de Mortemart, etc., et de Jeanne de Saulx-Tavannes. Il fut tué en duel en 1604.

Jean de Vollvire, écuyer, sieur de Brassac, de La Grange de Brassac, paroisse de Seaux, en Angoumois 1663, épousa Françoise de Lubersac.

Suzanne de Volvire, veuve de Raymond Coquet, bourgeois, mourut à quatre-vingt-neuf ans, au bourg de Varaigne, le 29 novembre 1762.

Hubert de Volvire, écuyer, sieur de Fontbois, du lieu des Roches, paroisse de Charroux, épousa Catherine Plument, dont : 1° Julien, qui suit ; 2° Joseph, qui se maria, 1726, dont il est parlé après son frère.

Julien de Volvire, écuyer, épousa, dans l'église d'Etagnac, le 14 juillet 1721, Jeanne Plument, fille de Jacques, sieur des Vergnes, et de feue Marie du Val, du lieu de La Rebiere, dont Hubert, né le 5 avril 1723.

Joseph de Volvire, écuyer, sieur de Fontbois, paroisse de Peroux, diocèse de Poitiers, fils d'Hubert ci-dessus et de Catherine Plument, épousa dans l'église d'Etagnac, le 26 octobre 1726, Gilberte Plument des Ormeaux, fille de feu Jacques, sieur des Vergnes, et de feue Marie du Val cy-dessus, du village des Vergnes.

[VOLOMIO peut-être VOULONS.

On trouve dans les registres de Borsandi, notaire à Limoges, page 46, n° 68, *apud*, D. Col. Jean de Volomio.

VOLONDAT.]

VOLUE. — Jean de Volue, sieur de Beaurocher, demeurant à Coignac, fut élu maire de Coignac pour l'année 1659.

VOUHET. — Georges, Sgr de Vouhet, de Villeneuve et du Soulier, épousa Jeanne de Seris, dont Catherine de Vouhet, mariée à Helion le Groing, maître de l'artillerie de France ; elle mourut à Chatelus en la Marche, le jour de Saint-Christophe, 1501, et est enterrée auprès de son mari, dans la chapelle de Sainte-Catherine de l'église de Lerac, peut-être Alairac (Simplicien, T. VIII, page 143.)

[VOULRIS. — Faitid de Voulris, écuyer, vivait en 1224. Voyez mes *Mém. mss. abb. Lim.*, page 500.

Itier du Breuil, Sgr de La Coste et de Voulris, vivait en 1323. Voyez *ibid*.

VOUZAN, fief mouvant de la baronnie de Marthon en Angoumois.

N..... d'Abzac de La Douze était Sgr de Vouzan et de Pressac, en 1698.]

LE VOYER, sieur de Paulmy, paroisse dudit lieu, élection de Saintes, et d'Orcé, de la généralité de Tours, portent : *d'azur à deux lions léopardés d'or passant l'un sur l'autre, armés et lampassés de gueules* (Hozier, *Arm. génér.*, 1er registr., page 613).

I. — Jean de Voyer, écuyer, sieur de Paulmy 1547, épousa : 1°, le 11 juin 1499, Louise du Puy, fille de Guillaume, écuyer, sieur de Bagneux, et de Mathurine Lucas, dont : 1° Jean, qui suit, etc. (*Dict. généal.* 1757, T. I, page 111. — Moreri, 1759. — Simplic., T. V, page 593).

II. — Haut et puissant seigneur, Jean de Voyer, troisième du nom, S^{gr} de Paulmy, chevalier de l'ordre du roi, mort en 1571, épousa Jeanne Gueffaut, dame d'Argenson, le 9 octobre 1538, fille de François, chevalier, sieur d'Argenson et de Marguerite de Coué, dont : 1° René, qui suit; 2° Pierre S^{gr} d'Argenson, chevalier de l'ordre de Saint-Michel, qui servit avec distinction de 1524 à 1536; 3° Yolande; 4° Marguerite, mariée le 2 février 1573, avec Robert Robin (Hozier, *Arm. génér.*, registr. I., p. 466).

III. — René de Voyer, chevalier de l'ordre du roi et du Saint-Sépulcre, baillif de Touraine, était mort le 26 avril 1586. Il a fait la branche des vicomtes de Paulmi. Il épousa, le 19 mars 1580, Claude Turpin, fille de Charles, chevalier de l'ordre du roi, et de Simone de La Roche; elle vivait en 1605. De ce mariage vint un fils unique, Louis, qui suit.

IV. — Louis de Voyer, fils unique, conseiller d'État, se fit ensuite prêtre, et mourut en 1651. Il avait épousé, le 7 mai 1605, Françoise de Larzay, fille de Jacques, chevalier, et de Barcelonne de Raynier, morte en 1631. De ce mariage naquirent : 1° Jacques, qui suit; 2° René, qui se maria.

V. — Jacques de Voyer, vicomte de Paulmy, mort en 1674, épousa, par articles du 4 juin 1638, Françoise de Beauveau.

V *bis*. — René de Voyer, sieur de Dorée, chevalier, S^{gr} d'Argenson et de Rouffiac, conseiller ordinaire du roi en ses conseils, ambassadeur à Venise, lieutenant-général d'Angoulême, en 1688. La terre de Rouffiac fut érigée en comté en sa faveur [par lettres du 23 janvier 1654, registrées au Parlement de Paris, le 23 décembre 1666. (*Tabl. Hist.*, IVe part. page 313).] Il épousa Diane-Marie Joubert, par contrat du 30 mai 1649, morte à Versailles, le 22 avril 1681. D'eux sont nés : 1° Louis; 2° Joseph; 3° Alexandre; 4° Benoît; 5° Marie; 6° Angélique; 7° autre Marie; 8° Françoise-Thérèse.

[Marc-René, marquis d'Argenson, vendit en 1703, la seigneurie et le comté de Rouffiac, à N....., son cousin, fils d'Elie des Ruaux, écuyer qui fut créé chevalier, ensemble ses enfants et descendants mâles, par lettres d'avril 1719, registrées au Parlement, le 31 août 1723.]

VOYSIN. — Pierre Voysin, sieur de Puymouroux, épousa Charlotte Le Maistre, née le 8 avril 1664, morte à vingt-cinq ans, fille de Pierre, écuyer, sieur de La Couldre, paroisse de Cussac, et de Gabrielle de Saint-Laurent.

Y.

YGONIN. — Voyez Igonin, T. II.

SAINT-YRIEIX ou IRIER, sieur dudit lieu, paroisse de..... [élection de Bourganeuf], porte : *d'azur à 3 fioles d'argent en fasce soutenues par 3 étoiles d'or en pointe, 2 et 1.*

Cette famille fit ses preuves de noblesse en 1598, mais les commissaires du gouvernement ne les trouvèrent pas suffisantes, et elle fut obligée à payer l'impôt jusqu'à ce qu'elle en eut fourni d'autres.

Jeanne de Saint-Irier épousa, vers l'an 1340, Renaud de Sainte-Maure, mort sans postérité, fils de Gui et de Marguerite de Montauzier.

Louis de Saint-Yrier était à la revue faite à Saint-Aubin-du-Cormier, le 22 mars 1488, en qualité d'homme d'armes (MORICE, *Hist. de Bretagne*, T. III, preuv. col. 638).

I. — Jacques de Saint-Yrier, écuyer, sieur de Lons, Vaux de Vieux, comparut le 27 avril 1521, à Guéret, à la réformation de la coutume de La Marche. [Il vendit une rente ; épousa N....., dont Barthelemi, qui suit.]

II. — Barthelemi de Saint-Yrieix, transigea avec Jacques Durand ou Durando, au sujet d'une rente vendue par Jacques, père dudit Barthelemi, le 6 décembre 1540. Barthelemi rendit au roi un dénombrement, le 19 mars 1539. Il épousa Marguerite de La Roche, dont : 1º Pierre, qui suit ; 2º Gabrielle, qui transigea avec la De Ruges, sa belle-sœur, deuxième femme de son frère Pierre, dont elle était veuve, et tutrice de ses enfants et dudit Pierre, le 12 mai 1596.

III. — Pierre de Saint-Yrieix épousa : 1º le 23 juin 1564, Jeanne de Moullet ou de Moullette ; 2º par contrat sans filiation du 20 octobre 1573, Magdelaine de Ruges, qu'il laissa veuve et tutrice de ses enfants, parmi lesquels est Antoine, qui suit.

IV. — Antoine de Saint-Yrieix épousa, le 13 janvier 1619, Marguerite de Saint-Yrieix.

V. — René de Saint-Yrieix épousa, le 15 avril 1646, Catherine de Champesme.

Notes isolées.

Jeanne de Saint-Irier, fille de N....., épousa : 1º Renaud de Sainte-Maure, fils de Gui, chevalier, et de Marguerite de Montausier, vivant en 1389, et mort sans enfants ; 2º Jean Mayny, chevalier, avec lequel elle vivait en 1406, (SIMPLIC., T. V, page 14).

N..... de Saint-Irier, épousa N..... dont : 1º noble homme Reinaud de Saint-Irier, damoiseau, Sgr de Saint-Irier, au diocèse de Limoges ; 2º noble homme Guillaume de Saint-Irier, damoiseau, Sgr de Saint-Irier ; 3º Marie de Saint-Irier, qui épousa, le 17 janvier 1456, Furien de Boisse, damoiseau, sieur de La Farge, fils de Raymond et de Marguerite de La Porte de Treignac. Lesdits Rainaud et Guillaume ses frères lui constituèrent en dot la somme de 400 écus. Étant veuve, elle fit son testament le 20 février 1491.

Jean de Saint-Irier épousa Catherine de Lermite, veuve en 1491.

Gabriel de Saint-Irier, sieur de Lavau, épousa Jeanne de Jarric, dont Gilberte, mariée le 6 mars 1583, avec Gilbert de Maussabré, écuyer, sieur de La Sabardière, fils de Claude, écuyer, et de Marguerite de Barbançois. (HOZIER, *Arm. génér.*, 1re part., page 373).

Gaspard de Saint-Irier, écuyer, épousa N....., dont Louis, tonsuré en 1621, prieur-curé de Chambon-Sainte-Croix, en 1623.

[YZARN DE SERVIERES. — Voyez MALEMORT, *in fine*.

Serviéres, seigneurie en la paroisse de Glanic, au diocèse de Tulle, sénéchaussée du Limousin.

I. — Vital d'Yzarn, Sgr de Fraixinet, Servieres, Gaillac, etc., créé chevalier de l'ordre du roi, le 6 octobre 1576, était capitaine de cent hommes d'armes. Il avait épousé, le 29 juin 1564, Jeanne de Thezan, fille d'Antoine, Sgr et baron de Thezan, et de Marquèze de Combret, dame de Puyols, dont entre autres : 1° Jacques, chevalier de Malte ; 2° Antoine, qui suit.

II. — Antoine d'Yzarn, Sgr de Fraixinet, Servières et Gaillac, épousa, le 14 octobre 1614, Anne de Pestels, fille de Jacques, Sgr de Salers-Fontangy, chevalier de l'ordre du roi, gentilhomme ordinaire de sa chambre, et de Jeanne de Levis, dont Jean-Claude, qui suit.

III. — Jean-Claude d'Yzarn, Sgr de Fraixinet, Colignac, Servières et Gaillac, épousa, le 20 avril 1633, Jeanne de Corneilhan, nièce de Bernardin, évêque de Rodez, dont, entre autres : 1° Pierre, chevalier de Malte en 1656 ; 2° Bernardin, qui suit.

IV. — Bernardin d'Yzarn, Sgr de Fraixinet, épousa, le 6 mars 1659, Marie de Loubeyrac de Muret, dame de Saint-Saturnin et de Valades, dont postérité.

SOURCES : BALUZE, *Hist. Mais. d'Auvergne*, T. I, page 411. — DE COMBLES, *Tabl. de la nobl.* 1786, IIe part., pages 414, 415.]

Supplément à la lettre M.

DE MACHAT (T. III, p. 134), de La Méchaussée de Pompadour, Sgr de Châteaubouchet, de Lascoux, de Meirac, etc., 1520.

Écartelé, aux 1er et 4e d'or, à une main de gueules, qui est de Machat ; aux 2e et 3e de gueules, à la bande d'or, qui est de Noailles ; sur le tout d'azur, à trois tours d'argent, maçonnées de sable, qui est de Pompadour.

Il y a eu trois familles du nom de Machat. La première qu'on présume être sortie de la maison de Ventadour, s'est éteinte peu après 1371. Le nom et les armes en ont été relevés en vertu de substitution par Raimond d'Ornhac. premier du nom, Jean d'Ornhac, son petit-fils, n'eut de son mariage avec Blanche Foucher de Sainte-Fortunade, qu'un seul fils, François d'Ornhac dit de Machat, qui se fit religieux, et devint abbé de Saint-Serge. Celui-ci, en embrassant l'état ecclésiastique, voyant sa mère jeune encore, lui persuada de se remarier, et, par acte du 13 septembre 1438, s'engagea à instituer héritier de tous les biens de l'ancienne maison de Machat, qu'il avait recueillis, le premier enfant mâle qui naîtrait de cette seconde union. Blanche de Sainte-Fortunade, suivant le conseil de son fils, prit pour deuxième époux, Raoul ou Rouffot de Jouffre, cadet de la maison de Chabrignac. Leurs enfants ont formé la troisième maison de Machat, laquelle subsiste encore de nos jours. (LAINÉ, *Nobiliaire du Limousin*.)

MADICH (T. III, p. 134). — Famille d'ancienne chevalerie, qui florissait aux xiii° et xiv° siècles. Elle avait pris son nom d'un antique manoir féodal, bâti sur la rive gauche de la Dordogne, et dominait un de ces jolis bassins, si nombreux et si variés du canton de Saignes. Hugues de Madic, chevalier, vivait en 1270. Pierre de Madic, était grand-prieur d'Auvergne pour l'ordre du Temple en 1294; autre Pierre de Madic, chevalier du même ordre, et grand-prieur d'Aquitaine, mentionné dans le procès d'abolition (1309 à 1312). Pierre de Madic, troisième du nom, était prieur de Bort, de 1382 à 1390, et Gaillarde de Madic, fille de Guillaume et d'Alix de Charlus ou de Chaslus, épousa, au mois d'août 1352, Hugues de Chabannes, chevalier, co-seigneur de Charlus-le-Pailloux, en Limousin. Geraud de Madic, chevalier, fit son testament dans la tour de Madic, le 20 juin 1414; il ordonna que son corps fut enterré dans l'église d'Ydes, et que ses funérailles fussent faites honorablement sous la direction de Guillaume de Madic, son frère, prieur de Ventadour, et de Pierre de Chabannes, prieur de Bort. Il confia l'administration de son hôtel et de ses biens à Randonne, sa femme, de laquelle il avait eu deux enfants : 1° Jacques de Madic, qu'il institua son héritier universel ; 2° Antoinette de Madic, alors veuve de Guillaume de Valon. Il appela ensuite, à la substitution de ses biens, noble Jacques de Chabannes, son petit-neveu. Ce testament fut ratifié par noble Jacques de Madic, fils du testateur, le 26 janvier 1451. Ce même Jacques de Madic, avait été inscrit l'année précédente à l'*Armorial d'Auvergne*, et il habitait alors Madic, dans la mouvance de la baronnie de La Tour, et non à La Tour, comme l'a dit par erreur M. Lainé. Il avait épousé Isabeau de Saint-Cirgues, laquelle étant veuve, réclama et obtint contre Gilbert de Chabannes, le droit de résidence au château de Madic, sa vie durant, suivant sentence du bailli de Saint-Pierre-le-Moutier, de l'année 1457.

Les ruines du château de Madic décorent aujourd'hui d'une manière bien pittoresque, le petit bassin de ce nom, et leur masse imposante atteste la splendeur et la puissance de l'illustre maison de Chabannes, qui, pendant quatre siècles, y a fait sa résidence. On avait de cette dernière, que le président de Vernyes l'appelle, la qualifie de principauté, bien qu'elle n'ait jamais eu ce titre.

Les temps sont bien changes pour Madic : ce sont toujours, il est vrai, vertes prairies, bois touffus, lac argenté, roches escarpées, fleuve ondoyant et majestueux ; mais le somptueux manoir, ce séjour d'une race de preux et hauts barons, tour à tour témoin d'exploits guerriers et de splendides fêtes féodales, n'est plus aujourd'hui qu'un immense cadavre, dont les débris couvrent la montagne que jadis il couronnait orgueilleusement. Le clairon des combats, les hennissements du palefroi, le cliquetis des armes, la lyre du troubadour, la harpe de la châtelaine, la romance du page, ne s'y font plus entendre; le silence de la mort et l'image de la destruction ont remplacé les scènes animées du moyen âge. Toutefois, et nous nous hâtons de le dire, Madic est actuellement la propriété d'un homme éclairé et conservateur ; arrivé trop tard, sans doute, pour empêcher la ruine, M. Lespinasse, fait du moins tous ses efforts pour préserver d'une destruction totale de précieux restes, aussi curieux à visiter qu'utiles à l'étude de l'histoire. (*Nobiliaire d'Auvergne*).

MADOT (T. III, p. 134), dans la Marche, porte pour armes : *d'azur à la fasce d'or chargée d'une flèche de sable dans le même sens accompagnée en chef d'un croissant d'argent et en pointe d'un lion naissant d'or* (*Dict. hérald*).
— Silvain de Madot épousa la fille unique du président, lieutenant-général de la sénéchaussée de la Marche, N..... Ridier. Ce dernier avait composé des *Mémoires sur la Coutume de la Marche*, qui ont été utilisés dans l'édition de 1693. Silvain Madot fut pourvu de la charge de son beau-père. (JOULLIETON. — *Hist. de la Marche*, II, 80.)

N..... de Madot, veuve Coudert-Lavaublanche, fut arrêtée et mise en prison en 1793, comme mère d'émigré. (*Archiv. Revolut.*, 282.)

Marguerite de Madot, portée sur la liste des suspects à Guéret, pétitionnait en février 1793, pour s'en faire rayer. (*Idem*, 133.)

MAGNAC-LAVAL, chef-lieu de canton de l'arrondissement de Bellac Haute-Vienne. Les armes assignées par d'Hozier à cette ville, sont : *de sable à deux barres d'argent* (*Arm. général.*). Mais elle portait celles des Montmorency-Laval.

La communauté des prêtres de Magnac-Laval a aussi reçu du même d'Hozier, les armes suivantes : *d'or à trois fasces de sinople* (*Arm. général.*).

MAGNAC ou MAGNAT (T. III, p. 134). — Il ne faut pas confondre cette seigneurie avec celle du canton de Chaudesaigues en Auvergne, dont étaient coseigneurs le curé du lieu et la maison d'Apchier. M. de Bessuejouls-Roquelaure, baron d'Apchier, en jouissait avant la Révolution de 1789. C'est à tort que M. de Ribier du Châtelet a fait naître dans cette dernière Hugues de Magnac, évêque de Limoges.

Magnac (canton de La Courtine, Creuse) était une seigneurie située en Franc-Alleu, aux confins de l'Auvergne et de la Marche. Elle a longtemps appartenu à la maison de Lestrange, qui en jouissait encore en 1780. Il y avait dans le même lieu un prieuré de l'ordre de Saint-Benoît à la nomination du roi.

Magnac, ou Magnat, ou Maignac. Ce nom, qui est commun à plusieurs lieux de la Marche et du Limousin, est celui d'une ancienne baronnie du diocèse de Limoges, berceau d'une famille illustre, connue depuis Itier de Magnac, chevalier, qui vivait sous le règne de Hugues Capet et de Robert, son successeur; il fut témoin à une charte du monastère d'Ahun en l'année 997 (*Gall. christ.*, T. II, p. 190). Autre Itier de Magnac, chevalier, périt les armes à la main avec Gaucher de Châtillon et de bon nombre d'autres chevaliers français, dans un défilé des montagnes de Laodicée, pendant la croisade de Louis-le-Jeune, en 1147 (*Armorial des Croisades*, 1re partie, p. 23. — MICHAUD, *Hist. des Croisades*, T. II, p. 198). Un troisième Itier de Magnac accompagna Saint-Louis en Afrique, en 1270 (JOINVILLE, édition de DUCANGE). Guillaume de Magnac, chevalier, neveu d'Itier de Magnac, fut conseiller du roi Philippe de Valois, sénéchal de Saintonge, capitaine souverain des guerres de Sa Majesté en Poitou, en Saintonge et en Limousin. Itier de Magnac, cinquième du nom, époux d'Helis de Brosses, fut père d'Aymeric de Magnac, conseiller et maître des requêtes ordinaire de l'hôtel des rois Jean et Charles V, évêque de Paris en 1368, cardinal en 1383, mort à Avignon en 1385. Pierre de Magnac, frère du cardinal et son héritier, était échanson du roi Charles V, qui le gratifia, en 1374, en considération de ce qu'il avait contribué à remettre, sous l'obéissance de ce monarque, une partie du Limousin et le château de Limoges. Ce même Pierre, qui s'était porté héritier du cardinal, en 1387, testa en 1407 (*Hist. des cardinaux*, par Duchesne, p. 667). Hugues de Magnac, peut-être fils, ou du moins proche parent de Pierre, fut conseiller à la cour des aides de Paris, évêque de Saint-Flour en 1396, et de Limoges en 1405. — Pons et Jean de Magnac étaient chanoines-comtes de Brioude en 1348 et 1389. — Hugues de Magnac, écuyer; Antoinette, sa fille, et Hector de Maleret, son gendre, firent foi-hommage à cause de la seigneurie de Forges, juridiction de Guéret, en 1477 (*Noms féodaux*, p. 593). Dans le même temps vivait Maurin de Magnac, maître d'hôtel de Jacques d'Armagnac, duc de Nemours, comte de la Marche. Tous ces seigneurs, d'après les auteurs cités, portaient : *de gueules, à deux pals de vairs; au chef d'or chargé d'un lambel d'azur à cinq pendants*. — M. Lainé dit cette famille éteinte depuis des siècles, ce qui peut être vrai; mais alors il a existé d'autres familles de même nom, qui se trouvaient encore représentées, en Périgord et en Combraille, à l'époque de la Révolution de 1789.

La baronnie de Magnac, passée, par suite d'alliances successives, dans les maisons de Neuville, de Bonneval, de Salignac-Fénelon et de Laval-Montmorency, fut érigée en marquisat, en faveur d'Antoine de Salignac-Fénelon, au mois de mai 1650, et Guy-André de Laval-Lezay la possédait en 1760.

Il ne faut pas confondre cette terre avec une autre qui a été possédée par Jules d'Arnolphini, dit le comte de Magnac, illustre par sa valeur et ses talents militaires, mort le 23 février 1712, lieutenant-général des armées du roi, inspecteur-général de cavalerie et gouverneur de Mont-Dauphin (*La Chenaye-des-Bois*, 1re édition, T. II, p. 450; 2e édition, T. IX, p. 297. — *Histoire des généraux*, T. I, p. 161. — *Apud Nobiliaire d'Auvergne*).

Il y avait à Saint-Julien en Limousin une autre famille de Magnac ou de Maignac, de laquelle était Aimerie de Magnac, maître des requêtes, évêque de Paris, créé cardinal en 1383. Il portait : *Ecartelé aux 1er et 4e une main; aux 2e et 3e un lion* (Lainé, *Nobiliaire du Limousin*).

Huges de Magnac, évêque de Limoges, était de la maison de Magnac, près La Porcherie. Il fut, dans sa jeunesse, moine de Saint-Martial de Limoges, puis abbé régulier de Rabais, et ensuite, à cause de ses mérites, il fut fait évêque de Saint-Flour et président de la Cour des aides de Clermont. Enfin, il fut nommé pour succéder à Bernard de Bonneval au siège épiscopal de Limoges, dont il prit possession le 2 avril 1404. Il acquit beaucoup de biens par les différents emplois dont le roi de France l'honora; mais il fut aussi fort libéral. Il fit de grandes largesses aux églises de Saint-Etienne et de Saint-Martial qu'il institua ses héritières, et dont on peut voir le détail dans les *Annales*, T. III, p. 684, col. 1. Il mourut pieusement comme il avait vécu, le 17 ou 3 novembre 1412. Il est probable qu'il fut enterré à Saint-Martial, comme il l'avait désiré et demandé.

Sous son pontificat on unit la cure de Saint-Jean-en-Saint-Etienne, à une des grandes vicairies de cette église. En 1409, il envoya un député au concile de Pise. (LEGROS, *Limousin ecclésiastique*, p. 56.) Armes : *de gueules à deux pals de vair, au chef d'or chargé d'un lambel de cinq pendants d'azur.*

DE MAGNAC, quelquefois DE MAIGNAC, barons de Magnac, Sgr de Montroy, du Claux, de Céry, de l'Etang, de Montevrier, etc. Antique et illustre maison originaire de la Marche.

Itier de Magnac, chevalier, vivait en 997; autre Itier de Magnac, courageux chevalier de la Marche, périt à la croisade, en 1147. Itier de Magnac accompagna le roi Saint-Louis en Afrique, en 1270. Guillaume de Magnac, chevalier, neveu d'Itier de Magnac, qui précède, fut conseiller du roi Philippe de Valois, sénéchal de Saintonge, capitaine-souverain des guerres de Sa Majesté en Poitou, Saintonge et Limousin. Itier V de Magnac, époux d'Helix de Brosses, fut père d'Aymeric, évêque de Paris en 1368, cardinal en 1383, conseiller et maître des requêtes ordinaires du roi Charles V, mort en 1383, à Avignon. Pierre de Magnac, frère du cardinal, était échanson de Charles V en 1374; il testa en 1407. Hugues de Magnac, d'abord conseiller à la cour des aides de Paris, fut évêque de Saint-Flour en 1398, puis de Limoges en 1408. Pons et Jean de Magnac étaient chanoines-comtes de Brioude, le premier en 1348, le second en 1389. Hugues de Magnac, écuyer, Antoinette, sa fille, épouse d'Hector de Malleret, vivaient en 1477.

I. — Noble homme Jean 1er de Magnac, écuyer, Sgr du Repaire, reçut, le 28 août 1396, l'hommage de Perrot de Chavoing, écuyer, à cause du lieu de Gaste-Souris, dépendant de son château du Repaire; de lui descend :

IV. — Jean II de Magnac, écuyer, Sgr du Repaire, lequel rendit hommage à Charles de Gaucourt, le 17 mars 1541, pour tout ce qu'il tenait en fief de lui dans la mouvance de la seigneurie de Cluys. Par acte du 9 avril 1571, de concert avec Marie de Puyvinaud, son épouse, il vendit la seigneurie du Repaire et la métairie des Roches, près d'Argenton (Haute-Marne), à Gaspard Foucault, chevalier de l'ordre du roi, coseigneur du Repaire. Il demeurait alors au château de Montevrier, paroisse de Maillet en Berry; il eut : 1° Albert, époux d'Anne de Brazan, dont : A. — Bonaventure, mort avant 1571 ; 2° Gaspard, qui suit.

V. — Gaspard de Magnac, écuyer, Sgr de Montevrier, mineur le 7 juin 1573, eut pour tuteur messire Gaspard de Foucault, Sgr de Beaupré et du Repaire, cousin-germain de son père. Il épousa, le 20 juillet 1597, Claude de Gaucourt, fille de Charles, Sgr de Cluys, et de dame Anne de La Châtre. Il ne vivait plus en 1619. Sa veuve se remaria, le 13 décembre 1620, à François de Riffault, Sgr de Château-Guillaume; il eut : 1° Gilbert, qui suit; 2° Jeanne, mariée, le 14 juillet 1634, à Gabriel de Cussy, écuyer, Sgr de Riou ; 3° Edmée, mariée à André Aucapitaine, Sgr de Limanges.

VI. — Gilbert de Magnac, écuyer, Sgr de Montevrier, demeurant en la ville de Cluys, épousa, le 31 décembre 1620, Marguerite de Riffault, fille de François et de Françoise de Sillanis; de ce mariage : 1° Louis, qui suit; 2° et 3° Silvain et François, mentionnés en 1692.

VII. — François de Magnac, chevalier, Sgr de Cery, de l'Etang, servit avec distinction comme capitaine au régiment d'Enghien, commanda la noblesse du Bourbonnais en 1695, fut maintenu dans sa noblesse d'extraction, par l'intendant de Moulins, le 17 juillet 1700; il avait épousé : 1°, le 15 janvier 1683, Françoise de Brandon, fille de Jacques, Sgr de Goutière, de

La Goutelle, etc., et de dame Claude Thibaudin; 2°, le 15 avril 1704, Gilberte de Biottière, fille de Georges, écuyer, S^{gr} du Claux, et de dame Anne du Cloux. Il mourut au château du Claux, paroisse de Nouhan (Creuse), laissant de son second mariage :

IX. — Vincent de Magnac, chevalier, S^{gr} du Claux et de l'Etang, né au château du Claux, le 13 avril 1707, lieutenant-colonel au régiment Royal-Comtois, chevalier de Saint-Louis, marié, le 26 avril 1739, à Catherine Le Groing de La Romagère, fille de Gilbert, écuyer, S^{gr} de Montroy, et de dame Catherine Legay; il eut :

X. — Charles de Magnac, chevalier, S^{gr} du Claux, de Montroy, etc., né à Montluçon, le 22 août 1741, servant dans un régiment d'infanterie en 1764, marié le 3 octobre 1770, à Jeanne-Henriette-Rose de Lauzanne, fille de feu Antoine, S^{gr} du Puy-Malsaignat, chevalier de Saint-Louis, ancien capitaine de grenadiers au régiment de Royal-Comtois, et de dame Marie-Silvie-Antoinette de Madot, dont : 1° Hippolyte, qui suit ; 2° Marie-Joséphine, mariée, en 1804, au comte Alexandre-François de Panévinon de Marsat, page du roi Louis XVI, officier au régiment de chasseurs des Alpes, chevalier de Saint-Louis ; de cette union : A.—Anne-Marie, mariée, le 30 août 1829, au vicomte Jean-Jacques de Cousin de La Tourfondue ; B. — Gabrielle-Sophie, mariée, en mai 1833, au comte Hippolyte de La Celle ; 3° Silvie, mariée, en 1812, au comte Mayeul de Bosredon ; 4° Claire-Eulalie, épouse du vicomte Vincent de Loubens de Verdalle ; 5° Gabrielle-Sophie, mariée au chevalier Durand de Juvisy.

XI. — Hippolyte, comte de Magnac, ancien page du roi Louis XVI, émigra en 1792, servit dans l'armée de Condé, fut garde du corps du roi Louis XVIII (compagnie de Luxembourg). Il épousa, en 1805, Anne-Pauline de La Roche. Il est mort le 19 janvier 1830, laissant : 1° Julien-Joseph, qui suit ; 2° Catherine-Pauline, mariée, le 24 mai 1841, à M. Gilbert-Paul-Etienne de Tissandier, mort sans postérité; 3° Jeanne-Gabrielle, morte en 1863, mariée à M. Jules-Henri de Louan de Coursayes.

XII. — Julien-Joseph, comte de Magnac, né en 1809, mort le 26 février 1852 ; a épousé, le 25 février 1840, Mlle Clothilde Onslow, fille de M. Auguste, officier de cuirassiers, et de dame Alix-Marie-Amable des Aix ; de ce mariage : Marie-Eytier-Eric, né le 25 mai 1848.

Armes : *de gueules à deux pals de vair, au chef d'or, chargé d'un lambel d'azur de cinq pendants.* Couronne : *de comte.*

Sources : *Histoire du Berry*, par La Thaumassière. — *La Chenaye Desbois*, T. IX. — *Histoire des Cardinaux*, par Duchesne. — *Titres originaux*, etc.— (A. Tardieu, *Hist. de la maison de Bosredon*, p. 320.)

MAGNAC-NEUFVILLE. — V. Neufville.

MAGNANOS (Pierre et Guillaume de), possessionnés au pays de Combraille en 1249 (*Nobiliaire d'Auvergne*).

MAILHET. — Augustin de Mailhet, quarante-deuxième évêque de Tulle, né le 22 août 1763, sacré à Tulle le 24 avril 1825, prit possession de cet évêché le 28 du même mois. Armes : *d'azur à trois maillets d'argent posés 2 et 1, la poignée en bas.*

MAILLOT (T. III, p. 137). — Joseph Maillot, sieur de Laige, épousa Catherine Descordes, dont Grégoire, qui suit : (*Annales de la Haute-Vienne,* année 1812, p. 173.)

Grégoire Maillot, trésorier de France, a publié des poésies en 1700. (Bibliothèque de M. l'abbé Tandeau de Marsac.)

MAILLOU (T. III, p. 137).

La seigneurie de Maillou, située dans la paroisse de Saint-Saturnien, châtellenie, élection et sénéchaussée d'Angoulême (aujourd'hui commune de Saint-Saturnien, canton d'Hiersac, arrondissement d'Angoulême, Charente), consistait en rentes, agriers et autre droits et devoirs nobles, château, préclôtures, domaines et maitairies, haute, moyenne et basse justice, et relevait du roi à hommage-lige, à cause de son château d'Angoulême, ses possesseurs nous sont connus depuis le xvi° siècle.

Ce fief appartenait, à cette époque, à la famille Flamen, bonne et vieille maison bien connue en Angoumois, dont une héritière, Françoise, épousa Louis Regnier, écuyer, Sgr de Vaujompe et de La Planche, près Vivonne, en Poitou, et porta ladite terre à son mari ; mais quelque temps après ce dernier en vendit une moitié à Louis Poupet, sieur de La Carrelière, et à Hilaire Rabataud, sa femme, habitants de la paroisse de Saint-Georges de Vivonne.

Les deux seigneurs, par indivis de la seigneurie de Maillou, la cédèrent, moyennant 1,000 écus d'or soleil, à François Gelinaud, Sgr de Malaville, conseiller du roi et maître ordinaire de la Cour des comptes de Paris, qui, en 1582, en fit le transport à François Nesmond, président au Parlement de Bordeaux, époux de Charlotte Janvier. C'est la première terre seigneuriale qu'ait possédée la maison de Nesmond. François augmenta considérablement l'importance de ce fief en y ajoutant celui de Tersac (*alias* Terrassac), dont Léonor Chabot de Saint-Gelais, Sgr baron de Jarnac, Moulins et Saint-Aulaye, lui fit abandon par donation entre-vifs. Le fief de Tersac relevait de la baronnie de Jarnac, à hommage-lige et au devoir d'une paire de gants blancs ; il consistait en « cens, rentes, agriers, complants, champarts, terresvagues, droit de châtellenie, haute, moyenne et basse justice, et ce qui en dépendait dans les paroisses d'Hiersac, Moulède et Saint-Saturnien, avec 45 sols et 2 chapons de rente directe, seigneuriale et foncière, appelée la rente de Boisrenard, fors et excepté le quint des vins et complants appartenant aux seigneur et dame de Sargères ». Le 21 octobre 1605, François Nesmond, fit à la chambre des comptes de Paris, les foi et hommage qu'il devait au roi pour la seigneurie de Maillou.

Après la mort de François qui dut avoir lieu dans les dix premières années du xvii° siècle, nous ne saurions dire lequel de ses deux enfants, André, son fils aîné, ou Jacques, son troisième fils, posséda la terre de Maillou. Dans un partage du 26 avril 1603, François et sa femme avaient accordé à André, sous certaines conditions déterminées, la faculté de s'approprier cette terre, qui, dans un précédent partage, avait été attribuée à leur autre fils Jean ; mais ils lui avaient spécialement affecté la seigneurie de Tersac. Toujours est-il qu'au mois d'août 1651, Henri de Nesmond, président au Parlement de Bordeaux, fils aîné d'André, obtint des lettres patentes du roi, qui lui accordaient droit de haute, moyenne et basse justice, dans la seigneurie du

Maillou ; mais entre la date de l'obtention desdites lettres et celle de leur enregistrement au greffe du présidial d'Angoulême, qui eut lieu le 1er mars 1652, il transporta la propriété de ladite terre à François-Théodore, son frère puîné, conseiller au Parlement de Paris. C'est à la requête de ce nouveau seigneur, que Helie Houlier, lieutenant-général au présidial d'Angoulême, assisté de François Lambert, procureur du roi, et de Pierre Dubois, greffier, firent, le 15 avril 1652, les bornage et délimitation des deux seigneuries de Maillou et de Tersac.

Elles passèrent ensuite à Henri de Nesmond, président au Parlement de Bordeaux, quatrième fils de François-Théodore, qui en fit hommage au bureau des finances de la généralité de Limoges, le 9 juillet 1666. Pierre-André, lieutenant-général des armées navalles, fils aîné de Henri, en devint propriétaire après la mort de son père et rendit son hommage au roi, le 20 novembre 1705. Marie-Catherine, sa fille unique, épousa Louis d'Harcourt, comte de Sézanne, en hérita et la vendit avant 1713, à Henri Rambaud, écuyer, secrétaire du roi, maison, couronne de France et de ses finances, près la chancellerie du Parlement de Bordeaux, maire de la ville d'Angoulême, en 1723.

Ce dernier en fit hommage, le 13 juillet 1716, et le 17 mai 1726, cet hommage fut renouvelé par Marguerite Salomon ; sa veuve, comme tutrice de ses enfants. Elle devint ensuite la propriété de Jean-Louis Rambaud, fils aîné d'Henri, mariée à Madeleine des Ruaux, dont le fils aîné, nommé aussi Jean-Louis, écuyer, capitaine au régiment de Rouergue, remplit ses devoirs de vassal, le 20 juin 1765, et figure sous le titre de Sgr de Maillou, au nombre des membres de la noblesse à l'assemblée de 1789. (BABINET DE RENCOGNE, *Bull. soc. arch. de la Charente*, VI, p. 401.)

MAISONNEIS (T. III, p. 138).

Bertrand de Meyshonesio, français, d'une maison de condition, homme célèbre par sa science et sa longue expérience dans les affaires, fut élevé sur le siége de l'église de Naples en 1359. Dans un acte du 1er juillet, il est mal nommé Ynard. Brovins écrit qu'il obtint du pape Innocent VI la permission d'absoudre à l'article de la mort Louis, roi de Naples, lié par des censures pour n'avoir pas payé une redevance à l'église romaine. Il se trouva à une assemblée générale, tenue devant le roi et les grands seigneurs le 5 avril 1361 ; il y prononça un fort beau discours, adressé au clergé et aux prélats. Il mourut le 30 octobre 1362, et fut enseveli dans la grande église et dans un tombeau de marbre de la chapelle de Saint-Asprenat. On transféra son corps et son cercueil, près du grand autel, en 1370. On y voit cette inscription :

Hic jacet corpus Reverendi in Christo patris et domini domini
Bertrandi de Meyshonesio Dei gracia archiepiscopi Neopolitani,
qui obiit anno domini M CCC LXII, die XXX octob. primæ
indict, cujus anima requiescat in pace. Amen.

Nous avions vers ce temps, du côté de Saint-Junien, une maison de condition du nom de Meysoneis, ce qui me fait conjecturer que cet archevêque pouvait en sortir (NADAUD, *Mém. mss.*, T. I, p. 92. — UGHELLI, *Italia sacra*, VI, 198).

Noble Isabelle de Meyzanessas et son mari, noble Bozon Joussinelli de Freyssinet, damoiseau, vendirent, en 1384, à l'abbé de Saint-Martial, une terre située sur le chemin de Limoges à Panazol (*Nobiliaire*, II, 463).

DE LA MAJORIE (T. III, p. 141), S^{grs} de Durfort-Soursac, en Limousin, et de Courdes, dans l'élection de Mauriac. — Famille originaire de la petite ville de Beaulieu en Limousin, et anoblie en la personne de Géraud de La Majorie, par lettres du roi Jean, données au mois de novembre 1350. Il est qualifié chevalier dans un hommage qu'il rendit au monastère de Beaulieu, le 5 septembre 1362. Bertrand de La Majorie était moine audit monastère, en 1368, et Jean de La Majorie, écuyer, vivait à Beaulieu en 1398. Le château de La Majorie, bâti par cette famille, est situé dans les environs de la même ville. Aymar de La Majorie, écuyer, S^{gr} du lieu, époux de Catherine Sédières, fut le quatrième aïeul de Léonard et de Jean de La Majorie-Soursac, S^{grs} de Courdes, élection de Mauriac, maintenus dans leur noblesse en 1666. Ce même Léonard de La Majorie, alors capitaine de cavalerie, commanda une compagnie de la noblesse d'Auvergne, sous le sénéchal Claude d'Alègre, au ban de 1674, et se trouva avec elle à la conquête de la Franche-Comté. Pierre de La Majorie, son fils, donataire de Marie de Chazelles, sa mère, fit foi-hommage au roi, à cause de la seigneurie de Courdes, en 1684, et François de La Majorie renouvela cette formalité en 1723. Arnaud de La Majorie, S^{gr} de Durfort-Soursac et de Courdes, vivait en 1760. La famille de La Majorie qui, depuis, s'est transplantée en Vivarais, était représentée, en 1816, par le comte de La Majorie-Soursac, chevalier de Saint-Louis, résidant à Annonay, et alors père de plusieurs enfants en bas-âge.

Ce que Saint-Allais raconte au sujet des prétendus droits royaux de la baronnie de Soursac, est une véritable fiction; d'ailleurs, la vente n'a eu lieu qu'en 1798, alors qu'il n'était plus question de droits seigneuriaux, et ce n'est pas le roi qui l'a acquise. La maison de La Majorie compte deux chanoinesses du chapitre de Maubeuge, et des alliances avec les familles de Lestrade, de Sédières, de Pebeyre, de Belcastel, de Turenne-Soursac, de La Volpilière, de Chazelles, de Douhet-d'Auzers, de Gain de Montagnac, de Beffroy, etc., etc. (*Nobiliaire du Limousin*. — *Noms féodaux*, p. 621, 630).

Armes : *d'azur à la bande d'or*.

Lors des productions de 1666, la famille de La Majorie écartelait ses armes avec celles de la vicomté de Turenne, mais sans fondement, car la famille de Turenne-Soursac, à laquelle elle s'était alliée en 1593, était une branche légitimée de celle de Beaufort-Turenne, et celle-ci ne portait elle-même que les armoiries de Beaufort, ainsi qu'il est facile de s'en convaincre sur les preuves faites par les rameaux de Turenne, S^{grs} du Bac et des Bardeties, élection de Mauriac, en 1666 (*Nobiliaire d'Auvergne*).

MALAFAYDE (T. III, p. 142). — La famille de ce nom s'est éteinte en 1430 dans celle de Phélip de Saint-Viance. Elle possédait, dès le milieu du XIe siècle, une portion de la terre de Noailles, dont Bertrand Malafayde se qualifiait encore seigneur en 1375, ce qui a donné lieu de penser que cette famille était une branche de la maison de Noailles. Gaubert de Malafayde, abbé de Saint-Pierre d'Uzerche, gouverna ce monastère depuis 1096 jusqu'à

1108. Son neveu, Géraud Malafayde, étant sur le point de faire le voyage de Terre-Sainte (1096), fit une donation au même monastère. Dans la charte d'une autre donation, antérieure à 1108, faite par lui au même monastère, il est nommé *Geraldus Malafaida de Noalas*. (*Cartulaire de l'abbaye d'Uzerche*, fol. 56, 629.) Le même Géraud Malafayde fut témoin, en 1122, à la charte d'une donation faite au monastère de Saint-Barthélemi de Bénévent (183-184, p. 73).

Aimeri, élu patriarche d'Antioche en 1142, était de cette ancienne et illustre famille. (LAINÉ, *Nobiliaire du Limousin*.)

Guy de Malefaye ou Malefayde, d'une ancienne maison de ce nom dans le voisinage de Solignac, sur la Briance, était à la cour de l'empereur Henri II. Il épousa une princesse, parente de Saint-Etienne, roi de Hongrie. De ce mariage naquirent : 1° Saint-Bertaud ; 2° Adémar.

Saint-Bertaud, docteur en Sorbonne, fut religieux de l'ordre du Mont-Carmel ; il prit l'habit de cet ordre sur la montagne même du Carmel, l'an 1100, et fut créé général de l'ordre, en 1121, par Aimeri de Malefaye, patriarche de Jérusalem. Il gouverna cet ordre pendant quarante-cinq ans, et mourut en 1189, âgé de près de cent quinze ans. Il fut enterré dans l'église du Carmel. Le Saint-Père ordonna, par un bref apostolique, que tout l'ordre en ferait l'office le 29 mars.

Adémar de Malefaye, évêque du Puy, fut un des premiers qui prit la croix. Il précha la croisade avec une ardeur incomparable. Il tomba entre les mains des Bulgares qui voulaient le mettre à mort, mais fut délivré par quelques chevaliers français. Il mourut, au siége d'Antioche, de la peste qu'il avait prise en soignant ceux qui en étaient atteints.

Aymer ou Aymerie de Malafaye, cousin-germain de Saint-Bertaud et d'Adémar, naquit au commencement du xɪɪe siècle, dans le bourg de Saint-Viance en Limousin (Biogr. Michaud). En 1134, selon les *Annales manuscrites*, ou en 1143, selon le P. Bonaventure (III, 474), il fut élu patriarche d'Antioche, et légat *à la terre* pour tout l'Orient. Il tint ce siége pendant cinquante ans. Il fit bâtir pour les Carmes, qui vivaient alors disséminés dans les déserts de la Syrie, une très somptueuse église et un très beau couvent sur le Mont-Carmel. Après leur avoir fait construire plusieurs autres couvents dans la Syrie, il prit leur habit et mourut dans cet ordre en 1187. Son successeur fut Radulphe II, sous-diacre de Limoges, qui tint le siége trente-trois ans (*Annales manuscrites*, p. 150. — J. COLLIN, *Histoire sacrée de la vie des saints*, 367. — NADAUD, *Calendrier des saints*).

DE MALAURA. — Guy de Malaura, du diocèse de Limoges (partie de Combraille), fit un don au monastère de Sauxillanges, présentant pour caution Pierre-Maurice, Sgr de Montboissier, en 1114. Guerin et Pons de Malaura étaient chanoines-comtes de Brioude de 1161 à 1200. Pierre et Hugues de Malaura possédaient fief, en Combraille, en 1249. Nous soupçonnons que ce nom est le même que celui de Malaurent, ancien fief, dont la justice s'étendait sur les possessions de Saint-Georges de Nigremont et de Saint-Maurice, près Crocq, en Franc-Alleu, et qui a postérieurement appartenu à la famille Brachet de Montaigu (*Généalogie Montboissier*, p. 8. — *Catalogue de Brioude*, BALUZE, T. II, p. 108. — *Noms féodaux*, p. 172, apud *Nobiliaire d'Auvergne*).

MALBOT. — Donation faite par *Jordano Malbot de Compreniaco* de douze septiers de seigle de rente à l'abbaye de Bœuil, en 1281 (Archives de la Haute-Vienne).

MALEDEN ou MALDEN (T. III, p. 142).
Suivant une tradition cette famille serait originaire de la Grande-Bretagne. En 1362, Barthelemy Audier, originaire d'Angleterre, grand sénéchal de de la Marche et du Limousin, nomma pour son exécuteur testamentaire, son beau-père, Pierre Malden, aussi d'origine Anglaise. Pierre Malden n'eut que deux enfants : un garçon et une fille. La fille épousa Barthelemy Audier, dont il est ici question. Dans notre province, les Malden se mêlèrent à cette bourgeoisie de Limoges, industrieuse, active, intelligente, admirablement chrétienne, dont les origines se perdent dans la nuit des temps. A partir du xiv° siècle, leur nom se lit à toutes les pages de nos *Annales*. On les rencontre au barreau, dans la magistrature et dans les finances. Ils donnent à la ville, des consuls ; à la science, des savants ; à l'église, des défenseurs ; à l'état, des soldats. En 1420, Jean de Malden, avocat du roi à Limoges, professeur de droit à Toulouse, passait pour l'un des habiles jurisconsultes de son temps. (De Lurbe, *Hommes illustres de l'Aquitaine* ; *Limoges au xvii° siècle*, par M. Laforet, p. 443.)

Martial Maleden, bourgeois et marchand du château de Limoges, 1489 (*Registres consulaires*, I, 85).

Audoyn Maleden, religieux et trésorier à l'abbaye de Saint-Martial de Limoges ; Guillaume Maleden, religieux à la même abbaye, 31 août 1508 (*Registres consulaires*, I, 10).

Pierre Maleden eut pour fils Jehan de Maleden, qui fut élu consul en 1532, 1538, 1546 (*Registres consulaires*, I).

Pierre Maleden l'aîné, épousa Peyronne de Douhait, qui vivait en juillet 1603 (*Nobiliaire*, II, 24).

Catherine Maleden épousa Balthazard de Douhet, sieur du Boucheron, qui vivait en avril 1608 (*Nobiliaire*, II, 24).

Martial Maledent, sieur de Fonjaudran, vivant en 1647 (*Sem. relig. Lim.*, VIII, p. 468).

Jean de Maledent, président à l'élection de Brive, receveur général et ancien des décimes du diocèse de Limoges, épousa Louise Dalmaïs. Ils habitaient la paroisse de Saint-Michel-des-Lions, à Limoges. Ils eurent entre autres enfants Catherine Maleden de La Cabane, qui épousa, le 27 novembre 1663, Marc-Antoine de Chabrignac, baron de Beynac et Saban, sieur de Brignac, fils de François et de Gabrielle de Calvimont (*Nobiliaire*, II, 485).

François Maleden, sieur du Breuil, en 1665, était époux de demoiselle Catherine Daignot (papiers de la famille Lamy).

Anne de Maleden était épouse, en 1666, de Louis Des Maisons (*Nobiliaire*, III, 140).

Catherine de Maleden épousa, vers 1645, noble Charles de Clary, baron de Saint-Angel, conseiller, trésorier au bureau des finances de Limoges, mort, âgé de soixante-dix ans, le 15 décembre 1679 (*Nobil.*, I, 459).

Françoise Malleden, veuve de Leonard Flottes, bourgeois et marchand de

Limoges, fit son testament le 18 décembre 1681. Les armes du sceau portent trois grands arbres et deux petits placés entre les premiers (original).

Au xviii° siècle, les de Malden produisirent les certificats de noblesse exigés par l'édit du 21 mai 1681, pour l'admission au écoles militaires (P. LAFORET, *Limoges au* xvii° *siècle*, p. 444).

Marie-Marcelle de Malden épousa Guillaume de Roulhac, avocat, sieur de Thias, paroisse d'Isle, vers 1710 (NADAUD, *Généal. Roulhac*).

Barbe de Maleden de Feytiat épousa, en 1761, Jean-Martial Rogier, écuyer, sieur de Nexon, son parent (NADAUD, *Nobil.*, IV, 109).

N... Maleden de La Poujade fut nommé chevalier de Saint-Louis, de 1761 à 1763, il était dans la compagnie des chevau-légers de la garde du roi (*Hist. de l'ordre royal et militaire de Saint-Louis*, I, 375).

Jean-Marguerite de Maleden, capitaine au régiment de Champagnac, fut chevalier de Saint-Louis en 1781 (*Idem*, II, 313).

Jean-Baptiste de Maleden de Poujade, nommé chevalier de Saint-Louis en 1796 (*Idem*, III, 31).

Alexandre Malden, cavalier noble; François Maleden de Belezy, commune d'Isle, près Limoges; Malden, capitaine, et Jean de Malden furent nommés chevaliers de Saint-Louis en 1797 (*Idem*, III, 44).

Jean-Ignace de Maleden, chevalier, Sgr de La Borie et de Bord, fit son testament le 31 mars 1765, instituant héritière universelle sa sœur, demoiselle Léonarde de Maleden de Puytison. Il mourut le 24 avril 1765 et fut enterré le lendemain à Saint-Pierre-du-Queyroix (papiers de la famille Lamy).

Louis-Alexis de Maleden était chanoine de la cathédrale de Limoges en 1772 (*Bull. Soc. arch.*, XXIV, 114).

N..... Maledan de La Bastide et N..... Maledan, lieutenant-général civil et de police au présidial de Brive, faisaient partie de l'assemblée de la noblesse en 1789 (procès-verbal).

N..... de Maledent, âgé de quatre-vingt-dix-huit ans, était gravement malade lorsqu'on le transporta dans la maison de réclusion de Brive, pendant la Révolution; il y mourut peu de jours après. Il avait deux filles (*Maison de réclusion de Brive*, par Lajugie, p. 21).

Jean-Ignace Maleden justifie par titres ce qu'il possède, en 1792, dans la paroisse de Feytiat (Archives de la Haute-Vienne).

Une liste des émigrés du département contient les noms de N.... Malden père et Louis Maleden, son fils aîné; François Maleden Balezy (Archives de la Haute-Vienne).

Au retour du fatal voyage de Varennes, N..... de Maleden, garde du corps, placé sur le siège de la voiture du roi, n'échappa aux fureurs de la populace que par l'intervention des commissaires délégués de l'assemblée législative (*Limoges au* xvii° *siècle*, p. 444).

Trois frères Maledent étaient gardes du corps en 1789.

Louis de Malden, lieutenant-colonel de cavalerie, a signalé, l'un des premiers, après la Révolution, la nécessité d'améliorer, en France, nos races chevalines, et a publié à ce sujet un volume intitulé : *Réflexions sur l'organisation des haras*, in-8°. Paris, 1803-1805 (*Idem*, p. 444).

De Courcelles parle de la famille de Maleden en plusieurs endroits.

Nous avons recueilli les degrés suivants dans les papiers de la famille Martin de Fontjaudran.

I. — Jean de Maleden épousa Isabeau de Romanet, dont : 1° Martial, qui suit; 2° Etienne, auteur de la branche de La Borie et du Puytison, rapportée plus bas.

II. — Martial de Maleden épousa, le 19 août 1612, Catherine Martin, fille de Jean Martin de La Bastide et de Jeanne de Verthamon, dont : 1° Joseph, marié à Léonarde Faulte; 2° Etienne, marié à Catherine Brugière ; 3° Jean, qui suit; 4° Jeanne, mariée, à Jacques Dupeyrat, en 1640; 5° Thérèse, mariée à N..... Dorat; 6° Jean, marié à Françoise Fournier; 7° Marie, mariée à Jean de Douhet; 8° Anne, religieuse.

III. — Jean de Maleden, maître monnayeur (1646), épousa Marie Brugière, qui reçut en dot le fief noble de Fontjaudran, dont : 1° Catherine, qui fut religieuse; 2° Marie, qui épousa N..... de La Biche de Rilhat; 3° Françoise, religieuse; 4° Thérèse, mariée à N..... Dorat-Disnematin ; 5° Antoinette; 6° Jean-François, qui suit ; 7° Ursule; 8° Catherine.

IV. — Jean-François de Maleden, héritier général de ses parents, épousa Thérèse-Grégoire de Roulhac, dont : 1° Marie, mariée à Georges Guibert; 2° Guillaume, qui suit.

V. — Guillaume de Maleden épousa Marie-Grégoire de Roulhac (sœur de Thérèse-Grégoire de Roulhac, femme de Simon Martin). Ils semblent être morts sans enfants, puisque Marie, étant veuve et héritière de son mari, fait donation, le 22 octobre 1777, à sa sœur Thérèse du fief de Fontjaudran.

II bis. — Branche de La Borie et du Puytison. — Etienne de Malleden, fils de Jean et d'Isabeau de Romanet, épousa autre Catherine Martin.

Elisabeth de Maleden, de Feytiat, a épousé Bernard Martin du Puytison, commune de Feytiat, dont Sidonie-Eléonore Martin du Puytison, qui a épousé, le 5 mai 1856, Louis-Henri-Alexandre-Armand, comte d'Ussel (*Généalogie d'Ussel*).

Nous avons formé les degrés suivants en consultant les historiens de cette époque.

I. — Pierre de Maleden, receveur des décimes du diocèse, épousa Nardo Petiot, dont Mathieu de Maleden, qui suit.

II. — Mathieu de Maleden, Sgr de Meilhac et de Savignac, trésorier général de France, mourut en 1650. Il avait épousé, par contrat du 24 janvier 1604, Peyronne Benoit, fille de Martial Benoit, trésorier général de France en la généralité de Limoges, Sgr de Compreignac et du Mas-de-l'Age, et de Jeanne de Douhet. De ce mariage naquirent : 1° Pierre de Maleden, Sgr de Meilhac, qui suit ; 2° Martial de Maleden, Sgr de Savignac (Voir sa vie : P. Laforet, *Limoges au* XVII° *siècle*, p. 444. — La Biche de Reignefort, *Vie des saints du Limousin*, T. II); 3° Thérèse de Maleden, qui épousa le baron Morel de Fromental, président au siège présidial de Limoges, et mourut à Limoges le 6 décembre 1647 ; 4° Louise de Maledent, religieuse au couvent de Sainte-Claire.

III. — Pierre de Maleden, de Meilhac, conseiller au Parlement de Bordeaux, mort à Limoges en 1649 (*alias* 1651), avait épousé, à Saintes, Marie Goy de La Bayne, dont : 1° Anne-Marie de Maleden, en religion la mère du Calvaire (Voir sa vie : *Limoges au* XVII° *siècle*, par M. P. Laforet, p. 522); 2° N..... de Maleden, religieuse au couvent de Sainte-Claire, à Limoges; 3° Louise de Maleden, en religion sœur Saint-François, qui fit profession au couvent de Sainte-Claire, à Limoges, entre les mains de Mgr de La Fayette, le 9 mai 1666.

Nous trouvons pour armes de cette famille, sur le plan de la ville de Limoges, dit des trésoriers :

M. Maleden de La Borie : *d'azur à trois léopards passant l'un sur l'autre d'or.*

P. Maleden Hardy : *parti au 1er d'azur à l'aigle éployée d'argent; au 2e d'azur à trois léopards passant l'un sur l'autre d'or.*

Pierre Maleden, le premier de cette famille, aurait eu pour armes *trois lions d'or sur champ d'azur,* armoiries parlantes de *mala dens.* (*Limoges au* xviie *siècle,* p. 443.)

DE MALEMORT (T. III, p. 143). — Cette maison puissante, qui s'est éteinte depuis bien des siècles, avait pris son nom d'une terre située à une demi-lieue de Brive. Les seigneurs de Malemort, baron du Limousin, se qualifiaient *princes* dans les chartes des xe et xie siècles. Ils prirent part à la première croisade, en 1096; et fondèrent le monastère de Dersses, au diocèse de Limoges, en 1212. En 1010, Gaubert, prince de Malemort, fut surpris dans son château par Ebles II. vicomte de Comborn, avec lequel il était en guerre. Il était frère d'Engelsiane de Malemort, femme de Gui de Lastours, Sgr de Terrasson, de Pompadour et de Hautefort. Il y a beaucoup de chartes sur les seigneurs de Malemort dans le Cartulaire de l'abbaye d'Uzerche, à laquelle ils firent de grandes libéralités. Ils se sont alliés aux maisons de Comborn, de Limoges, de Ventadour, de Favars et de Turenne. Dès 1250, la maison de Maleguise possédait la terre de Malemort. Cette illustre famille portait son écu *fascé d'argent et de gueules* (Lainé, *Nobiliaire du Limousin*).

Gilbert de Malemort, cinquante-septième évêque de Limoges, fils d'autre Gilbert de Malemort, était archidiacre de Limoges lorsqu'il fut élu canoniquement, le 15 ou 16 décembre 1275, par le clergé assemblé pour être successeur d'Aimeric de Serre, après une vacance de trois ans cinq mois et treize jours. Il reçut sa confirmation de l'archevêque de Bourges, dans l'octave de Noël de la même année, et fut sacré le dimanche de la Passion, 22 mars de l'année suivante. L'annaliste dit qu'il avait été ordonné prêtre le jour qui précéda son sacre et qu'il ne célébra sa première messe que le 24 juin suivant, jour de Saint-Jean, à laquelle il y eut un grand concours de seigneurs, tant ecclésiastiques que laïques.

Il fit, en 1282, une transaction avec le chef des Templiers du Limousin, touchant les églises dépendantes de cet ordre. En 1286, il assista au concile de Bourges. La même année, il acheta de Gerard de Malefeida plusieurs rentes sur la paroisse d'Isle. En 1287, il obtint de Philippe-le-Bel un mandement portant défense à qui que ce fut de troubler l'évêque de Limoges dans sa juridiction temporelle de la cité. En 1289, il donna 10 livres de rente annuelle au chapitre de Limoges, pour célébrer son anniversaire après sa mort.

Le 23 août 1278, il assista au concile d'Aurillac en Auvergne (Martene, T. IV, anecd., col. 189). Le 19 septembre 1286, il assista à un autre concile tenu à Bourges (*Ibidem,* col. 203). Il était à Rome le 16 novembre suivant. En 1288 (*Manuscrit. épiscop. et Saint-Steph.*), il unit des archiprêtrés à quelques cures : Lubersac à celui de Combraille, Saint-Sulpice-les-Guérétois à Auzème, Néoux à Aubusson, Monceau à Brivezac, Saint-Paul à la cure de ce même nom.

Gilbert fit un testament en 1293 et un codicille le mercredi après la fête de Saint-Nicolas de mai, 12 de ce mois 1294. Son héritier fut Aimeric de Malemort, chevalier, son neveu. Il mourut le 9 ou 11 juin 1294. Il fut enterré dans la cathédrale de Limoges, au milieu du chœur. On voyait son inscription sur une plaque de cuivre, dans la chapelle des trois rois :

> Qui jacet in tumulo si quærat forte viator,
> Hic jacet antistes moribus eximius,
> Gilbertus Malamort erat illi nomen avorum.
> Reddidit hunc celebrem fama decusque patris.
> Pontificali annis bis novem munere functo,
> Corpus terra rapit, spiritus astra capit
> Obiit anno Domini 1294.

Armes : Dans un sceau, il n'a pour armes qu'*une main bénissante*. Les Malemort portent : *fascé d'argent et de gueules de six pièces* (LECROS, *L m. ecclésiastique*, p. 50, etc.).

DE MALERET ou MALLERET (T. III, p. 146). — Famille possessionnée en Bourbonnais, en Combraille et dans la Marche, connue depuis 1242, et subsistant encore avant la Révolution de 1789. Son nom se rencontre parmi les alliances des maisons de Sarrazin, d'Aurelle de Colombines, de Montrognon et de La Roche-Aymon. — Armes : *d'or au lion de gueules*. (*Nobiliaire d'Auvergne*).

DE MALLESEC (T. III, p. 146), seigneurs de Chatelus, vicomtes de La Mothe, dans la Marche. Cette famille s'est éteinte vers le commencement du XVIIe siècle. (LAINÉ, *Nobiliaire du Limousin*.)

Noble Guillaume de Malesset, damoiseau, rend hommage à noble et puissant seigneur Rigal de Carbonnières, en 1352, pour le Mas-d'Anglars, paroisse de Roffiac (*Généal. Carbonnières*).

Pierre de Mallessec, Ser de Chatelus, épousa, vers 1520, Marguerite de Saint-George, fille de Jean de Saint-George, chevalier, Ser de Saint-George, de La Bussière, de Chavagnac, et d'Isabeau de Gracay (*Nobiliaire*, III, 305).

Catherine de Mallessec, dame de Vautenart et du Bourg-Achambaud, fille de Marc de Mallessec, vicomte de La Motte-au-Groing, et de Catherine de Gazette (*Nobiliaire*, III, 146), épousa : 1º Jean de Reilhac, qui fut tué à la bataille de Saint-Denis ; 2º Antoine des Montiers, Ser des Roches, fils de Pierre des Montiers et de Marie de Lavaud.

Madeleine de Malesset de Chatelus, fille de Charles, marquise du Coudray-Montpensier, veuve de Henri d'Escoubleau, fit son testament, en 1696, par devant Jacques Lecourt, notaire à Chinon. Elle portait : *d'or au lion rampant de gueules ; au chef d'azur chargé de trois étoiles d'or* (*Armorial de la Touraine*).

Françoise de Mallessec, demoiselle de Chatelus, fille de Charles, était marraine à Bonnat, le 1er août 1674.

DE MALLEVAUD (T. III, p. 148), chevaliers, Sgrs d'Auché, de La Varenne, de La Marche, de La Couture, de Morigny (paroisse d'Yzeures), de Puyrenaud, de La Mangottière, de Launay-sur-Fourche, de La Drageonnière, de La Vidonnière, de La Blonière, paroisse de Bossay, etc. — Famille dont l'origine remonte au xiv° siècle. Elle a donné des officiers de marine, un évêque d'Olonne *in partibus infidelium*, Jean de Mallevaut (1648); deux lieutenants-généraux de la sénéchaussée de la Marche; un lieutenant des maréchaux de France au baillage de Loches, François Mallevaud, etc.

On trouve, en 1370, Marguerite Mallevaud, qui épousa Monton de Cluys, écuyer, Sgr de Briantes et d'Issoudun-sur-Creuse, dont la fille Alix de Cluys, fut mariée, en 1408, à Jean de Voyer, Sgr de Paulmy.

Montain de Mallevaud, écuyer, Sgr de La Mangottière, eut un fils, Madelon de Mallevaud, marié à Marie de Mathefelon, dame de Varenne. De ce mariage sont issus : 1° Baptiste de Mallevaud, écuyer, Sgr de Varenne, qui épousa, le 29 janvier 1546, Renée de La Faye; 2° Jean de Mallevaud de La Mangottière, reçu chevalier de Malte, au grand prieuré d'Aquitaine, en 1546.

Claude de Mallevaud, écuyer, Sgr de La Varenne, fut maintenu dans sa noblesse en 1666 et 1697, par MM. de Barentin et de Maupeau, commissaires du roi. Une sentence de l'intendant de Poitiers, des 11 mars et 14 juillet 1715, confirma ces ordonnances de maintenue.

Un arrêt du parlement de Paris du 3 février 1787, un autre, rendu par le roi le 5 avril 1788, et un troisième, rendu par le conseil du roi et de ses finances, les 3 et 19 avril de la même année, maintinrent la branche cadette de cette famille dans sa noblesse d'extration.

La branche des seigneurs de Marigny et de Puyrenaud a pour auteur Etienne de Mallevaud, deuxième fils de Baptiste de Mallevaud et de Renée de La Faye.

Etienne de Mallevaud eut deux enfants : 1° François, qui suit; 2° Jean de Mallevaud fut religieux récollet, puis évêque d'Olonne et coadjuteur de Clermont. Il mourut à Aix en Provence (1609-1682). (Voir *Notice sur N.-D. de Lorette, près Bellac*, p. 193, et *Bull. Soc. arch.*, XIV, 159.). — Un Jean de Mallevaud était curé de Brigueuil-l'Aîné en 1699, et y mourut (*Annales de Brigueuil-l'Aîné*, p. 8-24).

François de Mallevaud, écuyer, épousa, en janvier 1635, Jeanne de La Coudre, dont il eut Etienne de Mallevaud, marié, le 24 février 1664, à Charlotte Tardy. De ce mariage est issu : François de Mallevaud, écuyer, Sgr de Marigny, près Yzeures, président, lieutenant-général de la sénéchaussée de la Marche, marié, le 7 mars 1696, à Marie-Rose Le Large. Deux enfants sont nés de ce mariage : 1° Etienne de Mallevaud, écuyer, Sgr de Marigny, lieutenant-général de la Basse-Marche, marié, le 28 octobre 1729, à N..... Cothereau de Grandchamp, fille de N..... Cothereau de Grandchamp, maréchal-des-logis des mousquetaires du roi. Il laissa deux fils : A. — François-Antoine de Mallevaud, chevalier, Sgr de Marigny, lieutenant-général du Dorat et de la sénéchaussée de la Basse-Marche. Il épousa Charlotte-Marguerite du Perron; elle était veuve en 1789, et fut représentée à l'assemblée de la noblesse de Touraine comme dame de Marigny, Taix-l'Aulnay, etc., par son beau-frère François-Henri (procès-verbal de l'assemblée), dont il eut : a. — François-Henri-Charles de Mallevaud, Sgr de Marigny, né le 17 février 1771, chevalier de Saint-Louis, officier des chasseurs de Hainault, décédé sans alliance; b. — N....., mort en émigration;

c. d. e. — trois filles, l'une mariée à N..... du Peyron de Saint-Hilaire, l'autre à N..... Baret de Rouvray, et la troisième, Marie ou Marguerite-Anne, mariée par contrat passé à Yzeures (Indre-et-Loire), le 20 messidor an II de la République, à François-Denis Desmier, marquis de Chenon, fils de Louis-Charles et de Anne-Gabriel Perry de Nieuil. Elle a été inhumée à Poitiers le 29 avril 1826. B. — François-Henri de Mallevaud, chevalier, Sgr de Marigny, chevalier de Saint-Louis, capitaine au régiment royal-infanterie, commissaire ordonnateur à Tours, gouverneur du Dorat. En 1789, il comparut à l'assemblée électorale de la noblesse de Touraine. La noblesse de la Basse-Marche réunie au Dorat, capitale de cette province, en 1789, tint son assemblée générale dans son hôtel (*Catalogue des gentilshommes de la Basse-Marche*). Le 29 avril 1771, il avait épousé N.... de Riancourt, dont il eut une fille, mariée au marquis de Bridieu; 2° François de Mallevaud, écuyer, Sgr de Puy-Renaud, lieutenant des maréchaux de France au bailliage de Loches (par brevet du 15 juin 1767), marié en 1745 à N.... Aubry, nièce de N..... Guimier, président, lieutenant-général à Loches. De ce mariage sont issus : A. — François-Henri, qui suit ; B. — N....., officier de génie; C. — N...., officier au régiment de Languedoc.

François-Henri de Mallevaud, chevalier, Sgr du Puy-Renaud, ancien conseiller au châtelet d'Orléans, assista à l'assemblée électorale de la noblesse de Touraine en 1789. Le 4 avril 1784, il épousa N..... Nolleau de Beauregard, dont il eut : 1° François de Mallevaud de Puyrenaud, marié, le 22 février 1816, à Françoise Hocquart, fille de Toussaint-Thérèse Hocquart, chef d'escadron, chevalier de Saint-Louis, et de Madeleine Le Prince; 2° Etienne de Mallevaud ; 3° Pauline de Mallevaud, mariée à N.... de La Motte de Logny, officier au régiment de la reine.

Armes : *d'argent à trois vires d'azur, au bâton de même péri en pal au centre de l'écu.* Couronne de marquis; tenants : *deux sauvages.* (*Armorial de la Touraine et documents divers*).

MANDAT (T. III, p. 149), écuyer, Sgr de La Jonchère en Touraine (XVIe et XVIIe siècles). — Famille originaire du Limousin. Sa filiation suivie remonte à Galiot Mandat, Sgr d'Aigrefoin et de La Jonchère, échevin de la ville de Tours en 1559.

En 1599, Georges Mandat remplissait les fonctions de conseiller du roi, lieutenant-criminel au siège présidial de Tours. Il épousa Françoise d'Argouges.

Armes : *d'azur au lion d'or; au chef d'argent chargé d'une hure de sanglier de sable, défendue d'argent, accostée de deux roses de gueules.* Supports : *deux lions* (*Armorial de la Touraine*).

Vicairie fondée par noble Vincent de Savignac, 19 mai 1473. Y nommaient : Jean Savignac, 1510. — André, écuyer, 1583. — Gabriel, Sgr de La Maison-Rouge, paroisse de Saint-Maurice, près La Souterraine, et de Chabannes, avec Catherine de Savignac (épouse de Louis de Saint-Julien), fille aînée de feu Gabriel de Savignac, 1652. — Jacques Mondain de Montostre de Savignac, Sgr de La Maison-Rouge, avec Bonnet, Sgr de Saint-Priest, 1700. — Anne Chaud, veuve dudit Mondain et usufruitière de ses biens, avec Léonard-Joseph, son fils, 1740. (*Pouillé*, art. La Souterraine.)

François Mandat, sieur de La Foret, fonde une vicairie pour le plus proche parent, le 23 novembre 1669, — appelée de Fregefont et Lartanay. — Au grand autel. — Patrons : héritier et plus proche parent, Jean Mandat, écuyer, 1751 ; Cheyrou, bourgeois, fils d'une Mandat 1751 ; Robert, sieur de Lascoux, bourgeois, paroisse de Saint-Martin-le-Vieux, fils d'une Mandat, fille du frère du fondateur, 1751. — Jean Mandat, écuyer, 1752, — Antoine-Joseph de Martin, chevalier, S^{gr} de La Bastide, trésorier de France, comme donataire universel de Marie-Anne de La Clef, sa femme, héritière de André Mondot, écuyer, sieur de Puy-de-Nuz, brigadier des gendarmes de la garde du roi, 1751, 1752.

Autre vicairie fondée par Martial Mandat, sieur du Masgondier, à Tarn, et dans la chapelle, pour le plus jeune prêtre de la communauté, le 5 mars 1658 (Pouillé de Nadaud, p. 219).

Voir ci-après l'article Mondain.

Le *Nobiliaire universel de Saint-Allais* contient une généalogie des Mandat de La Jonchère, au tome III, p. 360.

MANENT (T. III, p. 149). — N..... Manent, neveu du chanoine Jean de Cordes, fut aussi chanoine de la cathédrale de Limoges par la résignation de son oncle en 1632. Il fut docteur de Sorbonne et mourut en 1702. (*Biogr. des hommes illustres du Lim.*, I, p. 145.)

N..... Manent était prieur-curé de Chamboret, canton de Nantiat, en 1760. (Registres paroissiaux.)

MANSANES. — D'Hozier donne pour armes au prieuré de Mansanes en Limousin : *de gueules à une fasce d'or chargée de trois étoiles de sable.* (*Arm. génér.*)

DES MARETS de Maillebois (T. III, p. 187), S^{grs} d'Aubusson, de Nonette, de Flageac, de Montaigu-sur-Champeix, etc., etc. Cette famille n'appartient pas à l'Auvergne, où elle n'a fait que paraître et disparaître. Jean-Baptiste-François Des Marets, marquis de Maillebois, maréchal de France, avait épousé, le 26 janvier 1713, Marie-Emmanuel d'Alègre, troisième fille du maréchal de ce nom, laquelle lui apporta en dot les terres ci-dessus mentionnées. De ce mariage issurent, entre autres enfants, Marie-Yves Des Marets, comte, puis marquis de Maillebois, lieutenant-général, qui vendit ses possessions d'Auvergne à divers seigneurs de la province, et Marguerite-Henriette Des Marets de Maillebois, épouse de N.... du Bouchet, marquis de Sourches.

Armes : *d'azur au dextrochère d'argent tenant trois lis de même* (BOUILLET, *Nobiliaire d'Auvergne*).

Jean-Antoine Des Marets, religieux bénédictin du diocèse de Limoges, 1802 (LEGROS).

DES MARAIS.

I. — Jean-Louis Des Marais, chevalier, vicomte de Soulignac, S^{gr} de Lageponet, du Chambon, etc., gentilhomme ordinaire de la chambre de S. A. R. Mgr le duc de Lorraine, capitaine de ses gardes, épousa Marie-Françoise Deaulx, fille de Pierre Deaulx, sieur du Chambon, Lageponet et Soulignac, et de Anne-Renée Dalmany. Il eut pour enfants : 1° Louis-François-Gaspard, qui suit; 2° Joseph Des Marais, né au Chambon le 27 octobre 1723, prêtre, licencié en théologie de la Faculté de Paris, chanoine de Troyes, vicaire-général de l'évêque de cette ville. Il fut nommé abbé de Bonlieu le 6 mai 1759, reçut ses bulles le 6 juillet suivant et prit possession le 31 octobre. Depuis cette nomination, il devint vicaire-général de l'évêque de Poitiers. Il se démit de Bonlieu en 1776, après avoir été nommé à l'abbaye de Rozières, diocèse de Besançon, fut nommé chanoine honoraire de Saint-Martial de Limoges, est mort le 12 septembre 1787, a été enterré à Saint-Martial; 3° Marie-Renée Des Marais, qui épousa, le 6 février 1742, Jean du Rieux, chevalier, S^{gr} de Villepreaux, fils de Pierre-Sylvain du Rieux et de Marguerite de La Bastide. Il mourut en 1753 (*Nobil.*, IV, 23); 4° peut-être Marie-Anne-Françoise Des Marais, qui épousa, le 13 novembre 1740, Jacques-Clément des Flottes, S^{gr} de Leychoisier, veuf de Marie Reynaudin, dont la petite-fille fut Mme de Sombreuil, l'héroïne de la révolution.

II. — Louis-François-Gaspard Des Marais, sieur du Chambon, du Noyer et autres lieux, mousquetaire du roi, naquit au Chambon, commune de Bersac. Il cultiva la poésie avec succès, mourut à l'âge de cinquante-sept ans, le 24 février 1779, et fut inhumé au cimetière de la paroisse de Saint-Michel-des-Lions, à Limoges. Il avait épousé, le 30 janvier 1742, dans l'église de Marsac, archiprêtré de Bénévent, Jeanne-Marie de Sauzet, dame de Villesanges, née en 1720, morte à Limoges le 4 avril 1790. Sa vie a été écrite par le chanoine La Biche de Reignefort. De ce mariage naquirent neuf enfants, dont quatre moururent jeunes : 1° Joseph-Louis, qui suit; 2° Jean-Baptiste, peut-être celui que sa sœur Anne-Honorée soigna dans une longue maladie; il fut capitaine des grenadiers au régiment de Rouergue et mourut à Limoges âgé de trente-sept ans, le 10 juin 1787, fut enterré à Saint-Michel-des-Lions; il avait testé le 10 octobre 1782; 3° Jérôme-Léonard Des Marais, nommé chanoine de Troyes et vicaire-général de ce diocèse, archidiacre d'Arcys en 1782, se retira avec sa sœur au château du Chambon lorsque la révolution l'eut dépouillé de tout; il y résidait encore en 1802; 4° Louis (dit de Soulignac et aussi le chevalier Des Marais), qui mourut lieutenant au régiment provincial à Limoges; 5° Anne-Honorée, née en 1748, élevée d'abord à la communauté des religieuses de Saint-Léonard, puis à La Règle de Limoges; elle mourut au château du Chambon à l'âge de quarante-neuf ans, le 17 octobre 1797. M. le chanoine La Biche de Reignefort a écrit sa vie.

III. — Joseph-Louis Des Marais, chevalier, S^{gr} du Chambon, Lageponet et Le Noyer, mousquetaire de la garde du roi, vota à l'assemblée générale de la noblesse du Limousin en 1789. Il épousa, le 19 décembre 1773, Sylvie Lignaud, fille de Jean-Louis Lignaud, chevalier, marquis de Lussac-les-Eglises, vicomte de Comblezy, baron de La Boutelaye, S^{gr} de l'Age-Bernard, et de Anne-Nicole Fumée. Elle est morte le 9 avril 1783. Joseph-Louis émigra pendant la révolution, et laissa aux soins de sa sœur ses deux jeunes enfants : 1° Joseph-Arsène-Hippolyte, qui suit; 2° Marcelline Des Marais.

IV. — Joseph-Arsène-Hippolyte Des Marais, né le 11 octobre 1781, mort au Chambon en 1862 ou 1863; il avait épousé N..... Durieu, qui mourut aussi au Chambon dans un âge fort avancé, en 1865. De ce mariage étaient nés : 1° Adrien-Louis-Joseph, qui suit; 2° N.... ., mariée à N..... Delord, d'Uzerche.

V. — Adrien-Louis-Joseph Des Marais a épousé Laure de Seglière de Boëry, dont sont issues : 1° Marie-Aline, morte sans alliance le 17 décembre 1867 ; 2° Alice, qui a épousé N..... de La Celle de Châteauclos.

DE MARANS (T. III, p. 151), chevaliers, barons des Ormes-Saint-Martin, S^{grs} de Saint-Marc, de Villiers, de La Chauvelière, — de Laudetterie et de La Dubellerie, paroisse de Saint-Pierre-de-Tournon, — de La Fournière, paroisse d'Abilly, — de Loubressay, de Pindray, — de Vaugodin, paroisse de Poizay-le-Joli, — de Melzéart, etc.

Cette famille, répandue en Touraine, en Poitou et dans le Maine, paraît avoir tiré son origine de la terre de Marans en Aunis, dont les seigneurs sont connus dès le xie siècle. Elle a possédé pendant longtemps la terre des Ormes, qui appartient aujourd'hui à la maison de Voyer d'Argenson.

Guillaume de Marans, écuyer, S^{gr} des Ormes-Saint-Martin et de Loubressay (1460), épousa Alix Aigret, dont il eut : 1° Charles de Marans, S^{gr} des Ormes, marié à Guyonne de Vieulx ; 2° François de Marans, dont le fils, Gilles, eut pour femme (1489) Antoinette de Pindray.

Du mariage de Charles de Marans et d'Alix Aigret naquit un fils, Pierre de Marans, qui, en 1508, arma des vaisseaux à ses dépens, avec Jean Chappron de Bernay, son cousin, et avec l'autorisation de Charles, duc de Gueldre et de Juliers, prit part à la guerre contre le roi de Castille. De Françoise de Pindray, Pierre de Marans eut trois enfants : 1° Charles de Marans, mort en 1554 ; 2° Jean de Marans, S^{gr} des Ormes-Saint-Martin et de Pindray ; 3° Louis de Marans, S^{gr} de Loubressay.

Jean de Marans, un des cent gentilshommes de l'hôtel du roi, eut deux fils de son mariage avec Hélène de Culant : 1° Pierre de Marans, S^{gr} des Ormes, chevalier de l'ordre du roi, marié à Renée Thibault (1558) ; 2° Charles de Marans, gentilhomme ordinaire de la chambre du roi et chevalier de ses ordres, capitaine de cinquante hommes d'armes, marié à Louise Thibault.

Pierre de Marans mourut en 1602, laissant un fils et une fille : 1° René de Marans, décédé sans postérité en 1604 ; 2° Louise de Marans, femme de Louis de Vernon, S^{gr} de La Rivière-Bonneuil.

La maison de Marans a donné un chevalier de l'ordre de Malte, François de Marans (1563).

Louis de Marans, S^{gr} de La Varenne, et la veuve de Philippe de Marans, S^{gr} de l'Aumônerie, furent maintenus dans leur noblesse par sentence du 26 septembre 1667.

Madeleine et Thérèse de Marans, nées en 1676 et reçues à Saint-Cyr au mois de juin 1686, prouvèrent qu'elles descendaient de Pierre de Marans, S^{gr} des Ormes-Saint-Martin, et de Françoise de Pindray.

Un des membres de la famille comparut au ban de la noblesse du Poitou, convoqué en 1703.

Louis-François de Marans de Saint-Marc comparut au ban de la noblesse de la même province en 1758.

Dans la liste des nobles du Poitou, qui prirent part, soit en personne, soit par fondé de pouvoir, à l'assemblée électorale de 1789, on trouve :

Pierre-Louis de Marans, S^{gr} de La Petite-Rochebœuf, officier au régiment de Commissaire-général-cavalerie ;

Claire de Marans et Julie de Marans, sœurs, résidant dans la paroisse de Saint-Cyran-du-Blanc ;

Gabriel de Marans, chevalier, S^{gr} de Laudetterie ;

Jean-César de Marans, S^{gr} de La Veronne ;

Marie Martel, veuve de Louis-François de Marans, chevalier de Saint-Louis, dame de Tricon.

Dans le *Tableau des émigrés* du Poitou, publié par M. Beauchet-Filleau, figurent : Marans de La Fond, lieutenant de chasseurs au régiment de Bourbon-infanterie ; Louis-François-Charles Marans de Chaumont, capitaine au bataillon de garnison de Fontenay-le-Comte, chevalier de Saint-Louis ; Jean-César de Marans, officier au régiment de Normandie-infanterie ; Gabriel de Marans de Laudetterie, officier au régiment de Provence ; Gabriel, chevalier de Marans de La Maison-Neuve, ancien officier au régiment Royal-infanterie ; Marans de Chaumont, décédé à Ham, près Dusseldorf, en juin 1795 ; Pierre-Louis de Marans de Tricon, lieutenant au régiment Commissaire-général-cavalerie ; Marans de La Varenne.

Armes : *fascé d'or et d'azur de 6 pièces ; contre-parti de même ; au chef tiercé en pal, le 1er et le 3e gironné, le 2e palé de 4 pièces, le tout d'or et d'azur, et un écusson d'argent placé au milieu de l'écu.* Supports : *deux lions.* Couronne : *de marquis.*

Vertot blasonne ainsi les armes de François de Marans, chevalier de Malte : *fascé et contre-fascé d'or et d'azur ; au chef pallé et contre-pallé de même de 3 pièces, flanqué à dextre et à senestre d'azur au giron d'or ; sur le tout un écusson de gueules.* (*Armorial de la Touraine*, p. 616).

Louise de Marans épousa Léon de Lestang, écuyer, S^{gr} de Breuil, vers 1500. (*Généalog. Lestang.*)

Marguerite de Marans était épouse (de 1530 à 1550) de René de La Tousche, S^{gr} de Boisgilet et de l'Auberdière. (*Généal. de La Tousche.*)

En 1587, Esther de Marans, fille de Gabriel de Marans, avocat en la Basse-Marche, S^{gr} de Mons et du Chatain, et de Françoise Constancin. (Papiers de la famille Boucheuil.)

Gabriel de Maran de Rancon, fils d'autre Gabriel de Maran, sieur de Montruc et frère du juge châtelain de Rancon, n'était que clerc lorsqu'il fut promu abbé du Dorat en 1596. Il étudiait alors en Sorbonne. Il avait été député du clergé pour la sénéchaussée de la Basse-Marche aux états de Blois en 1589.

N..... Maran, prieur de Margane (peut-être Maignac), aumônier et conseiller du roi, assista à l'assemblée du clergé de 1615, comme député de la province de Bourges (*Gall. christ. nov.*, II, 551). En 1631, le roi le nomma trésorier de la Sainte-Chapelle du palais, à Paris, mais il n'en prit possession que le 20 mars 1633, parce qu'il avait différé jusqu'à ce temps de se faire ordonner prêtre. Il mourut le 7 avril 1649, après avoir résigné au suivant, son neveu.

René de Maran de Rancon, prêtre, bachelier en théologie, abbé du Dorat en 1648, par la résignation de Gabriel, son oncle paternel. Obtint aussi par résignation, en 1658, la théologale de Saint-Martial de Limoges, qu'il résigna l'année suivante. En 1682, il est dit ancien abbé. Jean Colin, docteur en théologie, lui dédia, en 1676, la *Vie du bienheureux Israël* (LEGROS, *Mémoire pour l'histoire du Dorat*).

Jean de Marrand était lieutenant-particulier en la sénéchaussée et siège présidial de Limoges, en 1625 (*Calendrier de* 1785).

N..... de Marans, capitaine au régiment de Piémont, fut nommé chevalier de Saint-Louis en 1740.

Constantin de Marans, capitaine au régiment de Piémont, fut tué à la bataille de Rosbach, 1757.

Joseph de Marans fut nommé chevalier de Saint-Louis en 1781.

Le comte de Marans, maréchal-de-camp, nommé chevalier de Saint-Louis en 1821 (*Hist. de l'ordre royal et militaire de Saint-Louis*).

Anne de Marans, sœur de Léonard, sieur du Cros, épousa, le 7 juin 1712, Léonard Rivaille, avocat; elle était veuve en 1741.

Léonard de Marans, sieur du Cros, vivait en 1740-1760.

Anne de Marans épousa Joseph Durieux, dont Marie, baptisée le 15 novembre 1713.

Marie de Marans est dite fille de feu Claude de Marans, écuyer, Sgr de La Bastide, en 1724.

Marie de Marans épousa, le 22 novembre 1735, Pierre Bastide, âgé d'environ cinquante ans, fils de feu Léonard Bastide, conseiller au siège royal de Montmorillon, et de Marie Moreau.

Vincent de Marans, écuyer, Sgr du Montruc, paroisse de Rancon, était mort en 1730. Sa fille Marie-Anne de Marans épousa, le 29 août 1730, Joseph-Léonard Mondain de Montostre, écuyer, Sgr du Courret et de La Maison-Rouge, son parent au quatrième degré de consanguinité.

Jacques de Marans, écuyer, sieur de Bourdesoulle, qui mourut à l'âge de soixante-sept ans, fut enterré dans l'église de Rancon, le 19 mars 1760, en présence de Léonard de Marans (Registres paroissiaux de Rancon).

Marie-Louise de Maran, de la ville de Magnac-Laval, épousa, en 1768, Louis-Gaspard-François Du Vignaud, écuyer, sieur des Vories (T. IV, p. 279).

Pierre-Louis de Maran de Tricon avait épousé Marie-Henriette Chambellain, fille de François-Joseph, chevalier de Saint-Louis, officier de cavalerie, et de Charlotte-Elisabeth Moteau. Elle se remaria, le 23 janvier 1809, avec Gaspard-François-Alexandre Taveau (*Généal. Taveau*).

I. — Joseph de Marans, écuyer, sieur de La Bastide, juge châtelain royal de Rancon (1696). Il habitait La Bastide, paroisse de Rancon, était témoin, le 22 juin 1702, au mariage de Martial Jupile-Lagrange avec Marie Bolinard. Il mourut en 1715 et fut enterré dans l'église de Rancon, le 17 mars, il était veuf et âgé d'environ soixante-douze ans. Il avait épousé Anne Guyot, dont : 1° Joseph, qui suit ; 2° Claude de Marans de La Bastide, curé-prieur de La Sagne-Moussoux, qui assistait à l'enterrement de son père. Il mourut lui-même à La Bastide, à l'âge de soixante-dix ans, et fut enterré, le 20 mars 1729, en présence de ses neveux, J. de Marans et Mathieu de Boislinard.

II. — Joseph de Maran, écuyer, Sgr du Cros, mourut à La Bastide, le 6 juin 1707, âgé d'environ cinquante ans; il fut enterré dans l'église de Rancon. Il avait épousé demoiselle Anne du Clou, dont : 1° Claude, qui suit ; 2° Valerie, baptisé le 30 janvier 1696; 3° Marie-Anne, qui épousa, le 29 janvier 1719, Martial Vergnaud de Bostlinard, âgé d'environ trente-deux ans, fils de feu Geoffroy et d'Elisabeth de Blector. Elle vivait en 1734 ; 4° Marie, baptisée le 4 avril 1703; 5° J......, vivant en 1729.

III. — Claude de Marans du Chastain, écuyer, Sgr de La Bastide, baptisé le 21 février 1689, ayant pour parrain Claude de Marans, écuyer, sieur du Cros, et pour marraine demoiselle Gasparde de Marans .... du sieur Jacques de Montostre, écuyer, Sgr de La Maison-Rouge. Il épousa, en 1728, Marie-Anne Estourneau, dont : 1° Pierre, né le 25 et baptisé le 26 janvier 1729; 2° Marie-Marguerite, née le 7 et baptisée le 10 septembre 1731. Elle épousa, le 25 mai 1758, Jacques-Gilbert Dupin, écuyer, Sgr de Saint-Barban, fils de feu messire Gilbert Dupin et de Catherine Robinaud (Registres paroissiaux de Rancon).

La famille de Marans avait sa sépulture dans l'église de Rancon. A l'intérieur de la chapelle de Saint-Joseph, nous avons retrouvé les restes d'une litre funéraire ; elle porte les armes : *fascé et contrefascé d'or et d'azur ; au chef tiercé en pal aux 1er et 3e gironné d'or et d'azur; au 2e palé de 4 pièces d'or et de gueules, et un écusson d'or placé au milieu de l'écu.* Cet écusson est accolé, sous une couronne de marquis, à un autre, qui est *d'argent au sautoir d'or accompagné en pointe d'un croissant du même.* Ce sont peut-être les armes de la famille Audebert.

MARAVAL et par abréviation MARVAL (canton de Saint-Mathieu, arrondissement de Rochechouart, Haute-Vienne), avait des seigneurs particuliers portant son nom. Le *Trésor généalogique de Dom Villevieille*, manuscrit de la bibliothèque nationale, renferme des documents concernant les damoiseaux de *Maravalle*. Voici ce que nous trouvons au volume LV, fol. 128 :

« Dame Valerie-Arnaud Rufi de Maraval et Agonin, son fils, P. et G. Roberti frères, chevaliers, G. et Thomas, fils dudit P., ratifièrent le jugement arbitral prononcé par l'évêque de Périgueux sur leur différent touchant la terre de Borsac, en 1234, et donnèrent caution de l'exécution de ladite sentence le 7 de calendes d'octobre 1259. » (Archives du château de Saint-Martin-Lars en Poitou.) Le fief des Roberts ou des Roberties existait au chef-lieu de la paroisse de Marval, et le château portait le même nom. Borsac serait peut-être Bruzac, commune de Saint-Pierre-de-Colle (Dordogne).

« Agnon de Maravalle, chevalier, et Jourdain de Maumont, damoiseau, au nom de Valerie, sa femme, fille de feu Arnaud Le Roux, chevalier, frère dudit Agnon, firent ensemble un accord portant le partage des biens dudit Arnaud, par l'entremise de messire Seguin de Bruzac, chevalier, maître des hospitaliers de Las-Chanabeyras. Le douaire de dame Désirée, mère de ladite Valerie y fut réservé, ainsi qu'un lit appartenant à dame Galienne, femme dudit Agnon, et on y rappelle une transaction passée entre Jourdain de Montecuculli (Montcocu), chevalier, tuteur de ladite Valerie, et ledit Agnon, et ils donnèrent pour caution dudit accord, savoir ledit Agnon : Helie de La Branda, chevalier, et Aymery de Montfreglin (peut-être Montfreboeuf), damoiseau, et ledit Jourdain : Gerald Vigeri (Vigier), chevalier, et Guy de Campnhac, damoiseau, sous le scel d'Aymery, vicomte de Rochechouart, le mardi après la Saint-Georges, 1284. » (Archives du château de Saint-Martin-Lars en Poitou.) Las-Chanabeyras doit être le village de Chennevières, commune des Cars.

« Pierre Bajuli, le jeune, fils de Pierre Bajuli, l'ancien de Maraval, et Agnez, sa femme, fille de feu Guy de Maraval, damoiseau, et d'Amodie de

Monforcybio (Montfrebœuf), jadis demeurant au mainement de La Morinie, paroisse de Saint-Barthelemy, transige avec Guy de La Morinie, clerc, Seguin et Pierre de La Morinie, frères et germains de ladite Agnez, et fils dudit défunt, touchant la succession de leurs dits père et mère, en laquelle ils prétendaient un quart, en présence de Ramnulphe Damas, damoiseau, le jeudi après la Saint-Laurent, 1316. » (Archives de Saint-Martin-Lars en Poitou.)

Noble Pierre de Maraval était l'époux de Dauphine de Maumont, fille de Bertrand de Maumont et de Adélaïde de Châteauneuf; elle est mentionnée dans un titre de 1322 (*Généalogie de Maumont*).

On trouve encore plusieurs fois le nom de Maraval : Galienne de Maraval, veuve de Guy de Bazès, épousa Meilhot de Montcocu; elle testa en 1387 (*Nobiliaire*, III, 245).

Agnes Ruffa de Maraval, fille d'Arnaud Ruffi et d'Isabelle de La Chabrouilla (Chabroulie, commune de Champniers, Dordogne), épousa : 1° N... de Charnay; 2° noble Philippe Bruni, damoiseau, Sgr de Champniers-aux-Boux. Elle testa le 11 septembre 1418 (*Nobil.*, article Roux, et T. I, p. 285).

N..... Maraval était consul de Sarlat (Dordogne), le 30 octobre 1587 (Papiers de la famille de Carbonnières).

N....., de Maraval était secrétaire de Mgr Jean de Ligondes, trentième évêque de Sarlat, 1644 (Procès-verbal pour la vérification authentique du Saint-Suaire, à Cadouin).

Marie de Maraval épousa, le 7 août 1573, Jean de Lamberterie, fils de Nicolas de Lamberterie, sieur de La Chapelle-Montmoreau, élection d'Angoulême (*Nobiliaire*, III, 33).

Jeanne de Maraval, fille d'Andrieu, écuyer, et de Jeanne du Villars, du château de La Rousselière, paroisse de Boussac en Périgord, épousa, par contrat du 2 février 1612, François Hastelet, écuyer, sieur de Puymartin, fils d'autre François et de Jeanne de Sescaud (*Nobil.*, II, 406; I, 423).

Le nom de Maraval ou Marval est encore porté en Périgord par des familles qui doivent descendre de celle qui habita ce lieu. Quant à la terre de Marval, elle est passée ensuite au Montfrebœuf et aux Lambertie.

MARCHANDON (T. III, p. 152).

Jacques-Joseph Marchandon de Naugeat a publié : *Poésies diverses pour l'instruction et l'amusement de la jeunesse*, par Marchandon de Naujac. — Limoges, Chapouland, 1768, in-16. — Marie-Anne Londeix, sa femme, était veuve le 20 novembre 1827.

N..... Marchandon fut nommé chanoine de la cathédrale de Limoges en 1714.

Jean-Baptiste-Martial-Joseph Marchandon de Puymirat le fut en 1742. Sur la couverture d'un livre de sa bibliothèque, nous trouvons ses armes, qui sont : *d'argent à un arbre terrassé de sinople, au chef d'azur à trois étoiles d'argent*, entourées de l'inscription J.-B. Marchandon de Puymirat P. E.

André Marchandon, bourgeois de Bénévent, passa une transaction avec Jean Lamy, sieur de Vivialle, le 9 octobre 1505 (papiers de la famille Lamy).

I. — N..... Marchandon eut pour enfants : 1° Pierre, qui testa en 1542; 2° Léonard, qui suit.

II. — Léonard Marchandon eut pour enfants : Mathias, qui fonda, le

12 novembre 1584, dans l'église de Bénévent, la vicairie de ce nom, pour un prêtre. Elle fut augmentée, en 1614, par Louis Marchandon, marchand, en faveur du plus ancien prêtre de la race du fondateur. C'était le plus ancien parent qui y nommait. Elle était sous le patronnage de Sainte-Barbe. (NADAUD, Pouillé); 2° Barthélemy, qui suit; 3° Léonard, qui suit après son frère.

III. — Barthélemy Marchandon eut deux enfants : 1° François, qui fut prêtre et titulaire de la vicairie des Marchandon ; 2° autre François, mort en bas-âge avant le 1er avril 1600.

III bis. — Léonard Marchandon testa en 1573; il avait cinq enfants : 1° Léonard, conseiller au présidial de Limoges, qui eut deux filles : Marie et Marguerite ; 2° François, qui suit; 3° Louis, curé de Marsac en 1584, titulaire de la vicairie des Marchandon, chanoine de la cathédrale de Limoges, abbé commendataire de Saint-Martin-lez-Limoges, dont M. Labiche de Reignefort a écrit la vie (Voir : *Six mois de la vie des saints du Limousin*, T. II, p. 159, et TEXIER, *Manuel d'épigraphie*, p. 322); 4° Joseph, mort sans enfants; 5° Jacques, dont il est parlé après son frère.

IV. — François Marchandon eut trois fils : Jean, curé des Eglises, qui fut aussi titulaire de la vicairie des Marchandon ; 2° Léonard, sieur d'Azat, avocat; 3° André, sieur de La Faye.

IV bis. — Jacques Marchandon, sieur de Trias, eut trois enfants : 1° François; 2° Joseph; 3° Léonard, prieur de Mourioux et titulaire de la vicairie des Marchandon.

Nous trouvons encore parmi les titulaires de la vicairie des Marchandon : N..... Marchandon, prieur de Colondanes, mort vers 1690. Léonard, curé de Bénévent et ensuite prieur de Colondanes. Bernard-François, prieur d'Aresnes, vers 1720.

En 1789, Joseph Marchandon était prieur de Marsac, il refusa le serment schismatique, fut déporté sur les pontons; né à Bénévent, il mourut à l'âge de cinquante ans, le 22 septembre 1794, et fut enterré dans l'île Madoune (GUILLON, *Martyrs de la foi*, T. IV, p. 14).

DE LA MARCHE (T. III, p. 152), seigneurs de Puyguillon, de Beauregard, de Pierrefolle, de Parnac, de Fins et autres lieux, famille ancienne qui habitait le château de Puyguillon à la fin du dernier siècle, et qui existe encore. Elle a fourni plusieurs officiers supérieurs à l'armée et contracté des alliances avec les maisons de Rochechouart, de Chamborant, de Chabannes, de Montmorancy-Magnac, de La Celle-Châteauclos, de Bridiers, de Saint-Julien, de Château-Bodeau, de Foucaut, de Pot de Rhodes, etc. Les armes sont : *d'argent à la bordure de gueules, au chef de même*. Selon d'autres : *d'argent au chef de gueules*.

Nous ignorons s'il faut classer parmi les membres de cette famille Guillaume de La Marche, sénéchal du Limousin en 1355, et Thomas de La Marche, qui surprit et pilla le château de Saint-Ilpize, en 1360, et qui, suivant le recours en grâce de Jean de Quinquempoix, son compagnon d'armes, ne vivait plus en 1362. D. Coll. fait encore mention d'un autre Thomas de La Marche, qui se qualifiait Sgr de Nonette et capitaine de Saint-Flour, en 1393 (*Nobil. d'Auvergne*, IV, 39).

I. — Renaud de La Marche, chevalier de la cour de Gui, comte de

Nevers, souscrivait une charte en 1171; il est probable qu'il est fils d'Odon ou Eudes, frère d'Adalbert, comte héréditaire de la Marche, et par conséquent petit-fils de Roger de Montgommery, comte de Lancastre, et d'Almodie, comtesse de la Marche. Voir JOULLIETTON, *Hist. de la Marche*, T. I, 365.

II. — N..... de La Marche.

III. — Guillaume de La Marche, écuyer, petit-fils ou arrière petit-fils de Renaud, épousa Jeanne de La Mothe, d'où : 1° Constance de La Marche, mariée, en 1364, à Ramnulphe Hélie, chevalier, Sgr de Pompadour, veuf de Galiène de Chanac ; elle vivait en 1399 ; 2° Denis de La Marche est qualifié dans un acte de 1400, *vir nobilis de Bosco Joannis de parochiæ de Pionacho* ; 3° Geoffroi de La Marche, qui suit; 4° Jean, qui transigeait avec son beau-frère, en 1382, sur la succession de Guillaume de La Marche et de Jeanne de La Mothe, et qui nommait pour arbitres, le 24 janvier, les cardinaux de Bretagne et de Mende, qui étaient près du pape, à Avignon.

IV. — Noble homme Geoffroi de La Marche, Sgr de Puyguillon, épousa Heliette de La Celle, dont : 1° Emeric, qui suit ; 2° Philippe ; 3° Elion ; ces deux derniers sont nommés dans un ascensement du 4 juin 1401, reçu par Laboureix, notaire.

V. — Emeric de La Marche, chevalier, Sgr de Vervic, fut sénéchal de la Marche et capitaine du château de Crozant ; il eut pour fils Louis, qui suit.

VI. — Louis de La Marche, chevalier, Sgr de Vervic, capitaine du château de Crozant après la mort d'Emeric, son père; Renaud d'Armagnac, comte de la Marche, l'en déchargea le 3 février 1432. Il eut pour fils Jean, qui suit.

VII. — Jean de La Marche, Sgr de Puyguillon, Parnac et des Moulins, épousa Mathurine des Moulines. Bernard d'Armagnac, comte de la Marche, lui permit, le 24 juillet 1444 « de grâce spéciale, ayant égard aux bons et agréables services reçus de son ami et féal escuyer, Jean de La Marche » de fortifier de tours, tourelles, fossés, pont-levis, créneaux, machicoulis, canonnières et autres fortifications son château de Puyguillon, qui avait souffert des guerres. Il eut pour fils :

VIII. — François de La Marche, qui fut Sgr de Vervic et qui épousa Marguerite d'Archiac ; de ce mariage, il eut : 1° Antoine ; 2° Anne de La Marche, mariée, le 20 mai 1515, avec François de La Grange, Sgr de Montégu. Le 5 février 1549, Charles, duc d'Orléans, comte de la Marche, fils de François, premier du nom, donna à François de La Marche des lettres patentes portant le rétablissement du droit de justice, tant dans sa terre de Puyguillon et ses dépendances qu'ailleurs.

IX. — Antoine de La Marche, fils de François, fut lieutenant des gardes du corps le 8 décembre 1596. Le roi Henri IV lui donna, ou plutôt à son fils, qui portait le même nom, des lettres de sauve garde ; il eut deux fils : 1° Antoine ; 2° Claude.

X. — Antoine, de La Marche, deuxième du nom, Sgr de Puyguillon et du Fé, paroisse de Fresselines, épousa, le 8 novembre 1620, Anne d'Assy, dont il eut : 1° Honorate-Isabelle, baptisée le 11 juin 1628 ; 2° Silvine, baptisée le 13 mai 1629, mortes sans s'être mariées ; 3° Silvain, qui suit.

X *bis*. — Claude, frère de Antoine, deuxième du nom, chevalier, Sgr de Parnac, épousa, le 1er mai 1627, demoiselle Françoise de Chamborant. Il fut en outre baron de Fins et de Dun-le-Poislier. En 1596, le duc de Duras, premier maréchal de France, lui donna un brevet de commission pour conduire le ban et arrière-ban de la Marche.

XI. — Silvain de La Marche, écuyer, Sgr de Puyguillon, fils d'Antoine, épousa, le 21 novembre 1644, Marguerite d'Arnat; il fut un des cent gentilshommes de la chambre. Il est expressément nommé, sa veuve et ses enfants, dans une sentence de confirmation de noblesse, en date du 9 novembre 1667. Il eut onze enfants de son mariage : 1° Gabrielle, qui fut baptisée le 1er juin 1651; 2° Etienne, baptisé le 10 juillet 1652; 3° Marie, le 23 novembre 1653; 4° Léonarde, née le 20 mars 1655, mariée, en 1676, à Robert de Saint-Maur; 5° Marguerite, née le 3 juin 1656, épousa, en 1683, François de Chabannes, capitaine de grenadiers, il fut tué au siège de Palamose, en 1694; il était frère du vicomte de Nouzerolles; 6° François, né le 1er juillet 1657, chevalier de Malte; 7° Catherine, née le 23 juillet 1658; 8° Gabrielle, née le 22 décembre 1659; 9° Jean, né le 5 novembre 1661; 10° Barthelemi, né le 15 janvier 1661; 11° autre Gabrielle, née après la mort de son père, le 23 octobre 1664.

XII. — Jean de La Marche, chevalier, Sgr de Puyguillon, en partie des Granges, Le Puyragaud et Pierrefolle, épousa Marie de La Celle, nièce et filleule de la femme de Silvain, son frère, par contrat passé le 28 mars 1702, devant Foissat, notaire, de l'avis de messire Silvain de La Marche, son frère, de messire Henri de La Marche, abbé chef et général de l'ordre de Grandmont, conseiller du roi en ses conseils; noble Charles de La Marche, chevalier de Malte, commandeur de Blaudais, ses cousins germains, messire du Ligondais, écuyer, Sgr de Saint-Domet et de Connives, son cousin-germain maternel, etc. Jean de La Marche fut premier lieutenant au régiment de Noailles-infanterie, aide-major, le 31 décembre 1691, capitaine le 10 février 1692, se retira en 1699. Le duc de Noailles lui écrivit, le 8 janvier de cette année, faisant l'éloge des services qu'il a rendus, et constatant qu'il a demandé sa retraite pour cause de santé. Il eut pour enfants : 1° et 2° deux filles religieuses au couvent d'Orsan, ordre de Fontevrault; 3°, 4° et 5° trois filles religieuses au couvent de La Drouille-Blanche, ordre de Grandmont; 6° et 7° deux filles religieuses au couvent des hospitalières de Guéret; 8° Marie-Françoise de La Marche, épouse de Silvain de Saint-Maurt, chevalier, Sgr de Vervic, paroisse de Fresselines; 9° Jean de La Marche, qui servit aux mousquetaires noirs, épousa Geneviève de La Loue, en 1739, et mourut encore jeune et sans enfants.

XII. — Jean-François de La Marche, chevalier, Sgr de Puyguillon, Beauregard, Lourdoueix Saint-Michel et autres lieux, lieutenant en la compagnie de la Porte « de la postérité d'Antoine, fils de Silvain et de Marguerite d'Arnat ». Le 9 janvier 1770, il était parrain de sa petite-fille Marie-Catherine du Breuil de Souvolles; épousa Marie-Anne de Maussabré, le 10 janvier 1746, dont il eut six enfants : 1° Marguerite, qui tenait sur les fonts-baptismaux, le 4 janvier 1772, sa nièce, Madeleine du Breuil de Souvolles; mariée à Pierre de Saint-Maurt, Sgr des Jarriges, capitaine de carabiniers; 2° Marie-Jeanne-Gabrielle de La Marche, née au château de Puyguillon, le 30 mai 1751; elle eut pour parrain Gabriel de La Marche, Sgr de Nouzerolles, et pour marraine Marie-Jeanne de Maussabré; mariée à messire Philippe-François du Breuil, chevalier, Sgr de Souvolle; le mariage fut béni par l'abbé de Chabannes; 3° N... de La Marche, mort au service; 4° Pierre-

Jean de La Marche, chevalier de Malte, mort sans être marié; 5° Gabriel-François de La Marche, qui suit; 6° Silvain, qui suit après son frère.

XIII. — Gabriel-François de La Marche, chevalier, S^{gr} de Puyguillon, Beauregard, Lourdoueix Saint-Michel et autres lieux, comte de Nouzerolles, eut la lieutenance de son frère François, après la retraite de celui-ci. Le 3 décembre 1770, il était parrain de Gabriel-François du Breuil de Souvolle. Il épousa Marguerite de Chabannes en février 1747, fille de haut et puissant seigneur messire Louis de Chabannes, chevalier, S^{gr}, comte de Nouzerolles, et de dame Léonarde de Gallands, dont il n'eut pas d'enfants. Elle était sœur de Silvain-Léonard de Chabannes, comte de Lyon, abbé de La Crète, dernier abbé de Bénévent et aumônier de Louis XVI.

XIII bis. — Silvain de La Marche, chevalier, comte de Nouzerolles, Crozant et Les Places, S^{gr} de Pierrefolle, La Bretaudière, Sery, Beauregard, Lourdoueix Saint-Michel, Saint-Plantaire et autres lieux, ancien officier au régiment de Bretagne, chevalier de Malte, relevé de ses vœux après la mort de ses frères aînés, épousa, le 13 juin 1778, Antoinette de Saint-Julien, dont il eut six enfants : 1° Mimi de La Marche, mariée au comte de La Celle, S^{gr} du Bouchaud, morte sans enfants; 2° Marie-Yves de La Marche, mariée à messire d'Argier, baron de Saint-Vaulry, morte sans postérité; 3° N....., morte en bas-âge; 4° Gabriel-François, tué à la bataille de Leipsick, selon toute apparence; 5° Jean-Louis, marié à Virginie de Laugardière, dont une fille : Ermignie de La Marche, mariée à N..... de Bengy, décédée à vingt-huit ans, sans enfants; 6° Jean-Baptiste-Antoine, qui continue la filiation.

XIV. — Jean-Baptiste-Antoine, comte de La Marche, épousa demoiselle Agathe-Antoinette-Faustine Lonbens de Verdalle, août 1813; de ce mariage sept enfants : 1° Silvain-Attale, comte de La Marche, qui suit; 2° Marie-Anne-Yves-Alix, décédée au château de Puyguillon, sans être mariée; 3° Claire de La Marche; 4° Augustine, morte à l'âge de douze ans; 5° Gabriel-François, mort aux îles d'Hyères, à vingt-cinq ans; Gabriel-François du Breuil de Souvolles était son parrain; 6° Virginie-Louise de La Marche, mariée à M. Charles de La Verne; 7° Marie-Caroline de La Marche.

XV. — Silvain-Attale, comte de la Marche, marié avec Madeleine-Juliette de Lagarde, le 17 juin 1844; de ce mariage quatre enfants : 1° Jules-Antoine-Aymard de La Marche, né le 6 août 1842; 2° Marie Gabrielle-Radegonde de La Marche, née le 11 juillet 1848; 3° Raymond-Charles-Olivier de La Marche, né le 11 août 1851; 4° Renaud-Julien-Joseph de La Marche, né le 3 mai 1862.

Notes isolées.

François de La Marche, écuyer, S^{gr} de Puyguillon et de Parnac, épousa Catherine de Leffe, sœur d'Agathe, ci-dessous.

Louise de La Marche, mariée, le 16 juin 1464, à Pierre de Berniac.

Jean de La Marche épousa, en 1470, Agathe de Leffe, sœur de Catherine de Leffe.

François de La Marche, écuyer, S^{gr} de Vervic et de Puyguillon, épousa, le 6 juin 1513, Marguerite de L'Estrange.

Louis de La Marche, S^{gr} de Parnac, épousa Catherine de Martine en 1550.

Gaspard de La Marche, écuyer, S^gr de Boisfranc, épousa Jeanne de Princay, dont Marie de La Marche, qui épousa, par contrat du 25 janvier 1551, Pierre de Mauvières, chevalier, S^gr de Mauvise et du Puiroux, fils d'Edmond et de Perrine du Cher. Pierre et Marie ne vivaient plus en 1578, et leurs deux enfants, Blaise et Madeleine Mauvise, étaient sous la curatelle de leur oncle, Antoine de La Marche (*Généal. Mauvise*).

Gabriel, écuyer, S^gr de Lourdoueix Saint-Michel, épousa Marie de Neuvy. Il n'eut que des filles.

Françoise de La Marche épousa Claude de Cornaillon.

Madeleine de La Marche épousa Laurent Gatin.

François de La Marche, écuyer, S^gr de Parnac, épousa, en 1574, Louise de Courault.

Antoine de La Marche épousa Françoise de Chevrier, en 1599.

Marie de La Marche épousa Gilbert Sandelesse, S^gr de Grandché.

Louise de La Marche. Jeanne de La Marche.

Pierre de La Marche épousa, le 2 juillet 1606, Nicole de Villelume, fille de Paul de Villelume, baron de Fins et de Dun-le-Poislier, et de Anne de Couriat, de la maison de Faye ou Faix, dont nous allons donner la descendance.

Antoine de La Marche, baron de Faix, épousa, le 8 novembre 1620, Anne d'Asoy. Jeanne de La Marche.

Isabelle de La Marche, baptisée le 11 juin 1628; Silvine de La Marche, baptisée le 13 mai 1629; toutes deux ne se sont pas mariées.

Marguerite de La Marche, mariée, le 16 novembre 1641, à Charles de Ligondes, S^gr de Conives.

Etienne de La Marche, baron de Fins, épousa, le 3 avril 1663, Françoise Sauriau, veuve de Philippe de Montagu : 1° Silvain de La Marche, religieux carme; 2° Louis de La Marche, chevalier de Malte, le 10 janvier 1668. Voir l'abbé Vertot, T. VII, p. 154; 3° Claude de La Marche, religieux de Grandmont, général de l'ordre; 4° Henri de La Marche, aussi général de Grandmont, après son frère, en 1687; Charles de La Marche, chevalier de Malte, T. VII, p. 155; Claude de La Marche; Françoise de La Marche, religieuse, et François de La Marche.

En 1789, l'évêque de Saint-Pol de Léon, qui signait comte de La Marche, en écrivant à l'aïeul de M. le comte de La Marche, qui représente aujourd'hui la famille, descendait probablement de cette branche.

MARCHE (province de la), T. III, p. 153. Armes : *de France à la bande de gueules*, et plus tard : *de France à la bande de gueules, chargée de 3 lionceaux, passants d'argent* (TRAVERIER). Ces armes sont celles des comtes de la Marche, de la maison de Bourbon. Les premières, qui sont de Bourbon ancien, furent portées par les deux premiers comtes de cette famille, Louis et Pierre, et les dernières, qui sont de Bourbon La Marche, par Jacques Ier et ses successeurs.

MARCILLAC (T. III, p. 185, 191).

Très haute et très puissante dame Marie de Marcillac de Villejalet, dame de Saint-Martial de Valette, Montcheuil, de la châtellenie de Varagne et autres places, fait une transaction au château de Saint-Martial de Valette en Périgord, le 13 juin 1785, à propos de l'étang Groulier, paroisse de Busserolles (original).

Anne de Marcilhac avait épousé Jean Périgord, avocat et subdélégué, dont le fils Ambroise, sieur de La Guinandie, acheta une charge de secrétaire du roi en 1757 (*Nobiliaire*, III, 317).

La famille de Marcillac en Guyenne et Gascogne porte : *burelé d'argent et d'azur de 10 pièces, à trois chevrons de gueules brochants* (Ch. GRANDMAISON, *Dict. hérald.*).

MARGERIDE (T. III, p. 187). — Chabrol a confondu l'ancienne seigneurie de Margeride, située dans les montagnes de l'Auvergne, à l'est de Saint-Flour, avec Margeride du Limousin. Ce dernier fief est situé entre Bort et Ussel. Il fut vendu par Marie de Flandre, comtesse d'Auvergne, à Guillaume Rogier, S^{gr} de Roziers, sous réserve de la foi-hommage. Voir l'acte du mois de mai 1336, rapporté par Baluze, T. II, p. 161.

SAINTE-MARIE (T. III, p. 187). — LAINÉ, *Nobiliaire du Limousin*, donne ainsi les armes de cette famille : *d'argent à 6 merlettes de sable; au franc canton de gueules couvrant la première merlette.*

Le monastère de Bonneval, au diocèse de Limoges (commune de Sussac), fut uni à l'abbaye de Grandmont. Cette maison reconnaît pour son fondateur Geralt de Sainte-Marie, S^{gr} de Châteauneuf, de Saint-Germain, de Linars et de Beuveher, en 1341. Cependant cette fondation avait été commencée dès l'an 1285, par Pierre Galteri et sa femme Petronille, qui avaient aumôné tous leurs biens à cette maison et y avaient choisi leur sépulture. (HERMANT, *Hist. des ordres religieux*, I, 289. — *Bull. Soc. arch.* XXV, 230.)

MAROIX (T. III, p. 189), en Aunis et Saintonge, porte : *de gueules à la croix d'argent cantonnée de 4 lionceaux d'or.* (CH. GRANDMAISON, *Dict. hérald.*)

MARSANGES (T. III, p. 190), S^{grs} de Marsanges, La Corre, Berneuil, La Chassagne, de La Courrière, de Lamirande, baron de Montrocher, sieur de Boismeunier, de La Cour de Vaulry, de La Forest, de Montcrol-Sénart, de l'Egonterie, Monsac, Breteix, comtes de Marsanges, en Poitou et en Basse-Marche.

Cette famille, d'ancienne chevalerie, originaire de l'Anjou, vint s'établir dans la Basse-Marche, vers la fin du XIIIe siècle, et donna son nom au fief de Marsanges, paroisse de Bussière-Poitevine, dans la châtellenie de Champagnac. Elle a fait ses preuves pour l'ordre de Malte et l'École militaire. Elle a formé plusieurs branches, les principales sont celles de La Corre (encore représentée de nos jours par Mme Legendre et sa sœur, Mlle de Marsanges, demeurant à La Corre, paroisse de Bellac (Haute-Vienne), de Montrocher, de Vaulry et de La Courrière, toutes trois éteintes.

Armes : *d'argent à 3 merlettes de sable posées 2 et 1.*

I. — Godefroy de Marsanges, chevalier, *miles* et valet du roi, comme le prouve l'hommage qu'il rendit le 29 août 1346, à Jacques de Bourbon, comte de la Marche, pour son fief de Marsanges, paroisse de Bussière-Poitevine. On ignore le nom de sa femme, mais il eut un fils, qui suit.

II. — Louis de Marsanges, chevalier et fils de Godefroy, comme le prouve un acte qu'il passa avec son fils Jean, le 26 mai 1461. Le 10 juin 1409, il rendit hommage, pour son fief de Marsanges, au comte de la Marche. Il épousa Jeanne de Brilhac, de laquelle il eut :

III. — Jean de Marsanges, chevalier, fils de Louis et petit-fils de Godefroy, comme le justifie un acte passé, le 2 janvier 1449, entre lui et Audoin Guiot, écuyer; il épousa Catherine de Chaslus. Le 20 août 1469, il rendit un dénombrement des rentes qu'il possédait dans la paroisse de Darnac, au sieur de La Cote-au-Chat. Il laissa de son mariage : 1° Christophe, qui suit ; 2° Catherine de Marsanges, qui épousa, vers 1460, Antoine Vérinaud, Sgr de Champagnac, paroisse de Bussière-Poitevine, et du Mosnard, paroisse d'Adriers, fils de Bertrand Vérinaud et d'Isabeau de Lezignac.

IV. — Christophe de Marsanges, chevalier, rendit hommage au comte de la Marche, de sa terre de Marsanges, le 30 décembre 1478. Vendit une partie de ses rentes de Marsanges à Jean de Mézières, en 1479, et passa à Moulins une transaction avec Suzanne de Bourbon, comtesse de la Marche, duchesse de Bourbonnais et d'Auvergne, au mois de mars 1505, partout il est qualifié chevalier. Il épousa Marie d'Alloue de la maison de Rescicot en Saintonge. Il en eut : 1° Pierre, qui suit ; 2° Antoine de Marsanges ; 3° Louise de Marsanges, et probablement 4° Mathieu de Marsanges, époux de demoiselle Tison, fille de N... Tison, sieur de Saint-Maurice, et de dame N.... de La Corre, dame de La Corre. Il ne paraît pas avoir laissé d'enfants; 5° Antoinette de Marsanges, qui épousa, le 6 avril 1522, Thomas de Rabaines, sieur de Mazerolles.

V. — Pierre de Marsanges, chevalier, sieur de Marsanges et de La Corre, épousa : 1° Marguerite Tison, fille de N... Tison, sieur de Saint-Maurice, et de dame N... de La Corre, dame de La Corre, par contrat du 11 avril 1516; 2° Catherine Guiot, de la maison d'Asnières, fille de Jean Guiot, chevalier, sieur d'Asnières, par contrat du 17 octobre 1523. Le dernier juillet 1536, Jean Guiot rendit un hommage, au nom de Catherine Guiot, sa sœur, veuve de Pierre de Marsanges, tutrice de Joseph, son fils; du premier lit, 1° François, qui suit; du deuxième lit, 2° Joseph de Marsanges, auteur de la branche de Montrocher, rapportée paragraphe IV; 3° probablement Josephe de Marsanges, qui épousa, le 22 août ..., François Père, fils de Jacques Père, sieur de Liboureix, paroisse de Blanzac, qui testa le 8 avril 1570.

§ 1er. — *Branche de La Corre.*

VI. — François de Marsanges, sieur de Marsanges et de Berneuil, rendit dénombrement au roi pour ses biens nobles et roturiers, le 18 avril 1536. Il épousa Hélène (*alias* Claire) Galicher. Il mourut en 1566. Claire Galicher testa, le 14 avril 1575, en faveur de Pierre, son fils. Leurs enfants furent : 1° Jean de Marsanges, chevalier, sieur de Marsanges, guidon de la compagnie des gendarmes du duc de Montpensier, gouverneur de Tallemont sur Gironde, par lettres patentes du 20 mars 1563; il se maria et eut deux filles qui, par leurs mariages, apportèrent le fief de Marsanges dans des mains étrangères; 2° Pierre, qui suit ; 3° Joseph de Marsanges, archer et capitaine dans la compagnie du duc de Montpensier, et qui testa le 23 juillet 1571.

VII. — Pierre de Marsanges, chevalier, sieur de La Corre et de Berneuil, épousa, par contrat du 28 mai 1579, Françoise de Brettes, fille de haut et puissant sieur François de Brettes, chevalier de l'ordre du roi, et d'Anne Vigier. Il testa le 12 juin 1591, faisant mention de ses enfants : 1° Jean, qui suit ; 2° François de Marsanges.

VIII. — Jean de Marsanges, chevalier, sieur de La Corre et de Berneuil, fut trésorier de la Compagnie des gentilshommes de la Basse-Marche, commandée pour le ban. La vérification de ses preuves de noblesse fut faite par M. de Montmagny, commissaire en 1599. Il épousa, par contrat du 17 août 1604, Jeanne d'Archiac, de la maison de Montenac, d'où un fils.

IX. — François de Marsanges, chevalier, sieur de La Corre et de Berneuil, fut commissaire-officier aux siéges de La Rochelle et de l'Ile-de-Ré, fit les guerres d'Italie, se trouva aux siéges de Cazal et de Nanci, où le roi lui dit qu'il savait ses services et lui ferait du bien ; suivit le ban en Lorraine, fut fait lieutenant des chevau-légers, se signala si fort au siége de Brilhac que le roi Louis XIV lui en témoigna sa satisfaction par une lettre du 29 octobre 1634 ; il fut au secours de Nontron, et fut choisi par la noblesse pour dresser le mémoire à présenter aux états généraux, qui devaient se tenir en 1630. Il avait épousé, par contrat du 18 février 1635, Françoise de Saint-Georges. Il en eut : 1° Jean, qui suit ; 2° Jacques de Marsanges, capitaine-commandant dans le régiment de la Reine-infanterie, chevalier de Saint-Louis ; 3° Gaspard de Marsanges, lieutenant dans le régiment d'Artois, puis en 1663 dans les chevau-légers de M. le Dauphin. Il fut tué au siége de Philippsbourg, le 22 septembre 1669.

X. — Jean de Marsanges, chevalier, sieur de La Corre et de Berneuil, était en 1655 capitaine au régiment de Merinville. Il épousa, en 1673, Isabelle de Chantillac, fille de Silvain de Chantillac, écuyer, sieur de La Vigerie, d'où seize enfants : 1° Jacques, qui suit ; 2° François de Marsanges, né le 15 novembre 1679, fut pourvu de la vicairie de Saint-Jacques, à Bellac, en 1707, fut aussi curé de Bussière-Poitevine ; 3° Gaston Godefroy, auteur de la branche de La Courrière ; 4° Marthe de Marsanges, épouse de Gaston Auboust d'Esteveny, de La Maison-Rouge, ancien capitaine de cavalerie, originaire d'Auvergne ; 5° Marie de Marsanges, épouse de Charles Barbier de Blamont, originaire du Dauphiné ; 6° et 7° deux filles religieuses aux Filles-Notre-Dame de Poitiers ; plus neuf enfants, morts jeunes avant leur père ; un Jean de Marsange était vicaire à Saint-Sauveur de Bellac, en 1708, et demoiselle Anne de Marsanges habitait à Saint-Géry, paroisse de Nantiat, en 1705.

XI. — Jacques de Marsanges, chevalier, sieur de La Corre et de Berneuil, fut cadet aux gentilshommes de Metz, puis capitaine au régiment de Vexin. Il épousa : 1°, en 1704, Marguerite Pineau ; 2° Anne du Rieux, fille de Joseph du Rieux, écuyer, sieur de La Roche et de La Chassagne, et de dame Anne de Marans, par contrat du 9 mai 1737. Il laissa trente-huit enfants, vingt-six du premier lit et douze du deuxième. — Premier lit : 1° François de Marsanges, marié avec demoiselle de Laigue, de la maison de La Grange, près de Saint-Benoît-du-Sault, mort sans enfants ; 2° François, tonsuré en 1718, dit l'abbé de Marsanges ; 3° Antoine de Marsanges, officier ; 4° Jean-François de Marsanges, officier ; 5° Antoine-François de Marsanges, aide-major, estropié en 1740, fait officier d'invalides au département de Brouage ; 6° François de Marsanges, lieutenant, estropié en 1749, officier d'invalides, comme son frère ; 7° Jean de Marsanges, mort sans hoirs ; 8° Antoine, qui suit, plus dix-huit filles mortes célibataires. — Deuxième lit : 27° Léonard, auteur de la deuxième branche de La Corre; 28° Claude de Marsanges, morte célibataire; 29° Marie-Elisabeth de Marsanges, morte célibataire; 30° Catherine de Marsanges, religieuse à l'abbaye royale de Poissy; 31° Marie de Marsanges, épouse de Simon de Balon, sieur des Matureaux, officier au régiment de Médoc, plus cinq enfants morts en bas-âge.

XII. — Antoine de Marsanges, chevalier, sieur de Berneuil, épousa Jeanne du Teil, de la maison de La Rochère, d'où : 1° Louis de Marsanges, chevalier, lieutenant dans le régiment de Bourbonnais, puis chef de bataillon dans la 79e demi-brigade d'infanterie de bataille, mort sans postérité; 2° Léonard de Marsanges, chevalier, élève à l'école militaire, lieutenant au régiment d'Auvergne, fut chef d'un corps en Vendée et fut tué au siége d'Angers; 3° Marie de Marsanges, épouse de Joseph Badoux.

§ II. — Deuxième branche de La Corre.

XII. — Léonard de Marsanges, chevalier, sieur de La Corre, fils de Jacques de Marsanges et de Anne du Rieux, sa deuxième femme, servit dans les guerres de Hanovre, cadet dans les volontaires du Hainaut en 1771, il fut lieutenant dans le régiment provincial de Limoges, ensuite aux grenadiers royaux, il servit vingt-cinq ans. Il avait épousé, le 9 avril 1769, Marie-Anne de Marsanges, sa cousine, fille de Gaston Godefroy de Marsanges, sieur de La Courrière, et de Marie Boudet; il en eut neuf enfants, trois seulement arrivèrent à l'âge mur : 1° Jacques-Philippe, qui suit; 2° Marie de Marsanges, née le 8 septembre 1776, morte fille, fut élevée à Saint-Cyr, où elle entra en 1785; 3° Léonard de Marsanges, mort sans hoirs.

XIII. — Jacques-Philippe de Marsanges, chevalier, sieur de La Corre et de Berneuil, entra au collége royal d'Effiat, le 8 septembre 1781 et y resta jusqu'en 1789. Il entra alors comme gentilhomme à l'école d'artillerie des cadets de Pont-à-Mousson et y resta jusqu'en 1790; en 1791, il se rendit à l'armée des princes, où il servit dans l'artillerie. Il avait épousé demoiselle Carré de Varennes, d'où trois filles : 1° Madame Fenaud, morte en 1870; 2° Madame Legendre; 3° Mademoiselle Victorine de Marsanges, habitant à La Corre en 1870.

§ III. — Branche de La Courrière.

XI. — Gaston-Godefroy de Marsanges, chevalier, sieur de La Courrière, fils puîné de Jean de Marsanges, sieur de La Corre, et d'Isabelle de Chantillac, épousa Renée Boudet, d'où : 1° Martial de Marsanges; 2° Marie-Anne de Marsanges, qui épousa, le 9 avril 1769, Léonard de Marsanges, chevalier, sieur de La Corre; 3° Marie de Marsanges.

§ IV. — Branche des barons de Montrocher.

VI. — Joseph de Marsanges, chevalier, sieur de Lamirande, fils de Pierre de Marsanges, chevalier, sieur de Marsanges, et de Catherine Guiot, sa deuxième femme, épousa, par contrat du 9 janvier 1559, Jeanne de La Rye.

Il en eut pour fils : 1° Gabriel, qui suit; 2° François de Marsanges, qui transigea avec son frère Gabriel sur la succession de leur père, le 16 juillet 1594.

VII. — Gabriel de Marsanges, chevalier, sieur du Boismeunier et de La Cour de Vaulry, haut et puissant baron de Montrocher, fut gentilhomme de la compagnie de la reine. Il échangea la terre de Lamirande contre la baronnie de Montrocher avec Jeanne de Montrocher, veuve du sieur de Jayac, le 15 juillet 1609. Le 8 janvier 1592, il épousa demoiselle Judith de Cognac, fille de noble Pierre de Cognac, écuyer, sieur de Pers et de Vaulry, et de demoiselle Jeanne de Chastaing; le 15 décembre 1613, il transigea avec son épouse au sujet de leur séparation. Par cette transaction, il abandonne à son épouse la seigneurie de Vaulry, à la condition de se charger de cinq de leurs enfants, avec le droit de disposer de ces biens en faveur de l'un d'eux, se réservant pour lui le même droit sur le restant de ses biens, en faveur d'un des deux fils qu'il garde à sa charge. Il mourut avant 1634, laissant de son mariage : 1° Pierre, qui suit; 2° Jean de Marsanges, auteur de la branche de Vaulry; 3° N... de Marsanges, mort avant son père; 4° Jeanne de Marsanges, épouse de Jean Papon du Breuil, écuyer, sieur du Breuil; 5° Marie de Marsanges, morte avant 1634; 6° Marguerite de Marsanges, qui épousa, en 1648, Pierre Charrain, sieur de La Brosse, avec dispense; 7° Suzanne de Marsanges, non mariée, en 1634.

VIII. — Pierre de Marsanges, chevalier, haut et puissant baron de Montrocher, sieur de La Forest, Monterol-Sénard, etc., etc., passa, en 1634, une transaction avec Judic de Cognac, sa mère, d'après laquelle il abandonnait à son frère Jean la seigneurie de Vaulry, à la charge de donner à chacune de leurs sœurs, Jeanne, Marguerite et Suzanne, 1,600 livres. Il épousa, par contrat du 11 novembre 1623, Marguerite de Verdilhac, fille de Guy de Verdilhac, écuyer, sieur des Villars, et de demoiselle Marthe Charpentier : 1° Guy, qui suit; 2° Jacquette de Marsanges, qui épousa, par contrat du 20 mai 1656, noble Jean Charon, écuyer, sieur de Beaulieu et de Blond en partie, fils de noble Jean Charon, sieur de Puernaud, et de Favienne du Pin; 3° Jacques de Marsanges, écuyer, sieur de Monterol, qui épousa, par contrat du 3 novembre 1660, Françoise du Prat, fille de noble Martial du Prat, écuyer, et de dame Catherine de La Barde; 4° Marguerite de Marsanges, qui épousa, par contrat du 25 janvier 1661, Pierre du Pin, écuyer, sieur de La Maison-Neuve et du Châtenet, fils de Robert du Pin, écuyer, sieur d'Envaux, et de Jeanne Igonin. Il mourut au Mas-de-Lesterpt, commune de Cieux, le 22 avril 1719, âgé de quatre-vingt-deux ans; 5° Marie de Marsanges, qui épousa, par contrat du 12 novembre 1662, Gaspard de Brosquin, écuyer, sieur de La Forest, paroisse de Nouic, fils de Jean de Brosquin, écuyer, sieur de La Forest, et de demoiselle Isabeau Papon du Breuil. Elle mourut en 1671, et il épousa en secondes noces Jeanne de La Couture-Renon; 6° Anne de Marsanges, qui épousa, par contrat du 1er janvier 1664, Jean du Rivaud, écuyer, sieur du Mas-du-Puy; 7° Jeanne de Marsanges et 8° Catherine de Marsanges, religieuses au couvent de Sainte-Claire, à Confolens.

IX. — Guy de Marsanges, chevalier, haut et puissant baron de Montrocher, sieur de La Forest, etc., etc., épousa, le 23 décembre 1654, Marie Dreux, fille de messire Simon Dreux, chevalier, baron de Monterollet, conseiller du roi en ses conseils d'Etat et privés, et de dame Florence Vidal ou Vidard de Sainte-Claire, d'où : 1° Marie de Marsanges, instituée héritière universelle de son père, baronne de Montrocher, qui épousa, par contrat du 17 janvier 1682, haut et puissant François des Monstiers, marquis de Mérinville, fils de haut et puissant messire Roch des Monstiers, sieur de Rochelidoux, et de dame Louise Savatte de Genouillé. Elle porta la baronnie de Montrocher dans la maison des Monstiers; 2° Marie de Marsanges, religieuse à Saint-Junien; 3° Marguerite de Marsanges, qui épousa, par contrat du 21 novembre 1685, Pierre Savatte de Genouillé, chevalier, fils de noble Pierre Savatte, chevalier; 4° Magdeleine de Marsanges, religieuse à La Trémouille; 5° Martialle de Marsanges, religieuse au même monastère.

§ V. — *Branche de Vaulry, comtes de Marsanges.*

VIII. — Jean de Marsanges, chevalier, sieur de Vaulry, fils cadet de Gabriel de Marsanges, baron de Montrocher, et de Judic de Cognac, eut pour sa part la seigneurie de Vaulry, avec la charge de donner à chacune de ses sœurs 1,600 livres. Il épousa Claude de l'Estang, de laquelle il eut : 1° Paul, qui suit; 2° Jean de Marsanges, baptisé le 15 novembre 1645, capitaine au régiment de Champagne en 1677; 3° Joachim de Marsanges, sieur de l'Egonterie ; 4° Catherine de Marsanges, épouse de Jean de La Bastide, chevalier, sieur du Crozet. Elle mourut âgée de quarante-huit ans, en 1689; 5° probablement Jacques de Marsanges, époux de Marie de Boislevé, fille d'Hector de Boislevé, sieur de Saint-Sornin-la-Marche, et de Renée l'Arsemal.

IX. — Paul de Marsanges, chevalier, sieur de Vaulry, mourut le 27 avril 1698; il avait épousé Anne de Brettes, du Cros de Cieux, qui mourut le 13 janvier 1696, laissant : 1° Louis de Marsanges, enterré le 3 septembre 1689, à l'âge de quatre ans, les témoins étaient Jacques et Joachim de Marsanges; 2° Pierre-Gédéon de Marsanges, né le 29 août 1669, baptisé le 15 janvier 1670; 3° Jacques-François, qui suit; 4° Pierre de Marsanges, mort le 9 avril 1692; 5° Catherine de Marsanges, baptisée le 18 août 1671 ; 6° Marie de Marsanges, baptisée le 7 mai 1674; 7° Jean de Marsanges, baptisée le 24 mars 1675; qui épousa : 1° Elisabeth de Chesneau; 2° dans l'église d'Etagnac, le 17 février 1716, Anne-Marie des Monstiers, fille de haut et et puissant François des Monstiers, chevalier, sieur d'Auby, baron de La Vallette, capitaine au régiment du Roi-cavalerie, et de dame Marie-Isabeau Turpin-Jouhet. Elle était veuve de Jacques de Julien, écuyer, Sgr de La Coste et du Mesnieu. Elle mourut à l'âge de cinquante ans et fut inhumée dans l'église de Saint-Martin-de-Jussac; 8° Charlotte de Marsanges, baptisée le 11 novembre 1676; 9° Jean de Marsanges, baptisé le 13 mars 1678; 10° Marie de Marsanges, baptisée le 18 octobre 1679; 11° Gabriel de Marsanges, baptisé le 30 octobre 1686, mort jeune; 12° Jacques de Marsanges, baptisé le 2 mars 1687, mort le 29 septembre 1691; 13° François de Marsanges, baptisé le 25 juillet 1688; 14° Thérèse-Charlotte de Marsanges, née le 14 octobre 1689, épousa, le 25 septembre 1720, noble Pierre du Peyrat, écuyer, sieur du Mas. Elle était veuve le 2 juillet 1749; 15° Paul de Marsanges, chevalier, sieur de La Chassagne, mort à Vaulry, à l'âge de trente-huit ans, le 21 septembre 1711.

X. — Jacques-François de Marsanges, chevalier, sieur de Vaulry, de Monsac, Breteix, etc., etc., baptisé à Vaulry le 31 août 1670, mort le 21 janvier 1725, avait épousé : 1° Marie de Chesneau, fille de Mathieu de Chesneau, écuyer, et de Jeanne Turpin-Jouhet ; 2° Sylvie Mérigot de Sainte-Fère, fille de messire François Mérigot, écuyer, Sgr de Sainte-Fère, sénéchal de la Haute et Basse-Marche, et de dame Marie Dumont. Elle mourut à l'âge de soixante-treize ans, le 31 janvier 1755. Il a eu du premier lit : 1° Mathieu de Marsanges, mort le 14 juin 1707, et du deuxième lit : 2° Jean, qui suit ; 3° Gabrielle de Marsanges, baptisée le 22 décembre 1714, morte fille le 5 octobre 1787 ; 4° François-Xavier de Marsanges, né le 6 septembre 1717, mort le 9 janvier 1720 ; 5° Anne de Marsanges, née le 25 octobre 1718 : 6° Thérèse de Marsanges, née le 16 mai 1720, non mariée en 1747 ; 7° François de Marsanges, mort le 19 septembre 1738.

XI. — Jean de Marsanges, chevalier, sieur de Vaulry, de Monsac, etc., etc., baptisé à Vaulry le 11 janvier 1714, mort à l'âge de soixante-huit ans, le 25 août 1781. Il épousa, le 22 septembre 1744, Thérèse-Gabrielle de Beaupoil de Sainte-Aulaire, fille de Louis de Beaupoil de Sainte-Aulaire, sieur de Gorre, et de Françoise Guingand ; elle était veuve en 1793, et mise sous la sauvegarde de la commune de Vaulry, avec sa belle-fille et son petit-fils ; elle mourut à l'âge de soixante-dix-huit ans, le 16 septembre 1794, dont : 1° Louis de Marsanges, baptisé le 7 août 1745, mort le 13 avril 1748 ; 2° François de Marsanges, baptisé le 7 août 1746, mort le 3 septembre 1757 ; 3° Henry de Marsanges, baptisé le 28 décembre 1747, fut chef d'escadron au régiment de Penthièvre-dragons. Il fut présent à l'assemblée générale de la noblesse en 1789, et émigra ; 4° Thérèse de Marsanges, baptisée le 25 novembre 1748 ; 5° Martial-Louis, qui va suivre ; 6° Charles de Marsanges, chevalier de Malte, capitaine au régiment d'Aunis-infanterie, né le 20 juillet 1752, fut présent à l'assemblée générale de la noblesse, en 1789, et émigra ; 7° Marie-Henriette de Marsanges, née le 17 octobre 1753, morte le 15 août 1754 ; 8° Françoise de Marsanges, née le 15 avril 1756, mariée, le 17 juin 1777, avec Antoine Esmoing, chevalier, sieur de Beauregard, de Beauvais et de La Faye, fils de messire Emmanuel Esmoing, sieur de Lavauxblanche, et de Marie de Châteauneuf ; 9° Gabrielle-Marie de Marsanges, née le 3 mai 1657, morte le 21 juillet 1764 ; 10° Jacques de Marsanges, tonsuré en 1767.

XII. — Martial-Louis de Marsanges, chevalier, comte de Marsanges, sieur de Vaulry, Monsac, Breteix, etc., fut lieutenant de cavalerie, 1776, puis capitaine au régiment de Boufflers-dragons, en 1787 ; en 1791, il était capitaine au régiment de chasseurs dit Saxe-cavalerie. Il émigra avec ses frères, et servit à l'armée des princes. Il avait épousé Charlotte-Pauline de Maumigny, fille de Paul-Marie-François, comte de Maumigny, lieutenant-colonel au régiment de chasseurs à cheval de Franche-Comté, chevalier de Saint-Louis, d'où Paul-Gabriel-Henri, qui suit.

XIII. — Gabriel-Henri de Marsanges, comte de Marsange, Vaulry, né le 10 février 1791, à Vaulry, qui fut placé sous la sauvegarde de la commune, avec sa mère et sa grand'mère, le 14 avril 1793, et qui mourut sans hoirs (1).

(1) Cette généalogie a été dressée par M. le comte Jean des Monstiers-Mérinville, en consultant le *Nobiliaire* de Nadaud, — archives des Marsanges à La Corre, — archives du Fraisse, cote Montrocher, — registres paroissiaux de Vaulry et de Monterol, etc.

MARTELLI ou **MARTEAUX** (T. III. p. 191). — Aymericus Martellus, fut le premier supérieur des moines qui s'établirent au commencement du XIII° siècle au prieuré de Tarn, près Aixe (NADAUD, *Mémoires*, p. 217).

Martial Martelli, fonda une vicairie à la cathédrale de Limoges, en 1339, dans la chapelle de N.-D. des Rois. Pierre Marteau était vicaire à Saint-Gérald, il le fut aussi à Saint-Pierre, 1388 (NADAUD, table du Pouillé).

Gailharde Marches, épousa en premières noces, Jean de Martello, bourgeois de Limoges ; elle se remaria, le 13 mai 1374, avec Raymond de Mesclajeu (*Nobiliaire*, III, 185).

Le 26 novembre 1407, Ratho de Montrocher, écuyer, S^{gr} de Montrocher, reçoit un hommage pour Jean, Marguerite et Martial de Martelli, enfants, n'ayant pas encore douze ans, de feu Jean Martelli, bourgeois du château de Limoges. Il avait déjà reçu cet hommage de prudent homme de Soliniac père, Ymberge Boneyfanta, mère et tutrice de ces enfants (acte original, aux archives du Fraisse).

N..... de Martello signe un acte, le 27 novembre 1450 (Pouillé de Nadaud, art. Oradour-Saint-Genest).

La famille Martelli, en Provence, porte : *d'or à une fasce d'azur, accompagnée en chef d'une tête de vache posée en profil* (Ch. GRANDMAISON, *Dict. hérald.*).

DE SAINT-MARTIAL (T. III, p. 191), seigneurs, barons de Drugeac, d'Aurillac, de Conros, de La Bastide, de Montal, de Carbonat, de Puydeval, de Lissac et autres lieux, en Haute-Auvergne et en Limousin. — Maison ancienne et très distinguée, qui, d'après les recherches de Gaignières, serait originaire du Limousin, et remonterait à Guy de Saint-Martial, vivant en 1308 et 1323, tandis que, d'après Audigier, la première maison de Saint-Martial, dont il donne la généalogie depuis 1169, se serait éteinte en la personne de Pierre de Saint-Martial, qui, par testament de 1423, disposa de tous ses biens en faveur de Jacques de Plaignes, son neveu, fils de Guy de Plaignes et de Marie de Saint-Martial, à charge de porter le nom et les armes de Saint-Martial.

Pour apprécier la valeur de chacune de ces versions, et savoir laquelle est la vraie, il faudrait avoir sous les yeux ce testament du 28 mars 1423, lequel a été produit en 1666. Quoiqu'il en soit, la maison de Saint-Martial, substituée ou non, n'en est pas moins une des plus marquantes de la Haute-Auvergne. — Agnès de Saint-Martial était religieuse à Brageac, lorsque l'abbesse de ce couvent rendit hommage aux S^{grs} de Scorailles en 1287 ; elle pouvait être fille ou nièce de Robert de Saint-Martial, chevalier, qui présenta une quittance consentie par Hugues de Saint-Christophe et Almoïs, sa femme, à Ebles de Chabannes, S^{gr} de Charlus-le-Pailloux, le 11 des calendes de décembre 1261. — Pierre de Saint-Martial est rappelé dans divers actes concernant ses enfants ci-après nommés : 1° Bernard de Saint-Martial, qui forma le degré suivant ; 2° Bertrand, abbé du Port-Dieu et de Sainte-Angèle, en 1325 ; 3° Guy de Saint-Martial, abbé de Bonnesaignes, diocèse de Limoges, de 1307 à 1317 (1).

Bernard de Saint-Martial épousa, vers l'an 1300, Claire de Chabannes, fille d'André de Chabannes, coseigneur de Charlus-le-Pailloux, suivant titres

---

(1) Outre l'abbaye de femmes, il y avait à Bonnesaignes un couvent de frères Donats.

de 1310, 1313, 1321 et 1325 (1). C'est de ce Bernard que les généalogistes font descendre les barons de Drugeac et d'Aurillac. Il laissa quatre enfants : 1° Guy ; 2° Pierre ; 3° Ebles ; 4° Florence de Saint-Martial, tous sous la tutelle de Bertrand de Saint-Martial, abbé du Port-Dieu, leur oncle, en 1325 (2).

Pierre de Saint-Martial, chevalier, assista, avec d'autres seigneurs de l'Auvergne et du Limousin, au contrat de mariage de Guyot, sire de La Tour, avec Marthe Rogier-Beaufort, le 17 juillet 1353, et il est supposé père des suivants : 1° Jean de Saint-Martial, qui va suivre; 2° Guy de Saint-Martial, possessionné au diocèse d'Avignon; 3° Hugues de Saint-Martial, prévôt de l'église de Douay, cardinal en 1361, mort en 1399 (3) ; 4° Pierre de Saint-Martial, évêque de Riez en 1359, de Carcassonne en 1372, et archevêque de Toulouse en 1390.

Jean de Saint-Martial, époux d'Hélis de Clarétie, dame de Saint-Christophe, en partie, transigea avec Aymeric de Pestels, aussi coseigneur de Saint-Christophe, le vendredi, jour de la fête de Saint-Georges, 1339. Chabrol lui donne pour seconde femme Marguerite de Scorailles, déjà veuve en 1361 ; mais il doit y avoir erreur dans cette indication, car le mari dont était veuve Marguerite de Scorailles, en 1361, est appelé Étienne de Drugeac, dans la généalogie de la maison de Scorailles. On trouve ensuite :

Pierre de Saint-Martial, damoiseau, qui eut pour femme Yolande de Jou (de Jouou), au nom de laquelle il fit foi-hommage au comte d'Armagnac pour des possessions mouvantes de Carlat, en 1410. Ce Pierre de Saint-Martial, doit-être le même qui, suivant Audigier, laissa sa succession à Jacques de Plaignes, son neveu, par testament du 28 mars 1423, à condition de prendre le nom et les armes de Saint-Martial.

Jacques de Saint-Martial (ou de Plaignes), Sgr de Drugeac, est le premier depuis lequel la filiation soit prouvée. Il fut présent avec Louis de Rillac, chevalier de Saint-Jean de Jérusalem, Hélie de Saint-Exupéry, Sgr de Miremont, le Bègue de Veyrac, et Louis de Saint Christophe, à une transaction passée entre Irlande ou Yolande de Veilhan, abbesse de Brageac, et le curé de Chaussenac, en 1436. Quatre ans plus tard, Guillaume de Montclar et Jean de Noailles, coseigneur de Montclar, le choisirent pour arbitre d'un différend survenu entre eux, au sujet d'un fief mouvant du château de Montclar. Jacques de Saint-Martial avait épousé Catherine de Monceau, d'une famille du Limousin alliée à la maison de Scorailles ; il en eut : 1° Guy *alias* Guinot de Saint-Martial, qui continua la descendance; 2° Catherine de Saint-Martial, abbesse de Brageac, de 1471 à 1477.

Guy *alias* Guinot de Saint-Martial, Sgr de Drugeac, épousa Blanche de Noailles, fille de François, Sgr de Noailles, et de Marguerite de Rouffinac. Il fut inscrit à *l'Armorial* de 1450, et testa le 23 juin 1474. Ses enfants furent : 1° Louis de Saint-Martial, Sgr, baron de Drugeac, qui continua la branche aînée ; 2° Jean de Saint-Martial, tige des barons d'Aurillac et de Conros.

Louis de Saint-Martial, Sgr de Drugeac, rendit hommage au duc d'Auvergne, en 1501. Chabrol lui donne pour femme Anne de Lom, et Audigier le dit marié avec Marie de Roziers ou Rogiers; mais l'assertion de ce dernier est évidemment fausse. Il eut pour enfants : 1° Antoine de Saint-Mar-

---

(1) Voyez la généalogie de la maison de Chabannes, par M. de Courcelles, p. 11.
(2) Même généalogie, p. 12.
(3) François Duchesne, historien des cardinaux français, dit que Hugues de Saint-Martial était originaire du diocèse de Tulle, et lui donne pour armes : *de sable, à huit besants d'argent*.

tial, qui va suivre; 2° Marguerite de Saint-Martial, mariée, avant 1534, à Charles de Chambeuil, Sgr de Farreyrolles.

Antoine de Saint-Martial, Sgr de Drugeac, gentilhomme ordinaire de la chambre des rois François Ier et Henri II. Chabrol le dit marié deux fois, d'abord à une demoiselle de Montégut-le-Blanc, ensuite à Gilberte de Besse, et c'est une double erreur. La vérité est qu'il épousa, le 22 novembre 1547, Gilberte de Ludesse, fille du Sgr du même lieu, près de Montégut-le-Blanc. Il fit son testament le 12 mars 1551, laissant :

Pètre-Jean de Saint-Martial, baron de Drugeac, gentilhomme de la chambre, chevalier de l'ordre du roi, chambellan du duc d'Alençon, gouverneur de la ville et comté de Clermont, de la ville et prévôté de Mauriac, et mestre de camp de cavalerie. Il prit une part active aux guerres religieuses de la Haute-Auvergne, et, d'après le témoignage du président de Vernyes, il fut de ceux qui, un jour, criaient : *Vive le roi !* et le lendemain : *Vive la ligue !* Il testa au château d'Estaing en Rouergue, le 24 mai 1614, instituant héritier François de Saint-Martial, son fils aîné, faisant des legs à sa femme et à ses autres enfants ci-après nommés et établissant exécuteurs de ses dernières volontés le vicomte d'Estaing et Henri de Saint Martial, doyen d'Aurillac, qu'il nomme ses amis. Pètre-Jean de Saint-Martial avait épousé, le 14 juillet 1567, Jeanne de Saint-Chamans, fille d'Hélie de Saint-Chamans, Sgr de Pescher, et de Jeanne de Hautefort. Leurs enfants furent : 1° François de Saint-Martial, qui continua la postérité; 2° Hercule de Saint-Martial, légataire, le 24 mai 1614. Il était Sgr de Saint-Cirgues, de La Clarétie et de Luc, lorsqu'il céda tous ses droits à Louise de Polignac, sa belle-sœur, en 1630; 3° Jeanne de Saint-Martial, alliée, le 27 septembre 1593, à François de Salers, baron de Salers, chevalier de l'ordre du roi ; elle fut légataire de son père, le 24 mai 1614.

François de Saint-Martial, baron de Drugeac, institué héritier par son père le 24 mai 1614, avait épousé, le 15 février 1600, Louise de Polignac, dame ordinaire de la reine, laquelle était déjà veuve en 1630. Il en avait eu cinq enfants : 1° Jean-Claude de Saint-Martial, allié à Antoinette de Scorailles, qui, étant veuve sans enfants, se remaria, le 12 août 1642, à François de La Valette, marquis de Cornusson, sénéchal de Toulouse et d'Albigeois ; 2° Hercule de Saint-Martial, qui forma le degré suivant ; 3° et 4° deux autres fils, morts au service du roi avant 1666 ; 5° Marguerite de Saint-Martial, mariée, par contrat du 5 septembre 1615, à Jean de Montclar, baron de Montbrun.

Hercule de Saint-Martial, baron de Drugeac, de Saint-Cirgues, de Saint-Martin, de La Clarétie et de Luc, fut marié deux fois : 1°, le 20 novembre 1634, avec Jeanne-Marie de Polignac, fille de Gaspard-Armand, vicomte de Polignac, et de Claudine-Françoise de Tournon ; 2°, le 6 juin 1643, à Judith de La Tour-du-Pin-Gouvernet. Il fut maintenu dans sa noblesse, en 1666, et ne laissa que deux filles : 1° Louise de Saint-Martial, née du premier lit, laquelle épousa, le 5 août 1656, François de La Rochefoucauld, marquis de Coussages; 2° Claude-Françoise de Saint-Martial, issue du second lit, et qui fut mariée, le 1er mai 1666, à Claude-Honoré de Lur-Saluces, marquis d'Uza, auquel elle transmit la baronnie de Drugeac (1).

(1) AUDIGIER, T. III, p. 126; T. X, p. 227. — CHABROL, T. IV, p. 663. — *Noms féodaux*, p. 871.

Branche des barons d'Aurillac et de Conros.

Cette branche a eu pour auteur Jean de Saint-Martial, fils puîné de Guy, *alias* Guinot de Saint-Martial, Sgr de Drugeac, et de Blanche de Noailles. Il plaida contre le seigneur de Drugeac, suivant sentence du bailliage d'Aurillac, du 14 octobre 1546, et un arrêt du Parlement du 8 août 1548. Il laissa d'Antoinette de La Font, sa femme : 1° Rigaud de Saint-Martial, qui forma le degré suivant; 2° Catherine de Saint-Martial, mariée, le 22 juin 1533, avec Guillaume des Vaysses, *alias* Las Vayses, Sgr de Sourniac ; 3° Anne de Saint-Martial, unie par le même contrat du 22 juin 1533, à Michel des Vaysses, frère de Guillaume.

Rigaud, *alias* Rigald de Saint-Martial, chevalier de l'ordre du roi, bailli des montagnes d'Auvergne, acquit la baronnie d'Aurillac avec Conros et La Bastide, d'Armand de Gontaut-Biron, maréchal de France, dont l'aïeul l'avait achetée de la maison d'Urfé, à laquelle elle était venue par succession d'Alix d'Aurillac, dernière héritière de sa maison. Rigaud de Saint-Martial servit avec zèle, de son épée et de sa fortune, les rois François II, Charles IX et Henri III, qui le reconnurent comme baron d'Aurillac, lui conférèrent l'ordre de Saint-Michel et la charge de bailli des montagnes. Il épousa, au mois de mai 1559, Françoise de La Jugie, dite de Puydeval, fille de Geraud de La Jugie, baron de Puydeval, et de Françoise de Noailles. Rigaud de Saint-Martial fit son testament les 10 et 11 juillet 1576; mais sa veuve vivait encore au château de Conros le 24 juin 1591. Ces époux laissèrent au moins deux fils : 1° Gilles de Saint-Martial, gentilhomme du duc d'Alençon, mort à la suite de ce prince en Belgique ; 2° Jean de Saint-Martial, qui va suivre, et probablement aussi Henri de Saint-Martial, doyen d'Aurillac, exécuteur du testament de Pêtre-Jean de Saint-Martial, baron de Drugeac, en 1614.

Jean de Saint-Martial, baron d'Aurillac, de Conros, de La Bastide et de Puydeval, gentilhomme du duc d'Alençon, épousa, le 24 juin 1593, Françoise de Saint-Chamans, dame de Lissac en Limousin, et c'est lui que le président de Vernyes désigne sous le nom de Lissac, à la page 65 de son dernier *Mémoire*. Il fit son testament le 22 février 1610, laissant :

Henri de Saint-Martial, premier du nom, baron d'Aurillac, de Conros, de La Bastide, de Puydeval et de Lissac, capitaine de chevau-légers en 1620, gentilhomme de la chambre le 20 avril 1623. Il s'allia, le 8 juin 1613 ou 1615, à Marie de Cosnac, Sgr d'Assy, et de dame Philippe du Prat, arrière-petite-fille du chancelier du Prat. Son testament est du 20 mars 1625. De lui naquirent : 1° Charles de Saint-Martial, capitaine de chevau-légers, tué au service; 2° Henri de Saint-Martial, qui suit.

Henri de Saint-Martial, deuxième du nom, baron d'Aurillac, de Conros, La Bastide, Puydeval et Lissac; d'abord lieutenant, puis capitaine de chevau-légers, fut marié, le 30 juin 1654, avec Jeanne de Pompadour, fille de Philibert de Pompadour et de Marie Faby, et nièce, par sa mère, du chancelier Séguier. De cette union vinrent, entre autres enfants : 1° Louis de

Saint-Martial, qui suit; 2° François de Saint-Martial, dit le chevalier de Conros; 3° Jean de Saint-Martial, appelé le chevalier de La Bastide ; 4° Marie de Saint-Martial, mariée, le 17 janvier 1676, à Henri de La Rochefoucaud de Coussages, fils de François de La Rochefoucaud-Coussage et de Louise de Saint-Martial de Drugeac; 5° Marie-Henriette de Saint-Martial, épouse de François de Veyny d'Arbouse; et enfin trois autres filles dont le sort est ignoré.

Louis de Saint-Martial, baron de Conros et autres lieux, épousa, en 1690, Gabrielle Broquin, fille de Charles Broquin, Sgr de Gagnac, de laquelle il eut, entre autres enfants :

Pierre de Saint-Martial, allié, en 1732, à Charlotte de Robert-Lignerac, dont :

Charles-Joseph de Saint-Martial, qui épousa, en 1752, Louise-Angélique de Combarel-Gibanel, mère des suivants : 1° Pierre-François de Saint-Martial, baron de Conros, qui n'a pas laissé d'enfants de Mlle de Dreux-Brézé; 2° N..... de Saint-Martial, Conros, député du département du Cantal avant 1830, mort célibataire; 3° Jeanne de Saint-Martial, qui épousa, en 1777, le comte Pierre-François-Joseph d'Umières, lieutenant-colonel de cavalerie, chevalier de Saint-Louis, fils de Guillaume et de Marie-Louise Leygonie, dont les petits-fils ont recueilli la succession de la maison de Saint-Martial ; 4° Marie-Angélique de Saint-Martial, mariée au comte de Bonafos de Belinay.

Armes : *d'azur aux rais d'escarboucle d'or, boutonnés de gueules* (J.-B. BOUILLET, *Nobiliaire d'Auvergne*, T. VI, p. 62).

MARTIN (T. III, p. 192). — Jean Martin, bourgeois de Limoges, avait épousé Anne de Chamboret avant 1483 (LEGROS, *Inventaire de la vicairie des Gaultier*). C'est probablement le même licencié en lois, en 1504, élu consul de Limoges en 1515 et 1520 (*Registres consulaires*, T. I).

Martial Martin fut élu consul de Limoges en 1489, il l'était encore en 1509, 1513, 1520 ; il vivait le 27 décembre 1535, mais était mort avant le 24 mai 1538 (*Registres consulaires*, T. I).

Martial Martin, fut élu consul de Limoges en 1548. — Jacques Martin était marchand de Limoges en 1543. — En 1550, Lazare Martin fut élu consul et François Martin, conseiller répartiteur (*Registres consulaires*, T. I).

Martial Martin, chanoine de la cathédrale de Limoges, prieur de la Mazelle et sous-diacre, fut nommé par le roi prieur d'Aureil, le 23 octobre 1566, reçut ses bulles le 23 avril 1567, et prit possession le 8 juin, mais il ne put se faire agréer dans ce monastère, car Georges d'Aulhon en avait été nommé prieur par bulles datées du 2 mars 1565, et en avait pris possession le 16 juillet 1566 (*Etudes sur les monastères du Limousin*, art. Aureil, p. 11).

Jean Martin de La Bastide épousa Jeanne de Verthamon, dont Catherine Martin de La Bastide, qui épousa, le 19 août 1612, Martial de Maleden, fils de Jean et d'Isabeau de Romanet (*Généal. Maleden*).

Henri Martin, conseiller, aumônier du roi, prieur du prieuré conventuel de l'Artige, était curé de Saint-Michel-des-Lions, à Limoges, en 1627 (*Recherches hist. sur Saint-Michel*, 66).

Le 14 novembre 1616, messire Jacques Martin, fils d'honorable Michel

Martin, président, fut installé président au présidial de Limoges. Mgr Henri de La Marthonie, évêque de Limoges, qui assistait à cette cérémonie, a aussi baptisé un enfant du président (*Mém. pour l'hist. des évêques de Lim.*, p. 575).

Une médaille frappée en 1692, en l'honneur de M. Martin de La Bastide, trésorier-général, représente au revers la fontaine d'Aigoulène, avec divers embellissements qui ont disparu depuis (Arbellot, *Revue arch.*, p. 49).

Martial Martin, Sgr de La Bastide, conseiller du roi, juge au siége présidial de Limoges, fut consul de cette ville en 1664 (Leymarie, *Hist. de la bourgeoisie*, I, p. 431).

Madeleine Martin de La Bastide épousa Mathieu Noailhié de Varenne, capitaine au régiment de La Trémouille, fils de Pierre et de Catherine des Maisons. Il mourut en 1718 (*Généal. Noailhié*).

Jean-Aymeric Martin de La Bastide, prêtre de l'oratoire, fut le dernier prévôt d'Arnac; il consentit à la réunion de cette prévôté au chapitre de Saint-Martial de Limoges qui fut faite par décret de l'évêque de cette ville le 1er avril 1743. M. de La Bastide conserva la jouissance des droits et revenus de ce bénéfice jusqu'à sa mort (Legros, pouillé, art. Arnac).

Antoine Martin, chevalier, Sgr de La Bastide, et Jeanne-Thérèse du Repaire, dame de La Bastide, sont parrain et marraine de la cloche de Couzeix, fondue en 1743 (Inscription de cette cloche).

En 1775, Mme Martin de Puymaud, née Daniel de Montfayou, était belle-sœur de Pierre Martin, curé de Saint-Michel-des-Lions.

Pierre Martin, licencié de Sorbonne, fut d'abord vicaire à Saint-Michel, puis curé de Sainte-Félicité de la même ville, et successivement sous-principal ou préfet du collége royal de Limoges, en 1762; ensuite chanoine théologal de Saint-Martial en 1764, et nommé à la cure de Saint-Michel en janvier 1772. Déporté en Italie, pendant la révolution, il entra au concordat en 1802, mourut le 16 janvier 1803 (*Recherches sur l'église de Saint-Michel*, 57, 68).

En 1789, nous trouvons parmi les gentilshommes de l'assemblée de la noblesse : 1° Jean-Baptiste Martin, Sgr de La Bastide, La Brugère, le Mas-Boriane et Teysonnière; 2° Léonard de Martin de La Bastide-Verthamon, chevalier, Sgr de Curzac; 3° Mathieu de Martin de La Bastide de Curzac, chevalier (Procès-verbal de l'assemblée).

Hippolyte Martin, baron de La Bastide, né à Limoges en 1787, fut élève de l'école de cavalerie en 1811, sous-lieutenant au 11e de dragons, a commandé la garde nationale de Limoges en 1816, était chevalier de la légion d'honneur. Cinq de ses enfants étaient en même temps au service : 1° Hubert, capitaine d'état-major; 2° Henri, capitaine au 31e d'infanterie ; 3° Paul, lieutenant au 4e de chasseurs à cheval. (En 1871, a paru l'ouvrage suivant : *Projet de restauration de l'armée*, par M. Paul de La Bastide, ancien capitaine de cavalerie, ancien lieutenant-colonel de la garde mobile); 4° Octave, lieutenant de vaisseau; 5° Hippolyte, enseigne de vaisseau (Gay-de-Vernon, *La Haute-Vienne militaire*).

Athanase Martin de La Bastide, ancien officier au régiment d'Enghien, chevalier de Saint-Louis, a fait les campagnes de l'armée de Condé, avec le grade de lieutenant-colonel, et a été ensuite maire de la ville de Limoges. En juillet 1812, il a épousé Antoinette-Rosalie-Pauline de Villelume, fille de Louis, comte de Villelume, et de Catherine-Josephine Texandier de Losmonerie. De ce mariage naquirent : 1° Arsène Martin de La Bastide, qui avait épousé N..... de Vareille, mort en 1871 ; 2° Charles, capitaine-commandant au 7e de dragons, mort sans postérité ; 3° Pierre-Hippolyte Martin de La Bastide, qui a commandé le 10e bataillon de cuirassiers au siège de Sébastopol, lieutenant-colonel du 99e d'infanterie de ligne, officier de la Légion d'honneur, général de brigade, a épousé N... de Charnizai ; 4° Guy-Athanase, capitaine-commandant au 6e de lanciers, officier de la garde impériale, a épousé N.... Blenet, veuve de M. du Menil ; 5° Athanaïse, qui a épousé N..... de Villemoune (GAY-DE-VERNON, *La Haute-Vienne militaire.* — *Renseignements particuliers*).

Charles Martin de La Bastide, ancien directeur des télégraphes, démissionnaire, a repris du service dans l'armée de la Loire. Par décret du 7 février 1871, a été nommé chevalier de la Légion d'honneur ; il avait dix ans de service et était attaché comme sous-chef de mission à la première armée ; il a fait preuve d'un courageux dévouement aux combats d'Artenay, de Chevilly, d'Arçay et d'Héricourt ; avait fait précédemment la campagne d'Italie, en qualité de directeur de station (*Le Courrier du centre*, 15 février 1871).

MARTIN DE NANTIAT ET DE FREDAIGUE.

I. — Jean-François Martin de La Bastide, qui fut Sgr de Fredaigue et autres lieux, trésorier de France au bureau des finances de la généralité de Limoges, épousa Charlotte Chauvet, fille et héritière de Gaspard Chauvet, Sgr de Nantiat et de Fredaigue, paroisse de Nantiat. Charlotte mourut au château de Nantiat, âgée de soixante-un ans, le 29 juin 1742, et fut enterrée dans l'église de Saint-Vincent de Nantiat, le 30, en présence de messire Gaspard Martin de La Bastide, son fils aîné. Les enfants qui vinrent de ce mariage sont : 1° Gaspard, qui suit ; 2° Suzanne, née au village de l'Age, paroisse de Nantiat, le 31 janvier 1716, eut pour parrain Etienne Martin de La Bastide, chanoine de Saint-Martial de Limoges, et pour marraine Suzanne de Roffignac ; 3° Jacques-Henri Martin de Nantiat, Sgr de l'Age, qui épousa, à l'âge de trente-trois ans, le 18 octobre 1756, demoiselle Catherine de Saint-Georges de Fraisse, âgée de vingt-un ans, fille d'Antoine de Saint-Georges, chevalier, Sgr de Fraisse, et de Marie-Berthe de Douhet. Elle était veuve le 24 décembre 1762. Elle se remaria le 5 février 1773, à l'âge de quarante ans, avec Antoine de La Saigue de Saint-Georges, dont : François-Gédéon, né le 21 mars 1774. Jacques-Henri eut pour enfant : A. — Marie-Charlotte Martin de Nantiat, née le 8 août 1757, baptisée le même jour, épousa, le 2 mars 1778, Jean-Alexis-Gérald de La Faye, conseiller, médecin ordinaire du roi, fils d'autre Alexis-Gérald de La Faye et de Marie-Thérèse Dupeyrat ; B. — Marie-Berthe Martin, née le 27 juillet 1758, baptisée le même jour, ayant pour parrain et marraine Gaspard Martin de Nantiat, écuyer, Sgr de Nantiat et de Fredaigue, oncle paternel, et Marie-Berthe de Douet, épouse d'Antoine de Saint-Georges, chevalier, Sgr de Fraisse, sa grand'mère ; 4° Jean-Médéric, qui fut parrain de sa sœur, le 12 août 1731 ; 5° Jean-Baptiste Martin de La Bastide, tenu sous les fonts du baptême, le 5 octobre 1725, par messire Jean-Baptiste Martin de La Bastide, et dame Suzanne de Pontcharraud ; 6° Marie Martin de La Bastide, enterrée le 21 septembre 1724; 7° Marie Martin de Nantiat, marraine de son frère Léonard, le 25 avril 1729, et de sa sœur Marie, le 12 août 1731; 8° Léonard, né le 24 et baptisé le 25 avril 1729, capitaine de cavalerie, garde de la manche du roi, chevalier de l'ordre militaire de Saint-Louis, demeurant en la ville de Limoges, paroisse de Saint-Michel-des-Lions, en 1778; 9° Jean-Jacques Martin de La Bastide était parrain, à Nantiat, le 19 novembre 1731, fut capitaine de cavalerie, sous-brigadier des gardes du corps du roi, chevalier de l'ordre militaire de Saint-Louis, mourut au château de Fredaigue, le 23 décembre 1781, fut enterré le 24, était âgé d'environ soixante-trois ans; 10° Marie, qui épousa François-Victor de Chancel. Le père de ce dernier, François-Joseph de Chancel, S^{gr} de Lagrange, l'auteur des *Philippiques*, était âgé de soixante-neuf ans lorsqu'il composa des poésies encore inédites, et voici à quelle occasion : Son fils s'étant marié contre son gré avec Mlle Martin de Nantiac. M. de Chancel, accoutumé à faire des demandes en vers aux princes et aux ministres, eut l'idée singulière d'essayer le pouvoir de sa poésie sur les magistrats chargés de décider de la validité du contrat de mariage de son fils. Il présenta ses mémoires, placets et requêtes écrits en vers, et son fils, qui écrivait aussi en vers avec une grande facilité, suivit l'exemple de son père. Ce fait curieux est le sujet du dossier poétique publié par M. Jules Delpit, en 1878, sous le titre de *Poésies inédites de Chancel-Lagrange*, 1 vol. in-8° carré, à Sauveterre-de-Guyenne. Leurs enfants furent : A. — Charles-François-Joseph Chancel, né au château de Fredaigue, le 16 novembre 1746, et baptisé le 19; B. — Léonard Chancel, né au château noble de Fredaigue, le 29 décembre 1747, et baptisé le même jour; C. — Françoise-Bathilde de Chancel, née le 30 et baptisée le 31 janvier 1749; 11° Marie, née et baptisée le 12 août 1731.

II. — Gaspard Martin de La Bastide, S^{gr} de Fredaigue, fut parrain de son frère Léonard, le 25 avril 1729. Il épousa Félicie-Perpétue-Marguerite Barthon de Montbas, fille de Pierre Barthon de Montbas, cinquième du nom, et de Louise de Raymond. De ce mariage naquirent : 1° Pierre-Charles-Jacques, qui suit; 2° Claire, née, le 10 octobre 1752, au château de Fredaigue, et baptisée le même jour; elle demeurait à Roual, commune de Beaumont (Vienne), lorsque, âgée de quarante-un ans, elle fut condamnée à mort par le tribunal révolutionnaire de Paris, le 11 prairial an II (Archives de la Haute-Vienne, L, 165); 3° Marie, née au château de Fredaigue, et baptisée le 26 octobre 1758.

III. — Pierre-Charles-Jacques, né au château de Fredaigue, le 8 juin 1747, chevalier, baron de Nantiat, S^{gr} de Fredaigue, capitaine aide-major au régiment de Limoges, assista à l'assemblée de la noblesse, le 16 mars 1689, et le 17 fut élu commissaire pour la rédaction du cahier général de la noblesse, émigra pendant la révolution; le 23 avril 1807, il fut témoin à Londres pour le mariage d'Antoine-Estienne de David, baron des Etangs, était lieutenant-colonel d'infanterie. Il avait épousé, en 1770, Armande Le Vasseur, de la ville de Pois, diocèse d'Amiens, dont : 1° Gaspard, né au château de Fredaigue, le 15 et baptisé le 16 mars 1772, chevalier, sieur de Fredaigue, volontaire au régiment de Noailles-dragons, en 1787, fut garde du corps du roi en 1789; 2° Anne-Marie, née le 6 janvier 1774, baptisée le 23 août, fut marraine de son frère Pierre-Marie-Félix, le 18 janvier 1786; 3° Jean-Jacques, né le 23 décembre, au château de Fredaigue, eut pour parrain son grand-oncle Jean-Jacques Martin, chevalier, ancien sous-brigadier des gardes du roi, et mourut le 29 décembre de la même année; 4° Anne-Léonarde Martin de Nantiat, née au château de Fredaigue, le 5 avril 1778, baptisée le 7, son parrain fut son oncle Léonard de Martin, gentilhomme au régiment du Maine; 5° Sophie de Martin de Nantiat, décédée à La Garde, paroisse de Roussac, le 29 décembre 1850, âgée de soixante-douze ans; 6° François de Martin de Nantiat, né le 12 avril 1780, au château de Fredaigue; 7° Madeleine-Bathilde-Agathe de Martin de Nantiat, née au château de Fredaigue, le 28, et baptisée le 29 janvier 1782, morte à Poitiers vers 1863; 8° Charles-Jean-Baptiste, né le 14 juin 1784, et ondoyé au château de Fredaigue, à cause du danger, eut les cérémonies du baptême suppléées le 19; son parrain fut Jean-Baptiste de La Grange de Chancel, prêtre, grand vicaire au diocèse d'Angers, son cousin; 9° Pierre-Marie-Félix, né au château de Fredaigue le 16, et baptisé le 18 janvier 1786; 10° Silvain-Frédéric-Firmin, né au château de Fredaigue le 9, et baptisé le 11 avril 1787; 11° Marie-Caroline, née le 4 et baptisée le 5 novembre 1789, morte à l'âge de cinquante-neuf ans, au village de La Garde, paroisse de Roussac, le 24 mars 1847 (Registres paroissiaux de Nantiat et de Roussac).

Julie Martin de Nantiat avait épousé, vers 1804, Louis-Gabriel, comte de Châtillon-Marconnay, qui était mort en 1831, lorsque leur fille Catherine-Victoire de Châtillon-Marconnay, épousa Pierre-Alphonse de Mascureau (*Généal. de Mascureau*).

MARTIN DE BEAUMOULIN.

I. — François Martin, bourgeois et marchand de Limoges, puis conseiller et secrétaire du roi, maison et couronne de France, habitait à Limoges, rue Montant-Manigne, lorsqu'il testa, le 5 octobre 1741. Il fit plusieurs legs pieux et nomma son héritier universel François Martin, son petit-fils et son filleul. Il avait épousé Marguerite Mayrange, dont : 1° Jean-Jacques, qui suit; 2° Pierre, qui épousa Marie (*alias* Marguerite) Dupont. C'est peut-être lui qui est né à Limoges le 26 juillet 1752, et qui fut baptisé à Saint-Pierre-du-Queyroix, le lendemain, sous le nom de Pierre-François; 3° Simon, qui a formé la branche de Fontjaudran, rapportée plus bas; 4° N...., religieuse aux Filles-de-Notre-Dame; 5° Marie, mariée à Pierre de Mauransanne, qui laissa neuf enfants, dont cinq vivaient en 1741; 6° Marguerite, religieuse de Sainte-Catherine-de-Sienne, à Poitiers; 7° N....., religieuse aux Filles-de-Notre-Dame; 8° N....., religieuse aux Filles-de-Notre-Dame; 9° Catherine, religieuse carmélite; elle était supérieure de la communauté de Limoges en 1792.

II. — Jean-Jacques Martin, bourgeois et marchand de Limoges, écuyer, S^{gr} de Beaumoulin (paroisse de Saint-Gérald, à Limoges) et de Bussière-Galant (canton de Châlus, Haute-Vienne), habitait Limoges. Le 20 juin 1765, il fit des conventions avec son fils François Martin, écuyer, S^{gr} de Compreignac. Il mourut le 26 mars 1775. Il avait épousé : 1°, par contrat du 12 janvier 1726, Marie Dorat des Monts, fille de feu Martial Dorat, S^{gr} des Monts, conseiller du roi au siége présidial et sénéchal de Limoges, et de feue Marguerite Moulinier, de Limoges. Il en eut François, qui suit, et qui a été la tige des S^{grs} de Compreignac. Il épousa : 2° Marie Ardent, dont il eut François, qui fut l'époux, en 1760, de Madeleine Deschamps, fille de

N..... Deschamps et de N..... Navières. Jean-Jacques épousa : 3° Marie Pabot, morte sans enfants ; 4°, le 19 février, Marie-Charlotte du Fant de Pontcharraud, nièce de M. de Thouron (T. III, p. 364), dont François, qui fut enterré dans l'église de Compreignac, le 12 mars 1763, âgé d'environ quatre-vingts ans; François Martin de Compreignac, et autre François Martin, ses deux frères, assistaient à ses funérailles.

Branche de Compreignac.

III. — François Martin, écuyer, Sgr de Compreignac (canton de Nantiat, Haute-Vienne), du Mas-de-l'Age (commune de Couzeix, canton de Limoges) de Beaumoulin. Il testa, le 18 janvier 1783, en faveur de son fils François. Il avait épousé, le 9 septembre 1748, Marie Blondeau de Compreignac, fille de feu Mathieu Blondeau de Compreignac, écuyer, garde du corps du roi, et de Marie de Vaucourbeil, en présence de Joseph Blondeau de La Chapelle, écuyer, Sgr du Mas-de-l'Age, son oncle. De ce mariage naquirent : 1° François Martin dit M. de La Bussière. Un certificat du 6 mars 1801 nous fait connaître ses états de service : « Certifions que M. François de Compreignac, garde du corps du roi en 1774, avait rang de capitaine en 1789. Après avoir fait la campagne de 1792, dans son corps, à l'armée des princes, frères du roi, a rejoint le corps de Condé en 1795, y a fait, dans le second corps de cavalerie noble, les campagnes de 1795, 1796, 1797. A passé dans notre régiment à la formation de Russie, et y a fait, comme brigadier, les campagnes de 1799, 1800, 1801. Certifions qu'il s'est trouvé à toutes les affaires, où il s'est conduit avec honneur et distinction comme un loyal gentilhomme, bon et fidèle sujet du roi, l'avons connu tel, tant que le corps a été sous nos ordres, et depuis qu'il a passé dans celui du duc d'Angoulême, notre frère. En foi de quoi, etc. » signé : « Charles-Ferdinand, duc de Berry. ». Il eut encore un autre certificat le 27 mars 1801, signé : « Louis-Joseph de Bourbon, prince de Condé. » Il fut major, maréchal-des-logis des gardes du corps du roi, le 12 novembre 1814, jusqu'au 1er novembre 1815, époque où il se retira à Limoges avec une retraite de 2,000 francs ; 2° Joseph Martin, qui suit ; 3° Pierre, qui était acolyte au séminaire de Saint-Charles de la ville de Poitiers, le 4 mai 1782, lorsque son frère lui fit un titre clérical sur le lieu appelé Beaumoulin, près Limoges ; il fut chanoine de Saint-Martial, le 20 janvier 1776, sur la résignation de son parent, Léonard Blondeau ; était curé de Chaptelat en 1809, et de Compreignac en 1813, il testa le 17 mai 1814, était aussi chanoine honoraire de Limoges, il mourut à l'âge de soixante-deux ans, le 14 février 1817, et fut enterré à Compreignac le lendemain ; 4° Simon, à qui son père fit un titre clérical le 13 mai 1782, pendant qu'il était acolyte au séminaire de Saint-Charles, à Poitiers ; il fut curé de Saint-Christophe, et émigra pour obéir à la loi ; 5° Mathieu dit M. de Puymartin, porté sur la liste des émigrés de la Haute-Vienne, fut tué à Quiberon ; 6° Yrieix, porté aussi sur la liste des émigrés, mourut à Hanovre au mois de juillet 1795 ; 7° Catherine, demoiselle de Puymartin (commune de Compreignac), épousa 1°, par contrat du 29 août 1772, Pierre Grelet aîné, négociant de la ville de Limoges ; 2° Pierre-Jean-Noël Loyzel-Laquinière ; 8° Thérèse, qui épousa N..... de La Gondie ; elle était veuve le 7 thermidor an IV ; 9° Marie, religieuse à la Visitation ; 10° Anne *(alias*

Aimée), qui épousa, par contrat du 14 décembre 1779, passé au château du Mas-de-l'Age, paroisse de Couzeix, avec dispense de Rome du troisième degré de parenté, François Martin de Fontjaudran, fils de Simon Martin, écuyer, et de feue Thérèse Grégofre de Roulhac, autorisée par Pierre Martin, prêtre, chanoine de l'église de Limoges, agissant avec la procuration de leur père. Elle était veuve en 1792.

IV. — Joseph Martin, écuyer, baron de Compreignac, né à Limoges le 26 juillet 1752, baptisé le 27 dans l'église de Saint-Pierre-du-Quyroix, fut reçu aux mousquetaires gris le 20 juin 1769, entra dans la compagnie écossaise des gardes du corps du roi le 10 juin 1770, y est resté jusqu'en 1787, est entré la même année dans les gendarmes de la garde, et y a servi jusqu'en 1792. Il assista à l'assemblée générale de la noblesse le 16 mars 1789, où il est dit chevalier, S^{gr} de la baronnie de Compreignac et du Mas-de-l'Age. Pendant la révolution, il fut obligé de payer la somme de 12,000 fr., montant des légitimes de François, Mathieu et Yrieix, ses frères absents et portés sur la liste des émigrés. Cette somme était acquise à la nation, à cause du décès de François, leur père. Il fut longtemps retenu en prison. Son château de Compreignac fut pillé, puis démoli. Le 22 février 1809, il fit quelques partages avec Pierre, son frère, qui était curé de Chaptelat. Il épousa, par contrat du 17 août 1784, Marguerite Noailhé des Bailles, fille d'Antoine Noailhé, écuyer, S^{gr} des Bailles, La Borie, la Seine, les Plats et autres lieux, et de Marie Limousin de Neuvic. De ce mariage naquirent sept garçons et deux filles : 1° Aimé ; 2° Paul dit Poulon ; 3° Frédéric, mort à la suite des guerres de l'empire ; 4° Emmanuel ; 5° Joseph ; 6° Antoine, qui épousa Marie-Minette de Roffignac de Grimodie, fille de Jean-Claude-Alexandre et de Marie Claveau. Elle est morte à Compreignac, en 1848, laissant pour enfant : Jean-Baptiste-Emmanuel, né le 12 janvier 1834 ; 7° Adolphe, qui suit ; 8° François, né au château de Compreignac, le 26 décembre 1786 ; il eut pour parrain messire François Martin de Compreignac, garde du corps, son oncle, et pour marraine dame Anne Blondeau, veuve de messire Limousin, écuyer, S^{gr} de Neuvic, Masléon et autres lieux ; 9° N...

V. — Adolphe Martin de Compreignac épousa Marie-Alexandrine de Villemoune, fille de N..... et de N..... des Verines, de Châteauponsac, dont : 1° Eulalie-Joséphine-Mathilde, qui épousa : 1° Jacques-Ernest de Moras, de Vaugoulour, paroisse de Peyrilhac, fils de N..... de Moras et de N..... Goursaud, et 2°, le 8 décembre 1870, N..... Maigne ; 2° Marie, morte à l'âge de vingt-un ans ; 3° Pierre-Célestin-Raoul, qui suit.

VI. — Pierre-Célestin-Raoul Martin de Compreignac a épousé, en 1864, Marie de Mascureau, fille de Jean-Baptiste-Frédéric de Mascureau et de Louise de La Sudrie, dont : 1° Marie-Antoinette-Louise, née le 4 décembre 1864 ; 2° Marie-Jean-Baptiste-Raymond, né le 4 décembre 1865 ; 3° Marie-Clotilde, née le 6 juin 1867 ; 4° Marie-Caroline, née aussi le 6 juin 1867.

Armes : sur le cachet d'une lettre de 1785, on trouve : *écartelé aux 1er et 4e d'azur à la tour d'or ; aux 2e et 3e de gueules à la fasce d'or.* Un meuble de famille porte les armes suivantes : *écartelé aux 1er et 4e d'azur à l'aigle éployée d'argent*, qui est probablement de Martin ; *au 2e d'azur au chevron de gueules accompagné de trois arbustes de sinople*, qui est de Blondeau ; *au 3e d'azur au chevron d'or accompagné de trois mains dextres bénissantes*, qui est de Benoît. Dans la chapelle de M. Martin de Feytiat sont peintes les armes : *parti au 1ᵉʳ d'azur à l'aigle d'argent*, qui est probablement de Martin ; *au 2ᵉ d'azur à trois lions d'or*, qui est de Maleden.

Branche de Fontjaudran.

II bis. — Simon Martin, fils de François et de Marguerite Mayrange, épousa, le 12 février 1756, Thérèse Grégoire de Roulhac ; elle était sœur et devint donatrice universelle de Marie Grégoire de Roulhac, veuve et héritière de Guillaume de Maleden, Sᵍʳ de Fontjaudran (donation du 22 octobre 1777). De ce mariage naquirent : 1° Pierre, né le 19 novembre 1742, chanoine de la cathédrale de Limoges ; 2° François, qui suit ; 3° Jean-Pierre-Grégoire, écuyer, sieur de Bonabry, docteur en médecine, assistait à l'assemblée générale de la noblesse du Limousin le 16 mars 1789 ; 4° Catherine, mariée à Pierre Grégoire de Roulhac ; 5° Thérèse, religieuse ; 6° Marguerite, religieuse ; 7° autre Catherine, religieuse ; 8° N....., qui fut chanoine ; 9° François ; 10° Pierre dit le Chevalier.

III. — François Martin, sieur de Fontjaudran (1773), était convoqué à l'assemblée générale de la noblesse du Limousin, le 16 avril 1789. Il épousa, par contrat du 14 décembre 1779 passé au château du Mas-de-l'Age, paroisse de Couzeix, avec dispense de Rome du troisième degré de parenté, Anne (*alias* Aimée) Martin de Compreignac, fille de François et de Marie Blondeau. De ce mariage sont nés : 1° Marie, qui épousa M. Mathis Duchappé, trésorier-payeur ; 2° Pierre, qui suit ; 3° Catherine, épouse de M. le baron de Lauthonnie ; 4° Simon, receveur des droits réunis.

IV. — Pierre Martin de Fontjaudran, lieutenant dans un régiment de dragons, épousa Lucie-Marguerite Montaudon, de La Souterraine (Creuse), dont : 1° Emile, qui suit ; 2° Agathe, qui épousa Georges Tournois, sous-lieutenant au 12ᵉ bataillon de chasseurs à pied, puis intendant militaire, décédé en 1855.

V. — Emile Martin de Fontjaudran, substitut à Bellac, nommé substitut à Limoges le 14 juillet 1875, juge d'instruction à Limoges le 16 novembre 1866, juge au tribunal de première instance le 8 décembre 1871, conseiller à la cour d'appel de Limoges en avril 1877. Il a épousé Catherine Montaudon, sa cousine-germaine, dont : 1° Pierre, né le 30 août 1854 ; 2° Joseph, né le 6 février 1856.

MARTIN, Sᵍʳˢ de Châteauroy.
Armes : *d'azur à deux fasces d'or.* (Maintenue de d'Aguesseau en 1666. Lainé, *Nobiliaire du Limousin*).

MARTIN DU PUYTISON, commune de Feytiat.
Aubin-Jacques Martin, licencié en droit, habitait Limoges, il eut pour fils Bernard, qui suit.

Bernard Martin du Puytison épousa Elisabeth Maleden du Puytison, dont : 1° Henri-Pierre-Guillaume Martin du Puytison, avocat ; 2° Sidonie-Eléonore Martin du Puytison, qui a épousé, le 5 mai 1856, Louis-Henri-Alexandre-Armand, comte d'Ussel, commandant-major au 11ᵉ régiment de dragons ; 3° Caroline Martin du Puytison, épouse de Jacques-Paul Limousin, demeurant à Plaisance, commune de Neuvic-Entier ; 4° Jean-Louis Martin du

Puytison, qui a épousé N..... Ruaud-Lafontanelle; 5° Barbe-Philomène Martin du Puytison, épouse d'Anatole de Bruchard, sous-directeur de l'école de Chavagnac, commune de Peyrilhac; 6° Guillaume ou Guy Martin du Puytison, étudiant en droit (1878) (*Généalogie d'Ussel. — Courrier du Centre*, 1er avril 1878).

MARTIN DE LA GOUTTE-BERNARD.

Jean de Lesfe de Navé, écuyer, Sgr de La Goutte-Bernard et de Châtillon, nommait, en 1729, le titulaire d'une vicairie, à Saint-Léger-Bridereix, comme étant l'époux de Silvine Rousseau (NADAUD, pouillé mss.).

Antoine Martin, chevalier, Sgr de La Goutte-Bernard, était à l'assemblée générale de la noblesse du Poitou en 1789 (Procès-verbal de cette assemblée).

MARTIN DE TIRAC ET DE MARCELLUS (V. *Nobil.*, par Saint-Allais, III, 238).

Un dénombrement, fait à Bordeaux le 14 janvier 1749, par François-Charles-Hyacinthe de Martin de Marcellus, porte un sceau ovale, en cire rouge, de 23 millimètres sur 21, où l'on trouve dans un cartouche en forme de coquille : *de gueules à la tour ouverte, crénelée, maçonnée, surmontée à dextre d'une tourelle aussi ouverte, crénelée, maçonnée*; timbré d'une couronne de marquis, entouré de palmes de laurier (Archives du département des Basses-Pyrénées, anc. E., 86).

Marie-Louis-Auguste de Martin de Tyrac, comte Lodoïs de Marcellus, capitaine au régiment de la garde mobile de la Charente, a été tué devant Montbéliard, le 16 janvier 1871, étant âgé de vingt-six ans.

SAINT-MARTIN (T. III, p. 195).

I. — Gratien de Saint-Martin, Sgr de Bagnac et de Froger, servit dans les francs-archers, comme on peut le voir par une quittance qu'il donna. Il passa, en 1535, une transaction avec Jean de Merlé, Sgr de La Salle, habitant de Gontaut en Agenois. Il épousa Françoise de La Touche, sœur de François de La Touche, Sgr de Montagrier; ce fut elle qui apporta dans la maison de Saint-Martin le fief et château de Bagnac, qu'elle eut pour sa part. Les seigneurs de Saint-Martin joignirent le nom de Bagnac au leur, et cette terre est encore possédée de nos jours par Antoine de Saint-Martin, marquis de Bagnac. Il eut de son mariage deux enfants : 1° Pierre, qui suit; 2° Marie de Saint-Martin, épouse de noble homme Antoine Caurraudin, écuyer, comme il est établi par un partage fait entre elle et son frère Pierre, le 25 janvier 1526.

II. — Pierre de Saint-Martin, chevalier, Sgr de Bagnac, était l'un des cent gentilshommes de la maison du roi en 1541, et fut pourvu de la charge de sénéchal de la Basse-Marche, par commission du 30 novembre 1541. Il épousa, par contrat du 29 mai 1530, Jeanne Bermondet, fille de noble Pierre Bermondet, Sgr du Boucheron, La Quintaine et de Saint-Laurent-sur-Gorre, et de Anne Petiot. Il fit son testament le 14 octobre 1564. De ce mariage sont nés : 1° Gabriel de Saint-Martin, Sgr de Bagnac, auquel son père résigna sa charge de sénéchal de la Basse-Marche, le 16 mars 1563. Il en reçut les provisions du roi Charles IX le 31 mai 1563. Il mourut sans avoir été marié, tué au service du roi, avant le 9 janvier 1573, comme le prouve un placet présenté par son frère Pierre au roi Henri III ; 2° Pierre, qui suit ; 3° François de Saint-Martin, écuyer, Sgr d'Escurat ; 4° Philippe de Saint-Martin, écuyer, Sgr de Saint-Symphorien ; 5° Amanieu de Saint-Martin, écuyer ; 6° Jeanne de Saint-Martin, mariée par contrat du 11 novembre 1560, avec noble Gabriel Grivaud? fils de noble François Grivaud? et de Louise de Poix ; 7° Magdeleine de Saint-Martin, épouse de Jacques de Villedon, écuyer, Sgr du Monteil ; 8° Scipion de Saint-Martin, écuyer, mort sans enfants.

III. — Pierre de Saint-Martin, chevalier, Sgr de Bagnac, La Rouille, Fromental, etc., etc., fut gentilhomme de la chambre du roi, le 19 janvier 1576, et nommé sénéchal de la Basse-Marche par commission de septembre 1575. — Le 9 janvier 1573, il passa une transaction avec ses frères François et Philippe, où il est parlé de Gabriel et Amanieu de Saint-Martin, décédés sans hoirs. — Il épousa, par contrat du 9 juillet (alias août) 1596, Marguerite de Neufchaize, fille de Jean de Neufchaize, chevalier de l'ordre du roi, gentilhomme ordinaire de la chambre, seigneur châtelain de La Boutonnie, et de dame Jeanne de Partenay. Il firent un testament mutuel le 13 mai 1603. De ce mariage vint :

IV. — Philippe de Saint-Martin, chevalier, Sgr de Bagnac, gentilhomme de la chambre du roi, qui fut maintenu dans sa noblesse par sentence du 12 juillet 1634. Il épousa, par contrat du 15 juillet 1614, demoiselle Catherine Barbarin, fille de Jacques Barbarin, écuyer, Sgr de Laborderie, des Chambons, de Paulthe et de La Vigerie, et de Gabrielle Pastoureaux ; ils firent un testament mutuel en faveur de Jean, leur fils, le 31 janvier 1641 ; de ce mariage vinrent : 1° Jean, qui suit ; 2° Pierre de Saint-Martin, qui entra dans les ordres, fut d'abord supérieur des récollets du Dorat, puis nommé prieur de Bezeaux le 18 novembre 1685 ; 3° Marguerite de Saint-Martin.

V. — Jean de Saint-Martin, chevalier, Sgr de Bagnac, de La Rochette, du Breuil-Ferrand ; fut maintenu dans sa noblesse par ordonnance du 15 janvier 1667, et fit son testament le 31 janvier 1664. Il avait épousé, par contrat du 24 septembre 1653, demoiselle Marguerite Papon, fille de Guilhaume Papon, écuyer, Sgr de Virat et de Marguerite-Françoise Chauvet. Il laissa un fils, qui suit.

VI. — Guilhaume-Alexandre de Saint-Martin, chevalier, Sgr de Bagnac, de Virat, La Lande, La Rochette, Le Breuil-Ferrand, fit son testament le 12 janvier 1717. Il épousa, par contrat du 18 février 1678, demoiselle Marie Sornin, fille de noble Jacques Sornin, Sgr de Martinet et de La Roche, et de Magdeleine Fayaud ; de ce mariage il eut : 1° Pierre, qui suit ; 2° Jean de Saint-Martin, auteur de la branche des seigneurs de Sarzai, mentionnée ci-après ; 3° Marie-Michelle de Saint-Martin, qui épousa, en premières noces, le 16 janvier 1700, Pierre Barbarin, écuyer, fils de Isaac Barbarin, écuyer, sieur du Bost et de Montenaud, et de Jeanne Papon, dont elle était veuve en 1714 ; en deuxième noces, Jean d'Anglars, Sgr de Crezenci.

VII. — Pierre de Saint-Martin, chevalier, Sgr de Bagnac et de Martinet, épousa, le 8 octobre 1706, Catherine de Bonneval, fille de feu Melchior de Bonneval, écuyer, Sgr des Roches, et d'Antoinette de La Croix. De ce mariage : 1° Guilhaume-Alexandre de Saint-Martin, dont on ignore la destinée ; 2° François de Saint-Martin, mort sans enfants, capitaine au régiment de Picardie; 3° Louis-Benoît, qui suit; 4° Louise de Saint-Martin, épouse de François de La Rye, chevalier, S^{gr} de Lauberge ; 5° Antoinette de Saint-Martin, née le 8 avril 1708 et baptisée à Saint-Pierre du Dorat, le 1er août suivant, ayant pour parrain Jean de Saint-Martin, chevalier, S^{gr} de Sarzay, et pour marraine Antoinette de La Croix; 6° François de Saint-Martin, baptisé au Dorat, le 5 novembre 1716.

VIII. — Haut et puissant seigneur Louis-Benoît de Saint-Martin, chevalier, S^{gr} de Bagnac, marquis de Bagnac, chevalier de Saint-Louis; servit pendant vingt-quatre ans, fut d'abord page du roi à la grande écurie, le 1er avril 1724, puis cornette au régiment de Luynes-Chevreuse le 1er avril 1728, nommé dans les chevau-légers ; en 1737, il fut blessé à la bataille de Dettinghen et obligé de se retirer du service. Il épousa, par contrat du 7 février 1749, demoiselle Marie Blondeau, fille de Gabriel Blondeau, chevalier, S^{gr} de Ventaud, et de Magdeleine Moulinier du Puymaud. De ce mariage il eut : 1° Jean, qui suit ; 2° Michel de Saint-Martin, chevalier de Saint-Martin, qui fût capitaine au régiment de Lorraine-dragons, et mourut sans enfants; 3° Jean-Baptiste de Saint-Martin, chevalier de Bagnac, qui entra dans les ordres et fut curé de Saint-Bonnet. Il fit son testament le 27 mai 1826 ; 4° Marie de Saint-Martin, qui épousa, par contrat du 28 novembre 1774, Jean-Antoine de La Couture-Renon, chevalier, S^{gr} de Beireix, fils de Antoine de La Couture-Renon, chevalier, S^{gr} de Beireix, et de dame Marie Pasquet; 5° Louise de Saint-Martin, épouse de N..... Gentil de La Borderie; 6° Marie-Anne de Saint-Martin, morte fille.

IX. — Haut et puissant seigneur Jean de Saint-Martin, écuyer, marquis de Bagnac, chevalier de Saint-Louis, émigra le 21 juin 1791, avec sa femme, sa sœur et ses enfants. Ses biens furent mis en vente le 13 pluviôse an II. Il était entré aux pages de la grande écurie en 1771, et fut reçu dans la deuxième compagnie des mousquetaires, le 10 mai 1774, et a servi jusqu'à la réforme du corps. — Il fit, en émigration, la campagne de 1792, dans l'armée des princes (mousquetaires noirs, 2° compagnie, ordonnance). Rentré en France, il s'enrôla dans l'armée de M. de Frotté, division Comarque, 1799. Le 28 mai 1800, il fit la remise d'armes à Evreux et fut enfermé au Temple; on le relâcha le 5 juin 1801. Le 22 juillet 1824, il fut nommé maréchal-des-logis en pied à la 2° compagnie des mousquetaires, créé chevalier de Saint-Louis le 22 août 1814; il eut, le 22 août 1815, le brevet de garde-major, pour tenir rang de 1798, et fut retraité lieutenant-colonel le 1er août 1815. Il avait épousé, par contrat du 23 avril 1782, demoiselle Marie de Levis, fille de feu haut et puissant seigneur messire Joseph Chrisante, marquis de Lévis, S^{gr}, baron de Gandiers, maréchal de la foi, chevalier de Saint-Louis, commandant des gardes de l'Etendart, et de haute et puissante dame Louise-Elisabeth-Victoire de Levis-Leran. De ce mariage il eut : 1° Henry-Gaston-François, qui suit ; 2° Michel-Victor de Saint-Martin, d'abord reçu chevalier de Malte, qui fut élève de l'Ecole polytechnique, puis, le 25 frimaire an XII, sous-lieutenant de génie ; lieutenant en 1808, capitaine en 1813, chef de bataillon le 4 janvier 1814 ; il eut la tête enlevée par un boulet au village de Cazères, Haute-Garonne, à l'armée d'Espagne, en 1814; 3° Elisa de Saint-Martin, morte sans avoir été mariée.

X. — Henry-François-Gaston de Saint-Martin, marquis de Bagnac, né le

11 mai 1784, fut élève de l'École polytechnique, puis ingénieur en chef des ponts et chaussées. Il épousa, par contrat du 17 octobre 1820, demoiselle Angelle de Barbarin, fille de feu Marie-Antoine, comte de Barbarin, ancien capitaine de cavalerie, chevalier de Saint-Louis, chambellan du roi de Prusse, et de Marie-Ferdinande Viney. Il mourut le 16 mars 1841, laissant de son mariage : 1° Antoine, qui suit ; 2° Louis, mort jeune.

XI. — Jean-Baptiste-Antoine de Saint-Martin, marquis de Bagnac, né le 6 avril 1826. Il a fait rebâtir le château de Bagnac, qu'il habite, et est propriétaire de la terre du Bost. Il a épousé, le 26 mai 1852, Marie-Batilde-Anabella-Elisabeth de Preaulx, fille de Charles-Joseph, comte de Preaulx, lieutenant aux cuirassiers de la garde royale, et de dame Elise Guillosteau de Grandeffe. Ils n'ont pas d'enfants.

Branche dite de Sarzai.

VII bis. — Jean de Saint-Martin, chevalier, S^{gr} de Sarzai et de Touxerat, était fils puîné de Guilhaume de Saint-Martin, S^{gr} de Bagnac, et de Marie Sornin ; il naquit le 14 décembre 1681. Il épousa, le 1er septembre 1708, Jeanne (alias Catherine) Sornin, fille de Jean Sornin, écuyer, S^{gr} de Lavaud. Ils habitèrent le bourg de Morterolles ; de ce mariage il eut : 1° Guilhaume-Alexandre, qui suit ; 2° Jean de Saint-Martin, né à Morterolles le 16 mai 1721, lieutenant au régiment d'Aubeterre ; il mourut à Valenciennes le 20 juin 1745, d'une blessure reçue à Fontenoy ; il était âgé de vingt-quatre ans ; 3° Jeanne de Saint-Martin, baptisée à Morterolles, le 4 juin 1709, ayant pour parrain Guilhaume-Alexandre de Saint-Martin, chevalier, S^{gr} de Bagnac, et pour marraine demoiselle Jeanne de Leobardy, épouse du sieur du Laurent. Elle resta fille et fit un testament en faveur de M. de Bagnac, son cousin ; 4° Marie-Anne de Saint-Martin, née à Morterolles le 10 octobre 1716, morte fille ; 5° N.... de Saint-Martin (c'est peut-être Pierre, né le 19 août 1715. Son parrain fut Pierre de Saint-Martin, écuyer, S^{gr} du Martinet, habitant Le Dorat, et sa marraine Jeanne de Saint-Martin, habitant Morterolles), capitaine au régiment de Condé-infanterie, tué à Dettinghen ; 6° Mathurine de Saint-Martin, baptisée le 30 avril 1710, dans l'église de Saint-Pierre du Dorat ; 7° Marie de Saint-Martin, née à Morterolles le 20 octobre 1710.

VIII. — Guilhaume-Alexandre de Saint-Martin, écuyer, S^{gr} de Sarzay, né à Morterolles le 7 et baptisé le 10 février 1714, fut reçu page de la reine le 14 mars 1728, et fut lieutenant-colonel du régiment de Rohan-infanterie par brevet du 22 avril 1755. Il n'a pas laissé de postérité.

Notes isolées.

Pierre de Saint-Martin et Renaud de Montrocher, chevaliers en 1275, firent un duel, dans la ville du Dorat, en présence de Hugue de Luzignan, comte de la Marche et d'Angoulême (*Nobiliaire*, III, 169).

Garin de Saint-Martin fit hommage à l'abbaye de Limoges, en 1339 (LAINÉ, *Nobil. du Lim.*).

Garinus de sancto Martino vivait le 2 mai 1366 (acte trouvé chez Pierre Bermondet, not. à Limoges).

Jacques de Saint-Martin, écuyer, au combat du pont de Lussac, en Poitou, le 1er janvier 1370, tua Jean Chandos, connétable d'Aquitaine (Voir Froissard, dans ses *chroniques*, et Thibodeau, *Hist. du Poitou*). Il fut lui-même blessé et fait prisonnier; il mourut de ses blessures peu de jours après, et fut enterré chez les cordeliers de Poitiers.

Philippe de Saint-Martin fut l'épouse de Guichard de Bussières (*Guiardus Buffieras*) d'après une transaction en latin, datée du 1er février 1388 (Archives du Fraisse). Elle était morte avant le 9 juin 1446, ainsi que leur fille Jeanne, qui avait épousé Jean Prévost (*Généal. Prévost*).

Martin de Saint-Martin, damoiseau, vivait en 1388 (Archives du Fraisse).

Pierre de Saint-Martin, Sgr de Rochelidoux, eut pour fils Bertrand de Saint-Martin, mort avant le 1er février 1388. Ce dernier avait épousé demoiselle de Bellefort ou de Beaufort, et en eut deux fils : 1º Jean de Saint-Martin; 2º Simon de Saint-Martin, qui étaient sous la tutelle de leur mère, le 1er février 1388 (Archives du Fraisse).

Simon de Saint-Martin eut pour fille Sybille de Saint-Martin, qui avait épousé, avant 1443, Guillaume Taveau, sieur de Mortemer (*Idem*).

N..... de Saint-Martin, dame de Rochelidoux, avait épousé M. Ambasmat, d'après une transaction du 20 avril 1452.

Catherine de Saint-Martin, fille de Jean, Sgr de Bagnac, épousa, le 9 décembre 1482, Jean du Pin, écuyer, Sgr de La Guérivière, du Breuil-Cartais, Courgé, etc., fils de Mathieu et de Catherine Pigace (*Généal. du Pin*).

René de Nucheze, écuyer, en partant pour le service de Sa Majesté, dans la compagnie de M. de Neyrat, capitaine au régiment de Saint-Martin, testa le 9 février 1690, en faveur de Pierre et de Jean de Saint-Martin, écuyers, Sgrs de Bagnac (*Généal. Nucheze*).

Demoiselle Marie de Saint-Martin, fille de M. de Bagnac, fut baptisée à Morterolles, le 9 août 1699. Son parrain fut M. Léonard Lécugy, curé de Saint-Priest-la-Montagne, et sa marraine Anne Sornin (Registres paroissiaux de Morterolles).

Armes : *de gueules à trois bandes d'hermine*. On les blasonne aussi : *bandé d'argent et de gueules de six pièces, les bandes d'argent semées d'hermine;* couronne de marquis. Supports : *deux chevaliers portant un fanon* (1).

MARTINEAU (T. III, p. 198). — Nicolas Martineau, sieur de La Barrière, descendu de feu Helis, qui fut échevin, demeurait à Mosnac, élection de Cognac (Rôle de modération des taxes, 1669).

LA MARTONIE ou MARTHONIE (T. III, p. 196). — Cette noble maison, qui a fourni onze prélats à l'église de France, était établie à Saint-Jean-de-Cole, tout à côté de l'abbaye, dans un château qui porte encore son nom. Sa fortune date surtout de Jean de La Martonye, qui fut premier président des Parlements de Bordeaux et de Paris sous François 1er, et qui s'est plu à bâtir, non loin du berceau de sa famille, le château le plus artistique de tout le Périgord, celui de Puyguilhem. On remarque, dans l'église de Saint-

---

(1) Nous devons cette généalogie à M. le comte des Montiers-Mérinville, qui l'a dressée d'après les actes originaux conservés au château de Bagnac.

Jean-de-Cole, un tombeau d'évêque avec une statue couchée. Ce n'est pas celui du fondateur de l'abbaye, puisque Raymond de Thiviers est mort en Palestine; et, d'ailleurs, statue et tombeau sont de la renaissance. Le personnage dont il s'agit est, à ce qu'il paraît, un évêque d'Amiens, du nom de La Marthonye (Félix de Verneilh, *Archit. byzantine*, p. 200).

Le château de Saint-Jean-de-Cole s'appelait et s'appelle encore Lamarthonie, soit qu'il tirât son nom de ses anciens possesseurs, soit qu'il le leur eût donné. Toujours est-il qu'il fut bâti par cette famille et est resté entre ses mains du xv° siècle au xviii°, où il passa aux comtes de Bonneval. Vendu à l'époque de la Révolution, il fut acheté, plus tard, par le marquis de Beaumont et appartient à ses enfants (Jules de Verneilh, *Excursion en Nontronnais*, p. 10).

Raymond de La Marthonie vivait le 11 septembre 1443.

Raynal de La Marthonie, notaire de Saint-Jean-de-Cole, 16 avril 1451.

Noble Étienne de La Marthonie fait un échange, le 6 août 1472, avec le prieur et le syndic du monastère de Saint-Pardoux-la-Rivière. Il vivait encore en 1495 (*Invent. des titres du monastère de Saint-Pardoux*).

Louise de La Marthonie, fille de messire Geoffroy de La Marthonie, chevalier de l'ordre du roi, et de dame Marguerite de Mareuil, épousa, en 1574, Raymond de Lambertye, chevalier, Sgr de Menet, du Couraud et de Chapt, fils de François et de Jeanne de La Faye (*Généal. Lambertie*).

Messire Jean de La Marthonie, chevalier, Sgr de Caussade, épousa, vers 1710, Marie-Aimée de David (*Nobil.*, II, 45).

Henri de La Marthonie, quatre-vingt-unième évêque de Limoges, fils de Geofroy, écuyer, sieur de Saint-Jean-de-Cole, et de Marguerite de Mareuil-de-Villebois (d'Hozier, *Armorial généal.*, 1re part., p. 370), ou d'Isabelle de Pompadour (*Gall. christ. nov.*, T. X, col. 1208 et T. II, col. 541), était prêtre du diocèse de Périgueux, docteur en l'un et l'autre droit, premier abbé commandataire de Quinçay en Poitou, 1574, de Saint-Vast de Moreuil, diocèse d'Amiens, en 1587, archidiacre de Ponthieu, et sur une résignation, doyen de la cathédrale de cette ville, aumônier ordinaire du roi et de la reine. Il était petit-fils de Mondot de La Marthonie qui, de premier président du Parlement de Bordeaux, fut fait, dit-on, premier président de Paris (*Gall. christ. nov.*, T. II, col. 540). Il eut pour frère Geoffroi, évêque d'Amiens, et pour grands-oncles paternels Gaston et Jean, évêques d'Acqs, dans la Novempopulanie. Henri de La Marthonie permuta l'abbaye de Saint-Just, diocèse de Beauvais, avec Jean de Laubespine, pour l'évêché de Limoges, en 1587, et le roi y consentit, à la recommandation de la duchesse de Montpensier. Il eut ses bulles le 13 juillet, et fut sacré la même année. Il nomma, à Paris, un vicaire général, le 12 octobre, prit possession par procureur le 25 suivant, et en personne, l'année suivante (Bonav., T. III, p. 800). En 1594, il alla établir les Récollets à Saint-Léonard. Le 7 octobre 1604, les Récollets de la province du Saint-Sacrement furent admis à Ussel. L'église fut dédiée, le 4 août 1652, par l'archevêque de Bourges, Anne de Levi de Ventadour, et l'an 1662, Marie de La Guiche, veuve de Charles Levi, duc de Ventadour, fut reconnue pour fondatrice de ce couvent. Le 20 octobre 1605, il assista à l'entrée du roi (Bonaventure, T. III, p. 817). Le 11 juillet 1607, il posa la première pierre de l'église des Jésuites (*Idem*, p. 820); en 1596, les Récollets prirent possession de l'église de Sainte-Valérie, du consentement de la ville et des chapitres de Saint-Etienne et de Saint-Martial. En 1598, les pénitents noirs s'établirent dans l'église de Saint-Michel-de-Pistorie. Le 28 août 1611, ce prélat, étant âgé de soixante-douze ans, et, d'ailleurs, indisposé, ne pouvant dignement et à son contentement s'acquitter des fonctions de sa charge, donna procuration à Charles de La Marthonie, sieur du Puyguilhem, pour, sous le bon plaisir du roi et de la reine, sa mère, régente, résigner son évêché en coadjutorerie en faveur de Geofroi de La Marthonie, son neveu, d'âge compétent et de doctrine suffisante. Ce projet n'eut pas de suite ; car, le 12 février 1613, il consentit, à Paris, à la coadjutorerie de son évêché, en faveur de Raymond, son neveu, prieur de Saint-Jean-de-Cole et prévôt de l'église cathédrale d'Amiens, à la réserve d'une pension en faveur de Geoffroy de La Marthonie, clerc du diocèse d'Amiens. En 1614 fut fondé, dans la ville, l'hospice de Saint-François, et le 14 juin, la première pierre de cette église fut mise par Mgr Henri de Marthonie. La même année il fut député à l'Assemblée des États du royaume. Il mourut le 7 octobre 1618, ou, selon d'autres, le 10. Il fut enterré dans la cathédrale (BONAV., III, p. 827). Armes : *d'azur au lion d'or lampassé de gueules*. Un ermite de Limoges, nommé frère Anselme Dieul, lui dédia, en 1611, *La Guyde de ceux qui désirent visiter la Terre-Sainte*. En 1616, le P. Marcellin Montouzon, récollet, lui dédia : *La Vérité triomphante pour les papes sur cinquante faussetés*, imprimé à Limoges par veuve Jacques Barbou. Notre Pierre de Besse lui avait aussi dédié, en 1611, *L'Héraclite chrétien*. On trouve en tête les armes et le portrait de ce prélat. C'est au bas de celui-ci qu'on lit les vers suivants :

> Du peuple Limousin, du grand prélat icy
> L'art représente au vray les traitz et le visaige,
> Si ses perfections se pouvaient peindre ainsy
> Il ne se vit jamais un plus divin ouvrage.
>
> (LEGROS, *Mém. évêq. de Lim.*, p. 575.)

Raymond de La Marthonie, quatre-vingt-deuxième évêque de Limoges, fils de Gaston, Sgr de La Marthonie, près Saint-Jean-de-Cole, chevalier de l'ordre du roi, et de Françoise de La Bastide, fut ordonné diacre en 1610, prêtre en 1615, prieur de Saint-Jean-de-Cole en Périgord, prévôt et chanoine de la cathédrale d'Amiens (*Gall. christ.*, T. X, col. 1209). Il n'était pas encore évêque lorsqu'il assista à l'Assemblée générale du clergé, en 1614. Obtint l'évêché de Limoges par résignation, le roi y donnant son agrément le 4 février 1615. Le pape le nomma coadjuteur de Limoges le 20 juillet 1615. Il fut sacré le 20 septembre de la même année, à Paris, dans l'église des Cordeliers, par l'archevêque d'Aix, assisté des évêques d'Agen et de Saint-Malo. Il prit possession, personnellement, le 15 octobre. Son pontificat a surtout été remarquable par un grand nombre de fondations de couvents qui se firent à Limoges de son temps. Ce sont : celles des Carmes déchaussés, en 1625; des Carmélites, 1618; des Clairistes-urbanistes ou grandes Claires, en 1619; des Ursulines, en 1620; des Feuillants, en 1622; des Oratoriens, en 1624, etc., dont on peut voir le détail dans le T. III des *Annales* du P. Amable, p. 827. En 1619, au synode d'après Saint-Luc, il publia des statuts, faits et imprimés la même année, de l'avis et conseils des doyens et chanoines de la cathédrale. En 1622, il fit la visite de son diocèse. Il restaura et renouvela la grande confrérie de Saint-Martial, dont il fit imprimer les statuts, qu'il approuva et confirma par son mandement du 29 mars 1624. Il eut une contestation avec l'abbé de Saint-Martial, en 1619, pour l'ouverture de la châsse de Saint-Martial, dont on montra le chef au prince de Condé qui passait à Limoges. On fit, de son temps, la cérémonie de la canonisation de plusieurs saints (*Idem*, p. 827). Le bienheureux Bardon-Brun mourut sous son pontificat. Raymond de La Marthonie mourut à Limoges, le 10 ou le 11 janvier 1627, et fut enseveli à la cathédrale devant le grand autel, auprès de son oncle et prédécesseur.

Armes : *d'azur, au lion d'or, lampassé de gueules.* (LEGROS, *Mém. évêq. de Lim., et Lim. ecclésiast.*).

MARUC ou MARUT (T. III, p. 197). — Jacques de Marut, gentilhomme, en 1594, figure dans une montre du Limousin de cette année.

DU MAS (T. III, p. 197). — La famille du Mas de Paysac, connue dans le moyen âge sous le nom de Manse, tire son origine d'un fief noble, nommé Manse ou Mas, paroisse de Saint-Éloi, près Ségur, en Limousin. Elle s'est divisée en plusieurs branches : 1° celle des marquis de Paysac (branche aînée); 2° celle de La Lande; 3° celle de La Beylie. La branche de La Lande, représentée actuellement par MM. du Mas des Bourboux, en Périgord (1), est la seule connue qui existe de cette ancienne maison.

Ses armes les plus anciennes, qu'on trouve dans une enquête de 1647 et dans les maintenues, sont : *d'azur au chevron d'or, accompagné en pointe d'un lion rampant que surmonte une étoile, et en chef de trois croissants d'argent rangés;* supports : *deux griffons.*

La branche aînée en a changé, dans la seconde moitié du XVII° siècle, pour porter des armes maternelles. Ce sont celles que mentionne l'abbé Nadaud.

La maison du Mas de Paysac avait formé deux régiments de son nom, Paysac-dragons et Paysac-infanterie et possédait le titre de seigneur haut justicier.

Adémar de Manse (de Manso), vivait en 1275. Sa veuve fit, en 1301, une donation de ses biens, situés dans la paroisse de Janailhac, à ses deux fils, Eymeric et Adémar de Manse (Archives de la Haute-Vienne, A, 8285).

I. — Eymeric de Manse (de Manso), premier du nom, damoiseau, S^{gr} dudit lieu, près Ségur, etc., capitaine de cent hommes d'armes en 1360. Suivant quelques auteurs, il était aussi S^{gr} de Janailhac et de Paysac, et vidame de Limoges. M. Barbot de la Trésorerie dit (dans ses *Annales historiques*) que la maison du Mas de Paysac occupait la dignité de vidame de Périgueux en 1368. Eymeric épousa Gabrielle de Mespias.

II. — Jean de Manse, S^{gr} dudit lieu et fils du précédent fut, en 1427, écuyer et premier panetier de Jacques de Bourbon, roi de Hongrie, Sicile

---

(1) Nous devons ce complément de généalogie à M. du Mas-Paysac, des Bourboux, d'après les preuves fournies par la famille.

et Jérusalem, comte de la Marche. Il eut deux fils : 1° Eymeric, qui suit; 2° Alaire de Manse, recteur de l'église de Saint-Éloi.

III. — Eymeric de Manse, deuxième du nom, damoiseau, Sgr dudit lieu et de La Serre, se maria avec noble Marguerite de La Vergne. Il était gouverneur de Sadroc (place forte du Limousin), de 1439 à 1476, et fit son testament au château de Manse, près Ségur, le 15 juin 1476, devant Latanet, dans lequel il dit, qu'Hélie, un de ses fils, avait accompagné, comme gentilhomme, en 1474, la puissante dame Marguerite de La Tour, dame de Grignols, et, plus loin, il recommande que cinquante prêtres soient convoqués à ses funérailles, à son service de huitaine et à celui du bout de l'an, à chacun desquels on devra donner deux sous tournois *cum refectione corporali*. Il laissa quatre fils : 1° Rigaud, qui suit; 2° Alaire de Manse, probablement recteur de Saint-Éloi et de Bessenac; 3° Jean de Manse. L'abbé Nadaud le fait paraître dans une revue, à Dinan, en 1489. Quelques auteurs prétendent qu'il forma la souche de la famille du Mas de Lisle et devint gouverneur d'Aysnay-le-Chastel, pour le duc de Bourbon, en 1491, après avoir été chambellan du roi Louis XI; 4° Hélie de Manse, auteur de la branche de La Lande.

IV. — Rigaud de Manse, Sgr dudit lieu et de La Serre. Il fut héritier général d'Eymeric, son père, et eut deux fils : 1° Reynault, qui suit; 2° Antoine de Manse, Sgr de La Serre, marié avec noble N... Hélie de Pompadour, dont Arnaud de Manse, noble et puissant seigneur de La Serre (*nobilis et potens*, suivant un acte du pénultième jour d'octobre 1500, devant de Gualard). Il n'eut pas d'enfant.

V. — Reynault de Manse, noble et puissant seigneur dudit lieu (*nobilis et potens*, suivant un acte du 22 septembre 1504, devant de Martinca, clerc juré). De son mariage, avec Suzanne de Seguin, il eut Jacques, qui suit. A partir de cette époque, le nom du *Mas* est substitué à celui de *Manse*.

VI (I de Nadaud). — Jacques du Mas, écuyer, se maria avec noble Catherine de Salaignac. Le contrat fut reçu le 13 janvier 1522, par de Breulh. Jacques du Mas, écuyer, Sgr dudit lieu, de La Serre, etc., fit hommage au roi de Navarre, en 1541, pour son hôtel noble du Mas, assis dans le château de Ségur, pour son repaire noble du Mas, assis près Ségur, pour son repaire noble de La Serre, en la paroisse de Vars, pour son hôtel noble de Saint-Michel, en la châtellenie d'Ayen, pour son hôtel noble de Prévost et pour ses autres biens (1). En la même année, le roi et la reine de Navarre lui cédèrent la haute, moyenne et basse justice sur toute la paroisse de Saint-Éloi, et sur une partie de celle de Saint-Julien, en réservant, toutefois, l'hommage-lige, et érigèrent le Mas en châtellenie (2). Jacques eut deux fils : 1° Antoine qui suit; 2° Rigaud du Mas, écuyer, Sgr de Paysac, marié, en 1567, avec noble Gabrielle de Bouchiat, dont il n'eut pas d'enfant. Il testa en faveur de Peyrot du Mas, son petit-neveu.

VII (II de Nadaud). — Antoine du Mas, écuyer, Sgr dudit lieu, de La Roche, etc., homme d'armes de la compagnie d'Antoine de Bourbon, roi de Navarre; il se maria avec noble Anne du Bois, fille de feu Pierre du Bois, écuyer, Sgr de Bridoire, et de Catherine de Maurilhac, son épouse. Le

---

(1) Archives du château de Pau, B, 1791.
(2) Mêmes Archives, B, 1802.

contrat fut reçu en présence de son père, le 11 novembre 1544, par Raoulx, notaire de Bergerac, en Périgord. Dont Pierre, qui suit.

VIII (III de Nadaud). — Pierre du Mas, premier du nom, écuyer, Sgr dudit lieu, La Serre et La Roche, accompagna Antoine de Bourbon, roi de Navarre, à la cour du roi de France. Il fit son testament le 25 décembre 1619, devant Teytut, dans lequel il nomme ses enfants et déclare qu'il veut être inhumé au tombeau de ses ancêtres, devant le grand autel de l'église de Saint-Eloi. Il se maria avec noble Léonarde de Beaupoil-de-Sainte-Aulaire, damoiselle, fille de feu François de Beaupoil, écuyer, Sgr de Sainte-Aulaire, Ternac, La Granerie et Masseré, ancien panetier ordinaire du roi, et de feue haute et puissante dame Françoise de Volvire-de-Ruffec, son épouse, dame d'honneur de la reine-mère. Le contrat fut reçu, le 6 février 1575, par Corteys, notaire de Masseré. Dont : 1° Peyrot, qui suit ; 2° Françoise du Mas, mariée avec le seigneur de La Serve ; 3° Marie du Mas, mariée avec Jean Bardon de Bruny, conseiller du roi et juge d'appeaux, de la vicomté de Ségur ; 4° Jeanne du Mas, inhabile au mariage (1).

IX (IV). — Peyrot (ou Pierre, deuxième du nom) du Mas, écuyer, se maria avec noble Gabrielle de Couillaud-de-Hauteclaire, damoiselle, fille de François de Couillaud-de-Hauteclaire, écuyer, Sgr du Maine-Grignaut, Luce et Fissac, gentilhomme ordinaire de la chambre du roi, et de noble Suzanne de Saint-Gelais, son épouse. Le contrat fut reçu le 27 février 1609, par Faneau, notaire (en Angoumois). Peyrot du Mas, écuyer, Sgr dudit lieu, de La Serre et de La Roche, après la mort de son père, et de Paysac, de La Borie et de La Tournarye, après la mort de Rigaud du Mas, son grand-oncle, fut le principal fondateur de la communauté des Clarisses, dans la ville d'Excideuil, en 1641. Il fit son testament le 24 septembre 1647, retenu par Dard, dans lequel il choisit sa sépulture en l'église de Paysac. Il engendra : 1° Gabriel, qui suit ; 2° François du Mas, écuyer, qui a fait la branche de Châteaurocher (T. III, p. 199) ; 3° Suzanne du Mas, mariée avec noble Jean de Joubert, Sgr de La Coste et plus tard Sgr de Nanthia et de Juvénie ; 4° Renée du Mas, religieuse à Ligueux ; 5° Marie du Mas, religieuse à Saint-Yrieix ; 6° Jeanne du Mas, dont on ignore la destinée.

X (V). — Gabriel du Mas, écuyer, Sgr de La Borie, Paysac, La Serre, Estivaux, etc. Il fut capitaine d'une compagnie d'hommes d'armes dans le régiment de Pompadour-infanterie, en 1627, et enseigne en 1639. Il se maria avec Jeanne de Meilhars, par contrat reçu, le 29 décembre 1643, par Dard et Sagefond. Le 18 février 1653, il apporta à la cour la nouvelle de la victoire remportée, contre les insurgés du Limousin, par le seigneur de Pompadour. Il fit son testament, le 3 juin 1670, devant de Cheux, notaire. Sa veuve fit le sien à Bordeaux, le 15 septembre 1673, devant Girou. Leurs enfants sont nommés dans lesdits testaments, savoir : 1° Philippe, qui suit ; 2° Jacques du Mas, destiné à l'église ; 3° Pierre-Julien du Mas, écuyer, Sgr de La Borie, marié avec noble Françoise de Jarrige, damoiselle, fille de messire Paul de Jarrige, chevalier, Sgr de La Morelie, Le Chastaing et autres

---

(1) Courcelles mentionne une autre fille nommée Louise qu'il marie avec un de Laurière, seigneur de Ferrand. C'est une erreur ; Louise appartenait à une autre branche.

lieux, et d'Anne-Aymeric du Chastaing, son épouse. Il eut une fille, Julie-Charlotte, qui se maria dans l'église de Saint-Eloi, en 1739, avec messire Jean-Georges de La Roche-Aymon, Sgr de Sarette ; 4° Jean du Mas, chevalier non profès de l'ordre de Malte en 1673. Il fut colonel du régiment de Paysac-dragons et fut tué à la prise de Barcelonne. Il aurait épousé N..... de Lambertie; 5° Pepy-François du Mas, chevalier non profès de l'ordre de Malté ; 6° François du Mas, chevalier non profès de l'ordre de Malte; 7° Pierre du Mas, destiné au service du roi ; 8° Eléonore du Mas, dont on ignore la destinée ; 9° Renée du Mas, religieuse à Ligueux ; 10° Suzanne du Mas, religieuse dans la même communauté ; 11° Marie du Mas, novice en 1693.

M. Viton de Saint-Alais prétend qu'un Henri du Mas était fils de Gabriel du Mas, Sgr de Paysac, et qu'il forma une branche qu'il désigne sous le nom de La Roque et de La Fougère. Cette mention est une erreur, car les du Mas de La Roque et de La Fougère, dont il fait ainsi une fausse filiation, existaient déjà dans le Fronsadais, près Libourne, en 1529, comme il est prouvé par une note sur cette famille, envoyée par un de ses membres, en 1762, à Joseph-François du Mas, marquis de Paysac, qui ne trouva dans cette note et dans sa généalogie aucun lien avec les du Mas de La Roque et de La Fougère. Si cette famille a eu la même origine, ce n'a pu être que dans des temps très éloignés, et probablement antérieurs au XIVe siècle. Dans les rôles Gascons de La Tour de Londres, il est question d'un Gombaud de Manse, à qui le roi d'Angleterre accorda, le 15 juillet 1331, l'autorisation de fortifier son habitation, située dans la paroisse de Saint-Gervais, près du Fronsadais. Ce Gombaud de Manse pourrait être un aïeul de la famille du Mas de La Roque et de La Fougère, et ses aïeux sortir du Mas (Manse), près Ségur en Limousin.

XI (VI). — Philippe du Mas, chevalier, Sgr dudit lieu, marquis de Paysac, La Serre, La Tournarye, etc. Il se maria avec Marie-Suzanne de Pommiers, damoiselle, fille légitime de feu messire Géraud de Pommiers, conseiller du roi, receveur des consignations de la cour du Parlement de Bordeaux, et de Jeanne de Mestivier. Le contrat fut reçu le 7 novembre 1683, par Plantier, notaire de La Réole. Philippe fit ériger la châtellenie de Paysac en marquisat, en 1685. Il était déjà en possession de la justice haute, moyenne et basse, sur ce lieu. Il mourut sans tester, laissant : 1° François, qui suit ; 2° Jacques du Mas, nommé dans une transaction en 1725 ; 3° Jeanne du Mas, épouse de messire Gabriel du Repaire, écuyer, Sgr de Livron, capitaine de cavalerie au régiment de Clermont-Prince ; 4° Julie du Mas, carmélite ; 5° Françoise du Mas, nommée dans un acte en 1708 ; 6° Jeanne-Thérèse du Mas, religieuse de Sainte-Claire, dans la ville d'Excideuilh. — Les autres enfants sont nommés par l'abbé Nadaud.

XII (VII). — François du Mas, écuyer, haut et puissant seigneur, marquis de Paysac, Sgr du Mas, La Borie, La Serre, etc., fut colonel du régiment de Paysac-infanterie, en 1709, et mestre de camp en 1722. Il se maria avec Paule-Marie-Thérèse de Boisse, damoiselle, fille de messire Joseph de Boisse, Sgr, marquis dudit lieu, Sgr des Jaux, La Bachelerie, La Farge, etc.; en Limousin, chevalier de l'ordre royal et militaire de Saint-Louis, brigadier des armées du roi et son lieutenant de gendarmerie, et de feue Marie de Féline de La Renaudie. Le contrat fut reçu, le 6 juin 1722, par La

Treille. François fut chevalier de Saint-Louis et plus tard brigadier des armées du roi, par brevet du 1er août 1734. Il engendra : 1° François-Joseph, qui suit ; 2° Charles du Mas, célibataire ; 3° François-Léonard du Mas, capitaine au régiment de Hainault ; 4° Jean-Léonard du Mas, officier dans le régiment de Vaubecourt. Il testa au château de Cousages-les-Allassac, le 8 janvier 1787, devant Lascaux, en faveur de Charles du Mas, marquis de Paysac, son neveu ; 5° Marie-Anne du Mas, religieuse à l'abbaye de La Règle ; 6° Marie-Thérèse du Mas, religieuse à la Visitation de Tulle ; 7° Marie-Victoire du Mas, qualifiée illustre et puissante demoiselle, mariée en 1764, avec messire Louis de Pindray.

XIII (VIII). — Joseph-François du Mas, marquis de Paysac, Sgr de La Serre, La Borie, Cousages, etc., chevalier de l'ordre du Saint-Sépulcre. Il fut gentilhomme à drapeau dans la compagnie colonelle du régiment des gardes françaises, en 1736, et sous-lieutenant aux gardes en 1743. Il se maria avec Gabrielle de Chapt-de-Rastignac, damoiselle, fille légitime de messire Charles de Chapt-de-Rastignac, écuyer, haut et puissant Sgr de Laxion, Lambertie, Pansol, etc., lieutenant des maréchaux de France, et de feue Marie-Eléonore d'Aydie-de-Ribérac. Le contrat fut reçu, le 24 juillet 1740, par Gaillard, notaire à Thiviers. Il fit hommage au bureau des finances de Limoges, le 8 novembre 1768, de ses terres de Paysac, La Borie, etc., relevant du roi, et mourut à Paris le 10 août 1786. Il avait engendré : 1° Paule-Marie-Thérèse du Mas, qualifiée illustre et puissante demoiselle, mariée en 1767 avec messire Marc-Antoine de Vins, Sgr du Manègre, Peyperoux et Sarzac, près Montignac en Périgord, qualifié comte du Manègre ; 2° Charles, qui suit ; 3° Gabrielle du Mas, qualifiée haute et puissante demoiselle, mariée, en 1770, avec messire Joseph de Fars, écuyer, Sgr de Fausselandry. Elle fut otage pour la famille royale, pendant la Terreur, et a publié ses *Mémoires* ; 4° Jacques-Charles-Gabriel-Louis du Mas, né en 1752, décédé en bas-âge ; 5° Aubin-Louis du Mas, né en 1755, décédé en bas-âge.

XIV (IX). — Charles-Antoine-Armand du Mas naquit au château de Paysac, en 1749. Il se maria avec Jeanne-Pétronille de Burman, fille légitime de feu messire Pierre-Léopold de Burman, écuyer, baron dudit lieu, Sgr de Valleyres et de Chauvan en Suisse, et de Jeanne-Cécile Vallegeas. Le contrat fut reçu, en 1784, par Bro, notaire à Paris, en présence, et de l'agrément du roi, de la reine et de la famille royale, et du consentement, conseil et assistance de leurs parents. Charles, voulant obtenir les honneurs de la cour, en entrant dans les carosses du roi, etc., produisit ses titres en 1788, pour prouver l'ancienneté de sa maison ; mais la Révolution arriva avant que cette affaire fût terminée. Cherin avait déjà fait la généalogie de la maison du Mas, après avoir exigé toutes les preuves. Charles du Mas était marquis de Paysac, Sgr de La Serre, La Salle, Cousages, coseigneur d'Allassac, etc., vidame de Limoges, lieutenant de roi en Condomois, chef d'escadron au régiment de Conti-dragons, vota à Limoges, aux états de 1789, fut chevalier de Saint-Louis en 1791, émigra en 1792. Il mourut sous la Restauration, laissant deux filles, savoir : 1° Joséphine-Jeanne-Cécile-Héloïse du Mas, née à Paris, le 25 juin 1786, mariée avec messire Charles de Vins, son cousin, qui fut plus tard consul de France. Après la mort de celui-ci, elle fut dame lectrice à la cour, et mourut en 1853 ; 2° Jeanne-Caroline-Gabrielle du Mas, née à Paris le 4 novembre 1789, mariée avec le baron de Stassard.

Branche de La Lande.

Cette branche, qui a pour auteur Hélie de Manse, fils d'Eymeric, S^{gr} de Manse, et de Marguerite de La Vergne, tire son surnom du fief de La Lande, près Saint-Astier en Périgord. Sa généalogie a été faite avant la Révolution, par Me Sifflet de Berville, secrétaire du roi.

La branche aînée, prévoyant le cas où elle s'éteindrait, et voulant que le surnom de Paysac fut conservé dans sa famille, obtint de la branche de La Lande que cette dernière donnerait le nom de Paysac à l'un de ses domaines, et, pour témoigner le désir de voir aussi le surnom de La Lande conservé dans sa famille, elle donna ce nom à l'un de ses domaines de la terre de Paysac, de sorte que si la branche de La Lande venait à s'éteindre avant la branche aînée, il fût facile de surnommer ainsi la première branche qui se serait formée plus tard, et qu'au contraire si la branche aînée venait à s'éteindre avant celle de La Lande, cette dernière devrait se surnommer du nom de Paysac.

IV bis. — Hélie de Manse, premier du nom, fils d'Eymeric, suivit en qualité de gentilhomme Marguerite de La Tour, noble et puissante dame de Grignols, lorsqu'elle fut mariée avec le prince de Chalais, S^{gr} de Grignols, en 1474. Il se maria, en 1478, avec noble Françoise de La Geneste, de la ville de Saint-Astier en Périgord. Il eut plusieurs enfants, parmi lesquels Hélie, qui suit.

V. — Hélie de Manse, deuxième du nom, écuyer, fils aîné d'Hélie, qui précède, se maria, en 1504, avec Charlotte de Pons, dont il eut plusieurs enfants, parmi lesquels Léonard, qui suit. A partir de cette époque, le nom du Mas substitue celui de Manse.

VI. — Léonard du Mas, premier du nom, écuyer, S^{gr} de La Lande, se maria avec Marguerite de Merle, damoiselle, fille de feu Hélie de Merle, écuyer, S^{gr} de Mongaillard, ancien maire de la ville de Périgueux, et d'Antoinette de Martres-de-Périgord, son épouse. Le contrat fut reçu, le 28 juin 1537, par Jay. De ce mariage vinrent : 1° Léonard du Mas, écuyer, S^{gr} de La Genèbre, marié avec Anne de Bardon-de-Segonzac, dame de Charbonnières. Le contrat fut reçu le 9 octobre 1584, par Carouzet. Dont : A. — François du Mas, écuyer, S^{gr} de La Genèbre, marié avec noble Catherine de Belcier. Le contrat fut reçu, le 3 novembre 1619, par Jay. François fut appelé pour le ban de 1626, et contribua aux taxes des députés de la noblesse. Il n'eut qu'une fille nommée Isabeau, qui se maria avec messire François de Chauveron, chevalier, S^{gr} de Saint-Mayme et de La Peyrounie; B. — Marguerite du Mas, dont on ignore la destinée; 2° Jacques, dont la descendance mâle existe encore; 3° Léon du Mas, écuyer, servit dans les armées; 4° François du Mas, écuyer, servit aussi dans les armées; 5° Jeanne du Mas, damoiselle, mariée avec Jean de Guerre de Montamel, écuyer, en 1599; 6° Isabeau du Mas, damoiselle, mariée avec le seigneur de Mestrues du Sourbier, écuyer, en 1593; 7° Antoinette du Mas, dont on ignore la destinée.

VII. — Jacques du Mas, écuyer, S^{gr} de La Lande, marié avec Marie de Bremond du Puy, damoiselle, fille de feu messire Raymond de Bremond du Puy, S^{gr} de Pommier, chevalier de l'ordre du roi, et de Jeanne de Joumard, son épouse. Le contrat fut reçu, au château de Pommier en Saintonge, le 31 janvier 1597, par Papin. Jacques avait été appelé, en 1594, pour le ban, dans la compagnie d'ordonnance de Sa Majesté. Il eut pour enfants : 1° Léonard, qui suit; 2° Anne du Mas, damoiselle, mariée avec François-Guillaume d'Ouillet, sieur de La Nauve; 3° Marguerite du Mas, damoiselle, mariée avec Philippe de La Filhoulie, écuyer, sieur de La Combe.

VIII. — Léonard du Mas, écuyer, Sgr de La Lande, se maria avec Anne-Marie du Rieu. Le contrat fut reçu, le 8 décembre 1619, par Lacombe. Léonard accompagna, en qualité de gentilhomme, le très noble et puissant seigneur de Chartres, lorsque ce dernier allait au château d'Excideuil, poursuivant le mariage de Françoise de Monluc, qui devint l'épouse du prince de Chalais. Avant 1624, il commandait 3,000 hommes contre les calvinistes (près Mucidan). Il eut : 1° Pierre, qui suit; 2° Poncet du Mas, qui servit dans les armées du roi; 3° Jeanne du Mas, damoiselle, mariée avec le seigneur de Beaupuy, en 1657; 4° Marie du Mas, qui testa en faveur de Jeanne, sa sœur.

IX. — Pierre du Mas, premier du nom, écuyer, Sgr de La Lande et de La Farge, se maria avec Catherine du Castaing, damoiselle, fille de feu Jean-Gabriel du Castaing, écuyer, Sgr de Leyzarnie, près Périgueux, et de Jeanne de Saint-Angel, son épouse. Le contrat fut reçu, le 25 novembre 1655, par Beauzabit. Il engendra : 1° Pierre, qui suit; 2° Jeanne du Mas, damoiselle, mariée avec N..... Faure de Rivière, écuyer.

X. — Pierre du Mas, deuxième du nom, écuyer, Sgr de La Lande et des Combes, se maria avec Anne-Marie de Tourtel, damoiselle, fille de messire Raymond de Tourtel, écuyer, Sgr de La Rivière, et de feue Bertrande Arnaud-de-Golce, son épouse. Le contrat fut reçu, le 28 avril 1693, par Vigier. Pierre fut nommé consul de la cité de Périgueux en 1702. Il mourut en 1714, ayant eu pour enfants : 1° Etienne, qui suit; 2° François du Mas, curé de Saint-Angel en Périgord et docteur en Sorbonne; 3° Raymond du Mas, curé de La Chapelle-Faucher ; 4° Marie du Mas, damoiselle, mariée avec Jean de La Borie; 5° Anne du Mas, damoiselle, mariée avec François de Chantegrel, sieur de La Marcodie; 6° autre Marie du Mas, célibataire ; 7° encore Marie du Mas, célibataire.

XI. — Etienne du Mas, premier du nom, écuyer, Sgr de La Lande et des Combes, se maria avec Jeanne de Chantegrel. Le contrat fut reçu, le 8 novembre 1735, par Grellety de La Brandie. De ce mariage vinrent : 1° François-Cosme, qui suit; 2° Marie-Françoise du Mas, damoiselle, mariée avec Nicolas Pabot-de-Lignérat, écuyer, sans postérité; 3° Marie du Mas, damoiselle, mariée avec Henri Bost-des-Girards, sans postérité.

XII. — François-Cosme du Mas, écuyer, Sgr de Varénas, se maria avec Françoise de Vaucocour, damoiselle, fille de messire Henry de Vaucocour, chevalier, Sgr de La Roche, et de Marie de Boutinaud, son épouse. Le contrat fut reçu, le 11 mai 1779, par Lavignac. François-Cosme acheta la terre des Bourboux, en 1780, par acte passé devant Siméon. La famille de Bardon-de-Segonzac en était propriétaire. Il mourut en 1791, laissant un fils nommé Etienne.

XIII. — Etienne du Mas, deuxième du nom, écuyer, propriétaire des Bourboux, près Périgueux, se maria avec Jeanne de Montard, fille de Jean de Montard, écuyer, propriétaire de La Pesquière, etc., commune d'Escassefort, près Marmande en Agenais, et d'Elisabeth de Flouret, son épouse. Le contrat fut reçu, le 29 septembre 1805, par Martin. De ce mariage sont provenus : Elisabeth, Anne, Mathieu et Jean-Louis.

Branche de La Beylie.

Les papiers de cette branche ont été perdus pendant la Révolution. Ce qui suit est extrait d'un manuscrit de la Bibliothèque nationale, dont l'abbé de Lespine est probablement l'auteur. Elle tirait son surnom d'un fief situé dans la paroisse de Saint-Jean-d'Estissac en Périgord, et s'était séparée avant les Croisades. La tradition seule en fait aujourd'hui l'union avec la maison du Mas de Paysac.

Henri du Mas (de Manse), S^{gr} de La Beylie et vigier d'Estissac, se maria en 1340, dont :

Jean du Mas (de Manse), premier du nom, S^{ar} de La Beylie, se maria, en 1375, avec Marie de Chaumont, dont :

Louis du Mas (de Manse), S^{gr} de La Beylie, se maria, en 1404, avec Jeanne-Blanche de Gramont, et laissa :

Bertrand du Mas (de Manse), S^{gr} de La Beylie, se maria, en 1435, avec Marguerite d'Abzac de Bellegarde, et laissa :

Jean du Mas (de Manse), deuxième du nom, se maria, en 1468, avec Anne de Fageot, dont :

Jean du Mas, troisième du nom, écuyer, S^{gr} de La Beylie, se maria, en 1527, avec Catherine de Brouilhac, dont : 1° Guillaume, qui suit ; 2° Pierre du Mas, auteur de la branche de Félines.

Guillaume du Mas, écuyer, S^{gr} de La Beylie, se maria avec Jeanne de Salignac, fille de messire Odet de Salignac, écuyer, S^{gr} de Gaulejac, et d'Anne de Mensignac, dame de La Poncie, son épouse. Le contrat fut reçu, le 17 septembre 1576. Guillaume eut pour fils :

Jean du Mas, quatrième du nom, écuyer, S^{gr} de La Beylie, se maria, en 1602, avec Judith de Béral, dont :

Antoine du Mas, écuyer, S^{gr} de La Beylie, se maria avec Isabeau d'Aix, damoiselle, fille de feu Salomon d'Aix, écuyer, S^{gr} de La Feuillade (près Périgueux), Larmaivaille (près Libourne), etc., gentilhomme ordinaire de la chambre du roi, et de Louise de Larmavaille, son épouse. Le contrat fut reçu, le 3 septembre 1633, par Delort. De ce mariage vinrent : 1° Jeanne du Mas, damoiselle, mariée, en 1693, avec Bertrand de Garrebœuf, écuyer, S^{gr} de La Lavatre ; 2° autre Jeanne du Mas, damoiselle, mariée, en premières noces, avec N..... de Lestrade, et, en deuxièmes noces, avec Raymond de Beaupoil, baron de La Luminade, maréchal des camps et armées du roi ; 3° Marguerite du Mas, damoiselle, mariée avec Louis de Testar, écuyer, sieur de Perpezac.

Branche de Félines (2° de La Beylie).

Cette branche a pour auteur Pierre, deuxième fils de Jean, troisième du nom, S^{gr} de La Beylie, et tire son surnom d'un fief en Périgord.

Pierre du Mas, premier du nom, écuyer, S^{gr} de Félines, se maria avec Marguerite de Fayard, dont : 1° Guillaume, qui suit ; 2° Louise du Mas. On croit qu'elle se maria avec Antoine de Laurière, écuyer, S℮ʳ de Ferrand et de La Gouderie.

Guillaume du Mas, écuyer, S℮ʳ de Félines, se maria avec Jeanne de La Place, en 1610, et laissa :

Jean du Mas, premier du nom, écuyer, sieur de Félines et des Chaneaux, se maria avec noble Louise de Salignac, dame de Fonréal, fille de Barthélemy de Salignac, chevalier, S℮ʳ de La Poncie, et de Marguerite de Roche-Morin, son épouse. Le contrat fut reçu, le 4 janvier 1646, par Sarrête, notaire; dont : 1° Claude du Mas, damoiselle, dont on ignore la destinée ; 2° Marguerite du Mas, mariée en Sarladais ; 3° Isabeau du Mas, damoiselle, mariée avec Jean de Chaunac, écuyer, S℮ʳ de Monbette, près Domme ; 4° Jean, qui suit.

Jean du Mas, deuxième du nom, écuyer, S℮ʳ de Félines, se maria avec Jeanne de Testar, dame de La Rigale, en 1677. Il en eut : 1° Armand, qui suit ; 2° Marie du Mas, damoiselle, mariée, en 1699, avec Arnaud de Salignac, chevalier, S℮ʳ de La Poncie. Parmi ses enfants, on remarque Arnaud, de Salignac, massacré à Paris sous la Terreur, nommé l'abbé de Fénelon, père des petits Savoyards.

Arnaud-Marc du Mas, écuyer, S℮ʳ de La Rigale, d'une alliance qui nous est inconnue, engendra : 1° Jeanne du Mas, née en 1722 ; 2° Marguerite du Mas, née en 1723 ; 3° Jean, qui suit ; 4° Pierre-Nicolas du Mas, capitaine au régiment de la reine, chevalier de Saint-Louis, habitant au château de La Poncie. Il testa, le 28 juin 1783, en faveur de Jean-Baptiste du Mas, son frère, devant Lavignac, notaire ; vota à Périgueux, aux états généraux de 1789, et mourut en émigration ; 5° Jean-Baptiste du Mas, décédé sans postérité.

Jean du Mas, troisième du nom, écuyer, sieur de La Rigale, fils d'Arnaud-Marc, naquit en 1725, et se maria avec Marie de Gentils-de-Villa, en 1741, et eut : 1° Pierre, qui suit ; 2° Marguerite du Mas, mariée avec messire Jean de Montozon, écuyer, dont un fils décédé jeune.

Pierre du Mas, deuxième du nom, écuyer, fils de Jean, naquit le 13 avril 1754, d'une alliance qui nous est inconnue ; il eut un fils qui mourut jeune. Devenu veuf, il se maria avec noble Elisabeth de Salignac, qu'il fit héritière de ses biens, et mourut sans postérité, à Bussac en Périgord, en 1821.

DU MAS (N.....) (T. III, p. 200), sieur de Neuville, président au présidial de Brive, anobli par lettres du mois d'août 1661, enregistrées à la chambre des comptes de Paris, le 7 juin 1663, et confirmées au mois d'octobre 1667, a pour armes : *écartelé aux 1ᵉʳ et 4ᵉ d'or, à la croix d'azur ; aux 2ᵉ et 3ᵉ d'azur, au chevron d'hermine, accompagné de 3 étoiles d'or.* (Lainé, *Nobiliaire du Limousin.*)

Pour le P. Martial du Mas, Voir *Biographie des hommes illustres du Limousin*, p. 93.

MASBARET ou MABARET. — Cette famille vota pour les États généraux en 1789.

I. — Antoine Mabaret, sieur dudit lieu (paroisse d'Eybouleuf), bourgeois de Saint-Léonard, testa le 17 janvier 1739 ; il avait épousé : 1° Françoise

Fargeaud, dont : 1° Joseph, né le 25 mars 1697, prêtre, savant érudit (1); 2° Jacques, prêtre ; 3° Joseph, qui suit ; 4° Valérie Mabaret, morte en 1739, avait épousé Martial Veyrier. Il épousa : 2° Marie de La Chassagne, dont : 5° Joseph, de qui descend la branche cadette, représentée par M. Mabaret, notaire ; 6° Valérie ; 7° Françoise.

II. — Joseph du Mabaret, sieur du Basty, avocat en la Cour du Parlement de Bordeaux, mourut après deux ans de mariage ; il avait épousé, par contrat du 5 mars 1731, Catherine Nicard, dont : 1° Jacques, qui suit; 2° Antoine, mort en bas-âge.

III. — Jacques de Mabaret, écuyer, Sgr du Basty, procureur du roi en l'élection de Limoges, 1756, consul de la ville de Saint-Léonard, 1774, président-trésorier de France au bureau des finances de la généralité de Limoges, en 1786; épousa, le 17 février 1756, Françoise Tandeau de Saint-Nicolas, sœur de l'abbé Tandeau de Marsac, conseiller-clerc au Parlement de Paris. Leurs enfants furent : 1° Jean-Joseph, qui suit; 2° Marie-Gabrielle, née le 16 mai 1762, qui épousa N..... de Foulan, président du tribunal d'Aurillac, dont un fils, qui, sous le premier empire, fut président de la Cour impériale de Rome; 3° Catherine-Julie, née le 17 mai 1765, épousa N..... Dumont-Saint-Priest, dont le fils fut député et procureur général à Limoges; 4° Catherine-Henriette, qui épousa N..... Texonnière de La Texonnière.

IV. — Jean-Joseph Mabaret du Basty, né le 9 août 1760, fut maire de la ville de Saint-Léonard sous la Restauration, et, notamment, de 1820 à 1826. Il figure dans une liste des suspects, rédigée en 1793, pièce manuscrite très curieuse, conservée à la mairie de Saint-Léonard. Il mourut le 22 novembre 1826. Il avait épousé, le 20 décembre 1790, demoiselle Rose-Marie-Antoinette Beaure d'Augères, fille de N..... Beaure d'Augères et de Marie-Anne Magy d'Andalais. Dont : 1° Jacques-Henri, qui suit ; 2° Françoise-Amélie, née le 24 floréal an II (13 mai 1794), mariée en 1827 à Silvain Gadon, docteur en médecine à Guéret, morte, à Saint-Léonard, sans postérité, le 2 juin 1874; 3° Anne Nancy, née le 15 nivôse an IV (5 janvier 1796), a épousé, le 21 décembre 1825, Claude Lanoaille de La Chèze, capitaine d'infanterie; 4° Jacques-Henri dit Gabriel, né le 13 août 1799, a épousé, en 1827, Marguerite-Joséphine Limousin, de Neuvic; dont : A.—Pauline; B.—Mathilde; C.—Joseph, célibataire; D.—Paul, percepteur, qui a épousé Nelly Durand de La Saigne du Boucheron, et dont sont nés Marguerite, Auguste et Henri ; E.—Joséphine, qui a épousé Adolphe Bammès, ancien officier de cavalerie, percepteur; F.—Henri, décédé ; 5° Marie-Julie née le 23 juin 1806, morte à Thouars (Deux-Sèvres) en 1868, avait épousé, le 25 février 1829, Paul Gayral, entreposeur des tabacs; 6° Jacques-Henri, né le 9 septembre 1810, marié, le 17 juin 1835, à Valérie-Cécile Beaure d'Augères, dont : A.—Euphémie-Jean-Baptiste-Edouard, né à Saint-Léonard le 16 septembre 1840, receveur de l'enregistrement et des domaines à Bourganeuf, a épousé, le 25 octobre 1875, à Cormeilles (Eure), Suzanne-Marie-Henriette Seney d'Argences, dont est né, le 28 janvier 1878, Léonard-Charles-Henri ; B.—Paul-Gabriel, né le 24 juin 1844, docteur en médecine

---

(1) Voir : *Notice historique sur l'abbé du Masbaret*, par l'abbé Arbellot. — Limoges, Ducourtieux, 1867.

à Saint-Léonard; 7° François-Gustave, né le 7 avril 1813, célibataire; 8° Jacques-Joseph, né le 3 mars 1816, célibataire.

V. — Jacques-Henri Mabaret du Basty, né le 9 février 1792, est mort à Saint-Léonard le 21 mai 1859; il avait épousé Mlle Zélie Baillot d'Étivaud, dont : 1° Françoise-Henriette, née le 25 juin 1825, mariée, le 4 octobre 1853, à Justin Marchadié, du Dorat; 2° Marie-Thérèse-Joséphine, née en décembre 1826, mariée, le 5 juin 1860, à Joseph Pâlins; 3° Jacques-Anselme, qui suit; 4° Gustave, né le 23 mars 1833, résidant au Basty, commune d'Eybouleuf; 5° Amélie, née en octobre 1834, a épousé Jules Berger, de Bourganeuf, avocat; 6° Henri, décédé en bas-âge; 7° Silvain, décédé; 8° Delphine, décédée.

V. — Jacques-Anselme Mabaret du Basty, résidant au Mabaret, commune d'Eybouleuf, né le 4 novembre 1830, épousa, dans l'église de Rochechouart, le 8 janvier 1862, Anne-Marie-Claire du Chouchet, arrière-petite-fille de messire Jean-Joseph-Pierre du Chouchet, écuyer, gentilhomme servant de Monsieur, comte de Provence (depuis Louis XVIII), époux de Françoise Garnier du Breuil. De ce mariage sont issus : 1° Marie, née le 17 janvier 1863; 2° Marie-Thérèse, née le 3 mai 1866; 3° Marie-Henri-Joseph, né le 8 janvier 1874 (Actes de l'état civil et actes originaux).

MASCARON (Jules), trente-deuxième évêque de Tulle, né à Marseille le 14 mars 1634, prêtre de l'Oratoire, nommé à l'évêché de Tulle, en 1671, fut sacré le 8 mai 1672. Tranféré à Agen en 1679; il mourut le 16 novembre 1703. Il avait souvent prêché à la Cour et dans les chaires les plus considérables de Paris.

Armes : *écartelé aux 1er et 4e d'azur à une tour d'or crénelée et maçonnée de sable; aux 2e et 3e de gueules à trois larmes d'argent posées 2 et 1.*

MASCUREAU (T. III, p. 203). — Cette famille remonte à Jean Mascureau, vivant en 1310. Elle a été maintenue dans sa noblesse, les 17 février 1599, 20 avril 1667, 21 février 1669, 14 juillet 1701 et 4 avril 1715. Parmi les terres qu'elle a possédées, se trouvent celles de Puiraveaux, des Vergnes, de La Gaudinière, de Plaimbeau, de La Chapelle, de Sainte-Terre et de Villars. Elle s'est alliée aux familles des Roziers, des Champs, de Chièvres, Raimond de Villognon, de Chamborant, des Planches, de Couhé, Augron, Thoreau de Saint-Chartre, etc.

Armes : *fascé d'argent et de gueules de 6 pièces; coupé d'argent à 3 étoiles de gueules, 2 et 1.*

§ 1.

I. — Jean et Jourdain de Mascureau étaient frères et vivaient en 1473. Ils rendirent plusieurs hommages pour leur hôtel et fief de Puymiraud (1), au seigneur de Montbron; ils y sont qualifiés écuyers. Jean fut père de Martial, qui suit.

II. — Martial de Mascureau, écuyer, sieur de La Pescherie, fut père de Pierre, qui suit.

(1) Puymiraud, commune d'Orgedeuil, canton de Montbron, arrondissement d'Angoulême (Charente).

III. — Pierre de Mascureau, écuyer, Sgr de Puymiraud, épousa Marie de La Grelière. De ce mariage naquit Jean de Mascureau, qui est le premier que cite d'Hozier.

IV. — Jean de Mascureau, écuyer, Sgr de Puyraveau (1), épousa, le 16 août 1541, Anne de Roziers. Il était qualifié écuyer en 1511. Il fournit son aveu du village de Puyraveau, le 26 septembre 1544, au connétable Anne de Montmorenci, comme seigneur, baron de Montbron. Il eut deux enfants ; 1° Jean de Mascureau, qui suit ; 2° Léonard de Mascureau, écuyer, Sgr de Puyraveau, qui épousa, le 15 mai 1564, Marguerite de Montfrebœuf, fille de Jean de Montfrebœuf, écuyer, et de Marguerite Contet. Ils furent déclarés nobles, et de noble race, comme issus de Martial de Mascureau, leur bisaïeul, écuyer, sieur de La Pêcherie, par jugement des commissaires députés par le roi pour le règlement des tailles, en l'élection d'Angoumois, du 17 février 1599.

V. — Jean de Mascureau, écuyer, sieur des Vergnes, épousa, le 15 juillet 1582, Jacquette des Champs. De ce mariage naquirent : 1° Louis de Mascureau, qui suit ; 2° Jean de Mascureau, qui a fait la branche des seigneurs de Sainte-Terre, rapportée § II ; 3° Louis de Mascureau, écuyer, sieur de Meillac, et de Lachapelle, qui a fait la branche du Petit-Moulin, rapportée § III ; 4° Jacques de Mascureau, écuyer.

VI. — Louis de Mascureau, écuyer, sieur des Vergnes, épousa, le 9 août 1620, Françoise de Chièvres, fille de Jacob de Chièvres, écuyer, sieur du Petit-Moulin, paroisse de Chièvres, élection de Saintes, et de Marie Gourdin, dont il eut : 1° Jean de Mascureau, qui suit ; 2° Louis, écuyer, sieur de Moret, marié, le 14 mai 1671, avec Elisabeth Raymond de Villognon, dont postérité ; 3° Jacob de Mascureau, écuyer, Sgr de Meillac, qui épousa, le 13 juin 1655, Marie-Marthe de Chamborand, fille de Joachim de Chamborand, écuyer, Sgr de Droux, et de Catherine de Vaux. De ce mariage naquit une fille, mariée à Charles de Lageard, chevalier, Sgr des Beauries, lieutenant du roi, des château et ville d'Angoulême ; ce dernier était veuf et sans enfants avant le 8 juillet 1684.

VII. — Jean de Mascureau, écuyer, sieur de La Chapelle, fut maintenu dans sa noblesse par ordonnance de M. d'Aguesseau, commissaire dans la généralité de Limoges, du 20 avril 1667. Il avait épousé : 1°, le 26 août 1665, Marguerite des Planches, fille de René des Planches, notaire, et de Marie Barjolin, dont : 1° une fille unique, nommée Marie de Mascureau, vivante en 1683. Il épousa : 2°, le 11 juin 1680, Jacquette Dauphin, fille d'Élie Dauphin, sieur de La Faurie, et d'Avice Dauphin. De ce second mariage naquirent : 2° Charles de Mascureau, qui suit ; 3° Marie de Mascureau, qui épousa François Barbarin, écuyer, sieur de Laugerie.

VIII. — Charles de Mascureau, écuyer, Sgr de Plaimbeau, ancien capitaine au régiment de Beauce-infanterie, demeurait au lieu de La Garde, paroisse de Genouillac, élection d'Angoulême, diocèse et généralité de Limoges ; épousa, le 26 février 1713, Marie de Couhé, fille de René de Couhé, écuyer, Sgr de La Garde, et de Jeanne Samo. De ce mariage naquirent : 1° Jeanne de Mascureau, qui épousa son cousin, Pierre de Mascu-

---

(1) La seigneurie de Puyraveau, en Poitou, appartenait, en 1350, à la famille de Mouillebert, et, en 1501, à la famille de Mascureau (*Dictionnaire des fiefs*).

reau, qui suit; 2° Marie-Françoise de Mascureau de Plaimbeau, née le 21 septembre 1723, fut reçue à Saint-Cyr, le 12 juin 1733, en produisant les titres nécessaires; plus tard elle épousa Charles de Rabaine, écuyer, Sgr de Goralet, et était veuve, en 1789, lorsqu'elle fut convoquée à l'assemblée générale de la noblesse.

IX. — Pierre de Mascureau, écuyer, sieur de Chabernaud, de la branche du Petit-Moulin, fils de Jean et de Catherine de Séchère, épousa, le 27 novembre 1739, Jeanne de Mascureau, fille de Charles de Mascureau et de Marie de Couhé. Dont : 1° Jean de Mascureau, né à Vitrac en 1736, ordonné prêtre en 1759, qui fut curé de Saintes; 2° Pierre de Mascureau, qui suit.

X. — Pierre de Mascureau, écuyer, sieur de Chabernaud et du Bost, chevalier de l'ordre royal et militaire de Saint-Louis, né le 30 avril 1747, épousa, le 2 janvier 1777, Françoise de Mascureau de Sainte-Terre, fille de François-Martial et de Suzanne de Plument de Cossas. Leurs enfants furent : 1° Louis-François-Martial de Mascureau, qui suit; 2° Isaac-Bertrand de Mascureau, officier de grenadiers, tué à la bataille de Bautzen.

XI. — Louis-François-Martial de Mascureau, né le 21 décembre 1781, épousa, le 1er fructidor de l'an XI, Clotilde-Radegonde Aubineau d'Insay, fille de Jean-Louis Aubineau d'Insay, ancien trésorier de France, et de Marie-Anne-Angélique de Legier. Il eut de ce mariage : 1° Pierre-Alphonse de Mascureau, qui suit; 2° Louis de Mascureau, marié à Caroline de La Suderie, fille d'Antoine de La Suderie, chevalier de Saint-Louis, et de demoiselle de Vareilles, sans postérité; 3° Oscar de Mascureau, mort célibataire; 4° Albéric de Mascureau, né le 10 décembre 1810, marié : 1°, en juin 1836, à demoiselle Alexandrine Pret de Beaurepaire, dont un fils : A. — Victor-Marcel de Mascureau, marié à demoiselle Emerancie de Maumillon, dont une fille : Jeanne-Marie-Cécile-Edith de Mascureau, qui, comme aînée de la branche cadette, reprend le nom de Mascureau de Sainte-Terre. Albéric de Mascureau épousa : 2° Marie Pelletier de Montigny, le 4 mai 1849, et il en eut : B. — Marie-Carmel de Mascureau, mariée à Rodolphe de Mancier; C. — Roger de Mascureau, qui a épousé, au château de La Grolière, près Alloue (Charente), le 7 février 1872, sa cousine Sidonie de Maumillon; D. — Louise de Mascureau, mariée au baron de Pruis; E. — Germaine de Mascureau, née le 9 juin 1856; F. — Paul de Mascureau, né le 8 novembre 1861; G. — Louis de Mascureau, née le 18 novembre 1863; 5° Marie-Hermance de Mascureau, sœur de la Charité de Saint-Vincent-de-Paul, économe-générale de l'ordre, décédée à Rome, le 10 juin 1877; 6° J.-B.-Frédéric de Mascureau, qui a épousé Louise de La Suderie, sœur de la précédente, dont il a eu : A. — Marie-Clotilde de Mascureau, qui a épousé, en 1869, Paul-Louis du Pin de La Guérivière, fils de Pierre-René-Louis du Pin de La Guérivière et de Marie-Alexandrine du Chêne; B. — Marie de Mascureau, qui a épousé, en 1864, Pierre-Célestin-Raoul Martin de Compreignac, fils d'Alphonse Martin de Compreignac et de Marie-Alexandrine de Villemoune; C. — Caroline de Mascureau, mariée au vicomte de Lichy; D. — Anne de Mascureau, célibataire; 7° Evélina de Mascureau, mariée, vers 1720, à Firmin d'Hugonneau, fils de N..... d'Hugonneau et de Catherine de Verdillac.

XII. — Pierre-Alphonse de Mascureau, ancien garde du corps dans la compagnie de Noailles, sous Charles X, né au château de La Roche, le

24 juillet 1804, épousa, en novembre 1831, demoiselle Caroline-Victoire de Châtillon-Marconnay, fille de Louis-Gabriel, comte de Châtillon-Marconnay, et de Julie Martin de Nantiat, dont il eut : 1° Fernand de Mascureau, officier de marine, mort au service le 21 février 1852 ; 2° Paul de Mascureau, qui suit ; 3° Alban de Mascureau, chef de bataillon au 90° de ligne, chevalier de la Légion d'honneur, marié à demoiselle de Liniers ; 4° Tite de Mascureau, capitaine au 3° régiment de zouaves, chevalier de la Légion d'honneur, tué à Reischoffen.

XIII. — Paul de Mascureau, né le 5 septembre 1835, épousa, le 3 août 1861, demoiselle Fanny de Launay de La Mothaye, dont : 1° Marie-Gabrielle de Mascureau, née le 23 avril 1862 ; 2° Marie-Pierre de Mascureau, qui suit.

XIV. — Marie-Pierre de Mascureau, né le 28 juin 1874.

§ II. — *Branche de Sainte-Terre.*

VI bis. — Jean de Mascureau, écuyer, sieur de La Gaudinie, fils puîné de Jean de Mascureau et de Jacquette des Champs, partagea, avec ses frères, la succession de leurs père et mère, le 6 juin 1617. Il épousa, le 17 février 1622 (*alias* 1623) Marguerite du Cimetière, sœur de Jeanne du Cimetière, femme de son frère Louis. De ce mariage naquit Gabriel de Mascureau, qui suit.

VII. — Gabriel de Mascureau, écuyer, Sgr de Villars et de La Gaudinie, épousa, le 22 novembre 1661, Marie Caillou, fille de Jean Caillou, écuyer, Sgr de Sainte-Terre (1), et de Marie Vivant de La Corbière. Il fut maintenu dans sa noblesse par deux ordonnances du 20 avril 1667 et du 21 février 1669, l'une de M. d'Aguesseau, commissaire dans la généralité de Limoges, l'autre de M. Barentin, commissaire dans celle de Poitiers. Leurs enfants furent : 1° Jacques de Mascureau, qui suit ; 2° Marie de Mascureau, qui épousa Joseph de La Rouffie, Sgr de La Rouffie en Périgord.

VIII. — Jacques de Mascureau, écuyer, Sgr de Sainte-Terre, habitant la paroisse de Benest-sur-Charente, diocèse et généralité de Poitiers, fut maintenu dans sa qualité de noble et d'écuyer, par deux ordonnances des 14 juillet 1701 et 4 avril 1715, l'une de M. Begon, commissaire dans la généralité de La Rochelle, l'autre de M. Quentin de Richebourg, commissaire dans celle de Poitiers. Il épousa : 1°, le 9 février 1699, Marie-Anne Augron, fille d'Adrien Augron, Sgr de La Barre, l'un des soixante-quinze bourgeois de la maison commune de Poitiers, et de Marie de Montenai. Ses enfants furent : 1° François de Mascureau, qui suit ; 2° Marie de Mascureau, mariée, le 14 septembre 1720, à René Thoreau, Sgr de Saint-Chartre et du Breuil, près Mirabeau, juge conservateur à Poitiers.

IX. — François de Mascureau, écuyer, Sgr de Sainte-Terre, chevalier de Saint-Louis, baptisé le 9 mars 1707, fut reçu page du roi dans sa grande écurie, le 25 septembre 1723, sur les titres qu'il produisit pour justifier sa filiation. Il épousa, le 18 février 1731, Suzanne de Plument de Cossas, fille de Louis de Plument, sieur de Baillac, Sgr de Plument, mestre de camp de cavalerie, chevalier des ordres militaires du roi, et de dame Elisabeth des

---

(1) Nous trouvons, le 1er avril 1542, noble Agnet de Leyrisse, Sgr de Lascaux, paroisse de Sainte-Terre, dans la vicomté de Rochechouart, qui épouse Marguerite de Lambertie.

Montier d'Auby. De ce mariage naquirent : 1° Louis-François-Martial, qui suit ; 2° Marie-Jeanne, mariée, vers 1778, à Joseph Caillaud, écuyer, S^{gr} de l'Epine, lieutenant-général au présidial de Montmorillon ; il était mort en 1789, et sa veuve était convoquée à l'assemblée générale de la noblesse du Poitou ; 3° Marguerite-Françoise de Mascureau, mariée, le 2 janvier 1777, à Pierre de Mascureau, écuyer, sieur de Chabernaud et du Bost au degré X°; § I.

X. — Louis-François de Mascureau, chevalier de Saint-Louis, était présent à l'assemblée générale de la noblesse du Poitou, en 1789 ; il épousa, en 1776, Louise d'Escravayat de La Barrière, fille de Louis, et de demoiselle de Bellemare, dont il eut : 1° Louise de Mascureau, mariée à N..... Hériard ; 2° Joséphine de Mascureau, mariée à N..... Hériard-Lamirande ; 3° Justine de Mascureau, mariée à N..... du Voisin ; 4° Mélanie de Mascureau, mariée à son cousin, Jean-Baptiste de Mascureau du Petit-Moulin, rapporté au § III, degré XI° ; 5° Adèle de Mascureau, célibataire ; 6° Jules de Mascureau, qui suit.

XI. — Jules de Mascureau de Sainte-Terre, officier de la Légion d'honneur, chevalier de Saint-Louis, se distingua dans les guerres du premier empire, comme aide-de-camp du maréchal de Bessières, puis comme aide-de-camp du général Bordesoulle, fut nommé colonel commandant la place de Périgueux sous la Restauration. Se retira du service en 1830. Il avait épousé, en 1820, Pauline de Belhade, dont il n'eut pas d'enfants et mourut en 1869.

§ III. — *Branche du Petit-Moulin.*

VI *ter*. — Louis de Mascureau, écuyer, sieur de Meillac et de La Chapelle, fils puîné de Jean de Mascureau et de Jacquette Deschamps, épousa, le 24 juin 1630, Jeanne du Cimetière, fille de Pierre du Cimetière, écuyer, S^{gr} de Villemorain, et de Marie Courret, dont : 1° Jean de Mascureau, sieur de La Chapelle ; 2° François de Mascureau, qui suit.

VII. — François de Mascureau, sieur du Petit-Moulin et de La Nadalie, paroisse de Marval, épousa, le 15 septembre 1669, Henriette de Montfrebœuf, dont : 1° Jean de Mascureau, qui suit ; 2° Jacques de Mascureau ; 3° François de Mascureau ; 4° Jean de Mascureau ; 5° Marie de Mascureau ; 6° Henriette de Mascureau ; 7° Renée de Mascureau, baptisée à Marval le 22 mars 1680 ; 8° Suzanne de Mascureau, née le 26 et baptisée, à Marval, le 31 janvier 1683 ; 9° Anne de Mascureau, baptisée, à Marval, le 26 février 1686, née la veille au château de La Nadalie.

VIII. — Jean de Mascureau, sieur du Petit-Moulin. Il mourut au château de La Nadalie, le 16 juillet 1733, et fut inhumé le lendemain dans l'église de Marval, étant âgé d'environ quarante-un ans. A son enterrement assistaient : Jean de Mascureau, écuyer, sieur de Masselieres, Jean de Lambertie, S^{gr} de La Chapelle, Jean de Glenest, écuyer, S^{gr} de Montfrebœuf, etc., avait épousé, le 20 septembre 1708, Catherine de Séchère, dont il eut : 1° Pierre de Mascureau, qui suit ; 2° Pierre de Mascureau, sieur de Chabernaud, qui continue la branche aînée en épousant Jeanne de Mascureau, fille de Charles, § Ier, degré IX°.

IX. — Pierre de Mascureau, sieur du Petit-Moulin, était mort en 1773 ;

il avait épousé : 1° en 1734, Marie de Glenest de Montfrebœuf, née en 1707 ou 1708, fille de Pierre de Glenest, écuyer, Sgr de Montfrebœuf, et de Dieudonnée Trompoudon du Repaire, dont : 1° Jean de Mascureau, qui suit ; 2° François de Mascureau, qui épousa Élisabeth de Chevreuse ; 3° Catherine de Mascureau, qui, âgée d'environ trente-huit ans, et demeurant au village des Quatre-Vents, paroisse de Milhaguet, épousa, le 26 octobre 1773, messire Anne-François de Rocard, écuyer, Sgr de La Faucherie, paroisse de Saint-Mari, en Angoumois, veuf de dame Marguerite du Lau. Il épousa : 2° Louise de Volluire, veuve de Jacques de Couhé, dont il n'eut pas d'enfants. Elle était encore veuve en 1761.

X. — Jean de Mascureau, écuyer, chevalier, Sgr du Petit-Moulin, assistait au mariage de sa sœur en 1773. Il mourut au château de Lacaux et fut enterré dans l'église de Marval, le 12 février 1775. Il avait épousé Anne de Couhé, dont : 1° Jean-Baptiste de Mascureau, qui suit, 2° Emmanuel de Mascureau, né le 10 avril 1773, au château de Lascaux, paroisse de Marval, baptisé le lendemain, ayant pour parrain Emmanuel de Lambertie. Il était appelé le chevalier du Petit-Moulin, ou le chevalier de Montfrebœuf ; il était officier dans l'armée de Vendée, et fut tué dans une petite affaire à la suite de Quiberon.

XI. — Jean-Baptiste de Mascureau, du Petit-Moulin, épousa : 1° Françoise de La Chaise ; 2° Mélanie de Mascureau, de Sainte-Terre (§ II, degré X°). Il est mort en 1830, sans laisser de postérité.

Notes isolées.

Nous pensons que le berceau de cette famille est le Mas-Curaud, paroisse de Biennat, canton de Rochechouart (Haute-Vienne). Nous trouvons ce lieu indiqué dans plusieurs anciens titres : « Geraud de La Jou, damoiseau, avoua tenir en fief de messire Louis, vicomte de Rochechouart, le Mas de Mascureau, en la paroisse de Biennat, avec la taille, la dîme et la justice. Le dimanche après l'Assomption 1363. » (D. VILLEVIELLE, *apud Histoire de la maison de Rochechouart*, II, 310). — « Pierre de Cramon, chevalier, gouverneur du château de Rochechouart, pour le vicomte messire Louis de Rochechouart, cède audit vicomte..... la moitié des dîmes du vin de Biennac, excepté les vignes des Mas de Mascurel, Champanhac, etc., qui appartiennent à Jean Poute de La Porte, 1369 » (*Idem*, 313). « Illustre Sgr Foucaud, vicomte de Rochechouart, chevalier, admet à l'hommage noble homme Jean de La Joue, damoiseau, Sgr du Mas-Raffi, pour ses maisons de Rochechouart, le Mas-Mascureau, etc., le 26 septembre 1459 » (*Idem*, 325). « Noble homme Jean de La Jou, damoiseau, Sgr du Mas-Raffi, paroisse de Saint-Victurnien, avoue tenir en fief de l'illustre Sgr Jean de Pontville, vicomte de Rochechouart, le Mas-Mascureau et Bosbouton, le 29 mai 1473 » (*Idem*, 328).

Jean de Mascureau vivait en 1310 (Papiers de la famille).

Le 14 mars 1404, Jean II, vicomte de Rochechouart, fit un contrat avec les habitants de Rochechouart ; les consuls de la ville qui ont signé sont : Pierre Peuvier, Jean Boxème, Pierre Guéridin et Léonard de Mascureau (D. VILLEVIELLE, *Idem*, p. 275).

Philippe de Mascureau épousa, le 2 février 1520, Pierre de Rougnat, sieur du Gazon et de La Papalière, paroisse de Chièvres et de Mazières, élection d'Angoulême, fils de François et d'Anne de Neuville (NADAUD, *Nobiliaire mss.*, art. Rougnat).

Léonard de Mascureau fut longtemps gouverneur de Saint-Junien, sous Henri III et Henri IV (Papiers de famille).

Isabeau de Mascureau épousa Léonard-Jacques, écuyer, sieur du Fermiger, qui testa le 4 mai 1621 et mourut sans enfants; il était fils de Charles-Jacques et de Jeanne de La Grelière (*Nobiliaire*, art. Jacques).

Jeanne de Mascureau, vers 1651, avait épousé Pierre de Couhé, Sgr de La Motte et de Léonarde de La Quintinie (*Bans de l'Angoumois*, 1635).

Marguerite de Mascureau épousa, le 15 février 1661, Antoine de Châteauneuf, fils de Nicolas et de Honorette de Beron (*Nobiliaire*, I, 445).

Suzanne de Mascureau épousa, le 3 février 1664, François de Saint-Laurent, sieur de La Salle, fils d'Étienne et de Marie de Livron (*Idem*, III, 51).

Léonard de Mascureau, épousa Marguerite de Montfrebœuf, nous ne savons à quelle époque (*Dict. des anciennes familles du Poitou*).

Pierre de Mascureau, écuyer, Sgr de La Roche, assistait à l'assemblée générale de la noblesse du Poitou en 1789 (Procès-verbal).

Sources : Outre les sources déjà indiquées, nous avons surtout consulté d'Hozier; les registres paroissiaux de Marval, Milhaguet, etc.

MASFRANC (T. III, p. 203). — Il paraît que ce nom était anciennement fort distingué dans la contrée : cela résulte d'un ancien titre latin, écrit sur parchemin, en date du 6 août 1505, au commencement du règne de Louis XII, et passé devant l'official de Limoges, qui se trouve dans les papiers de cette famille. C'est un acte de partage entre les frères Masfranc-Lagrelière, qui se qualifiaient *domicelli*, et à l'un desquels le fief de Puyrazeau (*Peyrazellum*) échut en partage. Ce fief, malgré sa petitesse, était très seigneurial et ne relevait que du roi. Il jouissait même du droit de taille aux quatre cas, savoir, d'après la définition de l'acte précité : en nouvelle guerre; pour marier sa fille; pour passer la mer et pour racheter sa propre personne des ennemis. (VERNEILH DE PUYRAZEAU, *Mes souvenirs de soixante-quinze ans*, p. 91.) Ces cinq frères étaient : 1º Jean; 2º Bertrand; 3º Louis; 4º autre Louis; 5º Aimery. — Une note manuscrite, conservée dans les papiers de l'auteur ci-dessus, indique ainsi les possesseurs du fief de Puyrazeau :

I. — Peyrot de Masfran vivait encore en 1534.

II. — Jean Masfran dit Petit, qui épousa Marie de La Ville.

III. — Jean Masfran, époux de Marie de La Forge.

IV. — Charles Masfran, qui épousa Peyronne de La Poumerouïie.

V. — Jeanne Masfran, épouse de Pierre de La Vallade, notaire royal, qui eut pour enfants : 1º François, qui suit; 2º Léonard de La Vallade; ce dernier épousa, le 18 juillet 1747, Françoise de l'Ecanie.

VI. — François de La Valade épousa Mathurine Lidonne.

VII. — Christine de La Valade, épouse de Joseph de Verneilh, 1784.

Jean de Masfranc, Sgr de La Grelière, habitant Puyrazeau, avait épousé Marguerite de Fornel, dont il eut Marie de Masfranc. Il vivait en 1695. Marguerite de Fornel se remaria, en 1681, avec François Bouchaud, écuyer, sieur de La Goudonie, paroisse de Dournazac.

Léonard de Masfran, sieur de La Nouzillière, vivait en 1693 (Archives du château de Puyrazeau).

Anne de Masfrand était religieuse au couvent de Sainte-Claire, à Nontron, en 1679. Pierre de Masfrand était procureur d'office de la châtellenie du Bourdeix en 1680 (R. de Laugardière, *Notes historiques sur le Nontronnais*). Il l'était aussi en 1675 et habitait Puyrazeau.

Le 20 août 1608, fut baptisé, à Pluviers, François, fils de Bardy de Masfrand, Sgr de Puyrazeaud, et d'Anne Jourdain. Le parrain et la marraine étaien Jehan et Marie de Masfrand. Le 7 septembre 1608, fut baptisée Léonarde Masfrand, fille de Louis de Masfrand et d'Anne Gout (Registres paroissiaux de Pluviers). Voir aussi T. IV, p. 150.

François Masfrand, capitaine au régiment de Condé-infanterie, 1718. N... Masfrand, vicaire de Marval, 1728. Léonard Masfrand, 1763 (Registres paroissiaux de Marval).

Jean de Masfrand, sieur de Clusence, 1732. Thérèse de Masfrand avait épousé Léonard Gros, sieur des Dognons, bourgeois, dont Jean, baptisé à Maisonnais, le 18 octobre 1776. N..... Masfranc, vicaire de Maisonnais (Registres de Maisonnais).

Jean Masfranc, Sgr de Longchamp, épousa Marguerite Pabot, vers 1709. Leur fils, Jean Masfranc, chevalier, Sgr de La Domaise, épousa Marie Merlangeau. De ce mariage vinrent au moins quatre enfants, qui étaient présents à un acte fait à La Domaise, le 4 septembre 1767; ce sont : 1° Aubin de Masfranc, chevalier, Sgr de La Domaise, qui épousa Marie Campaniot; 2° Henri de Masfranc, chevalier, Sgr du Repaire, qui épousa Marie d'Escravayat de Bellat; il mourut sans enfants et testa à Pluviers, le 21 septembre 1778, en faveur de sa sœur, Mlle de La Domaise; 3° Marie de Masfranc, demoiselle de La Domaise; 4° autre Marie de Masfranc, demoiselle de Longchamp (Archives du château de Puyrazeau).

François de Masfranc, sieur du Repaire, épousa Françoise de La Morinie, dont François de Masfran, baptisé le 3 novembre 1631.

Aubin de Masfrand, sieur de La Morinie, 1743-1756.

Françoise Masfrand avait épousé Jean Lidonne, sieur de La Peyre, dont Pierre, baptisé le 30 janvier 1748, ayant pour parrain son grand-père, Pierre Masfrand, sieur de La Nouzilière.

Pierre Masfrand épousa Marie de La Brousse, dont le fils, Léonard Masfrand, sieur de La Nouzilière, épousa, le 11 novembre 1748, Marie-Gabrielle Couchet, fille de Léonard Couchet, sieur de Beaupré, et de Charlotte Lidonne, Le mariage fut béni par N..... Masfrand, prêtre délégué.

André de Masfran épousa Marie Duroc, dont Françoise de Masfran, née à La Peyre, baptisée le 28 mars 1750.

Marie de Masfran de La Domaise, 1755 (Registres de Saint-Barthélemy).

Pierre Masfrand de Panivol épousa Marie-Henriette-Guillelmine Valade, dont Jeanne-Pauline Masfrand de Panivol, qui a épousé, à Bussière-Badil, le 16 février 1814, Sicaire-Adrien Thomasson de Vaugoubert, fils de Jean-Baptiste-Thibaud Thomasson et de Marthe Texier (Registres de Bussière-Badil).

Puyrazeau et La Domaise sont situés dans la commune de Pluviers-Piégut; Clusence, dans celle de Busseroiles, et Le Repaire, La Morinie et La Peyre dans celle de Saint-Barthélemy, toutes trois canton de Bussière-Badil, arrondissement de Nontron (Dordogne). L'Ecanie et les Dognons sont commune de Maisonnais, canton de Saint-Mathieu, arrondissement de Rochechouart (Haute-Vienne).

MASGONTIER, sieur de Laubanie (T. III, p. 203, 480), né à Saint-Yrieix, vers le milieu du xvii® siècle, ayant acquis des connaissances dans l'art des fortifications, embrassa l'état militaire. Il fut bientôt distingué par le célèbre maréchal de Vauban, et parvint, en passant par les divers grades d'officier, jusqu'à celui de lieutenant-général des armées du roi. M. le maréchal de Tallard faisant le siége de Landau, le prince de Hesse vint à son secours avec une armée importante. M. de Tallard quitta le siége, où il laissa M. de Laubanie, pour livrer bataille au prince de Hesse, qui fut entièrement défait. Ensuite, et le 16 novembre 1703, le maréchal de Tallard prit Landau, et M. de Laubanie en eut le gouvernement. Mais, le 23 novembre 1704, le roi des Romains et le prince de Bade reprirent Landau, sans que, comme le disent les historiens, la brave résistance de M. de Laubanie pût les empêcher de s'en rendre les maîtres. — M™® de Sévigné a célébré aussi, dans ses *Lettres*, le mérite et la valeur de M. Masgontier de Laubanie (*Bull. Soc. arch.*, VII, 191).

MASLÉON ou MALEU (T. III, p. 203). — Pierre de Masleu ou de Masléon, *de Manso leone*, prêtre et chanoine, avait fondé une vicairie à la cathédrale de Limoges avant 1398 (Nadaud, Pouillé, p. 33).

Etienne Maleu, prêtre et chanoine de Saint-Junien, né en 1282, mort en 1322, a écrit la *Chronique de Saint-Junien*, publiée par M. Arbellot, en 1847.

Au lieu de Masléon, qui possédait un ancien château fort, on construisit, en 1289, une ville ou Bastide, qui a conservé ce nom (Voir *Monographie du canton de Châteauneuf*).

MASSIOT (T. III, p. 205). — En 1553, le 11 septembre, le siége présidial de Limoges, érigé par édit d'Henri II, fut installé par M. Massiot, conseiller au Parlement de Bordeaux.

En 1638, le chanoine Jacques de Massiot, fut député par le chapitre de Saint-Léonard avec le chanoine Jean Fargeaud, pour porter à la reine, Anne d'Autriche, une relique de Saint-Léonard (Arbellot, *Sem. relig. Lim.*, II, 136).

Antoine de Massiot épousa Léonarde de La Biche, dont : 1° Anne de Massiot; 2° Jean, baptisé à Saint-Léonard, le 17 juin 1640, ayant pour parrain et marraine Jean Pinet et Marie de Massiot; 3° Madeleine ; 4° ¨o-nard, baptisé le 26 avril 1643, porté sous les fonts baptismaux par Léonard de Massiot, sieur du Térail et Catherine Brunet; il entra dans la congrégation de Saint-Maur en 1661; il fut supérieur de plusieurs maisons; il est mort à Saint-Cyprien de Poitiers en 1717. Il a écrit : 1° un *Traité du Sacerdoce*, imprimé en 1708 ; 2° *De la Nature réparée par Jésus-Christ*. Voir sa biographie : *Sem. relig. Lim.*, II, 134; 5° Jacques, baptisé le 26 décembre 1644, son parrain fut Jacques de Massiot, chevalier, S$^\text{gr}$ de La Chapelle, et sa marraine Anne de Massiot, sa sœur; 6° Léonarde, baptisée le 2 janvier 1653, ayant pour parrain et marraine Léonard et Madeleine de Massiot, ses frère et sœur; 7° Jean, baptisé le 26 février 1654, tenu au baptême par

Jean de Massiot et demoiselle Madeleine de Massiot; 8° Marie, portée sous les fonts baptismaux le 8 août 1655, par Étienne Chenaud, bourgeois, et Marie Chenaud, épouse de Jean de La Biche; 9° Antoine, baptisé le 21 octobre 1657; il eut pour parrain et marraine Jacques de Massiot et Madeleine de Massiot.

Anne de Massiot épousa Moyse Daniel, dont Marguerite, portée au baptême par Jean de Massiot, prieur de Fondadousse, et Marguerite Daniel.

Marguerite de Massiot épousa Estienne Chenaud, dont Anne Chenaud, baptisée en 1651; son parrain fut Pierre d'Alesme, trésorier de France, et sa marraine, Anne de Massiot, épouse de Moyse Daniel.

Jean de Massiot épousa Catherine Fargeaud, dont Catherine, tenue sous les fonts baptismaux, en 1666, par honorable Jean de Massiot et Catherine Fargeaud, épouse de Léon Cathalot (Papiers de M. Tandeau de Marsac).

N..... de Massiot, sieur du Muraud, frère ou neveu du bénédictin, était consul à Saint-Léonard en 1701. — Cette famille n'existe plus à Saint-Léonard.

MASSON (T. III, p. 205). — Jacques Masson, 1734, propriétaire à Gioux.

Messire Joseph-François Masson du Mas, écuyer, brigadier des gardes du roi, gouverneur, pour Sa Majesté, de la ville d'Ussel en Limousin, demeurant ordinairement à Paris, vend à messire Jean-Baptiste Guilhon, curé de Gioux, le 9 novembre 1781, une terre dans la directe de Ronteix (Archives de M. le marquis de Courthille).

Ce fut ce M. Le Masson du Mas, qui, avec ses neveux, MM. de Myomandre, à l'émeute populaire de Versailles, cria : Sauvez la reine! Ils payèrent de leur vie ce dévouement (Ramade, *Recherches sur la paroisse de Gioux*).

MATAS ou MATTAS (T. III, p. 207). — Guillaume de Mathas, issu des anciens comtes d'Angoulême, épousa, vers 1130, Amélie de Chabanais (*Généal. de Chabannes*, au supplément).

Pétronille, fille de Bernard IV, comte de Comminges, et de Béatrix III°, épousa, en cinquièmes noces, Boson de Mattas, Sgr de Cognac, en Angoumois. De ce mariage naquit une fille, Mathe, qui fut l'épouse de Gaston VII, comte de Béarn. De l'union de Pétronille avec le comte de Leicester, naquit Alix, qui fut d'abord mariée à Jourdain III, comte de Chabanais ou de Chabannes. Par son testament de 1251, Pétronille avait institué son héritier universel son petit-fils, Esquivat de Chabannes, et lui avait substitué Mathe, comtesse de Béarn (Ch. Rocher, *Rapports de l'église du Puy*, etc.).

MATHIEU (T. III, p. 207). — Jean-Baptiste Mathieu de La Gorce, secrétaire du roi, Sgr de Ventenat et autres lieux, est témoin, le 23 juillet 1787 (Registres de Compreignac). C'est lui qui a construit, vers 1765 ou 1770, le château qui est dans la ville de Châteauponsac.

Gaspard-Thyrse Mathieu-Lagorce, né à Châteauponsac, était religieux de l'ordre de Grandmont et prieur de Badeix, canton de Nontron, en 1791. Il fut emprisonné pendant la Révolution, et mourut, quelque temps après, à l'hospice de Limoges, en léguant aux pauvres tout ce qu'il possédait.

N..... Mathieu, frère du grandmontain, eut quatre enfants : 1° N..... Mathieu de Ventenat ; 2° N..... Mathieu de La Chassagne, qui fut secrétaire de préfecture; 3° N..... Mathieu, religieuse carmélite; 4° N..... Mathieu, qui épousa M. Deschamps (Renseignements particuliers).

Jean-Baptiste-Alexis Mathieu-Ventenat, maire de Châteauponsac, en 1810, 1821, mourut le 24 août 1823, étant âgé de soixante-dix ans. Il avait épousé Marie-Angélique Dargier de Saint-Vaulry, qui mourut à l'âge de soixante-seize ans, le 1er février 1845. De ce mariage naquirent : 1° Marie-Anne-Charlotte-Aglaé-Bénédictine, qui épousa, le 16 mars 1824, Marie-Joseph-Jules, vicomte de La Celle, fils de Anne-Jean Baptiste, comte de La Celle, chevalier de Saint-Louis, et de Marie-Anne-Florentine, comtesse de La Celle, née de Maumont, de la paroisse de Lupersac, et probablement 2° Marie-Claire-Florisse, vivant en 1806; 3° Marie-Claude, 1813; 4° Marie-Antoinette-Thérèse, 1816, 1821 (Registres de Châteauponsac).

SAINT-MATHIEU (T. III, p. 207). — Charles de Saint-Mathieu, fils de messire Charles de Saint-Mathieu, chevalier, Sgr de Mals-Marteau, et de dame Marguerite-Marie de Raymond, est parrain de la cloche de Peyrat-la-Marche, en 1691 (Inscription de cette cloche).

Gérald de Saint-Mathieu, écuyer, Sgr de Reilhac, épousa, vers 1580, Louise de Bermondet.

Anne de Saint-Mathieu était l'épouse de Louis de Bermondet, vers 1640 (*Généal. Bermondet*).

Antoine Vigier de Saint-Mathieu, écuyer, sieur de Masmarteau, et dame Jeanne du Regnier, son épouse, demeurant au lieu noble de Masmarteau, paroisse de Rognat, juridiction de Saint-Romain en la Basse-Marche, firent une vente, le 21 février 1619, à Jean de Javerlhac et à Jacques de Conan (Papiers de la maison de Conan). — Voir aussi Vigier, Sgr de Saint-Mathieu.

MAUBERNAT ou MAUBERNARD (T. III, p. 208). — Gautier et Raymond Malbernát frères, firent une vente à la chartreuse de Glandiers, en 1227. Renaud Maubernard, damoiseau, fit hommage à l'évêque de Limoges, en 1296, pour ce qu'il tenait à Allassac, et Gautier fit aussi hommage, en la même année, à ce prélat, pour ce qu'il tenait à Botazat. Il y est énoncé *Gauterius Malbernardi de Combornio, domicellus* (Cartul. de l'évêché de Limoges, fol. 50; — 185, fol. 117). Cette famille est éteinte depuis longtemps. Elle portait : *d'argent, à six coquilles de gueules* (Lainé, *Nobiliaire du Limousin*).

N..... de Maubernard eut pour enfants : 1° Réginald de Maubernard, qui fut évêque d'Autun jusqu'en 1361 ; 2° Aelys ou Helis de Maubernard, qui épousa Amelius de David, et dont le fils, Geoffroy de David, succéda à son oncle maternel dans l'évêché d'Autun, en 1361. Elle légua au chapitre de Saint-Junien un setier de seigle de rente annuelle et perpétuelle, que son fils aîné, Pierre de David, s'obligea à payer, par acte du 15 mai 1341 (*Généal. de David*).

MAUMIGNY. — Cette famille a succédé, à Vaulry, à la famille de Marsanges. Charlotte-Pauline de Maumigny, fille de Paul-Marie-François, comte de Maumigny, lieutenant-colonel au régiment de chasseurs à cheval de Franche-Comté, chevalier de Saint-Louis, avait épousé, peu avant la Révolution, Martial-Louis de Marsanges, Sgr de Vaulry, etc. (*Généal. Marsanges*)

N......, comte de Maumigny, est un des littérateurs distingués de notre époque. Son fils, Paul de Maumigny, un des héros de Mentana, a été aide-de-camp du général Kanzler, commandant en chef des troupes pontificales. Il est chevalier de l'ordre de Pie IX (*Sem. relig. Lim.*, IV, 341).

Maumigny, en Berri, porte : *d'argent au chevron de sable, accompagné d'une étoile de gueules en pointe, au chef cousu d'or*. (Ch. GRANDMAISON, *Dict. hérald.*). Devise : *Retrocedere nescit. Il ne sait reculer.*

MAUMONT ou MAULMONT (T. III, p. 208). — Cette maison, connue dès l'an 1088, tient un des premiers rangs dans la noblesse du Limousin, tant par les services importants qu'elle a rendus à l'Etat, ses illustres alliances, que par son ancienneté. Elle tire son nom de la ville et châtellenie de Maumont, dont on voit encore les ruines du château. Cette ville et cette châtellenie furent réunies à celle de Châlus-Chabrol, en 1303 et 1307, lors des échanges que Guillaume et Pierre de Maumont, chevaliers, firent avec le roi Philippe-le-Bel (Voir ce que rapporte Geoffroi de Vigeois, à l'article Ventadour, p. 218). Les noms de ville et châtellenie de Maumont, qu'elle portait dès le XIe siècle, ont été conservés dans les actes, lesquels commençaient par ces mots : Pardevant le garde des sceaux de toute la terre, ville et châtellenie de Maumont, qui ont appartenu autrefois à ceux de Maumont.

Lors des séparations des branches de cette maison, les cadets donnèrent le nom de Maumont aux terres qu'ils eurent en partage. Le premier fut Jean, fils puîné d'Hugues, qui donna le nom de Maumont à une seigneurie qu'il possédait dans la paroisse de Dournazac ; il était à cette époque seigneur de Latterie. Ses successeurs en ligne droite ont possédé ces deux terres, depuis l'an 1220 jusqu'à l'an 1695, que Marie, fille unique de François de Maumont et de Marie de Lambertie, les porta en mariage à Jean de Compniac, ainsi que la baronnie de Montbrun, qu'elle avait eue de la succession de Marie, née comtesse de Lambertie, marquise de Choiseuil. Le second exemple, de donner son nom à la terre que l'on eut en partage, est de 1320 : Bertrand, troisième fils de Pierre, donna ce nom de Maumont à une terre, dans la paroisse de Roziers en Bas-Limousin. Ce qui annoncerait que c'est lui qui donna ce nom, c'est que Guillaume, son frère aîné, prenait seulement le titre de seigneur de Tonnay-Boutonne, et que Pierre, son autre frère, prit celui de seigneur de Châteauneuf et de Tournoëlle, qui étaient les terres que Philippe-le-Bel leur avait données en échange. La branche des seigneurs de Saint-Vitte, et celle des seigneurs de Saint-Quentin, avaient également une seigneurie du nom de Maumont.

Les armes de la famille de Maumont sont : *d'azur au sautoir d'or en ondes, accompagné de quatre tours d'argent maçonnées de sable*. Ce sont celles que nous trouvons dans la branche aînée, dans celles de Saint-Vitte, de Beaumont-le-Roger, de La Ribeyrie ; ce sont celles qui ont été gravées à la voûte de la chapelle de Lambertie, en 1591, et sur la porte de l'église de Saint-Vitte, en 1653. Geraud de Maumont, chanoine du Puy, archidiacre de Limoges (au sixième degré de la première branche), aurait pris pour armes : *d'azur à deux fasces d'or*. La branche de Fromental et Bridier eut aussi *d'azur à deux fasces d'or, à l'orle chargé de besants*. Enfin, la branche de Maumont et Latterie porta : *d'azur à la croix alaisée d'or*.

§ I.

I. — Cette maison remonte, par filiation suivie, à Ebrard de Maumont, qui souscrivit avec Hélie, sa femme, à un titre de l'an 1088, lequel se trouvait à l'abbaye de Solignac. On présume qu'ils eurent pour enfants : 1° Guillaume, qui suit; 2° Hugues de Maumont, que des généalogies disent abbé de Solignac en 1118 (1).

II. — Guillaume de Maumont, chevalier, vivait, suivant l'histoire de Guyenne, en 1118, des chartes dont le dépouillement a été fait par le bénédictin Dom Estiennot en font mention, ainsi que de Hugues, son frère. Ses fils, qui vivaient en 1149, portaient pour armes : *d'azur au sautoir d'or, accompagné de quatre tours d'argent.*

III. — Bernard de Maumont, chevalier, mentionné dans un acte de 1149, souscrivit à un autre de 1160. Il eut de son épouse, dont le nom est ignoré : 1° Hugues, qui suit; 2° Pierre de Maumont, chevalier, qui fit des donations à l'abbaye de Meymac, en 1120; 3° autre Hugues, qui fut prévôt de Pierrebuffière en 1194, et abbé de Solignac de 1195 à 1228. Le 6 octobre 1208, il assistait à la consécration de l'église du prieuré de Tavaux, paroisse de Dournazac; 4° Emery de Maumont, chanoine de Limoges en 1196.

IV. — Hugues de Maumont souscrivit à différents actes, de 1196 à 1211. Il eut pour enfants : 1° Etienne, qui suit; 2° Jean de Maumont, auteur de la branche de Laterie, rapportée § VI; 3° Gérard de Maumont, abbé de Bénévent en 1229; 4° Pierre de Maumont, qui fit une donation à l'abbaye de Meymac en 1248; 5° Guillaume de Maumont, qui fit conjointement avec son frère Pierre, la donation susdite; fit bâtir les voûtes de l'église du chapitre, dont il était archidiacre en 1247.

V. — Etienne de Maumont, chevalier, vivait en 1220. Il est rappelé dans un acte de 1313, où il est dit bisaïeul de Pierre de Maumont. Il eut pour enfants : 1° Adhémar, qui suit; 2° Gérard de Maumont, qui fut avec Guy de La Roche, exécuteur du testament de Marguerite de Limoges, de l'an 1252. Dans ce testament, il est dit frère d'Adémar. Il transigea, conjointement avec Hélie, son frère, et au nom de Pierre, leur neveu, avec Guillaume et Emery de Rochechouart, frère et fils de Marguerite de Limoges, lesquels accordèrent auxdits seigneurs de Maumont 80 livres de rente sur le comté de Poitiers, par acte de 1269; 3° Helie de Maumont, nommé dans la transaction de 1269, qui fut assiégé avec ses frères, Adhémard et Gérard, dans le château d'Aixe, en 1264; 4° Gilbert de Maumont, nommé frère puîné d'Helie dans un acte de 1267; 5° Bertrand de Maumont, nommé, dans un autre acte de même date, frère puîné d'Helie et de Gilbert.

VI. — Adhémard de Maumont, chevalier, châtelain du château de Châlus, gouverneur d'Aixe. Ayant été assiégé par les habitants, dans ce dernier château, avec sa femme, ses enfants, Gérard et Helie, ses frères, fut contraint de l'abandonner et de se retirer dans celui de Châlus-Chabrol. Mais la faveur où il était près de la vicomtesse de Limoges, et le zèle avec lequel

---

(1) C'est probablement par erreur qu'on lui donne ce titre, car l'abbé de Solignac, à cette date, n'est connu que par le nom de Maurice. On doit faire double emploi avec Hugues, ci-dessous en 1195.

il soutenait ses intérêts, animèrent contre lui Bozon de Bourdeilles, Helie, chevalier, et autres, qui le poursuivirent, et Bozon de Bourdeilles le tua en 1265. Pierre et Gérard, ses fils, portèrent leurs plaintes au roi Saint-Louis, et, par un arrêt du Parlement de l'an 1268, Bozon de Bourdeilles fut condamné à la prison. Vers le même temps, Saint-Louis manda au bailli de Tours de délivrer ledit seigneur de Bourdeilles, sous la garantie de Rotrou de Montfort, chevalier, et de faire rendre à ses fils, Pierre et Gérard de Maumont, le château de Châlus, dont Montfort avait dépouillé la vicomtesse de Limoges, et dont il s'était rendu maître à la mort d'Adémard de Maumont. Voir la description des faits précédents dans les *Annales manuscrites de Limoges*, p. 203. Marguerite de Limoges, par son testament de 1252, donna à son fils N... la vigne qu'elle avait acquise d'Adhémar de Maumont. (*Hist. de la maison de Rochechouart*, p. 279). Il eut donc pour enfants : 1° Pierre, qui suit; 2° Gérard ou Geraud, chanoine du Puy, archidiacre de Limoges, conseiller du roi, gouverneur de Bourgogne, pour Marguerite, vicomtesse de Limoges, et chef de son conseil (1). Il acquit, en 1275, la seigneurie de Châlusset; Marie de Limoges, fille de la vicomtesse, et Arthur II, duc de Bretagne, son mari, lui firent don, en 1280, des terres de Châlus-Chabrol et de Courbefy, en considération de ses services (*Ann. mss. Lim.*, 218) et des dommages par lui soufferts. Il en prit possession avec beaucoup de gens de guerre, mais il eut un démêlé avec Emery de Rochechouart, à cause du bourg d'Oradour, dont l'un et l'autre revendiquaient la justice. Il fit bâtir, près le palais de l'évêque de Limoges, une tour carrée appelée la Tour de Maumont; fit son testament en 1299, par lequel il dispose, en faveur de Guillaume et de Pierre de Maumont, ses neveux, des terres de Châlus-Chabrol, Bourdeilles, Solignac, Courbefy, Aixe, Brillebourg, Archambaud; il mourut à Châlus, en 1300 (*Ann. mss. de Limoges*, p. 222), et il fut inhumé dans l'église des religieuses de Saint-Pardoux-la-Rivière (Dordogne), qu'il avait fait édifier et où se trouvaient ses armes, qui sont : *d'azur à deux fasces d'or*. Legros dit qu'il portait *la croix alaisée d'or*, puis il ajoute, d'après la *Gall. Christ. nov.*, qu'il donna à l'église du Dorat, dont il était le dix-neuvième abbé, Châlus-Chabrol (peut-être Châlusset), qu'il tenait de la vicomtesse de Limoges, à condition que deux prêtres diraient, pour eux, la messe tous les jours devant l'autel de la Sainte-Vierge. Il fut grand chantre de Bourges, chapelain du pape en 1294 et chanoine de Limoges, dont le nécrologe met sa mort au 22 avril (LEGROS, *Mém. sur le Dorat*); 3° Helie de Maumont, qui était dans le château d'Aixe avec son père, lorsqu'il fut assiégé, fut arbitre, avec son frère Gérard, entre les habitants de Limoges et la vicomtesse (*Ann. mss.*, 214, 215), fut doyen d'Angoulême, en 1297, au testament duquel furent présents Guy de Lambertie, Guillaume, Adhémar, Emery et Guillaume Pathenne, chanoine. Il testa en faveur de Guillaume et Pierre, ses neveux, et nomma pour exécuteur testamentaire Guillaume de Chanac, official de Paris; 4° Bertrand de Maumont, abbé de Brantôme (Dordogne) en 1298; 5° Guillaume de Maumont, recteur des églises de Roziers et d'Aigleton (Corrèze); il est rappelé avec Pierre de Maumont, son neveu, dans un titre de 1307; 6° Marguerite de

---

(1) Il est parlé de lui dans les *Annales manuscrites de Limoges*, p. 203, 205, 210, 211, 215, 218, 222 et 224.

Maumont, nommée, dans un titre de 1272, femme d'Eustache de Montboissier.

VII. — Pierre de Maumont est nommé fils d'Adémard, frère de Gérard et d'Helie, dans l'arrêt du Parlement contre Bozon de Bourdeilles, en 1268, et dans plusieurs actes où il a souscrit, en 1264 et 1265, prenant le titre de damoiseau; dans un de 1272, il prend celui de chevalier. Il fut présent à un don fait, en 1266, par Gaston de Gontaud, Sgr de Biron, à Guillaume Arnault, son fils; il est nommé dans un autre titre, en 1267, avec Guillaume, son frère, et dans un autre de 1289, avec Marguerite de Gimel, son épouse, nommée Peyronne dans un autre titre de 1301. Elle lui porta la seigneurie du château supérieur de Gimel (Corrèze). L'an 1307, Pierre et Guillaume de Maumont, chevaliers et héritiers de feu Gérald, leur oncle, vendirent à l'évêque de Limoges, Renaud, la Tour de Maumont, que ledit Gérald avait fait bâtir dans la cité. Ils firent aussi échange, avec le roi Philippe, des terres qu'ils tenaient en Limousin, et le roi leur donna en échange Tonnay-Boutonne, près Saint-Jean-d'Angély (*Ann. mss. de Limoges*, 224). Il eut de son mariage : 1° Guillaume, qui suit; 2° Pierre de Maumont, Sgr de Châteauneuf, de Tournoëlle (1) et du château de Moret, par les échanges qu'il fit avec le roi Philippe-le-Bel, en 1307. Il fut présent la même année, 7 janvier 1307, au mariage d'Isabelle, surnommée Bellotte, fille de Robert de Montberon et d'Isabelle de Ventadour, sa nièce, avec Guy de Chanac, lequel avait épousé, avant 1300, Marie, sœur de Robert et de Marguerite de Mathan, et fille de Guillaume, chevalier. Ils sont nommés, l'un et l'autre, dans un acte de l'an 1312, où il a le titre de chevalier, ainsi que dans un arrêt du Parlement de Paris de la même année, par lequel on voit qu'il avait commis des excès à main armée contre le seigneur de Beaufort. Il plaida, en 1319, contre Bérard Raoul Bertrand de La Roche et contre Robert de Mathan, son beau-frère, et contre l'abbé de Minsac (Corrèze), en 1331, et aussi contre le Grand-prieur d'Aquitaine, en 1338, et pour les droits de justice de Carbonnières. Il mourut avant le 10 mai 1345, et laissa pour fille unique et héritière Marguerite de Maumont (2), mariée à Jean de Cairot (Cairoto), laquelle n'eut point d'enfants, et ne vivait plus en 1351, lorsque Hugues de La Roche prenait le titre de seigneur de Châteauneuf et de Tournoëlle, dans un arrêt contre lui et les ayant-cause de tous les héritiers de Pierre de Maumont, au nom desquels il plaidait; 3° Bertrand de Maumont, qui a fait la branche des barons de Saint-Vite,

---

(1) Châteauneuf-sur-Sioule (en Auvergne), fut cédé, en 1317, à Pierre et Guillaume de Maumont, par le roi Philippe-le-Long, en échange des places plus importantes de Châlus en Limousin, et de Bourdeilles en Périgord. Pierre de Maumont, l'un des concessionnaires, fut père de Marthe de Maumont, qui porta la terre de Châteauneuf à Giraud de La Roche.

Le château fort de Tournoëlle, à six kilomètres de la ville de Riom, a eu des seigneurs de son nom. Il fut confisqué sur le comte d'Auvergne, Guy II, en 1213, et donné à la maison de Dampierre, et ensuite, ayant fait retour à la couronne, le roi Philippe-le-Long dut le céder avec Châteauneuf sur-Sioule, en 1317, puisque, suivant Baluze, Pierre de Maumont était seigneur de Tournoëlle et de Châteauneuf, en 1330 (BALUZE, T. 1, p. 217, 218). Le château de Tournoëlle passa par alliance dans la maison de La Roche, originaire du Limousin (J. BOUILLET, *Nobiliaire d'Auvergne*).

(2) Le *Nobiliaire d'Auvergne* (T. I, p. 72) l'appelle Jeanne de Maumont et dit qu'elle épousa Guillaume Astorg, chevalier, fils puîné de Pierre Astorg, Sgr de Noalhac; il figurait dans une montre d'hommes d'armes en 1339.

rapportée § II; 4° Agnès de Maumont, dite femme de Guillaume de Chenin, dans les testaments de Gérard et d'Elie de Maumont, ses oncles, l'un de 1299, l'autre de 1307. Elle épousa, en secondes noces, en 1312, Guillaume Guerant; 5° Comtesse de Maumont, dite sœur d'Agnès et femme du seigneur de Montbron, Robert VI°, suivant les mêmes testaments de 1299 et 1307.

VIII. — Guillaume de Maumont, Sgr de Maumont et en partie de Chalus-Chabrol, Chalusset, Bourdeilles, Lubersac, Courbefy, Aixe, Brillebourg et Archambaud, avec Pierre de Maumont, son frère, pour l'institution faite en leur faveur par les testaments ci-dessus cités de Gérard et d'Elie de Maumont, leurs oncles, qu'ils échangèrent séparément avec le roi Philippe-le-Bel, par actes de 1303 et 1307. Guillaume eut en échange, pour sa portion, les seigneuries de Tonnay-Boutonne, de Saint-Laurent, de Girons, de Fouras, en la coutume de Rochefort; et Pierre, son frère, eut pour la sienne, comme on l'a dit plus haut, la seigneurie de Châteauneuf en Auvergne, de Tournoëlle et le château de Moret. Guillaume de Maumont est qualifié, dans ses actes, de chevalier. Ses enfants furent : 1° Aymard ou Adhémard, qui suit; 2° Gilbert de Maumont, qui vivait avec Amélie de Chastaing, son épouse, en 1320; 3° Gérard de Maumont, marié, avant 1336, à Gabrielle de Cosnac; 4° Julienne de Maumont, veuve de Pierre de Malmort, chevalier en 1332; elle avait une fille nommée Jobert, qui était sous sa tutelle.

IX. — Aymard ou Adhémard, deuxième du nom, chevalier, Sgr de Tonnay-Boutonne, de la coutume de Rochefort, capitaine du château de Fouras, passa la revue, en 1388, à Saint-Jean-d'Angély, avec 1 chevalier, 15 écuyers et 28 archers de sa compagnie. Il épousa Marie de Parthenay-l'Archevêque, sœur de Guillaume et fille de Jean l'Archevêque, Sgr de Parthenay, et de Marguerite Vidamesse, dont il eut : 1° Gérard, qui suit; 2° Aymeri de Maumont, époux de Catherine du Puy, dont il eut Helie, femme de Jean de Favart; 3° Bertrand de Maumont, chanoine de Limoges; 4° Guillaume de Maumont, sergent d'armes du roi et châtelain de Lozerte, qui rendit hommage à Bordeaux.

X. — Gérard de Maumont, Sgr de Tonnay-Boutonne et autres lieux, passa, sous le titre de chevalier, la revue sous Tristan de Rohan, vicomte de Thouars, avec 25 écuyers, à Limoges, sous les ordres du maréchal de Sancerre, en 1380, et une autre revue à Niort, avec sa compagnie, en 1386, et à Poitiers, le 15 février de la même année, avec 2 chevaliers et 18 écuyers. Il épousa : 1° Anne de Thouars; 2° Anne de Bord, dame d'Ebernon, Verb... et Nousiller en Poitou, de laquelle il n'eut point d'enfants. Ceux du premier lit sont : 1° Jean, qui suit; 2° Bertrand de Maumont, évêque (1); 3° Renaud de Maumont, prieur de Soubise, qui fut présent au mariage de Bernard de Maumont, son neveu.

XI. — Jean de Maumont, chevalier, Sgr de Tonnay-Boutonne, de Saint-Crespin et autres lieux, chassa les ennemis de la forteresse de Ventadour en 1388; fut l'un des trois chevaliers de la compagnie de Renaud du Pons, chevalier banneret, dont la revue se fit à Calais, en 1405. Il est qualifié

---

(1) Une généalogie le dit évêque de Tulle. Ce doit être par confusion avec Bertrand, de la branche de Fromental, qui le fut en effet. Ici, c'est apparemment Bertrand de Maumont, évêque de Poitiers, mort en 1385, qui avait élu sa sépulture dans la chapelle de Saint-André (MURCIER, *Sépulture chrét.*, p. 106).

chevalier dans un arrêt du Parlement du 15 mars 1425, où il est nommé avec Bernard et Guillaume, ses enfants, à l'occasion de la succession de Guillaume de La Roche. Il épousa Marie de Cousdun, dame de Saint-Crespin, dont il eut : 1° Bernard, qui suit; 2° Guillaume de Maumont, qui donna une procuration, avec le titre d'homme d'armes des ordonnances du roi, à Jean, Pierre et Raoul, en 1429; 3° Jean de Maumont, qui, dans le contrat de mariage de Bernard, son frère, ainsi que dans un acte de 1435, a le titre de chevalier et de commandeur de Couvrances; 4° Anne de Maumont, mariée, avant 1432, avec Hector de Bouchet, Sgr de Saint-Gemme; elle eut en dot la seigneurie de la Coutume de Rochefort-sur-Charente.

XII. — Bernard de Maumont, Sgr de Tonnay-Boutonne, de Saint-Crespin et autres lieux. Il épousa, le 11 mars 1432 [1430], Agnès de Rochechouart, dame de Javerlhac, fille de Geoffroy, vicomte de Rochechouart, et de Marguerite Chenin (1). Il mourut deux ans après son mariage, et sa veuve, mère de Jean, qui suit, se remaria avec Léonard de Saint-Christophe.

XIII. — Jean de Maumont, deuxième du nom, chevalier, Sgr de Tonnay-Boutonne, Javerlhac et Saint-Crespin, plaidait, en 1461, contre Foucaud, vicomte de Rochechouart, pour la dote de sa mère, qui fut fixée à la terre de Javerlhac et à 100 réaux d'or (2); il mourut avant le 9 mars 1502. Il épousa : 1° Guillaumette, fille de François, baron de Montberon, Sgr de Maulevrier, et de Louise de Clermont, vicomtesse d'Aunnay, dame de Mortagne-sur-Gironde; 2° Jeanne Bridaux; 3° Antoinette, fille d'Antoine de Clermont, baron de Surgère, et de Catherine de Levis; il n'eut du premier lit que Bertrand, qui suit.

XIV. — Bertrand de Maumont, baron de Tonnay-Boutonne, Sgr de Javerlhac, Saint-Laurent, La Barrière, de Ballan, ratifia l'accord fait par son père le 29 mars 1500 (3). Il épousa Marie, fille de Jacques Odord de Cursay et de Charlotte de Breuilly, dont il n'eut que : 1° François, qui suit; 2° Agnès de Maumont, mariée à Guy Grays-de-Pifratrol. Elle eut en dot la seigneurie de Saint-Laurent, et de La Barrière.

XV. — François de Maumont, Sgr de Tonnay-Boutonne, nommé, en 1505, dans les registres du Parlement, avec Françoise Chabannais, dame de Comporté, son épouse. Il eut de son mariage : 1° Anne, qui suit; 2° Marie de Maumont, femme d'Eustache de La Brosse, qui eut pour sa dot la seigneurie de Ballan.

XVI. — Anne de Maumont, baronne de Tonnay-Boutonne, épousa, en 1538, Jean, baron de Cassaigne. Sa petite-fille, Elisabeth de Cassaigne, devenue héritière de cette branche, porta la baronnie de Tonnay-Boutonne à son mari, Charles de La Motte-Fouquet, marquis de Saint-Seurin, fils de Gabriel et de Suzanne d'Aubeterre, en 1589, dont les héritiers furent : Emmanuel de Savoie, comte de Soissons, et Anne-Victoire, sa sœur, Louis Comminger, Philippe Gentil, marquis de Langallerie, et Suzanne, sa sœur,

---

(1) Elle eut, par contrat de mariage (1430), la terre, seigneurie et hôtellerie de Javerlhac avec 200 réaux d'or (*Hist. de la maison de Rochechouart*, II, 334).

(2) Il obtint des lettres de récision contre le contrat de partage. Foucaud de Rochechouart, fils de Geoffroi, s'y opposa. Mais Foucaud étant mort, ses enfants transigèrent avec Jean de Maumont, le 31 décembre 1486 (*Hist. de la maison de Rochechouart*, II, 334).

(3) Bernard (au lieu de Bertrand) de Maumont, fils unique de Jean, transigea avec le vicomte de Rochechouart-Pontville, le 29 mars 1502 (*Hist. de la maison de Rochechouart*, II, 334).

les enfants de Gédéon de Martel, François de La Cropte, S⊃r&/sup; de Beauvoir, lesquels vendirent la baronnie de Tonnay-Boutonne, qui fut relevée par Charles d'Amalvin, marquis de Montazet, mari de Marthe-Galienne de La Cropte, et par Marie Caucher de Belleville et Madeleine-Dominique de Bonnaire, également héritières. Cette terre a été vendue depuis à M. N..... Pandin, Sr de Nourcillac et de Romefort. Les seigneurs de Tonnay-Boutonne portent pour armes : *d'azur avec fasces d'or à l'orle chargé de besants.*

§ II. — *Seigneurs de Maumont, barons de Saint-Ville.*

VIII *bis.* — Bertrand de Maumont, Sr de Maumont, de Saint-Germain et en partie du château supérieur de Gimel, troisième fils de Pierre de Maumont et de Marguerite de Gimel (septième degré du § I), souscrivit, en 1311, avec le titre de chevalier au contrat de mariage d'Adde de Pierrebuffierre avec Pierre de La Porte, chevalier, S^r en partie de Jumilhac. Il épousa Adélaïde de Châteauneuf, dont il eut : 1° Gobert de Maumont, chevalier, coseigneur de Maumont et de Gimel, qui stipula avec Gérald d'Ornhac, chevalier, Sr de Brocelles, au contrat de mariage de Marguerite de Maumont, sa nièce, avec Hélie de Noailles, en 1349. On ne voit pas qu'il ait été marié ; 2° Pierre, qui suit ; 3° Jean de Maumont, chevalier, qui souscrivit, en 1346, dans deux actes où Bertrand de Maumont, chevalier, son père, est nommé ; il fut tué à la bataille de Poitiers, en 1356 ; 4° Isabelle de Maumont, femme de N..... de La Roche, chevalier ; 5° Dauphine de Maumont, mentionnée dans un titre de 1322, et mariée à noble Pierre de Maraval.

IX. — Pierre de Maumont, S^r en partie de Maumont, de Gimel, de Châteauneuf, de Tournoëlle, est dit fils de Bertrand, dans une lettre de 1346. Il plaida contre Guillaume et Bertrand de Gimel pour la possession de la seigneurie d'Ambiers, en 1342, et contre Bertrand de La Roche, chevalier, et contre Russat de La Roche, écuyer. Il ne vivait plus lors du mariage de Marguerite, sa fille, avec Elie de Noailles, en 1349. Il avait épousé, en 1317, Anne, fille de Renaud d'Aubusson, S^r de La Borne, de Monteil, vicomte de Feuillade, et de Marguerite N..., dont il eut : 1° Jean, qui suit ; 2° Bertrand de Maumont, auteur de la branche de Fromental, rapportée § IV ; 3° Pierre de Maumont, coseigneur de Maumont et de Gimel, qui prend le titre de damoiseau et se dit majeur dans le contrat de mariage de sa sœur avec Elie de Noaille, en 1349, à laquelle il promit, par le même acte, 800 deniers d'or, et passa la revue à Limoges, avec le titre de chevalier, en 1358. Il épousa Louise, fille de Robert Dauphin-d'Auvergne, Sr de Jaligny, et d'Isabeau de Chatel-Perron, dont il ne paraît pas qu'il eût d'enfants ; 4° Marguerite de Maumont, mariée, par contrat passé à Tournay, le mercredi après la Saint-Martin, en 1349, avec Elie de Noaille, damoiseau, coseigneur de Noaille ; Gérard d'Ornhac et Gobert de Maumont stipulent à ce contrat, auquel furent présents, du côté d'Elia de Noaille, Bertrand d'Echizadour, autrement d'Alhapetra, Hugues de Saint-Hippolyte, chevalier, Jean Deu et Guillaume d'Egleton, damoiseaux, et du côté de Marguerite de Maumont, Renaud d'Aubusson, Gui de Saint-Michel, chevalier, Guy de Juge, Sr de Coulonges, Bernard de Rochefort, damoiseau.

X. — Jean de Maumont, S^{gr} en partie de Maumont et de Gimel, S^{gr} de Saint-Vitte, ayant le titre de chevalier dans le contrat de mariage de sa sœur; fut capitaine du château de Limoges, lieutenant de la compagnie d'hommes d'armes du maréchal de Clermont, en 1355, dont il donna quittance pour lui et neuf écuyers de cette compagnie. Il épousa, le 6 juin 1345, Marie, fille de Pierre de Faurre d'Egleton, damoiseau, et de noble dame Marie N... Ce mariage fut accordé par Guillaume Roger, vicomte de Beaufort, et la dot fut fixée à 1,000 florins d'or, avec la seigneurie de Bello-Videre (Beauvoir ou Belle-Vue). Leurs enfants furent : 1° Bertrand, qui suit; 2° Jeanne de Maumont, dont la dot fut assignée sur le château supérieur de Gimel, en la mariant, en 1371, avec Gui de Gimel, S^{gr} du château bas de Gimel. On croit que c'est ce Jean de Maumont, qui se maria, en secondes noces, avec Gilberte Motier, fille de Gilbert, S^{gr} de La Fayette, et de Charlotte de Dienne. Elle vivait, ainsi que son mari, en 1370. On ignore s'ils eurent des enfants.

XI. — Bertrand de Maumont, deuxième du nom, S^{gr} de Saint-Vitte et en partie de Gimel, damoiseau, nommé fils de Jean, S^{gr} de Maumont, de Gimel et de Saint-Vitte, dans un contrat de vente consenti en sa faveur, en 1374, par Isabelle des Moulins, baronne de Larron, fille de Nicolas des Moulins, chevalier, et femme de N..... Faurre, damoiseau. Il épousa, par contrat du 4 novembre 1377, Hélips de Bonneval, fille de Jean de Bonneval, chevalier, et d'Alise de Bré, *de Brenno*, dont il eut : 1° Jean de Maumont, marié sans avoir de postérité, à Jeanne, fille de Renold de Roffignac et de Gastienne de Malyse; il passa la revue avec Pierre de Lambertie et autres, avec la qualité d'écuyer, dans la compagnie de Guillaume Le Bouthelier, chevalier-bachelier à Saint-Germain-en-Laye, le 18 juin 1405 ; 2° Alexandre, qui suit; 3° Guyot de Maumont, curé de Saint-Vitte ; 4° Jean de Maumont, bachelier-ez-lois, qui fut présent à la procuration que Blanche de Brosse donna, en 1439, à Alexandre de Maumont, son frère; 5° Marguerite de Maumont, femme, en 1399, de Ramnulphe de Pompadour, S^{gr} de Château-Boucher, fils de Ramnulphe Hélie de Pompadour, chevalier, et de Constance de La Marche; 6° Catherine de Maumont, mariée, en 1402, à Hugues Ranulphe, chevalier, S^{gr} de Melliars et de Cursac. Hugues Ranulphe, nomme, par son testament de l'an 1451, pour son éxécuteur testamentaire, Alexandre de Maumont, son beau-frère, et le prie de le faire enterrer à Saint Vitte.

XII. — Alexandre de Maumont, S^{gr} de Saint-Vitte, de Cursac et La Croisille, fut chargé, en 1439, de procuration de Blanche de Brosse, veuve de noble Guérin de Bré, comme parent, avec plusieurs autres, pour assister, en 1444, au contrat de mariage de Louis de Pierrebuffierre avec Louise d'Aubusson. Il rendit hommage, en 1441, à Jean de Bretagne, vicomte de Limoges, pour les seigneuries de Saint-Vitte, de Cursac et de La Croisille (1). Il consentit un arrentement en faveur de Bernard Roux, en 1454. Il eut de son mariage contracté avec Philipie d'Aubusson: 1° Gilles, qui suit ; 2° Antoine, qui a fait la seconde branche de Saint-Vitte, rapportée § III; 3° Louis, qui consentit, avec Antoine et Guyot, ses frères, à une vente au profit de Gilles de Maumont, leur aîné, en 1464; il servait dans la compagnie du

(1) Cet hommage, sur parchemin, est aux archives de Pau, E, 643.

seigneur d'Albret, comte d'Orval, en 1472 ; 4° Guyot de Maumont, qui servit aussi en qualité d'homme d'armes de la compagnie de M. le duc d'Orléans, en 1460 ; 5° Pierre de Maumont de Saint-Vitte, qui servit en qualité d'homme d'armes des ordonnances du roi, dans la compagnie de Gilbert de Chabannes, en 1474; 6° Anne de Maumont, femme de Pierre du Puy-du-Fou ; 7° Marguerite de Maumont, mariée à François de Combarel, chevalier, S^{gr} de La Chaise, paroisse de Peyrat, près Bellac, et du Gibanel, chambellan du roi, fils de Pierre Combarel, de la ville de Tulle, par contrat du 14 février 1450, signé Tornelli, à Vicq. Lequel reçut le même jour une promesse d'Alexandre de Maumont, son beau-père, pour la dot de sa femme. Elle testa en 1474 ; 8° Souveraine de Maumont, religieuse à l'abbaye de Fontevrault, ensuite abbesse de Pontchelles, laquelle transigea avec Marguerite de Bras-de-Fer, sa belle-sœur, veuve de Gilles de Maumont ; cette dernière, en qualité de mère-tutrice de ses enfants, et de feu Gilles de Maumont, au sujet du testament d'Alexandre, père de Gilles et de Souveraine de Maumont, par lequel il avait réservé à Souveraine, sa fille, 600 écus d'or sur la succession de Philippie d'Aubusson, sa mère. Cette transaction est de 1480 ; 9° Isabeau de Maumont, religieuse à la même abbaye de Fontevrault, ensuite abbesse de Pontchelles, après la mort de sa sœur, nommée dans la même transaction, au sujet de 600 écus d'or, qui lui furent aussi réservés sur la succession de Philippie d'Aubusson, sa mère.

XIII. — Gilles de Maumont, S^{gr} de Saint-Vitte, Cursac et La Croisille, consentit à une vente, conjointement avec sa femme ; et du consentement de Philippine d'Aubusson, sa mère, Antoine, Louis et Guyot, ses frères, à Louis de Pierrebuffierre, du péage de Châteauneuf, Saint-Vitte et Beauvais, en 1454(1), servit en qualité d'homme d'armes, dans la compagnie du comte de Sancerre, en 1470, ensuite dans celle du sire d'Estouville, en 1475, et fut tué à la prise du château de Joux, en Franche-Comté, en 1480. Il avait épousé Marguerite de Bras-de-Fer, laquelle, en qualité de tutrice de ses enfants, comme on l'a dit, transigea, en 1480, avec Souveraine et Isabeau de Maumont, ses belles-sœurs ; elle eut de son mariage : 1° Louis, qui suit ; 2° Jean de Maumont, S^{gr} de La Croux, qui servit en qualité d'homme d'armes dans la compagnie du maréchal de Grammont, ensuite dans celle du comte d'Orval en 1492, dans celle du maréchal de Bourbon en 1493, dans celle du maréchal du Luxembourg-Ligny en 1497. Il avait épousé, le 26 février 1503, Jacquette de La Borde, dame de La Croux, paroisse de Jonsat, laquelle étant veuve, passa une transaction, en 1508, avec Antoine de Châtaignier, prieur de Beaulieu ; elle eut de son mariage trois filles, savoir : A. — Catherine de Maumont, mentionnée dans un acte de 1544 ; B. — Françoise de Maumont, mariée, en 1544, à Gorges de Salagnac, S^{gr} de La Radegaudon, fils de Pierre et de Gorgette Giroux ; C. — Charlotte de Maumont, mariée à Gabriel de Sauzet, qui transigea, le 9 juin 1535, à l'occasion de la succession de Louise de Maumont, femme de François de Combord, avec Charles de Maumont, François de Pierrebuffierre et Marguerite de Maumont, femme de celui-ci ; 3° Charles, auteur de la branche des seigneurs d'Aragon, rapportée § X ; 4° François de Maumont, qui était sous

(1) Il rendit, en 1466, à son beau-frère, François de Combarel, le château supérieur, châtellenie, seigneurie et terre de Gimel (*Nobil.*, I, 463).

la tutelle de sa mère, d'après un acte de 1480; 5° Charles de Maumont, aussi sous la tutelle de sa mère, qui fût curé de Saint-Merd et chanoine de Saint-Germain. Il transigea, en 1510, comme tuteur de Charles et de Marguerite, enfants de Louis, son frère aîné, pour les droits de leur mère; il fut présent à l'hommage rendu, en 1514, à Louis, son frère. Consentit, conjointement avec Charles, son autre frère, à une obligation faite, en 1510, en faveur de Gilles de Coustin ; 6° Louise de Maumont, nommée dans l'acte de 1480, mariée à François de Combord, vicomte de Combord et de Treignac, lesquels se firent une donation mutuelle en 1507; 7° Marguerite de Maumont, mentionnée dans le même acte de 1480, comme étant sous la tutelle de sa mère. Elle épousa, en 1492, François de Lambertie, Sgr de Lambertie, Miallet, etc., fils de Jean de Lambertie et de Jeanne de Vigier (*Généal. Lambertie*).

XIV. — Louis de Maumont, Sgr de Saint-Vitte, de Beauvoir, de La Croisille, du Pommeau, né en 1471, servit, en 1492, sous les ordres du maréchal d'Albret, sous ceux du maréchal de Guise, en 1495; reçut l'hommage de Léonard d'Eschizadour, tant en son nom qu'en celui de Charles, son frère, le 28 mai 1503; transigea en 1510, comme père-administrateur de Louis de Noaille, touchant les droits de ses enfants sur la maison de Noaille, à cause de Françoise de Noaille, sa mère ; reçut un hommage, tant en son nom, qu'en celui de Charles, Sgr d'Arragon, son frère, en 1514; partagea avec lui, le 23 mai 1521, les successions de Gilles et de Marguerite de Bras-de-Fer, leurs père et mère, par lequel acte il fut convenu que Louis aurait la seigneurie de Saint-Vitte, et Charles, son frère, celle d'Arragon et un supplément sur la terre de Saint-Vitte. Louis ne vivait plus le 24 août 1530. Il avait épousé : 1°, le 14 février 1492, Françoise, fille de feu Jean de Noailles, chevalier, Sgr de Noaille, et de Gasparde de Merle; il épousa : 2° Souveraine de La Roche, dame de Châtelus, du Chambert, de Roussy et du Vergier, par acte passé au château de Saint-Vitte, le 18 juin 1504, et n'eut point d'enfants de ce second mariage. Ceux du premier sont : 1° Charles, qui suit; 2° Louis de Maumont, rappelé avec ses frères dans une sentence de 1510, et une transaction de la même année, concernant Louis, leur père, et Louis de Noaille, le premier substitué au bien de la maison de Noaille, touchant les droits de Françoise de Noaille, femme de Louis de Maumont; celui-ci servait en qualité d'homme d'armes, dans la compagnie du maréchal de Tavanne ; 3° Marguerite de Maumont, nommée dans l'acte de 1510, et mariée, par contrat du 21 avril 1521, avec François, baron de Pierrebuffierre, Saint-Paul, Aigueperse et Pontarion, auquel assistèrent Charles et Louis, ses frères, et ses autres parents. Elle testa, le 11 septembre 1549, en faveur de Jean, son fils aîné, auquel elle substitua François de Salagnac, fils d'Isabeau, sa fille, et de Gérard, baron de Rochefort, et fit des legs à ses autres enfants; 4° Anne de Maumont, nommée dans les actes ci-dessus cités; mariée, par acte du 18 octobre 1524, à Pierre de Tarsat, Sgr de Ligoure, en présence de François de Pierrebuffierre; Anne de Blanchefort, Anne de Bonneval.

XV. — Charles de Maumont, Sgr de Saint-Vitte, La Croisille, Beauvoir, etc., nommé dans la sentence de tutelle de 1510 et dans d'autres, capitaine commandant de l'arrière-ban du Haut-Limousin, en 1522; transigea, en 1530, avec Charles de Maumont, Sgr d'Arragon, son oncle, touchant leur bien en communauté en 1528, fut nommé tuteur des enfants du même seigneur d'Arragon, par son testament du 11 octobre 1531, et aussi curateur des enfants de François de Pierrebuffierre, son beau-frère, en 1558 ; fit une constitution de rente à Marguerite du Saillant et à Jean de Meilliars, son mari, en 1565 ; il ne vivait plus en 1571. Il avait épousé Marguerite, fille de feu François de Comborn, S^{gr} d'Orval, et de Françoise de Seguin, par contrat du 25 janvier 1538, auquel furent présents Antoine et Charles, ses frères, Charles de Comborn, chanoine d'Eymoutiers, Pierre de Comborn, son neveu, curé de Séreilhac, Jean de Bernard, S^{gr} de Vieille-Ville, et autres. Elle testa, le 13 novembre 1571, avantagea son fils aîné et fit des legs à ses autres enfants. De ce mariage sont nés : 1° Jean de Maumont, qui servit sous les ordres du seigneur de Ventadour ; il testa, en 1574, en faveur de François, son frère, n'ayant point eu d'enfants de Matheline de La Porcherie, son épouse ; 2° François de Maumont, institué héritier pour une portion de cadet par son frère aîné, qui testa lui-même, le 8 avril 1580, et nomma Jacques, son frère, pour héritier ; 3° Léonard de Maumont, également institué héritier pour une portion de cadet ; 4° Jacques, qui suit ; 5° Jeanne de Maumont, femme de Jean de La Place, à laquelle Jean, son frère, fit un legs en 1574 ; 6° Françoise de Maumont, mariée, par contrat du 1er novembre 1585, à Jacques Bouchier, S^{gr} du Breuil et du Chatelard, fils de N... Bouchier et de Marguerite de La Roche-Aymond ; elle donna quittance de sa dot, en 1586, à Jacques de Maumont, son frère.

XVI. — Jacques de Maumont, S^{gr} de Saint-Vitte, La Croisille, etc., reçut un legs, par un premier testament de Jean, son frère, en 1574, et fut institué son héritier par un acte de 1576. Il assembla des troupes lors des guerres des protestants, en 1574, s'empara du château de Châlusset, en répara les ruines causées par les Anglais, s'y fortifia et se déclara pour la religion prétendue réformée. Il y fut surpris par le seigneur de Pompadour et les habitants de Limoges, en 1577, qui profitèrent de cette circonstance pour démanteler d'abord ce château de Châlusset, et le démolir en 1593. Il rendit hommage au roi de la seigneurie de Saint-Vitte. Il testa le 28 juin 1633. Il avait épousé, le 30 janvier 1589, Paule de Ravenel, fille de Florent, S^{gr} de La Rivière, et de Peyronnelle de Loubes ; elle testa le 5 mars 1635, instituant pour son héritier universel, comme son mari fit aussi, leur fils aîné, et fixant la légitime de leurs autres enfants. Les exécuteurs testamentaires de Paule de Ravenel furent Antoine et François de Combor père et fils, ses parents, S^{grs} d'Arval et de Goursoles. De ce mariage vinrent : 1° Florent, qui suit ; 2° Charles de Maumont ; 3° Jeanne de Maumont, femme, vers l'an 1613, d'Hercule, fils de Jean d'Eschizadour, S^{gr} de Bethe ; 4° Anne de Maumont, femme, le 10 avril 1630, de Gabriel de Josselin, S^{gr} de l'Ords et de La Valade ; 5° Suzanne de Maumont, qui testa le 6 septembre 1671, institua héritier Melchior, son neveu, fit des legs à Louis de Maumont, à Léonarde et à Marthe de Maumont, ses neveux et nièces ; 6° Marthe de Maumont, qui testa, le 8 mars 1659, et institua son héritier Melchior, son neveu, et fit des legs à Suzanne, sa sœur.

XVII. — Florent de Maumont, S^{gr}, baron de Saint-Vitte, de La Seynie et du Châtenet, vendit, au nom de Jacques, son père, une maison à Cursac, le 16 mai 1621. Il testa le 28 mai 1640. Il avait épousé, le 19 mai 1619, Louise Plaisant, fille de François Plaisant, S^{gr} de Bouchiac, et d'Anne de

Salagnac, dame de La Vergne, femme, en premières noces, de Jean de La Vergne et de Saint-Priest. Elle testa le 26 octobre 1634. Leurs enfants furent : 1° Melchior, qui suit; 2° Jean de Maumont; 3° Charles de Maumont, qui suit après son frère ; 4° Isaac de Maumont ; 5° Louis de Maumont; 6° autre Charles de Maumont; 7° Françoise de Maumont, mariée, le 30 novembre 1677, à Jean de Beausoleil, Sgr de Beausoleil et de Pommier; 8° Paulle de Maumont, mariée, le 22 juin 1634, à Philippe Evrard, Sgr de Bouchat et du Bost, lequel transigea, le 20 octobre 1662, avec Melchior de Maumont et François de Roffignac, Sgr de Sannat; 9° Anne-Julie de Maumont; 10° Jeanne de Maumont; 11° Léonarde de Maumont ; 12° Marthe de Maumont. Les deux dernières ne sont pas nommées dans les testaments de leurs père et mère; elles le sont seulement dans celui de Suzanne de Maumont, leur tante.

XVIII. — Melchior de Maumont épousa Marie de Jouhaud, dont : 1° Joseph, qui suit; 2° N.....

XIX. — Joseph de Maumont, baron de Saint-Vitte, épousa Charlotte de Maumont, dame du Mas et de Marafy, sa cousine germaine.

XVIII bis. — Charles de Maumont, Sgr du Mas de Maraffy, de La Vergnade et de Saint-Vitte en partie, fils de Florent de Maumont et de Louise Pláisant. Il testa le 15 septembre 1708. Il fit aussi un legs à Charlotte de Nesmond, sa petite-fille. Il épousa : 1°, le 28 juillet 1661, Marguerite, fille d'Élie de Pindray, Sgr de Maraffy, etc., et de N..... de Santrenac (?), laquelle testa le 12 juillet 1679, et disposa de Maraffy et de tous ses biens en faveur de son mari. Il épousa : 2°, le 7 août 1697, Anne de Cosnac, dame de Peo et des Bordes, laquelle testa le 9 mai 1698, disposa de son mobilier en faveur de son mari, et institua son héritier François de Cosnac, Sgr de Peo, son frère. Il n'eut point d'enfants de ce second mariage. Il épousa : 3° Marie-Anne, fille de Charles de Laplace, marquis de Terzac, Sgr de La Forêt-d'Orte, lieutenant des maréchaux de France, en Saintonge et Angoumois, et de Julie de Galaard-de-Bearn de Brassac; elle testa le 20 avril 1701, en faveur de Charles-Isaac, son fils. Du premier lit naquirent : 1° Louis de Maumont, mort sans alliance ; 2° Joseph de Maumont, mort sans alliance ; 3° Charlotte, qui suit ; 4° Catherine de Maumont, dont la légitime fut fixée par son père; 5° Marguerite de Maumont, dont la légitime fut aussi fixée par son père; 6° Marie de Maumont, mariée, le 2 octobre 1710, à Charles de Pomeyrol, Sgr de Puyvimable, ancien capitaine au régiment de Condé. Du troisième lit est né : 7° Charles-Isaac de Maumont, mort sans alliance.

XIX. — Charlotte de Maumont, dame du Mas et de Maraffy. Elle épousa, comme on l'a dit plus haut, Joseph de Maumont, baron de Saint-Vitte, fils aîné de Melchior de Maumont et de Marie de Jouhaud, par contrat du 9 juillet 1697. Elle n'a eu qu'une fille nommée Marie, qui porta la baronnie de Saint-Vitte, Tourdonnay, La Croisille, Cursac, avec haute, moyenne et basse justice, banalité de four et de moulin, et autres terres à François-Aimé de Joussineau, marquis de Tourdonnay, son mari, lequel rendit hommage en 1719

§ III. — *Deuxième branche de Saint-Vitte.*

XIII bis. — Antoine de Maumont, second fils d'Alexandre de Maumont et de Philippie d'Aubusson (§ II, degré XII°), Sgr en partie de Maumont et de

Saint-Vitte, panetier du roi, donna quittance de 25 livres de rente que le roi lui avait données sur les États du Bas-Limousin, en 1438. Sa Majesté lui fit aussi donation de la garde des sceaux de Limoges. Il consentit une rente faite, en 1474, par Gilles de Maumont, son frère aîné; il fut tuteur de ses enfants en 1477; il passa un acte en 1480, avec Marguerite de Bras-de-Fer, veuve de son frère aîné; dans cet acte il est qualifié du titre de panetier du roi. Il épousa Catherine, fille de Louis de Pierrebuffierre, et de Marie, fille de Jean, vicomte de Rochechouart, deuxième du nom, et de Ænor de Mathefelon, dont il eut : 1° Antoine de Maumont, qui servit en qualité d'hommes d'armes du roi, dans la compagnie de Guerrin Le Groing, en 1472. (Sa fille, Anne de Maumont, aurait épousé, le 19 juillet 1510, Pierre Arlot, Sgr de Frugie (Généal. Arlot); 2° Jean de Maumont, servant dans la même compagnie; 3° Marguerite de Maumont, mariée, vers l'an 1480, à François de Lambertie, Sgr de Lambertie, Vassoux, Domphon, Nouherre, etc. Lequel servit en qualité d'homme d'armes des ordonnances du roi dans la compagnie du comte de Laval, aux montres faites à Leuvolin, à Dinan et à Montfort, en 1491 et 1492; il était fils de Jean de Lambertie et de Jeanne Vigier. Ils eurent une nombreuse postérité, qui a été l'origine des différentes branches de la famille de Lambertie.

§ IV. — *Seigneurs de Fromental, vicomtes de Bridier.*

X bis. — Bertrand de Maumont, coseigneur de Maumont, de Gimel et de La Roche, capitaine de Fleys, second fils de Pierre de Maumont et d'Anne d'Aubusson (§ II, degré IX°), passa la revue, en 1351, à Niort, avec 1 chevalier, 49 écuyers et 81 sergents; lesquels avaient servi à la défense de Fleys, sous Guy de Mortemart, sénéchal et capitaine du Périgord. Il était capitaine d'hommes d'armes des château et ville de Pommeyrol, suivant un acte du 9 décembre 1359; il prêta serment de fidélité à Jean Chandos, au nom du roi d'Angleterre, en 1361. Ses biens furent confisqués parce que ses gens avaient ouvert la porte du château de Maumont au duc de Lancastre, et il obtint, en 1374, des lettres de rémission à la sollicitation d'Aymard d'Aigrefeuille, chevalier, beau-père de Jean de Maumont, son fils. Il avait épousé une fille de Gui de Saint-Martial, sœur de Hugues de Saint-Martial, archevêque de Toulouse. Leurs enfants furent : 1° Jean, qui suit; 2° Bertrand de Maumont, évêque de Mirepoix, qui fut présent, en 1398, au contrat de mariage de Catherine de Maumont, sa nièce, avec Jean de Monceau *de Molceo*, Sgr d'Escorail; il était évêque de Valbre avant 1406; il passa à la cour du pape Benoît XIII, avec Bertrand de Noaille, chanoine de Poitiers, son cousin. D'après la *Chronologie* des évêques de Tulle, par l'abbé Nadaud, qui dit ce Bertrand neveu de Hugues de Saint-Martial, cardinal, et de Pierre de Saint-Martial, archevêque de Toulouse; il fut transféré de l'évêché de Mirepoix à celui de Lavaur, puis à celui de Béziers, et passa à celui de Tulle en 1422, pour en être le quinzième évêque. Il réduisit les prébendes de Rocamadour au nombre de quinze, et mourut le 25 juillet 1425. Il fut enseveli dans la cathédrale de Tulle. Le tableau des armes des évêques de Tulle lui donne : *d'azur à deux étoiles d'or posées en fasce et une rose d'argent en pointe: brisé en chef de deux lambels d'argent de trois pendants et superposés.*

XI. — Jean, Sgr de Maumont et de Fromental, servit dans la compagnie du seigneur de La Vauguyon, en 1365. Il est nommé dans les lettres de rémission avec son père et sa femme Hélène, sœur de Hugues et de Martial d'Aigrefeuille, cardinaux, et fille d'Aymard, qu'il avait épousée en 1372. De ce mariage naquirent : 1° Nicolas, qui suit ; 2° Jean de Maumont, évêque de Tulle, mort le 17 décembre 1441, qui fit plusieurs dons à l'église de Donzenac (1) ; 3° Hugues de Maumont, abbé de La Chaise-Dieu, qui donna sa procuration à Gui de Maumont, son neveu, le 8 février 1450 ; 4° Gérald de Maumont, abbé de Saint-Pierre d'Uzerche en 1401 ; 5° Catherine de Maumont, nommée fille de Jean de Maumont et d'Hélène d'Aigrefeuille, sœur de Nicolas, nièce de Bertrand, évêque de Mirepoix, et nièce de Hugues et de Martial d'Aigrefeuille, cardinaux, dans son contrat de mariage de 1398, avec Jean de Molceo, Sgr d'Escorail.

XII. — Nicolas, Sgr de Maumont, de Saint-Quentin, de Fromental, de Saint-Léger, de Saint-Martial et d'Aigrefeuille, nommé chevalier dans le contrat de mariage de sa sœur, et qualifié seigneur de Saint-Martial et de Guibanello, dans un acte de 1414 ; il donna procuration, en 1416, à l'abbé de Grammont, pour le mettre en possession de la terre de Saint-Léger. Jean d'Aubusson, son beau-père, lui céda, la même année, le Mas-des-Bordes, paroisse de Saint-Quentin, et rendit hommage au Dauphin viennois, pour Fromental, le 18 juin 1419, il reçut celui de Pierre de Saint-Hippolyte, en 1433. Il avait épousé, en 1415, Catherine, fille de Jean d'Aubusson, Sgr de La Borne et du Monteil, et de Guyonne de Monteruc, nièce, par sa mère, du pape Innocent VI et de Pierre de Monteruc, évêque de Pampelune, cardinal, mort en 1385. De ce mariage vinrent : 1° Bertrand, qui suit ; 2° Gui, tige des seigneurs de Saint-Quentin, rapportés § V ; 3° Girard de Maumont, prieur de La Chapelle, lequel donna quittance, le 18 octobre 1434, d'une rente que lui devait Pierre Le Gros ; 4° Pierre de Maumont, prieur de La Chapelle et de La Geneste, mentionné dans la quittance ci-dessus, et nommé prieur de Saint-Pantaléon, dans une procédure qu'il eut conjointement avec Gui, son frère, contre Jean de Cosnac, chevalier, et autres, en 1459 ; 5° Pierre-Bertrand de Maumont, Sgr de Combabessouse et de ...., l'an 1437, à Jean de Bechade, Sgr de La Seynie.

XIII. — Bertrand de Maumont, troisième du nom, Sgr de Maumont, Fromental, Saint-Quentin, Saint-Léger, Magnac, et en partie de la vicomté de Bridier, transigea avec Gui, son frère germain, pour la succession de Nicolas, leur père, des terres de Saint-Martial, Saint-Léger et Fromental, le 29 juillet 1449 ; il obtint, en 1452, une sentence qui condamna les habitants de Saint-Léger, Calias, de Saint-Martial, à différents droits envers lui, etc., de la terre de Saint-Quentin, à Gui, son frère, en 1454 ; il rendit hommage, le 4 février 1462, à Jacques de Bourbon, duc de Nemours, comte de la Marche, de Pardiac, de Castre et de Beaufort, et pour la seigneurie de Moselon qu'il avait eue par droit successif de Pierre de Saint-Martial, premier écuyer de ce prince, et maître huissier et cousin du pape Pie II, à qui elle avait été donnée en récompense de ses services ; dans la réception de cet hommage, qui est du 22 novembre 1462, Jacques de Bourbon, comte

(1) Nous ne trouvons pas ce Jean de Maumont parmi les évêques de Tulle. La généalogie qui lui donne ce titre l'a déjà donné aux deux Bertrand de Maumont, dont nous avons parlé.

de la Marche, donne au seigneur de Maumont le titre de cousin. Bertrand donna procuration à Gilles, son fils, le 22 mars 1476, pour prendre possession de la châtellenie de Saint-Quentin, qui lui était échue par la mort de Gui, son frère, en conséquence d'un certain accord fait entre eux. Il avait épousé Jeanne, fille de Léger de La Roche et de N..... Magnac, dont il eut : 1° Gilles, qui suit ; 2° Bernard de Maumont, homme d'armes de la compagnie de M. Bourbon-Vendôme, en 1492, et de celle de Jacques d'Evreux, en 1499 ; 3° Aubert de Maumont, qui servit dans la compagnie du seigneur de La Tremouille, en 1492, et fut l'un des cent gentilshommes de l'hôtel du roi, sous le vidame de Chartre, et donna quittance de 543 livres de gratification pour être venu, en 1495, de Naples à Grenoble, chargé de commissions importantes ; 4° Charles de Maumont, abbé d'Uzerche en 1494 ; 5° Gérard de Maumont, protonotaire du Saint-Siége, qui fit une production de titres en 1508, conjointement avec Antoine de Pompadour, vicomte de Comborn, contre Gui de Roffignac, Sgr de Coulonges, au nom de François de Roffignac, son fils, et de Marguerite de Maumont, sa femme.

XIV. — Gilles, Sgr de Maumont, Fromental, Saint-Quentin, Villars, transigea comme curateur de Louis de La Roche, en 1476, au sujet de la dot d'Anne de La Roche, sœur de Louis et femme de Louis de Laforest, reçut quittance de Catherine de Conralde, veuve de Claude d'Estuer, en 1506, fut condamné à payer seize années d'arrérage du revenu de la terre de Marelon, par sentence rendue à Poitiers, en 1496, en faveur de Jean du Pont ; il vendit, conjointement avec Charles, son fils, la terre de Fromental à Geoffroi de Pompadour, évêque du Puy, et à Antoine de Pompadour, son neveu. Il avait épousé Françoise, sœur de Louis de Culant, chambellan du roi, gouverneur du Berry, fille de Charles, Sgr de Culant et du Chalard, grand maître d'hôtel de France, par contrat du 10 novembre 1474, dont il eut : 1° Charles, qui suit ; 2° Marguerite de Maumont, femme de Guy de Roffignac, Sgr de Coulonges, de Chavagnac et des Perres, fils de Jean, Sgr des mêmes lieux, et de Jeanne de Campniac ; ils formèrent une demande sur la terre de Fromental, à l'occasion de la dot de ladite Marguerite, en 1505 ; 3° Catherine de Maumont, abbesse de La Règle, qui vivait encore en 1533.

XV. — Charles, Sgr de Maumont, Fromental, Villars, baron de La Roche-Limosy, vicomte de Bridier, fut présent, avec Gérald de Maumont, abbé d'Uzerche, protonotaire du pape, son oncle, à un acte du 18 juin 1501, concernant Louis de Maumont, Sgr de Saint-Vitte, ainsi qu'à son mariage avec Souveraine de La Roche ; ils y sont nommés comme parents et souscrivent en cette qualité dans un acte que ce dernier passa avec Louis de Noailles le 4 janvier 1510 ; il rendit hommage avec la qualité de seigneur de Villars, au nom de Charles de Maumont, à Anne de La Tour, fille de François de Bourdeilles et d'Hilaire Dufou, laquelle donna procuration en cette qualité pour consentir à la vente de la terre de Fromental à Gerauld de Maumont, abbé d'Uzerche. De ce mariage vinrent : 1° Jean, qui suit ; 2° Charles de Maumont, nommé avec son père dans l'hommage qu'il rendit pour lui, comme donataire de Louis de La Roche, à Anne de La Tour, en 1519 ; il ne fut pas marié et tint rang parmi les savants de son siècle. Ronsard en parle avec éloge ; 3° Charlotte de Maumont, demoiselle de l'hôtel de la reine en 1532 ; 4° N..... de Maumont, femme de N..... de Montagnac, dont une fille mariée à N..... de Montbas.

XVI. — Jean, Sᵍʳ de Maumont, Saint-Quentin, Châteaufort, baron de La Roche, fut sous la tutelle d'Anne de La Roche, dame de Maumont, et de François de Saint-Exupéri, Sgr de Miramont en 1526; il servit sous les ordres du duc d'Albanie, en 1536, avec autre Jean de Maumont, fit le retrait de la terre de Donzenac, sur Geoffroi de Pompadour, en 1549, rendit hommage pour plusieurs fiefs, le 11 février 1545, à Guibert de Ventadour, racheta la terre de Fromental on 1549, donna procuration à Jean de Turenne, Sgr de Chaumont, pour vendre en son nom la terre de La Roche à Geoffroi de Pompadour, vicomte de Combor, dont le contrat de vente est du 14 février 1550. Il avait épousé Madeleine de Colonges, dame de La Mothe, fille de Jean, dont il eut : 1° Antoine, qui suit; 2° Jeanne, rapportée après son frère; 3° autre Jeanne de Maumont, femme de Claude de Levis, baron de Charlus, qui l'avait épousée, le 23 août 1559, dont la fille, Gabrielle de Levis, épousa, le 24 avril 1597, Edme Robert, baron de Lignerac, Sgr de Saint-Chamant, maréchal-de-camp (*Nobiliaire*, IV, 28).

XVII. — Antoine, Sgr de Maumont, etc., eut, par acte du 13 avril 1539, pour curateur, Amadon de Masvalier, pour, sous son autorité, former sa demande à rentrer dans plusieurs terres vendues par ses auteurs. Il mourut sans avoir été marié.

XVII *bis*. — Jeanne de Maumont, sœur d'Antoine, dame de La Roche, devenue veuve, épousa Jean de Meaufont, Sgr du Pont-Château, vicomte de La Motte.

§ V. — *Seigneurs de Saint-Quentin, vicomtes de Beaumont-le-Roger.*

XIII *bis*. — Gui de Maumont, Sgr de Saint-Quentin, comte de Beaumont-le-Roger, conseiller, chambellan du roi, bailli d'Alençon, second fils de Nicolas et de Catherine d'Aubusson (§ IV, degré XIIᵉ), servait dans la compagnie du seigneur de Ventadour lorsqu'il reçut ses gages, en revenant de la terre de Gascogne, en 1444; il était homme d'armes de la compagnie du maréchal de Luynes en 1447; il est titré chevalier, vicomte de Beaumont-le-Roger dans une quittance de ses gages en 1473; il passa un accord avec Bertrand, son frère, par lequel ils convinrent que s'il mourrait sans enfants mâles, toute la succession reviendrait à Gilles de Maumont, son fils; ce qui arriva, n'ayant laissé qu'une fille. Il avait épousé, par contrat du 14 novembre 1469, Jeanne, bâtarde d'Alençon, fille de Jean d'Alençon. Le roi lui donna le titre de cousin par ledit contrat, et lui fit don du comté de Beaumont-le-Roger par un titre du 17 du même mois. Il n'eut que : 1° Anne, qui suit; 2° Pierre, bâtard de Saint-Quentin, lequel fut l'un des cent gentilshommes de la maison du roi. Il est l'auteur de la branche dite de Beauregard, rapportée § IX.

XIV. — Anne de Maumont, comtesse de Beaumont-le-Roger, épousa : 1° Béraud Stuart, Sgr d'Aubigné en Berry, duc de Terreneuve, marquis de Livau et d'Esquiletagge, dans ses terres de Sicile. Elle épousa : 2°, en 1510, Aubert des Ages, fils de Bertrand des Ages, Sgr de Maumont et de Magnac et de Renée des Ages, porta ces deux terres en mariage à François de La Rochefoucaud, Sgr d'Orlu, chevalier des ordres du roi, par contrat du 20 mai 1607. Anne de Maumont eut de son premier mari, Béraud Stuart, Anne

Stuart, mariée à Robert Stuart, son cousin, maréchal de France en 1515, chevalier de l'ordre du roi, capitaine de cent gardes écossais, second fils de Jean Stuart, comte de Lennox, et d'Elisabeth de Montgommery, mort sans postérité, en 1543.

§ VI. — *Seigneurs de Maumont et de Laterie.*

V *bis.* — Jean de Maumont et de Laterie, second fils de Hugues de Maumont (§ I, degré IVe), est rappelé avec Geoffroi, son fils aîné, dans un don que ce dernier fit à l'abbaye de Peyrousse en 1295. Il eut de sa femme, nommée Ade : 1° Geoffroi, qui suit ; 2° Geraud de Maumont, nommé avec Guillaume de Maumont, archidiacre de Limoges, son oncle, dans un acte de 1247.

VI. — Geoffroi, Sgr de Maumont, de Laterie, chevalier, nommé fils de Jean dans l'acte de donation faite à l'abbaye de Peyrousse, consentit la même année, 1295, à une vente faite à Hugues de Cromières, chevalier de la paroisse de Cussac, et eut entre autres enfants : 1° Elie, qui suit ; 2° Jourdain de Maumont, prieur de Chabannais en 1267. Donation de la terre de la Jourdanie, par Jourdain de Maumont, à Aymery de La Noaille (entre les années 1209 et 1546, aux archives de Pau. Registre E, 607); 3° Pierre de Maumont, chanoine de Limoges en 1287.

VII (T. III, p. 209). — Elie, Sgr de Maumont et de Laterie, est dit seigneur foncier d'une rente, paroisse de Cussac, conjointement avec Pierre Autier, chevalier, dans l'acte de vente du domaine sur lequel elle était assujettie. Cette vente fut faite par Aymery d'Alban, chevalier, en 1277. On a lieu de croire qu'il avait épousé la sœur de Pierre Authier ; il laissa pour fils : 1° Jourdain, qui suit ; 2° Gérard de Maumont, abbé de Brantôme, en 1301, qui portait pour armes : *d'azur à la croix alézée d'or;* 3° Gérard de Maumont, qui portait les mêmes armes, mentionné dans un acte de 1316; 4° Augier de Maumont, Sgr de Montcheuil, qualifié damoiseau, marié à Marie, fille de Geoffroi d'Albegnac, dont il reçut dot en 1301. Il reçut l'hommage des fiefs d'Entraigues et de La Motte en 1305. Sa postérité s'est éteinte dans son arrière-petit-fils, Geoffroi de Maumont, Sgr de Montcheuil, qui n'a laissé d'Emerie de La Vergne, son épouse, que Guillemette de Maumont, qu'on croit avoir été mariée, en 1417, avec Emeric de La Vergne, dont vint Peyronne de La Vergne, qui porta la seigneurie de Montcheuil, en mariage, à Adhémard Roux, écuyer, d'où sont descendus les seigneurs de Luçon-Moncheuil, de Champagnac, etc.; 5° Perronnelle de Maumont, mariée, par contrat, avant 1316, avec Gérard de Bruzac, écuyer, Sgr d'Abjac. Jourdain, son frère, consentit à payer sa dot, et, par un acte de 1320, Gui Flamenc, chevalier d'Abjac, attesta que partie de cette même dot était due par Jourdain de Maumont.

VIII (T. III, p. 209). — Jourdain, Sgr de Maumont, de Laterie, de Malsec, de Vignéras de Dournazac et d'un fief à Montbrun, nommé fils d'Elie de Maumont dans une obligation passée en faveur d'Emerie de La Beytour, damoiseau. Acte de partage entre Agnon de Maraval, chevalier, d'une part, et Jourdain de Maumont et Valerie, sa femme, d'autre part, le samedi avant la Saint-Georges, 1284 (*Hist. de la maison de Rochechouart*, p. 286). Il a le titre de chevalier dans une donation qu'il fit à Pierre de Calus, clerc de

Montbrun, en 1316, ainsi que dans l'hommage qu'il rendit pour La Vignerie (Vigneras) de Dournazac, Maumont et un fief à Montbrun, à Gui Brun, S^{gr} de Montbrun, la veille de la fête de Saint-Michel, en 1327. Il avait épousé, en 1294, Valerie, fille d'Arnaud Roux, chevalier, dont il eut : 1º Elie, qui suit ; 2º Jean de Maumont, abbé de Pérousse en 1358.

IX (T. III, p. 210). — Elie de Maumont, deuxième du nom, nommé fils de Jourdain dans une donation de 1336, que lui fit dame Marie de Rovéranches, rendit hommage pour la seigneurie de Maumont, Vignerie (ou Vigneras) de Dournazac et le fief de Montbrun. Il était aussi seigneur de Connezac. Il avait épousé Comtor, fille d'Aimery Brun, S^{gr} de Champnier-aux-Boux en Périgord, et sœur de Philippe; il en eut : 1º Jean, qui suit; 2º Montaut de Maumont, homme d'armes de la compagnie de François de Naples, en 1388.

X. — Jean, deuxième du nom, S^{gr} de Maumont, de Laterie, Connezac, La Vignerie (ou Vigneras) de Dournazac, passa, le 7 mai 1389, un concordat pour les droits de Comtor de Brun, sa mère, avec Philippe Brun, S^{gr} de Champniers, son oncle (1). Il épousa Bertrande, fille de Pierre du Chadeau (Cazaly), damoiseau, et de Marguerite de Tranchelion, laquelle rendit hommage, le 5 février 1417, pour la seigneurie du Chadeau, à Jean de Montbrun. De ce mariage vinrent : 1º Pierre, qui suit; 2º Jean de Maumont, prieur de Limeuil, 3º Charles de Maumont, abbé d'Uzerche ; 4º Aymard de Maumont, bachelier en droit; 5º Agnès de Maumont, mariée à Thibaud de Conan, écuyer, capitaine de la ville de Nontron, laquelle lui porta la terre de Connezac. Elle était veuve lorsqu'elle testa, le 5 septembre 1467 (*Nobil.*, I, 487); 6º Louise de Maumont, mariée à N..... d'Escudier, S^{gr} du bourg de Charras (Charente).

XI. — Pierre, S^{gr} de Maumont, de Laterie, du Chadeau et autres lieux, homme d'armes de la compagnie de Gilbert de Chabannes en 1447, rendit hommage, la même année, de ses terres de Maumont, de Laterie et du Chadeau ; il en rendit un autre, en 1473, pour le fief de La Vie qu'il possédait, par Bertrande de Chadeau, sa mère, à Pierre de Montbrun, S^{gr} de Montbrun; en fit un autre, le 6 janvier 1461, à Jean de Lambertie, damoiseau, S^{gr} de Lambertie, de Nouherre et d'Eschallat, pour des rentes en la paroisse de Dournazac ; il reçut quittance de la dot d'Agnès, sa sœur, femme de Thibault de Conan. Il épousa, par contrat de 1435, Catherine Joubert, fille du seigneur de La Bastide, dont il eut : 1º Jean, qui suit; 2º Elie de Maumont, doyen de Limoges, en 1463; 3º Robert de Maumont, qui ratifia le contrat de mariage de Jean, son frère aîné, le 11 février 1465; 4º Anne de Maumont, abbesse de Bonne-Saigne, en 1470, et de La Règle en 1471.

XII. — Jean, troisième du nom, S^{gr} de Maumont, de Laterie, du Chadeau, de Milhaguet ou de l'Aubanie, servit en qualité d'homme d'armes dans la compagnie de M. de Grammont. Il reçut une donation de Pierre, fils de feu Pierre de La Bastide et de N..... d'Arragon, son cousin ; il consentit à une vente de différentes rentes et domaines, le 20 septembre 1497, en faveur de Jean de Lambertie, S^{gr} de La Nouherre et d'Echallat, fils de Jean. Il

---

(1) Des titres de diverses rentes sur la paroisse de Milhaguet, et un partage de 1390 entre Philippe Brun, S^{gr} de Champniers, et Jean de Maumont, sont indiqués dans les *Notes hist. sur le Nontronais*, p. 118.

épousa : 1°, le 28 septembre 1456, en présence de Gautier de Péruze, Jean de Lambertie, MM. de Linards et de Montbrun, sa parente Agnès, fille de Jean de Quintinie, S^{gr} du Mazeau, et de feue Marguerite de La Jaumont, assistée de Jean de La Quintinie, son frère, Louis de Louradour, Simon Texier, Jacques de La Jaumont et Pierre Robert, ses parents. Il épousa : 2°, par contrat du 2 février 1465, en présence de Robert de Maumont, son frère, de Louis de Laurent, S^{gr} de La Laurencie, d'Antoine de Fontlebon, etc., Elise, fille d'Antoine du Mosnard, S^{gr} de Plas. Il ne paraît pas qu'il ait eu d'enfants de sa première femme ; de la seconde vinrent : 1° Aymard, mort sans postérité de Jacquette, fille de noble Gabriel de Sandalesse, damoiseau, qu'il avait épousée le 6 février 1515 ; 2° Pierre, qui suit ; 3° Jean de Maumont, curé de Milhaguet ; 4° Marguerite de Maumont, mariée à Louis du Roc, S^{gr} de Bossey ; 5° Isabelle de Maumont, femme du seigneur de La Gueritte.

XIII. — **Pierre,** troisième du nom, S^{gr} de Maumont, du Chadeau, de Milhaguet, d'Arbrousse ou Brosse, de l'Aubanie, servait dans la compagnie d'ordonnance d'Antoine de Bonneval, en 1490, et dans celle de M. d'Angoulême, en 1493. Il rendit hommage à Alain d'Albret, comme seigneur de Maumont et de Châlus-Chabrol, pour les seigneuries de Moulin et de La Salle, le 9 juillet 1500. Il en rendit un autre, le 14 décembre 1502, pour la seigneurie de Maumont, à Jean, baron de Montbrun, S^{gr} de Cramaud et de Saint-Jal. Transigea, conjointement avec Aymard et Jean, ses frères, pour les droits qu'Elie et Guillaume Escudier prétendaient pour la dot de Louise de Maumont, leur mère ; cette transaction est du 3 janvier 1502. Il rendit encore hommage à Alain d'Albret pour le moulin de Sales, en 1515, et souscrivit, en 1540, à un acte avec les héritiers de Jean, son frère, et Martial de Bermondet. Il avait épousé, par contrat du 25 décembre 1504, Léonne, sœur de Gui et fille de Jean de Roffignac, S^{gr} de Cousages, de Chavagnac et de Peyres, et de Jeanne de Compniac, dont il eut : 1° Geoffroi, qui suit ; 2° Annet de Maumont, bachelier ez-lois. Le 7 décembre 1535, au bourg de Saint-Pardoux-la-Rivière, pardevant Me Pourten, notaire, eut lieu une reconnaissance de rentes sur le village de Chapdau, paroisse de Milhac, en faveur de noble Annet de Maumont, écuyer, S^{gr} dudit lieu (Papiers de la famille de Conan, déposés aux archives de la Dordogne) ; 3° Jean de Maumont, prêtre ; 4° Elie de Maumont ; 5° Marguerite de Maumont, mariée à Aimeric de Barbières, S^{gr} de Souneville ; elle et son mari partagèrent, le 6 juin 1546, avec Isabeau de Montfrebœuf, veuve de Geoffroi de Maumont. François de Barbières, leur fils, prenait le titre de seigneur de Laterie, en l'an 1577, avec sa femme, Christine, fille de François de Lambertie, S^{gr} de Menet, du Couraud et de Chapt, et de Jeanne de La Faye ; 6° Gabrielle de Maumont, mariée, en 1546, à Jean Bourgeois, fils de Jean Bourgeois et d'Antoinette de La Morinie. Ils transigèrent avec François de Montfrebœuf, S^{gr} de Prun, au nom d'Isabeau de Montfrebœuf, et comme tuteur de Jean de Maumont, fils de cette Isabeau de Montfrebœuf, pour la succession de Pierre et d'Annet de Maumont, père et frère de Gabrielle, et de Geoffroi de Maumont ; cette transaction est de la même année 1546. La seigneurie de Laubanie, paroisse de Champagnac, échut à Gabrielle de Maumont, ainsi que les villages du Bost et du Mas, l'hommage réservé à Isabeau de Montfrebœuf, au nom de son fils.

XIV. — Geoffroi de Maumont, deuxième du nom, S^{gr} de Maumont, du Chadeau, de Milhaguet, servit en qualité d'homme d'armes dans la compagnie d'ordonnance de M. de La Vauguyon. (Il était témoin, à Marval, le 22 avril 1534, dans un acte de foi et hommage rendu à Claude de Rochechouart, pour le fief de Mortemart que possédait, dans cette paroisse, François de La Morinie. (Original en parchemin, aux archives de la Haute-Vienne). Il épousa, le 10 juin 1539, Isabeau ou Isabelle de Montfrebœuf, fille de Jean de Montfrebœuf, S^{gr} de Prun, et de Marguerite de Trion. Après la mort de son mari, elle rendit hommage, le 30 octobre 1548, au nom de son fils aîné, de la seigneurie de l'Aubanie, à Jean de Bermondet, S^{gr} d'Oradour, et avait transigé comme on l'a dit plus haut, le 5 juin 1546, comme tutrice de ses enfants, avec François de Montfrebœuf, son frère, et avec Almery de Barbières, mari de Marguerite de Maumont, sa belle-sœur. Ses enfants furent : 1° Jean, qui suit; 2° Annet de Maumont, S^{gr} de La Ligue et de La Gobert, qui servit, en 1569, dans la compagnie d'ordonnance de M. de Longueville; il avait épousé N..... de Jabaud ; on ignore s'ils eurent des enfants; 3° Isabeau de Maumont, mariée à Guinot Alleyrand ; 4° Madeleine de Maumont, femme de Jacques La Bussière.

XV. — Jean, quatrième du nom, S^{gr} de Maumont, de Laterie, de Champagnac, du Chadeau, de l'Artimache et de Milhaguet, chevalier de l'ordre du roi, capitaine de cinquante hommes d'armes des ordonnances de Sa Majesté. Il rendit hommage du fief du Chadeau, à François d'Estuart, S^{gr} de Saint-Megrin, baron de Montbrun, le 17 janvier 1562. Le 31 octobre 1570, au bourg de Saint-Pardoux, pardevant Fourichon, notaire, fut passée une baillette d'une terre à Lamidet, pour planter une vigne, par noble Jean de Maumont, S^{gr} du lieu de Chapdau, de Milhaguet, et son repaire noble du village de Lamidet alias du Chapdau, paroisse de Milhac, juridiction de Puyguilhem, et habitant au lieu noble du Chapdau, en la juridiction de Montbrun (Papiers de la famille de Conan, aux archives de la Dordogne). Il rendit hommage au seigneur de Champnier, de la seigneurie de Melleret, et un autre au seigneur-vicomte de Rochechouart, pour celle d'Esturzac; il fut honoré de la confiance du roi Henri IV, qui lui adressa plusieurs lettres, entre autres une datée du 15 mai 1589, par laquelle Sa Majesté fait le plus grand éloge de ses services, et veut se rendre médiateur entre lui et le duc d'Épernon, pour un différend qu'ils eurent ensemble. Ce prince lui manda aussi d'employer sa compagnie pour son service près le sieur d'Aubeterre ou le maréchal de Matignon, d'après ce qui lui sera mandé de sa part. L'inscription de la lettre est à Mons de Maumont, chevalier de mon ordre, de cinquante hommes de mes ordonnances. Il testa le 18 avril 1601, et, dans ce testament, il nomme tous ses enfants. Il épousa : 1°, le 14 décembre 1563, Marie, fille de François de Lambertie, S^{gr} de Menet, de Chapt et du Couraud, et de Jeanne de La Faye. Il épousa : 2°, le 30 août 1573, Jacquette, fille de feu Elie de La Porte, S^{gr} du Puy-Saint-Astier, etc., etc. Il épousa : 3°, par contrat du 7 novembre 1577, Renée, fille de Jean de Leyrisse, S^{gr} de La Motte et de Bonaventure de Saint-Fiel. Cette dernière était sœur de Jacques de Saint-Fiel, chevalier de l'ordre du roi. Du premier lit vinrent : 1° François de Maumont, chevalier de Malte, dont les preuves furent faites, le 1er juin 1582, par Claude de l'Hermite du Soulier, commandeur du Masdieu, et Guillaume de Neuville, commandeur de Morterolles, et jurées par François de Lambertie, prévost-seigneur de Saint-Raphaël, et en partie de Menet, François de Coustin, Ser du Mas-Nadaud et de Villemenau, chevalier de l'ordre du roi, Jean de La Guyonnie (paroisse de Cussac), gentilhomme de la maison du roi, Jean du Mas-Nadaud, Ser du Mas (paroisse de Payzac) et du Chalard, et Rolland de Saint-Fiel, Ser de Saint-Cyr, lesquels témoignèrent sur l'ancienne et illustre naissance des maisons de Maumont, de Lambertie, de Montfrebœuf, de Lafaye, de Tric, de Roffignac, de Maumont, de la branche dite des barons de Maumont, en Bas-Limousin. Ces preuves furent admises, le 1er juin 1584, au chapitre de Lyon, où présidait Marc de La Goutte, grand bailly de Lyon, et Antoine de Villars, maréchal de l'ordre de Malte. Du second lit vint : 2° Bertrand de Maumont qui transigea, le 7 juin 1602, avec René, fils de cette Renée de Leyrisse. En 1620, il fut fait devant Pourten, notaire, un acte de reconnaissance de rentes par tous les habitants du village de Chapdau, autrement Lamidet, en faveur de noble Bertrand de Maumont (fils de Jean de Maumont), écuyer, Ser dudit lieu, habitant au château de Maumont, paroisse de Dournazac. (Papiers de la famille de Conan, aux archives de la Dordogne.) Du troisième lit vinrent : 3° Bertrand de Maumont, mort sans postérité; 4° Jean, qui suit; 5° François de Maumont, Ser de Montecaille et de Saint-Martial; il n'eut pas de postérité de Marie de Boisse, qui était veuve en 1644 ; 6° Barbe de Maumont, mariée à Pierre des Pousses, Ser de La Chapelle, laquelle était veuve en 1618; 7° Jeanne de Maumont, femme de Jean Combrouse; 8° Christine de Maumont; 9° Diane de Maumont, mariée à Jacques Adhémar, Ser de La Courtaudie.

XVI. — Jean, cinquième du nom, Ser de Maumont, Laterie, le Chadeau, La Vie, capitaine de cent hommes au régiment de Lambertie, par commission du 6 février 1632. Il rendit hommage à Gabriel, comte de Lambertie, maître de camp de vingt enseignes en 1646. Il transigea, ainsi que son épouse, avec leurs deux enfants, et, par cette transaction, ils disposèrent de la plus grande partie de leurs biens en faveur de leur fils aîné. Il avait épousé, par contrat du 24 février 1618, précédé de la dispense obtenue de Rome en 1617, Henriette de Lambertie, fille de Jean de Lambertie, Ser de Marval, de Prun, de l'Épinassie, des Roberts et de Milhaguet, capitaine-commandant de deux cents hommes d'infanterie, et de Marguerite de Montfrebœuf, dont : 1° Jean, qui suit ; 2° Gabriel, auteur de la branche du Chadeau et de Puyreau, rapportée au § VII.

XVII. — Jean, sixième du nom, Ser de Maumont, de Laterie et de La Vie, capitaine de cent hommes au régiment de Lambertie, par commission du 21 août 1645, rendit hommage le 29 novembre 1651, pour les seigneuries de Maumont et du Chadeau, à Gabriel, comte de Lambertie, baron de Montbrun, commandant pour le roi, à Nancy, maréchal de ses camps et armées et chevalier de son ordre. Il testa en faveur de son fils aîné, et fit des legs à ses autres enfants, nommés dans son testament, le 22 décembre 1658. Il avait épousé : 1°, par contrat du 6 janvier 1634, Catherine, fille de François Descubes, Ser du Breuil, et de Louise Guillot. Il épousa : 2°, le 12 février 1643, Marguerite, fille de Jean du Garraud, Ser de La Bussière et de Puy-Robert, et de Françoise Chouly-Permangle. Du premier lit vint : 1° François, qui suit ; du second lit naquirent : 2° Gabriel de Maumont ; 3° Jean de Maumont ; 4° Françoise de Maumont, femme : 1° de Jean de

Lamounerie, et 2° de Guillaume de La Brousse, S^gr de Leyssart; 5° autre Françoise de Maumont; 6° autre Françoise de Maumont, femme, en 1681, de Jacques de Combrouse, S^gr du Brouilhet ; 7° Jeanne de Maumont; 8° Suzanne de Maumont.

XVIII. — François, S^gr de Maumont, de Laterie, de Lamidet, de La Vie, de Balangeas. Il épousa : 1°, par contrat du 5 janvier 1663, Suzanne, fille de Louis Eyquen, S^gr de La Bussière, et de Marguerite de Labrousse. Elle était veuve d'Yrieix du Garreau. Ce mariage se fit avec le consentement de Jean de Maumont, son aïeul; de Gabriel de Maumont, S^gr du Chadeau, son oncle ; de Léonard et de Jean de Lambertie, S^grs de Prun, de l'Epinassie et du Bouchet. Il épousa : 2°, par contrat du 14 février 1665, Marie, fille de François, comte de Lambertie, baron de Montbrun, S^gr de Mialet, Pansol, La Robinière, La Tranchade, Marilhac, Lambertie, et d'Emerie de Nesmond. Il eut du premier lit : 1° Marie de Maumont, qui se maria; mais on ignore si elle a eu de postérité. Du second lit vinrent : 2° Emerie de Maumont, mariée, en 1693, à Joseph, fils de Melchior de Maumont, baron de Saint-Vitte, et de Marie Jouhaud. Elle mourut sans postérité; 3° N..... de Maumont, religieuse ; 4° Jeanne, qui suit.

XIX. — Jeanne, dame de Maumont, de Laterie, de La Midette, de Balangeas, et de la baronnie de Montbrun, comme héritière en partie de Marie, née comtesse de Lambertie, marquise de Choiseuil, sa nièce, morte sans postérité. Elle épousa Jean, fils de Claude de Campniac, S^gr de Romain, et de Gabrielle Mousnier de Plannau, dont : 1° N..... de Campniac, qui n'a eu que deux filles. Marie de Campniac, l'aînée, porta en mariage les seigneuries de Maumont, de Laterie, et la baronnie de Montbrun à Alexis, marquis de Connan, S^gr de Gonnezac, son mari (qui les possède actuellement, dit l'auteur de la généalogie citée); 2° N..... de Campniac, mariée le 24 décembre 1713, à Nicolas Roux, S^gr de Vagneras et de Pombau.

§ VII. — *Seigneurs du Chadeau et du Puyreau.*

XVII bis. — Gabriel de Maumont, S^gr du Chadeau, capitaine au régiment de Périgord, second fils de Jean, cinquième du nom, et de Henriette de Lambertie (§ VI, degré XVIe), produisit ses titres lors de la vérification de la noblesse, et y fut maintenu, le 6 décembre 1666, par sentence de M. d'Aguesseau, après avoir justifié sa filiation par titres originaux, sans interruption, depuis l'an 1327, descendant en ligne directe de noble Jourdain de Maumont, chevalier. Il fut reçu enseigne dans le régiment de Périgord, compagnie de Cavaroque, le 17 novembre 1634. Il épousa, par contrat du 26 avril 1656, Marguerite, fille de Michel Thomas, S^gr de Puyreau et de Jeanne Capiteau, dont : 1° Léonard, qui suit; 2° François de Maumont, dont la postérité serait éteinte après celle de son frère aîné, rapporté § VIII.

XVIII. — Léonard de Maumont, S^gr de Puyreau, capitaine au régiment de Picardie. Il épousa, par contrat du 26 octobre 1694, Anne, fille d'Eusèbe de Masvallier, S^gr de La Valade, et de Catherine de Lubersac, dont une fille unique, qui suit.

XIX. — Françoise de Maumont, dame du Puyreau. Elle épousa Louis, fils de Jacques de La Croix, S^gr de Lammari et du Lieutaud, et de Philippe Jourdain, lequel est représenté par MM. de La Croix, et Jean-François de

Lambertie, chevalier, Ser de Lammary, qui a épousé la petite-fille de François de Maumont.

§ VIII. — *Seigneurs des Places et de Marsac.*

XVIII *bis*. — François de Maumont, Ser de Marsac et des Places, fils puîné de Gabriel et de Marguerite Thomas (§ VII, degré XVIIe), servit sept ans dans la compagnie des cadets gentilshommes résidant à Tournay, fut lieutenant au régiment de Picardie en 1688, capitaine en 1690; servit sous les ordres du maréchal Camily, à Angoulême, sous ceux du maréchal Montrevel, à Libourne, en 1719. Il épousa, le 19 avril 1728, Suzanne, fille d'Arnaud du Lau, Ser de Saint-Julien et du Chambon, et de Thérèse de l'Age. Dont : 1° François, qui suit ; 2° N..... de Maumont, officier d'infanterie ; 3° N..... de Maumont, officier d'infanterie ; 4° et 5° deux filles.

XIX. — François de Maumont, deuxième du nom, Ser de Marsac et de Grandilles. Il épousa, le 27 décembre 1750, Marguerite, fille de François de La Croix, Ser de La Chaize, et de Marie de Lambertie. A ce contrat de mariage ont assisté Jean, François et Pierre, comte de Lambertie, Ser de Menet et de La Fenêtre, de Roussines, de Pery, et Pierre, marquis de Lambertie, Ser de Marval, et autres parents, dont Léon, lieutenant des grenadiers au régiment de Poitou.

§ IX. — *Seigneurs de Beauregard et de Saint-Quentin.*

XIV *bis*. — Pierre de Maumont Saint-Quentin, Ser de Beauregard, fils naturel de Gui de Maumont, Ser de Saint-Quentin, comte de Beaumont-le-Roger, et de Robinette de La Mothe (§ V, degré XIIIe), fut un des cent gentilshommes de la maison du roi, en 1495, et obtint des lettres de légitimation en 1498. Il avait épousé Anne du Breuil, fille du seigneur de Bérardière. On croit que sa postérité est éteinte au cinquième degré dans les enfants d'Abraham de Maumont, Ser de La Roche Saint-Firmin, mort avant l'an 1668, qui avait épousé Marie de Bisieux, dont il eut Jean, Marie et Anne, qui furent sous la tutelle de leur mère. Du moins, on ignore si cette branche existe.

§ X. — *Seigneurs d'Aragon, barons du Chalard.*

XIV *bis*. — Charles de Maumont, troisième fils de Gilles et de Marguerite de Bras-de-Fer (§ II, degré XIIIe), Ser d'Aragon, de Saint-Vitte en partie, partagea avec Louis, son frère aîné, le 13 mai 1528. Ils convinrent que leurs biens resteraient en communauté ; laquelle fut dissoute par la mort de Louise et rétablie par acte du 24 août 1530, pour Charles, fils de Louis, avec ledit Charles, son oncle, ce qui devint dans la suite un sujet de grands procès avec leurs successeurs. Charles de Maumont, Ser d'Aragon, est mentionné, avec ses frères et sœurs, dans l'acte passé entre Marguerite de Bras-de-Fer, veuve de Gilles de Maumont, leurs père et mère, et Souveraine et Isabelle, filles d'Alexandre de Maumont et de Philippie d'Aubusson, sœurs de Gilles et tantes du seigneur d'Aragon, lequel acte est de 1480. Il est encore nommé dans un autre du 16 janvier 1483 entre Marguerite de Bras-de-Fer, sa mère, et Antoine, S^gr de Maumont, son oncle et curateur. Il consentit avec autre Charles de Maumont, curé de Saint-Méard, une obligation, le 11 novembre 1510, en faveur de Gilles Coustin, S^gr du Chassaing, et reçut avec Louis, son frère, un hommage qui leur fut rendu le 12 février 1514. Dans son testament du 11 octobre 1531, il est dit marié avec Jeanne de La Croix, et il y nomme, comme tuteur de ses enfants, Charles de Maumont, son neveu, et pour exécuteur testamentaire Agnet de Coustin, S^gr du Chassaing. Il eut de son mariage : 1° André, qui suit ; 2° Charles, auteur de la branche de Pontfeuille, rapportée § XI; 3° Louise de Maumont, mentionnée dans le testament de son père, et mariée à Melchior d'Eschizadour ; 4° Françoise de Maumont; 5° Marguerite de Maumont, nommée avec ses frères et sœurs dans le testament de leur père.

XV. — André de Maumont, S^gr de Beaux et de Lavialle, partagea avec son frère, le 21 octobre 1555; servait en qualité d'homme d'armes en 1554. Il épousa Anne de La Tour, dont il eut : 1° Pierre de Maumont, homme d'armes dans la compagnie du vicomte de Turenne en 1577; il plaida, conjointement avec Jean et autre Jean de Maumont, ses cousins germains, en 1605, contre Jacques, S^gr de Saint-Vitte, pour le partage des biens de leur maison. Il épousa, en 1574, Jeanne de Bertier, n'en eut pas de postérité ; 2° François, qui suit ; 3° Judith de Maumont, nommée avec Pierre et François, ses frères, dans les procédures contre les seigneurs de Saint-Vitte.

XVI. — François de Maumont, S^gr de Saint-Maurice. Il épousa, en 1588, Léonarde de Lambertie, dont il eut : 1° Daniel de Maumont, S^gr de Guichard, mort sans alliance ; 2° Maureille de Maumont ; 3° Jeanne de Maumont, mariée à Hugues de Bonnetie.

§ XI. — *Seigneurs de Pontfeuille, barons du Chalard.*

XV bis. — Charles de Maumont, S^gr de Pontfeuille, fils d'autre Charles et de Jeanne de La Croix (§ X, degré XIVe), nommé dans le testament de son père de 1531, partagea avec André, S^gr de Beaux, son frère aîné, le 21 octobre 1555, passa un acte avec Gabriel de Trompoudon, S^gr du Repaire, en 1564. Il donna quittance de la dot de sa femme à Fiacre de La Tour, son beau-père, le 16 novembre 1554; il institua Jean, son fils aîné, pour son héritier, par son testament du 9 septembre 1571. Il avait épousé, le 13 avril 1553, Catherine, fille de Fiacre de La Tour, S^gr de Neufvillars. Etant devenue veuve, elle passa un contrat d'acquisition, en 1575, avec Martin de Tonnerre, et un contrat de vente de concert avec Jean, son fils aîné, en 1577. De ce mariage naquirent : 1° Jean de Maumont, enseigne de cent hommes d'armes des ordonnances du roi, qui se distingua à plusieurs sièges et batailles. Il épousa, sans en avoir d'enfants, une fille de Jean d'Eschizadour, S^gr de Beth en 1595. Il acquit la seigneurie de La Valade d'Hugues d'Eschizadour. Il fut présent, en 1601, au mariage de Jean, son frère, avec Jeanne de Coustin, et à celui de Jean de Maumont, S^gr de La Ribeyrie, son neveu, avec Suzanne Hugon, en 1623 ; par son testament du 24 juin 1624, il institua pour son héritier Jean, son neveu, fils de Jean de Maumont, S^gr de La Forêt, et fit un legs à Pierre d'Eschizadour; 2° Jean, qui suit; 3° Pierre de Maumont, marié avec N.... Josselin, laquelle était veuve en

1600; il en eut Jeanne de Maumont, qui eut le fief de l'Egonterie qu'elle porta en mariage à Pierre Hugon, lequel donna une quittance à Jean de Maumont, S^{gr} de La Forêt, en 1601 ; 4° Jean de Maumont, prévôt d'Eymoutiers; 5° Jeanne de Maumont, femme, par contrat du 20 août 1576, de Jean, fils d'Antoine de Pajet ; à ce contrat de mariage assistèrent Pierre de La Tour, S^{gr} de Neuvillars, son oncle, Jean de Chabannes et Jeanne d'Anglure, dame de Bonneval, laquelle fit une donation à Jeanne de Maumont; 6° Judith de Maumont, qui donna procuration, conjointement avec Suzanne, sa sœur, veuve d'Hugues d'Eschizadour, S^{gr} de La Valade, pour recevoir ce que pouvait leur redevoir Jean et autre Jean de Maumont, leurs frères; cet acte est du 4 janvier 1600; 7° Suzanne de Maumont, mariée : 1°, le 6 juillet 1599, à Hugues d'Eschizadour, S^{gr} de La Valade, et 2° à Gabriel Josselin, S^{gr} de l'Ort. Elle plaidait, en 1619, avec Jeanne de Coustin, veuve de Jean de Maumont, son frère. Charles de Maumont eut un fils de Guinotte de La Fond, nommé Jacques, qu'il fit naturaliser ; lequel épousa, par contrat du 15 février 1573, avec les qualités d'écuyer, S^{gr} du Siége, paroisse de Saint-Vitte, Isabeau de Chevreuse. A ce contrat de mariage assistaient André de Maumont, Jean de La Tour, S^{gr} de Neuvillars. Jacques étant mort sans enfants, il y eut, en 1579, transaction sur procès, à l'occasion de sa succession. Jean de Maumont, S^{gr} de Pontfeuille, prétendait qu'elle lui appartenait par la donation que lui en avait faite le roi.

XVI. — Jean de Maumont, deuxième du nom, S^{gr} de La Forêt et de Pontfeuille, guidon d'une compagnie de cent hommes d'armes des ordonnances du roi, en 1591, se distingua avec Jean, son frère, à Montségur, Coutras, Saint-Yrieix, Bellac et Castillon, ce qui est prouvé par un arrêt rendu en faveur de lui et de son frère, le 5 novembre 1599, qui dit qu'ils se trouvèrent aussi à la prise de la ville de Tulle, en 1585, qu'ils s'emparèrent du fort de Charière, qu'ils furent établis chefs pour commander les villes de Limoges, Saint-Léonard et autres, dans le temps des troubles. Ce qui est confirmé par les attestations du maréchal de Bouillon, du duc de Ventadour et autres. Le même arrêt les maintint dans les droits de leur ancienne et illustre naissance, laquelle fut attestée, ainsi que leurs services, par un certificat du baron de Pierrebuffierre, du vicomte de Combord et de plusieurs autres, en date du 21 juillet 1595 ; vérité qui fut confirmée par sentence du présidial de Limoges, du 24 juillet de la même année, qui condamne à l'amende et aux dépens Jacques de Maumont, S^{gr} de Saint-Vitte, qui leur avait intenté un procès, que lui-même reconnut injuste par acte passé le 7 mai 1600. Jean de Maumont, deuxième du nom, épousa, par contrat du 17 septembre 1601, Isabeau, fille de Jean de Royère, S^{gr} de Mouneis..., et d'Antoinette l'Armandie. Il testa le 10 août 1636, institua son fils aîné son héritier et fit des legs à ses autres enfants : 1° Jean, qui suit ; 2° Jean de Maumont, auteur de la branche de Briansolle, rapportée § XII ; 3° Léonard de Maumont, prêtre, qui fut chargé d'une procuration de ses frères en 1663 ; 4° Suzanne de Maumont.

XVII. — Jean de Maumont, troisième du nom, S^{gr} de Pontfeuille, de Briansolle et du Chalard, acquit, le 17 novembre 1625, le droit de chauffage dans la forêt de La Croisille de Marguerite de Pierrebuffierre, veuve de Charles, marquis de Pierrebuffierre et de Châteauneuf; il acheta aussi la seigneurie du Chalard, en 1664, de Jean de La Regondie, laquelle avait appartenu, en 1581, à Gabriel de Caumont, comte et seigneur de Causurre (?) Il épousa : 1°, le 8 août 1623, Suzanne, veuve de Philippe Hugon, Sgr de La Gardelle; 2° Judith de La Regondie, lesquels firent un testament mutuel le 23 janvier 1642; 3° par contrat du 17 juin 1651, N....., dame de La Brousse, veuve de Gui de La Regondie, Sgr du Chalard, et fille de Jean, Sgr de La Brousse et de l'Alleu, et de Marguerite de La Vergne. Il n'eut point d'enfants de ses deux dernières femmes, mais de la première il eut : 1° Charles, qui suit; 2° Marie-Marthe de Maumont, femme de Guillaume Bourdicaud, Sgr de Fougolles; 3° Gabrielle de Maumont, femme de Marc-Antoine de Ville-Goulais, Sgr de Brianne.

XVIII. — Charles de Maumont, Sgr de Pontfeuille, de Bourdelas, baron du Chalard, né le 15 août 1632, tenu sur les fonts par Charles de Rochefort et Françoise-Josephe de Latour. Il épousa, par contrat du 18 octobre 1646, Jeanne-Josephe, fille de Gui de La Regondie, Sgr du Chalard, et de N..... de La Brousse, dont il eut : 1° Marc-Antoine, qui suit; 2° Judith de Maumont, mariée, le 10 février 1666, à Charles, baron de Rochefort, qui acquit de Charles de Maumont, son beau-père, la seigneurie de Pontfeuille, le 10 avril 1666. Dans cet acte, il est parlé de Léonard de Maumont, Sgr de Theraize, frère de Charles de Maumont, Sgr de Saint-Vitte.

XIX. — Marc-Antoine de Maumont, baron du Chalard, tenu sur les fonts, le 21 décembre 1664, par Antoine de Ville-Goulais et Catherine Guitard; servit depuis l'an 1689 jusqu'en 1697, au nombre des gentilshommes de la manche. Il épousa, le 3 juin 1686, Louise, fille de Simon de Poillevé, Sgr de La Planche, et de Marie Ruben, dont : 1° François de Maumont, lieutenant au régiment de Vaubecourt, dans lequel il fut tué au service du roi; 2° Antoine-Joseph-Augustin, qui suit; 3° Ignace de Maumont, chanoine d'Eymoutiers; 4° Ursule de Maumont, religieuse à Limoges en 1723; 5° Gabrielle de Maumont, religieuse à Limoges en 1725.

XX. — Antoine-Joseph-Augustin de Maumont, baron du Chalard, épousa, le 29 juin 1725, Silvie, fille de Léonard Guillon, Sgr de La Villatte, et de Marie Potière, dont Léonard, qui suit.

XXI. — Léonard de Maumont, baron du Chalard, Sgr d'Augne, de Bujaleuf, de l'Angle. Il avait acquit, le 22 décembre 1772, la seigneurie de l'Angle, paroisse de Saint-Amand, d'André, vicomte de Bonneval, maréchal-de-camp. Il épousa, le 21 septembre 1755, Marie, fille de Martial Blondeau, marquis de Laurière, lieutenant au régiment des gardes françaises, et de Marie Moulinier, dame de Beauvais, dont il eut : 1° Jean de Maumont, mort jeune; 2° Léonard de Maumont; 3° Marc-Antoine de Maumont, né le 24 mars 1764; 4° Marie-Jeanne de Maumont; 5° Marie-Elisabeth de Maumont.

§ XII. — *Seigneurs de Briansolle et de La Ribeyrie.*

XVII bis. — Jean de Maumont, troisième du nom, second fils de Jean, deuxième du nom, Sgr de Pontfeuille et de La Forêt, et d'Isabeau de Royère (§ XI, degré XVI°), est nommé dans le testament de son père le 10 août 1636. Il fit un contrat de mariage, signé Gorse, le 20 mars 1622, avec Peyronne de Corbiers, fille de Louis de Corbiers, écuyer, Sgr de Corbiers et de Saint-Martin-Sept-Pers, et de Suzanne de Saint-Marsaud du Verdier; mais ce contrat fut résilié du consentement des deux parties, le 26 avril suivant, par acte signé Montaignac (*Nobiliaire*, I, 495). Il épousa, par contrat du 26 juillet 1622, Gabrielle d'Eschizadour, fille de Germain, S^{gr} d'Eschizadour, de La Tour, de La Porcherie, de Chauveau, de La Chabassière, et de Jeanne de Coussac, dont Jean, qui suit.

XVIII. — Jean de Maumont, quatrième du nom, S^{gr} de La Ribeyrie, épousa, par contrat du 1er avril 1655, Marie de Marans. De ce mariage vinrent : 1° Jean, qui suit; 2° Gabrielle, mariée à François de La Tour, S^{gr} de Neuvillars.

XIX. — Jean de Maumont, cinquième du nom, S^{gr} de La Ribeyrie, épousa, par contrat du 18 février 1707, Hélène de La Tour, fille de Jean de La Tour, S^{gr} de Sidieux, paroisse de Neufville, et de Marie de La Regondie, dont : 1° Antoine, qui suit; 2° Françoise de Maumont, mariée à Ignace de Châteauneuf; 3° Hélène de Maumont, mariée à N..... de La Jaumard, de Bellabre (1).

XX. — Antoine de Maumont, S^{gr} de La Ribeyrie, épousa, par contrat du 10 avril 1733, Louise Germain, fille de Joseph de La Pomelie et de Marie Basset (?), dont : 1° Jean-François de Maumont, né à La Ribeyrie, le 20 octobre 1737, mort sans alliance; 2° Hélène de Maumont, baptisée le 2 septembre 1735, religieuse à Saint-Denis, près Paris; 3° Auguste-Gabriel-Antoine de Maumont, baptisé le 11 avril 1737, a épousé Marie de Bonneguise, et est mort sans laisser d'enfants; 4° Ignace de Maumont, baptisé le 21 mars 1738, tonsuré en 1749; 5° Pierre-Annet de Maumont, baptisé le 13 juin 1739; 6° Catherine de Maumont, baptisée le 17 août 1740, religieuse à Saintes; 7° François de Maumont, baptisé le 4 septembre 1741; 8° Jean-Baptiste de Maumont, baptisé le 13 novembre 1743; 9° Hélène de Maumont, baptisée le 14 novembre 1744, était veuve de N..... Foucaud en 1792; 10° Antoine-Joseph, qui suit; 11° Marie-Joséphine de Maumont, baptisée le 29 août 1748, religieuse de Sainte-Ursule à Eymoutiers; 12° Jean-Baptiste-Charles de Maumont, baptisé le 23 août 1749.

XXI. — Antoine-Joseph de Maumont, S^{gr} de La Ribeyrie, né le 23 avril 1747, fut officier au régiment d'Eu, capitaine, puis commandant au régiment du maréchal de Turenne, chevalier de Saint-Louis. Il mourut à Saint-Gilles le 23 ventose an V. Il avait épousé, en 1788, Henriette de Coux, fille du marquis de ce nom, morte en 1799. De ce mariage naquirent : 1° Antoine-Augustin, qui suit; 2° Marie-Charlotte-Françoise-Agathe de Maumont, baptisée le 21 juillet 1790; elle épousa Félix de Mallet; 3° Jean-Baptiste-Edouard de Maumont, baptisé le 2 octobre 1791; il mourut lieutenant-colonel de cavalerie et chevalier de Saint-Louis; il avait épousé Sophie de Corbier, fille du baron de Corbier, dont : A. — Alexandre de Maumont, mort sans alliance; B. — Augustin de Maumont, marié à N....; C. — Alexandrine de Maumont; D. — Irma de Maumont, mariée à N.....; 4° Marie-Hélène-Hortense de Maumont, baptisée le 17 novembre 1792. Elle épousa N..... de Corbier, S^{gr} de Pontarion.

XXII. — Antoine-Augustin de Maumont, baptisé à Saint-Gilles, le 5 août 1789, ayant pour marraine dame Marie de Corbier, marquise de Coux, sa grand'mère maternelle. Il mourut à Mas-de-Loup, commune de Dournazac,

(1) A partir de ce point, je continue cette généalogie au moyen des actes de l'état civil de Saint-Gilles et Dournazac.

à l'âge de quatre-vingt-cinq ans, le 10 février 1874. Etant veuf, il partagea ses propriétés à ses enfants le 5 janvier 1855, Hubert-Antoine-Claude eut La Ribeyrie, et Pierre-Henri eut Mas-de-Loup. Il avait épousé, à Dournazac, en 1815, Anne-Marie-Sophie de Royère, née à Versailles, le 6 février 1790, fille unique de Claude, comte de Royère, et de Louise-Henriette-Barbe-Ignace-Jean Madeliboit (?). De ce mariage naquirent : 1° Hubert-Antoine-Claude, qui suit; 2° Pierre-Henri de Maumont, qui suit après son frère ; 3° Marie de Maumont; 4° Hortense de Maumont; 5° Joséphine de Maumont, religieuse carmélite à Limoges.

XXIII. — Hubert-Antoine-Claude de Maumont. Il a épousé, en 1841, Anne de Gain. De ce mariage naquirent : 1° Augustin-Antoine de Maumont, qui épousa N....., mort sans enfants; 2° Louis de Maumont, qui, de son mariage avec N....., n'a eu qu'une fille; il a vendu la terre de Ribeyrie, le 28 septembre 1875, à MM. Léonard Lajaumont et Léonard Bénassy, 3° Marie de Maumont, qui a épousé N..... Nadaud ; 4° Marthe de Maumont a épousé, en 1868, Léon de Cavaliez; 5° Ferdinand de Maumont, volontaire au 21° régiment d'artillerie.

XXIII bis. — Pierre-Henri de Maumont a épousé, par contrat du 8 mars 1844, Henriette-Antoinette-Joséphine de Mallet de La Jorie de Gravelle. Dont : 1° Maxence de Maumont; 2° Roger de Maumont, lieutenant au 21° régiment d'artillerie ; 3° Esther de Maumont, qui a épousé, par contrat du 6 décembre 1870, Gaston de Coux; 4° Elise de Maumont, religieuse chez les sœurs de Nevers ; 5° Aymard de Maumont, né à La Ribeyrie, le 15 juin 1850.

MAUPLE (T. III, p. 218). — Le premier volume des *Registres consulaires de Limoges* nous montre François Mauple, élu conseiller répartiteur les 22 janvier 1517, 28 décembre 1523, 10 décembre 1529 et 27 décembre 1535; Pierre Mauple, élu deux fois consul, en décembre 1544 et 1550.

Messire Pierre Mauple, receveur particulier des tailles au pays du Haut-Limousin, acheta, en 1576, à Georges de Bermondet, S^{gr} du Boucheron, et à son cousin germain, Jean de Bermondet, S^{gr} de Saint-Laurent, la seconde partie de la seigneurie de Pennevayres, située paroisse de Verneuil, pour 7,000 livres. Il avait déjà acheté la première partie de cette seigneurie pour 6,500 livres, en 1575, du même Georges de Bermondet et de sa sœur Renée (*Généal. Bermondet*).

N..... de Mauplo avait épousé Paula Benoît, qui vivait en 1617 (*Généal. Lamy*).

MAURANGE. — Jean Maurangé, sieur du Grapillet, fils de feu Girard Maurangé, sieur du Parc, qui fut échevin, demeurant à Soyaux, élection d'Angoulême.

Jean-Jacques Maurangé, sieur du Parc, aussi fils dudit Girard Maurangé, qui fut échevin, demeurant audit Soyaux, élection d'Angoulême (*Rôle de modération des taxes*, 1669).

MAURE ou MORT (T. III, p. 219), en Angoumois, porte : *de sable à l'aigle eployée d'argent, becquée et membrée de gueules* (Ch. GRANDMAISON, *Dict. hérald.*).

MAUROGNE (T. III, p. 220). — Catherine Maurogne avait épousé Jean Mesnard, écuyer, S^{gr} de Laumont, maire d'Angoulême, etc. Elle mourut le 9 décembre 1733 (Registres de Saint-Martial d'Angoulême).

MAUVOISIN. — Cette famille est originaire de la Marche, où elle a possédé les terres de La Forest-Mauvoisin et Bostpeche, ainsi que la charge de sénéchal, et, en Berry, la terre de Neuvy-Pailloux.

I. — Léonard de Mauvoisin, chevalier, S^{gr} de La Forest, conseiller et maître d'hôtel du Bourbonnais, époux de Guillemette Hébert, vivait en 1476, dont : 1° François, mort jeune ; 2° Jean, qui suit ; 3° Charles, tenu sur les fonts de baptême par Charles de Bourbon, connétable de France, fut son premier écuyer et le servit en Italie, où il mourut à la bataille de Pavie ; 4° Léonard, mort en bas-âge ; 5° Madeleine.

II. — Jean de Mauvoisin, S^{gr} de La Forest, chevalier de l'ordre du roi, épousa Jeanne de Marteret, dame de Bostpeche et de Margnac, dont François, qui suit.

III. — François de Mauvoisin, S^{gr} de La Forest et de Bostpeche, sénéchal de la Marche, épousa Jacquette de Brisay, de la maison de Beaumont-Brisay, dont : 1° Gabriel, qui suit ; 2° Jean, abbé de Saint-Cyran en Brenne ; 3° François, chevalier de Malte et commandeur de Villefranche-sur-Cher ; 4° Jacques, prieur de Beugny et de Chezelles ; 5° Renée, mariée au sieur du Croc, en Auvergne ; 6° Jeanne, épouse, en premières noces du sieur des Forges et de Monestay, et, en secondes, de René de Buchepot de Cormencay.

IV. — Gabriel de Mauvoisin, sieur de La Forest, épousa, le 11 juin 1543, Anne du Plessis, sœur de Louis du Plessis, chevalier, S^{gr} de Richelieu et autres places, dont : 1° Jean, qui suit ; 2° Jacques, S^{gr} de La Forest ; 3° Charlotte ; 4° François ; 5° Renée ; 6° Gilberte.

V. — Jean, né le 5 décembre 1548, épousa Andrée Le Roy, de la maison de Saint-Florent, mourut le 14 mai 1600, dont : 1° Claude, qui suit ; 2° Jean, religieux capucin ; 3° René, grand archidiacre et chantre de l'église de Bourges ; 4° Anne, épouse de Claude de Villards, écuyer, sieur de Merolles ; 5° Jeanne, religieuses à l'abbaye de Beauvoir.

V. — Claude de Mauvoisin, S^{gr} de Bostpeche, épousa Claude Fineau, dame de Neuvy-Pailloux, dont : 1° Andrée, qui épousa Gilbert de La Maille, sieur de Fleuriel ; 2° René ; 3° Louis ; 4° Gilbert ; 5° François ; 6° Jean.

Armes : *d'azur à deux lions passants de gueules et d'hermine.* Supports : *deux licornes d'argent.* Cimier : *une tête d'ours arrachée au naturel* (THOMAS DE LA THOMASSIÈRE, édition de 1689).

DE MAY (T. III, p. 220), S^{grs} de Villemolay, de Laubépin, de Salvert, de La Vedellerie, de Marmaigne, de Termont et autres lieux en Combraille, en Bourbonnais, et dans la Marche. L'ancienneté de cette maison remonte, selon toute apparence, à Hugues de Mai, vivant en 1327 (CHABROL, p. 337). Elle a prouvé sa filiation depuis Antoine de Mai, écuyer, S^{gr} de Salvert, près Montluçon, domicilié à Evaux, en 1508. De lui sont descendus : Jean de May, S^{gr} de La Vedellerie, tué au siège de La Fère, en 1580 ; — Blaise de Mai, homme d'armes de la compagnie du maréchal de Cadenet, en 1620 (1) ;

---

(1) Il n'y a pas eu de maréchal de ce nom. Le vicomte de Cadenet, qui vivait alors, était François de Laigue, baron d'Ornaison, chevalier de l'ordre du roi, capitaine de cinquante hommes d'armes, sénéchal de Provence.

— Gaspard de May, premier capitaine de grenadiers, puis lieutenant-colonel du régiment de la Marche, chevalier de Saint-Louis, qui perdit un œil au siége de Turin en 1706 ; — Charles-Gilbert de May, l'un des aumôniers du roi en 1745, sacré évêque de Blois le 13 décembre 1753, mort en 1775 ; — Antoine de May, cornette au régiment de la reine, tué à la bataille de Guastalla, en 1734 ; — et enfin Hugues-Dominique de May de Tremont, page de la chambre du roi en 1767, capitaine au régiment de la Reine-dragons en 1781, émigré en 1791, créé chevalier de Saint-Louis à l'armée de Condé en 1796, et breveté colonel par Sa Majesté Louis XVIII, le 21 du mois de février 1816. Parmi les alliances de cette famille, on remarque les noms de l'Aubepin, des Ages, de Souslebost, de Pelin, de Chaussecourte, de Le Groing, de Lotz, de La Maisonveuve, de La Roche-Aymon, de Moreau, de Le Pestre, de La Laurencie, de La Loëre, de Bertrand, etc., etc. (*Mémorial de France*, registre 1er. — *Histoire héraldique des pairs*, T. V).

Armes : *d'azur à la fasce d'or accompagnée de trois roses d'argent, 2 en chef, 1 en pointe* (*Nobiliaire d'Auvergne*).

Cette famille, originaire du Bourbonnais, dont la branche aînée, titrée comte de May de Termont, Sgr de La Vedellerie, Termont, etc., a fourni des officiers aux armées, un évêque à Blois en 1769, et subsistait encore en 1850 dans la personne de M. Félix de May de Termont. La branche cadette, la seule dont nous nous occupons ici, vint au milieu du XVIIe siècle s'établir dans le Poitou, où elle subsiste encore.

Les renseignements qui ont servi à la rédaction de cet article consistent en une note généalogique, et des contrats de mariage authentiques qui nous ont été communiqués par la famille.

Notes isolées.

Jean de May eut de Madeleine de Vivennes ou Vivaine des Chasteliers, son épouse : 1° Philippe-Louis, qui suit ; 2° N....., qui perdit un bras à Fontenay, et mourut en 1797.

Philippe-Louis de May naquit le 8 novembre 1733, fut exempt de la maréchaussée à Poitiers, puis lieutenant d'une compagnie d'invalides ; émigré en 1791, il servit à l'armée des Princes comme chef d'escouade de la 3e compagnie noble du Poitou-infanterie ; passa à l'armée de Condé, et y était pensionné comme invalide lors de la formation du dépôt. Il avait épousé, le 24 février 1772, Catherine de Chaume, fille de N....., brigadier de la maréchaussée à Montmorillon. Il est mort sans enfants.

Louis de May de Fontafre eut de dame Madeleine Chêne, son épouse, Suzanne, mariée, le 7 mars 1791, à René Labourt, procureur en la sénéchaussée de Montmorillon.

Filiation suivie.

I. — Philibert de May, écuyer, épousa, le 20 juillet 1431, Bonne de l'Aubespin, dont :

II. — François de May, écuyer, Sgr de Villemolay et de Salvert, près Montluçon, eut de Catherine des Ages, qu'il avait épousée le 5 janvier 1469,

III. — Antoine de May, écuyer, Sgr de Villemolay, l'Aubespin et Salvert, passa un bail avec Léonard de May, écuyer, pour les dîmes de La Chaux et des Vernades, le 4 juillet 1520. Nous voyons, par le contrat de mariage de son fils Gaspard, qu'il avait été intendant de la maison de Mgr le prince de Montpensier. Marié deux fois, il épousa : 1°, le 7 juin 1508, Marguerite de Soubzlebosc, fille de Gilbert, châtelain de Rochedagoux, et de Perronelle de l'Aubespin ; et 2° Jeanne de Grandrie, qui était sa veuve en 1559, et transigeait avec les enfants de son mari du premier lit, qui étaient : 1° Gilbert, qui continua la branche aînée restée en Bourbonnais; 2° Gaspard, qui suivra; 3° Antoine, écuyer, Sgr de La Chaux ; et 4° Louis, écuyer, Sgr de Demone, vivants en 1559.

IV. — Gaspard de May, écuyer, Sgr de Romagny et de Maurray, bachelier ès-lois, conseiller du roi et lieutenant-général en la châtellenie royale de Hérisson et siéges en dépendant, épousa, le 29 décembre 1546, Gilberte de La Loire, fille de François, écuyer, Sgr de La Mothe-Villain, et d'Antoinette des Bordes, dont :

V. — Pierre de May, écuyer, Sgr de La Mothe-Villain, transige pour lui et sa mère, le 27 mars 1576, avec Jean de May, écuyer, Sgr de La Vedellerie, son cousin. Marié à demoiselle Philippe de Lagaron, il fut père de : 1° Gilbert, écuyer, Sgr de La Mothe-Villain en 1688; 2° Blaise, qui suit, et d'autres enfants dont le nom ne nous est pas connu, et qui sont seulement indiqués en bloc dans un acte de partage du 2 août 1628.

VI. — Blaise de May, écuyer, Sgr de La Grivolle, servit dans la compagnie de M. le Prince et dans celle des ordonnances du roi, commandée par le marquis de La Flocellière. Il fit les campagnes d'Italie et se distingua au siége de Cazal. Marié, le 24 janvier 1633, à Madeleine Millet, qui était sa veuve en 1665, il fut père de : 1° Louis, qui suit; 2° Gabriel, mort en 1669, âgé de vingt-quatre ans, servant dans la compagnie de Gassion, régiment de ce nom ; 3° Avoyse-Madeleine, qui épousa, le 25 septembre 1679, Pierre d'Orfeuille, chevalier, Sgr de Lussaudière ; 4° Jeanne-Marguerite, qui assista au mariage de sa sœur.

VII. — Louis de May, écuyer, Sgr de Fontafret, servit seize campagnes, tant dans le régiment de Lairé que dans celui des Fourneaux, et fut obligé, par acte du 13 novembre 1658, de renoncer à son droit d'aînesse et de préciput, parce que les dépenses qu'il s'était vu dans la nécessité de faire à la guerre, pour le service du roi, avaient altéré la succession de son père. Il fut maintenu dans sa noblesse par arrêt de la cour des aides du 26 septembre 1663, et par ordonnance de MM. Colbert du 4 mars 1665, et Barentin, du 10 décembre 1667. Le 12 août 1658, il avait épousé Catherine Millet, qui le rendit père de : 1° Jean, écuyer, Sgr de Fontafret, qui mourut en 1721, sans enfants de Marie du Quessoir, fille de Pierre, écuyer, Sgr de Villechampagne, et de Marie de Grandsaigne, qu'il avait épousée le 8 mai 1687; 2° Louis, qui suit.

VIII. — Louis de May, écuyer, Sgr de Montfrault et de Fontafret, épousa : 1°, le 12 novembre 1697, Catherine-Marie Faure, dont : Jean, qui suit; 2°, le 29 mai 1723, Jeanne Palardy, dont il n'eut point d'enfants.

IX. — Jean de May, écuyer, Sgr de Fontafret, épousa, le 12 octobre 1732, demoiselle Louise Palate, qui le rendit père de : 1° Jean-Joseph, qui suit ; 2° Suzanne-Antoinette; 3° Etienne, chevalier de Saint-Louis, ancien officier au régiment de Piémont-infanterie, fut parrain, le 17 novembre 1781, du fils aîné de son frère, épousa demoiselle Marie Masson et mourut sans postérité, le 19 janvier 1805, âgé de soixante-treize ans.

X. — Jean-Joseph de May, écuyer, Sgr de Fontafret, Mirande, chevalier de Saint-Louis, ancien major d'infanterie, capitaine de gendarmes au régiment de Vexin, fut lieutenant du roi à La Guadeloupe, se retira après trente-trois ans de service avec une pension de 1,700 livres. Il eut de Marie-Anne-Rosalie Palate, qui était restée sa veuve le 30 avril 1787 : 1° Etienne, qui suit ; 2° Anne-Rosalie, née le 10 août 1777, disparue dans les désastres de la Vendée en 1793.

XI. — Etienne de May, né le 17 décembre 1781 et mort le 28 janvier 1817, épousa, le 29 avril 1811, Julie-Delphine Pallu-Duparc, fille de Claude et de Julie Dauvilliers, dont : 1° Frédéric, qui suit ; 2° Julie-Léontine, née le 23 octobre 1816, décédée le 12 mars 1843.

XII. — Frédéric de May, né le 1er février 1812, a épousé, le 30 août 1843, Marie-Josephe-Louise-Xavière de Chièvres, fille de Pierre-Adolphe et de Thérèse-Eléonore de Coral, dont il a eu : Marie-Radegonde-Julie-Roseline, née le 13 août 1849.

Armes. Cette branche de la famille de May porte : *d'azur à une fasce d'argent chargée de deux roses de gueules accompagnées en chef d'un lambel d'argent, de 3 pendants et d'une rose de même en pointe.* La branche aînée portait : *d'azur à la fasce d'or accompagnée de 3 roses d'argent* (BEAUCHET-FILLEAU, *Dict. des anciennes familles du Poitou*).

DUMAY ou DU MAY. — Cette famille est originaire du Limousin. Elle a été anoblie avec titre d'écuyer, par lettres patentes de Louis XVIII, du 10 décembre 1814, en la personne de M. Jean-Baptiste Dumay, propriétaire, né à Limoges le 26 mars 1773, en récompense de son dévouement à la personne du roi. — M. Dumay, habitant Clermont depuis la fin du siècle dernier, est décédé, et a laissé quatre fils et quatre filles, qui habitaient tous Clermont et Riom.

Armes : *d'azur à un mai terrassé d'or, accosté à dextre d'une tige de lis d'argent, mouvant de la terrasse et à senestre d'un chien d'argent* (J.-B. BOUILLET, *Nobiliaire d'Auvergne*, II, 383).

MAYNARD DE CHAUSSENEJOUX (T. III, p. 224). — La maison de Maynard, dont le nom s'est écrit aussi Meynard, Mesnard, Mainard, Menard, est de très ancienne chevalerie. Elle a possédé les seigneuries de Chaussenéjoulx, Clairefaye, Queuille, La Boudrie, Del Py, Saint-Michel, Taillefer, Copeyre, Mézels, Mirandol, Gluges, etc. Ses membres avaient la préséance, à Turenne, dans toutes les fêtes. Ils furent également les bienfaiteurs de la cathédrale de Tulle ; leurs armes étaient sculptées à la clef de voûte de cette église. Les preuves faites en juillet 1781 et en avril 1787, devant Chérin, généalogiste des ordres du roi, par Charles-Cosme-Marie, comte de Meynard de Saint-Michel, établissent la filiation de cette famille depuis le XIIIe siècle. Le certificat de Chérin dit qu'elles ont été préparées pour les preuves de cour.

Le nom de Maynard paraît dans les listes des guerriers qui suivirent Guillaume de Normandie à la conquête de l'Angleterre, en 1066. On y fait figurer Roger, Guillaume et Robert Mainard ou Maynard.

Ces personnages furent les auteurs des diverses branches qui ont subsisté, jusqu'à nos jours, dans les comtés de Devon, Kent, Essex, etc.

La plus illustre qui existe encore avec le titre de vicomte Maynard, est en possession de la pairie depuis 1620.

Les armes primitives des Maynard anglais étaient : *d'argent à 3 mains senestres de gueules posées 2 et 1*.

Des branches ont brisé ces armes de la manière suivante : *d'argent au chevron d'azur accompagné de 3 mains senestres coupées au poignet de gueules*.

La maison de Maynard de Chaussenejoux porte : *d'azur à la main d'or* alias *d'argent* (ou bien : *de gueules à la main dextre*, alias *senestre d'argent*) qui est de *Maynard*; *écartelé de gueules à 3 bandes d'argent*, qui est de Montbarla.

Mainardus Camerarius, Maynard, chambellan du roi Etienne et *Mainardus magister filii regis*, précepteur du fils du même prince, étaient en 1155, 1158, établis au comté de Kent.

Pons Maynard, lieutenant du sénéchal de Querry, Guillaume de Baignols, vivait en 1261.

Bérenger de Maynard, chanoine de Narbonne, était, en 1320, chancelier du roi de Majorque, don Sanche d'Aragon.

I. — Jean I de Maynard, appelé aussi Etienne dans quelques actes, et qualifié messire, chevalier, S^{gr} de Chaussenéjoulx, au diocèse de Cahors, par lequel commencent les preuves devant Chérin, vivait en 1270, 1290, etc. Il avait épousé Bernarde Gimel. Elle devait être fille de Pierre de Gimel, chevalier, qui vivait en 1252 et s'était croisé en 1248. Jean de Maynard fit son testament (reçu par Léonard Lacombe et scellé par Bernard Lalanda), conjointement avec sa femme, le 1er juin *alias* 15 juin 1315, en faveur de Guillaume, son fils aîné. Leurs enfants furent : 1° Guillaume, qui suit; 2° Arnaud, qui épousa, entre 1320 et 1330, Sclarmonde, dame de Montbarla, veuve de Pons de La Garde, chevalier, et fille d'Etienne de Montbarla, chevalier, S^{gr} de Montbarla, près Lauzerte, celui-ci fils de Guilhem de Montbarla, qui, avec son frère Géraud, suivit le roi Saint-Louis à la Terre-Sainte. Noble Arnaud de Maynard portait pour armes : *de gueules à la main d'argent*. Ses descendants les écartelèrent avec celles de Montbarla, qui sont : *de gueules à 3 bandes d'argent*. Ils eurent pour fils Pons de Maynard, qui lui-même fut père de Gaillard de Maynard. Ce dernier épousa Galienne de Casoin, dont Jeanne, la dernière de cette branche. La branche de Maynard-Montbarla s'éteignit en effet en 1407 (ou 1380 selon de Courcelles), dans la maison de Pechpeyroux, par le mariage de Jeanne de Maynard de Montbarla avec noble Gaillard de Pechpeyroux. Pour conserver le souvenir de cette branche, la maison de Maynard de Chaussenejoux écartela aussi ses armes avec celles de Montbarla (1).

II. — Guillaume I Maynard ou de Maynard, chevalier, S^{gr} de Chaussenéjoulx, institué héritier universel par son père, et rappelé au testament

---

(1) M. Ogilvy, dans la généalogie qu'il a donnée de cette maison, a dû se tromper en écrivant qu'Arnaud, auteur de cette branche, était fils de Guillaume I. Nous sommes obligé de le mettre parmi les enfants de Jean I, afin de trouver la place des trois générations qui se succédèrent avant l'extinction de cette branche.

de sa fille, épousa Almodie de Cosnac, sœur du cardinal Bertrand de Cosnac et fille de Guillaume de Cosnac, Sgr dudit lieu, et d'Almodie de Maleguise de Malemort, dont : 1° Etienne, qui suit; 2° Beçtrande, qui, par acte du 4 août 1386, laissa pour son héritier universel noble Aymar de Sarrazac.

III. — Etienne I de Maynard, damoiseau, Sgr de Chaussenejoulx, épousa noble Jeanne Robert de Lignerac, fille de Jean Robert de Lignérac (archives de la famille). Il testa le 26 mai 1407, conjointement avec sa femme, en faveur de noble Guillaume, leur fils. Le testament est reçu par Olme, prêtre et notaire public en la vicomté de Turenne (BOREL D'HAUTERIVE, 1858, p. 250). Les enfants d'Etienne sont : 1° Guillaume Maynard, qui suit; 2° Raymond Maynard, doyen de Carennac, présent, en 1412, au testament de son frère, et, le 27 octobre 1409, au contrat de mariage passé à Colonges dans la vicomté de Turenne, entre Eutrope de Vassinhac, damoiseau, Sgr de Maleguise, et Sibylle de Boisvez (1); 3° Antoinette, mariée à noble Bernard de Boisvez (2); 4° Bartholomée (2).

IV. — Guillaume II Meynard, Sgr de Chaussenejoul, eut pour fils Antoine, dont l'article suivra (3). Il fit un testament (4) à Turenne, le 13 mai 1412, en présence de nobles hommes : Raymond de Cosnac; Jean de Robert et son fils Raymond; Meynard, doyen de Carennac; Jean Clauselli, prieur de Turenne; Reynal de Feydie, prieur de Menerlas, alors curé de Corrèze, habitants à Turenne; Antoine Guarau, dit de Puy-la-Mothe, archiprêtre de Molezon; Jacob de Manertol, curé de Salliac. Il désire être enseveli dans l'église de Turenne, au tombeau de ses ancêtres, selon son rang et avec les honneurs qui lui sont dus, et prend pour exécuteurs testamentaires ses parents : le seigneur de Cosnac, le doyen, son frère, et Jean Robert, son aïeul. Il fait légataire sa première femme, appelée dans ce testament *Bertranda* de *Nederco* ou de *Neverio*, donne à sa mère, Jeanne Robert, l'usufruit de tous ses biens, et institue pour son héritier universel l'enfant qui pourra naître de son mariage avec ladite Bertrande; il lui substitue, par ordre de naissance, les enfants mâles de ses sœurs, et, à leur défaut, un des fils du seigneur de Cosnac, à la condition de porter son nom et ses armes. Guillaume II se maria une seconde fois, car Antoine de Mesnard, damoiseau, est dit fils de N..... de Mesnard et d'Agnès de Lambertye, fille de Jean de Lambertye, seigneur châtelain de Lambertye, en Périgord, et de Jeanne de Vigier (5). Prisonnier des Anglais, Guillaume Meynard reçoit un passeport (1435-36) pour aller en France régler ses affaires (6).

V. (I. T. III, p. 221). — Antoine I de Maynard, damoiseau, Sgr de Chaussenejoulx, épousa, par contrat (7) du 30 décembre, *alias* 4 janvier 1444, Jeanne de Chalon, fille de noble Pierre de Chalon, qui lui constitua en dot la somme de 800 écus vieux (8). Elle portait pour armes : *de gueules à la bande d'or*. Antoine de Maynard testa le 23 novembre 1489 (9); il institua

---

(1) DE COURCELLES, *Histoire des pairs*, vol. IX.
(2) Archives de famille.
(3) BOREL-D'HAUTERIVE.
(4) Archives de famille.
(5) LA CHESNAYE-DESBOIS, art. Lambertye.
(6) CARTE, *Catalogue des rôles français*, p. 288.
(7) Reçu par Jauberthie ou Joubert, notaire.
(8) BOREL-D'HAUTERIVE. — Archives de famille.
(9) Testament reçu par ledit Jauberthie.

héritier noble Jean, son fils, qui suit. Il eut aussi une fille : noble Munde de Maynard de Chaussenège, femme de noble Jean de Roux, viguier de Campagnac. Leur fille, Clémence de Roux, épousa, par contrat du 17 juin 1504, noble Gilbert de Lauthonnye, S^{gr} de La Farge (1). Il était présent, le 20 janvier 1448, au contrat de mariage entre Guillaume de Vassinhac, damoiseau, gouverneur du château et vicomté de Turenne, son parent, avec demoiselle Marguerite Garnier (2).

VI (II). — Jean II de Maynard, S^{gr} de Chaussenejoux et de Clairefaye, assisté d'Antoine, son père, qui précède, épousa, le 2 juillet 1486, Marguerite du Vernet, fille de noble Guillaume du Vernet, S^{gr} de Beaulieu, paroisse d'Autrey, au diocèse de Clermant, et assista au mariage de Pierre, son fils, qui suit (3).

VII (III). — Pierre I de Maynard, écuyer, S^{gr} de Chauzenéjoux et de Clairefaye, fut marié, par contrat (4) du 22 février 1512, à Françoise de Souillac, sœur de noble Jean de Souillac, écuyer, S^{gr} de Montmège et d'Azerac, chevalier de l'ordre du roi et fille de Jean de Souillac, deuxième du nom, S^{gr} de Montmège et d'Azerac, et de Marguerite de Rouffignac. On sait que la maison de Souillac est l'une des plus illustres et des plus anciennes de France. Elle est une branche de la première dynastie des vicomtes de Turenne. Les enfants de Pierre de Maynard et de Françoise de Souillac furent : 1° Jean, dont l'article suit (5); 2° Guy, doyen de l'église Saint-Seurin de Bordeaux, qui fit son testament, le 26 octobre 1590, en faveur de ses neveux et nièces (5); 3° Françoise (5); 4° Marguerite, mariée à Guy Faydit de Tersac, écuyer, S^{gr} de Tersac dans la vicomté de Turenne, veuf de Jeanne de Cosnac, et fils de noble Louis Faydit de Tersac et de noble Françoise Fochier, fille de noble et puissant seigneur Antoine Fochier, chevalier, S^{gr} de Sainte-Fortunade (6).

VIII (IV). — Jean III de Maynard, S^{gr} de Chaussenéjoulx et de Clairefaye, assisté de son père, épousa, le 14 octobre 1539, par contrat reçu par Baille, notaire, noble Louise de Castel, fille de noble Antoine de Castel, S^{gr} de Rassials, près Cahors. Il transigea, le 29 septembre 1557, au nom de sa femme, en vertu de sa procuration du 25 du même mois (7) ratifiée par une autre du 29 (8). Ils eurent pour enfants : 1° Joseph, qui suit (9); 2° Guy alias Antoine de Meynard, qui épousa : 1° Jeanne de Juyé ou Juyet, ou encore Juzer, fille de noble Bernard de Juyet, écuyer, S^{gr} de Seilhac, et de Marie de Loyac ; 2° Jeanne de Parel ou Pareil. Il eut pour enfants : Martial et Jean. Martial est l'auteur des seigneurs de Muret ou Mouret, paroisse de Donzenac, qui, à la recherche de 1667, prouvèrent depuis 1448. — Jean épousa Jeanne de Calvimont, fille de Jean de Calvimont, S^{gr} de Saint-Martial, Nadaillac, baron de Casals, et de Madeleine de Montagnac. Il est l'ancêtre des seigneurs de La Queille et des comtes de Meynard-Saint-Michel,

(1) BADIER, *Supplément au Dictionnaire* de La Chesnaye-Desbois.
(2) DE COURCELLES, *Hist. des pairs*, vol. IX.
(3) BOREL-D'HAUTERIVE. — Archives de famille.
(4) BOREL-D'HAUTERIVE.
(5) BOREL-D'HAUTERIVE.
(6) LA CHESNAYE-DESBOIS et BADIER.
(7) D'AGUESSEAU. — BOREL-D'HAUTERIVE.
(8) *Nobiliaire du Limousin*.
(9) BOREL-D'HAUTERIVE.

dont les alliances sont avec les maisons de Miramont, d'Areilh de La Garenne, de Mazière du Passage, de La Futzun, de Sainte-Gemme, de Saint-Sornin, de Cugnac, d'Escaffre, etc. (1); 3° Antoine de Maynard (1); 4° Henriette (1); 5° Catherine, qui, par contrat du 17 juillet 1564 (reçu Plavault, notaire royal à Chassenejoulx), fut mariée à noble Jean de Flangeac, S^{gr} dudit lieu (2).

IX. — Joseph I de Maynard, S^{gr} de Chauzenéjoux et de Clarafaye, héritier universel de son oncle Guy, épousa, par contrat du 9 décembre 1566 *alias* 1579 (reçu Vedrenne, notaire royal à Sainte-Aulaire, Marie de Beaupoil de Sainte-Aulaire, fille de François de Beaupoil, chevalier, S^{gr} de Sainte-Aulaire, et de Françoise de Volvire, de Ruffec (3), dont : 1° Pierre, qui suit (4); 2° Louise Meynard qui, par contrat du 8 octobre 1601, épousa noble Armand de La Porte, premier du nom, écuyer, S^{gr} de La Retaudie et de Palisses, fils de noble François de La Porte, écuyer, S^{gr} de La Retaudie, et de noble Jacquette de Prouilhac (5). Elle testa, conjointement avec son mari, le 22 mai 1641 (6).

X. — Pierre II de Meynard, chevalier, S^{gr} de Clairefaye et de Chaussenejoux, épousa, le 5 mai 1609, par contrat signé du Batut, notaire royal, noble demoiselle Jehanne de Calvimont, fille de noble Jean de Calvimont, écuyer, S^{gr} de Clebant-le-Chalain, et de noble Françoise de Salaignac (7). Il fut envoyé par la ville de Tulle au siége de La Rochelle, à la tête de 200 hommes (8), et mourut dans son château de Chaussenejoux, en février 1654 (9). De son mariage vinrent : 1° Joseph, dont l'article suit (9); 2° Armand, S^{gr} de La Fayette, prieur de Cressensac (9); 3° Antoine, S^{gr} du Breuil, qui mourut à Chaussenejoux, âgé d'environ quatre-vingts ans, le 2 septembre 1708 (9); 4° Françoise (9); 5° Catherine, noble demoiselle Catherine Maynard de Chaussenejoulx, fut femme de noble Pierre de Lauthonnye, écuyer, S^{gr} dudit lieu au duché de Ventadour, fils de Charles de Lauthonnye, écuyer, S^{gr} de La Garde et autres places, et de Jeanne de Veilhan de La Majorie, celle-ci fille de N..... de Veilhan de La Majorie, écuyer, S^{gr} dudit lieu, de La Vignière, La Basse, Grandmont, et d'Anne de Biron, de l'illustre famille de Gontaut-Biron. Catherine de Chassenège ou Chassenejou fut désignée au testament de Jeanne de Veilhan de La Majorie, sa belle-mère (10); 6° Germain, S^{gr} du Poujol, *alias* du Pouget, qui mourut dans le château de Chaussenejoux, âgé de soixante-six ans, le 7 octobre 1702 (11).

XI. — Joseph II de Maynard, S^{gr} de Clairefaye, puis de Chaussenejoux, épousa, le 26 juin 1642, par contrat signé Salvat, notaire royal, noble

---

(1) BOREL-D'HAUTERIVE.
(2) *Nobiliaire du Limousin.*
(3) BOREL-D'HAUTERIVE, *Nobiliaire du Limousin.* — Archives de famille. — D'HOZIER.
(4) BOREL-D'HAUTERIVE. — Archives de famille.
(5) D'HOZIER, reg. II, part. II.
(6) LA CHESNAYE-DESBOIS et BADIER.
(7) BOREL-D'HAUTERIVE. — Archives de famille. — Registres de la paroisse de Cressensac, qui sont conservés depuis 1604.
(8) DE BERGUES LA GARDE, *Familles du Bas-Limousin.*
(9) Registres de la paroisse de Cressensac, conservés depuis 1604.
(10) LA CHESNAYE-DESBOIS et BADIER.
(11) Registres de la paroisse de Cressensac.— *Nota.* Tout ce qui suit est prouvé par les registres de Cressensac.

demoiselle Antoinette de Beaumont, sœur de Barthélemy de Beaumont, aïeul de Christophe de Beaumont, archevêque de Paris, et seconde fille de Laurent de Beaumont, chevalier, S^{gr} du Repaire, Nabirac et Saint-Aubin, et de Françoise de Chaunac de Lanzac, sa deuxième femme (1). Il est mentionné au testament de son beau-père (2). Joseph de Maynard mourut le 10 octobre 1669, à cinquante-huit ans, et Antoinette de Beaumont le 24 avril 1704, à quatre-vingts ans. Leurs enfants furent : 1° Françoise de Maynard, filleule de Pierre de Maynard, S^{gr} de Chauzenejols, baptisée en mars 1644. Elle mourut le 12 octobre 1669, âgée de vingt-quatre ans ; 2° Barthélemy, dont l'article suivra ; 3° Catherine de Maynard, filleule de noble Armand de Maynard, S^{gr} de La Fayette, curé-prieur de Cressensac, et de noble dame N... de Beaumont ; 4° Armand de Maynard, né le 5 novembre 1647, baptisé le 25 août 1650, filleul d'Armand de Beaumont et de noble N..., femme de M. de La Porte ; 5° Joseph de Maynard, né le 25 mars 1649, baptisé le 2 février 1661, filleul de M. de La Feuillade et de Mme Daudot (d'Andelot ?) représentés par M. Joseph de Lauthonnie, et dame de Rousseau de Puy-la-Vaisse ; 6° Antoinette de Maynard, née en septembre 1654, baptisée le 12 du même mois, filleule de noble Antoine de Maynard, S^{gr} du Breuil, et de noble Françoise de .....; 7° Bernard, auteur des Maynard actuels de Chaussenejoux et de Copeyre, dont la descendance sera rapportée après celle de son frère ainé ; 8° Germain ; 9° Pierre de Maynard, S^{gr} de Murel, né le 8 août 1659, baptisé le 2 février 1661 ; parrain M. de Lauthonnie, marraine Mme du Chalar. Étant capitaine au régiment du roi, il fut tué au lieu de La Pérouse en Piémont, le 2 novembre 1693, et fut enseveli dans l'église dudit lieu, ainsi que l'atteste un certificat de M. d'Hésy, colonel d'un régiment suisse, brigadier des armées du roi, commandant dans la vallée de La Pérouse ; 10° Jean de Maynard, né le 15 décembre 1660, baptisé le 2 février 1661, filleul de M. de Campagne et de Mme de Salgues ; 11° Armand, né le 29 juillet 1666, filleul de noble Armand de Maynard et de noble demoiselle Françoise de Maynard.

XII. — Barthélemy de Maynard, S^{gr} de Chaussenejoux et de Mezels, était syndic général de la noblesse de la vicomté de Turenne en 1692 (3), charge qui avait été longtemps auparavant exercée par un autre Maynard de Chaussenejoux. Il fut baptisé dans l'église de Cressensac, et eut pour parrain noble Barthélemy de Beaumont, S^{gr} du Repaire et autres places, et pour marraine Jehanne de Calvimont, sa grand-mère. Il mourut en 1713. Il épousa Marie-Catherine du Bus de La Mothe-Dorée, fille de messire Charles du Bus, capitaine de cavalerie, S^{gr} de La Mothe-Dorée, Mauleverge et autres lieux, aux pays d'Artois et Flandre. Ils eurent six enfants, qui suivent : 1° Antoinette de Maynard, baptisée le 23 avril 1678, filleule de noble Jean François du Bus, docteur en théologie, prieur d'Estremines, et y habitant. Marraine : noble Antoinette de Beaumont, grand-mère ; 2° Marie-Catherine, née le 22 mai 1682, baptisée à Cressensac. Parrain : noble Antoine de Maynard, S^{gr} du Breuil ; marraine : dame Marie-Catherine de Gruson ; 3° Germain, dont l'article suivra ; 4° Bernard, né le 22 août 1689, baptisé à Cres-

---

(1) MORERI. — LA CHESNAYE-DES-BOIS.
(2) BRIZARD.
(3) Archives de famille.

sensac. Parrain : noble Bernard de Maynard, S^{gr} de La Fayette, son oncle ; marraine : damoiselle Antoinette de Maynard ; 5° Catherine, née en 1696, baptisée à Cressensac. Parrain : Germain de Maynard, S^{gr} de Mezels, son frère ; marraine : Catherine de Rousseau, dame de Beauroyre, du bourg de Saint-Robert, et y habitant. Elle épousa, le 6 octobre 1726, messire Henry de Carbonnières de Jayac, fils de messire Henry de Carbonnières, coseigneur dudit Jayac ; 6° Marie-Magdeleine, née le 16 avril 1699, baptisée à Cressensac. Parrain : noble Pierre de Lauthonnie, S^{gr} de La Garde ; marraine : N.....

XIII. — Germain de Maynard, S^{gr} de Mézel, puis de Chaussenéjoux, épousa Marie-Jeanne de La Porte, fille de noble Joseph de La Porte, écuyer, S^{gr} de La Porte, dans la paroisse de Lissac et de La Rétaudie, capitaine au régiment de Lorraine, puis lieutenant des maréchaux de France, et de noble dame Marie-Pascal de Mirandol (1) Il mourut en 1718 et Marie-Jeanne de La Porte en 1719, à l'âge de vingt-neuf ans. De leur mariage vinrent : 1° Marie-Josephe, dont l'article suivra ; 2° Marguerite, baptisée le 6 mai 1716. Parrain : Bernard de Maynard, S^{gr} de La Fayette et de Taillefer, faisant pour Bernard de Maynard, oncle à la baptisée ; marraine : dame Marguerite d'Aubery de Saint-Julien. Elle fut religieuse de l'ordre de Saint-Jean de Jérusalem, au couvent de Saint-Marc de Martel (2) ; 3° Catherine de Maynard, née le 19 juin 1717, baptisée à Cressensac. Parrain : messire François de La Porte ; marraine : demoiselle Catherine de Maynard. Elle fut également religieuse Malthaise, au couvent de Saint-Marc de Martel (2).

XIV. — Marie-Josephe de Maynard, fut baptisée le 24 novembre 1712. Parrain : de La Porte, S^{gr} du lieu, sous-délégué des maréchaux de France ; marraine : Marie-Catherine du Bus. Marie-Josephe de Maynard, épousa messire Marc de Gondin de Pauliac, S^{gr} de La Roussie, Proissans, Pauliac et autres lieux, et seigneur, à cause d'elle, de Chaussenejoux. De ce mariage vinrent : 1° Joseph de Gondin, né le 30 octobre 1732 ; 2° Marie-Madeleine-Thérèse de Gondin, née le 20 octobre 1734, religieuse de l'ordre de Malte (2) ; 3° Antoine-Joseph de Gondin, né le 31 août 1735, d'abord capitaine de cavalerie, quitta l'armée pour entrer dans les ordres ; il fut grand vicaire et grand archidiacre de Sarlat (2) ; 4° Raymond-Joseph de Gondin, né le 31 août 1735, épousa Marie-Françoise de Cadrieu, quatrième fille de Arnaud-Jean-Louis, comte de Cadrieu, et de N..... de La Roque Senezergues (3) ; 5° Clémence de Gondin, née le 20 novembre 1739 ; 6° Charlotte-Suzanne de Gondin, mariée à N..... de l'Isle de La Vergne de Monravel, chevalier de Saint-Louis (4), ancien lieutenant aux gardes du corps du roi (5) ; 7° Louise-Elisabeth de Gondin de Proissans, religieuse de l'ordre de Malte, morte le 22 juin 1839 (6) ; 8° Françoise-Marguerite, qui suit.

XV. — Françoise-Marguerite de Gondin de Pauliac épousa, le 7 février 1780, noble Etienne de Maynard, son cousin, chevalier, S^{gr} de Copeyre, baron de Taillefer.

(1) D'HOZIER, reg. II, part. II, art. La Porte.
(2) Archives de famille.
(3) SAINT-ALLAIS.
(4) Archives de famille.
(5) Acte de mariage aux archives de Daglan (Dordogne).
(6) Archives de famille.

Branche actuelle de Maynard de Chaussenejoux et de Copeyre (1).

Cette branche avait droits honorifiques et litre funèbre dans l'église paroissiale de Gluges, et dans la chapelle Saint-Antoine, *alias* Sainte-Catherine de l'église de Martel.

XII bis. — Bernard de Maynard de Chaussenejoux, S^{gr} de La Fayette et baron de Taillefer (du chef de sa femme), septième enfant de Joseph de Maynard, S^{gr} de Chaussenejoux, et d'Antoinette de Beaumont, naquit le 4 avril 1653, fut baptisé à Cressensac le 2 février 1661, et eut pour parrain M. de Puy-la-Vaisse, et pour marraine Mlle de La Porte. Il épousa, le 5 janvier 1694, par contrat signé Crozac, notaire, noble demoiselle Marie de Lestrade-Floyrac, fille de messire Claude de Lestrade-Floyrac, S^{gr} de Copeyre, Gluges, baron de Taillefer, et noble dame Marguerite de Roquette de Teyssenat. Dudit mariage vinrent : 1° Gabriel, dont l'article suivra ; 2° Pierre, coseigneur de Copeyre ; 3° Barthélemy, S^{gr} de La Boyssonie ; 4° Antoine, S^{gr} de Gluges.

XIII. — Gabriel de Maynard, chevalier, S^{gr} de Copeyre, baron de Taillefer, épousa, le 3 juin 1734, Marie de Maignes, fille de François de Maignes et de Marguerite de La Faurie, dont : 1° Etienne, dont l'article suivra ; 2° Barthélemy, né le 6 juin 1737, capitaine-commandant au régiment de Lorraine-infanterie, chevalier de Saint-Louis, émigré en 1792, servit dans la compagnie numéro 11 des chasseurs noble-infanterie du prince de Condé, et mourut à Cappel-sous-Radey, en 1796 ; 3° Joseph, chanoine du chapitre de Roc-Amadour ; 4° Jean, docteur en théologie, émigra en Espagne ; 5° Marguerite, morte sans alliance.

XIV. — Étienne de Maynard-Chaussenejoux, chevalier, S^{gr} de Copeyre, Gluges, Mirandol, baron de Taillefer, épousa, le 7 février 1780, Françoise-Marguerite de Gondin de Pauliac, sa cousine, fille de Marc-Joseph de Gondin de Pauliac, S^{gr} de La Roussie, Proissans, Pauliac, Chaussenejoulx, Mézel et autres lieux, et de Marie-Josephe de Maynard, dame de Chaussenejoulx. De ce mariage vinrent : 1° Gabriel-Joseph, dont l'article suivra ; 2° Marc-Joseph ; 3° Jean-Louis-Joseph ; 4° Raymond-Joseph ; 5° Antoinette-Joséphine, mariée à M. Louradour.

XV. — Gabriel-Joseph, baron de Maynard, épousa, le 23 janvier 1820, Gabrielle-Isabelle-Serène de Pignol, fille de Jean-Baptiste, baron de Pignol et de Marie-Louise-Charlotte d'Arche d'Ambrugeac. Dudit mariage sont issus : 1° François-Achille, baron de Maynard, qui épousa, le 9 août 1845, Marie-Charlotte de Sahuguet d'Amarzit, d'Espagnac, fille de M. Jean-Joseph-Charles de Sahuguet d'Amarzit, comte d'Espagnac, et de dame Gabrielle-Georgette-Marthe-Jeanne d'Arjuzon. François-Achille mourut en 1845 ; 2° Marc-Alfred, dont l'article suit ; 3° Marie-Anaïs.

XVI. — Marc-Alfred, baron de Maynard, a épousé, en février 1846, Marie-Anne-Louise de Lamberterie, fille de M. Arnaud, baron de Lamberterie, chevalier de Saint-Louis, émigré en 1792, et de Marie-Anne de Crozat de Lynorie. Il a eu de son mariage : 1° Marie-Élisabeth de Maynard, née en février 1850 ; 2° Marc-Emmanuel-Marie-Louis de Maynard, né le 25 octobre

(1) Tout ce qui suit est prouvé par des papiers de famille.

1851 ; 3° Marie de Maynard, née le 13 mai 1855 ; 4° Henri de Maynard, né en avril 1858.

Notes isolées.

Martial Meinard de Favelon, docteur en médecine, médecin agrégé à Limoges 1657 (*Vie de la Véner. Isabelle des Anges*, p. 322).

Jean-François de Meynard de La Queilhe, demeurant à Villars (Dordogne), 1877 (*Le Courrier du Centre*, 28 mars 1877).

Jean Mesnard-Melé, né à Brive, âgé de dix-sept ans, fut condamné révolutionnairement et exécuté le 4 thermidor an II (Papiers de Robespierre).

N..... Meynard de Chabannes était lieutenant-criminel en Bas-Limousin en 1789 (*Revue du Limousin*, année 1861, p. 205).

DE MEAUX (T. III, p. 225).

V. — Paul de Meaux, par suite de son mariage avec Catherine Ravard, dame de l'Isle et de Violaine, devint seigneur de ces lieux.

V *bis*. — Charles de Meaux, S^{gr} de Rudefontaine, ou Rude-Fontaine, ou Ru-de-Fontaine, épousa Madeleine de Lezignac, dame de Fouilloux en Arvert.

Les armoiries de la maison de Meaux (Brie) conservaient le souvenir de la glorieuse mission accomplie par un de ses membres : Giffart de Meaux ayant été chargé par Saint-Louis d'apporter en France la couronne d'épines de Notre-Seigneur, ce saint roi « lui donna pour ses armes *cinq couronnes d'épines de sable en champ d'argent* que sa postérité conserve encore aujourd'hui » (Le P. Anselme : *Palais de l'honneur*). Giffart portait antérieurement : « *de sable à une jumelle d'argent.* » (Palliot : *La vraie et parfaite science des armoiries.*)

Les enregistrements d'armoiries effectués en exécution de l'édit de 1698, montrent la maison de Meaux répandue dans l'Isle de France, la Lorraine, la Picardie, la Provence et la Saintonge. La branche de Picardie compte encore des représentants dans la même région.

N..... de Meaux, inspecteur des télégraphes à Paris (Lettre du 16 août 1875).

MENUET. — N..... Menuet épousa demoiselle Agnès de Lambertie, fille de Jean de Lambertie et de Jeanne Vigier. Elle mourut en 1519. De ce mariage est né noble homme Antoine Menuet, S^{gr} de Lascoux-Botizon, paroisse de Busserolles (*Généal. Lambertie*).

MEILLARS (T. III, p. 226). — La terre de Meillars est située à quatre lieues d'Uzerche. En 1044, Étienne de Meillars paraît, avec Géraud de Pressac, dans une charte de donation faite à l'abbaye d'Uzerche. Il était fils de Lautier de Meillars et d'Aldearde, ainsi qu'on le voit par la donation qu'il fit, en 1072, au même monastère, de la moitié de Champagnac, en la paroisse de Meillars, pour le repos des âmes de ses père et mère. Jean de Champagnac, son neveu, frère d'Étienne de Champagnac intervint dans cette donation (Cartul. d'Uzerche, col. 93, 242, 185, fol. 37, 47. *Apud* Lainé, *Nobiliaire du Limousin.*)

Anne de Meillards, épouse de Jean de Royère, écuyer, S^gr dudit lieu, vivait en 1619 (NADAUD, *Nobil. msc.*).

DE MERINCHAL, anciennement MERINCHALM, terre seigneuriale au pays de Combrailles, laquelle était possédée par Guillaume de Merinchalm et ses neveux en 1249. Elle passa ensuite, par mutations successives, aux familles Le Loup de Monfan, de Tinières, de Rochefort, de Bosredon, de Montgon, de Ponier-d'Orgeville, et en dernier lieu à M. de Vissaguet, premier président au bureau des finances de la généralité de Riom, qui la possédait en 1780 (CHABROL, *apud Nobiliaire d'Auvergne*).

MERLE (T. III, p. 232), vieux château du Limousin, très rapproché de l'Auvergne, vers les rives de la Maronne. Il avait donné son nom à une famille ancienne, à laquelle appartenaient : Raoul de Merle, chevalier, vivant en 1264, père de Marguerite de Merle, veuve de Jean de Pleaux, chevalier en 1276; Esclarmonde de Merle, religieuse à Bragcac en 1313; Almodie de Merle, épouse de François de Lentilhac avant 1413, et Gasparde de Merle, fille de Raymond de Merle et de Sibylle de Cazillac, mariée, en 1170, avec Jean II de Noailles, S^gr de Noailles et de Noalhac. Un rameau de cette famille a subsisté en Limousin jusqu'au commencement du XVII° siècle (*Nobiliaire d'Auvergne*).

Cette famille ancienne s'est éteinte peu avant la recherche.

D'or, à deux cotices de sable en bande, accompagnées de six merlettes du même (LAINÉ, *Nobiliaire du Limousin*).

MESCHINET (T. III, p. 232). — Nous croyons cette famille originaire de La Gâtine; cependant, une tradition saintongeoise que M. l'abbé Lacurie nous a conservée dans un de ses écrits, prétend qu'en 1242, un Pierre de Meschinet offrit au roi Saint-Louis un corps de troupes qu'il avait levé à ses frais, à la tête duquel il combattit à Taillebourg et à Saintes, et que s'étant ensuite attaché à Charles d'Anjou, frère du roi, ce prince lui accorda, en 1246, des lettres de noblesse pour reconnaître ses services, ce qui semblerait autoriser l'opinion d'une origine saintongeoise. Nous n'avons trouvé aucuns titres qui puissent nous faire affirmer ou infirmer la vérité de cette assertion, non plus que celle qui a été avancée par le docteur Marchand, et qui est citée dans l'*Histoire de Saint-Jean-d'Angély*, par Guyonnet-Merville, lequel avance que des membres de cette famille furent convoqués aux bans de 1467 et 1491.

La filiation que nous donnons ci-après est extraite en partie de l'*Histoire de Saint-Jean-d'Angély*, précitée. Le surplus provient des notes que nous possédons dans notre cabinet.

Notes isolées.

Jean Meschinet comparut au procès-verbal de la coutume du Poitou, en 1559, comme fondé de pouvoirs de la dame d'Illiers.

Jean Meschinet, écuyer, S^gr de Raffou, licencié ès-droits, bailli de Parthenay, juge premier et principal de Gâtine, faisait une enquête, en cette qualité, le 2 juillet 1584. Henri IV lui accorda, au mois de mars 1593, des lettres de noblesse, où nous lisons que Jean Meschinet, sieur de Raffou, bailli de Gâtine, avait donné « preuve et fidèle témoignage pour ses bons et louables desportements et services qu'il nous a faits ès-occasions qui se sont présentées, même en la conservation de notre ville de Parthenay, en laquelle il aurait reçu deux arquebuzades lorsque les ennemis fûrent repoussez en une entre reprize qu'ils avaient faict sur ladite ville, nous l'avons estimé cappable d'estre tenu au rang de ceulx qui, par leurs mérites, se sont acquis réputation entre les gens d'honneur et de vertu, dont le voullons recognoistre et l'obliger davantage à continuer le zel et sincère affection qu'il a tousjours montré porter au bien de nostre service, nous avons annoblye et annoblissons de tout à tousjours le dit Meschinet et ses enfants nez et à naistre en loyal mariage, etc. Donné à Saumur, au mois de mars 1593. Signé Henry, et sur le reply, par le roy, Potiers. » Jean Meschinet vivait encore le 16 décembre 1602, et recevait, comme bailli de Gâtine, l'aveu de la seigneurie d'Aubigny, de François Garnier, écuyer, Sgr de Maurivet.

René Meschinet, Sgr de la Brosse-Moreau, licencié en droit, était sénéchal de la seigneurie de Lavau-Richer le 16 mars 1585.

Jean Meschinet servait, le 5 août 1588, dans la compagnie de Gilles du Breuil, écuyer, Sgr de Théon, qui fit montre à Tallemont à cette époque.

Jacques Meschinet était receveur des tailles à Fontenay en juin 1596.

Samuel Meschinet, sieur de Richemont, contrôleur ordinaire de la maison du prince de Condé, marchand à Saint-Maixent, eut de Catherine Bigot, son épouse, Marie, qui épousa, le 12 novembre 1603, Guillaume Rivet, ministre à Taillebourg. M. de La Fontenelle est tombé dans l'erreur, lorsque dans ses notes sur le journal de Michel Le Riche, il prétend que ce Samuel est l'auteur de la famille dont nous donnons plus loin la filiation suivie. Des descendants de Samuel existent encore (1850), les uns aux États-Unis, et d'autres à La Rochelle.

Pentecoste Meschinet, veuve de Nicolas Demdegrain, sœur de Samuel qui précède, assista au mariage de Marie, sa nièce.

Jean Meschinet, écuyer, Sgr de La Renouzière, possédait quelques terres dans la paroisse de Vasles, le 9 juillet 1622. Il avait épousé, le 28 décembre 1620, Anne Rougier, fille de Jean, écuyer, Sgr de La Régale, et de Perrette Jolly.

N..... Meschinet, écuyer, Sgr des Jousteaux, était gouverneur de Bressuire et exempt des gardes du corps du roi, le 14 septembre 1624.

René Meschinet, licencié en droit, était sénéchal de Bressuire, le 9 mai 1626.

Josephe Meschinet épousa René Buignon, Sgr de La Tousche, conseiller au présidial de Poitiers, et maire de cette ville en 1624.

Jeanne Meschinet épousa, le 28 août 1644, Jacques Buignon, écuyer, Sgr de Vousne, fils des précédents.

Marie-Françoise Meschinet, dame d'honneur de Son Altesse Royale, Madame, était, en 1660, épouse de Charles du Raynier, marquis des Deffans. — Leur fille, Marie du Reynier, qui épousa, le 8 octobre 1660, haut et puissant seigneur Jean de Lambertie, marquis du Bouchet, etc., fit faire un inventaire après la mort de très haute et puissante dame Marie-Françoise de Meschinet, marquise des Deffans, sa mère, le 17 octobre 1675 (*Généal. Lambertie*).

Jean Meschinet était greffier de la sénéchaussée de Saint-Jean-d'Angély en 1664.

Jean Meschinet, sieur de La Brosse-Moreau, conservateurs des priviléges royaux de l'université de Poitiers, descendant de Jean, qui fut anobli par Henri IV, d'après une note manuscrite de M. de Meaupeou, intendant du Poitou, fut confirmé dans sa noblesse, par M. Barentin, le 12 août 1667.

Marie Meschinet, veuve de Charles Vigier, écuyer, Sgr de Montmarteau, fut maintenue noble par M. Barentin, en 1667.

Michel Meschinet, écuyer, Sgr de La Brosse-Moreau, fut reçu en 1670, conservateur des priviléges royaux de l'université de Poitiers, et était mort avant 1696, époque à laquelle Marie Le Tillier, sa veuve, faisait enregistrer ses armoiries sur l'Armorial du Poitou. Elle rendait hommage au roi de son fief de Chantegain, le 27 avril 1711.

Marguerite Meschinet était mariée avant 1697, à messire Isaac Michel, écuyer, Sgr de Saint-Fort-sur-Gironde, Usson, le Bresneau, etc.; elle adressait, étant veuve, le 8 juillet 1719, une requête aux trésoriers-généraux de la généralité de La Rochelle pour la vérification de l'aveu de la seigneurie d'Usson, et vivait encore en 1723.

Louise Meschinet était, le 2 avril 1698, épouse de Louis de Cumont, écuyer, Sgr des Tannières.

Étienne Meschinet, maître en chirurgie en la sénéchaussée de Saintes, vivait en 1788.

§ I. — *Première branche.*

I. — Jean Meschinet, Sgr du Beugnon, fut pourvu, en 1548, de la charge de sénéchal de Luçon, par le seigneur dudit lieu, pour le récompenser et rémunérer des services par lui faits en la conservation des droits de ladite baronnie. Le chapitre de l'église de Luçon ayant acheté cette terre, voulut le destituer en 1564 ; mais il fut maintenu, par arrêt du 30 octobre 1579 ; il était, à cette époque, âgé d'environ soixante-dix ans. Nous pensons que c'est le même qu'un Jean, Sgr du Beugnon, qui se dit sénéchal de la baronnie de Bressuire en 1578. Il était mort avant le 29 mars 1605, laissant de Josephe Beau ou Jeanne Lebeau, son épouse.

II. — Pierre Meschinet, Sgr du Beugnon, avocat au Parlement et au présidial de Poitiers, épousa, le 5 mars 1584, Sylvie d'Abillon, peut-être fille de Jean, écuyer, Sgr de Beaufief, qui fut maire de Saint-Jean-d'Angély en 1582, et de Marie Dubois, dont il eut :

III. — Jacques Meschinet, écuyer, Sgr du Beugnon et de La Rivière, fut conseiller du roi à la sénéchaussée de Saint-Jean-d'Angély, et reçu échevin le 18 mars 1616. Ce fut en cette double qualité qu'il reçut de Louis XIII, l'ordre de faire le procès des rebelles, et se distingua, en cette occasion, par son zèle. Lors du siége de Saint-Jean-d'Angély (1621), il se retira dans sa terre de La Rivière, ou de la Ville, et le roi lui envoya une sauvegarde le 31 mai, dans laquelle il est qualifié d'écuyer. Sa maison fut incendié par les rebelles ; ses meubles, ses titres furent brûlés, en haine de sa fidélité, et il fut plus tard imposé au rôle des tailles ; mais, sur son appel interjeté en la cour des aides, le roi lui accorda des lettres de maintenue, et la cour, par arrêt du 28 août 1625, ordonna qu'il jouirait de sa noblesse. Marié, le 23 mars 1613, à Jeanne Duvigier, il fut père de :

IV. — Jean Meschinet, écuyer, S^{gr} de Boisseguin, qui de Judith Robillard, son épouse, eut : 1° Josias, qui suit ; 2° Jacques, écuyer, qui ayant été, malgré la maintenue du roi et l'arrêt de la cour des aides précité, taxé pour payer les droits de réhabilitation de noblesse, ainsi que Louise de Colincourt, veuve de son frère, et Auguste, son neveu, fut, sur le vu de ses titres, déchargé de l'assignation à lui donnée, et maintenu purement et simplement dans sa noblesse par M. Begon, intendant de La Rochelle, le 11 mars 1699.

V. — Josias Meschinet, écuyer, S^{gr} du Cochet et de Bellevue, se distingua par sa connaissance des lois, et devint l'arbitre de la noblesse de sa province. Le 4 avril 1672, il épousa Louise de Colincourt, dont :

VI. — Auguste Meschinet, écuyer, S^{gr} de Bellevue et du Cochet, qui fut maintenu noble avec sa mère et son oncle, le 11 mars 1699. Il servit longtemps en qualité de capitaine de cavalerie, et laissa de Judith Goreau, son épouse :

VII. — Jean Meschinet, S^{gr} de Bellevue et du Cochet, qui eut de Marie-Angélique Estourneau : 1° Jean, mort lieutenant au régiment de Cambis-infanterie ; 2° Charles-César, mort sous-lieutenant au régiment de Boulonnais-infanterie ; 3° François, qui suit.

VIII. — François Meschinet, écuyer, servit dans le régiment de Boulonnais-infanterie, et se retira lieutenant. Marié, en 1769, à Marie-Anne-Charlotte Marchand, il eut : 1° François-Alexis, prêtre, ancien élève du séminaire de Saint-Sulpice, a laissé une relation de ce qui se passa à la campagne de ce séminaire et dans la prison des Carmes, les 15 et 16 août 1792 ; il est mort en 1847, aumônier de l'hospice de Saint-Jean-d'Angély ; 2° François-Alexandre, qui suit ; 3° Pierre, entré fort jeune dans la marine royale, émigra en 1792, et servit dans l'armée des princes ; passa ensuite au service de la Hollande ; rentré en France en 1797, il entra, en 1798, dans les chasseurs, fut fait prisonnier près de Mondovi, le 1er novembre 1798, et conduit en Bohême : l'on ignore ce qu'il est devenu. Veuf en 1780, François épousa, en secondes noces, en 1790, demoiselle Françoise de Conty, dont il eut : 4° Etienne-François, dont nous parlerons au § II.

IX. — François-Alexandre Meschinet fut maire de la commune d'Autezan. Il épousa, en 1796, Catherine-Elisabeth Richard, dont il eut : 1° Jean-Mathias, qui suit ; puis, devenu veuf, il se remaria, en 1801, à Marie-Anne de Bienville, dont : 2° Jean-François ; 3° Michel-Alexandre, ecclésiastique, vivant encore en 1850.

X. — Jean-Mathias Meschinet, marié en 1822, à Marie-Armence Mestadier, dont : 1° Jean-Marie-François-Hippolyte, mort sans postérité, en 1846 ; 2° Charles, vivait en 1850.

§. II. — *Deuxième branche.*

IX *bis*. — Etienne-François Meschinet, fils puîné de François et de Françoise de Conty (rapportés au VIII° degré du § I), membre du conseil général des Deux-Sèvres, et juge de paix du canton de Beauvoir, a épousé, en 1814, Pauline Bastard de Crissay, dont :

X. — Jules-Philippe-Alexandre Meschinet, marié, le 22 janvier 1850, à Louise-Thérèse-Emilie de Grandpré.

Armes : *d'or au pin de sinople accompagné de trois étoiles d'azur à dextre, et d'un lion gravissant de sinople à senestre* (BEAUCHET-FILLEAU, *Dict. des anciennes familles du Poitou*).

MESNEAU (T. III, p. 233).

Jean Mesneau, sieur de La Motte, juge des eaux et forêts d'Angoulême, et y demeurant, était fils de feu Samuel Mesneau, qui fut eschevin.

Paul Mesneau, sieur de La Prade, aussi fils dudit Samuel Mesneau, eschevin, demeurant audit Angoulême (Rôle de modération des taxes, 1669).

LE MEUSNIER (T. III, p. 234). — Le château de Triac, près Jarnac (Charente), incendié par les protestants, en 1569, fut reconstruit au commencement du xvii° siècle. Il passa entre les mains de Jacques Le Meusnier, sieur de Lartige (fief à l'est de Jarnac), Rouffignac et Ardennes, (commune de Moulidars, canton de Hiersac (Charente), etc., trésorier-général au bureau de Limoges. Ce château, ayant été incendié de nouveau au commencement du siècle suivant, fut vendu par le petit-fils de l'acquéreur, Jean Le Meusnier, baron de Blanzac et La Rocheandry, et Sgr de Raix, (commune de Villefagnan (Charente), Rouffignac, Lartige et Triac, en 1772, à Jean-Abraham Bonniot de Salagnac (J. DENISE, *Sem. relig. Angoul.*, XIV, p. 627). Voir l'article Raix.

MEYMAC, chef-lieu de canton de l'arrondissement d'Ussel (Corrèze). — D'Hozier a donné pour armes à cette ville : *d'azur à trois pals ondés d'argent* (*Arm. général.*). Quelques variantes donnent *à trois fasces ondées*.

MICHEL (T. III, p. 236).

N..... Michel, évêque de Nicosie, religieux de l'ordre des Frères prêcheurs, fut vicaire général pour la visite du diocèse de Limoges, et coadjuteur de Pierre de Montbrun, et de Jean Barthon de Montbas. Il consacra l'église de Chaptelat en 1461 (DUROUX, *Essai historique*, p. 100), l'autel de la chapelle de Saint-Eutrope, commune de Berneuil, en 1460, et le monastère conventuel de Notre-Dame de La Règle, dans la cité de Limoges, en 1456 (*Bull. Soc. arch.*, XXII. p. 196).

André Michel, habitant le château de Limoges, 1489. — Gabriel Michaud élu conseiller répartiteur à Limoges, le 7 décembre 1537 (Registres consulaires de Limoges, T. I).

Martial Michel ou Michaud, prêtre à Limoges, en 1574 (LEGROS, *Inventaire de la vicairie de Gaulthier*).

Jean Michel, prêtre, et ses frères François et Antoine Michel, habitant la paroisse de Berneuil, 1600 (TERRIER, de Breuilaufa).

MIOMANDRE (T. III, p. 237). — Miomandre de Laubard.

Noble Antoine de Miomandre, Sgr de Laubard (1), contrôleur pour le roi,

---

(1) Le fief de Laubart est celui de la paroisse d'Alleyrat, canton d'Aubusson; celui de la paroisse de Saint-Quentin était possédé par la famille Musnier.

au pays de Haute-Marche, acheta à Guéret, le 11 octobre 1594, de maistre Jean Simonet, sieur des Chassaignes, juge et châtelain de Saint-Germain, greffier ordinaire de La Souterraine, et de Laurent Salet, bourgeois, habitant ladite ville, plusieurs cens, rentes, droits et devoirs seigneuriaux, ainsi que la justice haute, basse et moyenne sur le village de Villesauveix en la paroisse d'Ars ; lesquelles choses leur avaient été vendues précédemment par Gabriel Foucaud, fils d'autre Gabriel Foucaud et de dame Isabeau de Pompadour, S^{grs} de Saint-Germain et de la baronnie de La Borne, par contrat du 16 septembre de l'année précédente.

Pierre de Miomandre fut père de : 1° Claude, qui suit ; 2° de René de Miomandre, qui possédait, en 1669 et 1684, les fiefs d'Allamand, paroisse de Banize et de Dourdault, paroisse d'Alleyrat (*Noms féodaux*, p. 38, 138, 441, 564) ; 3° et probablement Amable de Miomandre de Banizette.

Claude de Miomandre, fit l'aveu de la terre et seigneurie de Laubert et ensemble du fief de La Pouge, à cause de Marie Jaravaud (probablement son épouse). Il est peut-être père de Jean-Louis, qui suit.

Jean-Louis de Miomandre, écuyer, S^{gr} de La Pouge Laubert, épousa demoiselle Madeleine Errard ; cette dernière était marraine, le 29 juillet 1680, à La Chapelle de La Borne (Registres paroissiaux de Saint-Michel).

Myomandre de Banizette, paroisse de La Nouaille.

N..... de Myomandre de Laubard, épousa Jeanne Rousseau, laquelle se maria, en secondes noces, avec Gilbert de Maussabré, écuyer, sieur de Vignolles, qui fut père de Laurent-François de Maussabré. Il eut plusieurs enfants, parmi lesquels Amable, qui suit.

Messire Amable de Myomandre, écuyer, S^{gr} de Guimont, La Roche, Banizette et autres places. Après divers arrangements entre lui et ses frères, Claude de Myomandre, écuyer, S^{gr} de Laubard, et Laurent-François Maussabré, chevalier, S^{gr} du Chillois et Puis-Barband, officier de la maison du roi, résident au château de Puis-Barband (paroisse de Nérolles), sur la succession de demoiselle Jeanne Rousseau de l'Age, leur mère ; il resta unique possesseur de la seigneurie de Banizette au mois de mai 1679. La même année, au mois d'octobre, il fonda, dans la chapelle de Saint-Joseph de son château de Banizette, douze messes à dire le premier mardi de chaque mois ; elles seront dites par le curé ou vicaire, ou autre prêtre de la communauté de La Nouaille, et il leur sera payé, chaque année, 10 livres par ses hoirs et successeurs, acte signé Despagnat, not. roy. à Vallières. Le 21 février 1688, il dicta son testament et fit l'inventaire de ses biens et de ses titres : il veut être enseveli dans l'église de La Nouaille, dans le tombeau de Jeanne Rousseau, sa mère, et pour cela lègue 15 livres pour les réparations de l'église ; il veut qu'il soit distribué aux pauvres, la somme de 60 livres en blé ou argent, qu'il lui soit fait un annuel par les Pères récollets d'Aubusson ou d'ailleurs, et que la fondation faite pour la chapelle de Banizette soit exactement exécutée. Un article de l'inventaire porte : « Dans une boîte de fer-blanc sont les titres de feu sieur de Lombard, son père, desquels il a obtenu du roi la confirmation. » Il avait épousé Françoise Cousturier, dont : 1° Marguerite ; 2° Joseph, qui suit ; 3° autre Marguerite ; 4° Gilberte.

Joseph de Myomandre, écuyer, Sgr de La Roche, paroisse de Saint-Quentin, et de Bauizette, vivait encore en 1750. Il épousa Anne de La Saigne Saint-George, d'où : 1° Antoine, qui suit ; 2° Gilbert de Myomandre, docteur en théologie, était vicaire de Bujaleuf en 1724, curé de La Nouaille en 1729 ; en cette qualité il annula, en 1732, une résignation qu'il avait faite de sa cure en faveur de Jean-François de La Saigne Saint-George, curé de Notre-Dame, ou Saint-Julien du Chochet ; il mourut en mars 1733 ; 3° Jeanne ; 4° Henri ; 5° autre Jeanne. Le 18 octobre 1745, Jeanne de Myomandre de Fressanges, paroisse de Saint-Quentin, constitua pour son procureur Sylvain-Alexis de La Saigne, chevalier, seigneur comte de Saint-George, afin de stipuler au contrat de mariage de Joseph de Myomandre d'Espiés, son neveu, avec demoiselle Louise-Michele de Guiton de Fleurat, qu'elle instituait son héritier universel.

Antoine de Miomandre, chevalier, Sgr de Banizette, époux de dame Catherine de La Saigne, fille de François de La Saigne, écuyer, Sgr d'Espiés, et de dame Jeanne des Flottes, dont Joseph, qui suit.

Joseph de Miomandre d'Espiés, Sgr du Breuil, vendit, vers 1765, la terre de Banizetto à Louis de La Pivardière, chevalier, Sgr de La Chassaigne Guimont, qui la revendit lui-même, en 1776, à Joseph Tixier du Breuil, bourgeois de Felletin. Ce dernier retint, sur les 60,000 livres, prix de la propriété, 1,000 livres, comme capital d'une rente de 50 livres qu'il devait servir à dame de Miomandre, religieuse à l'Abbaye-aux-Bois, à Paris, pendant qu'elle vivrait. Joseph de Miomandre se maria sans doute avec Louise-Michele de Guiton de Fleurat, ainsi que l'annonce la note citée plus haut. Il habitait Châteauneuf au moment la Révolution. Il émigra (Archives de la Haute-Vienne, 244).

N..... de Miomandre de Sainte-Marie, garde du corps, qui, à l'émeute populaire de Versailles, le 6 octobre 1789, fut laissé pour mort à la porte de la reine. Voir *Bull. Soc. arch. Lim.*, T. XXII, p. 226.

Antoine de Miomandre, Sgr dudit lieu, conseiller du roi, élu en l'élection de la Marche, épousa, en 1623, Gilberte du Plantadis, fille de Laurent du Plantadis et de sa seconde femme Anne de Blanchefort (*Généalogie du Plantadis*).

Mlle de Sainte-Marie de Miomandre épousa, en 1695, Gilbert de La Saigne de Saint-George, Sgr du Merceau, fils de Jean-François et d'Elisabeth du Peyroux (*Nobiliaire d'Auvergne*, art. La Saigne).

Annet de Miomandre était archiprêtre de Rancon et curé de Bessines en 1746 (Registres de Bessines).

N..... de Miomandre, prêtre, habitait Felletin en 1724 (Registres de Gioux).

DE MIRABEL (T. III, p. 237). — Gautier de Mirabel, abbé d'Uzerche, vivait en 1133. Cette famille paraît originaire du Quercy.

D'azur à six besants d'or, 3, 2 et 1, et huit étoiles du même, 2, 3, 1 et 2 (LAINÉ, *Nobiliaire du Limousin*).

Les seigneurs de Mirabel sont les premiers qu'on connaisse ayant eu le château de Saint-Angel et le protectorat du monastère de ce lieu. Gouffier de Lastours, mort en 1197, fils d'une Comborn, avait épousé une Mirabel. Pierre de Mirabel avait été abbé de Vigeois vers le milieu du XIe siècle. La *Chronique* de ce cloître nous apprend qu'il mourut à Saint-Angel et y fut enterré pour en avoir été précédemment prieur. Deux autres membres de cette famille se succédèrent, au siècle suivant, dans l'abbaye d'Uzerche ; trois autres sont mentionnés par l'annaliste limousin, comme ayant fait beaucoup de bien au prieuré de Saint-Angel (L'abbé Poulbrière).

DE MIRAMBEL (T. III, p. 237). — Claude de Mirambel, chevalier de l'ordre de Saint-Jean de Jérusalem, commandeur des commanderies de Limoges, du Valais, du Puy-Bonieu et du Breuil, vivait en 1529 (LAINÉ, *Nobiliaire du Limousin*).

Le 9 octobre 1792, la Convention, sur la proposition du girondin Gaudet, ordonna que les émigrés faits prisonniers seraient jugés et mis à mort dans les vingt-quatre heures. Neuf gentilshommes émigrés furent pris sur la frontière, amenés à Paris, où ils subirent la peine de mort. De ce nombre étaient N... Mirambel, Léon de Mortemart (Amédée GABAUD, *Hist. de France*). — Voir : Monamy, baron de Mirambel, ci-après, p. 414.

DE MIRAMONT (T. III, p. 238). — *D'azur au lion d'or, lampassé et armé de gueules, adextré de six besants d'argent, 1, 2 et 3, et senestré de trois besants d'or* (LAINÉ, *Nobiliaire du Limousin*).

MOMET porte : *d'azur au lion d'or, accompagné de 4 étoiles et de 4 croissants d'argent.*

I. — Georges Momet, premier du nom, Sgr des Farges, lieutenant-général d'Auzance et de Sermur, en 1574, se maria trois fois : 1° avec Antoinette de Champeire, d'où sont issus les Momet, appelés de Momet aujourd'hui, châtelain d'Auzance et de Sermur (1772 ou 1776); 2° avec Anne de Laval Pascannet, d'où est issu Anne Momet, qui fut seigneur de Villetourteix, et dont nous allons donner la filiation ; 3° avec Gabrielle de La Roche-Aimon, dame de Fornoué, de laquelle est issue la branche de Prunevieille.

II. — Anne Momet, Sgr de Villetourteix, lieutenant-général d'Auzance et de Sermur, épousa Jeanne de Seguin. De ce mariage : Jean.

III. — Jean Momet, écuyer, Sgr de Villetourteix, épousa, le 21 février 1594, Jeanne de Vauchaussade, fille de noble homme Gilbert de Vauchaussade, écuyer, Sgr de Brousse, et de Claude de La Grange. De ce mariage, entre autres enfants :

IV. — Michel Momet, écuyer, Sgr de Villetourteix, épousa, le dernier septembre 1650, Anne de Saint-Julien, fille de Jean de Saint-Julien, écuyer, Sgr de Chazotte, et de demoiselle Gabrielle du Prat. Dans son testament, il institue son principal héritier son fils Antoine ; quand aux autres, Georges, Louis, Claude et Marguerite, il leur donne douze cents livres ; il fait des legs pieux et fonde à perpétuité deux services dans l'église du Compas, sa paroisse. Ce testament est du 2 juin 1662.

V. — Georges, deuxième du nom, Momet, garde du corps du roi dans la compagnie de M. le duc de Noailles, épousa, le 27 janvier 1685, Barbe Momet, fille de Louis, écuyer, sieur de Prunevieille, gentilhomme de Son Altesse Mademoiselle d'Orléans, duchesse de Montpensier, et de Gilberte Bourdeix.

VI. — Michel Momet, deuxième du nom, Sgr de Villetourteix, épousa, le 5 août 1717, Marguerite de Momet, fille de Jean de Momet, Sgr des Lorges, avocat au Parlement, conseiller de Son Altesse Royale, et de Charlotte de La Villaine.

VII. — Jacques Momet, Sgr de Villetourteix, épousa, le 8 septembre 1747, Gabrielle Pavi, fille de Charles Pavi et de Marie Brousse. De ce mariage : Marie Momet, qui épousa, le 5 juillet 1772, Gabriel de Brethon, chevalier, Sgr du Mas. De Brethon, porte : *d'argent à l'aigle éployée, couronnée d'azur, surmontée en chef d'un lion passant de même et lampassé de gueules* (Thomas DE LA THOMASSIÈRE, édition de 1689).

MONDAIN ou MONDIN, et quelquefois MONDA et MANDAIN (T. III, p. 239). — Jacques Mondain de Montostre, en 1689, était époux de demoiselle Gasparde de Morans.

Marie-Anne de Morans épousa, le 29 août 1730, Joseph-Léonard Mondain de Montostre, écuyer, sieur du Courret et de la Maison-Rouge. Ils étaient parents au quatrième degré de consanguinité (Registres de Rancon).

François-Xavier Mondain de la Maison-Rouge, né en 1706, appartenait à cette famille noble de la Marche, dont l'existence est constatée dès le milieu du XVe siècle, et dont les armes sont : *d'argent à la fasce de gueules; accompagnée de trois étoiles du même*. Il fut le dernier abbé de Grandmont. Il avait une sœur qui mourut après cinquante-un ans de profession au couvent des Filles-de-Notre-Dame, à Limoges, en 1776. Le château de La Maison-Rouge existe encore à peu de distance de La Souterraine (Creuse). Voir *Bull. Soc. arch. Lim.*, T. XXIII, p. 119; XXIV, 311).

Renée (Mondain) de Montostre, dame du Couret, paroisse de Saint-Laurent-les-Eglises, épousa, en 1648, Léonard Jouhanny, écuyer, sieur de Lavau, paroisse de Saint-Priest-la-Feuille (*Nobil.*, II, 456).

Léonarde Mondain de Miomandre, paroisse d'Oradour-Saint-Genest, avait épousé, vers 1648, Antoine Ribilhac, dont une fille, Anne, mariée à Voulons, le 26 janvier 1666 (Registre de Voulons).

N..... Mondain de Montostre était curé de Saint-Priest-la-Feuille en 1681 (Registres de Magnac-Laval).

François de Mondain, chevalier, Sgr de Montostre, de Rechignevoisin, La Barde, La Rue et Bouqueville, lieutenant-colonel d'un régiment d'infanterie, chevalier de l'ordre militaire et hospitalier de Saint-Lazare, avait épousé Marie-Anne de Chamborand, née le 28 décembre 1689, fille de Pierre-Joseph, Sgr de Droux, et de Marie-Anne de Legalis. Celui-ci étant mort, elle se remaria avec Jean de Chamborand (*Nobiliaire*, I, 555).

Anne de Mondain de Montostre, de La Maison-Rouge, épousa, en 1689, Louis de Moras, écuyer, sieur de Chamborand (*Nobiliaire*, T. III, p. 257).

N... Mandat de Beauséjour, près Limoges, était lieutenant-général de police à Limoges, et mourut en 1721. Il avait fait bâtir un château, appelé de Beauséjour, sur l'emplacement de l'ancien château de Sainte-Valérie.

Jean Mondot, écuyer, sieur de La Leuf, paroisse de Berneuil, épousa demoiselle Anne Laisné, dont Madeleine Mondot, qui épousa, par contrat (signé Vauzelle et Mathieu), le 5 juillet 1712, Antoine de La Couture-Renom, écuyer, sieur de Beireix, et de Catherine Caron (*Nobiliaire*, III, 696).

Louise de Monda, fille de Louis de Monda, chevalier, Sgr de Mausan et d'Ost, et de Marie-Anne de Gerde, épousa, le 8 février 1739, Barthélemy de

Castelbajac, chevalier, comte de Castelbajac, fils de Jacques et de Catherine d'Armagnac.

N... (Mondain) de Montostre avait épousé, vers 1769, N..., sieur de Ladignac (*Nobiliaire*, III, p. 19).

Jean-Baptiste Mondot de Beauséjour, prêtre du diocèse de Limoges, vivait au commencement de ce siècle (LEGROS, *Catalogue des prêtres*).

Voir aussi l'article Mandat et Madot.

DE MONAMI ou DE MONAMY (T. III, p. 239), Sgr du Teil, du Mas, de La Couture et de La Courtine, dans la Marche, le Bourbonnais et le Limousin. — Martial Monamy, agissant en son nom et en celui de Jean Monamy, son fils, rendit hommage, en 1506, à cause de la seigneurie du Mas-du-Teil, située dans la Marche. — Antoine Monamy, écuyer, Sgr du Teil, époux d'Isabeau des Brondons, vivant en 1540, fut le trisaïeul d'Angélique-Ursule de Monamy, née en 1677, fut admise à la maison royale de Saint-Cyr, au mois de septembre 1686. Cette famille avait déjà fourni un chevalier de l'ordre de Malte en la personne de Martial Monamy, deuxième du nom, reçu dans l'ordre en 1579, et commandeur de Masdieu en 1593. — Jean-François Monamy, Sgr de Charreil, en Bourbonnais, rendit hommage, en 1696 et 1717. — Le baron de Monamy fut convoqué à l'assemblée des nobles du Bas-Limousin, à Tulle, en 1789 (*Noms féodaux*, p. 651. — CHABROL, T. IV, p. 266. — LA CHENAYE-DES-BOIS, T. V, p. 580, *apud Nobiliaire d'Auvergne*, T. IV, p. 163).

I. — Martial de Monamy rendit hommage au roi, en 1506, pour la seigneurie du Mas-du-Teil (Marche). Il eut Jean de Monamy, Sgr du Mas-du-Teil, père d'Antoine, écuyer, Sgr du Teil en 1540, marié à Anne des Brandons; celui-ci est le trisaïeul d'Angélique-Ursule de Monamy, né en 1677, reçue à Saint-Cyr en 1684.

II. — Nicolas de Monamy, baron de La Courtine, descendant d'Antoine, marié, vers 1540, à Anne des Brandons, épousa, le 20 septembre 1685, Louise de Sarrazin, dont :

III. — Jean-Louis de Monamy, baron de La Courtine, marié à Françoise Dupuy, baronne de Mirambel, fille d'Antoine, baron de Mirambel, Sgr de La Gastine, et de Jeanne-Marie de Bosredon ; de ce mariage :

IV. — François de Monamy, baron de Mirambel et de La Courtine, Sgr de La Gastine, marié, le 20 juin 1752, à Jeanne de Bosredon de La Breuille, dame de la cour, fille de François, Sgr de Salmondèche, et d'Anne Chenaud de Peyreclevade ; de ce mariage : 1° Jean-Louis-François, qui suit ; 2° autre François, chevalier, capitaine de cavalerie au régiment de Bourbon en 1776 ; 3° N....., mort pendant la Terreur, sur la place de Grève, à Paris, à l'âge de dix-huit ans ; 4°-8°, quatre fils, qui émigrèrent pendant la Révolution, avec deux de leurs frères, qui précèdent ; 9° N..., épouse de M. Périer de Meymat ; 10° N..., appelée Mlle de La Chassaigne ; 11° N..., appelée Mlle de Saint-Rémy.

V. — Jean-Louis-François de Monamy, chevalier, baron de Mirambel et de La Courtine, Sgr de La Gastane, de La Chassaigne, de Saint-Rémy, etc., assista aux assemblées de la noblesse du Limousin en 1789. Il épousa, le 18 mai 1786, Françoise-Alberte-Gilberte d'Ussel, fille de Marc-Antoine, marquis d'Ussel, baron de Châteauvert, et de Catherine-Claire de Salvert de

Montroguon; de ce mariage : 1° Catherine-Claire, mariée, en 1808, à Michel-Victor Burin des Rauziers, fils de Laurent, Sgr des Rauziers, bailli de la baronnie de Latour, et de Jeanne-Rose-Bellide Pichot du Clos. Elle est morte le 17 décembre 1832. Son fils, M. Hyacinthe Burin des Rauziers, est actuellement (1864) président de chambre à la cour d'Aix ; 2° Jeanne-Marie-Rosalie, mariée à M. Vézit de Beaufort, dont postérité; 3° François, mort à vingt-un ans.

Martial de Monamy fut reçu chevalier de Saint-Jean de Jérusalem, en 1579. Il était commandeur de Masdieu en 1593. Une branche de cette famille habitait le Bourbonnais ; François de Monamy, Sgr de Charreil, rendit foi-hommage au roi en 1696 et 1717.

Armes : *d'azur au chevron d'or, accompagné de trois larmes d'argent.*

Sources : Titres originaux communiqués. — Cabinet généalogique de la Bibliothèque impériale (A. Tardieu, *Hist. généal. de la maison de Bosredon*, p. 323).

DE MONCEAUX, anciennement MOLCEU, MOLCÉON, MOLCEAU, T. III, p. 239). — Cette famille, originaire du Limousin, avait pris son nom d'une terre mouvante de l'abbaye de Tulle, suivant un acte de foi-hommage de 1272. Elle a possédé, dans la même province, les seigneuries de Bar, de Marcillac et autres, et s'est ensuite transplantée en Auvergne, où elle s'est éteinte, si toutefois elle ne subsiste pas sous un nom transformé. — Bertrand de Molceu (Molcéo), Sgr de Bar, est connu dans des actes de 1323 et 1326. Hélis de Molceau, sa fille, épousa, le 1er août 1326, Hugues de Cosnac, chevalier, fils de Guillaume II, et frère de Bertrand de Cosnac, créé cardinal en 1372. — Jean de Molcéon, Sgr de Bar, se trouvait à Avignon avec Etienne de Molcéo, prieur de Brive, Hugues de Cosnac et Barthélemy de Vassignac, tous seigneurs limousins, et témoins d'un acte, le 22 février 1363. — Jean de Molceu ou de Molceo, Sgr de Marcillac, épousa, en 1369, Béatrix de Scorailles, fille et héritière d'Etienne de Scorailles et de Marguerite de Faucher de Sainte-Fortunade. — Jean de Molceu, *alias* Molceau, fils des précédents, s'allia, en 1398, à Catherine de Maumont, fille de Jean de Maumont, Sgr de Fromental, et d'Hélène d'Aigrefeuille. Lui et Jeanne de Molceu, sa sœur, épouse de Jean de Favars, vendirent leur portion de la seigneurie de Scorailles à Louis de Scorailles, conseiller et chambellan du dauphin, et sénéchal de Berry en 1420. — Bertrand de Molceu, fils de Jean, Sgr de Marcillac, vivait à la même époque. — Jacques de Molceau, Sgr de Bar, fut présent, avec Bertrand de Maumont, Guy de Gimel, Jean d'Ornhac, Boson de La Chapelle, Jean de Beynac et Bertrand Larmandie, au mariage d'Antoinette Faucher de Sainte-Fortunade avec Seguin de Commarque, le 6 février 1418. — Isabelle de Molceu, dite de Bar, fille de Jacques et de Catherine de Bruzac, épousa, en 1436, Pierre de La Garde de Saignes; elle testa le 11 juin 1479, faisant des legs à Jacques et Pierre de Bar, ses frères, et à Marie de Bar, sa sœur, veuve de Jean Vigier de La Porcherie. Vers le même temps, vivaient Catherine de Monceau, alliée, en 1430, à Jacques de Saint-Martial, Sgr de Drugeac, et Blanche de Monceau, mariée, le 13 mai 1445, avec Alain de Beaupoil Saint-Aulaire en Limousin. — Françoise de Monceau de Bar, sans doute fille de Jacques II, épousa, avant le 10 février 1491, Annet de Turenne, Sgr de Durfort-Soursac, fils d'Arnaud de Turenne et de Cécile Rastelane du Chambon. Celle-ci, fille ou petite-fille de Pierre de Rastelane, auquel Pierre de Beaufort, vicomte de Turenne, donna la terre du Chambon, près d'Ussel, le 21 janvier 1421, et qu'une autre Cécile de Rastelane du Chambon porta dans la maison de Fontanges en 1507. — François de Monceaux, S^{gr} de Brousse, paroisse de Champs, coseigneur de Rancillac et de Chalinargues, en 1543, paraît avoir été attiré en Auvergne par Jean Stuart, duc d'Albany, qui possédait plusieurs terres en Bas-Limousin, et dont il était l'allié par les Maumont et les Stuart d'Aubigny (1). Une correspondance récemment découverte au château de Cousans, près Velret, indique que François de Monceaux fut l'ami et le confident de Jean Stuart; espérons que le dépouillement de ces précieuses archives donnera de plus amples renseignements sur les ancêtres de François de Monceaux, ainsi que sur sa biographie personnelle. Il fut présent, le 21 décembre 1558, avec Jacques de Claviers, S^{gr} de Murat-l'Arabe; Jacques de Châlus, S^{gr} de Saint-Martin; Charles de Châlus, chevalier de Malte, commandeur de Feniers; François de Laurie, S^{gr} de La Vallette, et Guillaume de La Barrière, au contrat de mariage de Jean de Châlus, S^{gr} de Cordès et d'Orcival, avec Jeanne de Chabannes, fille de Joachim de Chabannes, baron de Curton, et de Claude de La Rochefoucauld, sa troisième femme. Il avait une sœur, appelée Léonarde de Monceau, mariée à Antoine de Belvezer, S^{gr} du Monteil-du-Boutifare, et mère de deux filles, savoir : Charlotte de Belvezer, mariée, en octobre 1550, avec Claude de Dienne, S^{gr} de Chavagnac, et Françoise de Belvezer, alliée, en 1548, avec François de Châlus, S^{gr} de Cousans. Après François de Monceaux, on trouve :

Hugues de Monceaux, S^{gr} de Brousse, de Vernines, d'Hauteroche et autres lieux, paroisse de Champs, qui laissa d'Antoinette de La Vaissière, son épouse : 1° Pierre de Monceaux, S^{gr} de Vernines, de Brousse, d'Hauteroche et autres lieux, vivant en 1577. Celui-ci a pu être père de Jean de Monceaux, S^{gr} de Rancillac et de Chalinargues en partie, fils ou époux d'une demoiselle de Sarran de La Clidelle, car, en l'année 1640, il fut assigné en partage de la succession de Sarran par les enfants de Jean de Ribier, S^{gr} de Lavaur, et d'Hélène de Sarran, son épouse, dame de Chavaniac; 2° Antoinette de Monceaux, mariée, le 17 mai 1577, avec Raymond de Fontanges, petit-fils de Louis de Fontanges et de Cécile de Rastelane du Chambon. Ce Raymond de Fontanges est l'auteur commun des deux rameaux de sa maison, dont l'un est établi à La Fauconnière en Bourbonnais, et l'autre fixé dans la Haute-Auvergne, où il a possédé depuis les fiefs de Brousse, Vernines, Hauteroche, La Clidelle et Cousans, provenant des maisons de Monceaux, de Sarran et de Châlus.

Les différentes branches de la maison de Monceaux brisaient leurs armes de différentes manières; les unes portaient : *d'or à trois fasces de gueules;* une autre : *de gueules à trois fasces d'argent;* et enfin : *d'azur à trois fasces d'or* (D. COLL., *Généalogie de Scorailles; Généalogie de Maumont et autres;* documents particuliers, *apud Nobiliaire d'Auvergne,* T. IV, p. 164).

(1) Catherine de Maumont, mariée, en 1493, à Jean de Molceau, fut grand-tante d'Anne de Maumont, dame de Beaumont-le-Roger, mariée, vers l'an 1500, avec Beraud Stuart, S^{gr} d'Aubigny en Berry, père d'Anne Stuart, alliée en 1515, à Robert Stuart, son cousin, maréchal de France.

DU MONT, S^grs^ de l'Age-Rideau, ont fait preuve de quatre générations. *D'argent à la croix écartelée de sable* (Lainé, *Nobil. du Lim.*). Voir Dumont, T. II.

DE MONTAGNAC (T. III, p. 240). — Il y a deux maisons fort anciennes connues sous ce nom en Limousin. Celle de Gain de Montagnac et celle de Montagnac-Montagnac. Cette dernière a formé plusieurs branches, dont l'aînée, celle des marquis de Montagnac, possède encore la terre de son nom, située entre Brive et Tulle, en Bas-Limousin. Deux branches se sont établies en Auvergne et en Bourbonnais. De cette dernière, était Claude de Montagnac de l'Arfeuillère, reçu chevalier de l'ordre de Malte au prieuré d'Auvergne en 1607; de celle d'Auvergne, Jacques de Montagnac de Lignières, reçu dans le même ordre en 1665. En 1770, il existait cinq chevaliers du même ordre de la branche de Chauvence, l'un grand prieur d'Auvergne, un autre commandeur de Villefranche. Cette maison portait anciennement : *de sable à la croix d'argent*. Depuis elle a porté : *de sable au sautoir d'argent, cantonné de quatre molettes d'éperon de même* (Lainé, *Nobiliaire du Limousin*).

DE MONTAGNAC ou MONTAIGNAC, S^grs^ d'Estoussanes, *alias* Taussanes, de Beaulieu, de La Couture, de Linières, de La Rochebriant, de Chauvance, de Gatines, d'Aubière, d'Auteyrat, de Saint-Sandoux, de Rozières, de Peuchaud, de Bord et autres lieux en Limousin, dans la Marche, le Berry, l'Auvergne, le Bourbonnais et le Nivernais. Cette maison, qui a produit bon nombre d'officiers supérieurs, décorés de l'ordre de Saint-Louis, et plus de dix chevaliers de Malte, dont l'un fut grand prieur d'Auvergne avant la Révolution, descend de Guy de Montagnac, S^gr^ d'Arfeuillère, paroisse de Chénérailles, dans la Haute-Marche, en 1450. Elle s'est alliée depuis aux familles de Fornel, *alias* Fourneaux, de Jonas, de Green-de-Saint-Marsault, de La Bussière, de Bernets-Linières, de La Rochebriant, de Bigot, de Salvert, etc., etc. On l'a quelquefois confondue avec celle de Gain de Montagnac. Elle est encore représentée aujourd'hui en Auvergne par M. Alexandre de Montagnac et par son fils, habitant le château de Saint-Sandoux (Audigier, T. I, p. 348. — *Noms féodaux*, p. 638. — Chabrol, p. 69, 539, 791, 813, etc., etc. — *Nobiliaire du Limousin*, par Lainé, p. 36).

Armes : *de sable à la croix d'argent*. S'il faut en croire M. Lainé, cette famille aurait maintenant adopté les armes de son homonyme du Languedoc, qui sont : *de sable au sautoir d'argent, accompagné de quatre molettes d'éperon de même* (*Nobiliaire d'Auvergne*, T. IV, p. 175).

Une vicairie avait été fondée dans l'église de Peyrat-le-Château, en 1530, par Guy de Montagnac, chevalier, S^gr^ d'Arfeuille; elle était entretenue par N... de Montagnac de Jeydet et de Périgort (*Sem. relig. Lim.*, VI, 106).

MONTAIGU-EN-COMBRAILLES (T. III, p. 241). — Cette terre appartenait, dès l'origine de la féodalité, à la maison de Bourbon-l'Archambault, et devint l'objet d'une vive querelle entre Archambault VII, sire de Bourbon, et Pierre de Blot, son parent, qui s'en disputaient la possession en 1171. Elle resta alors, en vertu d'un accord, à Archambault, dont l'importante succession passa d'abord dans la maison de Dampierre, puis aux descendants de Robert de France, sixième fils de Saint-Louis, qui formèrent la troisième race des sires de Bourbon, devenue royale en 1589. La terre de Montaigu, passée dans la branche de Bourbon, comtes de la Marche, échut, en 1460, à la maison d'Armagnac, qui, après en avoir joui quelque temps, en fit vente à Pierre II, duc de Bourbon. Un instant confisquée au profit de la couronne, lors de la défection du connétable de Bourbon, en 1523, elle revint bientôt après à Louis de Bourbon, prince de La Roche-sur-Yon, tige des ducs de Montpensier, éteints dans la maison d'Orléans en 1627 (AUDIGIER, T. VI, p. 103. — CHABROL, T. IV, p. 798. *Apud Nobiliaire d'Auvergne*. T. IV, p. 187).

DE MONTAL (T. III, p. 242). — Le *Nobiliaire d'Auvergne*, par M. Bouillé, contient, au tome IV, p. 189, une généalogie des barons de Montal, La Roquebron, Carbonnière, etc., dont les armes sont : *de gueules fretté d'or et semé de coquilles de même dans les claires-voies*.

MONTALEMBERT (T. III, p. 242). — Le *Dictionnaire des anciennes familles du Poitou*, par M. Beauchet-Filleau, contient une généalogie complète de cette famille, dont les armes sont : *d'argent à la croix ancrée de sable*.

DE MONTBERON (T. III, p. 244), l'une des plus anciennes et des premières maisons de l'Angoumois. On en trouve la généalogie, T. VII, p. 25 de l'*Histoire des grands officiers de la couronne*, cette maison illustre ayant donné un maréchal de France, plusieurs généraux et un chevalier de l'ordre du roi. Elle remonte filiativement à Robert, premier du nom, sire ou baron de Montberon, vivant en 1140. Ses descendants se sont alliés aux plus grandes maisons du royaume.

Écartelé, aux 1er et 4e fascé d'argent et d'azur; aux 2e et 3e de gueules plein (LAINÉ, *Nobiliaire du Limousin*).

Le *Bulletin de la Société archéologique de la Charente*, contient une *Notice sur les seigneurs de Montbron* (année 1851-52, p. 72, et 1860, p. 220) et l'*Histoire d'Aquitaine*, par M. de Verneilh, une *Note sur la ville de Montbron* (T. I, p. 313).

Montbron (*Mons Berulphi*), qu'il ne faut pas confondre avec Montbrun (*Mons Bruni*), est un chef-lieu de canton de l'arrondissement d'Angoulême, auquel d'Hozier a donné pour armes : *de vair au chef componé d'argent et d'azur* (*Armorial général*).

DU MONTEIL (T. III, p. 245).

Haut et puissant seigneur Alphonse-Louis du Monteil de La Mollière, chevalier, marquis de Cardaillac et de La Capelle-Marival, baron du Mazet, Sgr de Janailhac et autres places, lieutenant de Nos Seigneurs les maréchaux de France au gouvernement du Limousin et Guyenne, épousa haute et puissante dame Marcelle d'Echizadour, marquise et baronne desdits lieux, habitant le château du Mazet, dont : Paule-Claire-Marguerite du Monteil de La Mollière, demoiselle de La Capelle, qui épousa, à l'âge de vingt-trois ans, le 16 mai 1780, dans la chapelle du Mazet, paroisse de Janailhac, messire Jean-Marguerite, comte de Bric, chevau-léger de la garde du roi, chevalier, S^gr de Lageyrat et autres places, âgé de trente-trois ans, fils de Jean-François, marquis de Brie, et de Marie de Coustin-du-Masnadaud, habitant le château de Lageyrat (Registres de Janailhac).

Gerald du Monteil (probablement Le Monteil, commune de Saint-Martin-Château, Creuse), que les Routiers tenaient en prison à Peyrat-le-Château, dont ils s'étaient emparés en 1184, en fut miraculeusement délivré par l'intercession de Saint-Etienne-de-Muret (*Sem. relig. Lim.*, XVI, 510).

DE MONTERUC (T. III, p. 245). — Cette famille, alliée à celles d'Aubusson, de Meausse et de Rouffignac, a donné deux cardinaux, Pierre de Monteruc, évêque de Pampelune, créé cardinal en 1356, par le pape Innocent VI, son oncle (Etienne Aubert), et décédé le 30 mai 1385, et Ranulfe de Monteruc, neveu du précédent, évêque de Sisteron, créé cardinal par le pape Urbain VI, en 1378, mort à Rome le 15 août 1382. Cette famille s'est éteinte au commencement du xvie siècle.

De gueules au chevron d'argent, accompagné en chef de deux étoiles et en pointe d'un rocher, le tout du même (Lainé, *Nobiliaire du Limousin*).

MONTFREBŒUF (T. III, p. 247). — Le château de Montfrebœuf est situé commune de Marval, canton de Saint-Mathieu (Haute-Vienne), ainsi que le château de La Nadalie. On connaît des titres où les membres de la famille de Montfrebœuf prenaient le titre de chevaliers, en 1072 (Papiers de la famille de Lambertie). Les Montfrebœuf étaient seigneurs de Maraval dès 1308 (La Chesnaye-des-Bois). Ils ont possédé Montjauffre, paroisse de Saint-Denis-les-Murs; ce fief passa ensuite dans la famille Guitard (*Nobil.* II, p. 402), puis aux Carbonnières, enfin aux Germain de La Pomélie.

Pierre de Montfrebœuf, avec Ithier Bernard et Aimeric Brun, fonda le monastère de Boubon (commune de Cussac) en 1106 (Dom. Martène, *Amplissima collectio*, T. VI, col. 994).

Seguin de Montfrebœuf, damoiseau, souscrivit, avec Gerard de Lambertie, un acte l'an 1283 (Archives de Saint-Martin-Lars).

Noble Guillaume de Montfrebœuf donne au monastère de Saint-Pardoux-la-Rivière un setier de froment de rente foncière et directe, sur le mas de La Varenne et de Faugiéras, proche ledit monastère, le 3 des nones de mars 1304 (Terrier de Saint-Pardoux-la-Rivière).

Gui de Montfrebœuf, chevalier, souscrivit, comme témoin en 1308, avec Pierre de Lambertie, prêtre de la paroisse de Miallet, Aimeric Chabot, Aimeric Domphon, damoiseau, et autres, une enquête faite sur la demande de Simon, vicomte de Rochechouart (Archives de Saint-Martin-Lars).

Almodie de Montfrebœuf, épouse de Guy de Maraval, avait une fille, Agnez de Maraval, qui, en 1316, était épouse de Pierre Bajule (Baile) le jeune, fils de Pierre Bajule l'ancien, de Maraval (Dom. Villevieille, vol. LV, fol. 128).

Louis de Rochechouart, fils de noble et puissant homme messire Jean, vicomte de Rochechouart, acheta d'Aimeric de Montfrebœuf et de demoiselle Hélie de Chabanais, sa femme, du diocèse de Limoges, une rente de 28 septiers de seigle, 8 de froment, 4 d'avoine et 12 sous, que ladite demoiselle Hélie avait sur la dîme dudit vicomte, en la paroisse de Biennat, le lundi après Saint-Luc, 1352 (Dom. VILLEVIEILLE, archives de Rochechouart, liasse D).

Noble homme Guillaume de Montfrebœuf, damoiseau, Sgr de Pruhn, avoue tenir en foi et hommage de noble et puissant seigneur Jean de Pontville, vicomte de Rochechouart, son hôtel de Pruhn, assis à Rochechouart, et donne le dénombrement des mas, etc., qui en relèvent, par acte du 25 janvier 1496 (*Hist. de la maison de Rochechouart*, II, 332).

Agnez de Montfrebœuf épousa, en 1501, François de Roziers, damoiseau, sieur de Saint-Brice, fils de Jean, sieur de La Rochette, et d'Isabeau de Soudac ou Soulac (*Nobiliaire*, article Roziers).

Dans la paroisse de Peyzac, archiprêtré de Lubersac, une vicairie fut fondée par Antoinette de Montfrebœuf, veuve de noble sieur de La Borie, l'an 1504 (Pouillé de Nadaud, p. 173).

François de Montfrebœuf, écuyer, rendit hommage à Claude de Rochechouart, pour le fief des Robert (dit de Prun) le 6 décembre 1565 (Archives de la Haute-Vienne).

François de Montfrebœuf, écuyer, épousa, le 24 juin 1591, Marguerite de Coral, fille de Léonnet, écuyer, Sgr du Mazet, et de Marguerite de La Guyonnie.

Georges de Montfrebœuf, écuyer, Sgr de La Nadalie, capitaine des gardes de M. de Grammont, testa, le 11 octobre 1631, en faveur de Jean, son frère aîné, et de Georges, son neveu, page du comte de Toulouse, qu'il institue son héritier universel.

Marguerite de Montfrebœuf, épouse de François de Guytard, écuyer, Sgr de La Borie, le 22 octobre 1641.

Elisabeth de Montfrebœuf, dame de Nadalie, et Elisabeth de Montfrebœuf, dame du Courret, sont l'une et l'autre mentionnées dans la liste des protestants nouveaux convertis, dressée en 1682.

Antoine de Montfrebœuf de La Chassaigne, chevalier, Sgr de Razat, capitaine au régiment Royal-Piémont, obtint, lors de sa réforme, en 1777, une pension de 900 livres.

Marguerite de Montfrebœuf épousa Léonard de Mascureau; nous ne savons à quelle époque.

Gabriel de Montfrebœuf, prêtre du diocèse de Limoges, vivait au commencement de ce siècle (LEGROS, *Catalogue des prêtres*).

Filiation suivie.

I. — Guillaume de Montfrebœuf, écuyer, Sgr de Montfrebœuf, testa le 21 mars 1492, en faveur de Jean, son fils, qui suit.

II. — Jean de Montfrebœuf, écuyer, Sgr de Montfrebœuf, La Chabrolie, etc., rend hommage de son hébergement de Montfrebœuf au vicomte de Rochechouart, les 21 mars 1500, 12 janvier et 2 septembre 1533. Le 11 mai 1497, il avait épousé Marguerite Trion, fille de Jean, écuyer, Sgr de La Coste, dont il eut : 1° Jean, qui suit; 2° Ysabeau, mariée, le 10 juin 1539, à Geoffroy de Maulmont, écuyer, Sgr dudit lieu, de Chadeau, etc., et était veuve en 1548.

III. — Jean de Montfrebœuf, écuyer, Sgr de Montfrebœuf, testa le 6 juin

1586, et épousa, le 8 novembre 1544, Marguerite Cottet, fille de Fréault (*sic*), écuyer, S^{gr} de Peuch, et coseigneur de La Roche; il fit, le 7 mai 1586, son testament en faveur de : 1° Gabrielle ; 2° Marie, ses filles, et 3° Jean, son fils, qui suit.

IV. — Jean de Montfrebœuf, écuyer, S^{gr} de Montfrebœuf, La Nadalie, eut de Madeleine Chasteigner, fille de René, écuyer, S^{gr} de Badois et de La Graule, qu'il épousa le 15 novembre 1604 ; 1° Jean, qui suit, 2° Anne, qui partagea avec ses frères, le 3 septembre 1644 ; 3° Isaac, écuyer, S^{gr} de La Lande, avait épousé, avant le 21 février 1646, Anne de La Mousnerie, *alias* de Laumònerie, fille de Jean, écuyer, S^{gr} de La Mousnerie, et de Jeanne de La Mousnerie.

V. — Jean de Montfrebœuf, écuyer, S^{gr} de La Nadalie, reçut, le 16 novembre 1635, une commission du roi pour lever une compagnie de gens de guerre, et obtint son congé, le 30 novembre 1636, de Henri, duc de Rohan ; fut nommé, le 11 décembre 1652, sergent-major dans un régiment de cavalerie, et, les 28 janvier et 1er mars précédents, avait reçu des lettres du roi pour le remercier des services par lui rendus ; fut chargé, le 11 décembre 1657, de lever une compagnie de chevau-légers, et fut maintenu noble le 7 septembre 1672. Marié, le 9 juillet 1635, à Marie de Pastoureau, fille d'Abel, S^{gr} d'Ordières, et d'Isabelle de Goulard ; il fut père de : 1° François, qui suit ; 2° Nicolas, écuyer, S^{gr} de Morville, baptisé le 31 mars 1671, fut maintenu noble par M. de Richebourg ; 3° Hippolyte, qui était absent pour le service du roi lors du partage de la succession de son père, le 16 mai 1674 ; il eut de N..., son épouse : A. — Marie, qui, le 21 août 1722, était épouse de Pierre Coulombeau ; B. — Jeanne ; 4° Jean, écuyer, sieur du Couvé, paroisse de Benay, diocèse de Poitiers, qui épousa, dans l'église de Champagnac-sur-Gorre, le 19 mars 1683, Suzanne Virethon, veuve de Jean Juddé, sieur des Noches ; 5° Jeanne ; 6° Elisabeth ; 7° Esther, qui tous partagèrent, le 16 mai 1674, les successions de leur père.

VI. — François de Montfrebœuf, écuyer, S^{gr} de Beauregard, assista au ban de 1693, et eut de Jeanne de Saint-Garraud, fille de Raymond, écuyer, S^{gr} de Trallebault, et de Marie Jourdain : 1° Raymond, qui suit ; 2° Marie, qui épousa : 1° Daniel de Jourdain, écuyer, S^{gr} de Villeneuve ; 2°, le 21 février 1719, Jean-Alexandre de Gourjault, écuyer, S^{gr} de Villefa, et 3° Marc-Christophe de Pressac, écuyer, S^{gr} de Ry, avec lequel elle vivait, en 1740 ; 3° Jeanne, femme de Jean Morin, écuyer, S^{gr} de Fontfaix.

VII. — Raymond de Montfrebœuf, écuyer, S^{gr} de Montfrebœuf, Beauregard, Morville, fut maintenu noble par M. Quentin de Richebourg, assista au ban de 1708, transigea, le 21 août 1722, avec les filles d'Hippolyte son oncle. Il eut de son mariage, contracté le 2 février 1697, avec Marie-Anne Bodet, fille de Jacques-Léonor, chevalier, S^{gr} de La Fenêtre, et de Marie de Villeneuve (*Nobil.* II, p. 580), Louis, qui suit.

VIII. — Louis de Montfrebœuf, écuyer, S^{gr} de Morville, Beauregard, épousa Marie-Charlotte Pascault, fille d'Antoine, S^{gr} de Buissonnet, et de Charlotte Perot, dont il eut : 1° Louis, qui suit ; 2° François, prêtre, était vicaire de Lisant, le 10 décembre 1772, et le 29 août 1775, chapelain de la chapelle Saint-Jacques, desservie en l'église de Vernantes, au diocèse d'Angers ; il est nommé, curé de Lisant, en mars 1775, et de Saint-Pierre de Charmé, le 21 mai 1784 ; 3° Louis-Annibal, prêtre, qui était vicaire de

Verteuil, le 10 décembre 1772, fut nommé chanoine du chapitre de Notre-Dame de Saint-Florentin du château d'Amboise, le 26 décembre 1774, et doyen, le 15 octobre 1788; et peut-être, 4° Marie, qui était en, 1779, épouse de Louis-Charles de Fleury, écuyer, Sgr de Morville et de Beauregard, du chef de sa femme; elle mourut, en août 1791 (*Nobil.* II, 637).

IX. — Louis de Montfrebœuf, chevalier, Sgr de Morville, était membre de l'assemblée de Niort, pour l'ordre de la noblesse, en 1787, et mourut, le 1er mai 1787, âgé de cinquante-quatre ans.

Armes : *d'or au lion de gueules.*

Sources : *Dict. des anciennes familles du Poitou*, et autres documents.

DE MONTGRUT, Sgrs du Chassaingt, des Vergnes, de Segondat, de Montgrut, etc., etc., dans la Marche et en Combraille.

Armes : *d'azur à l'aigle double et éployée, becquée et onglée de gueules, accompagnée de deux étoiles d'argent.*

Cette famille tire son nom de la terre de Montgrut, située en Combraille; elle s'est constamment distinguée par ses services et ses alliances; faute de documents antérieurs, nous ne pouvons remonter sa généalogie qu'à Durand, qui suit.

I. — Durand de Montgrut, écuyer, Sgr dudit lieu et du Chassaingt, homme d'arme de la compagnie du comte d'Angoulême, capitaine de cinquante lances des ordonnances du roi, épousa, par contrat du 15 septembre 1532, passé au château du Babonneix, en présence de puissant Sgr Léonard de La Roche-Aymon, Sgr de la Marche, de noble homme Jacques de Fournoux, Sgr de La Vorelle, etc., etc., damoiselle Jacquette des Escaux. Ledit contrat, reçu par Marc Chattard, notaire royal. Elle était fille de noble homme Jacques des Escaux, écuyer, Sgr du Babonneix, paroisse de La Chaussade et sœur de noble François des Escaux, écuyer, lequel ne termina de payer la dot de sa sœur que le cinquième jour d'octobre 1543, ainsi qu'il appert par la quittance finale, reçue par Marc Chattard, garde du scel de la prévôté de Bellegarde. Dans cet acte, François des Escaux est qualifié Sgr du Babonneix. Durand de Montgrut et Jacquette des Escaux sont mentionnés comme défunts dans le contrat de mariage de leur fils Pierre. Ils avaient eu pour enfants : 1° Pierre, qui suit; 2° Philibert ou Gilbert de Montgrut; il signa le contrat de mariage de son frère et y est qualifié Sgr de La Vergne.

II. — Pierre de Montgrut, écuyer, Sgr du Chassaingt, fut, comme son père, homme d'arme de la compagnie du comte d'Angoulême; il portait encore les armes en 1581, ainsi que le prouvent ses certificats de service, et avait épousé, par contrat passé à Saint-Martin-de-Lupersat et reçu par Chèze, notaire royal à Bellegarde, damoiselle Anne Chèze, fille de feu François Chèze, procureur du roi en l'élection de Combraille, et de damoiselle Catherine de Suny. Les témoins mentionnés audit contrat sont, noble homme Philibert de Montgrut, Sgr des Vergnes, noble homme François des Ecots, Sgr du Babonneix; Lionnet du Fournoux, Sgr dudit lieu; Claude de Mallaret; Antoine Chèze, etc., etc. Pierre de Montgrut est mentionné comme défunt dans un bail passé par damoiselle Anne Chèze, le 6 mars 1624. De leur mariage sont issus : 1° François, qui suit; 2° Isabeau, mariée avec Guillaume Busserette; elle donna quittance à son frère le 29 juillet 1627.

III. — François de Montgrut, écuyer, S^{gr} du Chassaingt et de Segondat, servit longtemps dans les chevau-légers, ainsi qu'il appert de différents certificats qui lui furent délivrés pendant les années 1606, 1623 et 1635. Il se présenta aussi à Riom, le 10 septembre 1639, lors de la convocation du ban et arrière-ban de la noblesse d'Auvergne, dont il lui fut donné certificat, signé Rochefort. Il avait épousé, par contrat du 12 septembre 1625, reçu Chaudin, notaire royal, damoiselle Anne Pignouneau, lors veuve de Joseph du Peyroux, écuyer, S^{gr} de La Ribière et en deuxièmes noces, par contrat du 2 octobre 1634, reçu Ogier, notaire royal, damoiselle Françoise d'Allemaigne, fille de défunt François d'Allemaigne, écuyer, S^{gr} de Montclar, et de damoiselle Jacqueline du Leyrit. François de Montgrut, étant tombé malade à Pontgibaud, y fit son testament, le 10 juin 1656, en faveur de Gilbert de Sonnade, écuyer, S^{gr} de Vauchaussade, son gendre. Il avait eu pour enfants du premier lit : 1° Pierre de Montgrut, écuyer, S^{gr} de La Ribière ; il épousa, par contrat du 16 février 1670, reçu par Vessière, notaire royal, damoiselle Marguerite de Sarrazin, fille de Jean de Sarrazin, écuyer, S^{gr} de La Fosse. On ignore s'il eu postérité. Il produisit, ainsi que ses frères les titres en vertu desquels il jouissait de la qualité de noble et d'écuyer, devant les commissaires délégués par S. M. pour la recherche des usurpateurs de noblesse, et fut maintenu dans ses droits et privilèges. Du deuxième lit : 2° Antoine, qui suit ; 3° Joseph, écuyer, S^{gr} des Vergnes ; il servit longtemps comme gendarme d'une compagnie de la garde écossaise, et fit son testament le 12 novembre 1666, par lequel il donnait tout ce qu'il possédait à son frère Antoine ; il était alors à Orléans, sur le point de partir pour la guerre, n'étant encore que volontaire dans la compagnie de M. de Catellan ; on ignore s'il fut marié ; il avait fait le partage de la succession de son père en 1676, et son frère se dit son héritier, le 12 décembre 1686 ; 4° Marguerite de Montgrut, femme de Gilbert de Sonnade, écuyer, S^{gr} de Vauchaussade. Il laissa aussi une fille naturelle, Louise de Montgrut, à laquelle ses frères, Antoine et Joseph, accordent une certaine somme dans un testament où ils s'étaient donné réciproquement leurs biens, lequel testament passé le 12 janvier 1665.

IV. — Antoine de Montgrut, écuyer, S^{gr} du Chassaingt, des Vergnes, et de Segondat, etc., né en 1642, fut baptisé à l'âge de onze ans ; il eut pour parrain Antoine de La Roche-Aymon, comte de Mainsat, sa marraine fut damoiselle Marie-Silvie des Brandons. Il commença par porter le mousquet comme volontaire dans le régiment d'Orléans-infanterie, corps dans lequel il servait encore, le 28 juillet 1667, selon des certificats à lui délivrés ledit jour par le marquis de Beaufort, colonel commandant ledit régiment, et par M. de La Guierche, son capitaine, le 1er avril dudit an. Il épousa, par contrat des 22 février et 4 mars 1680, damoiselle Marguerite d'Arfeuilles, fille de haut et puissant seigneur messire François d'Arfeuilles, chevalier, S^{gr} dudit lieu, Le Chaslard et autres places, et de haute et puissante dame Louise du Pouget de Nadaillac. Antoine de Montgrut, fit registrer ses armoiries à l'armorial général (coté Combraillle, art. 8); il mourut avant le 20 juillet 1717. Il avait eu de son mariage avec Mlle d'Arfeuilles :

V. — François de Montgrut, deuxième du nom, écuyer, S^{gr} des Vergnes, de Segondat, du Chassaingt, etc., entra dans l'état ecclésiastique, fut prêtre et prieur commendataire du prieuré de Saint-Hilaire, de Sermur et chanoine et archidiacre du diocèse de Montauban. Il plaidait, en 1751, contre M. le duc d'Orléans, S^{gr} de Sermur, et contre les sieurs Gilbert Pary et Louis Rouchon, sous-fermiers de ladite seigneurie. On ignore l'époque de sa mort.

DES MONSTIERS (T. III, 251), comtes de Mérinville et de Rieux, barons de Saint-Péré, Augerville, Orilhac, Lavinière, Montrocher, La Valette, S^{grs} de Fraisse, La Faye, Rochelidoux, Bournazeau, La Barre, Roches, Belabre, Montrollet, Châteaubrun, Brigueuil-l'Aîné, Champeau, La Grange-Blanche, Auby, portent : *écartelé, aux 1er et 4e d'argent à trois fasces de gueules, aux 2e et 3e d'azur à deux léopards d'argent.* — Devise : *Quod opto est immortale.* — Cris de guerre : *Dieu nous secoure.* — Supports : *deux anges de carnation vêtus de blanc.* — Cimier : *Une tête de chien courant, de face.* — Couronne de marquis. — C'est ainsi que cette maison conserve son écusson depuis Eusèbe des Monstiers, premier vicomte de Mérinville, dont les descendants continuèrent à écarteler de Mérinville. Primitivement la maison des Monstiers portait simplement : *d'argent à trois fasces de gueules.*

I. — Dans des mémoires non en forme on trouve un *Urbain ou Turban* des Monstiers, chevalier, qui servait le roi contre les Anglais et les Albigeois. Il était originaire de la ville de Monstiers en Savoie. Il épousa : 1°, en 1220, Jacquette d'Erby, en Bourgogne, fille de Jean d'Erby, et en deuxièmes noces, en 1239, Quittérie, héritière du fief du Fraisse, qui relève de la terre de Mortemart, et qui est en Poitou, sur la paroisse de Nouic, diocèse de Limoges, de ce mariage vint : 1° François des Monstiers, qui suit ; 2° Pierre des Monstiers, qualifié chevalier, *miles*, frère de Gerald, prêtre, qui paya, en présence de Gilbert de Malemort, évêque de Limoges, le 5 des ides d'août 1284, la dot d'Agnès des Monstiers, sa fille, mariée à Pierre des Monts (Montes); 3° Gerald des Monstiers, prêtre.

II. — François des Monstiers, S^{gr} du Fraisse, qui se croisa avec le roi Saint-Louis, et pour lequel le comte de Poitiers se porta garant de la somme nécessaire pour effectuer son retour ; dans cet acte, passé à Damiette, il est dit chevalier. Il avait épousé, en 1279, Anne de Lezay, de la maison de Luzignan. De ce mariage, deux fils : 1° Jean des Monstiers, qui suit ; 2° Mathieu des Monstiers, prêtre chapelain de N.-D. de Solignac en 1308.

III. — Jean des Monstiers, chevalier, S^{gr} du Fraisse, épousa, en 1305, Jeanne de Bonnin, d'où un fils qui suit.

IV. — Pierre des Monstiers, qui vivait en 1335, et est dit noble homme, S^{gr} du Fraisse, on ignore qui il épousa, mais il fut père d'Abbaut, qui suit.

V. — Abbaut des Monstiers, qualifié messire, S^{gr} du Fraisse, dans une transaction du 19 mai 1365, passé avec Seguine, abbesse de La Règle, épousa Anne de Charlany ou Chalagny, d'où : 1° James des Monstiers, qui suit ; 2° André des Monstiers, qui épousa, en 1430, Jeanne de Lezay, fille de Jean de Lezay, écuyer, sieur des Marais, et de Louise des Granges, duquel mariage, deux enfants : A. — Guichard des Monstiers, qui fut religieux de Saint-Benoît ; B. — Marie des Monstiers, qui ne fut point mariée.

VI. — James, Jacmes ou Jacques des Monstier, écuyer, S^{gr} du Fraisse, servit le roi ès-ban et arrière-ban. Il habitait Saint-Junien, où il était propriétaire de certains cens, *infra villam*, pour lesquels il reçut des lettres d'investiture, données le 4 août 1431, par Pierre de Monthrun, évêque de

Limoges. Il y est dit noble Jacques des Monstiers, *alias* du Fraysse. Il avait épousé, par contrat du 9 février 1412, signé Grolatier et Chauvet, notaires à Melle, demoiselle Isabeau de Jousserand, veuve en premières noces de noble Huguet ou Hugon de Merillé, laquelle était fille de Jean de Jousserand, chevalier, Sgr de Lairé, et de Marguerite de La Rochefoucaud. Jousserand en Poitou, porte : *coupé, cousu de gueules et d'azur, à une aigle au vol abaissé d'argent, membrée d'or, brochant sur le tout.* Elle mourut, le 13 juillet 1451, et fut inhumée chez les frères mineurs de Saint-Junien ; de ce mariage vinrent : 1º Guilhaume des Monstiers, qui suit ; 2º Renou des Monstiers, auteur de la branche des comtes de Mérinville, rapportée § II; 3º Jourdain des Monstiers, qui fut Sgr de Nadau et d'Escombaux en Médoc, et qui avait épousé une demoiselle de Bécorain, de la maison de La Fitte en Médoc. Il eut un fils.

A. — Jean des Monstiers, mort sans avoir été marié après 1530.

VII. — Guilhaume des Monstiers, damoiseau, qui, le 11 décembre 1453, fit hommage à l'abbesse de La Règle, à Limoges, comme Chemier, son testament, signé *Amici*, est suivi d'un codicile devant Maison-Dieu, en date du 24 juillet 1487; il mourut le 12 du même mois, l'année suivante, et fut enterré chez les cordeliers de Saint-Junien. Il avait fait un legs au couvent desdits cordeliers, sur sa métairie de Mezières, près la ville de Saint-Junien; il avait épousé une demoiselle Bonnin de la maison de Messignac, près l'Ile Jourdain ; de ce mariage vinrent : 1º Jerome des Monstiers, qui suit ; 2º François des Monstiers, damoiseau, Sgr de Groulat, qui vivait en 1490, habitait la ville de Saint-Junien, et ne laissa pas de postérité.

VIII. — Jerome des Monstiers, damoiseau, reconnut au chapitre de Saint-Junien, la rente d'une maison, en 1500 ; il avait épousé, en 1493, Marie de Rosiers, dont il n'eut pas d'enfants, ainsi finit la branche aînée.

§ II. — *Branche des seigneurs du Fraisse, de Rochelidoux, comtes de Mérinville et de Rieux.*

VII bis. — Renou des Monstiers, écuyer, Sgr du Fraisse et de La Faye, paroisse de Saint-Grenard, canton et arrondissement de Melle (Deux-Sèvres), où il fut inhumé, fit construire pour le roi et par son ordre le château de Bourg-sur-Mer, près Bordeaux ; il en fut gouverneur.

Il épousa, en 1464, Agnète de Lezay, fille de Jean de Lezay, chevalier, Sgr des Marais, chambellan du roi Louis XI et de Catherine de Réthail ; elle se remaria, en secondes noces, avant le 20 février 1478, avec Jean de Viron, écuyer, Sgr de Maisonnaix, canton et arrondissement de Melle (Deux-Sèvres). De son mariage avec Renou des Monstiers, vinrent : 1º Antoine des Monstiers, Sgr du Fraisse et de La Faye, mort sans avoir été marié. Il fit hommage de la seigneurie du Fraisse, le 2 mars 1491, et fonda en 1504, une vicairie dans l'église de Nouic. Ses héritiers et successeurs en nommèrent les titulaires : c'était, en 1570, Eusèbe des Monstiers; en 1615, Jean des Monstiers ; en 1741 et 1753, François-Louis-Martial des Monstiers, vicomte de Brigueil et de Monterollet, baron de Montrocher, Sgr de Châteaubrun, etc. ; 2º André des Monstiers qui suit ; 3º Marie, qui épousa avant 1485, François de Viron, Sgr de Maisonnaix, fils de noble Jean de Viron, écuyer, Sgr de

Maisonnaix et de La Faye; 4° Louise, épouse de Jean de Vaon, écuyer, S⁄ʳ de La Pingaudrie, paroisse de Chevreux, diocèse de Poitiers.

VIII. — André des Monstiers, écuyer, S⁄ʳ du Fraisse, de Rochelidoux, de Bournaseaux, La Faye et La Barre-Clarent, qualifié haut et puissant S⁄ʳ dans un acte du 24 mai 1549; donna, en échange, les seigneuries de La Faye et de La Barre, pour partie de celle de Rochelidoux, dont Pierre des Monstiers, fils du dit André, avait l'autre moitié en mariage, pour la dot de sa femme. André servit le roi dans ses armées et fit, le 7 août 1547, son testament, signé Presac et des Bordes, dans lequel il nomme ses père, mère, aïeul et aïeule, et veut être inhumé dans l'église de Nouic. Il fit un codicille, signé des mêmes notaires, le 4 septembre 1549. Il avait épousé, par contrat reçu par Fourré et Bardet, le 30 septembre 1507, Isabeau de Soubsmoulin, dame du Brandet, fille de Robert, écuyer, S⁄ʳ d'Allas en Saintonge, et de Marguerite de Saint-Gelais, dont : 1° Pierre, qui suit; 2° Jean, évêque de Bayonne, dont il est parlé ci-après ; 3° Anne, mariée par contrat (signé de Pressac), le 30 août 1534, à Jean d'Archiac, écuyer, S⁄ʳ de Montenac, fils de Jean et d'Anne de Monts. Archiac en Saintonge, porte : *de gueules à deux pals de vair, au chef d'or*; 4° Marguerite, religieuse à Montazay, ordre de Fontevraud ; 5° Françoise, mariée par contrat du 2 juillet 1542, à Georges de La Tour, écuyer, S⁄ʳ de La Volernie, paroisse de Notre-Dame du Boschage, diocèse de Poitiers, fils de Pierre et d'Antoinette Turpin. Elle a peut-être été mariée en secondes noces, à Adam de Cornazel. — Cornazel, porte : *d'azur à l'écusson d'or*. Cette conjecture est fondée sur une inscription de l'église de Saint-Vrain, diocèse de Poitiers, rapportée par l'abbé Le Bœuf. *Hist. de Paris*, T. II, p. 37 ; elle est ainsi conçue : « Cy-gît, noble sieur messire Adam de Cornazel, chevalier de l'ordre du roi, lieutenant de cinquante hommes d'armes, sous M. de Torcy, sieur de Saint-Vrain, de Luzières, qui décéda le XX décembre 1584, et dame Françoise des Monstiers, sa femme, dame de La Folie-Herbaul et Rosoy en Beausse, qui décéda le XII février 1578. »

JEAN DES MONSTIERS, évêque de Bayonne. — On a tellement défiguré le nom de ce prélat, que sans les papiers domestiques, il serait méconnaissable. Les uns l'ont appelé de *Frossac*, d'autres de Fraisac, le Fresne, le Fraisse. (DANIEL, *Hist. de F.*, T. I, préface, p. 50.— *Gallia Christ*, T. III addit.) L'erreur, vient du mot Fraxinéus, mal latinisé et plus mal francisé. Il signifie du Fresne ; or, dans plusieurs provinces, fresse et fresne, signifient la même chose. Oihenart, qui, en donnant le catalogue des évêques de Bayonne, en a fait deux : Jean Fraxinéus, en 1550 et 1552, et de Jean de Monastériis en 1561, s'est trompé, puisque c'est le même. Son véritable nom, est Jean des Monstiers, et il prit le surnom du Fraisse, sous lequel il est plus connu, parce qu'il eut cette seigneurie en partage. Par une enquête sur la noblesse de son extraction, on voit qu'il naquit au Fraisse, en 1514. En 1533, il étudiait en l'université de Poitiers, et son père, dit dans un acte, qu'il lui avait coûté 2,000 livres pour l'entretenir aux écoles ; en 1536, il était curé de Villesauzet et licencié ès-droit ; en 1545, abbé de Saint-Crespin-en-Chaie, diocèse de Soissons, ordre de Saint-Augustin. Dans le partage qu'il fit avec son frère, en 1546, il y est dit docteur en droit et aumônier du roi.

En 1550, il fut nommé à l'évêché de Bayonne, mais ne fut ordonné prêtre que l'année suivante, étant employé aux affaires du royaume. Il fut envoyé en ambassade par le roi Henri II, vers Maurice, duc de Saxe, en 1550; c'était selon Varillas, un habile ministre en tout, excepté qu'il se laissait persuader facilement ce qu'il désirait.

Le connétable de Montmorency le fit partir de Paris, en 1551, sous prétexte d'une levée de gens de guerre pour Parme, mais avec d'amples instructions pour former et faire subsister dans l'empire un parti contre l'empereur. Il eut été difficile de trouver dans tout le royaume, un ministre plus propre que celui-là pour remuer les Allemands, et le mérite n'eut pas moins de part que la faveur au choix qu'on en fit. Du Fraisse avait séjourné de longues années en Allemagne, et s'était si bien fait aux mœurs du pays, qu'il passait pour Allemand quand il le voulait. Il était né pour les grandes affaires, et personnes ne l'aurait emporté sur lui en intrigues, s'il avait eu moins de confiance dans son génie. Il possédait l'art de connaître les hommes au plus haut point; mais il avait une si bonne opinion de lui-même, qu'il croyait que rien n'échappait à sa pénétration, et que les hommes étaient toujours tels qu'il les avait jugés. Ce défaut, qui servait de contrepoids à ses admirables qualités, n'était pas très connu, car il ne s'était pas offert d'occasion importante, et jusqu'alors il avait réussi dans toutes ses entreprises. Le connétable, pensa ne pouvoir mieux confier la négociation d'une nouvelle alliance de la France avec les Allemands et ne se trompa pas dans ses conjectures. Car, du Fraisse arriva près de Magdebourg en soldat, fit avertir Maurice de Saxe de sa mission, lui communiqua ses pouvoirs, entra en conférence avec lui, et conclut en peu de jours, le 8 octobre 1551, un traité d'alliance offensive, au nom du roi Henri II, avec Maurice électeur de Saxe ; Georges Frédéric, marquis de Brandebourg; Jean Albert, duc de Mecklembourg et Guilhaume Landgrave de Hesse, traité qui fut ratifié par le roi, à Chambord, le 15 janvier 1552.

En 1552, il était toujours en Allemagne, et était prévôt de Magnac ; les années suivantes, 1553 et 1561, il était conseiller, maître des requêtes de l'hostel du roi; en 1555, il obtint, par résignation, le prieuré de Saint-Angel, diocèse de Limoges, qu'il garda jusqu'à sa mort; en 1557, il permuta la cure de Brigueil-le-Chantre pour le prieuré de Saint-Nicolas-d'Auby, près du château du Fraisse. En 1561, il était abbé de l'Escale-Dieu, diocèse de Tarbes, et en 1564, il fut envoyé par Charles IX, comme ambassadeur, à Fribourg, pour renouveler une alliance avec les cantons suisses.

En 1557, il vint au Fraisse, où il fit bâtir le château actuel. En 1564, Sébastien de Laubespine, évêque de Limoges, le fit vicaire général de son diocèse, et voulut lui résigner son évêché. Dans l'enquête faite à cette occasion, il y est dit docteur en l'un et l'autre droit, s'être employé à toutes les fonctions de sa dignité, avoir fait une guerre ouverte aux protestants, et prêché très fortement contre leurs erreurs. En 1565, il résigna son évêché à Jean Jossiaud, à la condition d'avoir un bénéfice de 1,200 livres et un canonicat et prébende dans l'église de Bayonne. Jossiaud n'ayant pas tenu ses engagements, il révoqua sa résignation en 1566. Il fit son testament à Paris, le lundi 2 mai 1569, et y mourut, la même année, évêque de Bayonne. Il fut inhumé dans l'église des Cordeliers. Il fut aussi écrivain distingué, car on a de lui plusieurs ouvrages : 1° *Sommaire de l'origine, description, et mer-*

veilles d'Ecosse, avec une petite chronique du pays, jusqu'à ce temps. (Sertenas, 1538.) En tête se trouvent douze vers élégiaques de Jean Fraxineus, pour servir d'épitaphe à Marguerite de Valois, reine d'Écosse ; 2° *Belli inter Franciscum galliæ regem et Carolum V imperatorem, anno 1542, historia apologo expressa, a Joanne Fraxineo ;* 3° *Xenophontis athen : Hieron*, avec le seul texte original, à Paris, chez Chrétien Urechel, 1548, in-4° : *Joanne Fraxineo interprete;* 4° *Des Estats et Maisons les plus illustres de la Chrétienté ;* 6° *Harangue élégante prononcée à la Diète de Passau*, le 3 juin 1552 ; 7° *Traduction en français de l'histoire des rois de France, de Pauli-Emilii Veronensis,* 1556.

IX. — Haut et puissant S^{gr} Pierre des Monstiers, écuyer, S^{gr} de Rochelidoux et Le Fraisse, fit avec sa femme le partage de leurs biens, le 23 janvier 1564, en présence de l'évêque de Bayonne. Il épousa, à l'âge de vingt-trois ans, par contrat du 11 mai 1534, signé Texier et Vincendon, Marie de Lavau, âgée de quatorze ans, fille de Guillaume de Lavau, S^{gr} de Drouilles, paroisse de Blond, conseiller au parlement de Bordeaux, et de Jeanne Joviond. Marie de Lavau porta dans la maison, le fief de Rochelidoux, encore possédé de nos jours par le marquis des Monstiers, 1874.

De ce mariage : 1° François des Monstiers, étudiant en l'université de Paris, le 4 septembre 1549 et qui mourut jeune ; 2° Eusèbe des Monstiers, qui suit ; 3° Antoine des Monstiers, écuyer, S^{gr} des Roches, qui épousa, par contrat du 16 mars 1372, Catherine de Mallesset, dame de Bourg-Archambaut, demoiselle de la reine Catherine de Médicis, veuve en premières noces de Jean de Reilhac, vicomte de Brigueil, qui fut tué à la bataille de Saint-Denis. Elle était fille unique de Marc de Mallesset, vicomte de la Motte-au-Grain et de Catherine Gazette. De Mallesset porte : *d'or au lion de gueules, au chef d'azur chargé de trois étoiles d'or.* Ils n'eurent pas d'enfants.

X. — Haut et puissant S^{gr} Eusèbe des Monstiers, chevalier des deux ordres du roi, vicomte de Mérinville et d'Angerville-la-Gaste, vicomte de Brigueil, baron de Saint-Père, d'Ozillac et de Monterollet, S^{gr} du Fraisse, Rochelidoux, Bournazeau, Mons, Argis et de Noizé, gentilhomme ordinaire de la maison, puis de la chambre des rois Charles IX et Henri III.

Il fut nommé capitaine de cinquante hommes d'armes des ordonnances de sa majesté, par commission du 27 août 1587, motivée sur sa valeur et les bons et signalés services qu'il avait rendus à l'exemple de ses prédécesseurs. Il fut un des plus zélés serviteurs de la monarchie, tant par le zèle qu'il déploya pour combattre les huguenots que pour combattre la Ligue. Le duc d'Epernon lui mandait, le 26 mai 1590, qu'il serait « toujours désireux de
» lui témoigner les effets de son amitié, et de l'estime qu'il faisait de la
» sienne, de laquelle il prenait telle assurance, qu'il se promettait avoir ce
» bien, qu'il ferait le voyage de l'armée du roi ensemble » ; le duc de Montpensier aussi, la même année, le 14 décembre « sachant l'affection et le
» rang qu'il tenait au service du roi, il avait pensé qu'étant l'un des capi-
» taines des ordonnances du roi, il devait le prier de monter à cheval et
» de se joindre au S^{gr} de Malicorne et M. de Saint-Luc, maréchal de camp,
» pour, avec l'un et l'autre, le venir trouver le plus tôt qu'il pourrait. » — Cette lettre, souscrite « votre plus affectionné et parfait amy ». Il est prouvé qu'il fut admis dans l'ordre du Saint-Esprit, par un arrêt du Parlement de Paris, du 14 février 1592, et par deux actes originaux du 21 novembre et

du 1er décembre 1605, qui le qualifient chevalier des ordres du roi et plus expressément par un titre original du 12 juillet, qui lui donne la qualité de chevalier des deux ordres du roi, mais, à cause des troubles, il mourut avant d'avoir reçu le collier, c'est pourquoi il ne fut pas compris dans le catalogue. (Cabinet des titres, 1040 manuscrit, chevaliers de Saint-Michel.) Il mourut le 12 juillet 1606, et fut enterré, avec son épouse à Nouic. Il épousa, par contrat du 1er mai 1564, Françoise de Reilhac, vicomtesse de Mérinville, fille de haut et puissant Sgr François de Reilhac, vicomte de Mérinville et de Brigueil-l'Aîné, et de Anne de Mortemer. Elle porta dans la maison, les terres de Mérinville en Beauce et de Montrollet, plus la moitié de celle de Brigueil-l'Aîné en Poitou. Elle était veuve et tutrice de ses enfants en 1626.

Ils firent un testament mutuel, le 13 décembre 1585. Leurs enfants furent : 1° Antoine des Monstiers, dit le baron de Saint-Peré, de Mérinville, étudiant en l'université de Paris en 1583 ; mort jeune ; 2° Jean, qui suit ; 3° François des Monstiers, baron d'Ozillac, auteur de la branche des Sgrs d'Auby, rapportée plus loin, § VII ; 4° François des Monstiers, écuyer, Sgr de Monterollet et d'Aubis, qui épousa Françoise Perrier. Il fit un testament, le 4 novembre 1615, et mourut sans hoirs, le 11 avril 1618 ; 5° Jacquette des Monstiers, épouse de Christophe du Genest, chevalier de l'ordre du roi, écuyer ordinaire de sa grande écurie, baron du Genest, paroisse d'Azerable, diocèse de Bourges (Creuse), Sgr de la Lande, de Bois-Gilet et de Puy-Roger, fils de Pierre et de Françoise Ancelon. Elle était veuve le 11 juin 1621 ; 6° Marguerite des Monstiers, mariée par contrat du 2 juin 1609, à Michel Constantin, écuyer, Sgr de La Brosse, fils d'Antoine, écuyer, Sgr de Lugeac, et de Catherine Nicolas, de la paroisse de Flizac en Angoumois ; 7° Marguerite (alias Jacquette) des Monstiers, mariée avant le 4 novembre 1615 à noble Jacques Perrier, de la paroisse de Nouic, écuyer, Sgr de La Motte-de-Gain, dont Pierre, tonsuré en 1630.

XI. — Haut et puissant Sgr Jean des Monstiers, chevalier de l'ordre du roi, vicomte de Mérinville, seigneur et baron de Saint-Peré, Angerville-la-Gaste, Le Fraisse, Rochelidoux et Monterollet ; maistre-de-camp d'un régiment de cavalerie et gentilhomme de la chambre du roi, était né vers 1571. Il eut le 10 septembre 1635, une décharge en raison de son âge de soixante ans, et de sa santé qui l'empêchaient d'aller servir le roi, à son arrière-ban, et parce que son fils aîné servait en qualité de capitaine d'une compagnie de chevau-légers dans l'armée de Languedoc. Il était alors maréchal-de-camp. Il mourut le 28 février 1644 et fut inhumé à Nouic. Il avait épousé, par contrat reçu par Moneau, le 11 juillet 1608, Françoise de Chastaigner, fille de haut et puissant Sgr Jean de Chastaigner, Sgr de Saint-Georges de Rexe, chevalier de l'ordre du roi, gentilhomme de sa chambre et de Jeanne de Villiers Saint-Pol, dame de Saint-Michel-le-Clou. Elle fit un testament mutuel avec son mari, le 7 mars 1644 et mourut le 23 décembre 1656. De ce mariage vinrent : 1° François, qui suit ; 2° Roch des Monstiers, auteur de la branche des barons de Montrocher, seule existante en 1874, dont il sera question à la suite, § IV ; 3° Françoise des Monstiers, mariée le 9 février 1625, dans la salle épiscopale de Limoges, en présence de l'évêque, à Annet de Carbonières, chevalier, Sgr de Chambery, Saint-Brice, La Vigne, fils de feu Christophe, chevalier, seigneur des dits lieux, chevalier de l'ordre du roi, gouverneur de Limoges, de Gilon Pot, de Lavau-Pot, paroisse de Saint-Sulpice-les-Feuilles, Carbonières, porte : *d'azur à trois bandes d'argent, celle du milieu, chargée de trois charbons de sable allumés de gueules, et les deux autres chargées chacune de deux charbons semblables.* Devise : *pro virtute flagrans ;* 4° Hélène des Monstiers, mariée le 23 novembre 1641, à René de l'Hospital, marquis de Choisy, vicomte d'Omer, baron de Montigny, veuf, en premières noces, de Marie-Charlotte de La Marck, et en secondes, d'Anne Gruget, fils de Charles de l'Hospital, chevalier des ordres de roi, conseiller en ses conseils d'état et privé, et de Renée de Beauveau. De ce mariage naquit Françoise-Marguerite de l'Hospital, baptisée dans l'église de Saint-Brice près la ville de Saint-Junien en Limousin, le 3 mai 1649.

XII. — Haut et puissant Sgr François des Monstiers, comte de Mérinville, de Rieux, vicomte d'Ozille, Minerve, baron de La Livinière, Monterollet, Sgr du Fraisse, Rochelidoux, Angerville-la-Gaste, Villeneuve-le-Bœuf, Saint-Peré, etc.

Il était capitaine de chevau-légers dès 1635. En 1637, il marcha au siége et à la prise de la ville de Palme, sous le duc d'Hlwin, à l'attaque des retranchements espagnols, sur la montagne de Lencate. Il alla d'abord avec son général, reconnaître la situation des ennemis, ensuite il chargea à la tête des enfants perdus. A la formation des compagnies en régiments, il en obtint un, dont il fut mestre-de-camp par commission du 24 janvier 1638, et servit, en Languedoc, sous le maréchal de Schomberg, cette année et les deux suivantes. En 1639, il était à la défaite des Espagnols, près de Sigean; en 1640, à la levée du siége d'Ille, par les Espagnols; en 1641, au blocus de Tarragonne, et en 1642, au combat de Vals. Maréchal-de-camp, par brevet du 26 mai 1643. Il continua à servir, en cette qualité, sous le maréchal de la Mothe-Houdancourt, à la levée des siéges de Flix, de Mirabel, du camp de Quiers, par les Espagnols, et au combat devant Lérida, en 1644. Il leva un régiment d'infanterie qui porta son nom, par commission du 6 janvier 1645. Il servit comme maréchal-de-camp, en Catalogne, sous le comte d'Harcourt, à la prise de Roses, au combat de Liorens, et à la prise de Balaguier. En 1646, il fut au siége de Lérida, et sous le même général, au deuxième siége de la même place. En 1648, sous le maréchal de Schomberg, il se trouva à la prise de Tortose. Il commanda la cavalerie de l'armée de Catalogne par commission du 3 septembre 1649, mais ne fit aucune expédition. Créé lieutenant-général, par pouvoirs du 12 septembre 1650, pour servir dans la même armée ; il conconrut à la reprise de Castel-Léon, et par commission du 12 décembre, il eut le commandement de la cavalerie de cette armée. Par lettres du 9 mars 1651, on l'employa sous le comte de Marchin, et il eut, le 13, un pouvoir pour commander les troupes qui devaient marcher, mais elles se tinrent sur la défensive cette année et la suivante. Employé à l'armée de Guyenne en 1653. Il eut part à la réduction du château de Poujolles, des villes d'Aiguillon, Marmandes, et à la soumission de Bordeaux. A l'armée de Catalogne, sous le prince de Conti, en 1654, il concourut à la prise de Villefranche, au ravitaillement de Roses, et à la prise de Puycerda. A la même armée, en 1655, il était à la prise du cap de Quiers, de Castillon et de Gadagne. Le prince de Conti lui ayant laissé le commandement des troupes, il contraignit les Espagnols de lever le siége de Solsone. Il prit ensuite plusieurs châteaux qui couvraient Coullioure et assiégea Bergere.

Les Espagnols marchèrent à lui, on combattit, mais les Français battus, prirent leurs quartiers d'hiver. On lui donna les provisions de gouverneur de Roses, le 5 janvier 1656, et il y commanda jusqu'à la paix. Ses deux régiments furent licenciés par ordre du 24 novembre 1658. Il eut les provisions du gouvernement de Narbonne, vacant par la mort du comte de Quincé, en date du 23 mars 1660. Le roi le fit chevalier du Saint-Esprit à la promotion du 31 décembre 1661. Mais il ne reçut le collier qu'en 1662, à Pézennas. Lieutenant-général du gouvernement de Provence, sur la démission du marquis de Gordes, par provisions du 24 mars 1662. Il commanda dans cette province jusqu'en 1669, qu'il se démit de sa lieutenance générale (Pinard). Il se retira alors à Paris où il mourut le 12 janvier 1672, et il fut enterré dans l'église de Mérinville en Beauce, avec l'épitaphe suivante :

« Sous ce tombeau repose haut et puissant Sgr messir Fran-
» çois des Monstiers, Vte de Mérinville, de Rieux, d'Ozille, Sgr
» de Rochelidoux, Le Fraisse, Angerville-la-Gaste, Villeneuve-
» le-Bœuf, St-Peré et autres lieux ; Cher des ordres du Roi,
» Lieutenant Gal en chef de ses armées et provinces de Pro-
» vence, Mestre de camp de cavalerie et d'infanterie, gouver-
» neur de la ville et diocèse de Narbonne, Bourg et fort de la
» Nouvelle et ci-devant des places de Roses,...... et château
» de la Trinité en Catalogne, rendues aux Espag., lors de la
» paix, et celle d'Avignon et pays Venaissin remis par ordre
» de Sa Majesté au Legat de Sa Sainteté. Petit-fils d'Eusebe des
» Monstiers aussi Cher des ordres du Roi, et de Françoise de
» Reilhac Vicomtesse de Merinville, descendue d'Alix de France,
» comtesse de Flandres, fille de Robert roi de France, fils de
» Hugues Capet, marié à Dame Marguerite de La Jugie com-
» tesse et héritière de Rieux en Languedoc, issue de l'Illustre
» maison de Narbonne. — Par sa fidélité inébranlable au ser-
» vice du feu Roi Louis XIII d'heureuse mémoire et de notre
» invincible monarque Louis XIV, s'est acquis la faveur de
» leurs Majestés, l'ayant honoré de toutes les charges, em-
» plois et marques d'honneur qu'il a eu de leur justice, non
» seulement dans les guerres de Lorraine, Savoye, Piedmont,
» Italie, Catalogne et du Royaume où il a servit sans discon-
» tinuer depuis l'année 1620 et partout donné des marques de
» sa fidélité, valeur et bonne conduite, mais encore dans les
» Provinces pour y maintenir l'autorité de leurs Majestés,
» decedé le 12 Janvier 1672.
» Passant, considère ce tombeau, non avec des yeux mais
» des yeux de charité, et fais par tes prières que celui qui re-
» pose dessous, pour recompense de la Justice qu'il a rendu à
» tout le monde pendant sa vie, de sa charité envers les pau-
» vres, du respect qu'il a eu et fait avoir par son autorité des
» choses saintes de sa Piété envers Dieu et de sa dévotion en-
» vers la Ste Vierge, ce qu'il a souffert en cette vie lui tienne
» lieu de ce qu'il pourrait souffrir dans l'autre. »

Requiescat in pace.

Il avait épousé, par contrat reçu par Galibert, du 11 juin 1640, Marguerite de La Jugie du Puy du Val, comtesse de Rieux, baronne de Ferals, La Livinière, comtesse d'Azille, fille unique de François de La Jugie du Puy du Val, comte de Rieux, baron des états du Languedoc, et de Marguerite de Narbonne Fimarçon ; elle mourut à Paris, à l'âge de quatre-vingts ans, le 14 février 1694. La Jugie porte : *d'azur à la fasce d'or*. De ce mariage vinrent trois enfants : 1° Charles qui suit; 2° Gaspard des Monstiers, auteur de la deuxième branche qui aura son article à la suite, § III ; 3° Paule-Hippolyte des Monstiers mariée par contrat reçu par Martin et Brunet, à Arles, le 22 mars 1664, à Louis-François de La Baume, comte de Suze et de Rochefort, bailli et sénéchal des quatre baillages du Dauphiné, fils de feu Anné de La Baume et de Catherine de La Croix de Chevrières. Baume de Suze porte : *d'or à trois chevrons de sable et un chef d'azur chargé d'un lion naissant d'argent*. La branche de Mérinville et de Rieux, issue de Marguerite de La Jugie porte pour armes : *écartelé au 1er d'azur à deux lions passants d'or*, qui est de Mérinville : *au 2me d'azur à deux lions affrontés d'or*, qui est de La Jugie du Puy du Val : *au 3me d'or à une tige de lis de trois fleurs au naturel de gueules*, qui est de Morèze : *au 4me d'argent à la bande d'azur accompagnée de 6 roses de gueules en orle*, qui est de Beaufort : *sur le tout, d'argent à trois fasces de gueules*, qui est des Monstiers.

XIII. — Haut et puissant Sgr Charles des Monstiers, chevalier, comte de Mérinville et de Rieux, baron de La Livinière, Sgr du Fraisse, Rochelidoux, etc., etc.; baron des états du Languedoc, fut capitaine-lieutenant des chevau-légers de monseigneur le Dauphin. Il acheta cette charge 150,000 fr. Il fit, comme tel, la campagne de Flandre 1672. Il était aussi gouverneur de Narbonne. Il épousa, par contrat du 28 février 1671, Marguerite Gravé, fille de Jean Gravé, Sgr de Launay, conseiller du roi en ses conseils, secrétaire de Sa Majesté, président de la chambre des comptes de Nantes, et de Françoise Godet des Marais; celle-ci se remaria, en 1661, à Antoine de Brouilly, marquis de Brienne, chevalier des ordres du roi, lieutenant-général de ses armées, gouverneur de Pignerol. Charles des Monstiers, mourut le 30 novembre en 1689, et sa femme l'année précédente, laissant; 1° François des Monstiers Mérinville, mort jeune ; 2° Joseph-Denis des Monstiers, chevalier de Malte; 3° Charles-François des Monstiers de Mérinville, évêque de Chartres. Il était docteur en théologie de la faculté de Paris, vicaire général de Paul Godet des Marais, son oncle, évêque de Chartres, lorsqu'il fut nommé son coadjuteur, le 26 avril 1709. Ce prélat l'institua son légataire universel. Etant mort le 26 septembre suivant, M. de Mérinville, qui n'avait alors que vingt-sept ans, lui succéda. Le 12 octobre il fut nommé à l'abbaye d'Igny, diocèse de Reims, et rendit au roi celle de Saint-Calais qu'il possédait depuis 1701. Il fut sacré à Paris dans la salle des confirmations, le 18 mai 1710, prêta le serment de fidélité le 3 juin et fit son entrée dans son église le 26. Il y reçut, le 27 mai 1732, la reine qui vint rendre grâce à Dieu de la naissance du Dauphin et l'accompagna dans le chœur. Il assista plusieurs fois aux assemblées du clergé et fut un des présidents de celle de 1732. C'était un pasteur diligent qui remplit très bien sa charge. Il mourut le 10 mai 1746, dans son diocèse, âgé de soixante-quatre ans, et fut inhumé dans la cathédrale de Chartres. (*Gall. chr.* T. VIII, col. 1196, IX, col. 304. — *Etat de la France*, 1713, T. III. — *Mémoires de Trévoux*, 1745. p. 1036.) La bibliothèque du château du Fraisse possède les deux ouvrages suivants qui se rapportent à ce prélat : 1° *Oraison funèbre de Messire Charles-François des Monstiers de Mérinville*, évêque de Chartres, prononcée dans l'église de Chartres, le 15 avril 1747, par M. de La Voiepierre, docteur de Sorbonne, chanoine théologal de cette église. — A Chartres, J. Roux, 1747, in-4°

de 36 pages. — 2° *L'Esprit et les vertus de Monseigneur l'illustrissime et révérendissime Charles-François des Monstiers de Mérinville*, évêque de Chartres. — A Chartres, Michel-Charles Hammerville, 1765, in-18 de 100 pages ; 4° Charlotte des Monstiers Mérinville, épousa, en 1700, Antoine Oudart du Biez, marquis de Savigny, Sgr d'Hercules, maréchal des camp et armées du roi, le 18 mars 1718. Il mourut en janvier 1723. Il était fils de Claude-François Oudart du Biez, Sgr d'Ignancourt et d'Hercules, etc., et de Marie de Moy. Charlotte des Monstiers mourut à Paris, en 1724, âgée de quarante-neuf ans ; 5° Denise-Françoise des Monstiers Mérinville, née à Paris, le 21 mai 1683, élevée à Saint-Cyr, était supérieure des Ursulines de Mantes dans le Vexin français (Seine-et-Oise), lorsqu'elle fut nommée, le 25 juillet 1732, à l'abbaye de l'Eau, ordre de Citaux, diocèse de Chartres, elle y mourut à soixante-seize ans, le 30 janvier 1759, et y fut enterrée avec cette épitaphe :

> « Cy-git très noble et vertueuse Dame Madame Françoise
> » Denise des Monstiers de Mérinville, Abbesse de cette maison,
> » laquelle possédant les plus grands avantages de la nature et
> » de la grâce les rapporta tous à Dieu avec une fidélité persé-
> » vérante.
> » La grandeur de sa foi lui fit préférer l'humilité de J.-C. à
> » l'éclat de sa naissance. Elle conduisit son troupeau l'espace
> » de 26 ans avec un cœur droit et une main sage et intelli-
> » gente ; elle en a fait les délices et le bonheur, elle est main-
> » tenant l'objet de ses plus amers regrets. Vierge vraiment
> » sage elle eut toujours la lampe allumée et lorsque l'époux
> » vint, elle n'eut qu'à suivre le transport de son amour. Elle est
> » entrée dans le repos du Seigneur le 30 Janvier 1759 dans la
> » 76° année de son âge et la 48° de sa profession Religieuse.
> *Requiescat in pace.*

Ainsi finit la deuxième branche de cette maison.

§ III. — *Branche des comtes de Mérinville et de Rieux.*

XIII *bis*. — Haut et puissant Sgr Gaspard des Monstiers, chevalier, comte de Mérinville, de Rieux, baron de La Livinière et Ferals, Sgr du Fraisse et Rochelidoux, baron des états du Languedoc après son frère ; fils puîné de François II des Monstiers et de Marguerite de La Jugie, fut d'abord chevalier de Malte, cornette à la compagnie des chevau-légers du Dauphin, charge qu'il acquit moyennant 25,000 livres, puis brigadier des armées du roi et mestre-de-camp d'un régiment de cavalerie de son nom et gouverneur de Narbonne après son frère. Pour payer ses dettes, après sa mort, sa veuve fut obligée de vendre la terre de Mérinville en Beauce, ainsi que celles du Fraisse et de Rochelidoux, ces deux dernières furent acquises par François-Martial des Monstiers, Sgr de Châteaubrun, son neveu à la mode de Bretagne. Gaspard des Monstiers mourut le 30 décembre 1724, âgé de soixante-seize ans. Il avait épousé le 19 mars 1695, en présence du roi, de la reine et de tous les princes du sang, à Versailles, Armande-Marie-Magdeleine du Cambout, de la maison de Coislin, fille de René, chevalier, marquis du Cambout, comte de Carheil, gouverneur de l'Isle de Rhuis et du château de Succinio, et de Jeanne Raoul de La Guibourgère, sa première femme. Elle était fille d'honneur de Mlle d'Orléans Montpensier. Cambout porte : *de gueules à trois fasces échiquetées d'argent et d'azur de deux traits.* De ce mariage vinrent : 1° Gaspard-Paul-Armand des Monstiers, baptisé à Saint-Sulpice le 26 décembre 1697, mort capitaine en 1719, sans hoirs ; 2° François-Armand des Monstiers, baptisé à Saint-Sulpice le 29 mars 1699, inhumé dans la même église le 27 juin 1700 ; 3° François des Monstiers, né le 22 juillet 1700 ; inhumé à Saint-Sulpice le 30 suivant ; 4° Paule-Hippolyte des Monstiers, née et baptisée à Saint-Sulpice le 29 novembre 1696, morte non mariée ; 5° Magdeleine des Monstiers, née le 12 juillet 1704, morte le 15 février 1710 ; 6° François-Armand, qui suit.

XIV. — Haut et puissant Sgr François-Armand des Monstiers, chevalier, comte de Mérinville, gouverneur de Narbonne, Sgr de Ferals, baron de La Livinière, baron des états du Languedoc, fut chevalier de Saint-Louis, mestre-de-camp de cavalerie, sous-lieutenant des gendarmes de Bretagne et plus tard maréchal-de-camp. Ce fut lui qui obtint des lettres patentes du roi Louis XV, pour ériger le comté de Rieux en comté de Mérinville, terre dont il portait le nom et qu'il ne possédait plus. Il était né le 19 février 1706. Il épousa : 1°, en 1740, Marie-Marguerite Larcher, morte sans enfants le 22 mai 1771, fille de Pierre Larcher, chevalier, marquis d'Arcy, d'Avrilly et grand bailli d'épée de Vermandois, président de la chambre de comptes de Paris, et de Marie-Anne de Jaucen, et 2°, le 15 juillet 1772, Marie-Louise Henriette de Pagèse de Saint-Leux, fille de Pierre de Pagèse, marquis de Saint-Leux, et de Marie-Angélique-Claude de Levis-Leran. François-Armand des Monstiers, n'eut aucun enfant de ses deux mariages, il mourut en 1785, après avoir adopté et fait son légataire universel son filleul, François-Augustin-Marie des Monstiers, fils puîné de Louis-François-Martial des Monstiers, marquis de Mérinville, Sgr du Fraisse, baron de Montrocher, son cousin, et de Marguerite-Françoise de Jaucen. Ainsi finit la troisième branche de cette maison.

§ IV. — *Branche seule existante de nos jours, seigneurs du Fraisse, barons de Montrocher, vicomtes de Brigueil.*

XII bis. — Haut et puissant Sgr Roch-François des Monstiers, fils puîné de Jean des Monstiers, vicomte de Mérinville, et de Françoise de Chastaigner, chevalier, Sgr de Rochelidoux et de Châteaubrun, fut d'abord capitaine d'une compagnie de chevau-légers du régiment de cavalerie commandé par le comte de Mérinville, son frère, suivant commission du 27 août 1641, major du même régiment le 28 avril 1645, nommé par le roi, sergent de bataille, le 28 avril 1651. Le 9 novembre suivant, il eut commission de lever un régiment de cavalerie de son nom et en fut mestre-de-camp, par brevet du 1er mars 1652. Puis il fut nommé maréchal des camps et armées du roi. Il mourut à Châteaubrun (maison qu'il avait fait bâtir sur la paroisse de Nouic), à l'âge de soixante ans, le 25 août 1676. Il fut inhumé chez les PP. Carmes de Mortemart ; son testament, signé Duverger, est du 4 décembre 1675. Il avait épousé, avec dispense, par contrat du 14 avril 1657, Louise Savatte de Genouillé, veuve en premières noces de Charles Fourré, baron de Dampierre, sa cousine au deuxième degré, fille de Louis de Savatte, écuyer, Sgr de Genouillé, et de Jeanne de Fonteneau. Elle mourut à Châteaubrun, le 21 juin 1688, âgée de soixante-un ans. De ce mariage, un fils unique qui suit.

XIII. — Haut et puissant Sgr François des Monstiers, chevalier, né à Châteaubrun le 17 octobre 1658, marquis de Mérinville, Sgr de Rochelidoux, le Fraisse et Châteaubrun, baron de Montrocher, chevalier de l'ordre de Saint-Louis. Il servait depuis 1684 et se trouva en qualité de cornette au siége de Luxembourg, la même année; à ceux de Philipsbourg, de Manheim et de Frankendal en 1688; à l'attaque de Valcourt en 1689; cette année-là, il servit en Flandre en qualité d'aide-de-camp de son cousin, le maréchal d'Humiers; il était à la bataille de Fleurus, en 1690. Capitaine au régiment de cavalerie de Mgr le Dauphin, par commission du 7 février 1691. Il commanda la compagnie au siége de Mons, puis à l'armée d'Allemagne; la même année, au siége de Namur et à la bataille de Steinkerque en 1692. Il obtint le 10 septembre de cette année la compagnie des carabiniers de son régiment. Puis, en 1693, servit à l'armée de la Moselle, puis à celle d'Allemagne. Il passa, avec sa compagnie, le 1er novembre 1693, dans le Régiment-Royal des carabiniers, lors de sa formation, et continua de servir jusqu'à la paix. Mestre-de-camp d'un régiment de son nom par commission du 28 septembre 1701, il le commanda à la bataille de Fredelingen en 1702, au siége de Kell, au combat de Munderkingen, à la première bataille d'Hochstette. En 1703, il se distingua particulièrement à la deuxième de ce nom; il obtint, en 1704, le 17 septembre, la sous-lieutenance de la compagnie des gendarmes de Bretagne, en se démettant de son régiment. En 1705, il fit la campagne de la Moselle et combattit avec valeur à Ramillies en 1706 et à Oudenarde en 1708. Brigadier par brevet du 29 janvier 1709, il se trouva en cette qualité à Malplaquet, et fut pourvu de la charge de capitaine-lieutenant des gendarmes de la reine, par provisions du 26 septembre. Il commanda la gendarmerie pendant les campagnes de 1712 et 1713, en Flandre. Maréchal-de-camp, le 1er février 1719. Il se démit de sa compagnie qu'on accorda à son fils et cessa de servir. Il mourut au Fraisse, le 12 mars 1733, à l'âge de soixante-quinze ans, et fut inhumé dans l'église de Nouic. Il avait épousé, par contrat du 17 janvier 1682, Marie de Marsanges, fille et héritière de feu Guy de Marsanges, chevalier, baron de Montrocher, Sgr de La Forêt, et de Marie Dreux de Monterollet. Ce fut elle qui apporta dans la famille la baronnie de Montrocher, possédée encore par un de ses membres. De ce mariage :

1° Gaspard des Monstiers, né et ondoyé le 29 janvier 1684, baptisé le 19 juillet 1694. Il mourut à Poitiers; son corps fut inhumé dans l'église de Sainte-Radegonde et son cœur à Nouic, où l'on voit cette épitaphe :

> Ce n'est point le cœur d'un héros
> Qui jouit en ce lieu d'un éternel repos.
> Le sang qui l'a formé brille assez dans l'histoire
> Mais du siècle malin de bonne heure sevré
> C'est un cœur où jamais le péché n'est entré
> Et c'est tout dire pour sa gloire.
> C'est le cœur
> De Gaspard DE MONSTIERS DE ROCHELIDOUX
> Fils unique
> De Haut et Puissant Seigneur
> FRANÇOIS DES MONSTIERS DE MERINVILLE
> Décédé à l'âge de 12 ans
> Le 14 juin 1697.

2° Louise des Monstiers, née le 14 janvier 1687, morte en bas âge;
3° François des Monstiers, né le 22 septembre et mort le 13 octobre 1692;
4° François-Louis-Martial, qui suit.

XIV. — Haut et puissant S^{gr} François-Louis-Martial des Monstiers, né au Fraisse le 9 décembre 1697, chevalier, marquis de Mérinville, baron de Montrocher et de Monterollet, vicomte de Brigueil, S^{gr} de Rochelidoux, Le Fraisse, Châteaubrun, La Forest, chevalier de l'ordre royal de Saint-Louis, entra au service du roi, comme mousquetaire, au mois de mars 1714. Il fut deuxième cornette aux chevau-légers de Berry par brevet du 9 mai 1715. Le 24 mars 1718, sous-lieutenant des gendarmes de la reine avec rang de mestre-de-camp de cavalerie, par commission du 29 avril suivant. Le 6 mars 1719, il eut les provisions de capitaine-lieutenant de la même compagnie. Il la commanda au siége de Kell, en 1733, à l'attaque des lignes d'Etlinghen et au siége de Philipsbourg, en 1734; par brevet du 1er août 1734, il obtint le grade de brigadier de cavalerie et fut employé en cette qualité à l'armée du Rhin, par lettres du 1er mai 1735, et se trouva à l'affaire de Clausen. Maréchal-de-camp du 1er janvier 1740. Il se démit de la compagnie des gendarmes de la reine et ne servit plus. Il mourut au Fraisse, le 5 mars 1765 à l'âge de soixante-sept ans. Son nom se trouve sur la cloche de Montrol-Sénard fondue en 1760. Il avait épousé, par contrat du 19 septembre 1718, Marguerite-Françoise de Jaucen de La Perière, dame vicomtesse de Brigueil l'Ainé, fille de Jean-Martial de Jaucen, écuyer, S^{gr} de Crosne et de Noisy-sur-Seine, vicomte de Brigueil, et de Marguerite de La Live. De ce mariage : 1° François-Martial, qui suit ; 2° François-Augustin-Marie des Monstiers, chevalier de Mérinville, puis après la mort de son cousin, François-Armand des Monstiers, comte de Mérinville, duquel il hérita, baron de Mérinville, de Ferals, S^{gr} de La Livinière, baron des états du Languedoc, était chevalier de Saint-Louis. Il servit d'abord comme mousquetaire, le 10 juillet 1743, et fut aide-de-camp de M. de Montal pendant la campagne de 1745. Le 25 février 1746, il fut cornette au régiment de Bourbon-Busset cavalerie, puis promu capitaine le 30 novembre 1746. Le 27 février 1749, il fut réformé et replacé le 22 juillet 1757; en 1761, il passa au régiment de Royal-Picardie cavalerie, et le 22 juin 1767, il fut retraité, avec le rang de mestre-de-camp et une pension de 600 francs. Il était né le 28 août 1727 et il mourut en 1799, à l'âge de soixante-douze ans, sans laisser d'enfants de son mariage. Il émigra et ses biens du Languedoc furent confisqués. Ainsi sortit de la famille la terre de Rieux-Mérinville. Il avait épousé, par contrat du 29 avril 1776, à l'âge de quarante-quatre ans, Athanasie-Alexandrine-Joséphine de Fabry-d'Autrey, fille de haut et puissant S^{gr} Jean-Baptiste de Fabry, comte d'Autrey, chevalier, et de dame Angélique-Alexandrie-Emilie Costé de Saint-Suplix. Elle mourut à Paris, en 1848, dans un âge très avancé; 3° Marguerite-Françoise des Monstiers, née le 18 octobre 1719, mariée, par contrat du 24 mai 1748, et le lendemain dans la chapelle du château du Fraisse, à Pierre-Constantin de Crugy, marquis de Marcillac, chevalier, S^{gr} de Pannesac, Tillou, Lambray, Latouche, Barge, etc., fils de Charles-Louis de Crugy, chevalier, et de Elisabeth Dubois, de la paroisse de Limalonges, diocèse de Poitiers;
4° Marie-Anne des Monstiers, née le 4 août 1722, mariée, par contrat du 29 mai 1751, et le lendemain dans la chapelle du Fraisse, avec René-Louis-Cas-

sandre Daitz de Mesmy, chevalier, marquis de La Villedieu, fils de feu Jean-Charles Daitz de Mesmy, chevalier, et de Suzanne-Marie Grain de Saint-Marsaut, de la paroisse de Sainte-Anne, diocèse de Poitiers; 5° Marie des Monstiers, née le 1er septembre 1724, carmélite à Poitiers; 6° Geneviève des Monstiers, née le 2 mars 1726, visitandine à Poitiers; 7° Marguerite-Françoise des Monstiers, née le 23 octobre 1728 : religieuse de l'abbaye de l'Eau, diocèse de Chartres, puis abbesse du monastère de l'Estrée; 8° Marie-Françoise des Monstiers, née le 27 février 1730, religieuse à la même abbaye que sa sœur. Une Marie-Eufrasie des Monstiers de Mérinville signe un reçu en 1784, comme supérieure du monastère de la Visitation de Poitiers.

XV. — Haut et puissant Sgr François-Martial des Monstiers, chevalier, vicomte de Mérinville et de Brigueil, marquis de Châteauneuf-sur-Cher, baron de Montrocher et Monterollet, Sgr du Fraisse, Rochelidoux et La Forêt, coseigneur de Bois-sur-Amé, Chezal, Saint-Germain-du-Bois, Coudron, Rousson, Hauterive, etc., etc., en Berry, chevalier de Saint-Louis et de l'Aigle-Blanc de Pologne, né le 11 janvier 1721. Il fut d'abord mousquetaire, le 20 mars 1738, puis, par brevet du 18 septembre 1741, 3e guidon de la compagnie des gendarmes de la garde du roi, avec rang de mestre-de-camp. Nommé 2e guidon, le 20 octobre même année, et 1er guidon le 11 mai 1742. Il fit la campagne de Flandre où l'on se tint sur la défensive; en 1743, il eut l'œil et le nez emporté d'un coup de sabre à la bataille de Detlinghen et devint 3e enseigne à la même compagnie, le 13 novembre. Il servit près du roi aux sièges de Menin, d'Ipres, de Furnes et de Fribourg en 1744 ; à la bataille de Fontenoy, aux sièges des villes et citadelles de Tournay, d'Oudenarde et de Dendermand en 1745; à la bataille de Rancoux en 1746. Brigadier de cavalerie par brevet du 20 mars 1747, il combattit à Laufeld et devint 2e enseigne de sa compagnie le 15 mars 1748 ; 1er enseigne le 10 octobre 1749 ; 2e sous-lieutenant le 14 novembre 1753; maréchal-de-camp par brevet du 1er mai 1758 ; 1er sous-lieutenant le 12 avril 1761. Il fit, en cette qualité, la campagne d'Allemagne et fut fait lieutenant-général à la promotion du 25 juillet 1762. Il fut gouverneur de Narbonne depuis février 1786, jusqu'au 25 février 1791, époque de la suppression des gouvernements de province. Le 23 septembre 1799, on lui donna une solde de retraite de 600 livres. Il n'émigra point, passa toute la révolution au Fraisse, et ne resta que quelques jours de la fin de la terreur en prison. Il mourut au Fraisse en 1800. Il comparut comme coseigneur du marquisat de Châteauneuf-sur-Cher, par procureur, à l'assemblée de la noblesse du Berry en 1789 et aussi à celles du Poitou et de la Basse-Marche. Il avait appelé auprès de lui l'abbé Léonard Vignaud de la compagnie de Jésus pour faire l'éducation de ses enfants (1768 à 1780). Ce saint prêtre était encore au Fraisse au moment de la révolution ; il le quitta cependant en 1792 pour se retirer à Chassenon, dans sa famille, et ne tarda pas à confesser la foi dans les prisons. Il avait épousé, par contrat signé du roi, de la reine et des princes, le 4 juillet 1755, Charlotte-Elisabeth Galluccio de l'Hospital, sa cousine, fille de Paul-François Galluccio de l'Hospital, dit le marquis de l'Hospital, marquis de Châteauneuf-sur-Cher, en Berri, chevalier des ordres du roi, de ceux de Saint-Janvier de Naples, de Notre-Dame du Mont-Carmel et de Saint-Lazare de Jérusalem, lieutenant-général, inspecteur-général de cavalerie et des dragons, 1ᵉʳ écuyer de Mesdames de France, ambassadeur à Naples et à Saint-Pétersbourg et d'Elisabeth de Boulogne. Elle mourut à Poitiers à quatre-vingt-douze ans, en 1830. Elle fut dame de Madame Sophie, tante du roi, puis de Madame Elisabeth sœur du roi. Son nom se trouve sur la cloche de Montrol-Sénard, fondue en 1760. De ce mariage : 1° François-Louis-Augustin, qui suit ; 2° Paul-François-Marie des Monstiers, né le 14 août 1761. Entra au service comme 2° sous-lieutenant, sans appointement, au régiment du Roi-Infanterie le 25 mai 1777, fut promu sous-lieutenant le 30 juin 1780, lieutenant en second le 9 mai 1784, lieutenant en premier le 27 avril 1788, capitaine le 26 avril 1790. Il émigra en 1791, et servit à l'armée de Condé, dans la cavalerie noble en 1792, 1793, 1794 ; en 1795, il passa au service de Hollande dans le régiment de Mortemart et en 1796, au service de l'Angleterre, dans les vétérans de Gouvello ; puis il entra dans les ordres sacrés et fut connu sous le nom de abbé de Mérinville. Il fut de ceux qui refusèrent de reconnaître le concordat. Il avait été fait chevalier de Saint-Louis en 1795. Il cessa de servir le 31 décembre 1814 et fut breveté lieutenant-colonel et retraité dans ce grade avec une pension de 1,569 livres, en 1816. Il mourut à Londres en 1837 ; 3° Henriette-Thérèse des Monstiers, dame chanoinesse du chapitre noble de l'Argentière, épousa, au Fraisse, en 1790, Michel-Olivier-Isaac Perry, marquis de Nieul en Angoumois, ancien officier de marine, fait chevalier de Saint-Louis en 1814. Elle est morte au château du Fraisse vers 1829 ; 4° Pauline-Françoise des Monstiers, dame chanoinesse du chapitre noble de l'Argentière, épousa, le 18 septembre 1809, Armand-Alexandre Chevalreau de Boisragon, marquis de Boisragon en Poitou, chef de bataillon au régiment de Chartres-Infanterie, chevalier de Saint-Louis.

XVI. — Haut et puissant Sᵍʳ François-Louis-Augustin des Monstiers, marquis des Monstiers de Mérinville, fut propriétaire des terres de Brigueil, Montrocher, Rochelidoux, Châteaubrun, Le Fraisse, Auby, La Vallette et Voisin en Beauce. Il était né au Fraisse, le 28 août 1760, avait commencé par servir en 1776, comme 2° sous-lieutenant au régiment du Roi-Infanterie ; en 1779, le 2 juillet, il fut nommé sous-lieutenant ; le 29 décembre 1782, il fut promu guidon des gendarmes de la garde, avec rang de mestre-de-camp. Il fut réformé avec la compagnie en 1787, et nommé colonel attaché au régiment de la Reine-Cavalerie, le 17 mars 1788. Il émigra en 1791, et fut cavalier noble de l'armée de Condé, le 30 juin 1791. Il fut nommé chevalier de Saint-Louis, le 25 août 1795 et reçu le jour même par le prince de Condé. Le 30 juillet 1814, il fut nommé lieutenant-général, et il fut inspecteur de la garde nationale de la Haute-Vienne. Le roi Charles X le nomma pair de France, au titre de baron; il mourut à Paris en 1834 et fut enterré à Nouic. Il avait épousé, par contrat du 13 janvier 1785, signé du roi, de la reine et de tous les princes et princesses du sang royal, très haute et très puissante Dᵉˡˡᵉ Hyacinthe-Charlotte-Julie-Marie-Jeanne de La Briffe d'Amilly, fille de feu haut et puissant Sᵍʳ Antoine-Henry, comte de La Briffe d'Amilly, capitaine des frégates du roi, chevalier de Saint-Louis, et de haute et puissante dame Julienne-Marie-Renée Le Prestre de Châteaugiron. Elle fut dame pour accompagner Madame Elisabeth de France, sœur du roi; elle mourut à Paris, en 1836, et fut enterrée dans l'église de Villiers-le-Bacle. On conserve au Fraisse de nombreuses lettres qu'elle avait reçues du roi, de sa sœur, Madame Elisabeth et des princes. De ce mariage, deux fils : 1° Stanislas des Monstiers, qui suit ; 2° Adolphe des Monstiers, auteur de la sixième branche dite du Porteau, rapportée § VI.

XVII. — Augustin-Stanislas-Philippe des Monstiers, comte des Monstiers-Mérinville, propriétaire des terres du Fraisse, Rochelidoux, Auby, La Vallette, Brigueil, Monterollet, Montrocher et Villiers-le-Bacle, près Versailles, né à Paris le 12 décembre 1785, eut l'honneur d'être tenu sur les fonds baptismaux par Leurs A. R. Monseigneur le comte de Provence, plus tard Louis XVIII et Madame Elisabeth de France, frère et sœur du roi Louis XVI. Il émigra jeune avec son père, mais revint au Fraisse lors de la mort de son grand-père en 1800. Il ne prit du service qu'en 1814, à la rentrée du roi, comme sous-lieutenant aux gendarmes de la garde du roi, avec rang de lieutenant-colonel par brevet du 30 juillet 1814. Il fut promu lieutenant-colonel des chasseurs des Vosges, le 2 novembre 1815 ; le 7 janvier 1824, il fut nommé lieutenant-colonel aux hussards de la garde royale, avec rang de colonel. Le 29 octobre 1828, il fut nommé colonel au 5ᵉ régiment de hussards, mais il brisa son épée et donna sa démission, le 30 septembre 1830, pour ne pas prêter serment à un usurpateur. Le roi l'avait nommé chevalier de la Légion d'honneur, le 26 décembre 1815 et officier du même ordre le 23 mai 1825. Il mourut à Paris le   1862, et fut enterré dans le cimetière de Nouic. Il avait épousé, par contrat du 1ᵉʳ juin 1812, Sidonie-Maxime Anjorrant, fille de Nicolas-Etienne Anjorrant, conseiller au parlement de Paris, et de Marie-Louise Joguet. Elle mourut au Fraisse, âgée de soixante cinq ans, le 26 septembre 1861, et fut enterrée à Nouic. Elle avait apporté la terre et le château de Villiers-le-Bacle, vendus depuis sa mort. De ce mariage : 1° Louis, qui suit ; 2° Elisabeth des Monstiers, morte en bas âge, et inhumée dans l'église de Villiers-le-Bacle ; 3° Marie-Elisabeth des Monstiers, qui épousa en 1841, Edmond de Vassinhac, comte d'Imécourt, fils puîné de Gédéon de Vassinhac, comte d'Imécourt, pair de France, et de N... de Sainte-Aldégonde ; 4° Henri-Jean-Stanislas-Renaud des Monstiers, auteur de la cinquième branche dite de Sannat, rapportée § V.

XVIII. — Louis des Monstiers, marquis des Monstiers Mérinville, né à Paris en 1813, propriétaire des terres du Fraisse, Rochelidoux, La Vallette, Aubis, Tesson en Saintonge et Chessy en Brie, résidant au Fraisse. Il se destina à la carrière militaire, fut même désigné pour être page du roi, en 1830, mais la révolution vint l'empêcher d'y entrer. Il se retira chez lui ; il est conseiller général du département de la Haute-Vienne depuis vingt-cinq ans. Il épousa, par contrat du 1ᵉʳ août 1844, Wilhelmine-Frederica-Adelaïde de La Tour du Pin La Charce, fille de feu Louis de La Tour du Pin, comte de La Charce, ancien colonel démissionnaire en 1830, chevalier de Saint-Louis, et de Adèle Tourteau d'Orvilliers. Elle mourut au Fraisse, le 4 novembre 1869, et fut enterrée à Nouic ; ce fut elle qui apporta les terres de Tesson et de Chessy. De ce mariage : 1° François-Jean-Louis des Monstiers, comte des Monstiers Mérinville, ci-devant lieutenant de mobile pen- la campagne de 1870, officier d'ordonnance du général baron Durrieux, et du général, comte Henry de Bouille ; né à Paris, le 3 décembre 1847 ; 2° Jacques-Edmond-Martial des Monstiers, né le 26 octobre 1848, mort le 18 avril 1856, enterré à Nouic ; 3° Pierre des Monstiers dit comte Pierre des Monstiers Mérinville, né au Fraisse le 14 janvier 1853, licencié en droit, engagé volontaire au 10e hussards; 4° André-Henry-Marc des Monstiers Mérinville, né à Paris le 14 mai 1858, étudiant au collège des Jésuites de Poitiers.

§ V. — *Branche dite de Sannat.*

XVIII bis. — Henri-Jean-Stanislas-Renaud des Monstiers, dit le comte Renaud des Monstiers Mérinville, maire de Saint-Junien-des-Combes, propriétaire, résidant au château de Sannat près Bellac. (Terre qu'il a acquise de M. Albéric, marquis de Roffignac), fils puîné de Augustin-Stanislas-Philippe, comte des Monstiers Mérinville, et de Sidonie-Maxime Anjorrant, est né à Paris le 28 février 1822, est mort le 27 novembre 1876. Il avait épousé, à Cognac, le 3 mai 1852, Marie-Célestine-Berthilde Dupui, née le 2 mai 1833, fille de M. Jean-Léon Dupui, député de la Charente sous la Restauration, et de Célestine Le Brun de La Messardière, dont : 1° Jean-Pierre-Stanislas-René des Monstiers Mérinville, engagé volontaire au 3e dragons, né à Cognac le 24 mars 1853; 2° Jean-François-Maxime des Monstiers Mérinville, élevé à l'école spéciale militaire de Saint-Cyr; né à Cognac le 28 septembre 1854; 3° Félicie-Louise-Marie-Magdeleine des Monstiers Mérinville, née à Cognac le 6 novembre 1856; 4° Hugue-Marie-Martial-Adolphe-Maurice des Monstiers Mérinville, né à Sannat le 10 février 1867.

§ VI. — *Branche dite du Porteau.*

XVII bis. — Adolphe-François-René-Antoine des Monstiers Mérinville dit le vicomte de Mérinville, était fils puîné de François-Louis-Augustin marquis des Monstiers Mérinville, pair de France, et de Hyacinthe-Charlotte-Julie-Marie-Jeanne de La Briffe d'Amilly (ci-dessus degré XVI.) Il résidait au château de Voisins, près Rambouillet qu'il avait eu en partage, et qu'il vendit quelque temps avant sa mort. Il était né à Genève, le 31 décembre 1790. Comme son frère, il passa sa jeunesse en émigration, et rentra en France avant la mort de son grand-père. Sous le premier Empire, il fut attaché d'ambassade à Munich. A la Restauration, il prit du service et fut nommé, le 1er juillet 1814, brigadier surnuméraire des gendarmes de la garde du roi, avec rang de capitaine. Le 10 octobre 1815, il fut nommé capitaine en 2e dans les hussards de la garde royale et breveté chef d'escadron le 1er juillet 1818; le 1er septembre 1821, il fut nommé capitaine-commandant, et le 12 août 1829 réformé, sur sa demande, sans traitement, par décision royale; le 31 décembre 1815, il fut fait chevalier de la Légion d'honneur. Il mourut le 7 juillet 1867, au château de Choisy. Il avait épousé par contrat du 4 mai 1825, Elisabeth-Irénée Terray, fille de Claude-Hippolyte Terray, comte Terray, et de N.... de Maistre, sa deuxième femme. Elle était née à Paris le 21 avril 1804, elle y mourut aussi le 26 mai 1863. De ce mariage : 1° Urbain-Augustin-René des Monstiers Mérinville, né le 11 avril 1826, mort à Naples le 28 mai 1844; 2° Adrien-Hippolyte des Monstiers, qui suit; 3° Béatrix-Claire-Marie des Monstiers Mérinville, née à Paris le 31 juin 1845; mariée le 19 décembre 1866, à Melchior de Vogué, comte de Vogué, ambassadeur de France à Constantinople, membre de l'Institut, fils de Léonce, marquis de Vogué et de N... Machaut.

XVIII. — Adrien-Hippolyte des Monstiers Mérinville dit le comte de Mérinville, né à La Celle-Saint-Claud le 13 octobre 1828, propriétaire des terres du Porteau et de Châtillon dans les Deux-Sèvres, et résidant au château du Porteau, maire de Précigny. Il a épousé à Poitiers, le 6 février 1854, Léonie-Radegonde-Marie-Caroline de Maussabré-Beufvier, née à Poitiers le 13 août 1834, fille d'Adalbert, marquis de Maussabré-Beufvier et de Félicité-Marie-Louise Guischard d'Orfeuille ; ce fut elle qui apporta dans cette maison les terres du Porteau et de Châtillon. De ce mariage : 1° Marguerite-Jeanne-Radegonde des Monstiers Mérinville, née à Poitiers le 22 février 1855, morte à Paris, le 16 mai 1861 ; 2° Marguerite-Elisabeth-Marie-Radegonde des Monstiers Mérinville, née à Paris le 10 avril 1862 ; 3° Antoinette-Elisabeth-Marie des Monstiers Mérinville, née à Paris le 29 avril 1864.

§ VII. — *Branche des Seigneurs d'Auby et de La Vallette.*

XI. — Haut et puissant Sgr François des Monstiers, chevalier, fils puîné de Eusèbe des Monstiers, vicomte de Mérinville, et de Françoise de Reilhac, (voyez ci-dessus degré 10) appelé le baron d'Ozillac, Sgr d'Auby, paroisse de Nouic, La Vallette et La Grange-Blanche, était un des cent gentilshommes de la chambre du roi. Il épousa, par contrat du 10 janvier 1611, Marie Papon du Breuil, fille de Gabriel Papon du Breuil, écuyer, Sgr du Breuil, de La Corre, Grange-Blanche, Corriget et Montplaisir, et de feu Claire de La Jugie, de la paroisse de Bellac. Elle fit son testament, signé Pomier et Deyset, le 30 septembre 1628, par lequel elle veut être enterrée dans l'église de Nouic. De ce mariage, un fils qui suit.

XII. — Haut et puissant Sgr Gabriel des Monstiers, chevalier, baron d'Auby, Sgr de La Vallette et Champeaux ; fut l'un des cent gentilshommes de la chambre du roi, maréchal de bataille ès armées de Sa Majesté et lieutenant-colonel du régiment du comte de Mérinville, son cousin, par brevet du 9 juillet 1667. Il fit son testament le 9 juin 1656, reçu par Duverger et Graterolle. Il épousa par contrat du 17 janvier 1634, signé : Roudier, Catherine Bonin de Messignac, fille de haut et puissant Sgr René Bonin, marquis de Messignac, chevalier, Sgr de Plessiac, Les Forges et de Barbe Jourdain. Elle mourut à l'âge de soixante-huit ans, le 7 janvier 1681, et fut enterrée dans l'église de Nouic. Bonin porte : *de sable à la croix ancrée d'argent.* De ce mariage : 1° François, qui suit ; 2° Annet des Monstiers, chevalier, Sgr de Champeaux, capitaine au régiment du comte de Mérinville, qui épousa dans l'église de St-Barbant, le août 1663, Jeanne Vérinaud, fille de feu Jacques Vérinaud, et de Léonarde de Fédénie. Vérinaud porte : *de sable à trois croissants d'argent 2 et 1,* dont : A. — Jacques des Monstiers, baptisé dans l'église de Nouic, le 18 avril 1664, mort sans postérité ; 3° Françoise des Monstiers, mariée : 1° au seigneur de Chantillac ; 2° à Jean Charron, Sgr de La Motte, de la ville de Bellac ; 3° au seigneur de Laigue.

XIII. — Haut et puissant Sgr François des Monstiers, chevalier, Sgr d'Auby, baron de La Vallette, capitaine de chevau-légers, et commandant le régiment de cavalerie de Rochelidoux-Mérinville, capitaine au régiment du Roi-Cavalerie, servit pendant vingt-deux ans. Il épousa, par contrat signé Descelles, le 4 février 1656, Marie-Isabeau Turpin, fille de feu haut et puissant

Sgr Jacques Turpin, chevalier, baron de Buxerolles, et de Jeanne Taveau. Elle mourut à l'âge de cinquante-quatre ans, le 30 novembre 1689, et fut enterrée dans l'église de Nouic. De ce mariage : 1° Charles, qui suit, 2° Annet des Monstiers, né le 19 novembre 1663, mort le 4 septembre 1671; 3° Dorothée des Monstiers, née le 20 juin 1666, morte le 11 mai 1694 ; 4° Elisabeth des Monstiers, à qui on suppléa les cérémonies du baptême le 7 octobre 1666, et qui épousa, le 21 décembre 1699, Louis de Plumant, écuyer, Sgr d'Escesses (ou d'Escossas, paroisse d'Etaignac) et de Lavau, maréchal-des-logis dans les chevau-légers, chevalier de Saint-Louis, mort à l'âge de soixante-dix ans, le 5 avril 1714. Elle mourut âgée d'environ cinquante-cinq ans, le 31 mai 1722 et fut inhumée dans l'église d'Etagnac; 5° Jeanne, baptisée le 19 novembre 1669 ; 6° Anne-Marie des Monstiers, mariée : 1° dans l'église d'Etagnac, le 26 novembre 1705, à Jacques de Julien, écuyer, Sgr de La Coste et du Mesnieu, paroisse de Saint-Martin-de-Jussac, fils de noble Charles-Benjamin de Julien, du Meynieu, paroisse de Saint-Adjutorie, et de Françoise de Leyrisse; il mourut sans laisser d'enfant, le 2 décembre 1714; 2° dans la même église d'Etagnac, le 17 février 1716; Jean de Marsanges, chevalier, Sgr de La Cour de Vaulri, fils de Paul de Marsanges, Sgr de Vaulri, et de Anne de Brettes, du Cros, veuf en premières noces d'Elisabeth de Chesneau. Anne-Marie des Monstiers mourut à cinquante ans, le 19 mai 1718, et fut enterrée dans l'église de Saint-Martin-de-Jussac ; 7° Léonarde des Monstiers, née en juillet 1669 ; 8° Gaspard des Monstiers, chevalier de La Vallette, chevalier de Saint-Louis, cornette dans le régiment de Beringhen-Cavalerie, en 1674, congédié en 1679, cadet dans le régiment de Besançon-Cavalerie, en 1682 ; cornette dans le régiment de la Reine, en 1684, congédié en 1684, cadet dans le régiment de Besançon en 1684, pourvu d'une sous-lieutenance avec rang de capitaine en 1687; capitaine dans le régiment de Mérinville-Cavalerie, en 1694 ; major dans le même régiment le 14 mars 1694, passé en 1698 dans le régiment d'Uzès, devenu de Marsilhac, puis La Rocheguyon. Lieutenant-colonel en 1705, ayant rang de mestre-de-camp, le 10 mars 1706, mort au service du roi à Castres, en 1725.

XIV. — Haut et puissant Sgr Charles des Monstiers, chevalier, baron d'Auby, cornette au régiment du Roi-Cavalerie, puis capitaine de grenadiers au régiment de Limoges, mourut à soixante-onze ans, le 15 mars 1727, et fut enterré dans l'église de Nouic. Il épousa par contrat signé Thaureau, le 20 février 1678, Marie de Rocquart, fille de François de Rocquart, chevalier, Sgr de Saint-Laurent, La Cour, Saint-Maurice et Les Dangers, et de Henriette Regnaud. Elle mourut à l'âge de quatre-vingt dix ans, le 12 octobre 1742, et fut enterrée dans l'église de Nouic, dont : 1° Henriette des Monstiers, née le 16 février 1679 ; 2° François, qui suit ; 3° Anne des Monstiers, née le 12 janvier, morte le 12 avril 1682 ; 4° François des Monstiers, né le 26 juin, mort le 8 août 1683 ; 5° Charles, né le 26 février 1685 ; 6° Henry-Hélion des Monstiers, né le 23 août 1686, servit dans le régiment de La Rocheguyon, fut capitaine dans celui de Bourbon. Il se maria à l'Isle d'Oléron avec N.... Serilly, d'où : A. — N.... des Monstiers, tué à la bataille de Minden ; B. — N.... des Monstiers, mort sans postérité, à Leogane, au service du roi; il était dit M. de La Vallette ; 7° Pierre, né le 5 mars 1688 ; 8° Anné (Nadaud, T. I, p. 436, l'appelle Marie) des Monstiers, mariée le 13 octobre 1721, à Charles de Chardebœuf, écuyer, Sgr de La Grande-Roche, paroisse de Magnac-Laval; 9° François, né le 5 octobre 1698; 10° Joachime, née le 15 février 1703; 11° Jacquette-Henriette, née le 14 février 1704.

XV. — Haut et puissant S^{gr} François des Monstiers, chevalier, baron d'Auby et de La Vallette, baptisé le 11 mars 1680, servit dès l'âge de onze ans. Il fut des dix-sept cents volontaires dans le régiment d'Uzès-Cavalerie, devenu de Marsilhac, puis de La Rocheguyon; en décembre 1702, il fut nommé cornette, et lieutenant en 1710, puis il fut capitaine au régiment du Dauphiné, et abandonna le service en 1720. Il mourut à soixante-dix-neuf ans, le 21 juillet 1758, et fut enterré dans l'église de Nouic. Il épousa Thérèse-Silvie de Cogniac, fille de François de Cogniac, chevalier, S^{gr} de Pers, du château de Nalliet, diocèse de Poitiers, et de feue Gabrielle de Brettes, par contrat du dernier février 1704. De ce mariage : 1° Charles des Monstiers, né le 19 février 1705; 2° François, qui suit; 3° Gaspard des Monstiers, né le 10 août 1707; 4° Henry des Monstiers, lieutenant au régiment de Royal-Cavalerie, mort au service du roi; 5° Jean des Monstiers, lieutenant au régiment de La Fère, qui épousa le 19 novembre 1745, dame Anne Richard, veuve de messire Joseph du Cloud, S^{gr} d'Ardent; 6° René des Monstiers, chevalier de Pers, maréchal-des-logis de la compagnie des gendarmes de la Reine, chevalier de Saint-Louis; 7° Elisabeth des Monstiers, qui épousa, le 6 juin 1736, Etienne Ferré, écuyer, S^{gr} de La Jarraudie, paroisse de Brigueil-l'Aîné, fils de messire Jacques Ferré, S^{gr} de Fredière, et de Marguerite Le Clerc, dame de La Jarraudie et de La Touraille, Ferré porte : *de gueules à une bande d'or, accompagnée de trois fleurs de lis de de même, 1 en chef, 1 en pointe, 1 à dextre de la bande.* De ce mariage, vint le marquis de Ferré.

XVI. — François des Monstiers, né le 27 (*alias* le 29) avril 1706, chevalier, sieur d'Auby et de La Valette, cornette au régiment de Condé. Il épousa, par contrat du 23 janvier 1739, Catherine-Charlotte de Jousserand de Lainé, fille de feu Charles, chevalier, sieur de Lainé, et de feue Catherine de Rechignevoisin de Guran, du lieu noble de La Madeleine, paroisse de Caunay, diocèse de Poitiers. De ce mariage naquirent : 1° Renée, appelée, Mlle des Monstiers, née le 14 décembre 1739, élevée à Saint-Cyr, qui épousa, en septembre 1781, Jean-Michel de Saint-Georges; capitaine de dragons au régiment d'Apchon, écuyer de Madame Sophie de France, tante du roi, fils de Louis de Saint-Georges, chevalier, S^{gr} de Régnier, Périsset, La Jorbadière, et de Elisabeth de Couhé de Lusignan. Saint-Georges porte : *d'argent à la croix de gueules.* Renée, qui avait été d'abord chanoinesse de L'Argentière, mourut en 1801, ne laissant pas de postérité : 2° François-Joseph, appelé M. de La Valette, né le 10 janvier 1741, mort au service du roi, en 1757, étant garde-marine; 3° René, né le 1er juillet 1742, à Auby, paroisse de Nouic. Il entra jeune dans les ordres; nommé prieur d'Auby, en 1759. Devint chanoine et grand-vicaire de Chartres. Il fut aumônier de la reine Marie-Antoinette, évêque de Dijon. Il se garda bien de prêter le serment schismatique que demandait l'Assemblée Nationale. Malgré un décret lancé contre lui par l'accusateur public de Dijon, il prit la résolution de ne s'éloigner de son diocèse qu'à la dernière extrémité, pour soutenir le courage des ecclésiastiques fidèles. Il se reposait sur la bonté de sa cause et une confiance entière dans la Providence le faisait vivre tranquille au milieu des dangers. Il ne calculait pas toute la fureur de ceux qui opprimaient la France. Le 26 août 1792, l'Assemblée Nationale porta la loi suivante : « Tous les ecclésiastiques qui, étant assujettis au serment prescrit par la loi du 26 décembre 1790, et celle du 17 avril 1791, ne l'ont pas prêté, ou qui, après l'avoir prêté, l'ont rétracté et ont persisté dans leur rétractation, seront tenus de sortir, sous huit jours, des limites du district et du département de leur résidence, et dans la quinzaine, hors du royaume.

» En conséquence, chacun d'eux se présentera devant le directoire du district ou la municipalité de sa résidence pour y déclarer le pays étranger dans lequel il entend se retirer; et il lui sera expédié sur-le-champ un passeport qui contiendra : sa déclaration, son signalement, la route qu'il doit tenir et le délai dans lequel il doit être hors du royaume.

» Passé le délai de quinze jours, les ecclésiastiques, non assermentés, qui n'auraient pas obéi aux dispositions précédentes, seront déportés à la Guyane française. »

Pour se tenir prêt à tout événement, l'évêque de Dijon en voyant une semblable loi, se présenta devant les autorités de la section de la Croix-Rouge à Paris, où il se trouvait alors, et déclara qu'il voulait se rendre à Londres (1). Il en obtint un passeport le 31 août, mais il n'abandonna pas pour cela la direction de son diocèse, et ne partit pas encore. Nous allons voir la suite des événements dans les admirables lettres qu'il écrivit lui-même à Sa Sainteté Pie VI.

« Le 5 septembre 1792, pendant que l'on massacrait encore dans les prisons de Paris, j'y ai moi-même été conduit par ordre du comité des recherches de l'Assemblée. Les circonstances étaient si menaçantes alors, que je n'ai pas douté que je ne touchasse à ma dernière heure. Deux défenseurs officieux ont pris ma défense à mon insu, et ont gagné ma cause auprès de ce comité de sang, mais d'une seule voix, à la vérité : aussi y a-t-il eu protestation contre le jugement. J'ai donc été relâché après huit ou dix jours de détention, et pendant ce court espace, j'ai été totalement dépouillé : l'argent, destiné pour mon émigration, meubles, vêtements, argenterie, tout a été enlevé, jusqu'aux marques extérieures de mon épiscopat, sans qu'il me soit resté le moyen de réclamation. Un second ordre de m'arrêter, trente-six heures après avoir obtenu ma liberté, donné pour favoriser la fureur de ceux qui avaient protesté contre mon élargissement, et dont j'ai été averti à Troyes, m'a forcé de me sauver précipitamment, presque nu, et sans autre secours qu'une somme modique qui m'a été prêtée pour faire ma route (2). »

Il écrivait de Bruxelles le 27 mai 1794, mais les armées de la République ne tardèrent pas à y venir, et il se retira à La Haye. Puis il passa en Angleterre dans une barque de pêcheur, et y resta neuf mois. Mais le froid excessif qu'il ne pouvait supporter le força à repasser sur le continent. Il était fixé près de Lintz, capitale de la Haute-Autriche, le 1er janvier 1799 ; enfin il trouva l'hospitalité dans l'abbaye de Kremsmunster, et fut à l'abri des rudes privations qu'il supportait depuis quelques années.

Il rentra en France en 1800, au concordat, et fut nommé évêque de Chambéry; mais ayant eu de graves démêlés avec l'administration, il donna sa

---

(1) Archives de la préfecture de la Haute-Vienne.
(2) Extrait des archives du Vatican. — *De charitate sedis apost. erga Gallos*, vol. 34.

démission. Il assista au sacre de Napoléon Ier; en 1814, lorsque le cardinal Fesch fut obligé de quitter la France, il fut nommé administrateur du diocèse de Lyon; en 1811, il vendit à sa cousine Hyacinthe de La Briffe, épouse de François-Louis-Augustin des Monstiers, du Fraisse, la terre d'Auby, de la paroisse de Nouic, dont il était le dernier héritier; il n'en venait pas moins tous les ans passer quelque temps au château du Fraisse. Il fut nommé chevalier de la Légion d'honneur et chanoine de Saint-Denis. Il habitait le château de Versailles; c'est là qu'il mourut en novembre ou décembre 1829. Il fut enterré à Versailles avec les honneurs militaires. Il fit en mourant différents legs au séminaire de Dijon, à l'église de Nouic, à la chapelle du Fraisse, etc. Dans ses dernières années, il avait été atteint de la cataracte, avait subi l'opération à la suite de laquelle il se déclara quelques accidents qui contribuèrent à le conduire au tombeau; 4° François-Célestin, né le 2 décembre 1743, mort en bas âge; 5° Catherine, née le 9 février 1747, morte à Saint-Cyr; 6° Marie-Marguerite-Éléonore, née le 21 juillet 1748, morte en bas âge.

MONTMORENCY (Philippe de), 72e évêque de Limoges. — Il était fils de Guillaume, baron de Montmorency, et d'Anne Pot; il avait pour frère Anne, maître de la cavalerie et maréchal de France, duc de Montmorency, gouverneur de Languedoc. Il fut premièrement archidiacre de Blois, dans l'église de Chartres, par la résignation que lui en fit le cardinal René de Prie, en 1514. Il fut aussi chanoine de la Sainte-Chapelle de Paris. (*Gall. christ. nov.* T. II, col. 537.) A la prière du roi François Ier, il succéda aussi au cardinal de Prie dans l'évêché de Limoges. (Fouscherie, *apud* Bonav., I, 527, et III, 750. — Msc. de Saint-Germain-des-Prés.) Le chapitre de la cathédrale l'élut le 18 octobre 1516, dans la ville de Saint-Léonard de Noblac, parce que la peste était à Limoges. L'historien qui nous apprend cette particularité l'appelle bienfaisant et doux, *benevolus et benignus*, et ajoute qu'il n'avait que 26 ou 28 ans. Il fit son entrée et ne prit possession que le 31 octobre 1518, et le même jour il célébra solennellement la messe dans la cathédrale, ainsi que le jour de la Toussaint et des Morts, en présence de plusieurs prélats. Le 17 novembre suivant, il requit le chapitre de la cathédrale de lui donner ses avis pour le spirituel et le temporel de son évêché, et de consentir à un don gratuit, pour son joyeux avénement, pour lequel il mit à contribution tous les prêtres et autres ecclésiastiques de son diocèse engagés dans les ordres sacrés. Les opposants furent excommuniés; on fit grâce aux pauvres et ils étaient en grand nombre. La somme produite par les archiprêtrés de La Porcherie, Vigeois, Gimel, St-Exuperi et Chirouse, qui sont composés de 198 paroisses, fut de 120 livres 7 sols 9 deniers. Le 19 décembre 1518, il donna la tonsure dans la cathédrale. Le 5 mai 1519, il tint son synode dans la cathédrale, et du conseil de ses frères les doyens, chanoines et chapitre, il fit lire et publier des statuts qui sont imprimés et qui contiennent des particularités remarquables pour la discipline du temps; ils sont encore comme des lois fondamentales de ceux qui ont été publiés ensuite. Le P. Bonaventure (III, 753) dit, d'après un chanoine Fouscheri, dont nous n'avons plus la chronique, que ce prélat mourut à la fleur de l'âge, le jeudi 6 octobre 1519, étant à Blois, à la cour du roi, et qu'il fut enseveli dans l'église des Cordeliers. Ces religieux n'en ont conservé aucun souvenir. Un certain Antoine Papilio lui fit, le 24 du même mois d'octobre, une épitaphe que voici :

>   Ille ego Philippus, ille præstantissimus
>   Præsul Lemovicûm, altissima juvenis fatus (satus)
>   (Maurencius Mons, Parisii princeps agri
>   Ditio, vetusto quam cohonestat nomine)
>   Familia, eâ doctrinâ, et illis moribus,
>   Quos vel mediocri in re satis haud temerè fui
>   Compos inventa, vel secunda, adeo, ac favens
>   Fartuna, vix potissimum isthoc sæculo
>   Pati videbantur, sub hoc tumulo jacet
>   Plane beato ex hac misera vita exitu.
>   Quam olim superstes (amica felicissimum
>   Etsi illum, hominem hic quantum licet semel omnibus
>   Fata numeris perfecerant) felicior
>   Paucos hodie his vere titulis claros leges
>   Ubivis, religio est dicere nullum, Bene vale,
>   Antonius Papilio fecit XII cal. nov. M. D. XIX.
>   (Gall. christ. nov. II, col. 537.)

Ses armes sont : *d'or à la croix de gueules, accompagnée de 16 alérions d'azur, quatre à chaque quartier de deux en deux*. Il fit travailler à la cathédrale de Limoges, et ses armes étaient au portail Saint-Jean. Le chapitre de la cathédrale indiqua l'élection de son successeur pour le 25 novembre suivant. Voir BONAV., III, p. 753.

SOURCES : LEGROS, *Mém. pour l'hist. des évêques de Limoges*, page 509.

MONTROCHER. (T. III, p. 233.)

Le lieu de Montrocher est situé commune de Montrol-Sénard, canton de Mézières, arrondissement de Bellac, Haute-Vienne.

Renaud de Montrocher et Pierre de Saint-Martin, chevaliers, firent un duel en présence de Hugues de Lusignan, comte de la Marche, dans la ville du Dorat, en 1275 (*Nobiliaire* III, 167).

Foucaud de Rochechouard, seigneur de Mortemart, qui étant veuf testa le jeudi de la Fête-Dieu 1338, avait épousé Alix de Montrocher, sœur d'Abon, de Raton, et d'Aymeric de Montrocher (NADAUD, *Nobiliaire*, art. Rochechouart).

Ratho de Montrocher, *miles*, seigneur de Montrocher, reçoit un hommage des enfants de feu Jean Martelli, bourgeois du château de Limoges, le 26 novembre 1407. (Original.)

François de Montrocher, écuyer, seigneur dudit lieu, fut père de Françoise de Montrocher qui épousa, vers 1550, René Estourneau, écuyer, seigneur de Tersannes, et de Pinateau, fils de Pierre et d'Anne d'Aubussson. (*Généal*. Estourneau.)

Marie de Montrocher, épousa François Faulcon, écuyer, seigneur de Saint-Pardoux-Rancon, dont la fille était mariée, avant 1594, à Guy de l'Age. (*Nobiliaire*, II, p. 110.)

Le 15 juillet 1609, Gabriel de Marsanges, chevalier, sieur de Boismeunier et de La Cour de Vaulry, échangea la terre de Lamirande contre la baronnie de Montrocher avec Jeanne de Montrocher, veuve du sieur de Jayac. (*Généal.* Marsanges.)

MONTVALLIER. (T. III, p. 256.)

Dans le récit des miracles de Saint-Etienne-de-Muret, Gérard, VIIe prieur de Grandmont, parle, aux chapitres XXXe et XXXVe, de deux chevaliers de Saint-Junien nommés Itiers et Pierre de Montvalier (*de Monte Valerii*), qui furent miraculeusement délivrés de captivité par l'intercession de saint Etienne. Pierre de Montvallier dût encore au même saint son retour à la santé, alors qu'il était à l'agonie. (*Patrologie.* Edit. Migne, T. CCIV, p. 1067, 1071.)

En 1255, Pierre de Montvallier (*de Monte Valerio*), archiprêtre de Nontron et chanoine de Saint-Junien, fit exécuter une coupe d'argent pour abriter le chef de saint Amand. L'inscription suivante, gravée sur cette œuvre d'orfévrerie, conservait la mémoire du pieux donateur : *Magister Petrus de Monte Valerio, canonicus sancti Juniani et archipresbiter de Nontronio, fecit fieri hanc cuppam ad honorem B. Amandi, confessoris, anno Domini M CC LV.* Il lui fut permis, en retour de ce don, de distraire quelques parties des reliques du pieux cénobite. Il en fit don à l'abbaye de Grandmont, qui, pour le récompenser, l'admit à la fraternité de l'ordre. C'est l'explication du titre de frère qui précède son nom dans l'inscription suivante gravée sur le pied du reliquaire de Grandmont des reliques de saint Amand, et qui est aujourd'hui conservé à Saint-Sylvestre : *F. P. de Montval. me fecit fieri.* (TEXIER, *Dict. d'orfévrerie*, p. 900 et 854.)

DE MONTVERT, quelquefois MONTBERT, seigneurs de Montvert, de Châtain, de Magnac, de Chastel-de-Montagne et autres lieux en Limousin, dans la Marche et l'Auvergne. C'est une branche de la maison de Bonneval qui a porté le nom de Montvert aux XIVe et XVe siècles, et qui, plus tard, a repris le nom de Bonneval. Albert, *alias* Auber de Montvert, chevalier de la Marche, divisé d'intérêts avec Hélie de Noailles, et prenant prétexte que celui-ci, en qualité de seigneur limousin, était sujet du roi d'Angleterre, obtint contre lui la saisie des châteaux de Montclar et de Chambres, en Haute-Auvergne ; mais le roi, mieux informé, donna main-levée par lettres de 1370 (1). Ce même Albert de Montvert, donataire d'Albert de Nayrac, se départit de ses droits sur la terre de Châtain en faveur du duc de Bourbon, en 1397; mais cet acte ne paraît pas avoir eu d'exécution, car Guillaume et Hugues de Montvert, chevaliers, Antoine et Jean de Montvert, écuyers, S^{grs} de Châtain, de Magnac et de Châtel-de-Montagne, sont rappelés dans des actes de foi-hommage de 1461, 1488 et 1506. Ce fut vers ce dernier temps que cette famille reprit le nom de Bonneval, sous lequel elle a possédé la seigneurie de Châtain jusque vers la fin du siècle dernier, que la famille Loubens de Verdalle en fit l'acquisition. (*Noms féodaux*, p. 452, 664, 680. — Le P. ANSELME, T. IV,

---

(1) Albert de Montvert avait peut-être agi, dans cette circonstance, à l'instigation de Guillaume de Barmond ou Bermond, son voisin et peut-être son allié, lequel était frère utérin d'Hélie de Noailles, son compétiteur dans la succession de Gaillarde-Marguerite de Montclar, leur mère. Hélie de Noailles et Guillaume de Bermond transigèrent à ce sujet ladite année 1370. (Voyez AUDIGIER, T. III, p. 148.)

p. 785. — Chabrol, T. IV, p. 760, 840. — La Chesnaye-des-Bois, T. II, p. 279, 280.)

Armes : *D'azur au lion d'or, armé et lampassé de gueules.* (*Nobiliaire d'Auvergne*, T. IV, p. 322.)

MORAS. (T. III, p. 256.)

Elisabeth de Moras-Lavaud, de Blanzac, épousa, vers 1730, Jean de Villelume, écuyer, S^{gr} de Chamborêt et de Morcheval, lequel se remaria avec Catherine de Brettes (*Généal.* de Villelume.)

N..... de Moras de Vaugoulour, épousa N..... Goursaud, dont Jacques-François-Ernest qui suit.

Jacques-François-Ernest de Moras, de Vaugoulour, épousa Eulalie-Joséphine-Mathilde Martin de Compreignac, fille d'Adolphe-Martin de Compreignac et de Marie-Alexandrine de Villemoune ; elle se remaria le 8 décembre 1870 avec N..... Maigne. Jacques-François-Ernest de Moras eut pour enfants : 1° Marie-Louis-Mathieu-Albert de Moras ; 2° Marie-Madeleine de Moras.

N... Morrat eut pour enfants : 1° N.. Morrat, époux de Narde de Volundat, dont le fils Jean, né le 18 novembre 1556, fut baptisé à Saint-Michel de Laurière le 19, ayant pour parrain son oncle, Jean Morrat, et pour marraine sa tante Narde de Volundat ; 2° Simon Morrat, qui suit ; 3° Jean Morrat.

Simon Morrat épousa Catherine Teytaud, dont : 1° Claude, né le 21 juillet 1558, baptisé le 23 dans l'église de Saint-Pierre du Dorat; son parrain fut honorable homme messire Jehan de Laurans, lieutenant en la Basse-Marche, et sa marraine demoiselle Jeanne de Razès, femme de Jacques de Volundat, greffier de Laurière ; 2° Catherine, née le 15 août 1561, eut pour marraine Catherine de Razès, femme de Simon Teytaud ; 3° Pierre, né le 17 octobre 1563, au village de Château-Lamente, paroisse de Voulons. Son parrain fut vénérable messire Pierre Morrat, chanoine du Dorat, sa marraine Geneviève Dumet, femme de Jacques Coussaud ; 4° Catherine, née le 19 novembre 1566, fut baptisée le lendemain par vénérable messire Claude Jibaud, curé du Dorat; 5° Berthe, « le dernier jour d'octobre, l'an de grâce 1567, naquit Berthe Morrat, fille de messire Simon et de Catherine Teytaud, environ six heures du matin, auquel jour la ville du Dorat fut prise par les huguenots qui estaient eslevés tant par le pays de Poictou que Gascogne et étaient près de dix-huit ou vingt mille et estait couronel le S^{gr} de Saint-Sire, lequel eust de rançon 3,600 livres. Et fut l'église de céans pilhée et sacagée, ensemble les orgues rompues et ymages d'ycelle, et plusieurs habitants de la présente ville ruinés, et fut baptisée le mardi quatrième jour de novembre en suivant, et fust son perrin Jacques Teytaud, son oncle, et sa marrine Berthe Pasquet, femme à Jacques Gayet » ; 6° Mathive, née le 6, baptisée le 14 juillet 1575, au Dorat, portée par Jacques d'Armaigny, écuyer, sieur de la Gaulechière, paroisse de Bussière-Poitevine, et Mathive Chaulme, femme de Jacques Teytaud ; 7° autre Mathive, née et morte en 1577 ; 8° Philippe, né le 9, baptisé le 10 février 1578, ayant pour parrain Jean Morrat, son oncle, et pour marraine Marguerite de Razès, femme de Jean de la Chaulme. (Registre de famille.)

Joseph Maurat, avocat du Dorat, vivait en 1662. (Registres de Voulons.)

Louis Maurat, sieur de La Cheurie (?) épousa demoiselle Anne Gascon, dont : Anne, baptisée le 3 avril 1705, ayant pour parrain son oncle, Guillaume Maurat avocat, et pour marraine Anne Gascon. Elle vivait en 1722. (*Registres du Dorat*).

Catherine Maurat, âgée de quatorze ans, fut guérie miraculeusement au Dorat, le 13 septembre 1714. (Rougerie, *Vie de Saint Israël*, p. 247.)

Marie Maurat, épouse de Jean Phelipp, S^{gr} des Bordes et de la Rivallerie, conseiller du roi, et procureur fiscal, était marraine de la cloche d'Oradour-Saint-Genest en 1740. (Inscription de cette cloche.) Jean Maurat vivait à la même époque.

Louis Maurat, sieur de Brosse, fils de Joseph Maurat, sieur de La Coupery, juge sénéchal des Chatellenies de Brigueil-le-Chantre, Ples, et Mareuil, et de Marie-Claude Narde (?) de la paroisse de Brigueil-le-Chantre, épousa, le 24 novembre 1761, Marguerite-Geneviève Monsat, fille de Pierre et de Marguerite Joussaulme. (*Registres du Dorat*.)

MORCEL ou MORCEAU (T. III, p. 258). — Hélie Morcel, damoiseau, fit hommage à l'évêque de Limoges en 1295. (*Cartul.* fol. 9; 185, fol. 107). Cette famille paraît s'être établie postérieurement en Périgord. Hugues Morcel, damoiseau, épousa, le 3 février 1333, Raimonde de Comarque. Parmi ceux qui furent témoins au contrat, sont nommés Geoffroi, Olivier et Hélie Morcel, damoiseaux. Cette famille s'est éteinte longtemps avant la recherche. Elle portait : *De gueules à la croix de vair, cantonnée de quatre étoiles d'or.* (Lainé, *Nobiliaire du Limousin*).

MOREAU (T. III, p. 260). — Sieur de Saint-Martial et de Montcheuil, porte : *D'argent au chevron de gueules accompagné de trois étoiles du même.* (*Armorial du Périgord*).

Noble Ademar Ruphi, 1455, épousa noble Pétronille de La Vergne, dame de Montcheuil, près Saint-Martial-de-Valette. (*Nobiliaire.* — Article Roux). Cette terre de Montreuil était, en 1525, dans la famille Audier (Voir cet article au *Nobiliaire*, T. I). Elle passa dans celle d'Aydie avant 1620, par le mariage de Guy d'Aydie avec Marguerite Audier. (*Nobiliaire*, T. I.) Elle fut ensuite achetée par la famille Moreau.

Les *Notes historiques sur le Nontronnais*, par M. de Laugardière, nous fournissent les détails suivants : « La Chatellenie de Montcheuil, paroisse de Saint-Martin-de-Valette, fut vendue par Henri IV d'abord, et en 1581, à Antoine Vigier, chevalier, S^{gr} de Saint-Mathieu (Haute-Vienne), duquel il la racheta, et ensuite à la maison d'Aydie de Ribérac, qui la possédait encore en 1737. En 1754, on trouve dans un acte de l'époque, Jean-Jacques de Beaupoil, chevalier, S^{gr} de Saint-Aulaire, baron de Montcheuil, demeurant audit château. Enfin en 1765, messire Nicolas-Thibault Moreau, écuyer, S^{gr} de Villejalet, Moncheuil et autres places, président-trésorier de France en la généralité de Poitiers, résidant en son château de Montcheuil, que ses descendants possèdent encore. La branche aînée de cette famille prit le nom de Montcheuil, la seconde celui de Moreau de Saint-Martial, de la paroisse dudit château, qualifié baronnie dans les actes de 1773, 1780, et la troisième de Moreau de Saint-Martin. »

I. — Jean-Nicolas-Thibaud Moreau avait épousé Marie de Marcillac de Villejalet, dame de Saint-Martial-de-Valette, de Montcheuil, de la châtellenie de Varagne et autres places, qui vivait le 26 juin 1765.

II. — Nicolas-Marie, laissa plusieurs enfants, entre autres : 1° Jean-Paul-Philibert, qui suit ; 2° Édouard ; 3° N....

III. — Jean-Paul-Philibert Moreau de Montcheuil, qui émigra pendant la révolution, fut nommé maire de Nontron le 5 mars 1826; contribua grandement à l'établissement des sœurs de Nevers dans cette ville. Il avait épousé à Saint-Léonard, le 11 mai 1807, Jeanne-Henriette Tandeau de Marsac, fille de Henri-Armand et de Marie-Françoise de Nesmond, dont : 1° Grégoire, mort en avril 1848 ; 2° Jules, qui suit ; 3° Jenny, qui épousa le 9 juillet 1851, son cousin-germain, Charles Moreau de Montcheuil, inspecteur des douanes à Bordeaux, mort en 1875, dont : Paul, né le 19 mai 1852 ; 4° Paul, mort à l'école polytechnique le 8 juillet 1858.

IV. — Jules Moreau de Montcheuil, habitant Séchères, commune de Saint-Mathieu, a épousé le 19 novembre 1855, Berthe Coursaud de Merlis, fille de Thibaud-Charles, et de Thérèse Lafond des Vergnes, dont : 1° Maurice, né le 20 octobre 1856, membre de la Société de Jésus ; 2° Marie, née le 17 mars 1859 ; 3° Charles, né le 30 avril 1862 ; 4° Jeanne, née le 5 mars 1867 ; 5° Philibert, né en janvier 1872 ; 6° Henri.

MOREL DE FROMENTAL. (T. III, p. 260.)

Thérèse de Maledent, fille de Mathieu de Maledent, Sgr de Meilhac et de Savignac, trésorier général de France, et de Peyronne Benoît, épousa N..... Morel, baron de Fromental, et mourut à Limoges le 6 décembre 1647. (P. Laforest, *Limoges au XVIIe siècle*, p. 446.)

Jean Morel, baron de Fromental, président au présidial de Limoges, mort le 21 mai 1651. (Tome II, article Fromental.)

N..... Morel eut pour enfants : 1° Mathieu Morel, sieur de Chabanne-Guergny et de Saint-Léger-la-Montagne, président au présidial de Limoges. (Son frère vendit sa charge, après sa mort, au sieur de la Courtaudie, la somme 20,000 livres.) Il avait épousé, le 12 janvier 1702, Thérèse Blondeau, fille de Jean, chevalier, etc., et de Léonarde Bandy, dont : A. — Pierre, mort jeune ; B. — Marie-Thérèse Morel de Saint-Léger, qui épousa, le 21 août (et par contrat du 2 septembre) 1722, Charles François de Razès, chevalier, Sgr de Verneuil, comte d'Auzances, fils de Jean et de Marie-Françoise de Chouppes ; 2° Pierre de Morel de Saint-Maurice, mort en 1749 ; qui avait épousé Quitterie Duprat, dont, entre autres enfants : Louis Morel de Chabanne, ancien officier au régiment d'Enghien. (Mém. imprimé.) Ce dernier, né vers 1706, a dû se marier avant 1762, avec demoiselle Thérèse Juge de La Borie. (M. Brisebarre. — Lettre du 8 novembre 1872.)

Mathieu Morel, seigneur de Fromental, président-trésorier général de France, était consul de Limoges en 1678.

N..... Morel de Jayat, Sgr de La Garde, conseiller du roi et juge au siège présidial de Limoges, était consul de Limoges en 1677. (Leymarie, *Hist. de la Bourgeoisie.*)

Martial-Alexandre Morel, baron de Fromental, ancien capitaine de dragons, chevalier de Saint-Louis, assista à l'Assemblée générale de la noblesse, à Limoges, le 16 mars 1789. Dans le procès-verbal de cette assemblée, on trouve aussi le nom de Marie Morel de Fromental, dame de la Cosse et du Montandeix. Martial-Alexandre fut rayé de la liste des émigrés le 24 pluviôse an VI. — (Archives de la Haute-Vienne, liasse 337.)

Louis-Guérin-Honoré-Vincent-Bonaventure Morel de Fromental, chevalier, lieutenant au régiment de Bassigny-infanterie, était aussi à cette Assemblée. (*Catal. des gentilshommes du Limousin.*)

N..... Morel, baron de Fromental, épousa demoiselle Valérie de Wendel. Elle est morte à Poitiers, âgée de quarante-quatre ans, le 8 janvier 1871, et a été inhumée à Fromental. De ce mariage sont nés : 1° N.....; 2° N....., morts en bas âge ; 3° Joseph ; 4° Marie.

D'après une note qui nous a été communiquée, la terre de Fromental aurait été achetée en 1650 par Jean Morel, et le château aurait été réparé en 1671 par Mathieu Morel de Fromental. Nous-mêmes avons lu sur la porte de la cour la date de 1670.

Martial-César Morel de Fromental, chevalier, S^{gr} comte de la Clavière, S^{gr} d'Eguzon, assista à l'Assemblée générale de la noblesse, à Guéret, le 16 mars 1789. (Procès-verbal de l'assemblée.)

La terre de la Clavière et celle d'Aiguzon furent achetées par M. Morel de Fromental de Limoges, plusieurs années avant sa mort arrivée en 1775, et possédées par ses fils et héritiers. (*Nobiliaire*, I, art. Chamborand.)

Raymond de Morel, écuyer, S^{gr} de Tiac, du Vigier, de Salle et de Nanteuil, épousa Jacquette de Raymond, dont, entre autres enfants, Jean de Morel, S^{gr} des mêmes lieux, qui servait pour ses frères au ban de l'Angoumois, en 1635. Il avait épousé, en 1630, Marie-Madeleine de la Porte, fille d'Isaac, écuyer, S^{gr} de Châtillon, Saint-Genis et la Vallade, et de Louise Pons-Mirabeau. Armes : *Ecartelé d'or à trois fleurs de lis d'azur, et d'argent à l'aigle de sable.* — Alias : *D'argent à l'aigle de sable en bande, écartelé d'or à 3 fleurs de lis de sable.*

Catherine Morel, épousa, le 3 février 1625 (*alias* 1613), Jacques de la Porte, fils d'Isaac et de Louise Pons-Mirabeau. (*Nobiliaire*, III, 368.)

Henriette de Morel, épousa, le 7 novembre 1655, Henri de La Porte, fils de Jacques de La Porte et de Catherine Morel. (*Nobiliaire*, III, 368.)

Isaac de la Porte, épousa, en secondes noces, Jacquette de Raimond, veuve de Raymond de Morel de Tiac, et n'en eût point d'enfants.

Hélie de Morel, sieur de Puirousseau, était convoqué, en 1635, au ban de l'Angoumois. (Procès-verbal de l'assemblée du ban et arrière-ban.)

MORISCET. (T. III, p. 261.)

Antoine Moriscet, fils de feu Antoine de Moriscet, qui fut échevin, demeurait à Angoulême en 1669. (*Rôle de modération des taxes* 1669.)

MORIN. (T. III, p. 261.)

Jacques Morin, sieur de Lambertye, conseiller du roi au présidial d'Angoulême, maire et capitaine de ladite ville pour la troisième année, y demeurant. 1669. (*Rôle de modération des taxes* 1669.)

LA MORINIE. (T. III, p. 261.) — Le manoir de la Morinie, paroisse de

Saint-Barthélemy, ancien diocèse de Limoges, actuellement canton de Bussière-Badil (Dordogne), a été construit vers 1480.

Pierre de Baile (*Bajuli*) de Maraval, ayant épousé Agnès de Maraval, fille de Guy de Maraval et d'Almodie de Montfrebœuf, transigea, en 1316, au sujet de la succession de ces derniers, avec Guy de la Morinie, clerc, Seguin et Pierre de La Morinie frères, qui étaient germains de ladite Agnès. (Dom. VILLEVIEILLE, vol L, fol. 128.)

Noble homme Antoine de la Morinie, de la paroisse de Saint-Barthélemy, avait épousé, avant 1495, Jeanne Autier, fille d'Antoine, et de Jeanne de Lubersac. (*Nobiliaire*, I, art. Autier.)

Foi et hommage rendus à Claude de Rochechouart, vicomte et baron, par noble homme François de la Morinie, écuyer, Sgr dudit lieu, paroisse de Saint-Barthélemy, juridiction de Piégut, diocèse de Limoges, au devoir d'un *espar- vier vif* pour le fief noble nommé de Mortemart, contenant 15 ou 16 sesterées de terre, situé au-dedans de la châtellenie de Marval, membre dépendant de la vicomté de Rochechouart, tenant ledit fief : 1° au chemin public de Piégut à Marval ; 2° au chemin de Nontron à Boubon ; 3° au bois châtaignier nommé Puybersac ; 4° aux terres du Châtenet et à celles dites de las Trémoilladas. Fait à Marval, en présence de nobles maîtres Jean de la Morinie, licencié en droit, curé de Pensol, et de Jeoffroy de Maumont, écuyer, le 22 avril 1534, de Mastribut, notaire royal. (Original. — Archives de la Haute-Vienne, 1012.)

Antoinette de la Morinie, avait épousé, en 1510, Jean Bourgeois, sieur de Joffrenie, paroisse de Bussière-Galand, qui testa en 1544. (*Nobiliaire*, I, art. Bourgeois.)

Charles de la Morinie, écuyer, sieur du Repaire, paroisse de Saint-Barthélemy de Villechalane, épousa, en 1591, Jeanne de Montfrebœuf. Elle était veuve en 1612. (*Nobiliaire*, III, 247.)

Suzanne de la Morinie, épousa, par contrat du 30 mai 1639, Romain d'Olezon, fils de N..... d'Olezon et d'Anne de Mauzat. (*Nobiliaire*, III, 303.)

Aubin de la Morinie était parrain, à Pensol, le 31 mai 1722. (Registres paroissiaux.)

On trouve ensuite René Glenest, sieur de la Morinie, mort en 1676, et Aubin Pabot, sieur de la Morinie, 1739.

DE MORNAY. (T. III, p. 262.) — Une famille de ce nom, originaire du Forez, et répandue dans la Marche, le Bourbonnais et le Berry, a fourni quatre chanoines-comtes de Brioude, admis en 1538, 1577, 1610 et 1639.

Armes : *Fascé de huit pièces d'argent et de gueules ; au lion morné de sable, couronné d'or, brochant sur le tout.* (*Nobiliaire d'Auvergne*).

Noble Sylvain de Mornays, écuyer, Sgr de Bonnat, épousa Dlle Gabrielle de Noblet de la Roche-Aymon, dont : 1° François, baptisé le 1er août 1674 ; 2° Madeleine, baptisée le 24 octobre 1675, ayant pour parrain noble messire de Lavolpilière, écuyer, Sgr d'Artant, et pour marraine, demoiselle Madeleine de Mornays, Dlle de La Chassaigne. (*Registres de Bonnat*.)

DU MOSNARD (T. III, p. 262.) S^{gr} de Villefavard (1), Villemonteix, des Plats, Champregnault, Montière, La Bussière et Ventenat (2).

Armes : *D'argent à la fasce de gueules accompagnée de 2 aiglettes d'azur en chef et d'une aiglette de même en pointe.*

I. — Bertrand du Mosnard vivait en 1405 ; il épousa Catherine de Rancon, fille de Jourdain de Rancon, il eut pour fils :

II. — Antoine du Mosnard qui vivait en 1420, épouse N.., dont : 1° François, qui suit ; 2° Élise, qui épouse le 11 février 1465, Jean de Maumont, fils de Pierre et de Catherine Joubert de La Bastide.

III. — François, S^{gr} de la Bussière (3) et de Villefavard, a pour enfants : 1° Jacques, qui suit ; 2° Bertrand ; 3° Marie ; 4° Françoise, épouse de Charles Chauvet, S^{gr} de Villatte, fils de Philippe et de Françoise de Launoy.

IV. — Jacques, S^{gr} de Villefavard, épouse avant le 6 mars 1549, Paule de Ravenel, dont il a deux fils : 1° Charles qui suit ; 2° François dont la postérité est rapportée après celle de son frère.

V. — Charles du Mosnard, S^{gr} de Ventenat, a pour fils :

VI. — Jean du Mosnard, S^{gr} de Ventenat, qui épouse, le 10 novembre 1598, Antoinette de Bony de Lavergne, fille de Germain et de Jeanne de Mureau du Mazeau. Il a pour fils :

VII. — Léonard du Mosnard, S^{gr} de Ventenat, épouse, le 23 septembre 1634, Françoise de Beauvau, fille de Louis, S^{gr} des Aulnais, Bugni, et Rivarenne, et de Guyonne Baraton. Elle fut enterrée à Châteauponsac le 22 mars 1650, étant âgée de quarante-cinq ans. Il eut pour fille Gabrielle-Antoinette du Mosnard, qui épouse, par contrat du 16 février 1674, signé Tranchant et Pinaille, notaires, Joseph-Raymond de Bony de Lavergne fils de messire Charles, marquis de Lavergne, et de défunte Marie de Malesset de Chatellus.

V bis. — François du Mosnard, second fils de Jacques et de Paule de Ravenel, épouse, le 15 février 1571, Anne de Burges, fille de feu Gabriel de Burges, S^{gr} de Villemantre et d'Autry, et de Françoise de Malin ; dont il a eu : 1° Antoine, qui suit ; 2° Jacques, chevalier de Malte ; 3° Daniel, dont le fils Henri, épouse, le 17 août 1647, Gabrielle de La Celle, fille de François, S^{gr} de Boery, et de Silvaine de Chamborant ; 4° Geoffroy ; 5° François, qui épouse à Reims, le 15 décembre 1631, Antoinette Aublin, fille de Jacques, S^{gr} de Chartogne, et de Perette de Bezaune, dont un fils, Charles ; 6° Gabriel.

VI. — Antoine du Mosnard, S^{gr} de Villemonteix, dans la Haute-Marche, épouse, le 16 février 1599, Catherine Pastoureau de La Rochette, fille de François et de Philippe de La Rue, dont il eut : 1° Geoffroy, maintenu dans sa noblesse en 1667, qui épouse, le 20 novembre 1651, Françoise de Chaussecourte, fille de René, S^{gr} de Lespinas et de Anne de La Roche-Aymon,

---

(1) Villefavard, canton de Magnac-Laval, arrondissement de Bellac (Haute-Vienne).
(2) Ventenat, château en ruines, sur la rive gauche de la Gartempe, à Châteauponsac, arrondissement de Bellac (Haute-Vienne).
(3) La Bussière, commune de Châteauponsac.

d'où : A. — Léonard, né le 23 août 1653 ; B. — Antoine, né le 7 août 1661 ; C. — Joseph, né le 25 novembre 1663 ; 2° Jean, qui suit.

VII. Jean du Mosnard, Sgr de Villefavard, épouse le 5 novembre 1638, Jeanne de Fricon, dont :

VIII. — Gilbert ou Jean, Sgr de Beaulieu, épouse, le 13 novembre 1673, Marie de Sauzet, fille de Balthazar et de Charlotte Dupin, d'où : 1° François, qui suit ; 2° Jean, Sgr de Beaulieu, lieutenant au régiment de Normandie, qui épouse Valérie Faure, fille de Jacques et de Marie de Louant ; 3° Charles, capitaine réformé au même régiment, qui épouse Hippolyte Pasquet, fille de Henri Pasquet ; 4° Jeanne.

IX. — François, Sgr de Villefavard et de Saint-Martial en Poitou, capitaine d'infanterie au régiment de Normandie, puis major des îles, ville et château d'Oléron, épouse, le 4 août 1716, Marie-Louise Guillotin, fille de Louis, Sgr de La Marottière, chevalier de Saint-Louis, et de Marie-Madeleine Allaire, dont : 1° Jean-François, qui suit ; 2° Marie-Marguerite, née le 28 novembre 1722 ; 3° Jeanne-Françoise, née 14 décembre 1724, reçue à Saint-Cyr le 15 mai 1737.

X. — Jean-François, appelé le chevalier de Beaulieu, né le 16 octobre 1723, reçu page de la reine en 1737, épouse Marie-Michelle de Couhé, fille de Jean, Sgr de Fayolle, et de Marie de Chamborant.

Notes isolées.

Du Mosnard, Sgr de Villesavary et de Vinsenat, 1405, portait : *d'azur à la fasce de gueules accompagnée de deux aigles d'azur une en chef et l'autre en pointe.* (LAINÉ, *Nobil. du Limousin*). Il faut lire Villefavard et Ventenat.

Robert du Mosnard, écuyer, Sgr du Vignaud, épouse Esther Boyol, fille de Pierre, écuyer, Sgr de Montcocu, et de Marie Rougier.

Jeanne du Mosnard épouse Guillaume de Couhé avant le 4 septembre 1485.

Renée du Mosnard épouse Guy de Fondant, fils de Helie et de Blanche Disant, le 3 septembre 1562.

Clémence du Mosnard épouse Clément de Montferrand, Sgr de Lussan et de Gonvalet, le 27 juin 1507.

Gabrielle-Antoinette du Mosnard, fille de M. de Ventenat, vivait à Châteauponsac, en 1652 et 1671.

Marguerite du Mosnard épouse, le 19 janvier 1573, François Moreau, fils de Guy Sgr de La Tibarderie et de Françoise de Baris ou de Bans.

Charles du Mosnard épousa vers 1580, Anne de Trenchecerf, fille de N... sieur de La Valade et du Vignaud, paroisse de La Jonchère.

Louise du Mosnard épouse Moyse Turpin, le 21 février 1583.

Louise du Mosnard de Villefavard épouse Charles de Villelume, fils de Rigal et de Françoise de Moreau, en mai 1668.

Élisabeth du Monard épousa, vers 1640, François de Coustin, de Blanzac.

SOURCES : LA CHESNAYE-DES-BOIS. — *Recherche de Champagne*, de CAUMARTIN. — *Manuscrit* 749 *de l'Arsenal*. — *Registres de Châteauponsac*, etc.

MOSNERON. (T. III, p. 263.)

Messire Jean Mosneron, sieur de Font-Peyri, écuyer, Sgr de Brutine (paroisse d'Ambazac), ancien mousquetaire de la 1re compagnie du roi, demeurant au lieu de Murat, paroisse d'Ambazac, signa l'opposition à la destruction de l'ordre de Grandmont, le 21 février 1773. (Original.)

DE LA MOTHE (T. III, p. 264.),

Sgrs du Maslaurent, de La Brousse, de Flomont, de Saint-Pardoux, de Meyssat, de Peuchaud, etc. Cette noble famille appartient à la Marche. Elle a été maintenue en 1666 dans sa noblesse d'extraction sur preuves remontées à 1540.

I. — Gilbert de La Mothe, écuyer, vivant en 1418, épousa Catherine de Faydet ; il eût :

II. — Antoine de La Mothe, vivant en 1448, père de François, qui suit.

III. — François Ier de La Mothe, Sgr de La Brousse et du Maslaurent, en 1506, épousa Anne de Rochefort, fille de Gilbert, Sgr de Saint-Martial, et de Claude de Saint-Georges. Il testa le 2 janvier 1546, laissant : 1° Jean, qui suit ; 2° François, chevalier, Sgr du Maslaurent, marié à Françoise de Lestrange, fille de Guinot II, capitaine de cent hommes d'armes, et de Catherine de La Roche ; de cette union : — A. Louise, mariée, le 3 janvier 1575, à Charles de Bosredon, chevalier, Sgr de Léclauze ; B. — autre Louise, dame du Maslaurent, mariée : 1° le 24 avril 1567, à Jean Brachet, fils de Guy, chevalier, Sgr de Peyrusse, et de Catherine d'Aubusson ; 2° le 15 février 1592, à Léonet de Lage du Brudicu, baron de Giat, Sgr de Feydet et de Foulages ; C. — Françoise.

IV. — Jean de la Mothe, écuyer, Sgr de La Brousse, épousa Catherine de La Ganne ; il eut :

V. — François II de La Mothe, chevalier, Sgr de La Brousse, marié, le 22 février 1588, à Marguerite de Meillars ; de ce mariage : 1° Antoine, qui suit ; 2° Jean, marié, le 17 mai 1624, à Marguerite de Veyrac, dont : A. — Anne, Sgr de Flomont, marié, en 1647, à Jeanne de Moriolis ; 3° Jacques, écuyer, marié, le 14 janvier 1642, à Anne de La Croix-de-Castries ; de cette union : — A. Philippe, écuyer Sgr de Saint-Pardoux ; B. — Jacques, écuyer, Sgr de Saint-Pardoux, marié à Jeanne de Douhet de Merlat ; de cette union : aa. — Françoise, dame de La Brousse, mariée, le 5 février 1713, à Jean-Joseph de Langlade, écuyer, Sgr de Vaux, capitaine au régiment de Léon.

VI. — Antoine de La Mothe, écuyer, Sgr de La Brousse, épousa Gabrielle de Rozet, dont : 1° Guillaume ; 2° Marguerite ; 3° François.

Armes : *De sable au lion grimpant d'argent, lampassé, armé et couronné d'or.*

Sources : Titres originaux. — Maintenues de noblesse du Limousin de 1666 à la Bibliothèque de l'Arsenal, à Paris, etc., *apud.* — A. Tardieu, *Hist. généal. de la maison de Bosredon*, p. 325.

Cette famille appartient au Limousin où elle a été maintenue en 1666 ; mais elle a possédé les terres de Peuchaud et de Saint-Pardoux en Auvergne, par suite du mariage contracté par Jacques de La Mothe, seigneur de Flomont, avec Jeanne de Douhet, avant 1669. (*Nobiliaire d'Auvergne.*)

MOULINIER. (T. III, p. 265.)

Moulinier de Puydieu, en Limousin, porte: *d'azur au moulin à vent d'argent posé sur une terrasse de sinople.* (*Dict. héraldique.*)

Pierre Moulinier, écuyer, épousa Antoinette de Fontlebon, laquelle avait déjà épousé, en premières noces, le 2 octobre 1513, Jean Reynaud, écuyer, sieur de la Charlotterie, paroisse du Vieux-Ruffec. Pierre Reynaud, fils de ladite Antoinette Fontlebon, épousa Françoise Moulinier, qui était veuve, le 14 mars 1549. (NADAUD, *Nobiliaire msc.*, art Reynaud)

Martial Moulinier, sieur de Puymaud, juge-prévôt royal de Limoges, épousa Barbe de Verthamon, dont Madeleine Moulinier, qui épousa, à Saint-Maurice-de-Limoges, le 10 septembre 1697, Gabriel Blondeau, trésorier au bureau des finances de Limoges. (*Idem*, art. Blondeau.)

Nous avons trouvé, à Marval, des jetons portant d'un côté les armes ci-dessus, et de l'autre un écusson *d'argent au chenon d'azur, accompagné d'une rose en pointe*, entouré de l'inscription : M. Moulinié, P. Nicolas.

MURET DE BORT. (T. III, p. 267.)

I. — Léonard Muret.

II. — Pierre Muret, écuyer, S^{gr} de Bort, eût de son mariage avec Anne Romanet du Caillaud : 1° Léonard, qui suit ; 2° Louis, dit de Rilhac, mort célibataire ; 3° Marie, mariée avec N..... Ardant du Masjambost.

III. — Léonard Muret, S^{gr} de Bort, épousa, le 29 décembre 1789, Catherine Brisset du Puy du Tour, fille de Jacques et de Catherine-Marie Peroche de Pressac, dont : 1° Léonard, dit Léon, qui suit ; 2° Pierre, dit Victor, qui suit après son frère ; 3° Marie-Zélie, mariée à Châteauroux à N..... Teisserenc, a eu pour fils Edmond Teisserenc, dont il sera parlé plus bas ; 4° Paul-Mathurin-Siméon, né le 18 février 1795, marié à Anne-Madeleine, dite Rosa Barbou des Places, dont Pierre-Antoine-Henri-Alfred, mort célibataire ; 5° Auguste-Jacques, mort célibataire ; 6° Marie-Sophie-Hermine, mariée à François-Marguerite Dinematin des Salles, né le 2 mai 1780. De ce mariage est né Ernest, marié : 1° à sa cousine, Adèle Muret de Bort, morte sans enfants le 16 mars 1853 ; 2° à Alise de Bourdeilles, qui a eu pour fille Catherine Hermine, mariée à Raoul, vicomte de Ligondès, capitaine au 32e régiment d'artillerie ; 7° Léonard-Achille, né le 19 mai 1801, marié le 1er février 1832 à Marie-Léontine Dinematin des Salles, dont : A.— Gustave, né le 16 janvier 1834, mort célibataire ; B.—Adèle-Julie, née le 20 novembre 1836, mariée à Jules Allafort-Duverger ; C.— Paul, né le 2 septembre 1838, mort célibataire ; D.— Eugène, né le 29 septembre 1842, mort célibataire ; 8° Céleste-Marie-Madeleine, morte célibataire ; 9° Mathieu-Auguste, mort sans alliance ; 10° Sophie, morte sans alliance ; 11° Marie-Catherine-Zélia, mariée, le 18 février 1827, à Germain Henri Barbou des Places, dont : A. — Emma, mariée à Antoine de Veyvialle ; B. — Rosalie-Amena, en religion sœur Philomène, supérieure des Sœurs de la Charité à l'hôpital militaire de l'école de Saint-Cyr.

IV. — Léonard Muret, dit Léon, écuyer, S^{gr} de Bort, fut député du département de l'Indre de 1830 à 1848 ; il est mort à Paris, en 1858. Il avait épousé Rosalie-Aména Barbou des Places de La Grénerie, morte veuve à Bort, le 8 août 1868. De ce mariage est née Hermine, qui a épousé, en 1844, son cousin, Edmond Teisserenc, fils de Marie-Zélie, dont il est parlé plus haut; il est né à Châteauroux en 1815. Il a été successivement député de l'Indre en 1846, commissaire-général des chemins de fer, député de la Haute-Vienne en 1871, sénateur du même département, plusieurs fois ministre de l'agriculture et du commerce. Il a admirablement réparé le château de Bort. Simon Descoutures, qui épousa Anne de Verneilh, a dû faire construire une partie de ce château, car on voit ses armes au-dessus de la porte d'entrée, couronnées d'un tortil de baron et supportées par deux sauvages : *Parti, au 1er écartelé en sautoir de gueules et d'or à quatre épies de blé de l'un en l'autre*, qui est de Descoutures, *au 2e d'argent à 3 palmes de sinople naissant d'un croissant de gueules, au chef de gueules chargé de trois étoiles d'argent*, qui est de Verneilh. L'ignorance d'un peintre est la seule cause du changement d'émaux qu'on remarque dans ces armoiries au château de Bort. On y trouve aussi, en plusieurs endroits, les armoiries parlantes de la famille Muret, qui sont : *d'argent, muraille de sable, au chef d'azur, chargé d'un croissant d'argent*.

IV Bis. — Pierre Muret, dit Victor, né le 16 août 1792, épousa, le 24 septembre 1822, Elisabeth-Guillelmine-Jeanne-Julie-Palmire Disnematin des Salles, dont : 1° Jules-Guillaume, qui suit; 2° Françoise-Adèle, mariée en janvier 1849, à son cousin Ernest Disnematin des Salles; elle est morte sans enfants, le 16 mars 1853.

V. — Jules-Guillaume Muret de Bort, ancien magistrat, membre du conseil général de la Haute-Vienne, marié le 14 juin 1855, à Paris, à Marie-Lucy de Selle de Beauchamps, fille de N... de Selle Beauchamps, ancien député du département de la Vienne, morte à Paris, le 15 juillet 1863. De ce mariage est née Marie-Alise, décédée à Hyères, le 13 janvier 1870.

Sources : *Registres de l'état civil.*

Léonard Muret de Pagnac, avocat au Parlement, habitait Limoges en 1775 (papiers de la famille Lamy). Il était avocat du roi au présidial de Limoges, où il prononça un discours, à la rentrée, en 1779.

N... Muret de Pagnac eut pour enfants : 1° Léon Muret de Pagnac, officier de marine, chevalier de la Légion d'honneur, qui a épousé Mme de Lescluse de Longraye, habitant La Jonchère en 1869 ; 2° Adeline Muret de Pagnac, qui a épousé M. Goguyer des Chaumes; elle était veuve en 1869, et habitait La Jonchère.

Auguste Muret de Pagnac, avait épousé Joséphine de Léobardy, fille de Joseph de Léobardy de Mazan et de Marie-Pauline Chaud de Larodérie, qui est morte à La Jonchère en février 1864. (*Généal. Léobardy*).

Léon Muret de Pagnac, capitaine de vaisseau, en 1877.

MURET (Saint-Etienne de).

Fils d'Etienne, comte de Thieri (ou plutôt de Thiers) en Auvergne, suivit son père en Italie, où les ermites calabrois, lui inspirèrent le goût pour la vie cénobitique. De retour en France, il se retira sur la montagne de Muret dans le Limousin, vers l'an 1078, avec la permission de Grégoire VII, et vécut cinquante ans sous ce désert, entièrement consacré à la mortification, au jeûne et à la prière. Il obtint une bulle de Grégoire VII, vers 1073, pour la fondation d'un nouvel ordre monastique, suivant la règle de saint Benoît. La réputation de sa vertu lui attira une foule de disciples et de visites honorables. Sur la fin de sa vie, deux cardinaux vinrent le voir dans son hermitage. Il mourut le 8 février 1124, à l'âge de soixante-dix-huit ans. (Il était né en 1046). Après sa mort, les religieux, inquiétés par les moines d'Ambazac, qui prétendaient que Muret leur appartenait, emportèrent le corps de leur fondateur, qui était leur seul bien, et le transportèrent en un lieu nommé Grandmont, dont l'ordre a pris le nom. (LEGROS. — *Manuscrits*.)

MUSNIER (T. III, p. 268). — Noble Yves Musnier, lieutenant civil et criminel, en la châtelfenie de Felletin, possédait les fiefs de Fressanges, Laubard (1), La Chassaigne et Le Brudieu, paroisse de Saint-Quentin, et Saint-Yriéix-la Montagne, châtellenie de Felletin en 1669, 1684.

Etienne Musnier, fils du précédent, en 1686 (*Noms féodaux*, p. 152, 568, 603), et Claude Musnier, avocat, Sgr de Fressanges, scindic de l'Hôtel-Dieu de Felletin, possédaient les fiefs du Mas et de Subornat, ensemble le tenement de Beaujau, paroisse de Néoux et de Saint-Frion. (*Ibidem*, p. 466).

Pierre Musnier, Sgr de Laubard, prêtre de la communauté de Beaumont de Felletin et Yves Musnier, sieur de Fressange, bourgeois de la ville de Felletin, héritiers purs et simples de défunts Yves et Etienne Musnier, leurs aïeul et oncle, et sous bénéfice d'inventaire de Claude Musnier, leur père, transigèrent avec les habitants et tenanciers de Soureliavaux, en la paroisse de Vallières, le 18 juillet 1706. Dame Marguerite Musnier, leur sœur, était mariée, avant 1714, à Louis de La Pivardière, chevalier, Sgr de Richelieu.

Supplément a la lettre N.

NADAUD, *alias* Natalis, Nadal, Nadault ou de Nadault (2) (T. III, p. 268), Sgrs des Tillettes, Champsac, Champdose, de Boisnoir, des Escures, Pera, de La Robière, de Couts en Marche et en Limousin ; de Nouhère, de Neuillac et de Bellejoye en Angoumois et Saintonge ; de Saint-Sigismond, Sainte-Lizaigne, marquis de Vallette, en Berry ; de Saint-Armand, Blouval, La Richebaudière, Boisdable, Xainton, Taugon, La Ronde, Chouppeau, en Aunis ; du Treil, d'Omonville, des Islets, aux colonies ; de La Berchère, Saint-Rémy, Les Harems, les Bordes, La Mairie, Les Berges, Les Laumes, Buffon, Montbard en Bourgogne ; substitués aux nom, titres et armes des Leclerc, comtes de Buffon.

La famille Nadaud a son berceau à Limoges, où elle a continué de subsister jusqu'à nos jours. Elle s'est répandue dans les provinces environnantes. Une de ses branches s'établit dans la Marche, à Guéret, où elle devint la tige des Nadault des Escures, puis, s'étendant jusqu'à Issoudun et Bourges, elle y devint la tige des Nadault, marquis de Valette. Vers le commencement du XVIIe siècle, une autre branche descend en Bourgogne et se fixe à Montbard, dans l'Auxois. Une autre laisse des représentants à Poitiers et à Tours. D'autres se dirigent sur Bordeaux où ils s'embarquent pour les îles et débordent jusqu'à Blaye, où l'on trouve un Nadault de

(1) Laubard, fief dans la commune de Saint-Quentin, canton de Felletin, arrondissement d'Aubusson (Creuse).

(2) On a adopté généralement dans cette notice la terminaison LT (Nadault) qui parait la plus conforme à la véritable étymologie du nom d'après ses nombreuses variations.

Couls, officier en retraite, ancien commandant du port de Brest. Une autre branche s'achemine par Angoulême, Cognac et Saintes jusqu'à La Rochelle et forme les Nadault de Nouères et du Treil; - ces derniers appelés à donner bientôt naissance à la double tige des colonies. C'est aussi de La Rochelle que sont partis, à une date restée incertaine, des représentants qui se sont fixés en Ecosse et en Angleterre. Si la famille Nadaud n'est point parvenue à une haute fortune, si elle n'a pas acquis cette notoriété qui s'attache aux grandes charges publiques héréditairement exercées, elle se distingue par l'illustration de ses alliances, par des services rendus à l'Etat et à la religion, dans les charges municipales et judiciaires, dans l'armée, la marine et le clergé, par les travaux littéraires et scientifiques de ses membres, mais surtout par la dignité soutenue avec laquelle elle a porté son nom dans un espace de près de six cents ans.

Suivant un usage encore subsistant au xviiie siècle, les Nadaud, en s'éloignant de leur province d'origine, ont adopté des armoiries différentes; l'orthographe du nom a en même temps varié.

§ I. — *Souche de la famille, en Limousin.*

Nadaud, *alias* de Nadaud, anciens Sgrs du Mas-Nadaud et de La Nadalie, Sgrs des Tillettes et de Champsac, etc., portent *d'or à trois pals de gueules et un chef d'azur chargé de trois fers de lance antique d'argent posés en pal.* (*Armorial général*, d'Hozier. — Bourgogne, p. 243.)

I. — Le premier membre de cette famille dont il soit fait mention d'une manière certaine est Jehan Nadault, docteur ès-lois, qui vivait noblement vers 1296 (1). Il n'est pas inutile de faire remarquer qu'au xiiie siècle, et surtout dans les provinces qui, par suite des guerres incessantes, n'avaient pu devenir comme Paris, protégé par le séjour de nos rois, un centre de lumières, le nombre des laïques lettrés était si restreint que l'on voyait de toute part les moines quitter leurs cloîtres pour enseigner le droit romain et s'adonner à des professions libérales. Il fallut plusieurs conciles pour mettre fin à cet état de choses. Dès cette époque reculée les Nadault avaient, à Limoges, un établissement considérable. Ils occupaient à la fois les quartiers Boucherie, de la Porte et du Vieux-Marché, ayant tous part

---

(1) « La famille de ce nom est originaire du Limousin, où elle occupait, aux temps les plus reculés, un rang distingué et fut en possession de hautes charges dans la magistrature locale. Elle remonte, par des titres certains, à Martial Nadault (lisez Jehan), écuyer, docteur ès-lois, qui vivait à Limoges vers l'année 1296, et dont le fils fut juge consulaire en cette ville en l'année 1350. La charge de consul paraît avoir été héréditaire en cette maison jusqu'à l'abolition de cet office. » (*Armorial général de la Bourgogne*, par Henry Personne. Partie manuscrite, article Buffon (Nadault de).

« La famille Nadaud est une des plus anciennes et des plus honorables du Limousin. Depuis plusieurs siècles elle a eu l'avantage d'occuper avec distinction, à Limoges, les diverses charges municipales que pouvait conférer l'élection. » (Procès-verbal de la prestation de serment et de l'installation de M. Nadault, procureur général près la cour de Grenoble. — Grenoble, 1839, brochure in-8e.)

» La maison Nadault doit être considérée comme une famille de la plus vieille robe. Si elle n'a pas joué un rôle important dans les affaires du pays, si elle n'a pas eu cet éclat que donne la faveur des rois et la fréquentation des cours, si son nom n'est pas sorti des provinces où elle eût ses principaux établissements, il y a cependant peu de maisons en France qui puissent se vanter d'avoir porté leur nom si longtemps avec une dignité si modeste et si bien soutenue. Dès le xiiie siècle, nous trouvons des titres qui font mention de cette famille. » (*Almanach administratif, historique et statistique de l'Yonne*. Année 1856. — Auxerre, un vol. in-12, p. 41.

aux élections, pour les charges de la ville. Jean Nadault appartenait à cette puissante école de gens de loi du moyen âge, illustrée par Beaumanoir et son livre sur les *Coutumes de Beauvoisis* (1280). Il figure parmi ces légistes qui, en aidant puissamment la royauté dans sa lutte contre les grands vassaux, ont préparé l'unité française, et en inaugurant le droit coutumier ont fondé le droit français, parmi ces grands citoyens qui, en prenant peu à peu dans les conseils et les cours de justice la place des hauts barons, ont préparé l'avènement des parlements et sont la souche de nos grandes familles de magistrats. Les jurisconsultes du xiii° siècle représentent les glorieux ancêtres de la magistrature française. Les premiers légistes recrutés dans la noblesse et dans l'élite des anciennes familles municipales parurent dans le midi et les provinces d'Outre-Loire, où la tradition romaine était conservée. Un de leurs principaux mérites consistent à avoir, en pleine féodalité, opposé le droit de nature au droit féodal. Leur puissance fut surtout grande sous Philippe-le-Hardi et Philippe-le-Bel, et ils arrivèrent bientôt à égaler, en autorité et en pouvoir, la noblesse, désormais exclusivement adonnée à la profession des armes. La reconnaissance des rois ne leur marchanda ni les exemptions ni les privilèges, et dès le xiii° siècle il suffisait d'être docteur en droit civil et avocat pour jouir de toutes les franchises nobiliaires sous le titre au moins singulier de chevalier ès-lois. De Jehan de Nadault descend Léonard, qui suit.

II. — Léonard Nadault, dont il est fait mention sur divers titres portant la date de 1330 à 1360, échappa, en 1370, au sac de Limoges par le prince Noir. Ce dernier, voulant punir l'évêque et les habitants de Limoges qui s'étaient déclarés français et avaient ouvert leurs portes à Bertrand du Guesclin et au duc de Berry, vint mettre le siège devant la cité de Limoges. Il la tint bloquée pendant un mois sans donner l'assaut, mais « faisant incessamment fossoyer sous les remparts grand foison de mineurs ». Un matin les fossoyeurs mirent le feu à leurs mines, et un grand pan de murailles s'étant écroulé dans le fossé, les Anglais se précipitèrent dans la ville et commencèrent de tout occire, hommes, femmes et enfants, ainsi qu'il leur était commandé. Le prince de Galles entra par la brèche, mené et charrié en litière, car il ne pouvait chevaucher. Le sac de Limoges fut atroce : « Là, dit Froissart, eut grand pitié, car hommes, femmes et enfants se jetaient à genoux devant le prince et criaient : Merci, gentil sire ! Mais il estait si enflammé d'ardeur que point n'y entendait, ni nul n'estait ouïe, mais tous mis à l'espée. Il n'est si dur cœur que, s'il fût adoncques en la cité de Limoges et il lui souvint de Dieu, qui n'en pleurast tendrement du grand meschef qui y estait, car plus de trois mille personnes, hommes, femmes et enfants y furent décollés cette journée. Dieu en ait les âmes, car ils furent bien martyrs ! L'on ne cessa mie à tant que la cité ne fut courue, robée, arse et mise à destruction. » « L'anglais, continue M. Duruy, ne commença à se calmer un peu que par l'intérêt qu'il prit au combat de trois chevaliers français qui, acculés contre un mur, luttèrent, comme en champ clos, contre le duc de Lancastre, les comtes de Cambridge et de Pembroke. » Léonard Nadault put assister, sans en devenir la victime, à ce grand désastre qui remplit d'horreur les chroniqueurs du xiv° siècle. Il mourut dans un âge avancé laissant une nombreuse lignée, dont : 1° Jacques, vicaire du chapitre de Saint-Etienne de Limoges en 1391. Il avait acquis l'estime des chanoines à ce point que ceux-ci intentèrent un procès à l'évêque qui l'avait fait mettre en prison (1) ; 2° Michel, qui figure en 1380 sur un titre de l'abbaye de Saint-Martial de Limoges ; 3° Martial, qui suit.

III. — Martial Nadault, conseiller à Limoges en 1405, laissa le souvenir d'un homme de bien. Il mourut presque centenaire ayant pour enfants : 1° Jehan, prieur de Saint-Michel de Limoges en 1459 (2); 2° Mathieu. Il quitta Limoges vers le milieu du xv° siècle pour se fixer à Angoulême où il donne naissance à la branche de l'Angoumois, d'où sort, par la suite, la branche de Saintonge (Rapporté, § II.); 3° Orban, Urban ou Urbain, accompagna son frère dans son émigration, mais ne fit que traverser Angoulême et descendit jusqu'à La Rochelle où on le trouve en 1460, co-élu à la Mairie. Il devint la tige des Nadault de l'Aunis, qui donnent à leur tour naissance à la branche d'Angleterre et à la double branche des Nadault du Treil et des Islets, aux colonies (Rapporté, § IV); 4° Jehan II, qui suit.

IV. — Jehan Nadault, *alias* de Nadault, écuyer, capitaine de compagnie, qui servit avec éclat sous Charles VI et fut nommé noble d'épée. Le 14 juillet 1474, il assiste au mariage d'Antoinette de Gouverent, sa parente, veuve de Guillaume de Savoye, avec Jouffroy de Reule, écuyer (3). Il contracta mariage avec Anne de Coustin du Mas-Nadaud, de l'ancienne famille de ce nom, qui porte : *d'argent au lion rampant de sable, armé, lampassé et couronné de gueules.* Devise : *Dulciter et fortiter.* Il laissa quatre enfants : 1° Jacob ; 2° François; 3° Jacob. Les trois frères figurent ensemble dans un acte latin de la commune de Limoges, du 21 décembre 1489, dont il sera parlé plus bas : « *Honorabiles viri magistri...... Jacobus...... Franciscus...... Jacobus Nadau habitatores castri Lemovicensis* »; 4° Jean, qui suit.

V. — Jehan III Nadault, consul en 1489, se fit connaître par sa science du droit, la fermeté de son caractère et la profondeur de son esprit. Dans les provinces où se conservaient les souvenirs du droit romain dont les légistes du xiii° siècle avaient relevé la doctrine et restauré l'enseignement, on avait retenu dans les institutions municipales quelque chose de l'organisation romaine. La commune représentait l'ancienne *curie*, et les magistrats avaient fait revivre à leur profit la dignité de *consuls*. Le consulat, institué à Milan vers 1093, à Gênes en 1100, passa les Alpes dès les premières années du xii° siècle, se répandit dans la Haute-Guyenne, le Limousin, l'Auvergne, et pénétra jusqu'aux Pyrénées. Les consuls, élus par l'unanimité des habitants, étaient pris indistinctement dans la noblesse et les anciennes familles municipales. « La noblesse est associée à la bourgeoisie dans le corps municipal. Une partie de la noblesse habitait les villes, où elle représentait les anciens *Honorati*, les races sénatoriales furent mêlées de quelques éléments gothiques et Franks (4) » Le pouvoir des consuls était très étendu ; ils exerçaient dans sa plénitude l'autorité judiciaire et militaire ; leur juridiction s'étendait à une lieue de la ville ; outre les sentences criminelles et celles qu'ils rendaient entre les particuliers, ils prenaient des arrêtés de

---

(1) Introduction au *Nobiliaire du Limousin*, page 5.
(2) Pour Léonard, Jacques, Michel, Martial et Jean II, note communiquée par M. Maurice Ardant, archiviste de la Haute-Vienne.
(3) Manuscrits de la Bibliothèque nationale. — CAFFIAUX, *Trésor généalogique*, folio 10.
(4) H. MARTIN, *Hist. de France*, T. III, p. 234.

police ; ils commandaient la milice bourgeoise et lui donnaient le mot d'ordre ; ils conservaient chez eux les clefs de la ville, avaient la garde des remparts et veillaient à leur armement et à leur entretien. Les insignes de leur dignité étaient : le scel communal dont ils avaient la garde, la bannière aux armes de la ville et le glaive des hauts-justiciers qu'ils ne manquaient pas de faire porter devant eux dans les cérémonies publiques. Il y avait encore la cloche de la commune pour annoncer l'ouverture des audiences des consuls, convoquer les habitants à l'élection des magistrats ou à certaines délibérations d'un intérêt général. Jean Nadault figure, en même temps que ses frères Jacob, François et Jacob, sur un acte consulaire du 21 décembre 1489, ainsi que dans un titre du 23 décembre 1488 (1). Dans un autre de 1489 il est appelé Jehan Nadau de Rivaut. Il épousa, en 1477, Catherine Rivaut, d'une ancienne famille de Limoges, d'où son nom de Rivaut que l'usage avait fini par lui attribuer afin de le distinguer des nombreux représentants que sa famille avait alors à Limoges. De ce mariage sont nés plusieurs enfants : 1° André ; 2° Jacques, qui suit.

VI. — Jacques, Jacme, ou Jamme Nadault, fut élu consul le 7 décembre 1508, et réélu le 7 décembre 1514, par la bannière ou quartier de Boucherie, ainsi que cela résulte des *Registres consulaires* pour l'année 1508, où on trouve cette mention : « A quest digeou, vij° jour de decembre mil cinq cens et huech, furent elegitz per lous manans et habitans de la ville publiquement mess" lous consulz ci ampres nommatz a la forme acostumade : Jacme Nadau, de Bocherie. » Il fut réélu le 7 décembre 1514, il fallait au moins cinq ans d'intervalle entre chaque élection : « Sye memorie que lou vij° jour de decembre lan mil v° xiiij, furent eylegit consulz per mess" lous bourgeys, manans et habitans de la ville de Lymoges, par banieyras comment eys de bonne coustume, aquilz que senseguent : Jamme Nadau, de Boucherie (2). » Il figure comme représentant les intérêts de la commune sur la minute d'un arrêt du Parlement de Bordeaux, du 31 octobre 1509, et sur celle d'un arrêt du conseil du 19 juillet 1511, relatifs à une contestation survenue au sujet de l'office de juge civil de Limoges. Plus tard, il fit partie des cent hommes élus à Limoges le 29 octobre 1511, pour procéder à la nomination régulière du juge civil : « Sensuyt leslection faicte par les manans et habitans de la ville de Lymoges des cent hommes que furent esleuz, au nombre desquels furent comprins Mess" les consulz qui lors étoient unze en nombre cy empres nommes, qui avec lesd. eslisans feront le nombre des cent, et ce en présence de Mons" maistre Jehan Boulac, conseillier du roy en son grand conseil, commissaire par led. conseil, depputé a executer larrest prononce touchant loffice de juge civil de ladicte ville, chasteau et chastellanie, et ce pour faire led. juge, a ce presentz lesd. consulz le mercredy xxix° jour doctobre mil cinq cens unze..... La banyere de Boucharie, Jacques Nadau (3). » Durant une longue carrière, Jacques Nadaud se distingua par son équité, sa droiture, son désintéressement. Il fit preuve de sang-froid et de courage au milieu des périls de toute nature auxquels était alors exposée la vie publique et mou-

(1) *Registres consulaires*, T. I, p. 28.
(2) *Registres consulaires*, T. I, p. 22 et 75.
(3) *Registres consulaires*, T. I, p. 46.

rut dans un âge avancé, laissant : 1° Martial, élu assesseur et répartiteur des tailles le 22 janvier 1517, ainsi que cela résulte du procès-verbal suivant : « Election des asseurs et partisseurs des tailles de ceste presente annee, tant de lequivallent que octroy, myses sus par le Roy, n^re souverain seign^r, faicte par les habitans de ladite ville, le xxij° jour de janvier, lan mil cinq cens dix-sept, retardee obstant la peste que avoit encore lad. ville : — La Porte : Marcial Nadau (1). » 2° Joseph qui est conseiller à Limoges en 1513 : « Le samedi jour et feste de la decolation de la très glorieuse virge et martire madame saincte Valerie, n^re dugesse, quon comptoit dixiesme de decembre de lan mil cinq cens et treze, que, par les grans afferes du fait de la guerre, le roy n^re sire avoit grandement augmente les tailhees, fust par bon et grand nombre de populaire de la present ville procede a la election des conseillers, colecteurs et partisseurs desd. tailhes, et fusrent choisis ceulx qui sensuyvent : Le Vieulx Marche : Nadau Bardinet (2) » On le trouve encore élu au nombre des centenaulx ou centeniers pour l'année 1521 : « Lo jour madame saincte Vallerie, que eis lo ixe jour de decembre, lan mil cinq cens vingt et ung, furent elligitz..... Les noms des centenaulx : — Vieilh Marchat : Nadau Bardinet (3). » Bardinet était le nom de sa femme, qu'il avait ajouté au sien, à l'exemple de son aïeul Jean, pour n'être pas confondu avec les nombreux membres de sa famille qui habitaient alors Limoges et y exerçaient des charges municipales. Il avit épousé, en 1511, Anne Bardinet, d'une ancienne famille municipale de Limoges, dont le frère Noël Bardinet est consul le 7 décembre 1523, et dont le petit-neveu, Mathieu Bardinet, le devint le 7 décembre 1577 (4) ; 3° Pierre, dont le nom se trouve écrit en latin, Pierre Nathalis, sur les manuscrits du grand séminaire de Limoges, et les actes où il figure, est consul à Saint-Junien en 1518 (5). Il se maria jeune et eut plusieurs enfants, dont : A. — Jamme, conseiller à Limoges 1521 : « Lo jour madame saincte Vallerie, que eis lo ixe jour de decembre an susd., furent elligitz concellers et partisseurs de las talhas per lous manans et habitans de Lymoges lousquaulx sont eyssi nommatz : Jamme Nadau, Boucharie (6). » B. — Jacme, qui figure sur le même procès-verbal d'élection parmi les centenaulx ou centeniers de la ville de Limoges, élus pour l'année 1521 : « Les noms des centenaulx. — Bocharie : Jacme Nadau (7) » Au mois de juin 1522, les Nadault, de Bocherie, contribuèrent à repousser l'assaut donné à la porte Boucherie, voisine de leur demeure, par les Grandes Compagnies qui désolaient alors la France : — « *Item*, disent les *Registres consulaires*, tome I, page 128, advint que, au moys de jung, une grand compaignie de gensdarmes et pietons, desquelles le Sr de Paroutignac estoit cappitaine, mandarent quilz entreroient et lougeroient dans icelle ville, et de ce avoyent donne et faict plusieurs menasses, et de faict vindrent en grand nombre et grosse compaignie, a plusieurs enseignes et

---

(1) *Registres consulaires*, T. I, p. 88.
(2) *Registres consulaires*, T. I, p. 70.
(3) *Registres consulaires*, T. I, p. 117.
(4) *Registres consulaires*, T. I, p. 134, 165, T. II. p. 128.
(5) Communication de M. Maurice Ardant, archiviste de la Haute-Vienne.
(6) *Registres consulaires*, T. I, p. 113.
(7) *Registres consulaires*, T. I, p. 115.

estendartz desployes, a facon dennemys, donner une halarme et assault a icelle ville a la porte de Boucharie. Et vindrent joindre jusques a icelle porte, dont furent virilement reboutes ; et, si len eust laisse sortir la commune, elle estoit si fort animee et eschauffee quil fut este dangier y avoir grandz meurdres, homicides et plusieurs inconvenians ; et, combien que lesdictz consulz fissent fermer les portes de ladicte ville pour eviter lesmotion desdictz gensdarmes, donnarent contre le baloard dud. Boucharie plusieurs couptz daquabutes, arbalestes et aultres, et fut tue lung des porte enseigne de ladicte compaignie et certains aultres de leur compaignie » ; 4° Jehan est conseiller à Limoges en 1530 : « Election des conseilhiers et collecteurs des tailhies de ceste presente annee mil v° trente faicte par les manans et habitans le x° jour de decembre an susd. — Boucherie : Jehan Nadaud (1) ». Précédemment le 4 décembre 1521, on le voit recevoir un ascensement des consuls de le ville de Limoges (2); 5° Pierre, cinquième fils de Jacques, continue la postérité.

VII. — Pierre Nadault est, en 1530, bailly et gouverneur du château ou « reppayre noble de Bort, parroisse de Sainct Priech las Olieyras, diocese de Lymoges, » pour dame Loyse de Linars, et figure en cette qualité et comme partie principale dans la transaction intervenue, le 5 décembre 1530, entre les consulz et la dame de Lynars, dont il commandait le château de Bort avec Annet de Bonneval, au sujet de certains droits de justice revenant à la ville et qu'ils y auraient indûment exercés : « Le procureur de mess^{rs} les consulz de la ville de Lymoges, demandeur et accusant, a lencontre de dame Loyse de Gaing dicte de Lynars, dame du reppaire noble de Bort, deffen., d'autre part, pour raison de ce que led. procureur prétendoit lad. de Lynars avoir excerce aud. reppare noble de Bort acte de justice avec noble Annet de Bonneval et Pierre Nadau, gendre de Patilhaud, ses serviteurs, dont et desquelles choses avoient estees faictes charges, lesquelles veuez, avoit este decrete adjournement personnel a lencontre de lad. de Lynars, Bonneval et Nadau, laquelle auroit este oye sur le contenu esd. charges, et apres auroit este appoincte par le prevost et juge criminel de lad. justice que les tesmoingz nommes esd. charges seroient acarez (3).... Moyennent les choses susd. lad. de Lynars, ensemble led. de Bonneval et Nadau sont demeures quictes, sans prejudice du droit du bayle-fermier. Faict ez presence de Marcial Benoist, pintier, et Jehan Moret, agulhetier, tesmoingz à ce appelles, le lundy cinquiesme jour de decembre lan mil cinq cens trente. (Signé :) Bardin (4). » De son mariage avec Jeanne Loyse, Pierre Nadault eut plusieurs enfants, dont l'ainé, Pierre, portant le même nom que son père, forme le degré suivant.

VIII. — Pierre Nadault est conseiller en 1531 et collecteur en 1537, ainsi que cela résulte des procès-verbaux d'élection suivants : « Election des conseillers et partisseurs des tailles de ceste presente annee, lan mil cinq cens trente ung, faicte par les manans et habitans dicelle, le xxvij° jour de decembre lan susd. De Bocherie, Pierre Nadau. » « Election des

---

(1) *Registres consulaires*, T. I, p. 198.
(2) *Registres consulaires*, T. I, p. 111.
(3) *Acarer*, terme de palais : confronter. (Trévoux).
(4) *Registres consulaires*, T. I, p. 191.

collateurs de ceste ville de Lymoges, faicte par les manans et habitans dicelle, le septiesme jour de decembre lan mil cinq cens trente-sept. — Boucherie : Pierre Nadault (1). » Il eut deux fils : 1° Jacques Nadau de Sault, qui passa en Périgord, où il acquit des fiefs importants. Le 26 octobre 1542, il assiste à la montre des gentilshommes, des ban et arrière-ban de la sénéchaussée du Périgord (2). On manque de renseignements sur sa descendance ; 2° Jehan, qui suit.

IX. —Jehan Nadault fut conseiller à Limoges en 1536 : « Election des conseillers et collecteurs des tailles de ceste presente annee, faicte par les manans et habitans de ceste ville, le xviij° jour de janvier, mil v° xxxvj. — Boucharye : Jehan Nadault (3). » Il fut chargé, à diverses reprises, par l'estime et la confiance de ses concitoyens, de missions dont il s'acquitta avec succès, et obtint les charges conférées par l'élection. Il fut élu répartiteur en 1542 : « Partiseurs des tailles imposees en lad. annee furent esleuz le xiiij° de decembre aud. an. — Boucherie : Jehan Nadau (4). » Si dans un espace de douze années, de 1530 à 1542, on trouve l'aïeule, le fils et le petit-fils revêtus en même temps de charges publiques, cela tient à ce que les Nadault de Limoges étaient alors fort répandus dans divers quartiers, qu'ils se mariaient jeunes, et que tandis que les uns restaient tard en charge, les autres y entraient de bonne heure. Autrefois la puissance et la prospérité des familles étaient en proportion de leur fécondité. Il en est de même aujourd'hui, malgré les modifications apportées par la loi moderne à la constitution domestique ; les familles ont le tort de l'oublier. Jean Nadault eut pour enfants : 1° Jacob, greffier de Nosseigneurs les consuls de la ville de Limoges, qui rédigea, en cette qualité, le 20 novembre 1544, les lettres de provision de l'office de « garde porte de la presant ville de Limoges, assavoir de Boucherie et de Magnenhe », pour le sieur Vergier, à la place du sieur Mouret, décédé (5) ; 2° Jehan, qui suit.

X. — Jehan Nadault fut conseiller, en 1548, et assesseur en 1554. C'était la même fonction sous des noms différents. « Eslection des conseilhers et partiseurs des tailles et aultres subsides de lan mil v° quarante-huict, finissant xlix. Et furent esleuz le vingt septiesme jour de decembre an susd. — Bocharye : Jehan Nadaud. » « Eslection des asseurs et partiseurs et cothisateurs dez tailles imposees la present annee, commansant lan mil cinq centz cinquante-quatre, finissant mil v° cinquante-cinq, faicte par mess^{rs} les habitans de lad. ville Lymoges, assembles en la sale du consulat et maison commune de lad. ville, a la maniere accoustumee et ampres le serement en tel cas requitz et accoustume de bien et fidellement, selon Dieu

---

(1) *Registres consulaires*, T. I, p. 204 et 301. Jusqu'à Charles V, l'impôt était universellement recouvré par des magistrats temporaires qu'élisaient les contribuables. Ces fonctions aussi importantes que délicates ne se confiaient qu'à des hommes jouissant de l'estime publique, et capables par leur fermeté et leur autorité de faire respecter leur mandat. Charles V institua de nouveaux officiers de finances nommés par les Elus royaux ; mais néanmoins l'ancien mode de recouvrement continua à être en usage, notamment dans les villes du Midi et du Centre.

(2) L'abbé AUDIERNE, *le Périgord illustre*.
(3) *Registres consulaires*, T. I, p. 286.
(4) *Registres consulaires*, T. I, p. 345.
(5) *Registres consulaires*, T. I, p. 392, 393.

et conscience, faire la cothisation en la compaignie des consulz, a este procede a leslection comme sensuyt, le xvj° jour de janvier lan mil v° cinquante-quatre. — Boucharie : Jehan Nadau (1). » Jehan eut plusieurs enfants, et, entre autres, Jean, qui suit.

XI. — **Jean Nadault** est revêtu de bonne heure de la charge de conseiller du roi, vice-sénéchal d'Agénois, Condommois et Gascogne, charge qu'il exerçait encore en 1603. Il est qualifié noble dans un titre reçu à cette date : « Rolle de La Montre et revue faite par noble Jean Nadau, conseiller du roi et vice-sénéchal d'Agénois, Condommois et Gascogne, avec son lieutenant et greffier,.. par nous, Jean-Marie Joubert, conseiller du roi et lieutenant au siége présidial de Condommois, en présence de MM..... (2) ; » suivent les signatures. « Je, Jean Nadau, vice-sénéchal d'Agénois, Condomois, Armagnac, Verdun et autres lieux, confesse avoir reçu de maistre Cyprien Fumoys, conseiller du roi et receveur-général des tailles de Guienne, la somme de six cent livres pour un gaiges du quartier de janvier, avril, juillet de la présente année 1603, dont je le quitte, et tous autres. Fait le 28 de septembre 1603, (Signé :) Nadau (3). » Jean Nadault mourut dans un âge avancé, au château de Chalus (Haute-Vienne), près la frontière du Périgord. Il laissait neuf enfants : 1° Martial, qui continue la postérité ; 2° Gillette, qui fut mariée à Jacques Burson, gentilhomme du Bas-Limousin. Burson porte : *d'argent à trois bandes de gueules* ; 3° Jean qui épousa Marine-Marie Jude, fille de Léonard Jude, juge-sénéchal de la ville de Champaignat. Jude porte : *de sable au lion rampant d'or, l'écu semé de billettes de même*. Son fils Jean, est parrain de Jean Nadault, son cousin-germain, à Champsac, le 17 janvier 1629, ainsi que cela résulte de l'extrait suivant : « Le dimanche dix-septième du mois de janvier 1629 est nay Jean Nadaud, segond des enfants de Martial Nadaud et de Marie Barbe de Chaupdose, dans la paroisse de Champsac, a esté baptisé le même jour par mon Sieur de Brie, docteur en théologie et curé dudit Champsac. A esté son parin Jean Nadaud, son cousin-germain, fils de Jean Nadaud et de Marine-Marie Jude, fille de Léonard Jude, juge de Champaignac, demeurant à... paroisse dudict Campaignac. Le présent extrait a esté pris sur autre extrait faict par feu Jean Nadaud, oncle dudict Nadaud. Le tout faict en présence des témoins soussignés, le huitième jour du mois de febvrier 1663, » suivent les signatures : « Nadaud, parin subsigné. Burson, cousine et maraine du dict sieur Nadault. Barbe, oncle maternel dudict sieur Nadault. De La Mousnerie (4). » Les Nadault de Champsac étaient éteints en 1786, ainsi que cela résulte de lettres écrites, de 1737 à 1786, par MM. Nadault du Limousin à MM. Nadault de Bourgogne (5) ; 4° Edmée, qui prit l'habit au couvent de Saint-Junien, mourut en odeur de sainteté étant supérieure de cette maison (6) ; 5° Michel, dont le nom se trouve écrit Nadal sur un titre

---

(1) *Registres consulaires*, T. I, p. 421 et T. II, p. 68.
(2) Biblioth. nationale. Cabinet des manuscrits. — CAFIAUX, *Trésor généalogique*, folio 50.
(3) *Idem*, folio 40.
(4) Extrait des registres de l'église paroissiale de Champsac (Haute-Vienne).
(5) Lettres des 20 mars 1737 ; 26 août 1744 ; 4 décembre 1711 ; 23 août 1772 ; 26 août 1787, dans les papiers domestiques de la famille Nadault.
(6) Cartulaire de Saint-Junien.

de 1680 (1), et qui épousa, en 1683, Marie Boucherie, d'une ancienne famille de Limoges; 6° François, greffier de la sénéchaussée de Limoges en 1672 (2). On trouve ses enfants revêtus des charges municipales à Limoges de 1730 à 1750 (3); 7° Charles ; 8° Blaise ; 9° Claude. Ces trois représentants mâles de la nombreuse postérité de Jean Nadault quittèrent ensemble le Limousin pour se fixer dans la Haute-Marche. Voir § VI.

XII. — Martial Nadault, écuyer, Sgr de Champsac, Champdose, les Tillettes, etc., naquit au château de Champsac, près Châlus, en 1558. Il fut pourvu, en 1605, d'une charge de conseiller au parlement de Bordeaux et mourut en 1650. Il se fit remarquer par toutes les qualités que doit posséder le magistrat : une haute intégrité, une connaissance approfondie des lois, une rare perspicacité, une éloquence grave. Il avait épousé en 1618, Marie-Barbe Fitz-Baring de Champdose, d'une maison noble d'Ecosse, venue en France en 1484, avec Marguerite d'Anjou, au service de laquelle elle était attachée. Marie-Barbe Fitz-Baring, fut elle-même dame d'honneur de la reine Henriette de France, jusqu'au jour où le cardinal Mazarin congédia la maison de cette princesse. Barbe Fitz-Baring de Champdose, porte : *d'azur au pélican d'argent, avec sa piété ensanglantée de gueules; au chef cousu de gueules chargé de trois étoiles d'or*. De ce mariage sont issus cinq enfants : 1° Pierre, qui suit; 2° Jehan, quitta le Limousin pour s'établir à Montbard en Bourgogne : rapporté § VIII ; 3° Jacques Nadault, curé de Pageas, que l'on voit assister, le 12 juin 1671, à Montbard, au baptême de son neveu et filleul, Jacques : « Ce mardy, duziesme jour du mois de juin 1671, ayant esté baptisé Jacques, fils de Messire Jean Nadault, antique maire de la ville de Montbard et de dame Edmée Esprit. Il a eu pour parrain Messire Jacques Nadault, curé de Pageas au diocèse de Lymoges, et pour marraine Françoise Nadault, sa sœur (4); » 4° Léonarde, mariée, le 12 juin 1670, à Henry-Marc-René Gandilhaud, écuyer, Sgr de Fontguyon et du Chambon. Cette famille porte : *d'azur à la tour d'argent maçonnée et crénelée de sable*. (Voir : *Nobiliaire du Limousin*, T. II, p. 264.) De ce mariage sont issus trois enfants. L'aîné des garçons entra dans les ordres, le second fit avec distinction les campagnes d'Italie et mourut d'un coup de feu devant Turin. Du troisième fils de Léonarde Nadault, descendait Marie-René Gandilhaud, dont la fille Elisabeth épousa, le 31 octobre 1732, Jean-Elie des Ruaux, chevalier, comte de Rouffiac, maréchal-de-camp, fils de Marie-Thérèse Nadault de Neuillac; 5° Jacques, resté à Champsac, où il devient la tige d'un groupe distinct de la famille qui ne paraît pas s'être fondu avec les Nadault de Limoges et s'est éteint en 1776. On trouve vivant, dans un âge avancé, à Champsac, en 1737, Etienne Nadault, mort en 1772, laissant un fils et une fille : A. — Claude, mort en 1776 sans postérité, en léguant sa fortune aux enfants de sa sœur; B. — Cécile, mariée à Jacques Nicolas, de la famille des Baubourgts de Châlus, mort à quarante-cinq ans, laissant quatre enfants, deux garçons et deux filles. L'aîné des garçons mourut à vingt-deux ans, sans avoir été marié ; le second, épousa Jacquine Veyrier, dont il eut douze

---

(1) Communication de M. Maurice Ardant, archiviste de la Haute-Vienne (avril 1866).
(2) Communication de M. Maurice Ardant, archiviste de la Haute-Vienne (avril 1866).
(3) *Registres consulaires*. Partie non encore publiée.
(4) Registres de la paroisse de Saint-Urse, déposés à la mairie de cette ville.

enfants ; sept moururent jeunes. L'aîné des survivants étudiait la chirurgie à Paris en 1786; le second fils, âgé de dix-huit ans, faisait son cours de médecine à Angoulême ; le troisième, âgé de dix-sept ans, était élève du collège de Limoges. Deux filles âgées, la première de quinze ans, et la deuxième de quatorze, étaient pensionnaires, une aux Ursulines d'Angoulême, l'autre chez les dames de la Visitation à Limoges. (Lettres échangées entre Champsac et Montbard de 1737 à 1786).

XIII. — Pierre Nadault des Tillettes, Sgr dudit lieu, consul à Limoges en 1656 (1), pendant la minorité de Louis XIV et les troubles de la Fronde, fut un homme d'un esprit ferme et d'une grande droiture. Il empêcha que la ville ne fut troublée par les partisans des princes ; assainit et embellit Limoges, et assura la prospérité publique. Pierre Nadault des Tillettes mourut fort âgé en laissant le souvenir de toutes les vertus. Il avait plusieurs enfants, parmi lesquels Joseph, qui suit.

XIV. — Joseph Nadault, conseiller du roi, notaire royal en la chancellerie de Limoges de 1672 à 1693 (2), épousa Marie Colinet (3), dont il eut entre autres enfants : 1° Martial, qui suit ; 2° Philippe, secrétaire-greffier de la commune de Limoges, à la place de son frère Martial, de 1752 à 1760 (4).

XV. — Martial Nadault, secrétaire-greffier de la commune de Limoges en 1733 et 1737 (5), avait épousé, dans l'église de Saint-Maurice de la Cité, le 17 juillet 1705, Anne André, fille de Jacques André et de Marguerite Bonnet (6). Il fut reçu en 1742, membre de la confrérie du Saint-Sacrement, en grand honneur à Limoges, sur la démission en sa faveur de N... de La Chassagne, chanoine de la cathédrale, son cousin-germain. Martial, mourut très-âgé et fut inhumé à l'entrée de l'église de Saint-Maurice, où sa famille avait alors sa sépulture (7). Il laissa : 1° Martial, dont une fille, née le 21 juin 1734, eut pour parrain M. Roulhac de Razès, son oncle, et pour marraine, Jeanne-Roger Moulinier (8). Son petit-fils, Mathieu Nadault, adjoint au maire de Limoges après 1792, s'embarqua à Bordeaux, le 22 prairial, an X, avec ses enfants, pour aller aux colonies recueillir la succession de ceux de sa famille qui y étaient morts sans laisser de postérité.

---

(1) *Histoire du Limousin*, par A. LEYMARIE, T. I, pièces justificatives.
(2) *Dictionnaire historique* (Manuscrit), de l'abbé LEGROS.
(3) *Mélanges manuscrits.* — L'abbé NADAULT, page 195.
(4) Liste des Consuls, des Maires et Adjoints de la ville de Limoges.
(5) Idem.
(6) *Mélanges manuscrits.* — L'abbé NADAULT, page 195.
(7) *Registres domestiques de la famille Brunier* (Manuscrits). — En tête du premier registre on lit : « JMJ. Au nom de Dieu, soit commencé ce livre pour me servir de règle et de souvenance du jour de la naissance et baptême de mes enfants, d'entre moy, soussigné, et Rose Mouliny, mon épouse. — Que Dieu veuille qu'ils soient baptizés et faicts bons crestiens. Ainsi soit-il. (Signé :) Brunier. » « Sur les livres domestiques de la famille Brunier, commencés par mon arrière-grand-père, époux de Rose Moulinier, on voit que notre famille avait une sépulture particulière à l'entrée de l'église de Saint-Maurice, et que mon arrière-grand-père fut reçu, en 1712, membre de la confrérie du Saint-Sacrement (ce qui était une dignité à Limoges), sur la démission de son cousin, M. de La Chassagne, chanoine de la cathédrale. » (*Journal manuscrit* du premier président Nadaud).
(8) *Registres domestiques de la famille Brunier.* — Moulinier porte : *d'azur à un moulin d'argent.*

Ils périrent empoisonnés aux Antilles (1); 2° Pierre, échevin à Limoges en 1775 et 1776 (2); 3° Léonard, aussi échevin à Limoges en 1777 et 1778 (3); 4° Joseph, dit l'abbé Nadaud, né à Limoges, le 13 mars 1712, y mourut le 5 octobre 1775, à l'âge de soixante-deux ans. Dès sa jeunesse il montra un goût très vif pour l'étude de l'histoire, et s'appliqua dès lors à déchiffrer les monuments et les vieilles chroniques. Il avait à peine vingt ans, que déjà il avait pris la résolution de recueillir tout ce qui pourrait contribuer à la gloire de son pays. Devenu prêtre, en 1736, il consacra avec passion à l'étude, les loisirs que lui laissait un vicariat peu laborieux, puis, plus tard, l'administration facile de deux modestes paroisses de campagne Saint-Léger-la-Montagne (canton de Laurière, arrondissement de Limoges, Haute-Vienne) et Teyjac (canton et arrondissement de Nontron, Dordogne). On trouve son nom sur la cloche de la première de ces paroisses. Elle porte la date de 1752. Il quitta cette paroisse peu après, l'abbé Catinaud y ayant été nommé en 1754. Il passa le reste de sa vie à Teyjac, et ne quitta cette cure que quelques mois avant sa mort. Étant usé par les longues veilles, il vint terminer sa laborieuse carrière dans sa ville de Limoges. Grâce à l'amitié et au crédit de Monseigneur de Coëtlosquet, évêque de Limoges, gouverneur des enfants de France, membre de l'Académie française, les archives de Paris et du Limousin lui furent libéralement ouvertes. Ce digne évêque ne manquait jamais de se faire accompagner par l'abbé Nadaud dans ses voyages à Paris et dans son vaste diocèse. Il ne négligea ni dépenses, ni fatigues, pour accroître le nombre et l'importance de ses recherches. Il compulsa tous les manuscrits de la bibliothèque du roi. Ses travaux sont considérables. Ils embrassent l'histoire des familles, l'archéologie, l'économie politique, la géographie, l'étude de toutes les institutions religieuses, etc., etc. Travailleur infatigable, l'abbé Nadaud a collaboré à toutes les grandes publications historiques ou archéologiques qui se firent de son temps. Son nom est associé à ceux du P. Le Bœuf et d'Expilly. Il était membre de l'Académie de Bordeaux. On a dit de lui, avec vérité : « Un parchemin en lambeaux, une charte bien usée, une inscription illisible, un antique monument, avaient pour lui plus de charmes que les plus brillantes nouveautés. La découverte d'un chartrier poudreux, mais riche, était pour Nadaud un précieux trésor. Aussi chacun se faisait un plaisir de lui procurer cet avantage, parce que le caractère, le style, les formules de tous les siècles lui étaient familiers. Il rejetait le faux avec connaissance de cause. » Il est le premier antiquaire du Limousin.

Il laissa dans le ministère le souvenir d'une grande vertu, unie à un immense savoir. Monseigneur de Coëtlosquet disait de lui, dans son langage de prêtre et d'évêque, que : « C'était un très bon sujet, bon curé, prêtre de

---

(1) Table chronologique de l'abbé Legros (Manuscrits). — « Je présume que ce Jacques Nadault est l'un de ceux qui sont morts à la Guadeloupe, où ils étaient allés recueillir une succession. Ces derniers étaient cousins-issus-de-germain de mon père. » (Correspondance inédite du premier président Nadaud, octobre 1854). La liste des consuls, maires et adjoints, de Limoges, donne le nom de Mathieu Nadaud, à celui qui fut élu en 1792. (*La Haute-Vienne* par MM. Ardant, page 143).

(2) *Dictionnaire manuscrit* de l'abbé Legros.

(3) *Idem*.

mœurs fort simples, excellent caractère, fort régulier. » L'abbé Nadaud a sa place dans toutes les Biographies. La *Bibliothèque historique de France* disait, à propos de sa mort : « La République des lettres a malheureusement perdu, en 1776, Monsieur Joseph Nadaud, curé de Teyjac, diocèse de Limoges, qui en bon citoyen, n'a presque point cessé, tant qu'il a vécu, de travailler et d'apporter au trésor public les richesses particulières. » Voici la liste de ses principaux ouvrages parvenus à notre connaissance. Imprimés : 1° *Evêques de Limoges*, tableau synoptique, imprimé à Limoges, chez Chapoulaud, en 1770. Ce tableau a été réédité et complété en 1860, par M. l'abbé Arbellot; 2° *Chronologie des papes et des cardinaux limousins*, imprimée dans le *Calendrier* de 1775 ; 3° *Chronologie des seigneurs et des souverains du Limousin*, imprimée dans le *Calendrier* de 1775. Manuscrits : 4° *Pouillé ou Mémoires pour l'Histoire du diocèse de Limoges*, deux volumes grand in-folio. Le premier volume donne un état des bénéfices et des notes historiques très savantes sur chaque paroisse du diocèse. Dans le second volume se trouvent des articles sur la géographie ecclésiastique et civile du Limousin, sur la nature du terrain, sur le caractère et les mœurs des habitants, sur le commerce de la province, etc., articles que Vitrac et Guineau classent à part, et qu'il a du communiquer à l'abbé d'Expilly. Enfin on y trouve d'autres articles sur la *Composition de la langue limousine* et *sur les changements qu'elle a subi*, et un *Glossaire de la basse latinité*. Nadaud faisait vraisemblablement allusion à ces derniers travaux, quand il écrivait à de Fontette, au sujet de la *Grammaire provençale* de Pierre Bercoli, grammaire qui se trouvait alors manuscrite à la bibliothèque royale, n° 7354. « C'est un ouvrage superficiel; je travaille à un plus étendu et plus intéressant pour les mots du moyen âge insérés dans les minutes des notaires et autres actes. Ils pourront servir à un nouveau supplément du *Glossaire* de Du Cange, où je ne les ai point trouvés, ou bien où ils sont expliqués d'une manière inexacte. » (*Bibliothèque historique de France*, T. IV, p. 257). Notre savant maître et ami, M. l'abbé Texier, avait entrepris de publier le *Pouillé* de Nadaud, sous forme de dictionnaire géographique de la Marche et du Limousin. Il y en avait déjà 50 pages in-4° de tirées, lorsque la mort est venue le frapper le 29 mai 1859. Cette publication, dont la partie imprimée nous permet de juger la perte immense que nous avons faite, n'a pas encore été continuée; 5° *Nobiliaire*, deux volumes grand in-folio, reliés, comprenant en tout 2,734 pages. C'est un livre d'or pour les anciennes familles de la Haute-Vienne, de la Creuse, de la Corrèze et d'une partie des départements voisins. La *Bibliothèque historique de France*, éditée par Fevret de Fontette (1760), nous apprend que Nadaud possédait une copie du *Nobiliaire* de Simon des Coutures, dont M. Roger des Essards avait l'original. Cette note, due vraisemblablement à Nadaud lui-même, dit encore que celui-ci avait relevé dans des Coutures quelques fautes légères, et que, en ce qui concerne la noblesse du diocèse de Limoges, il avait fait des additions considérables. C'est cet ouvrage que nous publions actuellement ; 6° *Mémoires pour servir à l'histoire du diocèse de Limoges*, six volumes in-folio, reliés en parchemin. Ce sont des notes placées par ordre chronologique. Le quatrième volume manque; il renfermait la biographie des hommes illustres du Limousin. Le cinquième manque aussi. Le dernier volume, qui porte le n° VI, est intitulé : *Table alphabétique des mémoires*, etc; 7° *Mémoire pour l'histoire de l'abbaye de Grandmont*, un volume in-folio, relié en parchemin ; 8° *Recherches*, un volume in-folio de 352 pages, relié en parchemin. Ce sont des notes historiques ; 9° *Histoire du Limousin*, un volume in-folio de plus de 300 pages. C'était un recueil de mémoires et de notes; 10° *Observations sur les bréviaires du diocèse de Limoges*, 32 pages grand in-folio. Les pages 23, 24, 25 et 26 sont enlevées, le manuscrit s'arrête au 31 août dans des observations sur le calendrier ecclésiastique ; 11° M. Auguste du Boys, secrétaire-archiviste de la Société archéologique du Limousin, acheta, avant 1836, d'un parent de l'abbé Vitrac, six cahiers in-folio de notes recueillies par l'abbé Nadaud, et formant ensemble 480 pages. Ce sont des notes pour la Biographie des hommes illustres du Limousin, elles sont probablement le brouillon du quatrième volume des *Mémoires pour servir à l'histoire du diocèse de Limoges*, qui a disparu. Ces cahiers ont trait aux mêmes matières et la plupart des articles sont rayés.

5° Léonard, de l'ordre des Jacobins, naquit à Limoges le 3 juillet 1714. Il se distingua par de rares talents, et se montra surtout habile à déchiffrer les chartes et à lire les anciens monuments de notre langue. Il est considéré comme un des fondateurs de la paléographie, cette science qui n'existait pas encore, mais qui devait rendre de si grands service à l'histoire. Il fut plusieurs fois réélu prieur de son ordre. Il était archiviste de l'évêché de Limoges. Signalé comme son frère par ses vertus, il se fit aimer par ses rares qualités, et mourut au Châtenet, paroisse de Feytiat, près Limoges, en 1764. Il a sa sépulture aux Jacobins de cette ville. Le plus important de ses ouvrages est l'*Inventaire raisonné des titres de l'évêché de Limoges*, deux beaux volumes in-folio manuscrit que conservent les archives de la Haute-Vienne (1); 6° Philippe, qui suit.

XVI. — Philippe Nadault, échevin à Limoges en 1779; y proclama, en cette qualité, la paix de 1788 entre la France, l'Angleterre et l'Espagne. Il se montra hostile aux principes de la Révolution, et se signala par son dévouement à la famille royale. Il ne dût qu'au 9 thermidor de ne pas monter sur l'échafaud. Il mourut du chagrin que lui causaient les malheurs de son pays; il laissait quatre enfants (2) : 1° Jacques, secrétaire général adjoint de l'Intendance de Limoges sous Turgot. Puis ordonnateur des guerres (intendant militaire), fonctions qu'il remplit d'abord à Tours. Il fut nommé commissaire-ordonnateur-général de l'un des corps d'armée d'Italie dans la campagne de 1800. A son retour, il devint commissaire-ordonnateur de la division militaire, dont le chef-lieu était Grenoble. Il est mort dans cette ville en 1806, victime de son dévouement dans une épidémie. Le 17 septembre 1839, Horace-Léonard Nadault, son neveu, lors de son installation comme procureur général près la cour de Grenoble, rendait un publique et solennel hommage à sa mémoire :

---

(1) *Dictionnaire historique des grands hommes du Limousin*, par l'abbé LEGROS (Manuscrit), page 222; et *Bull. soc. arch. Lim.*, tome XXVI, p. 306.

(2) *Dictionnaire historique*, par l'abbé LEGROS, — *Journal inédit* du premier président Nadaud.

« C'est dans vos murs, c'est dans cette cité qu'un des miens, un frère de mon père, a péri victime de son dévouement pour les fonctions dont il était revêtu. Après avoir été commissaire-ordonnateur dans une de nos armées, il arriva à Grenoble comme chef de l'administration militaire de la division. Une épidémie cruelle se déclara dans les hôpitaux ; elle sévissait surtout contre les soldats. Loin de fuir le mal, l'intendant militaire pensa avec raison qu'il devait le braver. Le fléau ne respecta point son courageux dévouement. Mon oncle fut atteint, succomba, et sa dépouille mortelle repose près d'ici, au milieu des tombeaux de nos pères. Je vous remercie de l'hospitalité que vous accordâtes à sa vie et à sa mort. » Jacques Nadault a laissé une fille unique : Sophie, morte en 1853, sans avoir été mariée. Il laissait une très grande fortune, mais sa fille n'a pu en recouvrer qu'une très faible partie, la maison de commerce dans laquelle cette fortune était déposée ayant fait faillite (1); 2° Valerie qui épousa, le 25 janvier 1774, Martial du Boys de l'Anneau, d'une ancienne famille qui a donné un grand nombre de consuls à Limoges, et dont le nom se retrouve presque à chaque page des fastes consulaires et des archives de cette ville. Cette famille porte : *d'or au chêne arraché de sinople avec une bordure de gueules, chargée de sept boucles d'argent, et d'une rose d'or en chef pour brisure;* 3° Paule épousa, le 3 février 1778, Jean-Baptiste-Paul du Boys, frère du précédent. Elle mourut à sa terre de Triolles, près Limoges, après avoir donné naissance à quinze enfants. Marie du Boys, sa petite-fille, a épousé, en 1864, le comte Julien de La Rochejaquelein, fils du marquis de La Rochejaquelein, sénateur ; 4° Léonard, qui suit.

XVII. — Léonard Nadault, né à Limoges 1759, était assez populaire au moment de la Révolution pour y avoir été élu, en 1789, capitaine d'une compagnie de la garde nationale, et avoir échappé, tout en restant dans sa ville natale et malgré ses opinions politiques, aux proscriptions de la terreur. Il est vrai qu'il était venu en aide à la classe indigente et aux ouvriers sans travail, en entreprenant à grands frais, aux plus mauvais jours, et par le seul amour du bien public, des constructions importantes dans la rue Haute-Vienne, à Limoges (2). Il mourut le 25 février 1799 (7 ventôse an VII), seulement âgé de quarante ans, après avoir été marié deux fois. De son premier mariage avec Sophie Sénemaud, d'une ancienne famille de Limoges, établie depuis à Angoulême, il a eu deux enfants. La famille Sénemaud porte : *d'argent à une croix haussée de gueules, au pied fiché dans un cœur de même, accostée de deux étoiles d'azur* (3);

---

(1) *Journal inédit* du premier-président Nadaud.

(2) « Je naquis presque dans les fers ; ma mère avait été emprisonnée révolutionnairement avec sa famille pendant plusieurs mois ; elle ne fut rendue à la liberté qu'au moment de ses couches. Mon père avait échappé à cette mesure par suite de la popularité dont il jouissait à Limoges depuis les dépenses considérables qu'il y avait faites dans l'intérêt de la classe ouvrière. Mais la position sociale de ma famille maternelle, sa fortune, ses principes politiques, l'émigration du frère de ma mère, qui servait dans l'armée des princes, l'avaient depuis longtemps désignée à la haine des révolutionnaires. » « A la mort de mon père, M. Sénemaud fut tuteur de mon second frère et de ma sœur, Mme Gury. » *(Journal du premier-président Nadaud).*

(3) Les Sénemaud sont revêtus de charges municipales à Limoges au XVIe et au XVIIe siècle. Pierre Sénemaud est juge-garde de la monnaie en 1696. La tradition veut même que, durant son séjour à Limoges, Louis XI ait pris en goût un Sénemaud qu'il appelait familièrement *son compère* Pierre Sénemaud, né le 10 février 1619, entré dans l'ordre des jésuites

1° Philippine, mariée : 1° à N..... David, d'Aixe ; 2° à Joseph Guy, capitaine de cavalerie, officier de la Légion d'honneur ; — 2° Jean-Baptiste, né à Limoges, mort à Paris le 25 décembre 1846. Membre du conseil municipal de Roubaix, président de la chambre consultative des manufactures. Il refusa la place de maire de Roubaix qui lui fut offerte à diverses reprises, notamment une fois où le conseil municipal tout entier avait décidé qu'il se transporterait en corps à son domicile, dans l'espoir de vaincre sa résistance. De son mariage avec Caroline Chauwin il a eu trois enfants : A. — Anaïs, née en 1821, mariée à Henri Waernier, demeurant à Paris ; de ce mariage il n'est pas né d'enfant ; B. — Caroline, née en 1822, mariée à Edouard Vouzelle, dont un fils et une fille ; C. — Gustave, musicien et chansonnier célèbre, chevalier de la Légion d'honneur (13 août 1861), dont le talent facile et populaire a fait revivre la verve de Béranger. Il a fait paraitre, jusqu'à ce jour, plus de 800 chansons réparties en trois recueils, des opérettes de salon et un roman de mœurs : *Une Idylle* (Paris, 1861, in-8°). Il chante ses chansons, dont il a composé les paroles et la musique, et joue ses pièces avec le plus remarquable talent. La plupart de ses œuvres ont été composées à Charvieux (département de l'Isère), chez le premier président Nadaud, son oncle, dont il a fait l'oraison funèbre dans une chanson pleine de sentiment et de regrets, intitulée : *Mon bon oncle*. Le nom de Gustave Nadaud se trouve dans toutes les biographies contemporaines. Voir notamment Vapereau, *Dictionnaire universel des contemporains*.

Léonard Nadault a contracté, en 1790, un second mariage avec Rose Brunier, née le 5 mars 1767, décédée le 16 juillet 1841. Elle était fille de Léonard Brunier et de Marguerite Bourdeau (1). Léonard Brunier, major de cavalerie, frère de Mme Nadaud, fit ses premières armes sous le vicomte de Rozée, son oncle, brigadier des gardes-du-corps, servit avec distinction dans l'armée des princes, échappa comme par miracle au massacre de Quiberon, et fut fait chevalier de Saint-Louis. « Celui des frères de ma

---

le 1er novembre 1714, était en 1760, professeur d'Ecriture-Sainte au Séminaire de La Rochelle, membre de l'Académie de cette ville (1743), a publié en 1756 : *Pensées philosophiques d'un citoyen de Montmartre*. Joseph Sénemaud, né à Limoges le 24 mars 1727, entre dans le même ordre le 5 janvier 1742, est professeur de logique au collège de Limoges en 1760. M. Ed. Sénemaud, archiviste des Ardennes, connu par des publications historiques et généalogiques, continue les traditions de sa famille.

(1) La famille de Brunier est originaire du Dauphiné et précédemment de la Savoie ; elle s'est répandue dans plusieurs provinces de la France. Sa première illustration est Jacques Brunier, chancelier d'Humbert II, Dauphin de Viennois ; il fut élevé à cette dignité vers la fin de 1342. C'est à lui que la France doit la cession du Dauphiné. Il portait pour armes : *d'azur au triangle d'argent, accompagné au centre d'une étoile d'or*. Devise : *Qui stat videat ne cadat*. Les enfants de Guillaume Brunier, frère de Jacques, formèrent deux branches : celle de Marsanne, dans le Valentinois, et celle de Larnage, en Viennois ; elles portaient : *d'azur à la bande et au chef d'or*. Abel Brunier, né en 1573, fut conseiller d'Etat, médecin des enfants de Henri IV. N'ayant pas conservé les titres prouvant sa noblesse à l'époque de la vérification, le roi Louis XIV lui octroya de nouvelles lettres de noblesse au mois d'avril 1663. Ces lettres lui donnent de nouvelles armes, et Mme Marguerite de Lorraine, veuve de Gaston d'Orléans, qui avait toujours eu pour lui la plus haute bienveillance, voulut qu'il portât la *double croix rouge de Lorraine sur fond d'or*. Depuis cette époque, cette famille a uni ces armes à celle du chancelier. — Edouard Brunier, né vers 1730, fut le médecin des enfants de Louis XVI ; il est mort en 1811. Il avait soigné la famille royale dans la prison du Temple. (*Notice historique sur la famille Brunier*, par M. J. de Pétigny, membre de l'institut de France, 1869.)

mère qui avait émigré, dit le premier président Nadaud dans son journal, servit pendant toute l'émigration en Allemagne, en Prusse, en Hongrie, en Pologne, en Russie, dans les gardes-du-corps ou les autres armes privilégiées. Il obtint le grade de lieutenant-colonel de cavalerie, rentra en France et fut nommé receveur principal des droits réunis à Limoges lors de l'organisation de ce service. A la restauration de 1814, il fut confirmé dans son titre de chevalier de Saint-Louis qu'il avait obtenu pendant l'émigration. A la Révolution de Juillet, il fut mis à la retraite. Il avait été pendant toute l'émigration le compagnon fidèle de l'un de ses oncles, M. de Razès, brigadier des gardes-du-corps. M. de Razès est mort en France, en 1818, dans un âge avancé. Il était Sgr de la commune de Razès en Limousin. » Cette famille Brunier avait parmi ses alliances la famille Barbou des Courrières de Limoges.

De ce second mariage sont nés trois enfants : 1° Juliette, morte sans avoir été mariée; 2° Horace-Léon-Léonard, qui continue la postérité; 3° Marguerite-Fanny, née le 20 mai 1796, mariée en 1813 à Charles-Antoine Marbotin, de la famille Marbotin de Limoges. Cette famille descend de la même souche que les Marbotin de Sauviat, établis à Bordeaux, qui ont fourni, sous la Restauration, un premier président à la cour royale de Bordeaux. Le fils de Marguerite Fanny Nadault a été conseiller à la cour de Saint-Denis (Ile de la Réunion).

XVIII. — Horace-Léon-Léonard Nadaud, premier président de la cour royale de Grenoble, officier de la Légion d'honneur, de l'instruction publique et des SS. Maurice et Lazare, né à Limoges le 12 mars 1794, est décédé dans sa terre de Charvieux (Isère), le 30 avril 1867, à l'âge de soixante-treize ans. Le premier président Nadault fut à la fois un homme de bien, un magistrat éminent et un écrivain distingué. Après avoir achevé ses études à Limoges, il alla, au mois de novembre 1811, faire son droit à Poitiers. Reçu licencié au mois d'août 1814, il revint dans sa ville natale où il prit la robe d'avocat, se fit attacher au cabinet de M. Bourdeau, son parent, avocat et maire de la ville, et suivit assidûment le palais. En 1816 il fut chargé de défendre d'office deux capitaines d'artillerie accusés d'avoir assassiné des gendarmes et enlevé une recette ; l'un était proche parent du comte de Pontecorvo, ancien ministre des finances, l'autre fils d'un médecin de Montpellier. Ses débuts furent brillants et lui firent prédire une belle carrière. Aussi était-il résolu à rester au barreau et à s'adonner peut-être un jour à la politique, lorsque M. Bourdeau, son parent, devenu député puis procureur général à Rennes, l'engagea à entrer dans la magistrature et lui en ouvrit les portes en le faisant nommer, à vingt-trois ans, le 2 juillet 1817, substitut à Saint-Brieuc, chef-lieu d'assises. Ses progrès dans la carrière furent rapides, moins par la protection du chef que du parquet de la cour qu'à cause de son mérite. Il devint successivement substitut à Rennes, le 16 juin 1819, substitut à la cour, le 15 janvier 1825, avocat général, le 21 février 1827. M. Bourdeau ayant été nommé garde des sceaux, le 10 juin 1829, il quitta le ressort de Rennes pour celui de Lyon et fut nommé avocat général près cette cour. Pendant les émeutes de Lyon, en 1834, il se fit remarquer par son sang-froid et exposa sa vie pour servir la cause de l'ordre. A Lyon, de même qu'à Rennes, Nadaud ne tarda pas à se placer au premier rang des orateurs du parquet. En 1832 il était désigné pour soutenir, devant la cour d'assises de l'Ain, une accusation de parricide dirigée contre Mme d'Aubarède, d'une famille considérable du pays. Tous les journaux se sont plu à rendre hommage au talent du jeune magistrat. Au mois de février 1833, il assistait, devant la cour d'assises de la Loire, le procureur général de Lyon dans le procès politique fait aux partisans de la duchesse de Berry et connu sous le nom du *Carlo Alberto*, navire italien qui avait transporté les chefs du mouvement en France. Les poursuites comprenaient quatorze accusés, les débats durèrent vingt jours. La réplique de Nadaud ne remplit pas moins de trois audiences, et il eut la bonne fortune de mériter, de ses adversaires, ce témoignage : que son impartialité avait été égale à son talent. Le 24 octobre 1838, le brillant avocat-général de Lyon fut nommé procureur général à Montpellier, mais il ne fit que passer dans cette cour, puisque le 17 septembre 1839 il était nommé procureur général à Grenoble où l'appelaient des intérêts de fortune et d'affection. Cependant quelque limité qu'ait été son séjour à Montpellier, il suffit pour faire apprécier ses rares qualités, et au jour de la séparation, la cour, par l'organe de son chef, parlait de « l'élévation de ses idées en toutes choses, de l'aménité de ses mœurs et surtout de cette bienveillance sans détours par laquelle il s'était si promptement acquis l'estime et l'affection publiques. Quoiqu'il n'ait fait au milieu de nous qu'un passage très rapide, ce peu de temps a suffi pour emporter nos regrets. Son caractère ferme et modéré, son esprit éclairé et conciliant lui attiraient tous les suffrages. Rien n'était plus propre à faciliter les voies de l'administration que l'aménité de ses formes et la bienveillance de ses rapports. Sans cesse préoccupé des intérêts plus spécialement confiés à sa direction, il leur a consacré tous ses soins et toutes ses veilles ». Nadaud devint premier président à la cour de Grenoble le 7 août 1843. Il était désigné pour être pair de France et recevoir le cordon de commandeur de la Légion d'honneur au mois de mai 1848, lorsque éclata la révolution de février. Guidé par le plus noble scrupule, le premier président de la cour de Grenoble, quoique inamovible, ne voulut pas conserver son siège de magistrat. Il envoya sa démission au gouvernement provisoire et se retira d'abord à Lyon et ensuite à sa terre de Charvieux. Il était chevalier de la Légion d'honneur depuis le 4 mai 1833, officier depuis le 6 mai 1843. En avril 1844 il avait reçu l'ordre des SS. Maurice et Lazare de Sardaigne pour services rendus à ce pays et en même temps à la France, notamment en facilitant les mariages entre savoisiens et français, mais surtout en empêchant, comme procureur général à Grenoble, par une active surveillance sur la frontière, les délinquants des deux pays de se soustraire à l'action de la loi. Membre du conseil général de l'Isère depuis le 27 avril 1845, il fut porté, en 1846, presque malgré lui, pour la députation, et échoua de trois voix. Le premier président Nadaud a écrit : 1° Des *Lettres sur la Bretagne*, parues de 1823 à 1824 dans le *Lycée armoricain*; 2° *Études et Notices*, publiées en 1826 dans le *Breton*, journal de Nantes ; 3° *Mémoire sur les terres vaines et vagues et les lieux communaux*, en particulier sur les propriétés de cette nature, situées dans l'ancienne province de Bretagne (Paris, 1828, 1 vol in-8°), ouvrage couronné en 1828, par la Société académique de Nantes, et en 1830, par l'Académie de Mâcon ; 4° Discours sur l'*Équité judiciaire*, prononcé le 3 novembre 1827, devant la cour de Rennes (Nantes, 1827, brochure in-8°); 5° Discours sur les

Origines des Parlements, prononcé à Lyon, le 17 novembre 1843 (Lyon, brochure in-8°); 6° *Éloge d'Expilly* (Grenoble, 1847, brochure in-8°), prononcé devant la cour de Grenoble, le 4 novembre 1847. On a encore de Nadaud diverses brochures et mémoires politiques, des notices, des dissertations historiques et archéologiques insérées dans les bulletins de la Société de l'histoire de France, des réquisitoires et des discours judiciaires reproduits par des journaux. Il a laissé deux forts volumes manuscrits renfermant de savants commentaires de droit sur nos cinq Codes et les lois spéciales, et un journal de sa vie qui est comme le miroir fidèle de sa belle âme. Le premier président Nadaud faisait partie de la Société académique de Nantes, de l'Académie de Grenoble (5 juin 1840), de la Société archéologique et historique du Limousin (22 septembre 1851). Dès le 7 mai 1839, il avait été élu membre de la Société de l'Histoire de France. M. Nadaud de Buffon, ancien avocat général de Rennes, a publié une *Notice sur la vie et les écrits du premier président Nadaud* (Rennes, 1868, brochure in-8°). L'*Almanach limousin* de 1868 lui a consacré un article nécrologique (page 105). Son éloge a été prononcé, cette même année, devant la cour de Grenoble. Horace-Léon-Léonard Nadault avait épousé, à Lyon, le 18 février 1835, à l'âge de quarante-un ans, Philippine Nugue, veuve en premières noces de N..... Chenevas, premier président de la cour de Grenoble, député de l'Isère, nièce d'un président à la cour de Lyon, née le 1er avril 1797, décédée à Charvieux le 11 mars 1865, à l'âge de soixante-sept ans. La famille Nugue possédait des fiefs importants à Charvieux (Isère) au xviie siècle. Un Jean-Baptiste Nugue était juge-châtelain de Charvieux en 1775. Dans une lettre imprimée, adressée au mois d'août 1865 aux membres du conseil général de l'Isère, le premier président Nadaud disait de celle qu'il venait de perdre : « Sa mort a été un deuil général ; les populations se sont associées en foule à notre éternelle et profonde douleur. Que cette population trouve ici l'expression et le témoignage de notre reconnaissance. » Il disait d'elle, dans son journal: « Douce, simple, affectueuse, on ne la voit jamais occupée d'elle; elle n'a de sollicitude que pour ceux qui l'entourent. A un esprit élevé et d'une vivacité qui rappelle celui de son père; elle joint les sentiments d'une haute piété et la pratique discrète d'une religion éclairée. Dans quelques années tu pourras apprécier, mon fils, celle que Dieu t'a donné pour mère et tu l'en béniras. » De ce mariage est né un fils unique, Antoine-Léonard-Marie-Théodore, qui suit.

XIX. — Antoine-Léonard-Marie-Théodore Nadault de Charvieux est né à Lyon le 17 septembre 1836. Au mois de novembre 1866, lors de la mort de M. Gustave de Chapuys-Montlaville, député de la Saône-et-Loire dans la circonscription de Louhans, il se présenta aux électeurs comme candidat catholique libéral indépendant. Il échoua sous la pression administrative devant le candidat officiel, M. Boutelier. Malgré les vives sympathies qui l'accueillirent alors, M. Nadault de Charvieux n'a pas cherché depuis à entrer dans la carrière politique en se présentant, soit dans le département de Saône-et-Loire, où il possédait, du chef de sa femme, des propriétés importantes, soit dans celui de l'Isère, où la mémoire de son père est vénérée. Lorsque la guerre avec la Prusse éclata, quoique chef de famille et père de trois enfants, il partit comme volontaire et s'engagea dans les éclaireurs de la Seine, devenus par la suite les éclaireurs

Franchetti. On sait quels services a rendus, pendant le siége, cette troupe d'élite ; on se rappelle la mort glorieuse de son commandant tombé devant l'ennemi. M. Nadault a pris part à toutes les actions d'éclat, à tous les coups de main accomplis par les éclaireurs, et s'est particulièrement distingué lors de la sortie du 31 octobre. Cependant il ne voulut accepter aucune distinction honorifique, et, lorsqu'il apprit qu'il était proposé pour le grade de chef d'escadron, il quitta le corps et passa, comme simple cavalier, au 1er chasseurs à cheval dans lequel il a servi jusqu'à la paix. Il a épousé, à Louhans, le 7 mai 1862, Marie Petiot, fille d'Adolphe Petiot, ancien maire de Louhans, chevalier de la Légion d'honneur, conseiller général de Saône-et-Loire, sœur de Mme de Jussieu. De cette union sont issus : 1° Paule-Marie-Claire, née le 16 mai 1863 ; 2° André-Louis-Joseph-Philippe-Léonard, né le 11 avril 1864 ; 3° Marie-Marguerite-Thérèse, née le 14 décembre 1868 ; 4° André-Léon-Léonard, né au château de Charvieux le 12 février 1872.

§ II. — *Branche d'Angoumois, établie à Angoulême.*

Nadault de Nouhère, S^{grs} de Puisec, de Neuilhac, de La Place, de La Tour-Garnier et de La Vergne, portent : *palé et contrepalé d'or et de gueules de six pièces.* (Archives de l'Hôtel-de-Ville d'Angoulême. — Blasons des anciens maires.)

IV *bis.* — Le premier rameau que l'on voit se détacher du tronc se dirige vers Angoulême et La Rochelle. Mathieu et Urbain Nadault, tous deux fils de Martial, conseiller à Limoges en 1405 (§ I, degré IIIe), quittent cette ville vers le milieu du XVe siècle et s'acheminent vers Angoulême, où Mathieu s'établit pour y donner naissance aux Nadault de l'Angoumois et de la Saintonge, tandis qu'Urbain, son frère, ne fait que traverser cette ville et va jusqu'à La Rochelle, où il devient, à son tour, la tige des branches de l'Aunis, de l'Angleterre et des colonies. Mathieu fut père du suivant.

V. — N.... Nadault eut pour enfant Mathurin, qui suit.

VI. — Mathurin Nadault habitait Angoulême, où on le trouve greffier de la sénéchaussée en 1534. Il eut plusieurs enfants parmi lesquels Jacques, qui suit.

VII. — Jacques Nadault fut père de : 1° Marguerite Nadault qui épousa Marc Guiot, S^{gr} de Saint-Barbant (canton de Mézières, Haute-Vienne). Il est dit docteur ès-lois dans le contrat de mariage de Françoise, sa sœur, fils de Jean Guiot, chevalier, S^{gr} d'Asnières, et de Anne Vigier, dame de Chalonne. Marguerite a eu, de son mariage avec le S^{gr} de Saint-Barbant, plusieurs enfants, dont deux filles : A — René-Marie, mariée, par contrat du 30 juin 1621, à François du Pin, S^{gr} de la Courtaudière, auquel elle porta la seigneurie de Saint-Barbant ; B — Eléonore, mariée : 1° par contrat du 24 février 1623, à Jean Veziau, S^{gr} de Villard ; 2° par contrat du 18 décembre 1629, à Gaspard Saboraud, S^{gr} de l'Age-Pariolle ; 3° à Martial de Poivre, S^{gr} de Rodar ; — 2° François, qui suit.

VIII. — François Nadault est reçu pair, à Angoulême, le 14 janvier 1611, sur la résignation en sa faveur de noble Abraham Rameux. Il mourut très âgé, en laissant plusieurs enfants, dont : 1° Pierre, qui suit ; 2° Jacques-

Pierre, établi à Barbezieux, et qui est la tige des Nadault de Bellejoie à Cognac et à Saintes (rapportée § III).

IX. — Pierre Nadault, S^{gr} de Puisec, épousa Anne Desforges et mourut presque centenaire en 1685. Le 20 décembre de cette même année, sa veuve et ses enfants règlent leurs droits respectifs à sa succession pardevant Gibaud, notaire royal à Angoulême : « 20 décembre 1685, convention faite entre Anne Desforges, veuve de Pierre Nadault, S^{gr} de Puisec, d'une part, et François Nadault, écuyer, S^{gr} de Nouhère et de Neuillac, conseiller du roi au siège présidial d'Angoulême, son fils aîné, et Philippe Nadault, chanoine de l'église d'Angoulême, d'autre part. » De son mariage avec Anne Desforges, Pierre a eu : 1° Elie, qui prend dans divers titres de 1616 à 1634, la qualité de sieur de La Place, écuyer, S^{gr} de La Tour-Garnier, Nouhère et La Vergne. « Le 4 septembre 1654, en la cour et siége présidial d'Angoumois, comparaît, par procuration, Elie de La Place, écuyer, S^{gr} de La Tour-Garnier et de Nouhère, et dame Anne de La Charlonie, sa femme, remontrant que, dès le 11 mars 1633, François de La Place, écuyer, leur fils aîné, avait fait, en leur nom, au bureau de la chambre des comptes, à Paris, les foi et hommage auxquels ils étaient tenus pour raison de leur terre et seigneurie de Nouhère, tenue et mouvante du roi à cause de son duché d'Angoulême, et ensuite fourni son aveu et dénombrement le 1er mars 1564 » ; 2° François, qui suit ; 3° Philippe, chanoine de l'église cathédrale d'Angoulême et vicaire général du diocèse ; 4° Pierre, religieux à Angoulême ; 5° Gabrielle, religieuse dans la même ville. Elle assiste, le 2 février 1671, au contrat de mariage de son frère, François Nadault de Nouhère, avec Marie-Madeleine de Tours, pour lui faire abandon de tous ses droits paternels et maternels, sauf réserve d'un usufruit au profit de sa communauté ; 6° François-Antoine, écuyer, S^{gr} de Neuillac et d'Avoisie, marié à Madeleine de Vaux, veuve en 1705, époque à laquelle elle assiste au contrat de mariage de Philippe Nadault de Neuillac, son neveu par alliance, avec Marie-Claire du Bourg.

X. — François Nadaud, écuyer, S^{gr} de Nouhère, de Neuillac et de La Vergne, conseiller du roi, juge magistral en la sénéchaussée et siège présidial d'Angoumois, devint « maire d'Angoulême en 1679 (1). Il possédait les fiefs de Neuillac et de Noire, dans la paroisse d'Asnières », à deux lieues d'Angoulême. On trouve en effet, dans cette paroisse, les fiefs de Nouhère et de Neuillac, situés sur la petite rivière de Nouhère ; ils sont considérables : les maisons ont beaucoup d'apparence et sont fort logeables (2). François Nadault, « demeurant à Angoulême, étant de présent à son hôtel noble de Nouhère, constitue une rente devant Me Mérilhau, notaire royal, le 20 octobre 1674 ». On trouve pareillement, à la date de 1697, une vente faite à Limoges, en la sénéchaussée d'Angoulême, d'une rente perpétuelle au profit du sieur Nadaud, écuyer, S^{gr} de Noire. Il avait épousé, par contrat du 2 février 1671, Marie-Madeleine Touvres, fille de Pierre Touvres, Tourres ou Tours, S^{gr} de La Combe, et de Jeanne Bondin, habitant Angoulême. François mourut le

---

(1) *Les noms et ordre des maires, échevins et conseillers de la maison commune d'Angoulême*, ouvrage imprimé en 1651, continué par l'abbé MICHON, publié à la suite de VIGIER et de CORLIEU.

(2) VIGIER DE LA PILE, *Histoire d'Angoumois*, pages CXXIX et CXXXVIII. — Ouvrage écrit en 1756.

30 avril 1699, et fut inhumé dans le chœur de l'église des PP. Cordeliers d'Angoulême. Marie-Madeleine de Touvres, qui, après le décès de son mari, fut tutrice de ceux de ses enfants encore mineurs, mourut elle-même au mois de mai 1738. De ce mariage sont issus : 1° Antoine, qui suit ; 2° Élie Nadault de Neuillac, auquel son père transmit la seigneurie de ce nom, qui sortit ainsi des mains de la branche aînée. Son nom figure sur le compte de la recette des droits de confirmation de noblesse de l'échevinage d'Angoulême, rendu du 1er janvier 1731 au 31 décembre 1732. On le trouve aussi sur le rôle des vingtièmes imposés sur les nobles et privilégiés de l'élection d'Angoulême pour l'année 1780. Il n'a eu qu'une fille, Marguerite-Mélanie-Madeleine Nadault de Neuillac, qui épousa Alexandre de Paris, fils de Jean de Paris, Sgr de Couret, conseiller de ville, lieutenant général d'Angoulême après la mort de Cherade son beau-frère. Elle était veuve sans enfants en 1780, ainsi que cela résulte du rôle des vingtièmes imposés sur les nobles et privilégiés de l'élection d'Angoulême à cette date ; 3° Jeanne-Louise, qui épousa Jean de Boindoret et figure en ces termes sur le rôle arrêté par l'intendant de la généralité de Limoges le 20 décembre 1779 : « La demoiselle Nadaud de Nouchère (Nouhère) et le sieur de Boindoret, son mari, demeurant paroisse de Moulidars, propriétaires de rentes et agriers dans la paroisse d'Asnières » ; 4° Antoine, qui comparaît le 29 mai 1738, au greffe de la sénéchaussée, et siège présidial d'Angoumois, pour renoncer, au profit d'Antoine, son frère aîné, depuis la mort d'Élie Nadault de Neuillac, à sa part de la succession de Marie-Madeleine de Touvres, leur mère ; 5° Marie-Thérèse, mariée, par contrat du 11 juillet 1702, à Jean-Élie des Ruaux, écuyer, Sgr du Breuil et de Moussac, conseiller du roi, juge-magistral au siège d'Angoulême, fils d'Élie des Ruaux et d'Anne Fé. De ce mariage sont issus trois fils et une fille. L'aîné, Jean-Élie des Ruaux, comte de Rouffiac, maréchal des camps et armées du roi, épousa, le 31 octobre 1732, Elisabeth Gandillaud, fille de Marc-René Gandillaud de Fontguyon et du Chambon, et de Julie Vigier. Elisabeth Gandillaud du Chambon était arrière-petite-fille de Léonard Nadault, fils lui-même de Martial Nadault de Champsac et de Marie-Barbe Fitz-Baring de Champdose, mariée à Henri Gandillaud ; 6° Philippe Nadault de Nouhère et Neuillac, écuyer, épousa, par contrat du 3 octobre 1705, Marie-Claire du Bourg, fille de Pierre du Bourg, de la famille du chancelier de France et de l'évêque de Limoges (*Nobiliaire*, T. I, p. 333), Sgr de Porcheresse, maire et capitaine de la ville de Saintes pendant les années 1670, 1671, 1672, et une seconde fois en 1676, et de Mélanie de Meaux. Le mariage de Philippe et de Marie-Claire du Bourg a été célébré par Philippe Nadaud, chanoine et grand-vicaire dans l'église de Sémussac, canton de Saujon, arrondissement de Saintes. De ce mariage sont nés plusieurs filles et un fils, Joseph Nadault de Nouhère, mort vers 1780 ; 7° Marie, qui épousa, le 2 avril 1701, Jean Thomas, écuyer, Sgr de Bordines, conseiller du roi au siège présidial d'Angoumois.

XI. — Antoine Nadault, écuyer, Sgr de Nouhère et de Neuillac, épousa, le 29 juillet 1703, Marie Billocque, fille de Jean Billocque, conseiller du roi et son procureur en l'Hôtel-de-Ville et de police de la ville de Poitiers, et de demoiselle Périgord. De ce mariage sont nés : 1° Charles-Antoine, qui suit ; 2° Antoine, marié le même jour que son frère (28 décembre 1740), à Marie Bellot, dont il a eu plusieurs enfants.

XII. — Charles-Antoine Nadaud, écuyer, Sgr de Nouhère, épousa, par contrat du 28 décembre 1740, Françoise Guiot, fille de Jacques Guiot, écuyer, Sgr de Lunesse et d'Alloue, et de Marie-Anne Regnaud. Il était mort en 1769, puisque le 16 mars de cette année, sa veuve et ses enfants règlent les droits qu'ils ont à sa succession, devant Caillaud, notaire royal à Angoulême. De ce mariage sont nés : 1° Marie mariée, le 6 janvier 1763, à Pierre-Mathurin Navarre de Bois de Ré, au logis de Bois de Ré, paroisse de Moulidars, décédée avant 1769; 2° Mélanie, mariée à Louis-François Thomas de Bardines, décédée avant 1792, en laissant plusieurs enfants, dont une fille, qui épousa Joseph Joubert, Sgr de La Pouyade; 3° Pierre, qui suit; 4° Marie; 5° Françoise; 6° Marie, mariée à Rémy Nalbert, Sgr de Lunesse, paroisse de Saint-Saturnin; 7° Marc-Elie, qui vivait à Angoulême en 1780.

XIII. — Pierre Nadault de Nouhère, chevalier, épousa, par contrat du 20 avril 1766, passé au logis de La Vergue, paroisse de Fléac, Marie-Françoise Dubois de La Vergue, fille de Pierre, écuyer, Sgr de La Vergue et de Marie-Françoise Salomon, devant Caillaud, notaire royal à Angoulême. Elle devint veuve vers 1774, et comparut, le 16 mars 1789, à l'assemblée de la noblesse du bailliage de Cognac, pour l'élection des députés aux Etats-généraux. Le 18 thermidor an VI (5 août 1798), elle abandonne à ses enfants la gestion de ses biens, et fait un nouvel accord avec eux le 28 prairial an VII (16 juin 1799). Leurs enfants sont : 1° Marc-Pierre, qui suit; 2° Pierre Sébastien, connu sous le nom du chevalier de Nouhère. Il épousa, par contrat passé le 7 messidor an IX (26 juin 1801), reçu Lescalier, notaire à Angoulême, Anne-Marguerite Navarre de Bois de Ré, et mourut, sans laisser d'enfants, le 24 janvier 1820; 3° Marie-Françoise, qui épousa, par contrat passé le 12 juillet 1790, devant Lescallier, notaire royal à Angoulême, Louis de Perry, demeurant au logis de Mallerant, commune d'Yvrac, Sgr de Mallerand, né le 12 janvier 1771, fils de Pierre Perry et de demoiselle Marie de Limaigne du Breuil; 4° Françoise, mariée à Rochechouart, à Jacques Paillier-Laperrière.

XIV. — Marc-Pierre Nadault, né au château de La Vergue, le 3 mai 1772, épousa Marie Blay, d'une famille originaire de la Martinique, et qui décéda le 4 avril 1813. Ils ont eu : 1° François-Marc-Chéri, qui suit; 2° Eugène, mort à Nouhère, à l'âge de trente ans, sans avoir été marié; 3° Marie-Séraphie, femme de N..... Baudrier, dont une fille mariée, qui habite Angoulême; 4° Léon, mort jeune, à Nouhère.

XV. — François-Marc-Chéri Nadault de Nouhère, né au château de Nouhère, en 1804, mort le 7 avril 1857, a épousé, à Rochechouart, par contrat passé devant Baudequin, notaire, le 29 juin 1824, Marie-Adèle Boudeaud, fille de Jean-Baptiste Boudeaud et de Marie-Louise Rolle de Millaguet. La terre de Nouhère est sortie de cette famille en 1867, vendue par Mme Nadault de Nouhère, née Blay, et ses enfants. De ce mariage sont issus : 1° Marie-Adèle, née en 1825, décédée en 1867, à Angoulême, sans avoir été mariée; 2° Louise, née en 1827, morte sans alliance, à Rochechouart, en 1832; 3° Marie-Françoise-Elisa, née en 1829; 4° Jean-Baptiste-Ernest, qui suit.

XVI. — Jean-Baptiste-Ernest Nadault de Nouhère, né à Rochechouart, le 2 mai 1831, engagé volontaire en 1852, 6e régiment de dragons, officier en 1865; passa en 1866, par suite de licenciement du corps, au 5e de chasseurs. Démissionnaire le 22 juillet 1868, il a commandé pendant la guerre de 1870-1871 les mobilisés de la Charente. Il a épousé à Pons (Charente-Inférieure), le 20 juin 1871, Dlle Louise-Marie Lauranceau, fille de Jacques-Richard et de Madeleine-Louise Jeudi de Grissac, dont une fille, Marie-Adelina-Louise, née le 23 août 1872.

§ III. — *Branche de Saintonge, à Barbezieux, Saintes et Cognac.*

Nadault de Bellejoye porte : *d'argent à un aigle à deux têtes de gueules.* (*Armorial général* d'Hozier. — Généralité de La Rochelle, page 340.)

IX bis. — Jacques-Pierre Nadault, fils de François, Pair à Angoulême, le 14 janvier 1611 (§ II degré VIIIe), quitte Angoulême pour Barbezieux, où il est revêtu, en 1619, de l'office de Juge-assesseur de la baronnie et chastellenie de cette ville. Il épousa Jeanne Chevalier, dont il eut entre autres enfants : 1° Simon, qui suit; 2° Jeanne, mariée, le 28 octobre 1619, à Pierre Bernard, sieur des Vauzelles, ainsi que cela résulte de leur contrat. « Contrat de mariage de Pierre Bernard, sieur de Vauzelles, fils mineur, légitime de noble homme Pierre Bernard, sieur de Jaurezac, conseiller du roi et l'un de ses secrétaires de Navarre, et de Dlle Jeanne Roux, sa femme du lieu de Couignac, accordé le 28 octobre 1619, avec Jeanne Nadault, fille de honorable homme Mre Pierre Nadault, juge-assesseur de la baronnie et chastellenie de Barbezieux, et de Jeanne Chevalier, dudit lieu de Barbezieux. En faveur duquel mariage, ledit sieur Bernard père, donne audit futur, son fils, le fief, terre et seigneurie de Vauzelles, situé près de ladite ville de Cougnac. Le contrat passé à Barbezieux, devant Pierre Pincau, notaire et tabellion royal à Saintes »; 3° Gaspard, notaire royal au comté de Taillebourg en 1656 et 1667, à la place de son frère Simon, qui lui avait cédé cet office.

X. — Simon Nadault, notaire et sergent royal au comté de Taillebourg, est témoin dans un acte du 23 janvier 1656. Il eut entre autres enfants : 1° Marie; 2° Jean-François, qui suit.

XI. — Jean-François Nadault, est conseiller du roi, élu en l'élection de Cognac en 1697. A cette date, il présente le blason de ses armes à Nosseigneurs les commissaires généraux du conseil, députés par sa Majesté, par arrêt du 4 décembre 1696, et 23 janvier 1697, dans la généralité de La Rochelle : « N...... Nadault, conseiller du roy, élu en l'élection de Cognac, porte : *d'argent à un aigle à deux têtes de gueules.* » En 1703, on le trouve en possession du fief de Bellejoye, estimé pour la perception de l'impôt, c'est-à-dire, à peu près au tiers en moins de son produit réel, cinquante livres. Il laissa : 1° François qui déclare ses armes en même temps que celle de son père : « *d'argent à un aigle de sable* »; 2° Marie-Anne, qui épousa, en 1712, Jean Maignon, Sgr des Marais, lieutenant criminel de l'élection de Cognac, procureur fiscal de la principauté de Marcillac. On trouve, en 1737, sa fille mariée à N..... de Ponthieu du Courtiou : « Alexandre de Ponthieu, chevalier, Sgr du Courtiou, fils de David de Ponthieu et de Jacquette de la Porte-aux-Loups, mort âgé de trente-huit ans, inhumé en l'Eglise de Louville, le 13 mars 1750, avait épousé à Louville, le 16 octobre 1737, Marie Maignan, fille de feu Jean Maignan, Sgr des Marais, lieutenant criminel de l'élection de Cognac, procureur fiscal de la principauté de Marcillac, et d'Anne Nadeau »; 3° Louise-Françoise; 4° Jean-François, qui suit.

XII. — Jean-François Nadault figure en qualité d'héritier pur et simple de son père, dans une quittance donnée par lui, en 1736, en même temps que son frère François et ses deux sœurs, à Pierre Dexmier de La Croix, receveur des tailles de l'élection de Cognac. Il a eu pour enfant :

XIII. — Pierre Nadault de Bellejoye, est porté, en 1745, sur la répartition de la capitation des privilégiés de l'élection de Cognac, parmi les officiers des eaux et forêts, en qualité de garde marteau. Il figure, au même titre et en la même qualité, de 1762 à 1766, sur le rôle et état de répartition et impositions des privilégiés dans l'élection de Cognac.

§ IV. — *Branche d'Aunis à La Rochelle, d'Angleterre à Londres, des colonies à La Guadeloupe, des États-Unis à la Nouvelle-Orléans.*

Nadault *alias* de Nadault du Treil et des Islets, Sgr de Saint-Amand, de Blouval, de Bois-Noir de Rontillac, etc., porte : *de gueules au sautoir d'argent, cantonné de quatre étoiles d'or*. (Enregistrées au conseil supérieur de La Guadeloupe le 8 novembre 1773.)

IV ter. — Orban, Urban ou Urbain Nadault, fils de Martial Nadault, conseiller à Limoges en 1405 (§ I, degré IIIe), frère de Mathieu, auteur de la branche de l'Angoumois et de la Saintonge, quitta Limoges avec son frère, vers le milieu du XVe siècle, et se fixa à La Rochelle, où il devint père d'une nombreuse postérité, tige de trois nouvelles branches. Il est coélu à la mairie de La Rochelle (1) en 1460 et meurt en 1494. On perd la trace de sa descendance pendant l'intervalle qui s'écoule entre l'époque de sa mort et le degré occupé par son arrière petit-fils, Jacques Nadault, également pourvu d'une charge municipale à La Rochelle.

V. — N....... Nadault, qui eut pour fils le suivant.

VI. — N....... Nadault fut père de Jacques, qui suit.

VII. — Jacques Nadault, pourvu d'une charge municipale à La Rochelle, a eu entre autres enfants : 1° Etienne, qui suit; 2° Guyonne, mariée, en 1588, à Louis Geoffroy.

VIII. — Etienne Nadault, fils de Jacques, a eu entre autres enfants François, qui suit.

IX. — François Nadault, officier au régiment de Vexin, fut tué au siège de La Rochelle en 1628 (2). Il laissait : 1° Jacques, qui suit; 2° Simon, qui bien que frère d'un fervent catholique, embrassa la religion prétendue réformée. Il figure, en 1652, comme partie sur une assignation donnée à la requête de Jehan Servat à Jeanne Barbier (3). Marie, sa fille, épousa Pierre Joussemet. Elle était veuve en 1667. Il en est fait mention lors du mariage de Jean Roux, son domestique, avec Françoise Loseau (4). En 1685, Simon quitta la France, avec Marie, sa fille, et ses autres enfants. Sa descendance

---

(1) Notes laissées par M. Jourdan, juge d'instruction à La Rochelle.
(2) Généalogie manuscrite de la famille Nadault du Treil, chez M. Louis Nadault du Treil de la Nouvelle-Orléans.
(3) Archives de la Charente-Inférieure : E, 192.
(4) Archives de la Charente-Inférieure : E, 201.

paraît s'être éteinte à Londres, vers la fin du xviiie siècle. On trouve, dans cette ville, à Wansworth Common, dit cimetière des Huguenots, les trois sépultures de : Henry Nadault, né en 1710, mort en 1785, âgé de soixante-quinze ans; Mary Nadault, sa fille, morte à dix-neuf ans, mariée à Richard King, né en 1763, mort en1795, à l'âge de trente-deux ans. Il existe en France, au château du Grand-Chemin, près Coulans (Sarthe), une famille de Nadot, venue d'Ecosse au dernier siècle, et qui pourrait bien se rattacher à cette branche des Nadault, sans qu'il soit possible, toutefois, d'en fournir la preuve. 3° Guillaume, marié à La Rochelle, laissa entre autres enfants : A. — Anne, mariée à Pierre Gaalon; B. — Claude, dont la petite-fille Françoise fut mariée, en 1718, avec dispense de la cour de Rome pour cause de consanguinité, à Jacques-Albert de Gaalon, fils de Pierre, et conséquemment son cousin issu de germain (1).

X. — Jacques Nadault, Sgr de Saint-Amand, de Blouval et du Treil, fils de François, tué au siége de La Rochelle, frère de Simon, tige de la branche d'Angleterre, est second consul à La Rochelle, en 1659, puis prévôt des marchands. Dès l'année 1652, il avait réorganisé, dans cette ville protestante, la confrérie catholique de Saint-Louis (2). Il exerça, sur ses concitoyens, pendant une longue carrière, l'autorité que donnent la fermeté et la droiture de caractère; et si on a conservé à La Rochelle pendant près d'un siècle le souvenir de ses richesses, c'est seulement à cause du bon usage qu'il en sut faire. Il mourut vers 1685, laissant douze enfants de deux unions. De son premier mariage avec Jeanne Ber, d'une famille noble de La Rochelle, il a eu six enfants, qui sont : 1° Marie, née en 1642, épousa, en juillet 1661, Pierre-Albert de Gaalon, écuyer, Sgr de Villeneuve et du Courdeau, chevalier de Saint-Louis, fils de Jacques de Gaalon et de Berthe Giraudin du Barray. La famille de Gaalon, porte : *de gueules à trois rois d'échiquier d'or*; elle est originaire de Normandie. Pierre-Albert de Gaalon, fut consul à La Rochelle, en 1677 et 1679, et juge-consul en 1683; il mourut vers 1697. Jacques de Gaalon, sieur des Carreaux, son fils, légataire de Pierre Nadault, son oncle, embarqué en 1666, pour Madagascar, fut cornette de cavalerie, et devint, par lettres royales (3 juillet 1682) conseiller-vice-sénéchal, prévôt de robe-courte en la ville et gouvernement de La Rochelle, pays d'Aunis et autres adjacents. Il mourut en 1716, laissant : A. — Robert de Gaalon, officier de la maison du roi; B. — Albert de Gaalon de Villeneuve, sieur des Carreaux, qui épousa Charlotte Nadault de Blouval (3); C. — Jeanne des Carreaux de Gaalon, mariée à Pierre-Etienne Nadault de Saint-Amand du Treil, son beau-frère (4). En 1697, Marie Nadault comparaît devant les commissaires-généraux de la noblesse pour le règlement de l'état des personnes et des armoiries : « Marie Nadau, femme de Pierre de Galon, écuyer, Sgr de Villeneuve et de Coudran, porte : *taillé d'argent sur azur, l'argent chargé d'une étoile d'azur et l'azur d'un trèfle d'argent, l'écu avec une bordure de gueules.* »

2° Pierre, garde de Monseigneur de Mou de Vergne, vice-roi de l'île Dau-

---

(1) Archives de la Charente-Inférieure : G, 225.
(2) Registres publics de La Rochelle. — Communication de M. Jourdan.
(3) *Inventaire des archives de la Charente-Inférieure*. 4e livraison de 1866.
(4) Registres publics à La Rochelle. — Communication de M. Jourdan.

phine (Madagascar)(1), qui au mois de mars 1666, alors qu'il était seulement
âgé de dix-neuf ans, s'embarque, avec M. de Mou de Vergne, sur le *Saint-Jean*, commandé par le capitaine du Parquet pour Madagascar. Avant de
quitter la France, Pierre Nadault, fit à La Rochelle, à la date du 4 mars 1666,
son testament authentique conservé dans les minutes de M° Réné Rivière,
notaire royal à La Rochelle : « Au nom du Père, du Fils et du Saint-Esprit.
Amen. Je, Pierre Nadau, agé de dix-neuf ans environ, demeurant en ceste
ville, l'un des gardes de Monseigneur de Mou de Vergne, vice-roy de l'Isle
Dauphine, prest à m'embarquer avec luy dans le navire nommé *St-Jean*,
commandé par le sieur Duparquet, estant par la grâce de Dieu, en parfaite
santé de cors, esprit, mémoire et entendement, considérant qu'il nous convient, à tous les humains de mourir, qu'il n'y a rien au monde de plus
certain que la mort, ni de plus incertain que l'heure d'icelle, ne désirant
déceder intestat, que préalablement je n'aye disposé des biens et choses
qu'il a pleu à Dieu me donner en ce mortel monde, j'ay, cejourd'hui, de
mon bon gré, pure, franche et libre vollonté, sans induction, sugession, par
forcement contrainte d'aulcuns, ains de mon francq et libre vouloir, et
parce qu'ainsy très bien m'a pleu et plaist, fait et fais mon présent testament
et ordonnance de dernière vollonté en la forme et manière subséquente.

» Premièrement je recommande mon âme à Dieu, mon Père, Créateur et
Rédempteur de tout l'univers, le priant que, au nom et par les mérites de
la mort et passion de son très cher fils Jésus-Christ, Notre-Seigneur, avoir
pitié de mon âme, et, quand elle sera séparée de mon corps, il la veuille
randre participante de la Gloire éternelle de son saint Paradis, invoquant, à
cette fin, l'intercession de la Bienheureuse et Glorieuse Vierge Marie, et tous
les saints et saintes du Paradis, d'intercéder pour moy ; quand à mon corps,
je le dellaisse à la terre pour iceluy estre inhumé et ensepulturé selon ma
condition, suivant l'orde de nostre mère sainte Eglise Catholique, Apostolique et Romaine, de laquelle je suis par la grâce de mon Dieu.

» Item, considérant en moy le bon amour, amitié et affection que j'ai et
porte à Jacque Gallon (*lisez* de Gaallon) mon nepveur, filz du S' Pierre
Gallon et de Marie Nadaut, sa femme, ses père et mère, mon beau-frère et
sœur, ay, à icelluy dit Gallon, mon nepveur, donné et légué, donne et
legue par ses présentes et par donation testamentaire faite pour cause de
mort, scavoir tous et chescuns, mes biens, meubles, debtes, créances,
acquets et conquetz, immeubles, d'homaine et héritages, enciens, tant pa-

---

(1) Le véritable nom de Madagascar est Malegache. Elle reçut celui d'île Dauphine en 1661,
pour rappeler la naissance d'un fils de Louis XIV. Dès 1642, Richelieu avait fondé une compagnie pour la colonisation de Madagascar. Mais, en 1645, elle était en pleine décadence. Une
nouvelle compagnie fut fondée en 1664, par Colbert, sous le nom de compagnie de Madagascar et des Indes orientales. Le roi lui donna pour armoirie une *fleur de lis*, avec cette devise :
Florebo quocumque ferar ; je fleurirai partout où l'on me transportera. Cette seconde tentative
ne fut pas plus heureuse que la première. (*Histoire générale des Voyages*, VIII, p. 561 à 598.)
« La colonie fut si mal conduite, que dès 1670, la compagnie rebutée, rétrocéda l'île au roi. La
plupart des colons quittèrent le fort Dauphin et le fort Saint-Louis (dans la bai d'Anton Gil,
au nord-est de l'île), et passèrent à l'île Bourbon, où Saint-Denis avait été fondé en 1665. Le
peu de Français restés à Madagascar furent massacrés par les indigènes, et pendant près d'un
siècle, il n'y eut pas de nouvelle tentative pour faire valoir les droits conservés par la couronne sur la grande île qu'on avait nommée la France-Africaine. » (*Histoire de France*, par
Henri MARTIN, T. XIII, p. 120.)

ternels, maternels que collatéraux, que j'ay de présent et pourrois avoir au jour et heure de mon décedz, en quelques lieux et endroitz qu'ils soyent scituez et assis, dire trouver et nommer, dont et desquels moy dit testateur m'en suis dès à présent comme dès l'heure de mon décedz, et ladite heure, comme dès à présent, demis devestu et desaisy, et en ez vestu et saisi le d. Gallon, mon nepveur, pour, par luy, aincontinant mon decedz advenu, en jouir, faire et disposer, scavoir de mes dits biens, meubles, deniers, debtes, créances, acquetz et conquetz, choses sancées et réputées pour meubles, qui consiste particulièrement en la somme de deux mille livres, à laquelle j'ay esté abstreint et aportionné pour les droitz de meubles de ma feue mère, par Jacques Nadau, mon père, au mariage qu'il avait accomply avec Magdeleine de Poix, ma belle-mère, à vie et à mort, et au regard de mon d'homaine et héritage entier, en jouir par lui le cours de sa vie et à mort, voulant et entendant, que incontinent mon decedz advenu, le dit Gallon, mon nepveur, s'empare réellement, de fait et de droit des biens et choses par moy à luy cy-dessus donnees, et en jouir selon le contenu des présentes, à la charge que le dit Gallon père disposera des biens et choses par moy donnés à son dit fils jusques à ce qu'il soit en aagé, majorité ou pourvu par mariage sans estre tenu lui en payer aucune rente ni interest sans que, pour raison de ce, le dit donataire soit tenu demander permission et délivrance des choses par moy à luy cy-dessus données, ny donner caultion, de quoy je le descharge; et, combien que de droit, de notaire ne soit tenu garantir les dons par lui faitz à aulcuns, moy le dit testateur veux et m'oblige garantir les biens et choses par moy cy-dessus, donner de bon et loyal gariment, et pour mestre et rédiger par écrit ces luy mien présent testament par lequel je casse et révoque tous autres testaments, codicilles, donations et autres dispositions que je pourrais avoir cy-devant faits, préjudiciables à cet luy mien présent testament, lesquels je veux estre de nul effet et valeur, et pour cet luy mon présent testament vallide en tout son contenu ou aultrement, en la meilleure forme que faire se pourra. Je me suis exprès transporté en l'étude de Réné Rivière, notaire royal, etc., auquel j'ai dict et nommé mon dit présent testament de mot à mot, et après qui m'en a faict lecture, leu et releu par plusieurs fois, j'en ay esté par luy voulu, jugé et condempné au jugement et condempnation de la cour ordinaire et présidiable de ceste ville à laquelle il s'est soumtmiz.

» Fait à La Rochelle, étude de mondit notaire, après midy, le quatriesme jour de mars mil six cens soixante-six. Présents ; Guillaume Boutin, maître cellier, et Barthelemy Thomas, maître serrurier, et Pierre Perrotin, clercq. demeurant à la ditte ville (1). »

Celui qui, à dix-neuf ans, montrait une foi si ferme, et témoignait d'une prévoyance et d'une raison au-dessus de son âge, n'était pas un homme ordinaire. Quatre ans après s'être embarqué pour Madagascar, en 1670, alors que les indigènes commençaient à massacrer les Français, Pierre Nadault revint à La Rochelle et acquit la seigneurie de Boisnoir, paroisse de Mons, ayant appartenu à la famille de Chievres (*Nobiliaire du Limousin*, I, p. 456). Son séjour en Aunis et Saintonge ne fut pas de longue durée ; il avait conservé l'esprit d'aventure, et s'embarqua pour l'Amérique, où

---

(1) Archives de la Charente Inférieure. E. n° 190, folio 16.

tandis que son frère Emmanuel devenait la tige des Nadault du Treil, il formait la branche des Nadault des Islets toutes deux aujourd'hui représentées. (Voir § V.)

3° Madeleine, mariée à Nicolas Le Carlié de la Terrière, lequel, avant de s'embarquer pour Saint-Domingue, en 1685, donne à sa femme une procuration générale. Elle mourut après son mari, en 1697;

4° François, marié à Marie-Anne Guibourg, d'une famille noble qui a fourni deux conseillers au présidial de La Rochelle. Il mourut vers 1744, laissant deux filles et un fils : A. — Elisabeth, mariée à Daniel Savarit, tué en 1746, sur l'escadre de Danville, eut un fils unique qui devint successivement chef de division de la marine en 1796, chevalier de Saint-Louis, commandeur de la Légion d'honneur, le 23 juillet 1802; B. — Marie-Anne, mariée à Jean-Baptiste Griffon des Rivières, membre du conseil général du nouveau département de la Charente-Inférieure, en 1795, et du conseil d'arrondissement de La Rochelle, en 1813. Cette famille porte : *de gueules à un griffon effaré d'or, ailé d'argent* (*Nobiliaire du Limousin*, II, p. 230.); C. — Daniel, dont le fils de Joseph-Jérôme Nadault de La Richebaudière est docteur en médecine à La Rochelle, et chirurgien des hôpitaux de la marine. Son fils, Charles-Stanislas Nadault de La Richebaudière, élève de l'Ecole polytechnique, sortit dans le militaire; chevalier de la Légion d'honneur, le 18 septembre 1833, il quitta l'armée active pour la gendarmerie le 12 mai 1846, il prit sa retraite en 1852, et devint, le 20 avril, adjudant du palais des Tuilleries. Sa promotion comme officier de la Légion d'honneur (14 mars 1863, *Moniteur* du 17), porte qu'il comptait trente-sept ans de service, sept campagnes, deux blessures, deux années de captivité;

5° Jacques-Claude, Sgr de Boisdable, paroisse de Saint-Cyr-du-Doret en Aunis, épousa Marie-Françoise Huet, d'une ancienne famille municipale de La Rochelle qui porte : *d'or à la fasce d'azur chargée d'un croissant montant d'argent, accompagnée de trois roses de gueules, deux en chef, une en pointe*. Ils eurent plusieurs enfants, dont Claude Nadault de Boisdable, marié à Marie Thibault, fille du célèbre avocat de ce nom. Il possédait, du chef de sa mère, outre les seigneuries de Xanton en Poitou (1670), et de Boisdable en Aunis (1689), de vastes marais desséchés sur les territoires des paroisses de Taugon, La Ronde, Chouppeau ;

6° Emmanuel qui continue la postérité à La Guadeloupe.

De son second mariage avec Madeleine de Poix, de l'ancienne maison de ce nom, Jacques Nadault de Saint-Amand du Treil a eu :

7° Etienne Nadault, chanoine de la cathédrale de La Rochelle, prieur de Saint-Sigismond, près Poitiers, en 1693, lequel a, dans l'*Armorial général* de d'Hozier (1), les mêmes armoiries que Jean Nadal ou Nadault de La Rivière,

---

(1) On trouve dans le *Catalogue de la noblesse des colonies*, par DE LA ROQUE et BARTHÉLEMY, trois membres de la famille Nadault, dont le nom s'écrit pareillement Nadal. Ils étaient établis aux Antilles avant 1789, soit qu'ils fissent partie de l'une des deux branches des Antilles françaises, soit (ce qui paraît plus probable) qu'ils descendissent de cadets de cette maison, embarqués à La Rochelle ou à Bordeaux, sans qu'on ait pu toutefois établir leur filiation régulière. Ce sont : 1° et 2° Nadal de La Roche et le chevalier de La Roche qui signent, le 18 mai 1788, avec les colons de Saint-Domingue, l'adresse au roi, demandant le droit de députer aux États-généraux (pages 9 et 10 ; 3° Nadal de Saintrac, sénéchal de La Basse-Terre, depuis député de La Basse-Terre, qui fit enregistrer ses armoiries au conseil supérieur de La Guadeloupe, 1779.

frère de Joseph-Augustin Nadal, abbé de Doudeauville, ancien précepteur du comte de Valençai, tué à la journée d'Hochsteett, premier gentilhomme de la chambre du roi ; secrétaire de la Province du Boulonnais ; secrétaire de l'ambassade française près le congrès d'Utrecht en 1713 ; né à Poitiers en 1659, mort dans cette ville le 7 août 1741. L'abbé Nadal est connu dans les lettres par de nombreux écrits en vers et en prose. Toutes les Biographies lui ont consacré des articles. « Par ordonnance rendue le 26° du mois de novembre, l'an 1700, par M^{rs} les commissaires généraux du conseil, députez sur le fait des armoiries, celle d'Etienne Nadault, prieur-curé de Saint-Sigismond, ont été ainsi peintes et figurées : *d'or à un taureau de sable*. Enfoy de quoi le présent brévet a été délivré à Paris, par nous, Charles d'Hozier, conseiller du roi, et garde de l'armorial général de France, etc., etc. (Signé :) d'Hozier. » Selon d'autres Jean Nadal, sieur de La Rivière, et l'abbé Nadal portent : *de gueules à un taureau de sable ;*

8° Louise, mariée à Jean Gaudin de La Farque, chevalier de Saint-Louis, mourut en 1717 ;

9° Jeanne, qui épousa Symon Petit, commissaire de la marine, mort vers 1693 ;

10° Françoise, qui fut mariée à François de Clinchamp, chevalier, S^{gr} de Tranchevillers au diocèse d'Evreux ;

11° Auguste, chevalier, épousa (19 octobre 1661) Françoise de Bosredon, fille de Jean-Marie-Maximilien de Bosredon, chevalier, S^{gr} de Châlus, et de Françoise Lucavé de Faussecavé.

La maison de Bosredon (Auvergne) fut maintenue dans sa noblesse le 11 août 1666. Elle porte : *écartelé, aux 1er et 4e d'azur au lion d'argent armé et lampassé de gueules ; aux 2e et 3e vairés d'argent et de sinople de quatre tirés*. (*Catalogue de la noblesse des colonies* par DE LA ROQUE et BARTHÉLEMY, p. 24.)

Maximilien de Bosredon de Châlus, frère de Mme Nadault de Saint-Amand, eut de son mariage avec Françoise Guillotin, deux fils ; A. — Jean-Etienne, et B. — Nicolas Etienne-Xavier, né à Pérrigny, le 4 août 1735. Tous deux passèrent aux Antilles françaises et se fixèrent à Saint-Domingue, où Nicolas de Bosredon de Châlus épousa Julie Nadault de Saint-Amand du Treil, fille de Gabriel-Emmanuel-Julien Nadault du Treil, sa parente, dont il n'eût pas d'enfants ;

12° Thomas de Nadault, sous-lieutenant au régiment de Poitou (infanterie) en 1670, lieutenant en 1672, mort jeune, sans avoir été marié, capitaine au même régiment après avoir fait un testament authentique.

XI. — Emmanuel Nadault du Treil passa de bonne heure à La Guadeloupe. Chargé, en 1693, comme capitaine d'une compagnie d'infanterie, d'un commandement aux îles d'Amérique, il se distingua par ses services militaires et reçut la croix de Saint-Louis. Il laissa plusieurs enfants dont :

XII. — Philippe Nadault du Treil servit, à son tour, aux îles d'Amérique. Enrôlé cadet dans la compagnie de son père, en 1706, il fut reçu enseigne dans la compagnie du chevalier de Poincy, en 1712. En 1714 il était en garnison à Marie-Galante et prenait part, en 1727, sous les ordres du marquis de Champigny, à l'expédition de Sainte-Lucie, qui chassa les Anglais de l'île. Dans le courant de l'année 1735, il fut appelé au commandement d'un bâtiment monté par soixante-cinq hommes pour ramener à Marie-

Galante un vaisseau forban. En janvier 1736, il était capitaine d'une compagnie détachée de la marine, en garnison au Fort-Royal (Martinique) ; ses services furent récompensés par la croix de Saint-Louis (1). Le 26 février 1776, le marquis de Champigny, gouverneur et lieutenant-général pour le roi des Iles françaises du nord de l'Amérique, attestait « que le sieur Nadau du Treil a toujours servi avec beaucoup d'assiduité, de vigilance, etc. ». Rentré en France, Philippe Nadault du Treil devint successivement commandant de la citadelle d'Oléron et de l'Ile de Ré. Il mourut le 3 juillet 1774, en laissant de son mariage avec Berthe de Berlanges : 1° Joseph, mort en bas-âge ; 2° Jean-Pierre, tué au service du roi ; 3° Guillaume, tué au siège de Maestricht en avril 1748 ; 4° Joséphine, mariée au marquis de Fougières. Cette maison, dont une branche passa aux colonies et qui a été maintenue dans sa noblesse par arrêt du 30 juin 1667, porte : *d'azur à la bande d'argent, chargée de trois roses de gueules ;* 5° Charles-François-Emmanuel qui suit.

XIII. — Charles-François-Emmanuel Nadault de Saint-Amand, de Blouval et du Treil, écuyer, chevalier de Saint-Louis, contre-amiral, gouverneur de La Guadeloupe, s'illustra par la défense de l'île contre les Anglais. Né en 1704, à La Grande-Terre, il entra jeune au service et se distingua de 1730 à 1736 par des faits d'armes contre les Anglais. Il était lieutenant du roi à La Martinique lorsqu'il succéda, le 15 janvier 1757, dans le gouvernement de La Guadeloupe, au chevalier de Mirabeau. Il est le premier officier qui ait conçu et organisé un plan régulier de défense pour nos colonies. Le 21 janvier 1759, l'escadre anglaise, ayant à sa tête le contre-amiral Moore, se présenta devant La Guadeloupe avec douze vaisseaux de ligne, quatre galiotes à bombes, quatre-vingts navires de transport, six mille hommes de troupes régulières et deux mille miliciens et soldats noirs pris à la Barbade. Nadault du Treil manquait d'hommes et de munitions. Cependant, dès le mois de novembre 1758, il écrivait au marquis de Beauharnais, gouverneur de La Martinique : « Nous n'avons que huit milliers de balles, il nous en faudrait au moins quarante milliers ; même quantité de poudre, etc. » En voyant l'ennemi s'approcher, il écrivait encore : « De la poudre, des boulets, des balles et quelques centaines de fusils, je vous prie, Monsieur ! » Le gouverneur se contenta de répondre : Si l'ennemi vous envoie des bombes, toutes n'éclateront pas, vous les lui renverrez. » Les Anglais ayant bombardé La Basse-Terre et le fort Saint-Charles ; la garnison dût l'évacuer avec le lieutenant du roi La Potherye. Pour prolonger la défense, Nadault du Treil annonçait, chaque matin, aux habitants, l'approche de l'escadre française avec M. de Bompars à qui il écrivait : « Si le général (M. de Beauharnais) me seconde en frappant quelques mutins que je lui désigne, je vous proteste, Monsieur, que je tiendrai encore longtemps. J'assure que vous viendrez ici, mais M. de La Potherye proteste que vous n'exposerez pas l'escadre à une plus forte que la vôtre ». Il disait encore, le 18 mars : « Trouver les moyens de se défendre contre un ennemi supérieur n'est pas ma plus forte préoccupation, il faut encore me garer des ennemis du dedans, déjouer les manœuvres tendant à faire consommer les munitions de guerre et de bouche pour m'obliger à capituler. » « S'il était possible, écrivait, le 4 avril, Nadaud

---

(1) Archives du ministère de la marine et des colonies.

du Treil au gouverneur de La Martinique, que quatre ou cinq vaisseaux de l'escadre de M. de Bompars, les plus fins voiliers, pussent dérober leur marche à l'ennemi, et que, passant par le vent, ils tombassent sur la flotte anglaise, il serait facile de la détruire. » L'escadre française, qui aurait pu sauver la Guadeloupe, était à La Martinique depuis le 8 mars; mais elle ne vint pas et les Anglais ayant fait une descente à La Grande-Terre se dirigèrent, en deux colonnes, sur les bourgs de Saint-François et de Sainte-Anne, en incendiant les habitations. Il ne restait à Nadault du Treil que cent cinquante hommes de troupes et deux mille miliciens, réduits chaque jour par le feu et la désertion; il était sans munitions, sans canons ni matériel de guerre. Cependant il résista trois mois. Lorsqu'il eût perdu tout espoir d'être secouru et que ses forces furent réduites à deux cent vingt hommes, la plupart miliciens, en présence d'une révolte imminente, il se rendit. « Les habitants, est-il dit, dans la capitulation, sortiront avec deux pièces de canon de campagne, leurs armes, enseignes déployées, tambours battants, mèche allumée, et recevront les honneurs de la guerre; la liberté sera donnée aux nègres qui ont pris part à la défense de l'île. » L'amiral anglais écrivit en marge : « Accordé en considération de la belle défense que les habitants ont faite pendant trois mois de siége sous la conduite de l'amiral Nadau du Treil, leur commandant. » Nadault du Treil subit le sort des généraux malheureux. Le 15 janvier 1760, il fut traduit, avec trois de ses officiers, devant le conseil de guerre de La Martinique et faillit éprouver le sort de Lally-Tollendal. A cette occasion, lord Aigremont lui écrivit, au nom du roi d'Angleterre : « Sa Majesté est très surprise de voir qu'on vous refuse, en France, la justice que tout le monde vous rend ici. L'impartialité du jugement des officiers de Sa Majesté est plus équitable, et ils attestent d'une voix unanime la belle défense que vous avez faite à La Guadeloupe. » « Le brigandage du Conseil de guerre de La Martinique, écrivait de son côté le maréchal de Senneterre, est bien tiré au clair, son injustice est prouvée, et on ne saurait trop louer votre constance et votre fermeté. » Le maréchal d'Estaing écrivait dans les mêmes termes. Le comte de Guerchy écrivait de Londres : « J'ai appris, par beaucoup d'Anglais qui ont pris part à l'expédition de La Guadeloupe, que vous vous y êtes comporté de manière à mériter leur estime, ce qui m'a fait plaindre votre sort sans avoir l'honneur de vous connaître. »

La sentence du conseil de guerre de La Martinique fut cassée, et un conseil réuni en France rendit justice à la conduite de Nadault du Treil. Louis XV lui fit expédier, en 1765, des lettres de réhabilitation et un brevet d'honneur avec la devise : *Vivat in œternum Victurus*. Le 31 décembre 1772, il lui fut délivré des lettres de noblesse militaire, enregistrées au conseil supérieur de La Guadeloupe, le 8 novembre 1773. Louis XVI, toujours si bien informé de tout ce qui intéressait la marine et les colonies, s'exprime ainsi dans un nouveau brevet du 30 avril 1786 : « Mettant en considération les services que nous a rendus le sieur Charles-François-Emmanuel Nadaud du Treil, nous lui avons accordé nos présentes lettres d'approbation de services pour lui servir, à lui et aux siens, en toutes occasions de témoignage authentique et honorable du contentement que nous avons reçu de la fidélité et de la durée de ses services. »

Mais ni son acquittement par le conseil de guerre, ni sa réhabilitation, ni l'attestation de deux rois ne suffirent à Nadault du Treil; il voulut le témoignage de ceux qui, après avoir partagé ses fatigues, avaient vu sa défaite et ses malheurs. Il revint à La Guadeloupe, et se fit planteur. Il mourut à Saint-François, le 10 décembre 1786, à l'âge de quatre-vingt-deux ans. Nadault du Treil a laissé des *Mémoires* (2 forts volumes in-8°). détruits lors du tremblement de terre de La Guadeloupe, et de l'incendie qui a réduit en cendres, le 8 février 1843, la ville de la Pointe-à-Pitre.

D'un premier mariage, consacré en 1728, avec Blanche de Mallevault de La Varenne, fille de Louis de Mallevault (1), il a eu six enfants : 1° Marie-Rachel, née au quartier du Marin, paroisse de Saint-Etienne (Martinique), en 1710, morte à Saint-François, le 10 février 1751, à l'âge de quarante ans, sans avoir été mariée ; 2° Catherine-Reine, épousa le 13 mars 1764, Gabriel-Charles Le Blond, écuyer, conseiller au conseil supérieur de La Guadeloupe, dont le père, major des milices, commandait à Sainte-Anne, pendant le siège de 1759, elle mourut à Saint-François, le 8 juillet 1767 ; 3° Charlotte-Françoise, mariée à Jean-Baptiste de Cornette de Venancourt, famille maintenue dans sa noblesse par le conseil supérieur de La Guadeloupe, le 9 mars 1773. Etienne Cornette Saint-Cyr de Celuy faisait partie du conseil souverain de La Martinique en 1738 (2); 4° Marie-Claude épousa, le 27 août 1764, Louis-Alexandre Le Mercier de Maisoncelle de Vertille de Richemont, dont elle eut deux enfants : A. — Alexandrine-Joséphine-Adelaïde-Nicole, née le 5 mai, 1762 ; B. — Marie-Louis-Alexandre, né le 12 novembre 1772. Le Mercier de la Rivière, conseiller au Parlement de Paris, était intendant de La Martinique en 1759, Charles-François Le Mercier de Beausoleil de Vermont, était assesseur au conseil supérieur de La Guadeloupe, en 1776 (3). Le Mercier de Maisoncelles, porte : *d'azur à un chevron d'argent, accompagné en chef de deux étoiles d'or et en pointe d'un cœur de même*; 5° Gabriel-Emmanuel-Julien, qui suit; 6° Louis-Jacques, qui assista le 12 juin 1765, à Marly, près Paris, au mariage de Marie-Madeleine Nadault du Treil, sa sœur consanguine, avec le marquis de Bonneuil.

Blanche de Mallevault de Varenne, étant morte jeune, Charles-François-Emmanuel Nadault du Treil, contracta une seconde union avec Marie-Madeleine Le Blond, fille de François Le Blond, membre du conseil souverain de La Martinique, en 1686, décédée à Saint-François, le 6 novembre 1792.

De ce second mariage sont nés : 7° Hercule-Renaud, né en 1748, mort à Saint-François (Grande-Terre), le 27 décembre 1781, âgé seulement de trente-trois ans. Il avait épousé Constance Dyel de Vaudroque, petite-fille d'Adrien Dyel de Vaudroque, gouverneur de La Martinique en 1660, pendant la minorité de François Duparquet d'Enambuc, son neveu. François Duparquet Vaudroque, figure sur un état de la noblesse de La Guadeloupe, le 3 novembre 1774 (4). De ce mariage est né le 1er avril 1779 : Charles-François-Constance Nadault de Saint-Amand de Blouval ; 8° Claude, chevalier de Saint-Louis,

---

(1) Louis de Mallevault appartenait à une famille noble du Poitou. Il avait fait enregistrer ses titres de noblesse au Conseil souverain de La Martinique, le 24 novembre 1709. On voit figurer sur les États de la noblesse de la Guadeloupe, le 3 novembre 1774, le chevalier de Mallevault de Vaumorand. »

(2) *Catalogue de la Noblesse des Colonies*, par DE LA ROQUE et BARTHÉLEMY, p. 24.

(3) *Ibidem*, p. 28.

(4) *Ibidem*, p. 24

marié à Joséphine de La Roche-Fermoy, fille du chevalier de La Roche, dont le nom figure sur l'adresse envoyée au roi le 18 mai 1788, par les colons de Saint-Domingue, pour demander le droit de députer aux Etats-généraux; 9° Charles-Gabriel, qui assiste, le 12 juin 1765, Jacques-Louis, son frère, au mariage de Marie-Madeleine, sa sœur, avec le marquis de Bonneuil; 10° Angélique-Sophie, née en 1745, épousa, le 2 septembre 1766, Charles-Guillaume Le Mercier de Maisoncelle de Vertille de Richemont. De ce mariage sont nés quatre enfants : A. — Guillaume-Alexandre, né le 7 septembre 1771; B. — Charles-Gabriel, né le 16 août 1772; C. — Charles-Emmanuel-Julien, né le 19 décembre 1773; D. — Louis-Charles-Marie, né le 9 février 1775; 11° Marie-Madeleine, mariée, le 12 juin 1765, à Louis-Charles-Auguste-Victoire de Vernou, marquis de Bonneuil, neveu du duc de Noailles. Cette union, avec un des plus grands noms de France, contractée fort peu de temps après la réhabilitation de Nadault du Treil, en fut la sanction éclatante. « J'ai refusé, lui écrivait le comte de Noailles, un très bon parti de cent mille écus d'argent comptant, et de famille honnête deux mois avant la fin de votre affaire, pour constater à la ville et à la cour que je vous croyais, non-seulement innocent, mais méritant récompense, puisque je vous donnais pour gendre le plus proche parent de Madame la comtesse de Noailles (1). » Le contrat de mariage fut reçu à Marly, le 12 juin 1765, par M° Pierre-Louis Ladeguive, avocat en parlement, conseiller du roi, notaire au Châtelet de Paris : « Furent présent haut et puissant seigneur Louis-Charles-Auguste-Victoire de Vernou, marquis de Bonneuil, capitaine au régiment de cavalerie de Noailles, chevalier de l'ordre royal et militaire de Saint-Louis, majeur, fils de haut et puissant seigneur, Louis-Charles-Gabriel Christophe de Vernou de Bonneuil et de dame Marie-Bénénicte Thomas de Chaumont, à présent sa veuve, et autorisée de très haut et très puissant seigneur Monseigneur Philippe, comte de Noailles, grand d'Espagne de première classe, duc de Mouchy, prince de Poix, marquis d'Arpajon, vicomte de Lautrec, baron d'Ambres et des Etats de Languedoc, etc., chevalier des ordres de la Toison-d'Or et de Saint-Louis, bailli, grand-croix de Malte, gouverneur et capitaine des chasses, des ville, château et parc de Versailles, Marly et dépendances, etc., demeurant à Paris en son hôtel, rue de l'Université, paroisse Saint-Sulpice, à ce présent, au nom et comme fondé de procuration spéciale de la dite dame marquise de Bonneuil... et Messire Charles-François Nadau Dutreil, chevalier de l'ordre royal et militaire de St-Louis, ancien gouverneur pour le roi, de La Guadeloupe et de La Grande-Terre et dépendances, demeurant ordinairement à La Grande-Terre, paroisse Saint-François,.... stipulant pour demoiselle Marie-Madeleine Nadau du Treil, mineure, sa fille, et de Dame Madeleine Le Blond, son épouse, la dite demoiselle étant actuellement à Paris, pensionnaire. Lesquels, en présence de Madame la comtesse de Noaille, de Madame la marquise d'Arpajon, de M. et Mme la marquise de Duras, de M. le prince de Poix, de M. le chevalier d'Arpajon, tous parents dudit seigneur, futur époux; de M° Marc-Antoine, comte de Levis, colonel du régiment de Picardie, de Messire Nicolas-Zacharie de Lorou, chevalier de Carmont, chevalier de l'ordre royal et mili-

---

(1) *Annales de La Guadeloupe* (Journal commercial du 26 novembre 1842), p. 3.

taire de Saint-Louis, ancien capitaine de cavalerie, et commandant des Suisses et invalides de la garde de Versailles, et de messire Louis-Alexandre d'Elbie, chevalier de l'ordre royal et militaire de Saint-Louis, capitaine au régiment de cavalerie de Penthièvre, amis; et de messire Charles-Gabriel Nadau du Treil, et de demoiselle Marie-Françoise-Céleste Nadau, frères et sœur de la dite demoiselle future épouse..... En présence de messire Claude Léger, docteur en théologie, vicaire général des diocèses de Rouen, Meaux et Evreux, curé de Saint-André-des-Arts à Paris, et de Jacques-Nicolas Fleury, bachelier en théologie, prêtre habitué en la dite paroisse,.. étant cejourd'hui au château de Marly-le-Roy, paroisse de Saint-Vigor, témoins à ce requis et appelés; » 12° Adélaïde-Alexandrine, épousa, le 3 novembre 1773, Charles-Nicolas, comte de Bragelongne de Boisripeaux de Berlange, officier au régiment du Vexin, et mourut en laissant quatre enfants. La famille des comtes de Bragelongne, porte : *de gueules à la fasce d'argent, chargée d'une coquille de sable accompagnée de trois molettes d'éperon d'or posées 2 et 1*; 13° Marie-Françoise-Céleste, fut mariée, le 27 décembre 1775, à Charles-Gabriel Le Blond, écuyer, doyen du Conseil supérieur de La Guadeloupe en 1777, son beau-frère par alliance, veuf en premières noces de Charlotte-Reine (*alias* Catherine-Reine) Nadault du Treil, sa sœur consanguine; 14° Antoine, épousa Rose-Marie Dyel du Parquet, dont la famille alliée aux Vaudroques et aux d'Enambuc, compte deux gouverneurs de La Martinique, en 1651 et 1680.

XIV. — Charles-Gabriel-Emmanuel-Julien Nadault de Saint-Amand de Blouval et du Treil servit avec honneur dans les troupes de la marine et reçut la croix de Saint-Louis. Il mourut au Petit-Canal, le 3 floréal an XII (1808), âgé de soixante ans, laissant dix enfants d'un mariage contracté, le 27 août 1764, avec Charlotte-Goustance Le Mercier de Maisoncelle de Vertille de Richemont, sœur de Louis Alexandre de Richemont, marié, lui-même, à Marie-Claude Nadault du Treil, au degré précédent : 1° Alexandre, qui suit; 2° Antoinette épousa Auguste-Joseph, Chevalier de Villiers, qui paraît, le 3 novembre 1774, avec le marquis de Bonneuil, dans une députation de la noblesse de La Guadeloupe, pour féliciter le gouverneur et l'intendant; 3° Sophie, mariée à Vincent de Marenscoff de la Pommeraye, officier supérieur de cavalerie, chevalier de Saint-Louis, conseiller à la juridiction du Port-au-Prince; 4° Philippe, né à Saint-François le 20 juillet 1767, épousa, à Marie-Galante, Isabelle de Saint-Riquier; 5° Julie, fut mariée à Nicolas-Etienne-Xavier de Bosredon de Châlus, son parent (X^e degré, n° 11), qui figure sur un état de la noblesse de La Guadeloupe du 3 novembre 1774; 6° Angélique-Alexandrine, épousa Louis-François Cramenil de Lalcu, officier au service du roi, chevalier de Saint-Louis; 7° Charlotte, épousa Albert de Gaalon de Villeneuve, sieur des Carreaux, son cousin, dont elle eut : Jacques-Auguste, comte de Gaalon de Villeneuve, sous-préfet en 1830, qui a été marié deux fois : 1° à Adèle de Bonnegens; 2° à Charlotte-Adrienne de Murat (1846), et n'a eu de ces deux mariages qu'une fille unique qui a épousé son cousin de Murat (X^e degré, n° 1.); il habite La Rochelle ; 8° Marie-Adélaïde épousa Etienne-Jacques de Mallevault, chevalier de Vanmauvand, et mourut au Petit-Canal, le 25 avril 1811 ; 9° Jean-Louis-Honoré périt, en 1793, dans les prisons de la Pointe-à-Pitre, sous le couteau des septembriseurs; 10° Pierre-Etienne épousa

Jeanne des Carreaux de Gaalon, fille de Jacques de Gaalon sieur des Carreaux, cornette de cavalerie, chevalier de Saint-Louis, conseiller, vice-sénéchal et prévôt de robe-courte à La Rochelle, et d'Anne Hirauldin, sa belle-sœur (n° 7 précédent).

XV. — Alexandre Nadault de Saint-Amand de Blouval et du Treil, naquit au Petit-Canal, en 1785, et mourut en 1829, âgé seulement de trente-sept ans. Il avait épousé, l'an XII de la République (1803), Gabriel-Marie-Charlotte Chérot de La Salinière, fille de Charles-Nicolas Chérot de La Salinière, d'abord substitut, puis conseiller au conseil supérieur de La Guadeloupe en 1774. Mme Nadault du Treil est morte le 31 janvier 1840, sur la commune du Canal, à un âge très avancé. De ce mariage sont nés douze enfant (1) : 1°, 2°, 3°, 4° deux fils jumeaux et deux fille jumelles morts en bas-âge; 5° Louis-Charles-Désiré ou Dieudonné-Alexandre, qui suit; 6° Charlotte-Constance-Stéphanie, née au Petit-Canal, le 7 juin 1805 (18 prairial an XIII), fut mariée, le 11 juillet 1826, aux États-Unis, à Saint-Louis (Missouri), à Charles-Joseph-Benjamin Chérot du Maine, et mourut à Saint-Louis, le 2 novembre 1853, en laissant sept enfants; 7° Jules, né au Petit-Canal, en 1808, décédé en 1819, sans avoir été marié; 8° Adolphe, né au Petit-Canal, en 1809, décédé en 1814; 9° Louise-Marie-Adeline, née au Petit-Canal, le 21 octobre 1809, décédée au Moule, le 16 juillet 1865, avait épousé, le 6 février 1827, François-Arthur Martinot, mort lui-même au Moule, le 16 juillet 1865. De ce mariage sont nés : A. — Adélaïde-Désirée-Noely Martinot, née à Sainte-Anne, le 2 octobre 1829, mariée le 24 mai 1858, à Louis-Alexandre-Edouard comte de Saint-Germain-de-Soyres, né au Canal, le 26 octobre 1830, décédé le 28 septembre 1867, dont deux enfants : Louis-Victor, né au Canal, le 27 mai 1862, et Paul-Jordan, né le 13 août 1864; B. — François-Alexandre-Emile Martinot, né à Sainte-Anne, le 13 janvier 1832; 10° Augustine-Sophie-Elisa, née au Petit-Canal, le 1er juin 1813, a été mariée deux fois: 1° le 17 mai 1843, à André Desmortières, décédé au cap Girardeau. De ce mariage est né, au Petit-Canal, le 11 juin 1846, un fils, Amédée Desmortières; 2° en 1853, avec Jean-Baptiste Jarrou. De ce second mariage est né, le 19 février 1854, un fils, Émile Jarrou, les deux frères habitent le cap Girardeau; 11° Charlotte-Constance-Aurélie, née au Petit-Canal, le 17 septembre 1811, a épousé, le 12 février 1833, Emmanuel-Marie Ledet de Segray, mort le 19 octobre 1848. Veuve sans enfants, elle habite La Pointe-à-Pitre (Guadeloupe); 12° Charles-Alexandre-Edouard, trésorier de la Banque de La Guadeloupe, né au Petit-Canal, au mois d'octobre 1819, décédé le 5 octobre 1859, au château de Toignan-sur-Loubès (Gironde). Il a été marié deux fois. De son premier mariage (d'août 1841) avec Rosa-François-Elie David, morte au mois d'août 1847, il n'est pas né d'enfants. Il épousa, en secondes noces, le 21 novembre 1854, Charlotte-Eline Chérot du Maine, petite-fille du comte Vaultier de Moyencourt, gouverneur de La Guadeloupe, dont il a eu une fille unique : Charlotte-Alexandrine-Louise-Marie-Elina Nadault du Treil, née le 9 septembre 1856.

(1) *Noblesse des colonies*, p. 24, 28, et 29. — Registres de l'état civil de la commune de Saint-François. — Grande-Terre-Guadeloupe. — De La Basse-Terre. — Du Cul-de-Sac-Marin. — Du Petit-Canal. — De La Pointe-à-Pitre. — Du Petit-Bourg.

XVI. — Louis-Désiré ou Dieudonné-Alexandre Nadault de Saint-Amand de Blouval et du Treil, né au Petit-Canal, le 21 février 1807, a épousé, à La Pointe-à-Pitre, le 28 août 1832, Euphrasia-François-Elie David, née le 13 mars 1814, dont il a eu onze enfants. Après le tremblement de terre de 1843, il quitta La Guadeloupe pour s'établir à La Nouvelle-Orléans. Sa maison avait été entièrement détruite ainsi que tous ses meubles, valeurs mobilières, papiers domestiques, et les précieux *Mémoires* d'Emmanuel Nadault du Treil, ancien gouverneur de l'île. Les enfants de Louis-Désiré-Alexandre Nadault du Treil sont : 1° Elina, née à La Pointe-à-Pitre, le 23 mai 1833, décédée le 10 décembre 1840 ; 2° Marie-Louise-Alexandrine-Lucie, née à La Pointe-à-Pitre, le 10 août 1834, a épousé, le 12 avril 1855, à La Nouvelle-Orléans, Charles Touluyne Dugazon, dont elle a eu six enfants ; 3° Marie-Louis-Charles-Alexandre-Eugène, qui suit ; 4° Marie-Louise-Alexandrine-Eudoxie-Laure, née le 12 septembre 1837, morte l'année suivante ; 5° Cécile, née à La Pointe-à-Pitre le 10 avril 1839 ; 6° Marie, né à La Pointe-à-Pitre le 6 janvier 1841 ; 7° Louise-Charlotte-Alexandrine-Marie, née à La Pointe-à-Pitre le 29 novembre 1842 ; 8° Louis-Alexandre-Edouard, né à la Pointe-à-Pitre, le 6 janvier 1845, mort le 2 septembre 1853 ; 9° Louis-Alexandre, né à Montussan (Gironde), le 19 mai 1847 ; 10° Octavie, née à Bordeaux le 14 août 1849, décédée à Thibodeauville (Nouvelle-Orléans), le 4 décembre 1858 ; 11° Rosa, née à La Nouvelle-Orléans, le 2 décembre 1851.

XVII. — Marie-Louis-Charles-Alexandre-Eugène Nadault de Saint-Amand, de Blouval et du Treil, né à La Pointe-à-Pitre, le 9 janvier 1836, était, avant la guerre de la sécession, greffier de la cour du district judiciaire de La Louisiane. Volontaire chez les confédérés du sud avec le général de Polignac, il prit part au siège du fort Pickens, dans l'état de l'Alabama. Il fut ensuite envoyé en Virginie, dans la presqu'île marécageuse de Yorktown, où, fatigué par les marches et les contre-marches que le général Magrndie faisait faire à son petit corps d'armée afin de le multiplier devant l'ennemi, il contracta une maladie qui l'obligea à revenir à La Louisiane. La Nouvelle-Orléans ayant été prise par les forces fédérales, il rejoignit les confédérés. Dirigé sur le Texas, il y demeura jusqu'au jour où la capitulation du général Lee vint mettre fin à la guerre. Il rentrait à La Nouvelle-Orléans, après quatre ans d'absence, sur le steamer *Kentucky*, lorsque le bâtiment sombra sur la rivière Rouge le 9 juin 1865 ; il n'était âgé que de 29 ans. Il avait épousé, le 4 septembre 1856, Laura Thibodeaux de Thibodeauxville, née à Thibodeauxville, le 10 janvier 1840, dont il a eu quatre enfants : 1° Henri, né à Houma, le 29 août 1857, mort en 1862 ; 2° Eugène, né en 1859 ; 3° Louise, née à Houma, le 1er décembre 1860 ; 4° Edouard, né en 1862.

§ V. — *Seconde branche des colonies, à La Guadeloupe et en France.*

Nadault des Islets, de Bois-Noir et de Rontillac (1) porte les mêmes armes que Nadault de Saint-Amand, de Blouval et du Treil.

---

(1) Les Nadault des Islets ont aujourd'hui définitivement quitté La Guadeloupe pour rentrer en France. Ils se sont fixés à Paris.

XI bis. — Pierre Nadault de Bois-Noir (Voir § IV, degré X, n° 2), fils de Jacques Nadault, consul à La Rochelle en 1659, et de Jeanne Ber, s'embarqua à dix-neuf ans (mars 1666), après avoir fait son testament le 4 du même mois, sur le vaisseau le *Saint-Jean*, capitaine du Parquet, pour Madagascar, désignée alors sous le nom de l'île Dauphine. Il était garde du Sr de Mou de Vergue, qui s'attribuait le titre de vice-roi de l'île. Après être revenu à La Rochelle, où il avait acheté la seigneurie de Bois-Noir, il s'embarqua pour l'Amérique où il s'établit. Il eut entre autres enfants :

1° N... Nadault de Bois-Noir, qui suit ; 2° N... Nadault de Rontillac, contrôleur des gages de MM. les conseillers de la couronne en 1740.

XII. — N... Nadault de Bois-Noir était en 1734 lieutenant en second dans la compagnie des canonniers gardes-côtes de Mouron, capitainerie générale de Lagrange. Il mourut jeune en laissant plusieurs enfants, dont :

XIII. — Martial Nadault des Islets, gouverneur du Canada à la fin du règne de Louis XIV, reçut, en récompense de ses services militaires, la suzeraineté de plusieurs petites îles ou islets, d'où il prit, par lettres-patentes, le nom des Islets. Après la cession du Canada aux Anglais, il passa à La Guadeloupe, où il mourut dans un âge avancé, en laissant plusieurs enfants dont :

XIV. — François-Joseph Nadault des Islets, mort en 1793, victime de la fureur des nègres. Il laissait, entre autres enfants :

XV. — Etienne-Bernard Nadault des Islets, nommé trésorier-général de La Guadeloupe (ventôse an II), fut massacré par les nègres en même temps que son père et d'autres membres de sa famille. Il avait épousé Aimée-Félicité Bossant, sœur d'un commissaire des guerres à La Guadeloupe, dont le petit-fils, le général Bossant, né en 1827, ancien gouverneur de la Cochinchine, est aujourd'hui inspecteur général des colonies, commandeur de la Légion d'honneur. La famille Bossant est alliée aux Petit de Moustier, Vallée de Kerouet, Garnier de Laroche, Coudroy de Lauréal, Monny de Mornay. Du mariage d'Etienne Bernard avec Aimée-Félicité Bossant sont issus : 1° Athanase, mort à dix-sept ans ; 2° Nadille, mariée à Joseph-Pierre Merlande, décédée à La Nouvelle-Orléans. Joseph-Pierre Merlande a épousé, en secondes noces, Mariette Courcjolle. De ce second mariage, il n'est pas issu d'enfants, mais de Nadille Nadault des Islets, il a eu un fils, Emile Merlande, marié à N..... de La Lande, dont le fils, Edouard, épouse à son tour N..... Brunet. La famille Merlande habite La Martinique ; 3° Marc, qui suit ; 4° Etienne-François, commissaire de la marine, né en 1783, décédé à La Guadeloupe, le 3 août 1840, à l'âge de cinquante-sept ans, il avait épousé, en 1820, Aimée-Marie Cuinier, originaire de La Dominique, dont la mère était une Penthièvre et qui, orpheline après la prise de La Dominique par les Anglais, veuve du Dr Lorillard, de la faculté de Paris, mourut à La Guadeloupe, en 1850, à l'âge de soixante ans. M. le commissaire général de la marine Cuinier, gouverneur de l'Ile de la Réunion en 1879, officier de la Légion d'honneur, est son neveu. Du mariage d'Etienne-François et d'Aimée-Marie Cuinier sont nés : A — Nadille-Marie, née à La Basse-Terre, le 19 juillet 1825, décédée à Paris en 1873. Elle avait épousé, le 18 mai 1845, Alexandre-Hippolyte Piton-Bressant, capitaine d'artillerie de marine, officier de la Légion d'honneur, ancien directeur du journal l'*Ami des sciences*, auteur d'ouvrages estimés sur l'artillerie, mort jeune à Saïgon, au retour d'une expédition qui a valu trois districts à la France. De ce mariage quatre fils et deux filles ; B — Marie-Augustine-Hortense, née à La Guadeloupe le 31 octobre 1831, décédée le 25 octobre 1874, mariée, le 8 décembre 1855, à Yvan Viot, percepteur à Neuville-aux-Bois (Loiret), neveu du chimiste Soubeiran. De ce mariage, une fille, née en 1856 ; C — Etienne-Louis, né à La Basse-Terre, le 27 septembre 1821, docteur en médecine. Il vint de bonne heure en France, où il fit de brillantes études médicales. Reçu, au concours, interne des hôpitaux de Paris, il obtint une médaille pour son dévouement dans les épidémies. Membre de la Société médicale et de la Société anatomique, médecin du bureau de bienfaisance du VIIe arrondissement, souvent appelé en consultation par ses confrères, il paraissait destiné au plus bel avenir lorsqu'une mort soudaine, causée par des travaux excessifs, l'enleva, le 14 avril 1862, à l'âge de quarante ans. De son mariage avec Delphine Duchâteau (22 janvier 1855) il a eu deux enfants : A — Louis-François-Georges, né à Paris, le 31 octobre 1861, décédé le 14 mai 1865 ; B — Marie-Delphine-Léonie, née à Paris, le 31 janvier 1857.

XVI. — Marc Nadault des Islets, fils d'Etienne Bernard, lieutenant-colonel du génie, officier de la Légion d'honneur, membre du Conseil colonial de La Guadeloupe, naquit à La Basse-Terre, le 17 décembre 1794. Sorti de l'Ecole polytechnique dans les premiers rangs, il avait choisi le génie. Marié au Petit-Bourg, le 24 août 1824, à Louise-Honorine-Robertine Boynest, il en avait eu huit enfants. Le tremblement de terre de La Guadeloupe de 1843 lui ravit, en quelques secondes, sa femme, ses enfants, ses serviteurs, sa fortune.

Le 8 février 1843, le temps était beau, lorsqu'à dix heures trente-cinq minutes le sol commença à trembler et les navires en rade furent violemment choqués les uns contre les autres. On entendait comme une tempête intérieure. Au tremblement de terre vint s'ajouter l'incendie, allumé par les feux des habitations en ruines. Pendant que La Pointe-à-Pitre brûlait, on voyait, dans la campagne, tantôt un étang changé en une fournaise en ébullition, et tantôt des monticules éclater comme par l'effet d'une mine, des rochers retournés, d'autres projetés à des distances considérables ; les montagnes s'effondraient dans les vallées, et la terre et l'eau confondues formaient des avalanches qui entraînaient les forêts et les habitations ; la terre s'ouvrait, des crevasses avaient jusqu'à une demi-lieue d'étendue ; il en sortait des torrents d'eau et des matières terreuses imprégnées de soufre.

C'est dans cette catastrophe que Marc Nadault des Islets vit périr, sous ses yeux, sa femme, sa belle-sœur, Malvina Boynest, veuve du comte de Saintiac, ange gardien de son foyer, Marie-Victorine, Louise-Stéphane, Françoise-Théodal, Marie-Virginie, Auguste-Édouard, Théodore-Amédée, Pierre-Victor-Ferdinand, ses sept enfants, et presque tous ses serviteurs et ses nègres, ensevelis sous les décombres de son habitation dont l'incendie détruisit les restes. Il demeura seul vivant près du berceau de son dernier né, sauvé par son dévouement, miraculeusement protégé et désigné depuis dans la colonie sous le nom de *l'enfant du miracle*. On lit dans un récit contemporain : .... « Il y a deux minutes, M. N....., de la direction du génie, avait huit enfants, une femme chérie, des domestiques pour le servir. Voyez à ses côtés, ce petit garçon de deux ans, c'est tout ce qui lui reste ! » Ce malheureux père trouva dans sa foi religieuse une force égale à son infortune. Plusieurs de ses lettres ont été publiées, notamment dans les *Études philosophiques sur le christianisme*, par Nicolas. On y trouve les réflexions suivantes : « L'auteur de ces lettres, était un homme heureux : revêtu d'un haut emploi conquis et exercé par un beau talent, époux d'une femme digne de lui, père de huit enfants qui devenaient déjà son orgueil, frère par alliance d'une femme au cœur d'ange qui versait sur tout cet intérieur domestique la suave douceur de ses vertus, il a vu, en moins de deux minutes, cette sœur, cette épouse, ces sept enfants, écrasés sous ses yeux ! L'antiquité païenne aurait voilé la face de ce père, et le judaïsme n'aurait eu à faire entendre de lui que son *Noluit consolari, quia non sunt !* mais le christianisme qui a des consolations égales aux calamités et des espérances plus fermes que la terre, a inspiré à ce *nouveau Job* des paroles sublimes de résignation et de foi. »

Marc Nadault des Islets, atteint d'une maladie de cœur, presqu'aveugle, est mort à Paris, à l'âge de quarante-neuf ans, le 8 février 1844, un an jour pour jour, heure pour heure, après la catastrophe.

XVII. — Stephen-Amand-Léon Nadault des Islets, fils du précédent, sauvé par son père, seul survivant de ses sept frères et sœurs, est né à La Guadeloupe, le 27 décembre 1840. Orphelin en 1844, il fut confié aux soins d'une négresse du nom d'Estelle, affranchie en reconnaissance de son dévouement. Elle l'emmena à La Martinique, chez son parent, Émile Merlande. Celui-ci étant mort, l'orphelin fut recueilli, à La Guadeloupe, par une sœur de sa mère, Mme Delerme, qui mourut. Il fut alors conduit à La Pointe-à-Pitre, chez un autre sœur de sa mère, Mme Lansac, qui mourut à son tour. Ramené en France par sa fidèle négresse, chez le docteur Louis Nadault des Islets, son cousin, qui mourut aussi, Stephen Nadault des Islets quitta sa maison en s'écriant : « Je porte malheur à tous ceux qui s'intéressent à moi ! » Après avoir successivement séjourné en France et aux colonies, avoir été attaché au ministère de l'agriculture et du commerce, avoir servi dans l'infanterie de marine, il fait actuellement partie du service des ponts et chaussées à Dakar (Sénégal).

Il n'est pas marié et représente seul la seconde branche des colonies.

§ VI. — *Branche de la Marche, à Guéret (trois rameaux).*

Nadaud des Escures, de La Vallette, de La Robière, de Pescheradour, de La Villetelle, de Pera, de Bordesoulle.

Armes : *de sinople à la croix ancrée d'argent, chargée en cœur d'une étoile de sable.* (*Arm. général.* d'Hozier, généralité de Moulins.)

Blaise, Claude et Charles Nadaud, fils de Jean, conseiller du roi, vice-sénéchal d'Agénois, Condommois et Gascogne (§ I, degré XI), quittèrent Limoges au temps des guerres de religion et s'établirent dans la province de la Marche, à Guéret, sur les paroisses de Glénic et de Saint-Fiel. Pendant que la descendance de Blaise et de Claude demeurait dans la Marche, Pierre Nadault de Vallette, fils de Charles, abandonnait la Marche pour le Berry et se fixait à Issoudun, que ses enfants quittaient bientôt pour former un établissement considérable à Bourges, et y devenir la tige des Nadault, titrés marquis de Vallette. Nous suivrons successivement la descendance de Blaise, puis celle de Claude, et enfin celle de Charles, pendant tout le temps qu'elle a séjourné dans la Marche.

XII bis. — Blaise Nadault fait, le 18 novembre 1669, déclaration du fief des Escures, dont le manoir est sur le territoire de la paroisse de Glénic, près Guéret (1). D'un premier mariage avec Gabrielle Jouhannet, Blaise Nadault a eu plusieurs enfants, dont : 1° Antoine, né à Saint-Fiel, le 12 septembre 1675, qui épousa le 2 août 1699, Antoinette Peyraulx ; 2° Sylvain, qui épousa Antonie Tourtaud, dont il a eu quatre enfants : A. — Etienne, né à Saint-Fiel, le 21 septembre 1675 ; B. — Antonie, née à Saint-Fiel, le 26 décembre 1678, mariée le 1er mars 1683, à Léonard Pluzaud. Elle est, en 1683, marraine du fils de Léonard Nadaud ; C. — Gilbert, né à Saint-Fiel, le 9 juillet 1680 ; D. — Sylvaine, née à Saint-Fiel, le 6 février 1684. Blaise Nadaud, épousa en secondes noces, Catherine Feydeau, dont il eut également plusieurs enfants ; Feydeau porte : *d'azur à un chevron d'or accompagné de trois coquilles de même, deux en chef, une en pointe;* 3° Etienne, prêtre, commis par le curé de Saint-Fiel pour les actes de baptême et de mariage en 1676, puis chanoine de La Chapelle-Taillefer, près Guéret, en 1681. Il devint curé d'Anzême, dont il remplissait encore les fonctions en 1694 ; 4° Sylvine, mariée à Claude Bruneau. Bruneau porte : *d'argent à un mûrier, arraché de sinople fruité de pourpre, accosté de deux têtes de maures affrontés de sable, soutenues chacune d'un croissant d'azur.* On trouve à la date du 23 février 1669, le « dénombrement donné par Sylvine Nadault, veuve de Claude Bruneau, pour le fief de la Pimpardière (2) »; 5° René-Léonard, qui suit.

XIII. — René-Léonard Nadaud des Escures rend foi et hommage de son fief le 24 avril 1684 (3). Il a eu six enfants de son mariage avec Gabrielle-Léonarde Parrot : 1° Antoinette, décédée le 27 mars 1672 ; 2° Sylvaine, née à Saint-Fiel, le 2 septembre 1678, mariée à Léonard Pluzaud. Le 27 juin 1695, Léonard Pluzaud épousa, en secondes noces, Sylvaine Petit; 3° Sylvain, né le 10 janvier 1683, mort le 20 janvier 1693, inhumé dans le tombeau de son père, à Saint-Fiel ; 4° Charles, né le 6 décembre 1684 ; 5° Pierre, marié le 9 février 1687, à Catherine Prudon, fille de Jean Prudon et de Louise Maud, veuve de Jean Cibot de Rajat, paroisse de Guéret ; 6° Sylvain, qui suit.

XIV. — Sylvain de Nadault déclara, en 1697, à MM. les Commissaires généraux de la noblesse, les armoiries suivantes : « Sylvain Nadot, conseiller du roi, ancien lieutenant-général en la sénéchaussée et siège présidial de la Marche porte: *d'azur à une fasce d'or, chargée d'une flèche couchée de sable, accompagnée en chef d'un croissant d'or et en pointe d'un demi-lion, ou lion coupé d'or.* » (Généralité de Moulins.) Il avait hérité de son père d'un procès contre les seigneurs du Châtelier, procès qui dura cent cinquante-quatre ans, de 1613 à 1767, et se transmit dans sa famille pendant cinq générations ; ce procès ne fut pas le seul qu'eurent à soutenir les Nadault de la Marche. Ils

---

(1) *Inventaire des aveux et dénombrements du comté de la Marche rendus au roi en 1669.* — Archives de la Creuse, E, 1 *bis*, folio 11.

(2) *Idem, ibidem,* folio 21, verso.

(3) *Registres des fiefs de la Marche en 1684.* — Archives de la Creuse, E, 3 *bis*, folio 3. Registre intitulé : *Département de Guéret, aveux, fois et hommages au comté de la Marche.* — Archives de la Creuse, E, 4 *bis*, folio 29.

paraissent avoir été mêlés à un de ces procès féodaux, séculaires, qui se portaient de juridictions en juridictions, se transmettaient de génération en génération et finissaient le plus souvent par la ruine des deux partis. Ces difficultés n'ont pas dû être étrangères à la disparition de la province de la Marche de la branche qui s'y était établie et y avait eu une nombreuse descendance.

Sylvain Nadault mourut en laissant plusieurs enfants : 1° Anne, qui épousa François Coudert, Sgr des Vareynes, conseiller du roi au présidial de la Marche. Coudert porte : *d'azur au chevron d'or accompagné en pointe d'un agneau paissant d'argent, et un chef cousu d'azur chargé de trois flammes de gueules*; 2° Pierre, Sgr de Pera, capitaine d'infanterie, fournit en 1721, déclaration pour le fief du Moulin de Lautrect, ci-devant le Moulin de Chinault, près Saint-Denis d'Issoudun. Dans les années 1727 à 1729, on le voit soutenir un procès contre Jean Bidault, curé d'Etrechet ; il y est qualifié : « Nouveau seigneur de Fougères et de Châteaufort » ; 3° Etienne, qui suit.

XV. — Etienne Nadaud des Escures, avocat au parlement de Paris, tient le fief de ce nom, en 1724. Il est porté comme absent, sur le tableau des avocats au siège présidial de Guéret, pour les années 1725 et 1729. Les archives de la Creuse renferment diverses pièces relatives à un pillage, avec effraction et violence, dont Etienne Nadaud des Escures fut victime à la fin de l'année 1732. Voici la plainte qu'il porta le 24 mars 1733, au lieutenant-général criminel de la sénéchaussée de la Marche, à Guéret : « Supplie humblement Etienne Nadaud des Escures, seigneur dudit lieu, avocat en parlement, demeurant au dit lieu noble des Escures, paroisse de Glénic, disant que le 13 décembre dernier, étant à la foire de Sainte-Luce, au bourg de Châtelus, pour y faire vendre partie de ses bœufs gras, il fut bien surpris, à son retour audit lieu des Escures, de voir les portes de sa maison forcées et enfoncées, tous ses meubles meublants, même son lit, tous ses effets, titres, papiers, or, argent, bijoux, argenteries, habits, linges et hardes à son usage, même ses armes enlevées, deux de ses armoires et coffre ouverts et les serrures d'icelle forcées et brisées, dans l'une desquelles étaient les habits, linges, dentelles, bijoux, bagues et joyaux de défunte la dame sa mère, toute la batterie de cuisine et la vaisselle, jusqu'à la dernière assiette, et tout ce qui était dedans enlevé. Et ayant demandé à ses mesteyers et voisins s'ils ne savaient pas quelles personnes avaient enfoncé les portes de sa maison, cassé et fracturé ses armoires et coffres et l'huis de son grenier, enlevé tous ses meubles meublants et même son lit, ses effets, titres, papiers, or, argent, bijoux, argenteries, habits, linges et hardes à son usage, même ses armes, les habits, linges, dentelles, bijoux, bagues et joyaux de ladite défunte dame sa mère, toute sa batterie de cuisine et sa vaisselle, jusqu'à la dernière assiette, tous les grains qui étaient dans lesdits greniers, dix vaches ou vesles, une jument et un poulin qui étaient dans les écuries d'un de ses domaines, ils lui dirent qu'ils avaient vu plusieurs hommes armés et attroupés qui étaient entrés dans ladite maison, à force ouverte. Et le suppliant s'étant depuis informé quels étaient ces hommes, il a appris que c'était entre autres le nommé Martial Cyalis, huissier; Jean Miette, Jacques Roully, Honoré Jouanichon et Bernard Lemerle, manants et habitants de cette ville, lesquels, après avoir à coups de coignée rompu et brisé les portes d'entrée de la dite maison, fait couler les verroux avec bayonnettes et autres instruments, entrés dans icelle, forcé et fracturé les serrures de deux armoires et d'un coffre qui étaient dans une des chambres de ladite maison, et pris tout ce qu'ils avaient trouvé dans icelle, forcé la porte du grenier et enfoncé la serrure à coups de coignée et avec violence et enlevé tous les grains qui étaient dans icelluy, avaient, à force de menaces et mauvais traitements obligé Sylvain et Léonard Alasscœur, et Pierre Bau, mesteyers du suppliant de lier leurs bœufs et conduire dans leurs charrettes tout ce qu'ils avaient pris et enlevé dans la maison du suppliant, qui, après avoir découvert les auteurs de ce vol avec effraction de portes, huis, serrures est conseillé de vous en donner sa juste plainte.

» Ce considérant, Monsieur, il vous plaise de donner acte au suppliant de la plainte qu'il vous porte contre les dénommés en la présente requeste des faits contenus dans icelle, circonstances et dépendances, lui permettre d'en informer, et, à cet effet, faire assigner témoingts pardevant vous pour déposer de la vérité des faits y énoncez, pour ladite information faite estre pris par le suppliant telles conclusions qu'il appartiendra, sauf à Monsieur le Procureur du Roy, après que le tout luy aura esté communiqué, de prendre telles conclusions qu'il verra bon estre, pour la vindicte publique, déclarant le suppliant qu'il se rend partie civile. Et vous ferez bien. » Signé : « Nadaud des Escures et Coudert. (1) » Le même dossier renferme les pièces de l'information, suivie les 27 et 28 mars, 4 et 21 avril 1733, par Léonard Guillon, lieutenant-général criminel de la sénéchaussée de Guéret et siége présidial de la Marche, contre Cyalis et ses complices. L'enquête fut continuée l'année suivante, le 8 avril 1734, par les soins de M⁰ Abdon-René Cousturier, Sgr de Fornotte, Soumandres, Ardillac et autres lieux, conseiller-secrétaire du roi, lieutenant civil, assesseur criminel en la châtellenie royale de Guéret, contre messire Jean Fayolle, Sgr de Peysac, conseiller du roi élu en l'élection de la Marche, qui parait avoir été l'instigateur de ces violences. Etienne Nadaud interjeta appel au parlement de Paris, le 4 mai 1733. Le parlement évoqua l'affaire, le 7 septembre 1734. La solution du procès n'est pas connue, mais Etienne Nadaud parait n'être jamais revenu à Guéret. Il mourut avocat au parlement de Paris, sans laisser de postérité.

Descendance de Claude Nadaud de La Robière.

XII ter. — Claude Nadaud de La Robière *alias* de La Rebière, était fils de Jean, frère de Blaise, dont la descendance précède, et de Charles, dont la descendance suivra. Il fournit, en 1669, déclaration du fief de La Rebière, qui provenait du chef de sa femme : « Nadaud (Claude), à cause de Gabrielle Magistry, sa femme, héritière de Gasparde Magistry, sa tante, fief de La Rebière, par Saint-Sulpice (Guéret) (2). » Les armes qui lui sont attribuées par l'*Armorial général* de d'Hozier, sont les mêmes que celles de son frère, Blaise Nadaud des Escures, ayant pour brisure une molette d'éperon à la place de l'étoile : *de sinople à la croix ancrée d'argent, chargée en cœur*

---

(1) Archives de la Creuse, série E, *Sénéchaussée criminelle*.
(2) Don Betencourt, R. 474 p. 305.

d'une molette d'éperon de sable. De son mariage avec Gabrielle Magistry, il eut plusieurs enfants entre autres :

XIII. — Annet Nadaud, Sgr de Pescheradour, juge châtelain de Saint-Fiel, exerçait encore cette magistrature en 1686. Il laissa plusieurs enfants, dont :

XIV. — Pierre Nadaud, Sgr de La Villetelle, épousa Charlotte Gerbaud, dont il a eu : 1° Marie; 2° Pierre, né à Saint-Fiel, le 23 décembre 1678; 3° autre Pierre, qui continue la postérité; 4° Fiacre, né le 8 août 1683; 5° Charles, né le 22 juin 1684; 6° Gabrielle, mariée, le 9 février 1687, à Antoine Cibot, fils de Léonard Cibot et de Léonarde Saulzet; 7° Antoine-René, qui épousa, le 9 février 1687, Marie-Anne Cibot, dont une fille, Marguerite, née le 29 décembre 1688; 8° Jean, marié le 9 février 1687, à Marie Cibot, fille de Jean Cibot et de Catherine Prudon; 9° Gilberte, décédée le 23 février 1695; 10° Annet qui figure, le 26 septembre 1698, en qualité de Sgr de La Villetelle, dans un acte de baptême dressé par le curé de Saint-Fiel.

XV. — Pierre Nadaud de La Rebière, né à Saint-Fiel, le 17 mars 1680, soutint, de 1730 à 1738, d'accord avec son fils Sylvain, un procès contre Charles de Gaucourt.

XVI. — Sylvain Nadaud de La Rebière, Sgr de Bourdesoulles, a, lui-même à soutenir, en 1729, en qualité de donataire de Pierre de Fleury, sieur de Boutroux et de dame Valentin, son épouse, un long et dispendieux procès devant la juridiction de Bourges.

Descendance de Charles Nadaud de Vallette.

XII *quater.* — Charles, frère aîné de Blaise et de Claude, dont la descendance précède, naquit à Limoges, en 1619 et mourut à Saint-Fiel, le 9 juin 1679, à l'âge de soixante ans. Il avait eu quatre enfants de son mariage avec Thérèse Bruneau : 1° Gabrielle, née à Saint-Fiel, le 5 mars 1675, décédée le 25 janvier 1685; 2° Sylvaine; 3° Léonard, né en 1678, décédé le 11 mars 1715, avait épousé, le 2 août 1699, Sylvaine Peyroulx d'Ardilac (Registres paroissiaux de Saint-Fiel et de Clénic); 4° Pierre, qui suit, au § VII.

§ VII. — *Branche du Berry à Issoudun et à Bourges (rameau de la branche de la Marche)*

Nadault, marquis de Vallette, Sgrs de Saint-Sigismond, de Sainte-Lizaigue, de Lignères, etc., porte : *d'argent au chevron de gueules accompagné de deux étoiles de même, et en pointe d'un croissant aussi de gueules surmonté d'une merlette de sable.* (Archives du Cher. — *Armorial général de Bourges.*)

XIII. — Pierre Nadault de Vallette, Sgr de Saint-Sigismond et de Sainte-Lizaigue, fils de Charles Nadaud de Vallette, et neveu de Blaise Nadaud des Escures, et de Claude Nadaud de La Robière (ci-devant à la fin de la branche de la Marche), quitta cette province vers 1695, et vint se fixer à Issoudun (1), où il épousa Françoise Barathon, fille de Pierre-Jacques Barathon, écuyer, conseiller et procureur du roi en l'Hôtel-de-ville d'Issoudun. Barathon porte : *d'azur à une rose d'argent posée en cœur, accompagnée de trois abeilles d'or posées deux en chef et une en pointe.* (*Arm. général.* de d'Hozier, généralité de Bourges, 1697.) Alias : *d'azur à une salamandre d'or et un chef de même chargé de trois feuilles de figuier de sinople.* Pierre Nadault habitait, à Issoudun, la paroisse de Saint-Cyr et tenait de sa femme des droits féodaux sur la moitié de la dîme de lainage de la paroisse de Lezeray-en-Issoudun : « Nadaud (Pierre), Ser de La Valette, pour Françoise Barathon, sa femme, fille de Pierre Barathon, d'Issoudun, moitié de la dîme de lainage en la paroisse de Lezeroy (Issoudun), 1685. Anne, sa fille, *idem*, 1718 et 1720 (2). » Il figure à l'*Armorial général de France* de d'Hozier, avec la mention suivante : « Généralité de Bourges. — Pierre Nadot de Valette, de Sainte-Lizaigue, porte : *de sinople à un écusson d'argent et une fasce de gueules brochant sur le tout, chargée d'une vivre (ou vouivre) d'argent* (3). » Il comparaît en 1723, devant le bailliage criminel de Bourges, au sujet d'une querelle entre lui et Jean Barreau à laquelle les gens des deux parties avaient pris part : « 1723, Jean Barreau, contre Nadau de Valette, de la seigneurie de Saint-Florent, plainte et information au sujet des coups donnés et reçus.» Il mourut vers 1728, possesseur d'une grande fortune, en laissant un fils et une fille : 1° Anne Nadault de Vallette, qui comparait en 1718 et 1720, pour l'exercice de ses droits seigneuriaux sur la paroisse de Lezeroy; 2° Claude, qui suit.

XIV. — Claude Nadault de Vallette épousa, à Issoudun, Marie-Julie de La Châtre, petite-nièce de Claude, duc de La Châtre, maréchal de France, gouverneur du Berry, qui commandait, en 1573, au siége de Sancerre. De ce mariage sont nés : 1° François, chanoine à Issoudun, dont les armoiries se voient à la clef de voûte d'une chapelle de l'église paroissiale. S'étant démis de son canonicat, il prit l'habit de Saint-Benoît, à Citeaux, en Bourgogne, ainsi qu'en témoigne la lettre suivante, écrite à Jean Nadault, de l'Académie des sciences, avocat général à la Cour des comptes de Dijon, qui représentait à cette date la branche de Bourgogne : « A Citeaux, le 7 avril 1737. Les attentions, Monsieur, que vous avez bien voulu avoir à mon égard, m'ont obligé d'écrire à mon frère pour connaître la généalogie de notre famille. Tout ce que je sçay est que Mrs Nadault étaient trois frères, dont le premier s'appelait Nadault de Valette, dont je tire mon origine ; le second s'établit à Guéret en Marche, et se rendit dans sa maison des Ecures. Pour le troisième je n'ai aucune connaissance du lieu où il s'est établi. C'est pourquoy, jusqu'à présent, je n'avoy pas voulu vous entretenir de ce que je ne pouvoy pas savoir parfaitement. Si vous n'avy pas encore eu des nouvelles de mon frère, vous en recevry avant Pasques. Luy qui est sur les lieux n'aura qu'à consulter nos partages de famille pour connaître le troi-

---

(1) Communication de M. Porcheron, notaire à Lignières.
(2) BETENCOURT. — *Noms féodaux, ou noms de ceux qui ont tenus fiefs en France depuis le XIIe siècle jusque vers le milieu du XVIIIe.*
(3) *Etats des armoiries des personnes.* — Généralité de Bourges (Manuscrit de la Bibliothèque nationale.)

sième, qui, selon moy, doit s'appeler Nadault de La Robière... »; 2° Jacques, qui suit.

XV. — Jacques Nadault de Vallette quitta Issoudun pour Lignières où il épousa, le 11 janvier 1762, Marie-Renée-Félicie Cuisinier, fille d'un receveur-général des fermes du roi, qualifié noble homme dans les titres où il figure, sœur d'un chanoine de ce nom, mort à Issoudun à l'âge de cent deux ans. De ce mariage :

XVI. — Claude-François-René Nadault de Vallette, né à Lignières, le 13 février 1764, épousa, à Bourges, Marie-Victoire Augier, sœur du général baron Augier, qui s'illustra, en 1814, par la défense de Bitche. Claude mourut le 6 juin 1812, âgé de quarante-huit ans, après sa femme, décédée le 20 brumaire an XI. Il laissait : 1° Marie-Lucie-Pierrette, née à Lignières, le 6 mai 1792, qui a épousé, le 25 mars 1810, Joseph-François-Duval ; 2° Guillaume, qui suit.

XVII. — Guillaume Nadault de Vallette, né à Lignières, le 26 avril 1790, épousa, à Bourges, Marie-Joséphine Rossignol de La Ronde, et mourut en 1848. Sa veuve lui a survécu jusqu'à l'année 1858. De ce mariage sont issus : 1° François-Ernest, né à Lignières, en 1812, mort le 9 avril 1869, dans sa terre de Savigny-en-Septanie, sans avoir été marié ; 2° Léon-César, qui suit.

XVIII. — Léon-César, marquis de Vallette, marié à Bourges, le 18 juin 1848, à Gabrielle-Diane du Lieu de l'Aubespin, fille du comte du Lieu de l'Aubespin et de Louise Perrin de Précy, fille elle-même du général comte de Précy, connu par la défense de Lyon contre les armées de la Convention. C'est à l'occasion de ce mariage que Léopold II, grand-duc de Toscane, conféra à Léon Nadault de Vallette le titre héréditaire de marquis. Il mourut jeune, à Louviers, où il exerçait les fonctions de receveur des finances. De ce mariage est né, le 26 avril 1852, au château de Boisgibault (Cher), une fille unique, Jeanne-Louise-Victorine, mariée, le 24 juin 1870, à Maurice, vicomte d'Heurtot de Beaufort. Beaufort porte : *de gueules à un cygne essorant au naturel, soutenu d'une croisette d'or, au chef cousu d'azur, chargé de trois larmes d'argent.* La famille de Beaufort était déjà alliée aux Nadault de Buffon par les Petit de Cruzil. (XVII° degré.)

§ VIII. — Branche de Bourgogne, à Montbard et Dijon.

Nadault, *alias* de Nadault de Buffon, S^gr de Saint-Rémy, de La Berchère, des Berges, des Bordes, des Harems, co-seigneur de Montbard et Buffon, substitués aux nom et titre du grand naturaliste français Buffon, porte : *d'azur à trois haches d'armes ou consulaires d'argent entourées d'un faisceau de verges d'or liées d'argent, posées 2 et 1* (Peincédé, *Histoire de la cour des comtes de Bourgogne*, msc. — D'Arbaumont, *Histoire de la chambre des comtes de Dijon.*), ou : *Ecartelé, aux 1er et 4e d'argent plein ; aux 2° et 3° d'azur à trois haches d'armes ou consulaires d'argent entourées d'un faisceau de verges d'or, liées d'argent, posées en pal, deux sur le second quartier et une sur le troisième; sur le tout une bande de gueules chargée de trois étoiles d'argent.* (Henri Personne, *Arm. de Bourgogne* ; Des Marches, *Histoire du Parlement de Bourgogne*).

XIII bis. — Jean Nadault, écuyer, S^{gr} de La Berchère, Saint-Rémy, Les Bordes et autres lieux en Bourgogne, fils de Martial Nadault et de Marie-Barbe Fitz-Barin de Champdose (§ I, au degré XIV), naquit à Champsac, près Châlus en Limousin, en 1629, et arriva, vers 1650, à Montbard, en Bourgogne, avec Jean-Marc et Anet de Coustin du Mas-Nadaud, ses parents. Jean-Marc de Coustin du Mas-Nadaud venait prendre possession, en qualité d'abbé commendataire de la riche abbaye de Fontenay (ordre de Citeaux), près Montbard. Il fut abbé de Fontenay de 1677 à 1709. Anet, d'abord abbé du Chaslard, en Limousin, lui succéda de 1709 à 1722. Il avait tenu, le 8 février 1669, sur les fonds de baptême, un enfant de Jean Nadault : « Du huitième jour de février 1669, a été baptisé Annet, fils de Jean Nadot et de Edmée Esprit. Ses parrain et marraine ont été messire Annet Coustin du Mas-Nadaud, abbé de Chaslard, et damoiselle Bourget de Torcy de Lantilly. » Jean, signalé par son savoir et sa fortune, occupa un rang important dant la ville où il avait fixé son séjour. Sous l'administration des deux abbés de Fontenay, ses parents, il devint bailly et juge civil des terres de l'abbaye, et habita, en cette qualité, le manoir de Saint-Rémy, propriété des moines de Fontenay. En 1665, Jean Nadault est délégué, comme échevin de Montbard, pour accompagner le maire aux Etats-Généraux : « Cejourd'hui, quatorzième may 1665, en la chambre du conseil de cette ville de Montbard, nous, magistrats subsignés et assemblés pour députer quelques-uns de nous pour assister aux Etats-Généraux de Bourgogne convoqués au seizième du présent mois de may, avons nommé et député Mre Jean Nadault, l'un de nos eschevins, pour accompagner le sieur Blaisot, mayeur, prendre aux dits Etats la séance pour ladite ville, et là faire ce qu'ils adviseront bon estre pour le service du roy, l'utilité de la province et celuy particulier de ceste ville. »

Elu maire de Montbard le 27 juin 1666, il fut réélu en 1667 et les années suivantes jusqu'à l'année 1672, ainsi qu'en témoigne une lettre adressée par le prince de Condé, gouverneur de Bourgogne, à ses bons amis les habitants de la ville de Montbard : « Paris, 28 mars 1672. Etant informé que le S^r des Bordes s'est acquitté jusques ici de la charge de maire de la ville de Montbard avec la satisfaction publique, j'estime que ceux qui ont droit de donner leurs suffrages à la première élection qui se doit faire de la magistrature de la dite ville, ne sauraient mieux faire que de le continuer en cet employ, et je leur en sauray gray. Henry-Jules de Bourbon. » Le 19 décembre 1677, Jean Nadault fut élu du tiers-état, en sa qualité de maire de Montbard, aux Etats-Généraux de Bourgogne. La qualité de maire d'une ville du duché de Bourgogne ayant droit d'être représentée aux Etats de la province, entraînant l'élection dans l'ordre du tiers-état, le titulaire fut il même dignitaire de le couronne. Le procès-verbal de cette élection, auquel on voit signer les ancêtres de Buffon et de Daubenton, mérite d'être conservé : « Jean Nadault, mayeur de la ville et commune de Montbard, savoir faisons que cejourd'hui dimanche dix neufvième du mois de décembre mil six-cent-soixante et dix-sept, sur les réquisitions de Me Louis Leclercq, procureur-syndicq de la ville de Montbard, nous nous sommes acheminez en la chapelle de Saint-Thomas, lieu ordinaire à tenir les Assemblées-Publiques, où estant, sur l'heure de trois après midy, le dict syndicq nous a remontré qu'il a fait convoquer la présente assemblée au son de la cloche, en la manière accoustumée, pour donner advis aux habitants du décedz de noble Claude Le Mulier, avocat en Parlement, demeurant audict Montbard, par eux nommé à la charge d'eslu du Tiers-Estat en ceste province, pour la triennalité présente, commencée du deuxiesme janvier dernier ; et ensuite pour avoir leurs suffrages affin de nommer en son lieu et place l'un des habitants de la dicte ville capable de pouvoir constinuer la dicte charge pour les deux années suivantes, attendu le privilége accordé à ceste ville pour la nomination de l'eslu du tiers-estat pour la dicte présente triennalité, laquelle nomination ils feront néanmoing agréer à S. A. S. Mgr le Duc, gouverneur de cette province, qui sera suppliez de vouloir conserver ceste dicte ville en ses droits et priviléges. C'est pourquoy, attendu que l'Assemblée est nombreuse et composée de tous les notables habitants du dict Montbard, le dict syndicq nous a requis de déclarer y celles bonnes et valables, et ordonner que tout ce quy sera faist et décretté vaudra et tiendra. Surquoy faisant droict, ayant esgard que la dicte Assemblée est fort nombreuse, nous avons déclarés y celle bonne et valable, et ordonné que tout ce qui y serait décrété pour ce présent faict vauldra et sera exécusté ; et ensuite ayant pris le sentiment des dicts habitans pour la nomination d'ung d'entre eux pour continuer la charge d'Eslu du Tiers-Etat pendant les deux années présentes au lieu et place du feu S^r Le Mulier, cy-devant par eux nommé, les dicts habitans d'une voye unanime et d'ung mesme consentement ont nommé et nomment par les présentes mondict Sr Nadault, mayeur en la dicte charge d'Eslu, pour le dict temps, suivant le privilége à eulx accordé, suppliant très humblement S. A. S. de vouloir, par son autorité, les y maintenir, et, pour cet effet, d'agréer la nomination de mon dict Sr Nadault, mayeur. Pour ce donnant les dicts habitans tous les pouvoirs nécessaires, et mesme de faire voyage auprès de S. A. pour l'effet des présentes, luy promettant toute indempnité, eu esgard que c'est pour maintenir et conserver les droits de la dicte ville. Dont acte, En foy de quoy nous nous sommes subsignés avec le dict syndicq, les habitans le sachant faire, comme aussy M^{tre} Pierre Ladrée, secrétaire de la dicte ville. (Ont signé :) Nadault ; Le Clerc, sindicq ; Lorrain, premier eschevain ; Daubenton, ancien mayeur ; Turreau, ancien eschevain ; Bigarne, notaire ; Chevallier, contrôleur au grenier à sel ; Lunet, ancien eschevain ; Charillot ; Guilleminot, ancien eschevain ; Monchinet ; Euemin, bourgeois ; P. Martinot ; F. Bichard, ancien eschevain ; P. Narteau, ancien procureur, syndicq ; J. Monchinet ; Coquard ; Pierre Lorin, ancien eschevain ; N. Cheminet ; P. Narteau ; Colas ; J. Monchinet ; J. Guillaume ; E. Janon, ancien eschevain ; Audoc ; Antoine Janon ; Léon Bouillet ; Pierre Lion ; Jean d'Espoisses ; T. Bigarne ; G. Godin ; Talry ; G. Guillet ; Louis d'Orin ; Lominée ; Despoisse ; Monchinet ; Bocquin ; A. Coippie ; T. Cellier ; Brouard ; N. Bigarne ; J. Boutvoux ; Sellier. »

Le prince de Condé approuva le choix de la commune : « Paris, 21 janvier 1678. Monsieur Nadault, J'ai reçue votre lettre par laquelle vous me mandés vostre nomination à l'employ d'Eslu du tiers-estat conformément à ce que j'en avais escript à Messieurs de la ville de Montbard. Je suis bien aise que cela se soit bien passé, et suis persuadé que vous y ferés bien vostre debvoir. Cependant, vous pouvez l'estre de ma bonne volonté, et que je suis, Monsieur Nadaut, vostre meilleur amy. Henri-Jules de Bourbon. »

Jean Nadault se distingua aux Etats par sa fermeté et son savoir. Il était pourvu de la charge de président au grenier à sel de Montbard, et de celle de maître des postes du duché de Bourgogne. Cette dernière charge nécessitait des preuves de noblesse. Il était receveur des octrois de la ville. Il a laissé un recueil en deux forts volumes in-folio des *Cartulaires de la ville de Montbard*. « Ces titres, dit l'abbé Courtepée, dans son *Histoire du duché de Bourgogne*, sont tirés du Cartulaire de la ville, recueilli par Jean Nadault, zélé citoyen. Ils méritent d'être conservés avec d'autant plus de soin qu'on ne les retrouve plus à la Chambre des comptes de Dijon, d'où ils furent tirés par ordre de Louis XIV, dans le temps du grand procès de Philippe Aubery avec le fermier, pour la domanialité, en 1680. » Jean Nadault, est qualifié noble dans de nombreux titres authentiques et publics, notamment dans un acte de partage du 23 juillet 1693, et dans le contrat de mariage de Jean son fils, du 18 février 1699, actes reçus par M° Doublot, notaire royal à Montbard.

Il mourut le 9 septembre 1691, à l'âge de 61 ans, et fut inhumé dans l'église paroissiale de Saint-Rémy, où sa tombe se voit en face du maître autel :

> ICY REPOSE LE CORPS DE
> JEAN NADOT, CONSEILLER DU
> ROY, PRÉSIDENT AU GRENIER A SEL
> DE MONTBAR, ESLU DU TIERS-ESTAT
> EN BOURGOGNE, BAILLIF DES TERRES
> DE FONTENETS, QUI DÉCÉDA LE 9 DE SEP-
> TEMBRE 1691 AAGÉ DE SOIXANTE-UN ANS.
> PRIEZ DIEU
> POUR LE REPOS DE SON AME.

Il avait épousé en 1660, Edmée Esprit, fille de Symon Esprit et de Anne de Filston, d'une ancienne famille patricienne de Langres. Cette famille porte : *d'argent à l'aigle éployée de sable, au chef d'azur, chargé de trois sautoirs alezés d'argent*. De ce mariage sont nés : 1° Françoise, née à Montbard le 30 septembre 1661, mourut en 1772 après avoir vécu cent onze ans. Elle avait épousé le 17 juin 1686, Henry-Sylvestre de La Forest, écuyer, conseiller du roi, maître-particulier des eaux et forest au bailliage d'Auxois, élu aux Etats-généraux de la province pour la triennalité de 1712, à la place de Jean Nadault son beau-frère décédé. Il était fils de noble, Claude-Sylvestre de La Forest et de D^{lle} Marie Clerc. Ses armes sont : *d'or au chêne arraché de sinople*; 2° Jeanne, née le 30 janvier 1663; 3° Gilette, née le 18 septembre 1667; 4° Anet, né le 8 février 1669; 5° Charles, né le 21 août 1670 ; 6° Jacques, né le 12 juin 1671 ; 7° Edmée, né le 7 mars 1674; 8° Edmée, née à Montbard le 13 mai 1664, religieuse aux Ursulines de Montbard le 4 octobre 1689, mourut supérieure de cette maison, le 6 août 1773, à l'âge de cent quatre ans, 9° Cécile, née à Montbard le 19 mars 1666, avait épousé, le 2 juillet 1692, Jacques de Fromager S^{gr} de Nogent, les Laumes, le Patis, de Rouvres, Saint-Phal, et de Menan, l'un des plus opulents seigneurs de son temps. Il était fils de Nicolas de Fromager et de Marguerite Briandot. Cécile Nadault mourut à Montbard le 5 septembre 1694, et fut inhumée à Nogent. Edmée-Cécile de Fromager, dame de Nogent, sa fille unique, mourut, à son tour, le 15 mars 1758, sans avoir été mariée. Fromager porte : *d'azur à trois dauphins d'argent adossés*; 10° Jean, qui suit.

XIV. — Jean Nadault, écuyer, conseiller du roi, Sgr de Montbard en partie, La Berchère, Saint-Remy, La Mairie, Les Harens, Les Berges, etc., naquit à Montbard le 12 octobre 1672. D'abord président du grenier à sel, en survivance de son père, il fut pourvu de la charge de maire perpétuel et gouverneur de Montbard, le 10 décembre 1695. Cet office avait été retiré à l'élection, pour être réuni aux charges de la province. Mais comme il n'était âgé que de vingt-trois ans, Louis Le Clerc, aïeul de Buffon, châtelain du château, son parent, fut commis pour en remplir l'office jusqu'à ce qu'il eût atteint sa vingt-cinquième année. Jean Nadault eût à soutenir, comme maire, un procès dans lequel les priviléges de la justice communale étaient en cause. Le Parlement lui reprochait d'avoir exercé le droit de haute justice en condamnant à mort et en faisant exécuter un nommé Rhoidot, accusé d'avoir tué son frère. Le procès dura dix ans ; Jean Nadault le gagna. Il voulut se démettre de sa charge en 1699 : « Du dix-huitième février 1699, en l'Hôtel de Ville, où estaient les sieurs eschevains, et le sindicq, vu l'advis qui avait été donné à la chambre que M. Nadault despouzait demain 19 du put mois, il a esté délibéré qu'il sera visité par nous lesditz sieurs eschevains et le sindicq, et prié de continuer ses soings et son zèle pour la protection de ceste ville : Doublot. » Jean Nadault, en sa qualité de maire et de gouverneur de Montbard, eut plusieurs fois occasion de faire les honneurs de la ville et du château de Montbard et de son château de Saint-Remy aux princes du sang et aux Enfants de France. Il reçut notamment, en janvier 1699, le prince de Conti, au-devant duquel les magistrats municipaux allèrent jusqu'à Aisy, et en juillet 1700, le prince de Condé. Elu en 1709 pour les Etats-Généraux de 1712, il mourut le 30 décembre, avant d'avoir pris séance, âgé seulement de trente-sept ans ; Henry-Sylvestre de La Forêt, son beau-frère, conseiller au bailliage et chancellerie de Dijon, lui succéda à la mairie et siégea à sa place aux Etats-Généraux de 1712 à 1715. Son portrait peint par Rigaud a figuré pendant l'Exposition universelle de 1878, dans la galerie des portraits nationaux, au Trocadéro. Il a été reproduit par Braun. Jean Nadault avait sa sépulture à l'église Saint-Jean-Baptiste de Montbard, dotée par son père. Cette église ou chapelle où MM. Nadault ont eu pendant près de deux siècles leur sépulture était attenante à leur hôtel, et ils pouvaient assister à l'office divin d'une tribune communiquant à leurs appartements. Jean II avait épousé le 18 février 1699, Jeanne Colas, nièce de l'oficial de l'évêché de Langres, arrière petite-fille de Jacques Colas, comte de Rocheplate et de La Fère, grand-prévôt de France et lieutenant-général de la Ligue pour le duc de Mayenne. Colas porte : *d'or au chêne de sinople et au sanglier passant de sable*.

Cette famille subsiste dans l'Orléanais où elle a fourni deux branches, les Colas comte des Francs et les Colas de La Noue, dont M. de La Noue-Billault, gendre du ministre de Napoléon III, ancien secrétaire général du Conseil d'Etat, conseiller général de La Loire-Inférieure, commandeur de la Légion d'honneur, beau-frère de M. Busson-Billault, ancien ministre de Napoléon III, commandeur de la Légion d'honneur.

Du mariage de Jean Nadault et de Jeanne Colas sont issus : 1° Françoise-Edmée, née le 20 avril 1700, décédée le 23 novembre de la même année ; 2° Edmée-Catherine, née à Montbard, le 25 novembre 1705, mariée le 17 septembre 1732, à Edme Doublot, conseilller du roi, avocat au Parlement, maire et lieutenant-général de police de la ville de Montbard, contrôleur au grenier à sel, élu aux Etats-Généraux de 1748. Au contrat ont signé : d^lle Antoinette Nadault, sœur de la future épouse ; Edmée de Formager, demoiselle et dame en partie de Nogent, cousine-germaine ; d^lle Marie de La Forêt, aussi cousine-germaine ; messire Jean de Formager, écuyer, S^gr en partie de Nogent ; messire Jean Bréon, ancien conseiler du roi, contrôleur au grenier à sel de Montbard ; messire Jean-Baptiste Bréon, avocat au Parlement ; messire Jean Daubenton, bailly des terres de l'abbaye de Fontenay ; messire Pierre Daubenton, avocat au Parlement, bailli des terres de l'abbaye de Moutier-St-Jean ; messire François-Benjamin Le Clerc, conseiller au parlement de Bourgogne ; messire George-Louis Le Clerc, écuyer, S^gr de Buffon (le grand Buffon, alors âgé de vingt-cinq ans) ; messire Jean de La Roche, écuyer, demeurant à Nogent ; messire Pierre Tircy, écuyer, S^gr des Marches, tous parents et amis ; le S^gr Chamereau, prieur d'Aizy, oncle du futur ; demoiselles Jeanne et Edmée Doublot, ses sœurs ; messire Jean-Marc Royer, seigneur-abbé de Peyraux, chevalier de Notre-Dame de Mont Carmel, etc., etc. Doublot porte : *d'azur à un double O majeur enlacé d'or.* Edmée-Catherine, mourut le 9 janvier 1767, à l'âge de soixante-trois ans, sans laisser d'enfants. Elle fut une des bienfaitrices de l'hôpital de Saint-Jacques de Montbard, comme l'établit une délibération du 16 novembre 1768 : « Pour manifester les sentiments de reconnaissance et de sensibilité dont les administrateurs de l'hospice de Montbard sont pénétrés, MM. Babelin et Rigoley ont été priés de faire de très humbles remerciements de la part du bureau à la famille de MM. Nadault, en lui témoignant qu'on ne peut assez louer son attention à observer scrupuleusement les intentions de ladite dame bienfaitrice, qui avait seulement laissé entrevoir qu'elle était en disposition de faire du bien à cet établissement ; » 3° Pierre-Edme, écuyer, né à Montbard, le 5 avril 1708, mourut le 31 décembre 1781, à l'âge de soixante-quatorze ans, après avoir écrit son testament, le 22 avril 1780 ; il fut inhumé dans la chapelle de St-Jean-Baptiste. Il avait été pourvu le 12 avril 1727, d'une charge de chef de panneterie chez le roi, à la place de Jean Vaussin, son parent. Il résigna le 31 mars 1752, après vingt-cinq ans d'exercice, et obtint des lettres de vétérance ou d'honneur, le 1er avril suivant. Il avait épousé le 16 mai 1755, Marie de La Roche-Biron, décédée à Montbard, le 24 avril 1774, âgée de quarante-huit ans. Il n'est point issu d'enfants de ce mariage. La Roche-Byron porte : *écartelé aux 1er et 4° d'azur au chevron d'or accompagné de trois larmes d'argent, celle de la pointe soutenue d'un cerf passant de même aux 2e et 3° écartelé d'or et de gueules* (qui est de Biron) ; 4° Antoinette, née à Montbard le 27 mai 1709, décédée le 4 octobre 1770, a été inhumée dans la chapelle seigneuriale de l'église de Buffon. Cette sépulture ou enfeu où ont été déposés divers membres des familles Leclerc et Nadault a été restaurée en 1868 ; par les soins de M. l'abbé Simon, curé de Rougemont et Buffon. Antoinette Nadault, avait épousé le 30 décembre 1732, son cousin François-Benjamin Le Clerc de Buffon, né à Montbard, le 1er mars 1683, conseiller du roi, président du grenier à sel. Il fut pourvu le 14 juin 1720, d'un office de commissaire-général des maréchaussées de France, conseiller au Parlement de Bourgogne, sur la démission en sa faveur de François-Samuel Rigolier de Puligny, et résigna le 13 novembre 1742 en faveur de François-Samuel Rigolier de Parcey. Après vingt-deux ans de service, il obtint des lettres d'honneur le 12 mai 1742. Il mourut à Montbard, le 23 avril 1775, à l'âge de quatre-vingt-douze ans, et fut inhumé dans la chapelle seigneuriale attenante à l'église de Montbard. Son portrait a été peint par Dubois. Le portrait d'Antoinette Nadault a été peint par Mignard jeune. La famille Le Clerc, qui porte : *d'argent à la bande de gueules, chargée de trois étoiles aussi d'argent*, est originaire du Nivernais. Une de ses branches s'établit en Bourgogne à la fin du xvi*e* siècle. C'est celle qui a produit le grand Buffon. Sa généalogie remonte à Robert-Etienne Leclerc, anobli en 1349 par Philippe de Valois « pour les services que Jehan, son fils, lui a rendus, tant en la guerre comme aultrement ». Cette maison qui a formé plusieurs branches illustrées par leurs services et leurs alliances, notamment celles des comtes de Flavigny, des Leclerc de La Motte, comtes de La Forêt, d'Accolay et de Juvigny, est alliée aux Craon, aux Montmorency, aux Noailles, aux Aubigné, aux Royan, à la maison de Bourbon. Elle a donné un chancelier de France sous Charles VI, des maîtres des requêtes, des conseillers d'Etat, des conseillers au Parlement de Paris. La généalogie de cette maison par L.-P. Desvoyes, a été publiée en 1875, dans le *Bulletin de la Société des sciences historiques et naturelles de Semur*.

François-Benjamin Le Clerc de Buffon avait eu d'un précédent mariage, contracté le 9 août 1706, avec Anne-Christine Marlin, d'une famille noble de Semur à laquelle se rattache Royer Collard, cinq enfants, dont : Georges-Louis Le Clerc, comte de Buffon, intendant du jardin du roi, membre de l'Académie française, trésorier perpétuel de l'Académie des sciences, membre de la Société royale de Londres, des Académies de Dijon, d'Edimbourg, de Berlin, de Saint-Pétersbourg, de Padoue, des Arcades, des Quirites de Rome, et de presque toutes celles de l'Europe, vicomte de Quincy, marquis de Rougemont, vidame de Tonnerre, S*gr* de Montbard, la Mairie, les Harems, etc., l'immortel auteur de l'histoire naturelle, né à Montbard le 7 septembre 1707, mort à Paris le 16 avril 1788, à l'âge de quatre-vingt-un ans, inhumé dans la chapelle seigneuriale de Montbard.

Le comte de Buffon (le naturaliste), marié lui-même, le 21 septembre 1752, à Marie Françoise de Saint-Belin Malin, de l'ancienne maison de ce nom, dont les armes sont à Versailles (salle des Croisades), a eu une fille morte en bas âge et un fils, Georges-Louis-Marie, né le 22 mai 1764, marié en premières noces, le 4 janvier 1784 à Marguerite-Françoise de Bouvier de La Motte de Cepoy, fille du marquis de Cepoy, et en secondes noces, le 22 ventose an II (12 mars 1793), à Elisabeth-Georgette Daubenton, nièce du collaborateur de Buffon. Il eut pour témoins de son mariage Vicq d'Azir, Guyton de Morveau et Condorcet. Il monta sur l'échafaud révolutionnaire, colonel de cavalerie, à vingt-neuf ans, sans laisser d'enfants, le 7 thermidor an II (10 juillet 1793), deux jours avant le 9 thermidor, en même temps que le fils de La Chalotais et André Chénier. Il mourut bravement. Avant de se livrer au bourreau, il prononça ces seules paroles : Citoyens, je me nomme Buffon. La comtesse de Buffon, sa veuve et sa légataire universelle, est décédée au château de Montbard, le 16 mars 1852, après avoir fait, le

9 novembre 1850, son testament en faveur d'Alexandre-Henri et de Renée-Louise Betzy Nadault de Buffon, petit neveu et petite nièce de son mari, dont ils portaient le nom depuis le 20 janvier 1835, « J'institue pour mes légataires universels M. Alexandre-Henri et M*lle* Renée-Louise Betzy Nadault de Buffon. Je désire en leur donnant cette preuve d'affection, témoigner par là de l'attachement que j'ai pour eux et leur père, et de la reconnaissance que je conserverai jusqu'à mon dernier soupir, de la tendresse et des bontés dont j'ai été comblé par mon mari, voulant que les restes de la fortune qu'il m'avait léguée retournent à ceux de sa famille qui portent maintenant son nom. » (Voir aux degrés XVIII et XIX.)

De son second mariage avec Antoinette Nadault, François Benjamin Leclerc de Buffon eût deux enfants : A. — Pierre-Alexandre Leclerc, chevalier de Buffon, maréchal de camp des armées du roi, chevalier de Saint-Louis du Lys et de la Légion d'honneur, né à Buffon, le 23 juin 1734, mort à Montbard, le 23 avril 1825, à l'âge de quatre-vingt-onze ans. Volontaire aux grenadiers de Navarre, il se distingua à la bataille d'Hastembeck, fut nommé enseigne sur le champ de bataille, le 2 octobre 1757; devint lieutenant le 20 mai 1758 et capitaine le 13 avril 1761. Après la prise de Cassel à laquelle il avait contribué et dont le duc de Broglie l'avait nommé gouverneur, il quitta, le 22 juin 1767, le régiment de Navarre et devint major du régiment de Lorraine. Lieutenant-colonel le 3 mars 1774, il prit part à la conquête de la Corse et devint second colonel titulaire du régiment de Lorraine le 27 avril 1783. Maréchal de camp le 28 octobre 1790, il quitta le service pour s'adonner aux lettres et aux arts. Il a collaboré à la *Collection académique*, le premier essai qui ait été tenté dans ce genre, la sœur aînée bien qu'avec un esprit différent de l'encyclopédie de d'Alembert et Diderot, et y a donné une collaboration active. On a de lui des opuscules en vers et en prose : *Conseils aux jeunes gens*, *De l'amour de la gloire*, 1789, un journal de sa vie, etc. Le *Mercure* a publié de ses poésies. « Le chevalier de Buffon, dit Humbert-Bazile dans ses mémoires, écrivait avec pureté et parlait de même. Il faisait des vers avec facilité, il cultiva la peinture avec succès ; on a de lui des pastels estimés. Le chevalier de Buffon a écrit un éloge de son frère qui a servi à Condorcet et à Vicq-d'Azir. Il résulte de l'avertissement placé en tête de l'édition Bernard, de l'*Histoire naturelle*, en l'an XI, que Buffon avait jeté les yeux sur lui pour diriger une nouvelle édition de son immortel ouvrage. « Buffon avait le projet de refondre en entier la théorie de la terre avec les suppléments. Il m'avait choisi pour son collaborateur, j'avais commencé cet ouvrage sous ses yeux, mais à sa mort, j'ai trouvé le fardeau au-dessus de mes forces, et j'y ai renoncé. » (T. I, p. 9.) Buffon mourant avait confié son fils à son frère et à son beau-frère : « Je nomme et choisit pour exécuter mes dernières intentions, M. le chevalier de Buffon, mon frère et M. le chevalier de Saint-Belin, mon beau-frère. Je les prie de vouloir bien me donner cette dernière preuve de leur attachement et d'aider de leurs conseils mon fils. Je l'exhorte à se conduire en tout par les sages avis de ses oncles. » (Testament de Buffon, 4 décembre 1787.) Le portrait du chevalier de Buffon a été gravé par Levasseur. — B. Catherine-Antoinette Le Clerc de Buffon, mariée le 24 juillet 1770 à Benjamin-Edme Nadault, conseiller au Parlement de Bourgogne, son cousin-germain. (Voir le XVI*e* degré); 5° Jean, qui suit.

XV. — Jean III Nadault, écuyer, conseiller du roi en tous ses conseils, Sgr en partie de Montbard, la Berchère, la Mairie, les Harems, les Bordes, de l'Académie des sciences, de l'Académie de Dijon, etc., naquit à Montbard le 25 octobre 1701, et y mourut, le 17 novembre 1779 à l'âge de 78 ans. Il fit ses études chez les Jésuites, à Dijon, en même temps que Buffon, prit ses grades à l'Université de Besançon et fut reçu, à vingt ans, avocat au Parlement. « Me Jean Nadault, licencié es droitsen l'Université de Besançon, présenté par M. de La Forest, a été reçu au nombre des avocats, du consentement des gens du Roy, après avoir presté le serment accoutumé. — Fait en parlement à Dijon, le jeudi septième d'aoust, mil sept cent vingt-un. » Jean Nadault fut pourvu, en 1729, de l'office de maire de Montbard, gouverneur et grand prévôt de la ville, office qu'il exerçat jusqu'au 6 août 1730, où il succéda à Regnaud Chevignard dans la charge d'avocat-général au Parlement et à la cour des comptes de Bourgogne. « Monsieur, — lui écrivait à cette date le Garde-des-Sceaux Chauvelin, — la manière dont vous vous êtes acquitté des fonctions qui vous ont été confiées, me persuade aisément du zèle avec lequel vous remplirez la place d'avocat-général en la Chambre des comptes de Dijon. Je scelleray avec plaisir vos provisions et votre dispense d'âge dès qu'elles me seront présentées, ne doutant pas que vous n'apportiez dans l'exercice de cette charge toute l'attention qu'exigent le service du roi et l'ordre public. — Je suis, Monsieur, votre affectionné serviteur, — Paris, le 9 juillet 1730. — Chauvelin. » Jean Nadault résigna, le 13 mars 1751, après vingt-et-un ans d'exercice, en faveur de Jean Morel, et obtint, le 17 septembre suivant, des lettres d'honneur. Mais comme il avait négligé de les faire entériner par le Parlement, il dut obtenir des lettres de surannation enregistrées à la Cour des comptes le 27 mai 1777. Comme son père, Jean Nadault, maire de Montbard, eut à soutenir un long procès contre Jean-Baptiste d'Espoisse, prévôt-châtelain du château, qui revendiquait pour la couronne l'exercice des droits de justice et l'attribution des priviléges municipaux. On trouve à la Bibliothèque nationale des mémoires relatifs à ce procès. Le maire de Montbard gagna la cause des franchises municipales ; la charge de prévôt-châtelain du château fut supprimée et réunie à la Mairie. Jean Nadault se fit remarquer comme avocat-général par sa connaissance approfondie du droit et des coutumes, par une éloquence sobre et grave et une rare aptitude au travail. Dans ses loisirs il s'adonnait aux sciences, à l'histoire naturelle, à la chimie, à la minéralogie. Il fonda avec Beyrriat, Gueneau de Montbeillard, Daubenton, la *Collection académique*, vaste encyclopédie qui devait embrasser l'ensemble des connaissances humaines. On a de lui un remarquable ouvrage sur le règne minéral, un mémoire sur le sel de chaux inséré dans le *Recueil de l'Académie des sciences*, divers articles scientifiques dans les *Recueils de l'Académie de Dijon*. Il a traduit du latin en collaboration avec Daubenton : *Acta Academiæ naturæ curiosorum*. Après avoir été le premier maître d'histoire naturelle de Buffon, son neveu par alliance, et secondé une vocation que le père du naturaliste combattait, Jean Nadault devint son collaborateur à l'*Histoire des minéraux* qui renferme plusieurs de ses mémoires et expériences sur la terre, le marbre, la pierre, le gypse, etc. Jean Nadault a laissé un grand nombre de manuscrits, notamment une *Histoire de Montbard*, dont une copie a été déposée par

Daubenton à la Bibliothèque nationale (cabinet des manuscrits). Il avait formé, dans son hôtel de Montbard, un des premiers cabinets d'histoire naturelle qui aient existé en France. Toutes les biographies le représentent comme un savant distingué, un magistrat éminent, un homme de bien. L'abbé Courtepée, dans sa *Description du duché de Bourgogne*, place son nom parmi ceux des hommes illustres de la province. A la suite de son *Mémoire sur le sel de chaux*, il fut reçu, le 2 février 1749, correspondant de l'Académie des sciences, membre de l'Académie de Dijon le 11 décembre 1761. Il fit plusieurs fondations à l'hospice de Montbard et mérita le surnom de *Père des pauvres*. Il a sa sépulture dans la chapelle seigneuriale de Montbard, à côté de Buffon. Son portrait a été peint par Largillière. Jean Nadault avait épousé, le 22 février 1739, Jeanne-Louise de Rivière, d'une famille de Normandie, fille de Jacques de Rivière, capitaine au régiment d'Aunis (cavalerie), tué devant Béthune, le 18 août 1710, et d'Edmée Guilleminot, d'une famille noble originaire de Montbard, dont le dernier représentant a été le général comte Guilleminot, lieutenant-général, pair de France, ambassadeur à Constantinople, grand'croix de la Légion d'honneur, connu par l'expédition d'Espagne, *l'Ordonnance d'Andujar* et par ses *Mémoires*; Edmée Guilleminot mourut à Montbard le 21 janvier 1781, et fut inhumée dans la chapelle Saint-Jean. De Rivière porte : *d'azur au chevron d'or accompagné de trois roses d'argent*. De ce mariage sont issus : 1° Pierre-François, né le 22 novembre 1739, décédé le 29 mai 1746 ; 2° Jean-Pierre-Edme, né le 27 juillet 1741, mort la même année que son frère, le 7 juin 1746 ; 3° Benjamin-Edme, qui suit.

XVI. — Benjamin-Edme Nadault de Buffon (1), écuyer, S^{gr} en partie de Montbard, Buffon, La Berchère, Les Laumes, Les Bordes, etc., conseiller au Parlement de Bourgogne, de l'Académie de Dijon et de la Société des beaux-arts de Paris, est né à Montbard, le 22 janvier 1748. Le 23 mai 1770 il fut pourvu, avec dispense d'âge motivée sur les services de son père, d'un office de conseiller au Parlement de Bourgogne et exerça jusqu'à la suppression des cours souveraines (7 septembre 1790). Pendant vingt années de magistrature, Benjamin Nadault de Buffon se distingua par son savoir, la rectitude de son jugement, sa droiture et sa fermeté. Il avait un goût passionné pour les arts, la peinture notamment qu'il cultiva avec succès. Il a laissé un ouvrage manuscrit sur l'art de peindre. Il encouragea de ses conseils, de sa bourse et de son crédit les artistes bourguignons, en tête desquels figurent

---

(1) Il avait ajouté à son nom le nom de sa femme, Catherine-Antoinette Le Clerc de Buffon, possédant lui-même des droits seigneuriaux sur la terre de Buffon. Toutefois cette adjonction ne fut régularisée qu'en 1835, à la demande de la comtesse de Buffon, par une ordonnance royale : « M. Benjamin Nadault, né le 2 février 1804, à Montbard (Côte-d'Or), ingénieur des Ponts-et-Chaussées, demeurant à Chaumont (Haute-Marne), est autorisé à ajouter à son nom celui de Buffon qui est le nom de son grand-oncle maternel (lisez paternel). (20 janvier 1835. *Bulletin des Lois*. Année 1835. N° 5656, page 31.)

Déjà, en 1819, le chevalier de Buffon avait manifesté l'intention de transmettre régulièrement le nom de Buffon à ses neveux : « M. de Buffon, ancien maréchal de camp, chevalier de Saint-Louis et de la Légion d'honneur, s'est pourvu à l'effet d'obtenir l'autorisation de transmettre le nom de Buffon à MM. Nadault père et fils, propriétaires à Montbard, ses neveu et petit-neveu. » (*Journal officiel* du 14 février 1819, page 179.) Depuis l'année 1833, les Nadault de Bourgogne sont, de fait et de droit, substitués aux nom, titres et armes des Le Clerc, comte de Buffon.

Greuze, Prud'hon et le paysagiste L'Allemand. Comme membre de l'Académie de Dijon et en qualité d'élu des états de Bourgogne, il contribua, en 1780, à enrichir le musée de cette ville de la précieuse collection des plâtres moulés sur l'antique provenant de Raphaël Mengs. Benjamin Nadault de Buffon est mort le 17 février 1804, à l'âge de cinquante-six ans, et a été inhumé dans la chapelle seigneuriale de Buffon, à côté d'Antoinette Nadault et d'autres membres de sa famille. Il avait fait, avant de mourir, des fondations pieuses à l'hospice de Montbard, enrichi par les libéralités de sa famille, et sans avoir été inquiété pendant la Terreur, tant son nom était aimé et respecté de toute la contrée. Il avait épousé, le 24 juillet 1770, avec dispenses en cour de Rome, sa cousine-germaine Catherine-Antoinette Le Clerc de Buffon, sœur puînée du comte de Buffon, fille de François-Benjamin Le Clerc de Buffon, conseiller au Parlement de Bourgogne, et d'Antoinette Nadault. Dans les pièces produites pour ce mariage, on trouve la suivante : « Par devant les notaires royaux de la ville de Montbard, y demeurant, soussignés, a comparu en personne messire Georges-Louis-Lecler, chevalier, seigneur de Buffon, intendant du jardin du roi, de l'Académie française, de l'Académie royale des sciences, trésorier de ladite Académie, demeurant ordinairement à Paris, étant de présent en cette ville, lequel a déclaré et affirmé entre les mains de nous, notaires, qu'il est de sa parfaite connaissance et notoriété publique que messire Benjamin-Edme Nadault, conseiller au Parlement de Dijon, commissaire aux requêtes du palais, fils de messire Jean Nadault, conseiller du roi en tous ses conseils, avocat général honoraire à la chambre des comptes de Dijon, demeurant en cette ville, et de dame Louise de Rivière, est cousin-germain, et, par conséquent, parent au second degré de demoiselle Jeanne-Catherine Antoinette Leclerc, sœur consanguine du seigneur comparant, fille mineure de messire François-Benjamin Leclerc, conseiller honoraire au Parlement de Dijon, demeurant à Buffon, et de dame Antoinette Nadault, avec laquelle il se propose de contracter mariage, — en ce que messire Jean Nadault, père dudit seigneur Benjamin-Edme Nadault, et ladite dame Antoinette Nadault, mère de ladite demoiselle Jeanne-Catherine Leclerc, sont frère et sœur germains. Fait, lu et passé à Montbard, en l'hôtel dudit seigneur de Buffon, l'an 1770, le 17 juillet, après midi. Signé : Leclerc de Buffon, Beudot et Guiot, notaires. » Mme Nadault, sœur de Buffon, a pris place parmi les femmes remarquables du xviiie siècle. Toutes les biographies lui ont consacré des articles. Née à Buffon, le 29 mai 1746, elle fut appelée, par suite du veuvage prématuré de son frère, à conduire sa maison et à en faire les honneurs aux souverains, aux princes français et étrangers et aux notabilités de la politique et des lettres qui venaient visiter Buffon à Montbard. Des auteurs, et parmi eux le chevalier Aude, lui ont dédié leurs œuvres. Buffon, qui savait apprécier la rare intelligence et le style élégant de sa sœur, eut fréquemment recours à sa plume, surtout pour sa correspondance. On tient pour certain que Mme Nadault de Buffon a rédigé, dans l'*Histoire naturelle*, les articles du serin, du perroquet et du moineau. Plusieurs de ses lettres ont été publiées, notamment par Mme Necker, dans ses *Mélanges*. Mme Necker a dit d'elle que le style de ses lettres était une nouvelle preuve de son origine. M. Humbert Bazile, dans les *Mémoires posthumes* qu'il a laissés sur la famille de Buffon, parle ainsi de cette femme remar-

quable : « Elle avait une tournure distinguée, ses yeux étaient remplis d'expression ; vive et enjouée, elle contribuait, par le charme de son esprit, à l'agrément de la société de Montbard. Excellente musicienne, elle conserva très tard la fraîcheur et la souplesse de sa voix. La meilleure part de son revenu était consacrée à de bonnes œuvres. Son grand usage du monde donnait à ses moindres actions, même dans la vieillesse, une grâce particulière. » Elle mourut à Montbard, sept ans après son frère, le 21 juin 1832, à l'âge de quatre-vingt-six ans. Son portrait a été gravé par Levasseur. De son mariage avec Catherine-Antoinette Le Clerc de Buffon, Benjamin Nadault a eu : 1° Jean-Benjamin-Antoine-François, abbé de la Ste-Chapelle de Dijon, né à Buffon, le 12 juillet 1771, mort dans les guerres de Vendée, à la bataille de Fougères, le 4 novembre 1793, à l'âge de vingt-deux ans. Fait prisonnier à la fin de la journée, il fut immédiatement passé par les armes et mourut bravement, comme son cousin, en s'écriant : « Je suis neveu de Buffon ! » Dans ces temps troublés, le nom de Buffon n'avait pas le pouvoir de protéger ceux qui le portaient. Jean-Benjamin Nadault de Buffon possédait un talent remarquable sur le violon : en 1780, à l'âge de neuf ans, lors de la tenue des derniers États-Généraux de la province par le prince de Condé, il exécuta, à la Sainte-Chapelle de Dijon, un morceau qui excita la surprise et l'admiration de l'auditoire ; 2° Jeanne-Louise-Pierrette-Antoinette-Sophie, née à Dijon, le 27 décembre 1773, décédée à Montbard le 27 novembre 1840. Elle a été mariée trois fois :
A. — Le 2 juin 1793 à Jean-Jacques-Henri de Mongis. Mongis porte : *d'azur à une fleur de lys d'or, à la tête de licorne d'argent hissant d'une couronne d'or, au chef cousu d'azur chargé de trois étoiles d'argent.* De ce mariage est né, le 25 janvier 1802, Jean-Antonio de Mongis, successivement procureur général à Dijon, avocat général et conseiller à Paris, membre des conseils généraux de l'Aube et de la Seine, secrétaire général de la société philotechnique, officier de la Légion d'honneur et de l'instruction publique, officier et commandeur d'ordres étrangers, auteur d'une traduction en vers des trois chants du Dante, ouvrage considérable, de proverbes, de discours et de mélanges en vers et en prose, mort à Paris, le 21 mars 1879, en laissant, de son mariage avec Robertine-Zulma de Drouas, famille alliée à celle de Bossuet, deux filles, mariées au vicomte de Brémond d'Ars et au comte de Contades-Gizeux ; B. — le 21 juin 1804 à Michel-Simon Guiod, capitaine aux chasseurs à cheval de la garde, colonel et officier de la Légion d'honneur à vingt-neuf ans, sur le champ de bataille d'Eylau, mort des suites de ses blessures, le 10 février 1807, en voie de devenir maréchal de France. Guiod porte : *de gueules à un chevron d'argent chargé de trois trèfles de sinople accompagné en chef de deux étoiles d'argent et en pointe d'un croissant de même.* De ce mariage : Adolphe-Simon Guiod, né à Paris le 5 octobre 1805, général de division, grand'croix de la Légion d'honneur, ancien conseiller d'Etat, commandant en chef, à Paris, l'artillerie pendant le siège ; C. — Jeanne-Louise Nadault de Buffon a contracté, le 30 mai 1811, un troisième mariage avec Claude-Marie Coulon, chef de bataillon aux chasseurs à pied de la garde, officier de la Légion d'honneur, attaché à la maison militaire de la grande duchesse de Piombino, proche parent du duc d'Abrantès ; 3° Benjamin-François-Georges-Alexandre, qui suit.

XVII. — Benjamin-François-Georges-Alexandre Nadault de Buffon, juge de paix du canton de Montbard pendant vingt-huit ans, chevalier de la Légion d'honneur, plusieurs fois membre du Conseil municipal et administrateur de l'hospice de cette ville, naquit à Montbard le 23 décembre 1780, et y mourut le 24 décembre 1866, âgé de quatre-vingt-six ans. Toute sa vie peut se résumer dans ces deux mots : il vécut volontairement obscur en faisant le bien. Juge de paix de son canton, de 1824 à 1852, étranger à toute ambition, il resta jusqu'à sa dernière heure attaché à la ville qui l'avait vu naître et où il voulut mourir. Lorsqu'au mois d'août 1864, il fut nommé à son insu chevalier de la Légion d'honneur, « ce fut, disent les journaux du département, une fête pour tout le canton de Montbard. L'année suivante, lors de l'inauguration, à Montbard, de la statue de Buffon, son oncle, en même temps que de la distribution d'eau due à la science et à la libéralité de son fils, son grand âge l'ayant empêché d'assister à la cérémonie, les membres de l'Institut, les représentants des sociétés savantes, les hauts fonctionnaires se rendirent à son hôtel en corps, voulant témoigner par cette démarche de leur considération pour son nom et de leur respectueuse estime pour sa personne ». Sa mort fut un deuil public. La plupart des journaux de Paris et de province lui ont consacré des notices nécrologiques. Le fils unique de Buffon étant mort en 1793, sur l'échafaud révolutionnaire, sans laisser de postérité, M. Nadault de Buffon, fils de la sœur du naturaliste, était devenu par ce fait chef de la seule branche aujourd'hui subsistante de la famille de Buffon. Il a été marié deux fois. D'un second mariage contracté le 30 janvier 1830, avec Philiberte Petit de Quincy, sa parente, il n'a pas eu d'enfants. La famille Petit, alliée aux Simon de Calvi, aux Heurtot, comtes de Beaufort, aux Boulois, aux marquis de Ste-Croix, aux St-Seine, porte : *d'or à la croix ancrée de gueules.* M{{me}} Nadault de Buffon, décédée à Montbard, au mois de janvier 1869, à l'âge de quatre-vingt-huit ans, était veuve en premières noces de Paul Thibault de Montgaudry de Bouleur, chevalier de Courlon, colonel-major du régiment d'Angoumois, capitaine-général des cadets de la garde du roi d'Espagne. Le Bouleur de Courlon de Montgaudry, porte : *écartelé au premier d'azur au chevron d'or, accompagné de trois boulets enchaînés d'or, le chevron surmonté d'une étoile d'argent, — au 2{{me}} d'argent à trois points d'hermine posés en fasce, — au 3{{me}} de gueules à trois chevrons d'argent, — au 4{{me}} d'argent au lion d'or, coupé haut et bas de son corps par deux ceinturons de gueules, armé, lampassé et couronné de gueules, tenant à dextre une fleur de lys d'argent. — Sur le tout d'azur à un rocher d'argent surmonté de trois besans d'or en désordre.*

Une sœur de M{{me}} Nadault de Buffon, mariée à un conseiller à la cour d'Alger, chevalier de la Légion d'honneur, a eu pour fils le sculpteur Eugène Guillaume, membre de l'Institut, commandeur de la Légion d'honneur et de divers ordres, ancien directeur général des beaux-arts, ancien directeur de l'Ecole, etc., décorateur du Louvre, de l'Opéra, etc., dont plusieurs statues se voient au Musée du Luxembourg. Benjamin-François Nadault de Buffon avait épousé, en premières noces, le 22 septembre 1802, Agathe-Charlotte Petit de Cruzil, fille de Jacques-Marie Petit de Cruzil, ancien garde du corps de Louis XVI, colonel de cavalerie, chevalier de Saint-Louis, gouverneur des pages du comte d'Artois, et d'Agathe-Hélène-Victoire du Chesne de Bressy, dame d'atours de la comtesse de Provence. La maison du Chesne, originaire de Touraine, a fourni des conseillers au Parlement de Paris, des officiers de la chambre du roi, l'historien André du Chesne, surnommé le *Père de l'histoire de France*. Du Chesne, porte : *écartelé aux 1ᵉʳ et 4ᵒ d'azur à la bande d'argent, chargé de trois glands de sinople, tigés et feuillés de même, accompagné en chef d'une étoile d'or et d'un croissant de même, en pointe d'une navette d'encensoir d'or*, — *aux 2ᵉ et 3ᵉ d'argent à deux lions de sable armés et lampassés de gueules, rampant contre un arbre de sinople, fruité de gueules, posé sur une terrasse de sinople, et un chef d'azur chargé d'une croisette d'or accostée de deux étoies de même.* Petit de Cruzil porte de même que Petit de Quincy (Voir ci-dessus). Du mariage de Benjamin-François Nadault de Buffon et d'Agathe-Charlotte Petit de Cruzil, sont nés deux enfants : 1ᵒ Agathe-Henriette-Joséphine, née à Montbard le 17 juin 1809, mariée le 22 avril 1834, à Jean-Baptiste-Auguste Fleury de Vergoncey, magistrat démissionnaire en 1830, neveu et héritier du président Riambourg, procureur général puis président de Chambre à la Cour d'appel de Dijon, connu par ses écrits philosophiques, d'une ancienne famille originaire de St-Jean-de-Lome, qui a fourni des conseillers au Parlement de Bourgogne. Fleury, porte : *de sinople au chevron d'or, au lys naturel en pointe, d'argent*. De ce mariage, trois fils et une fille ; l'aîné, ancien officier aux voltigeurs de la garde, est religieux à la grande Trappe de Mortagne ; le second chez les jésuites ; le troisième est directeur des douanes de Mexico. La fille a épousé M. de Longayrou, d'une ancienne maison, dont la restauratrice en France de l'ordre du Carmel, après la Révolution ; 2ᵒ Benjamin, qui suit.

XVIII. — Benjamin (dit Hippolyte) Nadault de Buffon, ingénieur en chef des ponts-et-chaussées en retraite, ancien chef de division au ministère des travaux publics, ancien professeur à l'École des Ponts-et-Chaussées, membre de la Société nationale d'agriculture, des Académies de Dijon, Turin, Lyon, Besançon, etc., officier de la Légion-d'honneur, de Léopold de Belgique, des SS. Maurice et Lazare, etc., né à Montbard, le 2 février 1804, s'est fait connaître par ses travaux sur l'hydraulique agricole et ses découvertes scientifiques. Après avoir fait ses études au collège de Besançon sous le patronage du général de Buffon, son oncle, il fut reçu à l'école polytechnique et en sortit dans les ponts-et-chaussées. Ingénieur ordinaire de seconde classe le 1ᵉʳ mai 1830, il devint ingénieur en chef de première classe le 1ᵉʳ mai 1843. Attaché pendant dix ans au ministère des travaux publics avec le titre de chef d'une division créée en 1842, à la suite de ses premiers travaux sur l'hydraulique agricole, il fut un instant question de le nommer inspecteur général du service hydraulique. Il est à la retraite depuis le 2 février 1866. Ses principaux ouvrages sont :

Considérations sur les trois systèmes de communications intérieures au moyen des routes, des chemins de fer et des canaux, 1 vol. grand in-8ᵒ. Paris (1829, 2ᵉ édition 1831).

Des usines sur les cours d'eau, 2 vol. in-8ᵒ (Paris 1840, 2ᵉ édition 1852, 3ᵉ édition 1869).

Traité théorique et pratique des irrigations, 3 vol. in-8ᵒ avec atlas in-folio. Paris (1843).

Des irrigations de l'Italie septentrionale envisagées sous les divers points de vue de la science hydraulique, de la production agricole et de la législation,

2 vol in-8° avec atlas in folio. Paris (1861 et 1874, seconde et troisième édition du précédent ouvrage refondu dans un plan nouveau).

Cours d'agriculture et d'hydraulique agricole, 4 vol. in-8° avec vignettes dans le texte. Paris (1853). La publication de cet ouvrage a été précédée par celle des *Leçons* faites par Nadault de Buffon, à l'École des ponts-et-chaussées, dans la chaire d'hydraulique agricole et de génie rural créée par lui en 1844, et dont il a été le premier professeur.

Des submersions fertilisantes, comprenant les travaux de colmatage, limonage, irrigations d'hiver, 1 vol. in-8°. Paris (1867).

Des alluvions modernes, travaux de colmatage et de limonage, notions générales sur les alluvions marines et leurs principales utilisations, 1 vol. in-8°. Paris (1873).

Du concours de l'État dans les entreprises d'intérêt agricole, 1 volume in-8°. Paris (1879).

M. Nadault de Buffon a donné une active collaboration aux *Annales des Ponts-et-Chaussées et de la Société nationale d'agriculture*, au *Journal d'agriculture pratique*, de Barral, à l'*Encyclopédie du XIXe siècle*, etc.

Il avait rapporté, de son premier voyage scientifique en Italie (1833), les ouvrages suivants qui n'ont jamais été imprimés : *Monuments siciliens, Architecture sarrazine, Résumé pratique sur l'entretien des routes dans les États d'Italie, Description historique des routes qui traversent les Alpes et les Apennins*. Sur le rapport du général Pélet, directeur du dépôt de la guerre, ce travail a été publié en partie dans le *Mémorial militaire*, comme renfermant de précieux documents pour la défense de la frontière.

Le *Traité sur les usines et les cours d'eau*, souvent cité devant les tribunaux à côté des ouvrages de Daviel, fait autorité. Les solutions qu'il propose adoptées par la jurisprudence et consignées dans les recueils de droit ont été sanctionnées par plusieurs arrêts solennels de la Cour de cassation.

Les travaux de M. Nadault de Buffon ont fait pénétrer en France la science des irrigations ; il a été un des promoteurs de la loi du 29 avril 1845 et a introduit l'enseignement de l'hydraulique agricole dans les études des ingénieurs. Toutes les grandes entreprises d'irrigation faites en France l'ont été sur son initiative, d'après ses ouvrages ou ses rapports, et la plupart du temps sous sa direction.

Il a attaché son nom, comme représentant de l'administration et comme particulier, à des rapports considérables et à d'importantes entreprises de dessèchement de marais, de boisement des dunes et montagnes, d'irrigations et d'améliorations agricoles de toute nature.

Il a successivement siégé dans d'importantes commissions ; en dernier lieu dans la commission supérieure des travaux publics et y a pris une part active.

Un de ses projets les plus considérables est celui du colmatage de La Crau d'Arles ou delta du Rhône, qui doit accroître de plus d'un milliard la richesse publique en rendant à la culture, par la substitution d'abondants pâturages à des galets arides, un territoire inculte. Une société, au capital de trente millions, s'est formée (1879) sous le patronage et avec le concours du gouvernement, pour exploiter cette entreprise d'un intérêt vraiment national.

M. Nadault de Buffon est l'auteur de nombreux projets de distribution d'eau dans les villes, notamment à Nîmes, Aubenas, Louviers, — dans ces deux dernières villes ses projets ont été exécutés. Il a doté sa ville natale d'eau salubre et abondante, et le Conseil municipal de Montbard a pris, le 19 juillet 1867, la délibération suivante :

« Le Conseil, considérant que M. Nadault de Buffon, en faisant établir et exécuter les plans et devis d'un travail d'une importance capitale pour la ville, en dirigeant gratuitement la construction des fontaines publiques, a rendu un service de premier ordre à la ville et donné la preuve d'un désintéressement rare....., à l'unanimité et au nom des habitants de la ville de Montbard, lui vote des remerciements et le don d'un objet d'art qui lui sera offert en témoignage de reconnaissance. »

Ses principales inventions et découvertes consistent dans un appareil de filtrage connu sous le nom de *filtres tubulaires*, pouvant filtrer des quantités considérables, notamment pour les distributions d'eau dans les villes, médaillé aux expositions de Londres en 1862 et de Paris en 1867, — et dans un procédé de trempage qui assure la conservation des matières végétales et procure aux substances textiles une solidité et une force de résistance précieuses dans la fabrication des tissus.

Les ouvrages, les découvertes scientifiques et les travaux de M. Nadault de Buffon, font autorité en France et à l'étranger. Artiste comme son oncle et son aïeul, il a cultivé avec succès, la peinture et le violon.

Il a été marié deux fois. De son second mariage, contracté le 24 février 1859 avec Henriette-Elisabeth du Chesne de Brecy, sa parente, fille d'un ancien officier aux gardes du corps, officier supérieur de cavalerie, officier de la Légion-d'honneur (voir ci-dessus), il n'est pas né d'enfant.

Il avait épousé en premières noces, le 18 janvier 1830, Stéphanie-Napoléon-Bertrand de Boucheporn, fille de René-Bertrand, baron de Boucheporn, receveur général des finances de la Haute-Marne, ancien chambellan de la reine Hortense, préfet du palais de Napoléon Ier, chevalier de Saint-Louis et de la Légion d'honneur, grand-officier et grand'croix d'ordres étrangers. La baronne de Boucheporn, sous-gouvernante des enfants de Hollande, a été la première institutrice de Napoléon III.

Madame Nadault de Buffon, née au palais de la Haye, baptisée par le cardinal Fesch, a eu Napoléon III pour parrain, et la grande duchesse Stéphanie de Bade pour marraine. Bertrand de Boucheporn porte : *écartelé aux 1er et 4e d'azur à une pomme de pin d'argent,* alias *un artichaut d'argent tigé et feuillé de même, aux 2e et 3e de gueules à trois annelets entrelacés d'or et posés 2 et 1.* Cette famille a fourni des conseillers au Parlement de Metz, plusieurs magistrats, administrateurs et savants distingués, entre autres : Claude-François-Bertrand de Boucheporn, ami et émule de Turgot, né à Metz le 4 novembre 1741, mort à Toulouse sur l'échafaud révolutionnaire, le 2 ventôse an II, successivement avocat général au Parlement de Metz, intendant général de la Corse, intendant des provinces d'Auch et de Pau, désigné pour devenir ministre de Louis XVI, auteur de nombreux mémoires sur la colonisation de la Corse et l'exploitation de ses richesses naturelles. Félix-René baron de Boucheporn, ingénieur en chef des mines, né en 1811, mort en 1858; auteur des *Etudes sur l'Histoire de la Terre et sur les causes des révolutions de sa surface* (1844), et du *Principe général de la Philosophie naturelle* (1853), premier promoteur du percement de l'isthme de Panama et des voyages d'exploration au pôle nord. Il a laissé un fils capitaine d'artillerie.

Du mariage de Benjamin-Hippolyte Nadault de Buffon et de Stéphanie-Napoléon-Bertrand de Boucheporn, sont nés trois enfants : 1° Alexandre-Henri, qui suit; 2° Jean-Louis, mort en bas-âge ; 3° Renée-Louise-Betzy, née le 19 novembre 1834, mariée le 19 septembre 1854, à Honoré-Aloys Peting de Vaulgrenant, fils d'un ancien brigadier des gardes du corps, officier supérieur de cavalerie, chevalier de la Légion d'honneur, de Saint-Ferdinand, de Charles III d'Espagne, etc., et de Marie-Marguerite-Octavie Caverot, fille d'un ancien otage de Louis XVI, sœur du cardinal Caverot, archevêque de Lyon, officier de la Légion d'honneur. Peting de Vaulgrenant porte : *d'azur au chevron d'or accompagné de trois roses de même et un chef cousu de gueules chargé de trois étoiles d'argent.* Cette famille originaire de Franche-Comté, a fourni des officiers et des magistrats et deux Présidents à la Cour des comptes de Dol. De ce mariage il n'est pas né d'enfant.

XIX. — Alexandre-Henri Nadault de Buffon, ancien avocat général à la Cour d'appel de Rennes, Président de Chambre honoraire, avocat près la Cour d'appel de Paris, de l'Académie de législation, de la Société philotechnique, de l'Académie de Dijon, de la Commission des antiquités de la Côte-d'Or; de l'Académie des sciences de Turin, des Quirites de Rome, de l'Institut d'Egypte, etc., officier de la Légion-d'honneur et de l'Instruction publique, sauveteur médaillé (or 1re classe), grand'officier du Nicham Efthelhar, commandeur de Saint-Grégoire-le-Grand, commandeur, grand'-officier et grand'croix d'autres ordres étrangers, fondateur de Sociétés philantropiques. Né à Chaumont (Haute-Marne), où son père était ingénieur, le 16 juin 1831, il fit ses études aux collèges Rollin et Louis-le-Grand. Il était en 1848 élève de troisième à Louis-le-Grand, lorsqu'il fut décoré, à seize ans et demi, par le général Cavaignac pour s'être battu sur les barricades en défendant la cause de l'ordre dans les journées de juin 1848, et avoir reçu trois blessures, — de telle sorte qu'il a pu attacher la croix de la Légion d'honneur sur son uniforme de collégien. Il fit son droit à la faculté de Paris, se fit inscrire au barreau le 21 avril 1853, fit son stage sous Berryer et Bethmont, et se fit remarquer au barreau. Il entra dans la magistrature en 1856, fut nommé substitut à Valognes le 12 janvier, devint avocat général à Rennes le 26 août 1867, et donna sa démission le 27 février 1878, après une double présentation, non suivie d'effet, pour le poste de procureur général près cette même Cour. Il a eu le malheur de perdre la vue à trente-neuf ans par excès de travail mais n'en a pas moins exercé, dans cet état, pendant cinq années avec distinction ses fonctions de magistrature. Etant substitut à Châlons, il s'est jeté, le 21 mars 1861, tout habillé, dans la Saône débordée, pour sauver la vie à un homme qui se noyait et a failli périr victime de son dévouement. Il a publié de 1860 à 1873 :

Correspondance inédite et annotée de Buffon. — Paris, Hachette, 2 forts vol. grand in-8° (1860).

Buffon, sa famille, ses collaborateurs et ses familiers, avec cinq portraits gravés sur acier. — Renouard, 1 vol. gr. in-8° (1863).

Montbard et Buffon (1855). — *Buffon et Daubenton* (1867). — *Buffon et*

Jean Nadault (1856). — *Buffon et Frédéric II*, in-8° (1864), traduit en allemand par le Dr Preuss, historiographe de la couronne, et le Dr Hofmann, — et en anglais par John Dalberg Acton, membre du Parlement, et L. Ranke.

L'Homme physique chez Buffon, ses maladies, sa mort. — Renouard, in-8° (1868).

Biographie populaire et illustrée de Buffon. — Paris, Willems et Ce, in-folio (1866).

Eloge de Buffon. — Paris (1879).

Après ses travaux sur Buffon, il a publié des études de morale et d'économie politique :

Notre ennemi, le Luxe, 1 vol. in-12. — Paris (1869), 2e édition (1871).

Les Temps nouveaux, 1 fort vol. in-8. — Paris (1872).

L'Education de la première enfance, moyen de régénération sociale, 1 fort vol. in-8°. — Paris (1863), 2e édition (1864), 3e édition (1873).

Il a fait à Paris, en 1878, une conférence traitant des *Conditions de la régénération morale et sociale de la France*. — Douniol, in-8° (1879).

Notre ennemi, le Luxe, les Temps nouveaux, l'Education, réunis en une série, et traduits en Italien, par Fiore de Goria, sous le patronage de la reine Marguerite, paraissent devoir donner naissance dans la péninsule à un nouvel ordre de chevalerie pour les femmes, *l'Ordre de la Marguerite*, destiné à combattre les excès du luxe, en encourageant et en récompensant la simplicité.

Les principaux ouvrages de M. Nadault de Buffon, magistrat et jurisconsulte, sont :

Traité théorique et pratique des Eaux de source et des Eaux thermales, avec une table analytique raisonnée. — Paris, Cotillon, 1 fort vol. gr. in-8° (1870).

Des Donations ayant le mariage pour objet. — Durand, in-8° (1852).

Le Magistrat, Étude sur les Parlements, in-8° (1865).

Une Question de liberté, — *les Aliénés*. — Renouard, in-8° (1re édition 1854, 2e édition 1860).

Une Question de sécurité sociale, — *les Surveillés de la haute police*. — Marescq aîné, in-8° (1870). Ce travail qui a contribué à provoquer la réforme de la loi sur la surveillance de la haute police, a été cité, avec éloge, par Jules Favre, à la tribune législative (séance du 25 novembre 1877).

Il a encore publié :

Portraits contemporains : — Le comte Cibrario, 1re édition (1869), 2e édition (1870), traduit en italien par Napoleone Portalupi, (1870) ; le colonel Niepce (1869), le premier président Nadaud (1870), la princesse Bociocchi, les cardinaux Mathieu et Brossays-Saint-Marc, l'abbé Le Guen, recteur des Glénans, le premier président Gilardin, Marbeau, fondateur des crèches, le général de Cissey, Mgr Dupanloup, etc.

Ses études d'art comprennent :

Les Musées italiens, 1 vol. in-8°. Paris (1866).

Rome antique dans Rome moderne, in-8°. Paris (1866).

De Paris à Venise, in-8°. Paris (1869).

On a de lui de nombreux discours judiciaires et autres, des conférences, les statuts et règlements de la *Société des Hospitaliers-Sauveteurs bretons*, 1 fort vol. in-18 avec planches en couleur. Paris 1871.

les statuts et règlement de la *Société des Hospitaliers-Sauveteurs bretons*, 1 fort vol. in-18 avec planches en couleur. — (Paris, 1871).

Il a collaboré aux *Revues archéologiques britannique, française, moderne*, à la *Revue pratique du droit français*, au *Grand dictionnaire du XIX*e *siècle*, au *Messager de la semaine*, au *Courrier du Dimanche*, à la *Gazette médicale*, etc., et a donné des articles aux journaux la *France* et la *Liberté*.

Il a fondé, le 12 décembre 1873, à Rennes, étant privé de la vue, la *Société des Hospitaliers-Sauveteurs bretons* qui compte aujourd'hui deux mille cinq cent membres, quarante-cinq stations de sauvetage, cinq bateaux sur la Manche et sur l'Océan.

Il a fondé, en 1875, les *Annales du Bien*, journal mensuel illustré qui en est à sa sixième année.

Il a présidé, en septembre 1878, pendant l'Exposition universelle, au Trocadéro, un congrès international pour l'amélioration du sort des aveugles et des sourds-muets (1), et le 29 juillet 1879, le congrès tenu à Berlin pour le même objet a ouvert ses travaux en lui adressant le télégramme suivant : « Le congrès de Berlin vous exprime ses chaleureux remerciements et sa vive sympathie. »

Il a fondé, la même année, avec M. Lavanchy, promoteur du congrès de Paris, la *Société internationale pour l'amélioration du sort des aveugles*, société dont il a rédigé les statuts et a été nommé président du conseil d'administration.

Il a cultivé l'art comme son père et son aïeul ; plusieurs de ses dessins ont figuré à des loteries de bienfaisance, à Paris en 1860, à Rennes en 1874.

Son nom figure parmi ceux des collectionneurs connus pour ses collections de tableaux, pastels du xviiie siècle, miniatures, ivoires, meubles anciens, céramique, autographes du xviiie siècle et en particulier des personnages du groupe de Buffon (*Annuaires du Collectionneur* par la *Société française d'Archéologie* et par Ris-Paquot, 1879). Des objets précieux, tirés de son cabinet, ont figuré aux expositions universelles de 1867 et de 1878 (exposition rétrospective et portraits nationaux).

En 1853, il avait projeté de faire, du château de Montbard, un monument à la gloire de Buffon, projet qui a donné naissance à la *Société nationale d'acclimatation* dont il fut un des fondateurs avec le baron de Montgaudry, son parent, et Geoffroy-Saint-Hilaire.

Le 27 mai 1877, la société nationale d'encouragement au bien, dont il a été plusieurs fois lauréat, lui a décerné, pour services rendus à l'humanité, la plus haute de ses récompenses, une couronne civique. Il est président d'honneur de la plupart des sociétés de sauvetage et de sauveteurs, philanthropiques et humanitaires de la France et de l'étranger. M. L. Tiercelin, de la Société philotechnique, a écrit une notice sur sa vie et ses travaux (Paris, Furne, Jouvet, in-8°, 1877), avec portrait par Joséphine Houssay ; — autre portrait en pied gravé par Portier de Beaulieu (salon de 1876), buste par Cougny (salon de 1878).

M. Nadault de Buffon a épousé, le 26 octobre 1864, Marie-Berthe-Adélaïde de La Salle, fille d'Armand Frédéric de La Salle, mort conservateur des

---

(1) Comptes-rendus sténographiques des travaux du congrès, un fort volume in-8°, 1879. — Paris, imprimerie nationale.

hypothèques à Fontainebleau, le 6 mai 1868, et de Françoise-Adélaïde Garnier, fille du docteur Garnier de l'Académie de médecine, ancien maire de Montargis, ancien conseiller général du Loiret, chevalier de la Légion d'honneur. M. le docteur Garnier, mort en 1850, avait épousé la petite-fille de Leorier de L'Isle, émule des Montgolfier, avec qui il a introduit et perfectionné en France l'industrie du papier. Le mariage de M. Nadault de Buffon et de Mlle de La Salle a été célébré par le cardinal Caverot, archevêque de Lyon, alors évêque de Saint-Dié, assisté de Mgr Coullier, évêque d'Orléans.

La famille Mallet de La Salle a donné à la science le célèbre navigateur Robert de La Salle qui a découvert la Louisiane, et à la religion le R. P. de La Salle, fondateur des frères de la doctrine chrétienne, béatifié en 1873, dont la statue a été érigée à Rouen, en 1875. Cette maison, alliée à la famille du chimiste Vauquelin, à celle du comte de Bouville, ancien préfet de Bordeaux, de M. Flandin, ancien conseiller d'État, et qui a donné, sous l'empire, le général de cavalerie comte de La Salle, porte : *d'azur à un croissant d'or accompagné en chef de deux étoiles de même*.

De ce mariage sont nés : 1° Georgette-Louise-Françoise-Edmée Leclerc, née le 20 septembre 1865; 2° Jean Leclerc, né le 11 mars 1868 ; 3° Georgette-Louise Leclerc, née le 2 avril 1876, morts en bas-âge ; 4° Edmée Nadille Leclerc, née le 16 mars 1870; 5° Yvonne-Catherine-Antoinette, née le 8 février 1874; 6° Jeanne-Edmée-Georgette-Louise Leclerc, née à Paris le 29 mai 1879.

NESMOND (T. III, p. 275), sieur de La Grange, de Firbeix, des Etangs, de La Pougnerie, de Brie, des Francs, de Champsat, paroisses de Chassenon, Massignac, Marlat et Brie, porte pour armes : *d'or à trois cors de sable enguichés de gueules.*

I. — Guillaume de Nesmond épousa Marguerite du Pont, acte de 1505.

II. — François de Nesmond, président au Parlement de Bordeaux, épousa Charlotte Janvier.

III. — Jean de Nesmond épousa, le 16 juillet 1595, Marie de Monjon.

IV. — André de Nesmond, sieur de La Grange, de Firbeix, épousa, le 21 juin 1637, Marie Arlot.

V. — Charles de Nesmond, sieur de Firbeix.

Branche des seigneurs des Francs (ou des Féaux) et de Brie.

II. — François de Nesmond, frère cadet du président du Parlement de Bordeaux, lieutenant-général à Angoulême, épousa Marie de Jargillon.

III. — Philippe de Nesmond épousa, le 29 avril 1598, Eléonore du Verdier.

IV. — Joseph de Nesmond, sieur des Féaux, épousa, le 13 décembre 1633, Marie-Anne Picard. (Son frère cadet, François, sieur de Brie, épousa, le 3 février 1633, Marie Laurens.)

Branche des seigneurs des Etangs, de La Pougnerie et de Champsat.

IV. — Philippe de Nesmond, sieur des Etangs, frère cadet d'André, épousa, le 20 février 1634, Isabeau de Pressat.

V. — Jean de Nesmond, sieur de Pougnerie, épousa N.....

VI. — Pierre de Nesmond, sieur de Champsat.

Titres : II. — Partage entre Jean et François, autres François et Jean, des successions de Guillaume et de La Dupont, père et mère, du 26 janvier 1564. — Provisions de la charge de président au Parlement de Bordeaux en faveur dudit François, qualifié conseiller au grand conseil du 27 avril 1572.

III. — Testaments desdits François et Janvier en faveur d'André et Jean, leurs enfants, et de François, leur petit-fils, du 26 février 1593. — Partage entre André, Philippe, Jean, Pierre, Charlotte et Marguerite, des successions de Jean et de La Monjon, leurs père et mère, du 1er juillet 1646. — Provision de l'office de lieutenant-général, du 12 janvier 1569. — Partage, entre François et Joseph, des successions desdits Philippe et Verdier, leurs père et mère, du 12 avril 1643. (*Maintenue de la noblesse de l'élection d'Angoulême des années* 1666, 1667, 1668, par d'Aguesseau.)

La maison de Nesmond est originaire de l'Angoumois. Sortie, comme toutes les familles de robe, des rangs de la bourgeoisie industrieuse, elle est entrée, dès la seconde moitié du XVIe siècle, dans le corps de ville d'Angoulême, et dès lors elle n'a cessé de fournir des hommes marquants dans la magistrature, les lettres et les armées de terre et de mer. Elle a donné successivement et simultanément des échevins, conseillers et maires de la ville d'Angoulême, des conseillers, lieutenants-criminels et généraux au présidial de cette ville, des présidents à mortier et premiers présidents aux Parlements de Bordeaux et de Paris, des conseillers d'État, des maîtres des requêtes, un évêque de Montauban, depuis archevêque d'Alby et de Toulouse, membre de l'Académie française, un intendant de la généralité de Limoges, etc., etc., et un lieutenant-général des armées navales qui fut un des plus grands hommes de guerre de son temps. Il semble tout d'abord, en suivant l'énumération de ces brillants exploits, qu'il devrait suffire de rappeler des titres si honorables et si nombreux, mais l'auteur du mémoire généalogique publié dans le *Dictionnaire de la Noblesse*, de La Chesnaye-des-Bois, a pensé autrement. Il a alors eu recours au roman pour la rattacher à une souche chevaleresque. M. Babinet de Rancogue (*Bulletin de la Société archéologique de la Charente*, V, 339) rectifie ainsi, au moyen des titres originaux, la généalogie et l'origine de cette maison.

I. (XIe degré du *Dictionnaire de la Noblesse*.) — Guillaume Nesmond, avocat au présidial d'Angoulême, sénéchal de Ruffec et de Villebois, juge des châtellenies de Montbron, Manteresse, Varaigne et Pranzac, mort en 1557. Marguerite Depont, sa femme, et lui, firent conjointement leur testament et partagèrent leurs biens entre leurs enfants, le 16 septembre 1549. Marguerite, devenue veuve, fit un partage, le 30 août 1560. De ce mariage étaient nés six enfants, savoir : 1° Charles, curé de Linars et de Saint-

Saturnin ; 2° Pierre, décédé à Toulouse, étudiant ; 3° François, qui suit ; 4° autre François. D'abord élu d'Angoulême, il devint, en 1569, lieutenant-général au présidial de cette ville. Il exerça les fonctions d'échevin de 1570 à 1598, et mourut en 1603. Il avait épousé Marie Jargillon, dont postérité ; 5° Jehan. Il était à Paris lors du partage fait par ses père et mère en 1569. Nous ignorons sa postérité ; 6° Junien, conseiller au siége présidial de Saintes.

II (XII). — François Nesmond, d'abord avocat du roi au présidial d'Angoulême, fut ensuite conseiller au grand conseil, pourvu, en 1569, de la charge de président au Parlement de Bordeaux, et plus tard de celle de conseiller d'État. Il figure au nombre des échevins de l'hôtel-de-ville d'Angoulême, de 1572 à 1586. Il acheta, en 1582, de François de Gallinard, sieur de Malaville, conseiller à la cour des comptes de Paris, la seigneurie de Maillou, en la paroisse de Saint-Saturnin (1), et, le 21 octobre 1605, il retira de ladite cour des comptes la reconnaissance des foi et hommage qu'il avait rendus au roi pour cette terre. Il a formé la branche des Srs de Maillou, qui a pris fin au commencement du xviiie siècle, en la personne de Marie-Louise-Catherine de Nesmond, épouse de Louis d'Harcourt, comte de Sézanne. Le S^{gr} de Jarnac le combla aussi de ses bienfaits : par donation entre vifs, du 20 juin 1600, Léonor Chabot de Saint-Gelais, S^{gr} baron de Jarnac, Moulins et Saint-Aulaye, chevalier de l'ordre du roi et capitaine de cinquante hommes d'armes de ses ordonnances, lui donna la seigneurie de Tersac (*alias* Tarrassac), en la paroisse de Saint-Saturnin, relevant de la terre de Jarnage, à hommage-lige et au devoir d'une paire de gants blancs, en récompense des bons et agréables services qu'il en avait reçus. Il s'était marié avec Charlotte Janvier, fille de Pierre Janvier, marchand d'Angoulême, et de Françoise Gentilz. Les deux époux firent, entre leurs enfants, un premier partage de leurs biens, à Bordeaux, le 26 février 1593, un second, à Angoulême, le 22 avril 1603, et un troisième, au même lieu, le 26 avril suivant. Ils avaient eu trois garçons et trois filles : 1° André, qui suit ; 2° Charles, décédé en 1603, laissant un fils nommé François et une fille nommée Marguerite ; 3° Jean, S^{gr} des Courades, échevin de l'hôtel-de-ville d'Angoulême en 1606 et maire en 1611 ; 4° N....., mariée au sieur de Montplaisir, président aux requêtes du Parlement de Bordeaux ; 5° N....., mariée au sieur Dessenant ; 6° N....., mariée au sieur de Carlonnières.

III (XIII). — André de Nesmond, S^{gr} de Chezat, né vers 1553, président au Parlement de Bordeaux, qui laissa deux enfants : 1° Henri, né vers 1600, président aux requêtes du Parlement de Bordeaux, mort sans postérité ; 2° François-Théodore, né vers 1601, S^{gr} de Saint-Dizan et de Maillou, président au Parlement de Paris, qui a continué la descendance. A cette époque la maison de Nesmond avait singulièrement grandi ; sa fortune avait pris un large développement, et ses nombreux représentants possédaient les charges les plus considérables de la robe. Dès lors, l'auteur du mémoire n'a plus besoin de substituer aux modestes bourgeois d'Angoulême des barons et chevaliers imaginaires ; il lui suffit d'enregistrer simplement la vérité.

(1) Voir cet article, page 295.

Notes isolées.

Demoiselle Aimerye de Nesmond, fille de François, chevalier, Sgr de La Tranchade, gentilhomme ordinaire de la chambre du roi, lieutenant d'une compagnie de gens d'armes des ordonnances de Sa Majesté, et de Jeanne de Volvire, épousa, par contrat passé au château de La Tranchade, le 23 novembre 1633, haut et puissant Sgr François, comte de Lambertye, baron de Montbrun, Sgr de Miallet, etc., fils de Gabriel et d'Isabeau de Rochechouart, veuve de Jeanne de Nossay. Leur fils, André de Lambertye, épousa, le 8 décembre 1672, demoiselle Julie de Nesmond, veuve en premières noces de Gilbert du Pin, et en secondes de Charles Dupin, fille de Philippe de Nesmond, chevalier, Sgr, baron des Etangs, et d'Isabeau de Pressac. (*Généalogie Lambertie.*)

Marie de Nesmond, dame de Saint-Victurnien, fonda une vicairie dans l'église de Saint-Victurnien, en 1664. Elle y fit une nomination en 1696. Louis de Rochechouart, duc de Mortemart, pair de France et baron de Saint-Victurnien, y en fit une en 1744. (*Pouillé* de NADAUD, p. 66.)

Noble François de Nesmond, sieur de La Betoulle, conseiller au présidial et marguillier de l'église paroissiale de Guéret en 1660, avait épousé Gabrielle Tournyol, qui mourut le 3 avril 1676. (*Registres paroissiaux de Guéret.*)

Etienne Nesmond, fils d'Annet, sieur de La Chassagne, et d'Anne Nesmond, fut baptisé à Guéret, le 1er septembre 1677, tenu par Etienne Nesmond, sieur de La Betoulle, et Anne Peschaud. (*Idem.*)

Jean Naymond, marchand, fait, le 29 juin 1688 (vieux style), une fondation dans l'église du Dorat pour lui et pour Jeanne Gaudonie, sa mère. (*Pouillé*, art. Le Dorat.)

Henri et Joséphine de Nesmond, portés sur la liste des suspects, pétitionnent, le 21 février 1793, pour en être rayés. (*Archives révolutionnaires de la Creuse*, page 133.)

NICOT (T. III, p. 279), famille limousine, dont les armes sont : *d'argent au chevron de gueules, accompagné en chef de deux croissants de même, et en pointe d'un nid surmonté d'un coq au naturel.*

1. — Jacques Nicot, sieur de La Loge, commune de Saint-Maurice-les-Brousses (Haute-Vienne), né en 1532, était probablement frère cadet de Jean Nicot. Ce dernier est originaire de Limoges (1), quoique plusieurs de ses biographes le fassent naître à Nîmes, en 1530, il est dit Sgr de Villemain. Il fut d'abord avocat du roi, puis maître des requêtes de l'hôtel du roi, et en 1559 ambassadeur de France en Portugal. Il mourut à Paris, le 18 mai 1600. Il a laissé plusieurs ouvrages, en particulier le premier dictionnaire français connu. Cet ouvrage, qui ne fut imprimé qu'après sa mort, a pour titre : *Trésor de la langue française tant ancienne que moderne*, par Jean Nicot, un volume in-folio, 1606. L'introduction du tabac en France, bien plus que ses

---

(1) DUROUX, *Essai historique sur la Sénatorerie de Limoges*, p. 224. — L'abbé TIXIER, Manuscrits.

publications, est cause que son nom est passé à la postérité. C'est pendant qu'il était ambassadeur en Portugal que les Espagnols en firent la découverte aux Antilles, en 1560. Frappés du goût passionné des Indiens pour cette plante à laquelle on attribuait une foule de vertus médicales et mystérieuses, ils s'empressèrent de la transporter en Europe (1). Notre compatriote en envoya les premières graines en France, et comme il présenta d'abord cette plante à la reine Catherine de Médicis, on l'appela immédiatement l'herbe à la reine. Les botanistes ne tardèrent pas à s'en occuper : Tournefort, après l'avoir étudiée et décrite, l'appela *Nicotiane*, du nom de celui qui l'avait introduite en France. A cause de cela, Linné dit que Nicot est un usurpateur parce qu'il a ainsi reçu un honneur qui n'appartient qu'aux botanistes. Les chimistes ont fait un extrait de cette plante, et pour la même raison lui ont donné le nom de *Nicotine*. Enfin les Romains, qui ont par excellence le culte des souvenirs, nommèrent *Nicosia* la place où habita quelque temps l'ambassadeur qui leur avait révélé les douceurs du tabac. Les représentants actuels de la famille Nicot conservent, au Puy-de-Bancix, commune de Jourgnac (Haute-Vienne), comme propriété indivise, un portrait qu'une tradition constante dit être celui de Jean Nicot. Malgré cela, nous pensons que c'est celui de son frère, Jacques Nicot, exempt de la grande prévôté de Limoges, parce que, à côté des armes décrites plus haut, il porte l'inscription suivante : « Æt. 82. — 1614 ». Jacques était âgé de quatre-vingt-deux ans en 1614, pendant que Jean était mort en 1600.

II. — Guillaume Nicot, écuyer, sieur de La Loge, fils de Jacques, ancien garde du corps, vivant encore en 1688.

III. — N..... Nicot.

IV. — Guillaume Nicot, qui vivait le 16 septembre 1629, épousa Marie de Nantiat, fille de Jean et de Catherine Dupré, dont : 1° Jean, né le 15 août 1665 ; 2° Simon, né le 12 décembre 1666, était président du tribunal de commerce de Limoges, en 1733 ; 3° Catherine, née le 4 juin 1660 ; 4° Mathieu, né le 10 novembre 1670 ; 5° Jean, né le 9 février 1672.

V. — Jean Nicot épousa : 1°, le 26 février 1686, Madeleine Martin du Moulin-Blanc, qui mourut le 25 mai 1689, dont : 1° Guillaume, né le 2 décembre 1686, mort jeune ; 2° Simon, né le 18 mai 1688 ; 3° Madeleine, née le 25 mai 1689, mourut le 11 mai 1717. Il épousa : 2°, le 2 mai 1693, Isabeau Ardillier, dont : 4° Jeanneton, née le 7 février 1694 ; 5° Madeleine, née le 21 mai 1697, morte le 5 juillet 1699 ; 6° Michel, né le 5 avril 1699 ; 7° Jeanne, née le 4 juillet 1700 ; 8° Anne, née le 5 février 1702 ; 9° Jeanne, née le 10 février 1705 ; 10° Marie, née le 9 juin 1706 ; 11° Thérèse, née le 23 octobre 1707.

VI. — Simon-Jean Nicot épousa, le 24 février 1716, Marie Guineau-Dupré, qui mourut le 23 mai 1760, dont : 1° Etienne, dit le chevalier du Gondeau. C'est probablement lui que nous trouvons lieutenant-colonel de la milice de Limoges, en 1789, sous le nom de Nicot du Gondeau ; le colonel Peyroche du Reynou, semble être son beau-frère ; 2° Jean-Baptiste, qui suit ; 3° Françoise, née le 17 février 1718, resta célibataire, a laissé un grand souvenir de piété et de charité ; 4° Anne, née le 26 février 1719 ; 5° N....., qui épousa M. de Moulinier ; 6° N....., qui épousa M. Pétiniaud.

(1) BOREAU, *Flore du centre de la France*, I, 332.

VII. — Jean-Baptiste Nicot, né le 14 décembre 1716, épousa Valérie Peyroche du Reynou, dont : 1° Jean-Baptiste, qui suit ; 2° Simon, gendarme de la garde du roi, célibataire, était major de la milice de Limoges en 1789 ; 3° autre Jean-Baptiste, officier des eaux et forêts, célibataire ; 4° N....., qui partit de Limoges pour aller en Amérique ; 5° Marie, qui épousa N..... Rogerie, négociant à Limoges ; 6° Anne, qui épousa Jean-Baptiste Lingaud, secrétaire général de la mairie de Limoges ; 7° N....., qui épousa M. Pichon de Boissec ; 8° Marianne, qui épousa M. de Puynesge.

VIII. — Jean-Baptiste Nicot du Gondeau, négociant à Limoges, était lieutenant, pour le district de Ferrerie, dans la milice de Limoges, en 1789. Il épousa Françoise d'Alesme, fille de François et de Madeleine Disnematin des Salles, dont : 1° Marie-Cécile, qui épousa Alexandre Lepeintre, directeur des contributions ; 2° Félicité, qui épousa N..... Blanchard, orfèvre, changeur ; 3° Rosalie, qui épousa N..... de La Bachellerie de Fougeolles ; 4° Léon, contrôleur principal des contributions directes, célibataire.

SOURCES : Papiers conservés au Puy-de-Baneix, commune de Jourgnac.

NOAILHÉ (T. III, p. 280), seigneur des Bailes, communes d'Isle et de Varennes.

I. — Noël Noailhé eut pour fils Jean, qui suit.

II. — Jean Noailhé acquit, en 1623, le fief des Bailes. Il avait épousé, par contrat du 3 octobre 1601, Catherine Veyrier, dont :

III. — Pierre Noailhé, Sgr des Bailes, testa le 10 juillet 1674. Il avait épousé Jeanne de Bouyol, dont : 1° Antoine, qui suit ; 2° Pierre, qui a fait la branche de Varennes ; 3° Jean ; 4° Martial ; 5° Léonard, avocat à la cour.

IV. — Antoine Noailhé des Bailes, avocat au Parlement, puis conseiller au présidial de Limoges, où il fut installé en 1692, épousa : 1°, le 17 octobre 1666, Françoise Lamy, fille de Jacques Lamy de Luret et de Léonarde Rogier ; elle mourut sans laisser d'enfants. Il épousa : 2°, le 21 juin 1672, Isabeau *alias* Elisabeth de Vernajoux, fille de Gaspard, avocat à la cour, et de Madeleine Papon, dont : 1° Antoine, qui suit ; 2° Madeleine, qui épousa Pierre de Petiot, écuyer, Sgr du Mas-Bouchet, conseiller du roi, trésorier général des finances en la généralité de Limoges, et de dame Jeanne Poilevé.

V. (I. — de LEGROS.) — Antoine Noailhé, Sgr des Bailes, président en l'élection de Limoges, fut porté aux fonts baptismaux, le 13 juin 1677, par Antoine Joussain, sieur de Condadille, et Jeanne Bouyol. Il testa, le 20 juillet 1726, faisant un grand nombre de legs pieux et voulant être enterré dans le tombeau de sa famille, où reposent son père et sa mère, près l'autel de Saint-Loup, dans l'église de Saint-Michel-des-Lions. Il était le plus ancien des marguilliers de cette paroisse. Il mourut le 22 décembre 1756 et fut enterré dans l'église de Saint-Michel-des-Lions. Il avait acquis la charge de lieutenant-particulier en la sénéchaussée du Limousin et siège présidial de Limoges des héritiers de Michel de Loménie, Sgr de Proximart, par contrat du 21 février 1722 ; ses provisions sont du 12 du même mois et sa réception au Parlement du 28 mars suivant. Il avait épousé, en 1703, Marguerite de Bigourie, du bourg de Lubersac, fille d'Antoine, sieur de La Louvie, avocat au Parlement de Bordeaux, née en 1682, qui testa, à Lubersac, le 10 mai 1720, mourut le 25, et fut enterré dans l'église de Saint-Hilaire de Lubersac. Leurs enfants furent : 1° Antoinette, qui épousa, en 1741, Marc-Antoine-Bernard de Petiot, écuyer, Sgr du Mas-Bouchet, dont elle était veuve en 1756 ; elle testa le 4 juillet 1762 ; 2° Antoine, qui suit ; 3° Anne, religieuse à la Visitation sous le nom de sœur Marie-Élisée ; 4° Jeanne, décédée en 1754 ; 5° Marguerite, qui épousa : 1°, le 2 juillet 1749, Pierre du Peyrat, écuyer, Sgr du Mas, fils de Pierre et de Thérèse de Marsange ; elle était veuve en 1756 ; 2° Pierre Constant, écuyer, Sgr de Preissat, chevalier de Saint-Louis, ancien garde du corps du roi, capitaine de cavalerie et pensionné de Sa Majesté, fils de Joseph, Sgr de Preissat, conseiller et procureur du roi à Limoges, et de Marguerite Du Bois de Châteauneuf ; 6° Marie, décédée religieuse à la Visitation ; 7° Louis, dit le chevalier des Bailes ; 8° Joseph, prêtre de la Compagnie de Jésus.

VI (II). — Antoine Noailhé, écuyer, Sgr des Bailes, La Borie, La Seine, Les Plats et autres lieux, né le 25 mai 1707, avocat au Parlement de Paris, trésorier de France en la généralité de Limoges, était à l'Assemblée générale de la noblesse du Limousin, 1789. Il épousa, le 16 mars 1758, Marie Limousin, de Neuvic, dont : 1° Joseph, qui suit ; 2° N..., mort à Paris, sans alliance, en 1786 ; 3° Marguerite, qui épousa, par contrat du 17 août 1784, Joseph Martin, écuyer, baron de Compreignac, garde du corps du roi, fils de François et de Marie Blondeau ; 4° Martial, écuyer, Sgr de Leyssenne et des Plats, né le 7 mars 1772, baptisé le 9, à St-Michel-des-Lions, ayant pour parrain Michel Blondeau, chevalier, Sgr de Vanteau et Laurière, représenté par Jean-François de David, Sgr des Renaudies, et pour marraine Marguerite Noailhé de Pressat ; il fut trésorier au bureau des finances de Limoges, et assista à l'Assemblée générale de la noblesse en 1789 ; 5° Madeleine, née le 21 novembre 1774, et portée au baptême le 23, par Joseph Durand du Boucheron et Madeleine Regnaudin de Neuvic.

VII (III). — Joseph Noalhié des Bailes, trésorier de France, baptisé à St-Jean de Limoges, le 7 avril 1760, épousa, le 12 décembre 1786, Françoise-Radegonde Audebert de Fomobert, fille de Jean-Baptiste Audebert, trésorier de France en la généralité de Limoges, et de Marie-Elisabeth Blactet de La Soupardière, dont : 1° Achille-Joseph-Antoine, qui fut décoré de la fleur de lis le 10 décembre 1814, et mourut le 8 mars 1818, à l'âge de vingt-trois ans dix mois et vingt-trois jours ; 2° Jean-Baptiste-Hector, né le 2 décembre 1798, fut décoré de la fleur de lis le 10 mars 1814, engagé volontaire dans le régiment des cuirassiers de la garde impériale en 1823, maréchal-des-logis en chef au 12e régiment des chasseurs à cheval, le 11 octobre 1830, passa, avec le même grade, au régiment des lanciers, le 31 décembre 1831 ; 3° Laure, qui épousa N..... Petion ; 4° Virginie ; 5° Anne-Henriette-Flore, morte célibataire.

Branche de Varennes.

III bis. — Pierre Noailhé, Sgr de Varennes et de Mazereitas (1), fut lieutenant-colonel au régiment de Tulle ; il était consul de Limoges en 1682 ;

(1) Il existe un lieu de Mazereitas, à Chaptelat, canton de Nieul (Haute-Vienne).

testa, à Paris, le 1er mars 1693, avait épousé Catherine Des Maisons, dont : 1° Mathieu, qui suit; 2° Isabelle.

IV. — Mathieu Noailhé de Varennes, capitaine au régiment de La Trémouille, testa en 1718, mourut la même année, et fut enterré le 30 juillet dans l'église de Saint-Laurent de Parthenay. Il avait épousé Madeleine Martin de La Bastide, dont : 1° Mathieu, qui suit; 2° Isabeau, qui épousa N..... Boucheron, juge-garde de la monnaie de Limoges; 3° Léonard, religieux feuillant, en religion frère Léonard de St-Aubert; il testa, le 23 juin 1730, pendant qu'il était novice.

V. — Mathieu Noailhé de Varennes, lieutenant de cavalerie au régiment de Grandmont, auparavant de Turenne, testa en 1739, faisant sa sœur héritière universelle. Il mourut la même année, sans postérité, étant âgé de trente-trois ans, et fut enterré à St-Michel-des-Lions de Limoges.

Notes isolées.

Elisabeth Noailhé épousa, avant 1712, Jean Blondeau, sieur de Combas, paroisse de Vicq, conseiller du roi, chevalier d'honneur au présidial de Limoges. (*Nobiliaire*, 1re édition, I, 218.)

Un Martin Noailhé fut baptisé le 29 août 1727.

Joseph-Louis Noailhé, écuyer, Sgr de La Borie, conseiller-secrétaire du roi, épousa Marie-Geneviève Petiniaud, qui était veuve en 1789, avait un fils vivant en 1790. (*Gentilshommes limousins*, 1789.)

Armes : Nous avons trouvé dans les papiers de cette famille un cachet portant : *de gueules au chevron de... chargé d'un poisson, accompagné de 3 coquilles, 2 et 1*.

SOURCES : *Titres originaux conservés au château de Compreignac*. — *Calendrier de 1785*, etc., etc.

NOAILLES. (T. III, p. 280.) — Successivement barons, comtes et ducs de Noailles; barons, puis marquis de Montclar et de Chambres; comtes et ducs d'Ayen; marquis et ducs de Mouchy; princes de Poix; ducs et pairs de France; grands d'Espagne, etc., etc. Malgré les assertions contraires de certains auteurs de mauvaise foi, personne ne met en doute l'ancienneté et l'illustration de la maison de Noailles; les monuments qui attestent sa grandeur et l'éclat de ses services depuis huit siècles, font assez justice des contes plus que niais, qu'on a débité contre elle. C'est à l'occasion de Hugues de Noailles, qui épousa, en 1240, Luce de Comborn, qu'a commencé la critique sur cette famille, en transformant la qualification de *varlet* en celle de *valet*. Voici le fait : Hugues de Noailles, avant de recevoir l'accolade pour être élevé au rang de chevalier, dut accomplir tous les devoirs imposés à ceux qui postulaient cette haute dignité, c'est-à-dire, commencer par être *page* ou *varlet*, et, comme tel, en remplir les fonctions qui, entre autres sujétions, obligeaient l'aspirant de servir à table. Ni plus ni moins que les grands seigneurs de son temps, Hugues de Noailles avait dû se soumettre à cet usage. Par suite, on fit faire une tapisserie qui représentait un banquet où figurait Raymond de Turenne, assis à la place d'honneur et ayant derrière lui, pour le servir, le jeune poursuivant d'armes, Hugues de Noailles. Cette vieille tenture a été longtemps conservée au château de Turenne. Il y en avait autrefois plusieurs copies à Noailles, et les seigneurs du lieu les conservaient précieusement comme une preuve de leur noblesse chevaleresque.

Il est sorti de cette famille des maréchaux, des pairs ecclésiastiques et laïcs, un archevêque de Paris, un cardinal, des ambassadeurs, des ministres d'État, des gouverneurs généraux et un vice-amiral. Peu de familles peuvent compter une aussi brillante illustration.

X (p. 587). — Le 7 avril 1561, haut et puissant Sᵉʳ Armand de Gontaud, baron de Biron, vendit la baronnie de Carbonnières, Merlé, Pénières et leurs dépendances, situées en Limousin et en Auvergne, à haut et puissant Sᵉʳ Antoine de Noailles, gouverneur de Bordeaux, moyennant le prix de 250,000 livres. Cet acte, reçu par Lezy, notaire royal à Brive, fut suivi de la quittance de la dite somme, datée du 17 octobre 1564. (*Généal. Carbonnières*). — M. Tamizey de Larroque a publié, en 1878 : *Antoine de Noailles à Bordeaux, d'après des documents inédits*.

XV (page 296). — Adrien-Maurice de Noailles, comte d'Ayen, marquis de Montclar, baron de Chambres, de Pénières, de Carbonnières, de Merlé, de Nozières, de Marmiesse, etc., etc. Ce célèbre guerrier mourut le 24 juin 1756, laissant deux fils, qui furent tous deux maréchaux de France, et quatre filles mariées dans les maisons de Lorraine, de Villars, de La Marck et de Caumont. Les fils sont : 1° Louis, qui suit ; 2° Philippe, d'abord marquis, et ensuite duc et maréchal de Mouchy, qui mourut sur l'échafaud, le 27 juin 1794, ainsi que sa femme, Anne-Claude-Louise d'Arpajon, laissant : 1° Philippe-Louise-Marie-Antoine appelé Prince de Poix, dont postérité. — Antoine-Juste-Léon-Marie de Noailles, duc de Mouchy, prince-duc de Poix, grand d'Espagne de première classe, né en 1841, ancien député de l'Oise, marié le 18 décembre 1865, à la princesse Anne Murat, née le 3 janvier 1841, dont François-Joseph-Eugène-Napoléon, né le 25 décembre 1866, et Sabine, née en juillet 1868 ; — 2° Louis-Marie appelé le marquis d'Arpajon, dont postérité. — Alfred-Louis-Marie, comte de Noailles, né le 13 janvier 1825, fils du comte Alexis et de Cécile de Boisjelin, marié, le 29 avril 1852, à Marie de Beaumont, fille du comte Amblard de Beaumont, dont Alexis, né le 10 novembre 1853 ; Amblard, né en 1854 ; Olivier, né en 1857 ; Cécile, née en 1856 ; Geneviève, née en 1859 ; — 3° Louise-Henriette-Philippine, née le 23 août 1745, mariée à Emmanuel-Céleste-Augustin de Durfort, marquis de Duras.

XVI. — Louis de Noailles, qui reçut le bâton de maréchal en 1775, et mourut en 1793, laissant deux fils, qui suivent. Le 22 juillet 1794, sa femme, Mᵐᵉ de Cossé-Brissac, et plusieurs autres personnes de sa famille, portèrent leur tête sous la hache révolutionnaire.

XVII. — Jean-Louis-Paul-François, duc d'Ayen, puis duc de Noailles, capitaine de la première compagnie des gardes du corps, lieutenant-général, chevalier de la Toison-d'Or, membre de l'Académie des sciences, fut remarqué, par la distinction de son esprit et la rareté de ses connaissances. Au commencement de la Révolution, il émigra, revint un moment en France, en 1793, puis alla en Suisse, où il vécut presque jusqu'à l'époque de sa mort. Il fut pair de France à la Restauration, et mourut en octobre 1824, ne laissant que des filles.

XVII *bis*. — Emmanuel-Louis, marquis de Noailles, fut maréchal de camp, chevalier de Saint-Louis et commandeur de Saint-Lazare. Dès l'âge de vingt-deux ans, le roi l'envoya à Hambourg, en qualité de ministre, puis successivement comme ambassadeur en Hollande, en Angleterre, et en Autriche. Il quitta son ambassade de Vienne au commencement de la Révolution, se retira à Maintenon, et mourut en 1822. De son mariage avec M¹¹ᵉ d'Hallencourt de Drosménil, naquirent deux fils qui vécurent dans la retraite et sont morts récemment; ce sont : 1° Jules qui suit; 2° Victor.

XVIII. — Jules, devenu marquis de Noailles après le décès de son père, épousa M¹¹ᵉ Le Couteulx, dont il eut deux fils : 1° Paul, duc de Noailles, qui suit; 2° Victor, comte de Noailles. — C'est sous ses auspices que fut fondé l'établissement de Saint-Nicolas, à Issy, près Paris, où le duc de Noailles, de l'Académie française, présidait la distribution des prix en 1875.

XIX. — Paul de Noailles, duc de Noailles, pair de France avant la Révolution de 1848, chevalier de l'ordre de la Toison-d'Or, auquel l'*Histoire de Madame de Maintenon* ouvrit les portes de l'Académie française, né le 4 janvier 1802, substitué à la pairie de son oncle le 6 janvier 1823, marié, en 1823, à Alicia-Victurnienne de Rochechouart-Mortemart, fille de Victurnien-Jean-Baptiste-Marie de Rochechouart, duc de Mortemart, et de sa seconde femme, Adélaïde-Pauline-Rosalie de Cossé-Brissac. De ce mariage sont nés deux fils et une fille : 1° Jules-Charles-Victurnien, qui suit; 2° Henri-Emmanuel, marquis de Noailles, ministre plénipotentiaire aux États-Unis, nommé, le 6 décembre 1873, ministre plénipotentiaire près le roi d'Italie, était né le 15 septembre 1830; marié civilement à Paris, le 30 janvier 1868, et religieusement à Rome, dans la basilique de Saint-Pierre, en février, à Éléonore-Alexandrine Lachmann, veuve Swuyska, dont Emmanuel, né le 30 mai 1869; 3° Pauline.

XX. — Jules-Charles-Victurnien de Noailles, duc d'Ayen, né en octobre 1826, marié le 3 mai 1851, à Clotilde-Caroline-Antoinette de La Ferté de Champlâtreux, petite-fille du comte Molé, dont 1° Adrien-Maurice, né en septembre 1869; 2° Héli, né le 22 mai 1871; 3° Mathieu, né le 23 avril 1873; 4° Elisabeth, née le 24 août 1865 ; 5° Marie-Madeleine, née le 20 novembre 1866.

Sources : *Calendrier de la Noblesse*, 1763. — *Nobiliaire d'Auvergne*, IV, 426-435. — *Annuaire de la Noblesse*, 1873-1874.

Supplément a la lettre O.

ORLHAC (Durand d'), 56ᵉ évêque de Limoges, apparemment du lieu d'Orlhac, paroisse du diocèse de Tulle, archidiacre de l'église de Limoges, fut élu prévôt de Saint-Junien en 1226. Il donna plusieurs biens aux chanoines qui assisteraient la nuit aux matines. Il fut élu évêque de Limoges, non pas en 1240 (*Gall. Christ*, nov. T. II, col. 529), mais dès 1236 (*Chron. Maleu.*) Une partie du clergé s'opposa à son élévation, le fit plaider pendant longtemps, et ce ne fut qu'en 1240, le 1er août, que le pape Grégoire IX, la quatorzième année de son pontificat, manda à l'achevêque de Bourges de le sacrer. Le 2 avril 1241 il jeta les fondements de l'église des frères prêcheurs de Limoges. Par acte passé à Grandmont, la veille de la fête de tous les Saints, 1243, il céda au prieur et couvent de ce monastère, les dîmes qu'il avait acquises jusqu'au temps de sa promotion dans les paroisses de Saint-Sylvestre, Ambazac et Saint-Martin-de-Suissac, près Saint-Léonard. Il donna 6,000 sous pour bâtir l'église de Chartreux de Glandiers, et est mis au nombre de leurs principaux bienfaiteurs. Il donna à la cathédrale la cloche qu'on appelait de son nom *Durand*, etc. Pendant la longue maladie qui précéda sa mort, il fut assisté par Gérald de Frachet, célèbre prieur des frères prêcheurs, et par plusieurs religieux. Il mourut au château d'Isle, la nuit de la fête de Saint-Thomas, martyr, après minuit, le 29 ou le 30 décembre 1245. Son corps fut solennellement porté à Limoges, demeura un jour exposé à la cathédrale, et fut enseveli le lendemain, dans le couvent des frères prêcheurs où il avait choisi sa sépulture. Lorsque l'église de ces religieux fut achevée, l'on transféra ses reste au milieu du chœur, en 1254.

On lui donne pour armes : *d'argent, à deux bandes d'azur* (Legros, *Mém. Evêq. de Lim.* 301.)

D'ORNHAC. — La maison d'Ornhac, que nous trouvons fréquemment alliée aux meilleures familles d'Auvergne, tirait son nom d'une terre située à quelques lieues d'Uzerche en Limousin. Son ancienneté remonte au moins à Étienne d'Ornhac, qui vivait au xie siècle. Il fut témoin, avec Gaubert de Malemort, d'une donation faite à l'abbaye d'Uzerche, par Etienne Charboneaux. (*Cartul.*, fol. 641, 185 ; fol. 64.) Guy d'Ornhac, fils de Jean d'Ornhac et de Catherine de Saint-Chamans, en recueillant les biens de sa mère, vers 1420, quitta le nom et les armes d'Ornhac pour prendre ceux de Saint-Chamans, que sa postérité porte encore de nos jours. Les armoiries de la maison d'Ornhac étaient : *d'or, à trois corbeaux de sable.* (J.-B. Bouillet, *Nobiliaire d'Auvergne*, T. V, p. 18. — Lainé, *Nobiliaire de Lim.*)

Supplément a la lettre P.

PABOT. (T. III, p. 304.) — Nous trouvons les représentants de cette famille, sieurs du Chatelard, habitant La Nadalie, commune de Marval, dès 1753. — *Les Registres consulaires de Limoges*, T. I, p. 136, indiquent aussi une famille du nom de Pabo dès 1489.

PAIGNON (T. III, p. 304.), porte : *d'argent à un chevron de gueules, accompagné en chef de deux croisette du même et en pointe d'un arbre de sinople*. Paul de Paignon de La Borie, sieur dudit lieu de Paignon, épousa Catherine de Jarrige de La Morelie, fille de Pierre et de Catherine de Chouly de Permangle. (*Nobiliaire*, II, p. 548.)

François Paignon, baron de Bré, S^{gr} de Condat, Saint-Lazare et Beauséjour, qui eut les provisions d'office, le 13 novembre 1653, fut reçu en sa qualité de procureur du roi par le Parlement de Bordeaux, le 3 janvier 1654, fut élu consul de Limoges la même année; il est l'aïeul des Paignon qui sont aujourd'hui fixés dans le département de la Nièvre. (*Discours de M. Guyot d'Amfreville*, 1877, p. 59.) — François-Charles Paignon, mort directeur des mines de Fourchambaud, à laissé, entre autre enfant, N..... Paignon, qui a épousé M. Guyot d'Amfreville, avocat général à Limoges. (Lettre du 28 décembre 1877.)

Jean-Baptiste Paignon aîné, chanoine de Saint-Yrieix, confesseur de la foi, est mort à l'âge de quarante-six ans, en janvier 1794, à l'hospice de Limoges, où il était en réclusion. — Joseph de Paignon de Chante-Graud jeune, né à Saint-Yrieix et chanoine de cette ville, est mort âgé de trente-neuf ans, confesseur de la foi, le 10 janvier 1795, sur les pontons, et a été inhumé sur les rives de la Charente, au fort Raseux. (LEGROS, *Nécrologie*.)

Des membres de cette famille étaient à l'Assemblée de la noblesse de 1789.

DE PALANT. (T. III, p. 305.) — Famille éteinte. *D'or, à trois fasces de sable.* (LAINÉ, *Nobiliaire du Limousin*.)

PANDIN. (T. III, p. 305.) — Cette famille a une généalogie dans le *Dictionnaires des anciennes familles du Poitou*.

PANEVEYRE ou PENNAVAYRES. (T. III, p. 314.) — M. A. Tardieu donne une généalogie de cette famille, *Histoire généal. de la maison de Bosredon*, (p. 330.)

PARADIS. (T. III, p. 306.) — *D'argent, à trois oiseaux de paradis de sable, 2 et 1.* Antoine de Paradis, écuyer, était conseiller du roi, premier lieutenant de la maréchaussée de Touraine, en 1696, (*Armorial de la Touraine*.) — Louis se maria en 1618. — François testa, le 1er septembre 1661, instituant Jacques et Louis, ses enfants du premier lit. (Maintenue par d'Aguesseau. — *Bibliothèque de l'Arsenal*, H, 749.)

PASQUET. (T. III, p. 309.) — De Saint-Allais, dans son *Nobiliaire universel*, donne une généalogie de cette famille au T. II, p. 394.

PASTOUREAU. (T. III, p. 311.) — Famille répandue en Périgord et en Limousin. *De....... à un mouton passant de.......* Alias : *Une houlette en pal, accostée d'un chien et d'un mouton.*

Aymeric Pastoureau et Pierre Pastoureau vivaient en 1430. — Jean et Pierre vivaient en 1472. — Jean Pastoureau dit Le Vieux et Marguerite Pastourelle, sa femme, vivaient en 1495. (*Notes Hist. sur le Nontronnais*, par M. DE LAUGARDIÈRE.) C'est probablement de ces derniers que naquirent : 1° Dauphin, qui suit; 2° Jean, qui suit après son frère.

Dauphin Pastoureau, qui acheta d'Alain d'Albret, vicomte de Limoges, la châtellenie de Nontron, en 1499; Saint-Martin-le-Peint, Savignac et partie de Javerlhac, en 1501; Nontronneau, Bondazeau, en 1497; Saint-Angel, Saint-Front-de-Champniers, Feuillade, Reilhac, en 1502, etc. Il testa en 1505, prenant le titre de S^{gr} de Javerlhac et La Beytour, élu par le roi en l'élection de Périgord. Il laissa quatre fille de Marion Pastourelle, sa femme : 1° Françoise, qui épousa Balthazar Douhet, marchand de Limoges, qui fut père de Maureille Douhet, auquel Dauphin Pastoureau donne une maison située rue Fourie, à Limoges, ainsi qu'un jardin. Françoise était morte en 1519; 2° Marie, qui épousa Jean Payen; 3° Jeanne, qui épousa : 1° honorable maître Poysson, avocat à la Cour présidiale du Périgord; elle était veuve en 1528; elle épousa, 2° B..... Texier, conseiller au Parlement de Bordeaux, et lui porta le quart de la châtellenie de Javerlhac; 4° Marguerite épousa Pierre de La Place, écuyer, sieur de Sallebœuf, etc. C'est peut-être cette dernière qui se maria en secondes noces avec Martial Audier.

Jean Pastoureau était marchand de la ville de Nontron; sa femme, Louise Pastourelle, testa le 22 mai 1523. Leurs enfants furent : 1° François, abbé de Blanzac, en 1532; 2° Jean, marchand à Nontron, 1539; 3° peut-être Charlotte, qui épousa vers 1554, noble Martial Guyot, sieur de La Vergne. (M. DE LAUGARDIÈRE.)

Cette famille à formé plusieurs branches encore représentées.

PELET DE BOSFRANCHET, *alias* BEAUFRANCHET (T. III, p. 314, et T. I, p. 170, 302), S^{gr} de Monteiller, Ribadance, Malcurat, Marceu, Montbazier, La Chandie, Vars, Varnasse, Beaumont, Grandmont, Saint-Hilaire, Relibert, Tornage, Puiporte, Le Fresse, La Chapelle et autres lieux, comtes de Beaufranchet et d'Ayat. — Maison d'ancienne chevalerie en Forez, Velay, Vivarais, Auvergne, Bourbonnais, Marche, Berry, Ile-de-France, dont la généalogie est dans le *Nobiliaire d'Auvergne*, par J.-B. BOUILLET, T. V, p. 57.

PERRY. (T. III, p. 316.) — *L'armorial* du président d'Hozier donne une généalogie de la famille Perry en Limousin et en Angoumois; armes : *d'azur à deux lions passants de gueules, au chef de sable.*

PESTEL. (T. III, p. 319.) — *D'argent à la bande de gueules accompagnée de six sautoirs ou flanchis de même.* La généalogie de cette famille est donnée par M. J.-B. BOUILLET, dans le *Nobiliaire d'Auvergne*, T. V, p. 82.

PETIOT. (T. III, p. 319.) — *D'azur, au chevron d'or accompagné de trois pigeons d'argent, au chef cousu de gueules chargé de trois étoiles d'or.* Quelques branches de cette famille ont changé la place et les émaux des pièces contenues dans ces armes.

PEYRAT-DE-JUGEALS. — Voir JUGEALS, T. II, p. 468, 598.

PEYROUX. (T. III, p. 321.) — *D'or à trois chevrons d'azur, au pal de même brochant sur le tout.* M. A. Tardieu a donné une généalogie de cette famille dans son *Histoire généal. de la maison de Bosredon*, p. 336.

PICHARD. (T. III, p. 322.) — *D'azur, au chevron d'or chargé de deux lions affrontés de sinople, accompagné en chef de deux croisettes d'argent et en pointe d'une aigle d'or.* La généalogie de cette famille se trouve dans le *Dictionnaire des anciennes familles du Poitou*, par M. BEAUCHET FILLEAU.

DE PINS (Jean-Paul-Gaston), né à Castres (Tarn), le 8 février 1766, vicaire général de Bourges. Nommé à l'évêché de Béziers, en 1817, fut sacré évêque de Limoges, le 10 novembre 1822, prit possession en janvier 1823. Fut nommé archevêque d'Amazie et administrateur du diocèse de Lyon, en octobre 1824.

Armes : *De gueules à trois pommes de pin d'or.* Devise : *L'un des neuf barons de la Catalogne.*

LA PISE, ou LA PIZE, ou LAPIZE. (T. III, p. 345.) — Cette famille paraît être la même que celle qui, sous le nom de La Pisse, fut maintenue noble, en Limousin, le 24 novembre 1666 et le 31 décembre 1715. — N.... de La Pise, qui fut admis dans les gardes du corps du roi, compagnie de Noailles, en 1759, et M. Louis-Antoine de Lapize de Saint-Cirgues, actuellement possessionné à La Roquevieille (Cantal), du chef de dame Marie-Christine-Zélia d'Estresses, son épouse, sont vraisemblablement sortis de la même souche. — Trois membres de cette famille, possessionnés près de Saint-Céré en Quercy, furent portés sur la liste des émigrés de 1793. L'un d'eux avait servi en qualité de capitaine.

Armes : *D'azur, au chevron d'or, accompagné de trois roses de même.* (J.-B. BOUILLET, *Nobiliaire d'Auvergne*, T. V, p. 126.)

Branche des Brosses et de La Côte.

I. — Gabriel de La Pisse, écuyer, S^{gr} des Brosses (commune d'Oradour-sur-Vayres), époux de Paule du Rousseau, habitait le dit lieu des Brosses; il eut : 1° Suzanne, née en 1631, dont le parrain fut Charles de La Pisse, S^{gr} du Bois, et la marraine Suzanne du Châtaigner ; 2° René, qui suit ; 3° Renée, d^{lle} de Fougeras (1), morte en 1685, à l'âge de quarante-ans, enterrée dans l'église d'Oradour, devant l'hôtel de la flagellation. Elle prenait part, en 1662, au partage fait entre Paule du Rousseau et ses enfants; 4° Anne, née en 1651. Elle épousa, en 1671, Jean de La Pisse, S^{gr} du Bois ; 5° Gabriel, qui fit la branche des Barouties (2) ; 6° Thérèse, morte le 9 juin 1672, mariée en 1654, à Henry Bouchaud, écuyer, S^{gr} du Masaubrun, mort à Pageas, le 1er mai 1680. L'acte de partage de 1662, mentionne deux autres enfants : François et Marthe, dont la naissance n'a pu être trouvée sur les registres de la paroisse. Au contraire, Suzanne et Thérèse ne sont pas mentionnées dans cet acte.

---

(1) Village de la commune d'Oradour-sur-Vayres.
(2) Les Barouthies ou la Barouthie, village de la même commune.

II. — René de La Pisse, écuyer, S^{gr} des Brosses et de La Côte, né en 1632 ; son parrain fut René du Rousseau, écuyer, S^{gr} de La Grange ; sa marraine fut Catherine de Bermondet, d^{lle} de St-Bazile. En 1667, il vendit ses immeubles de La Grande-Côte à Pierre Faure, S^{gr} du Caillou, au prix de 1040 livres tournois. En 1669, il échange son fief de La Petite-Côte, plus une métairie appelée de Chez-Grand-Gars, contre une maison avec pavillon, jardin, grange, sis au bourg d'Oradour et appartenant au Sr Léonard Morelon, et reçoit une soulte de 4500 livres ; il se réserve l'hommage dû par la Petite-Côte à La Grande-Côte, où le Sr Morelon possède un domaine pour lequel il doit l'hommage-lige. En 1669, il vend à Gabriel Brun, Sr de Forgeas, bourgeois, un pré appelé de Bas-Nouveau. (Ce pré porte encore aujourd'hui le même nom), au prix de 1500 livres. En 1670, il fit bâtir un pavillon au château des Brosses, et paya pour cet ouvrage, au maçon Léonard Blanchard, 108 livres et 15 setiers de seigle. Il mourut en 1687, au lieu noble des Brosses, et fut enterré dans l'église d'Oradour. Il avait épousé, vers 1700, Anne de Sauzay, fille de Jean, écuyer, appelé d'abord sieur du Puymoraud, ensuite de La Douhe et de Langlardie (T. IV, p. 153). Dont : 1° Gabriel, qui suit ; 2° Jean, né en 1662, qui eut pour parrain Jean de Sauzay, écuyer, S^{gr} de Ladoue, et pour marraine Paule du Rousseau, sa grand'-mère ; 3° Jacques, né en 1667, qui eut pour parrain Jacques du Rousseau, S^{gr} de Ferrières, écuyer ; il mourut en 1670, et fut enterré dans l'église paroissiale ; 4° Jean, mort subitement au lieu noble des Brosses, à l'âge de dix-huit ans, et enterré dans l'église paroissiale, en 1685 ; 5° Jean, né en 1669, qui eut pour parrain Jean de La Pisse, seigneur du Bois, et pour marraine demoiselle Anne de La Pisse ; il mourut à l'âge de quinze ans, et fut enterré dans l'église paroissiale ; 6° Gabriel, né en 1670, qui eut pour parrain Gabriel, son frère, et pour marraine Anne Jourde, sa tante, épouse de Gabriel de La Pisse, S^{gr} des Barouties ; 7° Anne, née en 1671, qui eut pour parrain, Pierre Mandon de La Gasne, bourgeois d'Oradour, et pour marraine Anne Bayle, nièce de M. le curé du dit lieu ; 8° Pierre, né en 1679, qui eut pour parrain Pierre du Dousset, écuyer, S^{gr} du Puy (1), et pour marraine Marie de Lambertie, dame de Maumont ; 9° Françoise, née en 1676, qui eut pour parrain Jacques du Rousseau, écuyer, S^{gr} de Férières, et pour marraine dame Françoise Garnier, comtesse d'Oradour.

III. — Gabriel de La Pisse, écuyer, S^{gr} des Brosses, de La Côte et de Langlardie ; né en 1661 ; il eut pour parrain, Gabriel de La Pisse, S^{gr} de La Côte, son grand-père, et pour marraine demoiselle Marie de Saint..... Il épousa : 1° en 1680, demoiselle Jeanne Judde, fille de Jean Judde, S^{gr} des Noches, et de demoiselle Suzanne Virthon, du lieu noble de Tumissat (2). Jeanne Judde, mourut en 1685, en donnant le jour à une fille qui fut nommée Suzanne. Il épousa : 2° Madeleine Chastenier de La Roche-l'osay ; il fit un testament olographe par lequel il institua son fils François pour son héritier, en 1708, et il mourut la même année, à Langlardie, paroisse de Soudat ; il fut enterré dans l'église d'Oradour-sur-Vayres, au tombeau de ses ancêtres, devant l'autel de la flagellation. De ce mariage, il eut : 1° Anne, née aux Brosses, en 1688, qui eut pour parrain Martial Vir-

---

(1) Lieu noble de la paroisse de Cussac.
(2) Village de la paroisse de Champagnac.

thon, S⁺ de La Tamanic (1), et pour marraine Anne de Sauzay sa grand'-mère; elle épousa, le 27 janvier 1709, par contrat passé au château de Langlardie, messire René de Rofignac, chevalier, S⁺ de Belleville, Les Brosses et autres lieux, fils de Jean et d'Antoinette d'Aydie; 2° Gabriel, né aux Brosses, en 1690; son parrain fut Gabriel de La Pisse, écuyer, S⁺ de l'Ecubillon (2), et sa marraine fut Louise Bricaud; 3° Jean, né aux Brosses, en 1691; 4° François, qui suit; 5° Madeleine, qui épousa Jean-Michel du Faux, écuyer, S⁺ de Fonroche, morte sans enfants, en 1727; sa succession fut partagée, à cette date, entre ses frères et sœurs; 6° Isaac, trouvé dans l'acte de partage de 1727. En 1739, il habitait la maison noble du Theuillé, paroisse de Flavignac.

IV. — François de La Pisse, chevalier, S⁺ de Langlardie, épousa Esther de Mazière, dont trois filles, en faveur desquelles il testa au château de Langlardie, le 20 mars 1720. La branche des Brosses et de La Côte abandonne définitivement la résidence des Brosses, qui passe à la famille de Rofignac, par le mariage de Anne de La Pisse avec messire René de Rofignac, chevalier. François de Tixier, marquis de Javerlhac, S⁺ de La Feuillade, Les Brosses, vendit cette dernière, le 12 février 1786, à Pierre Lonjeaut, sieur des Brégères, procureur fiscal du comté d'Oradour. François était mort en 1727, lors du partage de la succession de sa sœur Madeleine.

Branche des Barouthies ou de La Baroutie.

II bis. — Gabriel de La Pisse, écuyer, S⁺ des Barouthies, demeurant aux Petites-Brégères (3), né en 1637, fils de Gabriel de La Pisse, S⁺ des Brosses, et de Paule du Rousseau. Il eut pour parrain Gabriel du Rousseau, écuyer, S⁺ de Séchère (4), et pour marraine dˡˡᵉ Jeanne Sapinaud, dˡˡᵉ de La Forêt de Maranda. Il épousa, en 1671, Anne Jourde, dont il eut : 1° Jean, né en 1672, dont le parrain fut Jean Bayle, curé d'Oradour-sur-Vayres, et la marraine Renée de La Pisse; 2° Gabriel, né en 1674, qui fut baptisé par M. Bayle, curé de Marval; le parrain fut Gabriel de La Pisse et la marraine Anne Bayle; 3° Jean, né en 1677 ; son parrain fut Jean de La Pisse, S⁺ du Bois, et la marraine Gabrielle de Nesmond, dame de Séchère; 4° Anne, née en 1680, qui eut pour parrain Pierre du Dousset, écuyer, S⁺ du Puy, et pour marraine Anne de La Pisse, épouse de Jean de La Pisse, S⁺ du Bois.

Branche du Bois et des Brégères.

I. — Jean de La Pisse (T. II, p. 59).
II. — Germain de La Pisse.
III. — Louis du Bois.

---

(1) Village de la commune de Champagnac.
(2) Village de la commune d'Oradour-sur-Vayres.
(3) Village de la commune d'Oradour-sur-Vayres.
(4) Lieu noble, paroisse de Saint-Mathieu.

IV. — Jacques du Bois.

V. — Charles de La Pisse, écuyer, S^{gr} du Bois, époux de Anne de Villautreix, demeurant aux Petites-Brégères (1).

VI. — Jean de La Pisse, écuyer, S^{gr} du Bois, fils des précédents. Il épousa, en 1671, Anne de La Pisse, fille de Gabriel, S^{gr} des Brosses et de La Côte, et de dame Paule du Rousseau, dont : 1° François, qui est parrain de sa sœur Françoise en 1681 ; 2° Anne, née en 1677; son parrain fut François de La Pisse, écuyer, S^{gr} de La Brégère, et sa marraine Anne Jourde, femme du S^{gr} des Barouthies ; 3° Gabriel, né en 1678, qui eut pour parrain Gabriel de La Pisse, S^{gr} de La Côte, et pour marraine Renée de La Pisse ; 4° Gabrielle, née en 1674, qui eut pour parrain.M. Jacques.... de Ribeyreix, chevalier, S^{gr} de Saint-Pierre-du-Moulin, et pour marraine Gabrielle de Nesmond, dame de Séchère; 5° Françoise, née en 1681.

VII. — Gabriel de La Pisse, écuyer, S^{gr} des Brégères, probablement fils du précédent, demeurant aux Petites-Brégères, épouse, en 1697, dame Marie-Radegonde Villeton ou de Villedon, dont il eut : 1° Marie, née en 1644, qui eut pour parrain Jean de N....., écuyer, S^{gr} de Saint-Léger, et pour marraine Marie du Queyroix ; 2° Catherine, née en 1700; son parrain fut Louis Ladmiraut, sa marraine Catherine Dorat ; 3° Jean, né en 1703, dont le parrain fut Jean Ramanel et la marraine Jeanne de Labrunye.

La propriété des Petites-Brégères a été vendue, en 1733, par le sieur Dubreuil, époux d'une demoiselle de La Pisse, à Martial Mandon, sieur de La Gasne, bourgeois d'Oradour, par acte reçu M^e des Vergnes, notaire à Rochechouart.

Jean-Baptiste de La Pisse, chevalier, S^{gr} du Cheyraux, La Goupillère et en partie de Pontinoux, faisait partie de l'Assemblée de 1789, ainsi que Pierre de La Pisse, chevalier, S^{gr} de Teulet, La Brégère et du Fouilloux.

Charles de La Pisse, propriétaire à Flavignac, 1879 (2).

DE LA PIVARDIÈRE. (T. III, page 345.) — Ce nom, qui figure parmi ceux des signataires de l'acte de coalition de la noblesse d'Auvergne en 1791, est celui d'une famille noble du Berry et de la Haute-Marche. Elle a prouvé sa filiation et de bons services militaires depuis Pierre de La Pivardière, écuyer, vivant en 1480 (*Armorial général de France*, registre V). François de La Pivardière, né à La Cassagne, en Haute-Marche, en 1751, était capitaine au régiment de la reine en 1790.

Armes : *d'argent, à trois merlettes de sable*. (J.-B. Bouillet. — *Nobiliaire d'Auvergne*, T. V, p. 125.)

PLANTADIS. (T. III, p. 352.) — *D'argent au chêne de sinople glanté d'or, posé sur une terrasse du même ; au chef d'azur, chargé d'un croissant d'argent accosté de deux étoiles d'or*. Une généalogie de cette famille a été donnée dans l'*Histoire généalogique de la maison de Bosredon*, par M. A. Tardieu.

DE PLAS. (T. III, p. 352.) — D. Coll. fait mention de Durand de Plas,

---

(1) Village de la commune d'Oradour-sur-Vayres.

(2) Nous devons la plupart de ces notes généalogiques à M. Rayet, notre collègue à la Société archéologique, qui les a recueillies sur les registres paroissiaux.

écuyer de Neschers, père de Roberte de Plas, en 1301, et d'Etienne de Plas, aussi écuyer de Neschers, en 1328. On connaît encore Amblard de Plas, *alias* d'Auplas, rappelé dans une reconnaissance d'Isabelle, sa veuve, relative à des dimes qu'elle possédait à Joc, *alias* Jou, paroisse de Chapdes, en 1326, mais on ignore le sort de cette famille, postérieuremenr aux dates précitées. Serait-elle la même que la noble maison de Plas, en Limousin ? Cela n'est pas vraisemblable. Celle-ci a pris son nom d'une terre située à deux lieues et demie de Tulle et s'est étendue en Quercy en Périgord et en Angoumois, où elle a contracté de belles alliances ; elle en compte aussi, en Auvergne, avec les maisons de Scorailles, de Fontanges, de Lastic-Saint-Jal, de Robert-Lignerac, d'Estresses, de La Garde-de-Saignes, de Cordebœuf-Montgon. La dernière fut celle de Guy-Joseph, comte de Plas, marquis de Thillay, baron de Marcillac, Ser de Curemonte, de Puy-d'Arnac, de Valon et autres lieux, marié, le 6 février 1746, avec Marie-Françoise de Cordebœuf-Beauverger-Montgon, née au château de La Souchère, le 7 septembre 1724, fille de feu Philippe-Gilbert de Cordebœuf-Montgon, maréchal de camp, commandeur de l'ordre de Saint-Louis, gouverneur des îles d'Oléron et de Blanche-Henriette, de La Roche-Aymon. M. Lainé, dans son *Nobiliaire du Limousin* (T. VIII, des *Archives de la Noblesse*), affirme que la famille de Plas vient de s'éteindre. Cela étonne quand on sait que sous le gouvernement de la Restauration elle comptait plusieurs fonctionnaires publics dont l'un était père d'une nombreuse famille. (A l'époque dont il s'agit, M. le chevalier de Plas était sous-préfet de Bellac (Haute-Vienne), et un de ses parents secrétaire général à Angoulême (Charente).

Armes : *d'argent, à trois jumelles de gueules*. (J.-B. BOUILLET, *Nobiliaire d'Auvergne*, T. V, p. 129.)

Jean de Plas, évêque de Périgueux, était conseiller au grand Conseil ; il avait prêté serment pour cette charge, le 11 mai 1508. Il permuta son évêché pour celui de Bazas et le prieuré de Leyrac le 4 août 1531. Il se démit de ce dernier évêché, le 26 octobre 1534, en faveur d'Annet de Plas, son frère. Il mourut au château de Plas et fut inhumé à Curemonte, dans le tombeau de ses ancêtres. (L'abbé AUDIERNE.)

DU PLESSIS. — Voyez d'Argentré au T. I.

PLUMENT. (T. III, p. 354.) — *D'azur à trois plumets d'argent*. (*Généal. des Monstiers*.)

DE LA PORCHERIE. (T. III, p.365.) — La terre de La Porcherie est à quatre lieues de Pierrebuffière. Pierre de La Porcherie est mentionné dans une chartre d'Archambaud, vicomte de Comborn, en faveur de l'abbaye d'Uzerche, l'an 1085. (*Cartul.*, fol. 48 ; 185, fol. 32.)

Hugues de La Porcherie, abbé d'Uzerche, vivait vers 1120.

Pierre-Bernard, Ser de La Porcherie, épousa, vers 1180, Claire de Comborn, fille du vicomte Archambaud V.

P. de La Porcherie, chevalier, vivant en 1221, portait en son sceli *un porc*.

Noble homme Bernard de La Porcherie, Ser de Sadran en 1269, portait *un pal*. (LAINÉ, *Nobiliaire du Limousin*.)

DE LA PORTE. (T. III, p. 366.) — M. le docteur Armand de La Porte a publié, en 1864, des *Études archéologiques sur les familles du nom de La Porte*, ainsi qu'une *Notice sur la vie et l'épiscopat de Raynaud de La Porte*, 59ᵉ *évêque de Limoges*, dans le *Bulletin de la Société archéologique du Limousin*, T. XI, p. 139.

DU POUGET DE NADAILLAC (T. III, p. 377), seigneurs, puis comtes et marquis de Nadaillac, barons de Saint-Pardoux, Sgr de Morèze et autres terres considérables. — Cette famille ancienne et marquante, est originaire du Quercy, d'où elle s'est répandue en Languedoc, en Périgord, en Auvergne et dans la Haute-Marche. Elle a produit un chevalier croisé en 1095, un cardinal du titre de Saint-Marcel, mort en 1348, et plus tard des capitaines de cinquante hommes d'armes et de chevau-légers ; plusieurs chevaliers de l'ordre du roi ; un lieutenant-général des armées du roi, plusieurs maréchaux de camps, des gouverneurs de places fortes, et nombre d'officiers de tous grades de l'ordre de Saint-Louis.

La maison du Pouget de Nadaillac n'est pas moins distinguée par ses alliances que par ses riches possessions et ses beaux services militaires ; elle en compte avec les maisons d'Arfeuilles, d'Aubusson, de Beaumont, de Brezons, de Carbonnières, de Chapt-Rastignac, de Chaunac-Lanzac, de Comarque, de Douhet, de Ligondès, de Lusignan, du Plas, de Pot-de-Rodes, de La Roche-Aymon, de Saint-Gely, de Vassal, etc., etc.

Elle est aujourd'hui représentée en deux branches dont les chefs ont acquis le grade de maréchal de camp par d'honorables services. L'un d'eux a été député du département de la Haute-Vienne en 1815, et il était inspecteur de cavalerie en 1830.

A cette maison appartenait François du Pouget de Nadaillac, Sgr de Morèze en Carladez, chevalier de l'ordre du roi, maréchal du camp et gouverneur de Carlat en 1602. Faussement soupçonné de conspiration, ce brave capitaine fut arrêté par ordre du roi et bientôt après relâché pleinement justifié. La présence d'esprit, la fermeté et la prudence que Marguerite d'Ouvrier, son épouse, déploya dans cette circonstance en se maintenant maîtresse du fort de Carlat, contribuèrent puissamment à la prompte délivrance du prisonnier, et ont assuré à cette fière Auvergnate, une place distinguée dans les annales de son pays. François du Pouget et Marguerite d'Ouvrier, que M. Lainé appelle par erreur Marguerite d'Olivier, ne paraissent pas avoir laissé de postérité. Il est vrai que M. Lainé leur donne un fils nommé Antoine, marié le 6 février 1603, avec Michelle d'Apchier ; mais il est évident que, trompé par la conformité des noms, cet estimable auteur a confondu ce rameau de la maison du Pouget de Nadaillac avec la famille du Pouget de Fosses. (Voyez le T. IV, des *Archives de la noblesse*, par LAINÉ. — J.-B. BOUILLET, *Nobiliaire d'Auvergne*, T. V, p. 166.)

On trouve une généalogie de cette famille dans *l'Histoire généalogique des pairs de France*, 1822-1824, par DE COURCELLES.

POUSSARD. (T. III, p. 378.) — Le *Dictionnaire des anciennes familles du Poitou*, par M. BEAUCHET-FILLEAU, donne une généalogie de cette famille.

PRADEL DE LA MAZE. (T. III, p. 383.) — Réunir à cet article ceux qui sont aux pages 414 et 701.

PRIE (René de), 73e évêque de Limoges, fils d'Antoine de Prie, baron de Buzançais, grand queux de France, et de Madeleine d'Amboise. Nommé dès 1510, il ne prit possession de l'évêché de Limoges que le 26 septembre 1514. Entré dans la cléricature dès ses plus tendres années, le crédit du cardinal d'Amboise, son cousin, lui fit obtenir quantité de bénéfices. Il fut archidiacre de Bourges, puis de Blois, dans l'église de Chartres, doyen de Saint-Hilaire de Poitiers, en 1489, lorsqu'il exerça la charge d'aumônier du roi, sous Geoffroi de Pompadour, grand-aumônier, notaire apostolique, prieur de Leyrac en Gascogne. Il eut plusieurs abbayes, et les échangea toutes pour celle d'Issoudun; il avait encore celle du Bourg-Dieu en 1498. Il fut élu évêque de Bayeux, par le pape, le 3 des ides d'août 1498. Le 4 janvier 1506 (vieux style), il fut créé cardinal par le pape Jules II. Il eut des compétiteurs à siége de Limoges, et les difficultés que cette élévation soulevèrent ne furent aplanies qu'après plusieurs années. Pour cela, Foucaud de Bonneval devint évêque de Soissons, et Guillaume de Barton le fut de Lectoure. Le 3 février, jour de vendredi, 1514, il se trouva à la cérémonie des funérailles d'Anne, duchesse de Bretagne, femme du roi Louis XIII, faite dans l'église de Saint-Sauveur de Blois. On croit qu'il mourut lui-même, le 9 août 1516 (ou seulement 1517), toutefois, le siége de Limoges était vacant le 13 septembre suivant. Il fut enterré dans l'église de La Prée, en Berri, dont il était abbé, et cette épitaphe fut mise sur son tombeau.

HIC JACET.

Heu mortales! Reverrendissimus D. D. Renatus de Prie, filius Antoni, Baronis de Prie, domini de Busançois et Magdalenæ d'Amboise, S. R. E. cardinalis, tituli sanctæ Sabinæ, épiscopus Bajocencis et Lemovicencis, abbas sanctæ Mariæ de Prateâ, ab humanis dicedens, animam Deo optimo, maximo tradidit, suumque cadaver jussit humiliter recondi, justâ sanctam Faustam, obiit V idus septembris anno 1519. (Gall. Christ. met : mieux 1516).

Armes : *de gueules à trois tierces feuilles d'or 2 et 1*. (LEGROS, *Mém. Evêque de Limoges*, 501).

DE SAINT PRIEYX ou PRIEST, de Sancto-Præjecto, Sgrs dudit lieu, 1540. *D'azur, à trois fioles d'argent en fasce, accompagnées en pointe de trois étoiles d'or bien ordonnées.* Il est fait mention dans le *Cartulaire de Bénévent* (XIIIe siècle), d'Imbert de Saint-Projet et d'Ermengarde de Saint-Priest, femme de Constantin de Malbren. (183-184, fol. 69-71. LAINÉ, *Nobiliaire du Limousin*.)

PUIFFE. (T. III, p. 394.) — Cette famille, originaire du lieu de Puiffe, commune de Firbeix (Dordogne), nous est connue depuis messire Armand de Puiffe, prêtre, habitant le lieu de Couppiat, paroisse de Firbeix, et sage homme Janot de Puiffe, habitant le même lieu en 1574. Elle s'est beaucoup répandue dans les paroisses limitrophes du Limousin et du Périgord. Elle a habité et probablement bâti le château du Fermiger, paroisse de Pensol, qui est passé dans la famille de Jaubert, le 1er février 1751, par le mariage de Marie de Puiffe, fille de François, chevalier de Saint-Louis, et de Jeanne Reine, avec son parent Benoît Jaubert, écuyer, sieur de Saint-Severin, fils de Jean-Louis, écuyer, et de Françoise de Puiffe. — Cette famille est encore représentée de nos jours.

PUY (Guillaume du), 55e évêque de Limoges. Après la mort de Gui de Cluzel, les doyens et chapitre de la cathédrale de Limoges demandèrent au chapitre de Bourges, le siége métropolitain étant vacant, le 28 janvier 1235 (vieux style), la permission d'élire un successeur ; et, l'ayant obtenue, ils élurent Guillaume du Puy, chanoine d'Angoulême, homme respectable et magnanime. Il était jeune, à la vérité, mais ses mœurs étaient graves. Une longue maladie l'empêcha de se faire sacrer, et parce que la terre n'était pas digne d'un si grand prélat, il mourut l'année 1236. Le sénéchal de La Rochelle, dans son compte de la Toussaint, 1236, fait recette de la somme de 226 francs 3 sols 10 deniers, provenant de la régale de Limoges. Le roi jouissait des fruits des évêchés vacants en régale. (LEGROS. *Mém. Evêq. Lim.*, p. 297.)

DE PUYDEVAL. (T. III, p. 398.) — La terre de Puydeval, située en Bas-Limousin, avait donné son nom à une ancienne famille que représentait, en 1680, Antoine, Sgr de Puydeval, père de Géraud, Sgr de Puydeval, marié avec Françoise de Noailles. Cette famille n'existait plus lors de la recherche. (*D'azur, à deux lions affrontés d'or.* — LAINÉ, *Nobiliaire du Limousin*).

PUYFERRA. (T. III, p. 398.) — Jean de Puyferrat, du lieu de Lavaud, mort avant 1747, avait épousé Marguerite Peuchaud, dont Marie-Anne de Puyferrat, qui épousa, dans l'église de Saint-Sulpice-les-Feuilles, le 16 mai 1747, Pierre de Rosiers, écuyer, sieur de Chassincour, fils de Henri de Rosiers, écuyer, de la paroisse de Mouhé, diocèse de Bourges, et de Geneviève Perrot. (NADAUD, art. Rosiers.)

SUPPLÉMENT A LA LETTRE Q.

DE LA QUEUILLE. (Page 1). — Cette famille, qui a habité l'Auvergne, le Forez et le Beaujolais, a sa généalogie dans le *Nobiliaire de l'Auvergne*, par M. J.-B. BOUILLET. (T. V, p. 208.) Elle a de nombreuses alliances avec les maisons du Limousin. De plus, M. de La Queuille fut député de la noblesse du Bas-Limousin, et émigra. (VICTOR DE SEILHAC, *Scènes de la Révolution en Bas-Limousin*.)

Armes : *De sable, à la croix engrelée ou denchée d'or.* Devise : *Immortalitate.* A l'immortalité.

QUENTINIE. — Noble Jean Quentini, damoiseau, de la ville d'Eymoutiers, épousa Marguerite de La Jamont ils étaient morts l'un et l'autre en 1456. Parmi leurs enfants étaient : 1° Jean, aussi damoiseau, sieur du Mazeau, de la ville d'Eymoutiers ; 2° Agnez, qui épousa, par conventions du 28 septembre 1456, signées Deuxquots, Jean de Maumont, fils de Pierre de Maumont et de Catherine Jouberte de La Bastide. Jean de Maumont, se remaria, le 2 février 1465, avec Elise du Mosnard (*Nobiliaire*, T. III, p. 210 et T. IV, p. 383). Agnez de La Quentinie, en 1605, était épouse de Jean du Reclus, III° du nom, écuyer, Sgr de Lascouts, fils de Jean II, Sgr de Solamiou, Mas-Bertier, paroisse de Marval, et de Françoise Drouyn. Anne de La Quintinie, nièce de la précédente, épousa Jean du Reclus, frère de Jean, III° du nom qui précède. Léonarde de La Quintinie, sœur de Anne, épousa, en 1594, Jacques de Couhé, écuyer, Sgr de La Mothe. (*Généal.* LE RECLUS.)

Marie de La Quintinie épousa messire Pierre Chazeaud, dont : René, baptisé à Maisonnais, le 3 février 1641. (*Registres paroissiaux.*)

Supplément a la lettre R.

RAFÉLIS DE SAINT-SAUVEUR (Charles-Joseph-Marius de), 40° évêque de Tulle, né dans le diocèse d'Orange, en 1725, était archidiacre dans l'église d'Amiens, vicaire général de ce diocèse et abbé d'Orbestier, lorsque le roi le nomma à l'évêché de Tulle, en 1764. Il a été sacré le 27 janvier 1765. (NADAUD. — *Chronologie des évêques.*) Armes : *d'or à la croix recroisetée d'azur.*

RAMPNOUX. (Page 6.) — Léonarde Rampnoux était veuve de Gabriel du Rousseau de Ferrière, Sgr de Seychères, paroisse de Saint-Mathieu, le 30 septembre 1677. (*Nobil.*, I, p. 189.)

Marie Rampnoux, de la paroisse de Saint-Sébastien de Chabannais, épousa, le 5 février 1698, Pierre Sardaing, écuyer, sieur du Repaire. (*Nobil.*, IV, p. 145.) Jean Rampnoux, sieur de Villepaneix, conseiller du roi, épousa Marguerite de La Quintinie; leur fille Françoise se maria, le 31 janvier 1717, avec Pierre Sardaing. (*Idem*, p. 146.)

Suzanne Rampnoux avait épousé Jean Limagne, sieur de La Laubicherie, paroisse de Saint-Sébastien de Chabannais; leur fils Jean se maria, en 1718, avec Valérie de Salignac. (*Idem*, p. 138.)

Jeanne Rampnoux épousa Jean-Baptiste Thomasson de Poujat, sieur de Plamont, paroisse de Chirac, dont : 1° Marianne, née le 6 janvier 1739; 2° Catherine, née le 29 avril 1742; 3° Gabriel, mort en bas-âge. (*Idem*, 189.)

Catherine de Rampnoux, d^{lle} de Marafy, fille de Pierre Rampnoux et de Jeanne Grenet, épousa, le 24 juillet 1730, dans l'église de Vouthon, Léon de Lambertie, Sgr de Saint-Sornin. Elle mourut la même année. (*Papiers de la famille de Lambertie.*)

Pierre-Paul Rampnoux, nommé curé de Rochechouart, en 1780, et N..... Rampnoux du Vignaud du Masdebos, natif de Chabannais, sont morts martyrs de la foi pendant la Révolution. (*Pouillé* de Mgr d'Argentré. — *Nécrologie*, LEGROS.)

Cette famille est encore représentée par M. Rampnoux du Vignaud, de Champagne-Mouton (Charente).

RAZÈS. (Page 11). — Le *Dictionnaire des anciennes familles du Poitou* a publié, T. II, p. 13, une généalogie de cette famille, pour la branche de Ché ; il existait une autre branche au manoir de Chez-Galeix, commune de Roussac (Haute-Vienne).

REBIÈRE DE CESSAC, S^{grs} de Naillac, Fleurat, Cessac, Lavault, Lizières,..... paroisse de Bussière-Dunoise, porte : *d'argent à la fasce de gueules accompagnée en chef d'un croissant de sable entre deux étoiles du même et en pointe d'une étoile aussi du même.*

I. — Barthélemy Rebière épousa Anne de Chardebœuf, qui était veuve lorsqu'elle mourut fort âgée, au Dorat, le 20 juin 1585.

II. — Fiacre Rebière, sieur de Cessac, passa, le 14 octobre 1581, une reconnaissance signée Jupile, notaire; de laquelle André, son petit-fils, se dit héritier dans un ordre de 1606, rendu par Jean Dougnoc, licencié en droit, sénéchal et juge ordinaire de la juridiction de Salagnac (paroisse du Bourg de Salagnac). Fiacre épousa Marie du Rieu, sœur d'Antoine du Rieu, écuyer, S^{gr} de Fontbuffeau et de Villepreau. (*Gén. Robert du Dorat, mss.* DOM FONTENEAU, T. XLV, p. 617 et 593.) Leurs enfants furent : 1° Jean, qui suit : 2° Catherine, mariée vers 1560, à Antoine Robert, S^{gr} de Jalesches et de La Chasseigne, et de Catherine de Boëri. (*Gén. Robert du Dorat*, Loc. cit., p. 617.)

III. — Jean Rebière, sieur de Cessac et d'Arfeuille, est connu par deux actes des 24 mai 1603 et 17 novembre 1604 ; il était mort en 1606, et laissait pour enfants : 1° Etienne, qui suit ; 2° Léonard, sieur de Cessac, apparemment père de A. — Léonard; B. — Barthollomy, prêtre, curé de Vignion-sur-Barrangeon; C. — Michel, sieur de Fromental. Michel vendit, par contrat du 26 janvier 1637, une terre située au village du Cherbétoux, à la charge de la tenir franchement en toute directe de lui, à cause de son fief de Fromental. Le 28 du même mois, Léonard, Barthollomy et Michel, comme prenant en main pour ses enfants, se désistèrent du droit de retrait lignagier.

IV. — Étienne Rebière, sieur de Cessac et d'Arfeuille, est nommé, avec son père, dans l'acte du 17 novembre 1604. Son frère et lui firent, le 18 juin 1610, une transaction au sujet d'une rente avec Gaspard de Morras, sieur de Lageaubert, paroisse du Bourg de Salagnac, et Jean Rollin, S^r d'Huvier, même paroisse. Le 24 novembre 1629, ils achetèrent une rente du sieur de Sauzet, sur le village de La Rebière-Bayard. Étienne ne paraît plus après cette dernière date. Il avait épousé Martiale du Bost de Lavault, fille de..... du Bost de Lavault et de Martiale Robert (*Gén. Robert du Dorat*, DOM FONTENEAU, T. XLV, p. 617), dont :

V. — André Rebière, sieur Cessac, de Lavault, etc., figure dans divers actes de 1640 à 1654. Il eut pour fils : 1° Jean, qui suit ; 2° et probablement Léonard, sieur de Cessac, en partie avocat au présidial de la Marche, qui rendit foi et hommage, le 19 février 1669, pour son fief de Cessac. Arch. de la Creuse, *Reg. des Aveux, foi et hommage au roi à cause de sa comté de la Marche.*)

VI. — Jean Rebière, sieur de Cessac, Nouvelour, Lavault, Faugerat, Grosbost, rendit foi et hommage, le 20 février 1669, pour ses fiefs de Cessac et du Mas-Faugerat. (Arch. de la Creuse, *Reg. des Aveux,* etc.), et pour Cessac, Lavault et Faugerat Gourlaud suivant Bettancourt. (*Noms féodaux.*) Il épousa Isabeau Boyer, dont il eut :

VII. — André Rebière, écuyer, Sgr de Naillac, Fleurat, Cessac, Huvier, Lavault, La Pouge, etc., conseiller du roi, assesseur civil et criminel en l'élection de la Marche, rendit foi et hommage, le 7 mars 1692, pour Laveaublanche, paroisse de Bussière, St-Vaury et Naillac, châtellenie de Crozant (*Reg. des Aveux,* etc.), et en fit aveu, le 7 mai suivant, et du fief et seigneurie de Naillac, le 24 mars 1720. Il épousa le 2 février 1701, Henriette de La Josnière, fille d'Antoine, Sgr de Charessat, qui le rendit père de : 1° Marie-Isabeau, baptisée le 28 février 1703 ; 2° Pierre, qui continue la descendance ; 3° Charles, chevalier, Sgr de La Pouge, La Rebière, La Chaise, mort sans alliance ; 4° Jean, sieur de Nouvelour et d'Huvier, baptisé le 7 mai 1708, lieutenant au régiment de Ponthieu-Infanterie, mort à Avranches, le 8 mai 1775. Il avait épousé Françoise de Jabreillac, veuve de Jean de Vénassier, avec lequel elle avait eu une fille, mariée dans la suite à Étienne Monneron, écuyer, sieur des Mazets, sous-brigadier de la première compagnie des mousquetaires servant à la garde du roi, chevalier de St-Louis. Jean eut de sa femme : Pierre Rebière, sieur de Nouvetour et d'Huvier, mort sans alliance, et Françoise, qui ne laissa postérité ; 5° Philippe, sieur d'Huvier. L'abbé Carron (*Vies des justes dans la profession des armes*) en fait le portrait suivant : « C'était un homme d'un esprit subtil et disputeur, d'une érudition profonde en matières théologiques et l'un des chefs les plus accrédités du parti janséniste. Menacé par le gouvernement, il se réfugia à Utrecht. » *Le journal de la secte,* « *Nouvelles ecclésiastiques* », publia alors sa biographie ; 6° Anne, mariée à Jean-Louis d'Albost, receveur des tailles de l'élection de la Marche.

VIII. — Pierre Rebière, chevalier, Sgr de Naillac, Fleurac, Cessac, Lapouge, etc., gentilhomme ordinaire de S. A. S. le duc d'Orléans, né en 1704, épousa, le 3 février 1756, Marie-Marguerite Couturier de Fournoué, fille d'Alexis-Pierre, écuyer, Sgr de Soumandes, Forges, La Prugne, Fournoué et autres lieux, et de Marie-Anne Tournyol de Saint-Léger, et sœur de Joseph Couturier, comte de Fournoué, surnommé *Bras-d'argent,* cordon rouge et chef d'escadre. Marguerite mourut, à l'âge de trente-trois ans, dans son château de Cessac, le 5 octobre 1764, et fut inhumée le lendemain, dans l'église de Bussière-Dunoise, en présence de messire Valery de La Celle, Sgr, baron de Saint-Vaury, messire Sylvain-François de La Celle, chevalier, vicomte de Châteauclos, Sgr du Vignaud, et de plusieurs ecclésiastiques. Le 17 octobre 1754, Anne d'Alesme, fille de Jean d'Alesme, écuyer, Sgr du Breuil, veuve de Léonard Rebière, sieur de Cessac en partie, François, son fils, prêtre, curé de Saint-Plantère, faisant tant pour eux que pour Jean-Baptiste Rebière, sieur de Monneger, leur fils et frère mineur, vendirent à Pierre Rebière, Sgr de Naillac, la partie du fief de Cessac qui appartenait à leur mari et père. Pierre mourut, le 11 janvier 1781, ayant eu de sa femme : 1° Gabriel-Pierre, qui suit ; 2° Philippe, dont la postérité est rapportée après celle de son frère ; 3° Marie-Elisabeth, mariée à Jean Betolaud du Colombier, écuyer, ancien gendarme de la garde du roi, fils de Jacques, sieur de Lascoux, et de Marguerite Gravelat de Montlebeau. Jean vota, à l'Assemblée de la noblesse du Poitou, en 1789 (LAROQUE et BARTH., p. 13); 4° Françoise, mariée à Sylvain Geay de Montenon, fils d'Etienne, sieur de Montenon, gendarme ordinaire de la garde du roi, et de Marie-Sylvie Tournyol ; 5° Marie-Denise, mariée à Pierre de Chabridon, chevalier, S^{gr} du Saillant, garde du corps du roi, compagnie de Luxembourg, fils de Jean Silvain, chevalier, S^{gr} de Chauveix, Servières et autres lieux, maréchal-des-logis des gardes du corps du roi, compagnie de Luxembourg, chevalier de l'ordre royal et militaire de Saint-Louis, et de Marie-Anne Viton. Pierre de Chabridon du Saillant épousa, en secondes noces, Anne de Saint-Maur, veuve de N..... d'Argier, baron de Saint-Vaury.

IX. — Gabriel-Pierre Rebière, chevalier, S^{gr} de Naillac, Fleurat, Cessac, Lapouge, Monnoger, etc. Sa vie a été écrite par l'abbé Carron, dans son ouvrage intitulé : *Vies des justes dans la profession des armes*, dont il existe plusieurs éditions. Elle a été publiée à part, à Limoges, en un petit volume in-18, et Feller en a donné un résumé dans son dictionnaire, au mot Naillac. Gabriel-Pierre mourut à Sommerstown, en Angleterre ; la pierre qui recouvre sa tombe porte l'inscription suivante :

HIC JACET

Reverendus admodum
Gabriel Petrus de Rebière de Naillac
In proavorum castello
Propè urbem Garactum Marchiæ caput
Pernobili genere natus.

Patriis institutis
Semper fidelis et ubique
In coalitis Borbonidum copiis,
Anno 1792, et sequentibus
Militavit strenuè ;
Dimisso exercitu
In seniorum civium suorum
Valetudinario
Formam servi accipiens   (PHILIP. 2, 7.)
Per undecim annos
Omnibus omnia factus   (COR. 9, 22.)
Infirmos et debiles curavit assiduè
Ulcerum faditatem obstersit :
Advigilavit ægrotantibus
Sepeliebat corpora eorum ;   (TOB. 1, 21.)

Intereà viduus
Dilectissimam uxorem
Luxit amare,
Et
Christi militiæ adscriptus
Terrena despiciens, dives autem in humilitate suâ (JACOB. 1, 10.)
Functus est sacerdotio,   (DEUTER. 10, 6.)

Divini oraculi non immemor
Reddite igitur quæ sunt Cœsaris, Cœsari
Et quæ sunt Dei, Deo.   (Marc. 12, 17.)

Obiit die 24 aprilis, anno 1809,
In seniorum gremio ad Sommerstown,
Annum agens 50,
Hoc monumentum in defuncti memoriam
Et ad superstitis solatium amici,
Addicta utrique posuit amicorum societas.
Plaugent cum planctu, quasi super
Unigenitum, et dolebunt super eum,
Ut doleri solet in morte primogenii.   (Zach. 12, 10.)

Requiescat in pace

Gabriel-Pierre épousa, par contrat reçu Roques, notaire à Guéret, le 29 juin 1778, Marie-François des Ardilliers de Neuville, fille de noble François des Ardilliers, Sgr de Neuville, et de Gilberte-Thérèse de Buxerette. A l'Assemblée de la noblesse de la Marche, en 1789, il comparut non-seulement pour lui mais « pour dame Marie-Françoise des Ardilliers de Neuville, possédant divisément le fief de Neuville et Puichaurand, son épouse. (Laroque et Barth.) Gabriel eut de sa femme : 1° François, né le 13 mai 1779, mort à neuf ans; 2° Etiennette-Thérèse, née le 8 août 1780, mariée à Léonard-Louis de Bathéon, comte de Vertrieux, dont la baronne de La Roulière et la comtesse de Jonage. Le comte de Vertrieux vota, avec la noblesse de la Marche, pour les Etats-généraux de 1789 (Laroque et Barth.); 3° Marie-Elisabeth, née le 12 octobre 1782, mariée, par contrat du 21 mars 1803, à Jean-Baptiste Godeau d'Ablou, fils de Jean-Baptiste et de Marguerite d'Amour, dont Marguerite-Sara, mariée : 1° au comte de Ligondès de Connives; 2° à Prosper Bourrée, ambassadeur de France à Constantinople; 4° Marie-Joséphine, née le 17 janvier 1784, morte jeune.

IX bis. — Philippe Rebière, chevalier, sieur de Cessac, lieutenant au régiment de Neustrie-infanterie, chevalier de Saint-Louis, épousa, le 29 avril 1817, Hortense-Marguerite-Joséphine Faure de Fournoux, fille de Gilbert-Amable Faure de Fournoux, contre-amiral, officier de la Légion d'honneur, chevalier de Saint-Louis, et d'Anastasie-Rose d'Astier. Il en eut : 1° Marie-Pierre-Emmanuel, qui suit; 2° Marie-Joseph-Télémaque, curé-archiprêtre de Guéret, chanoine honoraire du diocèse de Limoges; a publié divers travaux sur les mathématiques et sur la flore de la Creuse; 3° Marie-Thérèse-Anastasie, née le 27 janvier 1818, morte à quatre ans; 4° Marie-Antoinette-Augustine, sans alliance.

X. — Marie-Pierre-Emmanuel Rebière de Cessac, né le 15 août 1821, substitué par le comte de Fournoué-Montalembert, fils du chef d'escadre (Voir ci-dessus au VIII° degré), dernier représentant de sa famille et son oncle à la mode de Bretagne aux titre et nom de comte de Fournoué, président de la *Société des Sciences naturelles et archéologiques de la Creuse* depuis 1860, correspondant du ministère de l'instruction publique et de la Société des antiquaires de France; a publié la carte géologique du département de la Creuse et divers Mémoires sur l'histoire naturelle et les monuments du département. Il a épousé, à Paris, le 4 juin 1859, Marie-Louise-Valentine de Maistre, fille de Charles-Augustin-Almaury, baron de Maistre et de Marie-Henriette Rapine du Nozet de Sainte-Marie, qui est décédée, le 13 juillet 1862. De ce mariage sont nés : 1° Jean-Marie-Paul, né le 8 août 1860 ; 2° Joseph-Marie-Paul, mort en naissant, le 9 juillet 1862.

RECHIGNEVOISIN. (Page 14.) — Cette famille, qui porte : *de gueules à la fleur de lis d'argent*, a sa généalogie dans le *Dictionnaire des anciennes familles du Poitou*.

RECHIGNEVOISIN DE GURON (Louis de), 31° évêque de Tulle, noble Poitevin, sacré à Bordeaux, dans l'église des Carmélites, le 1er novembre 1653, par l'archevêque de Bazas, assisté des évêques d'Aix et d'Angoulême. Il fit des ordonnances synodales et publia, en 1658, la condamnation du livre intitulé : *Apologie pour les casuites*. Ce prélat passa à l'évêché de Cominges en 1671, où il mourut en 1693. (NADAUD, *Chronologie des évêques*). Armes : *d'azur à une fleur de lis d'or*.

DU RECLUS. (Page 14.) — Cette famille, qui porte : *d'azur à trois chabots rangés en pal*, a sa généalogie publiée par LAINÉ, ainsi que par le *Dictionnaire des anciennes familles du Poitou*. Il faut observer que le fief appelé Solemnieu, est situé commune de Pluviers, et porte aujourd'hui le nom de Soulagnou ; le Mas-Bertier et Theillet (non pas Toulié) sont commune de Marval.

REGNAUD. (Page 15.) — Cette famille porte : *d'azur à trois pommes de pin d'or*. (*Dictionnaire des anciennes familles du Poitou*.)

REMIGIBERTUS ou REGIMPERTUS, évêque de Limoges, siégeait en 793 et 817. (NADAUD, *Chronologie des évêques*.)

REILLAC. (Page 15.) — Cette famille, établie en Auvergne, Limousin, Guyenne et Berry, porte : *paté d'argent et de gueules de 10 pièces*.

I. — Astorg de Reillac, chevalier, épousa Huguette, dont il eut : 1° Raymond, qui suit ; 2° Olivier, damoiseau l'an 1265 ; 3° Alix, qui céda ses droits sur les biens de son père en faveur de ses deux frères au mois d'août 1265 ; 4° Guillaume, chevalier, passa un bail, l'an 1267 ; 5° Guibert, chevalier, fit hommage d'une partie de la terre de Reilhac à Henri, comte de Rodes, au mois de juin 1268.

II. — Raimond de Reillac, damoiseau, ne vivait plus l'an 1310, lorsque sa veuve et tutrice d'Astorg, son fils, fit hommage d'une partie de la terre de Reillac. Il eut : 1° Astorg, Sgr dudit lieu, damoiseau, mineur en 1310 ; 2° Philippe, Sgr dudit lieu, épousa, par contrat de l'an 1343, demoiselle Delphine Delboy ; 3° Geraud, qui suit.

III. — Geraud de Reillac, damoiseau, Sgr de Reillac, épousa, par contrat de l'an 1362, demoiselle Marguerite de La Gardelie de Veillant, dont il eut : 1° Pierre, Sgr dudit lieu, qui épousa par contrat, le 14 septembre 1398, demoiselle Leone de Puybel, *alias* de Fresel de La Digeine ; 2° Antoine, qui suit.

DU LIMOUSIN. 549

IV. — Antoine de Reillac, damoiseau, Sgr dudit lieu, qui épousa, par contrat du dernier juillet 1431, Jeanne de La Garde; il testa le 8 mars 1448, institua son héritier universel Jean, son fils aîné, fit un legs à Antoine, son autre fils, et nomma pour un de ses exécuteurs testamentaires, frère Louis de Reillac, chevalier de l'ordre de Saint-Jean de Jérusalem, trésorier-général de Rodes, et eut : 1° Jean, vivant l'an 1448 ; 2° Antoine, qui suit ; 3° Louis, chevalier de Sain-Jean de Jérusalem, trésorier-général de Rodes pour le prieuré d'Auvergne, et commandeur du Monteil et de La Sauvetat en 1448, est aussi qualifié commandeur de Carlat et maréchal de l'ordre l'an 1469, commandeur de Chambon en 1470, de Genevois et bailly de l'ordre en 1483 ; 4° Guillaume, chevalier de Saint-Jean de Jérusalem, qui fut pourvu de la commanderie de Monteil et de l'hôpital.

V. — Antoine de Reillac, seigneur dudit lieu et de Nozières, damoiseau, épousa par contrat du 6 juillet 1467, Catherine de Fontanges de Nozières, dont il eut :

VI. — Louis de Reillac, chevalier, Sgr de Reilhac et de Nozières, épousa, par contrat du 25 juillet 1518, Hélène de Clavières, et il testa le 20 décembre 1528, et eut : 1° Louis, écuyer, Sgr de Reillac et de Nozières, fit son testament le 22 novembre 1545, par lequel il institua son héritier universel Jean, son frère ; 2° Jean, qui suit ; 3° Antoine, auteur d'une branche ; 4° Jacques, protonotaire du Saint-Siége apostolique, en 1580.

VII. — Jean de Reillac, chevalier, Sgr de Reillac, Blanac, Nozières et Pleaux, baron de St-Martin, de Valmeroux, et chevalier de l'ordre du roy, nommé en 1569 et reçu en 1570 ; bailly des montagnes d'Auvergne, épousa, par contrat du 4 octobre 1540, Françoise de Magne, dame de Sarlande et de Chanvelie, laquelle testa le 26 novembre 1575, et lui testa le 2 may 1580 et 16 octobre 1597, et eurent : 1° Jean, qui suit ; 2° Françoise, épousa Joseph de Bonafons, Sgr de Presques.

VIII. — Jean de Reillac, chevalier, Sgr de Reillac, Blanac, Nozières, Pleaux, Le Dognon et Saint-Paul, baron de Saint-Martin de Valmeroux, bailly des montagnes d'Auvergne, chevalier des ordres du roy, et gentilhomme de sa chambre, épousa, par contrat du 7 avril 1600, Catherine de Sedières, fille de Pierre et de Marthe de Noailles ; il testa le 1er décembre 1632, et elle le 26 may 1633, et eurent : 1° Marie-Charlotte, qui épousa François, quatrième du nom, de Mirabel de Gordon ; 2° Charles, vivait en 1632 ; 3° François, chevalier, baron de Reillac, Sgr de Blanat, Nozières, Saint-Paul et de Saint-Martin de Valméroux, bailli pour le roy, des montagnes d'Auvergne, épousa, par contrat du 25 novembre 1625, dlle Louise du Bois ; il servit en Champagne, l'an 1636, en qualité de capitaine d'une compagnie de chevau-légers hongrois ; fut fait maréchal-de camp, par brevet du 16 août 1650 et fut maintenu dans sa noblesse par M. de Fortia, intendant d'Auvergne, le 26 août 1667, et par M. d'Aguesseau, intendant de Limoges, le 12 octobre de la même année, étant alors âgé de soixante-dix ans et n'ayant que deux filles mariées ; 4° Jean, qui suit ; 5° Jean, dit de St-Paul, 1633.

IX. — Jean de Reillac, chevalier, seigneur, comte de Saint-Paul, capitaine au régiment des gardes, puis conseiller ordinaire du roy et maréchal de ses camps et armées, épousa, par contrat du 10 janvier 1641, Henriette-Madeleine de Grillet, fille d'Albert de Grillet, chevalier, Sgr de Brissac, gouverneur pour le roy de la citadelle de Nancy, dont il eut : François de Reillac, chevalier, comte de Boussac en Berry, qui épousa, par contrat du 13 septembre 1660, Marie-Armande de La Roche-Aymon, fille de Godefroy de La Roche-Aymon de Saint-Messan, chevalier, marquis de Vicq, et de Françoise d'Aubusson. Il produisit ses titres de noblesse depuis son bisaïeul, devant le sieur de Montozon, commissaire subdélégué par M. Pelot, intendant de Guyenne et en eut acte le 16 février 1667, demeurant lors au château de Lair ou Lois en la paroisse de Rofinay.

VII. — Antoine de Reillac, S^{gr} de Pelevezy, de Lascoux, etc., chevalier de l'ordre du roy et l'un des cent gentilshommes de sa maison, épousa, le 8 juin 1545, d^{lle} Françoise de Carbonnières, fille de François, S^{gr} de Pelevezy, et il testa avec elle, l'an 1579, dont il eut :

VIII. — Gaspard de Reillac, écuyer, S^{gr} de Pelevezy de Lascoux, épousa, le 19 juillet 1589, Françoise de Dienne, et il testa le dernier juillet 1621; il eut :

IX. — Jean de Reillac, écuyer, S^{gr} de Pelevezy, Lascoux, Salagnac et Montmege, épousa par contrat du 16 décembre 1624, Louise de Souillac de Montmege, fille de Jean, quatrième du nom, S^{gr} de Montmege et de Gobon, chevalier de l'ordre du roy, gentilhomme de sa chambre, et de Jeanne de Pompadour, et sœur de Jean V^{e}, seigneur des dits lieux et de Salagnac, dont elle fut héritière en 1655, avec substitution du nom et des armes de Souillac pour ses enfants : il fut fait capitaine dans le régiment de Montmege et il eut acte de la représentation de ses titres de noblesse devant M. Pelot, intendant de Guyenne, le 15 mars 1668, lors âgé d'environ soixante-dix ans, dont : 1° François de Reillac et de Souillac, comte de Montmege, épousa par contrat.... Gabrielle Thouse d'Aubusson, fille de Charles, S^{gr} de Chasingremermont et d'Anne Deolx, dont deux fils ; 2° Jean de Reillac, écuyer, servant dans les gardes du corps du roy, sous M. de Noailles, en 1666.

SOURCES : Bibliothèque nationale, cabinet des titres. Le *Nobiliaire d'Auvergne* renferme aussi un article sur cette famille.

RICHARD DE LA TOUR. (p. 20.) — *De sable au chef cousu de gueules chargé d'un lambel d'or de cinq pièces.*

I. — Pierre Richard, S^{gr} de La Tour et de La Valade, laissa de Marguerite Rigaud : 1° Jean, qui suit ; 2° François, S^{gr} de Verneuil ; 3° Gillette, mariée le 28 juillet 1563, à Jacques de Tisseu, écuyer, sieur du Ru.

II. — Jean Richard, sieur de La Tour et de La Valade, eut de Jeanne La Rivière, sa femme : 1° Robert, qui suit ; 2° Jean, qui fut reçu chevalier de Malte le 19 août 1579. (VERTOT, *Hist. de Malte.*)

III. — Robert Richard, S^{gr} de La Tour, épousa, le 14 février 1600, Peronelle Esmoingt, dont : 1° René, qui suit ; 2° Silvain, S^{gr} de La Tour.

IV. — René Richard, S^{gr} de La Jarige, qui épousa, le 15 février 1639, Marguerite de Saint-Forgé, dont : 1° Antoine, S^{gr} de La Jarige; 2° Jacques, S^{gr} de La Vigerie; 3° Renée. (*Armorial du Berry*, ch. CXV.)

Claude Richard, écuyer, S^{gr} de La Vallade, épousa, en 1600, Renée de Brujas, fille de noble Jacques, S^{gr} de L'Age-Malcouronne, juge sénéchal du Dorat, et de Renée Dunet. Elle était veuve de Balthazar de Bagnac, écuyer, qu'elle avait épousé en 1592. (*Registres de Verneuil-Moustiers*).

Anne Richard, veuve de messire Du Cloux, S^{gr} d'Ardent, épousa, le 19 octobre 1745, Jean Des Monstiers, S^{gr} d'Auby. (*Nobiliaire*, IV, p. 443, et *Registres de Verneuil-Moustiers*.)

Jeanne-Marie Richard, fille de François Richard et de feue Anne-Silvie Paradie, pétitionne, le 24 nivôse an II, pour obtenir une pension alimentaire, sur les biens de son père émigré, attendu que sa mère, morte depuis treize ans, avait apporté une dot de 60,000 livres. (Archives de la Hte-Vienne, n° 314.) Elle épousa, le 10 germinal an VI, Joseph Boucheuil, fils de Charles-Joseph et de Marie Moreau. (Papiers de la famille Boucheuil.)

Charles Richard de La Tour, chevalier de Saint-Louis, maire de Darnac, né le 3 février 1770, fils aîné, et Louis, maire de Verneuil-Moustiers, né le 30 juin 1776, vivaient en 1830. (Liste du jury).

N..... Richard de La Tour, eut pour fils : 1° Léon, né en 1810, chanoine honoraire de la cathédrale de Limoges ; 2° Auguste-Louis, qui a épousé Rose de Joussineau de Tourdonnet, fille de Jacques-Xavier, comte de Tourdonnet, et de Marie de Breton, dont : Bernard-Jacques-Xavier, né à Darnac, Haute-Vienne, a épousé d^{lle} Clotilde de Lauzon ; 3° Amédé, établi en Bretagne, dont postérité.

ROBERT. (Page 26.) — On trouve une généalogie de cette famille dans le *Nobiliaire d'Auvergne*, le *Dictionnaire des anciennes familles du Poitou*, l'*Histoire généalogique de la famille de Bosredon*, et dans une publication faite par M. Henri Aubugeois en 1877.

ROCHEBRUNE. (Page 39.) — La famille de Guillaume, plus connue sous le nom de Rochebrune, a possédé les fiefs de Cormainville, de La Grange, de Rochebrune, de Touviet, de Colombier, de Cordelas dans le Limousin et l'Orléanais. Elle porte : *Ecartelé ; aux 1er et 4e d'azur au chevron d'or, accompagné en chef de deux étoiles d'argent et en pointe d'un croissant de même ; aux 2e et 3° d'azur à trois fasces d'or, écartelé de gueules à trois chevrons d'or.* D'Hozier en donne une généalogie au mot Guillaume, tome V^e. Elle fit ses preuves en 1504 et a eu deux jugements de maintenue de MM. de Bernage et de Lenneville, intendants de Limoges, rendus en 1701 et 1716.

Originaire du Limousin, cette famille y était grandement possessionnée avant la Révolution de 1793. Elle s'est établie en Vendée à la fin du siècle dernier et a fourni des conseillers du roi, des commissaires des guerres et des chevaliers de Saint-Louis. Jean de Guillaume s'était marié, en 1656, à la nièce de Nicolas de La Reynie, conseiller du roi et lieutenant-général de la police de Paris. Ce dernier laissa sa fortune à la famille de Rochebrune, qui, depuis cette époque, a réuni ses armes aux siennes et blasonne comme ci-dessus. Au XVIIe siècle, Charles de Guillaume de Rochebrune, de cornette de cavalerie devint capitaine des mousquetaires noirs. Un peu plus tard, un autre Charles remplit les mêmes fonctions de capitaine dans les mousquetaires du roi. En 1792, Jean, chevalier de Saint-Louis, époux de d^{lle} du Failly, fut commissaire des guerres dans l'armée de Condé. Au nombre de ses alliances on voit les familles de Failly, de Vassé, du Fougeroux, etc. Le représentant actuel de cette famille est M. Octave, marquis de Guillaume de Rochebrune, chevalier de la Légion d'honneur, marié à d^{lle} de Grelier du Fougeroux, dont : 1° Raoul ; 2° Henri ; 3° Elisabeth.

ROCHECHOUART. (Page 39.) — *Suite de la branche de Mortemart.*

XXIII. — Jean-Baptiste-Victor de Rochechouart, né à Paris, le 30 octobre 1712, mort le 30 juillet 1771, a laissé, de sa dernière épouse : 1° Victurnien-Jean-Baptiste-Marie, qui suit ; 2° Victurnien-Bonaventure-Victor, appelé le marquis de Mortemart, qui suit après son frère et sa postérité ; 3° Victurnien-Eléonor-Elisabeth, appelé le comte de Mortemart, né le 1er février 1756, baptisé le 3, à Saint-Sulpice, mort jeune ; 4° Victurnien-Henri-Elzéar, né à Paris, le 11 janvier 1756, baptisé à Saint-Sulpice, le même jour, appelé le vicomte de Mortemart, mort sans avoir été marié. « Il entra dans la marine où l'appelaient une prédilection marquée et les souvenirs honorables qu'y avait laissés le maréchal de Vivonne, son trisaïeul. Il ne tarda pas à se distinguer par son zèle, son intelligence et son application, ainsi qu'à se concilier la bienveillance de ses supérieurs. Déjà il avait fait plusieurs campagnes dans des escadres d'évolution et s'était familiarisé avec tous les devoirs de son état, quand l'appui donné par la France à l'Amérique insurgée occasionna une rupture avec l'Angleterre. Le vicomte de Mortemart reçut alors (mars 1779) le grade de lieutenant de vaisseau et le commandement de la corvette l'*Aigrette*. Peu après il eut celui de la *Diligente* avec laquelle il fut employé sous les ordres du comte d'Orvilliers. Dès sa seconde sortie, il s'empara de deux petits bâtiments de guerre ennemis. Il passa ensuite en Amérique, rejoignit M. de Grasse et prit, dans les eaux de la Chesapeak, la frégate l'*Iris*, supérieure en force à la sienne. Alors l'amiral lui conféra le commandement du *Richemond*, tombé, le même jour que l'*Iris*, en notre pouvoir, ce fut sur ce vaisseau qu'il prit part à la malheureuse affaire du 12 avril 1782. Le dévouement héroïque, quoique inutile, dont le vicomte de Mortemart fit preuve en cette circonstance en affrontant le feu de trois vaisseaux anglais pour essager de leur arracher le *Glorieux*, totalement désemparé, lui valut l'estime et les éloges des marins des deux flottes. A l'abri de sa gloire personnelle, on le crut plus propre que tout autre à porter à Versailles la nouvelle du désastre de notre armée navale. Le roi l'accueillit avec une distinction particulière et lui prouva le cas qu'il faisait de lui en le nommant capitaine de vaisseau à vingt-cinq ans. M. de Mortemart retourna peu après à Brest et y prit le commandement de la *Nymphe*, et se rendit à La Martinique. Dans une de ses croisières, secondé par la frégate l'*Amphytrite*, il osa attaquer un vaiseau anglais de 60 canons, l'*Argo*, dont il se rendit maître, mais ce vaisseau lui fut repris deux jours après par l'*Invincible*, de 74. La paix étant signée, le vicomte de Mortemart se disposait à revoir sa patrie, quand une maladie aiguë enleva, le 17 mars 1783, ce jeune officier que ses talents éprouvés appelaient à honorer longtemps la marine française. » (*Biographie universelle*, Paris, 1821. T. XXX, p. 212) ; 5° Victurnienne-Nathalie-Delphine de Rochechouart-Mortemart, née le 24 janvier 1759, mariée, le 7 janvier 1777, au marquis de Rougé, morte à quatre-vingt-sept ans, le 25 décembre 1828.

XXIV. — Victurnien-Jean-Baptiste-Marie de Rochechouart, duc de Mortemart, né à Paris, le 8 février 1752, baptisé à Saint-Sulpice, le même jour, « entra fort jeune dans l'artillerie et fut nommé, à vingt-deux ans, colonel du régiment de Lorraine-infanterie ; brigadier le 1er janvier 1784 et maréchal de camp le 9 mars 1788. Il fit partie de la seconde assemblée des notables. Comme pair de France, il soutint, au Parlement de Paris, la cause des protestants pour leur faire rendre leurs droits civils. L'assemblée baillagère de Guéret et celle de Sens le nommèrent toutes les deux, en 1789, député aux Etats-Généraux où il siégea pendant une année seulement. Il donna sa démission et se retira à la campagne. A la fin de 1791 il quitta la France, et, après la campagne dite *des Princes*, il passa en Angleterre où des rapports singuliers dans les goûts et le caractère le firent accueillir avec une extrême bienveillance par le roi Georges III. Ce prince le nomma, pour commander un corps français à la solde britannique. M. de Mortemart revint sur le continent dans l'automne de 1794. Son régiment, formé en 1795, fut envoyé à Guernesey, puis en Portugal à la fin de 1796, d'où il fut rappelé pour être licencié en 1802. M. de Mortemart rentra aussitôt dans sa patrie et ne s'occupa plus que de l'éducation de ses enfants. Il venait cependant d'être désigné pour remplir une place dans le conseil général du département de la Seine, lorsqu'une fièvre maligne l'enleva le 14 juillet 1812. M. de Mortemart aimait la littérature ; dans les loisirs de l'exil, il acheva même une traduction en vers du *Paradis perdu*, de Milton, que sa modestie et une concurrence redoutable, celle de l'abbé Deville, ne lui ont pas permis de publier. Cet ouvrage est resté en portefeuille ainsi qu'un poème de Joseph en Egypte, des contes et autres poésies légères échappés à sa plume facile. » (*Biographie des contemporains* par MM. Jouis, Norvins, etc., Paris, 1824. T. XIV, p. 185.)

Le duc de Mortemart s'est marié deux fois : la première, en 1772, avec Anne-Gabrielle d'Harcourt, dont il eut : 1° Anne-Victurnienne-Henriette de Rochechouart, née en 1773, mariée, en 1789, à Auguste-Philippe-Louis, duc de Croy ; 2° Nathalie-Henriette-Victurnienne de Rochechouart, née en 1774, mariée, en 1792, à Aix-la-Chapelle, au prince de Beauveau ; 3° Catherine-Victurnienne-Victorine de Rochechouart, mariée, en 1804, à Adrien-François-Emmanuel d'Uzès, duc de Crussol.

Le 28 décembre 1782, le duc de Mortemart épousa, en secondes noces, Adélaïde-Pauline-Rosalie de Cossé-Brissac, fille du duc de Brissac, gouverneur de Paris, etc., et d'Elie Mancini-de-Nevers, dont il eut pour enfants : 4° Casimir-Louis-Victurnien de Rochechouart-Mortemart, qui suit ; 5° Antonie de Rochechouart, née en 1790, mariée au marquis de Forbin-Janson ; 6° Emma de Rochechouart, née en 1794, mariée au duc de Beauvilliers ; 7° Alice de Rochechouart, née en 1800, mariée au duc de Noailles.

XXV. — Casimir-Louis-Victurnien de Rochechouart, duc de Mortemart, prince de Tonnay-Charente, pair de France, capitaine des Cent-Suisses de la garde du roi, chevalier de ses ordres, lieutenant-général, ambassadeur en Russie, grand-cordon de la Légion d'honneur, né le 20 mars 1787, marié, le 26 mai 1810, à Virginie de Sainte-Aldegonde (Voir *Biographie des contemporains*). De son mariage sont issus : 1° Arthur de Rochechouart-Mortemart, né en 1813, le 13 avril, mort sans avoir été marié ; 2° Alix de Rochechouart, née en 1811, mariée en 1833, au comte de Sainte-Aldegonde ; 3° Henriette de Rochechouart, née en 1814, mariée, en 1835, au marquis d'Havrincourt ; 4° Cécile de Rochechouart, née en 1817, marié, en 1839, au comte de Guébriant ;

5° Berthe de Rochechouart, née en 1825, mariée, en 1844, au prince Étienne de Beauvau.

XXIV *bis*. — Victurnien-Bonaventure-Victor de Rochechouart, marquis de Mortemart, second fils de Jean-Baptiste-Victor de Rochechouart, duc de Mortemart, et de Charlotte-Nathalie de Manneville, est né à Paris (au château d'Everly, selon Nadault), le 28 octobre 1753. « Il entra dans l'artillerie au mois d'octobre 1768, en même temps que son frère aîné, et passa ensuite comme capitaine, en 1771, dans le régiment de Navarre; colonel en second du régiment de Brie, en 1778, et devint, au mois de mai 1784, colonel-commandant de ce même régiment de Navarre, dont son père avait été chef. Promu au grade de maréchal de camp le 1er mars de l'année 1791, M. de Mortemart présida l'assemblée baillagère de la noblesse de Rouen, en 1789, et fut chargé de la représenter aux États-Généraux. Ennemi des abus mais craignant que le désir d'améliorer et d'innover n'entraînât au delà du but l'Assemblée, qui se trouva tout à coup investie de la toute-puissance, il se rangea parmi les défenseurs des anciennes institutions. Sorti de l'armée en 1792, il servit d'abord dans l'armée des Princes puis se retira à Heidelberg. Il quitta cet asile, vers la fin de 1794, pour concourir, sous les ordres de son frère, à la formation d'un corps au service britannique, corps qui tint garnison dans l'île de Guernesey, en 1796. Il fut envoyé ensuite en Portugal, où il resta jusqu'à l'époque de son licenciement, c'est-à-dire à la paix d'Amiens. Devenu libre, le marquis de Mortemart s'empressa de rentrer dans sa patrie et y vécut au sein de sa famille, sans accepter d'autres fonctions politiques que celle de membre du conseil général de la Seine-Inférieure, à laquelle il fut nommé, en 1809, par l'Empereur, sur la présentation presque unanime de ses concitoyens. Lors de la seconde restauration du roi, il entra dans la Chambre des pairs et ce prince lui conféra, en même temps, le grade de lieutenant-général. Sa santé ne lui permettait pas de reprendre un service actif, mais dans la Chambre haute, sa loyauté et sa modération lui acquirent l'estime et la bienveillance de toutes les nuances d'opinion. Une mort subite l'a enlevé à sa famille, le 16 janvier 1823. » (*Biographie des contemporains*, T. XIV, p. 188.)

Il épousa, en 1778, Adélaïde-Marie-Céleste de Nagu, riche héritière de Normandie, dont il eut : 1° Victor-Louis-Victurnien de Rochechouart-Mortemart, qui suit; 2° Zoé-Victurnienne de Rochechouart, mariée au duc de Crillon.

XXV. — Victor-Louis-Victurnien de Rochechouart, comte, puis marquis de de Mortemart, et pair de France, après la mort de son père. Né aux environs de Dieppe, le 2 avril 1780 ; il suivit son père en Allemagne en 1792, où il termina son éducation; il y resta jusqu'à la mort de sa grand'mère, la duchesse douairière de Mortemart, à Altona, en 1799. « Son âge ne lui permit pas de prendre aucune part aux événements politiques et militaires des commencements de la Révolution, et, comme les lois sur l'émigration ne pouvaient lui être appliquées, il revint en France en 1799. Deux ans après, il épousa Mlle de Montmorency, et resta étranger aux affaires ainsi qu'au gouvernement, uniquement occupé de ses devoirs de famille, jusqu'à l'époque où Napoléon crut, dans les intérêts de sa politique, devoir appeler à sa cour quelques représentants de ce qu'il nommait « les familles historiques de France ». Alors Mme de Mortemart fut choisie pour dame de palais, avec sa belle-sœur,

Mme de Montmorency, et Mme de Chevreuse. Deux ans plus tard, M. de Mortemart fut nommé gouverneur du palais de Rambouillet, et, dans le cours de 1809, comte d'empire et membre de la Légion d'honneur. En 1817, il remplaça son père au Conseil général de la Seine-inférieure ; en 1819 et 1820, il présida une des sections du collége électoral du même département, sans se placer au nombre des candidats pour la députation. La mort de son père l'a fait entrer à la Chambre des pairs; mais il ne prit séance que dans les derniers jours de la session de 1823. Il avait été nommé officier de la Légion d'honneur au mois de décembre 1820. » (*Biographie des contemporains*, T. XIV, p. 189.)

Il mourut à Paris, le 28 janvier 1834. Il a laissé plusieurs traductions en vers très élégants des meilleurs poètes de la belle littérature allemande, mais elles n'ont pas été publiées.

Le 20 avril 1801, il avait épousé Eléonore-Anne-Pulchérie de Montmorency, dont il a eu : 1° Anne-Victurnien-René-Roger de Rochechouart-Mortemart, qui suit ; 2° Anne-Henri-Victurnien de Rochechouart, comte de Mortemart, qui suit après son frère ; 3° Anne-Louis-Samuel-Victurnien de Rochechouart, comte de Mortemart, marié à Marie-Clémentine de Chévigné ; 4° Anne-Victorine-Mathilde de Rochechouart, mariée à Ange-Edouard-Théophile de Besiade-d'Avary ; 5° Anne-Victurnienne-Louise-Clémence de Rochechouart, mariée à Charles-Frédéric-Hippolyte de Bernis ; 6° Paul de Rochechouart-Mortemart, mort enfant.

XXVI. — Anne-Victurnien-René-Roger de Rochechouart, marquis de Mortemart, né en 1804, officier de cavalerie, député, membre du conseil général, marié, en 1829, à Gabrielle-Bonne de Laurencin, dont : 1° Louise-Henriette-Mathilde de Rochechouart, mariée à Philibert-Bernard, marquis de Laguiche ; 2° Louise-Anne-Léonie de Rochechouart, mariée à Louis-Ghislain, comte de Mérode.

XXVI *bis*. — Anne-Henri-Victurnien de Rochechouart, comte de Mortemart, officier de cavalerie, député, marié à Louise-Anne-Marie Borghèse, dont François-Victurnien de Rochechouart, vicomte de Mortemart, qui suit.

XXVII. — François-Victurnien de Rochechouart, vicomte de Mortemart, a épousé Virginie de Sainte-Aldegonde, dont il a eu deux fils. (*Histoire de la maison de Rochechouart*, par M. le général DE ROCHECHOUART. — Paris 1859.)

ROCHEFORT. (Page, 77.) — Cette famille porte : *fascé d'or et de gueules de six pièces*. M. A. Tardieu en a publié la généalogie dans son *Histoire de la maison de Bosredon*.

ROFFIGNAC. (Page 82.) — *Suite de la branche de Sannat.*

VII. — XI. — Claude-François de Roffignac hérita de la seigneurie de Monchapeix, dépendante de la succession de feu messire François de Roffignac, chevalier, S^gr de Crognac et de Monchapeix, son oncle paternel, qui avait testé, le 23 février 1721, devant Mazeau, notaire royal ; ce testament fut ouvert le 4 décembre 1730, devant M. de Montozon, lieutenant-particulier en la cour de la sénéchaussée de Périgueux. Claude-François, qui s'était marié à Limoges, le 20 février 1700, mourut vers l'an 1753. De son mariage avec Catherine de Laborie, vinrent : 1° Gédéon, mort sans alliance ; 2° François, qui suit ; 3° Gédéon-Joseph, mort capitaine dans le régiment de Berry-infanterie ; 4° François, abbé ; 5° Jean, chevalier, sieur de Sannat, qui épousa, à Rancon, le 7 novembre 1753, étant âgé de trente-cinq ans, Marie-Joseph de Coustin, fille de Jean, chevalier, S^{gr} de La Bussière-Etable et de Marie de Lescours ; elle était âgée de vingt-huit ans. Il mourut à l'âge de quarante-quatre ans, le 28 décembre 1760, et fut enterré, le lendemain, dans l'église de Rancon, où il habitait. Il eut de ce mariage : A. — Léonard, qui mourut le 19 octobre 1762, et fut aussi enterré dans l'église de Rancon ; B. — Marie, baptisée à Rancon, le 15 septembre 1755, enterrée aussi dans l'église de Rancon, le 24 octobre 1762 ; C. — N....., qui a formé la branche de Roffignac-d'Arnac ; 6° Charlotte de Roffignac, mariée au S^{gr} de La Chassagne de Drouilles ; 7° N....., morte sans alliance ; 8° N....., morte religieuse à Limoges ; 9° et 10° N..... et N....., mortes religieuses à Saint-Junien.

VIII. — XII. — François de Roffignac, chevalier, S^{gr} de Croignac, puis par la mort de son frère aîné, Gédéon, mort sans postérité, et qui le fit son héritier, S^{gr} de Sannat, Balledent, Saint-Junien et autres lieux, fut capitaine dans les régiments d'infanterie de Mortemart et de Laval, retiré chevalier de Saint-Louis et pensionnaire du roi, lieutenant des maréchaux de France par commission du 14 août 1769 (Signé : M^{al} de Balincourt), pour la sénéchaussée du Dorat et de Bellac, en remplacement de Gédéon de Roffignac, son frère aîné. Il habitait Crognac en 1749, mais Gédéon étant mort vers l'an 1760 et l'ayant nommé son héritier pour la seigneurie de Sannat, il vint y habiter. Il avait épousé, par contrat du 20 janvier 1755, Marthe de Lagarde, fille de haut et puissant seigneur Nicolas de Lagarde, baron de Saint-Angel, S^{gr} de l'Age, Langlade, etc., et de dame Renée de Laporte. François de Roffignac a laissé pour enfants : 1° Gédéon-Joseph, qui suit ; 2° Nicolas, chevalier de Malte et capitaine de dragons, chevalier de Saint-Louis, devenu plus tard colonel de carabiniers, mort sans alliance au château de Sannat, le 23 janvier 1848 ; 3° Thibeau-Astier, qui fut ordonné acolyte dans le diocèse de Périgueux, fut prêtre et docteur en théologie, et mourut en septembre 1815, âgé d'environ cinquante-trois ans.

IX. — XIII. — Gédéon-Joseph, marquis de Roffignac, chevalier, S^{gr} de Sannat, Saint-Junien-les-Combes, Le Villatte, (paroisse de Quinsac, Le Cros de Balledent, Lagudet, etc., capitaine au régiment de la Reine-cavalerie, était à l'Assemblée de la noblesse de la Basse-Marche, le 16 mars 1789, a épousé, le 2 novembre 1780, Marie-Agnès Guiot d'Asnières, fille de haut et puissant S^{gr} André Guiot, chevalier, S^{gr} d'Asnières, Vildon, Laforest, Le Cluzeau, etc., et de dame Catherine de Pierrebuffière ; il a laissé de son mariage : 1° Marthe-Joséphine de Roffignac, née le 10 novembre 1782, mariée à René-Henri-Melchior de Nuchère ; 2° Catherine-Charlotte de Roffignac, née le 28 octobre 1783, morte âgée de cinq semaines ; 3° Nicolas-Gédéon, qui suit ; 4° Marie-Astérie, morte sans alliance en 18... ; 5° François-Joseph, né le 18 mars 1789, mort âgé de six semaines ; 6° Thibaud-François-Henri, qui suit après son frère et sa postérité ; 7° Marie-Louise-Antoinette, née le 16 décembre 1791 ; 8° Pierre-Joseph-Ernest, né le 27 octobre 1793 ; 9° Louis-Paul-Armand, né le 29 septembre 1795 ; 10° Nicolas-François-Maxime, né le 20 juillet 1797, officier de cavalerie, (garde du corps), mort sans alliance ; 11° Thibaud-Joseph-Anatole, né le 31 mai 1799, officier de cavalerie (garde du corps), a fait son testament le 5 mai 1836, est mort sans alliance.

X. — XIV. — Nicolas-Gédéon-François de Roffignac, marquis de Roffignac, né le 25 juillet 1786, a épousé, le 18 août 1817, Catherine-Honorine de Coustin. Il a laissé de son mariage : 1° Gédéon-Charles-Joseph-Albéric, marquis de Roffignac, qui suit ; 2° Marie-Agnès-Sophie-Gédéonie de Roffignac, mariée à M. de Beireix, morte sans enfants.

XI. — XV. — Gédéon-Charles-Joseph-Albéric, marquis de Roffignac, né le..... 1818, marié à Paris, le 26 février 1850, à demoiselle Laurence Drouillard de La Marre, fille de Nicolas Drouillard de La Marre, et de Léonide Drouillard du Karbec. De ce mariage est né Gédéon, qui suit.

XII. — XVI. — Gédéon de Roffignac, né à Paris, le 25 novembre 1851.

X. — XIV *bis*. — Thibaud-François-Henri de Roffignac, comte de Roffignac, né le 14 juillet 1790, officier de cavalerie (chasseurs de l'Ariége), chevalier de l'ordre de Saint-Jean-de-Jérusalem, a épousé, le 6 mai 1730, demoiselle Louise-Julie-Elise de Vassoigne, fille de René-Elie de Vassoigne, ancien officier supérieur de cavalerie (colonel), chevalier de Saint-Louis, demeurant au Repaire (canton de La Vallette, Charente), et de dame Catherine-Julie-Elise de Balathier Lantage. Thibaud, comte de Roffignac, est mort à Angoulême, le 20 juillet 1841, et Louise de Vassoigne, comtesse de Roffignac, le 22 janvier 1844. Les enfants issus de ce mariage, sont : 1° René-Joseph-Astier, comte de Roffignac, qui suit ; 2° Anatole de Roffignac, mort en bas-âge ; 3° Marie-Philomène-Albérine de Roffignac, née au château du Repaire (commune de Rougnac, Charente), le 14 septembre 1835, mariée à Angoulême, le 6 octobre 1858, à Paul-Augustin Boudet de La Bernardie ; 4° Juliette de Roffignac, née à Angoulême le 26 août 1839, mariée dans la même ville, le 14 novembre 1859, à Pierre-Charles de Pourquery de La Bigotée de La Roche, fils du baron de La Roche.

XI. — XV. — René-Joseph-Astier, comte de Roffignac, né au château du Repaire (commune de Rougnac, Charente), le 1er janvier 1832 ; a épousé le 11 avril 1855, au château de Corrigé (commune de Chamborêt, Haute-Vienne), demoiselle Marie-Théodule de Villelume, fille de Louis-Charles, vicomte de Villelume, et de dame Madeleine-Thérasie d'Haremburde. Les enfants issus de ce mariage, sont : 1° Marie-Auguste-Henri, né le 11 juin 1856 ; 2° Marie-Louise-Edith, née le 20 juillet 1859 ; 3° Marie-Joseph-Robert, né le 11 avril 1861 ; 4° Marie-Paule-Yvonne, née le 15 juillet 1863 ; 5° Marie-Martial-Yves, né le 23 août 1865 ; 6° Marie-Thérèse-Yseult, née le 30 octobre 1867 ; 7° Marie-Augustine-Caroline, née le 12 décembre 1869.

Suite de la branche de Belleville (page 92).

XIII. — René-Annibal de Roffignac, a laissé pour enfants : 1° Joseph, qui suit ; 2° Charles, qui suit après son frère et sa postérité ; 3° Alexandre, mort sans enfants ; 4° Louise-Elisabeth, mariée à Jean-Baptiste, comte de Vassoigne, Sgr de La Bréchenie.

XIV. — Joseph de Roffignac, marié à la Nouvelle-Orléans, a eu pour enfants : 1° Olyme, qui suit ; 2° Ferdinand-Joseph, qui suit après son frère ; 3° Epicharis, mariée à M. Gréham, dont postérité.

XV. — Olyme-Joseph, comte de Roffignac, propriétaire de Belleville, né vers 1808, attaché au ministère des affaires étrangères ; a épousé Julie Babinet de Rancogne, dont : 1° Louis-Edgard, né à Angoulême, le 25 janvier 1835, a épousé à Montbron, le 22 juillet 1861, Gabrielle-Louise de Lambertie, née au château de Menet, le 19 décembre 1837, fille de Pierre-Edouard, comte de Lambertie, et de Marie-Adrienne du Bellot ; 2° Octave ; 3° Regnold-Joseph-Ferdinand, né à Angoulême, le 15 décembre 1841, épousa à Montbron, le 9 juillet 1866, Elisabeth-Louise de Lambertie, sœur de Gabrielle-Louise ; 4° Solidel.

XV bis. — Ferdinand-Joseph de Roffignac, né vers 1790, habitait Périgueux, a épousé d^{lle} Rœderer, dont : 1° Robert-Joseph-Martial, né vers 1818 ; 2° Gaston ; 3° Robert et quelques autres.

XIV bis. — Charles de Roffignac, marié en Espagne, a eu pour enfants : 1° Antoine, qui a épousé N....; 2° Raymond-Michel, qui suit, et quelques autres.

XV. — Raymond-Michel de Roffignac, a épousé d^{lle} Alexandrine de Vassoigne, dont : 1° Elie ; 2° Louise ; 3° Jules.

Suite de la branche de Grimody (page 95).

IV. — Claude de Roffignac épousa, par contrat du 10 septembre 1658 et à l'église le 30 du même mois, Gabrielle du Clou, fille de messire du Clou, écuyer, sieur de La Garde, dont : 1° Annet, qui mourut le 19 décembre 1680 ; 2° Jacques, né le 17 juin 1663 ; 3° Guillaume, qui suit ; 4° Jean, né le 6 janvier 1666 ; 5° J....., né le 2 août 1669.

V. — Guillaume de Roffignac, né le 1er juin 1664, mort le 17 janvier 1707, eut pour enfants : 1° Claude, qui suit ; 2° Anne, née le 12 septembre 1703, épousa, le 3 juin 1722, Eugène O'Neill, d'une illustre famille irlandaise, capitaine d'infanterie.

VI. — Claude, qui mourut le 23 juin 1757, à l'âge de soixante-dix ans, avait épousé, le 23 juillet 1731, Marie-Anne Coustin, fille de Jean, écuyer, S^{gr} de Puymartin ; elle était veuve et habitait Saint-Pardoux en 1760. Parmi leurs enfants on trouve : 1° François-Martial, qui suit ; 2° Anne, née le 12 décembre 1734, épousa, le 30 juillet 1759, Thomas Bouchaud du Mazaubrun ; 3° Marie-Anne, qui épousa à Saint-Symphorien, le 31 mars 1761, Antoine Père, chevalier, S^{gr} de Vauguenige, âgé d'environ cinquante-cinq ans, veuf d'Anne de La Loue. Elle mourut à Saint-Symphorien, le 18 janvier 1763, et fut inhumée, le lendemain, dans l'église de Saint-Pardoux.

VII. — Martial-François-Alexandre de Roffignac, était à l'Assemblée de la noblesse en 1789, il mourut le 23 février 1819, âgé de quatre-vingt-quatre ans. Il avait épousé Marie-Josèphe Bonnin de Nuits, dont : 1° Jean-Claude-Alexandre, qui suit ; 2° Vincent-Frédéric-Ferdinand, né le 1er septembre 1760, baptisé le 2, à Roussac, fut vicaire de Lesignac-Durand et mourut martyr pour la foi, à Paris, en mars 1794 ; 3° Jean-Baptiste-Alexandre, dit le chevalier de Roffignac, né le 14 avril 1768, mort à Rancon, le 31 octobre 1847, 4° Louis-Martial, né le 17 janvier 1772, fut tué à la bataille de Fleurus, le 26 juin 1794; 5° Anne-Constance, née à Grimody, le 10 janvier 1774, et baptisée le lendemain, à Rancon; 6° Catherine-Thérèse, née le 12 juillet 1775.

VIII. — Jean-Claude-Alexandre, né à Grimody, le 12 mars 1757, mort le 4 novembre 1802, avait épousé, le 24 février 1778, Marie Clavaud, fille de Pierre et de d^{lle} Catherine Dubois, du bourg de Roussac, dont : 1° Elie, né le 2 août 1786, soldat au 51° de ligne, tué à Hesse-Cassel, le 6 février 1807; 2° Eugène, né le 6 mars 1790, officier de la garde impériale, mort à la Bérésina, en 1812; 3° Jean-Baptiste-Emmanuel, qui suit; 4° Gédéon, né le 7 février 1799, receveur particulier de la douane, à Tréguier (Côtes-du-Nord), épousa Anne Couteret, dont : A. — Jules, capitaine au 44° de ligne, marié à Troyes, avec d^{lle} de Mesgrigny; B. — Marie, religieuse carmélite à Saint-Brieuc; C. — Auguste, officier des douanes à Nantes; 5° Sophie, décédée à Compreignac, en 1839; 6° Marie-Joseph, né le 29 juillet 1780; 7° Thérèse-Emilie, née le 20 floréal an V; 8° Marie, qui épousa, en 1833, Antoine-Martin de Compreignac, fils de Joseph et de Marie Noalhé-des-Belles; elle est morte à Compreignac, en 1835.

IX. — Jean-Baptiste-Emmanuel, né le 25 mars 1794, engagé volontaire en 1813, capitaine au 5° régiment d'infanterie de la garde royale, chevalier de la Légion d'honneur, mort le 10 juin 1870. Il avait épousé, le 5 juillet 1835, Ursule-Françoise Dubois-Laborde, fille de Joseph et d'Agathe de Vérines, dont : Jean-Marie, né à Bonifacio (Corse), le 3 mars 1838.

IV bis. — Guillaume, sieur de Fursac, fils de Louis et d'Anne du Monard, épousa : 1° Marie de Baignac; 2° Françoise d'Arfeuille. Cette dernière se remaria dans l'église de Saint-Symphorien, le 6 mars 1690, avec Henri de Jumilhac, écuyer, S^{gr} du Buis, et fut enterrée dans cette même paroisse, le 29 septembre de la même année, étant âgée d'environ quarante ans. Guillaume eut entre autres enfants :

V. — Pierre, sieur de Fursac, baptisé à Saint-Symphorien, le 17 août 1667.

SOURCES : Registres paroissiaux; registres de l'état civil; renseignements particuliers.

ROMANET (page 109.)

I. — Jean Romanet, né vers 1480, consul de Limoges en 1504 et 1510. — Etienne Romanet vivait à la même époque; l'un ou l'autre est père du suivant,

II. — Pierre Romanet, né vers 1510, était consul en 1545 et 1551; il épousa Barbe Dupeyrat, dont : 1° Etienne qui suit; 2° Isabeau, épouse de Jean Malledent; 3° Léonard, né en 1577, prévôt de la juridiction ordinaire et avocat au présidial, épousa Marie Descordes, dont David; 4° David, rapporté plus loin.

III. — Etienne Romanet, né en 1555, épousa Catherine Vidaud, dont : 1° Pierre, qui suit; 2° Siméon, qui testa en 1649, épousa Françoise Lamy, dont : Jacques et Jean; 3° Jean, né en 1607, membre de la compagnie de Jésus; 4° Jean, né en 1609, épousa en 1643, Marie Bournazau, dont : A. — Mathieu, né en 1651, épousa en 1684, Isabeau Merlin; B. — Jean, épousa en 1683, Jeanne de Nozerine; C. — Catherine, née en 1653; 5° Etienne, né en 1610, dont la postérité s'est éteinte à Lyon vers 1825; 6° David, qui épousa Catherine Boyol, dont : Antoine.

IV. — Pierre Romanet, naquit en 1600, épousa en 1637, Claudine Pradel, dont : 1° Jean, qui épousa Marie d'Orson; 2° Pierre, époux de Charlotte d'Estrade; 3° Charlotte-Rosalie, morte en 1673, avait épousé François-Martial, comte de Choiseuil-Beauprez, brigadier des armées du roi, inspecteur général d'infanterie, menin de Mgr le Dauphin.

III bis. — David Romanet, né en 1575, consul en 1615 et 1630, épousa, en 1600, Jeanne de Verthamon, dont : 1° Etienne, né en 1604, consul en 1632, conseiller du roi au présidial en 1640, écuyer du roi en 1662, épousa N....., dont : A. — David, qui doit être la tige des Romanet de la Briderie; B. — Ignace; 2° Léonard, né en 1606; 3° Mathieu, qui suit; 4° Jean, né en 1610; 5° Martial, né en 1611.

IV. — Martial Romanet, sieur des Coussades, né en 1607, mourut en 1674, avait épousé Anne Poilevé de Bondy, dont : 1° Jean, qui suit; 2° Pierre, né en 1647; 3° Mathieu, curé de Condat; 4° Anne, non mariée; 5° Claire, religieuse carmélite; 6° Marie, qui épousa Jacques Petiniaud.

V. — Jean Romanet, Sgr des Coussades, né en 1645, mort en 1686, avait épousé Anne Meynard de Franclou, dont : 1° Pierre, né en 1680, théologal de Saint-Martial, mort en 1747; 2° Siméon, qui suit; 3° Jacques, né en 1684, docteur en théologie, supérieur de la Mission de Limoges; 4° Anne, née en 1682, épouse de N..... Petiniaud.

VI. — Siméon Romanet, écuyer, sieur du Caillaud, secrétaire du roi, né en 1686, mourut en 1753, il avait épousé Marie Colomb, dont : 1° Pierre, né en 1713, docteur en Sorbonne, curé de Saint-Maurice, mort en 1740; 2° Mathieu, qui suit; 3° Louis, né en 1715, curé de Saint-Maurice en 1740, vicaire général en 1753, élu doyen de la cathédrale en 1767, abbé de Beuil en 1773; 4° Anne, née en 1716, épousa Pierre Ardent, écuyer, Sgr de La Grenerie et de Meillart.

VII. — Mathieu Romanet du Caillaud, écuyer, sieur de Mérignac, lieutenant du maire à Limoges, né en 1714, épousa : 1° Marie Dorat; 2° Jeanne Martin. Ses enfants, furent : 1° Siméon, né en 1742, mort en 1761; 2° Anne, née en 1745, épouse de Pierre Muret de Bort, écuyer; 3° Pierre-François, qui suit; 4° Joseph, général de brigade, chevalier de Saint-Louis et de la Légion d'honneur, maire d'Etampes, né en 1748, épousa Marie de Viard, et mourut en 1829; 5° Louis, né en 1751, vicaire général et doyen de la cathédrale, abbé de Beuil, député du clergé aux États provinciaux en 1787; 6° Anne-Marguerite, née en 1755, carmélite.

VIII. — Pierre-François Romanet du Caillaud, écuyer, sieur de Mérignac, maire d'Isle, né en 1747, assistait à l'Assemblée de la noblesse en 1789, épousa : 1° Marie Bourdeau de Lajudie; 2° Agathe Moreau de Saint-Martial; ses enfants, furent : 1° Mathieu-Siméon, qui suit; 2° Jeanne-Fanny, née en 1782, morte en 1834; 3° Louise, née en 1788, épousa N..... Guibert de La Beausserie,

IX. — Mathieu-Siméon Romanet du Caillaud, maire d'Isle, né en 1780, mort en 1849, avait épousé Julie Bourdeau-Lajudie, dont : 1° Edouard-Mathieu-Léonard, qui suit; 2° Charles, né en 1806, maire d'Isle, mort en 1873, avait épousé Cécile Dumont Saint-Priest, fille de François-Guillaume

Dumont de Saint-Priest et de Catherine-Pauline Grégoire de Roulhac, dont : A. — François, sans alliance ; B. — Fanny, née en 1837, épouse de Edmond Jarrit-Delille ; C. — Nathalie, morte sans alliance.

X. — Edouard-Mathieu-Léonard, né en 1804, épousa Amélie Tarnaud, dont : 1° Mathieu-Siméon, né en 1842, mort en 1862 ; 2° Nicolas-Julien-Frédéric, né en 1847 ; 3° Jeanne-Marie-Louise, née en 1855, morte en janvier 1875.

RORICE ou RURICE I, évêque de Limoges, élu vers 484, mourut vers l'an 507. Ses restes étaient conservés à Saint-Augustin-lez-Limoges.

RORICE II, évêque de Limoges, l'an 534 et 549. (NADAUD, *Chronologie des évêques de Limoges*.)

ROULHAC. (Page 115), porte : *d'azur à une fasce d'or accompagnée en chef d'un croissant d'argent, et en pointe de trois étoiles de même, 2 et 1*. (*Généal.* JARRIGE.)

II. — Joseph-Grégoire de Roulhac, homme d'un caractère antique et d'un grand savoir, président du présidial de Limoges en 1779 (1), fut l'avant dernier lieutenant-général de la sénéchaussée de Limoges (2), et maire de cette ville en 1779 (6), dont : 1° Guillaume, qui suit ; 2° Guillaume-Grégoire de Roulhac, écuyer, ingénieur des ponts et chaussées au département de l'Auvergne, qui représentait son frère Guillaume à l'Assemblée générale de la noblesse du Limousin en 1789 (3) ; et probablement les deux suivants ; 3° Joseph-Grégoire, dont voici l'épitaphe gravée sur sa tombe : « Joseph-Grégoire de Roulhac des Crousils, prêtre, ancien membre de l'Oratoire, né le 10 novembre 1759, mort le 1er mai 1833 » ; 4° Charles-Martial-Grégoire, sur la tombe duquel est aussi cette inscription : « Ici repose Charles-Martial-Grégoire de Roulhac Monthely, né le 21 septembre 1762, décédé le 5 décembre 1842. »

III. — Guillaume-Grégoire, baron de Roulhac, écuyer, Sgr de La Borie et de Fougeras, conseiller du roi, naquit le 6 mai 1631 (4). Il fut, à la suite de son père, président du Présidial de Limoges (1), le 9 janvier 1782, et le dernier lieutenant-général (2). Il était membre de l'administration du collége de Limoges, après la suppression des Jésuites en 1783 (5), maire de la ville de Limoges en 1785 (*La Haute-Vienne*, p. 139). Député de la noblesse du Haut-Limousin en 1789. Il mourut en 1824, et on trouve sur sa tombe, au cimetière de Louyat, l'inscription suivante : « Ci-gît, à côté d'un fils chéri, dont la mort précoce affligea ses derniers jours, Gme Grégoire, baron de Roulhac. Il fut lieutenant-général, maire, procureur général, président honoraire, député en 1788-1789 et 1802, etc. Magistrat intègre et éclairé, bon citoyen, époux tendre, père de famille exemplaire,

---

(1) VERNEILH DE PUYRAZEAU, *Mes souvenirs de soixante-quinze ans*, p. 62.
(2) *Courrier du Centre*, 4 décembre 1877.
(3) *Haute-Vienne*, p. 139, 170, 176.
(4) Papiers de la famille Lamy.
(5) Registres des délibérations du Conseil.
(6) *Haute-Vienne*, p. 139.

il vécut honoré de tous les gens de bien dont il emporte les regrets au tombeau, et mourut le 6 octobre 1824, âgé de soixante-quatorze ans, *Requiescat in pace.* » Il avait épousé N..... Grégoire de Roulhac de Faugeras, fille de Pierre-Grégoire de Roulhac et de Catherine Martin. Elle a été inhumée au cimetière de Louyat, où on lit sur sa tombe : « Le 26 mai 1828, Mme C^{ne} Roulhac de Fougeras, s'est réunie à son fils et à son époux. » De ce mariage sont nés : 1° Charles-Grégoire de Roulhac, dont la tombe est aussi au cimetière de Louyat, avec cette inscription : « Ici repose M. Charles-Grégoire de Roulhac, avocat, décédé le 3 mai 1823, âgé de vingt-quatre ans sept mois treize jours. Des sentiments vertueux, des qualités solides, des mœurs pures, le rendaient digne de fournir une plus longue carrière. — Tous ceux qui l'ont connu ont partagé les vifs regrets de sa famille et de ses amis sur la perte prématurée de cet unique rejeton mâle de la branche »; 2° Joséphine-Catherine-Grégoire de Roulhac, qui étant âgée de dix-neuf ans, épousa, dans l'église de Saint-Pierre-du-Queyroix, à Limoges, le 26 août 1805, Jean-Baptiste Lamy de La Chapelle, conseiller à la cour, fils de Pierre Lamy, écuyer, S^{gr} de La Chapelle, avocat au Parlement, et de Anne-Madeleine Deschamps (1). Elle est morte à Limoges le 18 juillet 1879, âgée de quatre-vingt-quatorze ans; 3° Catherine-Pauline-Grégoire Roulhac, qui épousa François-Guillaume Dumont Saint-Priest, né le 24 mars 1786, procureur général à Limoges de 1830 à 1848 (2), puis président de Chambre, mort en 1855. On lit sur sa tombe : « Ici repose Catherine-Pauline Dumont Saint-Priest, née Grégoire de Roulhac, décédée à Limoges, le 28 décembre 1855, dans sa soixante-quatrième année. Priez pour elle. »

Branche de Razès

N..... Grégoire de Roulhac, avocat à la cour, de la paroisse de Saint-Pierre-du-Queyroix, épousa, à Razès, le 5 février 1698, d^{lle} Marie David de Razès. Ont signé l'acte : de Roulhac du Gondeau, Martial-Grégoire Roulhac de Durat, Martial Verthamon de Fougeras (Registres paroissiaux).

N..... Roulhac, S^{gr} de Razès, était maire de Limoges en 1749 (*La Haute-Vienne*, par MM. ARDANT, p. 139.),

Messire Guillaume de Roulhac, S^{gr} de Razès, l'un des deux cents gentilshommes de la garde du roi, habitant à Limoges, rue Manigne, et à Razès, émigré le 30 avril 1792, fut, pendant l'émigration, brigadier des gardes du corps du roi. (*Généalogie Nadault.*)

Notes isolées.

Joseph de Roulhac, procureur de la sénéchaussée de Limoges, est parrain, en 1625, d'un enfant de M. Joseph Lamy qui le nomme son gendre. Il devait

---

(1) *Nobiliaire*, III, 447.
(2) *Courrier du Centre*, 4 décembre 1877.

alors avoir épousé Quitterie Lamy, née en 1608, fille dudit Joseph et de Marguerite de Matribut. (*Nobiliaire*, III, 443.)

Jeanne de Roulhac, fille de Joseph de Roulhac de La Bachellerie, vivait en 1683. (Papiers de la famille Lamy.)

Anne-Grégoire de Roulhac épousa, en 1646, Pierre de Manent, fils de Jean de Manent et de Paule Rogier des Essards. (*Nobiliaire*. IV, 115.)

Pétronille-Grégoire de Roulhac épousa, le 12 novembre 1682, Hélie de Jarrige de La Morelie, viguier de Saint-Yrieix, veuf de Jeanne Jaubert de Nanthiat, fils de Marc Jarrige de La Morelie et de Nicole Joussineau de Fayat. (*Nobiliaire*. II, 551.)

N..... Grégoire de Roulhac, épousa N....., dont :
1° Thérèse, mariée, le 12 février 1736, à Simon Martin, fils de François Martin et de Marguerite Mayrange ; 2° Marie, qui épousa Guillaume de Malledent, fils de Jean-François de Malledent et de Thérèse-Grégoire de Roulhac. (Papiers de la famille Lamy.)

Pierre Grégoire de Roulhac épousa Catherine Martin, fille de Simon Martin et de Thérèse Grégoire de Roulhac. De ce mariage naquit une fille, N..... Grégoire de Roulhac, qui épousa son parent, N..... Grégoire de Roulhac, procureur général. (Papiers de la famille Lamy.)

N..... de Roulhac du Rouveix était maire de Limoges, en 1751, et de nouveau en 1761. (*La Haute-Vienne*, p. 139.)

N.... Roulhac du Rouveix était membre du bureau d'administration du collége de Limoges, en 1763, après la suppression des Jésuites. (Registre des délibérations du conseil.)

J. Roulhac du Cluzeau était maire de Limoges en 1754. (*La Haute-Vienne*, p. 139.)

N..... Roulhac du Cluzeau, poète, de 1778 à 1790, a publié, en 1779, *Prandium rusticum*. (*La Haute-Vienne*, p. 371.)

J. Grégoire de Roulhac de Thias était maire de Limoges, en 1757. (*La Haute-Vienne*, p. 139).

Le 30 janvier, en vertu d'une permutation avec M. Roulhac de Traschaussade, M. Pouyat, curé de Châlus, a pris possession d'un canonicat de l'église collégiale de Saint-Martial. (*Feuille hebdomadaire de Limoges*, 3 février 1779.)

Messire Joseph de Roulhac, chevalier, Sgr de Traschaussade, fut représenté à l'Assemblée générale de la noblesse du Limousin, en 1789, par le Sgr de Châtelard.

Messire Jacques-Christine de Roulhac, chevalier, Sgr de Châtelard, Rochebrune et Voutte de Saugon, assistait à l'Assemblée générale de la noblesse du Limousin, en 1789. (*La Haute-Vienne*, p. 170.)

Antoine Roulhac, né à Saint-Léonard en 1761, mort pour la foi en 1793.

N..... Grégoire de Roulhac, chevalier, procureur du roi aux finances, épousa Françoise Dupeyrat de Thouron, fille de Louis Dupeyrat, écuyer, Sgr et baron de Thouron, et de Françoise-Charlotte de La Saigne-Saint-George ; le 4 septembre 1814, elle était marraine de sa petite-nièce, Françoise des Flottes. (*Nobiliaire*, II, 619.)

N..... Grégoire de Roulhac épousa, vers 1818, Euphrasie de Bruchard, fille de Jacques-Jean de Bruchard, écuyer, Sgr de La Pomélie, officier d'infanterie, et d'Elisabeth de Colomb. (*Nobiliaire*, I, 345.)

Mme Fontaneau, née Roulhac de Vic, morte à Saint-Léonard âgée de trente-deux ans. (*Gazette du Haut et Bas-Limousin*, 6 novembre 1836.)

N..... Grégoire de Roulhac, président de chambre honoraire à la cour d'appel de Bourges, chevalier de la Légion d'honneur, dont plusieurs enfants, et Joseph Grégoire de Roulhac, vivant en 1879.

ROUX (page 118) porte : *fascé d'argent et d'azur de six pièces, au chef d'azur à trois fleurs de lis d'or* ; la variante qui suit est fautive : *d'azur à trois fasces d'argent, la première accompagnée en chef de trois fleurs de lis d'or.*

I. — Eymard Roux, écuyer, sieur de Lusson (1), épousa, par contrat du 29 octobre 1451, reçu par La Marthonie, d{lle} Pétronille de Rancogne. Ils firent un autre acte, signé de Poyalibus, le 16 juin 1466. Ils eurent pour fils Allain, que son père autorise à passer contrat pour lui le 25 août 1479.

II. — Allain Roux, écuyer, sieur de Lusson, épousa Philippine du Lau. Il rendit un hommage, au nom de son père, le 9 mai 1487.

III. — Jean Roux, écuyer, sieur de Lusson, passa une transaction avec Allain, son père, le 4 juin, signée Maurice, notaire, le 4 juin 1531. Il testa, instituant héritier son fils Pierre, le 6 septembre 1536, signé Pourtent. Il épousa d{lle} Marie de Lastour.

IV. — Pierre Roux, écuyer, sieur de Lusson. Il fit son testament, reçu par Charpateau, notaire, le 28 juin 1574, par lequel il institue héritier Léonard son fils. Il épousa Jeanne Guicharde, demoiselle.

V. — Léonard Roux, écuyer, sieur de Lusson, par son testament du 4 octobre 1591, institua Gui, son fils, son héritier. Il épousa, par contrat du 18 février 1571, signé Babayon, notaire, d{lle} Marguerite d'Abzac.

VI. — Guy Roux, écuyer, sieur de Lusson, qui épousa, par contrat du 7 février 1608, signé Sarlande, notaire, d{lle} Jeanne de Lambertie. Il testa le 30 avril 1609 en faveur de Jean, son fils.

VII. — Jean Roux, écuyer, sieur de Lusson, épousa, par contrat du 28 février 1628, signé Viaud, notaire, d{lle} Jacquette de Pressac. Ils eurent pour enfants : 1° Gabriel, qui suit ; 2° Charles Roux, écuyer, qui épousa, par contrat signé Seguin, du 1er avril 1660, Jeanne de Morellon qui n'a pas laissé de postérité.

VIII. — Gabriel Roux, écuyer, épousa, par contrat signé Pascaud, du 16 janvier 1659, d{lle} Madeleine de Londeyx.

IX. — Gabriel Roux, écuyer, Sgr de La Mothe (2), de Lusson et de Reilhac (3), épousa, par contrat du 20 octobre 1692, signé Grand, Marguerite de Morellon, sa cousine.

X. — Charles-Jean Roux, écuyer, Sgr de Reilhac et de Lusson, épousa, le 30 septembre 1722, Suzanne du Lau d'Allamans.

---

(1) Lusson, près Saint-Pardoux-la-Rivière, arrondissement de Nontron (Dordogne).
(2) La Mothe, près Nontron (Dordogne).
(3) Reilhac, commune de Champniers, canton de Bussière-Badil, arrondissement de Nontron (Dordogne).

XI. — François-Armand Roux de Lusson, écuyer, S^{gr} de Reilhac, épousa, par contrat du 25 juillet 1751, signé Veyret et de La Faye, Louise-Dauphine de La Faurie.

XII. — François-Armand Roux, chevalier, S^{gr} de Reilhac, de Châteaurocher, épousa, à La Chapelle-Montmoreau (1), le 13 juillet 1789, d^{lle} Suzanne de Lambertie de Montgazy.

XIII. — Pierre Roux de Reilhac de Châteaurocher, épousa, par contrat du 5 octobre 1812, signé Barret et Baudequin, Rosine-Anne de Brettes de Richebourg, dont : 1° Armand-Marie-François-Xavier, qui suit ; 2° Charles-Isidore, qui a épousé N..... Surin de La Boulinière ; 3° Charles-Isidore-Henri, qui a épousé : 1° Marie-Adèle Fleurat Doumalhac ; 2° Louise-Marie de Terrasson de Montlau.

XIV. — Armand-Marie-François-Xavier Roux de Reilhac de Châteaurocher, a épousé, par contrat du 11 juin 1838, signé Gras et Ginot, d^{lle} Gabrielle-Ernestine de Savatte de Genouillé, dont postérité. Veuf le 29 mai 1861, a été ordonné prêtre, le 24 octobre 1869, par Mgr Cousseau, évêque d'Angoulême, et ensuite nommé curé de Champniers.

Sources : Certificat signé de d'Hozier et Registres de l'état civil.

ROY. (Page 121.) — Cette famille a formé plusieurs branches. A celle de Loulay, appartient Pierre-Auguste Roy de Loulay, maire de Loulay, puis de Saint-Jean-d'Angély, député au corps législatif avant 1868, membre de l'Assemblée nationale, qui est marié avec Mlle Cécile-Paule Hardy, dont il a eu Louis Roy de Loulay, qui a épousé, le 29 avril 1868, la princesse Anne-Cécile Swiatopolk, d'origine polonaise. Une branche de cette famille, originaire du Limousin, porte le nom de Roy de Pierrefitte. C'est à elle qu'appartient un magistrat, procureur impérial, à Montluçon, en 1867, et l'abbé Roy de Pierrefitte, membre du clergé de Limoges.

Armes : *d'azur à trois étoiles d'argent.* (*Annuaire de la Noblesse*, année 1873, p. 410.)

Les membres de cette famille se retrouvent depuis le XIVe siècle, à la tête de l'administration de la ville de Felletin, en qualité de consuls, d'échevins, de subdélégués du roi et de maires. On peut citer : Jehan Roy, consul à l'époque de la réunion de la Marche à la couronne, sous François Ier. Louis et Jehan Roy, consul en 1609, qui prirent d'importantes mesures, relatives à la fabrication des tapis à Felletin. Pierre Roy de Marcelleix, subdélégué du roi en 1731. Antoine Roy de Pierrefitte, maire en 1765, pourvu, en 1771 de la charge héréditaire de maire perpétuel, dont il resta investi jusqu'à la Révolution. Léonard-Marie Roy de Pierrefitte, maire de la ville de Felletin et membre du conseil général de la Creuse de 1830 à 1848. Du mariage d'Antoine-Victor Roy de Pierrefitte, qui servit avec gloire pendant les guerres de l'Empire, et de Louise Bouchardy, naquit à Felletin, le 30 août 1819, Jean-Baptiste-Louis Roy de Pierrefitte, qui a commencé à éditer ce *Nobiliaire* ; il est mort curé-doyen de Bellegarde, le 23 février 1865.

Sur un autel de l'église du château, à Felletin, où la famillle Roy de Pier-

---

(1) Chapelle-Montmoreau, canton de Mareuil (Dordogne).

refitte avait un droit de sépulture, on distingue encore ses armes qui semblent être : *de sable à deux épées d'argent, posées en sautoir, accompagnées en chef de trois étoiles d'or, et en pointe d'un croissant d'argent*, avec la devise : *Rex ubique*. Aux XVII° et XVIII° siècles, cette famille a possédé les terres seigneuriales du Marcelleix, de Chameyroux, de Saint-Marc, de Pierrefitte et du Rebeyreix.

RUSTICUS. — Évêque de Limoges en 734. (NADAUD, *Chronologie des évêques*.)

Supplément a la lettre S.

SAGEY (Claude-Joseph-Judith-François-Xavier de). — Évêque de Tulle, né à Ornans, le 2 avril 1759, vicaire général du Mans, nommé le 23 avril 1822, à l'évêché de Tulle, sacré à Yssy, près Paris, le 1er mai 1823, prit possession du siége le 25 mai, par procureur. Il fut nommé chanoine du premier ordre de Saint-Denis, en 1824 ; il conserva l'administration du diocèse, jusqu'au 27 avril 1829 ; est décédé à Paris le 20 mars 1836. (*Ephémérides de 1837*, page 514.) — Armes : *d'azur à la croix ancrée d'or*.

SAHUGUET. (Page 127.) — Le *Nobiliaire universel de France*, par SAINT-ALLAIS, donne la généalogie de cette famille, T. III, page 369.

SACERDOS (Saint), 12° évêque de Limoges, fut élu du consentement de Clovis, mort en 511. Ce prélat mourut le 5 mai ; ses reliques étaient dans la cathédrale de Sarlat. (NADAUD, *Chronologie des évêques*.)

DE LA SAIGNE DE SAINT-GEORGE (page 127), marquis et comtes de Saint-George, Sgrs du Mazeau, du Repaire, de Masléon, de Bord, etc. Suivant une tradition, cette famille serait orignaire du Piémont, et se serait transplantée en France, au commencement du XIII° siècle. Parmi ses illustrations, nous citerons : des chevaliers de Malte, des abbés de Bonlieu (Marche), un comte de Lyon, etc. La terre de Saint-George fut érigée en baronnie par Henri IV. Bernard de La Saigne, chevalier piémontais, vivait en 1240.

I. — Pierre de La Saigne, chevalier, vivait en 1335. Il laissa :

II. — Antoine I de la Saigne, chevalier, lequel eut ses biens confisqués par le roi, pour s'être révolté contre lui. Antoine laissa :

III. — François de La Saigne, chevalier, qui servit Charles VII avec fidélité. Ce monarque, pour le récompenser, lui rendit les biens de son père. François de La Saigne, fut père de :

IV. — Jean de La Saigne, chevalier, qui servit sous le roi Louis XII, avec fidélité, en Italie. Il laissa :

V. — Louis de La Saigne, chevalier, qualifié haut et puissant seigneur,

DU LIMOUSIN.

gentilhomme de la vénerie du roi. Il épousa, en 1520, Jeanne de La Vergne, dont :

VI. — Pierre de La Saigne, chevalier, marié à sa cousine, Marguerite de La Saigne, dont :

VII. — Antoine II de La Saigne, chevalier, Sgr de Masléon, du Repaire, de Bord, d'Espiex, etc., marié en 1560, à noble et puissante dame Magdeleine de Saint-George, qui lui apporta la terre de Saint-George. Il eut : 1° Jean, qui suit ; 2° Léonard, Sgr d'Espiex, auteur d'un rameau existant en 1667.

VIII. — Jean de La Saigne, chevalier, Sgr de Saint-George, de Masléon, etc., fut capitaine de cent hommes d'armes, en 1597, chevalier des ordres du roi et de Saint-Lazare. Le roi Henri IV érigea sa terre de Saint-George en baronnie. Il épousa, en 1596, Anne de Barbançois, dont : 1° Sylvain, qui suit ; 2° Claude, auteur de la branche rapportée ci-après.

IX. — Sylvain I de La Saigne, baron de Saint-George, mestre de camp d'infanterie, colonel du régiment de Saint-George, vit sa terre de Saint-George érigée en marquisat. Il épousa, le 18 juillet 1629, Blanche d'Anselme, dont :

X. — Nicolas de La Saigne, marquis de Saint-George, mestre de camp des armées du roi, marié en 1657, à Anne-Marguerite de Bonneval. Il eut :

XI. — Jean-Sylvain de La Saigne, marquis de Saint-George, colonel de dragons, marié à Marie de La Jouche, dont :

XII. — Sylvain II de La Saigne, marquis de Saint-George, chevalier de Saint-Louis, officier supérieur de cavalerie, marié à N... de Marcelange ; de cette union :

XIII. — Edme de La Saigne, marquis de Saint-George, représentant de la branche aînée, marié à Mlle de Chiseuil, dont une fille unique : Edmée, épouse de M. Raoul de Champigny.

Seconde branche (existante).

IX. — Claude de La Saigne, chevalier, Sgr du Mazeau, second fils de Jean et d'Anne de Barbançois, fut capitaine au régiment de Saint-George, qui appartenait à son frère. Il épousa, en 1639, Marguerite de Bataille : dont :

X. — Jean-François de La Saigne de Saint-George, Sgr du Mazeau, capitaine des gardes du roi, marié, le 15 mars 1660, à Isabelle de Peyroux. De ce mariage :

XI. — Gilbert de La Saigne, Sgr du Mazeau, cornette d'un régiment, marié, en 1695, à N..... de Sainte-Marie-Miomandre, dont :

XII. — Claude-Amable de La Saigne, Sgr du Mazeau, major au régiment de Ginestou, marié, en 1737, à N..... de Blottières. De ce mariage : 1° Jean-Louis, qui suit ; 2° Jean, chevalier de Saint-Louis, lequel fit partie de l'armée de Condé.

XIII. — Jean-Louis de La Saigne, comte de Saint-George, chevalier, Sgr du Mazeau, brigadier des gardes du corps en 1756, chevalier de Saint-Louis, épousa Marie des Champs, dont :

XIV. — Joseph de La Saigne, comte de Saint-George, capitaine de cavalerie en 1779, chevalier de Saint-Louis, marié, en 1813, à Marie Aucapitaine. De cette alliance : 1° Louis-Alphonse, qui suit ; 2° Clara-Edmée, mariée à M. Ernest de Colasson ; 3° Stéphanie.

XV. — Louis-Alphonse de La Saigne, comte de Saint-George, né en août 1822, a épousé, le 4 août 1846, Henriette de Bosredon-Combrailles, fille du comte Hubert. De ce mariage : 1° Jean-Albert, né le 17 novembre 1847 ; 2° Louis-Eustache, né le 11 avril 1849 ; 3° Stéphanie, née le 21 juin 1852.

Armes : *écartelées aux 1er et 4e de sable, au lion d'argent grimpant, armé et lampassé de gueules* (qui est de La Saigne) ; *au 2e et 3e d'argent à la croix de gueules* (qui est de Saint-George). Couronne : *de marquis*. Supports : *à dextre, un sauvage ; à senestre, un lion.*

Sources : *Nobiliaire Universel* de M. de Magny, tome IV. — *Annuaire de la Noblesse*, par M. Borel d'Hauterive, années 1849 et 1850. — *Nobiliaire d'Auvergne*, etc. — A. Tardieu, *Histoire généalogique de la maison de Bosredon*, p. 366.

SAILLANT DE LASTERIE (page 128), S^{grs} du Saillant, Saint-Pantaléon, Virgy, Alassac, Flomond, Pierrefumade, Ussac, Comborn, Saint-Viance, Objat, La Morélie, Voutezac ; titrés comtes et marquis du Saillant et de Lasteyrie, portent : *de sable à une aigle éployée d'or, écartelé d'argent au lambel de 3 pendants de gueules.*

Le berceau de cette maison, d'ancienne chevalerie, est la ville d'Alassac, au diocèse de Limoges. Elle réunit tous les caractères d'une race d'ancienne chevalerie. Dès qu'elle commence à être connue, on la voit contracter des alliances avec les plus grandes maisons de sa province. A ces avantages elle joint celui d'avoir rendu des services distingués et d'établir une filiation suivie depuis Pierre de Lastayrie, premier du nom, chevalier, du lieu d'Alassac, en 1250. Cette qualité annonce qu'il avait servi dans les guerres du roi saint Louis puisqu'il était pourvu de l'ordre de chevalerie.

II. — Pierre de Lastayrie, aussi chevalier du lieu d'Alassac en 1313, vivait encore en 1323 ; il eut deux fils : 1° Giraud, qui suit ; 2° Pierre, chevalier en 1340.

III. — Giraud de Lastayrie, chevalier, épousa Marguerite de Pierrefumade. Il en eut deux enfants : 1° Guy, qui suit ; 2° Regnauld, écuyer d'écurie du roi Charles VI, châtelain du château de Bigaroque, auquel Raymond, vicomte de Turenne, donna, en 1388, le lieu de Virgne pour le dédommager des pertes qu'il avait faites aux guerres de son temps.

IV. — Guy de Lastayrie, chevalier, S^{gr} du Saillant, s'adonna à l'étude des lois ; se fit recevoir docteur ès-lois, à l'université de Toulouse, en 1365 ; était maître des requêtes de Louis, duc d'Anjou, sénéchal et capitaine de Rouergue, conseiller du roi Charles V, commissaire sur le fait des guerres en la sénéchaussée de Périgord et lieutenant, pour ce monarque, en Languedoc. Il eut don des terres et de la justice haute, moyenne et basse de Bropchar, en 1371, et de celle de Saint-Pantaléon en 1375, donna diverses quittances revêtues de son sceau, comme ci-dessus, armes que, depuis, cette maison a toujours portées. Il servit dans les troubles du Languedoc, en 1372, avec une compagnie de gens d'armes ; en 1377, à la tête de douze hommes d'armes, et en 1378 avec une autre compagnie de trente hommes d'armes. Les excursions des Anglais, en Languedoc, ayant donné lieu à l'imposition d'un nouveau subside, le roi l'envoya, en 1379, avec d'autres commissaires, en la ville de Montpellier, pour la faire consentir à sa levée, et fut du nombre de ceux que ses habitants massacrèrent le 25 octobre de la même année. Il avait épousé Marie de Orghnac, tige de la maison de Saint-Chamans, dont : 1° Amanieu, qui suit ; 2° Jean, docteur ès-lois ; 3° Marguerite, mariée, en 1386, à Jean de Noailles, Sgr de Noailles et de Chambre, duquel sont issus les ducs de Noailles.

V. — Amanieu de Lastayrie, chevalier, Sgr du Saillant, Virgy, coseigneur d'Allassac et d'Ussat, Châtelain de Bigaroque, en 1403, après la mort de Regnault, son oncle, passa, en 1382, une transaction avec les consuls de Montpellier au sujet des dommages-intérêts résultant du meurtre de son père, commis par les habitants de cette ville en 1379. Il épousa, en 1395, Valérie de Gimel, fille de Guy, Sgr du Chaliau, baron de Gimel, et tante de Blanche de Gimel, femme de Pierre de Beaufort, vicomte de Turenne, dont la fille Anne épousa Agne IV de La Tour, Sgr d'Olinge, tige des ducs de Bouillon. Il fit son testament le 25 mars 1436 ; il laissa : 1° Bertrand, qui suit ; 2° Raymond, chanoine, et une fille mariée à Bertrand de Verac.

VI. — Bertrand de Lastayrie, Sgr du Saillant, etc., etc., qualifié noble et puissant homme, titre que tous ses successeurs ont porté plus tard. Il épousa, en 1415, Souveraine de Meilliars, dame de Flomond, fille de Jean, Sgr de Flomond, créé chevalier de l'ordre du Camail par Charles, duc d'Orléans, frère de Louis XII, en 1443 (cet ordre avait été institué en 1394 ; le nombre en était fixé à vingt-cinq), d'où : 1° Jean, qui suit ; 2° François, nommé, avec son frère, chevalier du Camail, en 1443 ; 3° Marguerite, femme de Geoffroy de Pompadour, Sgr de Château-Bouchet et Lascaux, mère de Geoffroy de Pompadour, évêque de Périgueux, grand aumônier de France ; 4° Guicharde, épouse de Pierre Adémar, coseigneur de Lostanger et de Baynac.

VII. — Jean de Lastayrie, Sgr du Saillant, etc., etc., chevalier du Camail en 1443, avec son père, épousa : 1° Marguerite de Saint-Exupéry, en 1444, fille d'Hélie et d'Alice d'Estaing, sœur du Sgr d'Estaing, septième aïeul du célèbre amiral, grand d'Espagne, etc., etc.; 2°, en 1459, Jeanne de Bonneval, fille de Bernard, Sgr de Blanchefort et Bonneval, et de Marguerite de Pierrebuffière, d'où : 1° Guillaume, qui suit ; 2° Guy, protonotaire du Saint-Siège apostolique, et neuf filles, dont la première, dame de Polinçon, la seconde, dame de Chamarans ; les autres religieuses.

VIII. — Guillaume de Lastayrie, Sgr du Saillant, épousa Peyronne de Roffignac, fille de Guy, Sgr de Roffignac, petite-nièce de Bertrand de Roffignac, évêque de Sarlat, et arrière-petite-fille de Louise de Monteruc, dont la sœur Catherine fut mariée à Renaud de Roffignac, toutes deux nièces de Pierre et Ranulphe de Monteruc, cardinaux, et nièces bretonnes de Valérie Aubert, femme de Bertrand de Roffignac, Sgr de Saint-Germain-les-Vergnes, sœur et tante des cardinaux Audouin et Etienne Aubert, d'où : 1° Geoffroy, qui suit ; 2° et 3° deux filles, l'une mariée au fils de François Sonner, conseiller au Parlement de Bordeaux, l'autre à Jean de Lagut, Sgr de Montandit.

IX. — Geoffroy du Saillant, Sgr dudit lieu, etc., gentilhomme ordinaire de la chambre du roi Henri IV, servit sous Henri II, Charles IX et Henri III, chevalier de l'ordre du roi en 1570, mourut en 1596 après soixante-dix ans de services ; épousa Catherine de Salignac. fille de Jean, chevalier, baron de Gourdon.

X. — Jean du Saillant, appelé constamment du Saillant, gentilhomme ordinaire de la chambre du roi Henri IV en 1596, épousa Marie de Prouhet, d'où : 1° Geoffroy, baron de Vergy, mort sans enfants, épousa Jeanne de Meillars ; 2° Raymond, qui suit. (Voir *Nobiliaire*, III, p. 661.)

XI. — Raymond du Saillant, vicomte de Comborn, baron du Saillant, épousa, en 1629, Isabeau des Cars, fille de Léonard, comte des Cars, Sgr de Saint-Bonnet, et d'Adrienne de Bourdeille, sœur d'Henri, vicomte de Bourdeille, chevalier des ordres du roi, et de Renée, épouse de David Bouchard, vicomte d'Aubeterre. De ce mariage : Antoine, qui suit, et Geoffroy, tige des seigneurs de La Vergne, rapportée ci-après.

XII. — Antoine du Saillant, marquis du Saillant, vicomte de Comborn, baron de Vergy et d'Assat, coseigneur d'Alassac, etc., etc. Il servit comme volontaire dans la campagne de 1656, et fut nommé capitaine d'une compagnie de chevau-légers en 1667. Il épousa, en 1668, au château de La Morélie, Marie-Marguerite de Jarrige de La Morélie, fille aînée de Paul, chevalier, Sgr de La Morélie, Ladignac, Le Chassaingt et d'autres places, trésorier général de France, et de Françoise-Aymeric des Blancs.

XIII. — Charles-Noël du Saillant, marquis du Saillant, vicomte de Comborne, Sgr de La Morélie, etc., mousquetaire du roi en 1696, épousa Marie-Louise-Victoire-Philippine de Saint-Viance, dame de Saint-Viance.

XIV. — Jean-Baptiste-Claude du Saillant, marquis du Saillant, grand sénéchal du Limousin, comme son père et son aïeul, capitaine de cavalerie au régiment royal-étranger, chevalier de Saint-Louis. Il fit hommage au roi et donna le dénombrement de la terre de La Morélie en 1761 et 1767. Il mourut en 1777. Il avait épousé Marguerite-Charlotte de Lastic, fille de Jean-Claude, marquis de Saint-Jal, lieutenant des gardes du corps, dont : 1° Charles, qui suit ; 2° Jeanne-Claude-Victoire, mariée, en 1762, à Jean-Baptiste-Claude de Lestrade de La Causse, baron de La Causse, Veyrinas, La Roche, etc.

XV. — Charles-Louis-Jean-Gaspard du Saillant, marquis du Saillant, grand sénéchal du Limousin, maintenu par arrêt du Parlement de Paris du 27 juillet 1768, dans la jouissance des revenus des terres d'Alassac et de Voutezac, et leur justice durant la vacance du siége de Limoges. Il épousa Elisabeth-Charlotte de Riquetti, fille de Victor, marquis de Mirabeau, vicomte de Saint-Mathieu, sœur du grand orateur.

XVI. — Jean-Claude-Annet-Victorin, né le 23 mars 1766, capitaine de dragons au régiment de Noailles le 16 février 1750. C'est lui qui demande l'honneur de monter dans les carrosses du roi.

Seigneurs de La Vergne.

XII. — Geoffroy, deuxième du nom, deuxième fils de Raymond et d'Isabeau des Cars en 1660, chevalier de Malte, épousa, en 1669, Marie-Philippine de Saint-Viance, dame de Puymège, dont : 1° Jean, qui suit ; 2° Charles, chevalier de Malte en 1691 ; 3° Philibert, chevalier de Malte, commandeur de Montbrison.

XIII. — Jean de Lastayrie du Saillant, épousa Catherine de Mirandol, fille de Claude, Sgr de Mirandol.

XIV. — Charles de Lastayrie du Saillant épousa, en 1740, Marie-Anne-Elisabeth Bodisseau de Mislay, fille du baron de Mislay, lieutenant-général d'artillerie, dont : 1° Urbain-Pierre-Louis, qui suit ; 2° Jean-Baptiste, reçu, en 1755, chevalier de Malte ; 3° Angélique, reçue, en 1762, chanoinesse à Metz, après avoir remonté ses preuves à 1371.

XV. — Urbain-Pierre-Louis, marquis de Lasteyrie, Sgr de Mirandol, Saint-Julien, Maumont, lieutenant-colonel des cuirassiers de Monsieur, né le 14 juillet 1743, marié avec dlle d'Aubery de Saint-Julien. Il demande aussi à avoir l'honneur de monter dans les carrosses du roi.

Ce mémoire a été composé sur titres domestiques et les livres manuscrits et imprimés du cabinet de l'ordre du Saint-Esprit.

(Extrait du tome VI, des Mémoires généalogiques des diverses familles, qui prétendent aux honneurs de la cour. — Archives de l'Empire. Marque M. M. 845.)

Jules de Lasteyrie, membre de l'Assemblée nationale en 1875, sénateur inamovible en 1876, petit-fils de Charles-Louis-Jean-Gaspard et d'Elisabeth-Charlotte de Riquetti, a épousé Olivia de Rohan-Chabot, fille du général Louis, vicomte de Rohan-Chabot, comte de Jarnac, ancien pair de France, et d'Elisabeth Filtz-Gérald.

N..... de Lasteyrie (sœur du précédent), a épousé le comte Charles de Rémusat, membre de l'Institut, ministre de l'intérieur en 1840, de affaires étrangères en 1872.

Le comte Ferdinand de Lasteyrie, petit-fils de Mlle Riquetti de Mirabeau, né en 1810, servit d'aide-de-camp au général Lafayette, son parent, pendant la Révolution de 1830, député de la Seine en 1842, membre de l'Académie en 1860, mort en 1879.

Robert de Lasteyrie du Saillant (fils du précédent), a épousé, en 1876, Mlle Boucher-Desforges.

N..... de Lasteyrie, marquis du Saillant, attaché d'ambassade, fut nommé sous-préfet de Loudéac (Côtes-du-Nord), en 1872, de Châteaubriant en 1873, d'Etampes (Seine-et-Oise), en 1875.

SANGUIN (Antoine), 79e évêque de Limoges, né en 1493, abbé, évêque d'Orléans, cardinal dit de Meudon, grand aumônier de France, fut fait évêque de Limoges en 1546, se démit en 1547, fait archevêque de Toulouse ; mourut à Paris, le 22 décembre 1559; repose au Val-des-Ecoliers. (NADAUD, Chron. des évêques). — *D'argent à la croix dentelée de sable cantonnée de quatre merlettes du même.*

SAINT-AMAND ou SAINT-CHAMAND. (P. 132.) — Le *Nobiliaire d'Auvergne*, par M. J.-B. BOUILLET, contient une généalogie de cette famille, dont les armes sont : *de sinople à trois fasces d'argent, à l'engrelure du même mouvante du chef.*

SAINT-EXUPÉRI. (P. 134.) — Nadaud reproduit un article inséré dans un supplément du *Dictionnaire de Moréri*, édition de 1759, qui renferme des erreurs évidentes. Ses notes n'en contiennent pas la réfutation; nous devons donc la mettre ici.

On sait qu'au IX⁰ et au X⁰ siècles il n'y avait ni noms patronymiques, ni armoiries, et que c'est faire une œuvre d'imagination que de vouloir faire remonter à cette époque les généalogies des familles anciennes. Moréri a puisé ses assertions dans l'*Histoire de l'abbaye de Mauriac*. Les Bénédictins de Mauriac, dans l'histoire de cette abbaye, qu'ils commencent à l'an 516 (on sait aujourd'hui que ce monastère ne fut fondé qu'en 827), ont bien fait figurer des Saint-Exupéri avec les Ventadour, les Chabannes, les Trinhac, etc. Mais cette nomenclature des abbés de ce lieu, et les réflexions qui l'accompagnent sont si singulières, qu'on est porté à douter que les Bénédictins aient pu écrire quelque chose d'aussi invraisemblable. La reproduction du texte de Moréri, faite par Nadaud, à titre de renseignements, ne peut lui donner aucune valeur, et il n'aurait pas manqué de le réfuter s'il avait terminé lui-même son *Nobiliaire*.

Toute l'histoire de Charles et de Guichard de Saint-Exupéri est fabriquée. Les hommes compétents en ces questions, savent que les noms patronimiques et les armoiries ne datent que de la seconde moitié du XI⁰ siècle. Il faut donc rejeter, comme un produit de l'imagination, toute preuve de filiation tentée au delà de 1050.

VIII. — Guillaume de Saint-Exupéry, coseigneur de Miremont, Sgr du Dognon, etc., épousa, en 1452, Helips d'Estaing, fille de Guillaume, sénéchal de Rouergue, et de Jeanne de Proprière. Il en eut : 1° Guillaume, qui suit ; 2° Louis, chanoine-comte de Lyon, mort en janvier 1504 ; 3° Antoinette, mariée à Aymar de Noailles, Sgr de Montclar et de Chambres, par contrat du 23 septembre 1484 ; 4° Marguerite, mariée à Guerin de Narbonne, Sgr de Sallèles.

IX. — Les enfants de Guillaume, qui épousa, en 1483, Catherine de Favard, seraient : 1° François ; 2° Guy ; 3° Louis ; 4° Antoine ; 5° Helim ; 6° Marguerite ; 7° Jean ; 8° Antoinette.

X. — Les enfants de Guy et de Madeleine de Saint-Nectaire, seraient : 1° Françoise, dame de Mirecourt, de Favars, du Dognon, qui épousa, par contrat du 19 mai 1791, Henri de Bourbon-Malause, vicomte de Lavedan (Nadaud la met au degré précédent) ; 2° Rose, mariée à Louis de Rillac ; 3° Madeleine, dont le sort est ignoré.

Branche du Fraisse.

VI. bis. — Ebles ou Hiblet de Saint-Exupéry, qui vivait de 1340 à 1376, épousa Marie Vigier, dont, entre autres enfants :

VII. — Geraud de Saint-Exupéri, Sgr de Vart ou Vars, diocèse de Limoges, épousa, vers l'an 1400, Marie du Fraisse, fille d'Hugues et d'Agnès de La Montpellerie, héritière du château du Fraysse, paroisse de Saint-Julien de Terrasson, diocèse de Sarlat en Périgord, et de celui de La Montpellerie, paroisse de Saint-Cyprien, diocèse de Limoges. Leurs enfants, furent : 1° Philippe, qui suit ; 2° et 3° Marie et Jeanne, dont on ignore le sort.

VIII. — Philippe de Saint-Exupéry, *alias* de Montpellaria, hérita de tous les biens de son père et de sa mère, en vertu d'une donation du 1er août 1432. Il épousa, par contrat du 7 février 1432, Valérie Aymeric, fille de Jean, damoiseau, Sgr de Nouilhac, dans la paroisse de Couzille, diocèse de Limoges. De ce mariage, sont nés : 1° Antoine, qui suit ; 2° Antoine, religieux de l'ordre de Saint-Benoît ; 3° Giraud ; 4° Gillet ; 5° Jean, 6° Jean, qui a formé la branche de Saint-Amans en Quercy ; 7° Annette, qui épousa, par contrat du 3 février 1464, noble Alzias de Cornilh, auquel elle porta la terre du Fraysse ; n'ayant pas d'enfants, il la laissèrent à Jean de Saint-Exupéry, par testament du 21 mai 1501 ; 8° Marguerite.

IX. — Antoine de St-Exupéry, marié en 1489, avec Antoinette de Foucauld, eut : 1° Jean, qui suit ; 2° Jeanne ; 3° Agnès ou Antoinette ; 4° Catherine.

X. — Jean de Saint-Exupéry, Sgr de La Montpellerie, et du Fraysse, eut pour enfants : 1° Alzias ou Helie, n'eut pas d'enfants de Gabrielle de Carbonnières ; 2° François, mort avant son frère ; 3° Martin, qui suit ; 4° Marguerite ; 5° Catherine ; 6° Annet, abbé de la collégiale de Saint-Astier, diocèse de Périgueux, 1560.

XI. — Martin de Saint-Exupéry, épousa, par contrat du 26 juin 1545, Antoinette Bertin, fille de Raymond, Sgr de La Reymondie et de Françoise Cavaignac, dont : 1° François, mort sans enfants ; 2° Gabriel, qui suit ; 3° Arnaud, né en 1549, grand archidiacre de l'église de Sarlat ; 4° Dominique, Sgr de La Roche ; 5° Françoise, qui épousa, par contrat du 4 mars 1576, Léonard de Nicolas, Sgr du Val ou de La Val.

XII. — Gabriel de Saint-Exupéry, écuyer, Sgr du Fraysse, de Larche et de La Montpellerie, épousa, le 20 avril 1587, Jeanne de Vassal, fille d'Antoine, Sgr de La Tourette et de Johannies, et de Jeanne Pellegrue, dont : 1° Jean, dit le marquis de Saint-Exupéry, tué au siège de Montauban, en 1621 ; 2° Jacques, qui suit ; 3° Françoise ; 4° Marguerite ; 5° Catherine, mariée au Sgr de La Vigerie.

XIII. — Jacques de Saint-Exupéry, capitaine au régiment de Ventadour, épousa, le 10 juin 1624, Isabeau de La Bermondie, fille de Jean, Sgr de Nadaillac, et de Jeanne de Saint-Marceau, dont : 1° Jean, qui suit ; 2° Jean, qui a formé la branche de Fleurac ; 3° Jeanne ; 4° Hélène.

XIV. — Jean de Saint-Exupéry, écuyer, Sgr du Fraysse, de La Montpellerie, de La Salvagie, né en 1625, nommé, le 15 juillet 1644, capitaine d'une compagnie de cent hommes d'armes, dans le régiment de Limousin, de nouvelle formation ; épousa, le 20 février 1648, Galiote Chancel, fille de Jean, Sgr de La Chapoulie, et de Marguerite de Marquessac. Il justifia de sa noblesse devant d'Aguesseau, intendant de Limoges, le 31 juillet 1667. Il mourut en 1690, laissant : 1° Jean, qui suit ; 2° Jean, Sgr de l'Isle, chevalier de Saint-Louis, major de la citadelle de Metz, où il mourut ; 3° Jean-Balthazar, capitaine au régiment de Vaubecourt, mort en 1693, des blessures reçues au siége de Landau ; 4° Jean, Sgr de La Borie, capitaine de grenadiers au régiment de Gâtinais, mort en 1703, des suites de ses blessures ; 5° Isabeau, qui épousa Jean du Marchand, Sgr de Valon ; 6° Marie, religieuse à Montignac ; 7° Jeanne, mariée au Sgr de Lalauvie.

XV. — Jean de Saint-Exupéry, Sgr de Fraysse, vicomte de La Salvagie, capitaine au régiment de Piémont, chevalier de Saint-Louis, épousa, par contrat du 28 août 1697, Marie-Madeleine de Douet-d'Auzer, fille de François, Sgr de Marlat, Auzer et Villemaison, et de Françoise de La Motte. Il mourut en janvier 1713. Il laissa : 1° Jacques, qui suit ; 2° Jean-Cyprien, docteur en Sorbonne, chanoine de l'église de Paris, le 3 février 1730 ; vicaire général de Mgr de Vintimille, archevêque de Paris, en 1742, puis de Mgr de Bellefonds et de Mgr de Beaumont, également archevêques de Paris ; c'est lui qui a fourni à Cherin, généalogistes du roi, les documents pour dresser la généalogie que nous suivons ; 3° Jean-Balthazar, Sgr de Salvage, colonel du régiment de Gâtinais, mort le 18 juillet 1746, des blessures reçues en Italie ; 4° Isabeau, religieuse à Sarlat ; 5° Marie, mariée à François du Mas, Sgr de Coursac ; 6° Jeanne.

XVI. — Jacques de Saint-Exupéry, capitaine au régiment de Gâtinais, puis lieutenant des maréchaux de France, chevalier de Saint-Louis, épousa, par contrat du 15 novembre 1725, Marie de Saint-Exupéry de Fleurac, sa parente, dont : 1° Jean, qui suit ; 2° Henri ; 3° Marie ; 4° Jean ; 5° Madeleine, morts sans enfants.

XVII. — Jean, comte de Saint-Exupéry, né au château de l'Isle, le 16 mai 1735, épousa à Paris, le 13 septembre 1756, Jeanne-Anne-Madeleine de Cugnac, fille du marquis de Cugnac de Dampierre, baron de Villeroy, mourut en 1790, sans avoir eu d'enfants. Il institua pour son légataire universel, son cousin, Jean-Balthazar, comte de Saint-Exupéry, Sgr de Fleurac.

Branche de Fleurac en Périgord.

XIV *bis*. — Jean de Saint-Exupéry, écuyer, épousa, par contrat du 5 décembre 1656, Jeanne Rey, fille de Jean, sieur de Martinge et d'Esther de La Flauye, dont : 1° Isabeau ; 2° Jeanne ; 3° Jean, mort célibataire ; 4° Jean-Balthazar, qui suit.

XV. — Jean-Balthazar de Saint-Exupéry, écuyer, Sgr de Fleurac, de Rouffignac, de Belleselve, de La Forge-Neuve, etc., acquit, par contrat du 15 octobre 1734, de Jean-Georges de Souilhac, évêque de Lodève, la terre et la seigneurie de Rouffignac, épousa, 1° par contrat du 7 février 1682, Anne de Fauré ; 2° Renée de Gironde, fille de Jean, chevalier, Sgr de Montamel, coseigneur de Peyrilles, et de Louise de Foucauld de Pontbriant. Du premier lit vint : 1° Marguerite, appelée Mlle de Vivans, mariée à François de Comarque, Sgr de Signac et de Mausac ; du deuxième : 2° Etienne-Jacques, qui suit ; 3° Marie, qui épousa, par contrat du 15 novembre 1725, son cousin, Jacques de Saint-Exupéry du Fraysse ; 4° Isabeau, dont on ignore le sort.

XVI. — Estienne-Jacques de Saint-Exupéry, marquis de Fleurac, Sgr de Rouffignac, de Cardou, de Belleselve, de Cabenche, etc., né en 1715, lieutenant des maréchaux de France, épousa, par contrat du 1er mars 1734, Suzanne de Beaudet, fille de Joseph, Sgr de Cardou, et de Catherine de Montalembert, dont : 1° Jean-Balthazar, qui suit ; 2° Suzanne, mariée : 1° au baron de Calvimont ; 2° à N..... de Montalembert ; 3° Isabeau-Suzanne ; 4° Suzanne ; 5° Marie, mortes sans avoir été mariées.

XVII. — Jean-Balthazar de Saint-Exupéry, comte de Rouffignac, puis de Saint-Exupéry, à la mort de son cousin Jean, Sgr du Fraysse, fut chevalier de Saint-Louis, lieutenant des maréchaux de France, épousa : 1° N..... de

Tesserot de Segonsac; 2°, par contrat du 15 janvier 1770, Madeleine-Gabrielle de La Grange-Gourdon, fille de Jean-Jacques, comte de Floirac, baron de Saint-Cernin, et de Marie-Jacquette de Segny de Périgal. Ses enfants, sont : 1° Jean-François, né en 1772, mort jeune; 2° Marc-Antoine-Emmanuel, né le 26 mars 1775, chevalier de Malte, périt à la bataille d'Aboukir, le 1er août 1798; 3° Jacques, qui suit ; 4° Jean-Jacques, marié, le 30 mai 1809, à Justine de Gombault Plimpoint, mort sans enfants ; 5° Etienne ; 6° Jean, mort jeune ; 7° Suzanne-Jeanne, mariée au chevalier de Gombault; 8° Pauline, mariée à Chrysostôme, baron de Gombault-Razac; 9° Joséphine ; 10° Suzanne, religieuse carmélite à Bordeaux, morte en 1863, supérieure des carmélites de Nice ; 11° Suzanne-Émilie, morte religieuse carmélite ; 12° Caroline, née en 1797, morte en 1878.

XVIII. — Jacques, marquis de Saint-Exupéry, né en 1778, marié, en 1811, à Marie-Albertine-Pauline Grenet de Blérancourt, fille de N.... Grenet, marquis de Blérancourt en Picardie, et de Marie Imbert de La Basecque, dont : 1° Ernestine, morte en 1877, célibataire ; 2° Marie-Jacques-Maxime, chanoine et vicaire général de Périgueux, mort le 9 janvier 1879 ; 3° Marie-Balthazar-Joseph, qui suit ; 4° René ; 5° Albert, comte de Saint-Exupéry, marié, en 1858, avec Camille de Bengy, fille de Philippe et de Marie-Célestine de Champgrand, dont : A. — Marie, née en janvier 1859 ; B. — Madeleine, née en mai 1864; C. — Joseph, né le 27 novembre 1872; 6° Ferdinand, décédé en 1845 ; 7° Valentine ; 8° Octave, comte de Saint-Exupéry, a épousé, en juillet 1856, Thaïs de Vezet, fille de Victor Mareschal, comte de Vezet, et de Joséphine de Gras-Préville, dont : A. — Robert, décédé en 1878; B. — Geneviève, née en 1862; C. — Ernest, né en 1865 ; 9° Henri, vicomte de Saint-Exupéry, marié, en janvier 1866, avec Catherine-Félicie-Berthe d'Esparbès de Lussan, fille de Pierre-Félix, comte d'Esparbès de Lussan, dont : A. — Jacques, décédé en 1871 ; B. — Jacqueline, née en 1873; C. — Françoise, née en 1876; 10° Aloys, baron de Saint-Exupéry, marié, le 8 février 1870, avec Marthe de Fonvielle, fille de Guy, baron de Fonvielle, et de Anne de La Bastide, dont : Berthe, née en 1872.

XIX. — Marie-Balthazar-Joseph, marquis de Saint-Exupéry, né en 1815, au château de Cardou, marié en 1847, à Louise de Laurière-Moncaut, fille de Jacques-Etienne, et de Émilie de Secondat de Montesquieu, dont : 1° Guy, qui suit; 2° Marie-Thérèse, mariée, le 15 octobre 1873, avec le comte Adhémar de Couhé-Lusignan ; 3° Godefroy, décédé en 1872.

XX. — Henri-Marie-Jacques Guy, marquis de Saint-Exupéry, né au château de Cardou, le 18 mai 1848, a épousé, le 7 mai 1878, Marthe de Castillon, fille du vicomte Alban de Castillon et de Adèle-Adoue de Sailhas.

Branche de Saint-Amans en Quercy.

IX bis. — Jean de Saint-Exupéry, épousa, le 29 janvier 1511, Jeanne de Merens, dont : 1° Jean, qui suit ; 2° Gilles, marié en 1546, avec Claire de Metgé, fille de Raymond, dont un fils, mort jeune, et une fille ; 3° Anne ; 4° Gabrielle ; 5° Jeanne ; 6° Delphine : 7° Jacqueline ; 8° Isabeau.

X. — Jean de Saint-Exupéry, chevalier, *alias* de Miramont, marié, par contrat du 7 juin 1545, avec noble Jeanne du Verdier, dont entre autres enfants :

XI. — Jean de Saint-Exupéry, chevalier, Sgr de Miramont, épousa, par contrat du 7 mai 1589, Jeanne de Parazols, dame de Saint-Amans (commune de Moissac), dont entre autres enfants :

XII. — Jean-Pierre-Henri de Saint-Exupéry, marié, le 27 juillet 1630, à Claire de La Vallette, fille de Jean, baron de Parisot, et d'Isabeau de Bridiers, dame d'Albenque, dont : 1° Jean-Antoine, qui suit ; 2° Marthe ; 3° Jean-Pierre, qui fut prêtre.

XIII. — Jean-Antoine de Saint-Exupéry, Sgr de Saint-Amans, etc., épousa, en 1666, sa parente, Raymonde du Breulh, fille de Sylvestre, maréchal des camps et armées du roi, dont :

XIV. — Jean-Louis de Saint-Exupéry, marié, par contrat du 29 décembre 1704, avec noble Ambroise Dorde, fille du Sgr de Saint-Pierre, dont : 1° Jean-Gratien, qui suit ; 2° Marthe, morte sans avoir été mariée ; 3° Marie-Anne, mariée, vers 1740, avec Jean de Richemont de Richardson, Sgr de Gachis, avocat au Parlement de Toulouse.

XV. — Jean-Gratien de Saint-Exupéry, épousa, le 10 janvier 1736, Julie de Montméjan, fille de Louis-Jean-Baptiste, Sgr de Saint-André, et de Jeanne de Reigniac, dont : 1° Louis-Jean-Baptiste, mort célibataire en 1804 ; 2° Marie-Jeanne, décédée en 1803, sans avoir été mariée ; 3° Marie-Louise, décédée célibataire en 1815 ; 4° Marie-Anne-Marthe, décédée en 1812 ; 5° Georges-Alexandre-Cesarée, qui suit :

XVI. — Georges-Alexandre-Césarée de Saint-Exupéry, comte de Saint-Amans, né en 1757, mort le 8 mai 1825, avait épousé, le 13 avril 1790, Victoire Green de Saint-Marsault, fille de Louis-Henri, et de Victoire de Lestang, dont : 1° Jean-Baptiste, qui suit ; 2° Alphonse vicomte de Saint-Exupéry, marié, le 26 novembre 1834, à Joséphine d'Escaffres, dont : A. — Henri, vicomte de Saint-Exupéry, qui a épousé, le 22 août 1865, Sarah Blouquier de Trélan ; B. — Clotilde, mariée, en 1862, avec Alexis de l'Epinay.

XVII. — Jean-Baptiste (appelé César) de Saint-Exupéry, comte de Saint-Amans, lieutenant des gardes du corps (1814), mort à Margaux (Gironde), avait vendu, le 15 avril 1816, la terre de Saint-Amans. D'Antoinette Lehoult (appelée Anaïs), qu'il avait épousée, le 27 juin 1827, il eut :

XVIII. — Jean-Baptiste-Louis-Marie-Fernand, comte de Saint-Exupéry, né à Bordeaux, le 19 septembre 1833, chevalier de la Légion d'honneur, a épousé, le 29 avril 1862, Elisabeth-Alix Blouquier de Trélan, fille de Louis, baron de Trélan et d'Amicie Taschereau des Pictières, dont : 1° Martin-Louis-Marie-Jean, né en 1863 ; 2° Jean-Baptiste-Alexis-Henri-Martin-Roger, né en 1865 ; 3° Louise-Laure-Anaïs, née en 1869 ; 4° Louise-Valentine-Amicie, née en 1873 ; 5° Jeanne-Joséphine-Marguerite, née en 1878.

Armes : *D'or au lion rampant de gueules.* Les Sgrs de Fraysse, ont écartelé *d'azur à une épée d'argent posée en pal, la garde et la poignée d'or* (qui est de Fraysse). La branche de Saint-Amans a écartelé tantôt de Merens : *de sable à trois fasces d'argent à l'aigle brochante d'azur* ; tantôt de Parizot : *d'azur à deux étoiles d'argent rangées en bande.*

Saint-Exupéry, paroisse de l'ancien diocèse de Limoges, située sur les confins du Limousin et de l'Auvergne, à deux lieues d'Ussel, faisait partie de la vicomté de Ventadour. Nous trouvons Hugues de La Vergne, chevalier, Sgr de Saint-Exupéry, au mois d'avril 1256. Marguerite de La Vergne, dame de Saint-Exupéry, veuve de Hugues de Chalus-Lambron, en 1288, laissa la terre de Saint-Exupéry à ses enfants, qui partageaient en 1290. Hugues de Chalus-Lambron, Sgr de Saint-Exupéry, en 1335. Les Anglais s'emparèrent de Saint-Exupéry, qu'ils fortifièrent. La famille Roger acquit ce fief, et, en 1342, Guillaume Roger en est seigneur. Anne de Beaufort, vicomtesse de Turenne, était dame de Saint-Exupéry en 1444. Agne IV de La Tour, et Anne de Beaufort, en étaient seigneurs après 1454. De cette famille, Saint-Exupéry passa, par héritage, dans la famille d'Apchier. En 1787, le marquis d'Apchier le vendit 60,000 fr., au sieur Lignaret de Bellefonds, secrétaire du roi, habitant Ussel. Le château fut détruit en 1791.

Sources : *Notice généalogique sur la famille de Saint-Exupéry*, publiée avec les preuves, en 1878.

SALUTARIS, 24e évêque de Limoges. (Nadaud, *Chronologie des évêques*.)

SARRAZIN. (Page 146.) — On trouve une généalogie de cette famille dans la *Revue historique de la noblesse* (4e année) et dans le *Nobiliaire d'Auvergne*, T. VI.

SARTIGES. — Cette famille porte : *d'azur, à deux chevrons d'or, accompagnés de trois étoiles d'argent, 2 en chef, 1 en pointe; le chevron du chef surmonté d'une fleur de lis d'or*. Elle est originaire de l'Auvergne, s'est répandue en Limousin. Le *Nobiliaire d'Auvergne* renferme sa généalogie.

SAUVEUR (Martin de Saint-), 14e évêque de Tulle, jouit des revenus de cet évêché depuis 1416 jusqu'en 1421. Baluze observe que, pendant tout ce temps, le diocèse fut gouverné par un grand vicaire établi de l'autorité du roi. (Nadaud, *Chronologie des évêques*.) *D'azur, à une image du Sauveur d'or, tenant dans la droite un monde du même surmonté de la croix, la gauche étendue comme celle d'un homme qui parle*.

SAVÈNE (Bernard de), 53e évêque de Limoges, était curé de Saint-Hilaire-Bonneval lorsqu'il fut élu, en 1219. Il fut tué au siège d'Avignon, le 13 juillet 1226 ; il reposait à l'Artige en Limousin. (Nadaud, *Chronologie des évêques*.) La famille de Savène a porté : *de sinople à la croix d'argent*.

SCORAILLES. (P. 157.) — Le *Nobiliaire d'Auvergne*, par M. J.-B. Bouillet, donne la généalogie de cette famille.

SEIGLIÈRE (Page 159.), famille ancienne de la Marche, porte : *d'azur à trois épis de seigle d'or posés 2 et 1*. (*Armorial de la noblesse de la Marche*, par A. de La Porte, p. 38.)

I. — N..... de Seiglière eut deux enfants : 1° Etienne, ci-après; 2° Marguerite, mariée à Denis de Gédoin, vicomte du Monteil. Devenue veuve, vers 1598, elle se maria, en secondes noces, avec noble Jean Bouery, châtelain et juge royal en la châtellenie de Guéret, à qui elle donna un fils,

Antoine, S^{gr} en partie de la vicomté de Châteauclos, avocat en Parlement, qui épousa, en 1644, Léonarde Tacquenet, fille de Louis Tacquenet, écuyer, sieur de La Motte, Vilannon et Villèle, et de Catherine Esmoing. (*Inventaire des Archives de la Creuse*, série E, 254, p. 47; — série B, 34, p. 18.)

II. — Etienne de Seiglière, écuyer, S^{gr} de Cressat et Bosfranc, élu du roi en l'élection de la Marche, épousa Marguerite du Plantadis(1), dont il eut : 1° Alexandre, ci-après ; 2° Joachim, écuyer, S^{gr} de Boisfranc, conseiller, secrétaire du roi, trésorier général de Mgr le duc d'Anjou, frère unique du roi, demeurant à Paris, rue des Fossés-Montmartre, marié, suivant contrat du 6 février 1653 (*Inv.*, série B, 43, p. 21.), avec Geneviève Gédoin, fille de feu Denis Gédoin, conseiller d'État, et de Louise Rollat, « de l'autorité, permission et avis de très auguste et très puissante princesse Anne d'Autriche, par la grâce de Dieu, reine de France et de Navarre, et en présence de Sa Majesté, et en présence aussi et de l'autorité de Monseigneur Philippe, duc d'Anjou, fils de France, frère unique du roi, de M. César de Choiseuil, seigneur du Plessis-Praslin, maréchal de France, etc. »

III. — Alexandre de Seiglière, écuyer, S^{gr} de Cressat et de Bosfranc, président en l'élection de Guéret, épousa, suivant contrat du 26 juin 1635, Marie Reydier, fille de feu Jean Reydier, S^{gr} de Fleurat et de La Rue, lieutenant civil et criminel en la sénéchaussée de la Marche, et de Catherine de Vertamont (*Inv.*, série B, 28, p. 15 ; — série E, 266, p. 40.), dont Etienne, ci-après.

IV. — Etienne de Seiglière, écuyer, S^{gr} de Jouhet, vice-sénéchal de la Marche et Combraille, épousa Madeleine du Plantadis, qui lui donna Antoine, ci-après. (Dom BÉTENCOURT, T. IV, p. 101.)

V. — Antoine de Seiglière du Plantadis, écuyer, S^{gr} de Maindigour, Jouhet et Brugnat, ès-paroisses de Sainte-Feyre et Guéret, vice-sénéchal de la Marche, Combraille et Montégut, épousa Catherine Garreau, dont il eut : (Dom BÉTENCOURT, T. IV, p. 101 et 102 ; — *Inv.*, série E, 88, p. 15.) 1° Jean, ci-après : 2° Gabrielle, mariée à Henri Bonnet, S^{gr} de La Villatte, lieutenant-particulier à Guéret ; 3° Jeanne, mariée à Gilbert-Mercure-Alexandre de Beausson, chevalier, S^{gr} dudit lieu, La Prugne et Blanon, intendant de la généralité de Moulins. Sa fille, Marguerite-Alexandre de Beausson, épousa, suivant contrat passé au château de Saint-Germain-Beaupré, le 8 mars 1693 (*Inv.*, série B, 45, p. 22.), Germain de La Celle, chevalier, S^{gr} de Bouéry, capitaine au régiment de Mgr le Dauphin, fils de Louis de La Celle, chevalier, S^{gr} de Bouéry, La Villatte, et de feue Marguerite d'Aigurande, « de l'avis de Louis Foucauld, marquis de Saint-Germain-Beaupré, comte de Dun, brigadier général des armées du roi, gouverneur et lieutenant-général, pour Sa Majesté, de la province de la haute et de la basse Marche, cousin de la dite future épouse ».

VI. — Jean de Seiglière du Plantadis, écuyer, S^{gr} de Maindigour, Jouhet et autres lieux, épousa N...., dont Gilbert-Timoléon, ci-après. (Dom BÉTENCOURT, T. IV, p. 102.)

VII. — Gilbert-Timoléon de Seiglière du Plantadis, écuyer, S^{gr} de Jouhet, Luchat, Brugnat et autres lieux, ès-paroisses de Sainte-Fère et Guéret, vice-

---

(1) Cette dernière, devenue veuve, se remaria avec Gabriel de Bacheler, écuyer, intendant de Mgr le duc d'Anjou. (*Inventaire*, série B, 43, p. 21.)

sénéchal de la Marche, épousa N....., qui lui donna : 1° Timoléon, ci-après ; 2° Jean-Baptiste, chevalier, Sgr des Salles, marié à Marguerite de La Celle de Bouéry, dont Louis-Armand-François, chevalier, Sgr de Bouéry, La Celle-Dunoise, Sardet, La Villatte et autres lieux, garde du corps dans la compagnie de Luxembourg, qui épousa, suivant contrat du 12 juin 1769, Marie-Madeleine-Silvie-Mondain du Couret de La Maison-Rouge, fille de feu Joseph-Léonard Mondain de La Maison-Rouge, chevalier, Sgr dudit lieu et du Couret, et de Marie-Anne Maran, dame de Montbas ; 3° Éléonore, mariée à François-Sylvain de La Celle. (Dom Bétencourt, T. IV, p. 102 ; — *Inv.*, série B, 56, p. 27 ; — série B, 23, p. 12, 60 et 28.)

VIII. — Timoléon de Seiglière du Plantadis, chevalier, Sgr des Valades et autres lieux, épousa Françoise Bonnet, fille d'Etienne Bonnet, président au siége présidial de la Marche, et de Valérie Chorllon de Cherdemont (*Inv.*, série E, 88, p. 15.), dont : 1° Etienne, ci-après ; 2° Sylvie, mariée, suivant contrat du 11 février 1770, à Jean-Baptiste Tournyol, écuyer, lieutenant au régiment de Navarre-infanterie, fils de feu noble Olivier Tournyol, Sgr de La Rodde, capitaine des chasses et maître particulier des eaux et forêts de la province de la Marche, et de Gabrielle Tournyol. (*Inv.*, série B, 62, p. 29. Contrat de mariage passé devant Niveau, notaire royal à Guéret, le 11 février 1770.)

IX. — Etienne de Seiglière du Plantadis, chevalier, baron du Breuil, officier au régiment de Bièvre-infanterie, mort sans postérité (1).

SEGONSAT (Page 160.), seigneur de Montgibert, de Bierge, de l'Ecluse, de Le Grant, de Champignoux et du Peschin, dans la Marche et le Bourbonnais. Jean de Segonsat, Sgr de Champignoux, près Maringues, fit défaut en 1666 ; mais il y a lieu de croire qu'il avait produit en Bourbonnais ou dans la Marche, où étaient possessionnés plusieurs écuyers de même nom, en 1669, 1670 et 1684. Jean-Marien de Segonsat, Sgr de Champignoux et du Peschin, rendit hommage en 1737, et Etienne de Segonsat, officier de l'armée de Condé, décoré de la croix de Saint-Louis en 1801, vivait en 1822, et c'est sans doute, le même qui a figuré sur la liste des électeurs du canton de Saint-Gervais jusqu'à 1840. (J.-B. Bouillet, *Nobiliaire d'Auvergne.*)

SELVE. (Page 161.) — M. A. Tardieu a publié la généalogie de cette famille dans l'*Histoire de la maison de Bosredon*, p. 365 ; elle porte : d'azur, à deux fasces ondées d'argent.

SÉREILHAC. (Page 161.) — La terre de Séreilhac est située à trois lieues et demie de Limoges. La famille qui en avait pris le nom paraît s'être éteinte peu après le milieu du XIVe siècle. *D'argent, à l'aigle au vol abaissé de sable.* (Lainé, *Nobiliaire du Limousin.*)

SERVIERES. (Page 162.) — Cette famille, originaire du diocèse de Limoges, est transportée en Auvergne depuis plus de deux siècle. Le *Nobi-*

---

(1) Cette généalogie a été dressée par M. Tournyol du Clos, d'après les documents cités.

liaire de cette province en donne la généalogie. Armes : *fascé d'or et de gueules de six pièces.*

SERRE DE MALEMORT (Aimeric de), 57º évêque de Limoges, était archidiacre et prévôt de Saint-Junien, lorsqu'il fut élu unanimement, en février 1246 ; confirmé par l'archevêque de Bourges, qui supplia le roi de faire assigner librement *regalia* à l'élu, prêt à lui faire le serment de fidélité, le samedi *invocavit me*, 1245. Il mourut, le 2 juillet 1272, et reposait à la cathédrale. (Nadaud, *Chron. des évêques.*) Armes : *fascé d'argent et de gueules de six pièces.*

SIMPLIUS, 18º évêque de Limoges, mort après l'an 637. (Nadaud, *Chronologie des évêques.*)

SOULIER (du). (Page 165.) — En Limousin, Touraine, Languedoc. *De gueules, au lion d'or, armé et lampassé du même, tenant de la patte dextre une épée d'argent, la pointe en haut, la garde et la poignée d'or accosté de deux gantelets aussi d'or.*

Ce nom s'écrit indifféremment du Solier ou du Soulier. Ancienne famille noble qui tire son nom d'un fief appelé Le Solier, près de Magnac, dans la Marche. Des mémoires nous montrent cette famille établie dans le Vivarais, depuis la fin du xvᵉ siècle. D'autres branches se fixèrent en Limousin, en Touraine, et en Languedoc. L'histoire fait mention de Bertrand du Solier qui épousa, en 1272, Anne de Roquelaure. Froissart parle de messire Regnault du Solier, qui, ayant suivi Bertrand du Guesclin en Espagne, s'attacha au service du roi de Castille. Le gouverneur de Roye en Picardie, Blanchet du Solier, fut tué au siège de cette ville au commencement du xvᵉ siècle. D'autres documents prouvent l'ancienneté de cette famille, qui, ayant perdu une grande partie de ses titres, par suite des guerres de religion, demanda et obtint, en 1722, du roi Louis XV, des lettres patentes qui montrent que « cette famille jouissait alors de considération et d'une réputation d'ancienneté, qu'elle était alliée à plusieurs familles nobles des provinces du Poitou et du Limousin, et qu'elle avait occupé des charges de conseillers au Parlement de Bordeaux, lieutenants-généraux de la sénéchaussée de Limoges, trésoriers de France à Limoges, présidents en la sénéchaussée de Poitiers et élus aux élections de Poitiers et de Rochechouart ». Ces charges étaient souvent remplies par des nobles et quelques-unes même conféraient la noblesse.

Les plus anciens membres de ceux dont on a la filiation prouvée, avaient leur établissement dans le bourg de Saint-Laurent-sur-Gorre, diocèse de Limoges. Les sept frères mentionnés dans les lettres de 1722 sont :
1º Simon du Solier, Sgr de Marcillac, l'un des chevau-légers de la garde du roi, chevalier de Saint-Louis ; 2º Martial du Solier, Sgr de Lage, major du régiment d'infanterie de Bourbon, chevalier de Saint-Louis ; 3º Martial-Louis du Solier, Sgr de La Terrie, chevalier de Saint-Louis, capitaine au régiment de cavalerie de Villeroy ; 4º Léonard du Solier, chevalier de Saint-Louis, capitaine au régiment d'infanterie d'Artois ; 5º François du Solier, Sgr de La Borie, chevalier de Saint-Louis, capitaine au régiment de cavalerie de La Roche-Guyon ; 6º Louis du Solier, Sgr de Verdurier, chevalier de

Saint-Louis, capitaine au régiment d'infanterie du Lionnais; 7° Pierre du Solier, Sgr de La Motte, capitaine d'une compagnie de cent hommes, entretenue pour le service du roi à La Martinique.

Léonard-Charles-François, nommé plus haut, Sgr de Laisses, s'allia à Gabrielle du Solier, d'où Charles-François, allié à Élisabeth-Claudine Leporcq d'Imbretun, en 1759. De ce mariage naquirent plusieurs enfants, dont l'un, Martial du Solier, né en 1774, marié, en 1808, à Agathe de Willecot de Rincquesen, se fixa dans le Boulonnais et eut deux fils.

L'aîné, Édouard-Louis-Martial du Soulier, allié, en 1844, à demoiselle Clémence-Aronio de Romblay, eut deux enfants : 1° Fernand-Marie-Martial du Soulier, né le 10 mai 1845, marié, en 1869, à demoiselle Mathilde-Marie-Hélène de Chinot de Fromessent, décédée le 28 janvier 1873, d'où : A. — Marguerite-Marie-Clémence, née le 19 janvier 1872; B. — René-Marie-Martial, né le 21 janvier 1873. Il a épousé, en secondes noces, le 10 juillet 1875, demoiselle Isabelle de Lichy, de Lichy (habitant Semur-en-Auxois); 2° Amaury-Marie-Henri, né en novembre 1846, mort à Nice le 9 mars 1869.

Le second, Henry, chevalier du Soulier, allié, en 1837, à Louise de Willecot de Rincquesen, d'où Albert, mort le 7 mars 1868.

La branche établie en Touraine eut pour chef Louis du soulier, écuyer, chevalier de Saint-Louis, capitaine de carabiniers, maréchal de camp en 1786, fils de Léonard-Charles-François, l'un des sept frères, et frère du chef de la branche dont nous venons de parler. Il eut deux enfants : une fille, mariée en 1796, à M. de Châteauvieux ; un fils, Martial-Pierre-Henri, vicomte du Soulier, lieutenant de cavalerie en retraite, chevalier de Saint-Louis, né en 1768, marié à Angers, le 11 mai 1803 (21 floréal an XI), à demoiselle Renée Bernard.

Ce dernier eut deux fils : 1° Paul du Soulier, né en 1811, mort à Nice en 1830 ; 2° Martial-Henri-Calixte, vicomte du Soulier, né à Angers, le 24 mai 1804, marié, le 13 février 1832, à Mlle Claire-Rosalie de Herte de Merville, née à Angers, fille de Nicolas-Joseph-Victoric de Herte de Merville, chevalier, et de dame Rosalie-Catherine de Fayau, son épouse, décédée à Vaas, le 25 décembre 1821. De cette union naquirent : 1° Geneviève du Soulier, née en 1843, décédée le 28 février 1849 ; 2° Pierre-Martial-Raymond, baron du Soulier, né à La Flèche, le 28 janvier 1833, décédé en 1870, marié, le 17 décembre 1865, à Mlle Henriette-Alexandrine-Marie Arthaud de La Ferrière, morte en 1869, fille de Léon-Henri-Gilbert Arthaud, comte de La Ferrière, et de Jeanne Lucy, sa veuve, propriétaire au château de Bierre-les-Semur (Côte-d'Or), d'où deux enfants : Martial-Jean-Henri-Raymond-Hubert, né le 1er novembre 1867, à Bierre-les-Semur (Côte-d'Or), et Renée-Marie-Claire-Henriette-Françoise, née à Audenat (Rhône), le 15 décembre 1868. (*La France Héraldique.*)

STODILUS ou STOLIDUS, 34° évêque de Limoges, 844-860. Il mourut le 24 octobre. (NADAUD, *Chronologie des évêques.*)

Supplément a la lettre T.

TALLEYRAN (Hélie de). — Fils du comte de Périgord, 61e évêque de Limoges; nommé le 10 octobre 1324, ne fut jamais sacré pour cette dignité. Il fut transféré à Auxerre en 1328, fut cardinal en 1331, mourut à Avignon le 17 janvier 1364, ou à peu près. (NADAUD, *Chronologie des évêques*.) Armes: *de gueules, à trois lions d'or, armés, lampassés et couronnés d'azur*.

TANDEAU. (Page 179.)

I. — Claude Tandeau, lieutenant de police de la ville de Saint-Léonard, épousa Christine Daniel de La Gasnerie, dont: 1° Jean-Joseph, qui suit; 2° François-Bruno, né en 1705, professeur à la Sorbonne et archidiacre de Brie, mort en 1771.

II. — Jean-Joseph Tandeau de Saint-Nicolas, trésorier de France, qui prêta serment entre les mains du chancelier d'Aguesseau, le 29 mai 1743, était né le 23 mai 1703, mourut le 12 mai 1745. Il avait épousé, le 5 décembre 1731, Marthe Thevenin, dont: 1° Claude, chanoine d'Aurillac, né le 22 octobre 1732, mort le 3 fructidor an V; 2° Grégoire, qui suit; 3° Rose, née le 23 décembre 1735, morte le 10 janvier 1736; 4° Gabriel, conseiller de grand'chambre au parlement de Paris, chef du conseil de S. A. R. le prince de Condé, abbé de La Chaise-Dieu, en 1789, mort le 18 décembre 1809; 5° Françoise-Marguerite, née le 20 décembre 1738, mariée, le 17 février 1756, à François du Masbaret, écuyer, Sgr du Basty, fils de Joseph et de Marie Nicard; 6° Thérèse, morte religieuse aux Filles-de-Notre-Dame, à Saint-Léonard; 7° Henri, né le 29 juillet 1742, prieur de Mourioux, mort curé de Bénévent-l'Abbaye, le 14 juillet 1820; 8° Marie-Jeanne, dite Mlle de Marsac, née le 27 mars 1744, morte l'an X de la République; 9° Benjamin-Guillaume-Bruno, né le 28 novembre 1745, licencié ès-lois, dont la fille a épousé M. du Lineau, en Poitou.

III. — Grégoire Tandeau, né le 1er octobre 1733, mousquetaire-gris, épousa, le 24 octobre 1754, Anne-Marie de Sauzet, qui mourut le 13 janvier 1763. Grégoire, fut reçu trésorier de France, au bureau de Limoges, en 1765. Ses enfants furent: 1° Henri-Louis-Armand, qui suit; 2° Marie-Thérèse, née le 4 septembre 1759; 3° Marie-Sylvine-Françoise, née le 12 septembre 1761, épousa Claude de Saint-Viance, Sgr de Sazeyrat; 4° Françoise-Guillelmine-Julie, née le 12 novembre 1762, épousa, le 16 mai 1779, Jean-Baptiste-Pierre-Paul Bourdeaux, écuyer, Sgr de Lajudie.

IV. — Henri-Louis-Armand Tandeau, écuyer, Sgr de La Chabanne, né le 30 juillet 1757, épousa à Guéret, le 22 janvier 1782, Marie-Françoise Nesmond, fille d'Etienne-Charles, chevalier, Sgr de Banassac et de Montaine de Tullier de Marigny. Elle mourut le 21 septembre 1818. Henri-Louis-Armand, servit dans l'armée de Condé de 1791 jusqu'à 1796, lorsqu'il fut tué le 13 août, au combat de Kamlacu. Ses enfants sont: 1° Anne-Françoise dite

Fanny, née à Saint-Léonard, le 11 octobre 1782, épousa François Noualhier, et mourut le 25 janvier 1862 ; 2° Jeanne-Henriette dite Jenny, née le 20 novembre 1783, épousa, le 11 mai 1807, Jean-Paul-Philippe Moreau de Montcheuil, fils de Nicolas-Marie et d'Anne-Alexisse de Lorret ; elle est morte le 3 décembre 1862 ; 3° Paule-Marie-Françoise, née le 31 janvier 1785, épousa Armand de Guitard, baron de Riberolles, décédé le 17 juin 1865. Elle mourut en 1872 ; 4° Gabriel-Jacques-Jules, qui suit ; 5° Henri, né le 26 juillet 1788, officier de la Légion d'honneur, maire de Marsac, ancien membre du conseil général ; il est mort à Marsac, le 10 août 1871 ; il avait épousé Antoinette Tourniol de La Rodde, morte le 18 janvier 1878.

V. — Gabriel-Jacques-Jules Tandeau de Marsac, chevalier, né le 17 juillet 1786, mort le 30 mars 1865, épousa à Paris, le 16 juin 1823, Marie-Geneviève-Pauline Noualhier, fille de François et de Anne-Françoise Tandeau de La Chabanne ; elle mourut le 18 mars 1857. De ce mariage sont issus : 1° Henri-François, qui suit ; 2° Gabriel-Jean-Armand, qui suit aussi ; 3° Armand-Jules-François, né le 23 décembre 1826, chanoine honoraire de la cathédrale de Limoges ; 4° N....., morte au berceau ; 5° Alexandre-Jean, qui suit après ses deux frères.

VI. — Henri-François Tandeau, né à Paris, le 11 mars 1824, a épousé, le 2 août 1858, Louise-Antoinette Pages, fille de Joseph-Hector et de Thérèse Lepetit-Laforet, dont : 1° Gabriel-Marie-Joseph-Pie, né au château de Brignac, le 8 février 1860 ; 2° Marie-Thérèse-Jeanne-Paulie, née le 29 août 1864.

VI bis. — Gabriel-Jean-Armand Tandeau, né le 14 juin 1825, marié à Paris, le 23 janvier 1867, à Claire Belurgey-Grandville, fille d'Amédée Belurgey, préfet du département de la Meuse, commandeur de la Légion d'honneur et de Saint-Grégoire-le-Grand. De ce mariage sont issus : 1° et 2° Marie-Anne et Marguerite, nées le 21 février 1868 et mortes le même jour ; 3° Henri-Joseph-Hippolyte-Paul, né le 23 juillet 1869, mort le 27 juin 1875 ; 4° Amédée-Louis-Joseph-Gabriel, né le 8 mai 1873 ; 5° Paul-Armand-Victor-Marie, né le 4 juin 1877.

VI ter. — Alexandre-Jean Tandeau, né le 25 mai 1831, a été maire de Saint-Léonard, et a épousé, au château des Herbiers, près Bordeaux, le 18 octobre 1871, Jeanne Graterolle, dont : 1° Geneviève ; 2° Louis, né le 5 juillet 1874 ; 3° Armand, né le 8 juin 1876.

Sources : Registres de l'état civil. — Actes originaux.

TAVEAU DE LAVIGERIE. (Page 179.) — Cette famille, originaire du Poitou, apparaît avec tous les caractères de l'origine chevaleresque ; elle appartient au Limousin, depuis la division de la France par départements, étant fixée depuis l'an 1702, dans la paroisse de Saint-Barbant, au comté de la basse Marche (ancienne élection de Poitiers).

I. — Elle cite comme premier auteur connu, Jean Taveau, qualifié *miles*, S^{gr} de La Rochebœuf en Poitou, vivant en 1347, père du suivant.

II. — Guillaume Taveau, chevalier, S^{gr} de Mortemer, qui fait une fondation de chapelle, au monastère de Saint-Hilaire de La Celle, en 1364, et qui ne vivait plus en 1400, ainsi qu'il résulte, notamment, d'une charte du 23 novembre 1400, conservée à l'abbaye de La Celle, et qui figure au *Trésor des Chartes* de dom Fonteneau, T. XII, p. 677. Il eut pour fils Guillaume, qui suit.

Ces qualités de *miles* et de *chevalier*, qui appartiennent à cette famille depuis au moins 1347, indiquent déjà suffisamment, l'erreur dans laquelle est tombée le comte de Boulainvilliers, dans son « Etat de la France », en mentionnant Guillaume Taveau, chevalier, II° du nom, maire de Poitiers en 1388, comme ayant, par cette charge, donné la noblesse à sa famille. Bien loin d'avoir puisé la noblesse à cette source, d'ailleurs très pure, cette famille a été considérée par Colbert, notamment, comme bien au-dessus de cette charge; car, dans son rapport au roi sur l'état du Poitou, en 1666, voici comment il s'exprime sur cette maison, qu'il classe parmi les premières de la province :

« Le sieur baron de Mortemer, demeurant au dit lieu, à cinq lieues de » Poitiers, chef de la maison Taveau, laquelle, *bien qu'ayant passé par la* » *mairie de Poitiers* en 1387, est une maison de fort bonne et fort ancienne » noblesse parce que, dès ce temps-là, ils étaient *chevaliers* et bien plutôt » gouverneurs que maires de Poitiers. » (*Etat du Poitou sous Louis XIV*, mss. V. C, 278, Bibliothèque nationale).

III. — Guillaume Taveau, II° du nom, chevalier, baron de Mortemer, Sgr de Dienné, Normandon, Verrières et Lussac-les-Châteaux, conseiller du roi en ses conseils privés et qui fut maire de Poitiers en 1388, 1393, 96, 97, 98, 1412 et 1413. Le 2 février 1408, le vicomte régnant de Thouars l'avait nommé gouverneur de sa cité de Benon, à cause « de sa valeur et générosité ». Le 16 juillet 1409, il donnait avec Jehan, évêque de Maillezais, des lettres portant commission d'ajourner ceux qui devaient contribuer à la réparation des marais, et l'on voit, par des lettres du duc de Berry, comte de Poitou, du 4 mars 1412, qu'il avait été conseiller de ce prince. (Fonteneau, T. XV, p. 257 et 258.) Il fut présent, avec Sybille de Saint-Martin, sa femme, fille de Jean de Saint-Martin, Sgr de Rochelidoux, au mariage de Sybille, sa petite-fille, avec Maubrun de Liniers, Sgr, baron d'Oirvault. Il eut pour enfants : 1° Philippe, chevalier, époux de Jeanne Paute, (*alias* Pouthe) dame de Gourville, dont il n'eut qu'une fille, Sybille, mariée à Maubrun de Liniers ; 2° Geoffroy, qui suit ; 3° Ponce (Pontius Tavelli), qui était abbé de Maillé en 1395 et encore en 1409 ; 4° Marie, mariée à Jacques de Maillé ; 5° Nicolas, né en 1407, présent au mariage de Sibylle, sa nièce, le 27 novembre 1424, mort sans alliance.

Les registres de la ville de Poitiers mentionnent que le roi Charles VII, étant venu dans cette ville recevoir le serment des principaux officiers de la couronne, le sieur Taveau, baron de Mortemer, eut place à cette cérémonie, parmi les comtes et les barons et ce fut lui qui accompagna le monarque jusqu'à La Rochelle, à la tête d'une compagnie entretenue aux frais de la ville. (Thibaudeau, 2° vol., p. 4, édit. 1839.)

IV. — Geoffroy Taveau, chevalier, baron de Mortemer et de Lussac, vivait encore en 1460. Il fut fait prisonnier par les Bretons et mené à Parthenai où, pour le racheter, Michel de Liniers, son petit-neveu, paya 800 écus et vendit toute sa vaisselle d'argent, en 1443. Il épousa Marie d'Oradour, fille d'André et d'Annette de La Rochedragon, dont est issu : Geoffroy-Georges, qui suit : (Dom Fonteneau, T. XXII, p. 539.)

V. — Geoffroy-Georges Taveau, chevalier, épousa, vers 1461, Guionne de Chabannais, fille d'Aymar de Chabannais, S^{gr} de Comporté et de Marie de Saint-Gelais. Dans un acte du 23 août 1488, il est dit qu'à cette date Geoffroy-Georges était mort depuis treize ans. Leurs enfants dénommés dans cette pièce sont : 1° Geoffroy-Charles ; 2° Guillaume ; 3° Léonnet ; 4° Mathurin, qui suit ; 5° Isabeau.

Geoffroy-Charles, habitait l'élection du Blanc, il épousa Philippine de Souza, fille de Vasco de Souza, d'une maison illustre de Portugal où elle a occupé de hautes situations ; elle le rendit père de Charles Taveau, qui épousa Louise de Villequier et n'eut point d'enfants.

Guillaume partagea avec ses frères et sœurs la succession de Jeanne de Maillé, leur cousine ; mais cette succession donna lieu à de grands procès avec Guy Frottier, S^{gr} de Chambonneau, dernier mari de cette dame. Guillaume mourut sans alliance. (PÈRE ANSELME, *Grands officiers de la couronne. Généal. Frottier.*)

Léonnet épousa, en 1495, Jeanne Frottier, fille de Prégent, baron de Preuilly et du Blanc en Berry, vicomte de Bridiers, et d'Isabeau de Billy ; elle le rendit père de Renée Taveau, mariée en 1519, à François de Rochechouart, baron de Mortemart, Tonnay-Charente et Vivone, chevalier de l'ordre du roi. (Dom FONTENEAU, p. 565, T. XXIV, année 1536.)

Cette dame est la souche maternelle de la maison de Mortemart ; elle est la trisaïeule de Mme de Montespan, la 4e aïeule des enfants légitimés de cette femme célèbre avec Louis XIV ; elle est donc ascendante directe de la famille d'Orléans et la 8e aïeule du roi Louis-Philippe. Une aventure arrivée à Renée de Taveau a rendu son nom impérissable en Poitou, car tous les auteurs l'ont racontée ; nous la prenons dans les Mémoires de Michel Castelnau. « Cette dame ayant esté enterrée avec un diamant à son doigt, un
» sien domestique allant pour le dérober fit, pour arracher le joyau, des
» efforts qui tirèrent la dame de sa léthargie et par ce qu'estant revenue,
» elle eut depuis ses enfants ; cela a donné lieu à la fable qui dure encore en
» Poitou, que ce seig^r de Mortemart les avoit engendrez d'un démon suc-
» cube qui avoit pris la forme de sa femme.... » (*Le Laboureur, Mémoires de* MICHEL CASTELNAU, 2e vol).

VI. — Mathurin Taveau rendit, le 5 juillet 1497, à dame Jeanne de La Rochefoucault, un aveu et dénombrement des biens de sa femme, qui fut Renée Sanglier, dame de Roulon, fille de Joachim Sanglier, chevalier, S^{gr} de Bois-Rogues, et de dame Bonnet. De ce mariage sont issus cinq enfants : 1° René, qui continue la descendance ; 2° Pierre, protonotaire du Saint-Siége ; 3° Sébastienne, épousa, vers 1520, René de La Rochefaton, S^{gr} de Saveilles et de Beaulieu ; 4° Germaine, se maria, vers 1520, avec Antoine du Fouilloux, chevalier. Elle mourut le 24 mars 1521, en donnant le jour à Jacques de Fouilloux, le célèbre chasseur, auteur d'un livre de chasse des plus estimés, dédié à Charles IX ; 5° Jeanne, qui épousa Jean Leroux, chevalier, S^{gr} de La Tour, tous enfants mineurs sous la tutelle de Léonnet, leur oncle, dès le 9 novembre 1512, ce qui indique que leur mère était aussi décédée à cette époque.

VII. — René Taveau, chevalier, baron de Mortemer, assista en 1514 à la reformation des coutumes du Poitou. (JOSEPH BOUCHEUIL. — *Coutumier*, p. 5.) Il mourut en 1539. Il avait épousé, par contrat signé Chailloux et Chesneau, notaires à Poitiers, en 1518, Marguerite de Beauvilliers, fille de haut et puissant messire Emmeri de Beauvilliers, et de haute et puissante dame de Husson-Tonnerre, fille elle-même de Charles, comte de Tonnerre, et d'Antoinette de La Tremoïlle. Dont : 1° Claude, qui mourut sans alliance ; 2° François, qui suit ; 3° Louis, qui fut un soldat distingué ; il combattit dans la Basse-Normandie, comme enseigne de la compagnie de Mgr le duc d'Alençon, frère du roi ; il était gentilhomme de la chambre du roi Charles IX, chevalier de son ordre. Il contribua, par son courage, à la prise du comte de Montgommery, réfugié dans le château de Domfront, et reçut de Charles IX, au sujet de cette expédition, la lettre autographe qui suit :

« A Monsieur le baron de Mortemer, chevalier de mon ordre et enseigne de cent hommes d'armes sous la garde de nostre très cher frère le duc d'Alençon.

» Monsieur de Mortemer, le sieur de Saint-Léger m'est venu trouver pour me faire entendre l'état des affaires de mon bas pays de Normandie ; il m'a, entre autres choses, bien dit et themoigné le bon et grand devoir que vous avés faict de vous employer en toutes les occasions qui se présentent pour le bien de mon service dont j'ai été bien aise, et vous veut bien dire que encore que je fusse parfaitement assuré et ne doutant de la bonne affection que vous y avés, si ai-je eu ce rapport très agréable, vous priant de continuer à si bien faire de par là comme vous avés de coutume et selon la confiance que j'ai en vostre vertu et vaillance, que ce malheureux conte de Montgommery puisse être à cette fois pris et ce pays là nettoyé des rebelles qui y sont, vous assurant que je me souviendray de vos services et les reconnoitray tellement que vous en aurés contentement. Cependant je prie Dieu, monsieur de Mortemer, vous avoir en sa sainte et digne garde. Ecritte au bois de Vincennes, le 19 mai 1574. (signé) CHARLES. (Plus bas) PINARD. » Le jour même où Sa Majesté écrivait cette lettre flatteuse, Montgommeri fit « une furieuse saillie pour eschaper, » mais il fut pris et on sait qu'il fut exécuté ; 4° René, fut chanoine de l'église de Saint-Pierre de Poitiers ; 5° Françoise qui épousa Jean Courjault. Le contrat fut passé à Verrières, devant Pilon et Frugier, « sous le sceau de la Cour de Mortemer, » le 12 janvier 1538. (LAINÉ, 11ᵉ vol., page IX. — *Archives de la Noblesse.*)

VIII. — François Taveau, écuyer, baron de Mortemer, assista à la réformation des coutumes du Poitou, en 1559. Il épousa Françoise Baraton, fille d'Olivier Baraton, chevalier du Guet, et de dame Françoise de Surgères, sa femme, habitant en Bretagne. Dont : 1° Jean, qui continue la descendance ; 2° Philbert, gentilhomme suivant de Monsieur, frère du roi, marié, le 12 juillet 1575, avec Françoise de La Marck, dame de Champeraubaut, fille de Guillaume de La Marck et de Françoise de Wignancourt, ladite dame Françoise de La Marck, veuve de René de Villequier, chevalier de l'ordre, conseiller du roi en son conseil privé, capitaine de cinquante hommes d'armes des ordonnances de Sa Majesté sous la charge du roi de Pologne, et grand chambellan dudit roi de Pologne, frère de Sa Majesté. De ce mariage sont issues deux filles : A. — Avoye, qui épousa Aymar de Manneville, chevalier de l'ordre ; B. — Anne, mariée, le 15 août 1604, à Léonard Martel, chevalier, Sgr de Tricon, Dercé, etc. Ces deux sœurs partagèrent la succession de leur mère, le 14 octobre 1603, par acte signé Chesneau, notaire à Poitiers. Philbert, épousa, en secondes noces, Bertrande Dupuy, dame de Vauroux, et en troisième noces, Marie de La Combe dont il eut une fille : Louise, mariée à Baptiste Roger de Montbel et qui a laissé la réputation d'une femme de grand esprit. Elle est l'auteur de plusieurs portraits parus dans « *la Galerie historique des portraits de mademoiselle de Montpensier* ». (*Mémoires de* MAROLLES, T. III.)

IX. — Jean Taveau, chevalier, baron de Mortemer et Normandon, gentilhomme de la chambre du roi, chevalier de son ordre, prit part au fameux siége de Poitiers, en 1569, avec Philbert, son frère précité. (M. A. LIBERGE, 1870. — *Le siége de Poitiers*, p. 98.) Il épousa, en premières noces, Louise-Marie de Longuejoue, fille de Thibault, Sgr d'Yverny, conseiller, maître des requêtes au Chatelet, et de Madeleine Briçonnet, dont sont issus deux enfants : 1º Emmanuel, mort enfant ; 2º Françoise, mariée, le 15 décembre 1693, à Philbert-Emmanuel de La Béraudière, chevalier, Sgr de l'Isle-Jourdain, Rouhet, capitaine de cinquante hommes d'armes, gouverneur du château et de la ville de Conquarneau; chevalier des deux ordres. Jean épousa, en secondes noces, Esther de Beaucey, le 11 juillet 1575; elle le rendit père de : 3º Pierre, qui suit ; 4º Elisabeth, épouse de René de Chessé, écuyer, Sgr d'Ingrande, trésorier de France à Poitiers. Elle était veuve en 1609. Vers 1610, elle se remaria à François de La Beraudière, chevalier, Sgr du Plessis et de Sourches. (PÈRE ANSELME, T. VIII, p. 484.)

X. — Pierre Taveau, écuyer, Sgr de Normandon, Vaucourt, La Vigerie, La Féraudière, baron de Mortemer, chevalier de l'ordre du roi, épousa, le 10 février 1609, Eléonore de La Beraudière, fille de François, marquis de l'Isle-Jourdain et de Rouhet, chevalier des ordres du roi et de Jeanne de Levis. Dont : 1º Gaspard, qui suit ; 2º Pierre, connu sous le nom de baron de La Chapelle, qui épousa Marie-Anne Buignon, et est le chef de la branche de Taveau, dite de Vaucourt, et qui est encore aujourd'hui représentée par deux gentilshommes à Montmorillon (Cabinet des titres, Bibliothèque nationale, *Preuves pour les Ecoles*, 1781.) ; 3º François, prieur et chanoine de Mortemer, mort en 1703 ; 4º Jeanne, mariée, le 4 décembre 1627, à Jacques Turpin, chevalier, Sgr de Bussière-Poitevine ; 5º Marthe, mariée le 7 mars 1639, à Jean de Ferré, écuyer, Sgr de La Couvade en Limousin.

XI. — Gaspard Taveau, chevalier, Sgr de Normandon, La Vigerie, baron de Mortemer, assista, en 1651, à la réunion de la noblesse convoquée pour nommer des députés aux Etats de Tours, mourut le 26 octobre 1680, et fut inhumé dans le caveau de l'église de Mortemer. Il épousa Esther de Rochechouart, fille naturelle de Gaspard, marquis de Mortemart, qui le rendit père de : 1º François, qui suit ; 2º Françoise, mariée à Louis de Ferré, écuyer, Sgr de Pindray; 3º Marie, mariée, en 1672, à Jean de La Breuil, chevalier, Sgr de Chantrezat, et en secondes noces, à Jean d'Abzac, Sgr de Salmaze ; 4º Anne, et 5º Madeleine, religieuses de Saint-François à Poitiers ; 6º Benjamin, chanoine de Mortemer.

XII. — François Taveau, chevalier, Sgr de Normandon, La Vigerie, Les Mœurs, etc., baron de Mortemer, eut l'honneur insigne de commander la noblesse du Poitou en 1691. Il épousa, le 8 mars 1672, Marie de La Breuil, fille de messire Jean, chevalier, Sgr de Chantrezat, sa cousine, dont : 1º Jean, qui continue la branche de Mortemer ; 2º Louis, qui suit, et a formé la branche de La Vigerie ; 3º François, qui a formé la branche de Curseq, encore aujourd'hui représentée, et qui rendit aveu de sa terre de Curseq au roi en 1771.

XIII. — Louis Taveau, chevalier, S^gr de La Vigerie, La Peyrière, Villemexant en partie, épousa, le 29 février 1698, Marie Moreau, fille du puissant S^gr Moreau, sieur de La Tibarderie et de Fontbelone, et de dame Anne de La Pinardière. (Maintenue par sentence de d'Aguesseau, en 1666, paroisse de Magnac-Laval. *Mss*. 749, p. 88. — Bibliothèque de l'Arsenal.) Il assistait à la bataille de La Marsaille, où il perdit le bras gauche en chargeant sous les ordres de Bonaventure Frottier, son cousin. En 1701, à la suite d'un incendie qui détruisit le château seigneurial de La Vigerie, près Fleuré, il vint se fixer à Saint-Barbant, où il mourut le 6 mai 1732 ; sa femme décéda cinq jours après lui, le 11, et est ensevelie à ses côtés dans l'église de Saint-Barbant. De son mariage sont issus : 1° Marie, née le 3 octobre 1703, mariée, par contrat passé au Petit-Villedon, paroisse d'Asnières, à Jean Guyot, écuyer, fils de messire Louis Guyot, écuyer, S^gr de Petit-Champ, et de dame Anne de Cléret ; 2° Pierre, mort enfant ; 3° Léonard, qui suit.

XIV. — Léonard Taveau, écuyer, S^gr de La Vigerie, La Peyrière et Villemexant en partie, officier au régiment de Royal-infanterie, épousa, le 3 mars 1736, Françoise de Paradis, fille de feu noble Jacques de Paradis et de Geneviève Richard. Il mourut à La Peyrière, le 3 juillet 1754, laissant un seul enfant, qui suit.

XV. — Jean Taveau, écuyer, baron de La Vigerie, lieutenant au régiment de Médoc, prit le titre de baron à la mort de Jean, fils de François (au XIIe degré), qui mourut sans héritiers mâles. Il épousa, le 10 novembre 1760, d^lle Anne-Julie de Pontbriant, fille de René, S^gr du Roule et de La Couvade (1), et de Radegonde de Rion, qui lui donna quatre enfants : 1° Antoine, mort en bas-âge ; 2° Jacques, qui continue la descendance ; 3° Marie, née le 24 août 1762, religieuse au couvent des Dames-Hospitalières de Magnac-Laval. (Acte d'engagement religieux devant Broc et Depouge, notaires royaux, Magnac-Laval, du 26 septembre 1786.) Elle fut emprisonnée en 1791 et mourut en 1794 dans la maison de réclusion de cette ville ; son acte de décès porte « morte rebelle à la loi » (Etat civil, 26 vendémiaire an III) ; 4° Marguerite-Radegonde, mariée à Charles de Feydeau, écuyer, S^gr de Reysonneau, décédée le 13 novembre 1834.

XVI. — Jacques Taveau, écuyer, ancien mousquetaire noir de la garde ordinaire de Sa Majesté, baron de La Vigerie, sieur de Châteaublond, figure à la convocation pour l'élection de députés aux Etats-généraux de 1789, sénéchaussée secondaire de Montmorillon ; dans ce procès-verbal il est qualifié de chevalier. Il laissa, de Catherine Bernard, son épouse : 1° Jean-Olivier, qui suit ; 2° Augustin, marié à dame N..... Ribardière de Luchapt, dont : A. — Léonie ; B. — Clémentine ; C. — Louis-Lucien-Ernest, lieutenant d'infanterie de ligne au 39e de marche, et qui prit part, en cette qualité, à la guerre de 1870-71 ; il assistait, avec sa compagnie, aux combats ou batailles de Coulmiers, Villepion, Loigny, Beaugency, Villorceau, Tavers, Vendôme, Parigné-l'Evêque, Le Mans, Saint-Jean-sur-Erve et Sillé-le-Guillaume. Il

---

(1) Le comte de Pontbriant était lieutenant du roi à Bellac, en 1788. (Contrat du 23 octobre 1760.)

prit part à toutes les opérations du deuxième siége de Paris. (Etats de services du 39° de marche.)

XVII. — Jean-Olivier Taveau, baron de La Vigerie, contrôleur des domaines à Limoges en 1856, marié à Louise-Victoire Marchant, dont : 1° Louis-Olivier, qui suit ; 2° Louis-Maurice, dit le chevalier de La Vigerie, contrôleur des domaines à Paris en 1874, ex-lieutenant de mobiles au régiment du Gard, chevalier de la Légion d'honneur pour faits de guerre (décret du 22 août 1871), marié, le 24 avril 1873, à Louise-Marguerite-Madeleine de Rougemont, dont : Catherine ; 3° Anne-Louise-Hermance, décorée de la médaille commémorative de la Société de Secours aux blessés de terre et de mer, brevet signé de Beaufort, pour le ministre de la guerre.

XVIII. — Louis-Olivier Taveau, baron de La Vigerie, écuyer du roi Charles VII, commandeur de son ordre (brevet n° 90, contresigné Tristany), né le 22 novembre 1844, sous-officier d'infanterie au 89ᵉ de ligne en 1864, ex-capitaine de mobiles au régiment de la Haute-Vienne. Il prit part, en cette qualité, aux opérations militaires du général de Curten, sur la Loire, pendant la guerre de 1870-71. Le 18 mars 1871, lorsqu'éclata la révolution qui répandit dans Paris l'incendie et l'épouvante, il accourut à Versailles mettre son épée au service du gouvernement ; il reçut à ce sujet la lettre suivante, adressée : « A Monsieur le baron Taveau de La Vigerie Olivier, capitaine de mobiles de la Haute-Vienne, Limoges.

» Monsieur, l'Assemblée nationale a, dans sa séance du 14 de ce mois, voté des remerciements aux officiers de la garde mobile venus à Versailles pour lui offrir leurs services. Les bons citoyens qui, comme vous, Monsieur, se sont mis à la disposition du gouvernement pour défendre la cause de l'ordre, peuvent prendre une large part de ces remerciements. Veuillez agréer, Monsieur le capitaine, l'assurance de ma considération très distinguée. Le ministre de la guerre, signé : Général Le Flô. Versailles, le 27 avril 1871.

» Limoges, le 6 mai 1871. Le général de brigade, signé : de Bruchard. »

Il épousa, le 24 avril 1873, Louise-Marie de Rougemont, fille du comte Jean-Denis Edmond de Rougemont de Lowenberg, dont sont issus : 1° Jean-Olivier, né le 6 février 1874 ; 2° Renée, née le 7 août 1875.

Armes : *d'or au chef de gueules à deux pals de vair ;* devise : *semper altiora spiro ;* cry : *place !*

Les différentes branches de la maison Taveau ont fait enregistrer leurs armes, suivant l'ordonnance de Louis XIV, en 1667, dans l'*Armorial général de la France.* Dans la *Généralité de Poitiers,* aux pages 108 et 414, elles sont ainsi décrites : *d'or au chef de gueules chargé de 2 billettes d'argent, surchargées de 2 ruches d'azur ;* à la page 161, elles sont : *de gueules, coupé sur or à 2 pals de vair.* Ces deux dernières manières de blasonner ne sont pas conformes aux manuscrits pour la recherche de l'ancienne noblesse et les maintenues, aussi ne sont-elles pas admises par la famille.

TESSEROT, (Page 183.) seigneurs des Plasses, paroisse de Nexon, élection de Limoges et de Segonzac, élection de Brive. *D'azur à un pal abaissé de sable et un triangle sailli de gueules, bretessé de 10 pièces de l'une en l'autre, chaussé à dextre d'or.*

I. — Richard de Tesserot épousa, le 10 janvier 1407, Philippe de Marclaire, dont : 1° Etienne, qui suit ; 2° Hercule.

II. — Etienne de Tesserot épousa Marguerite de Tiviry ; elle racheta, le 26 juin 1508, des rentes vendues par Richard. Ils laissèrent :

III. — François de Tesserot, qui eut un arrêt du Parlement de Bordeaux, du 10 juillet 1539, pour partager les biens de son aïeul Richard, avec Hercule, fils du dit Richard. Il épousa Marguerite Jean ; ils firent des ventes, le 6 mai 1534 et le 5 mai 1536. Il testa le 5 avril 1534, instituant Guillaume, et faisant des legs à ses autres enfants. Leurs enfants furent : 1° Guillaume, qui suit ; 2° François, qui a fait une branche ; 3° Antoine ; 4° autre François.

IV. — Guillaume de Tesserot, qui épousa, le 24 mars 1561, Françoise Jouslineau. Il testa, le 24 janvier 1575, en faveur de Guillaume, Gaston, Jean et autres enfants.

V. — Guillaume de Tesserot épousa, le 15 août 1597, Françoise David. Le 8 mai 1609, il fit une transaction avec Antoine, fils de François, sur les biens de Guillaume, son père, et de François, père du dit Antoine. Il fut père du suivant.

VI. — Antoine de Tesserot, qui transigeait avec son père, le 2 décembre 1626. Il épousa N....., dont Joseph, qui suit.

VII. — Joseph de Tesserot, sieur des Plasses, épousa, le 14 février 1644, Marguerite Croisiers.

IV bis. — François de Tesserot, fils cadet de François et de Marguerite Jean, eut pour enfant :

V. — Antoine de Tesserot, qui transigeait le 8 mai 1609, épousa Jeanne de La Chabroulie. Il testa, le dernier juin, en faveur de Pierre, son fils, qui suit.

VI. — Pierre de Tesserot, sieur de Segonzat, épousa, le 30 septembre 1623, Philippe de Boisseuil, dont :

VII. — Pierre de Tesserot, sieur de La Grange, épousa, le 30 juillet 1661, Marie Guittren de Saint-Habert. (Maintenue de d'Aguesseau. — Bibliothèque de l'Arsenal.)

Lainé, dans son *Nobiliaire du Limousin*, blasonne ainsi les armes de cette famille : *Parti, d'azur et d'argent, au pal abaissé et bretessé de six pièces de sable sur le tout, a dextre chaussé d'or.*

Hyacinthe Tesserot, chevalier, S^{gr} de Chaumeix, paroisse de Dournazac, épousa, en premières noces, Isabelle Blanchard, et en secondes noces, Jeanne Fargot (?). Il mourut le 3 août 1781, ayant eu de son premier mariage : 1° Jeanne, née le 18 et morte le 24 mars 1764 ; 2° François, baptisé le 2 mai 1765, ayant pour marraine Suzanne Tesserot ; 3° Marie, baptisée le 20 avril 1767, et dont le parrain fut messire Simon Texerot. (*Registres paroissiaux de Dournazac.*)

TESSIÈRES ou TEXIÈRES, (Page 183.) seigneurs de Bois-Bertrand et de Chastreix, paroisse de Bálledent et de Peizat : *Losangé d'argent et de gueules.*

I. — Jean de Texières.

II. — Raymond de Texières épousa, le 22 janvier 1502, Antoinette de La Vergne, qui testa, le 16 mai 1529, en faveur de Jean, son fils.

III. — Jean de Texières épousa Marguerite Bruchard; il testa le 28 mai 1563, instituant Jean, son fils.

IV. — Aubin de Texières épousa, le 29 août 1569, Marguerite de La Roche-Aymon. Il fit son testament le 11 mai 1612, et laissa : 1° Louis, qui suit; 2° Aymard, qui fait une branche.

V. — Louis de Texières épousa, le 15 juillet 1591, Jacquette Bourgeois, dont :

VI. — André de Texières, sieur de Boisbertrand, épousa, le 24 juin 1621, Marie de Brettes, dont : 1° et 2° Gédéon, qui suit, et Françoise, nés le même jour, et baptisés à Saint-Symphorien, le 27 août 1623; 3° N......, baptisée à Saint-Symphorien, le 22 décembre 1625. (*Registres paroissiaux.*)

VII. — Gédéon de Texières, sieur de Lafont, épousa, le 17 avril 1653, Catherine Du Clou, dont : 1° Jean ; 2° Marthe, baptisée à Saint-Symphorien, le 23 août 1665; 3° Pierre, baptisé le 30 septembre 1666, enterré le 7 novembre 1668, dans l'église de Saint-Symphorien ; 4° Jean, baptisé le 26 octobre 1670. (*Registres paroissiaux.*)

V bis. — Aymard de Texières, épousa Martiale Guy, dont :

VI. — Aubin de Texières, épousa Jeanne Jouhaud, dont :

VII. — François de Texières, épousa Catherine Maignant. (Maintenue de d'Aguesseau. — Bibliothèque de l'Arsenal.)

Messire Georges de Tessières, écuyer, S^{gr} de Bois-Bertrand, était mort avant 1752 ; il avait épousé Catherine Prinsaud, qui mourut elle-même le 4 janvier 1764, et fut inhumée dans l'église de Balledent. De ce mariage naquirent entre autres enfants : 1° Marguerite, qui épousa, le 17 avril 1752, Joseph Forgemolle, sieur du Poirier, bourgeois de La Souterraine, veuf de Marguerite Betolaud ; 2° Marie, qui épousa, le 8 novembre 1759, Joseph Gigaud de Laplagne, commandant la brigade de Bessines et de Bellac, veuf en deuxièmes noces de Marguerite Briquet. Le 9 juillet 1785, elle était veuve et habitait Bois-Bertrand; 3° probablement François-Amable, qui était parrain à Balledent en 1762 et 1765.

Pierre de Tessières, écuyer, S^{gr} de Boisbertrand, mourut le 16 mai 1753, étant âgé de trente-cinq ans; il fut inhumé dans l'église de Balledent. Il avait épousé Marie Ferret, dont : 1° Etienne, né le 18 octobre 1748, eut pour parrain Etienne Ferret de La Jaroudie, et pour marraine Catherine Prinseaud ; 2° Marguerite, née le 1er décembre 1749; son parrain fut Louis Prinseaud, S^{gr} de Purcy, et sa marraine Marguerite de Texières ; 3° François-Armand, né le 13 juillet 1752; 4° Jean, fils posthume, né le 3 décembre 1753. (*Registres paroissiaux de Balledent.*)

Messire François de Bois-Bertrand, chevalier, S^{gr} de Bois-Bertrand, L'Age-Cantaud et autres lieux, capitaine d'infanterie au régiment de Bourgogne, puis colonel de cavalerie, avait épousé Marie-Geneviève Coussaud-Chassin; il fut convoqué à l'assemblée générale de la noblesse de la basse Marche, en 1789. (Procès-verbal de l'Assemblée.) De ce mariage, est née Marguerite-Hélène de Tessière de Bois-Bertrand, morte le 9 mai 1875, âgée de quatre-vingt-deux ans ; elle avait épousé, en 1809, Charles-Antoine du Breuil-Hélion de La Guéronnière, fils de François-Emmanuel-Bertrand et de Julie-Elisabeth Irland. (*Nobiliaire*, II, 388.)

La famille Tessières de Bois-Bertrand s'est aussi répandue en Périgord. Une autre famille du nom de Tessières se trouve aussi en Auvergne, et a un article généalogique dans le *Nobiliaire* de cette province, par M. J.-B. Bouillet, T. VI, p. 296.

DE TEXIER, (Page 184.) seigneur de Javerlhac, de Feuillade, de Taliveau, porte : *d'azur à trois navettes d'or*. (*Armorial du Périgord*).

Filiation de la branche cadette.

I. — Noble homme Jean Texier, écuyer.

II. — Guillaume Texier, écuyer, eut pour fils : 1° Jacques, qui suit ; 2° Louis.

III. — Jacques Texier, écuyer, épousa, le 3 mai 1508, noble Suzanne Viault, veuve de N..... Perefix, dont : 1° Antoine, qui suit ; 2° Jacques, rapporté après la descendance de son frère ; 3° François ; 4° Christophe ; 5° Marie ; 6° Jacquette.

IV. — Antoine Texier, marié, le 18 mai 1536, à Claude Martineau, dont : N..... Texier, père du suivant.

VI. — Jacques Texier, marié, le 9 novembre 1632, à Charlotte Mingorneau, dont :

VII. — Charles Texier, qui a obtenu un jugement de confirmation, le dernier août 1668. (Requête présentée, le 30 août 1668, à M. Barentin, surintendant et commissaire départi de la généralité de Poitiers.)

IV *bis*. — Jacques Texier, sieur de La Mothe, partagea avec ses frères. Il vendit sa portion à son frère Antoine, par contrat du 1er décembre 1542. Ses enfants furent : 1° François, qui suit ; 2° Adrien, qui fut maire royal à Nontron, épousa Marie Heynaud, dont il eut deux jumeaux, baptisés le 12 juin 1639 : Marguerite et François ; ce dernier eut pour parrain François Texier, son oncle ; 3° Marguerite, qui épousa Pierre Pélissier.

V. — François Texier, docteur en médecine, né le 1er avril 1577. Le 24 mai 1626, il était témoin au contrat de mariage de Bertrande de La Brousse, avec François Pastoureau, sieur de La Serve. Il eut une quittance, le 1er août 1626, de Pierre Pélissier, mari de Marguerite Texier. Il fit des acquisitions le 14 février 1633 ; une transaction et un partage avec ses enfants, le 16 février 1635. Son testament est du 2 janvier 1643. Il avait épousé Honorette Pastourcau ; elle était veuve lorsqu'elle testa, le 27 janvier 1665. Leurs enfants furent : 1° Adrien, qui suit ; 2° Jean, né le 12 novembre 1620 ; 3° Marguerite, née aussi le 12 novembre 1620 ; 4° Marguerite, née le 12 septembre 1623. Une Marguerite Texier, épousa Dominique du Reclus, sieur de Lascaux, avocat et bourgeois de Nontron, dont naquit Jean du Reclus, baptisé à Nontron, le 13 décembre 1749 ; 5° Marie, née en 1625 ; 6° Etienne, sieur du Chènevert, né le 31 juillet 1629, qui reçut de son frère Adrien, le 20 juin 1665, la somme de 630 livres, provenant de la succession de leurs parents ; 7° Dauphine, née le 25 octobre 1631.

VI. — Adrien Texier, docteur en médecine, testa le 25 avril 1696. Il avait épousé : 1°, par contrat du 11 septembre 1651, Marie Le Gout ; 2°, le 13 juillet 1692, Jeanne Nadal. Etant veuve, elle testa le 12 janvier 1741, dont :

VII. — François Texier, docteur en médecine, est nommé dans les testaments de son père et de sa mère, fut élu administrateur de l'hospice de Nontron, le 2 mai 1739. Il épousa Marie-Madeleine du Chazeau, dont :

VIII. — Sicaire-Adrien Texier, écuyer, S^{gr} de Talivaud, commune de Saint-Martin-le-Peint, gendarme de la garde et capitaine de cavalerie, naquit le 2 et fut baptisé le 4 juin 1727; fit des acquisitions à Augignac, en 1760 et 1761. Fut nommé chevalier de Saint-Louis, le 25 mai 1775. Habitait Nontron et y fut élu colonel de la garde nationale le 15 septembre 1789. Il vivait encore en 1802. Il épousa Françoise Périgord, née à Rochechouart, qui, à l'âge de soixante-onze ans, fut conduite à Paris, condamnée à mort par le tribunal révolutionnaire, le 28 nivôse an II, et ses biens acquis à la nation pour avoir entretenu des correspondances avec ses fils émigrés. Son mari fut aussi détenu à Nantes, mais obtint la liberté le 26 nivôse an II. Leurs enfants furent : 1° Catherine, qui fut marraine de son frère Adrien-Bertrand, le 22 juin 1765; 2° Ambroise-Adrien, né en 1753, gendarme de la garde ; 3° Adrien-Bertrand, qui suit; 4° Jeanne-Marie, qui épousa, par contrat du 19 novembre 1775, passé à Nontron, Jean-Baptiste-Thibaud Thomasson, receveur général des domaines à Agen, mort au château de Vaugoubert, commune de Quinsac, le 24 décembre 1813, fils de Guillaume Thomasson et de Léonarde Montozon. Elle mourut en 1791.

IX. — Adrien-Bertrand Texier, né le 22 juin 1765, eut pour parrain Adrien-Bertrand du Reclus, son cousin germain, servit d'abord dans la compagnie des gendarmes de la garde, où il était inscrit dès l'âge de dix ans, entra sous-lieutenant à l'école de Mézières, le 1er janvier 1787, et fut nommé lieutenant au corps du génie. Le 1er novembre 1791, il fut fait capitaine dans le même corps, par brevet daté du 20 décembre. A Rochefort, il fut chargé de la place et la défense de l'embouchure de la Charente; il en partit le 29 mai 1792, et arriva à Coblentz le 22 juin, où il se réunit aux officiers émigrés de son corps, sous les ordres du lieutenant-colonel Langles. Le 14 août de la même année, il passa dans l'armée prussienne qu'il rejoignit à Luxembourg, du consentement des princes, et fit partie d'un corps d'officiers de génie, qui était sous les ordres immédiats du duc de Brunswick ; il servit jusqu'au 12 novembre 1802. Sa famille conserve un grand nombre de lettres autographes, qu'il reçut du roi de Prusse et des plus grands personnages de ce royaume; en voici deux qui nous font connaître ses ouvrages : « J'ai reçu votre ouvrage sur le *Gouvernement de la République romaine*. C'est au public à juger du mérite du livre, mais à moi à reconnaître l'attention de l'auteur, et je vous fais mes remerciements, priant Dieu qu'il vous ait en sa sainte garde. — Frédéric-Guillaume. — Potsdam, le 7 avril 1798 ». — « J'ai reçu, avec votre lettre du 24 de ce mois, les *Mémoires de Bourcet*, avec la carte y jointe, dont vous êtes l'éditeur ; je vous en marque ma gratitude, et prie Dieu qu'il vous ait en sa sainte garde. — Frédéric-Guillaume. — Berlin, le 29 mars 1802. » Rentré en France, il fut fait chevalier de Saint-Louis, par ordonnance du 8 novembre 1815, et fut élevé au grade de chef de bataillon du génie, par un brevet du 26 février 1817. Le 1er avril 1817, il fut nommé commandant de la garde nationale de Nontron ; il a aussi rempli la charge de juge de paix du même canton, de 1815 à 1830. Il est mort à Angignac en 1852. Il avait épousé Marie-Marthe de Salleton, fille de feu Stanislas de Salleton, ancien capitaine d'infanterie, dont : 1° Julie-Jeanne-Virginie, qui a épousé François-Armand de Fornel, fils de Jacques Fornel de Reilhac, et de Zéphyrine Fornel de Limerac ; il a épousé, en secondes noces, Aloysia Desmier de Ligouyet (Isle-et-Vilaine) ; 2° Charlotte-Marie-Azélie, morte sans alliance ; 3° Laure, célibataire ; 4° Emilie, célibataire ; 5° Elisabeth-Joséphine-Zaïre, né à Augignac, le 29 août 1822, morte sans enfants ; 6° Jeanne-Julie, qui a épousé, le 15 novembre 1841, Jean-Louis Desmier, fils d'Emmanuel-François Desmier, et de Jeanne Jousselin de Viennois.

Notes isolées.

Barthélemy Texier, docteur ès-lois, conseiller au Parlement de Bordeaux, épousa Jeanne Pastourelle, dont le père, Dauphin Pastoureau, de Nontron, avait acheté, par contrat du 24 septembre 1501, à Alain d'Albret, la châtellenie de Javerlhac. Elle porta à son mari le quart de cette châtellenie. (*Notes historiques sur le Nontronais*, 12.) Le 4 novembre 1507 il rendit un aveu de cette quatrième partie de Javerlhac à Alain d'Albret, vicomte de Limoges.

Bernard Texier, scribe-notaire, commissaire-juré de la cour de Monseigneur l'official de Limoges et du scel authentique en la vicomté de Limoges (1514-1519).

En 1541, le 15 novembre, François Texier fit hommage de la quatrième partie de Javerlhac. C'est le même François Texier, Sgr de Javerlhac, d'Augignac et d'Abjat, qui avait un procès en rescision avec François de Conan, 1558-1567. Il eut pour fils François, qui suit.

François Texier, écuyer, Sgr du Breuil, paroisse de Javerlhac, et en partie de Javerlhac, épousa, en 1555, Catherine de Lambertie, fille de Raymond de Lambertie et de Jeanne Hélie de Colonges (*Généalogie Lambertie*). Il vendit à Bertrand de Camain, par acte du 23 octobre 1561, la maison noble du Breuil. (*Notes historiques sur le Nontronais*, 152.) Le 14 février 1583, il faisait encore hommage de la quatrième partie de Javerlhac.

Guillaume Texier épousa Jeanne de La Roche ; le frère de cette dernière, Roch de La Roche, lui constitua une dot le 11 novembre 1555. (*Nobiliaire*, III, 272.)

Françoise Texier de Javerlhac épousa, par contrat du 5 novembre 1584, Pierre de Bruchard, écuyer, sieur de Montmady et de Marnhac, fils de Christophe de Bruchard et de Marie Belcier. (*Nobiliaire*, I, 271, IV, 131.)

François Texier, coseigneur de Javerlhac, figure dans un acte de 1585 où François Texier, greffier du Bourdeix, est témoin.

En 1591 et 1607 on trouve Pierre Texier, notaire royal, et en 1597 Pierre Texier, greffier de la ville et baronnie de Nontron.

N..... Texier de Javerlhac, écuyer, épousa, vers 1600, Françoise de Lambertie, fille de François de Lambertie, baron de Montbrun, et de Jeanne d'Abzac. (*Généalogie Lambertie*.)

Pierre Texier épousa Marguerite Fonreau, dont Adrien Texier, baptisé Nontron le 3 février 1611.

Messire François Texier, habitant Javerlhac, et autre François Texier, son frère, habitant Hautefaye, constituent une rente à Jacques de Conan, le 10 juin 1620. François Texier de Javerlhac, écuyer, Sgr dudit lieu d'Abjat et de Grospuy, demeurant à Nontron, faisait des acquisitions le 21 février 1619.

Henri Texier de Javerlhac, écuyer, sieur de Grospuy, paroisse d'Abjat, épousa (vers 1600) Marie-Madeleine Faure de La Roderie, fille de François et de Judith de Fillet de la Curée. Etant veuve, elle se remaria avec Henri de Beynac, baron de Villac et de La Valade. (*Nobiliaire*, II, p. 113.)

François Texier, écuyer, Sgr de Javerlhac, Abjat, Grospuy et Hautefaye, par son testament du 1er novembre 1649, signé Bernard, veut qu'une chapelle soit bâtie au haut du bourg d'Abjat en l'honneur de saint-François. (*Pouillé* de NADAUD.)

A. Texier, procureur d'office de Javerlhac, épousa J. du Congé ; en 1635 ils firent rebâtir, dans le cimetière de Marval, une chapelle qui avait été détruite par les protestants en 1569. (*Pouillé* de NADAUD.)

Dlle Marie-Anne Texier épousa Hélie du Lau, Sgr de Landrodie ; elle faisait une vente le 27 septembre 1680.

Jean Texier, reçu échevin à Saint-Jean-d'Angély le 14 février 1618. (NADAUD, *Nobiliaire*, IV, 184.)

Junien Texier, sieur du Mas-Pommier, habitant le bourg de Marval, épousa Renée Jourde dont naquit, le 30 décembre 1687, Jean, baptisé le 4 janvier 1688, ayant pour parrain messire Jean Texier, curé de Marval. Il fut enterré dans l'église de Marval le 3 février 1689. Jean Texier était vicaire de Marval en 1681 et curé en 1696 jusqu'en 1702. Junien, Jean et Denise Texier vivaient à Marval en 1701. (*Registres paroissiaux*.)

François Texier de Javerlhac épousa, vers 1702, Catherine d'Aguesseau, fille d'Antoine d'Aguesseau et d'Anne de Gyves. (*Nobiliaire*, II, 615.)

N..... Texier de Javerlhac épousa, à Angoulême, en 1766, Gabrielle de Roftignac, fille de Jean de Roftignac, sieur de Belleville, etc., et de Louise du Faulx de Verrières. (NADAUD, IV, 94.)

Louise-Rose Texier avait épousé Pierre-Gabriel de Rechignevoisin ; leur fils, Louis-Charles-Dide-Anne, baron de Rechignevoisin de Guron, épousa, le 14 avril 1788, Marie-Thérèse de Lescours. (*Nobiliaire*, III, p. 535.)

A l'Assemblée générale de la noblesse, en 1789, nous trouvons, pour l'Angoumois : 1o N..... Texier, marquis de Javerlhac, de Feuillade; 2o N..... Texier de La Pégerie ; 3o Mme Boudet de Beaupré, veuve de Paul Texier, Sgr de Chaux. Dans celle de la Touraine figure François Texier, marquis de Javerlhac, maréchal de camp en survivance de la province de Guyenne, et l'*Armorial général de la Touraine* blasonne ainsi ses armes : *d'or, au porc-épic de sable, sanglé d'argent, posé sur une terrasse de sinople; au chef de gueules chargé d'un croissant d'argent accosté de deux étoiles de sable à cinq scorpions d'or.* Les suivantes sont indiquées dans la généalogie de la famille de Lambertie : *de sable à cinq scorpions d'or.* Dans l'Assemblée de la noblesse du Périgord était N..... Texier, marquis de Javerlhac,

THIERRY (Nicolas-Bonaventure), 38ᵉ évêque de Tulle, était chanoine, chancelier de l'église et de l'université de Paris, docteur de Sorbonne, abbé de Chezy, lorsqu'il fut nommé par le roi au mois de décembre 1761. Il se démit sans être sacré. (*Armorial des Evêques.*)

THOMASSON (Page 189.), seigneurs de Las Condaminas, de Pouzac, de Plamont, de Lavergnas, de Salevert, du Claud, de La Combe, de Lenclave, de St-Pierre, de Puychalard, du Queyroix, d'Ancheyrat, de Vaugoubert, etc., en Périgord et en Limousin. Cette famille, dont le nom se trouve indifféremment écrit dans les actes anciens Thomasson, Thoumasson, Thommasson, a été maintenue dans sa noblesse par plusieurs arrêts : le 6 décembre 1667, et notamment celui du conseil privé du roi en date du 11 août 1692. Elle a voté aux Etats-généraux. Armes : *de gueules au chevron brisé d'argent, accompagné en chef d'un lion d'or et en pointe d'une étoile de même.* (*Armorial du Périgord.*)

I. — Antoine Thomasson, écuyer, sieur de Las Condaminas (commune de Corgnac, Dordogne), testa le 3 décembre 1545, épousa Marguerite Corral ou Scoraile, dont :

II. — Pierre Thomasson, écuyer, sieur de Pouzac, épousa, par contrat du 31 décembre 1550, Anne de Tessières, fille du Sgr de Beaulieu ; leur fils aîné fut :

III. — Guillaume Thomasson, écuyer, Sgr de Plamont (commune de Saint-Germain-des-Prés, Dordogne), épousa, par contrat du 1ᵉʳ avril 1586, Marguerite de La Roche-Aymond, dont :

IV. — Jacques Thomasson, écuyer, sieur de Pouzac, du Claud, mourut à Saint-Pierre, paroisse de Saint-Germain-des-Prés, et fut enterré dans l'église de ce lieu le 20 février 1675. Il avait épousé, le 20 octobre 1620, Catherine Mosnier de Planceau, dont : 1º Léon, qui suit ; 2º N..... Thomasson, qui est probablement l'auteur de la branche du Puy-Chalard.

V. — Léon Thomasson, sieur de Las Vergnas, épousa Anne de Mallet qui fut enterrée, le 7 avril 1682, dans l'église de Saint-Germain-des-Prés. De ce mariage naquirent : 1º Pierre, qui suit ; 2º Isabeau, baptisée le 4 septembre 1675 ; 3º Jean, baptisé le 9 juillet 1677 ; 4º Anne, baptisée le 29 décembre 1678 ; 5º Isabeau, baptisée le 9 avril 1680 ; 6º Georges, baptisé le 13 avril 1681. Des mémoires de l'époque nomment encore deux filles du nom d'Antoinette ; l'une d'elles était marraine de son neveu Jean-Baptiste, le 16 septembre 1696.

VI. — Pierre Thomasson, écuyer, Sgr de Saint-Pierre, baptisé le 3 novembre 1670, capitaine au régiment de Sourches en 1696, mourut le 6 novembre 1707. Il avait épousé : 1º, en 1694, Marie Sudrie de Salevert, dont : 1º Jean-Baptiste, qui suit ; 2º, le 9 juillet 1707, Gabrielle du Châtaigner de La Roche-Pozay.

VII. — Jean-Baptiste Thomasson de Pouzat, chevalier, Sgr de Saint-Pierre, né le 16 septembre 1696, mourut le 9 juin 1774. Il avait épousé, le 14 mai 1721, à Bessenac (Corrèze), Jeanne de Roux, dˡˡᵉ de Faragodie et de Lusson, dont Pierre, qui suit et six autres enfants.

VIII. — Pierre Thomasson, écuyer, Sgr de Saint-Pierre, de Lenclave et de Salevert, né le 12 février 1726, mourut le 16 septembre 1807. Il avait épousé, par contrat du 23 avril 1775, Gabrielle de Lestrade, fille de François, Sgr de Floirac, et de Gabrielle d'Abzac, dont : 1° Anne, née le 28 avril 1776, épouse de M. de Lubersac ; 2° Françoise-Jeanne, née le 28 avril 1777, morte le 12 juin 1779 ; 3° François, né le 11 juillet 1778, mort le 7 juin 1779 ; 4° Charles-Armand, né le 20 octobre 1779, maréchal-des-logis, mort à Strasbourg ; 5° Charles, qui suit ; 6° Jean, né le 21 novembre 1782, est allé en Amérique ; 7° Jacques, baptisé le 21 mars et mort le 17 avril 1784 ; 8° Bathilde-Désirée, baptisée le 7 août 1785, morte jeune ; 9° Marie-Anne, appelée aussi Augustine, baptisée le 23 juillet 1787, morte le 13 février 1792.

IX. — Charles Thomasson, né le 18 août 1781, est mort le 24 novembre 1859. Il avait épousé, le 30 ventôse an VII, dame Rosalie-Louise de Brochard de Puymorin, morte le 3 décembre 1851. De ce mariage sont nés plusieurs enfants morts en bas-âge ; le suivant a seul survécu.

X. — Pierre-Justin Thomasson de Saint-Pierre, né le 20 mai 1800, mort le 3 octobre 1872. Il avait épousé, le 16 septembre 1833, Marie-Michelle-Honorine de Sauzillon, fille d'Etienne-Gédéon, marquis de Sauzillon, colonel dans la gendarmerie royale, et de Rosalie de Captal. De ce mariage sont issus : 1° Louis-Joseph, né le 1er juin 1838, capitaine au 73e de ligne ; 2° Marie-Louise-Rosalie, née le 21 mai 1835, a épousé Pierre Garrigue, notaire à Saint-Germain-des-Prés ; 3° Marie-Louise, née le 4 août 1836, a épousé Ernest Pichon-Vendeuil ; 4° Guillaume-Ferdinand, archiviste-adjoint du département de la Dordogne ; 5° Yrieix-Pierre-Tiburce, né le 5 juin 1844, décédé le 20 avril 1858.

Branche du Puy-Chalard.

Les documents nous manquent pour indiquer exactement le point de jonction de cette branche ainsi que de la suivante avec la branche aînée.

I. — N..... Thomasson de Puychalard de Pouzat, avait épousé, avant 1660, N..... du Theil, dont :

II. — Pierre Thomasson, écuyer, Sgr de La Combe, mourut en 1686 ; il avait épousé Marguerite Delignac, dont :

III. — Pierre Thomasson de Pouzat, écuyer, Sgr de Vignemeize (commune de Saint-Germain-des-Prés), eut pour enfants : 1° N.... Thomasson, qui suit ; 2° Jean, qui a fait le rameau d'Ancheyrat, qui suit après la postérité de son frère aîné ; 3° Léon, écuyer, sieur du Claud, qui était parrain à Saint-Germain-des-Prés le 1er septembre 1780 ; 4° Jacques, écuyer, Sgr du Queyroix, qui, en 1789, faisait partie de la noblesse du Limousin dans la sénéchaussée de Saint-Yrieix. (Procès-verbal de l'Assemblée générale.) Il était fondé de pouvoir pour dame Louise de Lubersac, veuve de messire Jacques de Montfrebœuf, chevalier de Saint-Louis, Sgr des Piquets. Il a laissé une fille qui a épousé N..... Josselin.

IV. — N..... Thomasson, écuyer, Sgr de Vignemeyze, épousa, vers 1740, Marie de Rossignol Le Combier, dont :

V. — Yrieix Thomasson, écuyer, Sgr de Puy-Chalard, né en 1744, épousa Marie Lafont-Morelière, dont : 1° Anne de Thomasson de Puy-Chalard, née le 1er juin 1792, a épousé, le 6 mars 1821, Pierre Beylot, dont postérité ; 2° N..... Thomasson, capitaine d'infanterie, avait épousé N..... Beaussage, n'a pas laissé de postérité ; 3° onze autres enfants morts sans postérité.

IV bis. — Jean Thomasson, Sgr d'Ancheyrat, paroisse de Sarrazac. Le 28 avril 1793, la municipalité de Sarrazac délibère « que la personne de Thomasson d'Ancheyrat qui a été transféré dans la maison de réclusion du district, comme n'ayant pas fourni de caution, est mis en arrestation comme ci-devant noble, mais n'ayant connu en lui aucune marque de suspicion ». (Archives de la Dordogne, L, n° 412.) C'est probablement lui qui épousa Aubine Thomasson, dont : 1° Aubin, qui suit ; 2° Marie, née en 1754 ; 3° Pierre, né en 1761.

V. — Aubin Thomasson, né à Saint-Sulpice-d'Excideuil, en 1756, se retira à Limoges au commencement de la Révolution ; il y est mort, à l'âge de quatre-vingt-deux ans, le 17 août 1838. Il avait épousé Marie Mouret, dont : 1° Françoise, qui épousa N..... Cosse ; 2° Marie-Françoise, née à Limoges le 25 octobre 1795, y est morte, sans alliance, le 17 octobre 1859 ; 3° Marguerite-Thérèse, née le 12 juin 1798, épousa Mathieu Lecler, fils de Léonard et de Louise Labussière, dont est né l'auteur du présent ouvrage. Elle est morte à Saint-Symphorien le 19 avril 1871 ; 4° Pierre, dit Aubin, qui suit.

VI. — Pierre, dit Aubin Thomasson, né à Limoges, le 7 juin 1808, s'est fixé à Paris, où il est mort le 15 décembre 1871. Il avait épousé, le 15 juillet 1836, Flavie-Radegonde Roussel, fille de Jean-Antoine-Barthélemy, et d'Amélie-Rosalie Leuliet, dont : 1° Amélie, morte en bas-âge ; 2° Angélina, morte aussi en bas-âge ; 3° Marie-Antoinette-Radegonde, née à Paris le 21 novembre 1843, y a épousé, Alphonse Le Comte, fils de Louis-Claude et de Zoé-Julie Daix ; 4° Alfred-Aubin, né à Paris le 17 juillet 1847, mort en 1854.

Branche de Vaugoubert.

I. — Guillaume Thomasson épousa Jeanne-Léonarde Montozon ; ils étaient morts avant 1775. Ils eurent pour fils :

II. — Jean-Baptiste-Thibaud Thomasson, écuyer, Sgr de Vaugoubert (1). Il fut directeur et receveur général des domaines du roi en Roussillon, et habitait Agen en 1780, et Perpignan en 1788. Il épousa, par contrat du 19 novem-

---

(1) Le premier château de Vaugoubert fut bâti par la famille Pourten. Bernard Audier, Sgr de Montcheuil, épousa Antoinette de Pourten de Vaugoubert. Leur fille, Marguerite Audier, dame de Montcheuil, La Barde et Vaugoubert, épousa, le 11 juin 1615, Gui d'Aidie, chevalier, Sgr des Berdardières. Leur petit-fils, fut Armand d'Aidie, qui devint vice-roi de Castille et mourut en 1764. C'est lui qui a rebâti le château de Vaugoubert et l'a laissé en héritage à sa nièce, Mme de Saint-Viance. La famille Thomasson l'avait acheté à cette dernière, avant 1789. Adrien Thomasson l'a revendu à Daniel-Louis-Fernand, vicomte de Cosnac qui l'a magnifiquement restauré. Il est situé sur le bord de la Dronne, à Quinsac, arrondissement de Nontron.

bre 1775, Jeanne-Marie Texier, fille d'Adrien-Sicaire Texier, Sgr de Talivaud et de Françoise Périgord. Dont : 1° Adrien-Sicaire, Sgr de Vaugoubert, né à Agen le 30 décembre 1780, qui mourut sans postérité avant 1829, en faisant son frère héritier de tous ses biens. Il avait épousé, à Bussière-Badil, le 16 février 1814, Jeanne-Pauline Masfrand de Panivol, fille de Pierre et de Marie-Henriette-Guillelmine Valade; 2° Adrien, qui suit; 3° N....., qui épousa Antonin de Lamberterie et mourut à La Pouyade, commune de Saint-Angel.

IV. — Adrien Thomasson, payeur à Anger en 1829, a épousé Delphine-Thérèse Cornu de La Fontaine de Coincy, dont 1° Paul; 2° Numance, habitant à La Rochelle, a épousé Eve de La Grostière, dont trois enfants; 3° N....., qui a épousé M. Maurice Roux.

Notes isolées.

Pierre Thomasson, époux d'Etienne Foucaud, habitant de la châtellenie d'Excideuil, était mort en 1522, lorsque sa veuve fit foi et hommage au vicomte de Limoges. (*Archives de Pau,* E. 728.)

N..... Thomasson, avocat, un des exécuteurs testamentaire de Brantôme, qui le désigne ainsi dans son testament, 1603 : « Monsieur Thomasson, avocat en la cour présidiale de Périgueux, mon principal et ordinaire conseil. » Il était mort le 5 octobre 1613, comme le prouve le codicille fait par le même Brantôme. (*Œuvres de Brantômes,* T. I, p. 332 et 362.)

Jehan Thomasson, advocat en la Cour du parlement de Bordeaux, habitant la ville de Périgueux est témoin, dans un acte passé, le 3 janvier 1630, devant Bordes, notaire royal à Périgueux. (*Acte original.*)

Messire Antoine Thomasson de Pouzat, écuyer, Sgr d'Ancheyrat, habitant audit Ancheyrat, paroisse de Sarrazac, est témoin, le 17 juin 1747, dans un inventaire des meubles de Peyronne de Pompadour, fait au repaire, noble de La Dayardie, paroisse de Sarrazac, à la requête de Jean de La Romagière. (Etude de Me Theulier, notaire à Thivier.)

TISSEUIL (Page 188.), seigneur de Courade, paroisse d'Ainat : *d'azur à trois hures de sanglier de sable 2 et 1.* Une branche de cette famille s'est établie en Poitou. (LAINÉ, *Nobiliaire du Limousin.*)

I. — Pierre de Tisseuil épousa, le 22 janvier 1483, Jeanne de Genouillé.

II. — Christophe de Tisseuil épousa, le 22 août 1519, Antoinette Turpin.

III. — Luc de Tisseuil épousa, le 4 juin 1572, Jeanne Dumoulin.

IV. — Junien de Tisseuil épousa, le 9 janvier 1634, Renée de Coignac.

V. — Jean de Tisseuil épousa, le 7 février 1661, Marie Guy. (Maintenue de d'Aguesseau, Bibliothèque de l'Arsenal.)

TOUR (Bernard ou Bertrand de La), 5e évêque de Tulle, était moine de Tulle lorsqu'il fut nommé évêque en 1343. Il siégea jusqu'en 1346.

Armes : *d'azur, à trois tours d'argent crénelées, maçonnées de sable et posées 2 et 1. (Armorial des évêques.)*

TOUR (Antoine de La), 28ᵉ évêque de Tulle. Etait doyen de cette église lorsqu'il fut nommé au mois d'avril 1387. Il fut sacré à Bordeaux le 4 septembre 1388. Il se démit en faveur de Jean de Visandon, le 12 septembre 1594, et mourut le 8 septembre 1595 ; fut enterré à Rocamadour. Armes : *d'azur, semé de fleurs de lis d'or, à une tour crénelée d'argent, maçonnée de sable. (Armorial des évêques.)*

TOURNEFORT (Prosper de), évêque de Limoges, avait été chanoine de Lyon, curé de Compiègne, vicaire général de Dijon, né le 23 décembre 1761, nommé le 13 octobre 1824, sacré le 15 mai 1825, prit possession le 26. Il est mort le 7 mars 1844, et a été inhumé dans la cathédrale de Limoges. Armes : *d'azur, à la tour donjonnée d'argent, maçonnée de sable, accostée de deux lions affrontés d'argent. (Armorial des évêques.)*

TOURNEMIRE (Page 209.), et quelquefois Tournemine. Cette famille a sa généalogie dans le *Nobiliaire d'Auvergne*. Elle portait : *d'or à trois bandes de sable, au franc quartier d'hermine et à la bordure de gueules chargée de onze besants d'or.* Jean-Armand de Tournemire, Sᵍʳ de Leybros, portait en 1450 : *d'azur, à la tour d'argent.* Jean-Golfier de Tournemire, Sᵍʳ de Marzes, avait aussi pour armoiries, en 1450, *d'or, à la tour de gueules accostée de deux étoiles d'azur et à la cotice d'argent brochant sur le tout.* La branche de Languedoc, portait en 1778, *d'azur à la tour d'argent surmontée de deux étoiles d'or et accostée de 8 mouchetures d'argent.*

TOURNOELLE. — Ancien château fort, situé au-dessus du bourg de Volvic, à six kilomètres ouest de la ville de Riom, sur un monticule de 603 mètres au-dessus du niveau de la mer, et de 300 mètres environ au-dessus du bassin de l'Allier, qu'il domine dans sa plus grande étendue.

Tournoëlle a eu des seigneurs de son nom. Elle fut confisquée sur le comte d'Auvergne, Guy II, en 1213, et donnée à la maison de Dampierre. Ayant ensuite fait retour à la couronne, le roi, Philippe-le-Long, dut la céder, avec Châteauneuf-sur-Sioule, en 1317, à Pierre de Maumont, chevalier du Limousin, pour les châteaux-forts de Châlus en Limousin et de Bourdeille en Périgord, puisque suivant Baluze, ce même Pierre de Maumont était Sᵍʳ de Tournoëlle et de Châteauneuf en 1330. (BALUZE, T. I, p. 217, 218.)

De la maison de Maumont, le château de Tournoëlle, passa par alliance dans la maison de La Roche, également originaire du Limousin, en 1346, puis successivement dans celles d'Albon-Saint-André, en 1509, d'Apchon-Saint-Germain, en 1563, de Montvallat, en 1656, et enfin dans la maison de Naucaze, en 1734. Cette dernière le vendit, en 1766, à M. Chabrol, dont l'arrière-petit-fils le possède actuellement. (J.-B. BOUILLET, *Nobiliaire d'Auvergne*, T. VI, p. 391.)

TOURNYOL (TORNIELLE, TORNIELLI). (P. 209.) — Famille noble, originaire de Novare en Lombardie, où elle existe encore sous le nom de Tornielli. Guillaume fut évêque de Novare en 1133, et Aldebert en 1220. Armes : *d'azur, à une tour d'argent maçonnée de sable; au chef cousu de gueules chargé d'un croissant d'argent posé entre deux étoiles de même.* (Ordonnance de confirmation rendue par les commissaires généraux du Conseil, le 14 mai 1700.)

Cette famille s'est divisée en plusieurs branches dont une est venue s'établir dans la Marche, vers la fin du xiie siècle, et une autre en Lorraine vers la fin du xvie siècle. Galéas Sforce avait érigé Brionne en comté, en faveur de cette dernière branche, qui s'est éteinte dans la personne d'André-Joseph, comte de Tornielle et de Chabant, baron de Beaufremont, grand chambellan du duc Léopold, mort en 1737.

Elle a occupé, pendant plusieurs siècles, les plus hautes charges de la magistrature de la province de la Marche, et contracté des alliances avec les famille de Pernay, des Essarts, du Tronchay, de Vayres, de Marcillac, de Chasseval, de Lestrade, etc..... Ainsi qu'avec la plupart des anciennes familles de la province, notamment avec les familles de Biencourt, de Nesmond, Conturier de Fournoue, Coudert de La Faye, Chorllon de Saint-Léger, de Jabrillac, de Joubet, Vauchaussade de Chaumont, de Seiglières du Plantadis, etc..... On voit dans les manuscrits de la chambre des comptes de Paris, cette note (page 280), que Gilles de Tourniolle était un des principaux seigneurs qui accompagnèrent Saint-Louis « dans son voyage d'Afrique » (1270). Vers la même époque (1276), Philippe de Tourniole (de Turricula), chevalier, possédait une terre près de Saint-Flour, (*Archives nationales*, reg. 471, p. 132. — Dom Bétencourt, T. IV, p. 143.) Enfin, d'après le procès-verbal des Etats de Tours (1468), N..... Tourniole était un des chambellans de Louis XI.

I. — En 1522, Philippe, qui avait suivi le connétable de Bourbon dans sa disgrâce, commandait la Navarre pour l'Empereur. Il y fut tué en 1523. (Vély, p. 445.)

II. — Son fils aîné Pardoux, premier du nom, revint dans la Marche où il épousa Jeannotte Guimbert, qui lui donna : 1° Pardoux, ci-après ; 2° Etienne, mort sans descendance mâle, mais dont une fille, Gabrielle, était, en 1609, damoyselle d'honneur de la confrérie de la Nativité dans la chapelle de Saint-Silvain, à Guéret ; 3° Philippe, S^{gr} de La Faye, chef des branches de La Rodde et du Râteau. (*Mémoires de la soc. archéol. de la Creuse*, T. II, p. 423.)

III. — Pardoux, deuxième du nom. D'une quittance passée devant Dumas, notaire royal, le 29 août 1612, il appert que Philippe Tournyol, advocat du roy, et Etienne, son frère, avaient pris des lettres de rescision contre la renonciation qu'ils avaient faite en faveur de Pardoux, deuxième du nom, leur frère, à la succession de leurs père et mère. Il épousa Marie de Jabrillac, fille de noble Pardoux de Jabrillac et de N..... Il en eut : 1° Michel, ci-après ; 2° Philippe, mort sans postérité.

IV. — Michel, épousa Gilberte La Pointe, dont il eut Philippe.

V. — Philippe, deuxième du nom, épousa, par contrat du 13 février 1634,

Marie-Antoinette Martin (1), fille d'Isaac Martin (de la maison de Biencourt), chevalier, S^{gr} de Sagnevieille, Grandprat et Les Crosats, lieutenant en la vice-sénéchaussée de la Marche, et de Catherine Ceyssou. (*Nobil.*, 1re édition, T. I, p. 325.) De ce mariage il eut trois fils : 1° Gilbert, ci-après; 2° Pierre, docteur en théologie, curé de Jarnages, et 3° Olivier, chef de la branche de Saint-Léger.

VI. — Gilbert épousa, en 1663, Marie de Jabrillac, fille de noble François de Jabrillac et de N......, qui lui donna : 1° Philippe, ci-après; 2° Françoise, baptisée le 5 septembre 1677, et 3° Pierre, S^{gr} de Bournazeau, conseiller du roy et son procureur en la juridiction des eaux et forêts des provinces de la Marche et du Limousin, marié à Marie-Françoise Tube, dont il eut : A. — Nicolas, archiprêtre de Saint-Léger-le-Guérétois; B. — Philippe, qui lui succéda dans sa charge de procureur en la juridiction des eaux et forêts, et mourut, laissant de son mariage avec Marie Tournyol, une fille, Marguerite, née en 1727. Cette dernière épousa Joachim de La Font, conseiller du roi et mourut sans postérité, le 6 mai 1812.

VII. — Philippe, troisième du nom, S^{gr} de Bournazeau et de Gartempe, conseller du roy, premier président en la sénéchaussée et siège présidial de la Marche; né en 1664, mort le 20 septembre 1741. Il avait épousé 1°, par contrat du 21 décembre 1694, passé devant Jabrillac, notaire royal à Guéret, Anne Rondeau (Rondeoux), fille de noble Guillaume Rondeau, S^{gr} du Clos, et de Jeanne Tournyol, et 2°, par contrat du 9 septembre 1711, passé devant Josse (Jorc ou Fore), notaire royal à Guéret, Geneviève-Marie du Tronchay de Vayres (veuve de messire Godefroy de Chaussecourte, comte de Lépinas), fille de Louis du Tronchay, chevalier, S^{gr} de Martigné, marquis de Vayres, et de Renée Huault. Cette seconde union fut stérile, mais de son premier mariage étaient issus : 1° Guillaume, ci-après; 2° Elisabeth, mariée, par contrat, du 6 janvier 1725, à Olivier Tournyol, S^{gr} de La Rodde, conseiller du roi, capitaine des chasses royales, maître particulier des eaux et forêts, des provinces de la Marche et du Limousin.

VIII. — Guillaume, S^{gr} du Clos et de La Gorsse, né en 1692, mort le 2 octobre 1747, conseiller du roi, fut investi de la charge de premier président à la mort de son père, en 1744. Il avait épousé, par contrat du 30 mars 1727, passé devant Sudre, notaire royal à Guéret, mariage célébré le 6 avril 1727 (*Registres de Guéret*), Marie-Silvie Coudert de La Faye, fille de noble Silvain Coudert, escuyer, S^{gr} de La Vergne, La Ribière, Villechadeau et autres lieux, et de Silvie Bourgeois, dont il eut : 1° Philippe-Silvain, ci-après ; 2° Marie-Silvie, mariée, par contrat du 20 novembre 1751, passé devant Condes, notaire royal à Guéret, à noble Etienne Geay, S^{gr} de Convalettes et de Montenon, morte le 11 mai 1759, à trente-un ans, et 3° Marie-Thérèse, religieuse au prieuré de Blessac (ordre de Fontevrault), morte, le 16 octobre 1775, à quarante ans.

IX. — Philippe-Silvain, S^{gr} du Clos et de La Gorsse, né en 1727, mort le 12 vendémiaire an XII, conseiller du roi, devint premier président après la

---

(1) Sa sœur, Anne Martin, avait épousé noble Pierre Lejeune, conseiller du roi, président châtelain en l'élection de la Marche. NADAUD, *Nobiliaire*, T. II, p. 562.)

mort de son père, en 1747. Il se démit de sa charge et fut envoyé comme député aux États-généraux. Il fut ensuite membre de l'Assemblée constituante où il siégea constamment du côté droit. (*Archives révolutionnaires de la Creuse*, p. 284.) Il avait épousé, par contrat du 14 mai 1754, passé devant Seiglière et Richen, notaires royaux à Aubusson (1), Marie-Marthe de Landriève d'Espessat, fille de noble Gilbert-Amable de Landriève, S^{gr} d'Espessat, et de Catherine Bertrand. De ce mariage sont issus : 1° Benoît-Philippe, ci-après ; 2° Catherine, mariée, par contrat du 2 mars 1775, passé devant Cillet, notaire royal à Guéret, à Clément Hugon de Marcillac, gendarme de la garde royale.

X. — Benoît-Philippe, S^{gr} du Clos et de La Gorsse, né le 7 décembre 1756, mort le 25 septembre 1829, épousa, par contrat du 13 mars 1806, Françoise Lecler, nièce de la comtesse du Romel, fille de Gaspard Lecler, maire de la ville d'Aubusson, et de Gilberte Paris, dont il eut : 1° Silvain, ci-après ; 2° Antoine, et 3° Jeanne.

XI. — Silvain, né le 17 décembre 1806, a épousé : 1°, en 1834, Marie Rous de Biane, et 2°, par contrat du 13 décembre 1847, Anne-Marguerite-Thérèse de Rousilhon, fille de Jean-Baptiste-Alexandre de Rousilhon et de Suzanne-Agathe Gaultier du Marache du Villemoujeanne. Du premier mariage est issu : 1° Emile, marié, le 2 février 1864, à Elisabeth de Cortade, fille de Joseph-Noël-Trazile de Cortade-Cézan, ancien garde du corps, ancien magistrat, et de Agathe-Agnès-Flavina de Laffargue-Barès. Du second mariage sont issus : 2° Henri ; 3° Blanche.

2e branche. — *Seigneurs de La Faye, du Bouchet, etc.*

III bis. — Philippe, S^{gr} de La Faye, reçut gratuitement, le 15 août 1576, de la reine Isabelle ou Elisabeth d'Autriche, veuve de Charles IX, comtesse douairière de la Marche, Bourbonnais et Auvergne, les provisions de chastelain de Crozant. Il fut confirmé dans cette charge suivant lettres de confirmation données par Henri III, le dernier septembre 1579. (JOUILLETON. — *Histoire de la Marche*, T. I, p. 344, édition de 1814.) Le même jour, dernier septembre 1579, il reçut gratuitement du roy Henri III, sur la présentation de la reyne Elisabeth, des lettres de provisions d'advocat du roy en la sénéchaussée de la Marche. Les autres magistrats, qui avaient acheté leurs charges, protestèrent ; mais, le 15 avril 1586, le conseil rendit un arrest confirmatif d'un arrest du Parlement ordonnant que Philippe Tournyol, advocat du roy, assistera à tous procès, même à ceux de la vice-sénéchaussée, ainsi que les autres conseillers, et qu'il sera appelé pour rendre la justice en cas d'absence, maladie ou récusation des autres officiers. Il avait épousé Gabrielle de Perpirolles, fille de noble Pierre de Perpirolles et de Louise de St-Julien. De ce mariage sont issus : 1° Etienne, ci-après ; Gilbert, auquel (2)

---

(1) L'analyse de ce contrat, insérée dans l'*Inventaire imprimé des archives de la Creuse*, série B, page 27, contient deux erreurs : Goix pour Gorsse et Plassat pour Espessat.

(2) JOUILLETON. — *Histoire de la Marche*, T I, p. 349. — C'est par suite d'une confusion de noms que M. Jouilleton a fait octroyer à Philippe la charge de capitaine des chasses.

Louis XIII octroya gratuitement, en 1624, la charge de capitaine des chasses gruyers et forêts de la haute et basse Marche et du Limousin, « pour reconnaître en sa personne les services rendus par Philippe Tournyol à nos prédécesseurs roys et à nous, tant dans l'exercice de la charge d'advocat du roy durant quarante-cinq ans que dans d'autres occasions et commissions ». Il ne paraît pas avoir laissé de postérité.

IV. — Etienne, Sgr du Bouchet, du Râteau, de La Rodde et autres lieux, fut avocat du roi en la sénéchaussée de la Marche, suivant qu'il paraît par ses provisions de 1629, puis il devint président au présidial. Ses provisions sont du 23 décembre 1642. Suivant lettres du 13 mars 1648, signées par le roi et par la reine régente, il fut, « en considération des bons et agréables services rendus à lui et à son prédécesseur père, autorisé à faire mettre et apposer au lieu le plus éminent de ses maisons les armes, panonceaux et bastions royaux de France ». Aux termes d'un acte reçu par Borel, notaire royal, le 24 mai 1638, il avait acquis de Louis de Gourdon de Genouilhac, marquis de Vaillac-Castelneau, la terre et seigneurie du Râteau. (*Inventaire imprimé des archives de la Creuse*, série B, p. 17.) Il épousa N..... de Vallenet, d'une noblesse ancienne, dont le frère avait été fait noble vénitien et général des armées de la République. Il en eut trois enfants : 1º Gabriel, ci-après ; 2º Antoine, chef de la branche du Râteau, et 3º Gabrielle, mariée à noble François de Nesmond, Sgr de La Chassaigne, conseiller du roi au siège présidial de la Marche, qui mourut le 3 avril 1676.

V. — Gabriel, Sgr du Bouchet, La Rodde et autres lieux, succéda à son père comme président. Il avait épousé Marie de Monteil, dont il eut : 1º Antoine, ci-après ; 2º Olivier, chef de la branche de La Rodde ; 3º Gabrielle, mariée, par contrat du 2 mars 1683, à Silvain-Joseph de Biencourt, chevalier, Sgr de Peyzat, La Fortilesse, Mourtroux, Moutier-Mascart et autres lieux, dit le marquis de La Fortilesse. (Saint-Allais, T. XIV, p. 36.)

VI. — Antoine, Sgr du Bouchet, de La Grange Saint-Savin et autres lieux, cornette aux chevau-légers de la garde du roi, puis capitaine de cavalerie au régiment de Richelieu, épousa : 1º Silvie Mauduit, dont il eut Gabrielle, mariée à Jean-Silvain-Daniel Bonnet, président en l'élection, et 2º, par contrat du 5 mars 1690, Catherine Alabonne, fille de noble Charles Alabonne, sénéchal des Vazons, et d'Anne Bernard. (*Inventaire imprimé des archives de la Creuse*, série B, page 22.) De ce mariage sont issus : 2º Gabriel, ci-après ; 3º Marie, épouse de N.... Rogier des Essarts, lieutenant-général de la province du Limousin.

VII. — Gabriel, Sgr du Bouchet et autres lieux, capitaine au régiment d'Auriac, chevalier de l'ordre militaire de Saint-Louis, mort en 1760, à soixante-six ans, avait épousé Marie de Juge, dont il n'eut qu'une fille, Marie, mariée à N..... de Louveau, chevalier de l'ordre militaire de Saint-Louis et lieutenant du roi à la citadelle de Cambrai.

3ᵉ *branche.* — *Seigneurs du Râteau.*

V. — Antoine, Sgr du Râteau, La Rebière et autres lieux, fut conseiller et avocat du roi en la sénéchaussée et siège présidial de la Marche, ainsi qu'il appert de ses provisions qui sont de l'année 1657. (Dom Bétencourt, T. IV, p. 143.) Il mourut au château de Malval, où il s'était retiré, le 22 août 17.., et fut inhumé, le 23, dans l'église de cette paroisse. Il avait épousé, par contrat du 27 octobre 1667, passé devant M° Dissandant, notaire royal à Felletin, Marguerite Mirebeau, fille de Guillaume Mirebeau, Sgr des Fayes, Labrousse et Lanbizard, et de Marguerite Lombard. De ce mariage sont issus : 1° François ci-après ; 2° Guillaume, baptisé le 15 février 1679, qui ne paraît pas avoir laissé de postérité ; 3° Catherine, née en 1676, inhumée dans l'église de Malval, le 7 décembre 1762 ; 4° Jeanne, mariée à noble Guillaume Rondeaux du Clos, qui mourut le 16 novembre 1706, dont : A. — Anne, épouse de Philippe Tournyol ; B. — Marie, épouse de Annet de Sauzet, écuyer, Sgr du dit lieu ; C. — Antoinette ; D. — Marie, religieuse au prieuré de Blessac ; E. — Jean, procureur du roi, marié : 1°, par contrat du 30 mars 1703, à Marie Busselet, dont il eut une fille, Marie, qui épousa François de Jouhet, Sgr de Collonges, et 2°, à Marie Dubois.

VI. — François, Sgr du Râteau, conseiller et avocat du roi. Ses provisions sont de 1697. Il avait épousé, par contrat du 17 novembre 1700, passé devant Sudre, notaire à Guéret, relaté dans l'*Inventaire des archives de la Creuse*, série B, p. 24, Marie-Silvie de Biencourt, fille de Silvain-Joseph de Biencourt, chevalier, Sgr de Peyzat, La Fortilesse, Mourtroux, Moutier-Mascart et autres lieux, dit le marquis de La Fortilesse, et de Gabriel Tournyol. De ce mariage sont issus : 1° Guillaume, ci-après ; 2° Gabriel, né le 17 novembre 1716, témoin au contrat de mariage de Philippe-Silvain Tournyol (14 mai 1754), dans lequel il est qualifié de chevalier de l'ordre de Saint-Jean-de-Jérusalem. Ses preuves de noblesse sont du 16 mai 1728. Son admission en qualité de chapelain conventuel de l'ordre (langue d'Auvergne), fut prononcée le 3 juin 1728, sur la proposition du chevalier de La Renaudie et des commandeurs Dufour et Ragon. (*Archives du département du Rhône*, fonds de réserve de l'ordre de Saint-Jean-de-Jérusalem, langue d'Auvergne, série H, 195.)

VII. — Guillaume, Sgr du Râteau, avocat du roi et doyen des conseillers en la sénéchaussée et siége présidial de la Marche, et conseiller secrétaire du roi. Ses provisions sont de l'année 1734. (Certificat de Louis-Pierre d'Hozier, de 1764. Autre du 27 février 1766.) Il avait épousé Thérèse Rochon, dont il eut : 1° François, ci-après ; 2° Henri-Étienne, écuyer, Sgr de Gorse, curé de Saint-Silvain-d'Ahun, prieur de Notre-Dame de Saint-Silvain de Guéret et de Chanonnat en Auvergne ; 3° François-Joseph, chevalier, Sgr de Malvaleix, Peyzat, mousquetaire de la garde du roi (*Inventaire imprimé des archives de la Creuse*, série B, p. 31.), marié, par contrat du 11 février 1778, à Gilberte de Vauchaussade, fille de feu Claude de Vauchaussade, chevalier, marquis de Brousse, Sgr du Chalard, Saint-Blaise, et de Silvie-Claire de La Chapelle, dont il n'eut qu'une fille, Marie-Adélaïde ; 4° Catherine, mariée le 20 octobre 1760, à Silvain de Louche, Sgr de L'Age.

VIII. — François, Sgr du Râteau, conseiller secrétaire du roi et son avocat au siége présidial (Certificat de Louis-Pierre d'Hozier, du 27 février 1766.), avait épousé, par contrat du 30 novembre 1755, Jeanne Peschant, fille de noble Jean Peschant, Sgr de Saint-Martin, conseiller du roi, et de Jeanne Batis, dont il eut : 1° Louis-Charles, chef de bataillon, chevalier de l'orde royal et militaire de Saint-Louis, marié, par contrat du 16 juillet 1789, à Agathe-Suzanne Daniel de Pernay, fille de Joseph-Antoine Daniel, chevalier, Sgr de Tachainville, de Pernay et autres lieux, près Chartres, maître des requêtes, ancien président au Grand-Conseil, et de Suzanne Fournier. Il mourut sans postérité (Saint-Allais, T. VIII, p. 190.); 2° Henri-Etienne, ci-après; 3° Marie-Anne-Françoise, mariée à Pierre Gaultier du Marache de Villemoujeanne, dont : A. — Henri, marié à Séverines de Brettes; B. — Agathe-Suzanne, mariée à Jean-Baptiste-Alexandre de Rousilhon; C. — Anne-Marguerite, mariée à Louis-Jean-Marie de Lagrange, baron de Tarnac; D. — Jenny, mariée à Etienne Contisson Dumas; 4° Thérèse, morte célibataire.

IX. — Henri-Étienne, Sgr du Râteau, dit de Boislamy, capitaine de dragons, chevalier de Saint-Louis, avait épousé, par contrat du 10 février 1771, Anne Midre de La Chabanne, fille de François Midre de La Chabanne et de Françoise Bonneuil de L'Age-Toinet. De ce mariage sont issus : 1° Jean-Baptiste-Henri; 2° Marie-Anne-Sophie, mariée, le 23 juillet 1846, à Edouard-Pierre Callier.

4° branche. — Seigneurs de La Rodde, Jouhet, Collonges, etc.

Olivier, Sgr de La Rodde, servit d'abord en qualité de cornette au régiment d'Auriac. Lors de la suppression de ce régiment, il devint conseiller du roi, maître particulier des eaux et forêts de la province de la Marche et du Limousin. (Dom Bétencourt, T. IV, p. 143.) Il avait épousé, par contrat du 6 janvier 1725, Elisabeth Tournyol, fille de Philippe Tournyol, Sgr de Bournazeau et de Gartempe, et de Anne Rondeaux du Clos. De ce mariage sont issus : 1° Jean-Baptiste, ci-après; 2° Marie-Silvie, morte célibataire le 26 décembre 1808.

VII. — Jean-Baptiste, Sgr de La Rodde, Jouhet, Collonges et autres lieux, conseiller du roi, maître particulier des eaux et forêts, né le 7 décembre 1726, fut baptisé le 8 du même mois. Il eut pour parrain Jean-Baptiste Tournyol, prêtre, Sgr de La Breuille, et pour marraine Marie Rondeaux de Sauzet. Il épousa, par contrat du 3 novembre 1755, Catherine Bonnet (*Inventaire imprimé des archives de la Creuse*, série B, p. 27.), fille d'Etienne Bonnet, président au siège présidial, et de Valérie Chorllon de Cherdemont, dont il eut : 1° Etienne, ci-après; 2° Catherine, mariée à N..... de La Brideric; 3° Silvie, mariée à N..... de Laubard.

VIII. — Etienne, Sgr de La Rodde, Jouhet, Cherdemont, La Breuille et autres lieux, chevalier des ordres de Saint-Louis et de la Légion d'honneur, député du département de l'Yonne sous la Restauration, né en 1757, mort le 9 octobre 1855, à son château de Tannerre (Yonne). Il avait épousé Catherine Stample, dont il eut deux filles : 1° Catherine-Adèle, mariée à Alphonse-Gabriel-Augustin du Chemin, comte de Chasseval; 2° Silvie-Augustine-Claire, née en 1802, mariée au comte de Lestrade, chevalier de la Légion d'honneur, préfet de Charles X, morte le 20 juin 1866.

5e branche. — *Seigneurs de Saint-Léger, Chamredon, Les Valades, etc.*

VI. — Olivier, Sgr de Saint-Léger, Chamredon, Maufanges et autres lieux, conseiller du roi en la sénéchaussée et siège présidial de la Marche (Dom Bétencourt, T. IV, p. 143.), épousa Antoinette Bouchet, dont il eut : 1° Gabriel, ci-après ; 2° Jean-Baptiste, prêtre, Sgr de La Breuille et de Château-Cloup ; 3° Marie-Anne, mariée à Alexis-Pierre Conturier, écuyer, Sgr de Soumande, des Forges, de La Pauge, de Fournouc et autres lieux, conseiller, procureur du roi en la sénéchaussée de la Marche. (*Nobiliaire*, 1re édition, T. I, p. 621.)

VII. — Gabriel, Sgr de Saint-Léger, Chamredon, La Breuille et autres lieux, maître particulier des eaux et forêts, épousa Marie Moreau dont il eut : 1° Olivier, ci-après ; 2° Marie, épouse de noble Jean-Baptiste Chorllon. (*Nobiliaire*, III, 75.)

VIII. — Olivier, Sgr de Saint-Léger, Chamredon, Larode et autres lieux, maître particulier des eaux et forêts, capitaine des chasses royales, épousa Gabrielle Tournyol qui lui donna : 1° Jean-Baptiste, ci-après ; 2° Alexis, écuyer, Sgr de Beaumont, lieutenant au régiment de Navarre, qui institua son frère pour son unique héritier, aux termes du contrat de mariage de ce dernier.

IX. — Jean-Baptiste, deuxième du nom, chevalier de l'ordre royal de Saint-Louis, capitaine au régiment d'Armagnac, s'était marié alors qu'il était lieutenant au régiment de Navarre-infanterie, par contrat du 10 février 1770, avec Silvie de Seiglières du Plantadis, fille de Timoléon de Seiglières du Plantadis, chevalier, Sgr des Valades, et de Françoise Bonnet. (*Inventaire imprimé des archives de la Creuse*, série B, p. 29.) De ce mariage sont issus : 1° Etienne, ci-après ; 2° Catherine, morte célibataire, au château de Marsac, le 3 février 1858.

X. — Etienne, Sgr des Valades, capitaine au régiment de Navarre-infanterie, épousa Marie Giraudet de Boudemanges, dont il eut : 1° Pierre-Théodore-Emmanuel, mort en bas-âge ; 2° Annet-Emmanuelle, dite Annette, mariée, suivant contrat passé devant Boiron, notaire royal à Guéret, le 2 mars 1818, à Henri Tandeau de Marsac, chevalier de Saint-Louis, officier de la Légion d'honneur, capitaine-adjudant-major au régiment des chasseurs à cheval de la Vienne, fils de Louis-Henri-Armand Tandeau de Marsac, écuyer, Sgr de La Chabanne, et de Marie-Françoise de Nesmond.

Sources : Dom Bétencourt, *Noms féodaux* ; de La Roque et de Barthélemy, *Catalogue des gentilshommes de France en 1789* ; Vély, Villaret et Garnier, *Histoire de France* ; *Armorial inédit de d'Hozier* ; *Nobiliaire de Saint-Allais* ; *Mémoires de la Société archéologique de la Creuse* ; *Inventaire des titres des Célestins des Ternes* ; *Archives du département du Rhône* (fonds de réserve de l'ordre de Saint-Jean-de-Jérusalem : Malte, langue d'Auvergne ; *Archives du département de la Creuse* ; *Archives de la famille*.

TULLE. — Les armes de la ville de Tulle sont : *de gueules à trois rocs d'échiquier d'or* 2 et 1. Devise : *Sunt rupes virtutis iter*. On les trouve aussi avec un *chef d'azur à 3 fleurs de lis d'or*.

Le chapitre de l'église cathédrale de Tulle porte : *d'azur à un Saint-Martin à cheval d'argent coupant avec son sabre son manteau d'or, qu'il donne à un pauvre moitié vêtu d'argent, le tout sur un sentier d'or; au roc d'échiquier de même en chef à senestre*.

TURPIN (Page 240.), seigneurs de Busserolles, paroisse de Bussière-Poitevine : *d'azur à trois besans d'or* 2 et 1.

I. — Louis Turpin épousa Marguerite Alonne.

II. — Jacques Turpin épousa Françoise de La Lande ; le 4 août 1435, étant veuve, elle partagea la succession de son mari entre Jean et François, ses enfants.

III. — François Turpin, qui fit hommage au roi, le 14 avril 1539, épousa Françoise de Saint-Astier ; ils firent un testament mutuel en faveur de Moyse, leur fils, le 4 mars 1562.

IV. — Moyse Turpin, qui épousa, le 21 février 1583, Louise du Mosnard.

V. — Jacques Turpin épousa, le 4 décembre 1627, Jeanne Taveau.

VI. — Gaspard Turpin épousa, le 14 juillet 1649, Jacquette du Teil. (Maintenue de d'Aguesseau. — Bibliothèque de l'Arsenal.)

Supplément a la lettre U.

URIEL (Guillaume de), 47e évêque de Limoges, était prieur du monastère de Saint-Martial lorsqu'il fut élu, vers 1096. Il consacra l'église d'Uzerche, en 1097 (Geoffroy du Vigeois). Il mourut empoisonné, en 1100, et fut enseveli à Saint-Martial. (Nadaud, *Chronol. des évêques*.)

Uriel ou Huriel en Berri, lieu d'origine de cet évêque, est situé arrondissement de Montluçon (Allier). On y remarque une belle tour carrée, à contreforts plats, qui semble être une œuvre de la fin du xie siècle, et aurait été construite par Guillaume.

Pierre de Rochedagoux, Sgr du Breuil, et Marguerite de Montluçon, sa femme, vendirent la terre d'Huriel en Bourbonnais, à Louis de Brosse, Sgr de Sainte-Sévère, en 1350. (*Nobiliaire d'Auvergne*, art. Rochedagoux.)

USSEL. — Les armes de la ville d'Ussel sont : *d'azur à l'huis d'or verrouillé de sable accompagné de trois étoiles de même* 2 et 1. — Il ne faut pas confondre ce chef-lieu d'arrondissement du département de la Corrèze avec Ussel, canton de Chantelle (Allier); Ussel, canton de Saint-Flour (Cantal); Ussel, canton de Saint-Germain (Lot).

D'USSEL (P. 241.), marquis et comtes d'Ussel, barons de Châteauvert, de Crocq, de Saint-Martial-le-Vieux, Sgr de Charlus-le-Pailloux, du Bech, d'Eygurande, de La Garde-Guillotin, de Marze, de La Gasne, du Gombeix, des Ages, de La Bachellerie, de Saint-Germain, du Pagneix, de Flayat, de Bonnefont, de Bassignac, de La Garde, du Rieu, de Saint-Saturnin, de Chalagnat, de Salers, de Fontanges, de Saint-Victours, de Margeride, de Soubrevèze. Originaires de la Corrèze, répandus dans la Creuse, le Cantal, etc. En latin, *de Ussello*.

Peu de familles ont actuellement en France une origine aussi noble que la maison d'Ussel. Les généalogistes sont d'un commun accord ; tous sont convaincus que Guillaume d'Ussel, fondateur de l'abbaye de Bonnaygue, en 1157, était fils puîné d'Ebles III, vicomte de Ventadour, et de dame Agnès de Bourbon de Montluçon. Voilà certes une magnifique origine. Ce n'est pas tout. Ebles III descendait lui-même, en ligne directe, d'Archambaud, vicomte de Comborn, en 1080, et celui-ci de Fulcoad, établi comte de Rouergue, en 820, par Louis Le Débonnaire. Une forte présomption en faveur de l'opinion des généalogistes est la copossession de la ville d'Ussel entre les Ventadour et les d'Ussel, dès le milieu du XIIe siècle. On croit que Guillaume d'Ussel, fils puîné d'Ebles III de Ventadour, reçut en apanage une portion de la terre d'Ussel et en retint le nom, suivant l'usage des temps. Ce qu'il y a de certain, c'est que Guillaume fonda l'abbaye de Bonnaygue, au milieu d'un siècle tout féodal; il fallait bien que ce fut un seigneur riche et puissant. On remarque, en outre, qu'aux XIIe et XIIIe siècles, les prénoms des Ventadour et des d'Ussel sont les mêmes. Ceux d'Elie et d'Ebles leur sont particuliers, et l'on sait qu'au moyen âge, certains prénoms étaient souvent spéciaux à une même famille.

I. — Guillaume d'Ussel, coseigneur de la ville d'Ussel, Sgr de Charlus-le-Pailloux, du Bech, d'Eygurande, etc., était fils, suivant les généalogistes et la tradition, d'Ebles III de Ventadour et de dame Agnès de Bourbon. En 1157, il fonda l'abbaye de Bonnaygue. La charte de fondation se trouve dans la *Gallia christiana*. Son épouse avait nom Jeanne. Elle le rendit père de : 1° Elie, qui suit ; 2° Ebles, qui fit des donations à l'abbaye de Bonnaygue, en 1190-1200 ; 3° Pierre, Sgr de La Garde-Guillotin, en 1188-1218. C'est à lui que doit se rapporter ce passage de *l'Histoire de la ville d'Ussel*, par M. Delmas : « Guy d'Ussel, Elbes et Pierre ses frères, Elias, un de ses cousins, formèrent le projet de se livrer à la poésie, et d'aller chercher la fortune et la gloire dans les cours diverses des princes. Pierre, habile musicien, devait chanter les chansons de Guy et les sirventes d'Ebles. »

II. — Elie Ier d'Ussel, chevalier (*miles*), coseigneur d'Ussel, Sgr de Charlus-le-Pailloux, d'Eygurande, etc., fit une donation à l'abbaye de Bonnaygue en 1170. Il épousa Aiceline de Chaslus, fille de Hugues, et laissa :

III. — Hugues Ier d'Ussel, chevalier, coseigneur d'Ussel, Sgr de Charlus-le-Pailloux, donateur de l'abbaye de Bonnaygue en 1185; marié à Constance, dont : 1° Robert, qui suit ; 2° Gui, 1195 ; 3° N....., religieuse de la communauté de Blessac, près Aubusson.

IV. — Robert d'Ussel, chevalier, coseigneur d'Ussel, Sgr de Charlus-le-Pailloux, d'Eygurande, de La Garde-Guillotin, etc., en 1195, 1200, 1219, fut père de : 1° Hugues II, qui suit ; 2° Robert, abbé de Bonnaigue ; 3° Ebles, *alias* Eblon, vivant en 1235-1238. C'est lui qui, en 1233, vendit une portion de la ville d'Ussel à Ebles de Ventadour, son cousin. Il était chanoine de la cathédrale de Clermont en 1243 ; 4° Guillaume, 1235-1238.

V. — Hugues II d'Ussel, chevalier, coseigneur d'Ussel, S^{gr} de Charlus-le-Pailloux, d'Eygurande, 1216-1225, épousa Alais de Chénérailles, dont : 1° Elie II, qui suit ; 2° Robert, damoiseau, S^{gr} d'Eygurande en 1254. Il épousa une fille d'Amblard de Chalus, damoiseau, S^{gr} de Chaslus. Son scel est chargé d'un *écusson offrant une porte surmontée d'un lambel de trois pendants* ; 3° Agnès, mariée : 1°, à Guillaume de Villelume, chevalier, S^{gr} de Villelume et de Mérinchal ; 2°, à Raoul de Beaufort, chevalier S^{gr} de Beaufort ; 4° Guillaume, chevalier, S^{gr} de Charlus-le-Pailloux en 1248 ; 5° Pierre, damoiseau, lequel fit donation au chapitre d'Herment du Mas-de-La-Vedrine, près d'Ussel, en 1248 ; 6° Hugues, prieur de l'abbaye de Saint-Alyre, à Clermont-Ferrand, en 1256-1278.

VI. — Elie II, d'Ussel, chevalier, coseigneur de la ville d'Ussel, S^{gr} de Charlus-le-Pailloux, d'Eygurande, etc., ratifia, en 1269, avec le vicomte de Ventadour, la donation d'une maison à Ussel, pour loger les pauvres de la ville. Il eut : 1° Guillaume, qui suit ; 2° Guicharde, femme en 1275, de Robert Mel, damoiseau.

VII. — Guillaume d'Ussel, damoiseau, coseigneur de la ville d'Ussel, de Charlus-le-Pailloux, d'Eygurande, etc., vivait en 1275. Il fit une donation à l'abbaye de Bonnaygue en 1281 ; testa en 1326, laissant : 1° Elie, qui suit ; 2° Bonnet, frère servant du Temple, lors de l'interrogatoire de son ordre en 1309 ; 3° Armand, chanoine-comte de Brioude et abbé de Pébrac en 1276.

VIII. — Elie d'Ussel, chevalier, coseigneur d'Ussel, S^{gr} de Charlus-le-Pailloux, d'Eygurande, etc., en 1308 ; ne vivait plus en 1324. Il laissa entre autres enfants : 1° Hugues, qui suit ; 2° Huguette, *alias* Guionète, épouse, en 1331, de Durand Bellet, damoiseau, frère de Jean, bailli des montagnes d'Auvergnes en 1340.

IX. — Hugues d'Ussel, chevalier, coseigneur d'Ussel, S^{gr} de Charlus-le-Pailloux, d'Eygurande, etc., est qualifié damoiseau en 1328. Hugues est mentionné en 1335 et 1356. Ses enfants furent : 1° Guillaume, qui suit ; 2° Clémence, femme de Pierre de Salers, chevalier, S^{gr} de Salers ; 3° Huguette, religieuse dans l'abbaye de l'Eclade en 1368.

X. — Guillaume d'Ussel, damoiseau, coseigneur d'Ussel, S^{gr} de Charlus-le-Pailloux, de La Garde-Guillotin, etc., qualifié en 1353 et 1367, fils de noble et puissant seigneur Hugues d'Ussel, épousa Antoinette de Montfaucon. Il eut : 1° Hugues, que Froissard appelle Guyot, lieutenant du château de La Roche-Vendeix, pour son neveu, le célèbre Aymérigot de Marchès, capitaine d'une bande anglaise. Il épousa, par contrat du 16 mars 1383, Dauphine de Marchès, fille de Guillaume, S^{gr} de Marchès et de Boyleduc. Il testa le 16 mai 1409. Ses enfants furent : A. — Guillaume, S^{gr} de Charlus-le-Pailloux, coseigneur d'Ussel, mort sans enfants ; B. — Dauphine, mariée en 1407, à son cousin-germain, Astorg d'Ussel-d'Anglars ; C. — Autre Dauphine ; épouse d'Antoine d'Ussel, S^{gr} de La Garde-Guillotin, son cousin-germain ; D. — Brunicens, mariée à noble Géraud des Ages, E. — Marie, religieuse à Bourges en 1419-1431 ; 2° Georges, qui suit ; 3° Guillotin, S^{gr} de La Garde-Guillotin en 1420, marié à Dauphine de Montrognon, fille de Hugues, chevalier, S^{gr} d'Opme, et de Huguette de Vassel, dont : A. — Antoine, S^{gr} de La Garde-Guillotin en 1460, marié à Dauphine d'Ussel, sa cousine-germaine. De cette union : *aa*. — Jean, S^{gr} de La Garde-

Guillotin, époux de Louise de Comptour de Gioux. Son fils Claude, S^{gr} de La Garde-Guillotin, épousa Françoise de Tournemire, dame de Marze, et fut père de Claudine, dame de Marze et de La Garde-Guillotin, mariée à Gilbert de Robert-Lignerac, chevalier; *bb*. — Catherine, mariée, en 1496, à Béraud Hautier, chevalier, S^{gr} de Villemontée; 4° Marguerite, mariée à Emery (Aimeric) de Marchès, chevalier, S^{gr} de Charlus-Marchès et de Noblac, père du célèbre Aymérigot; 5° Maragde, femme, en 1393, de Rigon de Champiers; 6° Géraud.

XI. — Georges d'Ussel, chevalier, S^{gr} d'Anglars, vivait en 1380-1409. Il épousa, vers 1385, Galienne d'Anglars, dame d'Anglars, fille unique d'Yves, chevalier, S^{gr} d'Anglars. Par ce mariage, il fut substitué aux nom et armes d'Anglars. On verra que ses descendants furent fidèles à la clause de cet acte, puisque l'un de ses petits-fils retint le nom et les armes d'Anglars. Georges d'Ussel laissa le suivant :

XII. — Astorg, *alias* Eustorge d'Ussel, appelé aussi Astorg d'Anglars, fut S^{gr} d'Anglars, en vertu de la substitution faite au profit de son père. Il est qualifié haut et puissant seigneur; testa le dernier novembre 1428, étant sur le point de partir pour la guerre contre les Anglais, avec Charles, comte de Ventadour. Sa première femme fut Dauphine d'Ussel, sa cousine-germaine, fille de Hugues, chevalier, coseigneur d'Ussel, S^{gr} de Charlus-le-Pailloux, et de dame Dauphine de Marchès, mariée le 7 juillet 1407; la seconde, Marguerite de Rochegadoux, dame de Saint-Victour et de Soubrevèze, fille de Vital, chevalier, et d'Alix de La Roche. Du premier lit naquirent : 1° Jean, appelé aussi Jean d'Anglars, S^{gr} de Charlus-le-Pailloux. Il testa le 3 janvier 1457, institua pour héritier universel, Georges d'Ussel d'Anglars, son frère, et ne laissa pas d'enfants d'Agnès de Montmorin, son épouse; 2° Georges, qui retint le nom d'Anglars. Il fut S^{gr} d'Anglars, épousa Jeanne d'Ornhac, de laquelle il n'eut qu'une fille : A. — Anne, mariée à « magnifique et puissant homme messire » Claude de Montfaucon, chevalier, S^{gr} d'Alest, baron de Vezenobre, père de Jeanne, dame d'Anglars, mariée à Louis de La Croix, baron de Castries; 3° Galienne, mariée à noble homme Antoine de La Beysserie, damoiseau, S^{gr} de La Beysserie et de Marsilhac; 4° Marguerite, légataire de son père en 1428; du second lit naquirent : 5° Jean, connu sous le nom d'Anglars, S^{gr} de Saint-Victour et de Soubrevèze, marié à Philippie de Lubertès, dont : A. — Antoine, damoiseau, S^{gr} de Saint-Victour en 1487. Il épousa en 1504, Hélène de Gain, fille de Jacques, S^{gr} de Linars. De ce mariage : *aa*. — Jacques, S^{gr} de Saint-Victour, en 1549-1559, marié à Anne de Coustin, qui le rendit père de Françoise, dame de Saint-Victour, mariée, par contrat du 24 avril 1575, à Jacques de Saint-Nectaire, chevalier de l'ordre du roi, gentilhomme ordinaire de sa chambre : *bb*. — Antoine, S^{gr} de Saint-Victour et de Margeride en 1532; *cc*. — Hector; B. — Bertrand, S^{gr} de Saint-Victour et de Soubrevèze en 1493, marié à Lucques de Bort-de-Pierrefite, dame de Longuevergne. Il eut : *aa*. — Jeanne, mariée en 1512, à Guinot de Montclar, S^{gr} de Montbrun; *bb*. — Françoise, mariée en 1523, à Charles de Dienne de Chavaniac; C. — Marguerite, mariée, le 24 novembre 1478, à Jean Malengue, écuyer, S^{gr} de Lespinasse; 6° Jean, qui suit; 7° Jean, lequel retint le nom d'Anglars. Il est tige de la branche d'Anglars-de-Bassignac, dont nous donnerons la filiation ci-après; 8° Jeanne, mariée, le 20 janvier 1434, à

Jacques de Verneughol, écuyer, S^{gr} de La Bachellerie ; 9° et 10° Eglenette et Isabelle. Leur père voulait, dans son testament, qu'elles se fissent religieuses à Bonnesaigne ; 11° Jean, abbé de Saint-Alyre, à Clermont, en 1434.

XIII. — Jean d'Ussel, chevalier, qualifié noble et puissant seigneur, naquit vers 1430. Il fut S^{gr} de Charlus-le-Pailloux, coseigneur d'Ussel. Sa première femme fut Anne d'Aubusson, fille de Guillaume et de Marguerite Hélie. La seconde, Françoise Andrieu, dame de La Gane, fille d'Antoine, écuyer, S^{gr} de La Gane, de Roussillon, du Gombeix, etc. Du second lit naquirent : 1° Georges II, qui suit ; 2° Galienne, religieuse à l'Eclache, en 1461.

XIV. — Georges II d'Ussel, chevalier, S^{gr} de Charlus-le-Pailloux, coseigneur d'Ussel, etc., épousa Marguerite de Bonnefont, par contrat du 30 janvier 1502, fille de Guy, chevalier, S^{gr} de Bonnefont, de La Bachellerie et des Ages. Il obtint une bulle d'un pape, lui accordant différentes permissions, et laissa : 1° Jean, qui suit ; 2° Anne, mariée, le 28 juillet 1549, à Charles de Chaslus, chevalier, S^{gr} d'Hauteroche, fils de Maurice, S^{gr} de Couzans ; 3° Jeanne, épouse de Guy d'Anglars, son cousin ; 4° Jacqueline, mariée à Georges de La Beysserie, dit d'Ussel ; 5° Françoise, mariée, le 15 juin 1524, à Gaspard de Saint-Aignant, S^{gr} de La Gastine.

XV. — Jean d'Ussel, chevalier, qualifié haut et puissant seigneur, né en 1506, fut baron de Châteauvert, S^{gr} de Charlus-le-Pailloux, coseigneur d'Ussel, etc. Il épousa, par contrat du 16 novembre 1522, Charlotte de Rochefort-Châteauvert, fille de Guillaume, chevalier, baron de Châteauvert, S^{gr} de La Courtine, de Mérinchal, etc., et de Jeanne de Pestel. Elle eut la baronnie de Châteauvert en partage, ce qui fit que son mari se fixa dans cette terre. Ses enfants furent : 1° Guy, *alias* Guynot, chevalier, baron de Châteauvert, chevalier des ordres du roi. Il épousa Gabrielle de Saint-Georges, morte sans enfants ; 2° Antoine Ier, qui suit ; 3° Joseph, reçu chevalier de Saint-Jean-de-Jérusalem, le 3 décembre 1546. Il servit dans le ban de la noblesse du Limousin en 1553, vivait encore en 1568 ; 4° Jacqueline, mariée, le 28 juin 1557, à Charles Rochette, écuyer, S^{gr} des Hoteix, fils de François et de Louise de Faulcon. Sa fille Louise, épousa, par contrat du 8 mai 1577, Gabriel de Saint-Georges, fils de feu noble Amable, chevalier de l'ordre du roi, S^{gr} du Breuil, et de Louise de Boucard.

XVI. — Antoine Ier d'Ussel, chevalier, baron de Châteauvert, S^{gr} de Charlus-le-Pailloux, du Bech, de Bonnefont, des Ages, de La Bachellerie, du Gombeix, coseigneur d'Ussel, fut gentilhomme ordinaire de la chambre du roi Henri IV. Plaidant, en 1580, avec le seigneur de La Gastine, il exposa : « qu'il met au premier rang, comme fondamental et de fait, celui qui conserve le nom et armes comme descendant et universel héritier des S^{grs} d'Ussel et de Charlus, et déclare, en outre, qu'il donnerait aussitôt la terre de Charlus pour un teston ou pour un plat de lentilles, comme fit Esaü son droit d'aînesse à Jacob, que de se départir plutôt du nom et armes d'Ussel et de Charlus aux mêmes grades et conditions que ses prédécesseurs en ont usé de légitime mémoire ». Antoine d'Ussel s'occupa de poésies. On trouve sur un terrier quelques fragments de ses compositions littéraires. Le 27 mai 1593, jour de l'Ascension, Châteauvert fut pris par trahison et

Antoine d'Ussel fait prisonnier. La ligue était alors en pleine vigueur. Le comte de Levis, François de La Mothe, S^{gr} de Maslaurent, Loys de La Borde et Raimond de Guillaumanche rançonnèrent Antoine d'Ussel à 4,000 livres et pillèrent le château. Le plaintif eut recours au Parlement de Bordeaux, qui condamna ces seigneurs à restituer tout ce qu'ils avaient enlevé, avec dommages et intérêts. Antoine d'Ussel avait épousé, par contrat du 10 janvier 1572, Claudine de Lestrange, fille de haut et puissant seigneur Louis, marquis de Lestrange, S^{gr} de Maignac, lieutenant-général de la haute et basse Marche, gentilhomme ordinaire de la chambre du roi, et de Rose Rochette des Hoteix. De ce mariage : 1° Antoine II, qui suit ; 2° Gabriel, qui testa le 8 mars 1601. Il mourut sans alliance ; 3° Jacques ; 4° Catherine, mariée en décembre 1609, à Pierre de Mary, S^{gr} de Curziat, vice-sénéchal du Limousin ; 5° Louise, mariée, le 29 janvier 1607, à Hierosme de Combes, écuyer, S^{gr} de Palabotz et vicomte de Miremont, fils de Jean et de Jeanne Challamel. Il est l'auteur de la branche de Combes-Miremont, dont MM. de La Farge de Rioux sont les héritiers ; 6° Jeanne, religieuse dans le monastère de La Règle, à Limoges, en 1699 et 1621.

XVII. — Antoine II d'Ussel, chevalier, baron de Châteauvert, S^{gr} du Bech, coseigneur de la ville d'Ussel, etc., acheta la seigneurie de Saint-Martial-le-Vieux, à Antoine de Langeac, le 7 novembre 1609 ; Marguerite de Langeac, qu'il avait épousée le 18 mars 1606, lui apporta 51,000 livres de dot. Elle était fille de Gilbert, S^{gr} de Dallet, et d'Antoinette Grasdepain. De ce mariage : 1° Gilbert, qui suit ; 2° Gasparde, née en 1612, mariée, en premières noces, à haut et puissant seigneur Antoine Green de Saint-Marsault, chevalier, seigneur, vicomte du Verdier, fils de Charles, gentilhomme ordinaire de la chambre du roi, et de Jeanne de Saint-Nectaire ; en secondes noces, le 9 février 1649, à Jean-Annet de Fontanges, écuyer, S^{gr} d'Hauteroche, de Fournols, etc. ; 3° Gilbert, mort jeune ; 4° Jacqueline, née en 1620. Elle fit profession dans le monastère de la Visitation de Montferrand, le 11 octobre 1636 et reçut 4,000 livres de dot moniale ; 5° Jeanne, religieuse dans l'abbaye de La Règle, à Limoges.

XVIII. — Gilbert d'Ussel, chevalier, baron de Châteauvert, coseigneur d'Ussel, S^{gr} de Saint-Martial-le-Vieux, du Bech, etc., né au château du Bech, le 11 mars 1610, fut maintenu dans sa noblesse d'extraction, le 13 novembre 1667. Il avait épousé en premières noces, le 20 septembre 1637, Claudie de La Roche-Aymon, fille de Renaud et d'Antoinette de Brichanteau-Nangis. En secondes noces, le 19 mars 1650, Antoinette de Peyrat de Jugeals, qui testa en 1684, fille de Mercure, chevalier, S^{gr} de Veillant, et de Louise de Prelat. Du premier lit : 1° Marie, née en 1640 ; elle fit profession le 5 octobre 1659, dans le couvent des Ursulines d'Ussel ; du second lit : 2° Guy, qui suit ; 3° Louise, née le 4 novembre 1653, mariée, le 19 octobre 1680, à François-Edme de Bosredon, marquis de Vatanges. Elle mourut en 1692 ; 4° Henri, né en 1655. Il fit ses preuves de noblesse pour l'ordre de Malte, le 26 mars 1667, et fut reçu chevalier la même année ; 5° Jeanne, née en 1658 ; elle fit profession, le 19 mars 1677, dans le couvent de la Visitation de Riom.

XIX. — Guy Ier d'Ussel, chevalier, baron de Châteauvert, coseigneur d'Ussel, S^{gr} de Saint-Martial-le-Vieux, du Bech, de Charlus-le-Pailloux, etc. naquit à Châteauvert, en 1651. Il fut nommé cornette d'un régiment, le

26 juillet 1678, testa le 14 février 1703. Il avait épousé, le 28 février 1677, Marguerite de Barthon de Montbas, fille de Philibert, chevalier, S^{gr} de Massenon, du Moutier-d'Ahun, etc., et de dame Anne Audier. De ce mariage : 1° Philibert, qui suit ; 2° Léonard, né le 14 décembre 1682. Il fit ses preuves de noblesse pour être reçu chevalier de Malte, le 1er mai 1694, devint commandeur de Brioude et mourut en 1754 ; 3° autre Léonard, reçu chevalier de Malte, le 29 octobre 1695, commandeur des Bordes, grand bailli de Lyon, mort à Brive en 1761 ; 4° François, baptisé le 17 février 1686. Il fit ses preuves de noblesse pour Malte, le 2 février 1697, et fut reçu chevalier, le 20 janvier 1698. Il devint commandeur de Maisonice, et mourut en 1762 ; 5° Léonard, né le 28 juin 1692. Il embrassa la carrière ecclésiastique ; 6° Guy, ecclésiastique. Son titre clérical est du 27 septembre 1706. Louis de Langeac, S^{gr} de Bonnebaud, chanoine-comte de Brioude, fit résignation, en sa faveur, de son canonicat, le 4 juillet 1700. Guy d'Ussel prit possession de sa prébende le 6 octobre de la même année, après avoir prouvé seize quartiers de noblesse.

XX. Philibert d'Ussel, chevalier titré, marquis d'Ussel, baron de Châteauvert, S^{gr} du Bech, de Saint-Martial-le-Vieux, coseigneur de la ville d'Ussel, etc., naquit en 1678. Quoique l'aîné de sa famille, il se fit d'abord recevoir chevalier de Malte, le 22 octobre 1693 ; mais plus tard, s'étant fait relever de ses vœux par le Souverain-Pontife, il épousa, le 5 septembre 1706, Jeanne de Joussineau de Tourdonnet, fille de Philibert, chevalier, S^{gr} de Fayat et Tourdonnet, et de dame Anne de Bonneval. De ce mariage : 1° Guy II, qui suit ; 2° François-Aimé, né en 1710. Il fit ses preuves pour Malte, le 13 août 1721, fut reçu chevalier le 12 novembre suivant, devint commandeur de Saint-Georges, et mourut en 1778 ; 3° Henri-Valérie, reçu chevalier de Malte le même jour que son frère, le 12 novembre 1721. Il fut capitaine dans le régiment du roi et mourut à la bataille de Fontenay, le 11 mai 1745 ; 4° Léonarde, religieuse dans l'abbaye des Allois, puis abbesse de l'abbaye royale de Bonnesaigne, morte en 1777.

XXI. — Guy II, marquis d'Ussel, baron de Châteauvert et de Crocq, S^{gr} de Saint-Martial-le-Vieux, du Bech, coseigneur de la ville d'Ussel, etc., baptisé le 3 juillet 1707 ; acheta la baronnie de Crocq, en 1738, à M. Bertin, maître des requêtes. Il monta dans les carrosses du roi, à la suite des preuves nobiliaires qu'il fit. Il avait épousé, le 20 février 1732, Marguerite de Saint-Julien, dame de Flayat, fille d'Antoine, comte de Saint-Julien, S^{gr} de Flayat, des Moulins, de La Ramade, d'Hautefeuille, et de Marguerite de Belin. De cette union : 1° Marc-Antoine, qui suit ; 2° Jean-Valérie, chevalier de Malte, reçu page du roi en la grande écurie, mort jeune ; 3° François-Aimé, reçu chevalier de Malte, le 11 août 1746, commandeur de Saint-Georges en 1773 et 1783, mort lors de la prise de Malte par Bonaparte ; 4° Jean-Hyacinthe, dont la postérité sera rapportée après celle de Marc-Antoine, son frère aîné ; 5° Marguerite, abbesse de l'abbaye des Allois à Limoges, morte en 1806 ; 6° Marie, mariée en 1768, à Jacques de Gain-Linars, chevalier, baron d'Euval, S^{gr} de Teyssonnières et de Goursolles, capitaine dans le régiment d'Enghien.

XXII. — Marc-Antoine, marquis d'Ussel, baron de Châteauvert, coseigneur de la ville d'Ussel, baron de Crocq, S^{gr} de Flayat, etc., capitaine dans le régiment de Conty (cavalerie), le 15 mai 1748 ; fut nommé chevalier de

DU LIMOUSIN.

Saint-Louis, le 19 avril 1763. Il avait épousé, le 16 juin 1762, Catherine-Claire de Salvert de Montrognon, fille de haut et puissant seigneur François, marquis de Salvert, S^{gr} de La Rodde, de La Garde, du Triouloux, etc., mousquetaire gris, et de dame Jeanne-Marie de Méalet de Fargues de Vitrac ; elle épousa, en secondes noces, le comte de Joussineau de Tourdonnet. Marc-Antoine d'Ussel fut le père de : 1° Léonard, qui suit; 2° François-Aimé, chevalier de Malte, mort jeune ; 3° Alberte-Gilberte, mariée, le 18 mai 1786, à Jean-Louis de Monamy, baron de Mirambel, S^{gr} de Saint-Remy, de La Courtine, etc., fils de François, baron de Mirambel, et de Jeanne de Bosredon de La Breuille. De cette union : A. — Catherine-Claire, mariée en 1808, à Michel-Victor Burin des Rauziers ; B. — Rosalie, épouse de N..... Vézit de Beaufort ; 4° Léonarde-Rosalie, mariée au baron de Beaune de Romanet, chevalier, S^{gr} de Beaune, chevau-léger de la garde du roi, chevalier de Saint-Louis, dont une fille, mariée à M. de l'Hermite ; 5° Louise-Marie, épouse du comte Joseph de Cosnac, capitaine au régiment de Penthièvre, chef d'escadron, aide-de-camp du duc de Penthièvre, chevalier, de Saint-Louis.

XXIII. — Léonard, marquis d'Ussel, naquit le 12 septembre 1767. Il fut convoqué à l'Assemblée de la noblesse du Bas-Limousin, en 1789, fut sous-lieutenant dans le régiment du roi (infanterie), et contracta alliance en 1784, avec Joséphine-Honorée-Souveraine de La Rochefoucauld-Cousages, fille du comte de La Rochefoucauld-Cousages, vice-amiral, grand'croix de Saint-Louis, et de Louise-Françoise de Rochechouart, dont : 1° Hyacinthe-Aimé, mort sans enfants ; 2° Louis-Armand, marquis d'Ussel, ancien sous-lieutenant d'infanterie sous la Restauration, maire de la commune de Saint-Oradour (Creuse), marié à Mlle Berthe de Chazelles. Il n'a pas d'enfants ; 3° Louis-Annet-Marien, comte d'Ussel, né le 23 août 1789, capitaine de grenadiers, réformé en 1814, par suite de blessures reçues à la dernière campagne ; il reprit du service dans les gardes du corps, en 1815, fut chevalier de la Légion d'honneur et retraité capitaine. Il épousa, le 7 février 1827, Jeanne-Eulalie du Bost de Fressange, dont : A. — Louis-Henri-Alexandre-Armand, comte d'Ussel, capitaine-commandant au 5e dragons, né le 13 mars 1828, marié, le 5 mai 1856, à Mlle Sidonie-Eléonore-Martin de Puytison, fille de Bernard et d'Elisabeth de Malden. De cette union : aa. — Marc-Antoine-Anne-Marie, né à Rouen, le 14 juillet 1860 ; B. — Annet-Marie-Anatole, vicomte d'Ussel, né le 28 novembre 1832 ; il a servi dans le 1er chasseurs d'Afrique ; C. — Jean-Jacques, baron d'Ussel, né le 19 mars 1836 ; D. — Caroline-Marie, née le 9 novembre 1842, élevée à Saint-Denis ; 4° Joseph, sous-lieutenant de dragons, mort en 1815 ; 5° Gustave-Auguste, vicomte d'Ussel, qui se retira du service par suite des blessures qu'il reçut dans l'affaire de Leipsick ; il épousa Mlle Clarisse d'Arfeuille, dont : A. — Henri, maréchal-des-logis au 5e dragons ; retiré du service ; B. — Victorin, né le 19 février 1837, prêtre, vicaire de la paroisse de Crocq ; C. — Marie.

Seconde branche (existante).

XXII. — Jean-Hyacinthe, comte d'Ussel, baron de l'empire, fils de Guy, marquis d'Ussel, et de Marguerite de Saint-Julien, fut baptisé, le 17 janvier 1748, dans l'église de Saint-Pourçain (Allier). Il fit ses preuves de noblesse devant d'Hozier, le 9 juillet 1766, pour être reçu page du roi en sa petite écurie ; était, en 1789, capitaine dans le régiment, mestre de camp de cavalerie, devint lieutenant-colonel du 6e régiment de dragons, syndic de la Corrèze, conseiller de préfecture et membre du corps électoral du même département. Il fut présenté, en 1812, comme candidat pour le Sénat. Il est mort à l'âge de cent-un ans, le 9 janvier 1849. Il avait épousé, le 20 avril 1775, Madeleine du Bois de Saint-Hilaire, fille de Jean-Jacques, chevalier, baron de Saint-Hilaire, Sgr de Chameyrat, de La Borde, de Villeneuve, etc., et de Marguerite David. De cette union : 1° Pierre-Hyacinthe, né à Brive, en 1775, mort à vingt-quatre ans, par suite des blessures et des fatigues qu'il avait essuyées dans l'armée du Nord, en 1793 et 1794 ; 2° Jean-Hyacinthe-Jacques, qui suit ; 3° Jean-Jacques-Hector, né à Brive, le 13 septembre 1785, officier dans le 16e régiment de dragons, chevalier de la Légion d'honneur, officier du même ordre à vingt-trois ans. Il fut présenté par son régiment comme le plus brave pour l'ordre des Trois-Toisons créé par Bonaparte, et fut tué en Espagne, le 21 juillet 1811. Ce jeune homme promettait d'avoir un avenir brillant.

XXIII. — Jean-Hyacinthe-Jacques, comte d'Ussel, ancien membre du conseil général du département de la Creuse, maire de la commune de Flayat, a épousé, le 14 juin 1808, Marie-Jeanne du Giraudès, fille de Marc-Antoine, écuyer, Sgr de Bournazel, et de dame Michelle Lignareix de Bonnefont. De ce mariage : 1° Jean-Hyacinthe-Alfred, qui suit ; 2° Louise, morte jeune.

XXIV. — Jean-Hyacinthe-Alfred, comte d'Ussel, né le 16 janvier 1809, chevalier de la Légion d'honneur, membre du conseil général du département de la Corrèze, directeur de la ferme-école de Neuvic, a épousé, le 31 mai 1840, Mlle Marie-Louise-Pierre-Claire Esquiron de Parieu, fille de M. Hippolyte, officier de la Légion d'honneur, maire de la ville d'Aurillac, député du département du Cantal, et de dame Elisabeth-Félicie Peillard. De ce mariage : 1° Jacques-Marie-Philibert, né le 9 avril 1841, élève de l'Ecole polytechnique ; 2° Paul-Marie, né le 13 février 1843, élève de l'Ecole de Saint-Cyr.

Branche d'Ussel-d'Anglars, (existante); seigneurs de Bassignac.

XIII. — Jean 1er d'Ussel-d'Anglars, damoiseau, Sgr de Bassignac, deuxième fils d'Astorg d'Ussel, Sgr d'Anglars, et de Marguerite de Rochedagoux, retint le nom et les armes d'Anglars en vertu de la substitution faite au profit de

Georges d'Ussel, son grand-père. Il vivait en 1460-1476, épousa Françoise de Bassignac, dame de Bassignac, fille de noble Hugues, S^{gr} de Bassignac, et d'Isablle Renaud. De ce mariage naquit Jean II, qui suit.

XIV. — Jean II d'Anglars, damoiseau, S^{gr} de Bassignac en 1476-1484, épousa Anne de Balzac, dont : Bernard, qui suit.

XV. — Bernard d'Anglars, écuyer, S^{gr} de Bassignac en 1511, rendit foi-hommage en 1518 à Jean Lévis, comte de Charlus, pour la terre de Bassignac. Il était sur le point de partir pour l'armée, le 27 mai 1533, lorsqu'il fit son testament. On ignore le nom de sa femme. Il eut : 1° Etienne, qui suit ; 2° Pierre ; 3° Louise ; 4° Anne.

XVI. — Etienne d'Anglars, écuyer, S^{gr} de Bassignac en 1533, épousa, le 6 février 1535, Jeanne de Chastellet, fille de Gilbert, écuyer, et d'Antoinette de Traverse. De ce mariage : 1° Antoine, qui suit ; 2° Françoise, mariée, le 8 janvier 1582, à Jacques de Gioux, écuyer, S^{gr} de Gioux.

XVII. — Antoine d'Anglars, écuyer, S^{gr} de Bassignac, rendit hommage à Charles de Lévis, baron de Charlus, le 5 juin 1560. Il servait en 1587 en qualité d'homme d'armes de Claude Lévis, chevalier de l'ordre du roi. Il avait épousé, le 21 février 1574, Antoinette de Gouzel, fille de Guy, S^{gr} de Ségur et de Marmiesses, et de Louise Pouzol. Il eut : 1° Guy, qui suit ; 2° Gabriel ; 3° Jean, auteur de la branche de La Garde. Il épousa, le 24 novembre 1620, Françoise de Maslaurent, dont : A. — Claude, écuyer, marié, en 1663, à Marie de Tautal, dame de La Garde. Il testa, en 1674, laissant : aa. — Pierre, S^{gr} de La Garde, marié, en 1694, à Françoise de Sartiges. De cette union : François, S^{gr} de La Garde, marié, en 1720, à Marguerite Bertrandy, dont Claude, S^{gr} de La Garde, époux de Marguerite Bouchy. De cette union : François, S^{gr} de La Garde, marié : 1° à Jeanne de Tournemire ; 2°, le 4 février 1783, à Pierrette-Jeanne Valette de Rochevert ; du second lit : Marie-Marguerite, mariée, en 1802, à Philippe-Balthazar de La Vaissière de La Vergne, et Claude-Pierre, marié à Mlle Chabannes-Sauvat, dont une fille, Aglaée, mariée à Marc-Antoine de Ribier de Tautal ; B. — Françoise, mariée, en 1638, à Gabriel de Sartiges, S^{gr} de Lavaudès ; C. — Antoinette, mariée à N...... de Pons de La Grange, S^{gr} de Roche-Charles ; D. — Hippolyte, marié, en 1638, à Armande de Bouchut ; 4° Claude, écuyer, S^{gr} de Rieu, marié, en 1618, à Guyotte Chandezon ; il fut chevau-léger dans la compagnie du sieur de Varilettes en 1635 et laissa : aa. — François, S^{gr} de Chalagnat, marié, en 1652, à Louise de La Bachellerie, dont un fils, Guy.

XVIII. — Guy d'Anglars, écuyer, S^{gr} de Bassignac et de La Barendie, servit, en 1628, dans la compagnie des gendarmes de Gaston de France, duc d'Orléans. Il vivait encore en 1642 et laissa, de Catherine de Ribier, qu'il avait épousée le 2 septembre 1606 :

XIX. — François d'Anglars, écuyer, S^{gr} de Bassignac et de La Barendie, lequel servait, en 1635, dans la compagnie des chevau-légers, commandée par le marquis d'Alègre. Il fut maintenu dans sa noblesse d'extraction, le 15 décembre 1666, par M. de Fortia, intendant d'Auvergne. Il avait épousé, le 20 mai 1642, Gabrielle de Tautal, fille de Jean, écuyer, S^{gr} de Chanterelle, et de Catherine du Châtelet, dont : 1° Roger, qui suit ; 2° Guy, écuyer, S^{gr} du Rieux, marié, en 1683, à Jeanne de Veyssière, dame de Saint-Saturnin. De cette union : A. — Barthélemy, marié, en 1728, à Jeanne Boyer de Mezerat ;

B. — Françoise, mariée, le 16 octobre 1722, à François d'Anglars de Nouzerolles, fils de Roger, S^{gr} de Bassignac, et de Françoise Tyssandier.

XX. — Roger d'Anglars, écuyer, S^{gr} de Bassignac et de La Baraudie, fut choisi par le roi Louis XIV, en 1702, pour faire la capitation de la noblesse du bailliage de Salers, conjointement avec le sieur d'Ormesson. Il avait épousé, le 3 novembre 1679, Françoise Tyssandier, fille d'Antoine, conseiller du roi, lieutenant-particulier civil et criminel au bailliage des montagnes d'Auvergne à Salers, et de Gilberte-Marie du Bois de Saint-Etienne. De ce mariage : 1° Antoine, qui suit ; 2° François, écuyer, S^{gr} de Nouzerolle et de Saint-Saturnin, marié, en 1722, à Françoise d'Anglars, dame de Saint-Saturnin. Il eut : A. — Barthélemy, écuyer, S^{gr} de Saint-Saturnin, marié à Jeanne Neyron, fille de Joseph, S^{gr} de Chirouze, et de Marie-Anne Baraduc. De cette union : *aa*. — François, baron du Montel, S^{gr} de Saint-Saturnin, mousquetaire, en 1775, dans la compagnie de Montboissier ; *bb*. — Françoise-Catherine, mariée, le 17 janvier 1785, à Michel-Henri Ferrand de Fontorte, officier de cavalerie au régiment de Royale-Navarre, fils de Michel-Amable et de Jeanne-Antoinette de Rebès de Sampigny ; 3° Pierre, capitaine au régiment de Guyenne, chevalier de Saint-Louis ; 4° Philippe-Radegonde, mariée, en 1706, à Gilbert de Ribier, écuyer, S^{gr} de Chavagnac.

XXI. — Antoine II d'Anglars, écuyer, S^{gr} de Bassignac, de La Barendie, de Roche-Charles et de La Mayraud, naquit le 7 septembre 1683. Il fut capitaine au régiment de Noailles et chevalier de Saint-Louis. Il avait épousé, le 14 octobre 1712, Marie-Hippolyte-Julienne de Pons, fille d'Antoine, chevalier, S^{gr} de Roche-Charles, et de Marie-Françoise de Caldaguès. De cette union : 1° Paul, qui suit ; 2° Antoine, mort lieutenant d'infanterie au régiment de Guyenne ; 3° Barthélemy, appelé le comte de Bassignac, lieutenant du roi à La Martinique, major-général des troupes de terre aux îles du Vent, lieutenant du roi du Château-Trompette, chevalier de Saint-Louis, mort sans enfants ; 4° Guy, prieur de Sauvat ; 5° Jean, chevalier de Saint-Louis, lieutenant-colonel d'infanterie au régiment Royal-Roussillon ; 6° Françoise, épouse de François de Sartiges, S^{gr} de Lavandès ; 7° Françoise, religieuse à l'abbaye de Vassin, en 1789.

XXII. — Paul d'Anglars, chevalier, S^{gr} de Bassignac, capitaine d'infanterie au régiment de Royal-Roussillon, chevalier de Saint-Louis, lieutenant des maréchaux de France au département d'Aurillac, épousa, le 27 décembre 1744, Françoise Rodde de Grandpré, fille de Jacques, écuyer, S^{gr} de Chalagnat, de Vernière et de Marguerite Morin, dont : 1° Barthélemy, qui suit ; 2° Joseph, page du roi en sa grande écurie, puis officier de cavalerie au régiment de Bourgogne ; 3° Antoine, docteur en Sorbonne, vicaire général du diocèse de Clermont ; 4° Marie-Hippolyte ; 5° Marie-Françoise, mariée à M. de Bournasel ; 6° Marie-Hippolyte, chanoinesse de Courpière.

XXIII. — Barthélemy d'Anglars, qualifié marquis de Bassignac, baron de Salers, élève page du roi Louis XV, fut lieutenant-colonel de cavalerie au mestre de camp général, puis colonel peu de temps avant l'arrestation du roi Louis XVI, à Varenne, lieutenant des maréchaux de France et chevalier de Saint-Louis. Il épousa, le 14 mars 1786, Marie-Françoise-Caroline de La Rodde de Saint-Haon, fille d'Henri-Hyacinthe-César, comte de Saint-Haon, et de Guillaumette de Perrien. De cette union : 1° Paul-Camille, qui suit ; 2° Alphonse, garde du corps en 1814, capitaine au 2° régiment de carabiniers, marié à Fernande de Jaubert ; 3° Laure-Eugénie-Estelle.

XXIV. — Paul-Camille d'Anglars, comte de Bassignac, né à Clermont-Ferrand, le 21 mars 1787, mort au château de Bassignac, en 1863, garde du corps du roi en 1814, puis lieutenant de grenadiers à la légion du Cantal, a épousé, le 11 août 1811, Mlle Marie-Jeanne-Hélène de Musy, fille de François-Louis, comte de Musy, élève aux pages de Louis XV, et de Gabrielle de Certaines, dont : 1° Barthélemy-Paul-Gustave, comte de Bassignac, né au château de Bassignac, le 8 juin 1812, chevalier de la Légion d'honneur, décoré des médailles d'Italie et de la médaille Pontificale de 1849 ; actuellement, chef de bataillon au 79° de ligne ; marié, le 22 novembre 1849, à Mlle Joséphine-Olimpe-Claire de Bougainville, fille du comte Jean-Baptiste-Hyacinthe-Alphonse, colonel de cavalerie, officier de la Légion d'honneur, chevalier de Saint-Louis, et de Marie-Henriette-Eugénie-Joséphine de Salvaing de Boissieu, dont postérité ; 2° Eugène, premier vicaire de Notre-Dame-des-Champs, à Paris ; 3° Edmond, receveur de l'enregistrement, marié le 2 février 1851, à Mlle Marie d'Avesne de Calonne, dont trois fils ; 4° Eugénie, religieuse à la Visitation de Fourvière, à Lyon ; 5° Marie-Antoinette-Sophie, mariée, le 23 mai 1848, au comte Louis de Sartiges de Sourniac ; 6° Fernande, mariée, le 24 septembre 1861, à Paul-Eugène Thoury, d'Anglars ; 7° Eugène-Léon, sous-lieutenant au premier régiment de cuirassiers de la garde impériale.

Armes : *d'azur, à l'huis ou porte d'or, cloué verrouillé de sable et accompagné de trois étoiles d'or.* Ces armoiries sont parlantes et font allusion au mot *huis scellé* (*ostium clausum*), dont on fait dériver Ussel. Couronne : *de marquis.* Supports : *deux lions.* Devise : *Huis scel mon droit.*

La branche d'Anglars de Bassignac, porte les armes d'Anglars à laquelle elle fut substituée à la fin du XIV° siècle : *de sable au lion grimpant d'argent, lampassé, armé, couronné de gueules et de trois étoiles d'argent 2 et 1.*

SOURCES : *Gallia Christiana.* — DE COURCELLES. — VERTOT. — Documents communiqués par M. le marquis d'Ussel et feu M. le comte de Bassignac. — SAINT-ALLAIS. — LAINÉ, *Dictionnaire véridique des origines.* — *Nobiliaire d'Auvergne.* — Cabinet généalogique de la Bibliothèque Impériale. — Titres originaux provenant de Châteauvert, etc. (A. TARDIEU, *Hist. généal. de la maison de Bosredon*, p. 384.)

UZERCHE. — *D'azur, semé d'étoiles à six rais d'argent à deux bœufs passants d'or, l'un sur l'autre.* On a aussi ajouté à ces armes un chef de France.

Le chapitre d'Uzerche avait pour armes : *deux clefs croisées, surmontées d'une tiare.* (*Statuts et règlements de Saint-Pierre d'Uzerche.*)

Supplément a la lettre V.

DE VARS. (Page 244.) — Armes : *d'azur à 3 cœurs d'argent 2 et 1*.
Antoine de Vars, écuyer, S*gr* de La Boissière, épousa noble Jeanne de Cardailhac, dont : Jean de Vars qui épousa Françoise-Léonete de Lambertie, fille de Raymond de Lambertie et de Jeanne Helie de Colonges. Il était homme d'armes dans la compagnie de M. des Cars en 1569, fut depuis enseigne de la dite compagnie et gentilhomme ordinaire de la chambre du roi en 1601. (*Généalogie Lambertie*.)

VASSELOT. (Page 245.) — Le *Dictionnaire des anciennes familles du Poitou* donne une généalogie de cette famille.

VASSOIGNE. (Page 245.) — Armes : *d'or au lion couronné de sable, armé et lampassé de gueules*. (*Armorial du Périgord*.) — Philippe de Vassoigne, écuyer, S*gr* de La Forêt-d'Horte, épousa, en 1597, Charlotte de Lambertie, fille de François, S*gr* de Lambertie, baron de Montbrun, et de Jeanne d'Abzac. Les armes, que nous trouvons reproduites dans les papiers de la famille de Lambertie, sont : *d'or au lion de sable, couronné de même, armé et lampassé de gueules, à trois souches d'arbre de sable 2 et 1*.

DE VAUCHAUSSADE (Page 246.), seigneurs de Chazaux, de Bressolles, de La Ribière, de Compas, du Chier, de Mars, de Brousse, de Châtelard, de Fargettes et de Chaumont. Cette famille, que nous croyons originaire de la Marche, est très ancienne, ainsi que cela résulte d'un titre original d'après lequel Etienne de Vauchaussade fut présent avec Pierre de Naillac, Gérard de Limoges, Bernard de Brivezac et Hugues de La Celle, à une donation que Bernard, vicomte de Comborn, fit au prieuré de Ventadour en 1146.
Lors de la recherche de 1666, Gilbert et Denis de Vauchaussade frères justifièrent de leur filiation depuis Antoine de Vauchaussade, leur trisaïeul, vivant avant 1520. Gilbert établit, en outre, qu'il avait servi au régiment des gardes ainsi que dans une compagnie de chevau-légers, et Pierre de Vauchaussade, son fils, servait au même régiment des gardes en 1666. Autre Gilbert de Vauchaussade, époux de Françoise de Neuville, fit foi-hommage au roi à raison des fiefs de Brousse et de Maisonneuve en 1681.
Une demoiselle de cette maison, Marie-Madeleine-Claudine de Vauchaussade, fille de Jean-Baptiste de Vauchaussade de Chaumont, chevalier de Saint-Louis, et de dame Marie-Jeanne-Renée Charrette de Beaulieu, a épousé, à Paris, le 20 novembre 1824, Charles-Hugues d'Alès, sous-préfet de Cognac, issu d'une ancienne famille de la Touraine.
Armes : *d'azur, à l'étoile d'argent, surmontée d'un croissant de même*.
(J.-B. BOUILLET, *Nobiliaire d'Auvergne*, T. VII, p. 39.)

VAUGUYON. (Page 246.) — Les armoiries des ducs de La Vauguyon ont été modefiées à diverses reprises. Voici celles qui ont été enregistrées à la Chambre des pairs : *écartelé : au 1er, parti d'argent au sautoir de gueules*, qui est de Stuer ; *et d'or à quatre cotices de gueules*, qui est de Caussade ; *aux 2e et 3e, d'azur à trois fleurs de lis d'or, au bâton de gueules peri en bande chargé de trois lionceaux d'or*, qui est de Bourbon-Carency; *au 4e, de gueules au pal de vair à la bordure engreslée d'argent*, qui est de Cars-Carency ; *sur le tout : d'argent à trois feuilles de houx de sinople*, qui est de Quélen. Couronne princière sur l'écu, couronne ducale sur le manteau. Devise : *Avize, Avize*.

Jacques de Stuer de Caussade de La Vauguyon (1), mort lieutenant-général le 17 août 1671, ne laissa qu'une fille, son unique héritière, Marie, qui suit.

XII. — Barthélemy de Quélen, vicomte de Broutay, épousa Marie de Stuer de Caussade. Etant veuve, elle se remaria, en 1668, à M. André de Betoulat-Fromenteau et mourut en 1693. Du premier mariage était né Nicolas, qui suit.

XIII. — Nicolas de Quélen de Stuer de Caussade, prince de Carency, comte de La Vauguyon, de Quélen et du Broutay, marquis de Saint-Mégrin, vicomte de Sarlat, etc., né en 1657, décédé à Paris le 8 janvier 1725, marié, le 1er octobre 1703, à Madeleine de Bourbon-Busset (P. ANSELME, T. II, p. 235.), morte à Paris le 29 novembre 1738. Nicolas laissa de son mariage : 1º Louis de Quélen de Stuer de Caussade, prince de Carency, mestre de camp de cavalerie le 11 octobre 1722 (P. ANSELME), décédé sans alliance, à Valenciennes, le 25 août 1730; 2º Barthélemy, comte de Broutay, mort jeune ; 3º Antoine-Paul-Jacques, qui suit.

XIV. — Antoine-Paul-Jacques de Quélen, né à Tonneins, le 7 janvier 1706, substitué, ainsi que son père, aux noms et armes des Stuer de Caussade de La Vauguyon, fut connu d'abord sous le titre de marquis de Saint-Mégrin ; lieutenant-général le 10 mai 1748, chevalier des ordres du roi le 1er janvier 1753, mort à Versailles le 4 février 1772. Il avait été choisi par Louis XV pour diriger l'éducation de ses quatre petits-fils, dont les trois derniers furent les rois Louis XVI, Louis XVIII et Charles X. Il se distingua à la bataille de Fontenoy. (*Encyclopédie du XIXe siècle*, article La Vauguyon.) Il avait épousé, le 23 mars 1734, Marie-Françoise de Béthune-Chasrost, née le 27 août 1712, dont il ne laissa qu'un fils unique, Paul-François de Quélen, qui suit. Par lettres patentes, données à Versailles, au mois d'août 1758, il obtint l'érection de la baronnie de Tonneins, du marquisat de Colonges, etc., en duché-pairie, sous le titre de La Vauguyon. (MORERI, 1759, et LA CHESNAYE-DES-BOIS.)

XV. — Paul-François de Quélen, substitué aux noms et armes des maisons de Stuer et de Caussade, comte et duc de La Vauguyon, pair de France, prince de Carency, comte de Quélen et du Broutay, marquis de Saint-Mégrin, de Colonges et d'Archiac, baron de Tonneins, etc., ambassadeur en Hollande et en Espagne, gouverneur de Cognac, lieutenant-général, ministre des affaires étrangères, ministre d'Etat, chevalier de l'ordre du Saint-Esprit, de l'ordre de la Toison-d'Or et de l'ordre militaire de Saint-Louis, né à Paris

---

(1) Voir aussi Stuer ou Estuer au T. II, p. 91.

le 30 juillet 1746, mort à Paris le 14 mars 1828, fut ministre de Louis XVIII pendant l'émigration. Marié à Paris, le 14 octobre 1766, à Marie-Antoinette-Rosalie de Pons, née à Paris le 11 mars 1751, morte à Paris le 4 décembre 1821, fille de Charles-Armand de Pons, vicomte de Pons, comte de Roquefort-de-Marsan, et de Gabrielle-Rosalie Le Tonnelier de Breteuil, remariée à Louis-Armand-Constantin de Rohan, prince de Montbazon. Leurs enfants furent : 1° Paul-Antoine-Maximilien-Casimir de Quélen, de La Vauguyon, prince de Carency, né à Paris, le 20 juin 1768, mort sans enfants, à Paris, le 30 novembre 1819, marié à Paris, le 14 septembre 1789, à Constance-Florence de Rochechouart-Faudoas, née à Paris en 1771, morte à Versailles en 1855, divorcée en 1794, et remariée civilement, en 1813, et religieusement en 1819, à Jean-Louis-René, vicomte de Cayeux ; 2° Paul-Yvon-Bernard de Quélen, de La Vauguyon, duc de La Vauguyon, prince de Carency, lieutenant-général au service de Naples et au service de la France, né à Paris le 25 février 1778, mort à Paris, célibataire, le 24 janvier 1837 ; 3° Marie-Antoinette-Rosalie-Pauline de Quélen de La Vauguyon, née à Paris le 5 février 1771, morte à Paris le 13 avril 1807, mariée, à Saint-Yldefonse, dans la chapelle de l'ambassadeur de France, le 29 septembre 1787, à Alexandre-Emmanuel-Louis, prince et duc de Bauffremont, prince du Saint-Empire, duc et pair de France, marquis de Listenois, etc., lieutenant-colonel au service d'Espagne, capitaine de cavalerie au service de France ; 4° Pauline-Antoinette-Bénédictine-Maria de Quélen de La Vauguyon, née à Paris le 14 mars 1783, morte à Auteuil le 10 février 1829, mariée à Paris, civilement, le 29 octobre 1810, et religieusement, le même jour, à Joseph-Marie de Savoie-Carignan, maréchal de camp au service de France. De ce mariage sont issus trois enfants : A. — Le prince Eugène de Carignan ; B. — La princesse Gabrielle de Savoie, épouse du prince d'Arsoli ; C. — La princesse Philiberte, épouse du prince Léopold de Bourbon des Deux-Siècles, comte de Syracuse. (M. Borel-d'Hauterive, Mss.)

DE LA VERGNE, anciennement DE LA VERNHE. (Page 268.) — Famille d'ancienne chevalerie, S^{grs} de La Vergne, de La Mauriange et de Saint-Exupéry en Limousin. Hugues de La Vergne, chevalier, S^{gr} de Saint-Exupéry, fut témoin du testament de Bernard VI, sire de La Tour, en 1248, et d'une transaction intervenue entre Bernard et Bertrand de La Tour frères, au mois d'avril 1256. Renaud de La Vergne, chevalier, est nommé avec Bertrand de Madic, Olivier de Bort, Geraud de Cros et autres, à l'accord du mariage de Bertrand III, sire de La Tour, avec une fille de Philippe de Montfort, en 1270. Marguerite de La Vergne, dame de Chalus-Lambron et de Saint-Exupéry, veuve de Hugues de Chalus-Lambron, céda à Elbes de de Chabannes, S^{gr} de Charlus-le-Pailloux, des rentes à prendre sur le lieu de Trapes, près Saint-Exupéry, le mardi après la fête de Saint-Mathieu, 1288, en présence de Claire de La Vergne, de Pierre de Tinlères et de Jourdain du Bosc. Les enfants de Marguerite de La Vergne furent Hugues, Geraud et Guichard de Chalus, qui partagèrent, sous la médiation de Hugues Dauphin, avec Amalric de Chalus, leur frère du premier lit, le mercredi avant la fête de Saint-Geraud, 1290. Nous croyons qu'Amalric de Chalus, précité, fut le même qui fut cardinal de 1342 à 1349. Postérieurement au partage de 1290, nous trouvons encore Pierre de La Vergne, qui transigea avec Robert de Chalus, en 1326, et Marguerite de La Vergne, dame de Mauriange, près Saint-Exupéry, en 1330 (1). (J.-B. BOUILLET, *Nobiliaire d'Auvergne*, VII, p. 75.) Robert de Chalus, transigea avec Pierre de La Vergne, en 1326, et avec Etienne de La Mauriange, en 1327 (Inventaire de Madic.) Les fiefs de La Vergne et de La Mauriange sont situés près de Saint-Exupéry, entre Bort et Ussel en Limousin. Hugues de La Vergne vivait en 1256, et Renaud en 1270. (BALUZE, T. II, p. 502, 524.)

DE LA VERGNE, seigneur de Meyssac, du Chauffour, de La Ruë et de Marsat en Limousin et en Auvergne. Cette famille, originaire du Quercy et établie en Limousin, a été momentanément représentée en Auvergne par Pierre de La Vergne, Sgr du Chauffour et de La Ruë. Il était domicilié à Marsat, près Joze, en 1666, époque à laquelle il justifia sa descendance de Benoît de La Vergne, qui acquit la seigneurie de Meyssac, en la vicomté de Turenne, au mois de mai 1413. Cette famille a fait preuve de nombreux services militaires et a contracté des alliances avec les maisons de Malefayde, du Chaylar, de Valon, de Beaumont, de Giscard, de Terme, de La Ruë, etc., etc. (Preuves de 1666.) Armes : *d'or à la rose de gueules*.

Une autre famille de La Vergne, originaire des environs de Limoges, répandue en Limousin, Périgord et Marche, porte : *de gueules, à trois pals d'or, chargés chacun d'une molette déperon en chef*. (J.-B. BOUILLET, *Nobiliaire d'Auvergne*, T. VII, p. 78.)

DES VERGNES. — Pierre, Sgr des Vergnes, Planet, Monsalard, Ponibonbe, Mazerolles, La Vedrenne et Comberouche, ès-paroisses de Saint-Pardoux-le-Neuf, Saint-Alpinien et Néoux, conseiller du roi et son lieutenant-particulier, assesseur civil et criminel en la châtellenie d'Aubusson, possédait, en 1669, le fief seigneurial et haut justicier du Chier-la-Borne, paroisse d'Ardellerat. (Dom BÉTENCOURT, T. IV, p. 177.) Il avait épousé Marie Rousset, dont : 1° Pierre, ci-après; 2° Jean, Sgr des Bareix, paroisse de Saint-Pardoux-le-Neuf, lieutenant réformé de dragons (blessures), mariée à Jeanne du Ris, mort sans postérité (*Registres de la paroisse de Saint-Pardoux-le-Neuf*); 3° Marie-Madeleine, mariée, suivant contrat passé devant Chénondet, notaire royal, le 23 janvier 1703, à Rigal de Servientis, fils de Pierre de Servientis, avocat en Parlement, et de Gilberte Chenaud. Il avait, en outre, une sœur, Marie, qui mourut au bourg de Saint-Pardoux-le-Neuf, en 1711, veuve de noble Pierre Robichon, Sgr de Saint-Amand, après avoir fait plusieurs donations à l'Hôtel-Dieu d'Aubusson, aux sœurs de la Croix et à diverses autres églises de communauté. (*Inventaire des archives de la Creuse*, serié H, supplément 4, p. 3.)

II. — Pierre des Vergnes, seigneur du dit lieu, La Vedrenne, Comberouche, etc....., conseiller du roi, et son lieutenant-particulier, assesseur civil et criminel en la châtellenie d'Aubusson, épousa Marie de Roussillon, fille de noble Annet-Louis de Roussillon, Sgr de Franseychas. Il mourut sans postérité, laissant tous ses biens à sa nièce, Marie de Servientis (fille

---

(1) Voyez BALUZE, T. II, p. 272, 502, 509, 523. — Inventaire de Madic. — *Généalogie de Chabannes*, par M. DE COURCELLES, p. 9, 12. — CHABROL, T. IV. p. 752.

de sa sœur Marie-Madeleine), épouse de noble Antoine de Roussillon, S^{gr} de Franseychas, capitaine de dragons, chevalier de l'ordre royal et militaire de Saint-Louis. Cette dernière apporta ainsi dans la maison de Roussillon, indépendamment des terres de Planet, Monsalard, Puiboube, Mazerolles, La Védrenne, Bareix et Comberouche, le fief des Vergnes, qu'elle possède encore aujourd'hui (1).

VERINES. (Page 269.) — *D'argent à trois bandes de gueules, celle du milieu chargée de trois coquilles d'or.*

Jean de Vérines, écuyer, S^{gr} de Saint-Martin-le-Mault, épousa, le 4 mars 1590, Marguerite du Breuil, fille unique de Jean, écuyer, S^{gr} de Viviers, et en partie de Margoux. (*Généalogie du Breuil.*)

Marie de Vérines épousa, vers 1766, Louis Chardebœuf, écuyer, sieur de La Grandroche, paroisse de Magnac-Laval, fils de Jean et de Suzanne de Leffe. (*Nobiliaire*, I, 435.)

Antoine-Joseph assistait à l'Assemblée de 1789, dans la sénéchaussée de Montmorillon, et probablement à celle de la basse Marche, où il a seulement le nom de Joseph. On trouve aussi à cette dernière Jean-François, vicomte de Vérines, chevalier, S^{gr} de Lascoux et de La Faurie en partie, ancien chevau-léger de la garde du roi. (*Procès-verbal de l'Assemblée.*)

DE VERNEILH (Page 270.), coseigneurs de Nexon, S^{gr} de Lâge, La Domaise, La Farge, Puyraseau, écuyers, chevaliers, barons de Verneilh-Puyraseau. Armes : *d'argent au croissant de gueules, sommé de trois palmes de sinople, au chef de gueules, chargé de trois étoiles d'argent.*

Cette famille est originaire et tire son nom du village de Verneilh (Verney en patois limousin), situé dans la paroisse et le canton de Nexon. Elle n'a jamais porté d'autre nom.

Pierre de Verneilh (*Petrus de Vernolhio*), est cité par Baluze comme étant archidiacre de Limoges, vers le milieu du XIIIe siècle. En 1235, Raymond de Verneilh, chevalier, est mentionné par Legros (*Nobiliaire manuscrit*), ainsi que Abon de Verneilh. En 1264, Jean de Verneilh de Nexon (*Joannes de Vernolhio de Anexonio*) fut au nombre des religieux que le chapitre provincial d'Avignon envoya à Brive pour y fonder le couvent des frères prêcheurs. Ses compagnons étaient : Bernard de La Celle, Pierre des Plaines, premier prieur; Jean de Montaigu, Jean Rigaudi de Rainhac, Guillaume de Golfery (Gouffier), Guillaume des Plaines, Gérald des Monts, Galhard, Ponce de Melgerie, Guillaume de Galhard, Pierre de Bertrand, Pierre de Saint-Amand, Jean de Treignac, Bernard Labesse de Saint-Amand, Bernard de Colonges, Aimeric d'Ambazac, Etienne de Charpentier et Elie de Riparia, qui avait été templier dans le diocèse de Périgueux. (*Bul. Soc. archéol. du Lim.*, T. X, page 47.) En 1224 et 1226, Guido de Vernoil, était moine de Saint-Martial de Limoges. La chronique latine de Saint-Martial, l'appelle alternativement : Gui de Vernolio, Guido de Vernoil et G. de Vernuol. (*Chron. de St-Martial*, p. 293.)

I. — La filiation suivie commence à Jean-Baptiste de Verneilh, sieur de

(1) Nous devons ces documents à l'obligeance de M. Tournyol du Clos.

Lâge, né vers 1550, et coseigneur de Nexon en 1595 (1) Il fut parrain de deux cloches de l'église de Nexon, sur lesquelles se lisait son nom avant la Révolution. Il eut deux fils : 1° François de Verneilh, S^{gr} de Lâge et coseigneur de Nexon son fils aîné ; était conseiller du roi, son assesseur à l'élection de Limoges et administrateur de l'hôpital général de cette ville en 1665. (Acte du 13 juillet 1665, signé : Jouhaud.) Sa fille unique, Anne de Verneilh, épousa Simon des Coutures, S^{gr} de Bort, lieutenant-général à la sénéchaussée de Limoges, auteur du *Nobiliaire du Limousin*, qui devint par son mariage coseigneur de Nexon. Les armes de Simon des Coutures et d'Anne de Verneilh, couronnées d'un tortil de baron et supportées par deux sauvages, se voient encore sur la porte du château de Bort, magnifiquement restauré par son propriétaire actuel, M. Teisserenc de Bort. Simon des Coutures n'eut, à son tour, qu'une fille, mariée à M. de Rogier des Essarts, qui occupa, à la suite de son beau-père, la charge importante de lieutenant-général à Limoges, et transmit la coseigneurie de Nexon à ses héritiers, dont le nom s'est éteint dans l'émigration, en la personne de M^{rr} de Rogier-Nexon, capitaine d'artillerie ; 2° N..... de Verneilh, qui suit.

II. — N.... de Verneilh, marié à N..... Longeaud, fille de Jean Longeaud, devint, par ce mariage, propriétaire de la maison noble située à Nexon, près de l'église, où l'on voit encore une tour du xve siècle, et dans laquelle mourut, le 18 juin 1569, Wolfang de Bavière, duc des Deux-Ponts, six jours avant la bataille de La Roche-l'Abeille. Il eut pour fils :

III. — Jean de Verneilh, marié à Marie Du Boys de Méniéras, fille de N..... Du Boys de Méniéras et de Mlle des Cordes du Haut-Ligoure, descendante du côté paternel de Simon Du Boys, lieutenant-général à Limoges, dont le président de Thou parle avec tant d'éloges dans son histoire, où il le qualifie de *grand homme*, et auquel est due, entre autres ouvrages, la première publication des lettres de Cicéron à Atticus. Du côté maternel, Marie Du Boys appartenait à la famille de Cordes, dont quelques membres, Jean, chanoine de Limoges, auteur de nombreux ouvrages d'histoire et de théologie, grand collectionneur de livres qui, vendus à sa mort, en 1642, au cardinal Mazarin, formèrent le premier fonds de la bibliothèque Mazarine, et Denys, conseiller au châtelet de Paris, ont leurs biographies dans Moreri et dans le *Dictionnaire historique*. — Jean de Verneilh eut deux fils : 1° Jean-Baptiste, qui suit ; 2° Pierre de Verneilh, mort à Saint-Yrieix, sans alliance.

IV. — Jean-Baptiste de Verneilh, né en 1708, à Nexon, marié vers 1736, à Catherine Brun, fille de N..... Brun et de Marie Bourdeau, petite-fille de Pierre Bourdeau, garde du corps du roi, de 1680 à 1697, et d'Anne d'Albiac de Mardaloux, fille et sœur de chevaliers de Saint-Louis, mourut à Nexon, en 1802, à l'âge de quatre-vingt-quatorze ans. De son mariage vinrent sept enfant : 1° et 2° deux fils, morts en bas-âge ; 3° Judith, filleule de Mme de Verthamon, sa parente, morte à cinq ans ; 4° N....., mariée à M. Guyot ; 5° Jean-Joseph, dont l'article suit ; 6° Jean-Baptiste, né le 9 juillet 1760, à Nexon, chanoine régulier d'Evaux, professeur de théologie, dit l'abbé de Verneilh, mort à Tulle, en 1811 ; 7° Jean-Baptiste-Joseph, né en 1762, lieu-

---

(1) Nexon, chef-lieu de canton de la Haute-Vienne. Cette terre appartenait anciennement aux vicomtes de Limoges, et passa successivement par des ventes, aux des Cars et aux Lastours ; les familles de Gay Nexon et de Verneilh l'achetèrent par moitié au xvie siècle.

tenant au régiment de La Fère avant la Révolution, capitaine de grenadiers, major de la place de Rome, chef de bataillon à Wagram, commandant de place à Segna en Illyrie, en 1814. Retraité à cette époque comme lieutenant-colonel, officier de la Légion d'honneur, mort à Limoges, en 1837.

V. — Jean-Joseph, baron de Verneilh-Puyraseau, né en 1756, à Nexon. Après de brillantes études chez les oratoriens de Limoges, où il fut couronné par l'intendant Turgot, fit son droit à Toulouse. Il était, avant 1789, Sgr de La Domaise (1), et de La Farge. Marié, le 27 mars 1784, dans la chapelle de Puyraseau, par l'abbé de La Vallade-Ribiciras, à Christine de La Vallade, fille unique de François-Xavier sieur de Puyraseau (2) et de Mlle de Puyfranc, il mourut en 1839, à quatre-vingt-quatre ans (3), après une longue carrière, remplie au service de son pays. Député de la Dordogne à sept législatures, préfet, sous le premier empire, de la Corrèze et du Mont-Blanc, chevalier de l'empire, par lettres patentes signées de Marie-Louise, 1812, chevalier de l'ordre de la Réunion, il reçut sous Louis XVIII, le titre de baron, fut officier de la Légion d'honneur, et président de chambre à la Cour royale de Limoges. M. de Verneilh, dont la biographie a été publiée dans la *Biographie de Michaud* et la plupart des ouvrages du même genre, parus sous la Restauration, eut son éloge prononcé en séance solennelle de la Cour de Limoges, par M. Decoux, premier avocat général. Il est l'auteur: 1° de la *Statistique du Mont-Blanc* (un vol. in-4°, Testu, à Paris, 1807), qui fut donné aux préfets comme un modèle à suivre, par le ministre de l'intérieur; 2° du *Projet de Code rural* (4 vol. in-4°, imprimerie Royale, 1814), entrepris par ordre du gouvernement; 3° de l'*Histoire d'Aquitaine* (3 vol., Guyot, imp. à Paris, 1822), dédié au roi; 4° des *Mémoires sur la France* (1 vol., Dupont, à Paris, 1830); 5° des *Souvenirs de soixante-quinze ans* (1 vol., Barbou, à Limoges, 1836); 6° une *Série de Discours* prononcés dans les diverses assemblées parlementaires dont il fut membre. De son mariage avec Christine de La Vallade, il eut : 1° Françoise-Geneviève, mariée, le 22 octobre 1805, à Pierre-Marc Valade, d'Etouars ; 2° Mathurine-Hélène, mariée, le 22 octobre 1805, à Antoine Pabot du Châtelard, dont Emilien, conseiller à la Cour royale de Limoges, chevalier de la Légion d'honneur, et Théodore, inspecteur des douanes. Mme du Châtelard épousa, en secondes noces, son cousin, Joseph Bourdeau, sous-préfet de Rochechouart, démissionnaire, en 1830, et frère de M. Alpinien Bourdeau, grand officier de la Légion d'honneur, conseiller d'Etat, garde des sceaux du roi Charles X, en 1828, pair de France. De ce mariage : trois fils, Alpinien, Henri et Louis, dont l'aîné a été l'héritier de son oncle le pair de France ; 3° Antoinette-Emilie, mariée, le 10 février 1811, à Jean

---

(1) La Domaise était un fief relevant de la châtellenie de Piégut, paroisse de Pluviers, ainsi que La Farge, qui est dans la paroisse de Saint-Barthélemy. (*Dictionnaire des noms de lieux dans la Dordogne*, par le vicomte de GOURGUES.)

(2) Puyraseau (*Peyrasellum* dans les anciens actes), fief relevant de la châtellenie de Piégut, mentionnée dans des titres de 1383. — En 1480, il appartenait à la famille de Masfranc, d'où il passa, par mariage, à celles de Lavalade et de Verneilh.

(3) M. de Verneilh mourut subitement, en allant à Paris dans la malle-poste, où il se trouvait avec son cousin, M. Frédéric de Léobardy, petit-fils de Mlle de Verthamon.

de Sescaud de Vignérias, dont une fille et un fils, marié à M{ll}{e} de Rosiers, d'Angoulême ; 4° Joseph-Jean-Baptiste, dont l'article suit.

VI. — Joseph-Jean-Baptiste, baron de Verneilh-Puyraseau, né le 8 janvier 1789, à Puyraseau, élève du collège de Vendôme, licencié en droit, attaché, en 1811, au ministère de l'intérieur, décoré du Lys, en 1814, par brevet signé du comte d'Artois, nommé, en 1819, conseiller auditeur à la Cour royale de Limoges, et, avant d'y avoir été installé, substitut à Nontron, se maria, le 20 janvier 1820, à Juillac, à Jeanne-Sophie-Zélie Chassaignac de La Berthonie, fille de M. Chassaignac de La Berthonie, ancien député de la Corrèze, et petite-fille de M. de Joyet de La Guérenne, juge de Juillac. De ce mariage, trois enfants : 1° Félix-Joseph, né le 21 octobre 1820, à Puyraseau. licencié en droit, correspondant du ministère de l'instruction publique pour le Comité des arts et monuments, membre de l'Institut des provinces et de plusieurs Sociétés savantes, a mérité, par ses ouvrages d'archéologie, d'être compté au nombre des maîtres les plus autorisés de cette science. Mort le 28 septembre 1864, et enseveli dans la chapelle du château de Puyraseau. Felix de Verneilh a publié, dans les *Annales Archéologiques* de M. Didron, dans le *Bulletin monumental* de M. de Caumont et dans diverses revues, une série d'études remarquables sur *la cathédrale de Cologne, l'architecture civile du moyen âge, les bastides de l'Aquitaine, les influences byzantines, les émaux d'Allemagne et les émaux limousins, le style ogival en Angleterre et en Normandie, le premier des monuments gothiques*, etc., etc., qui forment la matière de plusieurs volumes; mais son œuvre capitale est *l'Architecture byzantine en France* (1 vol. petit in-folio, Didron, Paris, 1851). Son éloge a été écrit par M. l'abbé Arbellot, archiprêtre de Rochechouart et témoigne, ainsi que les nombreux articles nécrologiques parus dans les journaux et les revues, de l'étendue et de l'universalité des regrets que laissait sa mort prématurée. La Société française d'archéologie et son illustre président, M. de Caumont, pour consacrer ces regrets et rendre un hommage durable à la mémoire de Félix de Verneilh, lui firent ériger, avec le concours de ses amis et du Conseil général de la Dordogne, un buste en marbre blanc qui décore la salle du musée de Périgueux, et donna lieu, lors de son inauguration solennelle, à d'éloquents discours prononcés par M. le maire de Périgueux, M. Galy, conservateur du musée, et M. Charles Des Moulins, président de la Société Linnéenne et de l'Académie de Bordeaux; 2° Jean-Baptiste-Joseph-Jules, dont l'article suit; 3° Louise-Félicie, née en 1825 et morte huit jours après sa naissance.

VII. — Jean-Baptiste-Joseph-Jules, baron de Verneilh-Puyraseau, licencié en droit, membre de l'Institut des provinces et de l'Académie de Bordeaux, correspondant du ministère de l'instruction publique, né à Nontron, le 8 février 1823, s'est, comme son frère et son aïeul, occupé d'études historiques et archéologiques. Il a collaboré, comme dessinateur et graveur, aux œuvres de Félix de Verneilh, et a publié, pour son compte, en outre de divers articles dans le *Bulletin monumental* de M. de Caumont et d'autres revues : *Excursions en Périgord et en Quercy, Notes historiques sur le Nontronnais, Souvenir de l'Exposition universelle de 1867, le Dictionnaire d'architecture de Viollet Le Duc, compte rendu, les Fabriques du parc*, etc., etc. *L'Album du vieux Périgueux* (vingt gravures à l'eau forte, in-folio avec texte, Paris, 1867). Ce dernier ouvrage en collaboration avec M. Léon Gau cherel. — Il a publié, en outre, des articles dans *la Revue des Sociétés savantes et le Correspondant*. Il s'est marié à Bordeaux, le 14 juin 1854 à Jeanne-Marie-Philomène-Noémi de Marbotin-Sauviac, fille de Pierre, baron de Marbotin-Sauviac, chevalier de Saint-Louis et de la Légion d'honneur, ancien officier supérieur de la garde royale, et de Clotilde de Labat de Savignac de Lauzac. Mlle de Marbotin est petite-nièce du baron de Marbotin-Conteneuil, conseiller au parlement de Guienne, comme un grand nombre de ses ancêtres, et premier président de la Cour royale de Bordeaux, sous la Restauration. De ce mariage, quatre enfants : 1° Jean-François-Marie-Joseph, né à Nontron, le 21 septembre 1855, étudiant en droit; 2° Jean-Marie-Louis-Pierre, né à Nontron, le 4 mars 1857, étudiant en droit, 3° Marie-Elisabeth-Félicie, née à Nontron, le 20 novembre 1864; 4° Jeanne-Marie-Madeleine, née à Bordeaux, le 7 février 1871.

DE VERTHAMON. (Page 270.) — Très hauts et très puissants seigneurs mes seigneurs, nobles messires, escuyers, chevaliers, seigneurs, marquis, comtes, vicomtes et baron de Verthamon; marquis de Tercis, Masenœuvre, Breau et Bussière; comtes de Lavaud, Villemenon et La Ville-aux-Clercs; vicomtes de Castillon et de Biscarosse; barons de Chalucet, Noailach, Varaise, La Canau, Andernos, Saint-Germain, Romefort, Cervaux, etc.; seigneurs châtelains de Chazelay; seigneurs de Bonabrit, La Tour-Rouge, Lussan, Fontbernet, Saint-Fort, Saint-Jean, d'Angles, Villenove, La Couture, Roquesolles, Mons, Le Luc, Cambes, La Bigueyresse, Guerre, Le Cos, Beaufilz, Le Mas, Tastes, Le Puy, Joncherolles, Les Boudeaux, Marcillac, La Robinière, Vensac, La Chenaud, Panissac, Le Cerf, Villaine, Châteaudon, La Vaure, Saint-Eurold, La Forrestié, Fauniandra, La Vauzelle, Vernoy, La Boissière, Vincy, La Lande, Malagnac, Villemor, Cervon, Brie-Comte-Robert, Luzeré, La Rouchière, Fraysse, Saint-Verain, Chassingrimont, Ambloy, Saint-Amand, Poutinet, Chavagnac, Montplaisir, Le Chatenay, Gons, Lasalargue, Born, Parentis, Le Castera, Saint-Paul, Sainte-Eulalie, etc. En Limosin, Espagne, Périgord, Saintonge, Poitou, Basse-Marche, Angoumois, Orléanais, Isle-de-France, Condomois, Bazadois, Albret, Lannes, Bordelois, Blayez, Médoc, Buch, Born, etc.

Armes : *Ecartelées, au 1er, de gueules, au lion passant, alias léopardé d'or,* qui est de Verthamon, *aux 2e et 3e, cinq points d'or équipolés à quatre d'azur, au 4° de gueules plein, couronne de marquis.* Supports : *Deux lions.* Devise : *Fays que doys advienne que pourra.*

Le Limosin a été le berceau de la famille de Verthamon, soit qu'elle ait pris son nom d'une terre qui le porte encore dans cette province, soit qu'elle lui ait imposé le sien.

La généalogie de cette maison, qui n'avait pas encore été publiée d'une manière ni authentique, ni complète, et dont, seul, l'ouvrage de Blanchard, sur les *Présidents à mortier du Parlement de Paris,* contient un aperçu tout simple et tout irrégulier qu'il soit, se trouve ci-après rédigée, d'après les titres et les autorités les plus certains qu'il nous ait été possible de recueillir. De ce nombre sont l'*Histoire des Présidents*, dont nous venons de parler, les *Œuvres* du Père Anselme, de Moreri, de La Chesnaye-Desbois; des preuves pour l'ordre de Malte, le service militaire ou les recherches de noblesse, dont la Bibliothèque nationale possède les originaux ou copies en forme; et enfin, divers extraits des registres de l'ancien état civil de Bordeaux.

Le nom de la famille de Verthamon, est l'un des plus anciens de la province qui lui a donné naissance. Les registres consulaires de Limoges témoignent, en effet, que Michel et Pascal de Verthamon étaient consuls de cette ville en 1367. Toutefois, il nous a été impossible de remplir la lacune qui va de cette date vers le milieu du xve siècle, et ce, par le manque absolu de documents concernant cette famille, durant une période de cent ans. La plupart des preuves faites par la maison de Verthamon n'allant pas au-delà de la fin du xvie siècle, il semble que le grand degré d'illustration qui n'a cessé de s'attacher à son nom, depuis cette époque, soit la seule cause de ce manque de documents, les membres de cette famille, paraissent, en effet, pendant près de trois cents ans, s'être contenté du glorieux éclat de leur nom, et avoir plutôt ambitionné la continuation des services de toute sorte, rendus par leurs aïeux à l'état et à la patrie, que la conservation de titres et de papiers, qui n'eussent rien ajouté de plus à leur grandeur personnelle. Il est incontestable que l'examen des armoiries des Verthamon donnent, de cette famille, l'opinion la plus avantageuse, non-seulement sous le rapport des illustrations, mais encore sous celui de l'ancienneté; sa devise, empruntée aux temps de chevalerie, est la sublime conséquence de son blason, et la maison ducale Des Cars, s'enorgueillit, avec raison, de la voir jointe à ses propres armes.

Le cadre que nous nous sommes tracé ne saurait nous permettre d'étendre ces prolégomènes aux services que chaque filiation de cette illustre famille a rendus depuis près de quatre cents ans. On en trouve le détail dans la généalogie qui va suivre; qu'il nous suffise de rappeler que, pendant cette période, le nom de Verthamon a fourni à la magistrature et à l'administration civile : des consuls de Limoges, présidents et receveurs des tailles de l'élection du haut pays de Limosin ; des conseillers et présidents à mortier dans les Parlements de Paris et de Bordeaux; des trésoriers-généraux de France, des secrétaires du roi; des conseillers du roi en tous ses conseils; des maîtres des requêtes et intendants de province; des présidents d'états provinciaux; premiers présidents du Grand-Conseil et députés aux Etats-généraux; des commissaires généraux du roi de Navarre. — A l'armée : des colonels de régiment du nom de Verthamon; des officiers de tous grades de cavalerie et d'infanterie ; un maréchal-de-camp; des officiers de marine; des chevaliers de Malte et de Saint-Louis; un premier chambellan de Monsieur, frère du roi; un greffier commandeur des ordres de S. M. (Saint-Esprit); plusieurs membres de l'émigration. — A l'église : des évêques de Pamiers, de Couserans, de Montauban et de Luçon; des aumôniers et grands vicaires de diocèses; des abbesses de monastères, etc. Les principales alliances directes de la famille de Verthamon sont avec celles d'Augeard, des Aigues, d'Aligre, d'Aubusson, Angrand-d'Alleray, Boullet de Touverac, de Bachelard, Boucher-d'Orçay, Bignon, du Bois, Baillon-de-Blanpignon, de Balthazar, Bertrand de La Basinière, de La Biche, de Boucault, Le Berthon, de Brétinaud-Saint-Surin, Le Comte-de-La-Tresne, de Chavaille-de-Fougeras, de Couhé (Lusignan), de Cossé Brissac, de Constantin, de Campos, de Fayet, Le Fèvre-de-Caumartin, Le Fèvre-d'Eaubonne, Le Foucaud-Daure, de Gascq, de Goury, de Geresvaquey, de

Lambertie, Lami-de-Montvailler, de Lescours, de Martin, de Mauplor, du Maitz, de Mons, Ponte-de-Nicuil, de Pechpeyrou-Commingres, de Pérusse-des-Cars, de Piis, de Pardaillan, Quatre-Sous, Roffignac, de Romanet, de Royère, de Ségur-Cabanac, de Vacre, de Versoris, de Voisin, du Val, etc.

I. — Pierre de Verthamon, S^{gr} de Bonabrit, cité dans l'*Histoire des Présidents à mortier du Parlement de Paris*, par FRANÇOIS BLANCHARD, comme le premier de la filiation suivie, devait vivre dans le xve siècle, selon la supputation des temps; il eut pour fils, d'après le même auteur : 1° Martial, dont l'article suit; 2° (peut-être aussi) Jean de Verthamon, consul de la ville de Limoges en 1508; 3° (peut-être aussi) Guillaume de Verthamon, consul de Limoges en 1547 (*Registres consulaires de Limoges*); 4° (peut-être aussi) Pierre de Verthamon, consul de Limoges en 1534, 1540, 1546 (*Ibid.*); 5° (peut-être aussi), Michel de Verthamon, consul de Limoges en 1533, 1539, 1547 et 1559. (*Ibidem*.)

II. — Martial de Verthamon, premier du nom, S^{gr} de Bonabrit, laissa de dame Anne de Martin, son épouse : 1° Martial, dont l'article suit; 2° François-Martial de Verthamon, consul de Limoges en 1579, lequel eut deux fils, savoir : A. — Martial de Verthamon, S^{gr} de La Tour-Rouge et de Lussan, auteur de la branche de Verthamon-Saint-Fort et d'Angles, qui a produit des personnages marquant dans la robe et dans l'épée, et notamment des présidents au Parlement de Bordeaux et des colonels du régiment de Verthamon. Ne possédant pas la filiation suivie de cette branche, nous nous bornerons aux renseignements que nous avons recueillis dans les archives publiques, et dont voici la consistance : N.... de Verthamon, père de : *a*. — Jean de Verthamon, capitaine de cavalerie dans le régiment de La Valette fut convoqué, en 1690, au ban et arrière-ban de la sénéchaussée de Bergerac pour les fiefs qu'il tenait dans le comté de Périgord. (Archives départementales de la Gironde). Il pouvait être petits-fils de Martial de Verthamon, S^{gr} de La Tour-Rouge. Sa veuve, Henrye d'Augeard, fit registrer les armoiries de la famille de Verthamon dans l'*Armorial général de France*, à Bergerac, le 21 février 1698, dans la même forme que nous les avons décrites en tête de cette généalogie. Messire Pierre de Verthamon, vivant le 24 février 1726, et probablement fils du précédent, fut père de messire Jean-Baptiste de Verthamon, conseiller-lay, en la cour de Parlement de Bordeaux, chevalier, S^{gr} de Saint-Fort, de Saint-Jean-d'Angles, La Couture, Le Cos, Fontbernet, Guerre, Cambes et autres lieux, fut pourvu, le 2 octobre 1717, de l'office de conseiller au Parlement, et reçu le 15 décembre de la même année. Il obtint des lettres d'honneur, le 20 janvier 1748, après avoir exercé durant trente et un ans révolus; vivait encore le 25 janvier 1753, et laissa de son mariage avec dame Jeanne de Gascq: *aa*. — Pierre de Verthamon, né à Bordeaux, le 24 février 1726, filleul de Pierre de Verthamon, son aïeul paternel et de dame Bonaventure de Gascq, épouse de M. le président de Gombaud, représentée par sa fille, demoiselle Geneviève de Gombaud; *bb*. — Haut et puissant seigneur, messire Louis de Verthamon, chevalier, S^{gr} des maisons nobles du Luc en Blayez, Saint-Jean-d'Angles, Saint-Fort et Fontbernet en Saintonge, né le 19 février 1727, nommé conseiller au Parlement de Bordeaux, le 12 octobre 1747, reçu le 20 décembre suivant ; conseiller du roi en tous ses conseils, président à mortier en la même cour, au lieu de Jean-Baptiste Le Comte de La Tresne, le 30 décembre 1748, avec dispense d'âge et de service, reçu le 11 février 1749. Il vivait encore en 1763, et laissa, de son mariage avec haute et puissante dame Marie-Anne Le Comte de La Tresne : *aaa*. — Messire Jean-Baptiste-Jules de Verthamon Saint-Fort, S^{gr} de La Bigayeresse, convoqué en 1789, à l'Assemblée générale de la noblesse de Bordeaux, né à Bordeaux, le 25 janvier 1753, filleul de Jean-Baptiste de Verthamon, son aïeul, et de dame Léonarde de Sabourin, veuve de messire Louis Le Comte, chevalier, conseiller du roi en ses conseils, président à mortier au Parlement de Bordeaux, sa grand'mère maternelle : *bbb*. — Messire François-Joseph de Verthamon Saint-Fort, S^{gr} de Fontbernet, né à Bordeaux, le 30 avril 1754, filleul de messire François-Joseph Le Comte, chanoine et archidiacre de l'église Saint-André, vicaire général de Monseigneur l'archevêque, et de dame Jeanne de Gascq, son oncle et son aïeule ; il assista, en 1789, à l'Assemblée de la noblesse de Bordeaux, émigra peu de temps après, et a laissé pour fille unique et héritière de sa branche, Marie-Thérèse-Antoinette de Verthamon Saint-Fort, épouse de M. Jean-Anselme-René de Souilhagon de Bruet : *ccc*. — Messire Maurice de Verthamon Saint-Fort, capitaine de cavalerie au régiment de la reine, né à Bordeaux, le 20 février 1756, assiste, en 1789, à l'Assemblée de la noblesse de Bordeaux. *cc*. — Marie-Thérèse de Verthamon Saint-Fort, née à Bordeaux, le 24 décembre 1729, filleul de Jacques des Aygues, chevalier, S^{gr} de Thibaudin, son oncle, et de dame Marie de Combabessouze d'Arrerac, dame d'Arsac. Elle épousa, le 17 juin 1749, noble Marc-Antoine du Perrier, chevalier de l'ordre de Saint-Jean-de-Jérusalem dit de Malte, S^{gr} de Larsan et de La Mothe, capitaine dans le régiment d'Auvergne, jurat gentilhomme de la ville de Bordeaux, et grand sénéchal de Guyenne, en 1769 : *b*. — Dame Barbe de Verthamon, qui, étant veuve de noble Mathieu de Fayet, écuyer, conseiller au Parlement de Bordeaux, fut convoquée, en 1690 et 1691, à l'Assemblée de relevée du ban de l'arrière-ban de Saintes. Elle y déclara que sa qualité de veuve d'un conseiller au Parlement l'exemptait de la contribution, et, en conséquence, elle fut déchargée du service, conformément aux priviléges qu'elle représentait. (Archives départementales de la Gironde). B. — Joseph de Verthamon, S^{gr} de Villenove, capitaine de cavalerie, fut père de : N... de Verthamon, qui, fait prisonnier de guerre en Espagne, fut conduit à Barcelonne, où il se maria, et eut un fils : Joseph de Verthamon, vice-régent de l'audience royale de Catalogne. Cette branche a continué en Espagne, et paraît y avoir tenu un rang distingué ; 3° Roland de Verthamon, consul de Limoges en 1572 et 1579.

III. — Messire Martial de Verthamon, chevalier, S^{gr} de Mas, du Puy, des Boudeaux et de Roquesolles, conseiller du roi, trésorier général de France en la généralité de Limoges, fut pourvu de cet office, vacant par la démission de François Videau, successeur, en cette qualité, de Jean de Pontac, par lettres du roi données à Nantes, le 27 avril 1593. (Signé : par le roy : Bonnet.) Il en prêta serment en la Chambre, lors à Tours, le 21 octobre de la même année, et entre les mains de M. le chancelier, le 3 février 1596. (Acte signé au bas : Le Grand.) Martial de Verthamon l'eut de leurs fils; par cet acte, ils donnèrent à ce dernier, pour ses enfants et descendants, savoir : les greffes civils et la place de premier clerc en la sénéchaussée du Haut-Limousin et siége présidial de la ville de Limoges, avec les maisons et repaires nobles du Mas et du Puy, situés dans la paroisse de Vigent. Martial de Verthamon laissa de son dit mariage : 1° Jean, dont l'article suivra ; 2° noble François-Martial de Verthamon, S^{gr} du Mas, du Puy, de Lavaud et de Mons, consul de Limoges en 1600, conseiller du roi, trésorier général de France au bureau des finances de la généralité de Limoges, puis doyen de l'église cathédrale de cette ville, fut pourvu de l'office de trésorier sur la résignation de son père. Selon lettres patentes de Sa Majesté, données au camp, devant La Rochelle, le 26 novembre 1627. (Signé sur le replis : Par le roy : Le Coq.) Il en prêta le serment, le 30..... de la même année, entre les mains de messire de Marillac, chevalier, garde des sceaux de France (Acte signé Le Coq), et fut reçu, en cette qualité, le 11 mars 1628. Par arrêt de la Chambre des comptes (Signé Bourlon), François-Martial de Verthamon vendit cet office, le 21 octobre 1652, moyennant la somme de 43,000 livres, à Pierre Bardoulat, sieur de Plazanet, bourgeois de la ville de Moustiers, pour Pierre Bardoulat, sieur de La Brousse, son fils. (Acte reçu par Villemontiés, notaire et tabellion royal de la ville de Limoges.) Le dit Pierre Bardoulat fut pourvu à la place, le 30 novembre 1652, et reçu le 21 juillet 1653. François-Martial de Verthamon avait épousé, par contrat accordé le 29 juin 1611, d^{lle} Jeanne de Chavaille, fille de noble messire Pierre de Chavaille, S^{gr} de Fougeras et du Pouget, conseiller du roi, assesseur criminel et examinateur et lieutenant-général au siège royal de la sénéchaussée d'Uzerche en Bas-Limosin, et de dame Martiale du Pouget, qui constituèrent à la future la somme de 30,000 livres. (Acte passé devant Tigniac, notaire et tabellion royal de la ville d'Uzerche, insinué, le 12 février 1615, par Jacques d'Arlot, conseiller du roi, lieutenant-particulier au siège présidial de Limoges.) De cette union provinrent : A. — Martial de Verthamon, écuyer, chevalier, S^{gr}, comte de Lavaud, S^{gr} de Bussière-Beaufilz, Mons, La Chenaud, La Robinière, fut retenu en l'état et charge de premier chambellan de Mgr le duc d'Orléans, frère unique du roi, par lettres de Sa Majesté, données à Versailles, le 15 mars 1654. (Original en parchemin, signé Louis, et plus bas : par le roy : de Guénégaud.) Il en prêta serment le lendemain, devant M. le maréchal du Plessis-Praslin, gouverneur de la personne de Monsieur, frère unique du roi, premier gentilhomme de sa chambre et surintendant de sa maison et finances. (Acte signé Courtin.) Martial de Verthamon avait épousé, selon contrat accordé le 12 septembre 1649, conformément aux articles du 19 juin de la même année, d^{lle} Isabeau de Lambertie, fille de haut et puissant S^{gr} messire François de Lambertie, chevalier, S^{gr}, comte de Montbrun, et de dame Eymerie de Nesmond, et petite-fille, et assistée de haut et puissant S^{gr} Gabriel de Lambertie, chevalier, S^{gr}, comte de Lambertie, baron de Montbrun, lieutenant du roi au gouvernement de Nancy, et de dame Isabelle de Rochechouart. Il fut constitué à la future 15,500 livres devant se composer, avec la cession que lui firent ses père et mère, des terre et seigneurie de La Robinière, situées dans la province d'Angoumois. Isabeau de Lambertie était nièce de Marie-Madeleine de Nesmond, seconde femme de haut et puissant S^{gr} messire Jean-Louis-Joseph de Rochechouart, chevalier, S^{gr}, marquis de Saint-Victurnien, S^{gr} du Bastiment. (Acte passé au château de Lambertie, paroisse de Miallet, en Périgord, devant du Gadonaye, notaire royal de la dite province.) De ce mariage est issu : a. — Messire Martial de Verthamon, écuyer, chevalier, S^{gr}, comte de Lavaud, S^{gr} de Bussière-Beaufilz, habitant de son château de Lavaud, paroisse de Bussière, juridiction de Mortemart en Poitou, fut commissionné capitaine de cent hommes de nouvelle levée, dans le régiment de Normandie, par lettre du roi donnée à Versailles, le 24 octobre 1683. (Signé, Louis, et plus bas, Letellier.) Sous la qualification de capitaine réformé du régiment de Normandie, il reçut de Sa Majesté une lettre datée de Versailles, le 1ᵉʳ juin 1685, en lui donnant l'ordre de se rendre à la suite du bataillon de Jouffroy, dans son dit régiment, pour y être reconnu en telle qualité. (Signé, Louis, et plus bas, Letellier.) Martial de Verthamon, réformé de nouveau, fut replacé capitaine de la compagnie vacante par la retraite du capitaine Roquemont dans le régiment de Picardie, commandé par M. le marquis de Harcourt, ainsi que l'indique une lettre du roi adressée au dit colonel ou, en son absence, à celui qui commanderait le régiment, datée de Chambord, le 14 septembre 1685, lui mandant de recevoir Martial de Verthamon et de le faire reconnaître en la dite qualité. (Original en papier.) Celui-ci fut nommé capitaine d'une compagnie de quarante maîtres à cheval, montés et armés à la légère et de nouvelle levée, par commission du roi donnée à Versailles, le 25 octobre 1689. (Signé, Louis, et plus bas, Letellier.) Il reçut du roi une lettre écrite à Versailles, le 10 novembre 1689, par laquelle Sa Majesté lui annonçait qu'ayant résolu de se servir de sa compagnie dans le régiment de cavalerie dont elle avait donné le commandement au sieur de Presle, il eut à se rendre à Dôle avec ses hommes. (Signé, Louis, et plus bas, Letellier.) Enfin, Martial de Verthamon obtint, le 1ᵉʳ septembre 1693, de M. de Pers, commandant et gentilhomme de Talmont, un certificat portant qu'il avait servi dans l'escadron du Haut-Poitou et qu'il s'était acquitté de son devoir fort ponctuellement l'espace de trois mois. (Signé, de Pers.) Il avait épousé, par contrat accordé le 5 décembre 1688, dˡˡᵉ Marie, *alias* Manon de Roffignac, fille de messire Gédéon de Roffignac, écuyer, chevalier, Sᵍʳ de Sannat, Le Cros, Balledent, Saint-Junien-les-Combes, et de dame Charlotte d'Aloigny, demeurant dans leur château noble de Sannat, paroisse de Saint-Junien-les-Combes, sénéchaussée de la Basse-Marche, et sœur de Claude et François de Roffignac. La future eut, en constitution de dot, 20,000 livres, en déduction de laquelle lui fut cédé, pour 15,000 livres, la terre de La Forestie, paroisse de Feuillade en Périgord. (Acte devant Badou, notaire, tabellion, garde-note royal et héréditaire, et l'un des réservés au comté et sénéchaussée de la Basse-Marche, insinué, en l'audience de la cour de la sénéchaussée de Limoges, le 29 novembre 1689, par Jean Vidaud, écuyer, Sᵍʳ de Bosniger, conseiller du roi, lieutenant-particulier en la sénéchaussée de Limoges. Procès-verbal d'estimation de la terre de La Forestie, fait le 12 décembre 1688, par Arnaud d'Alesme, Sᵍʳ de La Beytour, demeurant à Beaulieu.) Martial de Verthamon ayant été assigné à produire ses titres de noblesse, lors de la seconde recherche, fut maintenu sur la production d'iceux, à partir de l'année 1593, dans le droit de prendre la qualité de noble et d'écuyer, par jugement de Charles-Bonaventure Quentin, chevalier, Sᵍʳ de Richebourg, conseiller du roi en ses conseils, maître des requêtes ordinaires de son hôtel, intendant de justice, police et finances en la généralité de Poitiers, rendu à Poitiers, le 24 février 1715. (Signé, de Richebourg, et plus bas : par Monseigneur, Rameau.) De son dit mariage est issu : Martial de Verthamon, écuyer, chevalier, Sᵍʳ de Lavaud, Bussière-Beaufilz, Mons, La Chenaud, La Robinière, fut marié, par acte passé le 1ᵉʳ décembre 1714, au château de Nieul en Saintonge, devant Baillarge, notaire royal, avec damoiselle Marthe-Barbe Poute, fille de feu messire François Poute, chevalier, Sgr de Châteaudonpierre, Saint-Sornin et Forges, et de dame Marie Arnoul, la dite damoiselle agissant de l'avis de messire Jean Poute, chevalier, Sgr de Nieul, son parent. De ce mariage : messire Martial de Verthamon, chevalier, Sgr, marquis de Bussière, Lavau, Mons, Joncherolles, La Chenaud, Tastes, en Médoc et autres places, épousa, le 16 novembre 1731, et selon contrat post-nuptial du 27 octobre 1733, rédigé au château de Lavaud, par Verger et du Vaslet, notaires royaux de la sénéchaussée de Montmorillon en Poitou, dame Marie de Verthamon, fille de messire Jean de Verthamon, chevalier, Sgr de La Vauzelle, et de dame Marguerite Boullet de Touverac, habitants du château de Panissac, paroisse de Verneuil. Par cet acte, il renonça aux successions de ses père et mère en faveur de messire Martial de Verthamon, son frère aîné. De ce mariage : *aa*. — Messire Jean-Baptiste de Verthamon, né le 1er mars 1739, baptisé le même jour, dans l'église paroissiale de Bussière-Beaufilz, avait été tenu sur les fonts par messire Jean-Baptiste de Verthamon, Sgr de La Vauzelle, et par dame Catherine-Elisabeth de Verthamon, abbesse de l'abbaye royale de La Règle, à Limoges. Il entra au chevau-légers après des preuves de noblesse faites devant le généalogiste des ordres du roi et en vertu de son certificat du 12 avril 1756. Il mourut sans alliance vers 1762; *bb*. — Dame Marie-Marguerite de Verthamon-Lavaud, comtesse de Lavaud, dame du Mas, Bussière-Beaufilz, Marcillac, Le Cerf, Tastes et Vensac en Médoc, se fit représenter à l'Assemblée de la noblesse de Bordeaux, en 1789, par messire Jean-Baptiste-Maurice de Verthamon, marquis de Tercis; elle avait alors environ quarante-un ans et n'était pas mariée ; *b*. — Messire Jean de Verthamon, écuyer, chevalier, Sgr de La Vauzelle, épousa, par contrat accordé le 23 août 1689, dlle Marguerite Boullet de Touverac, fille de feu Jean Boullet de Touverac, écuyer, Sgr de Panissac, et de demoiselle Catherine de Chantilliat, demeurant au lieu noble de Panissac, paroisse de Verneuil, juridiction de Bellac. (Acte passé dans la maison de François Charles, Sgr de Saint-Sauveur, avocat au Parlement, devant François Mathieu, notaire royal héréditaire au comté et sénéchaussée de la Basse-Marche, à Bellac.) De cette union : *aaa*. — Catherine-Elisabeth de Verthamon, abbesse de l'abbaye royale de Limoges. Elle vivait en 1765 ; *bbb*. — Jean-Baptiste de Verthamon, Sgr de La Vauzelle, capitaine de grenadiers au régiment de Navarre, chevalier de l'ordre royal et militaire de Saint-Louis, eut de dame Marguerite Bachelard, son épouse, veuve dès le 27 octobre 1765 : Etienne-François de Verthamon, né le 20 août 1757, obtint, le 27 octobre 1765, de M. d'Hozier de Cérigny, juge d'armes, un certificat, daté de Paris, constatant qu'il avait la noblesse nécessaire pour être admis au nombre des gentilshommes que Sa Majesté faisait élever dans le collége royal de La Flèche ; *ccc*. — Marie de Verthamon, alliée à messire Martial de Verthamon, chevalier, Sgr, marquis de Bussière, dont il a été parlé ci-dessus ; *c*. — Louis de Verthamon, dit le capitaine de Verthamon-Bussière ou le capitaine Bussière, qui, en récompense de ses longs et honorables services, fut nommé chevalier de l'ordre royal et militaire de Saint-Louis, par provisions du roi, données à Versailles, le 26 juin 1707. (Original en parchemin.) Il prêta serment, en cette qualité, le 1er août de la même année, entre les mains de Sa Majesté, et était alors capitaine au régiment de cavalerie d'Alzeau ; B. — Marie-Mauricie de Verthamon, abbesse de l'abbaye royale de La Règle, à Limoges, en 1618 ; C. — Jeanne de Verthamon, succéda à sa sœur dans la même abbaye, en 1619, et mourut en 1675. On a son épitaphe ; D. — Marie de Verthamon, abbesse de l'abbaye de La Règle, en 1679 ; 3° Mathieu-Jean de Verthamon, doyen de l'Eglise de Limoges, conseiller du roi, abbé de Prébenoit après son oncle, en 1594 et 1639 ; 4° Guillaume Ier de Verthamon, S^{gr} de Villainét de Saint-Eurould, consul de Limoges en 1576 et 1600, conseiller, secrétaire du roi, 1595, (Président de l'élection de Limoges.) laissa postérité ; 5° Jean-Baptiste de Verthamon, auteur d'une branche éteinte, fut conseiller du roi, trésorier de France, général des finances en Guyenne et commissaire général, député par le roi, en son logis de la ville de Nérac, pour la vérification et restauration de son ancien domaine de Navarre, et réception des foi et hommage à lui dû (1604-1635). En cette qualité, il fut chargé, avec le sieur de Gourgues, de la recherche générale des faux nobles en Guyenne ; 6° Guillaume II de Verthamon, dit Guilhaumot, S^{gr} de Châteaudon, receveur des finances à Limoges le 16 avril 1575, puis trésorier de France au bureau des finances de la même généralité le 9 septembre 1579. Il exerçait encore cette charge dans l'année 1593 et eut pour fils : Jean de Verthamon, qui lui succéda dans l'office de trésorier de France. De lui vint, sans doute, Barthélemy de Verthamon, avocat, S^{gr} de Châteaudon, consul de Limoges en 1671, lequel se maria et forma une branche qui s'est éteinte en la personne d'un abbé de Verthamon ; 7° Michel de Verthamon, S^{gr} de Fauhiandra ou de Fonjaudran et de La Boissière, consul de Limoges en 1576, receveur des tailles de l'élection du Haut-Limosin dès l'année 1572, reçut quittance, le 22 mars 1572, de François Pétrute de Chazon, au nom des manants et habitants d'Isle, de la somme de 18 livres 8 sols tournois formant le reste de l'argent qu'ils avaient prêté au roi. Michel de Verthamon fut plus tard président en l'élection du haut pays de Limoges. Il avait épousé Jeanne de Vacre dont il eut une fille : Narde ou Léonarde de Verthamon, mariée à Jacques des Aygues, procureur général au Parlement de Bordeaux. Elle eut un fils : Jacques des Aygues, conseiller du roi au même Parlement, qui épousa N..... de Pontac ; 8° Jeanne de Verthamon, mariée : 1° à Jean d'Aubusson, S^{gr} du Mas-Neuf et de Cavarles, conseiller du roi ; 2° à Charles de Guillaume, écuyer, S^{gr} de La Grange, conseiller du roi.

IV. — Jean de Verthamon, écuyer, S^{gr} du Mas et du Puy, trésorier de France à Limoges, consul de cette ville en 1569, 1575 et 1579, fit son testament le 8 octobre 1594, et vivait encore le 20 juillet 1596. Il avait épousé, dès le 19 janvier 1553, Catherine Lamy de Montvailler, laquelle testa le 26 juillet 1602, fille de François Lamy, lieutenant-particulier à Limoges. De cette union provinrent sept enfants que nous allons énumérer : 1° François de Verthamon S^{gr} du Mas et du Puy, reçu conseiller du roi au parlement de Paris, le 17 août 1588. Epousa en 158., selon contrat reçu par Croiset, notaire au Châtelet de Paris, d^{lle} Marie de Versoris, seconde fille de Pierre Versoris, avocat au Parlement, S^{gr} de Fontenay-le-Vicomte, de Marcilly et Montroger, député aux Etats de Blois en 1576, chef du conseil du duc de Guise et de d^{lle} Marguerite Coignet, sa femme, sœur de Frédéric Coignet, conseiller au Parlement. François de Verthamon et Marie de Versoris, partagèrent, le 14 octobre 1604, les successions de

Pierre Versoris, de Marguerite Coignet et de Jeanne Versoris, religieuse professe au prieuré de Charme, conjointement avec M° Frédéric Versoris, conseiller au Parlement ; M° Jacques Versoris, secrétaire de la chambre du roi, et d^lle Marguerite Versoris, femme de M° Antoine Rancher, conseiller au Parlement, président aux enquêtes (acte reçu par Janot, notaire au Châtelet de Paris). François de Verthamon, laissa de Marie de Versoris, qui était veuve de lui, en 1633 : A. — Messire François de Verthamon, chevalier, baron, puis marquis de Masnœuvre, baron de Bréau, S^gr de Vernoy, conseiller du roi en tous ses conseils et en la direction de ses finances, fut reçu conseiller au Parlement de Paris, le 15 août 1618, maître des requêtes ordinaires de l'hôtel du roi, le 29 mai 1626. Intendant de l'armée au siège de La Rochelle, puis de celle d'Italie et de celle de Guyenne, depuis 1630 jusqu'à 1638 ; obtint, au mois de décembre 1642, des lettres patentes portant érection de la terre et seigneurie de Bréau en baronnie, données à Saint-Germain-en-Laye, registrés au parlement le 23, et en la chambre des comptes le 27 mai 1644. Fut nommé conseiller d'Etat en 1643, et titré baron de Masnœuvre, par lettres patentes du mois d'août de cette année, maître des requêtes honoraire par lettres données à Paris, le 3 janvier 1644, registrées au Parlement le 15, et à la chambre des comptes le 27 du dit mois. Fut l'un des douze conseillers d'Etat réservés à la réforme du conseil. Il fut titré marquis de Masnœuvre par lettres patentes du mois de décembre 1653, registrées le 15 juin 1657. François de Verthamon mourut au mois d'octobre 1666, et fut inhumé le 22, aux Minimes de la place Royale. Les actes que nous avons de lui sont : 1° une cession de diverses sommes qu'il fit à d^lle Marguerite de Verthamon, sa sœur, veuve de Daniel Voisin, le 7 février 1623 ; 2° une quittance qu'il donna, le 20 septembre 1642, de rentes constituées sur le clergé de France depuis le 16 mars 1568, au profit de d^lle Renée Nicolaï. François de Verthamon avait épousé, le 30 janvier 1625, Marie Boucher d'Orçay, dame de Vernoy, et de Vincy, puis de Bréau, dans l'Isle-de-France (par la donnation que lui en fit, en faveur de son mariage, Madeleine Boucher, sa tante, dame du dit Bréau, alors veuve et sans enfants, d'Antoine Rebault, intendant des finances), fille de Pierre Boucher d'Orçay, S^gr de Houilles et de Vernoy, conseiller au Parlement, et de Louise de Hennequin. Elle mourut au mois d'août 1657. Et eut pour enfant : a. — Messire Michel de Verthamon, chevalier, S^gr et baron de Bréau, marquis de Masnœuvre, S^gr de Vincy et autres lieux, conseiller du roi en ses conseils, maître des requêtes ordinaires de son hôtel, fut reçu conseiller au Parlement de Paris, le 23 mars 1646 ; maître des requêtes le 8 juillet 1651 ; fut envoyé en Provence et en Languedoc pour y tenir les Etats et nommé l'un des six maîtres des requêtes pour assister aux sceaux du roi. Il mourut avant son père, en l'année 1660. Michel de Verthamon fut marié, en 1654 ou 155., à haute et puissante dame Marie d'Aligre, quatrième fille d'Etienne III d'Aligre, chevalier, S^gr de La Rivière, Chonvilliers, La Foret et La Lande, directeur surintendant des finances, chef du conseil de la marine, chancelier, garde des sceaux de France, et de Jeanne l'Huillier d'Interville, sa première femme. Devenue veuve, Marie d'Aligre, se remaria, le 9 juin 1678, avec haut et puissant seigneur messire Godfroy, comte d'Estrades, maréchal de France, chevalier des ordres du roi, gouverneur de Dunkerque et plénipotentiaire de Sa Majesté à la paix de Nimégue, elle mourut, le 2 février 1724, à l'âge de quatre-vingt-onze ans, sans enfants de son second mariage, mais laissa du premier : *aa*. — Très haut et très puissant seigneur, monseigneur François-Michel de Verthamon, chevalier, S*gr* baron de Bréau, marquis de Masnœuvre, S*gr* de Lalande, Vincy et autres lieux, conseiller du roi en tous ses conseils, commandeur de ses ordres et premier président du Grand-Conseil, fut reçu conseiller au Parlement de Paris et commissaire aux requêtes du palais, le 19 janvier 1674, pourvu, au mois de juin 1677, sur les résignations de messire Claude de Guénegaud, chevalier, S*gr* des Brosses, conseiller du roi en ses conseils, et envoyé extraordinaire de Sa Majesté en Portugal, de la charge de maître des requêtes ordinaire de l'hôtel du roi, que sa mère et lui avaient acquise moyennant 196,000 livres, il obtint, à la suite de ces provisions, des lettres de dispense d'âge et de service qui lui furent octroyées, parce qu'il n'avait encore que vingt-trois ans, expédiées à Versailles, le 9 juin 1677 ; fut nommé premier président au Grand-Conseil le 24 février 1697 ; prêta serment au roi en cette qualité, le 24 février 1698. Chevalier, greffier, secrétaire et commandeur des ordres du roi, le 4 février 1616, sur la démission de Chretien de Lamoignon, président au Parlement, mourut en janvier 1738, et fut inhumé, le 5 de ce mois, en l'église des révérends pères Minimes de la place Royale, lieu de sépulture de sa famille. Les actes que nous avons le concernant, sont : 1° des lettres originales en papier données à Paris, le 10 mars 1697, par Louis-Antoine de Noailles, archevêque de Paris, duc de Saint-Cloud, pair de France, par lesquelles il permet à M. de Verthamon de faire dire la messe en la chapelle de sa maison, sise en la paroisse de Chenevières, au diocèse de Paris ; 2° un bail à ferme passé devant Claude Le Roy et Charles Levesques, notaires à Paris, en faveur de Claude Benoist et de Madeleine Bienvenue, sa femme, de la maison jardin, terre et seigneurie du Vivier et des Fontaines, à Vuitry-en-France, trois cents arpents de terre, prés et paussages en dépendant, moyennant 3,300 livres annuellement. François-Michel de Verthamon avait épousé, par contrat passé le 7 novembre 1678, Marie-Anne-Françoise Bignon, morte à Paris, le 26 décembre 1730, dans la soixante-dixième année de son âge, fille unique de Thiéry Bignon, maître des requêtes, président au Grand-Conseil, conseiller d'Etat, et de Françoise Talon, de ce mariage provinrent cinq enfants que nous allons énumérer et après la mort desquels leur père fit héritier le fils de M. le président d'Aligre : *aaa*. — François-Joseph Geoffroy de Verthamon, né le 21 avril 1684, mort le 6 septembre 1705, sans alliance, et inhumé aux Minimes de la place Royale, à Paris, en la chapelle de Verthamon ; *bbb*. — Charles-Etienne de Verthamon, né le 23 décembre 1685, mort au berceau ; *ccc*. — Denis-Michel de Verthamon, sieur de Vincy, né le 8 août 1688, fut reçu conseiller au Parlement, commissaire aux requêtes du palais, le 12 février 1710, et mourut subitement au château de Boinvillier, près Nantes, le 27 octobre 1714, sans avoir été marié ; il fut inhumé aux Minimes de la place Royale, à Paris, dans la chapelle de sa famille ; *ddd*. — Marie-Adélaïde de Verthamon, morte en bas-âge, le 27 juillet 1681 ; *eee*. — Françoise-Elisabeth-Eugénie de Verthamon, née le 24 octobre 1682, alliée en 1715 à Gabriel-François-Balthazar de Pardaillan, marquis de Bellegarde, fils puîné du duc d'Antin ; elle mourut sans enfant. *bb*. — Elisabeth de Verthamon, mariée le 20 juillet 1684, avec Henry-Albert de Cossé, duc de Brissac, pair de France, mort sans postérité, le 29 décembre 1698. Veuf, en première noces, de Gabrielle-Louise de Rouvroy de Saint-Simon. Elle mourut dans sa soixante-troisième année, le 13 février 1721; b. — Elisabeth-Antoinette de Verthamon, deuxième femme, par contrat du 25 octobre 1669, de Guillaume de Pechpeyrou-Comminges, comte de Guitaud, marquis d'Epoisses, chevalier des ordres du roi, capitaine des chevau-légers, premier chambellan du prince de Condé, bailli d'Auxois, colonel du régiment des Isles, gouverneur de Châlons-sur-Seine et des îles Sainte-Marguerite et Saint-Honora, lieutenant-général des armées du roi, veuf, en premières noces, de Madeleine de La Grange d'Arquien, marquise d'Epoisses; c. — Catherine-Marie-Madeleine de Verthamon, deuxième femme, le 22 février 1664 de Louis-François Ier Lefèvre de Caumartin, Sgr de Caumartin, maître des requêtes, commissaire pour la tenue des grands jours d'Auvergne, en 1665, intendant de Champagne et de Brie en 1667, conseiller d'Etat ordinaire en 1685, veuf, en premières noces, de Marie-Urbaine de Sainte-Marthe. Elle décéda, le 28 octobre 1722, et fut inhumée aux Minimes de la place Royale, dans la chapelle de Verthamon. B. — Messire Antoine-Jean-Baptiste de Verthamon, chanoine et archidiacre de l'église de Notre-Dame de Paris, conseiller du roi, clerc en la cour du Parlement, mort le 2 août 1668, après avoir fait son testament olographe, le 13 décembre 1667, reconnu le 24 avril 1669, devant Lemoine, notaire. C. — Messire Jean-Baptiste de Verthamon, conseiller du roi, trésorier de France à Bordeaux; D. — Pierre de Verthamon, jésuite profès en 1634; E. — Damoiselle Marguerite de Verthamon, mariée : 1°, le 24 février 1612, à noble homme, maître Daniel de Voisin, natif de Tours, Sgr de La Norye et de Villebourg en Touraine, conseiller et secrétaire du roi, maison et couronne de France, l'un des quatre notaires et secrétaires de la cour de Parlement de Paris, en 1593, et greffier criminel en chef d'icelle. Elle était veuve dès le 17 février 1623, et se remaria : 2°, avec messire Macé Bertrand, Sgr de La Basinière et de Clichy-la-Garenne, conseiller du roi en ses conseils d'Etat et privé, et trésorier de l'épargne de Sa Majesté, mort en 1658 ; F. — Catherine-Madeleine de Verthamon, alliée par contrat accordé, le 23 février 1634, avec messire Jean de Fèvre, Sgr de Boisbouzon et d'Eaubonne, conseiller du roi, maître ordinaire en sa chambre des comptes, dont elle devint veuve au mois de mars 1567. Elle mourut en octobre 1673; elle laissa plusieurs enfants ; 2° Guillaume Ier de Verthamon, capitaine d'infanterie; 3° Jean de Verthamon, capitaine d'infanterie ; 4° Guillaume II, qui a continué la descendance ; 5° Jean Ier de Verthamon, chantre de l'église de Limoges, est nommé, dans une délibération des notables de cette ville, prise le 26 mars 1591, pour consentir 10,000 écus, destinés à faire venir l'armée de Monseigneur le prince de Condé ; 6° Guillaume III de Verthamon, chantre de l'église de Limoges ; 7° Jean II de Verthamon, prieur de Puymaugon.

V. — Pierre-Guillaume de Verthamon, Sgr de Malagnac, épousa Barbe du Bois, en 1598, et eut de cette alliance : 1° François-Michel de Verthamon, Sgr de La Ville-aux-Clercs, Villemaure, Cervon, Brie-Comte-Robert, Villemenon, fut d'abord aide-trésorier sous Bertrand de La Basinière, son parent; reçu conseiller au Parlement de Paris, le 24 mai 1647, pourvu de la charge de maître des requêtes, sur la résignation de M. Jean-Jacques

Renouard, par lettres données à Paris, le 19 novembre 1653, en prêta serment le lendemain, à M. Mollé, fut reçu au Parlement, le 23 du dit mois et aux requêtes le même jour. Il mourut le 24 juin 1697, à l'âge de quatre-vingt-douze ans, et fut inhumé aux Cordeliers, le surlendemain; il avait épousé de 1630 à 1640, demoiselle Renée Quatre-Sous, morte le 24 novembre 1657, fille de N.... Quatre-Sous, S^{gr} de Montaglos, auditeur à la chambre des comptes. De cette alliance provinrent : A. — Messire François de Verthamon, chevalier, seigneur comte de Villemenon, seigneur châtelain de La Ville-aux-Clercs et de Chazelet, conseiller en la grande chambre de la cour de Parlement de Paris. Epousa : 1° Marie-Anne de Goury, fille de messire Pierre de Goury, maître des comptes, et de dame Anne Deya; 2°, au mois de septembre 1693, dame Catherine-Hyacinthe d'Aubusson, dame de Chassingrimont. Du premier lit : a. — Françoise-Victoire de Verthamon, mariée, le 6 octobre 1708, à messire François de Pérusse, marquis des Cars, comte de Saint-Bonnet. De cette alliance est issue la maison ducale des Cars, qui a adopté dans ses armes la devise des Verthamon. b. — Messire François-Auguste-Jean-Baptiste de Verthamon de Chazelay, chevalier, comte de Villemenon et de La Ville-aux-Clercs, S^{gr} de Luzeré, La Rouschière, Chazelay, Saint-Verain, Chassingrimont et autres places, conseiller du roi en ses conseils, maître des requêtes ordinaire de son hôtel, vivant le 20 août 1720, fut baptisé le 30 juillet 1690, fut reçu conseiller au Parlement de Paris, le 29 août 1717, obtint des lettres de dispenses d'âge et de services pour être reçu maître des requêtes, sur la démission de Pierre-Hector Le Guerchois, conseiller d'État, données à Paris, le 26 mai 1719, registrées au Parlement, le 27 juin suivant, pourvu de cette charge dès le 8 mai de la même année, et en prêta serment à M. d'Argenson, le 26 du dit mois, fut reçu au Parlement le 11 juillet suivant et aux requêtes le 28 du même mois. M. Verthamon avait épousé Anne Baillon de Blanpignon, morte à Paris, le 25 août 1736, à l'âge d'environ quarante-cinq ans, fille de François Baillon de Blanpignon, de la ville de Saint-Malo, conseiller, secrétaire du roi et de ses finances et chevalier de l'ordre de Saint-Michel. Elle était sœur de Jean Baillon de Cervon, sénéchal de Rennes en Bretagne, depuis 1732, et auparavant conseiller au Parlement de Paris, de Jeanne de Baillon, épouse de Gaston-Jean-Baptiste de Lévis, marquis de Léran, ci-devant sous-lieutenant des gendarmes de la garde du roi, et de dame Anne-Thérèse de Baillon, épouse d'Antoine-François de La Tournelle, S^{gr} de Longny, d'Augé et de Senaut, comte de La Tournelle, chevalier de l'ordre de Saint-Louis et ancien capitaine de cavalerie; c. — Dame Elisabeth-Thérèse de Verthamon, qui était mariée, en 1720, avec messire Marc-Louis-Isaac de Balthazar, chevalier, S^{gr} de Vizancy et Brisson, major du régiment de Buisson, en Suisse; B. — Jean-Baptiste de Verthamon, évêque et S^{gr} de Pamiers, conseiller du roi en tous ses conseils, président des États du pays de Foix, fut reçu docteur en théologie de la faculté de Paris, le 6 septembre 1676, devint vicaire général de l'archevêque de Rouen à Pontoise, et fut nommé à l'évêché de Pamiers, le 7 septembre 1693; il fut sacré le 3 janvier 1694, dans l'église du Noviciat-des-Jésuites, à Paris, par l'archevêque d'Alby, assisté des évêques de Cahors et de Vence, et le 5 du même mois, il prêta serment de fidélité entre les mains du roi. Il fut député de Toulouse à l'Assemblée générale du clergé de France, tenue en 1702, et mourut le 20 mars 1735, dans son diocèse.

âgé d'environ quatre-vingt-huit ans, et dans la quarante et unième de son épiscopat. (*Mercure de France*, avril 1735, folio 819.); C. — Michel de Verthamon, mort chevalier de Malte ; D. — Antoine de Verthamon de Villemenon, seigneur, comte de Villemenon, conseiller au Parlement de Paris, mort le 22 mars 1709. Avait épousé, au mois de février 1690, dame Catherine du Maitz, décédée le 15 septembre 1735, à l'âge de soixante-dix ans, fille de Gilles du Maitz, Sgr de Goinspy et de Saint-Léger en Beauce, conseiller au Parlement de Paris, mort le 2 août 1672, et d'Antoinette Faure, morte au mois de novembre 1688, remariée alors à Pierre-Philibert de Pajot, conseiller au Parlement de Metz. De ce mariage : *a*. — François-Antoine de Verthamon et de Villemenon, chevalier, Sgr d'Ambloy, Saint-Amand et Poutines, reçu conseiller en la deuxième chambre des enquêtes du Parlement de Paris, le 21 août 1715, et marié, le 3 octobre 1716, à Jeanne-Catherine-Geneviève Perelle. Il mourut à l'âge d'environ quarante-quatre ans, le 21 décembre 1735, et laissa des enfants ; *b*. — Jean-Baptiste-Hyacinthe de Verthamon, prieur de Chouzy, en 1699, mort jeune, le 4 octobre 1712 ; *c*. — Catherine-Geneviève de Verthamon, alliée avec Denis Angrand d'Alleray, conseiller au Parlement de Paris ; E. — Catherine de Verthamon, alliée, le 11 septembre 1717, avec Jacques-Martial de Verthamon, Sgr de Chalucet, conseiller au Parlement de Bordeaux, son neveu à la mode de Bretagne ; F. — On trouve aussi messire Charles de Verthamon, capitaine de cavalerie dans le régiment du prince de Camille, mentionné dans un acte du 26 avril 1690 ; G. — N.... de Verthamon, abbesse de Saint-Michel-de-Crespy ; 2º Guillaume, qui a continué la descendance ; 3º N... de Verthamon de Malagnac.

VI. — Guillaume de Verthamon, deuxième du nom, chevalier, baron de Chalucet, par l'acquisition qu'il fit de cette terre, de François-Michel de Verthamon, Sgr de La Ville-aux-Clercs, son frère, en 1683, fut trésorier de France à Limoges. conseiller du roi, juge au siége présidial de Limoges, en 1682, et mourut le 16 janvier 1686; il eut, de son mariage avec demoiselle Catherine de Romanet : 1º Martial, dont l'article suivra ; 2º Isaac-Jacques de Verthamon, entra jeune dans la congrégation de l'Oratoire, devint vicaire-général de Jean-Baptiste de Verthamon, évêque de Pamiers, son parent, fut sacré évêque de Couserans, par les évêques de Pamiers, Lectoure et d'Aire, en 1708, et mourut en 1725; 3º Pierre de Verthamon, aumônier de Son Altesse Royale Madame, et grand vicaire du diocèse de Nantes ; 4º Michel de Verthamon, Sgr du Fraysse et de Chavagnac ; il eut de son mariage avec Catherine de Petiot : A. — Michel de Verthamon de Chavagnac, nommé par le roi à l'évêché de Montauban, fut sacré dans la chapelle de l'archevêché de Paris, par l'archevêque de Paris, assisté des évêques de Soissons et de Tarbes, le 8 janvier 1730, et mourut en 1762; il avait fondé un prix à son académie ; B. — Martial de Verthamon, enseigne de vaisseau, tué devant Tripoli ; C. — Guillaume-Samuel de Verthamon, Sgr de Chavagnac, doyen de la cathédrale de Limoges, évêque de Luçon de 1738 à 1758; D. — Michel de Verthamon, capitaine dans le régiment de Verthamon de Lussan-cavalerie, réformé dans celui de La Tour, devenu Chabrillan ; E. — Marie-Thérèse de Verthamon, mariée à N..... de Lescours, comte d'Oradour; 3º Barbe de Verthamon, mariée le 19 janvier 1675, à Martial Moulinier de Puymano ; 6º Catherine de Verthamon, mariée le 28 janvier 1686, à Pierre de La Biche, S₫ʳ de Marzat, conseiller, sénéchal de Limoges.

VII. — Martial de Verthamon, deuxième du nom, S₫ʳ, baron de Chalucet, conseiller en la grand'chambre du Parlement de Bordeaux, épousa, vers 1695, d^lle Angélique-Thérèse du Val, née à Bordeaux le 10 février 1658, fille et héritière de messire Jean-Jacques du Val, baron puis marquis de Tercis, conseiller-lay au Parlement de Bordeaux, et de dame Suzanne du Perrier de La Salargue. Martial de Verthamon fit registrer ses armoiries telles que nous les avons énoncées en tête de cet article, à Bordeaux, en l'*Armorial général de la France*, le 29 novembre 1697. Il laissa de son dit mariage : 1° Jacques-Martial, dont l'article suit ; 2° Marie-Anne de Verthamon, alliée à Jean de Constantin, sous-doyen des conseillers du roi au Parlement de Bordeaux, S₫ʳ de Castéra en Médoc, et de Montplaisir, près Royan, domaine de Mme de Constantin ; elle le transmit à ses neveux, du nom de Verthamon, après la mort, sans enfants, de son mari, dont elle était l'héritière.

VIII. — Messire Jacques-Martial de Verthamon, S₫ʳ, baron de Chalucet, conseiller-lay honoraire en la grand'chambre du Parlement de Bordeaux, exerça cette charge durant trente-deux ans. (Il en fut pourvu le 1er mai 1715 et fut reçu le 31 juillet suivant.) Il obtint des lettres d'honneur datées de la commanderie du Vieux-Jonc, le 7 juillet 1747, et laissa de son mariage avec Catherine de Verthamon, sa tante à la mode de Bretagne : 1° Martial-François, dont l'article suit ; 2° Jean-Baptiste-François de Verthamon, chevalier de Malte, capitaine de cavalerie dans le régiment des Cars, né à Bordeaux, le 6 janvier 1722, filleul de M₫ʳ Jean-Baptiste de Verthamon, évêque de Pamiers (remplacé par Martial de Verthamon, frère du baptisé), et de dame Angélique du Val, sa grand'mère paternelle. Il ne se maria point et fut tué à la bataille de Rosbach, le 5 novembre 1757 ; 3° Isaac-Jacques de Verthamon de Chalucet, du Chatenay, né à Bordeaux en 1724, légataire de l'évêque de Pamiers, son grand-oncle, et mort à Ambloy, sans alliance : 4° N....., dit l'abbé de Verthamon, décédé, dans sa jeunesse, au séminaire de Saint-Sulpice ; 5° Marie-Anne de Verthamon, née à Bordeaux le 31 janvier 1726, filleule de messire Jean-Antoine du Val, conseiller au Parlement, et de dame Marie-Anne du Val, veuve de messire Léonard-François de Gombault, conseiller en la même cour. Elle est morte sans alliance au château d'Ambloy ; 6° Catherine-Geneviève de Verthamon (1753).

IX. — Messire Martial-François de Verthamon de Chalucet, d'Ambloy, chevalier, S₫ʳ d'Ambloy, de La Salargue et de Gons en Saintonge, baron de Chalucet et de Noailhac en Limosin, marquis de Tercis et possesseur du domaine du Cadaujac, par succession de sa tante, Marie-Anne du Val (veuve de Léonard-François de Gombault, conseiller au Parlement de Guyenne, et héritière de son frère, Jean-Antoine du Val, marquis de Tercis), naquit le 21 mai 1719, fut nommé bourgeois de Bordeaux le 29 mars 1760, reçu conseiller puis nommé, le 1er mai 1761, président à la deuxième chambre des enquêtes du Parlement de Bordeaux, en remplacement de Louis-Augustin Bertin. Il fut marié avec Marie-Thérèse de Caupos, dame vicomtesse de Biscarosse et de Castillon, baronne de La Canau et d'Andernos, dame seigneuresse des prévôtés de Born, Parentis, Saint-Paul et Sainte-Eulalie, fille de messire Jean-Baptiste de Caupos, écuyer, vicomte de Castillon, S₫ʳ de

Biscarosse, La Canau et autres lieux, ancien capitaine d'infanterie au régiment de Caupos, puis conseiller du roi au Parlement (mort le 3 février 1756), et de dame Marie de Caupos. La marquise de Verthamon, étant veuve, se fit représenter à l'Assemblée de la noblesse de Bordeaux, en 1789, par messire Jean-Baptiste-Cyprien, vicomte de Verthamon, son fils. Elle avait eu de son dit mariage : 1° messire Jean-Baptiste-Maurice de Verthamon, marquis de Tercis, Sgr d'Ambloy, baron de Chalucet, de Saint-Germain, Romefort, Cervaux et Varaise, Sgr du Castera, vicomte de Castillon, né à Bordeaux le 22 septembre 1746, fut reçu président à mortier au Parlement de Guyenne en 1770, assistait, en 1789, à l'Assemblée de la noblesse de Bordeaux, et est mort le 30 mai 1809, sans enfants de son mariage avec Marie-Angélique de Mesplès ; 2° messire Jean-Baptiste-Silvain de Verthamon, né à Bordeaux le 17 février 1753, mort à Ambloy, à l'âge de seize ans ; 3° messire François-Marie de Verthamon d'Ambloy, ancien chef d'escadron au régiment Royal-Piedmont cavalerie, naquit à Bordeaux le 5 février 1754, et fut tenu sur les fonts par messire François de Caupos, baron d'Audernos et d'Ignac, son oncle maternel. Nommé député au Etats-généraux par l'ordre de la noblesse de Guyenne, en 1789, il émigra bientôt après, fut reçu chevalier de l'ordre royal et militaire de Saint-Louis en 1795, maréchal des camps et armées du roi en 1817, et est décédé le 18 août 1830, à Saint-Germain-en-Laye, où il était fixé depuis longtemps, sans postérité de son mariage avec Anne de Boucault, fille de Claude de Boucault, grand-maître des eaux et forêts de l'Orléanais, et de dlle N..... de La Porte ; 4° Jean-Baptiste-Cyprien qui a continué la descendance ; 5° Marie-Jacquette-Martine dite Jacqueline de Verthamon d'Ambloy, née à Bordeaux le 10 novembre 1750, mariée : 1° le 12 mai 1764 à messire François-Armand de Saige, baron de Beautiran, Sgr de Bonoas, du Casse, de La Prade et autres lieux, avocat général honoraire au Parlement de Guyenne, maire de Bordeaux, et l'une des victimes de la Révolution de 1794 ; 2° à Jean-Baptiste Coudol-Belleisle, mort en 1836. Il n'est provenu d'enfant d'aucun de ces mariages ; 6° Marie-Anne-Rosalie de Verthamon d'Ambloy, née à Bordeaux le 14 août 1756, filleule de messire Joseph de Caupos, écuyer, Sgr de Palu, et de dame Marie-Anne de Verthamon de Constantin, mariée, en 1770, à messire Léonard-Joseph de Mons, marquis de Dunes, veuf, en premières noces, d'Adélaïde de La Chabanne, morte en 1826 ; 7° Jacquette-Marie-Bibiane de Verthamon d'Ambloy, née à Bordeaux le 31 mars 1759, mariée, en 1779, à messire André-François-Benoît-Elisabeth Le Berthon, président à mortier au Parlement de Bordeaux, chevalier, Sgr d'Aiguilhe, baron de Podensac, Camblannes, vicomte de Virelade et de Castillon-sur-Dordogne, fils d'André-Jacques-Hyacinthe Le Berthon, premier président du Parlement de Guyenne. Elle est morte sans enfants, à Saint-Germain, en 1814 ; 8° Marie-Madeleine-Victoire de Verthamon d'Ambloy, née à Bordeaux le 21 juillet 1771, filleule de Jean-Baptiste de Caupos, son aïeul maternel, et de dlle Marie-Marguerite de Verthamon de Lavaud, sa cousine. Elle est morte sans alliance, le 26 janvier 1746, à Saint-Germain-en-Laye, près Paris, où elle s'était retirée avec son frère et sa belle-sœur.

X. — Messire Jean-Baptiste-Cyprien, vicomte de Verthamon d'Ambloy, Sgr de La Salargue, capitaine de cavalerie, commandant au régiment Royal-Piedmont, né à Bordeaux le 22 mars 1758, assista, en 1789, à l'Assemblée de la noblesse de Guyenne, émigra et fut fait chevalier de l'ordre royal et militaire de Saint-Louis en 1796. Il a hérité de la terre d'Ambloy en 1809 et est mort le 2 décembre 1840, laissant de son mariage avec Mlle Hermine de Ségur-Cabanac, née en 1781, quatrième fille de haut et puissant S^gr Joseph-Marie, comte de Ségur, chevalier, S^gr de Cabanac, maréchal des camps et armées du roi, chevalier de l'ordre royal et militaire de Saint-Louis, et de d^lle Catherine de Basterot : 1° Martial-Maurice-Edmond, dont l'article suit ; 2° Marie-Hilaire-Henry, comte de Verthamon d'Ambloy, né à Ambloy en 1814 et non marié ; 3° Eudoxie de Verthamon, née en 1806, mariée, le 4 février 1829, à Bernard-David-Marie-Eugène de Martin du Tyrac, vicomte de Marcellus, second fils de Marie-Louis-Auguste de Martin, du Tyrac, comte de Marcellus, pair de France, et de Sophie-Marie-Madeleine-Françoise de Piis ; 4° Félicie de Verthamon, née en 1809, mariée, le 29 décembre 1835, à Eugène-Honoré, comte de Foucaud d'Aure, né le 5 octobre 1800, fils de Guérin III, comte de Foucaud, S^gr de Braconac, et d'Elisabeth de Rodier.

XI. — Martial-Maurice-Edmond, marquis de Verthamon (par succession de son oncle), né le 25 novembre 1804, a épousé, le 8 mai 1828, Marie-Jacquette-Amélie de Piis, sa nièce à la mode de Bretagne, fille de Jean-Baptiste, marquis de Piis, et d'Elisabeth-Marie-Madeleine-Anne de Mons. De ce mariage sont provenus : 1° noble Martial-Marie-Louis-Henry de Verthamon, né le 19 février 1833, à Bordeaux, zouave pontifical, tomba mortellement blessé, en portant la bannière du Sacré-Cœur, au combat de Patay, le 2 décembre 1870, et mourut le 7 du même mois, à l'âge de trente-sept ans. Son fils posthume, Jean de Verthamon, est décédé en juillet 1879, au château de Castera ; 2° noble Martial-Marie-Gabriel-Déodat de Verthamon, né au château de Castera en Médoc, le 29 mai 1837 ; 3° noble Martial-Prosper-François-Arthur de Verthamon, né au château de Castera, en Médoc, le 29 octobre 1838 ; 4° noble Martial-Michel-Odon de Verthamon, né au château de Castera le 29 septembre 1843 ; 5° Marie-Alix de Verthamon, née le 28 juillet 1829, mariée, le 24 avril 1850, à Amédée, baron de Bretinaud-Saint-Surin ; 6° Marie-Hermine de Verthamon, née le 16 février 1831, mariée, le 29 décembre 1852, à Jules, vicomte de Gérès, fils d'Honoré-Magloire vicomte de Gérès-Vaquey, et de Constance de Gombault, décédée à Mony le 30 mars 1858 ; 7° Louise-Amélie-Marie de Verthamon, née le 5 février 1834, mariée, le 28 mai 1857, à Prosper, baron de Royère, fils de Gustave, comte de Royère, et de Modesta de Lageard-Cherval (1).

DE VEYNY (Page 270.), seigneurs de Marsillac 1549. *Ecartelé, aux 1er et 4° d'or à un arbousier de sinople, qui est Arbouse ; aux 2e et 3e de gueules à une colombe d'argent, fondant en bande ; sur le tout d'azur, à trois molettes d'éperon d'or et au bâton de gueules peri en bande.* La généalogie de cette famille est insérée au T. IV des *Archives de la Noblesse*, par M. LAINÉ.

---

(1) Nous empruntons cette généalogie au *Nobiliaire de Guyenne et Gascogne* en y introduisant quelques rectifications.

DE VEYRAC (Jean de), 52e évêque de Limoges, était prévôt du chapitre de Saint-Junien lorsqu'il fut élu, en 1198, mourut le 9 décembre 1218, à Accon ou Acre en Syrie, où il repose. (NADAUD, Chronol. des évêques.) On lui donne pour armes : *de vair*.

DE LA VIEUVILLE. — Roger de La Vieuville et son frère, prévôt de la Marche, étaient possessionnés en Combraille, en 1249. Nous ne pensons pas que cette famille eût quelque chose de commun avec l'illustre maison de Vieuville, originaire d'Artois, à laquelle appartenait Charles, duc de Vieuville, pair de France, Sgr de La Chaux, de Sallède et de Montgros en Auvergne, dont il rendit hommage, en 1684, comme étant aux droits de Françoise-Marie de Vienne de Châteauvieux, sa femme, fille de René de Vienne de Châteauvieux et de Marie de La Guesle, dame des dites terres (1). Cette dernière portait : *fascé d'or et d'azur de huit pièces, à trois annelets de gueules posés en chef, et brochant sur les deux premières fasces* (J.-B. BOUILLET, *Nobiliaire d'Auvergne*, T. VII, p. 117.)

DE LA VILLATE (Page 280.), seigneurs de Montroux et de La Villate en Limousin, branche de l'ancienne maison de Tinières, formée vers la fin du XIIIe siècle. — Pierre de Tinières, dit de La Vilatte, rendit aveu à Ebles de Chabannes, Sgr de Charlus-le-Pailloux, en 1340. Cette branche avait recueilli les biens de l'ancienne maison de La Villate, à charge d'en porter le nom et les armes. — Jean de La Villate, Sgr de Montroux en Limousin, et de La Vialle en Auvergne, fut convoqué au ban de cette dernière province en 1543 (2). Cette famille fut maintenue en Limousin, en 1666, après avoir produit les titres de sa filiation depuis 1470, et avoir justifié de ses alliances avec les familles de La Villardière, de Claviers, du Breuil, de Lubersac, de Nadailles et d'Escot (3). Armes : *Ecartelées aux 1er et 4e d'or, à la croix ancrée d'azur*, qui est de Tinières; *aux 2e et 3e d'or, à la bande de sable, chargée de trois étoiles d'argent*, qui est de La Villate. (J.-B. BOUILLET, *Nobiliaire d'Auvergne*, T. VII, p. 125.) De La Villate, Sgr de Périssat, de Montroux, etc., 1478. *D'azur à la barre de sable, chargée de trois étoiles d'argent.* — Jourdain Fournier, chevalier, Sgr de La Villate, vivait le 24 septembre 1421. (LAINÉ, *Nobiliaire du Limousin*.)

Gui de La Villote, damoiseau de la paroisse de Saint-Brice, vendit, en février 1354, plusieurs cens et rentes à noble homme messire Jean de Prunh, chevalier de Rochechouart. (*Hist. de la maison de Rochechouart*, T. II, p. 307.)

VILLEDON. (Page 280.) — Une généalogie plus complète de cette famille se trouve dans le *Dictionnaire des anciennes familles du Poitou*.

---

(1) BALUZE, T. II, p. 107. — *Noms féodaux*, p. 1002. — *Etrennes de la Noblesse*, 1774, p. 231, 232.
(2) D. COL.
(3) *Nobiliaire d'Auvergne*, par LAINÉ, p. 92. — *Nobiliaire du Limousin*, par le même, p. 52 — *Manuscrit des productions du Limousin en 1666*, à la bibliothèque de l'Arsenal, à Paris, p. 204.

DE VILLELUME (Page 281.), marquis et comtes de Villelume, Sgrs de Barmontet, de Verneugheol, de Vatanges, de Merinchal, de Bourrassat, de La Vergne, de Montbardon, de La Roche-Othon, de Besseix, de Villesauneix, de Trasforet, de Moucocu, d'Ambazac, du Bâtiment, de Morcheval, etc. Voici, sans contredit, une des maisons de chevaliers d'Auvergne les plus considérables. Elle présente six siècles et demi de filiation bien établie. Ses illustrations, ses possessions, ses magnifiques alliances sont en rapport avec son ancienneté. Elle tire son nom du château de Villelume, près Mérinchal (Creuse).

Guillaume Ier de Villelume fit partie de la première croisade prêchée à Clermont, par Pierre l'Hermite, en 1096. On sait que l'armée des princes chrétiens fut conduite en Terre-Sainte par Godefroy de Bouillon, et qu'elle s'empara de Jérusalem aux cris de *Dieu le veut!* le 15 juillet 1099. Guillaume de Villelume escalada les murailles de la ville avec une telle vigueur et combattit avec tant de courage, que Godefroy de Bouillon, pour le récompenser, lui donna un des drapeaux pris sur les infidèles. Sur ce drapeau se trouvaient *dix besants d'argent, sur un fond d'azur*. Godefroy voulut que Villelume prit ces armes pour lui et ses descendants. Ce précieux drapeau a été conservé au château de Barmontet, près d'Herment, jusqu'en 1793. La famille d'Autier le gardait soigneusement dans une boite de plomb, Josselin, fils de Guillaume de Villelume, chevalier croisé en 1096, était Sgr de Villelume en 1110. C'est de lui que descend Guillaume II de Villelume, vivant en 1199, par lequel nous commencerons la filiation de cette antique maison.

I. — Guillaume II (W.) de Villelume, chevalier (*miles*), Sgr de Villelume, de Merinchal et de Barmontet, prêta serment entre les mains de Robert d'Auvergne, évêque de Clermont, de maintenir le traité de paix fait entre Philippe-Auguste, roi de France et Robert Ier, dauphin d'Auvergne. Ce fait prouve qu'il était l'un des gentilshommes les plus considérables de la province. Il se rendit caution, en 1213, d'un accord fait par Amblard de Chalus ; épousa Agnès d'Ussel, fille de Robert, chevalier, Sgr d'Eygurande, Agnès fit une donation au chapitre d'Herment, en 1234; elle était alors veuve de Guillaume de Villelume et femme de Raoul de Beaufort, chevalier. Les enfants de Guillaume et d'Agnès d'Ussel furent : 1° Guillaume, qui suit; 2° Jean ; 3° Raoul, chanoine du chapitre de Chamalières, près Clermont, puis doyen de celui d'Herment, en 1270 ; 4° Dalmatie.

II. — Guillaume III de Villelume (*de Velalhume*), damoiseau, puis chevalier, Sgr de Merinchal, de Villelume, de Barmontet, de La Celle, etc., est mentionné dans le partage du pays de Combraille, en 1249. Il rendit foi-hommage la même année au chapitre d'Herment pour le village de La Celle; vivait encore en 1270, et laissa : 1° Guillaume, qui suit; 2° Aymon, damoiseau, coseigneur de Barmontet, de Verneugheol, de Villelume, etc., Sgr de Vatanges ; il avait un four banal dans la ville d'Herment, en 1310, et fit plusieurs donations au chapitre de cette ville, la même année. Il possédait fief dans la châtellenie de Murat-le-Quaire en 1313.

III. — Guillaume de Villelume, damoiseau, puis chevalier, Sgr de Villelume, de Barmontet et de Verneugheol, fit, en 1320, un échange avec le chapitre d'Herment; fut choisi, en 1322, avec trois autres chevaliers de la province d'Auvergne, pour prêter serment de fidélité au roi, entre les mains d'Aubert Aycelin, évêque de Clermont. Il épousa, par contrat du 12 janvier 1334, Alix de Tinières, fille de messire Pierre, chevalier, S^{gr} de Val, de Merdogne, et de Dauphine de Bréon, tante de Dauphine, femme de Geoffroy de Montmorin. On le trouve, en 1350, au nombre des gentilshommes auvergnats, imposés à la taxe pour subvenir aux frais de la guerre des Anglais. Il laissa : 1° Josselin, qui suit ; 2° René, marié avec l'héritière de la maison de Rieux d'Arsenac, en Bretagne, à condition d'en porter le nom sans quitter les armes de Villelume, ce qui explique pourquoi la famille de Rieux porte : *d'azur à dix besants d'argent*, 4, 3, 2, 1 ; 3° Guillaume, chancelier du duc de Berry en 1379.

IV. — Josselin de Villelume, chevalier, S^{gr} de Barmontet, de Verneugheol, etc., vit son manoir de Villelume détruit par les Anglais, qui s'étaient emparés, en 1357, de celui de Sermur, situé à peu de distance, d'où ils mettaient tout à feu et à sang. Il se retira au château de Barmontet. Le duc de Berry le retint, en 1374, pour faire la guerre aux Anglais, à la tête de dix hommes d'armes. Josselin, épousa : 1° Marguerite de Saint-Nectaire, fille de Casto II et d'Odine d'Alègre ; 2° Jeanne de Nouhent, avec laquelle il vivait en 1388. Du premier lit naquirent : 1° Hugues, qui suit ; 2° Guy, auteur de la branche de Montbardon.

V. — Hugues de Villelume, chevalier, S^{gr} de Villelume, de Barmontet, de Verneugheol, etc., accompagna le roi Charles V au voyage d'outremer contre les infidèles, avec le duc de Bourbon. Il fit partage avec son frère en 1399 ; épousa, en 1410, Claude du Vernet, fille de Bertrand, chevalier, S^{gr} du Vernet et de Beaulieu. De ce mariage : 1° Claude, qui suit ; 2° Jean, écuyer, coseigneur de la maison de Villelume et de Barmontet. Ses armes sont représentées dans l'*Armorial général de Revel*, en 1450 : *d'azur à six besants d'argent*, 3, 2, 1, *avec un lambel d'or comme brisure de cadet* ; 3° Annette, mariée, en 1461, à Antoine de Chaussecourte, écuyer, S^{gr} de Lignières ; 4° Jeanne, mariée, le 14 décembre 1467, à N... de Saint-Aignant, S^{gr} de La Gastine.

VI. — Claude Ier de Villelume, chevalier, coseigneur de Villelume, de Barmontet, de Verneugheol, de Tournadet, de Baubière, etc., eut en 1435, son château de Barmontet détruit par le duc Charles de Bourbon, parce qu'il n'avait pas voulu tremper dans la conspiration contre le roi, dite du *Bien-Public*. Le même duc lui accorda, le 4 août 1439, en qualité de suzerain de la baronnie d'Herment, le droit de reconstruire et de fortifier ce château. Claude acheta, vers 1450, avec son frère Jean, les châteaux de Baubière et de Tournadet. Il servit sous Jean II, duc de Bourbon, fils de Charles, et fut tué au service du roi, en 1472. Il avait épousé, par contrat du 2 janvier 1466, Marguerite de Maslaurent, fille de Jacques, écuyer, S^{gr} du Teil, de Saillans, etc., dans la Marche. Devenue veuve, elle fut nommée tutrice de son fils Claude, qui suit, et se remaria avec N.... de Sarran.

VII. — Claude II de Villelume, chevalier, S^{gr} de Villelume, de Barmontet, de Verneugheol, de Baubière, du Châtelet, etc., placé sous la tutelle de sa mère en 1472, épousa, le 20 janvier 1486, Francoise de Rochefort, fille de Pierre, chevalier, S^{gr} de Châteauvert, et de Louise de Tinières. De cette union : 1° Pierre, qui suit ; 2° Marguerite, mariée à Michel de Murat, chevalier, S^{gr} de Teyssonnières.

VIII. — Pierre de Villelume, chevalier, S^{gr} de Villelume, de Barmontet, de Verneugheol, de Baubière, de Tournadet, etc., épousa, le 16 juillet 1516, Charlotte de Saint-Georges, fille de Jacques, sénéchal de la Marche, Sgr de Saint-Georges, de Lespinas, de La Bussière, et de Dauphine de Saint-Julien. Il mourut en 1526, laissant : 1° Marien-Guillaume, qui suit ; 2° Guy, Sgr de La Batisse et de Baubière ; 3° Jeanne, mariée, en 1546, à Antoine de Sarrazin, écuyer, Sgr de Saint-Denis et de La Fosse, fils d'autre Antoine, Sgr de La Fosse, paroisse de Saint-Denis, près La Courtine ; 4° Gabrielle, abbesse de Sainte-Claire, à Clermont, de 1582 à 1587.

IX. — **Marien-Guillaume de Villelume**, chevalier, Sgr de Barmontet, de Villelume, de Baubière, de Tournadet, de Verneugheol, etc., naquit en 1511. On l'appelait communément Guillet (petit Guillaume). « Aussitôt qu'il fut en âge de porter les armes, il servit dans les armées du roi, tant en France qu'en Italie, où il accompagna Monseigneur le Dauphin et Monseigneur d'Enghien en plusieurs rencontres et occasions, à Cerizolles et autres guerres d'Italie, comme aussi aux guerres de France, à la suite de M. le maréchal de Saint-André, tant contre les Anglais, aux voyages et prises de Boulogne, qu'au voyage d'Allemagne, au siége de Metz, à la bataille de Renty, à celle de Saint-Quentin, où il fut fait prisonnier des Espagnols avec le maréchal de Saint-André. Il se trouva aussi aux batailles de Dreux et de Saint-Denis. » Le roi Charles IX, pour le récompenser de tant de services le nomma chevalier de l'ordre de Saint-Michel. Voici la copie de la lettre autographe de Sa Majesté, datée du 11 décembre 1569 : « Monsieur de Villelume Barmontet, pour vos vertus, vaillances et mérites, vous avez été choisi et élu par l'assemblée des chevaliers, des frères et compagnons de l'ordre de M. Saint-Michel, pour être associé à la dite compagnie, pour laquelle élection, vous notifie et vous présente de ma part, le collier du dit ordre, si vous l'avez agréable. J'envoye présentement mémoire et pouvoir au sieur des Cartz, vous priant vous rendre devers luy pour cet effet, et être content d'accepter l'honneur que la compagnie vous offre ; faire que sera pour augmenter de plus en plus l'affection et bonne volonté que je vous porte et vous donner occasion de persévérer en la bonne dévotion qu'avez de me faire service, ainsy que vous fera plus à plein entendre en ma place le dit sieur des Cartz, auquel je vous prie ajouter sur ce autant de foy comme vous feriez à moi-même. Priant, Dieu aidant, M. de Villelume de Barmontet, vous avoir en sa saincte et bonne garde. L'onzième jour de décembre 1569. » Signé : Charles et plus bas : de Lobépin. Marien-Guillaume avait épousé, le 18 février 1537, Louise de Gréen de Saint-Marceau, fille de Brandely, sénéchal du Périgord, Sgr de Saint-Marceau, du Verdier, etc., et de Jeanne de Royère. Il testa le 5 juillet 1572. Il avait donné déclaration au roi pour la terre de Barmontet, le 12 août 1540 ; sa veuve, Louise de Saint-Marceau, fit placer, en 1580, une litre funèbre autour de l'église de Verneugheol, où il avait été enterré. Ses enfants furent : 1° Jacques, qui suit ; 2° François, chevalier de Malte en 1584 ; 3° Jean, auteur de la branche de Trasforet et du Bâtiment ; 4° Eymond, Sgr de Besseix et de Villesauneix, marié, en 1580, à Louise des Aix, fille de Jean, écuyer, Sgr de Chaslus. Il laissa : A. — Antoine, écuyer, Sgr de Besseix, d'Albiat, de Châlus, de Villesauneix et de Bois-Rigaud ; marié, en premières noces, le 14 juillet 1633, à Anne de Salvert, fille de Jean, Sgr des Roziers et de Villesonneix, et de dame Marguerite de Reclesne ; en secondes noces, le 17 février 1648,

à Marie-Gabrielle de Bron de La Liègue. Du premier lit : *aa*. — Marguerite, mariée, le 14 février 1656, à Jean de Fontanges, écuyer, Sgr de Marchal et d'Auterroche, fils de Hugues, chevalier, Sgr de La Fauconnière, et de Charlotte Motier de Champetière; *bb*. — Marie, mariée, le 3 novembre 1663, à Antoine des Champs, écuyer, Sgr du Chier ; B. — Hélène, sous-prieure du monastère de Saint-Genès-les-Monges, de 1605 à 1623; C. — Charlotte, religieuse de Saint-Genès-les-Monges, prieure de Ténerat, en 1623, puis de Saint-Genès, de 1615 à 1655; 5° Antoine, écuyer, Sgr de Baubière et du Tournadet. Il servit avec distinction dans les rangs des royalistes, avec Jacques, son frère aîné; combattit vaillamment à la bataille d'Issoire, en 1590; il épousa, en premières noces, Marie-Anne de Saint-Julien ; en secondes noces, par contrat du 9 mai 1583, Anna Jehan, dame de La Villedière, fille de Jacques, chevalier, Sgr de La Villedière. Du premier lit :
A. — Gaspard-Jean, écuyer, Sgr de La Villedière et de Baubière, maintenu dans sa noblesse d'extraction en 1666; marié, en premières noces, en 1613, à Marguerite de Montroux, fille de noble Antoine, écuyer, Sgr de Veyrmas et de Boscombeix, et de dame Judic de Verdier; en secondes noces, le 21 décembre 1643 (contrat reçu Dupré, notaire au Montel-de-Gelat), à Claire de La Ville, dame de Confolent, veuve de Maurice Blanchefort, écuyer, Sgr de Beauregard, fille de messire Charles, chevalier, Sgr de Saint-Bard, et de Gabrielle de Langeac. Jean-Gaspard résidait au château de La Villedière, paroisse de Sauvagnat, près d'Herment. Il laissa : *aa*. — Jean-Antoine, écuyer, Sgr de La Villedière en 1670-1677, marié à Anne de Gimel, morte le 25 novembre 1681. De ce mariage : Marie, née à La Villedière, le 30 juin 1671, mariée vers 1690, à Gilbert de Villelume-Barmontet, son cousin. Elle lui apporta La Villedière ; *bb*. — Marguerite, mariée, le 22 mars 1647, à Gilbert de Saint-Quentin-Beaufort, baron de Beaufort; *cc*. — Autre Marguerite, dame de Truffy, veuve, en 1695, d'Antoine de Gimel, chevalier, Sgr des Girauds, maintenu dans sa noblesse en 1666 ; *dd*. — Jeanne, mariée à N..... de Masvallier, écuyer, Sgr de Pradel, près Malleret (Marche); *ee*. — Gilberte, qui fit profession dans le monastère de Saint-Genès-les-Monges, le 7 octobre 1645, où elle était sous-prieure en 1700 ; *ff*. — Louise, religieuse à l'abbaye de l'Eclache, de 1657 à 1690 ; *gg*. — Jeanne, mariée à Michel des Prades, écuyer, seigneur du lieu. Antoine de Villelume et Anna Jehan, laissèrent : B. — Jeanne, mariée, le 17 avril 1605, à René de Bosredon, écuyer, Sgr de Voingt; C. — Françoise, religieuse à l'Eclache, de 1647 à 1656; 6° Hélène, morte non mariée; 7° Marie, mariée en 1559, à Gabriel Foucaud, Sgr de Saint-Germain-Beaupré; 8° Louise.

X. — Jacques de Villelume, chevalier, Sgr de Barmontet, de Verneugheol, de Villelume, baron de Vassel, etc., commença à servir fort jeune dans les armées du roi, contre les Huguenots, sous les seigneurs de Brissac, de Pompadour, de La Vauguyon; se trouva aux batailles de Saint-Denis, de Jarnac, de Moncontour, aux sièges de Saint-Jean-d'Angély, de La Rochelle et autres, sous les rois Charles IX et Henri III; eut charge de cinquante hommes d'armes de la compagnie du vicomte de Pompadour au voyage de Reytres ; fut un des cinq ou six gentilshommes qui jurèrent, avec les habitants de la ville de Clermont, de servir le roi ; fut député trois fois auprès de Sa Majesté; porta aux habitants de Clermont une lettre d'Henri IV leur annonçant l'assassinat d'Henri III (1589); se trouva au siège de la ville d'Issoire en 1590 ; obtint le commandement d'une compagnie de chevau-légers ; fut près du roi lors de son sacre en la ville de Chartres et à son entrée dans Paris ; Henri IV le fit chevalier de ses ordres et gentilhomme ordinaire de sa chambre ; il l'accompagna, en cette qualité, en Bourgogne, à la prise de Digoin, avec le comte d'Auvergne, qui lui donna la lieutenance de gendarmerie que Sa Majesté avait accordée à Mgr le comte de Lauraguais. Jacques de Villelume fut encore capitaine de cinquante hommes d'armes des ordonnances du roi et de cent arquebusiers à cheval, maréchal de camp, gouverneur du château d'Angers et de la ville d'Issoire, capitaine de la ville et du château d'Herment. La noblesse d'Auvergne le nomma son syndic, le 22 septembre 1614 ; le 7 août 1615, Louis XIII le fit conseiller d'Etat. Il avait épousé, par contrat du 26 mars 1578 (reçu Trinquier, notaire), Madeleine de Vassel, dame de Vassel. Il vivait encore, fort âgé, en 1629. Son portrait, qui est d'une exécution remarquable, est possédé par M. Peyronnet, de Châteaubrun. Ses enfants furent : 1° Antoine, qui suit ; 2° Peyronnelle, mariée, le 6 octobre 1604, à Annet Hugon, S^{gr} du Prat en Limousin ; 3° Jeanne, mariée, le 19 février 1597, à Jean Boyol, écuyer, fils de Pierre, S^{gr} de Moncocu en Limousin ; 4° Amable (1), mariée : 1°, le 29 septembre 1592, à Jean de Courteix, écuyer, S^{gr} de Courteix, d'Eygurande et de Chavanon ; 2°, le 30 juin 1608 à Jean Enjobert, S^{gr} de Martilat, fils de Guillaume et de Claude du Claux de Fontnoble ; 5° Françoise, vivant en 1590.

XI. — Antoine de Villelume, chevalier, S^{gr} de Barmoutet, de Villelume, de Verneugheol, du Teil, baron de Vassel, etc., fut gouverneur du château d'Angers, après son père, capitaine de chevau-légers sous le maréchal de Praslin, capitaine de la ville et du château d'Herment. Il épousa, par contrat du 26 janvier 1614, Catherine de Chaslus de Cordès, fille de François, chevalier, S^{gr} de Mauriac, de Châteaubrun, baron de Cordès et d'Orcival, et de Jeanne de La Roche-Aymon. Il donna sa déclaration au roi, pour la terre du Teil, en 1669, et laissa : 1° Jean-Charles, qui suit ; 2° Antoine, capitaine d'infanterie dans le régiment de Mercœur ; 3° Gilbert, auteur de la branche de Bourrassat et de La Vergne, capitaine de Malte le 26 février 1650, commandeur de Villefranche-sur-Loire en Sologne, et de Celles en Auvergne, en 1680, capitaine d'une galère de son ordre et d'un vaisseau qu'il avait armé à ses dépens. Il fut général des galères de l'ordre de Malte ; 5° Gabrielle, mariée, le 7 février 1644, à François de Verdonnet, écuyer, fils de Marcelin et d'Anne Le Bègue.

XII. — Jean-Charles de Villelume, chevalier, S^{gr} de Barmontet, de Châteaubrun, du Teil, de Verneugheol, baron de Vassel, capitaine de la ville d'Herment, capitaine d'infanterie dans le régiment d'Effiat, lieutenant-colonel dans celui de Mercœur, maréchal de camp des armées du roi, épousa, le 10 février 1642, Marie de Monestay, fille de feu Gilbert, S^{gr} de Forges, et de Claude de Chazeron. Il rendit hommage au roi, en 1670, pour Barmontet et Châteaubrun. Ses enfants furent : 1° Maximilien, qui suit ; 2° Antoine, cornette d'un régiment en 1693 ; 3° Gilbert, S^{gr} de La Villedière,

---

(1) Le *Nobiliaire d'Auvergne*, II, 392, la nomme Anne, et dit son second mari fils de Guillaume Enjobert et d'Anne La Font.

marié, vers 1690, à Marie de Villelume, dame de La Villedière ; il n'eut pas d'enfants ; Gaspard du Teil, S^{gr} des Girauds, fut son héritier ; 4° Marie-Françoise, mariée : 1°, le 30 août 1682, à Henri de Neuville, écuyer, S^{gr} de Tauzelles ; 2°, le 20 février 1693, à Gaspard du Teil, écuyer, S^{gr} des Girauds, officier dans la maison du roi. Elle testa le 2 mai 1706 ; 5° Marie-Anne, mariée, en 1681, à Louis Richard de Prades, écuyer, S^{gr} de Neufont, fils de Marien et de Madeleine de Chaslus ; 6° Peyronnelle, abbesse du monastère de Saint-Genès-les-Monges en 1675, morte en 1718 ; 7° Charlotte, supérieure des bénédictines de Pontgibaud en 1667 ; 8° Amable, supérieure des sœurs bernardines de Lezoux en 1685 ; 9° Marie, religieuse bernardine à Lezoux en 1685.

XIII. — Maximilien de Villelume, chevalier, S^{gr} de Barmontet, de Châteaubrun, du Teil, de Vassel, de Barberolles, de Verneugheol, du Mas de Voingt, gouverneur de la ville d'Herment, servit dans les gardes du corps en qualité de premier lieutenant d'une compagnie. Il fut chargé, en 1698, par le prince de Soubise, de recevoir l'hommage des vassaux de la baronnie d'Herment et mourut en 1711. Marie Prieure, qu'il avait épousée par contrat du 12 mai 1666 (reçu Mallet, notaire royal à Gannat), était fille de Jean-Antoine, conseiller du roi, trésorier général de France à Moulins, et de Marie Billard. Elle reçut en dot 56,000 livres. De ce mariage naquirent : 1° Marie-Pétronille, héritière de la terre de Barmontet, mariée, en premières noces, le 26 janvier 1706, à Jacques de Villelume, S^{gr} de Trasforet, dont elle n'eut pas d'enfants ; en secondes noces, le 8 septembre 1710, à Jean Autier, écuyer, S^{gr} de Villemontée, dont le fils fut substitué aux noms et armes de Villelume. Marie-Pétronille était veuve de Jean-Autier lorsqu'elle nommait à la vicairie de Saint-Austrille, au château de Barmont, en 1728 (NADAUD, *Pouillé*) ; 2° Guillaume, cornette d'un régiment en 1693. Il vivait encore en 1703 ; 3° Marie-Anne, dame de Châteaubrun, de Fressanges et du Mas de Voingt, demoiselle en la cour de Lorraine en 1723, morte sans enfants ; 4° Antoine, mort sans postérité.

Branche des seigneurs de Bourassat et de La Vergne (existante).

XII. — Gilbert de Villelume, écuyer, S^{gr} de Villelume, de Bourassat et de La Vergne, fut reçu chevalier de Malte le 5 mars 1645. Il renonça à l'ordre pour se marier, le 3 février 1651, à Jeanne Bouyon, dame de Bourassat et de La Vergne, fille d'Annet, bourgeois d'Herment, S^{gr} de Bourassat et de La Vergne, et de dame Françoise de Noizat. Elle testa le 9 décembre 1677. Ses enfants furent : 1° Maximilien, qui suit ; 2° Jacques, *alias* Jacques-Antoine, écuyer, S^{gr} de La Ribière, de Villelume, du Cheix, de Bourassat, etc. Il épousa : 1°, le 1er novembre 1690, Marie de Mongrut, fille de Pierre, écuyer, S^{gr} de La Ribière, et de Marguerite de Sarrazin ; 2°, le 8 avril 1716, Marie de Lissac, morte à soixante-dix ans, le 8 avril suivant. Du premier lit : A. — Françoise, née à Bourassat le 30 mai 1692, mariée, le 9 juin 1714, à Antoine Sartillanges, bougeois, fils de Michel et de Marie Mangot. Elle mourut le 21 mars 1761 ; B. — Claudia, née en juillet 1693, mariée à Gilbert Ravel, bourgeois d'Heume-l'Église, procureur d'office de Banson. Elle mourut le 9 août 1770 ; C. — Marguerite, mariée, par contrat du 20 février 1716, à Jean Johannel, bourgeois d'Herment, fils de Guillaume, bourgeois d'Herment, S^{gr} du Puy-Vidal, et de Clauda Verny. Elle est morte à soixante-cinq ans, en 1764 ; 3° Claudia, mariée par contrat du 30 mai 1685, à Jean de Bosredon, écuyer, S^{gr} de Saint-Hilaire ; 4° Marguerite, mariée, vers 1681, à messire Jean de La Faye, écuyer ; 5° Blaise, nommé chanoine du chapitre d'Herment en 1663 ; il résigna sa prébende le 29 mai 1670 et mourut le 19 juin 1683 ; 6° Marie, mariée, le 4 novembre 1704, à Pierre de Murat, écuyer, S^{gr} de Teyssonnières ; 7° Jeanne-Françoise, mariée, le 14 février 1694, à Etienne Fillias, bourgeois, S^{gr} de Laussepied, près d'Herment. Elle est morte le 17 octobre 1750, à soixante-quinze ans ; 8° Françoise, mariée à Pierre d'Albois.

XIII. — Maximilien de Villelume, écuyer, S^{gr} de Bourassat et de La Vergne, épousa, par contrat du 4 janvier 1693, Nicolle Fillias, fille de Louis, S^{gr} de Laussepied, et de Nicolle Poirier. De ce mariage : 1° Jacques, né en 1694, mort jeune ; 2° Jean, qui suit ; 3° Françoise, née le 8 mai 1703, mariée, le 4 février 1722, à Annet Aubignat, fils de Gilbert et de Ligière Serliève ; 4° Marie, mariée, en 1732, à Jean Pauty, de Lastic, fils de François Pauty et de Marie Chazot.

XIV. — Jean-Annet de Villelume, écuyer, S^{gr} de La Vergne, assista à l'Assemblée de la noblesse tenue à Riom en 1789. Il épousa, en premières noces, Louise Moussard, en secondes, Dauphine Michon. Il a laissé trois enfants dont l'un s'est marié, en 1844, à Lastic, près d'Herment, et a plusieurs fils.

Branche de Morcheval et du Bâtiment en Limousin (existante).

X. — Jean de Villelume, fils de Marien-Guillaume, S^{gr} de Barmontet, et de Louise de Gréen de Saint-Marceau, fut reçu chevalier de Malte (vers l'année 1572). Il fut s'établir en Limousin, en épousant, le 2 avril 1588, Jeanne Boyol, fille de Pierre, écuyer, S^{gr} de Moncocu, paroisse d'Ambazac, et de Marie Rougier. Elle mourut en 1603. Jean de Villelume mourut en mai 1591. On voyait sa tombe, en 1789, à côté des fonts baptismaux de l'église d'Ambazac. Il eut : 1° Pierre, qui suit ; 2° Marie, mariée, le 25 novembre 1614, à Jacques, *alias* Pierre des Vérines ; en secondes noces, à Fiacre de Razès, S^{gr} de Soulignac, paroisse de Saint-Georges-les-Landes ; 3° Jeanne, mariée, en septembre 1614, à N..... de Sauzay. Elle mourut sans enfants ; 4° Nicole, mariée, le 21 juillet 1606, à Pierre de La Marche, S^{gr} des Moulins et de Parnac, près Saint-Benoît-du-Sault ; 5° Pierre, S^{gr} de Chamberet, père de Rigald, marié à N..... de Brettes, et aïeul de François, S^{gr} de Chamberet, mousquetaire de la garde, marié à N..... de Begues.

XI. — Pierre de Villelume, écuyer, S^{gr} du Bâtiment, de Moncocu, de Royère, etc., épousa, le 2 janvier 1615, Diane du Ricux, fille de feu Jean, S^{gr} de Fombusseau, de Villepréaux, de Pisserote, sénéchal de la Basse-Marche, et de Diane de Barbançois. Diane mourut au Bâtiment, le 15 décembre 1638. Elle fut inhumée à Ambazac. Ses enfants furent : 1° Jacques Ier chevalier, S^{gr} de Montcocu, capitaine de chevau-légers, marié à Marie de

Lescours, fille d'Isaac, chevalier, vicomte d'Oradour et de Savignac, et de Marie de Boisse. De ce mariage : A. — Jacques II, chevalier, Sgr du Bâtiment et de Montcocu, capitaine-exempt des gardes du corps du roi (1). Il mourut en Lorraine ; il avait épousé Charlotte-Madeleine de Lénoncourt-Blaneuil, fille de François, comte de l'Empire et d'Antoinette de Savigny. Elle était dame chanoinesse d'Epinal et veuve de N....... de Majastre, gouverneur d'Epinal. Après la mort de Jacques de Villelume elle épousa, en troisième noces, le Sgr de Visme en Picardie, et mourut en Lorraine. De son mariage avec Jacques de Villelume, sont issus quatre enfants : aa. — François-Madeleine, chevalier, Sgr du Bâtiment et de Montcocu, né le 24 mai 1682, marié à Françoise de Villelume de Villefavard, sa cousine. Il mourut sans héritiers et subitement à Limoges, le 14 mai 1744 ; il fut inhumé dans l'église de Saint-Maurice de la Cité. Françoise de Villelume de Villefavard mourut à Montcocu, le 13 janvier 1752. Elle fut enterrée à Ambazac. Elle et son mari avaient fait donation de leurs biens à Christophe Le Prud'homme, comte de Fontenoy, leur neveu ; bb. — Louise, chanoinesse de Remiremont, fille d'honneur de la princesse Charlotte d'Orléans, duchesse de Lorraine ; mariée, en 1699, à Christophe-François Prud'homme, chambellan, conseiller d'Etat, capitaine des gardes du duc Léopold de Lorraine ; cc. et dd. — Deux filles, chanoinesses de Remiremont ; ee. — Charles, chevalier, Sgr du Bâtiment, marié à Sylvie de Montmorency, fille de Charles, Sgr de Neuvy-le-Pailloux, dont une fille ; Anne, mariée, le 5 juillet 1716, à Etienne Lignaud, marquis de Lussac-les-Eglises, Sgr de l'Age-Bernard, Coulanges, Tilly, Saint-Martin-le-Mault, le Paulmet, etc., fils de Robert, et de Françoise Le Roux. (*Nobil.*, T. III, p. 555) ; B. — Françoise, mariée, le 9 février 1668, à Jacques Romanet, Sgr de Saint-Priest et de Saint-Jean, fils de feu Pierre, lieutenant-général au présidial de Limoges, et de Marguerite Chapelle de Jumilhac ; C. — Jeanne, abbesse de Saint-Auzonne d'Angoulême, morte à Montcocu, le 3 octobre 1711, et inhumée à Ambazac (2) ; D. — Jeanne, abbesse de Beaumont, près Clermont-Ferrand en 1690 ; 2° Léonard, auteur de la branche de Trasforet ; 3° Rigal, qui suit ; 4° Pierre, né le 18 mars 1627 ; 5° Marie, née le 17 mars 1626, mariée, en 1644, à Charles Faucon de Boisse ; 6° Marie, mariée, le 8 juillet 1647, à Charles de Moras, sieur de Lavaud, fils d'Horace et de Gabrielle de Père ; 7° Jean, capitaine de chevau-légers, mort le 18 février 1650 ; 8° Anne, mariée à Nicolas Petiot, Sgr de Taillac.

XII. — Rigal de Villelume, écuyer, Sgr de Morcheval, épousa, le 9 avril 1656, Françoise de Moreau, fille de Gaspard, écuyer, Sgr de La Tibarderie,

(1) Louis-Joseph-Victor de Rochechouart-Pontville, Sgr du Bâtiment, paroisse de Biennac (1653-1696), n'a pas été lieutenant de la première compagnie des gardes du corps du roi, comme cela est consigné dans le P. Anselme. (MORERI, T. IX. p. 259.) Cela ne convient qu'à Jacques de Villelume, Sgr du Bâtiment, paroisse de Chambort. (*Généalogie Rochechouart*).

(2) Jeanne de Villelume du Bâtiment, fille de Jacques, chevalier, Sgr de Montcocu, sur la paroisse d'Ambazac, et de Marie de Lescours, se fit religieuse à La Règle à Limoges. Le 15 août 1685, elle fut nommée à l'abbaye de Beaumont-lez-Clermont, obtint ses bulles le 4 octobre suivant, et prit possession, le 3 mars 1686. Elle permuta cette abbaye pour celle de Saint-Auzonne d'Angoulême ; elle en eut les bulles le 7 mai suivant, et en prit possession le 21 novembre. Elle mourut à Montcocu, le 3 octobre 1711, âgée de soixante ans, et est enterrée dans l'église d'Ambazac. (NADAUD, *Mél.*, T. 1. p. 21.)

et de Françoise Badou. Il testa le 22 février 1663, laissant trois enfants, savoir : 1° Charles, chevalier, S^{gr} de Morcheval, major du régiment de Montalet-dragon, mort en Savoie avant 1707 ; il avait épousé, en mai 1668, Louise du Mosnard de Villefavard, morte à soixante ans, le 10 novembre 1723, et inhumée à Ambazac. Une fille unique naquit de ce mariage : A. — Françoise, dame de Villefavard, mariée à son cousin, François-Madeleine de Villelume. Elle mourut à Montcocu, le 13 janvier 1752 ; 2° Charles, S^{gr} de Chamboret, marié, le 13 juillet 1700, à Sylvie de Montmorency, fille de Charles, S^{gr} de Neuvy-le-Pailloux en Berry, et de Catherine-Elisabeth de Muzard. Il mourut le 29 août 1726, laissant : A. — Anne, mariée à Etienne de Lignaud, chevalier, S^{gr} de Lussac-les-Eglises ; 3° Jean, qui suit.

XIII. — Jean de Villelume, écuyer, S^{gr} de Chamboret et de Morcheval, épousa, en premières noces, Elisabeth de Moras-Lavaud de Blanzac, dont il n'eut point d'enfants ; il se remaria, en secondes noces, déjà âgé, à Catherine de Brettes, qui lui porta la terre de Corrigé. Du second lit naquirent : 1° N......, mort mousquetaire ; 2° Louis-François, qui suit ; 3° Françoise, morte à Montcocu, âgée de dix-sept ans, le 24 mai 1740 ; 4° sœur Saint-Louis, religieuse-ursuline à Limoges, morte vers 1801 ; 5° Elisabeth (sœur Sainte-Cécile), religieuse-ursuline, morte à Limoges en 1802.

XIV. — Louis-François de Villelume, chevalier, S^{gr} de Chamboret, de Mortcheval et de Corrigé, mousquetaire gris, se trouva aux batailles de Lawfeld, au siège de Berg-op-Zoom. Retiré de bonne heure du service, il fut un des commandants de l'arrière ban de la noblesse de la Basse-Marche. Il épousa, en 1745, Louise de Bigu de Chéry, fille de N...... et de Marie Sauzay. Il acheta du gouvernement le fief du Bâtiment, qui était tombé au décret. Il eut : 1° Léonard-Charles, S^{gr} du Bâtiment, de Morcheval et de Chamboret, lequel servit aux grenadiers de France ; il fut chevalier de Saint-Louis, puis capitaine de milice au régiment de Limousin, émigra en 1785, fit la guerre des frontières d'Espagne en qualité de capitaine dans la ligue de Saint-Simon, et mourut, après la campagne, dans le couvent des récollets de Saragosse, où il s'était retiré. On le nommait : le marquis de Villelume de Chamboret. Il avait épousé, en 1774, Dorothée de Mesme, fille du gouverneur de l'île de Grenade. De cette union, naquit une fille, mariée en Languedoc, à Etienne de Panebœuf ; 2° Louis, qui suit ; 3° Charles-Louis de Villelume de Corrigé, officier au régiment de Condé (infanterie), émigré en 1793. Il fit les campagnes dans l'armée de Condé, obtint la croix de Saint-Louis. Rentré en France, il épousa Mlle Maurille de Vireau de Sombreuil, connue par son admirable piété filiale, fille du comte de Sombreuil, lieutenant-général, gouverneur des Invalides, mort sur l'échafaud révolutionnaire. Le comte et la comtesse de Villelume se retirèrent à Anspach en Franconie, où ils habitèrent jusqu'à la rentrée en France de Louis XVIII. Par une lettre de ce prince, datée de Mittau, le 14 novembre 1800, et adressée à Mme de Villelume, née de Sombreuil, leurs descendants sont autorisés à porter le nom de Villelume de Sombreuil. Voici la copie de la lettre autographe de Sa Majesté. « A Mittau, le 14 novembre 1800. — Il est impossible, Madame, d'être plus touché que je ne l'ai été de votre lettre ; les sentiments qu'elle renferme sont bien dignes de celle dont le courage et la piété filiale arrachèrent, pour un temps malheureusement trop court, son respectable père à la rage de ses assassins. C'est avec un plaisir mêlé d'attendrissement, que je permets à M. votre fils et à tous ses descendants de porter le nom de Sombreuil de Villelume ; puisse-t-il se montrer toujours digne de son aïeul, de son oncle, mort trop tôt pour la France, mais non pas pour la gloire de sa courageuse mère, de son père enfin, dont l'union, à la demande que vous m'avez faite forme l'éloge le plus complet. Dans des temps plus heureux, je m'empresserai de revêtir cette permission de toutes les formalités d'usage, mais pour le moment cette lettre sera une autorisation suffisante. Je vous prie, Madame, d'être bien persuadée de tous les sentiments qui vous sont dus de ma part et que M. de Villelume mérite si bien de partager. Louis. » Cette lettre fut confirmée par une ordonnance royale datée du 15 novembre 1814. Louis-Charles de Villelume de Sombreuil fut successivement commandant à l'hôtel des Invalides de Paris et d'Avignon. Il se retira maréchal de camp, officier de la Légion d'honneur et chevalier de Saint-Louis. Il mourut à Brazeux (Seine-et-Oise), en février 1837. La comtesse de Villelume, née de Sombreuil, l'héroïne de la Révolution, est décédée en 1833. Sa mort a inspiré à Victor Hugo une ode touchante. M. le comte de Sombreuil n'a laissé qu'un fils : A. — Jules-Gaspard-Emmanuel, comte de Villelume de Sombreuil, né en 1801, (il eut pour marraine Mme la Dauphine), chevalier de Saint-Ferdinand d'Espagne, successivement officier aux chasseurs de la garde royale et capitaine de hussards ; démissionnaire en 1830, mort à Paris, dans sa soixante-seizième année, dans les premiers jours de janvier 1877, enterré au cimetière de Picpus, marié, en mars 1840, à Mlle Augusta Rosset, appartenant à une famille noble, originaire de la Guyenne. De ce mariage : aa. — Charles, né à Genève, en 1843, mort à l'âge d'un mois ; bb. — Marie, née à Paris en 1847, cc. — Jeanne, née à Relly, près Blois, en 1849. De ces deux filles l'une est mariée, en Bretagne, au vicomte de Madec, et l'autre à M. Marquet de Vasselot, un de nos artistes les plus distingués, qui a obtenu, en 1876, une seconde médaille au salon, et est hors de concours comme sculpteur (Le Courrier du Centre. — 6 janvier 1877) ; dd. — Henri, né à Condé en Touraine, en 1852. Il a eu pour parrain le comte de Chambord, occupait, en 1876, un poste important dans les douanes chinoises ; ee. — Charles, né à Paris, le 26 août 1861.

XV. — Louis, comte de Villelume, servit, avant la Révolution, au régiment d'Aunis et de Bassigny ; il fut nommé maire de la ville de Limoges et chevalier de la Légion d'honneur après la Restauration. Il mourut dans ses fonctions, le 24 août 1815, à Corrigé. Il avait épousé, en 1786, Catherine-Joséphine Texandier de Losmonerie, dont : 1° Gui-André-Pierre, qui suit ; 2° Charles-Louis, vicomte de Villelume de Corrigé, ancien garde du corps du roi, marié en Touraine, le 3 juin 1820, à Mlle Madeleine-Thérèse d'Harambure, fille d'Alexandre, baron d'Harambure, lieutenant-général des armées du roi, commandeur de l'ordre de Saint-Louis, et de Françoise-Madeleine Mégissier, morte le 22 février 1872, âgée de soixante-treize ans. De cette union : A. — Joseph-Roger, vicomte de Villelume, né le 5 septembre 1828 ; B. — Marie-Arsène baron de Villelume, officier des zouaves pontificaux, né le 22 juin 1836 ; C. — Marie-Madeleine-Philippine (Athénaïs), née le 28 juillet 1830, mariée, le 28 juillet 1853, à M. Albéric Dinans des Arsis, dont postérité ; D. — Marie-Théodule, née le 17 juillet 1832, mariée, le 11 avril 1855, à M. Joseph-Astier-René, comte de Roffignac, dont postérité ; E. — Marie-Thérasie, née le 11 août 1841 ; s'est mariée à Chamboret, le 16 juillet 1872, avec Hippolyte-Albert de La Celle, habitant aux Guillomets, canton de Montmorault (Allier), fils de Paul-Eugène vicomte de La Celle, et de Marie-Madeleine de Collasson, dont un garçon mort à sa naissance. Marie-Thérasie est morte le 23 février 1876 ; 3° Antoinette-Rosalie-Pauline, mariée, en juillet 1812, à M. Athanase Martin de La Bastide, ancien officier au régiment d'Enghien, chevalier de Saint-Louis. M. de La Bastide a fait les campagnes dans l'armée de Condé, avec le grade de lieutenant-colonel, et a été ensuite maire de la ville de Limoges ; 5° Catherine-Léonide, mariée, le 26 novembre 1824, à M. Olivier-François, vicomte de Saint-Georges, ancien officier de cavalerie, fils du vicomte de Saint-Georges et de dame de Couhet de Lusignan.

XVI. — Gui-André comte de Villelume, propriétaire de la terre de Losmonerie, épousa, le 27 février 1816, Charlotte-Rose de Balathier-Lantage, fille de Louis-Jules, baron de Villargeois, comte de Lantage, ancien chef d'escadron de dragons, chevalier de Saint-Louis, et de Françoise de Chambonas; elle est morte au château de Losmonerie, le 1er octobre 1871, dont : 1° Marie-Joseph-Paul, qui suit ; 2° Jules-Gustave-Ernest, vicomte de Villelume, né le 30 septembre 1825, marié, le 30 janvier 1855, à Mlle Delphine Guinguand de Saint-Mathieu. De ce mariage : A. — Gui-André-Marie, né le 30 novembre 1855 ; B. — Marie-Rose, née le 30 septembre 1859 ; C. — Marie-Maurice-Jules, né le 22 octobre 1868 ; 3° Marie-Louise-Sidonie, née le 27 novembre 1816, mariée au comte Galyot des Brosses dont postérité ; 4° Marie-Hectorine-Armande, née le 1er avril 1820, mariée au comte de Vassoigne ; 5° Marie-Charlotte-Diane, née le 6 avril 1828.

XVII. — Marie-Joseph-Paul, comte de Villelume, propriétaire du château et de la terre de Losmonerie, près Aixe-sur-Vienne, né le 18 août 1824, représentant la branche aînée, de noms et d'armes, a épousé, le 21 février 1854, Mlle Anne-Marie-Françoise-Antoinette Thévenot, fille d'Etienne-Hormidas Thévenot, ancien maréchal-des-logis des gardes du corps de Sa Majesté Charles X, et de Marie-Gabrielle-Octavie du Mirail. De cette union : 1° Charles-Louis-Marie-Ferdinand-François-Etienne-Gabriel-Josselin, né le 23 mars 1855 ; admis à l'école militaire de Saint-Cyr le 7 octobre 1875, nommé sous-lieutenant au 78e régiment d'infanterie de ligne, le 1er octobre 1877 ; 2° Marie-Octavie-Andrée-Josseline, née le 20 mai 1856 ; 3° Blanche-Marie-Rose-Stéphanie née le 20 décembre 1857 ; 4° Marie-Joseph-Pierre-Guy-Henry, né le 15 juin 1863 ; 5° Marie-Joseph-Josselin, né le 13 janvier 1867, mort le 28 mars de la même année ; 6° Marie-Joseph-Guy, né le 10 avril 1871 ; 7° Marie-Joseph-Etienne-Paul, né le 9 août 1877.

Branche de Villelume de Trasforet (éteinte).

XII. — Léonard de Villelume, fils de Pierre et de Diane du Rieux, naquit à Trasforet, paroisse d'Ambazac, le 17 novembre 1622. Il est qualifié écuyer, S^{gr} de Beausoleil, de Trasforet, de Royère, etc. Il épousa, le 2 mars 1658, Madeleine d'Hautefort, fille de François de Sales, baron de Saint-Chamant, de La Cassaigne, d'Urfort de Cornille, etc., et de Françoise des Cars. Madeleine d'Hautefort mourut le 5 juillet 1685, et son mari, le 18 octobre 1696. De leur mariage naquirent : 1° Jacques, S&r de Trasforet, mort à trente ans, le 21 avril 1709. Il avait épousé, le 26 janvier 1706, Pétronille de Villelume de Barmontet, sa cousine, dont il n'eut pas d'enfants ; 2° Charles, baron de Royère et de Trasforet; par son testament reçu par Ligoure, notaire royal à Saint-Martin-Sainte-Catherine, le 7 novembre 1732, légua la rente obituaire de 200 livres pour avoir à La Drouille un aumônier qui y dira cent messes pour le fondateur. Il affecta pour cela une métairie du du village de Peret, paroisse d'Ambazac (Nadaud, *Pouillé*, p. 137), et mourut sans enfants, le 13 du même mois. Il avait épousé Jeanne Martel du château de La Jasseau, près Argenton en Berry ; 3° François, qui suit ; 4° N....., S&r d'Ambazac, capitaine au régiment de Forez, mort en 1720 ; 5° Charles, S&r d'Ampert et de la Colombe, officier au régiment de Piémont, mort au château de Trasforet, le 5 octobre 1752, à quatre-vingt-quatre ans.

XIII. — François de Villelume, vicomte de Beaumont, lieutenant-colonel du régiment de Montesson et commandant des lignes de Gand, mourut à Saint-Omer en Artois, le 12 octobre 1709. Il avait épousé Marie-Jeanne de Tasselon, de Bruxelles. De cette union : 1° Alexandre-François, S&r d'Ambazac, né à Saint-Omer, le 5 avril 1707, mort près Sarlat, le 22 mai 1776, sans enfants ; 2° Louis-Charles, chevalier, marquis de Beaumont, baron de Vail, S&r de La Cassaigne, de Cormol, de Traforez, etc., marié, en octobre 1760, à Marie-Thérèse de Bosredon, fille de Joseph-Alexandre de Bosredon, comte de Poirier et de Verneugheol, et de Catherine Mascon. Il mourut sans enfants à La Motte, en allant à Paris, le 22 février 1761, et laissa son héritage à Alexandre, son frère, lequel étant décédé, sans postérité, à Bouillac, près Terrasson, le 22 mars 1776, légua ses biens à Louis de Villelume, puîné de la branche de Morcheval.

Branches de Montbardon et de La Roche-Othon en Bourbonnais (éteintes).

V. — Guy de Villelume, écuyer, second fils de Josselin, S&r de Villelume, de Barmontet, etc., et de dame Marguerite de Saint-Nectaire, partagea avec Hugues, son frère, le 13 juillet 1399. Il eut tous les biens de sa mère, situés en Bourbonnais, entre autres : Montbardon, Graveron et La Roche-Othon. On ignore le nom de son épouse, mais il fut père de : 1° Michel, qui suit ; 2° Guillaume, mentionné avec son frère en 1410.

VI. — Michel de Villelume, damoiseau, S&r de Montbardon et de La Roche-Othon, épousa, le 25 mars 1406, Marguerite Le Borgne. Il rendit foi-hommage pour la seigneurie de La Roche-Othon, à Marie de Berry, duchesse de Bourbonnais, le 14 juin 1421. Il eut : 1° Charles, qui suit ; 2° Guy, doyen de la Sainte-Chapelle de Bourges, prévôt de Sainte-Valérie de Chambon, de 1422 à 1457, garde-scel du duc de Berry ; 3° Marguerite, mariée, le 14 mai 1424, à noble homme Jean Jehannot, écuyer, S&r de Bonafont, coseigneur de Sarres.

VII. — Charles de Villelume, S&r de La Roche-Othon, rendit foi-hommage pour cette seigneurie au duc de Bourbon, le 24 octobre 1443. Il épousa Béléasse de Thianges, héritière de sa maison. Par ce mariage, il fut substitué au nom et armes de Thianges. Il eut plusieurs enfants : 1° N........, qui retint le nom et armes de Thianges. Sa postétérité existait encore en 1768, lorsqu'elle obtint les honneurs de la cour; 2° Guillaume, qui suit; 3° Hugues, Sgr de Montbardon et de Neuville, chambellan de Louis XI, bailli de Châlon, mort en 1500, marié à Jeanne de Tallaru, dont : A. — Hugues, Sgr de Montbardon, lequel s'attacha au service du connétable Charles de Bourbon, et sortit avec lui, en 1523, du royaume. Ses biens furent confisqués ; ses maisons de Montbardon et de Neuville démolies ; sa mère même constituée prisonnière, à cause des intelligences que l'on disait avec son fils. Le décès de celle-ci étant arrivé en 1538, le sieur du Bourg, son gendre, s'empara de tous les biens de sa maison, en sorte que son beau-frère, Hugues, étant de retour en France, après la paix entre François Ier et l'empereur, eut de grands procès; ce ne fut qu'après transaction que Hugues rentra dans ses biens. Il fut père de : aa. — Chrétien, vicomte de Marigny, Sgr de Montsaugeon, de Monet, de Beauregard, de Rans, de Pleure, de Comménaille, marié à Claudine-Philippe de La Chambre, issue de la maison de Savoie. Ce mariage fut fait par l'intermédiaire de l'empereur Charles-Quint, qui prit soin de la fortune de Chrétien. Claudine-Philippe était marquise de Meximieux. Elle ne laissa qu'une fille, Claudine, dame de Marigny, de Montsaugeon, de Pleure, etc., mariée : 1° en 1588, à Guillaume de Beauffremont, baron de Scey; 2° à Jean-Louis de Pontallier, Sgr de Talmet; B. — Françoise, mariée en 1522, à Louis du Breuil, écuyer, Sgr du Bourg, de Belleret et de Châteauvert; C. — Charles, mort sans enfants.

VIII. — Guillaume de Villelume, écuyer, Sgr de La Roche-Othon, épousa : 1°, le 9 avril 1472, Isabeau de Montmorin ; 2° Jeanne de Grivel-Grossauve. Du premier lit : Hugues, qui suit; et du second, Peronnelle, mariée, à Jean Chevrier, écuyer, Sgr de Chouday.

IX. — Hugues de Villelume, écuyer, Sgr de La Roche-Othon, épousa, le 19 avril 1528, Anne d'Oradour, dont :

X. — Jean de Villelume, Sgr de La Roche-Othon et de Mazière, marié, le 25 juillet 1573, à Espérance de Sauzay du Montet. Il eut :

XI. — Philippe de Villelume, écuyer, Sgr de La Roche-Othon, marié à Jeanne de Guillon, le 4 septembre 1600. De ce mariage :

XII. — Louis de Villelume, écuyer, Sgr de La Roche-Othon, marié, le 21 novembre 1621, à Elisabeth de Bron. De cette union : 1° Nicolas-Louis, qui suit; 2° Charles-Ferdinand, Sgr de Champfort, marié, le 3 février 1653, à Anne de Boissayle, dont : A. — Constant, vivant en 1690 ; B. — Thomas, lieutenant d'une compagnie de chevau-légers en 1690.

XIII. — Nicolas-Louis de Villelume, Sgr de La Roche-Othon, fut capitaine des gardes du maréchal de Chulemberg, gouverneur de Berry. Il épousa Jeanne de Buisson, le 14 décembre 1665. De ce mariage : 1° Louis, Sgr de la Roche-Othon. Sa succession passa à ses neveux Antoine et Gaspard de Biottière ; 2° Suzanne-Henriette, dame de la Roche-Othon, mariée, vers 1690, à Antoine de Biottière, écuyer; 3° Claude, doyen du chapitre d'Hérisson en 1698.

Armes : *d'azur à dix besants d'argent posés 4, 3, 2 et 1.* Nous avons dit que ce blason fut accordé à Guillaume Ier de Villelume, par Godefroy de Bouillon, en 1099, lors du siége de Jérusalem.

Sources : Généalogie communiquée par M. le comte de Villelume de Sombreuil. — Preuves de 1666, à la bibliothèque de Clermont. — Dom Col. — La Thaumassière, *Histoire du Berry*. — Titres originaux du château de Barmontet, etc. — *Archives départementales du Puy-de-Dôme*, etc. Apud. A. Tardieu, *Hist. générale de la maison de Bosredon*, p. 397.

VILLEMONE (P. 281.), sieur de La Nosière, paroisse de Salagnac : *d'azur à une barre d'or accompagné d'un croissant d'argent en chef et deux étoiles de même en pointe.*

I. — Jean de Villemone, donna quittance de la dot de sa femme, le 26 mai 1555; il testa en faveur de ses enfants, le 29 novembre 1571. Il avait épousé Madeleine Dury, qui était veuve, en 1601. De ce mariage sont nés : 1° René ; 2° Guillaume ; 3° Claude ; 4° François qui suit.

II. — François de Villemoune, qui transigea avec sa mère, le 28 février 1601, avait épousé, le 22 juin 1588, Jeanne de Muraud, dont :

III. — Pierre de Villemone, qui testa, le 30 juin 1664, en faveur de François, son fils, avait épousé, le 11 juillet 1631, Anne de Peynot, dont :

IV. — François de Villemone. (Maintenue de d'Aguesseau, *Bibliothèque de l'Arsenal*.)

Jacques II de Bourbon, comte de La Marche, le 22 juillet 1406, donna à la ville de Guéret des lettres d'affranchissement, datées de Montégut-en-Combraille. Le 20 août suivant, il faisait mandement à son trésorier et châtelain de Guéret, Jean de Villemone, de recevoir le serment des consuls de cette ville. (P. de Cessac, *Notes sur l'église de Guéret*, p. 40.)

Pierre de Villemoune, écuyer, sieur de La Ribe et de La Nouzière, fut enterré au bourg de Salagnac, le 3 juillet 1664. (*Registres paroissiaux*.) Etienne de Villemoune, sieur de La Ribe, mourut le 9 janvier 1666. Dans les armes de ces derniers on trouve le *croissant en chef et les étoiles en pointe.* (Nadaud, *Mém.*, msc, III, 314.)

Marie-Alexandrine de Villemoune, fille de N..... et de N..... des Verines, de la paroisse de Châteauponsac, épousa, vers 1810, Adolphe Martin de Compreignac, fils de Joseph Martin, écuyer, baron de Compreignac et de Marguerite Noalhé des Bailles. (*Nobil.*, IV, 335.)

VILLERS DE L'ISLE-ADAM (Charles de), 75° évêque de Limoges, chanoine archidiacre de Beauvais, abbé du Val-Notre-Dame, prit possession par procureur, le 25 novembre 1519, transféré à Beauvais au commencement de 1530; mort le 26 septembre 1535, fut inhumé au Val-Notre-Dame, diocèse de Paris. (Nadaud, *Chronol. des évêques*.) — *D'or au chef cousu d'azur chargé d'un dextrochère mourant du flanc dextre, muni de son fanon brochant sur l'or, le tout d'hermine.*

VIREAUX DE SOMBREUIL. (Page 283.) — La noble maison de Vireaux est originaire de la province d'Alsace, de la principauté de Joinville. Ses armes ont été enregistrées dans l'*Armorial général de France* en 1696. Elles sont : *de gueules, à un dextrochère d'or, sortant d'un nuage de même et tenant un badelaire d'argent;* timbre : *un casque de chevalier, accompagné de ses lambrequins d'or, de gueules et d'argent;* ailleurs : *une couronne de marquis.*

I. — Claude Vireaux, vivant en 1580, épousa noble Jeanne-Marie du Haut, fille d'Arnoult, chevalier. Il eut : 1° Nicolle, née en 1605, femme de Nicolas Lecomte ; 2° René, qui suit.

II. — René Vireaux, né le 27 mai 1610, quitta Joinville pour aller auprès du roi Louis XIII qui l'avait nommé son secrétaire ordinaire le 25 mars 1637. Il épousa, le 26 juin 1658, Catherine Griselle. De ce mariage : 1° Charles, S^{gr} des Espoisses, écuyer, conseiller-secrétaire du roi, maître de la chambre aux deniers de Sa Majesté, marié à Marie-Madeleine Martin. Il fit enregistrer ses armes dans l'*Armorial général* (Paris), et laissa : 1° une fille, épouse de M. de Vilflize ; 2° Zanobi, qui suit ; 3° N....., abbé de Neubourg ; 4° N....., appelée Mlle de Sombreuil.

III. — Zanobi de Vireaux de Sombreuil, écuyer, S^{gr} de Sombreuil, obtint, le 1er mars 1707, du duc Léopold de Lorraine, des lettres qui reconnaissaient la noblesse des Vireaux. Il épousa : 1° Catherine Barotin de Madrit, dont le frère fut intendant de Flandre et d'Alsace ; 2° Françoise Croizet, dame de Heillecour et de Saint-Osvald, laquelle, étant devenue veuve, fonda les religieuses orphelines de Nancy, dont elle fut la première supérieure honoraire. Elle mourut le 30 juin 1739. Zanobi de Vireaux de Sombreuil fut l'aïeul de :

V. — Noël de Vireaux de Sombreuil, écuyer, père de :

VI. — François-Charles, comte de Vireaux de Sombreuil, né en 1727, à Ensisheim (Alsace), chevalier, grand'croix et commandeur de Saint-Louis, lequel était lieutenant-général des armées du roi et gouverneur des Invalides au moment de la Révolution. Voici ses états de service : lieutenant-colonel de cavalerie le 6 juin 1758 ; lieutenant-colonel de hussards en 1760 ; maréchal de camp en second le 12 avril 1762 ; brigadier de cavalerie le 5 juillet 1762 ; chevalier de Saint-Louis en 1764 avec 1,000 livres de pension ; maréchal de camp, commandant d'un régiment de hussards, le 4 mai 1767 ; lieutenant du roi à Lille en Flandre le 18 décembre 1776 ; commandant, pour Sa Majesté, à Limoges ; commandeur de Saint-Louis le 25 août 1783 ; gouverneur des Invalides, à Paris, le 11 décembre 1786 ; lieutenant-général des armées du roi le 20 mai 1791. M. le comte de Sombreuil épousa, à Limoges, le 5 décembre 1766, Marie-Madeleine des Flottes de Leychoisier, fille de Joseph-Clément des Flottes, chevalier, S^{gr} de Leychoisier et de Bonnac, et de Marie-Anne Françoise des Marais, sa seconde femme. Par jugement du tribunal révolutionnaire de Paris, du 29 prairial an II (17 juin 1794), il fut condamné à mort et exécuté immédiatement avec son fils aîné. De ce mariage : 1° Stanislas, né à Leychoisier, reçu à l'école militaire en 1776. Il était âgé de vingt-six ans, habitait Passy, lorsque le 29 prairial an II, il fut condamné à mort, avec son père, par le tribunal révolutionnaire de Paris. Dans le dit jugement il est dit ex-capitaine de hussards et capitaine de la garde nationale de Passy ; 2° Charles-Eugène-Joseph-Gabriel, né le 11 juillet 1770, reçu à l'Ecole militaire en 1779, lieutenant-colonel de hussards le 19 septembre 1792, fusillé à Vannes après l'affaire de Quiberon, commandant de l'expédition ; 3° Maurille, l'héroïne de la Révolution. Tout le monde sait qu'elle sauva son père de l'échafaud révolutionnaire, une première fois, à l'Abbaye, le 2 septembre 1792, en buvant un verre de sang que lui présenta le bourreau. Elle épousa M. le comte Louis Charles de Villelume.

Ses descendants sont autorisés, par ordonnance de Louis XVIII, à porter le nom de Villelume de Sombreuil (1).

Sources : Titres originaux communiqués par M. le comte Jules-Gaspard de Villelume de Sombreuil ; — *Archives de la Haute-Vienne*, L, 165. — *Histoire de Madame Elisabeth*, II, 358. — A. Tardieu, *Histoire généalogique de la maison de Bosredon*, p. 403.

VIROALD (Pierre), 48ᵉ évêque de Limoges, était doyen de Bordeaux en 1079, fut élu évêque de Limoges en 1100 (un peu après 1100 d'après les *Archives historiques de la Gironde*), se démit en 1103 ou 1104, et mourut le 18 mai. (Nadaud, *Chronologie des évêques*.)

VISANDON (Jean de), 29ᵉ évêque de Tulle, docteur en droit canon, né à Ludon, dans le diocèse de Bordeaux, nommé le 18 octobre 1594, sur la démission d'Antoine de La Tour, son prédécesseur, ne fut point sacré et n'eut point de bulles. (Nadaud, *Chronologie des évêques*.) *D'argent à un croissant d'azur chargé de cinq glands posés la pointe en bas.*

VOLLUYRE ou VOLVIRE. (Page 284.) — La généalogie de cette famille est dans le *Dictionnaire des anciennes familles du Poitou*.

VOYER. (Page 286.) — La généalogie de cette famille est aussi dans le *Dictionnaire des anciennes familles du Poitou*.

---

(1) Voir la généalogie de la maison de Villelume, branche de Morcheval et du Bâtiment en Limousin.

LISTE

Des Gentilshommes de la généralité de Limoges qui ont fait preuve de noblesse en 1666.

(Suite.)

Les noms de ceux qui ont fait leurs preuves devant un autre intendant que d'Aguesseau sont suivis du nom de cet intendant (1).

DE QUEUX, sieur de Saint-Hilaire, paroisse de Soubise, élection de Saint-Jean-d'Angely.

RABAINES, sieur de Mazerolles, paroisse de Saint-André-de-Lidon, élection de Saintes.

RABAINES, sieur de Brianne, paroisse de Peyrefont, élection de Saintes.

RABELAIS (Israël de), sieur de La Ferrière, élection de Saint-Jean-d'Angely, fit ses preuves devant M. Pellot.

RACAUD, sieur de La Croix, demeurant à Angoulême.

RANQUES, sieur des Granges, paroisse de Boys, élection de Saint-Jean-d'Angely.

RANSANES, sieur de Charbonblanc, paroissse de Semonzat, élection de Saintes.

RAOUL, sieur des Couronnes, demeurant à Angoulême.

RAOUL, demeurant à Angoulême.

RASTEAU, sieur des Arnaux, paroisse d'Ars, élection de Saintes.

RAVALES, sieur du dit lieu, paroisse de Saint-Surin, élection de Saintes.

RAVARD, sieur de Saint-Amand, paroisse de Saint-Amand, élection d'Angoulême.

RAYMOND, sieur du Peyrat, paroisse de Saint-Circ, élection d'Angoulême.

RAYMOND, sieur du Breuil, paroisse de Saint-Amand, élection d'Angoulême.

RAYNAUD, sieur de La Charloterie, paroisse de Vieux-Ruffec, élection d'Angoulême.

RAYNAUD, sieur de Lage-Chirat, paroisse de Chirat, élection d'Angoulême.

RAZÈS, sieur du Pinbernard, paroisse de Saint-Priest-le-Betoux, élection de Limoges.

REFUGE, sieur de Ferchaud, paroisse de La Prade, élection d'Angoulême.

---

(1) Dans son manuscrit, Nadaud ayant noté, d'après des Coutures, par deux signes dont celui-ci donne l'explication, les gentilshommes dont les preuves furent trouvées suffisantes ou non en 1598, dans ma copie j'ai traduit ces signes. Nadaud marque aussi très exactement par l'emploi d'encre rouge ce qu'il a copié de des Coutures, et par conséquent il indique ainsi les familles qui ont fait preuve de noblesse en 1666. Il était important de distinguer aussi ces familles; *c'est même justice* pour celles d'entre elles dont il a été dit que, en 1598, leurs preuves n'avaient pas paru suffisantes. La présente liste réparera mon oubli, et donnera satisfaction aux justes susceptibilités qu'il aurait pu éveiller.

REILLAC (François de), sieur de Nozières, élection de Tulle, fit ses preuves devant M. de Fortia.

RENOUARD, sieur d'Armelles, paroisse de Lignières, élection de Cognac.

RESTIER, sieur de La Traversière, paroisse des Brosses, élection de Saintes.

REYNIER, sieur du Pin, paroisse d'Usseau, élection de Saint-Jean-d'Angely.

REYNIER, sieur de Vaujompe, paroisse de Saint-Sulpice, élection de Cognac.

RIBEYREIX (Jacques de), sieur de Saint-Priest, paroisse de Bussière-Galant, élection de Limoges, fit ses preuves devant M. Pellot.

RIBIER, sieur de Châteauneuf, paroissse de Verneuil, élection d'Angoulême.

LA RIE, sieur de Lauberge, paroisse du Pont-Saint-Martin, élection de Limoges.

RIGNOL, sieur de La Foyre, demeurant à Cognac.

DE RIPPES, sieur de Sable, paroisse de Germignat, élection de Saintes.

RIVERON, sieur de Missact, paroisse de Villars, élection de Saintes.

ROBILLARD, sieur de Champagné, paroisse de Torsé, élection de Saintes.

ROBIN, sieur des Ardilliers, élection d'Angoulême.

ROBINET, sieur de Champagnes, paroisse de Barret, élection de Saintes.

LA ROCHE (François de), sieur de Salignat, paroisse de Salignat, élection de Saintes, avait fait ses preuves en 1598.

ROCHEBEAUCOUR, sieur de La Vignolerie, paroisse de Reaux, élection de Saintes.

ROCHECHOUVEL, sieur de Saint-Cermain, paroisse de Saint-Germain, élection de Brive.

DES ROCHES, sieur de Douzat, paroisse de Douzat, élection d'Angoulême.

ROCHIER, sieur de La Fontaine, paroisse de Néré, élection de Saint-Jean-d'Angely.

RODAREL, sieur de Gourdon, paroisse de Chamboulive, élection de Brive.

ROLLAND, sieur de Monmouton, paroisse d'Archingay, élection de Saint-Jean-d'Angely.

ROQUARD, sieur de Saint-Maurice, paroisse de Saint-Maurice, élection d'Angoulême.

ROUFFINGAT, sieur de Sannat, paroisse de Saint-Junien-les-Combes, élection de Limoges.

ROUFFIGNAT, sieur de Grimodie, paroisse de Roussac, élection de Limoges.

ROUFFIGNAC (Marie de), veuve de Jean Du Clou, sieur d'Ardent, paroisse de Rancon, élection de Limoges, fit ses preuves devant M. Barentin.

ROUGNAC, sieur du Gazon, paroisse de Cherves, élection d'Angoulême.

ROULIN, sieur de Saint-Mesme, paroisse de Saint-Mesme, élection de Saint-Jean-d'Angely.

ROUSSAUD, sieur de La Bourlerie, demeurant à Angoulême.

ROUSSEAU, sieur de Pui-la-Vache, élection de Tulle.

ROUSSEAU, sieur de Fresneau, paroisse d'Ains, élection de Saint-Jean-d'Angely.

DU ROUSSAUD, sieur des Granges, paroisse de Coulgens, élection d'Angoulême.

ROUZIERS (Louis et Jean), sieurs de Boussineau et de La Tour, paroisse de Saint-Brice, élection de Limoges, avaient fait leurs preuves en 1598.

LE ROY, sieur du Maine-Léonard, paroisse de Dignac, élection d'Angoulême.

Royère, sieur de Brignac, paroisse de Royère, élection de Limoges.
Royère, sieur du dit lieu, paroisse de La Roche-l'Abeille, élection de Limoges.
Royère, sieur de Peyraud, paroisse d'Ayen, élection de Brive.
Roziers (Marc de), sieur de La Pelandrerie, paroisse de Magnac, élection de Limoges, avait fait ses preuves en 1598.
Des Roziers, sieur de La Cour d'Estaignac, paroisse de Grenort, élection d'Angoulême.
Des Ruchaux, sieur de Bullon, paroisse de Consac, élection de Saintes.
Ruspide, sieur de La Bussière, paroisse de La Roche-Andry, élection d'Angoulême.
Sahuguet, sieur de La Rouye, paroisse de Saint-Mesmin, élection de Brive.
La Saigne (Jean de), sieur d'Espiès, paroisse de Roziers, élection de Limoges, fit ses preuves devant M. d'Herbigny.
Du Saillant de Lasterie, sieur de Comborn, paroisse d'Orgnac, élection de Brive.
Du Saillant, sieur du Luc, paroisse de Meyssat, élection de Brive.
Salaignac (Isaac de), sieur de Rochefort, paroisse de Séreilhac, élection de Limoges, avait fait ses preuves en 1598.
Salbert, sieur de Forges, paroisse de Tonnay-Charente, élection de Saint-Jean-d'Angely.
Salignat, sieur du Desseyx, paroisse d'Esdon, élection d'Angoulême.
Salis (Antoine de), sieur de La Serre, paroisse de Donzenac, élection de Brive, fit ses preuves devant M. Pellot.
La Salle (Jean de), sieur du dit lieu, élection de Brive, fit ses preuves devant M. de Fortia.
Sanzillon de la Foucaudie, sieur de Pouzol, paroisse de La Rochette, élection de Limoges.
Sarrazin, sieur du Mazet, paroisse d'Ambazac, élection de Limoges.
Sarrazin, sieur de La Fosse, paroisse de Saint-Dionis, élection de Tulle.
Savignat, sieur de Vaux, paroisse de La Jonchère, élection de Limoges.
Saulnier, sieur de Francillac, demeurant à Angoulême.
Saulnier (Pierre), sieur de Razès, paroisse de Saint-Georges-les-Coteaux, élection de Saintes, avait fait ses preuves en 1598.
Du Sault, sieur de Vilhonneur, élection d'Angoulême.
Saunier, demeurant à Cognac.
Saunier, sieur du Petit-Mas, paroisse de Saint-Quentin, élection de Saintes.
Sauzet, sieur du dit lieu, paroisse de Salaignat, élection de Limoges.
Sauzet, sieur de Saulière, paroisse de Saint-Martial, élection de Limoges.
Sedierre, sieur du dit lieu, élection de Brive.
Ségur, sieur de Minsac, paroisse de Saint-Martin-d'Ary, élection de Saintes.
Seillac, sieur de Marsac, paroisse de Lanteuil, élection de Brive.
Sescaud, sieur de Saint-Just, paroisse d'Esdon, élection d'Angoulême.
Seysses, sieur de Sirac, paroisse de Saint-Quentin, élection d'Angoulême.
Seysses, sieur de Rentin, paroisse de Lonzac, élection de Saintes.
Scorailles (Rigard de), paroisse de Mazierre, élection de Tulle, avait fait ses preuves en 1598. (Voir Escorailles.)
Singareau (Raymond de), sieur de Traslebost, paroisse de Chassenon, élection d'Angoulême, fit ses preuves devant M. Barentin.

SINGAREAU (Pierre de), sieur du Theil, paroisse de Chirat, élection d'Angoulême, fit ses preuves devant M. Barentin.

DE SIRAN, sieur du Port-Limousin, paroisse de Saint-Thomas-de-Cosnac, élection de Saintes.

SOUCHET, sieur de Villars, paroisse d'Espaignat, élection d'Angoulême.

SOUCHET, sieur des Doucets, demeurant à Angoulême.

SOUDEILLES, sieur du dit lieu, paroisse de Soudeilles, élection de Tulle.

SOURIES, sieur de La Praderie, paroisse d'Alouzat, élection de Tulle.

SOURIES, sieur de Lavaud, paroisse de Sainte-Fortunade, élection de Tulle.

SOUSMOULIN (Jean de), paroisse d'Ollus, élection de Saintes, avait fait ses preuves en 1598.

STEVENY (Louis-Auboux d'Esteveny), Sgr de La Maison-Rouge, paroisse de de Blanzac, élection de Limoges, fit ses preuves devant M. d'Herbigny.

SUIROT, sieur de La Barberie, paroisse de Saint-Georges, élection de Saint-Jean-d'Angely.

TALLERAN DE GRIGNOLS, sieur de Puyrevêche, paroisse de Chamans, élection d'Angoulême.

DU TEIL, sieur de Saint-Christophe, paroisse de Saint-Christophe, élection d'Angoulême.

TERME, sieur de Pierretaillade, paroisse de Meyssac, élection de Brive.

TERRASSON, sieur de La Faye, demeurant à Angoulême.

TERRIOU, sieur de La Chassaigne, paroisse de Vitrac, élection de Tulle.

TESSEROT, sieur des Plasses, paroisse de Nexon, élection de Limoges.

TEXIÈRE, sieur de Bosbertrand, paroisse de Balledent, élection de Limoges.

THÉVENIN, sieur de La Valade, paroisse de Roufliac, élection d'Angoulême.

THIBAUD, sieur de Méré, paroisse d'Olus, élection de Saintes.

THIBAUD, sieur du Belay, paroisse de Saint-Denis, élection de Saint-Jean-d'Angely.

LA THOUE (Gabriel, Claude, Joseph et Armand de), sieurs de Thouchelongue, paroisse de Saint-Pierre-de-Salles et de Marennes, avaient fait leurs preuves en 1598.

THOUMAS, sieur de Lezignac, demeurant à Angoulême.

THURY, sieur des Granges, paroisse de Boys, élection de Saint-Jean-d'Angely.

DU TIERS, sieur de La Rochette, demeurant à Angoulême.

TISSEUIL, sieur des Courades, paroisse d'Arnac, élection de Limoges.

TIZON, sieur de Saint-Thomas, paroisse de Saint-Thomas, élection de Saintes.

TOSCANT, sieur de La Perette, paroisse de Montberon, élection d'Angoulême.

LA TOUCHE, sieur de Chillac, paroisse de Nonat, élection d'Angoulême.

LA TOUCHE, sieur de Gressac, paroisse de Gressac, élection de Saintes.

LA TOUCHE, sieur de Rochefort, paroisse de Saint-Pierre-de-Royan, élection de Saintes.

La Tour (Jean), sieur de......, élection de Saintes, avait fait ses preuves en 1598.

LA TOUR, sieur de Leymarie, paroisse d'Yesse, élection d'Angoulême.

LA TOUR, sieur de Las Noaillas, élection d'Angoulême.

LA TOUR, sieur de Neufvillars, paroisse de Saint-Bonnet-la-Rivière, élection de Limoges.

La Tour, sieur de La Vergnole, paroisse de Saint-Bonnet-l'Enfantier, élection de Brive.

La Tour (Jacques de), sieur de Murat, élection de Tulle, fit ses preuves devant M. de Fortia.

Tovon, sieur de La Vallée des Essarts, paroisse de Peyrefond, élection de Saintes.

Tranchecerf (Léonet de), sieur de La Rivière, paroisse de Saint-Sulpice-Laurière, élection de Limoges, avait fait ses preuves en 1598.

Trigaud, sieur de La Brousse, demeurant à Angoulême.

Trion, sieur des Salles, paroisse de Chassenon, élection d'Angoulême.

Trottin, sieur de La Chétardie, paroisse d'Excideuil, élection d'Angoulême.

Truchon, sieur de Saint-Georges, paroisse de Saint-Georges, élection de Saintes.

Tufferaud (Pierre), sieur de Baigne, élection de Saintes, avait fait ses preuves en 1598.

Turpin, sieur du Breuil-Marmeau, paroisse de Saint-Martin, élection de Saint-Jean-d'Angely.

Turpin, sieur de Buxerolles, paroisse de Bussière-Poitevine, élection de Limoges.

Tustal, sieur de La Prévôté-Saint-Sornin, paroisse de Guillonjard, élection de Saintes.

Vaillant (Germain), sieur de La Rivière-Champroy, paroisse de Las Tours, élection de Limoges, avait fait ses preuves en 1598.

La Valade, sieur de Saint-Georges, élection de Saintes.

Valendes (André de), sieur des Ardennes, paroisse des Ardennes, élection de Saintes, avait fait ses preuves en 1598.

Valentin, paroisse de Mons, élection de Cognac.

Vallée, sieur de Monsanson, paroisse de Monsanson, élection de Saintes.

Vallée, sieur de Lagiraud, paroisse de Saint-Médard d'Asnières, élection de Saint-Jean-d'Angely.

De Vars, sieur du Cluzeau, paroisse de Saint-Hilaire-Descoux, élection de Saintes.

Vassal, sieur de La Naudinière, paroisse de Saint-Sorlin, élection de Saintes.

Vasselot, sieur de Grandmaison, paroisse de Saint-Pierre-de-Royan, élection de Saintes.

Vassougnes, sieur de La Brechenie, paroisse de Grassac, élection d'Angoulême.

Vayres, sieur de La Forest, paroisse de Genis, élection de Limoges.

Verdelin, sieur de La Vaure, paroisse de Saint-Fort, élection de Cognac.

Du Verdier, sieur des Courades, demeurant à Limoges.

La Vergne, sieur de Marginier, paroisse de Château-Chervix, élection de Limoges.

La Vergne, sieur de Juillac, paroisse de Seillac, élection de Brive.

La Vergne (Pierre de), sieur de Chaufour, élection de Tulle, fit ses preuves devant M. de Fortia.

Verinaud, sieur de Champagnac, paroisse de Bussière-Poitevine, élection de Limoges.

Vernon, sieur des Deffands, paroisse de Paisainoudoin, élection d'Angoulême.

Verrier, sieur de Boulezat, paroisse Despinède, élection d'Angoulême.
Veygny, sieur de Marcillac, paroisse de Saint-Mer, élection de Tulle.
Veyrières, sieur du Laurens, paroisse d'Atillac, élection de Brive.
La Veyrine (Philippe-Michel de), paroisse de Saint-Jean-Ligoure, élection de Limoges, avait fait ses preuves en 1598.
Vidaud, sieur de Chambeau, paroisse de Lezignac, élection d'Angoulême.
Vigier, sieur de Lacour, paroisse de Brossac, élection de Saintes.
Vigier, sieur de Treslebois, paroisse d'Arvert, élection de Saintes.
Du Vignaud, paroisse d'Oléron, élection de Saintes.
Du Vignaud, sieur de Villefort, paroisse de Folles, élection de Limoges.
Villedon, sieur de Magezy, paroisse de Saint-Vivien, élection de Saintes.
Villedon, sieur de Maisonnet, paroisse de Saint-Aignan, élection d'Angoulême.
Villedon, sieur de Maleberche, paroisse de Saint-Romain, élection d'Angoulême.
Villelume, sieur de Beausoleil et du Bastiment, paroisse d'Ambazac et de Chamboret, élection de Limoges.
Villemone, sieur de La Nozière, paroisse de Salaignac, élection de Limoges.
Villemur, sieur de Mauvesin, paroisse de Pons, élection de Saintes.
Villoutreix, sieur de La Rochecoral, paroisse des Trois-Pallis, élection d'Angoulême.
Villoutreix, sieur de La Diville, paroisse de Fouquebrune, élection d'Angoulême.
Virouleau, sieur de Marillac, élection d'Angoulême.
Vitet, sieur de La Buhetrie, demeurant à Cognac.
Volue, sieur de Beaurocher, demeurant à Cognac.
Volvire, sieur d'Aunat, paroisse d'Aunat, élection d'Angoulême.
Volvire, sieur de Brassac, paroisse de Vaux, élection d'Angoulême.
De Voyer, sieur d'Orcé, élection de Saintes.
Saint-Yrieix, sieur du dit lieu, élection de Bourganeuf.

LISTE

Des Gentilshommes qui ont voté aux États-généraux de 1789.

SÉNÉCHAUSSÉE DE LIMOGES.

Procès-verbal de l'Assemblée générale des Trois Ordres réunis des sénéchaussées de Limoges et de Saint-Yrieix.

16 mars 1789.

(*Archives nationales*, B. III, 73 ; pages 185, 191-262) (1).

Messire Claude-Etienne-Annet, comte des Roys, ancien capitaine de cavalerie, chevalier, baron des Enclaux et de Saint-Cyr, Sgr de Chandelis-les-Bordes, Saint-Laurent et Puydeau en Poitou, grand sénéchal du Haut-Limousin, assisté de

Messire Guillaume-Grégoire de Roulhac, écuyer, Sgr de La Borie et Faugeras, conseiller du roi, lieutenant-général en la dite sénéchaussée et siége présidial de Limoges.

Messire Pierre Lamy, écuyer, Sgr de La Chapelle, procureur du roi, au dit siége.

Et Messire Jean-Baptiste Boysse de La Maison-Rouge, conseiller du roi, greffier en chef.

Messire Jean-Baptiste comte du Authier, chevalier, Sgr baron d'Auriat, Saint-Maureil, Charrières, Saint-Junien et La Brugère, chevalier de Saint-Louis, commandeur de Saint-Lazare et de Notre-Dame-du-Mont-Carmel, gouverneur de la ville d'Eu, colonel du régiment de Penthièvre-dragons.

Messire Claude Green de Saint-Marsault, chevalier, vicomte du Verdier, lieutenant des gardes du corps du roi, chevalier de Saint-Louis, mestre de camp de cavalerie.

Messire François-Germain Green de Saint-Marsault, chevalier, marquis du Verdier, chevalier de Saint-Louis, lieutenant des maréchaux de France.

Messire Thomas de La Romagère, chevalier, Sgr du Brouillet et Le Penaud.

Messire Jean-Baptiste de La Pisse, chevalier, Sgr de Cheyroux, La Goupillière et en partie de Pontinoux.

Messire Jean-Baptiste-Germain de La Pomélie, chevalier, Sgr de Chaverivierre.

Messire Jean-François de David, chevalier baron des Renaudies, Sgr des Pousses, Saint-Maurice, Saint-Hilaire, chevalier de Saint-Louis, lieutenant des maréchaux de France.

Messire Louis-François-Gaspard Joudrinaud du Vigneaud, chevalier, Sgr de Villefort, Les Vergnes et Villeveau.

Messire Jean-Marie d'Alesme, chevalier, Sgr, baron de Châtelux, Sgr de Salvanet.

---

(1) Nous croyons devoir faire observer qu'un certain nombre de familles nobles ont pu ne pas figurer dans les assemblées, pour cause d'absence, de maladie ou d'abstention.

Messire Henri-Yrieix Doudinot de La Boissière, écuyer, ancien officier au régiment d'Aunis-infanterie, Sgr de Maslemonge.
Messire Jean-Léonard Du Mas de Peyzac, chevalier.
Messire Jean, marquis de Sanzillon, chevalier, Sgr de Joffrenie, chevalier de Saint-Louis, représenté par M. Du Bouchaud du Mazaubrun.
Messire Thomas du Bouchaud, chevalier, Sgr du Mazaubrun.
Messire Pierre de La Pisse, chevalier, Sgr de Teulet, de La Bregère et de Fouilloux.
Messire Pierre-Charles-Jacques de Martin, chevalier, baron de Nantiat, Sgr de Fredaigue, capitaine d'infanterie.
Messire Antoine de Jousselin, chevalier, Sgr de Sauvaignac.
Messire Martial-François de Rouflignac, chevalier, Sgr de Grimaudie.
Messire Pierre Guinguand, chevalier, Sgr de Saint-Mathieu, La Renaudie et La Bouchie.
Messire Gaucher du Authier, chevalier, Sgr de Peyrussac, chevalier de Saint-Louis.
Messire François-Annet de Coustin, chevalier, Sgr, comte d'Oradour, Saint-Basile, Le Boucheron et Sazeyrat, sous-lieutenant honoraire des gardes corps de Monsieur, frère du roi, gentilhomme de sa chambre, chevalier de Saint-Louis, lieutenant-colonel de cavalerie.
Messire Jean-Baptiste-Joseph du Garreau, chevalier, Sgr du Puy-de-Bette, La Seinie, Vergnas, Neuvic, Masléon, ancien capitaine au régiment du mestre de camp général de la cavalerie, chevalier de Saint-Louis.
Messire Joseph Duléry, chevalier, Sgr de Landerie.
Messire François Martin, écuyer, Sgr de Fonjaudran.
Messire Jean-Pierre-Grégoire Martin, écuyer, Sgr de Bonabry.
Messire Pierre-Jean-Baptiste de Guillaume de Rochebrune, chevalier, Sgr de La Grange, de Courdelas.
Messire Jean-Léonard d'Afesme, chevalier, Sgr d'Aigueperse.
Dame marquise de Mirabeau, première baronne du Limousin, à cause de la baronnie de Pierrebuffière, représentée par le vicomte de Mirabeau, colonel du régiment de Touraine-infanterie.
Dame des Essarts, représentée par messire La Bastide de Tranchelion.
Messire Martial-Joseph Durand de La Saigne, représenté par messire Auvray, Sgr de Saint-Remy.
Messire Etienne Auvray, chevalier, Sgr de Saint-Remy et La Goudonnière, officier d'infanterie.
Messire Martial Guingand, chevalier, Sgr de Gensignac et du Vignaud, ancien capitaine d'infanterie, représenté par messire Pierre Guingand, son frère.
Messire Jean-Joseph de Parel, chevalier, vicomte de Parel, Sgr de Forsac, et Le Mas-Fargeix, capitaine d'artillerie, chevalier de Saint-Lazare, représenté par M. le vicomte du Verdier.
Messire Charles-Roch, marquis de Coux, chevalier, Sgr de La Vergne et de Coux, représenté par M. de Corbier.
Messire Jean de Corbier, chevalier, ancien garde du corps du roi.
Messire Jean-Baptiste-Philibert de Fondant, chevalier, Sgr de La Vallade, représenté par M. des Marais du Chambon.
Messire Joseph-Louis des Marais, chevalier, Sgr du Chambon, l'Age-Pounet et Le Noyer, ancien mousquetaire de la garde du roi.
Messire Joseph-Clément des Flottes, chevalier, Sgr de l'Echoisier et Bonnat représenté, par M. de l'Epine père, écuyer.
Messire Jean-Baptiste de l'Epine, écuyer, Sgr du Masneuf.
Messire Mathieu Romanet du Caillaud père, écuyer.
Messire André de La Breuille, chevalier, Sgr du Château-Renard, représenté par M. du Authier de Peyrussac.
Dame Marguerite de Verthamon, comtesse de Lavaud, dame de Bussière-Beaufy, représenté par M. le comte de Lavaud de Saint-Etienne.

Messire Jean-Baptiste de La Lande, chevalier, comte de Lavaud-Saint-Etienne, S^{gr} de Neuvillars, l'Age-au-Mont et Begogne.
Messire François-Louis-Antoine de Bourbon, comte de Busset et de Châlus, représenté par M. Simon-François de Chauveron.
Messire Simon-François de Chauveron, ancien exempt des gardes du corps du roi, chevalier de Saint-Louis.
Messire Pierre-Marie Chapelle, comte de Jumilhac, lieutenant-général des armées du roi, inspecteur-général de ses troupes, commandeur de Saint-Louis, baron de la baronnie d'Arfeuille, représenté par M. de Leffe de Noue, garde du corps du roi.
Messire André de Leffe de Noue, garde du corps du roi, chevalier, S^{gr} de Champeau et Chabant.
Messire François-Joseph Joussineau, marquis de Tourdonnet, baron de Fressinet, S^{gr} de Champagnac, capitaine au régiment de Royal-dragons, représenté par M. le vicomte de Joussineau.
Messire Michel-Joseph vicomte de Joussineau, lieutenant-colonel de cavalerie.
Messire Louis de Corbier, écuyer, ancien capitaine au régiment de Dauphiné-infanterie, représenté par M. de Brachet.
Messire Louis de Brachet, chevalier de Saint-Louis, S^{gr} de La Bastide et de La Faye.
Messire André de Bonneval, comte de Bonneval, maréchal des camps et armées du roi, S^{gr} de la baronnie de Blanchefort et de la vicomté de Nanthiat, représenté par M. le comte de Calignon.
Messire Jean du Burguet, chevalier, S^{gr} de Chaufaille, chevalier de Saint-Louis, lieutenant-colonel de cavalerie, représenté par M. Ardent de La Grenerie.
Messire Jean-Jacques Ardent de La Grenerie, chevalier, S^{gr} de La Grenerie, et de Meillards.
Messire Adélaïde-Marie-Stanislas, marquis de Boisse, vicomte de Treignac et d'Eyjau, baron de La Bachellerie, colonel attaché au régiment de dragons de Mgr le comte d'Artois, représenté par M. de Beaupoil, marquis de Saint-Aulaire.
Messire Henri de Beaupoil, Marquis de Saint-Aulaire.
Messire Louis-François-Marie de Perusse, comte des Cars et de Saint-Bonnet, marquis de Pranzac, baron d'Aixe, de La Renaudie, de La Mothe, des Cars et de Lastours, premier baron du Limousin, S^{gr} de Saint-Sezert, Aucamville, Puysegur, Belle-Serre, Saint-Ybard, La Roche-l'Abeille, et autres places, chevalier des ordres du roi, maréchal de ses camps et armées, son lieutenant-général commandant la province du Haut et Bas-Limousin et son premier maître d'hôtel, représenté par M. François de Chauveron, écuyer.
Messire François de Chauveron, écuyer, chevalier de Saint-Louis, ancien commandant du bataillon de Limoges.
Messire Léonard Dulery, chevalier, lieutenant des grenadiers royaux au régiment de Touraine, représenté par M. des Marais du Chambon.
Messire Joseph Marchadieu, S^{gr} de Monlaud (*alias* du fief de Nicoulaud), représenté par M. le vicomte de Brettes.
Messire Joseph-Martial, vicomte de Brettes, chevalier, S^{gr} de La Mothe, Goutelard et Crotelles, chevau-léger de la garde du roi.
Messire Emmanuel-François, marquis de Lambertie, chevalier, S^{gr} de Puydemeau, L'Artimache et La Petite-Epine, maréchal des camps et armées du roi, chevalier de Saint-Louis, représenté par M. le baron des Estangs.
Messire Charles de David, baron des Estangs, chevalier, S^{gr} de Bussière-Galant, Montbeyssier et Reymondie.
Messire Jean-Jacques Magy, écuyer, S^{gr} d'Andalays, Bassouleix, Villeneuve, et Montmolas.

Messire Raymond de Brachet, chevalier, S$^\text{gr}$ de La Jalesie et La Noaille, maréchal des camps et armées du roi, représenté par M. Louis Brachet, S$^\text{gr}$ de La Bastide et de La Faye.

Dame Louise-Antoinette Broussol de Broussonnet, dame de Vicq, veuve de messire Just de Calignon, chevalier de Saint-Louis, représentée par le comte de Calignon, son fils.

Messire Michel-Landry, comte de Lescours, chevalier, S$^\text{gr}$ d'Oradour-sur-Glane et Laplaud, chevalier de Saint-Louis, représenté par le marquis du Cros de Cieux.

Messire Jean-Baptiste de Brettes, chevalier, S$^\text{gr}$, marquis du Cros, comte de Cieux, baron de La Villette et de Montrocher, S$^\text{gr}$ de La Villette, La Chapelle et Richebourg.

Dame Marie-Thérèse Maillard de La Couture, veuve de messire Joseph Durand, chevalier, S$^\text{gr}$ du Boucheron, capitaine au régiment de la Reine-dragons, représentée par M. Guingaud de Saint-Mathieu de La Bouchie.

Messire Alphonse-Louis du Monteil de La Molhière, chevalier, marquis de Cardaillac, seigneur châtelain de Janailhac et du Mazet, chevalier de Saint-Louis, lieutenant des maréchaux de France, représenté par le baron de Foucaud.

Messire Jean, baron de Foucaud, capitaine au régiment d'Aunis-infanterie, chevalier, S$^\text{gr}$ de Champvert, La Rochette et Montville.

Dame Marguerite du Authier, épouse et curatrice de messire Joseph de Josselin, chevalier, S$^\text{gr}$ de Lavaud-Bosquet, Lort et Mimolle, représentée par M. du Authier de Peyrissac, son frère.

Messire Jacques Masbaret, écuyer, S$^\text{gr}$ du Basty, ancien trésorier de France au bureau des finances de Limoges, représenté par M. Masbaret du Basty, son fils.

Messire Jean-Marie de Brie, comte de Lageyrat, qualifié comte par brevet de Philipppe I$^\text{er}$ (sic).

Messire Charles-Antoine-Armand-Odet du Mas, chevalier, comte de Peyzac, capitaine au régiment de Conti-dragons, S$^\text{gr}$ de Peyzac, La Serre et Coussage, coseigneur d'Allassac et de La Salle, vidame de Limoges, représenté par M. Bony de La Vergne, comte des Egaux.

Messire Jean Bony de La Vergne, comte des Egaux, chevalier, S$^\text{gr}$ des Farges, ancien capitaine d'artillerie, chevalier de Saint-Louis.

Messire Jean-Louis, marquis de Lubersac, maréchal des camps et armées du roi, chevalier de Saint-Louis, S$^\text{gr}$ de Saint-Memy, Savignac et Lubersac, représenté par le marquis du Verdier.

Messire Jacques-Georges de Joussineau, chevalier, vicomte de Tourdonnet, aide-major au régiment des gardes-françaises, S$^\text{gr}$ de Saint-Martin-Sepert, représenté par le vicomte de Joussineau.

Messire Louis-Jean-Baptiste Chapelle de Jumilhac, chevalier, S$^\text{gr}$ de Saint-Jean-Ligoure, Courhefy et Pomaret, ancien capitaine de la gendarmerie de France, colonel de cavalerie, chevalier de Saint-Louis, représenté par M. Simon-François de Chauveron.

Messire Luc de La Place, chevalier, S$^\text{gr}$ de Rougeras, Mimolle, et coseigneur de Saint-Maurice-les-Brousses, représenté par M. Jean de Chauveron, écuyer.

Messire Jacques-Urbain d'Alesme, écuyer, S$^\text{gr}$ du Puy-Vinaud, capitaine au régiment de Normandie, représenté par M. d'Alesme de Chatellus.

Dame Catherine de Raymond, représentée par son mari, M. de La Roumagère.

Messire Antoine de La Roumagère, écuyer, S$^\text{gr}$ de Chavière et Le Breuil.

Messire Joseph de Bony, chevalier, comte de Ladignac et Saint-Nicolas.

Dame Marie-Anne Garat, comtesse de Fayat, veuve de Gilbert-Marin de Joussineau, comte de Fayat, baron de Peyrelevade, S$^\text{gr}$ de Saint-Martin-Sepert, Les Oussines, La Vallade, Lombert et Laboissière, représentée par M. le vicomte de Joussineau.

Messire Jean de Grandsaigne, écuyer, Sgr des Joberties, représenté par M. de Grandsaigne, son fils, lieutenant au régiment d'Artois-infanterie.
Messire Jean-Baptiste de Miomandre de Murat, écuyer, coseigneur du Breuil, représenté par M. du Garreau.
Messire François du Garreau, chevalier, capitaine au régiment de Bassigny-infanterie.
Messire Jean de Sanzillon, prêtre, chanoine de Saint-Yricix, Sgr du fief de La Franchie, représenté par M. d'Abzac, écuyer.
Messire Adrien d'Abzac, écuyer, Sgr de Lascaux.
Messire Dominique de Lansade, chevalier, Sgr de Meuzac, Preissac et Logerie, chevalier de Saint-Louis, capitaine de cavalerie, représenté par M. Jean de Corbier.
Messire Jean de Miomandre, chevalier, coseigneur du Breuil, garde du corps du roi, représenté par M. François du Garreau.
Dame Marie Morel de Fromental, dame de La Cosse et du Montaudeix, représentée par M. le baron de Fromental.
Messire Martial-Alexandre Morel, baron de Fromental, ancien capitaine de dragons, chevalier de Saint-Louis.
Messire Jean-Baptiste de Boulhiac, chevalier, Sgr de Bourzac, Fénelon et Le Pin, représenté par M. Ardent de La Grénerie.
Messire Théophile de Boisseuil, chevalier, Sgr de Boisseuil et Fialeix, ancien capitaine au régiment de Marcieux-cavalerie, chevalier de Saint-Louis, représenté par M. Charles, du Pasquet, Sgr de Salaignac.
Messire Charles de Pasquet, écuyer, Sgr de Salaignac.
Messire Grégoire de Roulhac, écuyer, Sgr de Roulhac.
Messire Louis-Auguste du Vignaud, chevalier, Sgr des Vories et de La Villette, officier au régiment d'Auvergne-infanterie, représenté par M. Joseph-Louis des Marais du Chambon.
Messire Jacques de La Bachellerie, prêtre, seigneur du fief de Vieille-Ville, représenté par M. Thomas de Petiot, écuyer.
Messire Thomas de Petiot, écuyer, Sgr de Taliac.
Dame Elisabeth Colomb, veuve de messire Jean-Jacques de Bruchard, écuyer, Sgr de La Pomélie et Meyras, représentée par M. Jean-Charles de Bruchard.
Messire Jean-Charles de Bruchard, chevalier, lieutenant au régiment de Turenne-infanterie.
Dame Marie-Anne Blondeau de Laurière, veuve de M. Limousin, chevalier, Sgr de Neuvic, dame de Marliaguet, représentée par M. du Garreau de La Seinie.
Messire Léonard Blondeau, chevalier, seigneur, marquis de Laurière, capitaine au régiment des gardes-françaises, chevalier de Saint-Louis, représenté par M. de Guillaume de Rochebrune.
Dame Marie-Geneviève Petiniaud, veuve de M. Joseph-Louis Noailhé, écuyer, Sgr de La Borie, conseiller-secrétaire du roi, maison couronne de France, représentée par M. Simon Lamy, écuyer.
Messire Jean-François de Carbonnière, Sgr de Saint-Denis-des-Murs et de Montjoffre, vicaire-général du diocèse d'Arras, représenté par M. Germain de La Pomélie.
Messire Jean-Baptiste de Carbonnières, chevalier, seigneur comte de Saint-Brice, Chamberri, La Vigne, Le Repaire et baron de Boussac, représenté par M. le comte de Brie.
Messire Martial, comte de Bric, chevalier, Sgr de Soumagnac, baron de Ribeyreix, Courbefy, Fourie, La Bastide et Saint-Priest-les-Fougères, ancien capitaine au régiment d'Artois et chevalier de Saint-Louis, qualifié comte par brevet de Philippe Ier (sic).
Messire Léonard Muret, écuyer, Sgr de Bort, représenté par M. Pierre Muret, écuyer, son fils aîné.
Dame Marie-Jeanne-Claude-Victoire de Lasteyrie, marquise de Lestrade, représentée par M. François de Chauveron.

Messire Pierre-François d'Abzac, chevalier, baron de Juvenie, capitaine de cavalerie, chevalier de Saint-Louis, représenté par M. de La Morélie, Sgr des Biards.
Messire Charles-Pardoux de La Morelie, écuyer, Sgr des Biards, chevau-léger de la garde du roi.
Messire Joseph de Roulhac, chevalier, Sgr de Traschaussade, représenté par M. de Roulhac, Sgr du Chatellard.
Messire Jacques-Christine de Roulhac, chevalier, Sgr du Chatellard, Rochebrune et Voute de Saugon.
Messire Alexandre de Coustin, chevalier, Sgr, marquis du Mas-Nadaud, comte d'Oradour-sur-Vayre, représenté par M. le comte de Brie de Soumagnac.
Messire Jean-Baptiste-Ferréol de Gay, chevalier, Sgr de Nexon, Campagne et Cognac, représenté par M. de Gay, son fils.
Dame Catherine Texandier, baronne de Nieul, veuve de messire Jacques de Léonard, chevalier, Sgr de Fressanges, représentée par M. Louis-Jacques de Montbron.
Messire Louis-Jacques de Montbron, chevalier, Sgr de Drouilles.
Dame Madeleine Regnaudin, dame de La Quintaine et Mazeyretas, veuve de messire Joseph Limousin, chevalier, Sgr de Neuvic et Masléon, représentée par M. Thomas du Bouchaud.
Messire Joseph-Sylvain-Clément du Rieux, chevalier, Sgr de Villepreaux et Le Doignon, représenté par M. des Marais du Chambon.
Messire Jean-Baptiste-Pierre-Paul Bourdeau, écuyer, Sgr de Fleurat, représenté par M. Léonard Bourdeau, Sgr de Linards, son père.
Messire Léonard Bourdeau, écuyer, Sgr de Linards.
Messire Jacques de La Loue, chevalier, Sgr du Masgelier, représenté par M. des Marais du Chambon.
Dame Jeanne-Marie de Sauzet, dame de Villessanges, veuve de messire Gaspard-François-Louis des Marais, chevalier, Sgr du Chambon, représentée par M. François de Chauveron.
Messire Guillaume-Grégoire de Roulhac, écuyer, Sgr de La Borie et Faugeras, conseiller du roi et lieutenant-général en la sénéchaussée et siége présidial de Limoges, représenté par M. de Roulhac, écuyer, ingénieur des ponts-et-chaussées au département de l'Auvergne, son frère.
Messire Jean-Joseph Petiniaud, écuyer, Sgr de Juriol et de Puynége, représenté par M. Petiniaud, écuyer, Sgr de Beaupeyrat, son frère.
Messire Jean-Baptiste Petiniaud, écuyer, Sgr de La Bourgade et Beaupeyrat.
Dame Marie-Anne Garat de Saint-Priest, veuve de messire Jacques-François de Douhet, chevalier, Sgr de Puymoulinier, Le Palais et Panazol, représentée par M. du Garreau de La Seinie.
Dame Marcelle d'Arsonval, veuve de messire Charles de David de Lastours, chevalier, Sgr de La Borie, La Guionie et Rilhac, ancien capitaine au régiment de Penthièvre, chevalier de Saint-Louis, représentée par M. du Peyrat du Vigenal.
Messire Martial du Peyrat, Sgr du Vigenal.
Messire Guillaume Vergniaud, ancien curé de Magnac, Sgr de Magnac, représenté par M. le vicomte de Mirabeau.
Messire Pierre Lamy, écuyer, Sgr de La Chapelle, conseiller du roi et son procureur en la sénéchaussée et siége présidial de Limoges.
Messire Gabriel-Joseph Grellet des Prades, écuyer, Sgr de Pierrefiche et de l'Etang.
Messire Joseph Martin, chevalier, Sgr de la baronnie de Compreignac et du Mas-de-l'Age.
Messire François de La Bonne, écuyer, Sgr d'Escabillon et Loutre.
Messire Jean-Ignace de Maledent, chevalier, Sgr de Feytiat.
Messire Valéry d'Argier, chevalier, baron de Saint-Vaulry, Marival, vicomte de Bernage.

Messire Martial Goudin, chevalier, S^{gr} de La Borderie et du Geneti.
Messire Pierre Garat, chevalier, S^{gr} de Saint-Priest et de Montcocu.
Messire François-Xavier Boutault, chevalier, S^{gr} de Russy.
Messire Louis, comte de Villelume, chevalier, S^{gr} de l'Aumônerie, La Jasseau et Pezé.
Messire Léonard, marquis de Villelume, chevalier, S^{gr} du Bâtiment, Morcheval et Corrigé.
Messire Jean-Léonard de La Bermondie, vicomte d'Auberoche, S^{gr} de Saint-Julien et de Laron.
Le marquis de Sainte-Fère, S^{gr} de l'Age-Rideau.
Messire François de Malden de Balezy, chevalier.
Messire Jean-Baptiste de Martin-La-Bastide, chevalier, S^{gr} de La Bastide, La Bregère, Le Mas-Borianc et Teyssonnièras.
Messire Léonard de Martin de La Bastide-Verthamon, chevalier, S^{gr} de Curzac.
Messire Mathieu de Martin de La Bastide de Curzac, chevalier.
Messire Henri de Marsanges, chevalier, S^{gr}, baron de Vaulry, Montsac, Breteix, chef d'escadron au régiment de Penthièvre-dragons.
Messire Charles de Marsange, chevalier de Saint-Jean-de-Jérusalem, capitaine au régiment d'Aunis-infanterie.
Messire Joseph de Savignac, S^{gr} de Vaux, lieutenant au régiment d'Artois-infanterie.
Messire Pierre de Beaupoil de Saint-Aulaire, chevalier, S^{gr} du Barry, chevalier de Saint-Louis, ancien colonel de cavalerie.
Messire François de Lacour, chevalier, S^{gr} de Ventilhac.
Messire Antoine-Etienne Touzac de Saint-Etienne, chevalier, S^{gr} de Royère, Trasforêt, Beaumont et Beausoleil.
Messire Léonard-François de Villoutreix de Brignac, écuyer de Madame Victoire de France, tante du roi.
Messire Psalmet du Cheyrou, chevalier, S^{gr} des Prats, Bonnefond, Les Cherpaux, Joubert, Bori et La Peyrière, chevalier de Saint-Louis, mestre de camp de cavalerie, ancien major des gendarmes de la garde ordinaire du roi.
Messire Antoine-Joseph de Maumont, chevalier, capitaine au régiment du maréchal de Turenne-infanterie.
Messire François-Maurice-Benoît de Lostende, chevalier, S^{gr} de Reignefort, capitaine-commandant au régiment de Rohan-infanterie.
Messire Louis-Guérin-Honoré-Vincent-Bonaventure Morel de Fromental, chevalier, lieutenant au régiment de Bassigny-infanterie.
Messire Germain de Croizant, chevalier, S^{gr} du Puychevalier et La Renaudie.
Messire Jean-Joseph de La Place, chevalier, S^{gr} des Forges et Virolle.
Messire Guy-René Durant, chevalier, S^{gr} de La Faucherie.
Messire Guillaume de Londeix, chevalier, S^{gr} du Puytignon, ancien chevau-léger de la garde du roi, chevalier de Saint-Louis, capitaine de cavalerie.
Messire Pierre-Louis-Auguste de Villoutreix, chevalier, S^{gr} de La Faye, lieutenant-colonel du régiment Royal-Etranger, cavalerie, chevalier de Saint-Louis.
Messire Simon de Meyvière, chevalier, S^{gr} de L'Ortolary.
Messire Antoine Grellet, écuyer, S^{gr} du Masbillier.
Messire Chastaignac, chevalier, S^{gr} baron de Sussac et de Ligoure.
Messire Faulte, écuyer, S^{gr} du Puy-du-Tour et de Ventaux, chevalier de Saint-Louis.
Messire Dorat, écuyer, S^{gr} de Faugeras, La Gardelle et Monimes.
Messire Desmaisons, chevalier, S^{gr} de Bonnefont.
Messire Mondain, écuyer, S^{gr} de La Maison-Rouge.
Messire de Villemoune, du Grand-Bourg de Salagnac.
Le comte de Nadaillac de Saint-Pardoux.

Madame Roger de Nexon.
Messire de Verthamon-d'Ambloi, S^{gr} de Chalucet.
Messire Vidaud, comte du Doignon, S^{gr} du Carrier.
Messire Bazin de Montfaucon.
Messire de La Châtre, chevalier, S^{gr} de Leyraud.
Messire Martial Baillot, écuyer, S^{gr} d'Estivaux, trésorier de France au bureau des finances à Limoges.
Messire Pierre Barny, écuyer, S^{gr} des Moulins, trésorier de France au bureau des finances à Limoges, représenté par M. de Voyon de La Planche.
Messire Jean de Voyon, écuyer, S^{gr} du Buisson, trésorier de France au bureau des finances à Limoges.
Messire Guillaume Sanson, écuyer, S^{gr} de Royère, trésorier de France au bureau des finances à Limoges.
Messire Léonard-Louis Mailhard, écuyer, S^{gr} de La Couture, trésorier de France au bureau des finances à Limoges.
Messire Antoine Faulte, écuyer, S^{gr} du Buisson, trésorier de France au bureau des finances à Limoges.
Messire Joseph Benoit, écuyer, S^{gr} d'Estivaux, trésorier de France au bureau des finances à Limoges.
Messire Jean-Joseph Masbaret du Basty fils, trésorier de France au bureau des finances à Limoges.
Messire Antoine Lajoumard, écuyer, S^{gr} de La Boissière, trésorier de France au bureau des finances à Limoges.
Messire Mathieu de Vaucourbeix, *alias* Vaucorboil, écuyer, S^{gr} de La Bachellerie, avocat du roi au bureau des finances à Limoges.
Messire Guillaume du Mazeau, écuyer, S^{gr} du Vignaud, trésorier de France au bureau des finances à Limoges.
Messire Aubin Bigorie, écuyer, S^{gr} du Chambon, La Gorce et La Boissière, trésorier de France au bureau des finances à Limoges.
Messire Antoine Noailhé, écuyer, S^{gr} des Bailles, trésorier de France honoraire au bureau des finances à Limoges.
Messire Martial Noailhé des Bailles fils, écuyer, S^{gr} de Leyssenne et des Plats, trésorier de France au bureau des finances à Limoges.
Messire Léonard de Voyon, écuyer, S^{gr} de La Planche, procureur du roi au bureau des finances, à Limoges.
Messire Grégoire de Marsat, écuyer, S^{gr} de Malval, trésorier de France au bureau des finances, à Limoges (1).

Après l'appel se sont présentés plusieurs nobles qui ont dit n'avoir pas reçu d'assignation mais être en droit d'assister à la présente assemblée en leur qualité de nobles :

Messire André-Boniface-Louis de Riquetti, vicomte de Mirabeau, chevalier de Saint-Louis, chevalier d'honneur de l'ordre de Saint-Jean-de-Jérusalem et de la société de Cincinnatus, colonel du régiment de Touraine-infanterie.
Messire de David, chevalier, baron des Renaudies, sous-lieutenant au régiment de Condé-dragons.
Messire Etienne Martin de La Bastide de Tranchelion, chevalier.
Messire Pierre Martin, écuyer.

---

(1) Ces seize derniers furent assignés et appelés en vertu de l'ordonnance sur requête de M. le grand sénéchal, rendue conformément à l'article 9 du règlement du roi sur la convocation des Etats-généraux. Les officiers du bureau des finances et autres, possédant fiefs, et qui se trouvaient avoir la noblesse acquise quoique non transmissible, furent admis à l'Assemblée de la noblesse, sans tirer à conséquence, à la charge de justifier par titres leur noblesse personnelle et la propriété de leurs fiefs. (Décision prise à Limoges, le 15 mars 1789, par le grand sénéchal, assisté de MM. le marquis de Saint-Aulaire, le marquis du Verdier, le comte de Lavau et le chevalier de Chauveron. — B. 111, 73, p. 230.)

Messire de Lépine fils, écuyer, ancien garde du corps du roi.
Messire Pierre-François Romanet du Caillaud, écuyer, Sgr de Mérignac.
Messire Louis-Elisabeth, comte de Calignon.
Messire Pierre du Soulier, *alias* du Solier, chevalier de Saint-Louis, ancien capitaine-commandant au régiment d'Artois-infanterie.
Messire Siméon Colomb, écuyer.
Messire Jean de Chauveron, écuyer, capitaine au bataillon de Limoges.
Messire Jean de Grandsaigne fils, lieutenant au régiment d'Artois-infanterie.
Messire Simon Lamy, écuyer, ancien gendarme de la garde.
Messire Pierre Muret fils aîné, écuyer.
Messire Philippe-Ignace de Gay fils, chevalier.
Messire Pierre du Authier, chevalier, Sgr de Lambertie et Rilhac.
Messire Guillaume-Grégoire de Roulhac, écuyer, ingénieur des ponts et chaussées au département de l'Auvergne.
Messire Léonard de l'Age-au-Mont, chevalier.
Messire Léonard Touzac, chevalier.
Messire Bernard Touzac de Saint-Etienne, chevalier, capitaine au régiment de Condé-dragons.
Messire Antoine de La Saigne Saint-Georges, ancien brigadier des gardes du corps, ancien capitaine de cavalerie, chevalier de Saint-Louis.
Messire Joseph Benoît de Lostende, lieutenant au régiment de Foix-infanterie.

SÉNÉCHAUSSÉE DE SAINT-YRIEIX.

(SECONDAIRE DE LIMOGES.)

Messire Jean-Baptiste de Mallet de La Jorie, écuyer, représenté par M. de Pasquet, Sgr de La Roche et Monsault.
Messire Pierre de Pasquet, chevalier, Sgr de La Roche et Monsault.
Dame Louise de Lubersac, veuve de messire Jacques de Montfrebœuf, chevalier de Saint-Louis, Sgr des Piquets, représentée par M. Thomasson, Sgr du Queyroix.
Messire Jacques Thomasson, écuyer, Sgr du Queyroix.
Dame Louise de La Faye, veuve de messire Joseph de Formigier de Beaupuy, chevalier, Sgr de Genis, représentée par M. Charles de Pasquet, chevalier, Sgr de Salagnac.
Messire Pierre de Gentil, chevalier, Sgr de La Faye et du fief de Champ, ancien chevau-léger de la garde du roi, représenté par M. de Gentil, Sgr de L'Age-au-Chapt.
Messire Léonard de Gentil, chevalier, Sgr de L'Age-au-Chapt.
Messire Jacques-Gabriel de Chapt, comte de Rastignac, baron de Tusche, *alias* Luzech, première baronnie du Quercy, comte de Clermont et Combe-Bonnet, Sgr de Puiguillem et Firbeix, maréchal des camps et armées du roi, commandant de la brigade de Champagne, chevalier de Saint-Louis représenté par M. Faulte, écuyer, Sgr de Vanteaux.
Messire Jean-Georges de La Roche-Aymon, chevalier, représenté par M. de Pasquet de La Roche.
Messire Louis Manet, chevalier, Sgr de Truffin, représenté par M. Tenant, Sgr de Latour.
Messire Mathieu Tenant, chevalier, Sgr de Latour, ancien garde du corps du roi, chevalier de Saint-Louis.
Messire Pierre, comte de Marqueyssac, seigneur baron de Rouflignet et

Palcyrat, ancien capitaine-commandant au régiment de Royal-cravate, cavalerie, représenté par M. de Rossignol, Sgr de Combier.
Messire Martial-Barthélemy de Rossignol, chevalier, Sgr de Combier et de La Trade, patron fondateur de l'église de Sarrazac.
Messire Louis-François-Philibert Machat de Pompadour, chevalier, seigneur marquis de Châteaubouchet et d'Angoisse.
Messire François de L'Hermite, chevalier, seigneur du dit lieu de La Meynardie, Langlade et Puissilard, ancien capitaine-commandant au régiment de La Fère-infanterie, chevalier de Saint-Louis.
Dame Catherine de Bord, veuve de messire Louis Paignon de Fontaubert, écuyer, seigneur eu partie de Lascaux, représenté par M. Antoine de La Romagère, Sgr de La Chauvière et Le Breuil.
Dame Jeanne du Jardin de La Digne, veuve de messire Antoine Paignon de La Borie, écuyer, Sgr de L'Age et en partie de La Valade, réprésentée par M. Tenant de Latour.
Messire Léonard de La Morélie, écuyer, Sgr du Masvieux et Laugère, ancien chevau-léger de la garde du roi, représenté par M. de La Morélie, Sgr des Biards.
Messire Gabriel de Teyssière, chevalier, Sgr de Bellesize, Le Bost et en partie de Sarrazac, représenté par M. Léonard Gentil de L'Age-au-Chapt.
Messire Pierre de Beron, chevalier, Sgr de Coutamié (ou Coulancier), Guillaumie et Les Fraux, représenté par M. de Beron, Sgr d'Oche.
Messire Pierre de Beron, chevalier, Sgr d'Oche, ancien lieutenant au régiment de Penthièvre-infanterie.
Messire Gabriel du Garreau, chevalier, Sgr de de La Meychenie, La Foucaudie, Les Renaudies et coseigneur de La Valade, représenté par M. du Garreau, Sgr du Bourdelas, son fils.
Messire Antoine-Louis du Garreau, chevalier, Sgr de Bourdelas.
Dame Jeanne de La Morélie, veuve de messire Jean du Montet, chevalier, Sgr de La Bachellerie, représentée par M. de Brettes, marquis du Cros de Cieux.
Messire Jean de Foucaud de Malembert, chevalier, Sgr des Rieux et des Champs, représenté par le baron de Foucaud, Sgr de Champvert.
Dame Anne-Elisabeth de Beaupoil de Saint-Aulaire, veuve de messire Louis du Garreau de Gressignac, dame de Leyssard et de Monlapt, représentée par M. Adrien d'Abzac de Lascaux.
Dame Françoise-Justine Coquard, baronne de Beaupoil, veuve de messire Antoine, baron de Beaupoil Saint-Aulaire, ancien lieutenant des vaisseaux du roi, chevalier de Saint-Louis, représentée par M. de Leffe de Noue, chevalier, Sgr de Champeau et Chabant.
Messire Jean de La Morélie du Puyredon, capitaine de cavalerie, chevalier de Saint-Louis, Sgr de La Rochette, Las Belotas, La Guillomie, Gabillon, Mazièras, La Salesse et La Genette, représenté par M. Jean de Chauveron, chevalier, capitaine au bataillon de Limoges.
Messire Yrieix de Sanzillon de La Foucaudie, chevalier, Sgr de Pouzol, Viersait et Le Cadussaud.
Messire Pierre Lemas, chevalier, Sgr de Saint-Martin et Puygueraud.
Messire Hyacinthe Blanchard, écuyer, Sgr de Champagne.
Messire de Champagnac, chevalier, Sgr de Montantin.
Messire Roux de Lusson, Sgr du fief de La Faregaudie.
Messire de La Roche, Sgr de La Roche dans Beyssenat.
Messire le duc d'Harcourt, chevalier, Sgr de Coupiat, lieutenant-général des armées du roi, chevalier de ses ordres, gouverneur de Normandie.
Messire Pasquet de Saint-Meynie, chevalier, Sgr de Saveyze.
Messire Arlot de Cumond, chevalier, Sgr de Frugie.
Messire Bourdineau, écuyer, Sgr de Vieille-Cour.
Messire Mallet, écuyer, Sgr de Dussac.
La dame de Razat de Juillac.

Messire Pierre-Basile de Villoutreix, S^{gr} de La Meynardie, Sainte-Marie et autres lieux.
Messire de Goffreteau, S^{gr} de Juvet.
Messire le comte de Taillefert, S^{gr} de Douilhac.
Messire Garebœuf de Beauplat, S^{gr} du fief de Beauplat.
Messire le marquis de Lambert, chevalier, S^{gr} de Sarrazac, maréchal des camps et armées du roi, commandeur de l'ordre de Saint-Louis, inspecteur de cavalerie.
Messire le marquis d'Hautefort, vicomte de Ségur et baron de Juilhac.
Messire de La Serre, S^{gr} de Chaland.
Messire Garebeuf, S^{gr} de La Vatre.
Messire Jean Paignon de La Faye, écuyer, S^{gr} en partie de Cubertafont.
Messire François du Garreau de Grésignac, chevalier, capitaine au régiment de Bassigny-infanterie.
Messire Hyacinthe Tesserot, chevalier, S^{gr} des Places.

SÉNÉCHAUSSÉE DU BAS-LIMOUSIN.

Liste des Gentilshommes du Bas-Limousin, comprenant les sénéchaussées de Tulle, Brive et Uzerche, qui ont signé le cahier des doléances (1).

17-21 mars 1789.

(*Archives nationales*, B. III., 73 bis, p. 151-157.)

L'ordre de la noblesse présidée par M. de Lubersac désigné par le roi, nomma pour secrétaires MM. de La Prade et de La Fajardie. Le cahier des doléances fut signé par MM. Fénis de La Brousse. — D'Arche d'Ambrugeat. — Soulages (Dumas de) — Boy de La Combe. — Delzor. — Lespinasse de Bournazel. — Traversat de Friat. — De La Rode. — De Lamaze. — De Selve du Chassain. — De Sainte-Marie. — De Bar. — De Veyrières (S^{gr} du Laurent). — De Fénis de Roussillon. — De Lastour. — Chevalier de Lamaze. — Chevalier de Flomont. — Meynard de La Queilhe. — De Gain. — Baron Jaucen de Poissac. — Baron de Lentilhac. — Chevalier de Bouchiat. — Chevalier de Bure. — De Guilheaume. — Delhorz. — La Fagerdie de La Praderie. — De Pestels. — De Bar de La Chapoulie. — Cerou. — Puyhabilier. — Donnet de Ségur. — La Chapel de Carman. — Comte de Phélip de Saint-Viance. — Lagaye de Lanteuil. — Borderie de Vernejoux. — De Lasserre. — Vicomte de Valon. — Saint-Hippolyte. — D'Arche de Vaurs. — Duc d'Ayen. — De Massoulie. — Fénis de Tourondel. — Joyet de Maubec. — Meynard de Mellet. — De La Bachellerie. — De Griffolet de Lentilhac. — Certain de La Coste. — De Dienne. — De Selve de Saint-Avit. — Pelets. — d'Estresses. — Le marquis de Lasteyrie du Saillant. — La Mothe de Quinson. — Chevalier de Jaucen. — Combarel du Gibanel. — De Parel. — Hugon de Marlias. — Fénis de La Prade. — Baron de Lauthonnye. — Meynard de Maumont. — Ernault de Brusly. — De Turenne. — Le comte de Lintilhac Sedière. — Lauthonye. — De Chaunac. — Baron de La Mazorie-Soursac. — Comte de Douhet de Marlac. — De Verlhac. — Masmo-

---

(1) Le procès-verbal de l'assemblée de l'Ordre de la Noblesse, pour le Bas-Limousin, n'existe pas dans la *Collection générale des Archives nationales*. (Louis de LA ROQUE et Édouard DE BARTHÉLEMY.)

rel (La Vialle du). — Fénis de La Feuillade. — Vicomte de La Queuille. — Marquis de Rodorel de Seilhac. — Marquis de Soudeilles. — Du Courrier de Plaignes. — Salès. — Lespinasse de l'ebeyre. — Du Bac de La Chapelle. — Combret de Marcillac La Beyssarie. — De Bouchiat. — d'Enval. — Chevalier de Bruchar. — Selve de Bity. — Comte de Lavaur. — Fénis de La Brousse. — De Saint-Pardoux. — Du Mas de La Morie. — De Montal, — Fénis, chevalier de La Prade. — Marquis de Corn. — Du Bac. — Baron de Feletz. — Rodorel, chevalier de Seilhac. — Malden de La Bastille. — Milhac. — La Broue de Saint-Basile. — Courèze de La Colombière. — Sahuguet. — Chevalier de La Broue. — Chevalier de Brulys. — De Sourrics. — De Braquillanges. — Comte de Scorailles. — Baron de Monamy. — Lafajerdie de Saint-Germain. — Baron de Bellinay. — De La Broue. — Dumont de La Franconie. — Soulanges fils. — De Loyac de La Bachellerie. — Lafagerdie de Lapeyrière, comte de Boisseuil. — De Gimel Lespinat — De Lavialle Lameillère. — Dufaure de Saint-Martial. — De Lastic de Saint-Jals. — Baron de Cosnac. — Guillemin. — De Laurens de Puylagarde. — Chevalier de Guilheaume. — De Baluze. — Comte de Beyssac. — Chevalier du Bac. — De Chaumareix. — Du Myrat de Boussac. — Certain de Lacoste. — Chevalier de Saint-Martial. — Baron de Chaylas de Laborde. — Baron du Bois d'Escordal. — De Neux. — Chevalier Tondutti de La Belmondière. — Latour du Fayet. — Vicomte de Valon.

Listes des Gentilshommes qui ont signé les nouveaux pouvoirs des députés de la Noblesse de Tulle.

18 juillet 1789.

(Archives nationales, B. III. 73 bis, p. 274-282.)

Léonard Dufraisse de Viane, conseiller doyen ès-siéges royaux de la ville de Tulle, président de l'Assemblée en l'absence de M. le lieutenant-général d'épée. — Fénis de La Brousse. — Baron de Pestels de La Majoric. — De La Majorie. — Baron de Blanat. — Soulanges, mestre de camp de cavalerie. — Métivier de Labesse. — Boy de Lacombe. — De Selve du Chassain. — De Larode. — De Sainte-Marie. — De Bar. — De Gain. — Baron de Lentilhac. — La Praderie. — Donnet de Ségur. — D'Aubery. — Fénis du Tourondel. — Lagaye de Lanteuil. — De Lasserre. — Borderie de Vernejoux. — Philippe de Saint-Viance. — Joyet de Maubec. — De Selve de Saint-Avit. — Du Griffolet. — De Lentilhac. — Marquis d'Estresses. — Certain de Lacoste. — De Dienne. — Baron de Combarel. — Du Gibanel (Combarel). — Fénis de La Prade. — Baron de Lautonnye. — De Turenne. — Comte de Lentilhac Sedière. — Baron de Felets. — De Gimel. — Comte de Douhet de Marlat. — Comte de Segonzac. — Fénis de La Feuillade. — Marquis de Lastours. — Marquis Rodorel de Seilhac. — Hugon de Marlias. — Vicomte de Gain. — Comte d'Ussel. — Bardoula de La Salvanie. — Baron de Charlus. — Comte de Lavaur. — Chevalier de Tournemire. — De De Selve de Bity. — Fénis de La Brousse fils. — Fénis, chevalier de La Prade. — Rodorel, chevalier de Seilhac. — Courèze de La Colombière. — De Soulages fils. — De Loyac de La Bachelerie. — De Baluze. — Chevalier de Guilheaume. — Baron du Bois des Cordal (ou d'Escordal). — Chevalier Tondutti de La Balmondière. — Vicomte de Valon Saint-Hippolyte. — Lafagerdie de La Praderie. — Sayac de Mayvière. — Rochon de Montazet. — Sarget, greffier commis.

Procuration des membres de la noblesse du Bas-Limousin pour se faire représenter à l'Assemblée générale des trois ordres, tenue à Tulle, le 16 mars 1789 (1).

Monseigneur Pierre-Arnaud, vicomte d'Aubusson de La Feuillade, premier baron de la Marche, etc.
Haut et puissant Sgr Jean-Pierre, comte d'Auteroche, paroisse de Puy-d'Arnac.
Le baron d'Anglars, paroisse de Sainte-Marie.
Messire Jean-Jacques Ardent de Lagrènerie, à Salons.
Messire Jean-Charles-Joseph Bardoulat de Lasalvanie, à Tulle.
Messire Jean-Marie de Beauroire, à Saint-Robert.
Demoiselle Jeanne Lajante de Peyrot, paroisse de Saint-Salvadour.
Messire Jean-François de Lastic-Saint-Jal, à Tulle.
Messire Charles de Bruchard, Sgr du Chalard, paroisse de Mansac.
Dame Marie-Charlotte de Boutat, veuve de messire Liberal-Louis de Geouffre, Sgr d'Aurussac, à Brive.
Messire André de Bonneval, Sgr de Blanchefort, à Paris.
Demoiselle Marguerite Brossard, à l'Abbaye de La Règle, à Limoges.
Messire Jean-Antoine de Brossard, Sgr de Favières, etc., à Tulle.
Très haute dame Nicole Dangé, douairière de très haut et très puissant Sgr Gilbert de Brachet de Peyrusse, à Felletin.
Messire Louis, comte de Bosredon, Sgr de Lagiboulette et Eygurande.
Messire Bernard du Breuil de Laqueyrie, paroisse de Saint-Julien.
Dame Ursule de Combarel, veuve de messire Gabriel de Larue, paroisse de Chamboulive.
Noble Jean-François de Calvimont, Sgr de Saint-Antoine-d'Auberoche, à Brive.
Messire Jean-Baptiste de Roulhac, Sgr de Bourzac, à Périgueux.
Messire Henri de Clédat, Sgr de Gourdon, à Uzerche.
Messire Pierre-Clément de Baluze, Sgr du Chier, à Tulle.
Messire Antoine-Jacques-Louis Boy de Lamazière, à Neuvic.
Messire le comte de Corn, Sgr du Peyroux, à Brive.
Messire Charles de Clary, Sgr de Saint-Angel, chanoine à Clermont.
Messire Daniel-Joseph de Cosnac, marquis du dit lieu.
Messire Joseph-Mathieu, comte de Cosnac, à Ussel.
Dame Marie-Jeanne de Lavergne, veuve de feu noble Certain de Lamé-chaussée, paroisse de Noailhac.
Dame Anne de Comarque, veuve de messire Jean-Pierre Massoulié, à Altillac.
Messire François, comte de Combarel, à Issoire.
Messire Jacques-Joseph Dufaure de Souvézie, à Voutezac.
Messire François Dumas des Combes, à Chameyrac.
Messire Jean Dumont, Sgr de Lafranconnie, à Argentat.
Messire Charles Delmais, Sgr d'Antissac, à Ayen.
Dame Louise Dufaure de Meilhac, veuve de messire Paul de Lapersonne, à Orgnac.
Messire Jean-Baptiste de Lagrange de Reignac.
Messire Bertrand Duroi de Chaumareix, à Vars.

(1) Archives départementales, B. 955 (liasse), 68 pièces, papiers; B. 956 (liasse), 67 pièces, papiers. — Ces pièces sont essentielles ; elles complètent la liste de la noblesse qui ne se retrouve pas aux procès-verbaux des assemblées pour la nomination des Etats-généraux, conservés aux Archives nationales. — (Le comte V. de SEILHAC. — *Scènes de la Révolution*, p. 61².)

Messire François Dumyrat, S^{gr} de Boussac, à Tulle.
Dame Jeanne Breton, veuve de messire Jean Duburguet, à Objat.
Messire François-Augustin de Pouthe de La Roche-Aymon, à Ussel.
Messire Jean-Baptiste Delmas, S^{gr} de Larchière, lieutenant-général à Ussel.
Messire Jacques-Marie Dubois, baron de Saint-Hilaire, à Favars.
Messire Jean Deffieu de Montaunet, à Brive.
Messire Jacques Degain, baron d'Anval, à Chamberet.
Dame Isabelle Dubois, veuve de messire Charles de Griffolet, à Saint-Bonnet-de-Ladran.
Messire Jean-Raymond Drocham de Lageneste, à Liourdres.
Messire Jean Dulmet, baron de Blanat, à Collonges.
Messire Pierre Enault des Brulis, à Chasteau.
Messire Louis, marquis de Fontanges, à Neuvic.
Messire Jean-Martial Fenis, S^{gr} de La Combe, à Saint-Maixant.
Messsire Joseph-Gabriel-Charles de Fenis, S^{gr} de Saint-Victour, à Paris.
Messire François de Ferrières, marquis de Sauvebœuf, au moulin d'Arnac.
Dame Marie Boyer, veuve de messire Etienne Linareix de Bonnefond, à Neuvic.
Messire Léonard Dufau, S^{gr} de Lafon, à Tudeil.
Messire Jean-Joseph de Félines, baron de Larenaudie, à Ussac.
Messire Joseph Froment, bailli de Versailles.
Dame Marie du Chastain, veuve de messire Joseph Giguet de Meilhac, à Brive.
Messire Jean-Joseph Gillibert de Merliac, à Limoges.
Messire Jean de Gillibert, S^{gr} du Tinchurier, à Brive.
Messire François de Guittard, S^{gr} de Poucharal, à Treignac.
Messire Gabriel-Honoré de Griffollet, à Brive.
Messire François de Varagne de Gardouch, marquis de Bélestat, à Paris.
Messire Paul-Guy de Gimel, à Paris.
Messire Jean-Léonard d'Hugon-Duprat, à Chamberet.
Messire François-Dominique d'Hugon-Duprat, à Treignac.
Dame Marie-Thérèse d'Hautefort, veuve de messire Godefroy de Féletz, à Saint-Cyr-la-Roche.
Messire Jean-Mercure Jouffre de Chabrignac, S^{gr} de Lajante, paroisse de Saint-Salvadour.
Dame Louise Jouffre de Chabrignac, veuve de messire Gabriel-Anne de Cosnac, à Brive.
Noble Jacques-Firmin de Geouffre, S^{gr} de Saurias, doyen du chapitre de Noailles.
Messire Jean-François de Peyrac de Jugeals, S^{gr}, baron de Veilhan, etc., en Auvergne.
Messire Charles-François, comte de Lubersac de Livron, à Paris.
Dame Marie-Françoise Dubatut, veuve de messire François de Laserre, à Brive.
Messire Jean-Baptiste Lignareix de Montroux, à Ussel.
Messire Jean-François Lasteyrie, vicomte du Saillant, du Luc, etc., à Brive.
Messire Charles de Lafilolie, S^{gr} de Savignac, à Cublac.
Dame Marie-Anne de Fontange, veuve de messire de Lafilolie, à Agen.
Messire Jean-Baptiste de Lagorsse de Limoges, à Donzenac.
Messire Jérôme de Lagarde d'Auberty, S^{gr} de Cornil, à Tulle.
Messire Jean-Baptiste, vicomte de Lubersac, à Paris.
Dame Louise-Jacqueline de Lastic, marquise de Saint-Jal, veuve de messire Louis-Gilbert-Claude-Gaspard, comte de Laqueille.
Dame Léonarde Legroin, veuve de messire Henri-Joseph de Gain, marquis de Montagnac.
Demoiselle Julienne-Françoise-Eléonore de Lautonye, dame de Chaunac.
Messire Alain de Nicolas de Lacoste, S^{gr} Delmas, à Argentat.
Messire Jean de Lafeuillade, à Brignac.

Messire Melchior Lagrange, baron de Tarnac, résidant en Poitou.
Dame Catherine de Laserre, veuve de Messire Jean-Louis de Miramont, S^{gr} de Chadebech, à Brive.
Maître Jacques Labachellerie, chanoine d'Eymoutiers, S^{gr} de Chamberet.
Messire Joseph de Laporte, S^{gr} de Lissac.
Messire Jean-Baptiste Germain de Lapomélie, S^{gr} de Chaverivière.
Messire Jean Lagorsse de Félines, paroisse de Camps.
Messire Antoine de Bonnet, S^{gr} de Lachabanne, à Ussel.
Messire Jacques-François de Lestrade, à Conti en Périgord.
Dame Marie-Madeleine de Lacaze du Laurens, veuve de messire Jean-Baptiste de Mérigonde, baron de Favars, à Neuvic.
Messire Jean-Louis, marquis de Lubersac, S^{gr} de Génitz.
Dame Marie-Hélène Dortis de Beaulieu, veuve de messire François de Lavaur, comte de Sainte-Fortunade, à Brive.
Dame Jeanne de Bar del Peyroux, veuve de messire Jean-François Meynard de Laforge, à Tulle.
Dame Marie de Maussac, veuve de messire Léonard Dumas, S^{gr} de Dagnac, à Saint-Cernin-de-Larche.
Messire François de Murat, S^{gr} du Monestier-le-Port-Dieu, résidant en Auvergne.
Dame Marie-Françoise de Mérigonde, veuve de messire Dominique Dubois, baron de Saint-Hilaire et de Chameyrac, à Favars.
Monseigneur Louis, duc de Noailles, maréchal de France, à Paris.
Messire Jean-Joseph de Parel, vicomte de Parel, à Benayes.
Messire Joseph-Augustin de Planchard, baron de Cussac, à Monceau.
Messire Claude Pasquet, baron de Saint-Memy, même paroisse.
Messire Joseph Plaisant de Bouchiat, S^{gr} du Bigeardel, directeur général des haras du roi, à Strasbourg.
Messire Guy-Charles de Plas, etc., à Curemonte.
Monseigneur Louis-François-Marie de Pérusse, comte des Cars, etc., à Paris.
Messire François-Claude, baron de Pesteil, à Altillac.
Messire François-Alexandre de Pérusse des Cars, marquis de Bourbon-Malauze, à Paris.
Messire Jean-Claude, marquis de Rocmaurelle, comte de Lanouaille, paroisse de Champagnac.
Messire Claude-Ignace Chauveau, baron de Rochefort, à Tulle.
Messire Jean-Frédéric-Guillaume de Sahuguet-Damarzit, comte d'Espagnac, à Paris.
Messire Guillaume Sclafer, S^{gr} de Jugeal, à Brive.
Lettre-missive de M. de Saint-Etienne au baron de Bélinay pour annoncer l'envoi de sa procuration.
Messire Henri-Pierre-Noël Dufaure, S^{gr} de Saint-Martial, à Argentat.
Messire Claude Green de Saint-Marsault, S^{gr} du Verdier, etc., à Eyburie.
Dame-Marguerite Cholvy, épouse de messire Jean-Martin de Selve de Bity, à Saint-Julien.
Dame Marie Chauveau de Rochefort, veuve de maître Conchon de Lamazière, à Ussel.
Messire François de Sahuguet, S^{gr} de La Roche, à Brive.
Dame Louise de Sahuguet-Damarzit d'Espagnac, veuve de messire Jean de Verlhac.
Demoiselle Catherine de Sahuguet-Damarzit d'Espagnac, dame du fief de Puymaret, à Brive.
Messire Louis de Sarrazin, S^{gr} de Grandrieux, à Meymac.
Dame Louise de Sarrazin, veuve de messire Dubois, S^{gr} de Margerides, à Saint-Hippolyte.
Dame Marie Green de Saint-Marsault, veuve de messire Jean-Michel Hugon du Prat, baron de Vignane, au Lonzac.

Maître Jean-François Sapientis, chanoine de Saint-Martin-de-Brive, à Favars.
Messire Jean de Philip de Saint-Viance, comte de Puymège, à Saint-Cernin-de-Brive.
Messire Annet, comte de Segonzac, à Meymac.
Messire Antoine de Tournemire, à Chirac.
Messire Jacques-Louis de Tournemire, S^{gr} de Chabaudie, à Turenne.
Messire Léonard, marquis d'Ussel, baron de Châteauvert, à Saint-Martial-le-Vieux.
Messire Jean-Hyacinthe, vicomte d'Ussel, S^{gr} de Charlas, etc., à Ussel.
Messire Guillaume de Vielbans, S^{gr} de Mas-la-Croix, à Brive.
Anne Deschamps, veuve de messire Jean-Baptiste de Vielbans, à Brive.
Messire Charles du Verdier, S^{gr} de Martignac, paroisse de Saint-Pantaléon.

SÉNÉCHAUSSÉE DE LA HAUTE-MARCHE.

Procès-verbal de l'Assemblée des trois ordres de la sénéchaussée de la Haute-Marche, tenue à Guéret.

16 mars 1789.

(*Archives nationales*, B. III, 68, p. 32, 50-62.)

Messire Alexandre-Philippe-François Mérigot, chevalier, marquis de Sainte-Feyre, S^{gr} du dit lieu, de Clameyrat, l'Age-Rideaux, Chantemille et autres places, sénéchal, grand bailli d'épée de cette province.
Messire Germain d'Oyron, chevalier, S^{gr} de Chérignat et autres lieux, et pour : messire Germain de Pichard, chevalier, S^{gr} de Villemonteix ; — messire Marc-Antoine de Gentil de Brutine, S^{gr} du dit lieu.
Messire Etienne-Charles de Nesmond, chevalier, S^{gr} de Banassat, La Chassagne, etc., et pour : dame Jeanne Le Gay, veuve de messire Jean de Gentil, écuyer, S^{gr} de Rozier ; — dame Catherine d'Oyron, veuve de messire Marc-Antoine du Leris.
Messire Pierre de Courtille, chevalier, S^{gr} de Saint-Avit, et pour : messire Gilbert Annet de La Salle, chevalier, marquis et S^{gr} de Saint-Georges ; — messire Antoine de La Jomard de Belabre, à cause de son fief de Belabre, paroisse de Bujaleuf.
Messire François Jean de Courtille, fils du dit S^{gr} de Saint-Avit.
Messire Marc-Antoine de Maulmont, chevalier, S^{gr} baron du Chalard, Bujaleuf, Augnes, Cheyssoux, La Chapelle, etc., ancien officier au régiment de Condé-dragons, et pour : messire Jean-Baptiste-Joseph Tristan de l'Hermite, chevalier, S^{gr} de La Rivière ; — messire Jean-François de Brugière, chevalier, S^{gr} de Farsat.
Messire Guy-André de Vildon, chevalier, S^{gr} de Ribagnat, etc., et pour : messire Michel de Corbier, chevalier, S^{gr} de Pontarion.
Messire Léonard Esmoingt, chevalier, S^{gr} du Chézaud, Lage, La Mougère, Clavière, Fougeret, etc., et pour : messire Daniel-Joseph Sclafert, chevalier, baron de Chenac ; — messire Antoine-François-Sylvain Coudert, chevalier, S^{gr} de Sardent, Saint-Eloy, Roubeaux, Les Borderies, etc.
Messire Joseph-Gabriel, comte de Saint-Maur, et pour : messire Pierre de Châteaubodeau, chevalier, S^{gr} du Coudert ; — messire Antoine-Etienne de Touzac de Saint-Etienne, S^{gr} de Trasforêt.

Messire Martial-César Morel de Fromental, chevalier, seigneur comte de La Clavière, S^{gr} d'Eguzon, et pour : messire Pierre Garat, chevalier, S^{gr} de Saint-Priest, Montcocu et Ambazac.
Messire Claude-Amable, chevalier de La Pivardière, et pour : messire Louis de La Pivardière, son frère aîné.
Messire Annet-Marien de La Pivardière, chevalier, S^{gr} de La Pivardière, et pour : messire Jean-Louis de Lentillac, marquis de Gimel.
Messire Louis-Amable, comte d'Authier de Barmontel, et pour : messire Annet-Joseph de Maumont, chevalier, S^{gr} du Monteil, Chartonnet et Chameyroux; — messire Nicolas-Claude-Martin Authier de Chazeron, comte de Villemonteix, son père.
Messire Claude-Alexandre-Joseph, marquis de Brachet, lieutenant-général pour le roi de la Haute et Basse-Marche.
Messire Louis-Armand-François de Seiglière de Boery, et pour : messire Pierre-Armand, vicomte d'Aubusson, comte de La Feuillade, baron de La Borne (1).
Messire Charles, marquis de Biencourt, maréchal des camps et armées du roi, et pour : messire Annet-Nicolas Doublet de Persan, marquis de Saint-Germain-Beaupré; — dame Françoise Loubens de Verdale, veuve de messire François-Auguste de Pichard de Saint-Julien :
Messire Sylvain de la Marche, comte de Crozant, et pour : messire Gabriel-François de la Marche, comte de Nouzerolles; — messire Pierre Couraud.
Messire Philippe-François du Breuil de Souvolles, et pour : messire Henri Gattand, S^{gr} des Lignières; — messire François-Antoine de Saint-Maur de Vervy.
Messire Antoine-Jean-Baptiste de La Celle du Bouchaud, et pour : messire Philippe Dargiès-Dupuis, baron.
Messire François-Sylvain de La Celle, vicomte de Châteauclos, et pour : dames Elisabeth-Sylvie, et Marguerite de La Celle, demoiselles, ses sœurs.
Messire Jean-Baptiste-Antoine Rollin de La Ribière, et pour : messire Joseph-Adrien Babin de Ligniac.
Messire Louis-Charles Tournyol, ancien officier au régiment d'Armagnac, et pour : dame Henriette de Boisredon, veuve de Georges-Bertrand, marquis de Pouliny.
Messire François-Marie-Anne de Coudert de La Vaublanche, et pour : messire Claude-Jacques-Pierre de La Châtre-Deslinières; — Charles de Magniat, alias de Magnac, S^{gr} du Puy-Malsignat.
Messire Charles-Honoré de Large de Lourdoueix-Saint-Michel.
Messire Honoré-François Dargiès, vicomte de Bernage.
Messire Henri Ajasson, comte de Grandsagne, et pour : messire François Ajasson, comte de Grandsagne, son frère germain.
Messire Jean, comte de Bradde, lieutenant des maréchaux de France, et pour : messire Pierre-Thibaud de Ribereix, S^{gr} de Nouzerolles et de Barteix; — messire Henri-Armand de Ribereix, S^{gr} de Moneyroux, Clugnat et Jaleiche.

---

(1) « Et attendu que l'avis de M. le sénéchal, assisté de M. le marquis de La Roche-Aymon, de M. le comte d'Orfeuille, de M. le comte de Sarazin et de M. de Matterel, marquis de Saint-Mexant, il a été arrêté que l'ordre de la noblesse ne prendrait d'autre qualité que celle de haut et puissant seigneur; le dit ordre ne reconnait, dans la procuration ci-dessus, que la dite qualité de haut et puissant seigneur qu'elle a délibéré de prendre (le comte de La Feuillade avait été qualifié dans la dite procuration : très haut et très puissant seigneur, Monseigneur, etc.), comme aussi, sans qu'on puisse rien induire de ce que plusieurs membres de la noblesse, comparant par procuration ou présent à l'Assemblée, n'ont point pris dans les dites procurations la qualité de haut et puissant seigneur. » — Comme ces formules n'étaient que de style et ne tiraient point à conséquence, nous les avons supprimées. (De La Roque et de Barthélemy.)

Messire Jean-Baptiste, chevalier de Châteaubodaud.
Messire François Tournyol du Peyrat, ancien mousquetaire, et pour :
demoiselle Henriette-Pulchérie de Biencourt, possédant le fief de Mastribut.
Messire Léonard-Alexandre-François de Barthon, comte de Montbas.
Messire Jean-Louis, comte de La Sagne Saint-Georges, Sgr du Mareau, et
pour : messire Pierre-Gilbert, marquis du Peyroux, Sgr de Villemonteix.
Messire Jean-Silvain-Clément du Rieux, et pour : messire Antoine-Louis
de Madot, chevalier, Sgr de Souliers ; — messire Louis de Chaussecourte,
Sgr de Pluyaud.
Messire Antoine-Olivier-François Couturier de Fournoue, conseiller d'Etat.
Messire François Tournyol du Rateau, et pour : messire Raymond de Garrat, baron de Villeneuve ; — messire Jacques-Sylvain, chevalier de Biencourt.
Messire Gabriel-Pierre Ribière de Naillat, et pour : dame Marie-Françoise
des Ardillier de Neuville, possédant divisément le fief de Neuville et
Puichaurand, son épouse ; — dame Marie Dargier, dame des ville et seigneurie d'Aigurande, veuve de Jean-Marie Secourion.
Messire Jean-Pierre Baret de Beauvais.
Messire Louis Baret des Chaises.
Messire Etienne de Seiglière, baron du Breuil.
Messire Léonard-Louis Batheon de Vertrieux, et pour : messire Marien-Memin de Bouis, marquis de Villemort, Sgr de Vouhet ; — messire
François de Bertrand, seigneur en partie de Beaumont, Richemont et
Cheniers.
Messire François-Claude de Lanet, Sgr de la Garde-Giron, représenté par le
Sgr de La Celle du Bouchard.
Messire Philibert-Ignace Besse de La Chassagne, ancien lieutenant au corps
d'artillerie, et pour : messire François Besse du Mas, Sgr de La Dapeyre,
son frère.
Messire Louis-François, marquis de La Celle, vicomte de Châteauclos.
Messire Edme-Henri, chevalier de Montagnac, et pour : messire Gabriel-Nicolas-Sylvain, marquis de Montagnac, chevalier, Sgr d'Estansanes, Chénerailles, et Lavaud de Mène, son père ; — messire Antoine Rollin de
Courlatier, Sgr de Noyen.
Messire Alexandre-Philippe-Joseph-François, marquis de Sarazin, lieutenant-colonel, et pour : messire Jean-François, marquis de Rochedragon,
Sgr de La Vauzelle.
Messire Annet, comte de Saint-Julien-Saint-Antoine, et pour : messires
François du Peyroux de Saint-Martial et Jean-Louis du Peyroux de Saint-Martial, père et fils.
Messire Antoine-Charles-Guillaume, marquis de La Roche-Aymon, menin
de Mgr le Dauphin, à présent roi.
Messire Jean-Louis de Matterel, marquis de Saint-Mexant, maréchal des
camps et armées du roi.
Messire Yves-Amable, comte de Rochebriant, et pour : messire Joseph,
marquis de Lestrange ; — messire Léonard, marquis d'Ussel.
Messire François de Courtille, et pour : messire François Auboux d'Esteveny, Sgr de Saint-Maurice.
Messire Yves Morin, comte d'Orfeuille.
Messire Barthélemy-Antoine-Daniel de Montfayon, et pour : messire Léonard
Daniel, Sgr de Monteil de Montfayon, son père.
On donna défaut contre MM. : le marquis de Montmort ; — Mme de Guitard ;
— Mme la comtesse de Nadaillac ; — le duc de Caylus ; — Dargiès de
Boucheul ; — Mme Couraud d'Espagnes ; — le comte d'Abzac ; — de La
Forêt ; — le comte de Brosse ; — de Jumilhac ; — Mme la marquise de
Saint-Chamand ; — de Beaupêche ; — de Pouthe ; — le chevalier d'Orfeuille ; — le comte de Saint-Polgue ; — le marquis de Mirambelle.

DU LIMOUSIN.

SÉNÉCHAUSSÉE DE LA BASSE-MARCHE.

Procès-verbal de l'Assemblée générale des trois ordres, réunie en la ville du Dorat, capitale de la province.

16 mars 1789.

(*Archives nationales,* B. III, 24, p. 135, 162-189.)

Messire Paul de Nollet, chevalier, Sgr, comte de de Leypaud, conseiller du roi en tous ses conseils, sénéchal d'épée de la province de la Basse-Marche, capitaine de cavalerie, chevalier de Saint-Louis.

Messire Jacques, marquis du Theil, chevalier, Sgr de La Rochère, L'Age-Malcouronne, capitaine de dragons, chevalier de Saint-Louis.

Mesire Paul-Jean, comte de Chamborant, chevalier, Sgr de Saint-Martial et Mascloux, baron de Droux et de Fontbuffaut, lieutenant des maréchaux, à Bellac.

Messire Pierre Bussière, chevalier de Saint-Louis, ci-devant capitaine d'infanterie au régiment de Bourgogne, et pour : dame Sylvine de Robert de Villemartin, dame de Villemartin, veuve de messire Antoine-Amable du Breuil-Hélion, chevalier, Sgr de La Guéronnière, Combes, Villegue, Lusigny et autres places, ancien capitaine au régiment de Picardie.

Messire Antoine Petiaud, chevalier, Sgr de Masnadaud et de La Rivallerie, chevalier de Saint-Louis, capitaine de cavalerie.

Messire Pierre-Thibaud-Marie Barthon, comte de Montbas, Sgr du Haut et Bas-Monteil, Escurat, Thoras et autres lieux, et pour : messire Guy-André-Pierre, duc de Laval, chef des noms et armes de sa maison, maréchal de France, gouverneur de la province d'Aunis, grand'croix de Saint-Louis, commandeur de Saint-Lazare, etc.; — dame Marguerite de Verthamon, comtesse de Lavaud, dame du fief du Mas en Marche et autres lieux.

Messire Joseph Chardeboeuf de Rive, chevalier, Sgr de La Tibarderie.

Messire Jean-François, vicomte de Verine, chevalier, Sgr de Lascaux et de La Faverie en partie, ancien chevau-léger de la garde ordinaire du roi, et pour : messire Joseph de Verine, chevalier, Sgr de Saint-Martin-le-Mault ; — messire Gaspard-François Thaveaud, chevalier, Sgr de l'Age-Courbe, Reaucourt et autres lieux.

Messire Louis-Charles-Alexandre de Roffignac, chevalier, Sgr de La Salle.

Messire Jean de Saint-Martin, chevalier, Sgr, marquis de Bagnac, Sgr de Ville-Meixant, Le Breuil-Ferrant, La Rochette et Martineix en partie.

Messire Michel, chevalier de Saint-Martin-de-Bagnac, officier au régiment de Bourgogne-cavalerie, Sgr de Martineix en partie.

Messire Joseph, comte de Fombel, chevalier, Sgr de La Tâche, Nollet, Le Bourg-Archambaud et autres places, chevalier de Saint-Lazare, ancien capitaine de cavalerie.

Messire Mathieu-Alexandre Guyot du Dognon, chevalier, Sgr de Saint-Quentin et de La Motte du Dognon, ancien chevau-léger de la garde ordinaire du roi, et pour : messire François de Couhé de Lusignan, chevalier, Sgr de Labeige ; — Messire Pierre de Rissouil, chevalier, Sgr de Monette.

Messire Henri Guyot, chevalier; Sgr de Massignac.

Messire Thibaut de La Broue, chevalier, vicomte de Vareilles, mestre de camp de cavalerie, chevalier de Saint-Louis, Sgr de Vareilles, La Motte-d'Autefa et autres lieux, et pour : messire Charles de Villedon, chevalier, Sgr de Gournay, La Chevrelière, Vauzelle, Lavaux, Chermepin, Les Plats, Lamondy, Fauné et autres lieux, chevalier de Saint-Louis, capitaine de cavalerie ; — messire Antoine Audebert, Sgr de l'Etang.

Messire Mathieu de Tisseuil, chevalier, Sgr d'Enraud, lieutenant d'artillerie, pensionné du roi, et pour : François de Tisseuil, chevalier, Sgr, baron d'Usseries, Châtelanet ; — messire de Royer, Sgr du Fouilloux et autres lieux.

Messire André-Victor Colin de La Brunerie, chevalier de Saint-Louis, ancien capitaine au régiment de Brie, chevalier, Sgr de la baronnie d'Azat-le-Ris et châtellenie de La Bazeuge et du fief de La Peyrière.

Messire Louis-Jacques Estourneau, chevalier, Sgr de Pinnoteau, Labrunetterie, Ricoux, Légué, Salomon, La Grande-Roche et autres lieux, ancien mousquetaire gris du roi, et pour : dame Marie-Henriette du Péron, veuve de messire François de Mallevaud, chevalier, Sgr de Marigny, dame de Pomereix et du Pin-Grelaud ; — François, marquis de Ferré, chevalier, Sgr de La Jaraudie, Roue. Daré et La Tourail, Frédière et autres lieux, chevalier honoraire de Saint-Jean-de-Jérusalem, ancien officier de carabiniers.

Messire Jean-Armand Audebert, chevalier, Sgr de l'Age du Faix et de Mons, ancien capitaine de cavalerie, et pour : Messire François Audebert, Sgr des Ambamas, de Bédoux, et du Chés ; — dame Marie-Anne Boétaud, veuve de Pierre de Puiguion, chevalier, Sgr de Lagauverie, ancien capitaine au régiment de Flandre, chevalier de Saint-Louis ; — messire Gédéon-Joseph, marquis de Roffignac, chevalier, Sgr de Sannat, Balleden, Quinsac et autres lieux, capitaine au régiment de la Reine-cavalerie.

Messire Jacques, marquis du Theil, capitaine de dragons, etc., et pour : dame Marie-Geneviève Coussaud, épouse de messire François de Tessières, chevalier, Sgr de Bois-Bertrand, l'Age-Cantaud et autres lieux, capitaine d'infanterie au régiment de Bourgogne ; — messire Louis du Theil, chevalier, Sgr de Puissebert ; — messire Nicolas du Theil, de Sgr Villevert.

Messire Louis-Gabriel de Courivaud, chevalier, Sgr de Roges et de la Petite-Rie, pensionné du roi et ancien garde du corps, et pour : messire Louis-Félicité Omer, comte d'Etampes, capitaine de cavalerie dans le régiment des Evêché, au nom et comme tuteur de demoiselle Aline-Geneviève d'Etampes, dame de la terre d'Etampes, sa fille mineure et de feue Anne-Angélique-Félicité Le Camus, son épouse, la dite demoiselle de la terre de Parsac ; — messire Louis-Marie-Bonaventure Frottier, encore chevalier, Sgr de la châtellenie de Messelière et autres lieux, ancien capitaine de cavalerie.

Messire Jérôme-Augustin de La Porte, chevalier, Sgr de Vaux, l'Age-Bougrain, Fontvallais et autres lieux, ancien officier de grenadiers au régiment de Paris, et pour : messire Pierre de Loudieux, chevalier, Sgr de Champagnac.

Messire Gabriel du Theil, chevalier, Sgr de La Font et autres lieux, ancien officier d'infanterie, et pour : demoiselle Marie-Louise du Theil, propriétaire du fief de Villevert ; — dame Silvine de Paradis, veuve de Pierre de Paradis, chevalier, à cause de son fief de Pouillac.

Messire Louis de Féré, chevalier, Sgr de La Péruge Tisain.

Messire André Guyot, chevalier, Sgr de d'Anières, du Cluzeau, Laforêt, Villedon, Lesignac, etc., et pour : messire François-Martial des Montiers vicomte de Mérinville et de Brigueil, baron de Montrolet et de Montrocher, Sgr de Rochelidoux, Château-Brun, Le Fresse et autres lieux, lieutenant-général des armées du roi, seigneur propriétaire de la terre et seigneurie de La Cote au Chapt, Sgr de Boismeunier.

Messire Mathieu de Tisseuil, chevalier, Sgr d'Enraud, officier d'artillerie, et pour : messire Victurnien-Jean-Baptiste-Marie de Rochechouart, duc de Mortemart, pair de France, prince de Tonnay-Charente, baron de Baye-sur-Seine, Sgr d'Everlé, Availle, Serre et Abzat, Lussac-les-Châteaux et autres lieux.

Messire Jacques de Lary, chevalier, Sgr de La Berge, Peytaveaux, Lacoux et autres lieux, ancien chevau-léger de la garde du roi, et pour : René de Moris, chevalier, Sgr du Peux et du fief de La Barde et autres fiefs en Marche.

Messire Jean-Baptiste-Antoine de La Couture-Renon, chevalier, baron, Sgr de Béreix, Richemont, Laugerie, Villerajouse et autres lieux, et pour : messire François de La Porte, chevalier, Sgr de La Chapelle-Viviers et du Theil-aux-Servants.

Messire Jean-Marie Boireau, écuyer, Sgr de Vilaine, à cause de la dame son épouse, et pour : — François de Moris, chevalier, Sgr de Villard et Villedard.

Messire René-Hilaire Feydaud, chevalier, officier au régiment de Médoc, et pour : René-Joseph Feydaud, chevalier, baron de Reyssoneau.

Messire Charles-Louis de Singarreau, chevalier, Sgr de Taillebaud, partie du fief de La Lande et de la terre de Juger, à cause de la dame son épouse, chevalier de Saint-Louis, et pour : messire Jean de Singarreau, chevalier de Taillebaud, ancien gendarme de la garde du roi, Sgr des fiefs de Malhetard et de Fleix.

Messire François de Lagrange, écuyer, Sgr de La Pardoneie, Faux et Vieux-Tisons.

Messire Paul, chevalier de Nollet, chevalier, Sgr de Beaupin, paroisse de Saint-Quentin, capitaine de cavalerie, chevalier de Saint-Louis.

Messire Joseph, comte de Montbel, et pour : messire Jean de Saint-Martin, chevalier, Sgr de Villemaixent, La Rochette, Martinet, Le Breuil-Ferrand, marquis de Bagnac ; — messire Jean-Baptiste comte de Brette, chevalier, Sgr marquis du Cros de Cieux, La Villotte, La Chapelle, Richebourg, Le Mas-Rocher et autres lieux ; — messire Jean-Bonaventure Girard, chevalier, Sgr du Deffant, ancien capitaine d'infanterie, chevalier de Saint-Louis.

Messire Pierre de Lassac, écuyer, Sgr de La Cume et de Verrac, La Faye et autres lieux, chevalier de Saint-Louis, capitaine de cavalerie, brigadier des gardes du corps, compagnie du Luxembourg, pensionné du roi.

Messire Jean-Marie-Laurent de Rerac, chevalier, Sgr de Mallibert, d'Ambamas et de Lanbage des Ambamas, à cause de la dame, son épouse, ancien garde du corps pensionné, et pour : messire Charles Tardieu, chevalier, marquis de Mulezy, maréchal des camps et armées du roi, chevalier de Saint-Louis, Sgr de l'Isle-Jourdain, Le Vigean, Fontaine-les-Riboux et autres lieux.

Messire Gabriel Begon de Beauçais, chevalier, Sgr de Beauçais, et pour : Messire Étienne le Vaillant de Gueli, chevalier, Sgr de la baronnie de Puisbelin ; — messire Louis-Jean de Courivaud, chevalier, Sgr des Loges, garde du corps du roi, chevalier de Saint-Louis.

Messire Paul de Chamborant, chevalier, Sgr de La Boissonie, ancien lieutenant d'infanterie.

Messire Charles-Barthélemy de Saint-Fief, chevalier, Sgr en partie de Gorce, Pleuville, Labussière, Lage, Maranche et Sallemagne, capitaine d'artillerie.

Messire Gaspard de Saint-Savin, chevalier, Sgr de Commercat.

Messire Jacques-Alexandre de Chamborant, chevalier, Sgr de Périssac, capitaine au second régiment des chasseurs des Pyrénées, chevalier de Saint-Louis.

Messire Alexandre-Louis de Gracieux, écuyer, Sgr de Beauchesne, La Rivière-Gauche et de Muspinard, ancien gendarme de la garde ordinaire du roi, pensionné du roi.

Messire Jean-Nicolas-Hilaire de Gracieux, écuyer Sgr de Laronde.

Messire Philippe-Jean Déguillon, chevalier, Sgr de Bréjon, et pour : messire Jacques Chauvelin, Sgr de Beauregard et autres lieux, capitaine au régiment des chasseurs de Normandie.

Messire Simon de Balon, chevalier, ancien officier au régiment de Médoc, pensionné du roi.

Messire Pierre de Gransagne, chevalier,
Messire Jacques-Louis-Vincent d'Argence, chevalier.
Messire Jean-Baptiste-Joseph de La Couture-Renou, chevalier, Sgr de La Grange-Villedon.
Messire Marie-Louise-Robert de Lary de La Cote, chevalier, Sgr de Ligardèche, garde du corps du roi, capitaine de cavalerie.
Messire Jacques du Verrier, chevalier, Sgr de Boulsac, représenté par M. de Saint-Fief.
Messire François Guyot du Dognon, chevalier, ancien capitaine d'infanterie, chevalier de Saint-Louis, et pour : dame Françoise-Charlotte Gracieux, veuve de messire de Couhé de Lusignan, chevalier, Sgr de Fayolle, Commersat, Marcillac et autres lieux.
Messire Paul, vicomte de Nollet, chevalier, Sgr du Mas du Bost, ancien officier au régiment de Royal-Cravate-cavalerie, et pour : dame Marie Robineau, veuve du sieur de La Salle, écuyer, conseiller, secrétaire du roi, propriétaire du fief de Thoverat.
Messire Jacques-Gilbert Dupin, chevalier, Sgr de Saint-Barban, et pour : messire Jacques et Jean du Monard, écuyers, Sgrs du fief du Vignaud, en la paroisse de Brillac.
Messire Léonard de Marsange, chevalier, Sgr de La Corre, officier d'infanterie.
Messire François Guyot du Dognon, pour : dame Jeanne du Theil, veuve de messire Antoine de Marsange, officier d'invalides.
Messire Pierre Cherade de Montbron, chevalier, Sgr de Drouille, et pour : demoiselle Suzanne Joubert de La Bastide de Châteaumorand.
Messire Louis de Coustin, chevalier, Sgr de Roche.
Messire Ardent de Boines et autres lieux, ancien capitaine d'infanterie, et pour : messire Alexis Bonin de Grandmont, écuyer, Sgr de Puimartin, des Monts, de Marandais, de Biossac et de Chabanne ; — messire Vincent de Bonnin de Lavaud-Bois, prieur-curé de La Celle-Dunoise, Sgr de La Bastide, paroisse de Rancon.
Messire Antoine de Pair, chevalier du Libouroix, Sgr en partie du dit lieu et de La Treille, et pour : dame Marie Auboust d'Estevenl de La Maison-Rouge, veuve de messire Charles Barbier de Blamont, Sgr de Berneuil et de Champeix, officier de dragons, chevalier de Saint-Louis.
Messire Jean-Bernardin Feydaud, chevalier, Sgr de Saint-Christophe, de Montel, de Buisson, Maffraud, chevalier de Saint-Louis, retiré major du régiment de Médoc, pensionné du roi.
Messire Jean-Baptiste-Alexandre Fauconnier, écuyer, officier au régiment de Royal-Champagne-cavalerie, et pour : messire François Fauconnier, écuyer, Sgr de L'Age-Meillot et des Forges.
Messire Nicolas-Maurice de Sornet, chevalier, Sgr de Purey et autres lieux, ancien capitaine de cavalerie, chevalier de Saint-Louis.
Messire Joseph du Peyrat, chevalier, Sgr, baron de Thouron, ancien officier au régiment de Royal-dragons.
Messire Joseph du Peyrat, chevalier, Sgr des Mas.
Messire Pierre de Boslinard-Desroches, chevalier, ancien gendarme de la garde du roi, lieutenant de cavalerie, pensionné du roi, et pour : Jean-Baptiste de Boslinard, chevalier, capitaine de cavalerie, ancien maréchal-des-logis du corps de la gendarmerie, chevalier de Saint-Louis.
Messire Henri-Léonard, comte de La Châtre, jouissant du fief de Leyraud, capitaine au régiment de Guyenne-chasseurs, chevalier de Saint-Louis.
Messire François-Sylvain d'Argence, l'aîné, capitaine-commandant au régiment de Barrois-infanterie, chevalier de Saint-Louis, chevalier, Sgr des Granges, et pour : messire Louis-Jacques d'Argence, son frère, ancien garde du corps, chevalier, Sgr du Repaire et autres lieux.
Messire Gaspard de Saint-Savin, Sgr de Commersac, pour : messire Pierre de Lassal, écuyer, Sgr de Pressigny, paroisse de Saint-Barbant.

En conséquence, il fut donné acte de leur comparution à tous les gentils-hommes susdits, tant du siége principal du Dorat que du siége secondaire de Bellac, et défaut contre : la dame de Lambertye, veuve de Beaucorps, chevalier, dame de Saint-Sornin-la-Marche ; — messire de Nicul, S^{gr} de Dompierre ; — Prévost de La Vauzelle ; — Mme de Tanue ; — de Mansier ; — de Mossac ; — Mlle du Theil, dame du Cousteau ; — d'Oradour, S^{gr} de Champelière ; — de Savatte ; — Frottier, marquis de Bagneux, S^{gr} de Lescorcière ; — Mme la maréchale d'Armentière ; — Le comte de Beauvais ; — Monneix, chevalier, S^{gr} de La Leu ; — Monneix, chevalier, S^{gr} d'Ordière ; — Mlle de Vic ; — Mme veuve Audebert de La Bernardière ; — de La Cropte de Saint-Abre, vicomte de Rochemeau ; — de Barbarin, S^{gr} du Bost ; — de Lavaud de Saint-Etienne ; — Fausset.

L'Assemblée de la noblesse fut tenue en l'hôtel de feu messire François de Malevaud, chevalier, S^{gr} de Marigny, ancien lieutenant-général de ce siége (1).

Baillage secondaire de Montmorillon (2).

Messire Jean-Victor Aubouté, chevalier de La Puserie, La Cadrie, etc. ; — messire Jean-François Augier, chevalier, S^{gr} de Moussac ; — messire Jacques Babin, chevalier, S^{gr} de Lugegoué ; — messire Joseph-Adrien Babin, chevalier de Lignac.

Messire Louis Barbarin, écuyer, S^{gr} de Puy-Fraigneau ; — messire de Bellemoudre, comte d'Auberoche ; — messire Philippe-Armand de Bermondet, marquis de Cromières ; — messire Charles, marquis de Biencourt, S^{gr} de La Fortilesse.

Messire Jacques Boisseau, chevalier d'Artiges ; — messire Jean-François Boisseau, S^{gr} de Pinot ; — messire Pierre Boisseau, écuyer, S^{gr} de La Borderie.

Messire Jacques-François-Jérôme Bonamy de La Princerie, écuyer, chevalier, S^{gr} de Coignac, du Mont-Savin, etc. ; — dame Marie Bonnet de Saint-Priez ; — messire Jean-Baptiste de Carbonnières, comte de Saint-Brice ; — messire Jacques Chaud, écuyer, S^{gr} de Lenet.

Messire Charles de Coral, chevalier, S^{gr} de La Roche.

Messire Jean-Baptiste de Coral, chevalier, S^{gr} de La Fouchardière ; — demoiselle Charlotte de Corval, seigneuresse du fief des Ages ; — messire Louis de Couhé de Lusignan, S^{gr} de Preuilly, etc. ; — dame Lherge de Couhé de Lusignan, veuve de Louis-René Marron, S^{gr} de La Bonardelière ; — dame Françoise d'Alesme, veuve de Jean de Leffe (des Colards de Leffe) ; — dame Anne-Jeanne-Rose d'Argence, veuve de Mangin de Beauvais, écuyer ; — dame Marie Dargier, veuve de N..... de Scourioux, chevalier, S^{gr} d'Antigny, etc., dame de Bouzenier.

Messire Jacques-Abraham d'Asnières, de Villefranche, écuyer.

Messire Pierre Décollard, S^{gr} des Hommes.

Messire Léonard Décollard, S^{gr} des Hommes et de Leffe.

Messire François-Guillaume Descollard, chevalier, S^{gr} de Leffe ; messire Olivier-Isaac de Pery, comte de Saint-Auvent.

---

(1) Le siége principal de la Basse-Marche avait été établi en la ville du Dorat, comme capitale, par édit de Charles IX, le 13 janvier 1561 (*Archives nationales*, B. III, 24, p. 8, 12), et le siége particulier à Bellac, par édit de février 1572. (*Idem*, p. 12-20.) — Le droit de convocation des assemblées pour les Etats-généraux et pour la réunion du ban et de l'arrière-ban appartenait au lieutenant-général du Dorat. C'est sans doute en vertu de ce privilége que l'Assemblée fut tenue en son hôtel. (DE LA ROQUE et DE BARTHÉLEMY.)

(2) *Archives nationales*, B. III, 122, p. 1, 409-752. — Ce baillage du Poitou s'étendait sur la partie occidentale du département de la Haute-Vienne.

Messire Simon-François Descubes du Chatenet, chevalier.
Messire Joseph-Louis des Marais, chevalier Sgr du Chambon, Soulignac, etc.
Messire Henri-Joseph des Marquets, chevalier, Sgr de Céré, Beaupuy, Le Saulgé.
Messire Louis des Marquets, chevalier, Sgr de Saint-Hilaire.
Messire Joseph des Marquets, chevalier de Seré.
Messire Pierre des Marquets, chevalier, Sgr de La Brosse, etc.; — messire François du Rousseau, Sgr de Ferrières; — messire Martial du Fénieux; — messire François, marquis de Ferré.
Messire Joseph de Fougière, chevalier, Sgr vicomte de Brosse, etc.; — messire Louis-Charles de Fournier, chevalier, Sgr de Boismorin ; — dame Marie-Anne-Bonne Fournier de La Gehelie, veuve, dame de La Corneillière; — messire Raymond Garat, seigneur baron de La Villeneuve ; — messire Pierre Gaultier, Sgr de Villemoryanne.
Messire François-Bonaventure Girard, chevalier, Sgr de Pindray ; — messire Jean-Bonaventure Girard, Sgr du Deffand; — messire Léonard de Grand-Saige ; — messire Jean de Guilhot du Doussay, Sgr de Graine; — messire Pierre-Anne Guillemot de Lespinasse, Sgr de La Grange au Gorrat.
Messire Maurille de Guinguand, chevalier, comte de Saint-Mathieu; — messire Jean-Baptiste du Hautier, baron d'Auriat.
Messire Jean de La Barlotière, écuyer, Sgr de La Gibetière.
Messire Louis, baron de La Châtre, Sgr de La Roche-Belluson, capitaine de dragons ; — messire Jean de La Couture-Renon, chevalier, Sgr de Béreix, etc.
Messire Jean-Louis de La Croix, chevalier, Sgr de Fayolle.
Messire François-Claude de La Faire. chevalier, Sgr du Rivaux, etc.
Messire Sylvain de La Faire, chevalier, Sgr de Thollet.
Messire Charles de La Faire, chevalier; — messire Louis, comte de La Faire, Sgr de Château-Guillaume.
Messire Pierre-François de La Faire, chevalier, Sgr de La Salle; — dame Madeleine-Marguerite de La Forêt de Laumont, veuve de Philippe-François de Cordoué des Cordes, Sgr de Duron; — messire Esmoingt de La Grillière; — messire Alexis de La Haye Montbault, baron de Morthomé (*alias* Montbault); — messire Emmanuel, vicomte de Lambertie, Sgr de Marval.
Messire François de La Porte, chevalier, Sgr du Theil-aux-Servants, etc.
Messire Antoine-Marie-Honoré de La Sayette, chevalier, Sgr de Puyrajoux; — messire Guy-André-Pierre, duc de Laval et marquis de Puy-Lorant ; — messire Louis le Breton, Sgr du fief de Beauvais.
Messire Jean-Jacques Le Coigneux, chevalier de Bellabre ; — messire Jacques-Louis-Guy Le Coigneux, marquis de Bellabre, son frère ; — messire Denis-Jacques-Gabriel Le Coigneux de Bellabre.
Messire Michel-André de Lescours.
Messire Sylvain Mangin de Beauvais, écuyer, Sgr de Voulpendière, etc.; — demoiselle Madeleine de Mangin.
Messire Gabriel de Marans, chevalier, Sgr de Laudetrie, etc.; — messire Gabriel de Marans, Sgr de Laudetrie; — demoiselles Claire et Julie de Marans, sœurs.
Messire Jean de Martin de Jartreau, chevalier, Sgr des Grèves; — messire Antoine Martin, chevalier, Sgr de la Goutte-Bernard ; — messire François Martin de Lajon, Sgr de la terre du Peux ; — messire Pierre Martin, chevalier, Sgr de La Rochemont, etc. ; — messire Louis de Massé, écuyer, seigneur en partie de Tillon, etc. ; — messire le comte de Mautenond.
Messire Pierre-Louis de May, chevalier de Fontafret, Sgr de La Bouige.
Messire François-Louis-Augustin, marquis des Monstiers ; — messire François-Martial des Monstiers, vicomte de Mérinville; — messire Alexandre Morel de Fromental.
Messire Philippe-Gabriel des Noyers, chevalier du Plessis ; — messire

Pierre-Joseph d'Oiron, Sgr du Vergier ; — messire Jean-Baptiste Papon du Breuil, écuyer, Sgr de Roussais, père ; — messire Jacques Papon du Breuil, Sgr de Gaurin ; — messire Louis-Paul de Piégu, Sgr du dit lieu.

Messire Psalmet de Pons, chevalier ; — messire Joseph de Pons, écuyer, Sgr de l'Oliverie, etc. ; — dame Louise-Marie de Ravenel, dame en partie de La Rivière.

Messire Jean-Baptiste de Ribeyreys, chevalier, Sgr du Repaire ; — messire Jean-Baptiste-François de Ribeyreys, écuyer, Sgr de Feuillade, etc.

Messire François-Pascal Richard, chevalier, Sgr d'Abrioux.

Messire Jean de Roquart, écuyer, Sgr de Sorette, Durand ; — messire Louis-Jean-Baptiste du Roux, chevalier, Sgr du Mas ; — messire Claude-Antoine-Annet, comte des Roys, grand sénéchal du Haut-Limousin.

Messire François de Saint-George, Sgr du Fraysse ; — messire Jean-Baptiste-Michel de Saint-George, chevalier, Sgr d'Aubis.

Messire Joseph-Louis-Charles de Savatte de Genouillé.

Messire Louis de Scourion de Boismorand, Sgr d'Antigny.

Messire Jean-Simon, écuyer, Sgr de La Barde, etc.

Messire Louis-Suzanne du Soulier, chevalier.

Messire Jacques Taveau, chevalier ; — messire Gaspard-François Taveau, Sgr de L'Age-Courbe.

Messire Jean-Louis-Thibault Barton, chevalier, seigneur vicomte de Montbas ; — dame Marie-Louise Trouillon, veuve de Sylvain Etourneau, chevalier, Sgr de Tersanne.

Messire Anne-Charles, vicomte de Tudert, propriétaire de la seigneurie de La Cochonnière.

Messire François Richard, chevalier de Tussac ; — demoiselles Marie et Charlotte Richard, dames du fief de Tussac.

Messire François de Verine ; — messire Antoine-Joseph de Verine, chevalier, Sgr de Saint-Martin-le-Mault, etc. ; — messire Hilaire de Vigier, écuyer, Sgr des Cosses ; — messire Bonaventure-Louis de Villaine de La Bartière (1).

SÉNÉCHAUSSÉE D'ANGOULÊME

Procès-verbal de l'Assemblée générale des trois ordres de la sénéchaussée d'Angoulême et du baillage de Cognac.

16 mars 1789.

Archiv. nat., B. III, 8. 171, p. 214, 263 ; 377, 386 ; 437, 458 ; 471, 508 (2).

Messire Pierre de Lageard, chevalier, seigneur comte de Cherval, du Bombet Saint-Martial, Viveroux, Grésignac, sénéchal d'Angoumois, assisté de

---

(1) Les gentilshommes dont le nom est précédé d'un — étaient seulement représentés.

(2) Cette liste a été revue et corrigée sur les procès-verbaux conservés au greffe du tribunal civil d'Angoulême, publiés par M. Charles de Canchel, sous ce titre : *L'Angoumois en 1789*, un vol. in-8, Angoulême, 1847.

L'Angoumois faisait partie du domaine royal depuis Philippe de Valois, en 1328, par suite d'un traité conclu avec les héritiers de la maison de Lusignan. Il servit d'apanage aux puinés de la branche de Valois, jusqu'à l'avènement de François Ier, en 1515. Le roi Charles V, accorda à la ville d'Angoulême, qui en était la capitale, plusieurs priviléges, surtout celui de la noblesse pour les maires, échevins et conseillers de ville. Les rois ses successeurs les confirmèrent, et François Ier y ajouta l'exemption du ban et du droit de francs-fiefs. Le privilége de la noblesse fut supprimé en 1667, puis rétabli en faveur des maires, échevins, officiers des villes d'Angoulême, de Cognac, de La Rochelle et de Saint-Jean-d'Angely. L'Angoumois était compris dans la généralité de Limoges. Les premiers comtes d'Angoulême portaient : *Losangé d'or et de gueules* ; ceux de la branche de Valois : *de France, au lambel de trois pièces d'argent, chargées chacune d'un croissant d'azur*. (DE LA ROQUE ET DE BARTHÉLEMY.)

Messire Louis Le Meunier, chevalier, Sgr de Blanzac, Raix et Roussignac, conseiller d'Etat, lieutenant-général en la sénéchaussée et siége présidial d'Angoumois.

Messire le marquis de Saint-Simon, pour lui et pour : Mgr le comte d'Artois, duc d'Angoulême, à cause de son apanage ; — le comte de Jumilhac, Sgr de Chenaux, lieutenant-général des armées du roi, gouverneur de Philippeville ; — Mme veuve du Rozier, dame Duras.

Messire Deschamps de Romefort, ancien premier capitaine-commandant du régiment des chasseurs des Ardennes, et pour : Deschamps, Sgr de La Chalousie.

Messire Birot de Brouzède, et pour : du Tillet, Sgr d'Aubevie ; — Bidé de Maurville de Beauvais, major de vaisseau, Sgr de La Motte-Charente.

Messire Birot de Ruelle, ancien sous-lieutenant des gardes du corps, et pour : Birot de Ruelle, son frère, Sgr du Maine-Gagnaud et de Ruelle.

Messire de Chevreuse du Vallon, et pour : Du Soulier (ou de Soulier) de Saint-Cloud, lieutenant-colonel de cavalerie, Sgr de La Broussadie ; — Mmes de Regnault, dames du fief de Couhé.

Messire le comte Antoine de Balathier, et pour : Mlle de La Laurencie, dame de Piilac, au marquisat d'Aubeterre ; — Dupuy-Montbrun, colonel d'infanterie, Sgr du Brissonneau.

Messire de Rémondias, et pour : de Tryon, Sgr des Salles ; — dame veuve de Corgniol, seigneuresse de La Touche.

Messire le vicomte du Lau, Sgr de l'Age-Baston, major d'infanterie, et pour : dame Marie Guyot, veuve de Pierre, marquis de Montalembert, enseigne des vaisseaux du roi, Sgr de Saint-Amand de Bonnieure ; — le vicomte du Lau, lieutenant-colonel du régiment de Saintonge, Sgr de Cellettes.

Messire de Chambes, et pour : dame veuve de Lambertie de Beaucorps, seigneuresse de Sigogne.

Messire Avril de Masquinand, et pour : dame Avril, veuve du marquis de Goulard, mestre de camp de cavalerie, Sgr du Roulet.

Messire Avril de Gregueuil, capitaine au régiment de la Sarre, et pour : Avril, son frère, Sgr de Roussières.

Messire de Livron de Puividal, et pour : de Livron père, Sgr de Salmase ; — de James, ancien maréchal-des-logis des gardes du corps, Sgr de Saint-Vincent.

Messire le chevalier de Chabrot, capitaine au régiment de Saintonge, chevalier novice des ordres de Notre-Dame-de-Mont-Carmel et de Saint-Lazare ; — Marie-Souveraine Perry de Saint-Auvent, veuve de Jacques-Louis du Rousseau de Ferrières, Sgr de Ferrières ; — le baron de Chastaigner, Sgr du Lindois.

Messire le comte de Lambertie fils, Sgr de La Fenestre, capitaine au régiment de Chartres-dragons ; — de Lambertie, son père, Sgr de Menet.

Messire de Bourgon père, Sgr de Laubarière, et pour : De Raymond, Sgr de Saint-Germain.

Messire le marquis de Mastin, ancien capitaine de cavalerie, Sgr d'Aignes, et pour : Petit de La Seguenie, ancien lieutenant de cavalerie, Sgr de La Touche ; — Jourdain de Boistillé, comte de Rouffiac, colonel au régiment de Sa Majesté Catholique, Sgr de Rouffiac.

Messire Charles Normand de Garat, lieutenant des vaisseaux du roi, et pour : le chevalier d'Abzac, capitaine au régiment de la marine, Sgr de Costeroux ; — Perry de Nieul, Sgr de Moussac.

Messire le chevalier de Lusignan, et pour : de Fornel, Sgr de Limeyrac ; — de Lafaye, Sgr de Champlorier.

Messire de Conan, ancien capitaine, aide-major au régiment de Poitou, Sgr de Fontenille, et pour : le vicomte de Chaban, Sgr de Montmalant ; — Mme Gabrielle d'Abzac, veuve du comte de l'Estrade, seigneuresse de Salignac.

Messire le baron de Plas, colonel d'infanterie, et pour : de La Tour du Pin-

Gouvernet, marquis de La Roche-Chalais, lieutenant-général des armées du roi, commandant les provinces de Poitou, Aunis et Saintonge, S^{gr} d'Ambleville; — le comte de Plas son frère, S^{gr} de Lignères.

Messire Guillet du Plessis, de Cognac, et pour : Philippe Guillet, conseiller du roi, son avocat honoraire en la sénéchaussée de Cognac, S^{gr} de Saint-Martin; — Guillet de Fontenelle, S^{gr} de Fontenelle.

Messire Pierre-Ausone de Chancel, puîné, avocat, et pour : d'Orfeuille, S^{gr} des Egaux ; — Gorret des Fourniers, S^{gr} des Fourniers.

Messire Jean-Nestor de Chancel l'aîné, capitaine d'infanterie, aide-maréchal général des logis de l'armée, et pour : le comte de Saluces, S^{gr} d'Aizec; — Mme Charlotte du Theil, veuve de M. Regnault, S^{gr} des Fontaines, relevant du marquisat de Ruffec.

Messire Fé de Ségeville, lieutenant-général en la sénéchaussée de Cognac, et pour : François Fé, S^{gr} de Ségeville ; — de Bernard, S^{gr} de Luchet.

Messire Charles Guyot d'Ervaud, garde du corps, et pour : Armand Guyot, son père, S^{gr} du Magnou ; — Jacques Juyot, son frère, officier au régiment provincial de Saintonge, S^{gr} des Giraudelles.

Messire Guitard de Ribérolles, capitaine de cavalerie, et pour : Marguerite Normand, veuve de M. de Crozant, S^{gr} de Rivières et de La Cony ; — Sébastien et Jean-Baptiste de Crozant, S^{grs} des Rivières.

Le marquis de Girac, major en second du régiment d'infanterie de Normandie, et pour : Benoît le Camus, S^{gr} châtelain et patron de Néville, ancien conseiller du Grand-Conseil, maître des requêtes, intendant de justice, police et finances de la généralité d'Aquitaine, S^{gr} de Bourg-Charente.

Messire de Lambert des Andreaux, lieutenant particulier de la sénéchaussée, et pour : de Lambert, son père, S^{gr} de Font-Froide; — Mlle de Lambert, seigneuresse du Maine-Bompart.

Messire Boisson de Rochemont, colonel de dragons, et pour : Le Coq de Boisbaudran, S^{gr} de Beauchais ; — le marquis de Richeteau d'Hairvault, fondateur de l'église et abbaye du dit lieu, ancien officier de la première compagnie des mousquetaires, S^{gr} de Montigné.

Messire d'Hémery de Labrégement, et pour : Pharamond Pandin de Narcillac, baron de Tonnay-Boutonne, première baronnie de Saintonge, S^{gr} de Beauregard; — Mme Gabrielle Perry de Nieuil, veuve de Louis Dexmier, marquis de Chenon, S^{gr} de Domezac.

Messire de Vassoigne père, sieur de La Bréchinie, et pour : de Villars de Poutignac, S^{gr} du Breuil.

Messire René de Vassoigne fils, capitaine de cavalerie au régiment de Royal-Pologne, et pour : Jean de Galard de Béarn de Nadaillac, S^{gr} du Repaire.

Messire de Rossignol, et pour : Jean et Pierre Poitevin de Fontguyon frères, barons du Saint-Empire romain, directeurs généraux des fonderies du roi, à Strasbourg, S^{grs} de Fontguyon.

Messire Arnault de Ronsenac, et pour : Green de Saint-Marsault, grand sénéchal d'Aunis, S^{gr} des Bouchaux.

Messire Terrasson de Montleau, et pour : Alexandre-Guillaume de Gallard de Béarn, comte de Brassac, baron de La Roche-Beaucourt, etc.; — le marquis de Chouppes, mestre de camp, S^{gr} de Torsac, du chef de Mme de Chouppes, née de Laplace.

Messire Louis, comte de Sainte-Hermine, capitaine au régiment des dragons de Bourbon, et pour : de Pressac, S^{gr} de Brettes ; — Mlle Marie de Chasteigner, seigneuresse de La Tour de Brettes.

Messire Valeteau de Chabrefy, et pour : Mme de Brémond d'Ars, veuve du marquis de Verdelin, ancien maréchal-des-logis des armées du roi, S^{gr} d'Ars ; — Mme de Verthamon, comtesse de Lavaud, seigneuresse de Marillac-le-Cerf.

Messire de Bardines, et pour : de Brémond d'Ars, S^{gr} de Dompierre ; — Mme veuve Nadaud, seigneuresse de Nouère.

Messire Regnault de Roissac (peut-être Poursac), ancien mousquetaire du roi, et pour : le comte de Barberin, ancien capitaine de cavalerie, chambellan de S. M. le roi de Prusse, S^{gr} du Bost ; — de Perry, comte de Saint-Auvent, lieutenant pour le roi dans la province de Poitou, S^{gr} de Montmorillon.

Le marquis de l'Etang de Rulle, et pour : le vicomte Charles de Saint-Simon, S^{gr} des Doucets ; — le marquis Marc-René de Montalambert, maréchal des camps et armées du roi, gouverneur de Villeneuve d'Avignon, S^{gr} de Maumont.

Messire Jean Sazerac l'aîné, conseiller du roi, receveur des eaux et forêts d'Angoumois, et pour : de Gorret, S^{gr} de La Martinerie.

Messire Jean de Jovelle, et pour : de Sanzillon, S^{gr} de Pouzolle ; — Thibault de La Brousse, marquis de Verteillac, gouverneur, grand sénéchal et lieutenant du roi héréditaire de la province de Périgord, maréchal des camps et armées du roi, S^{gr} de La Tour-Blanche.

Messire de Mallet, sieur de Malaville, et pour : le comte de Roffignac, brigadier des dragons, S^{gr} de Belleville.

Messire Hector de Pressac, S^{gr} de Lioncel, ancien capitaine au régiment d'infanterie de Chartres, et pour : de Pindray, S^{gr} de Cadebors ; — Mlle de Luchat de Roche-Coral, seigneuresse d'Etriac.

Messire Louis de Pindray, et pour : d'Escravayat, S^{gr} d'Esterce ; — messires Maron d'Excideuil, gardes du corps, S^{grs} de La Bonardelière.

Messire François de Chergé, S^{gr} de Fontbaillan, et pour : Gourgault, S^{gr} de La Fayolle ; — Charles de Chergé, S^{gr} de Villognon.

Messire Garnier de Ballon, et pour : Pierre Garnier, S^{gr} du Breuil-Charente ; — André Garnier, S^{gr} de La Boissière.

Messire Pierre de Chergé, et pour : Guyot de Montorsis, S^{gr} du Longet.

Messire Bertrand Faure de Saint-Romain, et pour : Armand du Lau de Soulignonne, S^{gr} du Bourny.

Messire Salomon de Baussais, et pour : Dominique Salomon, S^{gr} de Cressé.

Messire Salomon Chapiteau de Guissale, et pour : Chapiteau, son frère, S^{gr} de Chantemerle.

Messire Robert de Guignebourg, S^{gr} de Séc, et pour : du Mas, mineur, officier au régiment de Hainault, S^{gr} de Chebrac.

Messire de Rocquart, S^{gr} de Puymangon, et pour : Louis de La Rapidie de Tisseuil, président au bureau des finances de la généralité de Limoges, S^{gr} de Tisseuil.

Messire Pasquet du Bousquet, capitaine au régiment de Lyonnais, et pour : Pasquet de La Revanchère, son frère, S^{gr} de La Garde.

Messire de Saint-Gresse, sieur du Fresneau, et pour : Mme de Ferret, veuve de messire de Gérard de La Fute, S^{gr} de Vallade.

Messire Martin de Châteauroy, et pour : de Châteauroy, son père, S^{gr} de Châteauroy.

Messire le comte Chérade de Montbron, et pour : Gabriel du Cluzeau, ancien capitaine au régiment d'Eu, S^{gr} de Salles.

Messire Le Musnier, lieutenant-général de la sénéchaussée, S^{gr} de Blanzac, Raix et Rouffignac.

Messire de Chevreuse de Lacaux, et pour : Joseph de Maubué, sieur de Boiscouteau, S^{gr} de Fleurignac.

Messire de Chevreuse de Lugeat, et pour : madame Favret du Pommeau, veuve de Gabrielle de Chevreuse, seigneuresse de Chagnerasses.

Messire Léonard de Chasteigner de La Rocheposay, sieur des Deffands, et pour : Marie de Pérusse, comte des Cars, premier baron du Limousin, lieutenant-général, commandant de la province du Haut et Bas-Limousin, premier maître d'hôtel du roi, S^{gr} de Pranzac ; — mademoiselle de Viroleau de Marillac, seigneuresse de Marillac-le-Franc.

Messire Chabot de Jouhé, et pour : Chabot de Bouin, son frère, S^{gr} de Bouin.

Messire Lagrange de Labaudie, S^{gr} de La Chétardie, et pour : Lagrange, sieur de La Pardoussie, S^{gr} des Vieux-Tisons.

Messire Fé de La Barde, et pour : Clément Fé, son frère, S^{gr} de Saint-Martin.

Messire Eutrope de Curzay, ancien porte-étendard de la maison du roi, et pour : de Curzay, S^{gr} de Boisroche ; — de Lesmerie d'Eschoisy, lieutenant du roi de la province d'Angoumois, ancien chevalier de Malte, S^{gr} d'Eschoisy.

Messire François Trémeau de Fissac, conseiller en la sénéchaussée et siége présidial d'Angoulême ; — madame Boudet de Beaupré, veuve de Paul Texier, S^{gr} de Chaux.

Messire Texier de La Pegerie, et pour : Rateau de Châteauvert, S^{gr} de Puyberneuil ; — mesdames Catherine de Rabaine, veuve de M. de Bercier et Madeleine de Rabaine, veuve de M. de La Curaterie, S^{gr} de Boisbreteau.

Messire Louis-Auguste-Joseph, comte de Broglie, marquis de Ruffec, et pour : mademoiselle de Jousserand, seigneuresse de La Toucheronde ; — Louis de Vasselot, S^{gr} de Quéreaud.

Messire Anne-Marie-André de Crussol d'Uzès, comte de Montausier, mestre de camp d'infanterie, et pour : de Grailly, S^{gr} de Touverac.

Messire Germain Barbot d'Hauteclaire, et pour : Louis Regnault, S^{gr} de Taponnat.

Messire Frottier de La Messelière, et pour : mesdemoiselles de Regnault, seigneuresses de Villognon et de Parsac.

Messire de Lacroix du Repaire, et pour : Guitard de Beaumont, S^{gr} de La Groue.

Messire Rocquart des Dauges, et pour : Guillot du Doussay, S^{gr} de L'Age-Bertrand ; — madame Desnières de Lacour, veuve de M. de Saingareau, S^{gr} de La Grange-Nesmond.

Messire le chevalier de Ribeyreys, et pour : mademoiselle de La Breuille ; — madame de La Breuille, épouse de M. du Breuil-Hélion, mestre de camp d'infanterie, S^{gr} des Etangs, Massignac et Sauvagnac : — Pierre de Fornel, S^{gr} de Coutillas.

Messire de Chevreuse de Lafond, et pour : Duboys de La Bernande, maréchal des camps et armées du roi, S^{gr} de La Barre ; — Gabriel, comte de Marcieu, capitaine au régiment du Roi-cavalerie, époux de madame Adélaïde-Charlotte de Broglie, seigneur en partie du marquisat de Ruffec et des fiefs en dépendant.

Messire Pierre de Gurat, et pour : Léonard-François de Belhade, S^{gr} de Lérignac et Charrerie ; — Charles Brumaud, S^{gr} de Saint-Georges.

Messire Hélie de Terrasson, major de vaisseau, et pour : de Cosson, prêtre, S^{gr} de Saint-Simon et Montausier.

Messire Robert d'Asnières de La Barde et pour : Garnier, S^{gr} de Mongoumard ; — d'Asnières père, S^{gr} de Nitrat.

Messire Michel Videau du Dognon, chevalier d'Aulaigne, et pour : madame Jayet, veuve de messire André Videau du Dognon, S^{gr} du Carrier et de La Dourville ; — de Vars des Barrières, S^{gr} des Barrières.

Messire de Salignac-Fénelon, ancien chevau-léger de la garde du roi, et pour : François de Glenest, S^{gr} de Magnac.

Messire Philippe-Frédéric de Castéras, capitaine de cavalerie, et pour : Avril, S^{gr} de Grégueuil ; — Gabriel de Pressac, prêtre, curé de La Forêt de Tessé, S^{gr} de Queue d'Ajasse.

Messire Leroy de Lonchère, et pour : Mme Guyot, veuve de messire d'Aussy, ancien capitaine au régiment de Viennois, S^{gr} d'Usson ; — Mme Louise de Saint-Mathieu, veuve de messire Fretard, marquis d'Ecoyeux, ancien lieutenant des vaisseaux, S^{gr} de Château-Chenel.

Messire le comte Louis de Culant, brigadier des armées du roi, et pour : Mme Charlotte Chapt de Rastignac, veuve de messire Prévost-Sansac, marquis de Touchimbert, S^{gr} de Touchimbert, — Barbeyrac de Saint-Maurice, S^{gr} de Sauvigny.

Messire Robert Bernard d'Asnières, capitaine au régiment d'Agénois, et pour: Michel Delage, administrateur général des postes, officier de la grande vénerie de France, S^gr de Bayers; — Saulnier de Beaupine, ancien chevau-léger de la garde du roi, S^gr de l'Aubertrie.

Messire le chevalier Guitard de Ribérolle, ancien mousquetaire et pour: Mme de Guitard, veuve de François de Crozant, S^gr de Tuffas; — Rossignol de Sceaux, président au bureau des finances de Limoges, S^gr de Montebride.

Le marquis de Chauveron, et pour: Gilbert Colbert, marquis de Chabanais, ancien capitaine des gendarmes d'ordonnance, maréchal de camp, S^gr de la principauté de Chabanais; — Archambault-Joseph de Talleyrand-Périgord, colonel de dragons, S^gr de Salles et Genté.

Messire Arnault de Viville, président en la cour des monnaies de France, et pour: Philippe de Nesmond, S^gr de Brie.

Messire de Tryon-Montalambert, et pour: d'Escravayat de Belat, S^gr de Balzac.

Messire Charles-Emmanuel, comte de Lageard, ancien capitaine au régiment de Champagne, et pour: Robinet de Plas, S^gr de Puicheny; — de Lesnier, capitaine de cavalerie, S^gr de Métayer.

Messire Dassier (d'Assier) des Brosses, et pour: le comte de Leypaud, grand sénéchal d'épée de la province de la Basse-Marche, S^gr de La Motte-Maquard; — Mme Marie-Rose Barbarin, veuve de messire Guyot, S^gr du Ponteil.

Messire Guillaumeau de Flaville, et pour: de Brouilhac S^gr de Maqué; — Poujard de Nanclars, S^gr de Laumont.

Messire le baron Guyot du Repaire, capitaine d'infanterie, aide-de-camp de messire le comte de Jarnac, et pour: le baron de Bonnefoi, ancien lieutenant de vaisseau, commissaire de la noblesse du Bas-Angoumois, S^gr de Guitre; — Badiffé de Vaugéompe, S^gr de Vaugéompe.

Messire Dauphin de Goursac, lieutenant-colonel de cavalerie, et pour: Louis de Brémond, S^gr de Saint-Fort-sur-le-Né.

Messire le baron Guyot de La Lande de Massignac, et pour: le comte de Chasteigner, chef d'escadron au régiment des chasseurs de Normandie, S^gr de Burie; — Daniel Desnanotz, conseiller honoraire au Parlement de Guyenne, S^gr de Saint-Brice.

Messire François de Corlieu, de Loches, et pour: Antoine de Corlieu, ancien capitaine d'infanterie, S^gr du Vivier.

Messire de La Loubière, et pour: de Froger, S^gr de La Chébaudie; — Mlles de Monneroux, seigneuresses du Maine-la-Font.

Messire de La Suderie de Gammory, et pour: Poute, S^gr de Puybeaudet; — Mme de La Suderie, veuve de M. du Rousier, S^gr du Rus.

Messire Plument de Bailhac, et pour: Bernardin de Faydeau, S^gr de Saint-Christophe.

Messire Regnault, marquis de La Soudière, capitaine de cavalerie, et pour: de La Romagère, marquis de Roussy, S^gr de Ghasseneuil; — Mme Julie Hauteclaire, veuve de messire de La Porte-aux-Loups, S^gr de Saint-Gens.

Messire de Jean de Saint-Projet, et pour: Mme Andrée de Lacroix, veuve de messire Helie Achard-Joumard, vicomte de Léger, S^gr de Fongrenon; — du Masny, S^gr de La Barre.

Messire Gadiot de Saint-Paul, sieur de Lutardrie, et pour: Antoine Barbot, mineur, S^gr de Peudry et Champrose.

Messire Regnauld de Sée ancien capitaine d'infanterie, et pour: Jean de Jaubert, S^gr de Lafaye.

Messire Prévéraud de Sonneville, capitaine de canonniers, et pour: Mme Thérèse Thomas, épouse de messire de Jousserand, S^gr de La Chalonne; — Mme Gaulthier du Mas, veuve de messire David Lalluyaux d'Ormay, maréchal des camps et armées du roi, S^gr de Sézeras.

Messire Horric du Raby, et pour: Alexandre d'Auray, marquis du Bric, ancien capitaine des vaisseaux du roi, S^gr du Grollet.

Messire Rambaud de Torsac, capitaine au régiment royal de la marine, et pour : Rambaud de Maillou, son frère, lieutenant-colonel au régiment de Vexins, Sgr de Saint-Saturnin ; — Mathurin de Maillou, capitaine au régiment de Rouergc, Sgr des Brunelières.

Messire François de Juglart, officier au régiment Dauphin, et pour : Jean-Baptiste de Juglart, de Limérac, son père, Sgr de Salles-la-Valette.

Messire de Jonchères, ancien capitaine de grenadiers, et pour : Guichard, Sgr de Leymarie.

Messire Jean-Bertrand, comte de La Laurencie, de Charras, ancien officier de dragons, et pour : Charles-Antoine de La Laurencie, ancien officier de la marine royale, Sgr de Chadurie ; — le marquis de La Laurencie, mestre-de-camp de cavalerie, Sgr de Charras et de Névic.

Messire Joseph de Chevreuse du Montison, et pour : madame Marie Arnauld, veuve en premières noces de Noël Arnauld de Viville, capitaine au régiment du Roi-infanterie, et en secondes noces, de M. Regnault de La Soudière, brigadier des gardes de corps du roi, Sgr du Chatelard ; — Arnauld de Chesne, coseigneur du Chatelard.

Messire Louis-Antoine Joumard Tison d'Argence, sieur de Dirac, ancien capitaine au régiment de Navarre, et pour : François Achard Joumard Tison, marquis d'Argence, Sgr des Courrières et de La Monnette ; — de Perry, chevalier de Saint-Auvent, ancien capitaine au régiment du Roi-dragons.

Messire Roy d'Angeac, et pour : madame Julie du Queiroix, veuve d'Angeac sa mère, seigneuresse d'Angeac-Champagne.

Messire le chevalier de James, et pour : la dame Louise de James, veuve d'Etienne de Chamborant, seigneuresse de Villeverts.

Messire Barbot de La Trésorière de Saint-Marc, et pour : madame Marguerite du Bois de Bellegarde, veuve de M. de Peudry.

On déclara nulles, à défaut de formalités, les procurations données à MM :

Philippe Pontonnier, par M. du Verrier, Sgr de Boulzat.

Barbot de La Trésorière, par André Mesnaud.

Babinet, Sgr de Nouzières, par Louis Fé, seigneur en partie de Maumont.

Pierre de Chergé, Sgr de Chenon, par d'Alesme, baron de Chatelus.

De La Couture-Renon, sieur de La Narbonne, par Paquet, sieur de la Vergne, ancien capitaine d'infanterie.

Louis Fé de Barqueville fils, par François Fé de Barqueville père.

(*Procès-verbaux officiels des Etats-généraux en* 1789, publiés par MM. Louis de La Roque et Edouard de Barthélemy.)

FIN.

TABLE.

M

	Pages.
Mabaret	352
Marchat	289
Madich	290
Madot	291
Magnac-Laval	291
Magnac	291
Magnanos	294
Maignac	293
Mailhet	294
Maillot	295
Maillou	295
Maisonnais	296
Majorie (de La)	297
Malafayde	297
Malaura	298
Maldot	299
Maleden ou Malden	299
Malemort	302
Maleret	303
Maleu	362
Mallesec	303
Mallevaud	303
Mandat	305
Manent	306
Mausanes	306
Marets (des)	306
Marais (des)	306
Marans	308
Maraval ou Marval	311
Marchandon	312
Marche (La)	313
Marche	317
Marcillac	317

	Pages.
Margeride	318
Marie (Sainte-)	318
Maroix	318
Marsanges	318
Marteaux ou Martelli	325
Martial (Saint-)	325
Martin	329
Martin de Nantiat	331
Martin de Beaumoulin et de Compreignac	333
Martin de Chateauroy	336
Martin du Puytison	336
Martin de la Goutte-Bernard	337
Martin de Tirac et de Marcellus	337
Martin (Saint-)	337
Martineau	341
Martonie (La)	341
Maruc ou Marut	344
Mas (du)	344
Masbaret	352
Mascureau	354
Masfranc	360
Mascontier	362
Masléon	362
Massiot	362
Masson	363
Matas	363
Mathieu	363
Mathieu (Saint-)	364
Maubernat ou Maubernard	364
Maumigny	364
Maumont	365
Mauple	392
Maurange	392
Maurat, voir Moras	448

TABLE.

	Pages.
Maure ou Mort	392
Maurogne	393
Mauvoisin	393
May (de)	393
May (du)	396
Maynard	396
Meaux	404
Menuet	404
Meillars	404
Merinchal	405
Merle	405
Meschinet	405
Mesneau	409
Meusnier	409
Meymac	409
Meynard, voir Maynard	396
Michel ou Michaud	409
Miomandre	409
Mirambel	411, 412
Miramont	412
Momet	412
Mondain et Manda	413
Monamy	414
Monceau ou Molceu	415
Mont	417
Montagnac	417
Montaigu	417
Montal	418
Montalambert	418
Montberon	418
Monteil	418
Montebuc	419
Montereboeuf	419
Montgrut	422
Monstiers	424
Montmorency	445
Montrocher	446
Montvallier	447
Montvert	447
Moras	448
Morcel ou Morceau	449
Moreau	449
Morel	450
Moriscet	451
Morin	451
Morinie	451
Mornay	452
Mosnard	453

	Pages.
Mosneron	455
Mothe	455
Moulinier	456
Muret	456
Muret (Saint-Étienne de)	457
Musnier	458

N

Nadaud	458
Nesmond	522
Nicot	525
Noailhé	527
Noailles	529

O

Orlhac	531
Ornhac	532

P

Pabot	532
Paignon	532
Palant	533
Panevayre	533
Paradis	533
Pasquet	533
Pastoureau	533
Pelet	534
Perry	534
Pestel	534
Petiot	534
Peyrat de Jugeals	534
Peyroux	534
Pichard	535
Pins	535
Pise (la) ou Lapize	535
Pivardière (la)	538
Plantadis	558
Plas (de)	558
Plessis (du)	539
Plument	539
Porcherie (la)	539
Porte (la)	540
Pouget de Nadaillac (du)	540
Poussard	540
Pradel	541
Prie (de)	541
Priest (Saint-)	541

TABLE.

	Pages.
Puiffe	541
Puy (du)	542
Puydeval	543
Puyferra	542

Q

	Pages.
Quadruvio	1
Quentinie	543
Queille (la)	1, 542
Quelen	1
Quentin (Saint-)	1
Quesrou	1
Queux	2
Le Queyroix	2
Quentaine (la)	2

R

	Pages.
Rabaines	2, 3
Rabelais	3
Racaud	3
Rafélis de Saint-Sauveur	543
Raffin	3
Rageau	4
Raimbaud	4
Raix	4
Raisin	4
Rameru	4
Ramière	5
Ramnulphi	5
Rampherii	6
Rampnoux	6, 543
Rampnulfi	6
Rancon	6
Ranques	7
Ransanes	7
Raoul	7, 8
Rapidie	8
Raterie (la)	8
Rasteau	8
Raton (du)	8
Rausa	8
Ravalet	8
Ravard	9
Raymond	9, 10
Raymundi	10
Razat	11
Razès	11, 13, 544

	Pages.
Rebeyrie (la)	13
Rebière	544
Rebuffie	14
Rechignevoisin	14, 548
Rechinavezi	14
Reclus	14, 548
Refuge	15
Regis	15
Regnaud	15, 548
Regnaudin	15
Regoudie	15
Reilhac	15, 548
Reix	4
Relherii	15
Relhiera	16
Remi (Saint-)	16
Remigibertus	548
Renaudie	16
Renaudies (les)	16
Renon	16
Renouard	16
Repaire	16
Restier	17
Reygoudie	17
Rezès	11
Reyma (la) ou La Reynia	17
Reynaud	17
Reynia	17
Reynier	18
Ribeyreix	18
Ribier	19
Ribier (Saint-)	20
Ribiera (la)	19
Richardière	20
Richart	20, 550
Ricoux	21
Rie (la)	21
Riege	22
Rieu (du)	22
Rigaudie (la)	23
Rigoudie (la)	23
Rigoulène	23
Rilhac	23
Rilhac-Lastours	23
Riol	23
Rippes	24
Riqueti	24
Ritz	25

	Pages.		Pages.
Rivali	25	Rouffignac	82, 95
Rivaut	25	Rougier	114
Riveron	25	Rougnat	115
Rivière	23, 26	Railhac	115, 561
Riz	26	Roulin	115
Roba	26	Roumagière	115
Robert	26, 27, 551	Rousseau	116, 117
Robillard	29	Roussie	117
Robin	30	Roussile	117
Robinet	31	Roussines	117
Robuste	31	Route (la)	118
Rocard	31	Roux ou Ruffi	118, 564
Roche	31, 32	Roy	121, 565
Roche-Andry	32	Roy (le)	121
Roche-Aymon	32	Royère	121, 124
Rochebeaucour	38	Roze	126
Rochebriand	39	Ruaux	126
Rochebrune	39, 551	Ruben	126
Rochechouart	39, 552	Rubys	126
Rochechouvel	77	Ruchaud	126
Roche de Nauche	77	Rudel	127
Rochefort	77, 555	Ruffi	118
Rochefoucaud	79	Rugat	127
Roche-l'Abeille	80	Ruspide	127
Rochepot	80	Rutant	127
Rocherius	80	Rusticus	566
Rochesouvel	80	Rybeyreix	18
Rochier	81	Rye	21
Rochon	81		
Rocquard	82	**S**	
Rocquet	82	Sabouraud	127
Rodarel	82	Sacerdos	566
Rode	82	Saigne (la)	127
Roffignac	82, 95, 555	Sagey	566
Roger ou Rogier	95, 109	Sahuguet	127, 566
Rohan-Soubise	109	Saigne (la)	566
Rolin	109	Saillant de Lasteyrie	128, 568
Rolland	109	Saint-Aignan	132
Romanet	109, 559	Saint-Amand	132, 571
Roquemaurel	114	Saint-Angel	132
Roquet	111	Saint-Aulaire	132
Rore ou Roure	111	Saint-Aulaye	132
Rorice ou Rurice	561	Saint-Auvent	132
Roziers	111	Saint-Avit	132
Rosse (la)	114	Saint-Barban	133
Rossignol	114	Saint-Bolil	133
Rouard	114	Saint-Bonnet	133
Rouffiac	114	Saint-Brice	133

TABLE.

	Pages.		Pages.
Saint-Chamand	133, 571	Salamonie	143
Saint-Claude	133	Salbert	144
Sainte-Fère	133	Salignac	138
Sainte-Hermine	133	Salis	144
Sainte-Marie	133	Salle (la)	144
Sainte-Maure	133	Salamon	144
Saint-Exupéri	134, 571	Salon	144
Saint-Fiel	136	Salutaris	577
Saint-Gelais	136	Salvert	144
Saint-George	136	Samson	144
Saint-Hilaire	136	Sanguin	571
Saint-Irier	136	Sanzilhon	145
Saint-Jal	136	Saralhac	145
Saint-Jean	136	Sardaing	145
Saint-Julien	136	Sardène	146
Saint-Laurent	136	Sardin	146
Saint-Léger	136	Sarode	146
Saint-Marc	136	Sarrazin	146, 177, 577
Saint-Marceau	136	Sartiges	577
Saint-Martial	136	Saucy	151
Saint-Martin	136	Saulière	149
Saint-Mathieu	136	Saulnier	149
Saint-Maur	136	Sault (du)	149
Saint-Maurice	136	Saumagne (la)	149
Saint-Michel	136	Saunier	149, 150, 151
Saint-Nectaire	136	Saussy	151
Saint-Nicolas	137	Sautier	151
Saint-Orens	137	Sauvagnac	151
Saint-Priest	137	Sauveboeuf	151
Saint-Pardoux	137	Savène	577
Saint-Quenti	137	Sauvo	151
Saint-Quentin	137	Sauzet	151, 153
Saint-Ribier	137	Savary	154
Saint-Remy	137	Saveilles	154
Saint-Salvadour	137	Savignac	154
Saint-Saturnin	137	Saynes	156
Saint-Sauveur	577	Schomberg	156
Saint-Savin	137	Sclafer	157
Saint-Seurin	137	Scorailles	157, 577
Saint-Silvestre	137	Secha	158
Saint-Sulpice	137	Sechanga	158
Saint-Superi	137	Sechange	158
Saint-Vaulry	137	Sechonie	158
Saint-Viance	137	Sedière	158
Saint-Vict	137	Seglière	159
Saint-Yrieix	138	Segonzac	159
Salagnac	138	Seguin	160, 579
Salamond	143	Segur	160
			160, 161

TABLE.

	Pages.
SEIGLIÈRE	161, 577
SEILLAC	161
SELVE	161, 579
SENNETERRE	161
SENZILLON	161
SERALHACO	161
SÉREILHAC	579
SERIS	161
SERRE	162, 580
SERVIENTIS	162
SERVIÈRES	162, 579
SESCAUD	162
SESCHA	162
SESCHANGA	162
SESCHAUD ou SEYCHAUD	163
SEYCHIÈRE	163
SEYSSET	163
SEYSSES	163
SICHONIE	163
SIEUX	163
SILHOUETTE	580
SIMPLIUS	164
SIMON	164
SIMONE	164
SIMONNET ou SIMONNOT	164
SINGAREAU	164
SIRAN	164
SOC	165
SOLHAC	165
SOLIER	166
SOMAYE	166
SOMBREUIL	166
SONNIER	166
SORNIN	151
SOTIER	166
SOUC	166, 167
SOUCHET	167
SOUDEILLES	169
SOUILLAC	
SOULIER	173, 580
SOULLIÈRE	173
SOULNIER	174
SOUMAIGNE	174
SOURIES	175
SOURSAR	175
SOUSMOULIN	175
SOUTIÈRE	
STODILUS	581
STUER	173
SUDERIE (LA) ou SUDRIE	175
SUDUYRAUD	175
SUIROT	176
SULHEI	176
SULPICE (SAINT-)	176
SULPITIUS	176

T

	Pages.
TACQUENET	177
TAILLEFER	178
TALLEYRAND	582
TANDEAU	179, 582
TAQUENET	179
TARNAC	179
TARRAVEAU	179
TAVEAU	179, 583
TEIL (DU)	179
TEILLET	180
TELUFONDI ou TRYFOND	180
TEMPLE (LE)	180
TENANT	180
TERMES (DES)	181
TERRASSON	182
TERRE	183
TERRION	183
TESSENAT	183
TESSEROT	183, 589
TESSIER	183
TESSIÈRE	183, 590
TEULÉ	184
TEULLIER	184
TEXANDIER	184
TEXIER	184, 592
TEXIÈRES	184, 590
TRYFOND	180
TEYJAC	184
TEYSSAUNAUD	184
TEYSSIER	184
TEYSSONIÉRAS	184
THAMOYNEAU	184
THAURY	184
THEOLET	184
THEVENIN	184
THEVENOT	185
THEVENY	185
THEVOULDE	185

TABLE.

	Pages.
THIBAUD	183, 186
THIERRY	596
THOARTIO	187
THOMAS	187
THOMASSON	187, 596
THOUE	187
THOUMAS	187
THURY	188
TIBARDIÈRE	188
TIERS	188
TIEUX	188
TILLET	188
TIMON	188
TIRAC	188
TIROU ou TITOU	188
TISSEUIL	188, 599
TISSIÈRES	188
TITOU	189
TIZON	189
TOLET	189
TOMASSON	189, 596
TORONDEL	189
TORSAC	189
TOSCANE	189
TOUCHE (LA)	189
TOUMASSON	190, 487, 596
TOUR (LA)	190, 206, 599, 600
TOURNEFORT	600
TOURNEMINE	209
TOURNEMIRE	209, 600
TOURNIOL	209, 601
TOURNOELLE	600
TOURS	210
TOUVRAT	210
TOUZAC	210
TOYERON	210
TOYON	210
TRAFOREST	210
TRANCHELION	210
TRASLAIGE	211
TRAVERS	211
TREIGNHAC	211
TRÉMOUILLE (LA)	211
TRENCHECERF	214
TRENCHELION	210
TRESSES (DES)	215
TRIGEAU	215
TRION	215

	Pages.
TRIPPIER	215
TRISTAN	216
TRONFOUDON	216
TROTTIN	216
TRUCHON	216
TUCHIMBERG	216
TUFFEREAU	216
TUGEAU	216
TUILLE	216
TULLE	607
TURLEAU	217
TURENNE	217
TURENNE, marquis d'Aynac	233
TURPIN	240, 608
TUSSEREAU	240
TUSTAL	240

U

UNOY	240
URIEL	608
USSAC	240
USSEL	241, 608
UZERCHE	610

V

VAILLANT	241
VAL (DES)	242
VALADE	242
VALANCE	242
VALENDES	242
VALENTIN	242
VALLÉE	242
VALLIBUS	243
VALOIS	243
VANTIÈRE	243
VANTOUGERIN	243
VARAGNE	244
VARS	244, 620
VASSAL	245
VASSELOT	245
VASSIGNAC	245
VASSOIGNE	245, 620
VASSOUGNE	245
VAU (LA)	246
VAUCHAUSSADE	246, 620

T. IV.

TABLE.

	Pages.
Vaucourbeix	246
Vaugoubert	245
Vaucuyon	246, 620
Vaulouse	246
Vaulx	246
Vaupot	246
Vayres	246
Veilhane	247
Venassier	247
Vendenosse	247
Venolio	247
Ventadour	247
Ventaux	267
Ventilhac	267
Veny	267
Verac	267
Verdalle	267
Verdier (du)	267
Verdelin	267
Verger	268
Vergnaud	268
Vergne	268, 622, 623
Vergnes (des)	623
Verinaud	268
Verines	269, 624
Verlene	269
Vernajoux	270
Vernaud	270
Verneilh	270, 624
Vernier	270
Verrier	270
Verruche	270
Verteuil	270
Verthamon	270, 628
Vet	270
Veyny	270, 643
Veyrac	272
Veyrier	272
Veyrieras	272
Veyrieres	272
Vezeau (de)	272
Vezy	272
Viallebost	273
Viance (Saint-)	273
Viaud	273
Vicla	274
Vidaud	274
Videau	274

	Pages.
Vielbiens	275
Viellecheze	275
Vielleville	275
Vieuville (la)	644
Vieux	275
Vigean (le)	275
Vigenos	275
Vigerii	275
Vigier	275
Vignaud (du)	277
Vigneron	279
Vilafort	279
Vilhac	280
Villani	280
Vilatte	280, 644
Villars	280
Villaribus	280
Villebon	280
Villedon	280, 644
Villegast	281
Villelume	281, 645
Villemone ou Villemoune	281, 658
Villemur	281
Villepassant	282
Villepreaux	282
Villers de l'Isle-Adam	658
Villevaleix	282
Villiers	282
Villognon	282
Villoutreix	282
Vincent	283
Vinson	283
Vioys	283
Virau de Sombreuil	283, 658
Viroald	660
Virolau	283
Virolle	283
Virouleau	283
Visandon	660
Viste	284
Vitet	284
Vivier (le)	284
Volluire ou Vollvire	284, 660
Volonio	286
Volondat	286
Volue	286
Vouhet	286
Voulons	286

	Pages.		Pages.
Voulris	286	**Y**	
Vouzan	286	Yconin	287
Voyer (le)	286, 660	Yrieix (Saint-)	287
Voysin	287	Yzarn de Servières	288

ERRATA ET ADDITIONS

Page 12, ligne 17, *lisez :* Faulcon.
Page 79, ligne 41, *lisez :* Conros.
Page 117, ligne 11, *lisez :* Resmodias.
Page 120, ligne 16, *lisez :* Beyssenac.
Page 135, ligne 1, *lisez :* 1483.
Page 135, ligne 30, *lisez :* Marie Vigier.
Page 175, ligne 25, *lisez :* LA SUDERIE.
Page 183, ligne 36, *lisez :* Ventaux.
Page 358, ligne 45, *lisez :* 1877, Léonard-Charles-Henri, et le 2 septembre 1878, Martial-Charles.
Page 380, ligne 21, *lisez :* Beaufort.
Page 525, ligne 10, *lisez :* du Pin.
Page 533, ligne 17, *lisez :* Vaseux.

Page 565. — XIII. — Pierre Roux de Reilhac de Châteaurocher eut pour enfants : 1° Armand-Marie-François-Xavier, qui suit ; 2° Jean-Charles-Isidore, qui épousa, le 27 juillet 1846, Marie-Jeanne-Sara Surin de La Vergne, fille de François-Noël et de Anne-Adélaïde de La Boulinière, dont Aymard-Pierre-Jean-Charles, qui a épousé, le 27 avril 1874, Marthe-Caroline Oudot de Dainville ; 3° Charles-Isidore-Henri, qui a eu de son premier mariage : A. — Marie-Marguerite-Henriette, qui a épousé Alcide Dusolier ; B. — Henri-Charles ; et du second mariage : C. — Charles-Adrien ; 4° François-Joseph, qui a épousé, le 28 novembre 1871, Marie-Marthe de Grandsaigne, dont : A. — Fanny-Mathilde-Marie-Thérèse ; B. — Paul-Marie-Guy ; 5° Maria, célibataire ; 6° Ludovic, mort sans alliance en 1870 ; 7° Sidonie-Marie, épouse de M. de Beynac, morte vers 1851 ; 8° Suza-Louise, épouse de M. de Villars, morte en 1873 ; 9° Anne-Marie, épouse de M. Charles Lonjeaud, morte en 1867.

XIV. — Armand-Marie-François-Xavier a eu pour enfants : 1° Berthe-Marie, née à Poitiers, le 22 mai 1839 ; 2° Louis-Marie-Joseph, qui suit ; 3° Mathilde-Michelle-Marie, née à Reilhac, en 1846 ; 4° Maurice-Ferdinand, né à Reilhac, en 1849 ; 5° Blanche-Marie, née à Reilhac, en 1850 ; 6° Thérèse-Radegonde-Marie, née à Reilhac, en 1852 ; 7° Marie-Louise, née à Reilhac, en 1854 ; 8° Delphine-Marie, née à Poitiers, en 1856 ; 9° Marie-Gabrielle, née à Poitiers, en 1859.

XV. — Louis-Marie-Joseph Roux de Reilhac de Châteaurocher, né le 20 avril 1843, capitaine d'infanterie de marine, a épousé, le 7 octobre 1879, Elise-Marie-Anne-Mélanie Motais de La Chateigneraye, fille de Louis-Charles et de Ombeline de Villentroy.

Page 602, ligne 40, *lisez :* Coudez, Couvalettes.
Page 603, ligne 13, *lisez :* Rosnel.
Page 604, ligne 14, *lisez :* bastons.
Page 605, ligne 2, la phrase : « Il mourut au château de Malval, etc. » concerne François, qui suit, et doit être rapportée à la ligne 17.
Page 605, ligne 6, *lisez :* Laubizard.
Page 605, ligne 21, *lisez :* Gabrielle.

Limoges, Imp. Ve H. Ducourtieux, rue des Arènes, 7.

www.ingramcontent.com/pod-product-compliance
Lightning Source LLC
Chambersburg PA
CBHW061953300426
44117CB00010B/1316